KB041707

제5판

親/族/相/續/法/講/義

친족상속법 강의

윤진수 저

박영사

제5판 머리말

2022년 3월에 제4판이 나온 후 1년 반 만에 제5판을 내게 되었다. 그 사이에 민법과 국제사법 등 관련 법률이 개정되었다. 또 교정과정 중인 2023년 7월에 「국내입양에 관한 특별법」과 「국제입양에 관한 법률」이 제정되었다. 그리고 전원합의체 판결을 비롯한 중요한 판례들이 여러 개 나왔다. 제5판에서는 이러한 법령의 변화와 2023년 6월까지 새로 나온 판례를 반영하였다. 인용문헌도 보완하였다. 다만 인용문헌 중 오래 되었거나 중요성이 떨어지는 것은 삭제하였다.

한편 제4판이 나올 무렵 위 책의 제3판이 고 하스노스케(高初輔) 변호사님과 고 유가쿠(高佑学) 변호사님에 의하여 일본어로 번역되어 출판된 바 있어서 기쁘게 생각한다.

제5판의 발행을 맡아주신 박영사 안종만, 안상준 대표님, 발간을 도와주신 조성호 이사님, 교정을 위하여 수고하여 주신 이승현 차장님께 감사의 뜻을 표한다. 그리고 제4판의 여러 오류를 지적하여 이를 바로잡을 수 있게 해 주신 독자님들께도 고맙다는 인사를 드리고자 한다.

2023년 7월

윤 진 수

제4판 머리말

2020년에 제3판이 나온 후 2년 만에 제4판을 내게 되었다. 그 사이에 민법 중 친족상속편도 일부 개정되었고, 가족관계등록법 등 관련 법률도 변경되었다. 또 전원합의체 판결을 비롯한 중요한 판례들이 여러 개 나왔다. 제4판에서는 이러한 법령의 변화와 2021년 12월까지 새로 나온 판례를 반영하였다. 그리고 인용문헌도 보완하였다. 특히 2020년에 새로 발간된 주석민법 친족(제6판)과 상속(제5판)은 집필진이 바뀌었고 내용도 크게 달라졌는데, 현행 실무례를 잘 소개하고 있어 도움이 되었다.

제4판의 교정을 위하여 수고하여 주신 박영사 이승현 선생께 감사의 뜻을 표한다.

2022년 2월

윤 진 수

머 리 말

저자는 1997년 3월에 서울대학교에 부임하여 그때부터 민법을 강의하고 연구하였다. 그 동안은 학자로서의 1차적 임무는 논문을 쓰고 연구하는 것이라고 생각하여 논문을 쓰는 일에 주력하여 왔다. 그런데 시간이 지나면서 친족상속법 교과서를 써야겠다는 생각이 들었다. 그 이유는 우선 논문만으로는 친족상속법 전반에 관하여 저자의 견해를 밝히는 데 부족하다는 점 때문이다. 또한 친족상속법에 관하여도 선학들의 업적이 쌓여 있기는 하지만, 재산법 분야와 비교하면 아직 교과서가 다양하지 않아서, 저자의 교과서가 배우는 학생들이나 연구자들에게 도움이 될 수 있는 여지가 있다고 판단하였다. 그리하여 이번에 이 책을 펴내게 되었다.

이 책에서는 우선 논의가 필요한데도 종전까지 소홀히 취급되었던 문제들을 최대한 다루고자 노력하였다. 이를 위하여 교과서뿐만 아니라 최근에 발표된 연구결과들까지 조사하여 필요하다고 생각되는 것들을 반영하였고, 필요하면 외국의 논의나 국제적인 동향도 소개하였다. 저자의 견해도 여러 군데 제시하였는데, 저자만이 주장하는 설이 많아서 독단에 빠진 것은 아닌지 조심스럽다. 그러나 여러 가지 제약으로 교과서 외의 논문들을 일일이 열거하지 못하였고, 그 대신 독자가 필요하면 더 찾아볼 수 있도록 각 해당 부분의 처음에 중요한 연구 결과를 모아 놓았다. 그렇지만 꼭 언급하여야 할 것들은 해당 부분에 필자의 이름을 밝혔다. 그리고 기존 교과서의 내용 가운데 통설이거나 잘 알려져 있는 학설들은 대부분 전거를 밝히지 않았고, 오히려 쉽게 찾기 어려운 소수설은 전거를 밝히고자 하였다. 그러나 모든 교과서를 다 반영하지는 못하였다. 이 점에 관하여는 누락된 교과서의 저자분들이 혜량해 주실 것을 부탁드린다. 친족법에 관한 보다 상세한 문헌은 작년에 필자가 편집대표를 맡아 발간된 주해친족법(Ⅰ, Ⅱ)을 참고하면 될 것이다.

판례의 중요성에 대하여는 더 말할 필요가 없지만, 단순히 그 요지만을 소개하는 것으로는 충분하지 않다고 보아, 판례가 어떤 맥락에서 나오게 되었는지를 좀더 상세하게 알리려고 하였다. 판례는 확인된 범위 내에서는 2016년 2월까지의 것을 반영하였다. 또한 중요한 판례들은 따로 뽑아서 독자로 하여금 이유를 직접 읽어볼 수 있게 하였다. 이들 판례와 직접 연관된 판례평석과 같은 참고문헌이 있으면 말미에 필자 이름과 게재된 곳을 적어서 앞으로의 연구에 도움이 되도록 하였고, 또 군데군데 독자가 스스로 생각해 보는 것이 좋겠다고 하는 점은 "생각할 점"으로 남겨 놓았다.

원고를 탈고하고 나니 교과서를 쓰는 것이 쉽지 않다는 것을 새삼 절감하게 되었다. 우선 학생들이 알아야만 하는 것이 무엇인지를 판단하는 것이 어려웠다. 또 여러 군데에서 판례나 다른 사람들의 의견을 오해한 것은 아닐까 하는 두려움이 있다. 이 외에도 여러 가지 미비한 점이 없지 않을 것이다. 이는 앞으로 독자들의 지적을 받아 고쳐 나가려고 한다.

이 책을 쓰면서 여러 사람들의 도움을 받았다. 우선 원고를 읽고 검토해 준 성균관대 현소혜 교수, 서울대 이동진 교수, 한양대 최준규 교수에게 고마움을 표하고자 한다. 물론 남아 있는 잘못은 저자의 몫이다. 또 발간을 수락해 주신 박영사의 안종만 회장, 책을 내도록 권유하고 도와주신 조성호 이사, 꼼꼼하게 교정을 보아서 잘못된 곳을 바로잡아 주신 이승현 대리께 감사드린다.

마지막으로 이 책 출간의 기쁨을 아내 박유희와 나누고자 한다. 아내가 교과서를 내도록 계속 격려해 주지 않았더라면 이 책도 나올 수 없었을 것이다.

2016년 3월

윤 진 수

목 차

제1편 친 족

제1장 친족법 서론 3

제2장 친족의 범위 14

제3장 혼 인 18

제 4 장 부모와 자녀의 관계 172

제5장 후 견 287

제 6 장 친족간 부양 313

제2편 상 속

제1장 상속법 서론 323

제2장 법정상속 337

제3장 유 언 548

제4장 유 류 분 607

일러두기

○ 법령약어

※ 민법의 조문은 조문만으로 인용한다.

가사소송규칙	家訴規
가사소송법	家訴
가족관계등록예규	登錄例規
가족관계의 등록 등에 관한 규칙	家登規
가족관계의 등록 등에 관한 법률	家登
남북 주민 사이의 가족관계와 상속 등에 관한 특례법	南北特
민사소송법	民訴
민사집행법	民執
비송사건절차법	非訟
상법	商
상속세 및 증여세법	相贈
헌법	憲
형법	刑
후견등기에 관한 법률	後見

○ 참고문헌(괄호 안은 인용약어임)

1. 교 과 서

곽윤직, 상속법, 개정판, 박영사, 2004 (곽윤직)

김용한, 친족상속법론, 보정판, 박영사, 2003 (김용한)

김주수·김상용, 친족·상속법 —가족법—, 제18판, 법문사, 2022 (김주수·김상용)

박동섭·양경승, 친족상속법, 제5판, 박영사, 2020 (박동섭·양경승)

박병호, 가족법, 한국방송통신대학, 1991 (박병호)
송덕수, 친족상속법, 제6판, 박영사, 2022 (송덕수)
신영호·김상훈, 가족법강의, 제3판, 세창출판사, 2018 (신영호·김상훈)
이경희·윤부찬, 가족법, 제10판, 법원사, 2021 (이경희·윤부찬)
한봉희·백승흠, 가족법, 삼영사, 2013 (한봉희·백승흠)

2. 주 석 서

윤진수 편집대표, 주해친족법 1권, 2권, 박영사, 2015 (주해친족 1, 2/집필자)
윤진수 편집대표, 주해상속법 1권, 2권, 박영사, 2019 (주해상속 1, 2/집필자)
민유숙 편집대표, 주석민법 친족 1, 2, 제6판, 한국사법행정학회, 2020 (주석친족 1/집필자)
민유숙 편집대표, 주석민법 상속, 제5판, 한국사법행정학회, 2020 (주석상속/집필자)

3. 실 무 서

법원실무제요 가사 [1], [2], 2021 (제요 [1], [2])

○ 판례 출전 표시

BGHZ	Entscheidungen des Bundesgerichtshofes zur Zivilsachen (독일연방대법원 민사판례집)
BVerfGE	Entscheidungen des Bundesverfassungsgerichts (독일연방헌법재판소 판례집)
NJW	Neue Juristische Wochenschrift
RGZ	Entscheidungen des Reichsgerichts zur Zivilsachen (독일제국법원 민사판례집)
民集	最高裁判所民事判例集

○ 용　어

일본식 표현인 「급부」와 「입증책임」이라는 용어는 「급여」와 「증명책임」으로 대체하였으나, 판례 또는 다른 문헌을 인용하는 경우에는 「급부」와 「입증책임」이라는 표현을 그대로 사용하였다.

제 1 편

친 족

제 1 장 친족법 서론
제 2 장 친족의 범위
제 3 장 혼 인
제 4 장 부모와 자녀의 관계
제 5 장 후 견
제 6 장 친족간 부양

제 1 장 친족법 서론

I. 친족법의 의의 및 특질

1. 친족법의 의의

▮**참고문헌:** 윤진수, “헌법·가족법·전통”, 민법논고 Ⅳ, 2009; 윤진수, “전통적 가족제도와 헌법”, 민법논고 Ⅳ, 2009; 윤진수, “여성차별철폐협약과 한국가족법”, 민법논고 Ⅳ, 2009; 윤진수, “아동권리협약과 한국가족법”, 민법논고 Ⅳ, 2009

「친족법」은 형식적인 의미에서는 민법 제4편을 가리킨다. 그러나 실질적으로 본다면 「친족관계」를 사법(私法)적으로 규율하는 법의 총체가 곧 친족법이라고 할 수 있다. 오늘날 이러한 친족관계의 중심에 있는 것은 부부(夫婦)관계 및 부모와 자녀관계, 즉 「가족」관계이다(779조). 민법에는 아들딸을 표현하는 용어로서 “子”라는 용어가 쓰이고 있으나, 이는 남녀차별적인 함의가 있는 말이다. 근래 개정된 조문은 “자녀”로 바꾸고 있다. 정부가 2019. 11. 22. 제20대 국회에 제출하였던 민법일부개정법률안은 “자”를 “자녀”로, “친생자”를 “친생자녀”로, “양자”를 “양자녀”로, “친양자”를 “친양자녀”로 바꾸었다.

다른 한편 친족법과 상속법을 아울러 가족법이라고 부르는 것이 일반적이다. 그런데 근래에는 상속법은 가족법이 아니고, 재산법에 속한다는 견해도 유력하게 주장되고 있다(곽윤직, 26-29 등). 서구에서는 가족법(family law)은 친족법만을 말하고, 친족법과 상속법을 포함하여 가족법이라고 부르지는 않는다. 친족법과 상속법을 가족법이라고 부르게 된 것은 일본에서 호주제도와 가(家) 제도가 친족법과 상속법에 의하여 규율되고 있었던 데서 유래된 것이다. 상속법은 그 요건면에서는 친족법과 밀접한 관련이 있고, 효과면에서는 재산법적인 요소가 많다. 그러나 논쟁의 실익은 별로 없다. 실제로는 친족법의 개정과 상속법의 개정은 같은 배경에서 이루어지는 등 연관성이 크므로, 여기서도 양자를 아울러 표현할 때에는 가족법이라는 용어를 사용한다.

민법 제4편 이외에 가족관계를 규율하는 특별법도 실질적인 의미의 친족법에 포함된다. 예컨대 혼인신고특례법, 입양특례법(入養特, 2023. 7. 18. 「국내입양에 관한 특별법」과 「국제입양에 관한 법률」로 개정되어 2년 뒤 시행 예정)을 들 수 있다. 2012년에는 「남북 주민 사이의 가족관계와 상속 등에 관한 특례법」(南北特)이 제정되었다. 그리고 친족관계에 관한 절차법으로서 「가족관계의 등록 등에 관한 법률」(家登, 구 호적법)과 가사소송법(家訴) 등을 들 수 있다.

한편, 친족관계도 헌법에 부합하여야 함은 물론이다. 헌법 규정 가운데 친족관계에 관하여 주로 문제되는 것으로는 "혼인과 가족생활은 개인의 존엄과 양성의 평등을 기초로 성립되고 유지되어야 하며, 국가는 이를 보장한다"고 규정하는 36조 1항과 10조(인간의 존엄성과 기본적 인권보장, 행복추구권), 11조 1항(평등권) 등을 들 수 있다. 배우자의 선택, 자녀의 양육은 무엇보다도 개인의 행복추구라는 관점에서 중요한 의미를 갖는다. 그런데 종래에는 친족관계를 개인의 행복추구라는 관점보다 가문(家門)의 유지라는 관점에서 보았고, 따라서 동성동본금혼, 아버지(父) 또는 남편(夫)을 어머니(母)나 아내(妻)에 비하여 우대하는 등 전통의 이름으로 개인의 행복추구권이나 남녀평등의 원칙을 침해하는 불합리한 제도가 여럿 있었다. 이러한 불합리는 수차례의 법 개정을 통하여 해소되고 있는데, 당해 규정에 대한 헌법재판소의 위헌결정 또는 헌법불합치결정이 기여한 바가 적지 않다.

그 외에 형사법이나 공법에도 친족법과 밀접한 관련을 맺고 있는 규정들이 다수 있다. 「가정폭력방지 및 피해자보호 등에 관한 법률」과 「가정폭력범죄의 처벌 등에 관한 특례법」은 가정폭력에 관하여 중요한 법이다. 아동에 관하여는 아동복지법과 「아동학대범죄의 처벌 등에 관한 특례법」이 중요하다.

또한 우리나라가 가입한 국제조약 가운데 특히 친족관계에 관하여 중요한 것으로는 유엔의 「여성에 대한 모든 형태의 차별철폐에 관한 협약」(Convention on the Elimination of All Forms of Discrimination against Women, CEDAW)과 아동권리협약(Convention on the Rights of the Child, CRC)이 있다. 그리고 장애인권리협약(Convention on the Rights of Persons with Disabilities, CRPD)은 특히 성년후견제를 입법화함에 있어서 중요한 영향을 미쳤다.

한편 2012년에는 「헤이그 국제아동탈취협약」(「국제적 아동탈취의 민사적 측면에 관한 협약」, Convention on The Civil Aspects of International Child Abduction)에 가입하여 그 시행 법률인 「헤이그 국제아동탈취협약 이행에 관한 법률」이 제정되었다. 「헤이그 국제입양협약」(「국제입양에서 아동의 보호 및 협력에 관한 협약」, Convention on Protection of Children And Co-Operation in Respect of Inter-country Adoption)에 대하여는 정부가 2013년 서명하였으나 그 비준절차가 완료되지 않았다. 그러나 2023. 7. 이를 이행하기 위한 「국제입양에 관한 법률」이 제정되어 2025. 7.부터 시행된다.

2. 가족의 기능과 친족법의 기능

▌참고문헌: 윤진수, "혼인과 이혼의 법경제학", 법경제학연구 9권 1호, 2012

제도로서의 가족은 일반적으로 다음과 같은 기능을 가진다. 즉 성행위의 규제, 사회 구성원의 재생산, 자녀의 양육과 사회화, 사회적 보호와 정서적 지원, 사회적 정체 부여와 지위 귀속, 경제적 기능 등이다. 우선 성행위는 종래 부부 사이에서만 허용되는 것으로 보았다. 그리고 출산에 의하여 자녀를 재생산하고 양육하며 사회화하는 것은 예나 지금이나 가족의 핵심적인 기능이라고 할 수 있다. 가족의 사회적 보호 기능은 가족의 구성원이 병이나 장애 또는 고령 등의 사유로 스스로 자신의 문제를 해결할 수 없을 때 다른 가족이 이러한 사람을 보호하는 기능을 한다는 것을 말한다. 다른 한편 어떤 사람이 어떤 가족에 속하였는가는 그 사람의 사회적 정체 부여와 지위 귀속에서 중요한 의미를 가진다. 그리고 경제적 기능으로서는 우선 가족들이 함께 협력하여 농업에 종사하거나 또는 가게를 경영하는 것과 같은 생산적 기능을 들 수 있다. 뿐만 아니라 가족들의 경제적 필요를 충족시킴에 있어서 가족 구성원들이 가사를 분업한다는 것도 중요한 기능이다.

그런데 근래에는 이른바 갈등이론 또는 여성주의(feminism)적인 관점에서 이러한 설명을 비판하면서, 가족관계에서는 남녀가 불평등하고, 남편이 아내를 억압한다는 주장이 제기되고 있다. 그러나 가족제도에는 순기능과 역기능이 다 존재한다고 보아야 할 것이다.

그렇지만 이러한 가족의 기능도 시대에 따라 변화하여 왔다. 특히 현대에 이르러서는 가족의 기능이 점차 약화되는 경향이 있다. 가령 성행위는 더 이상 부부 사이에서만 허용되는 것이라고는 보지 않게 되었다. 또 오늘날 가족 외에도 자녀의 양육과 사회화를 담당하는 학교나 보육시설 등의 기구가 존재하고 있다. 그리고 가족의 사회적 보호 기능 내지 부양적 기능은 오늘날 국가의 사회보장 기능이 증대함에 따라 상대적으로 줄어들게 되었다. 가족의 생산적 기능도 가정과 일터가 분리됨에 따라 오늘날은 그다지 의미를 가지지 못하며, 남편과 아내의 역할 분담도 이전처럼 현저하지는 않다. 이처럼 가족의 기능이 약화됨에 따라 가족제도가 각 개인에게 가지는 중요성도 줄어들게 되었다. 현재 혼인이 줄어들고, 이혼이 늘어나는 현상이 나타나게 된 것도 가족제도의 중요성이 줄어든 때문이라고 설명할 수도 있다. 그리하여 과거에는 가족 구성원보다는 가족 그 자체의 성립과 유지가 더 중요하다고 하는 인식이 지배적이었던 반면, 근래에는 가족 구성원 개개인의 행복 내지 복리를 더 중요시하는 경향이 늘어나고 있다.

친족법의 기능은 가족의 순기능을 조장하고, 역기능을 억제하며, 불가피한 경우에는 가족관계를 해소시키는 데 있다고 할 수 있다. 친족법은 다음의 몇 가지 기능을 하고 있다.

첫째, 가족제도의 설정 및 승인기능. 친족법은 다양한 생활관계 가운데 특정한 것을 법률적으로 보호받을 수 있는 가족관계로 설정하여 승인하고, 그 내용을 결정한다. 혼인, 친생자, 양자 등이 그러한 예이고, 지금은 폐지된 적서(嫡庶)의 차별도 이에 해당한다. 이러한 기능을 가족제도의 설정 및 승인기능이라고 할 수 있는데, 이는 법이 어떠한 관계를 가족관계로 보호할 것인가 하는 법적 승인의 전제가 될 뿐만 아니라, 사회적 승인의 전제로서 일반인의 행동규범의 기초가 되기도 한다. 다만, 이처럼 보호의 대상으로 승인된 가족관계를 구체적으로 보호하는 것은 친족법 자체의 과제라기보다는 상속법, 불법행위법, 형사법, 사회보장법, 절차법 등 법질서 전체의 과제로서, 친족법이 직접 가족관계를 보호하는 것은 오히려 예외에 속한다는 점에 주의할 필요가 있다. 이러한 승인기능에서 파생되는 것이 이른바 표현적 내지 상징적 기능이다. 이는 가족제도가 어떤 특정한 도덕적 가치를 상징한다는 의미로 이해할 수 있다. 과거의 호주제도나 동성동본 금혼제도는 남성 우위의 가족제도를 나타내는 것으로서, 실제 법률적인 의미는 크지 않더라도 일반인의 가족관계에 대한 인식에는 중요한 역할을 한다. 부성주의(父姓主義)도 마찬가지이다.

둘째, 친족법은 가족 구성원 사이에 구체적인 분쟁이 생긴 경우 이를 해결하는 기능을 한다. 이를 분쟁해결 기능이라고 할 수 있다. 가족 내부에 분쟁이 생긴 경우에 그 해결 절차와 방법은 가족 아닌 다른 사람들과 분쟁이 생긴 경우와 다르고, 친족법도 그에 따른 특수한 규율을 하고 있다. 종전에는 국가나 사회에서도 가족 그 자체의 유지에 주로 관심을 기울였고, 가족 사이의 분쟁은 되도록 국가가 개입하지 않고 가족 내에서 해결하도록 하려는 경향이 있었다. 그러나 현대에 이르러서는 가족의 기능이 약화됨에 따라 가족 구성원들의 행복 내지 복리가 보다 중요한 문제로 떠올랐다. 그에 따라 가족법에서도 이러한 관점에서 사전에 가족 구성원들 사이에 분쟁이 생기지 않도록 하고, 생긴 경우에는 구성원들의 복리가 최대화되거나 아니면 그에 대한 피해가 최소화될 수 있는 방향으로 해결하여야 할 필요가 크다. 다만 친족법상의 분쟁에 국가가 과도하게 개입하는 것은 그 자체가 가정의 유지에 부정적인 영향을 미칠 우려가 있으므로 신중을 요한다. 그리고 친족법상의 분쟁해결에 있어서는 의무 자체의 강제이행은 원칙적으로 허용되지 않는다. 예컨대 약혼은 강제이행을 청구하지 못한다(803조).

셋째, 친족법의 특유한 기능으로서는 가족구성원의 보호기능과 부양기능을 들 수 있다. 우선 미성년인 자녀는 친권자가 보호하고 교양할 권리의무가 있다(913조). 친권자가 없는 미성년자나 피성년후견인 또는 피한정후견인은 후견인이 보호하여야 한다. 그리고 직계혈족과 그 배우자간 및 생계를 같이하는 친족 사이에는 부양의무가 있다(974조). 배우자 상호간 및 부모와 미성년 자녀 사이에도 부양의무가 있지만, 이는 그들이 서로에 대하여 부담하는 일반적인 의무에 포함되는 것으로서, 법에 의하여 친족 사이에 인정되는 부양의무와는 성질상 차이가 있다. 이러한 보호기능과 부양기능은 민법이나 다른 사법에서는 보이지 않는 친족법의 특유한 기능이기는 하지만, 사회복지법도 이와 같은 기능을 수행한다. 따라서 국가의 사회복지적 기능이 확대되면 친족법에 의한 보호의무나 부양의무의 영역은 그만큼 줄어들게 된다.

3. 친족법의 특질

▌**참고문헌:** 윤진수, "헌법·가족법·전통", 민법논고 Ⅳ, 2009; 윤진수, "재산법과 비교한 가족법의 특성", 민법논고 Ⅶ, 2015; 윤진수, "진화심리학과 가족법", 민법논고 Ⅶ, 2015

종래 학설은 친족법의 중요한 특질 중 하나로 그 비합리성·비타산성을 들고 있었다. 그러나 가족법이나 가족법상의 법률관계 자체가 비합리적이라고 할 수는 없다. 가족관계는 이기주의가 지배적인 재산법상의 법률관계와는 달리 이기주의와 이타주의가 혼합된 측면을 가지고 있지만, 이타주의라고 하여 반드시 비합리적인 것은 아니다.

친족법의 또 다른 특질로서 보수적이고 오랫동안 관습, 때로는 종교의 영향을 받는다는 주장이 있다. 그러나 실제로는 우리나라에서는 친족법 및 상속법은 재산법에 비하여 훨씬 더 변화의 속도가 빠르다. 친족법이 보수적이라고 하는 주장이 생기게 된 것은 친족법을 개정하는 데 국민적인 관심 또는 저항이 크다는 점에 연유하는 것이지만, 현재 우리나라의 친족법이 보수적이라고 말하기는 어렵다.

친족법의 형식상 가장 강력한 특질은 그 요식성 또는 강행법규성에 있다. 우선 친족법에서는 계약자유의 원칙이 지배하는 채권법과는 달리 친족법이 예정하고 있는 법률관계만 인정되고, 또 그러한 법률관계가 성립하기 위해서는 원칙적으로 신고와 같은 일정한 요식행위를 거쳐야 한다. 예컨대 혼인신고를 거치지 않은 남녀의 동거관계는 아무리 오랜 세월을 같이 살아도 부부관계로는 인정되지 않고, 따라서 일방이 사망하여도 다른 일방이 배우자로서 상속권을 가지지 못한다. 그 외에 이혼이나 입양도 신고가 있어야만 효력이 발생하며, 사실상의 이혼, 사실상의 양자 등도 법적인 효력을 인정받지 못한다. 이처럼 친족법 분야에 요식성의 원칙이 지배하는 것은, 사람의 신분은 재산관계 등 그 법률관계 전반의 기초가 되는 것으로서 특히 높은 정도의 명확성이 요청되기 때문이다. 그러나 다른 한편으로는 판례와 학설상 법적 형식 내지 신분보다는 실제를 중시하여 사실혼에 대하여 법률상의 보호를 부여하려고 하는 경향이 보이고 있다는 것도 유의하여야 한다.

그리고 친족법의 제도는 선량한 풍속 기타 사회질서에 해당되는 경우가 많다. 예컨대 일부일처제도에 반하는 축첩계약은 무효이다(대법원 1998. 4. 10. 선고 96므1434 판결). 또한 어떠한 일이 있어도 이혼하지 아니하겠다는 각서를 써 주었다 하더라도 그와 같은 의사표시는 신분행위의 의사결정을 구속하는 것으로서 공서양속에 위배하여 무효이다(대법원 1969. 8. 19. 선고 69므18 판결).

다른 한편 친족법에서는 본인의 의사와는 관계없이 국가가 본인의 이익을 위하여 개입하는 후견주의(paternalism)가 작용하는 경우가 많다. 이는 사랑과 애정에 기초한 장기적인 관계인 가족관계에서는 완전한 합리적 선택이 담보되기 어렵기 때문이다(이른바 제한된 합리성, bounded rationality). 그리하여 친족법상의 법률행위 중 많은 것은 법원의 재판이나 확인을 거쳐야 한다(재판상 이혼, 입양의 허가 등).

또한 친족법상 분쟁해결 방법은 의무위반이 있더라도 강제이행이 인정되지 않는 등 다른 재산법적인 분쟁의 경우와는 다른 특수성이 있다. 예컨대 약혼은 강제이행을 청구하지 못하고(803조), 부부 사이의 동거의무를 이행하지 않더라도 손해배상을 청구할 수 있을 뿐, 강제집행을 할 수는 없다(대법원 2009. 7. 23. 선고 2009다32454 판결). 왜 친족관계에서는 강제이행이 제한되는가? 그 이유는, 친족관계가 원만히 유지되려면 협조와 신뢰가 중요한데, 이는 자발적인 의사에 기하여서만 가능하고, 강제이행에 의하여는 그러한 협조와 신뢰를 얻는 것이 불가능하며, 강제이행의 결과는 권리자에게도 만족스러운 것이 되지 못하기 때문이다.

Ⅱ. 가족관계와 친족법의 변화

1. 친족법의 연혁

▮**참고문헌:** 양현아, "2005년 가족법 개정의 방향 읽기", 한국가족법읽기, 2012; 이상욱, "가족법 제정의 경위와 주된 쟁점", 가족법연구 14호, 2000; 이태영, 가족법개정운동 37년사, 1992

조선시대에는 독립적인 민법전이나 친족법전이 존재하지 않았고, 친족법에 관한 규정이 경국대전 등 여러 법전에 산재해 있었다. 당시 친족법은 중국의 종법제(宗法制)를 받아들여 동성동본금혼(同姓同本禁婚), 이성불양(異姓不養) 등의 원칙이 강조되었다.

일제강점기에는 1912년에 조선민사령(朝鮮民事令)이 시행되어 민사에 관하여는 일본 민법을 의용하게 하였지만, 친족상속에 관하여는 관습에 의하도록 규정하였다. 그러나 일본의 법원은 많은 경우에 일본의 법률을 한국의 관습이라 하여 적용하였다.

친족법을 포함한 민법은 1958. 2. 22. 제정 공포되어 1960. 1. 1.부터 시행되었다. 그러나 제정 민법의 친족법에는 구래의 관습을 근거로 하여 비민주적이고, 남녀평등에 위배되는 규정이 많았다. 호주제를 인정하고, 친족의 범위에 관하여 부계 8촌, 모계 4촌으로 차등을 둔 것이나, 친권을 제1차적으로 부(父)에게만 인정한 것 등이 그 예이다. 이러한 불합리는 이후 여러 차례에 걸친 친족법 개정을 통하여 점차 시정되었다. 아울러 헌법재판소의 결정도 친족법의 변화를 가져오는 데 중요한 역할을 하였다.

가족법의 개정 가운데 중요한 것은 1977년, 1990년, 2005년의 개정이다. 이 중 2005년의 개정은 호주제를 폐지하고 동성동본금혼 규정을 폐지하는 등 근본적인 변화를 가져왔다. 그 후에도 2011. 3. 7. 개정은 새로운 성년후견제도를 도입하였고, 2011. 5. 19. 개정은 이혼 후 단독친권자로 지정된 부모 일방이 사망한 때에 타방의 친권이 자동적으로 부활하는 것을 막는 것이었다. 2012. 2. 10. 개정은 미성년자의 입양에 관하여 법원의 허가를 얻도록 하는 것을 주된 내용으로 하고 있다. 위 개정 법률들은 2013. 7. 1.부터 시행되었다. 2014. 10. 15. 개정은 자녀의 복리보호를 위하여 친권의 일부정지, 제한 및 친권자의 동의를 갈음하는 재판 제도를 신설하였다. 2016. 12. 2. 개정은 조부모의 손자녀에 대한 면접교섭권을 인정하였고, 2017. 10. 31. 개정은 가정법원의 허가에 의한 친생부인과 인지를 도입하였다.

이러한 가족법의 변화 과정을 한 마디로 표현한다면, 종래의 가족법은 가족주의(家族主義)를 바탕으로 한 것이었으나, 그 후의 변화는 가족 구성원인 개인의 행복을 추구한 것이었다고 할 수 있다. 가족주의란 가족 그 자체의 유지와 이익이 가족 구성원 개개인의 이익보다 더 중요하다는 생각이라고 할 수 있다. 이러한 가족주의가 개인의 행복추구를 제한하고, 가족 내에서의 불평등을 정당화하는 기능을 하고 있었다. 예컨대 동성동본금혼 규정은 개인의 혼인의 자유를 제한하였고, 호주제는 가족 내의 불평등을 당연한 것으로 전제하였다. 또 과거의 양자제도는 사후양자와 유언에 의한 양자를 인정하여, 자녀의 이익보다는 가문의 승계를 더 중요시하였다. 그러나 개정된 가족법은 동성동본금혼을 폐지하여 개인의 혼인에 의한 행복추구의 폭을 넓혔고, 호주제를 폐지하여 가족 내의 불평등을 제거하였다. 그리고 재산분할제도의 도입은 형식적 평등뿐만 아니라 실질적 평등을 도모하기 위한 것이었다. 또한 현재의 친족법은 가족 내의 약자보호도 추구하고 있다. 즉 양자제도를 개선하여 자녀의 복리를 위한 친양자제도를 도입하였고, 미성년자 입양을 위하여는 법원의 허가를 받도록 하는 등 양자녀의 이익을 보호하려고 한다. 또 자녀의 이익을 보호하기 위하여 친권 제한의 폭을 넓혔으며, 성년후견제의 시행도 장애인의 이익을 보호하기 위한 것으로 이해할 수 있다.

앞으로의 가족법도 이처럼 가족 개개인의 행복추구와 약자보호의 방향으로 발전할 것으로 예측된다.

2. 가족관계의 변화

▮참고문헌: 양현아, "한국 친족상속법의 변화에 관한 사회학적 해석: 1958년-2007년", 가족법연구 23권 1호, 2009; 이화숙, "한국가족의 변화와 가족법", 박병호교수화갑기념

(Ⅰ) 가족법학논총, 1991

가족관계 자체도 빠르게 변하고 있다. 대한민국 수립 후 가족관계의 변화에 한하여 보더라도 다음과 같은 경향이 관찰된다.

첫째, 핵가족화 현상이 빠르게 진행되고 있다. 둘째, 가정 내에서의 남녀의 역할도 변화하고 있다. 이전에는 여자가 직업을 가진다는 것은 예외적이었고, 특히 결혼하면 이른바 전업주부로 있는 것이 보통이었으나, 이제는 이른바 맞벌이 부부가 일반화되어 가고 있다. 셋째, 혼인이 감소하고 이혼이 늘어나고 있다. 1970년에는 조혼인율(인구 1,000명당 혼인건수)이 9.1건, 조이혼율(인구 1,000명당 이혼건수)이 0.4건이었는데, 2022년에는 조혼인율 3.7건, 조이혼율 1.8건이었다. 넷째, 출생률은 현저하게 떨어진 반면, 평균수명은 늘어나서 노령화가 빠른 속도로 진행되고 있다. 다섯째, 외국인과의 혼인이 급격하게 늘어났다.

이러한 현상은 친족법에 관하여도 영향을 미친다. 가령 재산분할청구권 제도의 도입이나, 이혼 부부의 자녀 양육비 확보 문제가 심각하여진 것은 이혼율의 증가와 밀접한 관련이 있다. 또 노인의 부양도 단순히 친족법의 영역뿐만 아니라 사회보장적인 측면에서도 다루어야 할 필요성이 늘고 있다. 그리고 외국인과의 혼인에서는 혼인이 유효하게 성립하였는가를 비롯한 여러 가지 분쟁이 빈번히 발생하고 있다.

Ⅲ. 친족법과 민법총칙

▮**참고문헌:** 박동진, "신의칙과 권리남용금지원칙의 가족법관계에의 적용", 가족법연구 19권 1호, 2005; 양창수, "「가족법」상의 법률행위의 특성", 가족법연구 19권 1호, 2005; 윤진수, "재산법과 비교한 가족법의 특성", 민법논고 Ⅶ, 2015; 조미경, "가족법상의 법률행위의 특수성", 이호정교수화갑기념 법률행위론의 사적전개와 과제, 1998

민법총칙은 형식적으로는 민법 전체를 통한 통칙이고, 친족법에도 적용된다. 그러나 민법총칙 규정 중에는 친족법에 그대로 적용하기 어려운 것들이 많다.

먼저, 신의성실·권리남용금지(2조) 등은 친족법에 적용되지만, 친족법의 특수성에 따른 제한이 있다. 대법원 2004. 6. 24. 선고 2004므405 판결은, 가사소송에서도 신의칙에 위배한 소권의 행사는 허용되지 않지만, 친족법상 친자관계의 존부를 다투는 소송에 있어서는, 친자관계가 신분관계의 기본이 되고, 진실한 신분관계를 확정하는 것은 그 자체가 법이 의도하고 있는 정당한 행위이며, 법에서 친족에 의한 친생자관계부존재확인의 소에 대하여는 특별히 제소기간에 제한을 두지 아니한 취지에 비추어 달리 특별한 사정이 없는 한 친생자관계부존재확인의 소가 소권의 남용이라는 명목으로 쉽게 배척되어서는 안 될 것이라고 하였다.

그리고 친족법상의 법률행위에 민법총칙 중 법률행위에 관한 규정이 적용될 수 있는지가 문제되는데, 적용된다 하더라도 수정 없이 적용되기는 어렵다. 첫째, 행위능력에 관하여는 별도의 규정을 두고 있는 경우가 많다. 가령 미성년자의 경우 18세를 넘어야 부모의 동의를 얻어 혼인할 수 있고(807조), 피성년후견인(종전의 금치산자)도 부모나 후견인의 동의를 얻으면 약혼, 혼인, 이혼 등 친족법상의 법률행위를 할 수 있다(802조, 808조 2항, 835조).

둘째, 의사표시의 무효와 취소에 관한 규정도 아무런 수정 없이 적용될 수 없다. 민법총칙은 비진의표시나 허위표시 등에 대하여도 일정한 경우 그 효력을 인정하고 있으나, 친족법에서는 당사자의 의사를 절대적으로 존중하여야 하므로 진의 아닌 친족법상 법률행위는 언제나 무효이고, 제3자에 대하여도 무효로 대항할 수 있다고 보아야 할 것이다. 비진의표시는 상대방이 이를 알 수 없었던 경우에도 무효라고 보아야 한다(대법원 2010. 6. 10. 선고 2010므574 판결 참조). 사기·강박에 의한 의사표시에 관하여도 친족법에 별도의 규정을 두고 있는 경우가 많다(816조 3호, 838조, 884조 1항 3호).

셋째, 공서양속 위반 법률행위의 무효 법리(103조)가 친족법상 법률행위에 대하여 적용될 수 있다는 주장이 있다. 그러나 혼인, 이혼, 입양 등 친족법상 법률행위에 관한 한 무효사유를 따로 정하고 있으므로 공서양속 위반은 원칙적으로 인정될 여지는 없다. 다만 그 밖의 친족법과 관계있는 법률행위로서 이러한 무효에 관한 특별규정이 없는 경우에는 103조가 적용될 수 있다. 예컨대 축첩계약, 대리모계약, 이혼을 하지 아니하기로 하는 계약 등이 그러하다.

넷째, 대리에 관한 규정도 친족법상의 법률행위에는 적용되지 않는 경우가 많다. 특히 가족관계를 설정하는 법률행위는 제1차적으로는 본인의 의사에 의하여야 하는 일신전속적인 것이고, 따라서 임의대리는 인정되지 않는다. 예컨대 혼인을 할 것인지 여부의 결정을 본인 아닌 다른 사람에게 맡길 수는 없다. 그러나 본인이 친족법상의 법률행위를 할 능력이 제한되어 있는데, 본인의 이익을 위하여는 그러한 법률행위가 필요한 경우에는 법정대리는 비교적 폭 넓게 인정된다.

다섯째, 무효인 법률행위를 추인하여도 효력이 없고, 당사자가 무효임을 알고 추인한 때에는 새로운 법률행위로 본다는 139조의 규정이 친족법에 적용되는가에 대하여는 학설상 논란이 있으나, 판례는 이는 친족법에는 적용되지 않는다고 하여 소급적인 추인을 인정한다. 그리하여 판례는 무효인 혼인신고의 추인(대법원 1965. 12. 28. 선고 65므61 판결), 무효인 입양신고의 추인(대법원 1991. 12. 27. 선고 91므30 판결) 및 그 소급효도 인정하고 있다.

여섯째, 친족법상의 법률행위에는 조건이나 기한을 붙일 수 없는 것이 원칙이다.

이외에도 민법상의 법률행위는 불요식행위가 원칙이지만, 친족법상의 법률행위는 요식행위인 경우가 많다.

이와 관련하여 신분행위라는 개념이 논의되고 있다. 즉 신분관계의 형성, 변경, 해소를 발생시키는 행위를 신분행위라고 하면서, 신분행위에는 혼인·입양·인지 등과 같이 직접 신분의 창설·폐지·변경을 지향하는 형성적 신분행위, 친권자로서의 행위 등과 같이 자기의 신분에 기하여 타인의 신상에 신분적 지배를 하는 지배적 신분행위, 부부재산계약·이혼에 있어서의 재산분할이나 자(子)의 감호자에 관한 합의·상속의 승인포기 등과 같이 다른 신분행위에 부수된 행위의 3가지 유형이 있다고 한다. 그러나 신분행위 개념은 과거 일본의 특수한 상황을 바탕으로 하여 생겨난 개념으로서, 가족법상 법률행위의 특수성을 인정한다고 하더라도 종래 논의되고 있는 것과 같은 신분행위라는 개념을 인정할 필요는 없다. 신분행위 개념의 창시자인 일본의 나카가와 젠노스케(中川善之助)는, 형성적 신분행위는 언제나 선언적이고 창설적인 것은 아니며, 혼인적 사실이 존재하지만 혼인체결행위가 결여된 경우에 이는 無는 아니고, 실체는 존재하며, 총칙의 무효·취소 이론은 신분법에는 거의 적용될 수 없다고 한다. 그러나 친족법상의 법률행위에는 재산법상의 법률행위와 다른 특성이 있기는 하지만, 이를 설명하기 위하여 반드시 신분행위라는 개념이 필요하거나, 형성적 신분행위는 선언적이라고 볼 것은 아니다. 형성적 신분행위를 선언적이라고 보는 것은 신고와 같은 법이 요구하는 형식적 요건의 의미를 매우 경시하는 것이다.

제2장 친족의 범위

▮참고문헌: 이은정, "가족의 범위", 가족법연구 20권 1호, 2006; 최진섭, "형제자매관계의 민법상 의의", 가족법연구 22권 3호, 2008

친족은 민법뿐만 아니라 여러 법률에서 법률요건으로 된다. 가령 형법상 범인은닉죄나 증거인멸죄에서는 일정한 친족관계가 인적 처벌조각사유가 되고(刑 151, 155조), 친족상도례(親族相盜例) 등에서는 형 면제사유가 되며(刑 328조), 소송법에서는 증언거부권, 법관 등의 제척사유가 인정된다. 이 외에 각종 특별법에서는 친족이라는 사실에 기하여 특별한 효과를 인정하고 있다.

Ⅰ. 친족의 종류

민법은 배우자, 혈족(血族) 및 인척(姻戚)의 3가지를 친족으로 규정하고 있다(767조).

1. 배우자

배우자는 법률상의 부(夫) 또는 처를 말한다. 따라서 사실혼의 배우자나 첩 등은 친족이 아니다. 배우자관계는 혼인의 성립에 의하여 발생한다.

2. 혈 족

혈족에는 자연혈족과 법정혈족이 있다. 자연혈족관계는 원칙적으로 출생(또는 인지)에 의하여 발생하고, 사망에 의하여 소멸한다. 법정혈족인 양부모관계는 입양의 성립에 의하여 발생한다. 양자의 직계비속은 그 출생이 입양 성립 전인지 후인지를 묻지 않고 양부모의 법정혈족이 된다. 법정혈족관계는 입양의 취소 또는 파양으로 인하여 소멸한다(776조). 그러나 부부공동입양 후 양부모가 이혼하더라도 양모와 양자 사이의 법정혈족관계에는 변동이 없다(대법원 2001. 5. 24. 선고 2000므1493 전원합의체 판결).

1990년 개정 전의 민법은 계모자(繼母子) 관계와 적모서자(嫡母庶子) 관계를 법정혈족으로 하고 있었으나, 1990년 개정 민법은 이를 전근대적인 것이고 남녀평등에 반하는 것이라는 이유로 폐지하였다. 현행법상 이들 관계는 혈족의 배우자 또는 배우자의 혈족으로서 인척에 해당한다. 헌법재판소의 판례(헌법재판소 2009. 11. 26. 선고 2007헌마1424 결정; 2011. 2. 24. 선고 2009헌바89, 248 결정)는 계모자 간에 상속권을 인정하지 않는 것이 위헌이 아니라고 하였다.

혈족은 직계혈족과 방계혈족으로 나누어진다. 직계혈족은 자기의 직계존속과 직계비속을 말한다. 방계혈족은 자기의 형제자매와 그 형제자매의 직계비속(조카, 생질 등), 직계존속의 형제자매(백숙부, 이모, 고모, 외삼촌 등) 및 그 형제자매의 직계비속(이종사촌, 고종사촌 등)을 말한다(768조). 과거에는 자매의 직계비속{생질(甥姪) 등}과 직계존속의 자매의 직계비속(이종사촌 등) 등과 같은 여계(女系)혈족은 방계혈족에서 제외되어 있었으나, 남녀평등의 이념에 배치되어 1990년 민법 개정에서 현재와 같이 개정되었다.

3. 인척(姻戚)

인척은 배우자 이외에 혼인에 의하여 친족이 되는 사람을 말한다.

인척에는 혈족의 배우자(사위, 형제의 처, 자매의 남편 등), 배우자의 혈족(장인장모, 시부모, 형수, 처제 등), 배우자의 혈족의 배우자(배우자의 백숙모, 배우자의 형제의 처 등)가 포함된다(769조). 1990년 개정 전까지는 혈족의 배우자의 혈족(자기 형수의 부모, 자기 계모의 딸 등)도 인척이었으나, 1990년 개정으로 인척의 범위에서 제외되었다.

인척관계는 혼인의 성립으로 발생한다. 혼인이 무효인 때에는 인척관계는 처음부터 생기지 아니한다. 인척관계는 혼인의 취소나 이혼으로 종료하며, 부부 일방이 사망하고 생존 배우자가 재혼한 때에도 마찬가지이다(775조). 민법은 배우자에게도 대습상속권을 인정하고 있는데(1003조 2항, 1001조), 775조에 비추어 부부의 일방이 사망한 다음 생존 배우자가 재혼한 경우에는 재혼한 생존 배우자에게는 대습상속이 인정되지 아니한다고 보아야 한다. 법정혈족관계를 매개로 인척관계가 성립하는 경우 입양의 취소나 파양으로 법정혈족관계가 소멸하였을 때에도 인척관계가 종료한다(776조). 다만, 개별 법률관계에 따라 과거의 인척관계가 현재의 인척관계와 마찬가지로 다루어질 수 있다(815조 3호 등).

Ⅱ. 친족의 범위와 가족

친족은 특별한 규정이 없는 한 8촌 이내의 혈족, 4촌 이내의 인척 및 배우자에 한한다(777조).

1. 촌수(寸數)의 계산

민법은 친족관계를 발생하게 하는 출생의 수로 촌수를 결정하는 로마법주의를 채택하고 있다. 민법은 이러한 출생의 수를 세수(世數)라고 하여, 직계혈족의 경우에는 자기로부터 직계존속에 이르고, 자기로부터 직계비속에 이르는 세수에 의하여, 방계혈족의 경우에는 동원의 직계존속에 이르는 세수와 그 동원의 직계존속으로부터 직계비속에 이르는 세수를 통산한다고 한다(770조). 양자(養子)의 촌수는 혼인 중의 출생자와 동일한 것으로 본다(772조).

배우자의 경우에는 촌수가 없고, 인척의 경우 배우자의 혈족은 배우자의 그 혈족에 대한 촌수에 따르며, 혈족의 배우자에 대하여는 그 혈족에 대한 촌수에 따른다(771조).

2. 친족의 범위

친족은 특별한 규정이 없는 한 8촌 이내의 혈족, 4촌 이내의 인척, 배우자에 한한다.

과거에는 친족의 범위에 남녀의 차별을 두어 8촌 이내의 부계혈족, 4촌 이내의 모계혈족, 부(夫)의 8촌 이내의 부계혈족과 4촌 이내의 모계혈족, 처의 부모 및 배우자를 친족으로 하였으나, 1990년 개정민법은 이러한 남녀의 차별을 철폐하였다.

3. 가족의 개념

▮**참고문헌**: 김민지, "다양한 가족 유형의 확산에 따른 「민법」의 개선 과제 검토", 가족법연구 34권 1호, 2020.

2005년 개정 전에는 호주제도를 전제로, 호주와 가족이 「가(家)」를 구성하는 것으로 규정하고 있었다(2005. 12. 29. 개정 전 778조 이하). 이러한 가(家) 개념은 현실적인 생활공동체인 가족이 아니라 추상적인 법적 공동체를 의미하였다. 2005년 개정으로 호주제도를 없애면서, 779조에 가(家) 대신 「가족」의 범위에 관한 규정을 신설하였다. 779조는 배우자, 직계혈족 및 형제자매와, 생계를 같이 하는 직계혈족의 배우자, 배우자의 직계혈족 및 배우자의 형제자매를 가족으로 규정하고 있다.

그러나 이러한 규정에 어떠한 법률적 의미나 실익이 있는지는 명확하지 않다. 위 2005년 개정 민법의 초안을 만들었던 당시의 법무부 가족법개정위원회의 제안에는 이에 관한 규정이 없었는데, 국무회의에서 호주제도를 폐지하면 '가족의 해체'가 우려된다고 하여, 그 대안으로 가족 규정을 넣게 된 것이다. 민법의 다른 규정에서 가족을 언급하고 있는 것은 940조의5(후견감독인의 결격사유) 하나뿐이고, 이 규정을 몇 군데에서 준용하고 있다(959조의5 2항, 959조의10 2항, 959조의15 5항).

제3장 혼 인

Ⅰ. 혼인의 의의와 혼인제도의 역사

1. 혼인의 의의

▮**참고문헌:** 김수정, "유럽에서의 동성혼 합법화 경향", 가족법연구 29권 1호, 2015; 김진하, "동성동반자에 대한 사회적 인정 및 사회보장과 혼인신고", 재판자료집 143집, 2022; 김학태, "성전환자의 법적 지위에 관한 연구", 외법논집 39권 3호, 2015; 민유숙, "성전환자에 대한 호적정정의 가부", 대법원판례해설 60호, 2006; 박용숙, "성별불쾌감(gender dysphoria, GD)에 따른 성별변경에 대한 일고찰", 헌법학연구 27권 2호, 2021; 박은영, "신원 관리에 있어 간성(間性, intersex)의 법적 인식에 대한 고찰", 이화젠더법학 11권 3호, 2019; 박한희, "트랜스젠더의 법적 성별정정제도에 대한 입법적 제안", 인권과 정의 2021. 6; 성중탁, "동성(同性)혼에 관한 법적 쟁점과 전망", 가족법연구 31권 1호, 2017; 손명지, "동성혼에 대한 재고", 가족법연구 33권 3호, 2019; 신윤주, "미성년 자녀가 있는 성전환자의 성별(性別)정정 허가 및 판단 기준", 사법 63호, 2023; 신윤주, "성전환자의 성별정정 허가 요건에 관한 대법원 전원합의체 결정의 의미와 한계", 사법 64호, 2023; 우인성·이은실, "성별정정에 관하여", 사법논집 71집, 2020; 윤진수, "혼인의 자유", 민법논고 Ⅳ, 2009; 윤진수, "혼인 성립에 관한 민법의 개정방향", 민법논고 Ⅳ, 2009; 윤진수, "성별정정 허가가 있기 전의 성전환자의 법적 지위", 민법논고 Ⅶ, 2015; 윤진수(김수인 역), "성전환자의 인권 보호에 있어서 법원의 역할", 민법논고 Ⅶ, 2015; 윤진수, "미성년 자녀를 둔 성전환자의 성별정정", 민법논고 Ⅷ, 2021; 윤진수, "유럽에서의 동성혼인 및 동성결합에 관한 최근의 동향", 가족법연구 35권 2호, 2021; 이보연, "'제3의 성'의 법적 인정", 인하대 법학연구 22권 1호, 2019; 이준일, "헌법상 혼인의 개념: 동성간 혼인의 헌법적 허용가능성", 공법연구 37권 3호, 2009; 이준호, "성전환자에 대한 성별정정 허가 사건의 법리적 검토", 서울법학 29권 4호, 2022

혼인은 일반적으로 법률적으로 승인된 남녀의 생활공동체적 결합관계를 말한다고 정의되고 있다. 그러나 법률혼 아닌 사실혼도 오늘날에는 판례에 의하여 승인되어 있다고 말할 수 있다. 그러므로 여기서는 혼인을 당사자가 일방적으로는 해소할 수 없는, 법률적으로 승인된 남녀의 생활공동체적 결합관계라고 정의하고자 한다. 혼인을 해소하려면 당사자 쌍방의 합의가 있거나(협의상 이혼), 판결이 있어야 한다(재판상 이혼 또는 혼인의 취소). 이 점에서 당사자가 일방적으로 해소할 수 있는 사실혼과는 구별된다. 그리고 생활공동체적 결합관계란 부부가 정신적 및 육체적으로 결합하여 생활한다는 것을 말한다. 그러므로 이른바 가장혼인의 경우에는 이러한 혼인의 요건을 갖추지 못한 것이므로 유효한 혼인이라고 할 수 없다.

다른 한편 혼인은 양 당사자 사이의 의사의 합치에 이루어지므로 계약의 일종이다. 혼인의 자유는 헌법상 기본권에 속한다(헌법재판소 1997. 7. 16. 선고 95헌가6 내지 13 결정 등).

혼인은 남녀 양성의 결합관계이다. 남자와 여자의 성별(性別)은 어떻게 결정되는가? 종래의 전통적인 견해는 제1차적으로 성염색체의 구성에 따라 성별이 결정된다고 보았다. 즉 성염색체가 XX이면 여성, XY이면 남성이고, 성염색체에 이상이 있는 경우에는 생식기의 구조, 정신·심리학적 성 등을 고려한다고 하였다. 문제는 성전환수술을 받은 경우에 성이 바뀌는가 하는 점이다. 외국에서는 성전환수술을 받은 경우에 성의 변경을 인정하고 있는 것이 일반적이다.

우리나라에서도 성전환에 의한 성의 변경을 인정할 것인지가 학설과 실무상 논란이 되고 있었는데, 대법원 2006. 6. 22.자 2004스42 전원합의체 결정([판례 1])은, 성전환수술을 받고 반대 성으로서의 외부 성기를 비롯한 신체를 갖추고, 전환된 신체에 따른 성을 가진 사람으로서 만족감을 느끼며, 개인적인 영역 및 직업 등 사회적인 영역에서 모두 전환된 성으로서의 역할을 수행함으로써 주위 사람들로부터도 그 성으로서 인식되고 있고, 전환된 성을 그 사람의 성이라고 보더라도 다른 사람들과의 신분관계에 중대한 변동을 초래하거나 사회에 부정적인 영향을 주지 아니하여 사회적으로 허용된다고 볼 수 있다면 성별정정이 허용된다고 하였다. 현재 성별정정 허가를 규율하는 성문의 법규정은 없고, 대법원의 「성전환자의 성별정정허가신청사건 등 사무처리지침」(登錄例規 550호)이 이 문제를 규율하고 있다. 그런데 이 예규는 신청인이 성전환수술을 받아야만 성별정정을 허가할 수 있도록 규정하고 있으나, 서울서부지법 2013. 11. 19.자 2013호파1406 결정은 외부성기의 형성이 없어도 여자에서 남자로 성별정정 허가를 할 수 있다고 하였고, 청주지법 영동지원 2017. 2. 14.자 2015호기302 결정은, 남자에서 여자로의 성별정정도 외부성기의 형성 없이도 허용된다고 하였다.

유럽인권재판소(European Court of Human Rights)는 2017. 4. 6. Case of A.P., Garçon and Nicot v. France 판결에서, 성별정정의 요건으로서 불가역(不可逆)적인 외관의 변화, 즉 불임수술이나 불임의 가능성이 높은 의학적 치료를 요구하는 것은 유럽인권협약 8조의 사생활의 존중(respect for the private life)에 위배된다고 하였다.

그리고 대법원 2011. 9. 2.자 2009스117 전원합의체 결정은, 혼인 중에 있는 사람의 성별정정은 허가할 수 없고, 미성년 자녀가 있는 사람도 마찬가지라고 하였다. 그러나 미성년 자녀가 있다는 이유만으로 성별정정을 허가할 수 없다고 볼 필요는 없다. 위 결정은 성별정정이 미성년 자녀에게 정신적 충격을 준다는 점을 근거로 들고 있으나, 미성년 자녀의 정신적 충격은 성전환 자체에서 생기는 것이고, 성별정정 허가에 의하여 새로이 생긴다고 하기는 어려울 뿐만 아니라, 그러한 사정이 있더라도 성별정정을 불허할 충분한 근거는 되지 못한다. 결국 대법원 2022. 11. 24.자 2020스616 전원합의체 결정은, 성전환자에게 미성년 자녀가 있다는 사정만을 이유로 성별정정을 불허하여서는 아니 된다고 하였다. 그런데 이 결정은 미성년 자녀가 있다는 사정을 성별정정에서 고려할 사유의 하나로 보아, 미성년 자녀의 불이익이 성전환자의 권리를 제한·침해하는 것보다 현저하게 크고 중대한 경우에는 성별정정을 불허할 수 있다고 하였으나, 이에는 동의하기 어렵다. 미성년 자녀가 있다는 사정은 성별정정 불허가의 사유로 고려되어서는 안 될 것이다.

다른 한편 동성혼인(同性婚姻; same sex marriage)이 허용되는지도 문제된다. 종래 혼인은 서로 다른 성(性)을 가진 자, 즉 남자와 여자와의 결합이라는 점이 당연시되었다. 그러나 근래 외국에서는 동성혼인을 허용하는 나라가 많아지고 있다. 초기에는 동성의 결합을 법률적 혼인이 아니라 일종의 파트너십과 같이 보아, 혼인에 준하는 보호를 하였다. 이를 최초로 법률적으로 승인한 나라는 덴마크(1989년)이고, 노르웨이(1991년), 스웨덴(1994년), 독일(2000년) 등 유럽의 여러 나라가 뒤를 따랐다. 그런데 네덜란드가 처음으로 2000년에 동성인 사람들도 혼인을 할 수 있도록 하였고, 현재는 이러한 나라도 늘어가고 있으며, 가장 최근인 2017년 7월에는 독일도 동성혼을 허용하였다. 미국연방대법원은 2015. 6. 26. 선고한 Obergefell *v.* Hodges 판결에서 각 주가 동성혼인을 금지하는 것은 위헌이라고 하였고, 대만 사법원도 2017. 5. 24. 동성혼을 허용하지 않는 것은 위헌이라고 하였다. 한편 유럽인권재판소가 2015. 7. 21. 선고한 Oliari v. Italy 판결은, 이탈리아가 동성혼인을 허용하지 않는 것 자체는 유럽인권협약 위반이 아니지만, 동성 당사자를 위한 보호 제도를 만들고 있지 않은 것은 유럽인권협약 8조가 규정하는 사생활 및 가족생활 존중의 의무에 위반된다고 하였다.

우리나라에서도 민법의 해석상 동성 사이의 결합관계도 혼인에 포함될 수 있다는 주장이 있으나, 민법은 혼인의 당사자를 부부(夫婦)라고 표현하여 당사자가 서로 성이 다를 것을 당연한 것으로 보고 있으므로(826조 등), 현행법상 민법의 해석상 동성혼인이 인정된다고 할 수는 없다. 나아가 憲 36조 1항은 "혼인과 가족생활은 개인의 존엄과 양성의 평등을 기초로 성립되고 유지되어야 하며"라고 규정하여 혼인이 이성 간의 결합임을 전제로 하고 있으므로, 동성혼인을 인정하지 않는 것이 위헌이라고는 할 수 없다(서울서부지방법원 2016. 5. 25.자 2014호파1842 결정, [판례 2]). 그러나 입법론적으로는 당사자들의 행복추구권 실현을 위하여 동성혼인이나 그에 준하는 관계를 허용하는 것이 바람직할 것이다.

한편 사람의 성(性)에는 남성 또는 여성으로 분류될 수 없는 제3의 성(間性)이 있다. 종래에는 이러한 사람의 성을 가족관계 공부에 등재할 수 있는 방법이 없었으나, 근래에는 각국에서 이를 허용하여야 한다는 주장이 많다. 오스트레일리아나 뉴질랜드에서는 입법적으로 이를 허용하고 있다. 독일연방헌법재판소는 2017. 10. 10. 이를 허용하지 않는 것이 위헌이라고 하여 2018년 이러한 사람을 'divers'라고 표시할 수 있도록 신분등록법(Personenstandsgesetz)이 바뀌었고, 오스트리아 연방헌법재판소는 2018. 6. 15. 이러한 사람의 성도 가족관계 공부에 표시할 수 있다고 관련 법률을 헌법합치적으로 해석할 수 있다고 하였다.

[판례 1] 대법원 2006. 6. 22.자 2004스42 전원합의체 결정

1. 성(性)의 결정과 성전환자의 성

가. 호적법을 포함하여 현행법체계는 모든 사람이 남성 또는 여성 중의 하나에 포함되는 것을 전제로 하면서도 남성과 여성의 구분, 즉 성의 결정 기준에 관하여 별도의 규정을 두지 않고 있다.

[…] 종래에는 사람의 성을 성염색체와 이에 따른 생식기·성기 등 생물학적인 요소에 따라 결정하여 왔다. 그러나 근래에 와서는 생물학적인 요소뿐 아니라 개인이 스스로 인식하는 남성 또는 여성으로의 귀속감 및 개인이 남성 또는 여성으로서 적합하다고 사회적으로 승인된 행동·태도·성격적 특징 등의 성 역할을 수행하는 측면, 즉 정신적·사회적 요소들

역시 사람의 성을 결정하는 요소 중의 하나로 인정받게 되었다.

대법원은 이미 '사람의 성은 성염색체의 구성을 기본적인 요소로 하여 내부 생식기와 외부 성기를 비롯한 신체의 외관은 물론이고 심리적·정신적인 성과 이에 대한 일반인의 평가나 태도 등 모든 요소를 종합적으로 고려하여 사회통념에 따라 결정하여야 한다.'고 판시함으로써(대법원 1996. 6. 11. 선고 96도791 판결 참조) 성의 결정에 있어 생물학적 요소와 정신적·사회적 요소를 종합적으로 고려하여야 한다는 점을 명백히 하였다. […]

다. 성전환증을 가진 사람의 경우에도, 남성 또는 여성 중 어느 한쪽의 성염색체를 보유하고 있고 그 염색체와 일치하는 생식기와 성기가 형성·발달되어 출생하지만 출생 당시에는 아직 그 사람의 정신적·사회적인 의미에서의 성을 인지할 수 없으므로, 사회통념상 그 출생 당시에는 생물학적인 신체적 성징에 따라 법률적인 성이 평가될 것이다. 그러나 출생 후의 성장에 따라 일관되게 출생 당시의 생물학적인 성에 대한 불일치감 및 위화감·혐오감을 갖고 반대의 성에 귀속감을 느끼면서 반대의 성으로서의 역할을 수행하며 성기를 포함한 신체 외관 역시 반대의 성으로서 형성하기를 강력히 원하여, 정신과적으로 성전환증의 진단을 받고 상당기간 정신과적 치료나 호르몬 치료 등을 실시하여도 여전히 위 증세가 치유되지 않고 반대의 성에 대한 정신적·사회적 적응이 이루어짐에 따라 일반적인 의학적 기준에 의하여 성전환수술을 받고 반대 성으로서의 외부 성기를 비롯한 신체를 갖추고, 나아가 전환된 신체에 따른 성을 가진 사람으로서 만족감을 느끼고 공고한 성정체성의 인식 아래 그 성에 맞춘 의복, 두발 등의 외관을 하고 성관계 등 개인적인 영역 및 직업 등 사회적인 영역에서 모두 전환된 성으로서의 역할을 수행함으로써 주위 사람들로부터도 그 성으로서 인식되고 있으며, 전환된 성을 그 사람의 성이라고 보더라도 다른 사람들과의 신분관계에 중대한 변동을 초래하거나 사회에 부정적인 영향을 주지 아니하여 사회적으로 허용된다고 볼 수 있다면, 이러한 여러 사정을 종합적으로 고려하여 앞서 본 사람의 성에 대한 평가 기준에 비추어 사회통념상 신체적으로 전환된 성을 갖추고 있다고 인정될 수 있는 경우가 있다 할 것이며, 이와 같은 성전환자(아래에서 말하는 성전환자는 이러한 성전환자를 뜻한다)는 출생시와는 달리 전환된 성이 법률적으로도 그 성전환자의 성이라고 평가받을 수 있을 것이다.

2. 성전환자에 대한 호적상 성별 기재의 정정

가. 호적제도는 우리나라 국민 개인의 신분관계를 법이 정한 절차에 따라 호적에 등록하여 이를 공시하는 제도이다. 호적이 그 사명을 제대로 수행하기 위해서는 국민의 신분관계가 빠짐없이 호적에 기재되어야 하고, 그 기재된 사항이 진정한 신분관계에 부합하여야 한다. 따라서 어떠한 신분관계가 호적에 기재되어 있다고 하더라도, 그 기재 사항이 진실에 부합하지 않는다고 인정할 만한 명백한 증거가 있는 경우에는, 그 기재 사항을 진정한 신분관계에 맞추어 수정함으로써, 호적이 진정한 신분관계를 공시하도록 하여야 한다.

이러한 필요에 따라 호적법은 호적 기재사항의 수정을 위하여 호적 정정과 경정 절차를 규정하고 있다. 호적법 제22조는 호적의 기재가 법률상 무효인 것이거나 그 기재에 착오나 유루(遺漏) 있음을 안 때에 시·읍·면의 장이 일정한 절차에 따라 호적을 직권으로 정정할 수 있도록 하는 한편, 이에 대응하여 호적법 제120조는 호적의 기재가 법률상 허용될 수 없는 것 또는 그 기재에 착오나 유루가 있다고 인정한 때에는 이해관계인이 법원의 허가를 얻어 호적의 정정을 신청할 수 있도록 하고 있다. 한편, 호적법 제23조는 호적기재 후 행정구역이나 토지의 명칭, 지번이 변경된 경우에 호적기재를 경정하도록 규정하고 있으나, 호적법상으로 본적 이외의 호적기재 경정이 허용되는 범위에 관한 규정이나 당사자가 그 변경에 따른 경정을 신청할 수 있는 절차 규정을 두고 있지 않다.

나. 호적법 제15조 제4호는 호적에 기재할 사항으로 성별을 규정하고, 제49조 제2항 제1호는 출생신고서에 자(子)의 성별을 기재하여야 한다고 규정하고 있어, 출생시의 개인의 성별이 호적에 기재되도록 하고 있다. 성전환자의 경우에는 출생시의 성과 현재 법률적으로 평가되는 성이 달라, 성에 관한 호적의 기재가 현재의 진정한 신분관계를 공시하지 못하게 되므로, 현재 법률적으로 평가되는 성이 호적에 반영되어야 한다.

현행 호적법에는 출생시 호적에 기재된 성별란의 기재를 위와 같이 전환된 성에 따라 수정하기 위한 절차 규정이 따로 마련되어 있지 않다. 그러나 진정한 신분관계가 호적에 기재되어야 한다는 호적의 기본원칙과 아울러 아래에서 보는 여러 사정을 종합하여 보면, 위와 같이 성전환자에 해당함이 명백한 사람에 대하여는 호적정정에 관한 호적법 제120조의 절차에 따라 호적의 성별란 기재의 성을 전환된 성에 부합하도록 수정할 수 있도록 허용함이 상당하다.

(1) 성전환자도 인간으로서의 존엄과 가치를 향유하며 행복을 추구할 권리와 인간다운 생활을 할 권리가 있고 이러한 권리들은 질서유지나 공공복리에 반하지 아니하는 한 마땅히 보호받아야 한다(헌법 제10조, 제34조 제1항, 제37조 제2항). 지속적인 성적 귀속감의 형성, 의학적 치료와 나아가 수술을 통하여 전환된 성에 부합하는 성기와 신체 및 외관을 갖추고 사회적인 역할도 그와 동일하게 수행하고 있어 사회통념상 전환된 성을 가진 자로 인식되어 법률적으로 전환된 성으로 평가될 수 있는 성전환자임이 명백함에도 불구하고, 막상 호적의 성별란 기재는 물론 이에 따라 부여된 주민등록번호가 여전히 종전의 성을 따라야 한다면 사회적으로 비정상적인 사람으로 취급되고 취업이 제한됨으로써 결국, 이들의 헌법상 기본권이 침해될 우려가 있다고 할 것이다. 한편, 성전환자의 호적이 정정됨으로써 그 개인이 주변의 멸시 및 신분상의 불이익에서 벗어나서 정상적인 사회구성원으로 받아들여지고 전환된 성에 따라 법률적인 지위를 인정받고 사회적인 활동을 할 수 있는 등 장래에 향유하게 될 이익은 사회적 혼란의 방지 등 호적정정을 불허함으로써 얻어지는 공공의 이익에 비하여 현저히 크다고 할 것이다. 그런데도 법령상 절차규정의 미비를 이유로 성전환자임이 명백한 사람에 대한 호적의 정정을 허용하지 않는다면 위 헌법정신을 온전히 구현할 수 없게 된다고 할 것이다.

(2) 호적법은 1960. 1. 1. 법률 제535호로 제정된 후 실체법규나 관장기관의 변동에 수반

한 절차규정의 개정 외에는 근본적인 변화 없이 현재에 이르렀으며, 특히 성별의 기재와 호적정정 사유에 관한 기본적 내용은 전혀 변경되지 아니하였음에 비하여 그동안 성의 결정 기준이나 성전환증에 관한 의학적 연구 성과의 집적으로 성염색체를 출발점으로 하는 성의 이분법과 불가변성의 기본 전제가 수정의 필요성을 맞게 되었다는 점에 비추어 볼 때, 호적법이 성전환자의 호적상 성별란 기재를 수정하는 절차규정을 두지 않은 이유는 입법자가 이를 허용하지 않기 때문이 아니라 입법 당시에는 미처 그 가능성과 필요성을 상정하지 못하였기 때문이라고 할 것이다.

(3) 호적법 제120조에 의한 호적정정사유 중 호적의 기재가 법률상 허용될 수 없는 경우는 호적의 기재사항이 아닌 내용에 관한 기재 및 호적기재 자체로 보아 당연 무효의 기재 등을 말하고(대법원 1978. 3. 7.자 77스12 결정 등 참조), 호적기재의 착오·유루 역시 신고나 기재의 착오 또는 누락으로 호적에 기재된 내용이 진실과 다르게 된 경우를 말한다고 하여, 일반적으로 호적법 제120조에 의한 호적정정 절차는 경정 절차와는 달리 호적 기재 당시부터 존재하는 잘못을 시정하기 위한 절차로 이해되고 있다. 그렇지만 위 호적정정사유 중 호적의 기재가 법률상 허용될 수 없는 경우를 해석함에 있어서 호적 기재 후의 법령의 변경 등 사정의 변경에 의하여 법률상 허용될 수 없음이 명백하게 된 경우를 반드시 배제하여야 할 필요가 있다고 보기 어려울 뿐 아니라, 호적법 제120조에 의한 호적정정 절차를 둔 근본적인 취지가 호적의 기재가 부적법하거나 진실에 반하는 것이 명백한 경우에 그 기재 내용을 판결에 의하지 아니하고 간이한 절차에 의하여 사실에 부합하도록 수정할 수 있도록 함에 있다는 점을 함께 참작하여 보면, 구체적인 사안을 심리한 결과 성전환자에 해당함이 명백하다고 증명되는 경우에는 호적법 제120조의 절차에 따라 그 전환된 성과 호적의 성별란 기재를 일치시킴으로써 호적기재가 진정한 신분관계를 반영할 수 있도록 하는 것이 호적법 제120조의 입법 취지에 합치되는 합리적인 해석이라 할 것이다.

다. 성전환자에 해당함이 명백한 사람에 대하여 호적법 제120조에서 정한 절차에 따라 성별을 정정하는 호적정정이 허가되고 그에 따라 전환된 성이 호적에 기재되는 경우에, 위 호적정정 허가는 성전환에 따라 법률적으로 새로이 평가받게 된 현재의 진정한 성별을 확인하는 취지의 결정이므로 호적정정허가 결정이나 이에 기초한 호적상 성별란 정정의 효과는 기존의 신분관계 및 권리의무에 영향을 미치지 않는다고 해석함이 상당하다.

한편, 사회통념상 이름이 성별 구분의 기초가 되는 경우가 많으므로, 이 사건 성전환자가 호적정정과 더불어 개명 허가 신청을 하여 법원이 호적정정을 허가하는 경우에는 그의 이름이 정정된 성에 부합하도록 하는 개명 역시 허가할 수 있다. […]

해 설

민유숙, 대법원판례해설 60호

생각할 점

1. 이 판결의 반대의견을 읽어보고, 다수의견의 결론이 해석인지 유추인지에 관하여 생각하여 보라.

2. 성은 성전환수술이 있으면 바로 전환되는가? 대법원 2009. 9. 10. 선고 2009도3580 판결; 윤진수, "성별정정 허가가 있기 전의 성전환자의 법적 지위", 민법논고 Ⅶ 참조.

[판례 2] 서울서부지방법원 2016. 5. 25.자 2014호파1842 결정

4. 동성 간의 혼인이 허용되는지 여부에 관한 판단

가. 현행법의 해석론

인류가 지속할 수 있고 사회나 국가 제도가 존속할 수 있는 것은 상당 부분 결혼과 그로 인한 가족제도에 의존하고 있다. 결혼은 개인에게 안정감을 주고, 타인을 친인척으로 만들어 주며, 새로운 가족을 생성하고 가족 상호간을 연결하여 주는 역할을 한다. 결혼제도는 지역에 따라 그리고 시대의 흐름에 따라 다양하게 변천을 겪어오기는 하였지만 기본적으로 남녀가 결합하는 관계라는 점은 지금까지 변함이 없었고, 사회적 의미에서의 '결혼'을 법적인 측면에서 바라본 '혼인'의 경우에도 마찬가지다. 혼인생활에 있어서 가장 중요한 덕목으로 흔히 인정되는 사랑과 믿음 혹은 헌신이라는 가치도 기본적으로 남녀의 결합을 전제로 하는 것이지, 사랑과 믿음 혹은 헌신이 있는 사이라고 하여 모두 혼인관계가 성립할 자격이 있는 것은 아니다.

그리하여 이 시대의 가장 보편적인 개념 정의를 내리고 있는 국어사전에서도 혼인을 "남자와 여자가 부부가 되는 일"(표준국어대사전—국립국어원 발간) 이라고 정의하고 있고, 대다수의 가족법 학자들도 혼인은 통상 법률적으로 승인된 남녀의 생활공동체적 결합관계라고 정의하면서 '이성'(異性) 요건을 혼인의 근본적 요소로 이해하고 있으며(예컨대, 윤진수, 친족상속법강의, 18~20쪽), 일반 국민들의 인식 또한 이와 다르지 않은 것으로 보인다.

이러한 혼인에 관한 개념을 바탕으로 대한민국헌법 제36조 제1항에서는 "혼인과 가족생활은 개인의 존엄과 양성(兩性)의 평등을 기초로 성립되고 유지되어야 하며, 국가는 이를 보장한다"고 규정하고 있고, 민법에서는 혼인한 당사자를 지칭할 때 부부(夫婦), 혹은 부(夫) 또는 처(妻), 남편과 아내라는 용어를(민법 제826조, 제827조, 제847조, 제848조, 제850조, 제851조 등), 자녀에 대응하는 개념으로 부모(父母)라는 용어를 사용하고 있다(민법 제772조, 제781조 등). 이와 같이 우리 헌법이나 민법 등은 비록 명시적으로 혼인이 남자와 여자의 결합이라고 규정하지는 않았지만, 혼인과 가족생활에 있어서 남녀의 구별과 남녀의 결합을 전제로 한 양성(兩性), 부부(夫婦), 부(夫) 또는 처(妻), 남편과 아내, 부모(父母)라는 성구별적 용어를 사용한다.

또한 우리 대법원은 지금까지 "혼인은 남녀의 애정을 바탕으로 하여 일생의 공동생활을 목적으로 하는 도덕적, 풍속적으로 정당시 되는 결합이다"(대법원 1982. 7. 13. 선고 82므4 판결, 대법원 1999. 2. 12. 선고 97므612 판결, 대법원 2000. 4. 21. 선고 99므2261 판결, 대법원 2003. 5. 13. 선고 2003므248 판결, 대법원 2015. 2. 26. 선고 2014므4734, 4741 판결 등 참조)라고 하거나, "헌법 제36조 제1항은 '혼인과 가족생활은 개인의 존엄과 양성의 평등을 기초로 성립되고 유지되어야 하며, 국가는 이를 보장한다'라고 선언하고 있는바, 무릇 혼인이란 남녀 간의 육체적, 정신적 결합으로 성립하는 것으로서, 우리 민법은 이성(異性) 간의 혼인만을 허용하고 동성(同性) 간의 혼인은 허용하지 않고 있다"(대법원 2011. 9. 2.자 2009스117 전원합의체 결정)라고 하여, 여러 판결이나 결정의 이유에서 비록 방론이라 할지라도 혼인을 '남녀 간의 결합'으로 정의하여 왔다.

헌법재판소도 결정 이유에서 "혼인이 1남 1녀의 정신적·육체적 결합이라는 점에 있어서는 변화가 없다"(헌법재판소 1997. 7. 16. 선고 95헌가6 결정)라고 하거나, 혹은 "혼인은 근본적으로 애정과 신뢰를 기초로 하여 남녀가 결합하는 것"(헌법재판소 2011. 11. 24. 선고 2009헌바146 결정)이라고 판시하여, 혼인을 '남녀 간의 결합'으로 보고 있다.

생각건대, 앞서 본 바와 같이 혼인제도가 다양하게 변천되어 왔지만 혼인이 기본적으로 남녀의 결합관계라는 본질에는 변화가 없었고, 아직까지는 일반 국민들의 인식도 이와 다르지 않은 점, 혼인은 가족 구성의 기본 전제가 되고 다음 세대를 길러내는 기초가 되므로 사회나 국가제도에서 차지하는 역할이 큰 점, 우리 헌법이나 민법 등 관련법에서 명문으로 혼인이 남녀 간의 결합이라고 규정하지는 않았지만 구체적으로 성구별적 용어를 사용하여 그것이 당연한 전제인 것으로 상정하고 있는 점, 앞서 본 대법원과 헌법재판소의 판단이 비록 동성 간의 혼인이 허용될 수 있는지 여부에 관한 쟁점을 직접 다루고 있는 것은 아니지만 모두 일치하여 혼인을 '남녀 간의 결합'으로 선언하고 있는 점 등의 여러 사정을 종합하여 보면, 헌법, 민법 및 가족관계등록법에 규정되어 있는 '혼인'은 '남녀의 애정을 바탕으로 일생의 공동생활을 목적으로 하는 도덕적, 풍속적으로 정당시 되는 결합'을 가리키는 것으로 해석되고, 이를 넘어 '당사자의 성별을 불문하고 두 사람의 애정을 바탕으로 일생의 공동생활을 목적으로 하는 결합'으로 확장하여 해석할 수는 없다. 따라서 일단 현행법의 통상적인 해석으로는 동성(同性)인 신청인들 사이의 이 사건 합의를 혼인의 합의라고 할 수 없고 이 사건 합의에 따른 신고를 적법한 혼인신고라고 할 수 없으므로, 이 사건 불수리처분은 적법하다.

나. 재해석이 가능한지 여부

1) 혼인제도가 시대와 지역에 따라 변천을 겪는다는 점은 앞서 언급한 바와 같은 바, 헌법이나 민법 등이 제정 혹은 개정될 당시의 상황과 현재의 시대적 상황이 동일하지는 않다.

산업화, 정보화, 세계화로 인하여 경제규모와 구조가 변동됨에 따라 사람들이 살아가는 방식이 변화된 결과 가족의 형태도 다양해졌을 뿐만 아니라, 사회적 문화적 상황이 바뀌어 전통적인 가족 구조 및 가족 구성원의 역할이나 지위에 대한 인식, 그리고 혼인과 성에 대한 인식에도 변화가 발생하였다. 또한 국제적으로 볼 때 단순히 동성애를 합법화 한 것을 넘어서서 근래 동성혼을 금지하는 법이 위헌이라고 선언하거나 혹은 동성혼을 입법적으로 허용하는 국가가 여럿 있고, 동성혼을 완전한 혼인으로 허용하지 않더라도 법률에 의하여 다양한 형태의 혼인유사관계의 지위를 부여하는 국가도 있다.

위와 같이 시대적, 사회적, 국제적으로 여러 사정이 변화한 것을 감안하여 별도의 입법이나 법률개정이 없더라도, 신청인들이 주장하는 바와 같이 헌법합치적 해석의 원칙이나 기본권 최대 보장의 원칙에 따라 현행법에 대한 일반적인 해석만으로 동성 간의 혼인이 허용될 여지가 있는지 살펴보기로 한다.

2) 먼저 신청인들이 주장하는 바와 같은 성적(性的)자기결정권이나 혼인의 자유 특히 혼인에 있어서 상대방을 결정할 수 있는 자유에 기초하여 동성 간의 혼인이 허용될 수 있는지에 관하여 본다.

우리 헌법 제10조에 규정된 개인의 인격권과 행복추구권은 개인의 자기운명결정권을 전제로 하고 있고, 거기에는 성적자기결정권 특히 혼인의 자유와 혼인에 있어서 상대방을 결정할 수 있는 자유가 포함되어 있는 것은 신청인들이 주장하는 바와 같다(헌법재판소 1990. 9. 10. 선고 89헌마82 결정, 헌법재판소 1997. 7. 16. 선고 95헌가6 결정, 헌법재판소 2015. 2. 26. 선고 2009헌바17 결정 등 참조).

하지만 성적자기결정권이라는 것은 통상적인 의미에서 성행위 여부 및 그 상대방을 결정할 수 있는 개인의 권리라는 점에서 그로부터 동성 간의 성행위 가능성 혹은 동성 간에 사실적으로 애정을 가지고 공동생활체를 구성할 가능성을 넘어서서, 직접 혼인제도에 있어 동성의 배우자를 선택할 수 있는 권리까지 도출된다고 보기는 어렵다. 나아가 넓은 의미에서의 성적자기결정권에는 혼인의 자유와 혼인에 있어서 상대방을 결정할 수 있는 자유가 포함되어 있기는 하지만, 그러한 자유에는 당연히 제한이 따른다. 그 제한에는 근친혼이나 중혼과 같은 법률상 명문으로 금지된 제한뿐만 아니라, 앞서 본 바와 같은 우리 헌법, 민법 및 가족관계등록법에 규정되어 있는 '혼인'은 '남녀의 애정을 바탕으로 일생의 공동생활을 목적으로 하는 도덕적, 풍속적으로 정당시 되는 결합'을 가리킨다는 내재적 혹은 전제적 제한도 포함된다고 할 것이다. 왜냐하면 법률혼 제도를 채택하고 있는 국가에서 혼인제도가 있고 그 이후에 그 제도 범위 내에서 혼인의 자유가 있는 것이지, 거꾸로 혼인의 자유 혹은 혼인에 있어서 상대방을 결정할 수 있는 자유가 있다고 하여 법률혼 제도 자체의 내용이 변경되거나 수정될 수는 없기 때문이다. 이것은 혼인에 있어서 상대방을 결정할 수 있는 자유가 있다고 하여 민법 제809조에 규정된 근친을 혼인의 상대방으로 결정할 수는 없다는 점에 비추어 보아도 분명하다.

따라서 위와 같은 제한에 따라 법적 의미에서의 혼인은 '남녀 간의 결합'을 가리키는 것이므로, 동성애적 성적 지향을 기초로 동성 간의 결합을 하고자 하는 사람의 성적자기결정권 속에는 동성 간의 결합을 할 자유와 동성 간의 결합에 있어서 상대방을 결정할 수 있는 자유가 있을 뿐이지, 이를 넘어서서 적극적으로 동성 간의 결합을 법적 의미의 '혼인'으로 인정받을 권리까지 헌법 제10조의 인격권이나 행복추구권으로부터 곧바로 도출된다고 보기는 어렵다. 위와 같은 결론은 신청인들이 주장하는 헌법합치적 해석의 원칙이나 기본권 최대 보장의 원칙을 적용한다고 하더라도 달라질 여지가 없다. 신청인들의 이 부분 주장은 이유 없다.

3) 다음으로, 남녀 간의 결합만을 혼인으로 인정하여 혼인에 따른 제반 권리를 인정하고 동성 간의 결합을 혼인으로 인정하지 아니하여 혼인에 따른 제반 권리를 부인하는 것이, 합리적인 이유 없이 동성 간의 결합을 남녀 간의 결합에 비하여 차별하는 것으로서 헌법 제11조에 규정된 평등권을 침해하는지 여부에 관하여 본다.

민법 제812조 제1항은 혼인은 가족관계등록법에 정한 바에 의하여 신고함으로써 효력이 생긴다고 규정하여 신고혼주의에 의한 법률혼주의를 채택하고 있고, 혼인신고는 일반적으로 민법 제813조의 규정에 따라 심사를 거쳐 수리된 때에 비로소 부부관계가 형성되는 창설적 효력을 갖게 된다. 그리고 혼인신고가 적법하게 수리되어야 민법 등에서 규정하고 있는 혼인의 효력을 누리거나 부담할 수 있고, 부적법하다고 하여 수리되지 않는 경우에는 혼인의 효력이 발생하지 않는다. 법률혼제도를 채택하고 있는 이상 이처럼 양자 사이에 차이가 발생하게 되는 것은 어쩔 수 없다.

신청인들은 자녀를 출산할 수 있는지 여부는 혼인의 요소가 아니고, 동성혼을 허용하더라도 결혼제도가 붕괴되거나 전통이 침해되는 것은 아님에도 불구하고, 동성 간의 혼인을 남녀 간의 혼인에 비하여 차별하는 것은 평등권의 침해라고 주장하므로 이에 관하여 구체적으로 보건대, 특별한 사정이 없는 한 임신 가능 여부는 민법 제816조 제2호의 부부생활을 계속할 수 없는 악질 기타 중대한 사유에 해당한다고 볼 수 없고(대법원 1960. 8. 18. 선고 4292민상995 판결, 대법원 2015. 2. 26. 선고 2014므4734 판결 등 참조), 민법의 규정상 혼인의 성립요건으로 공동의 자녀 출산에 관한 합의를 요구하거나 혼인의 장애요소로 공동의 자녀를 출산하지 아니하거나 출산하지 못한다는 사정을 들고 있지 아니하는 점 등을 고려하여 볼 때, 개별적인 임신의 가능 여부 즉 공동의 자녀 출산가능성은 혼인의 요건에 해당하지 아니한다고 해석되는 것은 신청인들이 주장하는 바와 같다. 그리고 동성혼을 허용하더라도 동성혼의 예상되는 비율 등을 고려할 때 그로 인하여 결혼제도 자체가 근본적으로 완전히 붕괴되거나 전통이 침해되는 것은 아닐 것이다.

그러나 헌법, 민법 및 혼인에 관련된 제반 법령이 혼인을 장려하고 혼인 당사자에 대하여 혼인에 따른 제반 권리를 부여하는 것은 혼인이 단순히 혼인 당사자인 두 남녀 간의 결합을 통해 서로에게 친밀감, 안정감을 부여하고 그로 인한 사회적 안정을 가져오기 때문만은 아니다. 우리 사회가 남녀 간의 결합을 혼인으로 인정하여 그에 따른 존중받는 지위와 법적 혜택을 부여하는 것은, 일반적으로 남녀 간의 결합을 통하여 혼인을 이룬 혼인 당사자는 혼인 및 공동의 자녀 출산을 통하여 가족을 이루고, 서로에 대한 사랑과 믿음, 헌신을 바탕으로 보다 안정적인 상황에서 공동의 자녀를 출산하여 자녀를 함께 양육하게 되며, 그와 같은 혼인·출산·자녀양육의 과정을 통해서 우리 사회의 새로운 구성원이 다시 만들어지고, 우리 사회가 지속적으로 유지·발전할 수 있는 토대를 형성하는 역할을 수행하기 때문이다. 그와 같은 취지에서 헌법 제36조 제1항에서는 '혼인' 뿐만 아니라 이에 따른 '가족생활'을 함께 규정하여 이에 대한 국가의 보장의무를 규정하고 있다. 동성 간의 결합관계에서도 적법한 혼인으로 인정받으면 입양제도를 통하여 일정 부분 위와 같은 역할을 수행할 수 있기는 하나, 그 효과는 제한적일 것이고 또한 궁극적으로 그 효과는 입양제도의 효과이지 동성 간의 혼인의 효과라고 볼 수 없다.

최근에 와서 불임 부부나 자발적 무자녀 부부의 증가, 혼인 외 출산의 증가, 이혼의 증가 등의 사회 변화로 인하여 앞서 본 바와 같은 일반적으로 예상되는 혼인의 역할에 대한 예외적인 모습이 늘어나고 있는 점은 부인할 수 없다. 그러나 그와 같은 예외적 상황의 존재로 인하여, 우리 사회가 각종 법령을 통하여 혼인을 장려하고 보호함과 동시에 혼인에 대하여 기대하고 있는 혼인의 사회적 역할, 나아가 혼인의 본질이 변하는 것은 아니다.

따라서 혼인의 성립요건으로 공동의 자녀 출산가능성 혹은 결혼제도나 전통을 붕괴시키지 않을 것 등을 요구하지 않는다고 하여, 그것만으로 곧바로 동성 간의 결합이 남녀 간의 결합과 본질적으로 같다고 볼 수는 없고, 양자 사이에는 앞서 본 바와 같이 기본적으로 동일시 할 수 없는 차이가 여전히 있다고 할 것이므로, 혼인을 남녀 간의 결합만으로 보고 동성 간의 결합을 배제하는 것으로 해석하는 것은 합리적인 이유가 있어 이를 달리 취급하는 것이 헌법상의 평등의 원칙에 위배된다고 할 수 없다. 신청인들의 이 부분 주장도 이유 없다.

4) 사법(司法)의 역할이 국민의 자유와 권리를 보장하기 위한 최후의 보루로서 소수자의 권리보호에 큰 비중이 있는 점을 감안하면, 성적(性的) 소수자라고 하여 그 개인의 권리실현에 장애가 있거나 미흡해서는 안 될 것이다. 그런데 동성 간의 결합이 적법한 혼인으로 인정받지 못하면 혼인의 효력으로 법령에서 규정하고 있는 부부 혹은 가족으로서의 각종 권리, 즉 상대방에 대하여 동거나 부양을 요청할 권리, 일상가사대리권, 생활비용 공동부담요구권, 상속권이나 유류분을 청구할 권리, 이혼시의 재산분할청구권, 의료관계에서 입원 수술 등에 적법한 동의를 하고 사망시 장례를 주관할 권리, 국민건강보험에 있어 가족으로 혜택을 받을 권리, 「남녀고용평등과 일·가정 양립 지원에 관한 법률」에 따른 간호휴직이나 업무시간 등의 조정을 청구할 권리, 근로기준법이나 국민연금법상 유족보상 혹은 유족연금을 받

을 권리, 각종 세법상의 가족공제청구권 등을 누릴 수 없게 되는 것은 신청인들이 주장하는 바와 같다. 이런 점에서 비록 동성 간의 결합이기는 하지만 정당한 법률적 혼인으로 인정받고 싶어 하는 신청인들의 입장에 공감이 가는 바가 없지 아니하고, 신청인들이 처한 상황이 안타까운 것도 사실이다.

하지만, 법률 규정의 해석에 있어서는 법률에 정하여진 문구의 문리적 의미가 해석의 출발점이고, 법문의 가능한 의미를 벗어나 그 의미를 새롭게 창출하는 것, 특히 그 확장 내지 유추해석으로 인하여 사회에 새로운 제도를 창설하거나 개인의 권리의무에 커다란 변경을 초래하는 것은 신중하여야 한다. 사법적극주의의 입장에서 입법목적에 충실한 결과를 이룰 수 있도록 목적론적인 해석을 하여야 할 경우도 있지만, 유추해석 등에는 입법에 의하여 설정된 한계를 넘어설 수 없다는 기본적인 한계가 있으며, 만약 이와 같은 한계를 넘는다면 이는 법해석이 아니라 새로운 법률의 형성으로서 헌법상의 입법권 침해 문제를 야기하게 된다. 뿐만 아니라, 일정한 법적인 문제를 해결하기 위하여 목적론적인 해석이 필요한 경우에도 그 해석이 문제의 해결을 위하여 유효적절하고 법체계상 아무런 문제점이 없어서 만일 입법자가 그와 같은 문제를 인식하였다면 그와 같은 해석과 궤를 같이 하는 입법을 하였으리라고 상정할 수 있는 경우에 한하여 유추해석 등을 하게 되는 것이고, 그 해석이 문제해결에 유효적절한 수단이 되지 못하고 오히려 다른 문제점을 낳을 우려마저 있다면, 위와 같은 유추해석 등은 허용되지 아니한다(대법원 2006. 6. 22.자 2004스42 전원합의체 결정의 반대의견 참조).

앞서 살펴본 바와 같이 혼인은 지금까지 '남녀 간의 결합'으로 인식되고 정의되어 왔다. 동성 간의 결합을 혼인으로 인정할 것인지의 문제는 신청인들도 스스로 인정하는 것과 같이 우리 헌법이나 관련 법률의 제정 혹은 개정 당시에 전혀 예상하거나 고려하지 아니한 새로운 문제로서, 우리 법체계는 현재까지 이에 대한 아무런 제도적 장치를 마련하지 않고 있는데, 이는 그 수많은 논쟁성에 비추어 입법자가 그와 같은 문제를 인식하였다 하더라도 이를 처음부터 허용하는 입법을 하였으리라고 상정할 수 있는 경우가 아니다.

사법의 역할이 비록 소수자라 할지라도 그의 권리를 충분히 보호하는 것에 있기는 하지만, 신청인들이 성적 소수자로서 차별을 금지하는 법의 보호를 받을 수 있는 것은 다른 사람과 마찬가지로 교육을 받거나, 취업을 하거나, 병원 진료를 받을 수 있는 등의 개인적인 분야에서 가능한 것이지, 법률혼주의를 채택하고 있는 현행 우리 법제에서 목적론적 해석론만으로 사회적 제도인 혼인제도로서 동성 간에 혼인할 권리까지 인정할 수는 없다.

5) 신청인들은 성전환자의 가족관계등록부상 성별 기재의 정정 허용 여부 등에 관한 대법원 2006. 6. 22.자 2004스42 전원합의체 결정의 다수의견에서 "성전환자에 해당함이 명백한 사람에 대하여는 구 호적법 제120조에 의한 호적정정 절차에 따라 호적의 성별란 기재의 성을 전환된 성에 부합하도록 수정할 수 있도록 허용함이 타당하다"는 취지로 판시하고 있

는 점 등을 들어 이 사건에서도 헌법합치적 법률해석을 통해 '혼인'을 '두 사람 간의 결합'으로 재정의하여 해석하는 것이 가능하다는 취지로 주장한다.

그러나, 위 결정은 성전환자의 행복추구권 등을 고려하여 개인의 성별 결정이라는 개인적 영역에 관하여 구 호적법상의 호적정정사유 중 '호적의 기재가 법률상 허용될 수 없는 경우'를 해석함에 있어서 '호적 기재 후의 법령의 변경 등 사정의 변경에 의해 법률상 허용될 수 없음이 명백하게 된 경우'를 반드시 배제하여야 할 필요가 있다고 보기 어렵다는 등의 이유로 구 호적법상 호적정정사유를 헌법합치적으로 해석한 것이므로, 이 사건과는 사안이 달라 위 전원합의체 결정이 있다고 하여 이 사건에서 동성 간의 혼인이 허용된다고 볼 수는 없다.

6) 이 사건에서 신청인들이 주장하고 있는 '혼인'의 재해석은 단순히 신청인들 두 사람의 관계를 '혼인'이라고 명칭하거나, 신청인들 개인에게 '혼인'에 따른 제반 권리를 인정하느냐는 개별적이고 구체적인 권리 구제의 문제에서 그치는 것이 아니라, 혼인 및 가족제도의 외연을 확장하는 중대한 변경을 초래하는 행위이다. 그리고 혼인 및 가족제도는 혼인 당사자 두 사람만의 문제가 아니라 그들을 둘러싼 가족·친족관계의 형성에 커다란 영향을 미치는 것으로서 우리 사회의 근간을 이루는 제도이고, 우리 사회 구성원 개개인의 윤리적, 철학적, 종교적 사고와도 밀접한 관련을 가지는 본질적인 제도이다. 따라서 '동성 간의 결합'을 '혼인'으로 인정할 것인가와 같은 문제를 어떻게 해결할 것인가는 일반 국민의 공청회 등을 통한 의견수렴, 신중한 토론과 심사숙고의 과정을 거쳐 국민의 대의기관인 국회의 입법적 결단을 통하여 결정해야 한다. 이것은 사법부의 새로운 해석 내지 유추해석을 통하여 해결할 수 있는 문제가 아니다.

만일 동성 간의 결합을 법률로 보호하게 된다면 이들에게 남녀 간의 결합에 의한 혼인과 완전히 동일한 법률효과를 인정할지, 또는 일부를 달리 규율할 것인지 여부, 보다 구체적으로 ① 민법의 해석상 법률상 부부에게만 인정되는 공동입양을 동성 간의 결합에게도 인정할 것인지 여부, ② 법률로 보호되는 동성 간의 결합을 해소하는 경우에 있어서 그 절차와 요건을 어떻게 정할 것인지, ③ 동성 간의 결합에 대하여 가족법상의 인척관계를 인정할 것인지, 인척관계를 인정한다면 그 범위는 어디까지로 할 것인지 여부 등 다양한 법률영역에서의 규율의 필요성이 예상되는데, 이는 법원이 법률의 해석권한의 범위 내에서 결정할 수 있는 문제가 아니다. 동성 간의 결합과 같이 기존의 혼인제도로 포섭할 수 없는 문제에 대해서는 이를 적절하게 규율하고자 하는 목적을 가지고 새로운 입법을 통하여 새로운 방식에 따라서 대처해야 할 것이다.

7) 결국 시대적 상황 등이 다소 변경되기는 하였지만 별도의 입법조치가 없는 한 현행법상의 해석론 만에 의하여 동성 간의 혼인이 허용된다고 보기는 어렵고, 이를 다투는 신청인들의 주장은 이유 없다.

* 이 결정에 대한 항고는 기각되어(서울서부지방법원 2016. 12. 5.자 2016브6 결정), 그대로 확정되었다.

2. 혼인제도의 역사

혼인제도에는 일부일처제(一夫一妻制) 외에 일부다처제(一夫多妻制), 일처다부제(一妻多夫制) 등 여러 형태가 있다. 수적으로는 일부다처제를 허용하는 문화가 일부일처제를 허용하는 문화보다 많았고, 일처다부제는 극히 예외적으로만 찾아볼 수 있다.

과거 서구에서는 기독교의 영향으로 교회에서의 혼인예식이 혼인의 요건이었고, 혼인관계 자체를 교회법이 규율하고 있었다. 그러나 종교와 국가가 분리되면서 국가의 법이 혼인법과 혼인관계를 규율하게 되었다. 그리하여 혼인성립의 방식에도 국가의 법에 따르게 되어, 신분공무원 앞에서 혼인의사를 진술하는 등 국가가 정하는 일정한 방식을 갖추면 혼인이 성립하는 민사혼(民事婚)이 일반적이다.

우리나라에서는 본래 중국의 영향을 받아 이른바 육례(六禮){납채(納采)·문명(問名)·납길(納吉)·납징(納徵)·청기(請期)·친영(親迎)}를 거치면 혼인이 성립하였다. 일제강점기에서도 초기에는 당사자의 의사나 이에 대신하는 주혼자(主婚者)의 의사의 합치가 있으면 되고, 혼인의 신고를 그 요건으로 하지 않았다. 그러나 조선호적령(朝鮮戶籍令)이 시행된 1923. 7. 1.부터는 일본 민법과 같이 혼인신고를 혼인성립의 요건으로 하였고, 이것이 현행 민법에도 그대로 이어졌다(812조).

3. 혼인제도의 기능과 특성

▌참고문헌: 윤진수, "혼인과 이혼의 법경제학", 민법논고 Ⅶ, 2015; 이동진, "혼인관념, 인적 혼인의무 및 그 위반에 대한 제재," 서울대학교 법학 53권 3호, 2012

혼인은 양 당사자 사이의 의사 합치에 의하여 이루어진다. 815조 1호는 당사자간에 혼인의 합의가 없는 때에는 혼인은 무효로 한다고 규정하여 이 점을 명백히 하고 있다. 따라서 혼인은 계약으로서의 성질을 가진다. 그리고 혼인계약은 계속적 계약 또는 관계적 계약(relational contract)에 속한다. 관계적 계약이란 재화의 교환이 아니라 계약 당사자들 사이의 관계 그 자체가 중요한 계약을 말한다. 그리하여 부부 사이의 협력 내지 신뢰가 매우 중요하다.

그런데 이처럼 신뢰와 협조가 필요한 혼인관계에서는 일방이 이타주의적으로 행동하는 데 반하여, 다른 일방은 기회주의적으로 행동할 가능성이 항상 존재한다. 가령 남편이 변호사가 되기 위하여 공부를 하는 동안, 아내가 직장생활을 하면서 뒷바라지를 하였는데, 그 후 변호사가 된 남편이 아내를 버리고 다른 여자와 혼인하는 경우를 생각해 볼 수 있다. 이러한 당사자의 기회주의적 행동을 억제하는 것이 혼인법과 이혼법에서 가장 중요한 문제 중 하나이다. 혼인제도 자체가 이러한 기회주의적 행동을 억제하기 위하여 성립하였다고 할 수 있다. 다시 말하여 법적인 구속력을 가지는 혼인이 당사자의 기회주의적인 행동을 억제할 수 있다는 것이다.

Ⅱ. 약 혼

1. 약혼의 의의와 요건

▮**참고문헌:** 김성숙, "약혼법과 이혼법 정비를 위한 검토", 가족법연구 15권 1호, 2001

약혼(約婚)은 장차 혼인을 하기로 하는 남녀 간의 계약을 말한다. 약혼이 성립하기 위하여는 혼인을 하기로 하는 당사자 사이의 의사 합치만 있으면 되고, 약혼식과 같은 특별한 방식을 따라야 하는 것은 아니다. 반드시 명시적인 합의가 있어야 하는 것은 아니고, 묵시적인 합의만으로도 약혼이 성립할 수 있다. 그 연령에 관한 요건은 혼인과 같아서 성년에 달한 자는 자유로 약혼할 수 있고(800조), 미성년자도 18세 이상이면 부모 또는 후견인의 동의를 얻어 약혼할 수 있다(801, 808조). 피성년후견인도 같다(802, 808조). 배우자 있는 자의 약혼이나 이중의 약혼은 원칙적으로 공서양속에 반하는 것으로서 무효가 될 것이다. 다만 기존의 혼인이 사실상 이혼상태에 있었다는 특별한 사정이 있는 경우 그 약혼은 유효하다는 주장도 있다(주석친족 1/이민수, 59).

약혼에 조건을 붙이는 것은 무방하나, 종기(終期)를 붙일 수는 없다.

2. 약혼의 효과와 그 해소

▮**참고문헌:** 김천수, "약혼해제에 관한 해석론과 입법론", 가족법연구 32권 2호, 2018; 박동진, "약혼예물의 교부와 그 반환청구권의 법리", 가족법연구 19권 2호, 2005; 박영규, "약혼(혼인)예물 반환청구권", 민사판례연구 20권, 1998; 오종근, "약혼예물의 반환에 관

한 일고찰", 판례월보 1990. 1; 지대운, "약혼예물수수의 법적 성질 및 혼인해소의 경우 그 소유권의 귀속관계", 대법원판례해설 26호, 1996

약혼 당사자가 혼인하겠다는 약속을 이행하지 않더라도, 다른 당사자가 그 이행을 재판상 강제하지는 못한다(803조). 그러므로 약혼은 언제라도 일방적으로 해제할 수 있고, 정당한 해제사유가 있어야만 해제할 수 있는 것은 아니다. 그 대신 약혼을 부당하게 파기한 당사자는 손해를 배상할 책임을 진다(806조 1항). 약혼을 깨뜨리는데 제3자가 기여한 경우 그 제3자도 손해배상책임이 있다.

민법은 약혼해제사유를 열거하고 있으나(804조), 이는 손해배상책임과의 관계에서만 문제가 된다.

약혼의 해제 사유는 다음과 같다.

첫째, 약혼 후 자격정지 이상의 형을 선고받은 경우(1호). 이러한 사유가 있으면 약혼 상대방에 대한 신뢰가 유지될 수 없기 때문이다. 형을 선고받으면 확정되지 않더라도 해제사유가 된다고 하는 견해가 있으나, 무죄추정의 원칙에 비추어 볼 때 확정되어야만 해제사유가 된다고 보아야 한다. 다만 이 경우에 8호 사유에 해당한다고 볼 여지는 있다.

둘째, 약혼 후 성년후견개시나 한정후견개시의 심판을 받은 경우(2호). 이때에도 성년후견개시나 한정후견개시의 심판을 선고받은 것만으로는 충분하지 않고, 확정되어야만 약혼해제사유가 될 수 있다고 보아야 할 것이다(반대: 주석친족 1/이민수, 65).

셋째, 성병, 불치의 정신병, 그 밖의 불치의 병질(病疾)이 있는 경우(3호). 이러한 질병의 발생시기는 약혼 전이건 후이건 관계 없이 약혼해제의 정당한 사유가 된다. 정신병과 기타의 악질은 불치임을 요하지만, 성병은 불치임을 요하지 않는다. 성병에 걸린 후 현재는 치유된 상태인 경우에도 약혼해제사유가 된다는 견해가 있으나, 수긍하기 어렵다. 다만 이는 상황에 따라 8호의 사유가 될 수는 있을 것이다. 서울가정법원 2005. 9. 1. 선고 2004드합7422 판결은, 저시력증은 약혼해제를 정당화할 만한 불치의 악질에 해당한다고 볼 수 없다고 하였다.

넷째, 약혼 후 다른 사람과 약혼이나 혼인을 한 경우(4호). 약혼한 자가 타인과 이중으로 약혼을 하면 두 번째 약혼에 관하여는 무효사유이지만, 첫 번째 약혼에 관하여는 해제사유가 된다. 그리고 또 다른 해제사유인 다른 사람과의 혼인에는 사실혼도 포함된다. 사실혼은 포함되지 않는다는 견해가 있으나(송덕수, 26-27. 다만 이는 804조 8호의 해제사유인 중대한 사유에 해당할 수 있을 것이라고 한다), 사실혼의 비난가능성이 약혼보다도 더 크므로, 이를 제외할 이유가 없다.

다섯째, 약혼 후 다른 사람과 간음한 경우(5호). 간음은 이혼사유인 "부정한 행위"(840조 1호)보다는 좁은 개념이다. 즉 부정한 행위는 간통은 물론 배우자로서의 정조의무에 충실하지 못한 일체의 행위를 포함하는데, 간음이란 성교와 같은 성적 교섭만을 의미한다.

여섯째, 약혼 후 1년 이상 생사(生死)가 불명한 경우(6호). 생사불명이 이혼사유인 경우에는 3년 이상이어야 하지만(840조 5호), 약혼을 해제하기 위하여는 1년 이상 생사불명이면 된다.

일곱째, 정당한 이유 없이 혼인을 거절하거나 그 시기를 늦추는 경우(7호). 여기서 말하는 혼인에는 사실혼이 포함된다는 견해가 있으나(김주수·김상용, 79; 박동섭·양경승, 83), 찬성하기 어렵다. 이에 따른다면 상대방이 혼인은 하지 않고 사실혼 관계만을 맺겠다고 하는 것은 약혼해제사유가 되지 않는다고 볼 염려가 있기 때문이다. 따라서 여기서의 혼인은 법률혼만을 의미하는 것으로 해석하여야 한다(같은 취지, 송덕수, 27). 혼인을 거절하거나 그 시기를 늦추는 데 정당한 이유가 있으면 해제사유가 되지 않는다. 예컨대 남자가 여자에게 혼인하면 직장을 그만두라고 요구하여 여자가 혼인을 거절하는 것은 정당한 사유가 있는 때에 해당한다.

여덟째, 그 밖에 중대한 사유가 있는 경우(8호). 약혼 당사자 사이의 신뢰관계가 회복할 수 없을 정도로 파괴되고, 혼인을 요구하는 것이 사회관념상 무의미하다고 판단될 때에는 중대한 사유가 있는 것으로 보아야 할 것이다. 예컨대 약혼 후 상대방이 심한 장애인이 된 경우, 상대방으로부터 부당한 대우를 받은 경우, 상대방의 재산상태가 심각하게 악화된 경우 등이다.

자기의 학력, 경력 및 직업과 같은 혼인의사를 결정하는 데 중대한 영향을 미치는 사항에 관하여 거짓말을 하여 약혼하는 것은 804조 8호의 「기타 중대한 사유」에 해당하는 약혼해제사유이다(대법원 1995. 12. 8. 선고 94므1676, 1683 판결).

약혼이 해제된 경우, 과실이 있는 당사자는 상대방에 대하여 손해배상책임을 진다(806조 1항). 어느 당사자가 해제하였는가는 문제되지 않는다. 쌍방에게 모두 과실이 있는 경우에는 과실의 다과를 따져 과실이 큰 사람이 손해배상책임을 부담하여야 한다. 이 때에는 과실상계를 할 수 있다. 쌍방의 과실이 대등하다면 누구의 손해배상책임도 인정되지 않는다(사실혼 파기로 인한 위자료에 관한 대법원 2003. 11. 14. 선고 2000므1257, 1264 판결 참조).

손해배상의 범위는 재산상 손해는 물론, 정신상 고통으로 인한 위자료도 포괄한다(806조 2항). 재산상 손해로는 혼인 준비에 쓴 비용 이외에 약혼으로 인하여 직장을 그만 둔 경우 그로 인한 수입의 상실도 포함된다.

정신상 고통으로 인한 위자료에 성관계를 가짐으로 인하여 정조를 상실한 부분도 포함되는가 하는 점에 관하여는, 혼인 전의 동거는 자기의 위험부담 하에 이루어진 일이라는 이유로 그 손해배상을 거부하는 하급심 판례가 있다. 다만 일방의 유인으로 상대방의 진의에 반하여 강압에 의해 저질러진 경우에는 손해배상을 인정하는 견해도 있다.

정신상 고통에 대한 손해배상청구권은 양도 또는 승계하지 못하지만, 당사자 간에 이미 그 배상에 관한 계약이 성립되거나 소를 제기한 후에는 그러하지 아니하다(806조 3항).

약혼 당사자 간에 약혼예물이 수수(授受)되었는데, 약혼이 해소된 경우에는 그 반환이 문제된다. 통설과 판례(대법원 1994. 12. 27. 선고 94므895 판결 등)는 약혼예물의 수수는 약혼의 성립을 증명하고 혼인이 성립한 경우 당사자 내지 양가의 정리를 두텁게 할 목적으로 수수되는 것으로, 혼인의 불성립을 해제조건으로 하는 증여와 유사한 성질을 가진다고 한다. 또한 판례(대법원 1976. 12. 28. 선고 76므41, 42 판결)는 약혼의 해제에 관하여 과실이 있는 당사자는 그가 제공한 약혼예물의 반환을 청구할 권리가 없다고 하였다. 이에 대하여는 당사자가 혼인 불성립이라는 불길한 상황까지 예상하여 특약을 하는 것은 이례적이므로 약혼예물은 약혼 성립의 징표나 장래의 혼인생활의 준비로, 또는 혼인이 성립한 경우 당사자 내지 양가의 정리를 두텁게 할 목적으로 하는 일종의 증여로서, 약혼이 해소된 경우에는 목적부도달로 인한 부당이득반환의무가 생긴다는 견해, 약혼예물 수수는 독립된 계약이 아니고, 약혼계약에 수반하므로 약혼이 해소되면 예물을 반환하여야 한다는 견해 등이 있다. 마지막 견해는 유책자의 예물반환 청구도 인정되어야 한다고 주장한다.

혼인이 성립한 후 파탄에 이르게 된 경우에는 어떠한가? 대법원 1996. 5. 14. 선고 96다5506 판결([판례 3])은, 예물의 수령자 측이 혼인 당초부터 성실히 혼인을 계속할 의사가 없고 그로 인하여 혼인의 파국을 초래하였다고 인정되는 등의 특별한 사정이 있는 경우에는 신의칙 내지 형평의 원칙에 비추어 혼인 불성립의 경우에 준하여 예물반환의무를 인정하여야 하지만 그러한 사정이 없는 한 혼인이 상당한 기간 지속되면 예물의 소유권은 수령자에게 있고, 혼인 파탄의 원인이 수령자에게 있다 하더라도 마찬가지라고 하였다(같은 취지, 대법원 2014. 6. 12. 선고 2014므329, 336, 343 판결). 사실혼이 성립하면 예물을 반환할 필요가 없다는 것이 통설이지만, 법률혼이 성립하여야 한다는 견해도 있다.

[판례 3] 대법원 1996. 5. 14. 선고 96다5506 판결

(1) 원심은 1심판결을 인용하여 원고는 1991. 7. 8. 피고들의 아들인 소외 1과 혼인신고를 하면서 위 소외 1로부터 이 사건 물건들을 혼인예물로 증여받아 보관하다가 독일로 유학가면서 피고들에게 이를 맡겨둔 사실, 원고와 위 소외 1은 행복한 결혼생활을 하여 오다가 소외 1이 원고와 프랑스 국적의 외국인 남자와의 관계를 의심하게 되면서 부부싸움을 하다가 원고가 1993. 2. 25. 일방적으로 귀국함으로써 별거하게 된 사실, 그 후 위 소외 1이 원고를 상대로 부정행위를 하였다는 이유로 이혼청구의 소를 제기하였고 원고도 소외 1이 폭력, 욕설을 하였다는 이유로 반소를 제기하여 원고의 부정행위를 이유로 한 이혼판결이 선고된 사실을 인정하고, 원고의 아버지인 소외 2가 피고들에 대하여 이 사건 물건들의 반환청구권을 포기하였다는 피고들의 주장에 대하여는 이를 인정할 아무런 증거가 없다고 하여 이를 배척하였는바, 기록에 의하여 살펴보면 원심의 이러한 조치는 수긍이 되고 거기에 소론과 같은 사실오인의 위법이 있다고 할 수 없다. 논지는 이유 없다.

(2) 약혼예물의 수수는 약혼의 성립을 증명하고, 혼인이 성립한 경우 당사자 내지 양가의 정리를 두텁게 할 목적으로 수수되는 것으로 혼인의 불성립을 해제조건으로 하는 증여와 유사한 성질을 가지는 것이므로, 예물의 수령자측이 혼인 당초부터 성실히 혼인을 계속할 의사가 없고 그로 인하여 혼인의 파국을 초래하였다고 인정되는 등 특별한 사정이 있는 경우에는 신의칙 내지 형평의 원칙에 비추어 혼인 불성립의 경우에 준하여 예물반환의무를 인정함이 상당하다고 할 것이나, 그러한 특별한 사정이 없는 한 일단 부부관계가 성립하고 그 혼인이 상당 기간 지속된 이상 후일 혼인이 해소되어도 그 반환을 구할 수는 없다고 할 것인바(당원 1994. 12. 27. 선고 94므895 판결 참조), 앞서와 같은 특별한 사정이 엿보이지 않는 이 건에 있어서 비록 원고와 위 소외 1의 혼인 파탄의 원인이 원고에게 있더라도 혼인이 상당 기간 계속된 이상 이 사건 물건의 소유권은 며느리인 원고에게 있다고 할 것이므로, 같은 취지의 원심판단은 정당하고 거기에 소론과 같은 판단유탈, 법리오해 등의 위법이 있다고 할 수 없다. 논지는 이유 없다.

참고문헌

박영규, 민사판례연구 20권; 지대운, 대법원판례해설 26호

Ⅲ. 혼인의 성립

1. 혼인의 요건의 분류

혼인의 요건은 형식적 요건과 실질적 요건으로 분류할 수 있다. 형식적 요건은 「가족관계의 등록 등에 관한 법률」에 따른 신고를 말한다(812조). 형식적 요건은 혼인의 성립요건이라고 할 수 있는데, 혼인신고가 없다면 설령 가족관계등록부에 혼인한 것으로 기재되어 있더라도 혼인은 성립하였다고 할 수 없다. 혼인의 실질적 요건은 ① 혼인연령에 달하였을 것(807조), ② 혼인 당사자 사이에 일정한 친족관계 등의 금혼사유가 없을 것(809조), ③ 중혼(重婚)에 해당하지 아니할 것(810조) 및 ④ 혼인 당사자 사이에 혼인의 합의가 있을 것(815조 1호) 등이다.

2005년 개정 전의 811조는 여자에 대하여 혼인관계가 종료한 날부터 6월이라는 재혼금지기간을 규정하고 있었는데, 이는 이혼 후 출생한 자녀의 친생 추정의 중복을 막기 위한 것이었다. 그러나 이는 실효성이 없다는 이유로 2005년 개정에서 삭제되었다.

이러한 혼인 요건을 갖추지 못한 혼인신고는 수리(受理)하여서는 안 되지만(813조), 일단 수리된 이상 혼인이 항상 무효인 것은 아니고, 혼인의 무효사유(815조)에 해당하는 경우에만 무효이며, 나머지 경우에는 혼인취소사유이다.

2. 혼인의 의사

▮**참고문헌**: 권순한, "혼인의사와 혼인신고", 가족법연구 13호, 1999; 김세준, "혼인의사의 합치에 대한 재평가", 가족법연구 37권 1호, 2023; 김현선, "사실혼관계에서 혼인신고시 상대방이 의사무능력 상태인 경우 그 혼인의 효력", 가족법연구 27권 1호, 2013; 박영목, "혼인계약에서의 효과의사", 민사법학 51호, 2010; 박희호, "혼인의 성립요건에 대한 소고", 가족법연구 25권 1호, 2011; 이화숙, "가족법상 법률행위에 있어 의사와 신고", 민사법학 36호, 2007; 조미경, "혼인의사와 신고", 가족법연구 10호, 1996

가. 종래의 학설과 판례

종래 혼인의 의사에 관하여는 두 가지가 문제되었다. 그 하나는 정신적·육체적 결합에 의한 부부관계를 생기게 할 의사(실질적 혼인의사, 실질의사)이고, 다른 하나는 혼인신고를 하여 혼인을 성립하게 할 의사(형식적 혼인의사, 신고의사)이다. 종래 학설상으로는 혼인의사는 실질적 의사이고 신고는 그 방식에 불과하다는 견해(실질적 의사설)와, 혼인의사는 신고의사만을 말하고, 실질적 의사는 혼인의 유무효에 영향을 주지 않는다는 견해(형식적 의사설)가 주장되고 있었다. 실질적 의사설은 혼인신고의사는 실질적 의사에 당연히 포함되어 있으므로, 특별히 혼인신고를 하지 않겠다는 합의가 없는 한 별도로 혼인신고의사는 필요하지 않다고 보고 있다.

근래에는 혼인의사는 혼인의 법률효과를 발생시키려는 효과의사라는 법적 의사설이 유력하게 주장되고 있다(박희호, 조미경). 이 견해는 신고는 의사표시의 방식이 아니라 별도의 요건이고, 혼인은 의사표시와 신고의 두 가지 요건에 의하여 성립한다고 한다.

판례는 실질적 의사와 형식적 의사가 모두 필요하다는 것으로 이해된다. 우선 판례는 가장혼인은 무효라고 한다. 그리하여 외국인이 한국에 입국할 목적으로 한국인과 한 혼인(대법원 1996. 11. 22. 선고 96도2049 판결, [판례 5]), 피청구인으로 하여금 국민학교의 교사직으로부터 면직당하지 아니하게 할 수단으로 호적부상 부부가 되는 것으로 가장하기 위하여 한 혼인(대법원 1980. 1. 29. 선고 79므62, 63 판결), 혼인 외의 자녀를 혼인 중의 자녀로 만들기 위한 혼인(대법원 1975. 5. 27. 선고 74므23 판결) 등은 실질적 의사가 결여된 경우로서 무효라고 판시하였다. 또 대법원 2015. 12. 10. 선고 2014도11533 판결은, 사기죄를 범하는 자가 금원을 편취하기 위한 수단으로 피해자와 혼인신고를 한 것이라면 그 혼인은 참다운 부부관계의 설정을 바라는 효과의사가 없어서 무효라고 하였다.

그리고 판례는 법률혼주의를 택하고 있는 우리 법에서 혼인의 합의란 법률상 유효한 혼인을 성립하게 하는 합의를 말하는 것이므로, 비록 양성간 정신적, 육체적 관계를 맺는 의사가 있다는 것만으로는 혼인의 합의가 있다고 할 수 없다고 하였고(대법원 1983. 9. 27. 선고 83므22 판결), 사실혼관계가 해소된 상태에서 일방적으로 이루어진 혼인신고도 무효라고 하였다(대법원 1986. 7. 22. 선고 86므41 판결; 1989. 1. 24. 선고 88므795 판결 등). 그러나 상대방의 혼인의사가 불분명한 경우에는 혼인의 관행과 신의성실의 원칙에 따라 사실혼관계를 형성시킨 상대방의 행위에 기초하여 그 혼인의사의 존재를 추정할 수 있으므로, 혼인의사를 명백히 철회하였다거나 당사자 사이에 사실혼관계를 해소하기로 합의하였다는 등의 사정이 인정되지 아니하는 경우에는 그 혼인을 무효라고 할 수 없다고 보았다(대법원 2000. 4. 11. 선고 99므1329 판결).

다른 한편 대법원 1996. 6. 28. 선고 94므1089 판결은, 혼인의 합의는 혼인신고를 할 당시에도 존재하여야 한다고 하면서, 혼례식을 거행하고 사실혼관계에 있었으나 일방이 뇌졸중으로 혼수상태에 빠져 있는 사이에 혼인신고가 이루어졌다면, 특별한 사정이 없는 한 위 신고에 의한 혼인은 무효라고 보았다. 반면 대법원 2012. 11. 29. 선고 2012므2451 판결([판례 7])은, 사실혼관계인 피고들 사이에 혼인신고가 이루어질 때에 피고 중 한 사람이 의사무능력 상태에 있었다 하더라도 그 이전에 그 피고에게 혼인의사가 결여되어 있었다거나 혼인의사를 철회하였다는 등의 사정이 인정되지 아니하므로, 그 피고의 혼인의사의 존재는 추정되고, 따라서 다른 피고의 혼인신고에 따른 피고들 사이의 혼인은 유효하다고 보았다.

한편 대법원 2021. 12. 10. 선고 2019므11584, 11591 판결([판례 6])은, 상대방 배우자가 혼인을 유지하기 위한 노력을 게을리 하였다거나 혼인관계 종료를 의도하는 언행을 하는 등 혼인생활 중에 나타난 몇몇 사정만으로 혼인신고 당시 혼인의사가 없었다고 추단하여 혼인무효 사유에 해당한다고 단정할 것은 아니라고 하였다(같은 취지, 대법원 2022. 1. 27. 선고 2017므1224 판결).

[판례 4] 대법원 1994. 5. 10. 선고 93므935 판결

상고이유를 본다.

1. 원심판결 이유에 의하면, 원심은 그 채택증거에 의하여 원고는 1963. 2. 17. 피고와 결혼식을 올리고 혼인신고는 하지 아니한 상태에서 사실상 혼인생활을 시작하여 피고가 임신까지 하게 되었으나, 성격차이 등으로 인한 잦은 부부싸움 끝에 같은 해 8. 30.경부터 서로 별거를 하기에 이르른 사실, 그 후 원고는 1964. 6.경 소외 1을 알게 되어 그 무렵부터 소외 1과 사실상 혼인생활을 하여 오면서 그 사이에 소외 2, 3, 4, 5 등 4명의 아들을 출산하였고, 그동안 피고와는 교통을 거의 두절한 채 별거상태를 계속하여 온 사실, 한편 피고는 위와 같이 원고와 별거한 후 1963. 10. 12. 원고와의 사실혼 기간 중에 임신한 아들인 소외 6을 출산하고 원고의 도움 없이 혼자 소외 6을 양육하여 오다가 1967. 3. 27. 소외 6의 출생신고를 하게 됨을 계기로 원고의 사촌형인 소외 7의 도움을 받아 혼인신고에 필요한 원고의 본

적 등 인적사항을 알아내어 혼인신고서에 원·피고 쌍방의 인적사항을 기재하고 원고의 이름 옆에 위 사실혼 기간 중에 보관하고 있던 원고의 인장을 임의로 날인한 다음 제주 북제주군 조천읍 호적담당 공무원에게 이를 접수시켜 원고와의 혼인신고를 마친 사실(이어서 소외 6을 그들 사이의 친생자로 하여 출생신고를 하였다)을 각 인정한 다음, 위 인정사실과 같이 원고와 피고가 결혼식을 올린 다음 사실혼관계를 유지하여 오다가 잦은 부부싸움 끝에 서로 별거를 하게 되고, 원고는 그로부터 1년도 채 못되어 다른 여자와 사실상 혼인생활을 하여 오면서 그 사이에 자녀까지 출산하였으며, 위와 같이 별거를 시작한 이후에는 피고와의 교통을 두절함으로써 기왕의 사실혼관계마저 이미 해소된 상황 하에서 피고에 의하여 일방적으로 작성된 혼인신고서가 접수되어 원·피고 사이의 혼인신고가 이루어진 것이라면, 위 혼인신고는 원고가 피고와의 혼인의사를 철회한 후에 이루어진 것이라고 봄이 상당하다 하겠으므로 위 혼인신고에 기한 혼인은 특별한 사정이 없는 한 무효라고 판단하였다.

2. 그러나 기록에 의하면 원고는 원심이 무효로 본 위 혼인신고 이후 얼마 지나지 아니하여 그 혼인신고가 된 사실을 알게 되었으면서도 그로부터 24년여가 경과한 이 사건 제소시까지 위 혼인신고에 대하여 아무런 이의도 제기하지 아니하였을 뿐 아니라, 오히려 위 혼인신고에 의하여 원·피고가 부부로 된 호적에 소외 1과의 사이에 낳은 네 아이들을 모두 혼인외 출생자로 출생신고를 하였으며, 한편, 원고가 속한 제주고씨 대동보 전서공파에서 족보를 편찬함에 있어서도 피고를 원고의 처로 등재한 사실을 인정할 수 있는바, 이러한 사실 등에 비추어 보면, 다른 확실한 증거가 없는 한, 피고가 그 보관하던 원고의 인장으로 혼인신고서를 작성하여 호적공무원에게 제출하였다는 사실만으로 이러한 혼인신고가 반드시 원고의 혼인의사가 철회된 상태에서 피고에 의하여 일방적으로 이루어진 것이라고 단정할 수는 없다고 할 것이다.

그런데 원심이 그 판시의 사실관계를 인정함에 있어 증거로 삼은 것은 제1심 증인 1, 2, 3, 4의 증언임이 그 판결문상 분명한바, 그러나, 기록에 의하면 위 증인들은 모두 원고의 형, 형수, 누이, 조카로서 원고와 아주 가까운 친족이고 그 증언의 내용은 모두 원고로부터 원고 주장 사실을 들어서 안다는 것에 불과한 것으로서, 이들의 증언을 그대로 믿기는 어려운 것이라고 아니할 수 없다.

오히려, 원심이 배척한 제1심 증인 5, 6, 7의 증언을 기록에 의하여 살펴보면, 위 증인들은 원고가 위 혼인신고가 이루어질 무렵 그 아들인 소외 6의 이름을 작명하여 피고를 찾아와 혼인신고와 아울러 소외 6의 출생신고를 하도록 요구하여 이에 따라 피고가 시사촌인 증인 5의 협조를 얻어 위 혼인신고를 하게 된 것이라고 증언하고 있는바, 이들은 원고의 4촌들로써 앞에 나온 증인들인 원고의 형이나 누이 등보다는 원고와의 관계에서 좀 더 객관적인 증언을 할 수 있는 사람들이고, 한편, 피고와의 관계에서는 피고보다는 원고와 더 가까운 사람들(원심이 본 대로 이 사건 혼인신고가 무효라면 피고와는 아무런 친족관계가 없는 사람들이다)임에도 불구하고 오히려 원고에게는 불리하고 피고에게는 유리한 증언을 하고 있고, 또 그 증언 내용을 살펴보아도 별달리 사리에 맞지 아니하는 점이 있는 것으로는 보이지 아니하므로, 이들의 증언은 상당한 신빙성이 있는 것으로 보인다.

따라서 위 증인 5, 6, 7이 증언하는 바와 같이, 원고가 피고와 결혼식을 하고 동거하면서 그 후 아들까지 출산하였으나 혼인신고를 하지 아니하고 별거하다가, 다시 피고를 찾아와 그 아들의 이름을 작명해 주고 혼인신고와 아울러 출생신고를 하도록 요구하여 이에 따라 피고가 혼인신고를 한 것이라면, 원고에게는 결혼식 당시는 물론 위 혼인신고 당시에도 그 혼인의 의사가 계속 존재하고 있었다고 봄이 상당하고, 원고가 이미 표시된 피고와의 혼인의 의사를 철회하였다는 특별한 사정이 없는 이상 비록 원고가 피고와 잦은 부부싸움을 한 끝에 서로 별거를 하게 되고, 별거 후 1년도 채 못되어 다른 여자와 동거생활을 하여 오면서 그 사이에 자녀까지 출산하였으며, 피고와는 별거하는 상태가 계속되어 왔다고 하더라도, 이러한 사정만으로는 원고가 피고와의 혼인의사를 철회하였다고 단정할 수 없다 할 것이고, 위 혼인신고는 당사자 사이의 혼인의 합의에 기초하는 것으로서 유효하다고 보아야 할 것이다.

증거의 취사와 사실의 인정은 사실심인 원심의 전권사항이기는 하나, 그것은 논리칙과 경험칙에 맞는 것이 아니면 안 된다 할 것인바, 원심이 신빙성이 희박한 증인 1, 2, 3, 4의 증언을 믿고, 오히려 신빙성이 있는 것으로 보이는 증인 5, 6, 7의 증언을 믿지 아니한 채, 피고가 혼인신고를 하게 된 경위 및 원고가 피고와의 혼인의 의사를 철회하였다는 특별한 사정이 있는지에 대한 면밀한 검토나 별다른 확실한 증거 없이 원·피고의 별거사실만으로 위 혼인신고가 원·피고사이의 사실혼관계가 해소된 상태에서 피고에 의하여 일방적으로 이루어진 것으로 인정한 것은 채증법칙 위배의 위법을 저지른 것이라 할 것이고, 이는 판결결과에 영향을 미쳤다 할 것이므로, 이 점을 지적하는 취지의 논지는 이유 있다.

생각할 점

피고의 혼인신고 당시에 원고의 혼인의사가 존재하였다고 볼 수 있을까?

[판례 5] 대법원 1996. 11. 22. 선고 96도2049 판결

우리나라 민법 제815조 제1호는 '당사자간에 혼인의 합의가 없는 때'에는 그 혼인은 무효로 한다라고 규정하고 있고, 이 혼인무효 사유는 당사자간에 사회관념상 부부라고 인정되는 정신적, 육체적 결합을 생기게 할 의사를 갖고 있지 않은 경우를 가리킨다고 해석할 것이므로, 당사자 사이에 비록 혼인의 계출 자체에 관하여 의사의 합치가 있어 일응 법률상의 부부라는 신분관계를 설정할 의사는 있었다고 인정되는 경우라도 그것이 단지 다른 목적을 달성하기 위한 방편에 불과한 것으로서 그들간에 참다운 부부관계의 설정을 바라는 효과의사가 없을 때에는 그 혼인은 민법 제815조 제1호의 규정에 따라 그 효력이 없다고 해석하여야 할 것이다(대법원 1985. 9. 10. 선고 85도1481 판결 참조).

그리고 혼인에 관하여 민법 제812조 제1항은 혼인은 호적법에 정한 바에 의하여 신고함으로써 그 효력이 생긴다고 하고, 제813조는 혼인의 신고는 그 혼인이 제807조(혼인적령), 제808조(동의를 요하는 혼인), 제809조(동성혼 등의 금지), 제810조(중혼의 금지), 제811조(재혼금지기간) 및 제812조 제2항의 규정 기타 법령에 위반함이 없는 때에는 이를 수리하여야 한다고 하며, 호적법 제76조 제1항은 혼인신고서에는 당사자의 성명, 본, 출생의 연월일 및 본적(1호), 부모와 양친의 성명 및 본적(2호), 당사자가 가족인 때에는 그 호주의 성명, 본적 및 호주와의 관계(3호), 처가에 입적할 혼인인 때에는 그 사실(4호), 당사자가 초혼 아닌 때에는 직전의 혼인이 해소된 연월일(5호), 당사자가 동성동본일지라도 혈족이 아닌 때에는 그 사실(6호), 여호주가 폐가하고 혼인하는 경우에는 그 취지(7호)를 각 기재하도록 하고 있을 뿐이고, 민법 제815조는 따로 혼인은 다음 각 호의 경우에는 무효로 한다고 하면서 '당사자간에 혼인의 합의가 없는 때(제1호)'를 들고 있으므로, 호적공무원은 혼인신고를 접수함에 있어 당사자 사이에 혼인의 합의가 있는지 여부를 심사할 권한이 없다고 하여야 하는 데 비하여, 협의상 이혼에 관하여 민법 제834조는 부부는 협의에 의하여 이혼할 수 있다고 하고, 제836조 제1항은 협의상 이혼은 가정법원의 확인을 받아 호적법에 정한 바에 의하여 신고함으로써 그 효력이 생긴다고 하며, 호적법 제79조의2 제1항은 협의상 이혼을 하고자 하는 자는 본적지 또는 주소지를 관할하는 가정법원의 확인을 받아 신고하여야 한다고 하고, 같은 조 제4항은 가정법원의 확인의 절차와 신고에 관하여 필요한 사항은 대법원규칙으로 정한다고 하며, 호적법시행규칙 제87조 제1항은 가정법원은 당사자 쌍방을 출석시켜 그 진술을 듣고 이혼의사의 존부를 확인하여야 한다고 하고, 제90조는 당사자 쌍방의 이혼의사가 확인되면 가정법원은 확인서를 작성하여야 하고(제1항 전문), 확인서에는 당사자의 성명, 주소 및 주민등록번호, 이혼의사가 확인되었다는 취지, 확인연월일, 확인법원을 기재하고 판사가 서명날인하여야 하며(제2항), 확인서가 작성된 경우에는 가정법원의 서기관 등은 지체 없이 이혼신고서에 확인서등본을 첨부하여 당사자 쌍방에게 교부 또는 송달하여야 하고(제3항), 이혼의사를 확인할 수 없는 때에는 신청서 또는 조서에 그 취지를 기재하고 판사가 기명날인하여야 한다(제1항 후문)고 규정하고, 제92조 제1항은 이혼의사의 확인을 받은 당사자가 이혼의사를 철회하고자 하는 경우에는 이혼신고가 접수되기 전에 본적지의 시·읍·면의 장에게 이혼의사철회서에 이혼의사확인서등본을 첨부하여 제출하여야 한다고 규정하고 있어, 협의상 이혼의 경우에는 이혼하려는 당사자 쌍방은 가정법원에 출석하여 이혼의사의 유무에 관하여 판사의 확인을 받아 그 확인서를 첨부하여 이혼신고를 하여야 하므로 협의상 이혼이 가장이혼으로서 무효로 인정되려면 누구나 납득할 만한 충분한 증거가 있어야 하고, 그렇지 않으면 이혼 당사자간에 일응 일시나마 법률상 적법한 이혼을 할 의사가 있었다고 인정함이 이혼신고의 법률상 및 사실상의 중대성에 비추어 상당하다 할 것이나(대법원 1975. 8. 19. 선고 75도1712 판결, 1976. 9. 14. 선고 76도107 판결, 1981. 7. 28. 선고 80므77 판결, 1993. 6. 11. 선고 93므171 판결 각 참조), 혼인의 경우에는 앞서 본 바와 같이 혼인 당사자 사이에 혼인의 의사가 있는지에 관하여 호적공무원이 이를 심사할 권한이 없으므로 가장이혼에 관한 대법원 판례들은 가장혼인에 관한 이 사건에 원용하기에 적절하지 아니하다고 할 것이다.

이 사건에 공소사실 기재와 같이 피고인들이 중국 국적의 조선족 여자인 위 공소외인들과 참다운 부부관계를 설정할 의사 없이 단지 위 공소외인들의 국내 취업을 위한 입국을 가능하게 할 목적으로 형식상 혼인하기로 한 것이라면, 피고인들과 위 공소외인들 사이에는 혼인의 계출에 관하여는 의사의 합치가 있었으나 참다운 부부관계의 설정을 바라는 효과의사는 없었다고 인정되므로 피고인들의 혼인은 우리 나라의 법에 의하여 혼인으로서의 실질적 성립요건을 갖추지 못하여 그 효력이 없다고 할 것이다. 따라서 피고인들이 중국에서 중국의 방식에 따라 혼인식을 거행하였다고 하더라도 우리 나라의 법에 비추어 그 효력이 없는 혼인의 신고를 한 이상 공소사실 기재와 같은 피고인들의 행위는 공정증서원본불실기재 및 동행사 죄의 죄책을 면할 수 없다고 할 것이다.

생각할 점

가장혼인과 가장이혼의 효력을 달리 취급하는 것은 타당한가?

[판례 6] 대법원 2021. 12. 10. 선고 2019므11584, 11591 판결

1. 관련 법리

가. 민법 제815조 제1호가 혼인무효의 사유로 규정하는 '당사자 간에 혼인의 합의가 없는 때'란 당사자 사이에 사회관념상 부부라고 인정되는 정신적·육체적 결합을 생기게 할 의사의 합치가 없는 경우를 의미한다(대법원 2010. 6. 10. 선고 2010므574 판결 등 참조). 혼인무효 사건은 가류 가사소송사건으로서 자백에 관한 민사소송법의 규정이 적용되지 않고 법원이 직권으로 사실조사 및 필요한 증거조사를 하여야 하는바(가사소송법 제12조, 제17조), 일방 배우자가 상대방 배우자를 상대로 혼인신고 당시에 진정한 혼인의사가 없었다는 사유를 주장하면서 혼인무효 확인의 소를 제기하는 경우, 가정법원으로서는 직권조사를 통해 혼인의사의 부존재가 합리적·객관적 근거에 의하여 뒷받침되는지 판단하여야 한다.

나. 민법은 혼인성립 이전의 단계에서 성립요건의 흠결로 혼인이 유효하게 성립하지 않은 혼인무효(민법 제815조)와 혼인이 성립한 후 발생한 사유로 혼인이 해소되는 이혼(민법 제840조)을 구분하여 규정하고 있다. 또한 혼인무효는 이혼의 경우에 비하여 가족관계등록부의 처리 방식이 다르고, 이혼과 달리 혼인무효의 소가 제기되지 않은 상태에서도 유족급여나 상속과 관련된 소송에서 선결문제로 주장할 수 있어 유리한 효과가 부여된다. 따라서 가정법원은 상대방 배우자에게 혼인 신고 당시 혼인의사가 없었던 것인지, 혼인 이후에 혼인을 유지할 의사가 없어진 것인지에 대해서 구체적으로 심리·판단하여야 하고, 혼인의사라는 개념이 다소 추상적이고 내면적인 것이라는 사정에 기대어 상대방 배우자가 혼인을 유지하기 위한 노력을 게을리 하였다거나 혼인관계 종료를 의도하는 언행을 하는 등 혼인생활 중에 나타난 몇몇 사정만으로 혼인신고 당시 혼인의사가 없었다고 추단하여 혼인무효 사유에 해당한다고 단정할 것은 아니다.

다. 우리나라 국민이 외국인 배우자에 대하여 혼인의 의사가 없다는 이유로 혼인무효 소송을 제기한 경우, 가정법원은 위 법리에 더하여 통상 외국인 배우자가 자신의 본국에서 그 국가 법령이 정하는 혼인의 성립 절차를 마친 후 그에 기하여 우리나라 민법에 따른 혼인신고를 하고, 우리나라 출입국관리법령에 따라 결혼동거 목적의 사증을 발급받아 입국하는 절차를 거쳐 비로소 혼인생활에 이르게 된다는 점, 언어장벽 및 문화와 관습의 차이 등으로 혼인생활의 양상이 다를 가능성이 있는 점을 고려하여 외국인 배우자의 혼인의사 유무를 세심하게 판단할 필요가 있다.

2. 원심의 판단

원심은 판시와 같은 사실 등을 인정한 후, 원고(반소피고, 이하 '원고'라고만 한다)의 본소 중 혼인무효 확인청구에 대해서 ① 피고(반소원고, 이하 '피고'라고만 한다)가 자신의 부모 이름을 다르게 알려준 점, ② 원고와 동거한 기간이 40일에 불과하고 외국인 등록증을 발급받은 직후 가출한 점 등을 이유로 민법 제815조 제1호의 혼인무효 사유가 인정된다고 판단하여 이를 인용하고, 원고와 피고의 혼인이 무효임을 전제로 원고의 본소 중 위자료 청구를 일부 인용하면서, 피고의 반소 이혼 청구를 기각하였다.

3. 대법원의 판단

가. 그러나 원심이 든 사정들을 앞서 본 법리에 비추어 살펴보면, 원심의 판단은 다음과 같은 이유로 수긍하기 어렵다.

1) 원심이 혼인무효의 사정으로 들고 있는 사정 중 혼인 전에 있었던 사정은 피고가 부모 이름을 다르게 알려주었다는 사정 밖에 없다. 그런데 피고가 자신의 부모 이름을 다르게 알려준 사정이 진정한 혼인의사의 부존재를 추정하게 할 사유에 해당하는지 의문이고, 게다가 피고가 알려준 부모의 이름에 대해 살펴보더라도 아버지의 이름 '○○○○ △△△△'를

'ㅁㅁㅁㅁㅁㅁㅁ △△△△'로, 어머니의 이름 '☆☆☆☆☆☆ ◇◇◇◇'을 '▽▽▽▽▽▽ ◇◇◇◇'으로 알려주었다는 것이어서 완전히 다른 이름인지도 불확실하므로 신분위장 등의 목적이 있었다고 보기도 어렵다.

2) 원고는 2016. 12.경 키르기즈 공화국을 방문하여 피고를 소개받아 그 무렵 키르기즈 공화국의 법령이 정하는 혼인의 성립절차에 따라 혼인신고를 마친 후, 2017. 1. 경 한국에서의 혼인신고를 마쳤다. 그리고 우리나라 출입국관리법령에 따라 피고에 대한 결혼이민비자가 신청·발급되어, 피고는 2017. 6.경 대한민국에 입국하여 원고와 동거하게 되었다. 이와 같이 원고와 피고가 혼인에 이르기 위해서 들인 시간과 노력, 절차에 소요된 비용 등을 도외시한 채 단지 동거기간이 40일에 불과하다는 사정만으로 혼인의사를 부정할 것은 아니다.

3) 원심이 든 나머지 사정들은 혼인이 성립된 이후의 사정으로서 결국 피고가 혼인 이후 혼인을 유지하기 위한 노력을 하지 않고, 혼인관계의 지속을 쉽게 포기하였다는 이혼 사유에 가까운 바, 이러한 사정만을 내세워 애초부터 혼인의사가 없었다고 단정하는 것은 쉽게 수긍하기 어렵다.

나. 그럼에도 원심은 위와 같은 사정만을 내세워 원고와 피고의 혼인이 혼인무효 사유에 해당한다고 판단하였으니, 그와 같은 원심의 판단에는 민법 제815조 제1호에 관한 법리를 오해하여 필요한 심리를 다하지 아니한 잘못이 있다. 이 점을 지적하는 상고이유 주장은 이유 있다.

생각할 점

이 판결과 이 판결이 인용하고 있는 대법원 2010. 6. 10. 선고 2010므574 판결은 상충되는가?

[판례 7] 대법원 2012. 11. 29. 선고 2012므2451 판결

혼인의 합의란 법률혼주의를 채택하고 있는 우리나라 법제 하에서는 법률상 유효한 혼인을 성립하게 하는 합의를 말하는 것이므로 비록 사실혼관계에 있는 당사자 일방이 혼인신고를 한 경우에도 상대방에게 혼인의사가 결여되었다고 인정되는 한 그 혼인은 무효라 할 것이나(대법원 1983. 9. 27. 선고 83므22 판결 참조), 상대방의 혼인의사가 불분명한 경우에는 혼인의 관행과 신의성실의 원칙에 따라 사실혼관계를 형성시킨 상대방의 행위에 기초하여 그 혼인의사의 존재를 추정할 수 있으므로 이와 반대되는 사정, 즉 혼인의사를 명백히 철회하였다거나 당사자 사이에 사실혼관계를 해소하기로 합의하였다는 등의 사정이 인정되지 아니하는 경우에는 그 혼인을 무효라고 할 수 없다(대법원 1980. 4. 22. 선고 79므77 판결, 대법원 1994. 5. 10. 선고 93므935 판결, 대법원 2000. 4. 11. 선고 99므1329 판결 등 참조).

원심은 그 채택 증거를 종합하여 그 판시와 같은 사실을 인정한 다음, 사실혼관계인 피고들 사이에 혼인신고가 이루어질 때에 피고 박○이 의사무능력 상태에 있었다 하더라도 그 이전에 피고 박○에게 혼인의사가 결여되어 있었다거나 피고 박○이 혼인의사를 철회하였다는 등의 사정이 인정되지 아니하므로, 피고 박○의 혼인의사의 존재는 추정되고, 따라서 피고 최○의 혼인신고에 따른 피고들 사이의 혼인은 유효하다고 판단하였다.

앞에서 본 법리에 비추어 볼 때 원심의 이러한 판단은 정당하고, 거기에 상고이유 주장과 같이 사실혼관계에서의 혼인의사 추정에 관한 법리를 오해하거나 판례를 위반하는 등 판결에 영향을 미친 위법이 없다.

[원심판결] 서울가정법원 2012. 6. 1. 선고 2011르2853 판결

4. 사실혼관계에 있는 당사자 일방이 혼인신고를 마칠 당시 그 상대방이 의사무능력 상태에 있던 경우 혼인의 유효 여부에 관한 판단

가. 사실혼관계에 있는 당사자 일방이 혼인신고를 마친 경우의 법리

(1) 법률상 혼인은 당사자 사이의 혼인의 합의와 「가족관계의 등록 등에 관한 법률」에 따른 혼인신고가 있으면 유효하게 성립한다(민법 제815조 제1호, 제812조 제1항). 그리고 혼인의 합의란 법률혼주의를 채택하고 있는 우리나라 법제하에서는 법률상 유효한 혼인을 성립하게 하는 합의를 말하는 것이므로 비록 사실혼관계에 있는 당사자 일방이 혼인신고를 한 경우에도 상대방에게 혼인의사가 결여되었다고 인정되는 한 그 혼인은 무효라 할 것이나, 상대방의 혼인의사가 불분명한 경우에는 혼인의 관행과 신의성실의 원칙에 따라 사실혼관계를 형성시킨 상대방의 행위에 기초하여 그 혼인의사의 존재를 추정할 수 있으므로 이와 반대되는 사정, 즉 혼인의사를 명백히 철회하였다거나 당사자 사이에 사실혼관계를 해소하기로 합의하였다는 등의 사정이 인정되지 아니하는 경우에는 그 혼인을 무효라고 할 수 없다(대법원 2000. 4. 11. 선고 99므1329 판결 참조).

즉, 혼인의 합의는 혼인관계의 형성을 그 본질적인 목적으로 하는 법률행위이고, 혼인신고는 그 혼인관계의 창설을 외형적으로 확정짓는 부차적인 요건인바, 당사자 사이에 사실혼관계가 있으면 그 중 일방이 혼인신고를 한 경우에도 상대방의 혼인의사가 존재한다고 추정되어 혼인은 유효하게 성립하고, 다만 다른 특별한 사정이 입증되어야 상대방의 혼인의사의 존재 추정이 복멸되어 혼인이 무효로 된다 할 것이다.

(2) 이 사건은 사실혼관계에 있는 당사자 일방이 혼인신고를 마칠 당시 그 상대방이 의사무능력 상태에 있던 사안으로서, 이러한 경우에도 사실혼관계에서 그 상대방의 혼인의사

를 추정하는 위 법리가 그대로 적용되어 혼인이 유효하게 성립된다고 볼지 여부가 문제되므로 이에 관하여 살핀다.

첫째, 법률혼 배우자가 의식불명의 식물상태와 같은 의사무능력 상태에 빠져 금치산선고를 받았는데, 상대방 배우자에게 부정행위나 악의의 유기 등과 같이 민법 제840조 각 호가 정한 이혼사유가 존재하는 경우에, 당해 이혼사유의 성질과 정도를 중심으로 금치산자 본인의 결혼관 내지 평소 일상생활을 통하여 가족, 친구 등에게 한 이혼에 관련된 의사표현, 금치산자가 의사능력을 상실하기 전까지 혼인생활의 순탄 정도와 부부간의 갈등해소방식, 혼인생활의 기간, 금치산자의 나이·신체·건강상태와 간병의 필요성 및 그 정도, 이혼사유 발생 이후 배우자가 취한 반성적 태도나 가족관계의 유지를 위한 구체적 노력의 유무, 금치산자의 보유 재산에 관한 배우자의 부당한 관리·처분 여하, 자녀들의 이혼에 관한 의견 등의 제반 사정을 종합하여 혼인관계를 해소하는 것이 객관적으로 금치산자의 최선의 이익에 부합한다고 인정되고 금치산자에게 이혼청구권을 행사할 수 있는 기회가 주어지더라도 혼인관계의 해소를 선택하였을 것이라고 볼 수 있어서, 금치산자의 이혼의사를 객관적으로 추정할 수 있는 경우에는, 후견인이 의사무능력 상태에 있는 금치산자를 대리하여 재판상 이혼을 청구할 수 있다(대법원 2010. 4. 29. 선고 2009므639 판결 참조). 이에 따르면, 신분행위의 당사자가 의사무능력자인 경우에도 제반사정을 종합하여 이혼의사 등의 법률적 의사를 추정해 볼 수 있다 할 것이고, 의사무능력자에게는 항상 법률적 의사가 결여되어 있다거나 그렇기 때문에 법률적 의사의 추정 자체가 불가하다고는 볼 수 없다. 그런데, 사실혼관계에 있는 당사자 일방이 혼인신고를 마친 경우에도 그 혼인이 유효하다는 위 법리는 사실혼관계에서 그 상대방의 혼인의사를 추정할 수 있다는 데에 근거한다는 점을 다시 상기해 보면, 그 상대방이 의사무능력 상태에 있다 하더라도 사실혼관계에서 혼인의사를 추정하는 법리를 관철하되, 다만, 위 각 대법원 판결에서 언급한 것과 유사한 제반사정을 종합하여 의사무능력자가 혼인의사를 철회하였다고 추인할 수 있는 등의 특별한 사정이 있는 경우에 한하여 의사무능력자의 혼인의사 추정이 복멸될 뿐이라고 이론구성하는 것이 논리적으로 일관될 것이다.

둘째, 대법원은 사실혼관계에 있는 당사자 일방이 혼인신고를 마칠 당시 그 상대방이 장기간 부재중으로서 연락이 두절되어 혼인의사의 유지 또는 철회의사를 표시할 수 없었던 사안에서도 사실혼관계에 있었던 점만으로 그 상대방의 혼인의사를 추정하는 법리를 적용하고 있다(대법원 1980. 4. 22. 선고 79므77 판결, 대법원 1984. 10. 10. 선고 84므71 판결 등). 그런데 사실혼관계에 있는 당사자 일방이 혼인신고를 마칠 당시 그 상대방이 의사무능력 상태에 있는 바람에 혼인의사의 유지 또는 철회의사를 표시할 수 없었던 사안을 이와 달리 본다면 균형을 상실한 결론에 이르게 될 것이다. 즉, 그 상대방이 장기간 부재 또는 연락두절 상태에 있던 사례와 의사무능력 상태에 있던 사례를 다르게 취급할 합리적 근거가 없는 것이다.

셋째, 사실혼관계에 있는 당사자 일방은 그 상대방에 대하여 사실혼관계존재확인의 소를 제기하여 승소판결을 선고받아 확정된 뒤 이에 터잡아 일방적으로 혼인신고를 할 수 있고(대법원 1991. 8. 13.자 91스6 결정 등 참조), 이러한 법리는 상대방이 의사무능력 상태에 있는 경우에도 그대로 적용됨이 타당하다. 그런데 단지 사실혼관계에 있는 당사자 일방이 의사무능력 상태에 있는 상대방에 대한 사실혼관계존재확인의 소를 거치지 않고 혼인신고를 마쳤다 하여 이를 무효라고 하게 되면, 지나치게 형식논리에 치우친 결론이 될뿐더러, 사실혼관계에 있는 당사자 일방이 사실혼관계존재확인의 소를 거쳐 혼인신고를 한 사례와 사실혼관계에 있는 당사자 일방이 위 소를 제기하지 않은 채 혼인신고를 마쳤다 하여 혼인무효의 소를 제기당한 사례 사이에 동일한 결론이 나와야 할 것임에도 상반된 결론이 나와 균형을 상실하게 되므로, 이는 받아들이기 어렵다.

따라서, 사실혼관계에 있는 당사자 일방이 혼인신고를 마칠 당시 그 상대방이 의사무능력 상태에 있는 경우에도, 상대방의 혼인의사는 추정되어 혼인은 유효하고, 다만, 의사무능력자의 결혼관 내지 평소 일상생활 등을 통하여 가족, 친구 등에게 한 사실혼 유지 여부에 관련된 의사표현, 의사능력을 상실하기 전까지 사실혼 생활의 순탄 정도와 부부간의 갈등해소방식, 사실혼 생활의 기간, 의사무능력자의 나이·신체·건강상태와 간병의 필요성 및 그 정도 등 제반사정을 종합하여 의사무능력자에게 혼인의사의 유지 또는 사실혼의 유지 여부를 결정할 수 있는 기회가 주어지더라도 혼인의사의 철회 또는 사실혼의 해소를 선택하였을 것이라고 볼 수 있어서, 의사무능력자의 혼인의사의 철회 또는 사실혼 해소의사를 객관적으로 추정할 수 있는 경우에 한하여 혼인이 무효로 된다 할 것이다.

참고문헌

김현선, 가족법연구 27권 1호

생각할 점

대법원 1996. 6. 28. 선고 94므1089 판결은, 사실혼관계에 있던 일방이 뇌졸중으로 의식을 잃고 혼수상태에 빠진 상태에서 다른 일방이 임의로 혼인신고를 마친 것은 무효라고 하였다. 대상판결과 위 판결과의 관계는 어떠한가? 위 판결의 원심판결에 의하면 원고의 아버지는 법률혼이 아닌 동거만을 유지할 의도였음을 가족들에게 명백히 하였다고 한다. 만일 그러한 사정이 없었다면 이와 같은 사실관계에서 혼인신고는 유효하다고 볼 수 있는가?

나. 검 토

혼인도 법률행위인 계약이므로, 그 유효요건인 혼인의 의사는 곧 혼인의 효과의사이고, 그 효과의사를 파악함에 있어서는 다른 법률행위의 효과의사와 달리 볼 이유가 없다. 그런데 일반적인 법률행위의 경우에는 효과의사는 단순한 사실적인 의사가 아니라 일정한 법률효과의 발생을 원하는 의사, 즉 법적인 의사로 보아야 하므로, 혼인의 의사도 법적인 의사로 보아야 한다. 일반적인 법률행위에 관하여는 법적 효과가 아니라 특정한 경제적 또는 사실적 효과를 지향하려는 의사라고 보는 견해가 있기는 하지만, 특히 혼인의 경우에는 혼인신고가 있어야만 혼인이 성립하므로, 혼인의 의사는 혼인을 성립시키려는 법적 의사, 즉 혼인신고의사를 포함한다. 따라서 혼인의사는 혼인을 성립시키려는 혼인신고의사와, 혼인의 효과를 발생시키겠다는 혼인효과의사로 나누어 볼 수 있다. 혼인신고의사는 종래 학설상의 형식적 의사에 대응하고, 혼인효과의사는 실질적 의사에 대응한다고 말할 수도 있으나, 혼인신고를 하지 않은 채로 혼인의 효과를 발생시킬 수는 없으므로, 혼인신고의사와 혼인효과의사를 별개로 분리하여 생각할 수는 없다(주해친족 1/윤진수, 153).

종래 실질적 의사설이 유력하게 주장되었던 배경에는, 당사자들이 혼인신고 없이 사실혼관계를 유지하고 있는 것은 혼인신고를 하여야 혼인이 성립한다는 것을 잘 모르고 있거나, 또는 혼인신고를 하고 싶어도 하기 어려워서 혼인신고를 하지 못하는 것이라고 보고, 이러한 당사자를 보호하기 위하여 사실혼관계에 있으면 당연히 혼인신고의사를 포함한 혼인의사는 있는 것으로 보려는 생각이 바탕에 깔려 있었다고 생각된다. 그러나 현재 혼인신고를 하여야 혼인이 성립한다는 것을 모르는 사람이 얼마나 있을지 의문이고, 또 혼인신고를 하고 싶어도 하기 어려운 경우란 별로 없다는 점에서, 종래의 실질적 의사설의 전제는 더 이상 유지될 수 없게 되었다.

그런데 판례는 사실혼 당사자 일방만에 의하여 혼인신고가 이루어진 경우에는 혼인의사의 존재를 추정할 수 있으므로, 원칙적으로는 그 혼인을 무효라고 할 수 없다고 보고 있다. 그러나 사실혼관계에 있다는 것만으로 혼인신고의 의사가 있는 것이라고는 할 수 없다. 사실혼의 요건으로서 요구되는 합의는 법률혼의 합의와는 다른 것으로서, 사실혼관계에 있다는 것만으로 당연히 혼인의 의사 내지 혼인신고의사가 있는 것으로 볼 수는 없다. 오히려 사실혼 당사자가 일방적으로 혼인신고를 하게 된 것은 다른 일방의 동의를 받지 못하였기 때문일 것이므로, 적어도 일방 당사자에게는 혼인신고를 하려는 의사가 없는 것으로 추정하는 것이 경험칙에 부합할 것이다.

그러므로 사실혼관계에 있는 당사자 일방이 한 혼인신고가 유효하다고 보기 위하여는 다른 일방이 그 혼인신고에 동의하였음이 증명되어야 하고, 사실혼관계에 있다는 것만으로 혼인의사의 존재를 추정하여서는 안 된다. 당사자가 사실혼관계에 있다는 것만으로 혼인의사를 추정하는 것은 혼인은 강제될 수 없다는 원칙에도 어긋난다.

또한 혼인의 의사는 당사자 쌍방에게 존재하여야 하고, 일방에게 혼인의사가 존재하지 않는 경우에는, 상대방이 이를 알았거나 알 수 있었는지 여부에 관계없이 무효라고 보아야 한다(대법원 2010. 6. 10. 선고 2010므574 판결 참조).

다. 기 타

혼인의 합의는 조건부나 기한부로 이루어질 수 없다. 또한 진정한 의사에 기하여 혼인신고서를 작성하였다 하더라도 호적공무원이나 그 제출을 의뢰받은 사람에 대하여 그 의사를 철회한 때에는 신고서가 제출되었고, 신고가 이루어진 경우에도 그 혼인은 무효이다(대법원 1983. 12. 27. 선고 83므28 판결).

3. 미성년자와 피성년후견인의 혼인

미성년자도 혼인의 자유의 주체로서 혼인할 수 있다. 그러나 혼인을 하기 위해서는 어느 정도의 정신적·육체적 성숙이 전제가 되어야 하므로 18세가 되어야 한다(807조). 2007년 개정 전에는 혼인을 할 수 있는 혼인적령이 남자 18세, 여자 16세였다.

미성년자가 혼인적령인 18세에 달한 경우에도 혼인하기 위해서는 부모나 후견인의 동의를 받아야 한다(808조 1항). 친권자로 지정되지 않았거나 친권이 상실된 부모라 하여도 동의권은 가진다(925조의3 참조). 그러나 친권자 아닌 부모의 동의를 얻도록 하는 것은 미성년자의 복리에 비추어 합리적이지 않다. 따라서 법정대리인과 친권자가 다른 경우에는 법정대리인의 동의만을 얻도록 개정하는 것이 바람직하다. 그런데 부모나 후견인이 부당하게 혼인에의 동의를 거부하는 경우 그에 대한 구제수단이 없는 것은 미성년자의 혼인의 자유에 대한 침해가 될 수 있으므로, 입법적으로 그에 대한 구제수단을 마련하여야 할 것이다. 이러한 경우 동의의 거부가 권리남용에 해당하므로 가정법원에 조정을 신청할 수 있다고 하는 설도 있기는 하지만(김주수·김상용, 94-95), 해석론의 범위를 넘는 주장이다.

피성년후견인은 부모나 후견인의 동의를 받아 혼인할 수 있다(808조 2항). 그러나 성년후견제도의 취지를 생각한다면 피성년후견인이라고 하여 언제나 부모나 성년후견인의 동의를 받도록 하는 것은 문제가 있다. 또 동의를 받을 필요가 있는 경우에도 부모와 성년후견인 중 어느 한쪽의 동의만 받으면 된다고 하기보다는, 부모 아닌 성년후견인의 동의를 받도록 하여야 할 것이다. 반면 피한정후견인은 부모나 후견인의 동의 없이도 혼인할 수 있다.

혼인적령에 달하지 않은 사람이 한 혼인이나, 동의를 얻어야 하는 사람이 동의를 얻지 아니한 채 한 혼인은 당연무효는 아니고, 취소될 수 있다(816조 1호, 817, 819조).

한편 혼인을 하려면 의사능력이 있어야 함은 물론이다. 지적장애 3급으로 등록된 사람에게 사회관념상 부부라고 인정되는 정신적·육체적 결합을 생기게 할 의사능력은 결여되었다면, 그 혼인은 당사자간에 혼인의 합의가 없는 때에 해당하여 무효이다(부산가법 2019. 1. 31. 선고 2016드단15613 판결).

4. 근친혼(近親婚)의 금지

▌참고문헌: 윤진수, "혼인의 자유", 민법논고 Ⅳ, 2009; 윤진수, "민법상 금혼규정의 헌법적 검토", 저스티스 170-2호, 2019; 윤진수, "민법 제815조 제2호에 대한 헌법불합치결정", 법률신문 5032호(2022. 11. 10.); 전광석, "동성동본금혼제도의 헌법문제: 헌법재판소의 결정을 중심으로", 경원대 법학논총 5호, 1998; 현소혜, "「근친혼적 사실혼」관계의 보호", 민사판례연구 34권, 2012; 현소혜, "현행 민법상 근친혼 제도의 위헌성", 가족법연구 34권 3호, 2020.

근친상간의 금지는 어느 문화에서나 인정되는 보편적인 현상이다. 그 이유에 대하여는 여러 가지 주장이 있는데, 인류학적으로는 가족성원 사이에 성적인 경쟁관계를 가지게 되면 가족성원 사이를 긴장시키거나 가족을 분열시키므로 근친간 성관계를 금지하였다는 주장, 여자는 다른 집단과 교환되는 가치를 가지므로, 다른 집단에 보내야 하는 근친의 여성과는 성관계를 금지할 수밖에 없다고 하는 설명 등이 있다.

2005년 개정 전 809조 1항은 동성동본(同姓同本)인 혈족 사이에서는 혼인하지 못한다고 규정하고 있었다. 이 동성동본금혼 규정은 민법 제정 당시에 가장 큰 논란의 대상이었다. 원래 동성동본혼의 금지는 우리의 고유풍습이 아니라 중국의 종법제의 영향을 받은 것인데, 중국에서는 1930년 민법을 제정하면서 동성금혼의 원칙을 폐기하였다. 동성동본금혼제의 폐지는 일찍부터 가족법 개정의 주된 논의 대상이었으나, 보수층의 완강한 반대로 실현을 보지 못하고 있었다. 그러다가 헌법재판소 1997. 7. 16. 선고 95헌가6 내지 13 결정이 동성동본금혼은 위헌이라고 함으로써 사실상 폐지되었다. 그러나 위 결정은 단순위헌결정이 아닌 헌법불합치결정이어서, 2005년 개정에서 비로소 동성동본금혼제도가 완전히 폐지되기에 이르렀다.

2005년 개정된 809조는 금지되는 근친혼의 범위를 ① 8촌 이내의 혈족(친양자의 입양 전의 혈족을 포함한다) 사이의 혼인, ② 6촌 이내의 혈족의 배우자, 배우자의 6촌 이내의 혈족, 배우자의 4촌 이내의 혈족의 배우자인 인척이거나 이러한 인척이었던 자 사이의 혼인 및 ③ 6촌 이내의 양부모계(養父母系)의 혈족이었던 자와 4촌 이내의 양부모계의 인척이었던 자 사이의 혼인으로 규정하였다. 다만 가령 계모의 딸은 자신의 혈족의 배우자의 혈족이므로 인척이 아니고, 따라서 그와는 혼인할 수 있다.

헌법재판소 2022. 10. 27. 선고 2018헌바115 결정은, 법률혼이 금지되는 혈족의 범위는 외국의 입법례에 비하여 상대적으로 넓은 것은 사실이지만, 역사·종교·문화적 배경이나 생활양식의 차이로 인하여 상이한 가족 관념을 가지고 있는 국가 사이의 단순 비교가 의미를 가지기 어렵고, 근친 사이의 법률상 혼인을 금지하는 외에 입법목적 달성을 위한 다른 수단이 있다고 보기도 어렵다는 이유로 금혼조항이 위헌이 아니라고 하였다. 그러나 4촌을 넘는 혈족 사이의 혼인을 금지할 이유는 별로 없으므로, 위 금혼 범위는 4촌으로 고쳐져야 할 것이다. 위 결정도 8촌 이내 혈족 사이의 혼인을 일률적·획일적으로 혼인무효사유로 규정한 것은 헌법에 합치되지 않는다고 하였다.

금지되는 근친혼의 신고가 수리된 경우 그 효과는 경우에 따라 다르다. 먼저, 8촌 이내의 혈족 사이의 혼인(친양자의 입양 전의 혈족도 포함된다), 당사자 간의 직계인척관계가 있거나 있었던 때, 당사자 간에 양부모계의 직계혈족관계가 있었던 때에는 그 혼인은 무효이다(815조 2, 3, 4호). 그러나 방계인척관계와 같이 809조 위반 중 앞서 열거한 경우 이외의 경우는 혼인취소사유에 해당할 뿐이다(816조 1호, 820조).

제정 민법 시행 이래 형부와 처제의 혼인이 금지되는 것인가에 관하여 논란이 있었는데, 1990년 개정된 민법 777조는 인척의 범위를 '처의 부모'에서 '4촌 이내'로 확대한 결과, 형부와 처제 사이의 혼인이 금지되고 또한 그것은 무효인 혼인에 해당하게 되었다. 이에 대하여는 입법론적으로 부당하다는 비판이 적지 않았고, 결국 2005. 3. 31. 개정 민법은 방계인척 사이의 혼인은 무효가 아니라 취소할 수 있는 것으로 변경되었다.

그러나 직계인척 아닌 방계인척이나, 입양에 의하여 방계혈족 또는 방계인척이 되었던 사람과의 혼인까지 금지하는 것은 헌법상 행복추구권의 침해로서 위헌이 아닌가 하는 의문이 있다. 직계인척과의 혼인과 입양에 의하여 직계혈족 또는 직계인척이 되었던 사람과의 혼인만을 제한하는 것이 합리적일 것이다(주해친족 1/윤진수, 122).

5. 중혼(重婚)의 금지

중혼이란 배우자 있는 자가 다시 혼인하는 것을 말한다. 중혼은 일부일처제에 반하여 허용되지 아니한다(810조).

민법은 후혼(後婚)이 중혼이 되더라도 당연무효가 되는 것은 아니고, 취소할 수 있도록 하고 있을 뿐이다(816조 1호, 818조). 또한 후혼이 중혼이더라도, 전혼(前婚)이 이혼이나 전혼 배우자의 사망으로 해소된 경우에는 후혼을 취소할 수 없다.

한편 실종선고 후 그 배우자가 다른 사람과 혼인하였는데, 실종선고를 받은 사람이 생존하고 있는 것이 판명되어 실종선고가 취소된 경우 29조 1항이 적용되는지에 관하여는 견해의 대립이 있다. 통설은, 후혼의 당사자 쌍방이 선의인 때에는 비록 실종선고가 취소되더라도 후혼의 효력에 영향을 미치지 아니하므로 실종자와 재혼한 배우자와의 전혼은 부활하지 아니하는 반면, 후혼 당사자가 모두 악의라면 후혼은 취소할 수 있게 되고, 전혼에는 이혼사유가 있게 되며, 후혼 당사자 중 일방만이 악의라면 역시 29조 1항 단서는 적용되지 아니하여 취소할 수 있게 된다고 한다. 반면 언제나 전혼이 부활하여 중혼이 된다는 견해와, 언제나 전혼이 부활하지 않는다고 하는 견해도 주장된다.

그런데 南北特 7조 1항은 정전협정이 체결되기 전에 혼인하여 북한에 배우자를 둔 사람이 그 배우자에 대하여 실종선고를 받고 남한에서 다시 혼인을 한 경우에는 실종선고가 취소되더라도 전혼은 부활하지 않지만, 혼인당사자의 일방 또는 쌍방이 실종선고 당시 북한에 있는 배우자의 생존 사실을 알고 있었던 경우에는 전혼이 부활하여 중혼이 성립한다고 보고 있다. 이에 비추어 보면, 위 법이 적용되지 않는 경우에도 종래의 다수설과 마찬가지로 후혼 당사자의 선의 여부에 따라 전혼의 부활 여부가 결정된다고 보아야 한다.

6. 혼인신고

▮참고문헌: 전원열·현소혜, "혼인신고에서의 쌍방출석주의와 공증", 가족법연구 31권 3호, 2017

혼인의 형식적 요건은 혼인신고이고, 혼인은 공무원이 그 신고를 수리함으로써 유효하게 성립한다(812조 1항). 과거에는 혼인신고가 혼인의 성립요건 아닌 효력발생요건이라는 주장도 있었으나, 현재에는 더 이상 그러한 주장을 하는 사람을 찾기 어렵다. 대법원 1969. 2. 18. 선고 68므19 판결 등 일련의 판례는, 원래의 본적에 혼인신고를 하지 않았던 사람들이 구 호적법상의 가호적 취적신고를 할 때 이미 혼인한 것으로 신고한 경우에, 혼인의 효력이 없다고 한다. 그러나 엄밀히 말하면 이러한 경우에는 혼인이 무효가 아니라 성립하지 않은 것으로 보아야 한다.

혼인신고의 의사는 신고 당시에도 존재하여야 한다. 그런데 당사자가 혼인신고서를 작성할 당시에는 의사능력이 있었는데 혼인신고서를 제출할 당시에는 의사능력이 없었던 경우에는, 당사자가 혼인신고서를 제출할 때까지 혼인의사를 철회하는 등의 특별한 사정이 없었던 한 그 혼인의 의사는 존속하는 것으로 추정되므로, 그 혼인신고는 유효하다고 보아야 할 것이다.

혼인신고의 절차는 당사자 쌍방과 증인 2인이 연서(連署)한 서면에 의하여 한다(812조 2항). 그 신고는 신고사건 본인의 등록기준지 또는 신고인의 주소지나 현재지에서 한다(家登 20조). 본인이 반드시 신고서를 직접 제출하여야 하는 것은 아니고, 우송하거나 다른 사람이 사자로서 신고하더라도 무방하다. 혼인신고서 제출 후 수리되기 전에 당사자의 일방이 사망하면 원칙상으로는 그 혼인신고는 무효라고 하여야 하겠지만, 家登 41조는 신고인이 사망한 후 우송한 신고서는 그 사망 후라도 시·읍·면의 장이 이를 수리하여야 하고, 1항의 규정에 의하여 신고서가 수리되었을 때에는 신고인의 사망 시에 신고한 것으로 본다고 규정하고 있다.

이처럼 혼인신고는 쌍방의 의사에 기하여야 하나, 여기에는 두 가지의 예외가 인정된다. 하나는 혼인신고특례법(1968. 12. 31. 법률 2067호)이 정하는 것으로서, 전시

(戰時) 또는 사변(事變)에 있어 전투에 참가하거나, 전투수행을 위한 공무에 종사함으로 인하여 혼인신고를 하지 못하고 그 일방이 사망한 경우 생존한 배우자가 가정법원의 확인을 얻어 단독으로 혼인신고를 할 수 있도록 정하고 있다. 다른 하나는 가사소송법상의 사실상혼인관계존재확인판결이 확정된 경우이다. 이때는 그 판결을 청구한 자가 그 재판서의 등본을 제출하여 단독으로 신고를 할 수 있다(家登 72조).

혼인신고가 있으면 시·읍·면의 장이 이를 심사하여, 법령의 규정에 위배된 때에는 수리를 거부하여야 하고, 법령의 규정에 위배됨이 없을 때에는 이를 수리하여야 한다(813조). 혼인신고의 수리는 신고가 요건을 갖추었기 때문에 공무원이 그 수령을 인용하는 처분으로서, 단순히 신고를 수령하는 접수와는 구별된다. 혼인신고의 심사는 서류에 근거하는 형식적 심사에 그치지만, 그 형식적 심사권에는 혼인의 당사자가 생존하였는지 여부를 조사하는 것도 당연히 포함된다(대법원 1991. 8. 13.자 91스6 결정).

학설상 家登 14조(증명서의 교부 등) 2항 2호와 71조(혼인신고의 기재사항 등) 4호를 근거로 하여, 누구나 혼인신고 전에 자신이 친양자로 입양되었는지를 확인하고, 친양자로 입양된 사실이 확인된 경우에는 혼인신고시에 친양자입양관계증명서를 제출하여야 한다는 주장이 있다(김주수·김상용, 412-413). 그러나 위 규정들로부터 그러한 결론이 도출될 수는 없다. 실무상으로도 혼인신고시에 친양자입양관계증명서 제출을 요구하고 있지는 않다.

공무원이 혼인신고를 수리하면 그 접수일에 소급하여 혼인이 성립하고, 가족관계등록부에의 기재 자체는 효력발생요건이 아니다. 따라서 어떤 사정으로 가족관계등록부에 혼인신고 사실이 기재되지 않았더라도 혼인은 유효하게 성립한다.

한편 외국에서 혼인하는 경우에는 어떻게 하는가? 이때에는 몇 가지의 방법이 있다. 하나는, 그 외국에 주재하는 대한민국의 대사, 공사 또는 영사에게 신고를 하는 것이다(이른바 영사혼, 814조 1항). 다른 하나는 직접 등록기준지 가족관계등록관서에 신고서를 송부하는 방법이다. 마지막 방법은 국제사법이 규정하는 것으로서, 혼인거행지의 법에 따라 혼인을 하는 것이다. 국제사법 63조 2항은 혼인의 방식에 관하여 당사자 한쪽의 본국법 외에 혼인을 한 곳의 법도 준거법으로 하고 있으므로, 혼인을 한 곳의 법이 정하는 방법으로 혼인을 한 경우에는 별도로 우리 법에 따른 혼인신고를 하지 아니하더라도 혼인의 성립에 영향이 없고, 이후 당사자가 「가족관계의 등록 등에 관한 법률」에 따라 혼인의 신고를 하더라도 이는 창설적 신고가 아니라 보고적 신고에 불과하다(대법원 1983. 12. 13. 선고 83도41 판결 등).

Ⅳ. 혼인의 무효와 취소

혼인이 일단 성립하면 이를 기초로 하여 여러 가지의 법률관계가 파생되기 때문에, 일단 성립한 혼인관계가 뒤집히면 법적 안정성에 중대한 위협을 가져온다. 따라서 혼인관계는 그 명확성이 최대한 보장되어야 하므로, 민법은 혼인의 성립에 하자가 있다고 하더라도 법이 규정하는 경우에만 그 효력을 다툴 수 있도록 하고, 또한 그 하자의 효과도 원칙적으로는 혼인이 법원의 판결에 의하여 취소할 수 있게 되는 것이고, 혼인의 당연무효는 예외적으로만 인정된다. 나아가 혼인취소의 소급효는 인정되지 않는다.

1. 혼인의 무효

▌참고문헌: 윤진수, “혼인 성립에 관한 민법의 개정방향”, 민법논고 Ⅳ, 2009; 윤진수, “민법 제815조 제2호에 대한 헌법불합치결정”, 법률신문 5032호(2022. 11. 10.); 현소혜, “혼인의 무효와 가족관계등록부의 정정”, 사법 14호, 2010

815조는 혼인의 무효사유로 다음의 4가지를 규정하고 있다. 즉 당사자 사이에 혼인의 합의가 없는 때, 혼인이 809조 1항의 규정(8촌 이내의 혈족 사이의 혼인)에 위반한 때, 당사자 간에 직계인척관계가 있거나 있었던 때, 당사자 간에 양부모계의 직계혈족관계가 있었던 때이다. 이러한 사유는 혼인의 요건을 설명하면서 살펴보았다.

혼인의 무효 사유와 취소 사유는 일단 하자의 중대성 여부에 따라 구별되지만, 실제로 어떻게 양자를 구별할 것인가는 입법정책의 문제이다. 그런데 헌법재판소 2022. 10. 27. 선고 2018헌바115 결정은, 815조 2호가 8촌 이내 혈족 사이의 혼인을 일률적·획일적으로 혼인무효사유로 규정한 것은 위헌이라고 하여 헌법불합치결정을 선고하면서, 위 조항은 2024. 12. 31.을 시한으로 개정될 때까지 계속 적용된다고 하였다. 이 결정의 취지는, 이러한 경우에는 원칙적으로 혼인 취소사유로 하여야 한다는 것이다. 다만 위 결정도 근친혼이 가까운 혈족 사이의 신분관계 등에 현저한 혼란을 초래하고 가족제도의 기능을 심각하게 훼손하는 경우에는 무효로 할 수 있다고 하였다.

적법한 혼인신고가 없는데도 혼인한 것으로 가족관계등록부에 기재가 된 경우에도 그러한 혼인은 무효이다. 이 경우는 엄밀히 말하면 민법이 규정하는 혼인무효사유에 해당하지 않으며, 혼인 자체가 성립하지 않았다고 볼 수 있다(위 Ⅲ. 6. 참조).

혼인의 무효사유가 있으면 그 혼인은 처음부터 무효이고, 무효판결이 있어야만 무효로 되는 것은 아니며, 판결을 받지 않더라도 무효임을 주장할 수 있다. 따라서 무효인 혼인에 의한 상속 기타 권리변동은 무효이고, 무효인 혼인의 부부 사이에서 출생한 자녀는 혼인 외의 출생자가 된다. 또한 사기죄를 범하는 자가 금원을 편취하기 위한 수단으로 피해자와 혼인신고를 한 것이어서 그 혼인이 무효인 경우라면, 그러한 피해자에 대한 사기죄에서는 친족상도례를 적용할 수 없다(대법원 2015. 12. 10. 선고 2014도11533 판결). 혼인무효의 소는 형성의 소라는 견해도 있다(송덕수, 45; 이경희·윤부찬, 73). 그러나 민법이 혼인취소의 소 외에 별도로 혼인무효의 소를 규정하지 않은 점에 비추어 보면, 혼인무효는 일반적인 무효와 마찬가지로 소송에 의하지 않고, 이해관계 있는 자는 언제나 주장할 수 있음을 전제로 한 것으로 풀이된다(대법원 2013. 9. 13. 선고 2013두9564 판결). 그러므로 혼인무효의 소는 확인의 소이다.

다만 판례는 혼인의 의사가 없어 혼인이 무효인 경우에 추인에 의하여 유효하게 될 수 있다고 보고 있다(대법원 1965. 12. 28. 선고 65므61 판결). 그러나 무효인 혼인이 추인에 의하여 유효하게 되기 위하여는 당사자 간에 혼인에 상응하는 신분관계가 실질적으로 형성되어 있어야 한다(무효인 입양의 추인에 관한 대법원 1991. 12. 27. 선고 91므30 판결 등 참조). 그런데 대법원 1983. 9. 27. 선고 83므22 판결은 무효인 혼인의 추인에는 원칙적으로 소급효가 인정되지 않는다고 보고 있다. 그러나 판례가 무효인 입양의 추인에 관하여 소급효를 인정하고 있는 점(대법원 1991. 12. 27. 선고 91므30 판결 등)에 비추어 보면 무효인 혼인이라도 추인이 있으면 혼인신고가 있은 때에 소급하여 유효하게 된다고 보아야 할 것이다. 그런데 위 91므30 판결은 무효인 혼인이나 입양의 소급적 추인이 인정되는 근거를 신분행위의 본질적인 내용은 신분관계의 형성이고 신고 등 절차는 그 신분행위의 창설을 외형적으로 확정짓는 부차적인 요건일 뿐이라는 점에서 찾고 있다. 그러나 이러한 설명은 신고의 의미를 지나치게 약화시키는 것이다. 다만 실제로는 혼인으로서는 무효이지만 사실혼관계는 존속하고 있었는데 무효인 혼인에 대하여 묵시적인 추인이 행해진 경우에는, 언제부터 혼인이 유효하게 되는지를 판단하기가 어려울 수 있고, 이러한 측면에서는 혼인신고 시점을 기준으로 하여 혼인이 유효하게 된다고 보는 것도 이해할 수는 있다.

혼인관계가 이미 이혼에 의하여 해소된 경우에도 혼인무효의 확인을 받을 이익을 인정할 수 있다. 즉 혼인무효의 효과는 기왕에 소급하는 것이고, 과거의 법률관계라 하여도 그것을 기본으로 하여 적출자의 추정, 재산상속권 등 신분법상 및 재산법상의 관계에 있어 현재의 법률상태에 직접적인 중대한 영향을 미치는 이상 확인의 이익을 인정할 수 있다(대법원 1978. 7. 11. 선고 78므7 판결). 그런데 대법원 1984. 2. 28. 선고 82므67 판결은 단순히 여자인 청구인이 혼인하였다가 이혼한 것처럼 호적상 기재되어 있어 불명예스럽다는 사유만으로는 혼인무효의 확인을 구할 이익이 없다고 하였으나, 혼인무효의 확인의 이익을 이처럼 개별적으로 따져야 하는지 의문이다.

그리고 혼인이 무효라고 하더라도 그 무효확인을 구하는 것이 신의칙에 위반되는 것으로서 권리남용에 해당하면 배척될 수도 있다. 예컨대 A와 혼인한 B가 가출하여 제3자 C와 내연관계를 맺고 이중으로 혼인신고까지 하고 살았는데, A가 D와 내연관계를 맺고 살다가 사망하자, D가 B의 사망신고를 한 다음 자신과 A 사이의 혼인신고를 한 경우, A와 D의 혼인신고는 무효이기는 하지만, B가 A의 상속재산을 탐내어 A와 D의 혼인이 무효라고 주장하는 것은 결국 B가 A, C 모두와의 혼인관계가 유효함을 주장하는 것이 되어 권리남용이 된다(대법원 1983. 4. 12. 선고 82므64 판결. 또한 대법원 1987. 4. 28. 선고 86므130 판결 참조).

가족관계등록부에 무효인 혼인이 기재된 경우에는, 家登 107조에 의하여 판결을 받아 가족관계등록부를 정정하는 것이 원칙이다. 그런데 대법원 2009. 10. 8.자 2009스64 결정은, 가족관계등록부의 정정사항이 친족법상 또는 상속법상 중대한 영향을 미치는 사항이라면 家登 107조에 따라 확정판결에 의하여 정정할 수 있음이 원칙이나, 신고로 인하여 효력이 발생하는 행위에 관한 가족관계등록부상 기재사항의 경우에 그 행위가 확정된 형사판결(약식명령 포함)에 의하여 무효임이 명백하게 밝혀진 때에는 105조에 따라 사건 본인의 등록기준지를 관할하는 가정법원의 허가를 받아 가족관계등록부를 정정할 수 있다고 하였다.

혼인이 무효로 되면, 과실 있는 당사자는 상대방에 대하여 그로 인한 손해를 배상하여야 한다(825조에 의한 806조의 준용). 그리고 무효인 혼인에서 출생한 미성년 자녀가 있을 때에는, 가정법원은 이혼의 경우와 마찬가지로, 그 자녀에 대한 친권을 행사할 자에 관하여 부모에게 미리 협의하도록 권고하여야 한다(家訴 25조).

2. 혼인의 취소

▌참고문헌: 김유진, "출산경력의 불고지와 혼인 취소 사유", 가족법연구 35권 2호, 2021; 남효순, "혼인(중혼)취소의 소급효와 재산상의 법률관계", 민사판례연구 20권, 1998; 박종용, "혼인취소의 효과", 가족법연구 17권 2호, 2003; 윤진수, "혼인 성립에 관한 민법의 개정방향", 민법논고 Ⅳ, 2009; 윤진수, "1990년대 친족상속법 판례의 동향", 민법논고 Ⅴ, 2011; 이준희, "민법 제818조 위헌제청", 헌법재판소 결정해설집(2010), 2011; 정현미, "아동성폭력으로 인한 출산경력과 혼인취소의 법적 쟁점과 정책적 과제", 이화여대 법학논집 20권 1호, 2015; 조은희, "사기에 의한 혼인취소에 있어서 고지의무", 법과 정책 23권 1호, 2017; 최준규, "출산 경력의 불고지가 혼인취소 사유에 해당하는지 여부", 가족법연구 31권 2호, 2017

혼인장애의 사유 가운데 앞에서 본 혼인무효의 사유 이외에는 모두 혼인취소 사유이다. 혼인취소사유 중 어떤 것에 해당하는가에 따라 혼인취소청구권자나 제소기간 등에 차이가 있다.

가. 혼인취소의 사유

(1) 혼인적령 미달

혼인적령에 미달한 사람의 혼인은 당사자 또는 그 법정대리인이 그 취소를 청구할 수 있다(817조). 그런데 혼인적령에 미달한 사람도 혼인하면 성년의제에 의하여 성년이 되므로(826조의2), 여기서 말하는 법정대리인에는 혼인 당시의 법정대리인인 친권자나 미성년후견인은 포함되지 않고, 다만 혼인당사자가 피성년후견인인 경우의 성년후견인이 이에 해당한다(주석친족 1/박상인, 139. 반대: 송덕수, 48-49).

그러나 혼인당사자의 연령이 혼인적령에 달하였을 때에는 동의가 없는 혼인에 관한 819조를 유추하여, 동의권자의 동의가 있는 한 혼인적령에 달한 후 3월이 경과하면 취소권이 소멸되고, 혼인 중 임신한 때에도 취소할 수 없다고 보아야 한다(같은 취지, 박동섭·양경승, 117). 다만 혼인적령에 달하면 바로 취소할 수 없게 된다는 견해도 있다(김주수·김상용, 121; 송덕수, 37 등). 입법론적으로는 이에 관한 규정을 두어, 혼인적령에 달하거나 혼인 중 임신한 때에는 취소할 수 없도록 규정하여야 할 것이다.

(2) 동의를 요하는 혼인에 있어서 동의가 없는 때

미성년자와 피성년후견인이 동의권자의 동의 없이 혼인한 때에도 당사자와 그 법정대리인이 취소를 청구할 수 있다(817조). 법정대리인의 의미는 혼인적령 미달의 경우와 같다. 다만 그 당사자가 19세에 달한 후 또는 성년후견종료의 심판이 있은 후 3월을 경과하거나 혼인 중 임신한 경우에는 그 취소를 청구하지 못한다(819조).

(3) 근친혼

혼인무효사유에 해당하지 않는 근친혼인 경우에는 당사자, 그 직계존속 또는 4촌 이내의 방계혈족이 혼인의 취소를 청구할 수 있다(817조). 다만 그 당사자 간에 혼인 중 포태(임신)한 때에는 그 취소를 청구하지 못한다(820조). 2005년 개정 전에는 혼인 중에 자를 출생한 때에 취소를 청구하지 못한다고 규정하고 있었다.

(4) 중 혼

중혼의 경우에는 당사자 및 그 배우자(전혼의 배우자와 후혼의 배우자), 직계혈족, 4촌 이내의 방계혈족 또는 검사가 그 취소를 청구할 수 있다(818조). 2012년 개정 전의 규정은 직계혈족 중 직계존속에게만 취소권을 인정하고 직계비속에게는 인정하지 않았다. 그런데 헌법재판소 2010. 7. 29. 선고 2009헌가8 결정은, 중혼의 취소청구권자를 규정한 818조가 그 취소청구권자로 직계비속을 제외하면서 직계존속만 취소청구권자로 규정한 것은 평등원칙에 위배된다고 하여 헌법불합치결정을 하였고, 그에 따라 2012년에 직계존속과 직계비속을 포괄하는 직계혈족이 중혼의 취소를 청구할 수 있도록 민법이 개정되었다.

南北特 6조는 1953. 7. 27. 군사정전협정이 체결되기 전에 북한에 배우자를 둔 사람이 그 혼인이 해소되지 않은 상태에서 남한에서 다시 혼인을 한 경우에는 후혼(後婚) 배우자 쌍방 사이에 중혼취소에 대한 합의가 이루어지지 않았으면 중혼을 사유로 혼인의 취소를 청구할 수 없고, 북한에 거주하는 전혼(前婚)의 배우자도 다시 혼인을 한 경우에는 부부 쌍방에 대하여 중혼이 성립한 때에 전혼은 소멸한 것으로 보며, 정전협정이 체결되기 전에 남한에 배우자를 둔 사람이 그 혼인이 해소되지 않은 상태에서 북한에서 다시 혼인을 한 경우에도 그와 같이 보도록 규정하고 있다. 이처럼 중혼 취소를 제한한 것은, 껍질만 남은 전혼의 배우자보다는 혼인관계를 계속 유지하고 있는 후혼의 배우자를 보호하는 것이 타당하기 때문이다.

중혼의 경우에는 취소기간의 제한이 따로 없다. 헌법재판소 2014. 7. 24. 선고 2011헌바275 결정은 중혼으로 인한 혼인취소청구권의 소멸사유나 제척기간을 두지 아니한 것이 위헌이 아니라고 하였다. 다만 판례 중에는 중혼 성립 후 10여 년간 혼인취소청구권을 행사하지 않다가 취소청구를 한 것이 권리남용에 해당한다고 한 것이 있다. 즉 대법원 1993. 8. 24. 선고 92므907 판결은, A가 B와 혼인하였다가 사실상 이혼상태에 들어간 후 C와 혼인신고를 하였는데, 그 후 A가 사망하고 이어 B도 사망하자 A의 이복동생이 C를 상대로 혼인취소의 청구를 한 사건에서, 취소청구권이 실효(失效)의 법리에 따라 소멸된 것은 아니지만, 혼인취소에 의하여 C와 그 자녀가 혼인 외의 출생자로 되어 불이익을 입는 점, 이에 비해 원고는 별다른 불이익을 입을 것으로 보이지 아니하는 점, B나 B의 소생 자녀도 A와 C의 혼인을 인정하고 있는 점, A와 B 모두 사망한 지금에 와서 구태여 A와 C의 혼인을 취소하여야 할 공익상 필요도 없으므로 원고의 청구는 권리 본래의 사회적 목적을 벗어난 것으로 권리의 남용에 해당한다고 하였다. 그러나 위 판결이 혼인취소에 의하여 C의 자녀가 혼인 외의 출생자로 된다고 한 것은 명백한 잘못이다(824조 참조).

(5) 혼인 당시 당사자 일방에 부부생활을 계속할 수 없는 악질(惡疾) 기타 중대한 사유 있음을 알지 못한 때(816조 2호)

악질이라 함은 성병이나 불치의 정신병, 암과 같은 것을 예로 들 수 있다. 부부생활을 계속할 수 없는 중대한 사유라야 하므로, 이혼사유로서의 혼인을 계속하기 어려운 중대한 사유(840조 6호)보다 엄격하게 해석하여야 한다. 그러므로 임신가능 여부는 민법 816조 2호의 부부생활을 계속할 수 없는 악질 기타 중대한 사유에 해당한다고 볼 수 없다(대법원 2015. 2. 26. 선고 2014므4734, 4741 판결). 다만 임신불능은 이혼사유로도 될 수 없다(대법원 1991. 2. 26. 선고 89므365, 367 판결). 하급심 판례 가운데에는 혼인 전에 극심한 조울증을 앓았고, 혼인 후에도 그러한 조울증이 지속된 경우(서울가정법원 2007. 10. 10. 선고 2007드합4035 판결), 동성애자로서 배우자와의 성관계를 거의 거절한 경우(서울가정법원 2017. 11. 16. 선고 2016드합36263 판결)를 혼인 취소사유라고 본 예가 있다.

한편 부부생활을 계속할 수 없는 사유를 이혼사유 외에 구태여 혼인취소사유로 인정할 필요가 있는지는 의문이다.

혼인취소의 청구권자에 대하여는 특별한 규정이 없으므로 그 혼인 당사자에 한정된다고 본다. 그리고 이러한 사유를 원인으로 하는 혼인취소는 상대방이 그 사유 있음을 안 날로부터 6월을 경과한 때에는 청구하지 못한다(822조).

(6) 사기 또는 강박으로 인한 혼인(816조 3호)

학력이나 수입 등에 관하여 다소 과장이 있었다고 하여 혼인취소사유가 된다고 보기는 곤란하고, 그것이 중대한 것이라야 한다(서울가정법원 2004. 1. 16. 선고 2002드단69092 판결). 강박의 경우에도 다소간 위압이 있었다는 것만으로 혼인취소사유가 된다고 할 것은 아니다. 사기를 한 사람이 제3자인 경우에 혼인 상대방이 사기를 몰랐고 알 수도 없었다고 하더라도, 110조와는 달리 취소할 수 있다.

판례에 나타난 사례로는 정신병이 있다는 사실을 숨긴 경우(대법원 1977. 1. 25. 선고 76다2223 판결), 당사자의 동일성에 관한 착오를 일으킬 정도로 자신의 가족관계, 학력 등에 대하여 거짓말한 경우(서울가정법원 2004. 1. 16. 선고 2002드단69092 판결), 2차례 혼인하여 자녀가 있는 사람이 미혼이라고 하고, 상업전수학교만을 졸업하였음에도 대학을 졸업하고 교사생활을 하였다고 거짓말한 경우(서울가정법원 2006. 8. 31. 선고 2005드합2103 판결)에 사기를 이유로 혼인의 취소를 인정하였다.

반면 대법원 2016. 2. 18. 선고 2015므654, 661 판결([판례 8])은, 816조 3호가 규정하는 '사기'에는 혼인의 당사자 일방 또는 제3자가 소극적으로 고지를 하지 아니하거나 침묵한 경우도 포함되지만, 혼인의 당사자 일방 또는 제3자가 출산의 경력을 고지하지 아니한 경우에 그것이 상대방의 혼인의 의사결정에 영향을 미칠 수 있었을 것이라는 사정만을 들어 일률적으로 고지의무를 인정하고 혼인취소사유에 해당한다고 하여서는 아니 된다고 하였다. 그리하여 당사자가 성장과정에서 본인의 의사와 무관하게 아동성폭력범죄 등의 피해를 당해 임신을 하고 출산까지 하였으나 이후 그 자녀와의 관계가 단절되고 상당한 기간 동안 양육이나 교류 등이 전혀 이루어지지 않은 경우라면, 단순히 출산의 경력을 고지하지 않았다고 하여 그것이 곧바로 혼인취소사유에 해당한다고 보아서는 안 된다고 하였다.

혼인취소의 청구권자는 혼인 당사자뿐이고, 사기를 안 날 또는 강박을 면한 날로부터 3월을 경과하면 취소를 구하지 못한다(823조).

[판례 8] 대법원 2016. 2. 18. 선고 2015므654, 661 판결

1. (전략)

나. 민법 제816조 제3호가 규정하는 '사기'에는 혼인의 당사자 일방 또는 제3자가 적극적으로 허위의 사실을 고지한 경우뿐만 아니라 소극적으로 고지를 하지 아니하거나 침묵한 경우도 포함된다. 그러나 불고지 또는 침묵의 경우에는 법령, 계약, 관습 또는 조리상 사전에 그러한 사정을 고지할 의무가 인정되어야 위법한 기망행위로 볼 수 있다. 관습 또는 조리상

고지의무가 인정되는지 여부는 당사자들의 연령, 초혼인지 여부, 혼인에 이르게 된 경위와 그때까지 형성된 생활관계의 내용, 당해 사항이 혼인의 의사결정에 미친 영향의 정도, 이에 대한 당사자 또는 제3자의 인식 여부, 당해 사항이 부부가 애정과 신뢰를 형성하는 데 불가결한 것인지, 또는 당사자의 명예 또는 사생활 비밀의 영역에 해당하는지, 상대방이 당해 사항에 관련된 질문을 한 적이 있는지, 상대방이 당사자 또는 제3자로부터 고지받았거나 알고 있었던 사정의 내용 및 당해 사항과의 관계 등의 구체적·개별적 사정과 더불어 혼인에 대한 사회일반의 인식과 가치관, 혼인의 풍속과 관습, 사회의 도덕관·윤리관 및 전통문화까지 종합적으로 고려하여 판단하여야 한다.

따라서 혼인의 당사자 일방 또는 제3자가 출산의 경력을 고지하지 아니한 경우에 그것이 상대방의 혼인의 의사결정에 영향을 미칠 수 있었을 것이라는 사정만을 들어 일률적으로 고지의무를 인정하고 제3호 혼인취소사유에 해당한다고 하여서는 아니 되고, 출산의 경위와 출산한 자녀의 생존 여부 및 그에 대한 양육책임이나 부양책임의 존부, 실제 양육이나 교류가 이루어졌는지 여부와 그 시기 및 정도, 법률상 또는 사실상으로 양육자가 변경될 가능성이 있는지, 출산 경력을 고지하지 않은 것이 적극적으로 이루어졌는지 아니면 소극적인 것에 불과하였는지 등을 면밀하게 살펴봄으로써 출산의 경력이나 경위가 알려질 경우 당사자의 명예 또는 사생활 비밀의 본질적 부분이 침해될 우려가 있는지, 사회통념상 당사자나 제3자에게 그에 대한 고지를 기대할 수 있는지와 이를 고지하지 아니한 것이 신의성실 의무에 비추어 비난받을 정도라고 할 수 있는지까지 심리한 다음, 그러한 사정들을 종합적으로 고려하여 신중하게 고지의무의 인정 여부와 그 위반 여부를 판단함으로써 당사자 일방의 명예 또는 사생활 비밀의 보장과 상대방 당사자의 혼인 의사결정의 자유 사이에 균형과 조화를 도모하여야 한다.

특히 당사자가 성장과정에서 본인의 의사와 무관하게 아동성폭력범죄 등의 피해를 당해 임신을 하고 출산까지 하였으나 이후 그 자녀와의 관계가 단절되고 상당한 기간 동안 양육이나 교류 등이 전혀 이루어지지 않은 경우라면, 이러한 출산의 경력이나 경위는 개인의 내밀한 영역에 속하는 것으로서 당사자의 명예 또는 사생활 비밀의 본질적 부분에 해당한다고 할 것이고, 나아가 사회통념상 당사자나 제3자에게 그에 대한 고지를 기대할 수 있다거나 이를 고지하지 아니한 것이 신의성실 의무에 비추어 비난받을 정도라고 단정할 수도 없으므로, 단순히 출산의 경력을 고지하지 않았다고 하여 그것이 곧바로 민법 제816조 제3호 소정의 혼인취소사유에 해당한다고 보아서는 아니 된다. 그리고 이는 국제결혼의 경우에도 마찬가지이다.

2. 원심은 증거에 의하여 다음과 같은 사실을 인정하였다.

가. 원고(반소피고, 이하 '원고'라고만 한다)는 국제결혼중개업자의 소개로 베트남 국적의 피고(반소원고, 이하 '피고'라고만 한다)를 알게 되어 베트남에서 결혼식을 올린 후 2012.

4. 9. 김제시 ○○면장에게 혼인신고를 마쳤다.

나. 피고는 원고와 혼인하기 전에 베트남에서 아이를 출산한 적이 있는데, 피고와 결혼중개업자가 피고의 출산 경력을 원고에게 고지한 적이 없어, 원고는 혼인 당시 피고에게 출산 경력이 없는 것으로 알고 있었다.

다. 피고는 2012. 7. 28. 대한민국에 입국하여 원고, 원고의 모, 원고의 계부와 함께 거주하면서 혼인생활을 하였는데, 원고의 계부가 피고를 강간하고 강제추행한 사실로 기소되어 2013. 5. 30. 징역 7년의 유죄판결을 선고받았고, 위 판결은 항소와 상고가 모두 기각되어 그대로 확정되었다.

라. 그런데 원고는 위 형사사건 항소심 계속 중이던 2013. 8. 무렵 피고가 원고와 혼인하기 전에 베트남에서 아이를 출산하였다는 사실을 알게 되었다.

마. 이에 원고는 2013. 8. 28. 사기에 의한 혼인취소 등을 구하는 이 사건 본소를 제기하였고, 이에 대하여 피고는 "만 13세 무렵이던 2003. 10.경 베트남에서 소수민족인 타이족 남성으로부터 납치되어 강간을 당하고 임신을 하였는데, 위 남성이 자주 술을 마시고 피고에게 폭력을 행사하여 피고는 2004. 6.경 이를 피하여 친정집으로 돌아왔고, 2004. 8.경 아들을 출산하였는데 위 남성이 아들을 데리고 가버렸다."고 주장하였다.

3. 이러한 사실관계를 앞서 본 법리에 비추어 살펴보면, 만약 피고의 주장과 같이 피고가 아동성폭력범죄의 피해를 당해 임신을 하고 출산을 하였으나 곧바로 그 자녀와의 관계가 단절되고 이후 8년 동안 양육이나 교류 등이 전혀 이루어지지 않았다면, 이러한 출산 경력을 단순히 고지하지 않았다는 사실만으로 그것이 곧바로 제3호 혼인취소사유에 해당한다고 단정해서는 아니 된다. 원심으로서는 피고가 주장하는 바와 같은 사정, 즉 자녀를 임신하고 출산하게 된 경위 및 그 자녀와의 관계는 물론이거니와 원고가 당해 사항에 관련된 질문을 한 적이 있는지 여부, 혼인의 풍속과 관습이 상이한 국제결혼의 당사자들인 원고와 피고가 혼인에 이르게 된 경위 등에 관하여 충분히 심리한 다음, 그 심리 결과에 기초하여 고지의무의 존부와 그 위반 여부에 대하여 판단하였어야 했다.

참고문헌

김유진, 가족법연구 35권 2호; 정현미, 이화여대 법학논집 20권 1호; 조은희, 법과 정책 23권 1호; 최준규, 가족법연구 31권 2호

생각할 점

이 사건을 파기환송받은 전주지방법원 2017. 1. 23. 선고 2016르210, 2016르227 판결은, 피고가 납치를 당한 후 바로 성폭행을 당하고 그로 인해 임신하여 출산한 것이 아니고, 납

치한 남자가 피고의 부모로부터 혼인을 허락받은 후 혼인생활을 계속하던 중에 임신하였고, 피고는 그 남자가 사망할 때까지 혼인생활을 유지하였다고 인정하여, 피고에게 고지의무가 있었다고 보아 원고의 혼인취소 청구를 받아들였고, 대법원 2017. 5. 16. 선고 2017므238, 2017므245 판결은 심리불속행 판결에 의하여 피고의 상고를 기각하였다. 이 결과는 타당한가? 원고의 청구가 권리남용에 해당한다고 볼 여지는 없는가?

나. 혼인취소의 방법

혼인의 취소는 법원에 그 취소의 소를 제기하는 방법으로 하여야 한다(816조). 이는 형성소송이다. 따라서 혼인취소판결이 있기 전에는 그 혼인은 유효하게 존속한다.

혼인취소의 소의 상대방에 대하여는 家訴 24조가 규정하고 있다. 부부의 일방이 혼인취소의 소를 제기할 때에는 배우자를 상대방으로 하고, 제3자가 소를 제기할 때에는 부부를 상대방으로 하며(중혼의 경우에 전혼 배우자가 후혼의 취소의 소를 제기할 때에는 후혼 배우자 쌍방을 상대방으로 한다), 부부 중 어느 한쪽이 사망한 때에는 그 생존자를 상대방으로 한다. 그리고 상대방이 될 자가 사망한 때에는 검사를 상대방으로 한다.

다. 혼인취소의 효과

혼인취소판결이 확정되면 그 혼인은 해소된다. 그러나 이러한 혼인취소의 효과는 기왕에 소급하지 않으므로(824조), 실질적으로 혼인취소는 이혼과 크게 다를 것이 없다. 그리하여 혼인이 취소되더라도 혼인으로 인한 성년의제(826조의2)의 효력은 그대로 유지되고, 혼인 중 출생한 자녀는 혼인 중의 자녀의 신분을 잃지 않는다. 그리고 혼인이 취소되면 이혼에서와 마찬가지로 재산분할청구권이 인정된다{家訴 2조 1항 2호 나. 4)}. 그 외에 약혼해제로 인한 손해배상청구에 관한 806조도 혼인취소에 준용된다(825조). 가정법원이 혼인취소청구를 인용할 때 미성년인 자가 있으면 그 자의 양육에 관한 사항을 당사자의 협의에 의하여 정하여야 하고, 그 협의가 자의 복리에 반하거나 협의가 이루어지지 아니한 경우에는 가정법원이 직접 양육에 필요한 사항을 정한다. 자를 직접 양육하지 아니하는 부모의 일방은 면접교섭권을 가진다(824조의2, 837조, 837조의2).

그런데 이러한 혼인취소의 효과 중 비소급효를 전면적으로 인정하는 것은 문제가 있다. 이는 특히 중혼의 경우에 중혼자가 사망한 경우에 그러하다. 대법원

1996. 12. 23. 선고 95다48308 판결([판례 9])은, 재산상속 등에 관해 혼인취소의 소급효를 인정할 별도의 규정이 없으므로, 혼인 중에 부부 일방이 사망하여 상대방이 배우자로서 망인의 재산을 상속받은 후에 그 혼인이 취소되었다는 사정만으로 그 전에 이루어진 상속관계가 소급하여 무효라거나 또는 그 상속재산이 법률상 원인 없이 취득한 것이라고는 볼 수 없다고 하였다. 그러나 혼인취소의 효과가 언제나 절대적으로 소급하지 않는다면, 당사자 일방이 사망하여 이미 혼인이 해소된 후에 새삼 혼인의 해소를 위한 혼인취소를 인정할 이익이 없게 된다. 위 95다48308 판결과 당사자가 동일한 대법원 1991. 12. 10. 선고 91므535 판결은, 중혼자가 사망하더라도 그 사망에 의하여 중혼으로 인하여 형성된 신분관계가 소멸하는 것은 아니므로 전혼의 배우자는 중혼취소를 구할 이익이 있다고 하였다. 그러나 혼인취소의 기본적인 효과는 혼인의 해소이므로, 혼인취소판결에 의하여 혼인의 해소가 이루어지지 않는다는 것은 이상하고, 가령 인척관계의 단절만을 위하여 혼인의 취소를 인정할 필요가 있는지는 의문이다. 또한 민법은 현재의 인척관계뿐만 아니라 과거의 인척관계도 금혼사유로 다루고 있으므로(809조), 사망한 사람과의 혼인으로 인하여 발생한 인척관계를 해소시킨다는 것이 법적인 이익으로서 보호될 수 있는지도 명확하지 않다. 혼인이 취소되면 인척관계의 존속을 전제로 하는 대습상속(1001조)이 배제된다는 점에서 혼인 취소의 이익이 있다는 주장도 있으나, 그렇게 본다면 대습상속이 문제되지 않는 경우에는 혼인의 취소를 인정할 필요가 없다는 것이 된다.

그러므로 이러한 경우에도 혼인의 취소를 인정하려면, 혼인취소의 효과가 적어도 후혼의 배우자 중 일방이 사망한 때까지 소급하고, 그 후혼은 사망이 아니라 혼인취소에 의하여 해소되었다고 보아야 할 것이다. 그렇지 않으면 혼인의 해소라는, 혼인취소의 본질적인 효과가 인정될 여지가 없다(곽윤직, 57; 주해친족 1/윤진수, 186).

다만 이 경우에 후혼 배우자가 취소사유가 있음을 몰랐던 경우에는 실종선고의 취소에 관한 29조 2항을 유추하여, 그 상속재산을 그 받은 이익이 현존하는 한도에서 반환할 의무가 있다고 보아야 할 것이다(박종용).

[판례 9] 대법원 1996. 12. 23. 선고 95다48308 판결

민법 제824조는 "혼인의 취소의 효력은 기왕에 소급하지 아니한다."고 규정하고 있을 뿐

재산상속 등에 관해 소급효를 인정할 별도의 규정이 없는바, 혼인 중에 부부 일방이 사망하여 상대방이 배우자로서 망인의 재산을 상속받은 후에 그 혼인이 취소되었다는 사정만으로 그 전에 이루어진 상속관계가 소급하여 무효라거나 또는 그 상속재산이 법률상 원인 없이 취득한 것이라고는 볼 수 없다.

따라서 이와 같은 취지로 한 원심의 판단은 정당하고, 거기에 소론과 같은 혼인취소의 효력에 관한 법리오해의 위법이 있다 할 수 없다. 논지는 이유 없다.

[원심판결] 광주고법 1995. 10. 6. 선고 95나209 판결

2. 원고 1의 피고 1에 대한 소유권이전등기말소 청구에 관한 판단

위에 나온 각 증거들과 성립에 다툼이 없는 갑 제2호증의 1 내지 6(각 등기부등본)의 각 기재에 변론의 전취지를 종합하면, 피고들은 소외 1이 1989. 8. 9. 사망하자 당시 호적부상에 피고 1이 망인의 배우자로 피고 2가 그의 유일한 자로 등재되어 있음을 기화로 이 사건 부동산을 2분의 1지분씩 공동으로 상속하였음을 원인으로 하여 같은 해 11. 30. 피고들 앞으로 소유권이전등기를 마친 사실, 원고 1은 1990. 2.경 소외 1의 우리나라 호적에 피고 1이 그의 처로 등재되어 있는 사실을 알고서, 소외 1과 피고 1 사이의 혼인은 민법 제810조 소정의 중혼에 해당한다는 이유를 내세워 피고 1을 상대로 제주지방법원 90드647호로 위 혼인의 취소를 구하는 심판청구를 제기하였는바 1990. 5. 31. 청구인 승소의 심판이 선고되었고 피청구인의 항소와 상고가 기각됨으로써 1991. 12. 10. 위 심판이 확정된 사실을 인정할 수 있고 달리 반증이 없다.

원고 1은, 위 혼인취소의 심판이 확정됨으로써 피고 1은 소외 1의 배우자로서의 자격을 상실하였고, 따라서 피고 1이 소외 1이 사망으로 인하여 상속한 이 사건 부동산에 대한 40분의 3의 지분은 소급하여 원고 1에게 귀속되어야 할 것이므로 이 사건 부동산의 위 지분에 관한 피고 1 명의의 위 소유권이전등기는 원인무효의 등기라고 주장한다. (중략)

그러므로 살피건대, 우리 민법은 혼인에 관한 법률관계의 변동을 신중하고 명확하게 하며 이를 획일적으로 취급하기 위하여 혼인의 취소는 일정한 사유가 있을 때 법원에 소를 제기하여서만 주장할 수 있게 하였으므로(민법 제816조) 혼인취소의 판결(구 법상 심판)은 이른바 형성판결이고, 형성판결의 확정으로 인한 법률관계 변동의 효력은 제3자에게도 미치나 그 변동의 효력을 장래에 향해서만 생기게 할 것인가 아니면 과거의 일정 시점까지 소급시킬 것인가 하는 문제는 입법정책의 문제라고 할 것인데, 우리 민법 제824조는 이에 대하여 "혼인의 취소의 효력은 기왕에 소급하지 아니한다."고 규정하여 소급효를 인정하지 아니하고 있다. 따라서, 혼인취소의 판결이 확정된 경우 그 효력은 장래에 향해서만 그 혼인관계를 해소시킬 뿐이고, 그 혼인으로 인하여 기왕에 형성된 법률관계는 다른 예외 규정이 있는 경우를 제외하고는 재산상이 법률관계이든 신분상의 법률관계이든 아무런 영향을 받지 아니

한다고 해석하여야 할 것인바, 우리 민법은 혼인의 취소로 인한 상속재산의 반환 등에 관한 규정을 따로 두고 있지 아니하므로, 취소사유가 있는 혼인의 배우자가 그 혼인이 취소되기 전에 재산상속인이 되었다면 후에 그 혼인이 취소되더라도 일단 취득한 재산상속인으로서의 지위에는 아무런 변동이 없다고 보아야 할 것이다.

그렇다면, 재산상속관계에 있어서 혼인의 취소의 효력이 기왕에 소급함을 전제로 한 원고 1의 위 주장은 결국 이유 없음에 돌아간다고 할 것이다.

참고문헌

남효순, 민사판례연구 20권; 윤진수, 민법논고 V, 461－462.

V. 혼인의 효과

1. 개 관

혼인은 부부 사이에 영속적인 생활공동체를 창설한다. 이러한 혼인관계에 의한 생활공동체가 성립되면, 그로부터 여러 가지의 효과가 파생된다. 민법은 혼인의 효과를 일반적 효력과 재산적 효력으로 나누어 규율하고 있다.

2. 일반적 효과

▌참고문헌: 김동원, "부정행위에 따른 위자료의 산정에 관한 실무상 몇 가지 문제에 관하여", 사법 64호, 2023; 김시철, "부부간의 과거의 부양료 지급의무에 관하여", 사법 5호, 2008; 서종희, "배우자에 대한 정조의무 위반과 이혼위자료", 가족법연구 32권 1호, 2018; 오종근, "부부간 부양청구권과 양육비청구권", 이화여대 법학논집 23권 2호, 2018; 이동국, "제3자의 부정행위 가담으로 인한 불법행위의 성립", 저스티스 97호(2007. 4.); 이동진, "혼인관념, 인적 혼인의무 및 그 위반에 대한 제재," 서울대학교 법학 53권 3호, 2012; 이동진, "부부관계의 사실상 파탄과 부정행위(不貞行爲)에 대한 책임", 서울대학교 법학 54권 4호, 2013; 최민수, "부부간 과거 부양료청구와 미성년 자녀의 과거 양육비청구", 가족법연구 28권 1호, 2014; 홍춘의, "일상가사의 범위", 판례월보 2000. 4; 홍춘의·송문호·태기정, "부부의 일방과 성적인 행위를 한 제3자의 손해배상책임", 전북대학교 법학연구 51집, 2017

가. 친족관계의 발생

혼인이 성립하면 배우자는 서로 친족이 된다(767조). 또한 배우자의 혈족 및 배우자의 혈족의 배우자와 사이에도 인척관계가 성립한다(769조).

나. 부부 상호간의 동거·부양·협조의무

부부는 동거하며 서로 부양하고 협조하여야 한다(826조 1항 본문). 동거의무(同居義務)에서 동거라는 것은 부부로서의 동거를 말한다. 다만 해외유학, 질병으로 인한 요양 등 정당한 이유로 일시적으로 동거하지 않는 경우에는 이를 용인하여야 한다. 동거의 장소는 부부의 협의에 의하여 정하지만, 협의가 이루어지지 않을 경우에는 가정법원이 정한다(826조 2항). 그러나 동거를 명하는 재판에 따르지 아니한다 하더라도, 그에 대하여 강제집행을 할 수는 없고, 다만 위자료 청구는 가능하다(대법원 2009. 7. 23. 선고 2009다32454 판결). 부당한 동거의무의 위반은 악의의 유기로서 이혼원인이 된다. 또한 판례는 부당하게 동거를 거부하는 일방 배우자는 상대방 배우자에 대하여 부양청구를 할 수 없다고 하였다(대법원 1976. 6. 22. 선고 75므17, 18 판결; 1991. 12. 10. 선고 91므245 판결). 부부의 동거의무에는 배우자와 성생활을 함께 할 의무가 포함된다(대법원 2013. 5. 16. 선고 2012도14788, 2012전도252 전원합의체 판결).

부부 사이에는 부양의무가 있고, 이는 다른 친족 사이의 부양과는 달리 부양권리자의 생계에 필요한 최소한의 부양만을 하여야 하는 것(생활부조의무)이 아니라, 자신의 생활수준에 맞는 부양의무를 이행하여야 하는 것(생활유지의무)이다(대법원 2012. 12. 27. 선고 2011다96932 판결, [판례 47]; 2013. 8. 30.자 2013스96 결정). 이러한 부양의무의 불이행에 대하여는 재판상 청구에 의하여 구제를 받을 수 있다.

판례(대법원 2023. 3. 24.자 2022스771 결정)는, 혼인이 사실상 파탄되어 부부가 별거하면서 서로 이혼소송을 제기하는 경우라고 하더라도, 특별한 사정이 없는 한 이혼을 명한 판결의 확정 등으로 법률상 혼인관계가 완전히 해소될 때까지는 부부간 부양의무가 소멸하지 않는다고 하였다.

대법원 2008. 6. 12.자 2005스50 결정은, 부부 간의 과거 부양료에 관하여는 부양을 받을 자가 부양의무자에게 부양의무의 이행을 청구하였음에도 불구하고 부양의무자가 부양의무를 이행하지 아니함으로써 이행지체에 빠진 이후의 것에 대하여만 지급을 청구할 수 있을 뿐, 부양의무자가 부양의무의 이행을 청구받기 이전의 부양료 지급은 청구할 수 없다고 하였다. 그리고 대법원 2012. 12. 27. 선고 2011다96932 판결([판례 47])은, 부부 간의 부양의무 중 과거의 부양료에 관하여는 부양의무자인 부부의 일방에 대한 부양의무 이행청구에도 불구하고 배우자가 부양의무를 이행하지 아니함으로써 이행지체에 빠진 후의 것이거나, 그렇지 않은 경우에는 부양의무의 성질이나 형평의 관념상 이를 허용해야 할 특별한 사정이 있는 경우에 한하여 이행청구 이전의 과거 부양료를 지급하여야 한다고 보았다.

이에 대하여는, 판례(대법원 1994. 5. 13.자 92스21 전원합의체 결정, [판례 41] 등)가 부모의 자녀에 대한 양육비는 청구하기 전의 과거의 것이라도 당연히 부담하여야 하는 것으로 보고 있는 것과 균형이 맞지 않는다는 비판이 있다. 그러나 스스로 양육비 청구를 할 수 없는 미성년인 자녀의 경우에는 법정대리인이 양육비 청구를 게을리 하였다고 하여 손해를 입어서는 안 되지만, 성년인 부부 일방이 부양의무의 이행청구를 게을리 한 것은 스스로 감수하여야 한다고 하더라도 반드시 부당하다고는 할 수 없다.

외국에서는 이혼 후에도 배우자 일방이 다른 일방에 대하여 부양을 청구할 수 있도록 하는 예가 많다. 그러나 우리나라에서는 이혼 후 부양이 인정되지 않는다. 다만 이혼으로 인한 재산분할청구권은 일부 부양적 성격을 갖는다고 보는 것이 일반적이다. 대법원 2009. 6. 25. 선고 2009다22952 판결은, 캐나다 법원 판결에서 지급을 명한 배우자 부양료는 우리나라에서는 인정되지 않는다는 사정만으로는 이 사건 판결의 효력을 인정하는 것이 대한민국의 선량한 풍속이나 그 밖의 사회질서에 어긋난다고 할 수 없다고 하였다.

나아가 부부 간에는 공동생활에 관한 협조의무가 있다. 그러나 협조의무의 구체적인 내용은 법이 규정하지 않고 있다.

이 이외에 중요한 것은 이른바 부부 간의 정조의무(貞操義務)이다. 이러한 정조의무를 이행하지 아니하면 이는 이혼사유가 될 뿐만 아니라, 위자료도 지급할 의무를 진다. 과거에는 배우자 있는 자가 간통한 때에는 간통죄로 처벌받았으나(刑 241條), 헌법재판소 2015. 2. 26. 선고 2009헌바17 결정은 간통죄가 위헌이라고 선고하였다.

그런데 배우자 있는 자와 부정행위를 한 제3자도 상대방 배우자 및 그 자녀에 대하여 불법행위책임을 지는가? 대법원 1981. 7. 28. 선고 80다1295 판결은, 처가 있는 남성과 동거생활을 한 여성은 고의 또는 과실이 있는 한 그 남성의 처에 대하여 불법행위를 구성하고 따라서 그로 인하여 처가 입은 정신상 고통을 위자할 의무가 있지만, 여성이 자녀 있는 남성과 동거생활을 하여 그 자녀들이 일상생활에 있어서 부친으로부터 애정을 품고 그 감호교육을 받을 수 없게 되었다 해도, 그 여성이 악의로 부친의 자녀에 대한 감호 등을 적극적으로 저지하는 등 특단의 사정이 없는 이상 위 여성의 행위는 자녀에 대하여 불법행위를 구성하는 것은 아니라고 하였다. 부친이 자녀에 대하여 애정을 품고 감호교육을 행하는 것은 다른 여성과 동거하느냐 여부에 불구하고 부친 스스로의 의사에 의하여 행해지는 것이므로, 다른 여성과 동거의 결과 자녀가 사실상 부친의 애정감호교육을 받을 수 없어 그로 인하여 불이익을 입었다고 하여도 그것과 여성의 행위와의 사이에는 상당인과관계가 없다는 것이다. 즉 판례는 상대방 배우자에 대하여는 불법행위책임을 지지만 자녀에 대하여는 원칙적으로 불법행위책임을 지지 아니한다고 보고 있다(같은 취지, 대법원 2005. 5. 13. 선고 2004다1899 판결).

그런데 판례와는 달리 제3자는 불법행위책임이 없고, 배우자만이 불법행위책임을 진다는 견해 및 배우자의 불법행위책임도 인정할 필요가 없다는 견해도 있다. 그러나 배우자 사이의 정조의무를 인정하는 이상, 부정행위를 한 배우자의 의무위반으로 인한 손해배상책임을 부정할 수는 없고, 또 제3자도 그러한 배우자의 부정행위에 가담하면 그에 대한 책임을 부담하여야 할 것이다. 이 경우 부부의 일방과 제3자가 부담하는 불법행위책임은 공동불법행위책임으로서 부진정연대채무 관계에 있다(대법원 2015. 5. 29. 선고 2013므2441 판결).

다만 대법원 2014. 11. 20. 선고 2011므2997 전원합의체 판결은, 부부가 아직 이혼하지 아니하였지만 실질적으로 부부공동생활이 파탄되어 회복할 수 없을 정도의 상태에 이르렀다면, 제3자가 부부의 일방과 성적인 행위를 하더라도 이를 두고 부부공동생활을 침해하거나 그 유지를 방해하는 행위라고 할 수 없고, 또한 그로 인하여 배우자의 부부공동생활에 관한 권리가 침해되는 손해가 생긴다고 할 수도 없으므로 불법행위가 성립한다고 보기 어렵다고 하였다. 반면 이 판결의 별개의견은, 혼인의 본질에 해당하는 부부공동생활의 실체가 소멸되고 이를 회복할 수 없는 상태에서 부부 일방이 배우자로부터 이혼의사를 전달받았거나, 그의 재판상 이혼청구가 민법 840조 6호에 따라 이혼이 허용될 수 있는 상황이었고 실제 재판상 이혼을 청구하여 혼인관계의 해소를 앞두고 있는 경우에 한하여 제3자와 부부 중 일방 당사자의 성적 행위는 배우자에 대하여 불법행위를 구성한다고 보기 어렵다고 하였다.

또 다른 문제는 이른바 배우자 강간이 강간죄에 해당하는가 하는 점이다. 앞에서 설명한 것처럼, 부부의 동거의무에는 배우자와 성생활을 함께 할 의무가 포함된다. 그리하여 과거의 판례(대법원 1970. 3. 10. 선고 70도29 판결)는 실질적인 부부관계가 유지되고 있을 때에는 설령 남편이 강제로 아내를 간음하였다고 하더라도 강간죄가 성립하지 아니한다고 하였고, 대법원 2009. 2. 12. 선고 2008도8601 판결은 혼인관계가 파탄에 이른 경우에 강간죄의 성립을 인정하였다. 그러나 대법원 2013. 5. 16. 선고 2012도14788, 2012전도252 전원합의체 판결은, 혼인관계가 파탄된 경우뿐만 아니라 혼인관계가 실질적으로 유지되고 있는 경우에도, 남편이 반항을 불가능하게 하거나 현저히 곤란하게 할 정도의 폭행이나 협박을 가하여 아내를 간음한 경우에는 강간죄가 성립한다고 보아야 한다고 판시하여 판례를 변경하였다.

다. 성년의제(成年擬制)

미성년자가 혼인하면 성년이 된다(826조의2). 미성년자가 혼인하였는데도 행위능력이 제한된다면 여러 가지의 불합리한 점이 생기므로, 1977년 민법 개정 시에 위 조항을 신설하였다. 성년의제의 결과 민법상으로는 완전한 행위능력을 가지게 된다. 그러나 사법(私法) 이외의 법률관계에 있어서는 여전히 미성년자로 취급된다는 것이 통설이다. 예컨대 미성년자는 혼인하여도 소년법상 소년으로 취급된다.

혼인이 이혼이나 혼인취소 또는 사망 등에 의하여 해소되더라도 성년의제의 효과는 소멸되지 않는다. 소멸된다고 하면 여러 혼란이 생기기 때문이다. 다만 혼인적령 미달의 경우에는 성년의제를 인정하지 않아야 한다는 견해(송덕수, 59) 및 부모 동의 결여를 이유로 혼인이 취소된 경우에는 성년의제의 효과가 소멸한다는 주장(주해친족 1/이동진, 227)이 있다.

혼인이 무효인 경우에는 성년의제의 효과는 처음부터 생기지 않는다.

라. 부부간 일상가사대리권

부부는 일상의 가사에 관하여 서로의 대리권이 있다(827조). 부부간의 일상가사대리권은 혼인의 재산적 효력이라고 볼 여지도 있으나, 재산문제와 관련이 없을 수도 있으므로 일반적 효력에 포함시키는 것이 타당할 것이다.

주로 문제되는 것은 일상의 가사의 범위가 어디까지인지와, 부부 일방이 다른 일방을 위한 무권대리를 한 경우에 이러한 일상가사대리권이 표현대리의 기본대리권이 되는지 하는 점이다.

우선 일상가사대리권이 미치는 범위는 그야말로 일상적인 범위, 즉 부부의 공동생활에 통상 필요한 식료품이나 의복 등의 구입 등에 국한되고, 객관적으로 타당한 범위를 초과한 소비대차나 부동산의 처분, 연대보증 등은 이에 해당하지 않는다. 판례(대법원 1997. 11. 28. 선고 97다31229 판결; 1999. 3. 9. 선고 98다46877 판결 등)는, 일상가사의 구체적인 범위는 부부공동생활체의 사회적 지위·직업·재산·수입능력 등 현실적인 생활상태뿐만 아니라 그 부부의 생활장소인 지역사회의 관습 등에 의하여 정하여진다고 할 것이나, 당해 구체적인 법률행위가 일상의 가사에 관한 법률행위인지 여부를 판단함에 있어서는 그 법률행위를 한 부부공동체의 내부사정이나 그 행위의 개별적인 목적만을 중시할 것이 아니라, 그 법률행위의 객관적인 종류나 성질 등도 충분히 고려하여 판단하여야 할 것이라고 하였다. 예컨대 처가 자가용차를 구입하기 위하여 타인으로부터 금전을 차용하는 행위는 이에 속한다고 할 수 없고(대법원 1985. 3. 26. 선고 84다카1621 판결), 교회에의 건축 헌금, 화장품 가게의 인수대금, 장남의 교회 및 주택 임대차보증금의 보조금, 2억원이나 되는 거액의 대출금에 대한 이자지급 등이 일상가사에 속한다고는 볼 수 없다고 보았다(대법원 1997. 11. 28. 선고 97다31229 판결).

그리고 이러한 일상가사대리권이 126조에 의한 표현대리의 기본대리권이 될 수 있는가에 관하여, 다수설은 이를 긍정한다. 그러나 이에 대하여는, 부부의 일상가사대리권은 일종의 대표권이라고 보고 따라서 본조의 적용도 부정하며, 다만 개별적·구체적인 일상가사의 범위가 일반적·추상적인 일상가사의 범위와 일치하지 않는 때에 한하여 표현대리의 취지를 유추하여 제3자를 보호하고, 그 밖의 경우에 대하여는 별도로 대리권의 수여가 있는 경우에 한하여 표현대리를 적용하여야 한다는 견해도 있다(김주수·김상용, 152-153).

대법원 1968. 11. 26. 선고 68다1727, 1728 판결은, "민법 제827조 제1항의 규정상 부부는 일상의 가사에 관한 한 서로 대리할 권한을 가지는 것이라 할지라도 일반사회통념상 남편이 아내에게 자기 소유의 부동산을 타인에게 근저당권의 설정 또는 소유권이전 등에 관한 등기절차를 이행케 하거나 그 각 등기의 원인되는 법률행위를 함에 필요한 대리권을 수여하는 것은 이례에 속하는 것이니만큼, 아내가 특별한 수권 없이 남편 소유 부동산에 관하여 위와 같은 행위를 하였을 경우에 그것이 민법 제126조 소정의 표현대리가 되려면 그 아내에게 그 행위에 관한 대리의 권한을 주었다고 믿었음을 정당화할 만한 객관적인 사정이 있어야 하는 것"이라고 하였는데, 이는 일상가사대리권은 기본대리권이 될 수 있지만, 그에 의하여 표현대리가 성립하기 위해서는, 상대방이 문제된 월권행위에 관하여 그 권한을 수여받았다고 믿을 만한 정당한 사유가 있을 때에만 표현대리가 성립한다는 취지로 이해된다.

결국 어느 설에 의하더라도 일상가사대리권에 기하여 표현대리가 성립할 여지는 별로 없다.

다만 대법원 1970. 10. 30. 선고 70다1812 판결은, 부(夫)가 정신이상으로 입원 중에 처가 부(夫) 소유의 부동산을 매도하여 입원비, 생활비 등에 충당하고 나머지로 대신 살 집을 마련하려고 하였고 실제로 매매대금을 그렇게 지출하였다면, 이 경우 상대방으로 보아서 상대방인 매수인이 이러한 사유를 알았건 몰랐건 간에 처에게 남편의 대리권이 있다고 믿을 만한 정당한 사유가 있다고 하였다. 이 판결은 실제로 매매대금이 부의 이익을 위하여 쓰여졌다는 점을 중요시한 것으로 보인다. 그러나 상대방이 이러한 사유를 몰랐더라도 정당한 사유가 있다고 할 수는 없다. 그러므로 이러한 경우에는 부가 무권대리로서 무효라고 주장하는 것이 신의칙에 어긋난다고 설명하여야 할 것이다.

그리고 판례는, 사실상 부부관계에서도 일상가사대리권은 인정될 수 있다고 보고 있다(대법원 1980. 12. 23. 선고 80다2077 판결). 부부가 별거 중인 때에는 일상가사대리권이 인정될 수 없다고 보는 것이 일반적인 견해이다. 또한 부부라 하여도 일상가사의 범위를 벗어나서도 당연히 대리권이 있는 것은 아니다(대법원 2000. 12. 8. 선고 99다37856 판결).

일상가사대리권에 가한 제한은 선의의 제3자에게 대항하지 못한다(827조 2항). 부부 일방이 상대방의 일상가사대리권을 전면적으로 배제할 수 있는가에 관하여는 부정설이 많으나, 전면적으로 배제하더라도 선의의 제3자의 이익을 침해할 우려가 없으므로, 이 또한 허용될 수 있다고 보아야 한다.

다른 한편 2012. 2. 10. 개정 전 828조는 부부 간 계약은 언제든지 부부의 일방이 이를 취소할 수 있다고 규정하고 있었다. 그러나 이에 대하여는 부부관계라고 하여 무조건 취소를 인정하는 것은 불합리하다는 비판이 많았고, 판례(대법원 1979. 10. 30. 선고 79다1344 판결 등)도 혼인관계가 비록 형식적으로는 계속되고 있다고 하더라도 실질적으로는 파탄에 이른 상태에 있는 경우라면 부부 간의 계약은 취소할 수 없다고 하여 그 적용범위를 좁혔다. 그리하여 2012년 개정 민법은 위 규정을 삭제하였다.

[판례 10] 대법원 2009. 12. 10. 선고 2009다66068 판결

상고이유를 판단한다.

1. 원심은, 피고의 남편인 소외인이 2003. 1. 1. 원고와 사이에 음료수 공급에 관한 대리점계약(이하 '이 사건 대리점계약'이라 한다)을 체결한 후 2003. 4. 11. 원고에게 '피고가 이 사건 대리점계약에 의한 소외인의 채무를 연대보증한다'는 내용에 피고의 인감도장이 날인된 피고 명의의 연대보증각서와 대리 발급된 피고의 인감증명서를 제출한 사실(이하 '이 사건 연대보증'이라 한다), 한편 이 사건 연대보증각서 제출 전인 2003. 2. 5. 서울보증보험 주식회사(이하 '서울보증보험'이라 한다)가 소외인과 원고에 대한 물품대금채무의 지급을 보증하는 보증보험계약을 체결하였는데, 그 당시 피고가 위 보증보험계약의 청약서에 소외인의 연대보증인으로 직접 서명·날인하고 자신의 주민등록증 사본과 본인 발급의 인감증명서도 제출한 사실을 인정한 다음, 이러한 사실관계를 종합하면 피고가 소외인에게 이 사건 연대보증에 관한 대리권을 수여하였다고 봄이 상당하고, 가사 그렇지 않다 하더라도 소외인은 피고의 남편으로서 일상가사대리권이 있고 위 인정 사실에 비추어 원고가 소외인에게 이 사건 연대보증에 관한 대리권이 있음을 믿을만한 정당한 이유가 있었다고 인정되므로 피고는 이 사건 연대보증에 대하여 민법 제126조에 따른 표현대리의 책임을 진다고 판단하여, 원고가 피고를 상대로 이 사건 대리점계약에 따라 공급한 물품의 미수대금 지급을 구하는 이 사건 청구를 인용하였다.

2. 그러나 피고가 소외인에게 이 사건 연대보증에 관한 대리권을 수여하였다고 본 원심의 판단은 수긍하기 어렵다.

우선 원심은 위와 같은 수권행위 인정의 근거로 이 사건 연대보증각서에 피고의 인감도장이 날인된 사정을 들고 있는데, 이 사건 연대보증 당시 소외인이 피고의 인감도장을 가져와 직접 그 각서에 날인한 사실은 원고가 자인하는 바이고(기록 173면), 나아가 기록상 소외인이 위와 같이 피고의 인감도장을 소지·사용하게 된 경위를 확인할 자료가 없는 점, 통상 남편은 그 처의 인감도장을 용이하게 입수할 수 있는 점, 위 보증보험계약 당시 제출된 피고의 인감증명서는 피고 본인이 직접 발급받았던 것이나 그 후 이 사건 연대보증 당시 제출된 피고의 인감증명서는 대리 발급되었던 것인 점을 감안하면, 원심이 든 위와 같은 사정으로부터 이 사건 연대보증에 관한 피고의 대리권 수여를 추단하기는 어렵다.

또한 원심은 피고가 위 보증보험계약에 직접 연대보증하였다는 사정도 위 수권행위 인정의 근거로 들고 있으나, 원심의 채용 증거에 의하여 알 수 있듯이, 위 연대보증은 서울보증보험이 소외인의 원고에 대한 물품대금채무를 2003. 2. 5.부터 2004. 2. 4.까지 1,000만 원 한도에서 보증하는 보증보험계약과 관련하여 소외인이 서울보증보험에 대하여 부담하게 되는 채무를 담보하는 것인데 반해, 이 사건 연대보증은 이 사건 대리점의 운영과 관련하여 기존에 발생하였거나 장래에 발생할 소외인의 원고에 대한 채무 일체를 한도 없이 담보하는 것이어서, 그 대상채무의 발생 근거와 법적 성격을 달리할 뿐 아니라 그 채무의 범위에서도 현저한 차이를 보이고 있으므로, 피고가 위 보증보험계약에 대하여 직접 연대보증하였다고 하여 피고에게 이 사건 연대보증을 할 의사까지 있었다고 추정할 수는 없다.

그렇다면 원심이 들고 있는 사정들을 모두 모아보더라도 이 사건 연대보증에 관한 피고의 수권행위를 추인하기는 어려운데, 원심은 이와 달리 판단하고 말았으니 논리와 경험의 법칙을 위반하여 자유심증주의의 한계를 일탈한 잘못이 있다. 이러한 취지가 담긴 상고이유의 주장은 이유 있다.

3. 나아가 표현대리에 관한 원심의 가정적 판단도 수긍할 수 없다.

원심이 판시한 바와 같이 소외인이 피고의 남편으로서 일상가사대리권이 있고 원고가 소외인에게 피고를 대리하여 이 사건 연대보증을 할 권한이 있었다고 믿었다 하더라도, 소외인에게 그 대리권이 있었다고 인정되지 않는 이상 민법 제126조의 표현대리가 성립하기 위하여는 원고가 소외인에게 그 대리권이 있었다고 믿었음을 정당화할 만한 객관적인 사정이 있어야 한다(대법원 1998. 7. 10. 선고 98다18988 판결 등 참조).

그런데 원심은 이 사건 연대보증에 관한 소외인의 대리권을 인정하는 근거로 든 사정들을 그대로 원고가 소외인에게 그 대리권이 있었다고 믿은 것을 정당화할 만한 객관적 사정으로도 삼고 있으나, 앞서 판단한 바와 같이 그러한 사정들로부터 이 사건 연대보증에 관한 소외인의 대리권을 추인하기 어려운 이상, 마찬가지 이유에서 그러한 사정들은 원고가 소외인에게 이 사건 연대보증에 관한 대리권이 있었다고 믿었음을 정당화할 만한 것이라고 볼 수 없다.

더 나아가 기록에 의하면, 원고는 소외인으로부터 위 보증보험계약에 따라 발급된 보증보험증권만 제출받았을 뿐이고 그 보증보험증권에는 피고의 연대보증 사실을 확인할 수 있는 기재가 없으므로, 특별한 사정이 없는 한 이 사건 연대보증 당시 원고는 위 보증보험계약에 대한 피고의 연대보증 사실을 알았다고 볼 수 없는데, 사정이 그러하다면 위와 같은 피고의 연대보증 사실은 원고가 소외인에게 이 사건 연대보증에 관한 대리권이 있었다고 믿었음을 정당화할 만한 사정으로서 고려될 수도 없다.

3. 재산적 효과

▮참고문헌: 김은아, "부부재산제의 과거, 현재, 그리고 미래", 가족법연구 35권 3호, 2021; 윤진수, "민법개정안 중 부부재산제에 관한 연구", 민법논고 Ⅳ, 2009; 윤진수, "배우자의 상속법상 지위 개선 방안에 관한 연구", 가족법연구 33권 1호, 2019; 이화숙, "부부재산제의 이상에 비추어 본 입법론과 개정안", 인권과 정의 2008. 5; 전경근, "부부재산

제 개정안에 관한 연구", 가족법연구 20권 3호, 2006; 홍춘의, "일상가사의 범위", 판례월보 2000. 4

부부 사이의 재산관계에 관하여 어떻게 규율할 것인가에 관하여는 두 가지 방법을 생각할 수 있다. 그 하나는 부부가 계약으로 이를 정하는 「부부재산계약」이고, 다른 하나는 법이 이를 규율하는 「법정부부재산제」이다. 민법은 부부재산계약을 체결하지 아니하면 법정부부재산제에 의하도록 하여 양자를 병용하고 있다.

가. 부부재산계약

우리나라에서 실제로 부부 사이에 부부재산계약이 체결되는 예가 아직까지는 많지 않은 것 같다. 미국에서는 혼인전 합의(prenuptial agreement)가 많이 활용되고 있다. 이는 전통적으로 부유한 사람들이 자신의 재산을 보호하거나, 나이 들어서 재혼하는 사람들이 전혼에서 출생한 자녀들의 경제적 이익을 보호하기 위하여, 사망 시의 상속관계를 규율하는 것을 내용으로 하여 체결되었다. 그러나 근래에는 이 제도가 이혼 시의 재산 문제를 규율하기 위하여도 이용된다.

(1) 부부재산계약의 체결과 변경

부부재산계약은 혼인이 성립하기 전에 체결되어야 한다(829조 2항). 일단 부부재산계약이 체결되면 혼인 중 이를 변경하지 못하지만, 정당한 사유가 있는 때에는 가정법원의 허가를 얻어 변경할 수 있다{이는 라류 가사비송사건이다. 家訴 2조 1항 2호 가. 7)}. 이때 당사자에게 행위능력이 있어야 하는가에 관하여는, 혼인에 대한 친권자 등의 동의에 부부재산계약에 대한 동의가 포함된다는 이유로 혼인능력만 있으면 된다고 주장하는 견해도 있으나, 부부재산계약을 체결하는 데는 혼인능력 이상의 판단력이 필요하므로 일반적인 행위능력을 필요로 한다고 봄이 옳다.

계약의 방식에 대하여는 별다른 규정이 없다. 그리고 계약이나 그 변경, 관리자의 변경이나 공유재산 분할로 부부의 승계인 또는 제3자에게 대항하기 위해서는 등기를 하여야 한다(829조 4, 5항). 이를 위한 부부재산약정등기가 부동산등기와는 별도로 존재한다. 부부재산약정등기에는 부동산등기법의 여러 규정들이 준용되며(非訟 71조), 대법원규칙인 부부재산약정등기규칙이 별도로 규율하고 있다. 그런데 부동산에 관하여는 부부재산약정 등기기록에 등기한 것만으로는 제3자에게 대항할 수 없고 부동산등기부에 등기하여야 한다는 견해가 있기는 하지만, 일반적으로 지지를 받고 있지는 못하다.

(2) 부부재산계약의 내용

부부재산계약의 내용에 관하여는 별도의 규정이 없다. 대체로 재산의 소유관계(부부가 혼인 전 및 후에 취득한 재산이 부부 중 누구에게 귀속하는가 하는 점)와 재산의 관리처분관계(부부재산의 관리처분권이 남편에게 있는가, 아내에게 있는가 하는 점), 책임관계(남편 또는 아내의 채무를 그 단독으로 부담하는가 아니면 공동으로 부담하는가) 및 청산관계(혼인해소 시에 부부의 재산관계를 어떻게 청산할 것인가 하는 점) 등이 그 주된 내용이 될 것이다. 부부재산약정으로 이혼 시의 재산분할 문제를 정할 수 있는가에 관하여는 과거에는 부정설이 많았으나, 근래에는 이 또한 가능하다고 보는 견해가 늘어나고 있다(주해친족 1/이동진, 252 참조). 그러나 혼인의 본질적 요소나 남녀평등, 사회질서에 반하는 것은 허용되지 않는다. 예컨대 처가 남편의 동의를 얻어야만 법률행위를 할 수 있다거나, 부부 사이의 부양의무를 면제하는 것 등이 이에 해당한다. 상속관계도 부부재산계약에 의하여 규율할 수 없다.

부부재산계약에 의하여 부부의 일방이 다른 일방의 재산을 관리하는 경우에, 부적당한 관리로 인하여 그 재산을 위태하게 한 때에는 다른 일방은 자기가 관리할 것을 법원에 청구할 수 있고, 그 재산이 부부의 공유인 때에는 법원의 허가를 얻어 그 분할을 청구할 수 있다(829조 3항).

(3) 부부재산계약의 종료

부부재산계약은 혼인관계의 소멸과 부부재산계약 그 자체의 종료 두 가지 사유에 의하여 소멸한다. 우선 혼인관계가 이혼 또는 혼인취소에 의하여 소멸하거나 배우자 일방의 사망으로 종료하는 때에는 부부재산계약도 종료한다. 부부재산계약 자체가 종료하는 경우로는 가정법원의 허가에 의한 변경 이외에, 그 계약이 기망이나 강박을 이유로 취소되는 경우 및 사해행위를 이유로 취소되는 경우 등을 생각할 수 있다. 이때에는 부부재산제가 법정부부재산제로 전환된다.

나. 법정재산제

(1) 개 설

과거에는 각국에서 처에게 독립한 능력이 인정되지 않아서, 처의 재산이나 소득이 모두 부(夫)의 재산에 흡수되는 이른바 재산병합제(財産倂合制)나, 형식적으로는 처의 소유를 인정하더라도 실질적으로는 관리 등은 부(夫)만이 할 수 있는 것이 일반적이었다. 그 후 부부평등의 이념에 따라 형식적으로 부부 각자의 재산을 인정할 뿐만 아니라, 실질적으로도 각자의 재산을 각자가 관리하는 부부별산제나, 혼인 중에 취득한 재산을 부부의 공동재산으로 취급하는 이른바 공동제가 등장하게 되었다. 공동제에서도 혼인 중에 취득한 재산은 공동재산으로 하는 소득공동제(프랑스)와, 별산을 원칙으로 하되, 혼인종료시 부부의 재산을 통합하여 정리 청산하는 복합공동제(독일, 스위스 등)가 있다.

그러나 우리 민법은 단순한 부부별산제를 채택하고, 여기에 공유의 추정(830조 2항)을 가미하였을 뿐이며, 그 외에 재산분할청구권제도에 의하여 별산제를 완화하고 있는 정도이다. 다만, 입법론으로 독일과 같이 혼인 중에는 별산제를 취하되, 혼인종료 시에는 공동제의 취지에 따라 청산하는 것으로 부부재산제를 개정하여야 한다는 주장도 있다.

또 다른 문제는 혼인 중 부부 일방의 재산 처분에 대하여 상대방의 동의가 필요한지 여부이다. 현행법에는 이러한 규정이 없으나, 외국에는 이러한 제도를 두고 있는 경우가 많고, 근래 입법론적으로 중요한 재산(예컨대 주거용 부동산의 소유권 및 임차권)의 관리 및 처분은 부부가 공동으로 하여야 한다는 주장이 제기되고 있다. 실제로 제17대 국회와 제20대 국회에서 이러한 개정안이 제출된 바 있으나, 실현되지 못하였다.

헌법재판소 2002. 8. 29. 선고 2001헌바82 결정은, 부부의 자산소득을 합산하여 과세하도록 규정하고 있는 소득세법의 규정이 불이익을 야기하는 제한조치를 통해서 혼인과 가족을 차별하는 것을 금지해야 할 국가의 의무를 포함하는 憲 36조 1항에 위반된다고 하였다. 그리고 헌법재판소 2008. 11. 13. 선고 2006헌바112 등 결정은, 종합부동산세의 과세방법을 '인별합산'이 아니라 '세대별 합산'으로 규정한 종합부동산세법의 규정은 위헌이라고 하면서 그 이유의 하나로서 우리 민법은 부부별산제를 채택하고 있고 배우자를 제외한 가족의 재산까지 공유로 추정할 근거 규정이 없다는 점을 들고 있다.

(2) 특유재산과 공유재산

부부의 일방이 혼인 전부터 가진 고유재산과 혼인 중에 자기의 명의로 취득한 재산은 그 특유재산으로 된다. 반면 부부의 누구에게 속한 것인지 분명하지 아니한 재산은 부부의 공유로 추정된다(830조 1, 2항). 민법 제정 당시에는 부부 중 누구에게 속한 것인지 분명하지 않은 재산은 부(夫)의 소유로 추정하였으나, 1977년 개정으로 부부 공유로 추정되게 되었다.

판례는 우리의 법정부부재산제를 완전 부부별산제로 보아, 혼인 중에 일방이 취득한 재산은 그의 특유재산으로 추정되고, 다른 배우자가 이에 협조하거나 혼인생활에 있어 내조의 공이 있었다는 것만으로는 그 추정이 뒤집히지 않는다고 보고 있다(대법원 1986. 9. 9. 선고 85다카1337, 1338 판결 등).

다만, 판례는, 부가 주택을 매수하여 그 명의로 소유권이전등기를 경료함에 있어서 그 매수자금 일부를 처 소유의 가옥매각대금으로 충당한 경우에는 그 주택에 관한 부 단독 명의의 소유권이전등기는 처의 명의신탁에 의한 것이라고 볼 여지가 있다고 하였고(대법원 1986. 11. 25. 선고 85누677 판결), 부동산매입자금의 원천이 남편의 수입에 있다고 하더라도, 처가 여러 차례 부동산을 매입하였다가 이익을 남기고 처분하는 등의 방법으로 재산을 증식하여 남편의 수입을 증식하였다면, 위 부동산의 취득은 쌍방의 자금과 증식노력으로 이루어진 것으로서 원·피고의 공유재산이라고 볼 여지도 있다고 하였다(대법원 1990. 10. 23. 선고 90다카5624 판결).

그리고 판례는 830조를 사실혼관계에도 적용하여, 사실혼관계에 있는 부부의 일방이 사실혼 중에 자기 명의로 취득한 재산은 명의자의 특유재산으로 추정되나, 실질적으로 다른 일방 또는 쌍방이 재산의 취득자금을 부담하여 취득한 것이 증명된 때에는 특유재산의 추정은 번복된다고 보았다(대법원 1994. 12. 22. 선고 93다52068, 52075 판결).

한편 채무자와 배우자의 공유에 속한 유체동산을 채무자가 점유하거나 그 배우자와 공동점유하는 때에는, 공유지분의 압류의 방법에 의할 것이 아니라, 유체동산 그 자체의 압류에 의하지만, 이 경우에는 배우자에게 우선매수권이 있다(民執 190조, 206조).

다. 가사로 인한 채무의 연대책임

부부 일방이 일상의 가사에 관하여 제3자와 법률행위를 한 때에 다른 일방은 이로 인한 채무에 대하여 연대책임이 있다. 그러나 이미 제3자에 대하여 다른 일방의 책임없음을 명시한 때에는 그러하지 아니하다(832조). 이 규정의 취지는 부부간의 일상가사대리권과 대체로 같으나, 일상가사대리는 원칙적으로 대리행위임을 명시한 경우에 인정됨에 반하여(현명주의), 이 규정에 의한 책임은 대리행위를 명시하지 않은 경우에도 인정된다. 이러한 연대책임은 부부재산계약에 의하여 배제하지 못한다고 해석된다.

판례(대법원 1997. 11. 28. 선고 97다31229 판결 등)는, 832조에서 말하는 일상의 가사에 관한 법률행위라 함은 부부가 공동생활을 영위하는 데 통상 필요한 법률행위를 말하므로, 그 내용과 범위는 그 부부공동체의 생활구조, 정도와 그 부부의 생활장소인 지역사회의 사회통념에 의하여 결정되며, 문제가 된 구체적인 법률행위가 당해 부부의 일상의 가사에 관한 것인지를 판단함에 있어서는 그 법률행위의 종류·성질 등 객관적 사정과 함께 가사처리자의 주관적 의사와 목적, 부부의 사회적 지위·직업·재산·수입능력 등 현실적 생활상태를 종합적으로 고려하여 사회통념에 따라 판단하여야 한다고 보고 있다.

대법원 1999. 3. 9. 선고 98다46877 판결([판례 11])은, 아파트 구입비용 명목으로 차용한 경우 그와 같은 비용의 지출이 부부공동체를 유지하기 위하여 필수적인 주거 공간을 마련하기 위한 것이라면 일상의 가사에 속한다고 볼 여지가 있다고 하여, 공무원인 피고의 처가 원고로부터 아파트 분양대금납부 및 피고의 진급 준비를 위한 경비 명목 등으로 합계 금 60,000,000원을 차용한 것이 일상가사에 속한다고 하였다. 그러나 부부 사이의 일상가사로 인한 연대채무 또는 일상가사에 관한 대리권은, 상대방이 그러한 행위가 일상가사에 관한 것인지를 통상 확인할 필요가 없을 만큼 명백한 경우에 한정되어야 하고, 아파트를 분양받기 위하여 큰 돈을 차용하는 것이 일상가사에 속한다고 말하기는 어려울 것이다. 다만 이러한 경우에는 피고가 무상으로 아파트 구입이라는 이익을 얻었다는 점에서, 원고에게 일종의 전용물소권(轉用物訴權)에 의한 부당이득반환청구권을 인정할 수 있을 것이다. 현재 판례는 전용물소권에 의한 부당이득을 인정하고 있지 않으나(대법원 2002. 8. 23. 선고 99다66564, 66571 판결 등), 수익자가 무상으로 이익을 얻은 경우에는 예외를 인정하여야 한다{주해친족 1/이동진, 279 주 2)}.

[판례 11] 대법원 1999. 3. 9. 선고 98다46877 판결

상고이유를 본다.

1. 원심판결의 이유

원심판결 이유에 의하면, 원고의 주장, 즉, (1) 원고는, 제1심공동피고 ○○○이 1992. 5. 경 자신의 남편인 피고 명의로 분양받은 아파트분양금으로 필요한 돈이라며 금 5,000,000원을 빌려 달라고 하여 이를 월 2푼의 이율로 대여한 것을 비롯하여 그 때부터 1994. 1.경까지 사이에 금 2,000,000원 내지 금 5,000,000원씩 십수 회에 걸쳐 아파트분양금 및 피고의 진급 준비를 위한 경비 명목으로 합계 금 40,000,000원을 대여하고, 1994. 8. 30. 위 ○○○으로부터 피고가 연대보증인으로 서명날인된 금 40,000,000원의 차용증을 교부받았고, […] 위 합계 금 70,000,000원 및 이에 대한 이자 또는 지연손해금을 지급할 의무가 있다는 주장에 대하여, 원심은, […] ② 위 ○○○이 아파트분양금을 납부하기 위하여 타인으로부터 금전을 차용하는 행위는 일상가사의 범위에 속한다고 할 수 없으며(위 ○○○이 원고로부터 차용한 위 금원이 아파트분양금으로 사용되었다는 점을 인정할 자료도 없다.), […] 원고의 위 주장들을 배척하였다. […]

3. 상고이유 제2점에 대하여

가. 일상가사의 범위에 대하여

(1) 민법 제832조에서 말하는 일상의 가사에 관한 법률행위라 함은 부부가 공동생활을 영위하는데 통상 필요한 법률행위를 말하므로 그 내용과 범위는 그 부부공동체의 생활 구조, 정도와 그 부부의 생활 장소인 지역사회의 사회통념에 의하여 결정되며, 문제가 된 구체적인 법률행위가 당해 부부의 일상의 가사에 관한 것인지를 판단함에 있어서는 그 법률행위의 종류·성질 등 객관적 사정과 함께 가사처리자의 주관적 의사와 목적, 부부의 사회적 지위·직업·재산·수입능력 등 현실적 생활상태를 종합적으로 고려하여 사회통념에 따라 판단하여야 할 것이다(대법원 1997. 11. 28. 선고 97다31229 판결 참조).

(2) 그리고 금전차용행위도 금액, 차용 목적, 실제의 지출용도, 기타의 사정 등을 고려하여 그것이 부부의 공동생활에 필요한 자금조달을 목적으로 하는 것이라면 일상가사에 속한다고 보아야 할 것이므로, 아파트 구입비용 명목으로 차용한 경우 그와 같은 비용의 지출이 부부공동체를 유지하기 위하여 필수적인 주거 공간을 마련하기 위한 것이라면 일상의 가사에 속한다고 볼 여지가 있다고 할 것이다. 그런데 기록에 의하면, 피고 명의로 분양받은 위 아파트(45평형)는 현재 피고의 유일한 부동산으로서 피고 가족들이 거주하고 있는 것이므로 위 아파트분양금을 납입하기 위한 명목으로 하는 금전을 차용하여 이를 납입하였다면 그와 같은 금전차용행위는 일상가사에 해당한다고 보아야 할 것인데도 원심이 아파트분양금을 납부하기 위한 금전차용행위는 일반적으로 일상가사의 범위에 속한다고 할 수 없다는 취지로 판단한 것은 이 점에서 우선 위법하다.

(3) 나아가 기록에 의하면, 원고가 위 ○○○에게 돈을 대여한 시기는 1992. 5.경부터 1995. 3.경까지 사이인바(계금을 대납해 준 시기 제외), 피고는 위 기간 동안 처와 자녀 4인의 부양가족 5인을 거느린 공무원으로서 가족 중에 피고 외에 직업을 가진 사람은 없었다는 것이고, 피고는 월수입이 금 150만 원 내지 금 180만 원 정도였는데, 1993. 7. 16.부터 1996. 1. 31.까지 사이에 피고 명의의 적금으로 피고의 월급보다도 많은 월 금 200만 원씩을 납입하였고, 1993. 4. 29.(이는 피고의 주장에 의한 것이며 피고본인신문 결과에 의하면 1991.경)

부터 1995. 5. 12.까지 사이에 피고 명의의 위 아파트의 분양대금을 납입하였음을 알 수 있는바, 그렇다면 위 아파트 분양대금과 적금에 적정한 생활비를 합한 금액의 자금출처에 관하여 그 시기 및 액수 등이 구체적으로 밝혀지는 등의 특별한 사정이 없는 한(이에 대하여 피고는 아파트분양금의 자금출처에 대하여는 아무런 주장을 하지 않았고, 위 적금은 덕천동 313의 5 부동산 임대료수입으로 충당하였으며, 생활비는 그의 월급으로 충당하였다고 주장만 하였을 뿐, 이 점에 대한 구체적인 증거가 없다.), 위 ○○○이 원고로부터 차용한 금원은 결국 원고가 주장하는 대로 위 아파트분양금과 생활비의 일부로 충당되었다고 추단하는 것이 타당할 것인데도 원심이 만연히 원고가 대여한 금원이 아파트분양금으로 사용되었다고 인정할 증거가 없다고 한 사실인정 또한 수긍할 수 없다. 위 ○○○은 위 차용기간 이후인 1996. 1. 30.부터 제과점을 일시 경영한 외에는 직업을 갖거나 사업을 한 사실이 없다는 것이므로 위 차용금을 위 아파트분양금이나 생활비 외의 용도(예컨대, 자신의 사업자금이나 채무변제 등)에 사용하였다고 보기도 어렵다. 그리고 기록에 의하면, 피고의 진급 준비를 위한 경비 명목으로 차용한 돈은 피고가 진급시험 준비를 위하여 절에 가서 공부하는데 드는 비용 명목이라는 것인바, 피고는 실제로 1994.경 진급시험 준비를 위하여 절에 가서 한두달 공부한 사실이 있다는 것이므로 처로서 이를 위한 금전차용이라면 위에서 본 법리에 따라 일상가사에 관한 것으로 볼 수 있을 것이다.

(4) 따라서 이와 같은 사정하에서는 이 사건 청구액 중 계불입금 명목으로 차용한 금원을 제외한 나머지 부분의 차용행위는 특별한 사정이 드러나지 아니하는 한 일상가사에 해당한다고 보아 피고에게 민법 제832조 본문에 의하여 연대책임을 인정하여야 할 것임에도, 원심이 그와 같이 볼 수 없는 특별한 사정에 대하여 나아가 살펴보지도 아니한 채 만연히 원고의 일상가사 주장을 배척한 조처에는 일상가사에 대한 법리를 오해하거나 심리를 다하지 아니하여 판결에 영향을 미친 위법이 있다 할 것이다. 이 점을 지적하는 논지는 이유 있다.

참고문헌

홍춘의, 판례월보 2000. 4

라. 생활비용의 공동부담

부부 간 공동생활에 필요한 비용은 당사자 간에 특별한 약정이 없으면 부부가 공동으로 부담한다(833조). 이 조문은 826조 1항에 의한 부부 간의 부양·협조의무 이행의 구체적인 기준을 제시한 조항이다(대법원 2017. 8. 25.자 2014스26 결정). 1990년 개정 전에는 남편이 부담하도록 규정하고 있었으나, 1990년 개정으로 이와 같이 바뀌었다. 대법원 2017. 8. 25.자 2014스26 결정은, 833조에 의한 생활비용청구가 826조의 부양협조의무와는 무관한 별개의 청구원인에 기한 청구라고 볼 수는 없다고 하였다.

Ⅵ. 이 혼

혼인관계는 배우자 일방이 사망하거나 이혼 또는 혼인이 취소됨으로써 해소된다. 이 중 혼인의 취소에 대하여는 앞에서 살펴보았고, 사망은 주로 상속법에서 문제된다. 실종선고는 사망으로 간주되므로 사망과 마찬가지이다. 「부재선고에 관한 특별조치법」에 의하여 부재선고를 받은 경우에도 혼인에 관하여는 실종선고를 받은 것으로 본다(위 법 4조). 친족법에서 혼인의 해소사유로서 주로 문제되는 것은 이혼이다.

1. 이혼제도의 의의 및 역사

▌참고문헌: 김형석, "이혼법의 사상사", 서울대학교 법학 64권 1호, 2023; 윤진수, "혼인과 이혼의 법경제학", 법경제학연구 9권 1호, 2012

이혼이란 혼인을 혼인 성립 후의 사유로 인하여 소멸시키는 것을 말한다. 반면 혼인의 취소는 혼인을 혼인 전의 사유로 인하여 소멸시키는 것이다.

서구에서는 가톨릭의 영향으로(마태복음 19장 6절: 하나님이 짝지어 주신 것을 사람이 갈라놓아서는 안 된다), 종교개혁이 있을 때까지는 혼인은 해소할 수 없는 것{혼인에 의한 묶임(vinculum matrimonii)}이라는 원칙이 지배하였다. 그러나 종교개혁 당시에 마르틴 루터가 혼인은 세속적인 것이라고 보아 이혼을 허용하여야 한다고 주장한 이래, 이혼불허의 원칙은 더는 절대적인 것이 아니다. 이탈리아나 스페인 같은 카톨릭 국가도 근래에는 이혼을 허용하기에 이르렀다. 유럽에서는 말타가 최근까지 이혼을 허용하지 않다가, 2011. 5. 28.의 국민투표에서 이혼을 허용하도록 하였다.

이혼을 허용하는 경우에도 처음에는 유책주의(有責主義)가 지배하여, 원칙적으로 이혼을 원하는 사람의 상대방에게 책임이 있는 사유로 인하여 혼인이 파탄에 이른 경우에만 이혼이 허용되었다. 그러나 서구의 입법은 1970년대 이래 이혼 당사자의 책임 여부를 묻지 않고 혼인이 파탄된 경우에는 이혼을 허용하는 파탄주의(破

綻主義)의 방향으로 나아가고 있다. 과거 우리나라에서는 이혼이 원칙적으로 남편에 대하여만 허용되었다(棄妻). 그렇지만 실제로는 사대부층의 이혼은 엄격하게 제한되어, 이혼이 잘 허용되지 않았다.

우리나라의 현행 이혼법은 협의상 이혼과 재판상 이혼의 양자를 허용하고 있다는 점에 특색이 있다. 외국에서는 배우자 쌍방이 이혼을 원한다고 하더라도, 법원의 판결이 있어야만 이혼을 허용하는 것이 일반적이다.

이혼은 왜 인정되는가? 이혼을 하면 그로 인하여 이혼 당사자는 물론 자녀도 상처를 받고, 사회경제적으로도 낭비가 많다. 그러나 다른 한편으로는, 이혼을 허용하지 않는 경우 당사자는 이미 파탄된 혼인생활로부터 고통을 받게 되어, 더 큰 불행을 겪게 된다. 결국 이혼이란 최선이 아닌 차선, 최악이 아닌 차악(次惡)을 허용하는 것이다. 파탄된 가정에 대하여 이혼을 허용하지 않는 것은 행복추구권을 침해하는 것이라고 할 수도 있다. 이혼의 자유도 헌법상 기본권에 속한다. 다만 이혼으로 인하여 상대방 배우자나 자녀에게 미치는 영향이 크므로, 혼인의 경우보다는 국가의 개입이 보다 넓은 범위에서 인정될 수 있다.

2. 협의상 이혼

▮참고문헌: 김민규, "이혼실태와 가장이혼의 법리", 아세아여성법학 4호, 2001; 김상용, "이혼제도 개선을 위한 하나의 대안", 가족법연구 15권 2호, 2001; 김상용, "협의이혼에 대한 각국의 입법례 및 제도개선방안 연구", 법조 2004. 11; 차선자, "영주권 취득을 위한 가장이혼의 효력과 재산분할의 효력", 전남대 법학논총 24집, 2004

민법은 부부는 협의에 의하여 이혼할 수 있다고 하여(834조), 협의상 이혼(협의이혼)을 인정한다. 수적으로 보아 전체 이혼사건의 80% 정도는 협의이혼이다. 2022년에는 협의이혼은 7만 2천 건(77.3%)이었고, 재판상 이혼은 2만 1천 건(22.6%)이었다.

가. 협의이혼의 요건

(1) 이혼의사의 합치

협의이혼의 실체적 요건은 우선 당사자의 이혼의사가 합치될 것이다. 이혼의사에 관하여는 혼인의사에서와 같이 형식적 의사설과 실질적 의사설 및 법적 의사설이 대립한다. 이는 주로 가장이혼에 관하여 문제되므로, 이혼의 무효와 취소를 설명할 때 살펴본다.

(2) **피성년후견인인 경우 부모 또는 성년후견인의 동의**(835조, 808조 2항)

피성년후견인의 이혼에 관하여는 혼인에 관한 808조 2항이 준용되므로(835조), 부모나 성년후견인의 동의를 받아야 한다. 미성년자는 혼인함으로써 성년으로 의제되므로 협의이혼에 부모나 후견인의 동의가 필요하지 않고, 피한정후견인도 부모나 후견인의 동의를 필요로 하지 않는다.

(3) **이혼신고**

협의이혼을 하기 위해서는 이혼신고를 하여야 하는데, 이를 위해서는 가정법원의 협의이혼의사 확인을 받아야 한다(836조 1항, 家登 75조 1항). 다만 재외국민은 재외공관의 장으로부터 협의이혼의사 확인을 받을 수 있다(家登規 75조, 73조 2항).

2007년 민법 개정 전에는 협의이혼의사 확인을 신청하면 바로 이혼의사 확인을 해주었다. 그러나 2007년 개정으로 836조의2가 신설되어, 협의이혼을 하려는 자는 가정법원이 제공하는 이혼에 관한 안내를 받아야 하고, 가정법원은 상담에 관하여 전문적인 지식과 경험을 갖춘 전문상담인의 상담을 받을 것을 권고할 수 있게 되었다(1항). 그리고 안내를 받은 날부터 양육하여야 할 자(포태 중인 자를 포함)가 있는 경우에는 3개월, 그렇지 아니한 경우에는 1개월이 경과하여야 이혼의사 확인을 받을 수 있게 되었다(2항). 이를 보통 이혼숙려기간이라고 하는데, 당사자와 자녀에 대하여 이혼이 가져올 정신적·물질적 손실을 신중하게 고려할 수 있도록 하는 데 의의가 있다. 다만, 가정법원은 폭력으로 인하여 당사자 일방에게 참을 수 없는 고통이 예상되는 등 이혼을 하여야 할 급박한 사정이 있는 경우 숙려기간을 단축 또는 면제할 수 있다(3항). 법상으로는 가정법원이 상담을 권고할 수 있을 뿐, 상담이 의무화되어 있는 것은 아니지만, 현재 가정법원의 실무상으로는 적어도 양육하여야 할 자녀가 있는 경우에는 상담을 받아야 협의이혼의사 확인을 해 주는 방법으로 사실상 상담을 의무화하고 있다고 한다.

가정법원의 이혼의사 확인은 원칙적으로 판사가 하여야 하지만, 2018. 7. 1.부터는 미성년 자녀가 없는 당사자 사이의 협의상 이혼은 사법보좌관이 하도록 바뀌었다(법원조직법 54조 2항 5호, 사법보좌관규칙 2조 1항 19호).

가정법원의 이혼의사 확인은 당사자의 진의에 의한 것인지를 확인함으로써 기망이나 강박에 의하여 이혼하는 것을 방지하려는 데 그 취지가 있다. 그러므로 가정법원의 확인권한은 이혼의사의 유무에 그치고, 그 외의 다른 사유를 들어 확인을 거부할 수는 없다. 대법원 1987. 1. 20. 선고 86므86 판결도, 협의이혼의사 확인절차는 확인 당시 당사자들이 이혼을 할 의사를 가지고 있는가를 밝히는 데 그치는 것이고, 그들이 의사결정의 정확한 능력을 가졌는지 또 어떠한 과정을 거쳐 협의이혼의사를 결정하였는지 하는 점에 관하여는 심리하지 아니하며, 법원의 확인에 소송법상의 특별한 효력이 주어지는 것도 아니므로 이혼협의의 효력은 민법상의 원칙에 의하여 결정되어야 한다고 하였다. 다만, 위 판결은 정신박약자인 배우자의 심신박약상태를 이용하여 배우자를 기망하여 협의이혼의사 확인을 받았음을 이유로 그 취소를 받아들인 것으로, 그 설시도 취소가 허용된다는 점을 뒷받침하는 한도에서 타당하다고 보아야 한다. 그러므로 당사자가 의사결정능력이 없다고 보이는 때에는 법원으로서는 이혼의사 확인을 거부하여야 할 것이다.

협의이혼하려는 당사자는 양육하여야 할 자(포태 중인 자 포함)의 양육에 관한 사항도 협의에 의하여 정하여야 한다. 이 협의에는 양육자의 결정과 양육비용의 부담 및 면접교섭권에 관한 사항이 포함되어 있어야 한다. 이러한 협의가 자(子)의 복리에 반한다고 판단되는 경우에는 가정법원은 보정을 명하거나 직권으로 그 자(子)의 의사, 나이와 부모의 재산상황, 그 밖의 사정을 참작하여 양육에 필요한 사항을 정한다. 양육에 관한 사항의 협의가 이루어지지 아니하거나 협의할 수 없는 때에는 가정법원은 직권으로 또는 당사자의 청구에 따라 이에 관하여 정한다(837조, 837조의2). 가정법원은 협의이혼의사 확인을 하면서 부부 사이에 미성년인 자녀가 있는지 여부와 미성년인 자녀가 있는 경우 그 자녀에 대한 양육과 친권자 결정에 관한 협의서 또는 가정법원의 심판정본 및 확정증명서를 확인하여야 한다(家登規 74조 1항). 협의이혼의사 확인을 받으면 3개월 내에 그 등본을 첨부하여 이혼의 신고를 하여야 하고, 그 기간이 지나면 가정법원의 이혼의사 확인은 효력을 상실한다(家登 75조). 그리고 협의이혼의사 확인을 받은 것만으로 재판상 이혼사유가 되는 것도 아니다(대법원 1988. 4. 25. 선고 87므28 판결 등).

한편 이혼의사의 확인을 받은 당사자는 이혼신고가 접수되기 전에 등록기준지, 주소지 또는 현재지 시·읍·면의 장에게 이혼의사철회서를 제출할 수 있고(家登規 80조 1항), 이때에는 가족관계등록공무원은 이혼신고를 수리하여서는 안 된다.

위와 같은 이혼 절차를 밟지 않으면, 실제로는 같이 살고 있지는 않다고 하더라도 법률상으로는 이혼으로 인정되지 않는다. 통설은 부부 사이에 이혼의 합의가 있으면, 부부간의 동거·부양·협조의무 및 정조의무가 소멸하고, 혼인생활비용의 부담문제도 없어지며, 일상가사대리권과 일상가사채무에 대한 연대책임도 없어진다고 본다. 한편 부부재산제도 소멸한다는 주장이 있으나, 이는 문제가 있다. 그렇지만 사실상 이혼 상태라 하여도 친족관계는 유지되고, 상속권도 인정된다. 반면 부부 사이에 이혼의 합의가 없으면 실제로 장기간 별거하고 있더라도 이와 같은 의무 소멸 등의 효과가 생긴다고 할 수 없다(반대: 이경희·윤부찬, 104).

다만 대법원 2011. 6. 30. 선고 2011다10013 판결은, 영구임대주택의 임차인의 배우자가 다른 주택을 소유하게 되었다고 하더라도, 그 배우자가 가출한 이후 26년 동안 제3자와 사실혼관계를 형성하고 임차인과 연락조차 하지 않고 지내는 등 임대차기간을 전후하여 임차인과 동일한 세대를 이룬 바 없고 또 이룰 가능성도 없는 특별한 사정이 있었으므로, 이와 같은 경우에는 배우자를 포함하여 임차인이 임대차기간 중 다른 주택을 소유하게 된 경우에 임대차계약을 해지할 수 있다는 임대차계약의 조항이 적용되지 않는다고 하였다.

나. 협의이혼의 무효와 취소

민법은 협의이혼의 취소에 관하여만 규정하고(838, 839조), 협의이혼의 무효에 관하여는 규정을 두고 있지 않으나, 당사자 사이에 이혼의 합의가 없다는 등의 사유로 이혼이 무효인 때에는 이혼의 무효를 주장할 수 있음은 당연하다. 가사소송법은 이혼무효의 소를 가류 가사소송사건으로 규정하고 있다{家訴 2조 1항 1호 가. 2)}. 이혼무효의 소를 형성의 소라고 보는 견해가 있으나(송덕수, 79; 이경희·윤부찬, 102), 혼인무효의 소와 마찬가지로 확인의 소라고 보아야 한다.

이혼무효 사유로서 가장 문제되는 것은 이른바 가장이혼, 즉 공동생활관계를 해소할 의사가 없음에도 불구하고 이혼신고를 하는 경우이다. 판례는, 부부가 협의이혼계를 제출하였는데도 당사자 간에 혼인생활을 실질상 폐기하려는 의사는 없이 단지 강제집행의 회피 기타 어떤 다른 목적을 위한 방편으로 일시적으로 이혼신고를 하기로 하는 합의가 있었음에 불과하다고 인정하려면 누구나 납득할 만한 충분한 증거가 있어야 하고, 그렇지 않으면 이혼 당사자 간에 일응 일시나마 법률상 적법한 이혼을 할 의사가 있었다고 인정함이 이혼신고의 법률상 및 사실상 중대성에 비추어 상당하다고 하여, 가장이혼의 경우에 원칙적으로 이혼의 무효를 인정하지 아니하고 있다(대법원 1975. 8. 19. 선고 75도1712 판결; 1993. 6. 11. 선고 93므171 판결 등). 판례는 이처럼 협의이혼의 무효를 가장혼인의 무효와 달리 보는 이유를, 협의이혼의 절차가 가정법원에 의한 확인을 거치기 때문이라고 설명한다(대법원 1996. 11. 22. 선고 96

도2049 판결). 그러나 가정법원의 확인절차를 거친다는 이유만으로 가장이혼이 무효가 아니라고 보기에는 충분하지 않다.

이 문제도 혼인의 의사에 혼인신고의사가 포함된다고 보면 쉽게 설명할 수 있다. 즉 이혼신고를 하는 것은 쌍방이 혼인신고의사를 철회하는 것과 마찬가지이고, 따라서 당사자들이 종전과 마찬가지로 공동생활관계를 유지할 의사가 있었다고 하더라도, 종전의 혼인관계는 법적으로 소멸하고, 공동의 생활관계는 사실혼으로 바뀌는 것으로 된다. 따라서 이러한 경우에는 당사자에게는 법률혼을 사실혼으로 바꾸려는 의사가 있는 것이고, 가장이혼이라는 용어 자체도 정확하다고 할 수 없다(주해친족 1/윤진수, 158-159; 주해친족 1/이동진, 309-310).

다른 한편 838조는 사기 또는 강박으로 인하여 이혼의 의사표시를 한 때에는 그 취소를 청구할 수 있다고 규정한다. 제3자가 사기 또는 강박을 하였고, 그러한 사정을 상대방이 알지 못한 때에도 취소는 가능하다(김주수·김상용, 176; 송덕수, 79). 이혼취소의 소는 형성의 소이고, 그 취소청구권은 사기를 안 날 또는 강박을 면한 날로부터 3월을 경과하면 소멸하지만(839조에 의한 823조의 준용), 혼인취소의 효력이 소급하지 않는다는 824조는 준용되지 않으므로, 이혼의 취소에는 소급효가 인정된다.

판례상 이혼의 취소가 인정된 예로는, 남편이 빚에 시달리자 처에게 성화를 면하기 위하여 일시적이나마 가장이혼을 하였다가 사태가 수습된 뒤 다시 혼인신고를 하면 된다고 하여 이혼을 한 경우(대법원 1971. 9. 28. 선고 71므34 판결), 정신분열증 환자인 처를 데리고 협의이혼의사 확인을 받은 다음 협의이혼신고를 한 경우(대법원 1987. 1. 20. 선고 86므86 판결) 등이 있다.

한편 피성년후견인이 부모 등의 동의를 받지 않고 협의이혼한 경우(835조 위반)에도 취소사유가 된다는 주장이 있으나(송덕수, 79-80), 명문규정 없이 해석에 의하여 취소사유를 창설할 수는 없을 것이다(김주수·김상용, 176-177; 박동섭·양경승, 159; 주석친족 1/임종효, 299).

3. 재판상 이혼

▮**참고문헌:** 강영호, "유책배우자로부터의 이혼청구", 사법논집 18집, 1987; 김태환, "유책배우자의 이혼청구에 관한 실무상 검토", 가족법연구 31권 3호, 2017; 방웅환, "유책배우자의 이혼청구", 사법 36호, 2016; 신권철, "이혼사유로서 정신질환의 법적 고찰" 법조

2012. 9; 이희배·김혜숙, "유책배우자 이혼청구의 제한과 파탄주의 지향", 가족법연구 29권 2호, 2015; 임정윤, "유책배우자의 이혼청구의 허부(許否) 및 상대방 배우자의 혼인계속의사의 판단 기준", 대법원판례해설 131호, 2022; 조경애, "재판상 이혼원인에서 파탄주의 도입에 관한 제언", 가족법연구 32권 3호, 2018; 최창렬, "혼인을 계속할 수 없는 중대한 사유", 가족법연구 15권 2호, 2001; 현소혜, "유책배우자의 이혼청구", 민사법학 101호, 2022

이혼에 관하여 당사자 사이에 합의가 이루어지지 않거나 합의할 수 없으면 법원에 이혼을 청구하여 이혼판결을 받아서 이혼하여야 한다.

가. 이혼사유

(1) 이혼사유 개관

민법은 840조 1호에서 6호까지의 이혼사유를 규정하고 있다. 840조 각 호의 규정이 어떠한 관계에 있는가에 대하여는 6호가 가장 기본적인 규정이고 나머지는 예시에 불과하다는 설과, 각각 독립된 별개의 이혼사유라는 설이 대립하는데, 실체법상으로는 각각 독립된 이혼사유라고 보아야 할 것이다. 즉 1호 내지 5호의 사유에 해당하면 따로 6호에 해당하는지 여부는 불문하고 이혼사유가 된다는 것이다. 다만 이 경우에도 1호 내지 5호의 사유가 6호의 사유의 일종인지(이른바 독립예시설), 아니면 6호와는 별개의 사유인지(절대적 독립설)에 관하여 논란이 있으나, 이는 주로 소송법상 각 이혼사유가 별개의 소송물인가 하는 점과 관련이 있을 뿐 그 외에는 큰 실익이 있는 논쟁은 아니다.

기본적으로 현행법은 이혼청구의 상대방에게 혼인 파탄의 책임이 있는 경우에 한하여 이혼청구를 할 수 있다는 유책주의(有責主義)의 입장을 취하고 있고, 다만 840조 5호, 6호는 파탄주의(破綻主義)의 성격도 가지고 있다. 반면 서구에서는 1960년대 후반 이래 혼인생활이 회복할 수 없을 정도로 파탄되었다면 누구의 책임인지를 가리지 않고 이혼을 허용하는 파탄주의로 바뀌었다. 혼인관계가 파탄되었다면 법이 이혼을 허용하지 않는다고 하더라도 혼인관계가 회복되는 것은 아니므로, 입법론적으로는 파탄주의를 신중하게 고려할 필요가 있다. 다만 이 경우에는 상대방 배우자의 보호를 위하여 이혼 후 부양 등의 제도를 도입하는 것도 아울러 검토하여야 한다.

문제는 유책배우자가 840조 6호를 근거로 하여 이혼을 구할 수 있는가 하는 점인데, 판례는 이를 원칙적으로 부인한다. 6호는 유책주의를 보충하는 규정일 뿐 유책주의와 대립되는 규정이라고는 할 수 없다는 것이다. 이는 아래에서 따로 다룬다.

나아가 각 이혼사유가 별개의 소송물을 이루는가, 아니면 하나의 소송물을 이루는가, 즉 당사자가 840조 중 어느 하나의 사유만을 주장하는 경우에 법원이 다른 사유를 들어 이혼을 명할 수 있는가 하는 점에 대하여도 논란이 있으나, 판례(대법원 1963. 1. 31. 선고 62다812 판결; 2000. 9. 5. 선고 99므1886 판결 등)는 이는 각 별개의 소송물이라는 견해를 취한다.

(2) 1호 — 배우자의 부정한 행위

배우자의 부정행위는 연혁적으로도 가장 중요한 이혼사유였다. 부정한 행위라는 개념은 간통보다 다소 넓어서, 배우자로서 정조의무에 충실하지 못한 일체의 행위를 포함한다. 다시 말하여 형법상 간통죄에 해당한다는 증거는 없다 하더라도 그러한 의혹을 불러일으킬 정도의 행위이면 된다(대법원 1963. 3. 14. 선고 62다54 판결 등). 따라서 고령이고 중풍으로 정교능력이 없어 실제로 정교를 갖지는 못하였다 하더라도 배우자 아닌 자와 동거한 행위는 부정한 행위에 해당한다(대법원 1992. 11. 10. 선고 92므68 판결). 부정행위 가운데 간통은 형법상 간통죄로 처벌되었으나(刑 241조), 헌법재판소 2015. 2. 26. 선고 2009헌바17 결정은 위 조문을 위헌이라고 선고하였다.

대법원 1991. 9. 13. 선고 91므85, 92 판결은, 여기에서 말하는 부정한 행위는 혼인 중의 것을 말하고, 혼인 전에 약혼단계에서 다른 남자와 정교하고 임신한 경우에는 이혼사유가 되기 어렵다고 하였다. 그러나 이 사건에서는 약혼기간 중 다른 남자와 정교하여 임신하고 그 혼인 후 남편의 자인 것처럼 속여 출생신고를 하였으므로, 적어도 혼인을 계속하기 어려운 중대한 사유(6호)에는 해당한다고 할 수 있지 않을까? 그렇지만 이 판결은 이 점도 부정하였다.

부정한 행위의 경우에는 다른 일방이 사전에 이에 동의하였거나 사후에 용서를 한 때에는 이혼을 청구하지 못한다(841조). 대법원 2008. 7. 10. 선고 2008도3599 판결은 형사상 간통죄의 유서(宥恕; 刑 241조 2항)에 관하여, "당사자가 더 이상 혼인관계를 지속할 의사가 없고 이혼의사의 명백한 합치가 있는 경우에는 비록 법률적으로는 혼인관계가 존속한다 하더라도 상대방의 간통에 대한 사전 동의라고 할 수 있는 종용에 관한 의사표시가 그 합의 속에 포함되어 있는 것"이라고 하면서, 쌍방이 제기한 이혼소송 계속 중 가사조사관의 면접조사기일에 세 차례에 걸쳐 출석하며 진술할 때 위자료·재산분할 등에 관하여는 의견차이가 있었으나 쌍방이 이혼에 대하여 명백히 뜻을 같이 하였고 조사면접기일의 진행 중 별거에 이른 사안에서, 쌍방 사이에 이혼의사의 명백한 합치가 있어 배우자의 간통행위를 종용한 경우에 해당한다고 하였다. 다른 한편 대법원 1991. 11. 26. 선고 91도2049 판결은 유서의 판단에 있어서는 당사자의 진실한 의사가 절대적으로 존중되어야 하고, 재산법관계에서 적용되는 표시주의의 이론을 적용할 수 없으며, 단순한 외면적인 용서의 표현이나 용서를 하겠다는 약속만으로는 유서를 하였다고 인정하기 어렵다고 하여 간통하였다는 사실을 시인하면 용서해줄 테니 자백하라고 하여 자백한 경우에 이는 유서에 해당하지 않는다고 보았다.

(3) 2호 — 악의의 유기

배우자 일방이 정당한 이유 없이 타방 배우자에 대한 동거·부양·협조의무의 이행을 포기하면 악의의 유기로서 이혼사유가 된다. 예컨대 축첩행위를 하면서 본처와 별거하면 이는 동거의무를 불이행하는 것으로서, 설사 본처를 위하여 집을 마련하여 주었다 하더라도 악의의 유기에 해당한다(대법원 1998. 4. 10. 선고 96므1434 판결). 반면 학업이나 질병의 치료차 부득이한 사유로 별거한 경우에는 악의의 유기가 아니다. 상대방의 학대에 못 이겨 집을 나간 것도, 그 원인을 상대방이 제공한 것이므로 악의의 유기라고 할 수 없다. 나아가 단순히 일시적으로 집을 나온 것만으로 악의의 유기라고는 할 수 없고, 어느 정도의 시간적인 지속을 요한다.

(4) 3호 — 배우자 또는 그 직계존속에 의한 심히 부당한 대우; 4호 — 직계존속에 대한 배우자의 부당한 대우

여기서 말하는 부당한 대우란, 혼인관계의 지속을 강요하는 것이 참으로 가혹하다고 여겨질 정도의 폭행이나 학대 또는 모욕을 받았을 경우를 뜻한다(대법원 1971. 7. 6. 선고 71므17 판결; 1981. 10. 13. 선고 80므9 판결). 그러므로 가정불화의 와중에서 서로 격한 감정에서 오고간 몇 차례의 폭행과 모욕적인 언사는 경미한 것이면 이에 해당하지 않는다(대법원 1986. 6. 24. 선고 85므6 판결).

다만 직계존속에 대한, 또는 직계존속에 의한 부당한 대우를 이혼사유로 인정한 것은 전근대적 가족관계의 유물이라는 비판이 있다. 이는 경우에 따라 6호의 혼인을 계속하기 어려운 중대한 사유가 되는지 여부를 판단하면 될 것이다.

(5) 5호 — 3년 이상의 생사불명

이는 생존도 사망도 알 수 없는 경우로서, 실종선고에 의해 혼인관계가 해소될 수 있는 것과는 별개의 문제이다.

(6) 6호 — 기타 혼인을 계속하기 어려운 중대한 사유

이는 파탄주의 이혼사유로서, 어느 것이 이에 해당하는가 하는 점은 그때그때

법원이 판단하지 않으면 안 된다. 대법원 1987. 7. 21. 선고 87므24 판결은, 혼인을 계속하기 어려운 중대한 사유가 있을 때라 함은 부부공동생활관계가 회복할 수 없을 정도로 파탄되고, 그 혼인생활의 계속을 강제하는 것이 일방 배우자에게 참을 수 없는 고통이 되는 경우를 말하고, 이를 판단함에 있어서는 그 파탄의 정도, 혼인계속의 의사 유무, 파탄의 원인에 관한 당사자의 책임유무, 혼인생활의 기간, 자녀의 유무, 당사자의 연령, 이혼 후의 생활보장 기타 혼인관계의 제반사정을 두루 고려하여야 한다고 하여, 혼인 후 동거기간이 1개월 정도이고 자녀도 없는 경우에, 남편이 근무하지도 아니하는 회사에 출근하는 것처럼 가장하고, 이를 충고하는 아내를 구타하여 상해를 입혀 그로 인하여 별거하게 되었다면 공동생활관계가 회복할 수 없을 정도로 파탄된 것이라고 판시한 바 있다(같은 취지, 대법원 2005. 12. 23. 선고 2005므1689 판결).

이때 반드시 그 사유가 일방의 책임으로 돌릴 수 있는 사유일 필요는 없다. 몇 가지 예를 든다면 배우자의 중대한 범죄(대법원 1974. 10. 22. 선고 74므1 판결), 성교거부나 성적 불능(대법원 2010. 7. 15. 선고 2010므1140 판결), 불치의 질병, 배우자의 결백을 알면서 간통죄로 고소하고 제3자에게 거짓진술을 부탁한 행위(대법원 1990. 2. 13. 선고 88므504, 511 판결), 처의 도박(대법원 1991. 11. 26. 선고 91므559 판결) 등은 이에 해당한다. 반면 임신불능(대법원 1991. 2. 26. 선고 89므365, 367 판결), 일시적인 성기능의 장애(대법원 2009. 12. 24. 선고 2009므2413 판결), 법원에서 협의이혼의사의 확인을 받았다는 것(대법원 1988. 4. 25. 선고 87므28 판결), 남편의 학대로 인한 처의 자살기도(대법원 1970. 1. 13. 선고 69므32, 33 판결) 등은 이에 해당하지 아니한다.

그러나 6호 사유의 판단은 미묘한 점이 많다. 가령 정신병의 경우 판례는 원칙적으로는 6호의 이혼사유가 된다고 보면서도(대법원 1991. 1. 15. 선고 90므446 판결; 1991. 12. 24. 선고 91므627 판결), 현재 부부의 일방이 정신병 증세를 보여 혼인관계를 유지하는데 어려움이 있다고 하더라도, 그 증상이 가벼운 정도에 그치거나 회복이 가능한 경우라면 상대방 배우자는 사랑과 희생으로 그 병의 치료를 위하여 진력을 다하여야 할 의무가 있고, 이러한 노력도 해보지 않고 이혼청구를 할 수는 없으며(대법원 1995. 5. 26. 선고 95므90 판결, [판례 12]; 2004. 9. 13. 선고 2004므740 판결), 부부 일방의 우울증 증세는 이혼사유가 될 수 없다고 하였다(대법원 1995. 12. 22. 선고 95므861 판결). 또한 종교적 차이의 경우에는, 신앙의 자유는 헌법상 보장되는 권리이나 처가 신앙생활에만 전념하면서 가사와 육아를 소홀히 함으로써 혼인생활이 파탄에 이르렀다면 파탄의 주된 책임은 처에게 있지만(대법원 1996. 11. 15. 선고 96므851 판결), 객관적으로 신앙생활과 가정생활이 양립할 수 없는 상황이 아님에도 상대방이 부당하게 양자택일을 강요하여 부득이 신앙생활을 택한 것이라면 파탄의 주된 책임은 양자택일을 강요한 상대방 배우자에게 있으므로 그 배우자의 이혼청구는 허용될 수 없다고 보고 있다(대법원 1981. 7. 14. 선고 81므26 판결).

[판례 12] 대법원 1995. 5. 26. 선고 95므90 판결

1. 원심판결 이유에 의하면, 원심은 거시증거에 의하여, 원고와 피고는 1988. 2. 5. 혼인신고를 마친 법률상의 부부로서 그들 사이에 1남을 낳은 사실, 원고는 결혼 후 ○○고등학교 서무과 직원으로 근무하였고, 피고는 가사에 전념하였는데, 피고는 결혼 직후부터 정상인으로는 표현하기 곤란한 언행을 하고 정신질환자이라고는 할 수 없지만 일상생활에서 가끔 피해망상, 대인공포증, 조울증 등의 정신병적인 발작증세 비슷한 행동, 즉 피고는 수시로 원고의 직장에 전화를 걸어 두서없이 말을 하거나 그릇, 지갑 등이 없어졌다는 식으로 횡설수설하거나, 괴성을 질러서 원고가 근무중 부랴부랴 집으로 달려가면 피고는 이불을 뒤집어쓰고 누워 별일 없다고 하는 등 이상한 행동을 자주하여 부득이 원고가 그 직장을 그만 두었고, 그후 건축회사에 취직하였으나 피고는 그 곳에도 수시로 전화를 하여 원고의 직장 상사에게 폭언을 하거나 원고가 아들을 죽이려 한다는 등 비정상적인 행동을 하여 원고가 그 직장도 그만 둔 사실, 원고는 피고의 위와 같은 이상한 행동을 고치기 위하여 피고를 달래기도 하고 정신과 치료를 받게 하려고 수차 노력하였으나 피고가 이를 완강히 거부하여 치료가 이루어지지 아니한 사실, 피고가 1991. 7.경 서울 은평구 녹번동에서 세를 얻어 살 때 피고의 정신병적인 발작증세가 심해지면서 뚜렷한 이유없이 그릇을 원고의 얼굴을 향하여 던지기도 하고 칼을 찾으며 원고를 칼로 찔러 죽이겠다고 위협하므로, 원고가 위험을 느끼고 이웃에 별도의 방을 얻어 생활하면서 생활비를 피고에게 전달하는 생활을 한 사실, 피고는 1992. 3.경 원고와 의논도 하지 않고 일방적으로 살고 있던 집의 임차보증금 27,000,000원을 집주인으로부터 받아 혼자 인천으로 이사하였다가 다시 강원도 주문진읍에 있는 친정으로 가서 살았고, 그러던 중 같은 읍에 거주하던 원고의 어머니에게 전화하여 "왜 아들을 그 따위로 키웠느냐, 시집식구들을 모두 죽여버리겠다"고 협박한 사실, 원고는 피고의 위와 같은 행위로 말미암아 피고와 더이상 혼인생활을 계속할 수 없다고 생각하고 1992. 11.경 피고를 상대로 이혼소송을 제기하였는데, 위 소송의 계속중 피고가 더 이상 난폭하고 이상한 행동을 하지 않겠다고 약속하여 소를 취하하였고, 그후 피고와 다시 동거하기 시작하였으나, 10일만에 피고가 다시 밤에 잠을 자다가 일어나 괴성을 지르면서 원고에게 "보기 싫

으니 나가라"고 하여 원고가 집을 나왔으며, 그 이후 원고와 피고는 별거하고 있는 사실, 피고는 그후 1993. 1. 6. 오전에 그 동안 피고가 양육하던 아들을 원고가 양육하여야 한다고 하면서 원고의 어머니인 소외인에게 데려다 주었다가 그날 오후에 다시 와서 아들을 데려가겠다고 하여 소외인이 피고에게, "왜 아이에게 혼란을 주느냐"고 나무라자 주먹으로 소외인의 얼굴을 때려 땅바닥에 넘어지게 하고, 소외인이 일어나 도망가자 뒤따라 가면서 멱살을 잡아 흔들며 다시 떠밀어 넘어지게 하고, 이를 말리는 원고를 돌과 각목으로 구타한 사실을 인정한 다음, 위 인정사실에 의하면, 원고와 피고 사이의 혼인관계는 피고가 뚜렷한 이유없이 원고와 원고의 어머니를 폭행하는 등으로 학대하고, 원고가 피고와 혼인생활을 계속할 수 없을 정도로 난폭하고 비정상적인 행동을 하여 온 피고의 귀책사유로 인하여 이미 회복할 수 없을 정도로 파탄에 이르렀다고 할 것이고, 이와 같은 피고의 행위는 민법 제840조 제3호, 제6호의 재판상 이혼사유에 해당한다고 판단하였다.

2. 그러나, 원심이 인정한 바와 같은 피고의 행동은 정상인의 행동으로는 보이지 않고, 피고에게 어떠한 정신병이 있어 이로 인하여 피고가 위와 같은 비정상적인 행동을 한 것이 아닌가 하는 강한 의심이 간다.

가정은 단순히 부부만의 공동체에 지나지 않는 것이 아니고 그 자녀 등 이에 관계된 모든 구성원의 공동생활을 보호하는 기능을 가진 것으로서 부부 중 일방이 불치의 정신병에 이환되었고, 그 질환이 단순히 애정과 정성으로 간호되거나 예후가 예측될 수 있는 것이 아니고 그 가정의 구성원 전체에게 끊임없는 정신적, 육체적 희생을 요구하는 것이며 경제적 형편에 비추어 많은 재정적 지출을 요하고 그로 인한 다른 가족들의 고통이 언제 끝날지 모르는 상태에 이르렀다면, 온 가족이 헤어날 수 없는 고통을 받더라도 상대방 배우자는 배우자 간의 애정에 터잡은 의무에 따라 한정없이 이를 참고 살아 가라고 강요할 수는 없는 것이므로, 이러한 경우는 민법 제840조 제6호 소정의 재판상 이혼사유에 해당한다고 할 것이지만(당원 1991. 1. 15. 선고 90므446 판결; 1991. 12. 24. 선고 91므627 판결 참조), 현재 부부의 일방이 정신병적인 증세를 보여 혼인관계를 유지하는데 어려움이 있다고 하더라도 그 증상이 가벼운 정도에 그치는 경우라던가, 회복이 가능한 경우인 때에는 그 상대방 배우자는 사랑과 희생으로 그 병의 치료를 위하여 진력을 다하여야 할 의무가 있는 것이고, 이러한 노력도 하여 보지 않고 정신병증세로 인하여 혼인관계를 계속하기 어렵다고 주장하여 곧 이혼청구를 할 수는 없다고 할 것이다.

따라서 원심으로서는 피고의 위와 같은 행위가 정신병으로부터 온 증상인지, 정신병으로부터 온 것이라면 그 치료가 가능한지 불가능한지 여부에 대하여 심리하여 본 후 정당한 이혼사유에 해당하는지 여부를 판단하였어야 할 것임에도 불구하고, 이에 이르지 않고, 피고의 위와 같은 비정상적 행위만을 탓하여 민법 제840조 제3호 및 제6호의 재판상 이혼사유가 있다고 판단하였으므로, 원심판결에는 필경 심리미진 및 재판상 이혼사유에 관한 법리를 오해한 위법이 있다고 할 것이다.

[판례 13] 대법원 2000. 9. 5. 선고 99므1886 판결

1. 상고이유 제1점 및 제5점에 대하여

원심판결 이유에 의하면, 원심은 원고와 피고가 1957년경부터 동거를 시작하여 그 사이에 아들 소외 1(1959년생)를 두고, 1969. 2. 12. 혼인신고를 마친 사실, 피고는 독선적이고 봉건적인 권위의식을 가지고 있어서 혼인 초부터 원고를 천대하면서 복종을 강요하였고, 원고의 행동이 조금만 마음에 들지 않아도 심하게 잔소리를 하면서 일일이 간섭하였으며, 원고가 피고의 말에 이유라도 달거나 변명을 하면 불호령을 내리는 등 원고를 억압해 왔고, 원고가 전부(前夫) 소생의 소외 2를 위하여 돈을 빼돌릴지 모른다고 의심하여 경제권도 자신이 쥐고 원고에게는 생활에 필요한 만큼의 돈만 지급한 사실, 피고는 약간의 의처증 증세가 있어서 원고의 바깥출입은 물론 친정 식구들과의 만남조차 엄격히 통제하였으며, 1992년 3월경 원고가 천주교 성당에 다니자 성당의 신부와 불륜관계에 있는 것이 아닌가 의심하여 성당에 다니는 것조차 하지 못하게 한 사실, 원고가 통신교리를 이용하여 1993년 3월경 영세를 받자 뒤늦게 이 사실을 알게 된 피고는 분노하여 같은 해 8월경부터 서로 다른 방을 사용하다가 1994년 8월경 원고에게 대전에 있는 소외 1의 집에 가서 살라고 강요하며 원고를 내쫓은 후 지금까지 일체 생활비를 주지 않고 있는 사실, 원고는 1995년경 피고의 위와 같은 가부장적인 사고방식과 의처증 증세로 말미암아 혼인이 파탄에 이르게 되었다고 주장하면서 피고를 상대로 서울가정법원에 이혼 및 위자료, 재산분할 청구소송을 제기하였으나 1심(서울가정법원 1996. 2. 29. 선고 95드7455호 판결)은 원·피고 사이에 형성된 갈등은 피고의 권위적인 태도와 구속에 시달린 원고가 이를 벗어나 자유롭게 지내고 싶어하는 반면, 피고는 종전과 다름없는 태도로 이를 제압하려고 하는 과정에서 야기된 일시적인 것일 뿐, 원·피고 사이의 혼인관계는 원·피고의 나이, 혼인기간, 생활양식 등을 고려할 때 파탄상태에까지 이르렀다고 보기는 어렵다는 이유로 원고의 청구를 기각한 사실, 항소심 계류 중인 1996. 11. 4. 원·피고는 다시 재결합하기로 하되, 피고는 원고가 별거하면서 생활비 등으로 빌려 쓴 금 2,000만 원을 대신 갚아 주는 것으로 재판상 화해가 성립되었고, 피고는 위 화해조항에 따라 1996. 12. 22. 원고에게 금 2,000만 원을 지급한 사실, 그런데 원고가 같은 달 29일경 피고와 동거하기 위하여 집으로 들어가자 피고는 반성문을 써 오라며 원고를 집 밖으로 다시 내쫓았고, 그 후 원·피고 사이에 감정대립이 해소되지 아니한 채 계속되어 지금까지 별거해 오고 있는 사실, 한편 피고는, 원고가 재차 이 사건 이혼 소송을 준비하고 있다는 소식을 듣고 자신이 사망하면 결국 전 재산이 원고와 소외 1에게 상속되고 더구나 원고에게 분배되는 것이 3/5 정도 되는 것을 알고는 그럴 바에는 자신이 번 돈을 사회에 환원시키는 것이 낫다는 생각에서 그 동안 모은 재산 중 피고가 여생을 보내기에 충분한 현금 10억 원 정도를 남겨둔 채 나머지 부동산 등 모든 재산을 원고 및 소외 1와 상의 없이 고려대학교에 장학기금으로 기부한 사실을 각 인정한 다음, 위 인정사실에 의하면 원·피고의 혼인관계는 이를 계속할 수 없을 정도로 파탄되었다 할 것인바, 위 혼인관계가 파탄된 것은 40여 년간 부부로서 생활해 오다가 인생의 황혼기에 접어들어 더 이상 참지 못하고 이 사건 이혼 소송을 제기한 원고 측에도 약간의 책임이 없다고는 보기 어렵지만, 보다 더 큰 책임은 평생을 봉건적이고 권위적인 방식으로 가정을 이끌어 오다가 1996년경 이미 한 차례의 이혼소동이 있었음에도 부부 사이의 문제를 대화와 설득으로 슬기롭게 해결하지 아니한 채 계속하여 억압적으로 원고에게 자신의 생활방식을 강요하고, 원고를 집 밖으로 내몬 이후 생활비도 지급하지 아니한 채 그 갈등을 확대·증폭시키며, 더구나 처인 원고나 자식과의 의논 절차도 없이 일방적으로 상당한 재산을 장학기금으로 기부한 피고에게 있다고 판단하여 이 사건 원고의 이혼청구를 인용하였다.

민법 제840조 제6호 소정의 이혼사유인 '혼인을 계속하기 어려운 중대한 사유가 있을 때'라 함은 부부간의 애정과 신뢰가 바탕이 되어야 할 혼인의 본질에 상응하는 부부공동생활관계가 회복할 수 없을 정도로 파탄되고 그 혼인생활의 계속을 강제하는 것이 일방 배우자에게 참을 수 없는 고통이 되는 경우를 말한다 할 것이다(대법원 1999. 2. 12. 선고 97므612 판결 참조).

기록에 의하여 살펴보면 피고의 평소 생활방식과 결혼생활에서의 불화원인 및 이에 대한 대처방식, 전번 이혼소송에서의 재판상 화해 후 피고의 반성문 작성강요와 별거중의 생활비 미지급 등 원·피고 사이의 불화를 증폭, 확대시킨 경위 및 피고의 재산기부경위 등에 관한 원심의 사실 인정은 정당한 것으로 수긍이 가고, 그와 같은 사실관계 아래서 원·피고 사이의 부부공동생활관계가 회복할 수 없을 정도로 파탄되었다고 보아 원고의 이 사건 이혼청구를 인용한 원심의 판단은 정당하며, 거기에 채증법칙 위배로 인한 사실오인 및 민법 제840조 제6호 소정의 '기타 혼인을 계속하기 어려운 중대한 사유'와 유책배우자의 이혼청구 내지 기판력에 관한 법리 등을 오해한 위법이 없다.

참고문헌

최창렬, 가족법연구 15권 2호

생각할 점

대법원 1999. 11. 26. 선고 99므180 판결을 읽어보고 위 판결과의 사이에 모순은 없는지 생각하여 보라.

(7) 유책배우자(有責配偶者)의 이혼청구

혼인의 파탄에 주된 책임이 있는, 이른바 유책배우자가 적극적으로 이혼을 구할 수 있는가? 이 문제는 유책주의와 파탄주의의 대립과 관련하여 논란이 많은 문제이다.

판례는 기본적으로 유책배우자의 이혼청구는 허용되지 않는다고 보고 있다(대법원 1965. 9. 21. 선고 65므37 판결 등 다수). 혼인의 파탄을 자초한 자에게 이혼청구권을 인정하는 것은 혼인제도가 요구하고 있는 도덕성에 근본적으로 배치되고, 배우자 일방의 의사에 의한 이혼 내지는 축출이혼을 시인하는 부당한 결과가 되기 때문이라는 것이다(대법원 1987. 4. 14. 선고 86므28 판결). 그리하여 가령 남편이 처를 유기하자 처가 식모살이를 하여 생계를 유지하다가 다른 남자와 동거하자 남편도 다른 여자와 동거한 사안에서, 위 혼인관계의 파탄의 책임은 오로지 남편에게 있다는 이유로 이혼심판청구를 기각하기도 하였다(대법원 1974. 6. 11. 선고 73므29 판결).

학설상으로도 기본적으로는 이에 동조하는 견해가 많다. 파탄을 자초한 자가 혼인의 해소를 요구하는 것은 혼인의 도의성이 허용하지 아니하고, 스스로의 비행을 주장하는 자에게 원조의 손을 건네주어서는 안 되며, 축출이혼을 시인하는 것이 되고, 신의성실·권리남용의 원칙에 어긋난다는 것이다.

그렇지만 유책배우자로부터의 이혼청구를 부정하는 학설도, 예외적으로는 그 청구가 인정될 수 있는 경우가 있다고 보고 있고, 판례도 다음과 같은 경우에는 유책배우자의 이혼청구를 허용한다.

판례는 우선 혼인파탄과 유책과의 인과관계가 없는 경우에는 유책배우자의 이혼청구도 허용된다고 본다. 즉 유책배우자라고 하는 경우 이 유책성은 혼인파탄의 원인이 된 사실에 기초하여 평가할 일이며, 혼인관계가 완전히 파탄된 뒤에 있은 일을 가지고 따질 것은 아니라고 하였고(대법원 1988. 4. 25. 선고 87므9 판결; 2004. 2. 27. 선고 2003므1890 판결 등), 혼인파탄의 원인이 직접적으로는 청구인 측의 다른 여자와의 동거에 있다 하여도 다른 여자와의 동거가 피청구인과 사이에 이혼합의가 있은 후의 일이라면 이를 가리켜 혼인파탄의 주된 책임이 청구인에게 있다고 할 수는 없다고 하여 청구를 인용하였다(대법원 1987. 12. 22. 선고 86므90 판결).

그리고 청구인에게 전적으로 또는 주된 책임을 물어야 할 사유로 그 파탄의 원인이 조성된 경우가 아닌 이상 이혼청구는 허용되어야 할 것이라고 하여, 혼인생활의 파탄을 초래한 책임이 그 당사자 어느 한 쪽에만 있다고 확정할 수 없는 경우에는 이혼청구가 허용되어야 한다고 하였고(대법원 1988. 4. 25. 선고 87므9 판결), 부부관계가 파탄에 이른 데 대해 청구인에게 뿐만 아니라 피청구인에게도 책임이 있는 경우에는 비록 피청구인에게 이혼의사가 없더라도 이혼청구를 인정하여야 한다고 판시하였다(대법원 1986. 3. 25. 선고 85므85 판결).

근래의 판례는 유책배우자의 이혼청구를 인정하는 범위를 좀더 넓게 보고 있다. 대법원 1987. 4. 14. 선고 86므28 판결([판례 14])은, 군의관인 청구인이 간통하자 피청구인이 청구인을 간통죄로 고소하여 징역형을 살게 되어 의사면허까지 취소되었으나 피청구인이 청구인을 상대로 청구한 이혼심판청구는 주소 미보정으로 각하된 사건에서, 유책배우자의 이혼청구를 기각하는 것이 상대방 배우자에게도 혼인을 계속할 의사가 없음이 객관적으로 명백한 경우에까지 파탄된 혼인의 계속을 강제하려는 취지는 아니므로, 상대방 배우자도 이혼의 반소를 제기하고 있는 경우 혹은 오로지 오기나 보복적 감정에서 표면적으로는 이혼에 불응하고 있기는 하나 실제에 있어서 혼인의 계속과는 도저히 양립할 수 없는 행위를 하는 등 그 이혼의 의사가 객관적으로 명백한 경우에는 유책배우자의 이혼청구라 할지라도 이를 인용하여야 하고, 그러한 경우에까지 이혼을 거부하여 혼인의 계속을 강제하는 것은 유책배우자를 사적으로 보복하는 것을 도와주는 것에 지나지 아니한다고 하였다. 이후 같은 취지의 판결이 계속하여 선고되어, 이는 확립된 판례가 되었다(대법원 1987. 9. 22. 선고 86므87 판결; 1987. 12. 8. 선고 87므44, 45 판결; 1988. 2. 9. 선고 87므60 판결 등).

그리하여 현재는 주로 문제가 되는 것이, 어떠한 경우가 상대방이 오로지 오기나 보복적 감정에서 표면적으로만 이혼에 불응하는 것인가 하는 점인데, 판례는 오기나 보복적 감정으로 이혼을 거부하는 경우를 비교적 좁게 풀이하고 있다. 대법원 1993. 11. 26. 선고 91므177, 184 판결은, 유책배우자를 간통으로 고소하여 유죄판결을 받게 한 경우에도 고소인이 이혼심판청구를 취하한 경우에는 그것만으로 바로 유책배우자의 이혼심판청구가 허용된다고는 할 수 없다고 하였다. 또 대법원 1996. 11. 8. 선고 96므998 판결은, 남편이 처에게 매달 생활비를 지급하되 처가 남편이 다른 여자와 살더라도 이의를 제기하지 않기로 하는 합의서를 작성하였다고 하더라도, 위 합의서는 같이 살 수는 없더라도 이혼은 할 수 없다는 처의 의사를 강력히 나타낸 것에 불과하고 오로지 오기나 보복적 감정에서 표면적으로만 이혼에 불응하는 것으로 보기는 어렵다고 하였다. 반면 대법원 1996. 6. 25. 선고 94므741 판결은, 가출한 처가 남편을 상대로 이혼을 청구한 사건에서, 남편이 처를 무고죄 및 절도죄로 고소하여 처가 유죄판결을 받았고, 또 재판과정에서도 처를 엄벌해 달라고 하였을 뿐만 아니라, 남편의 소송대리인이 처와의 부부관계를 유지할 생각은 없으나 처가 다른 사람과 결혼하지 못하게 하기 위하여 이혼할 수 없다고 하였다면, 남편이 오기나 보복적 감정에서 표면상으로만 그 이혼을 거부하고 있는 것이라고 하였다.

그런데 근래의 판례는 별거기간이 장기간에 이른 경우에 관하여 다소 일관된 태도를 보이지 않고 있었다. 한편으로는 별거기간이 장기에 이르고 부부 사이에 어린 자녀가 없더라도 유책배우자의 이혼청구는 허용되지 않는다고 한 예가 있는 반면(대법원 2004. 9. 24. 선고 2004므1033 판결), 다른 판례는 별거기간이 장기에 이른 경우에는, 현 상황에 이르러 파탄에 이르게 된 데 대한 책임의 경중을 엄밀히 따지는 것의 법적·사회적 의의(意義)는 현저히 감쇄(減殺)되었고, 피고의 혼인계속의사에 따라 현재와 같은 파탄 상황을 유지하게 되면, 특히 원고에게 참을 수 없는 고통을 계속 주는 결과를 가져올 것으로 보인다는 이유로 이혼청구를 인용하였다(대법원 2009. 12. 24. 선고 2009므2130 판결; 2010. 6. 24. 선고 2010므1256 판결).

최근의 대법원 2015. 9. 15. 선고 2013므568 전원합의체 판결([판례 15])은 유책배우자의 이혼청구는 원칙적으로 허용되지 않는다고 하여 종래의 태도를 유지하였지만, 유책배우자의 이혼청구가 허용될 수 있는 예외를 다음과 같이 밝혔다. 즉 상대방 배우자도 혼인을 계속할 의사가 없어 일방의 의사에 의한 이혼 내지 축출이혼의 염려가 없는 경우는 물론, 나아가 이혼을 청구하는 배우자의 유책성을 상쇄할 정도로 상대방 배우자 및 자녀에 대한 보호와 배려가 이루어진 경우, 세월의 경과에 따라 혼인파탄 당시 현저하였던 유책배우자의 유책성과 상대방 배우자가 받은 정신적 고통이 점차 약화되어 쌍방의 책임의 경중을 엄밀히 따지는 것이 더 이상 무의미할 정도가 된 경우 등과 같이 혼인생활의 파탄에 대한 유책성이 그 이혼청구를 배척해야 할 정도로 남아 있지 아니한 특별한 사정이 있는 경우에는 예외적으로 유책배우자의 이혼청구를 허용할 수 있다는 것이다. 이 판결이 이혼을 청구하는 배우자의 유책성을 상쇄할 정도로 상대방 배우자 및 자녀에 대한 보호와 배려가 이루어진 경우에도 이혼청구가 허용된다고 한 것은, 종래의 판례에 비하여 이혼청구가 허용되는 예외를 넓힌 것이다.

이 판결은 종래의 판례를 유지하여야 하는 이유로서 다음과 같은 점을 들고 있다. 첫째, 우리나라에서는 유책배우자라 하더라도 상대방 배우자와 협의를 통하여 이혼을 할 수 있는 길이 열려 있다. 둘째, 우리나라에는 미성년 자녀의 이익을 위하여 부부관계를 유지하는 것이 꼭 필요한 특별한 사정이 있거나 이혼에 동의하지 아니하는 일방에게 심히 가혹한 결과를 초래하는 경우 등에는 이혼을 허용하지 아니하는 이른바 '가혹조항'을 두지 않고 있고, 이혼 후 부양제도라든지 보상급부제도 등 유책배우자에게 이혼 후 상대방에 대한 부양적 책임을 지우는 제도를 마련하고 있지 않다. 셋째, 우리나라에는 중혼에 대한 형사제재가 없는데, 이에 대한 아무런 대책 없이 파탄주의를 도입한다면 법률이 금지하는 중혼을 결과적으로 인정하게 될 위험이 있다. 넷째, 우리 사회가 취업, 임금, 자녀양육 등 사회경제의 모든 영역에서 양성평등이 실현되었다고 보기에는 아직 미흡하고, 유책배우자의 이혼청구로 인하여 극심한 정신적 고통을 받거나 생계유지가 곤란한 경우가 엄연히 존재하는 현실을 외면해서도 안 된다.

위와 같은 판례의 태도는 현행법의 해석상으로는 타당한 것으로 보인다. 840조 6호만을 본다면 혼인을 계속하기 어려운 중대한 사유가 있기만 하면 그것이 누구에게 책임있는 사유인지를 묻지 않고 이혼이 허용될 것처럼 보이지만, 그렇게 되면 1호에서 4호까지의 규정이 상대방이나 그 직계존속에게 책임 있는 사유가 있는 때에만 이혼을 허용하도록 규정하고 있는 것이 무의미하게 되어버린다. 다만 판례가 인정하고 있는 예외의 경우에는 유책배우자의 이혼청구라고 하여도 이를 인정하는 것이 유책배우자의 이익과 그 상대방의 이익을 균형있게 고려하는 것이라고 할 수 있다. 그러나 입법론으로는 이혼 후 부양과 같은 제도의 도입과 함께 전면적인 파탄주의 이혼으로의 전환을 고려할 필요가 있다.

한편 대법원 2021. 8. 19. 선고 2021므12108 판결은, 원고가 과거 소외인과 성관계를 맺었고 당시 원·피고의 혼인관계는 파탄상황에 있었더라도, 피고가 이를 알게 된 다음에도 원고를 다시 받아들여 가정을 유지하겠다는 선택을 하였고 오랜 기간 부부관계를 유지해 왔다면, 원고가 그 이후에 다른 부정행위를 하였다고 볼 증거가 없는 이상, 과거에 있었던 원고와 소외인의 관계가 현재 혼인관계 파탄의 직접적인 원인이라고 볼 수 없다고 하였다.

또한 대법원 2022. 6. 16. 선고 2022므10109 판결은, 배우자 일방의 성격적 결함이나 비판받을 행동으로 말미암아 혼인의 안녕을 해하는 갈등이나 불화가 일어났다고 하여도, 그로써 당장 혼인관계가 회복되지 못할 파탄상태에 빠진 것이 아닌 이상, 그와 같은 갈등과 불화를 치유하여 원만한 혼인관계 유지를 위하여 노력할 의무는 배우자 쌍방 모두에게 있고, 그럼에도 한쪽 배우자의 성격이나 행동에 결함이 있다는 이유로 그 상대방이 원만한 혼인관계를 유지하기 위한 노력을 도외시한 채 대화를 거부하고 적대시하는 등 부부 공동체로서의 혼인생활을 사실상 포기 또는 방기하는 태도로 일관한다면 그 상대방 역시 혼인관계에서 지켜야 할 의무를 다하지 못한 것으로 볼 수 있고, 상황이 개선되지 아니하고 배우자 쌍방이 모두 혼인관계를 유지하기 위한 의욕을 상실한 채 상호 방관 또는 적대하는 상태로 상당한 시간이 경과한 끝에 결국 혼인관계가 돌이킬 수 없을 정도의 파탄에 이르게 되었다면 배우자 쌍방이 혼인관계 파탄에 대한 책임을 나누어 가져야 할 것이고, 당초 어느 일방의 인격적 결함이 그러한 갈등 또는 불화의 단초가 되었다는 사정만으로 그에게 이혼청구를 할 수 없을 정도의 주된 책임이 있다고 단정할 수 없다고 하였다.

그리고 대법원 2022. 6. 16. 선고 2021므14258 판결([판례 16])은, 과거에 일방 배우자가 이혼소송을 제기하였다가 유책배우자라는 이유에서 기각판결이 확정되었더라도 그 후로 상대방 배우자 또한 종전 소송에서 문제되었던 일방 배우자의 유책성에 대한 비난을 계속하고 일방 배우자의 전면적인 양보만을 요구하거나 민·형사소송 등 혼인관계의 회복과 양립하기 어려운 사정이 남아 있음에도 이를 정리하지 않은 채 장기간의 별거가 고착화된 경우, 이미 혼인관계가 와해되었고 회복될 가능성이 없으며 상대방 배우자에 대한 보상과 설득으로 협의에 의하여 이혼을 하는 방법도 불가능해진 상태까지 이르렀다면, 종전 이혼소송의 변론종결 당시 현저하였던 일방배우자의 유책성이 상당히 희석되었다고 볼 수 있고, 이는 현재 이혼소송의 사실심 변론종결시를 기준으로 판단하여야 한다고 하였다. 이 판결은, 상대방 배우자의 혼인계속의사를 인정하려면 소송 과정에서 그 배우자가 표명하는 주관적 의사만을 가지고 판단할 것이 아니라, 혼인생활의 전 과정 및 이혼소송이 진행되는 중 드러난 상대방 배우자의 언행 및 태도를 종합하여 그 배우자가 악화된 혼인관계를 회복하여 원만한 공동생활을 영위하려는 노력을 기울임으로써 혼인유지에 협조할 의무를 이행할 의사가 있는지 객관적으로 판단하여야 한다고 판시하였다. 특히 이 판결은 유책배우자의 상대방의 혼인관계 회복의무를 강조하고 있다.

결국 최근의 판례는 유책배우자의 이혼청구를 받아들이는 범위를 넓히고 있는 것으로 보인다.

[판례 14] 대법원 1987. 4. 14. 선고 86므28 판결

1. 원심판결 이유에 의하면, 원심은 청구인과 피청구인은 1975.경부터 사귀기 시작하여 1979. 11.경 결혼식을 올리고 1980. 3. 7 혼인신고를 마친 법률상 부부로서 1980. 10. 29 둘 사이에서 딸이 태어났는데, 청구인은 그 무렵부터 피청구인에 대하여 싫증을 느끼고 청구외인과 깊은 관계를 맺으면서 가정생활에 소홀해지기 시작하였으며, 이를 나무라는 피청구인에 대하여 폭언 폭행하여 불화가 깊어지던 중, 청구인이 1982. 2.중순경 군의관으로 입대한 후에는 피청구인이 청구인을 찾아올 때마다 여러 사람들 앞에서 폭언으로 모욕하면서 공공연히 이혼을 요구하고 생활비도 거의 대주지 않으면서 부대에서 외출시에는 피청구인 대신 청구외인을 만나다가, 같은해 5.경에는 청구인의 근무지인 논산 연무대 근처에 방을 얻어 청구외인과 동거하다시피 하면서 그곳을 찾아간 피청구인을 심하게 구타하고, 1983. 4.경에 이르러서는 피청구인과 같이 돈을 모아 매입한 아파트를 처분하여 그 대금중 금 5,000,000원을 피청구인에게 주면서 협의이혼할 것을 요구하였던 사실, 이에 피청구인은 협의이혼을 거절하고 청구인을 상대로 이혼심판청구를 하는 한편 청구인과 청구외인을 간통죄로 고소한 후 그제서야 그 잘못을 뉘우치고 피청구인과 혼인생활을 계속하겠다고 하면서 위 고소를 취소해 줄 것을 요구하는 청구인을 용서함이 없이 끝내 위 고소를 취소해 주지 아니함으로써 청구인으로 하여금 간통죄로 징역 1년 6월의 형을 선고받아 1984. 6. 1.경 가석방으로 출소할 때까지 복역케 하는 한편 그로 인하여 청구인의 의사자격까지 박탈되게 하였고 위 이혼심판청구는 청구인과 피청구인에 대한 송달이 되지 아니하여 재판부에서 피청구인에 대하여 공시송달로 청구인의 주소를 보정할 것을 명하였으나 그 주소가 보정되지 아니함으로써 각하되었던 사실 및 청구인은 위 가석방 이후 피청구인을 찾아갔으나 피청구인과 그 가족들로부터 냉대를 받게 되어 지금까지 서로 별거하여 오고 있는 한편 청구외인은 청구인에게 피청구인과 이혼하고 자기와 혼인하거나 그렇지 않으면 금 20,000,000원의 위자료를 지급할 것을 요구하게 됨으로써 청구인이 이 사건 이혼심판청구를 하기에 이른 사실을 각 인정한 다음, 위 인정사실에 의하면 청구인과 피청구인의 혼인생활은 더 이상 계속할 수 없을 정도로 파탄되었다고 봄이 상당하나 그 파탄에 대한 책임은 간통고소를 하고 끝내 이를 취소하지 아니하여 청구인으로 하여금 실형을 복역하게 하는 등의 행위를 한 피청구인에게도 있지만 보다 근원적으로는 불륜관계를 몇년씩이나 계속하면서 가정을 방치한 청구인에게 있다고 할 것이어서 청구인은 위 혼인의 파탄을 원인으로 하여 이혼을 구할 수 없다고 판단하고 있다.

2. 기록에 비추어 검토하여 보면 원심의 위 사실인정은 정당한 것으로 수긍되는바, 원심이 인정한 사실을 두고 판단컨대 청구인과 피청구인 사이의 혼인은 더 이상 계속할 수 없을 정도로 파탄되었고 위 혼인이 파탄된 데에는 청구인 측의 계속된 부정행위 및 가정을 방치

한 행위와 함께 청구인을 간통죄로 고소한 후 그 잘못을 끝까지 용서하지 아니하여 형을 선고받고 의사의 자격까지 박탈되도록 한 피청구인 측의 행위에도 사실상 기인하는 것이라 하겠으나 부정행위를 저지른 배우자를 간통죄로 고소할 수 있음은 혼인의 순결을 보장하기 위하여 법률이 인정한 권리이고 부정행위를 저지른 배우자가 그 잘못을 뉘우친다 하여 반드시 고소를 취소하여 용서하여 주고 혼인을 계속하여야 할 의무가 발생하는 것도 아니므로 피청구인이 위와 같이 청구인을 끝내 용서하지 아니하였다 하더라도 이를 두고 위 혼인의 파탄에 관하여 피청구인에게도 그 책임이 있었다고 까지는 볼 수 없다 할 것이니 위 혼인의 파탄은 오로지 청구인 측의 책임있는 사유로 말미암은 것이라 할 것이므로 원심이 위 혼인의 파탄에 관하여 피청구인에게도 그 책임의 일단이 있다고 판단한 것은 잘못이나 그 근원적 책임이 청구인 측에게 있다고 본 것은 정당하고, 위 혼인의 파탄에 관하여 오로지 피청구인에게만 책임이 있다거나 청구인과 피청구인에게 같은 정도로 책임이 있다는 논지부분은 이유없다.

3. 그러나 한 걸음 더 나아가 생각컨대, 혼인의 파탄에 관하여 책임이 있는 배우자가 그 파탄을 원인으로 이혼을 청구할 수 없음은 당원이 누차에 걸쳐 판시한 바이기는 하나 이는 혼인의 파탄을 자초한 자에게 재판상 이혼청구권을 인정하는 것은 혼인제도가 요구하고 있는 도덕성에 근본적으로 배치되고 배우자 일방의 의사에 의한 이혼 내지는 축출이혼을 시인하는 부당한 결과가 되므로 혼인의 파탄에도 불구하고 이혼을 희망하지 않고 있는 상대배우자의 의사에 반하여서는 이혼을 할 수 없도록 하려는 것일 뿐, 상대배우자에게도 그 혼인을 계속할 의사가 없음이 객관적으로 명백한 경우에까지 파탄된 혼인의 계속을 강제하려는 취지는 아니라 할 것이므로, 상대배우자도 이혼의 반소를 제기하고 있는 경우 혹은 오로지 오기나 보복적 감정에서 표면적으로는 이혼에 불응하고 있기는 하나 실제에 있어서는 혼인의 계속과는 도저히 양립할 수 없는 행위를 하는 등 그 이혼의 의사가 객관적으로 명백한 경우에는 비록 혼인의 파탄에 관하여 전적인 책임이 있는 배우자의 이혼청구라 할지라도 이를 인용함이 상당하다 할 것이고, 그러한 경우에까지 이혼을 거부하여 혼인의 계속을 강제하는 것은 쌍방이 더이상 계속할 의사가 없는 혼인관계가 형식상 지속되고 있음을 빌미로 하여 유책배우자를 사적으로 보복하는 것을 도와 주는 것에 지나지 아니하여 이를 시인할 수 없다고 할 것이다.

이 사건에 있어서 청구인과 피청구인 사이의 혼인이 오로지 청구인에게 책임있는 사유로 말미암아 파탄된 것으로 보아야 함은 위에서 본 바와 같으나, 다른 한편 피청구인이 원심인정과 같이 그 잘못을 뉘우치는 청구인을 끝내 용서하지 아니하고 간통죄로 실형을 선고받아 복역하게 하였을 뿐만 아니라 청구인과 피청구인 사이의 혼인생활에 있어서 그 경제적, 사회적 기초가 되는 청구인의 의사자격마저 취소되는 결과를 초래하였고 복역을 마치고 찾아온 청구인을 받아들이지 아니하고 냉대하여 서로 별거중이며 위 간통죄 고소와 함께 피청구인이 청구인을 상대로 하여 제기한 이혼심판청구가 피청구인의 의사에 의하여 취하된 것이 아니라 주소보정이 되지 않았음을 이유로 각하되었던 것에 불과하다면 피청구인은 실제로는 청구인과 사이의 혼인을 계속할 의사가 전혀 없으면서도 피청구인에 의하여 제기된 바 있는 이혼심판청구가 위와 같이 각하되어 혼인이 형식상 지속되고 있음을 기화로 오로지 보복적인 감정에서 표면상으로만 그 이혼을 거부하고 있는 것으로 볼 여지가 충분히 있다고 하겠다.

그러므로 원심으로서는 이 점에 관한 청구인의 주장에 대하여도 좀 더 심리한 후 이 사건 이혼청구의 당부를 가려 보았어야 할 것임에도 불구하고 청구인과 피청구인 사이의 혼인이 파탄된 근원적인 책임이 청구인에게 있다는 한 가지 점만으로 위 혼인의 파탄을 원인으로 한 청구인의 이혼청구를 배척하고만 것은 유책배우자의 이혼심판청구권에 관한 법리를 오해한 나머지 그 심리를 다하지 아니하여 판결결과에 영향을 미친 위법이 있다고 할 것이므로 이 점을 지적하는 취지의 논지부분은 이유있다.

[판례 15] 대법원 2015. 9. 15. 선고 2013므568 전원합의체 판결

1. 가. 혼인은 일생의 공동생활을 목적으로 하여 부부의 실체를 이루는 신분상 계약으로서, 그 본질은 애정과 신뢰에 바탕을 둔 인격적 결합에 있다. 부부는 동거하며 서로 부양하고 협조하여야 할 의무가 있는데(민법 제826조 제1항), 이는 혼인의 본질이 요청하는 바로서, 혼인생활을 함에 있어서 부부는 애정과 신의 및 인내로써 상대방을 이해하고 보호하여 혼인생활의 유지를 위한 최선의 노력을 기울여야 하고, 혼인생활 중에 장애가 되는 여러 사태에 직면하는 경우가 있더라도 그러한 장애를 극복하기 위한 노력을 다하여야 하며, 일시 부부간의 화합을 저해하는 사정이 있다는 이유로 혼인생활의 파탄을 초래하는 행위를 하여서는 아니 된다(대법원 1999. 2. 12. 선고 97므612 판결 등 참조).

나. 혼인은 이혼에 의하여 해소된다. 부부는 협의에 의하여 이혼할 수 있고(민법 제834조), 부부의 일방은 법률에 정한 사유가 있는 경우에는 가정법원에 이혼을 청구할 수 있다(민법 제840조). 민법 제840조는 제1호 내지 제5호에서 재판상 이혼원인이 되는 이혼사유를 '배우자에 부정한 행위가 있었을 때'와 같이 구체적·개별적으로 열거하고 있는 외에, 제6호에서 '기타 혼인을 계속하기 어려운 중대한 사유가 있을 때'(이하 '제6호 이혼사유'라고 한다)를 이혼사유로 규정하고 있다. 그리고 제6호 이혼사유의 의미에 관하여 대법원판례는 혼인의 본질에 상응하는 부부공동생활관계가 회복할 수 없을 정도로 파탄되고, 혼인생활의 계속을 강제하는 것이 일방 배우자에게 참을 수 없는 고통이 되는 경우를 말한다고 해석하여 왔다(대법원 1991. 7. 9. 선고 90므1067 판결, 대법원 2007. 12. 14. 선고 2007므1690 판결,

대법원 2009. 12. 24. 선고 2009므2130 판결 등 참조).

다. 이혼제도에 관한 각국의 입법례를 살펴보면, 배우자 중 어느 일방이 동거·부양·협조·정조 등 혼인에 따른 의무에 위반되는 행위를 한 때와 같이 이혼사유가 명백한 경우에 그 상대방에게만 재판상의 이혼청구권을 인정하는 이른바 유책주의(有責主義)와 부부 당사자의 책임 유무를 묻지 아니하고 혼인의 목적을 달성할 수 없는 사실 즉 혼인을 도저히 계속할 수 없는 객관적 사정인 파탄을 이유로 하여 이혼을 허용하는 이른바 파탄주의(破綻主義)로 대별할 수 있다.

우리 헌법은 제36조 제1항에서 "혼인과 가족생활은 개인의 존엄과 양성의 평등을 기초로 성립되고 유지되어야 하며, 국가는 이를 보장한다."고 규정하고 있으므로, 개인의 존엄과 양성의 평등은 혼인의 효력뿐만 아니라 재판상 이혼사유에 관한 평가 및 판단에서도 지도원리가 된다. 따라서 법원은 민법 제840조에 규정된 재판상 이혼제도를 운영함에 있어서 개인의 존엄과 양성의 평등을 지도원리로 하여 우리나라의 사회·경제적 현실과 국민의 보편적 도덕관념 그리고 각국의 입법추세 등을 면밀히 검토한 다음 상충되는 법익을 조정하면서도 일관된 법정책을 유지함으로써 국민의 법생활에 불필요한 혼란이 발생하지 아니하도록 하여야 할 것이다.

2. 가. 대법원은 일찍부터 재판상 이혼원인에 관한 민법 제840조는 원칙적으로 유책주의를 채택하고 있는 것으로 해석하여 왔다. 그리하여 민법 제840조 제1호 내지 제5호의 이혼사유가 있는 것으로 인정되는 경우라 할지라도 전체적으로 보아 그 이혼사유를 일으킨 배우자보다도 상대방 배우자에게 혼인파탄의 주된 책임이 있는 경우에는 그 상대방 배우자는 그러한 이혼사유를 들어 이혼청구를 할 수 없다고 하였다(대법원 1993. 4. 23. 선고 92므1078 판결 등 참조). 또한 제6호 이혼사유에 관하여도 혼인생활의 파탄에 주된 책임이 있는 배우자는 그 파탄을 사유로 하여 이혼을 청구할 수 없는 것이 원칙임을 확인하고 있다(대법원 1965. 9. 21. 선고 65므37 판결, 대법원 1971. 3. 23. 선고 71므41 판결, 대법원 1987. 4. 14. 선고 86므28 판결, 대법원 1990. 4. 27. 선고 90므95 판결, 대법원 1993. 3. 9. 선고 92므990 판결 등 참조).

그러면서도 대법원은 제6호 이혼사유에 관하여, 혼인의 파탄을 자초한 배우자에게 재판상 이혼청구권을 인정하는 것은 혼인제도가 요구하고 있는 도덕성에 근본적으로 배치되고 배우자 일방의 의사에 의한 이혼 내지는 축출이혼을 시인하는 부당한 결과가 되므로 혼인의 파탄에도 불구하고 이혼을 희망하지 아니하고 있는 상대방 배우자의 의사에 반하여서는 이혼을 할 수 없도록 하려는 것일 뿐, 상대방 배우자에게도 그 혼인을 계속할 의사가 없음이 객관적으로 명백한 경우에까지 파탄된 혼인의 계속을 강제하려는 취지는 아니므로, 상대방 배우자도 이혼의 반소를 제기하고 있는 경우 혹은 오로지 오기나 보복적 감정에서 표면적으로는 이혼에 불응하고 있기는 하나 실제에 있어서는 혼인의 계속과는 도저히 양립할 수 없는 행위를 하는 등 이혼의 의사가 객관적으로 명백한 경우에는 비록 혼인의 파탄에 관하여 전적인 책임이 있는 배우자의 이혼청구라 할지라도 이를 인용함이 타당하고, 그러한 경우에까지 이혼을 거부하여 혼인의 계속을 강제하는 것은 쌍방이 더 이상 계속할 의사가 없는 혼인관계가 형식상 지속되고 있음을 빌미로 하여 유책배우자를 사적으로 보복하는 것을 도와주는 것에 지나지 아니하여 이를 시인할 수 없다는 견해를 취하고 있다(위에서 본 대법원 86므28 판결, 대법원 2009므2130 판결 및 대법원 1993. 11. 26. 선고 91므177, 184 판결, 대법원 1997. 5. 16. 선고 97므155 판결 등 참조).

나. 이러한 대법원판례의 태도에 대하여는 우리나라와 유사한 법제를 가지고 있는 여러 나라의 입법례가 유책주의에서 파탄주의로 이미 바뀐 점, 부부공동생활관계가 도저히 회복될 수 없을 정도로 파탄되었다면 혼인은 한낱 형식에 불과할 뿐 이혼은 불가피한 것임에도 불구하고 유책배우자라고 하여 혼인관계를 계속 유지하라고 강제하는 것은 개인의 존엄과 행복추구권을 침해하는 면이 있는 점, 유책배우자의 이혼청구를 배척하는 판례가 형성된 1960년대 중반이나 그 판례가 확립된 1980년대 후반까지는 민법상 재산분할과 면접교섭권 제도가 없었으나 그 후 민법이 개정되어 이혼한 당사자에게 재산분할청구권과 면접교섭권이 부여되었을 뿐만 아니라 자녀에 대한 양육권, 친권 등도 남녀 간에 차별 없이 평등하게 보장되기에 이른 점, 우리 사회가 경제발전과 더불어 가족보다 개인을 중요시하는 사회로 변화되고 있고 여성의 사회적 진출이 증가하였을 뿐만 아니라 1990년대 중반 이후부터는 이혼율이 급증하여 이혼에 대한 국민의 인식이 크게 변화된 점 등을 고려하여 볼 때, 이제는 제6호 이혼사유의 해석에 있어서도 본래의 입법취지에 맞게 유책배우자의 이혼청구라 하더라도 이를 허용하는 쪽으로 판례를 변경하여야 한다는 주장이 대두하고 있으므로, 이에 대하여 검토하여 본다.

다. 대법원이 종래 유책배우자의 이혼청구를 허용하지 아니한 데에는, 스스로 혼인의 파탄을 야기한 사람이 이를 이유로 이혼을 청구하는 것은 신의성실에 반하는 행위라는 일반적 논리와 아울러, 여성의 사회적·경제적 지위가 남성에 비해 상대적으로 열악한 것이 현실인 만큼 만일 유책배우자의 이혼청구를 널리 허용한다면, 특히 파탄에 책임이 없는 여성배우자가 이혼 후의 생계나 자녀 부양 등에 큰 어려움을 겪는 등 일방적인 불이익을 입게 될 위험이 크므로 유책인 남성배우자의 이혼청구를 불허함으로써 여성배우자를 보호하고자 하는 취지가 있다고 보인다. 이런 관점에서, 대법원이 종래 취해온 법의 해석을 바꾸려면 이혼에 관련된 전체적인 법체계와 현 시점에서 종래 대법원판례의 배경이 된 사회적·경제적 상황에 의미 있는 변화가 생겼는지 등에 관한 깊은 검토가 있어야 한다.

첫째로, 이혼에 관하여 파탄주의를 채택하고 있는 여러 나라의 이혼법제는 우리나라와 달리 재판상 이혼만을 인정하고 있을 뿐 협의상 이혼을 인정하지 아니하고 있다.

우리나라에서는 유책배우자라 하더라도 상대방 배우자와 협의를 통하여 이혼을 할 수 있는 길이 열려 있을 뿐만 아니라, 실제로도 2014년 현재 전체 이혼 중 77.7% 정도가 협의상 이혼에 해당하는 실정이다. 이는 곧 유책배우자라도 진솔한 마음과 충분한 보상으로 상대방을 설득함으로써 이혼할 수 있는 방도가 있음을 뜻하므로, 유책배우자의 행복추구권을 위하여 재판상 이혼원인에 있어서까지 파탄주의를 도입하여야 할 필연적인 이유가 있는 것은 아니다.

둘째로, 1990. 1. 13. 민법이 개정됨에 따라 부부가 이혼을 하는 경우 당사자에게 재산분할청구권과 면접교섭권이 부여됨으로써 이혼한 여성의 법적 지위에 관하여 개선이 이루어진 것은 사실이다. 그러나 파탄주의 입법례를 취하고 있는 나라들에서는 혼인생활이 파탄되더라도 미성년 자녀의 이익을 위하여 부부관계를 유지하는 것이 꼭 필요한 특별한 사정이 있거나 이혼에 동의하지 아니하는 일방에게 심히 가혹한 결과를 초래하는 경우 등에는 이혼을 허용하지 아니하는 이른바 '가혹조항'을 두어 파탄주의의 한계를 구체적이고 상세하게 규정하고 있고, 나아가 이혼을 허용하는 경우에도 이혼 후 부양 제도라든지 보상급부 제도 등 유책배우자에게 이혼 후 상대방에 대한 부양적 책임을 지우는 제도를 마련하고 있는 것이 일반적이다. 이는 한편으로 파탄주의원칙을 채택하면서도 다른 한편 유책배우자의 상대방이나 자녀를 보호하는 제도적 장치를 둠으로써 파탄주의의 시행에 따른 상대방의 일방적인 희생을 방지하기 위한 것이다. 이에 반해 우리나라에는 파탄주의의 한계나 기준, 그리고 이혼 후 상대방에 대한 부양적 책임 등에 관해 아무런 법률 조항을 두고 있지 아니하다. 물론 법원이 판례로써 파탄주의의 적용에 관하여 어느 정도 기준을 제시할 수 있을 것이고, 또 위자료나 재산분할제도의 운영에서 상대방에 대한 배려를 한층 높이는 방향으로 실무를 발전시켜 나갈 수도 있을 것이나, 그와 같은 사법적 기능만으로 상대방을 보호하기에는 너무나 불충분하고 한계가 있다. 따라서 유책배우자의 상대방을 보호할 입법적인 조치가 마련되어 있지 아니한 현 단계에서 파탄주의를 취하여 유책배우자의 이혼청구를 널리 인정하는 경우 유책배우자의 행복을 위해 상대방이 일방적으로 희생되는 결과가 될 위험이 크다.

셋째로, 유책배우자의 책임사유로는 여러 가지가 있겠지만 현실적으로 가장 문제가 되는 것은 배우자 아닌 사람과 사실혼에 가까운 불륜관계를 맺는 경우이다. 우리나라는 중혼을 금지하고 있고(민법 제810조), 이를 위반한 때에는 혼인의 취소를 청구할 수 있으나(민법 제816조 제1호), 이를 처벌하는 형벌규정을 두고 있지는 아니하다. 사실상 중혼에 대한 형벌조항으로 기능하던 간통죄가 2015. 2. 26. 헌법재판소의 위헌결정에 의하여 폐지된 이상 중혼에 대한 형사 제재가 없는 것이 사실이다. 대법원판례가 유책배우자의 이혼청구를 허용하지 아니하고 있는 데에는 중혼관계에 처하게 된 법률상 배우자의 축출이혼을 방지하려는 의도도 있는데, 여러 나라에서 간통죄를 폐지하는 대신 중혼에 대한 처벌규정을 두고 있는 것에 비추어 보면 이에 대한 아무런 대책 없이 파탄주의를 도입한다면 법률이 금지하는 중혼을 결과적으로 인정하게 될 위험이 있다.

넷째로, 가족과 혼인생활에 관한 우리 사회의 가치관이 크게 변화하였고 여성의 사회 진출이 대폭 증가하였더라도 우리 사회가 취업, 임금, 자녀양육 등 사회경제의 모든 영역에서 양성평등이 실현되었다고 보기에는 아직 미흡한 것이 현실이다. 그리고 우리나라에서 이혼율이 급증하고 이혼에 대한 국민의 인식이 크게 변화한 것이 사실이더라도 이는 역설적으로 혼인과 가정생활에 대한 보호의 필요성이 그만큼 커졌다는 방증이라고 할 수 있고, 유책배우자의 이혼청구로 인하여 극심한 정신적 고통을 받거나 생계유지가 곤란한 경우가 엄연히 존재하는 현실을 외면해서도 아니 될 것이다.

라. 이상의 논의를 종합하여 볼 때, 제6호 이혼사유에 관하여 유책배우자의 이혼청구를 원칙적으로 허용하지 아니하는 종래의 대법원판례를 변경하는 것이 옳다는 주장은 그 주장이 들고 있는 여러 논거를 감안하더라도 아직은 받아들이기 어렵다.

그러나 대법원판례가 유책배우자의 이혼청구를 허용하지 아니하는 것은 앞서 본 바와 같이 혼인제도가 요구하는 도덕성에 배치되고 신의성실의 원칙에 반하는 결과를 방지하려는 데에 있으므로, 혼인제도가 추구하는 이상과 신의성실의 원칙에 비추어 보더라도 그 책임이 반드시 이혼청구를 배척해야 할 정도로 남아 있지 아니한 경우에는 그러한 배우자의 이혼청구는 혼인과 가족제도를 형해화할 우려가 없고 사회의 도덕관·윤리관에도 반하지 아니한다고 할 것이므로 허용될 수 있다고 보아야 한다.

그리하여 대법원판례에서 이미 허용하고 있는 것처럼 상대방 배우자도 혼인을 계속할 의사가 없어 일방의 의사에 의한 이혼 내지 축출이혼의 염려가 없는 경우는 물론, 나아가 이혼을 청구하는 배우자의 유책성을 상쇄할 정도로 상대방 배우자 및 자녀에 대한 보호와 배려가 이루어진 경우, 세월의 경과에 따라 혼인파탄 당시 현저하였던 유책배우자의 유책성과 상대방 배우자가 받은 정신적 고통이 점차 약화되어 쌍방의 책임의 경중을 엄밀히 따지는 것이 더 이상 무의미할 정도가 된 경우 등과 같이 혼인생활의 파탄에 대한 유책성이 그 이혼청구를 배척해야 할 정도로 남아 있지 아니한 특별한 사정이 있는 경우에는 예외적으로 유책배우자의 이혼청구를 허용할 수 있다. 이와 같이 유책배우자의 이혼청구를 예외적으로 허용할 수 있는지를 판단할 때에는, 유책배우자의 책임의 태양·정도, 상대방 배우자의 혼인계속의사 및 유책배우자에 대한 감정, 당사자의 연령, 혼인생활의 기간과 혼인 후의 구체적인 생활관계, 별거기간, 부부간의 별거 후에 형성된 생활관계, 혼인생활의 파탄 후 여러 사정의 변경 여부, 이혼이 인정될 경우의 상대방 배우자의 정신적·사회적·경제적 상태와 생활보장의 정도, 미성년 자녀의 양육·교육·복지의 상황, 그 밖의 혼인관계의 여러 사정을 두루 고려하여야 한다.

3. 원심판결과 원심이 인용한 제1심판결의 이유 및 기록에 의하면, ① 원고와 피고는 1976. 3. 9. 혼인신고를 마친 법률상 부부로서 그 사이에 성년인 자녀 3명을 두고 있는 사실, ② 원고는 2000. 1.경 집을 나와 원고의 딸을 출산한 소외인과 동거하고 있는 사실, ③ 피고

는 원고가 집을 나간 후 혼자서 세 자녀를 양육한 사실, ④ 피고는 직업이 없고 원고로부터 생활비로 지급받은 월 100만 원 정도로 생계를 유지하였는데 그나마 2012. 1.경부터는 원고로부터 생활비를 지급받지 못하고 있는 사실, ⑤ 피고는 원심 변론종결 당시 만 63세가 넘는 고령으로서 위암 수술을 받고 갑상선 약을 복용하고 있는 등 건강이 좋지 아니하며 원고와의 혼인관계에 애착을 가지고 혼인을 계속할 의사를 밝히고 있는 사실 등을 알 수 있다.

이러한 사실관계를 앞서 본 법리에 비추어 살펴보면, 원고는 혼인생활의 파탄에 대하여 주된 책임이 있는 유책배우자이고, 혼인관계의 여러 사정을 두루 고려하여 보아도 피고가 혼인을 계속할 의사가 없음이 객관적으로 명백함에도 오기나 보복적 감정에서 이혼에 응하지 아니하고 있을 뿐이거나 원고의 유책성이 그 이혼청구를 배척해야 할 정도로 남아 있지 아니한 특별한 사정이 있는 경우에 해당한다고 할 수 없으므로, 원고는 그 파탄을 사유로 하여 이혼을 청구할 수 없다고 할 것이다.

참고문헌

방웅환, 사법 36호, 2016

생각할 점

위 판결의 반대의견은 부부공동생활관계가 회복할 수 없을 정도로 파탄된 경우에는 유책배우자도 이혼을 청구할 수 있지만, 유책배우자의 이혼청구를 인용한다면 상대방 배우자나 자녀의 이익을 심각하게 해치는 결과를 가져와 정의·공평의 관념에 현저히 반하는 객관적인 사정이 있는 경우에는 이혼청구가 허용되지 않는다고 하였다. 다수의견과 반대의견 사이에는 결과에 있어서 어느 정도 차이가 있을까?

[판례 16] 대법원 2022. 6. 16. 선고 2021므14258 판결

2. 대법원의 판단

가. 관련 법리

1) 재판상 이혼원인에 관한 민법 제840조는 원칙적으로 유책주의를 채택하고 있는 것으로 해석되며, 민법 제840조 제6호의 이혼사유에 관하여도 혼인생활의 파탄에 주된 책임이 있는 배우자는 그 파탄을 사유로 하여 이혼을 청구할 수 없는 것이 원칙이다. 그러나 이혼청구 배우자의 유책성을 상쇄할 정도로 상대방 배우자 및 자녀에 대한 보호와 배려가 이루어진 경우, 세월의 경과에 따라 파탄 당시 현저하였던 유책배우자의 유책성과 상대방 배우

자가 받은 정신적 고통이 약화되어 쌍방의 책임의 경중을 엄밀히 따지는 것이 더 이상 무의미할 정도가 된 경우 등 혼인 파탄의 책임이 반드시 이혼청구를 배척해야 할 정도로 남아있지 않은 경우 그러한 배우자의 이혼청구는 예외적으로 허용될 수 있다. 이를 판단할 때에는 유책배우자의 책임의 태양·정도, 상대방 배우자의 혼인계속의사 및 유책배우자에 대한 감정, 당사자의 나이, 혼인기간과 혼인 후의 구체적인 생활관계, 별거기간, 별거 후에 형성된 부부의 생활관계, 혼인생활의 파탄 후 여러 사정의 변경 여부, 이혼이 인정될 경우 상대방 배우자의 정신적·사회적·경제적 상태와 생활보장의 정도, 미성년 자녀의 양육·교육·복지의 상황, 그 밖의 혼인관계의 여러 사정을 두루 고려하여야 한다(대법원 2015. 9. 15. 선고 2013므568 전원합의체 판결 참조).

2) 민법 제826조 제1항에 따라, 부부는 정신적·육체적·경제적으로 결합된 공동체로서 서로 협조하고 보호하여 부부공동생활로서의 혼인이 유지되도록 상호 간에 포괄적으로 협력할 의무를 부담한다(대법원 2015. 5. 29. 선고 2013므2441 판결 등 참조).

3) 상대방 배우자의 혼인계속의사를 인정하려면 소송 과정에서 그 배우자가 표명하는 주관적 의사만을 가지고 판단할 것이 아니라, 혼인생활의 전 과정 및 이혼소송이 진행되는 중 드러난 상대방 배우자의 언행 및 태도를 종합하여 그 배우자가 악화된 혼인관계를 회복하여 원만한 공동생활을 영위하려는 노력을 기울임으로써 혼인유지에 협조할 의무를 이행할 의사가 있는지 객관적으로 판단하여야 한다. 따라서 일방 배우자의 성격적 결함이나 언행으로 인하여 혼인관계가 악화된 경우에도, 상대방 배우자 또한 원만한 혼인관계로의 복원을 위하여 협조하지 않은 채 오로지 일방 배우자에게만 혼인관계 악화에 대한 잘못이 있다고 비난하고 대화와 소통을 거부하는 경우, 이혼소송 중 가정법원이 권유하는 부부상담 등 혼인관계의 회복을 위하여 실시하는 조치에 정당한 이유 없이 불응하면서 무관심한 태도로 일관하는 경우에는 혼인유지를 위한 최소한의 노력조차 기울이지 않았다고 볼 여지가 있어, 설령 그 배우자가 혼인계속의사를 표명하더라도 이를 인정함에 신중하여야 한다.

4) 과거에 일방 배우자가 이혼소송을 제기하였다가 유책배우자라는 이유에서 기각 판결이 확정되었더라도 그 후로 상대방 배우자 또한 종전 소송에서 문제 되었던 일방 배우자의 유책성에 대한 비난을 계속하고 일방 배우자의 전면적인 양보만을 요구하거나 민형사소송 등 혼인관계의 회복과 양립하기 어려운 사정이 남아 있음에도 이를 정리하지 않은 채 장기간의 별거가 고착화된 경우, 이미 혼인관계가 와해되었고 회복될 가능성이 없으며 상대방 배우자에 대한 보상과 설득으로 협의에 의하여 이혼을 하는 방법도 불가능해진 상태까지 이르렀다면, 종전 이혼소송의 변론종결 당시 현저하였던 일방배우자의 유책성이 상당히 희석되었다고 볼 수 있고, 이는 현재 이혼소송의 사실심 변론종결 시를 기준으로 판단하여야 한다.

5) 다만 이 경우 일방 배우자의 유책성을 상쇄할 정도로 상대방 배우자 및 자녀에 대한 보호와 배려가 이루어졌어야 함은 위에서 본 바와 같으므로, 특히 상대방 배우자가 경제

적·사회적으로 매우 취약한 지위에 있어 보호의 필요성이 큰 경우나 각종 사회보장급여 기타 공법상 급여, 연금이나 사적인 보험 등에 의한 혜택이 법률상 배우자의 지위가 유지됨을 전제로 하는 경우에는 유책배우자의 이혼청구를 허용함에 신중을 기하여야 한다. 그러므로 이혼에 불응하는 상대방 배우자가 혼인의 계속과 양립하기 어려워 보이는 언행을 하더라도, 그 이혼거절의사가 이혼 후 자신 및 미성년 자녀의 정신적·사회적·경제적 상태와 생활보장에 대한 우려에서 기인한 것으로 볼 여지가 있는 때에는 혼인계속의사가 없다고 섣불리 단정하여서는 안 된다.

또한 자녀가 미성년자인 경우에는 혼인의 유지가 경제적·정서적으로 안정적인 양육환경을 조성하여 자녀의 복리에 긍정적 영향을 미칠 측면과 더불어 부모의 극심한 분쟁상황에 지속적으로 자녀를 노출시키거나 자녀에 대한 부양 및 양육을 방기하는 등 파탄된 혼인관계를 유지함으로써 오히려 자녀의 복리에 부정적 영향을 미칠 측면에 관하여 모두 심리·판단하여야 한다.

나. 이 사건의 판단

1) 원고와 피고는 종전 이혼소송의 변론종결 이후에도 5년째 별거 중이고 쌍방의 갈등이 해소되지 않고 있다. 피고는 혼인계속의사를 밝히고 있으나, 원고가 혼인관계를 유지하는데 상당한 고통을 토로함에도 원고가 먼저 가출하였다는 사정만을 들어 원고를 비난하면서 집으로 돌아오라는 요구를 반복할 뿐이다.

피고의 이혼거절의사가 혼인기간 중 가사와 양육만을 담당해온 자신 및 미성년자인 사건본인의 정신적·사회적·경제적 상태와 생활보장에 대한 우려에서 기인한 것으로 볼 여지도 있다. 하지만 원고는 사건본인에 대한 면접교섭의 의지가 있고 양육비를 꾸준히 지급해오고 있다. 한편 미성년자인 사건본인이 성장하는 동안 원고와 피고 사이에서 갈등과 분쟁 및 이혼소송에 지속적으로 노출되어 왔다.

2) 원심은 혼인생활의 전 과정 및 이혼소송이 진행되는 중에 드러난 피고의 언행 및 태도, 피고와 사건본인이 처해 있는 구체적 상황, 혼인관계의 회복가능성 등을 모두 고려하여 피고에게 혼인계속의사가 있는지를 객관적으로 살펴보지 않은 채, 그 혼인계속의사가 오기나 보복적 감정에 기한 것으로 보이지 않는다고만 판단하였다. 또한 원심은 과거에 원고가 청구한 이혼청구가 기각되었더라도, 그 후로 피고 역시 혼인관계의 회복을 위한 노력을 다하지 않음으로써 혼인관계가 회복될 가능성이 없는 반면 피고 및 사건본인에 대한 보호와 배려가 이루어짐으로써 유책배우자의 유책성이 희석되었다고 볼 수 있는지, 원고와 피고의 분쟁상황을 고려할 때 그 혼인관계의 유지가 미성년자인 사건본인의 정서적 상태와 복리를 저해하고 있는지 및 그 정도 등에 대하여 심리하지 않은 채 이 사건 청구가 유책배우자의 이혼청구가 허용되는 특별한 사정이 있는 경우에 해당된다고 보기 어렵다고 판단하였다. 이러한 원심의 판단에는 민법 제840조 제6호의 해석 및 유책배우자의 이혼청구에 관한 법리

를 오해하여 필요한 심리를 다하지 않음으로써 판결에 영향을 미친 잘못이 있다. 이를 지적하는 상고이유 주장은 이유 있다.

참고문헌

임정윤, 대법원판례해설 131호; 현소혜, 민사법학 101호.

(8) 이혼청구의 제척기간

840조 1호(부정행위)의 경우에는 이를 안 날로부터 6월, 그 사유가 있은 날로부터 2년이 지나면 이혼을 청구하지 못하고(841조), 840조 6호(기타 중대한 사유)의 경우에도 마찬가지이다(842조). 대법원 1998. 4. 10. 선고 96므1434 판결은, 부첩관계가 이혼청구 당시까지 존속하고 있는 경우에는 형성권에 관한 10년의 제척기간에 걸릴 여지가 없다고 하였다. 그런데 판례는 형성권에 관하여 당사자 사이에 그 행사기간을 약정하지 않았으면 10년의 제척기간에 걸린다고 하지만(대법원 1992. 7. 28. 선고 91다44766, 44773 판결 등), 형성권에 관하여 법에 특별한 규정이 없는 한 이혼청구권이 형성권이라 하여 당연히 10년의 제척기간에 걸린다고 할 수는 없다.

나. 재판상 이혼의 절차

(1) 조정절차

이혼을 하려는 자는 우선 가정법원에 조정을 신청하여야 하고, 이혼사건에 대하여 조정신청 없이 소를 제기한 경우에는 가정법원은 원칙적으로 사건을 조정에 회부하여야 한다(家訴 50조 1, 2항). 조정은 원칙적으로 조정위원회가 처리하지만, 조정담당판사가 조정할 수도 있다(家訴 52조).

조정의 제일 바람직한 결과는 이혼하지 않기로 하는 조정이겠으나, 실제에 있어서는 이러한 조정은 쉽지 않고, 이혼하기로 하는 조정으로 끝나는 경우가 많다. 이러한 조정 또는 확정된 조정을 갈음하는 결정은 재판상 화해와 동일한 효력이 있다(家訴 59조 2항). 그러므로 이혼하기로 하는 조정이 성립하면 재판상 이혼과 마찬가지로 그로써 이혼이 성립하고, 따로 신고가 있어야만 이혼이 성립하는 것은 아니며, 따라서 이때의 이혼신고(家登 78, 58조)는 보고적 신고이다.

학설상으로는 조정에 의한 이혼을 협의이혼과 재판상 이혼 아닌 별도의 이혼으로 취급하기도 하지만, 이는 민법이 규정하고 있는 이혼의 종류는 아니며, 재판상 이혼의 대체물일 뿐이다.

(2) 재판절차

이혼소송의 원고와 피고는 양 배우자가 된다. 미성년자의 경우에는 혼인으로 인하여 성년이 되므로 스스로 이혼소송을 제기하거나 이혼소송의 상대방이 될 수 있지만, 피성년후견인은 독자적으로는 소송행위를 하지 못하므로, 법정대리인이 대리하여야 한다(家訴 12조, 民訴 55조 1항 2호). 피한정후견인은 법정대리인 없이 이혼소송을 제기하거나 그에 대하여 응소를 할 수 있다(民訴 55조 2항).

그런데 당사자가 의사무능력자인 경우에도 법정대리인이 재판상 이혼의 청구를 할 수 있는가? 이혼은 일신전속적이라는 점에서 법정대리인이 대리할 수는 없는 것이 아닌가 하는 의문이 제기될 수 있으나, 판례는 이를 인정한다. 즉 2011년 성년후견제 도입 전의 금치산자의 경우에는 후견인이 금치산자를 대리하여 그 배우자를 상대로 재판상 이혼을 청구할 수 있고, 그 후견인이 배우자인 때에는 家訴 12조, 民訴 62조에 따라 수소법원에 특별대리인의 선임을 신청하여 그 특별대리인이 배우자를 상대로 재판상 이혼을 청구할 수 있다는 것이다(대법원 2010. 4. 8. 선고 2009므3652 판결. 대법원 2010. 4. 29. 선고 2009므639 판결([판례 17])도 같은 취지이다). 성년후견제 도입 이후에는 성년후견인이 피성년후견인을 대리하여 재판상 이혼을 청구할 수 있다고 보아야 할 것이다.

한편 「북한이탈주민의 보호 및 정착지원에 관한 법률」 19조의2는, 북한이탈주민은 그 배우자가 남한에 거주하는지 여부가 불명확한 경우 이혼을 청구할 수 있고, 이때 그 배우자에 대하여 공시송달을 할 수 있다고 규정하고 있다. 첫 공시송달은 실시한 날부터 2개월이 지나야 효력이 생긴다.

이혼소송 중 당사자가 사망하면 혼인상태 자체가 소멸하므로 이혼소송은 당연히 종료되게 된다(대법원 1982. 10. 12. 선고 81므53 판결 등). 다만 대법원 1992. 5. 26. 선고 90므1135 판결은, 이혼판결에 대한 재심청구 도중 원고(재심피고)가 사망한 경우에는 검사로 하여금 그 소송을 수계하게 하고, 재심사유가 인정되면 재심대상인 이혼판결을 취소하고 이혼소송 자체의 소송종료를 선언하여야 한다고 하였다.

이혼판결이 확정되면 그 형성력에 의하여 혼인은 해소된다. 그러므로 이때의 이혼신고는 보고적 신고에 불과하다.

[판례 17] 대법원 2010. 4. 29. 선고 2009므639 판결

의식불명의 식물상태와 같은 의사무능력 상태에 빠져 금치산선고를 받은 자의 배우자에게 부정행위나 악의의 유기 등과 같이 민법 제840조 각 호가 정한 이혼사유가 존재하고 나아가 금치산자의 이혼의사를 객관적으로 추정할 수 있는 경우에는, 민법 제947조, 제949조에 의하여 금치산자의 요양·감호와 그의 재산관리를 기본적 임무로 하는 후견인(민법 제940조에 의하여 배우자에서 변경된 후견인이다)으로서는 의사무능력 상태에 있는 금치산자를 대리하여 그 배우자를 상대로 재판상 이혼을 청구할 수 있다고 할 것이다.

다만, 위와 같은 금치산자의 이혼의사를 추정할 수 있는 것은, 당해 이혼사유의 성질과 정도를 중심으로 금치산자 본인의 결혼관 내지 평소 일상생활을 통하여 가족, 친구 등에게 한 이혼에 관련된 의사표현, 금치산자가 의사능력을 상실하기 전까지 혼인생활의 순탄 정도와 부부간의 갈등해소방식, 혼인생활의 기간, 금치산자의 나이·신체·건강상태와 간병의 필요성 및 그 정도, 이혼사유 발생 이후 배우자가 취한 반성적 태도나 가족관계의 유지를 위한 구체적 노력의 유무, 금치산자의 보유 재산에 관한 배우자의 부당한 관리·처분 여하, 자녀들의 이혼에 관한 의견 등의 제반 사정을 종합하여 혼인관계를 해소하는 것이 객관적으로 금치산자의 최선의 이익에 부합한다고 인정되고 금치산자에게 이혼청구권을 행사할 수 있는 기회가 주어지더라도 혼인관계의 해소를 선택하였을 것이라고 볼 수 있는 경우이어야 한다.

원심판결 이유에 의하면, 원심은 원고와 피고 사이의 혼인관계의 성립, 원고의 아버지 소외 1(현재 원고의 후견인이다)이 설립한 소외 2 주식회사의 주식 보유 경위, 원고의 의식불명 상태 발생과 이후 가족들의 간호내용, 원고 보유 주식의 양도계약 체결과 위 회사에 대한 피고의 경영권 행사 경위, 피고의 간통사실과 그 후 소외 1과 피고 사이에서 전개된 형사재판 과정과 위 주식양도 및 경영권 행사와 관련된 민사분쟁의 내용 등의 그 판시와 같은 사실을 인정한 다음, 민법 제840조 제1호의 이혼사유에 관한 원고 후견인의 주장을 다음과 같은 이유로 배척하였다.

즉, 일반적으로 배우자에 대한 부정한 행위가 있었을 때는 상대방 배우자가 이혼을 원하는 한 그 사유만으로도 위 민법 규정의 재판상 이혼사유가 된다고 할 수 있지만, 의사능력이 없는 금치산자인 원고의 후견인이 재판상 이혼을 청구하는 이 사건에서는, 피고가 1회성 부정행위를 한 것에 지나지 않고, 피고의 시댁 식구들 특히 소외 1과 사이에 회사와 관련된 다툼이 있긴 하나 원고에 대하여는 피고가 배우자로서의 도리를 충실히 하여 왔으며, 원고로서도 앞으로 누구보다도 가족들 특히 아내인 피고의 따뜻한 보살핌과 간병이 필요하고 피고도 그러한 각오를 하고 있는 상황이므로, 이러한 사정 아래에서라면 원고의 의사가 피고와 이혼을 원한다고 단정할 수 없고 달리 피고의 위와 같은 부정한 행위에 대하여 원고의 의사가 피고와 이혼을 원한다고 볼 만한 사정이 없다는 것이다.

원심이 참작한 위 사정들과 함께 기록에 나타난 원고의 현재 건강상태와 간병의 필요성, 혼인생활 기간, 원고의 자녀들의 부모의 이혼에 관한 의견 등을 종합하여 보면, 원고의 이혼의사를 추정할 수 있는 객관적 사정이 부족하다고 본 원심 판단은 수긍할 수 있고, 거기에 상고이유에서 주장하는 바와 같은 이혼의사에 관한 경험칙 위반의 잘못이 있다고 보기 어렵다.

생각할 점

이 판결이 이혼사유를 제한적으로만 인정한 것은 타당한가?

4. 이혼의 효과

이혼의 핵심적인 효과는 부부관계의 해소이다. 그 이외에도 이혼한 부부 사이에는 이혼으로 인한 재산분할청구권이나 위자료청구권의 문제가 발생하고, 이혼한 부부의 자녀에 대한 양육문제와 친권 및 면접교섭권 등도 문제된다.

가. 이혼의 일반적 효과

이혼에 의하여 부부관계는 소멸하게 된다. 혼인에 의하여 배우자의 혈족과의 사이에 생긴 인척관계는 이혼에 의하여 소멸하지만, 그로 인한 혼인장애사유는 여전히 존속한다(809조 2항).

나. 이혼한 부부 사이의 재산관계

(1) 재산분할청구권

▮**참고문헌:** 권재문, "가장이혼으로 인한 재산분할과 사해행위 취소", 법조 2017. 6. 별책; 김상훈·정구태, "이혼으로 인한 재산분할청구권의 상속성과 양도성", 조선대 법학논총 25집 1호, 2018; 김영식, "재산분할청구의 부양적 측면에 관한 고찰", 사법논집 62집, 2016; 김정민, "공무원 퇴직연금수급권에 대한 재산분할", 사법 30호, 2014; 김정민, "잠재적 퇴직급여채권에 대한 분할청구", 민사재판의 제문제 23권, 2015; 김현진, "『국민연금법』 제64조 제1항 헌법불합치 결정의 문제점과 개선입법의 방향", 민사법학 81호, 2017; 나재영, "재산분할청구권의 양도성", 민사판례연구 42권, 2020; 대법원 사법정책연구원, 재산분할의 기준 정립을 위한 방안 연구, 2016; 류일현, "재산분할청구권의 포기약정에 관한 소고", 가족법연구 31권 1호, 2017; 민유숙, "재산분할제도에 관한 입법론: 분할비율을 중심으로", 가족법연구 15권 2호, 2001; 박주영, "재산분할청구권 보전을 위한 채권자취소권의 인정요건에 관한 검토", 법조 2011. 2; 배인구, "장래의 퇴직급여채권과 재산분할", 가족법

연구 29권 1호, 2015; 신정민, "이혼시 재산분할청구권 보전을 위한 사해행위취소권의 피보전채권", 가족법연구 29권 3호, 2015; 신정일, "재산분할 대상 및 그 가액의 산정기준시와 관련한 실무 동향과 일부 의문점", 가족법연구 31권 3호, 2017; 윤진수, "실질적 특유재산에 대한 재산분할", 가족법연구 36권 2호, 2022; 이동진, "재산분할과 채무", 가족법연구 26권 3호, 2012; 이미주, "이혼으로 인한 재산분할에서 혼인관계 파탄 후 부동산의 취득 또는 가액상승과 관련된 실무상 쟁점에 대한 고찰", 사법논집 73집, 2021; 이상민, "재산분할이 사해행위 취소의 대상이 되는지 여부", 민사판례연구 24권, 2002; 이선미, "이혼 재산분할 제도의 개선방안", 가족법연구 36권 2호, 2022; 이승원, "부부 쌍방의 총 소극재산이 총 적극재산을 초과하는 경우에도 이혼에 따른 재산분할이 가능한지", 사법 25호, 2013; 이연이·성진혁·김제완, "재산분할청구권 보전을 위한 사해행위취소제도의 재조명", 중앙대 법학논문집 45집 3호, 2021; 이지은, "이혼시 퇴직연금에 대한 재산분할비율", 민사법학 70호, 2015; 이진기, "재산분할의 대상으로서 [장래의] 퇴직급여채권", 가족법연구 28권 3호, 2014; 임채웅, "이혼을 원인으로 한 재산분할청구채권의 확정 전 양도가능성에 관한 연구", 가족법연구 31권 3호, 2017; 전경근, "이혼시 재산분할에 있어서 채무분할", 전북대 법학연구 40집, 2013; 전경근, "혼인 중 증가한 재산의 분할", 가족법연구 36권 2호, 2022; 전경근, "별산제와 재산분할의 긴장관계", 정태윤·지원림교수논문집 새봄을 여는 민법학, 2023; 전보성, "소극재산이 적극재산을 초과하는 경우 재산분할방법에 관한 시론", 민사판례연구 30권, 2008; 정구태, "부부 쌍방의 소극재산 총액이 적극재산 총액을 초과하는 경우에도 재산분할이 가능한지 여부," 조선대학교 법학논총 20권 2호, 2013; 정구태, "이혼시 재산분할청구권의 행사상 일신전속성", 정태윤·지원림교수논문집 새봄을 여는 민법학, 2023; 진현민, "채무초과인 경우의 재산분할 허용 여부", 민사판례연구 36권, 2014; 최서은, "장래 퇴직급여채권의 재산분할", 민사판례연구 37권, 2015; 한애라, "협의재산분할과 사해행위취소", 인권과 정의 1999. 3; 현소혜, "장래의 퇴직급여와 재산분할," 조선대학교 법학논총 21권 2호, 2014; 현소혜, "재산분할과 특유재산", 가족법연구 37권 1호, 2023

1990년에 개정된 민법은 재산분할청구권제도를 신설하였다(839조의2). 재산분할청구권이란 이혼을 한 당사자의 일방이 다른 일방에 대하여 재산의 분할을 청구할 수 있는 제도를 말한다. 다만 혼인취소나 사실혼 해소의 경우에도 재산분할청구권이 인정된다는 점에 유의하여야 한다. 민법은 원칙적으로 별산제를 채택하고 있으나, 부부 어느 일방의 재산의 형성에 다른 일방이 기여하는 것이 일반적인데 그 명의가 부부 일방의 명의만으로 되어 있다고 하여 혼인의 해소 시에 이러한 기여를 전혀 고려하지 않는 것은 부당하다는 것이 재산분할제도의 주요한 인정 근거이다. 근래에는 혼인 계속 중에도 별거와 같은 사유가 있으면 재산분할청구를 인정하여야 한다는 주장도 제기되고 있고, 2006년에는 이를 인정하려는 정부의 민법개정안이 국회에 제출되었으나, 입법화되지 못하였다.

㈎ 재산분할청구권의 인정근거

재산분할청구권이 왜 인정되는가에 대하여는 일반적으로 다음과 같은 두 가지 이유를 들고 있다.

첫째, 이른바 청산적 요소이다. 즉 재산분할청구권은 혼인 중에 부부 쌍방의 협력에 의하여 형성된 재산을 각자의 기여에 따라 분할함으로써 청산하는 것이라는 의미이다. 839조의2 2항도 "당사자 쌍방의 협력으로 이룩한 재산의 액수 기타 사정을 참작하여" 분할의 액수와 방법을 정하도록 하고 있으므로, 재산분할청구권 제도가 청산적 요소를 포함하고 있음은 명백하다.

둘째, 이른바 부양적 요소이다. 부부 간에는 부양의무가 있는데, 이러한 부양의무는 이혼에 의하여 혼인이 해소된 경우에도 인정된다고 한다. 이혼에 의하여 부부관계가 해소되었는데 왜 부양의무만이 존속하는가 하는 점에 관하여는 일반적으로 이를 혼인의 사후효(事後效), 즉 이혼 후의 부양은 혼인 중 부양의무의 사후효과로 인정된다는 것으로 설명한다. 외국에서는 이혼 후 배우자에 대한 부양의무를 인정하는 입법례가 많은데, 우리나라에서는 일반적으로 이를 인정하지는 않으나, 재산분할 제도에서 이를 고려하고 있다는 것이다. 독일에서는 혼인의 사후효로서 부양을 인정하는 실질적인 근거를 「혼인으로 인한 궁핍(ehebedingte Bedürftigkeit)」, 즉 혼인 때문에 배우자가 자기 능력으로 생업을 영위할 기회를 잃었다면, 이혼 후에는 그에 대하여 보상이 주어져야 한다는 점에서 찾고 있다. 그러나 재산분할에는 부양적 요소는 포함되지 않는다는 견해도 주장되고 있다. 부양적 요소가 포함된다는 견해도 대체로 부양적 요소는 청산적 요소에 비하여 부차적이고 보충적인 것으로 보고 있다.

판례(헌법재판소 1997. 10. 30. 선고 96헌바14 결정; 대법원 2000. 9. 29. 선고 2000다25569 판결 등)도 이혼에 따른 재산분할은 혼인 중 쌍방의 협력으로 형성된 공동재산의 청산이라는 성격에 상대방에 대한 부양적 성격이 가미된 제도라고 보고 있다. 그러나 실제로 하급심 판례상으로는 법원이 재산분할을 결정함에 있어서 부양적 요소를 어떻게 고려하고 있는지를 알기 어렵다.

그런데 재산분할청구권의 청산적 요소를 강조한다면, 굳이 재산분할제도를 인정하지 않더라도 당사자가 재산 형성에 기여하였다는 점을 증명하여 사실상의 조합 또는 부당이득 등의 이론에 의하여 재산의 반환을 청구하게 하면 되지 않는가라는 의문이 있을 수 있다. 그러나 이러한 증명이 사실상 쉽지 않기 때문에, 그러한 증명을 하지 않더라도 법원이 기여를 판단하여 재산분할을 할 수 있게 하는 것이 재산분할제도의 취지라고 할 수 있다. 이 점에서 재산분할제도는 혼인 당사자에게 부여되는 일종의 시혜적인 성격을 가지고 있다.

이 이외에 재산분할청구권이 위자료적인 요소를 포함하는가에 대하여는 일본에서 많은 논의가 있으나, 우리나라에서는 일반적으로 재산분할청구권과 위자료는 서로 별개로서, 원칙적으로는 어느 하나의 청구가 다른 것의 청구에 영향이 없다고 보아야 할 것이다. 그런데 대법원 2013. 6. 20. 선고 2010므4071, 4088 전원합의체 판결([판례 20]) 중 다수의견에 대한 보충의견과 김용덕 대법관의 반대의견은, 판례가 재산분할을 함에 있어 정신적 손해(위자료)를 배상하기 위한 급부로서의 성질까지 포함하여 분할할 수 있다고 보고 있다고 설시하고 있다. 같은 취지, 대법원 2021. 6. 24. 선고 2018다243089 판결. 그러나 여기서 인용하고 있는 판례들(대법원 2005. 1. 28. 선고 2004다58963 판결; 2006. 6. 29. 선고 2005다73105 판결 등)은, 이혼 당사자들이 재산분할의 합의를 한 경우에 여기에는 위자료를 배상하기 위한 급부로서의 성질까지 포함하여 분할할 수도 있다고 한 것으로서, 재판에 의하여 재산분할을 명하는 경우에도 위자료를 포함하여 분할할 수 있다고 한 것은 아니다.

혼인의 파탄에 책임이 있는 유책배우자도 재산분할청구권을 갖는가? 일반적으로는 이를 부정할 이유가 없다(대법원 1993. 5. 11.자 93스6 결정). 청산적 요소가 아닌 부양적 요소의 경우에는 이를 혼인의 사후효로 보는 전제에서 스스로 혼인 파탄을 초래한 자가 자신의 책임으로 초래한 위험은 스스로 해결해야 한다는 이유로 이를 부정하는 견해가 많으나, 재산분할청구권 제도의 취지를 혼인으로 인한 궁핍에서 그 근거를 찾는다면, 유책배우자라 하여 부양적 요소에 기한 재산분할청구권을 부정할 근거는 없을 것이다.

(나) 재산분할청구권의 성질

재산분할청구권은 일신전속적인 권리인가? 일반적으로는 재산분할청구권의 상속성은 청산적 요소에 한하여 인정된다고 본다. 다만 재산분할청구권의 행사 여부는 당사자의 결정에 맡기는 것이 타당한 측면이 있으므로, 806조 3항을 유추하여 분할협의가 있거나 분할청구 등 권리행사의 의사가 분명해진 경우에 한하여 상속을 인정하는 것이 타당하다(주해친족 1/이동진, 427). 그러나 재산분할청구권의 상속성이 인정되는 것도 일단 이혼을 전제로 하므로, 이혼 및 재산분할청구소송 중에 재산분할을 청구하는 당사자가 사망한 경우에는 재산분할청구권의 상속은 일어나지 않고, 이혼소송과 재산분할청구는 그대로 종료되며, 수계가 인정되지 않는다(대법원 1994. 10. 28. 선고 94므246, 253 판결). 그러나 재산분할청구권이 성립된 후, 그 분할의무자가 사망한 경우에는 분할의무는 의무자의 상속인에게 승계된다(대법원 2009. 2. 9.자 2008스105 결정, [판례 28]).

재산분할청구권의 양도성은 특별히 부정할 이유가 없다. 그런데 대법원 2017. 9. 21. 선고 2015다61286 판결은, 재산분할청구권은 협의 또는 심판에 의하여 구체적 내용이 형성되기 전까지는 그 범위 및 내용이 불분명·불명확하기 때문에 아직 발생하지 아니하였고 그 구체적 내용이 형성되지 아니한 재산분할청구권을 미리 양도하는 것은 성질상 허용되지 않으며, 법원이 이혼과 동시에 재산분할로서 금전의 지급을 명하는 판결이 확정된 이후부터 채권양도의 대상이 될 수 있다고 하였다. 그러나 판례(대법원 1996. 7. 30. 선고 95다7932 판결 등)는 장래의 채권도 양도 당시 기본적 채권관계가 어느 정도 확정되어 있어 그 권리의 특정이 가능하고 가까운 장래에 발생할 것임이 상당 정도 기대되는 경우에는 이를 양도할 수 있다고 보고 있는데, 이러한 기준에 비추어 보더라도 재산분할청구권의 구체적 내용이 형성되지 아니하였다는 이유만으로 그 양도가 허용되지 않는다고 볼 이유는 없다. 위 2015다61286 판결은 재산분할을 명하는 판결이 선고되었으나 아직 확정되기 전에 양도한 경우였는데, 적어도 이처럼 판결이 있은 후에 양도하는 것은 허용되어야 할 것이다.

재산분할청구권이 채권자대위권의 피보전채권이 될 수 있는가에 대하여 대법원 1999. 4. 9. 선고 98다58016 판결은, 이혼으로 인한 재산분할청구권은 협의 또는 심판에 의하여 그 구체적 내용이 형성되기까지는 그 범위 및 내용이 불명확·불확정하기 때문에 구체적으로 권리가 발생하였다고 할 수 없으므로, 이를 보전하기 위하여 채권자대위권을 행사할 수 없다고 하여 이를 부정하였다. 그러나 이에 대하여는 비판적인 견해도 유력하다.

다른 한편 채권자가 부부 일방을 대위하여 재산분할청구권을 대위행사할 수 있는가? 이 점은 부정되어야 할 것이다. 이를 인정하면 부부 사이의 관계에 채권자가 지나치게 간섭하는 것이 되기 때문이다. 대법원 2022. 7. 28.자 2022스613 결정은, 이혼으로 인한 재산분할청구권은 그 행사 여부가 청구인의 인격적 이익을 위하여 그의 자유로운 의사결정에 전적으로 맡겨진 권리로서 행사상의 일신전속성을 가지므로, 채권자대위권의 목적이 될 수 없고 파산재단에도 속하지 않으며 배우자 일방의 파산관재인이 상대방 배우자를 상대로 재산분할심판청구를 할 수 없다고 하였다. 다만 부부 일방이 재산분할청구권을 행사하겠다는 확정적인 의사가 있는 경우에는 대위를 인정할 필요가 있다(유류분권리자에게 그 권리행사의 확정적 의사가 있다고 인정되는 경우에는 유류분반환청구권이 채권자대위권의 목적이 될 수 있다고 한 대법원 2010. 5. 27. 선고 2009다93992 판결 참조).

(다) 재산분할청구권의 행사

재산분할청구권의 행사는 원칙적으로 당사자의 협의에 의하여야 한다. 협의가 되지 아니하거나 협의할 수 없는 때에는 가정법원에 재산분할을 청구할 수 있다(839조의2 2항).

이와 같이 협의나 심판에 의하여 구체적인 내용이 형성되기 전의 재산분할청구권은 어떠한 성질을 가지는가? 대법원 2016. 1. 25.자 2015스451 결정은, 재산분할청구권은 협의 또는 심판에 의하여 구체적 내용이 형성되기까지는 구체적으로 권리가 발생하였다고 할 수 없으므로, 그처럼 구체화되지 않은 재산분할청구권을 혼인이 해소되기 전에 미리 포기하는 것은 그 성질상 허용되지 않는다고 하였다. 그리하여 당사자가 장차 협의상 이혼할 것을 합의하는 과정에서 이를 전제로 재산분할청구권을 포기하는 서면을 작성한 경우, 부부 쌍방의 협력으로 형성된 공동재산 전부를 청산·분배하려는 의도로 재산분할의 대상이 되는 재산액, 이에 대한 쌍방의 기여도와 재산분할 방법 등에 관하여 협의한 결과 부부 일방이 재산분할청구권을 포기하기에 이르렀다는 등의 사정이 없는 한 성질상 허용되지 않는 '재산분할청구권의 사전포기'에 불과할 뿐이라고 하였다. 이는 당사자의 경솔한 재산분할청구권 포기를 막기 위한 것으로 이해된다. 그러나 재산분할청구권의 성질상 사전포기가 허용되지 않는다고 말할 필요는 없고, 구체적인 상황에 따라 포기의 의미를 제대로 이해하지 못한 경우에는 포기의 효력을 인정할 수 없다고 보는 것이 타당할 것이다. 위 사건의 경우도 그러한 경우로 보인다.

그리고 대법원 2013. 10. 11. 선고 2013다7936 판결도, 협의 또는 심판에 의하여 구체화되지 않은 재산분할청구권은 채무자의 책임재산에 해당하지 아니하고, 이혼한 후에 이를 포기하는 행위 또한 채권자취소권의 대상이 될 수 없다고 하였다. 그러나 구체적으로 형성되지 않은 재산분할청구권도 채권자취소권의 피보전채권이 될 수 있는 점(839조의3)에 비추어 보면 그러한 설명은 설득력이 부족하다. 다만 재산분할청구권의 포기를 취소하더라도 채권자가 다시 재산분할청구권을 대위행사할 수는 없으므로, 재산분할청구권의 포기는 채권자취소권의 대상이 될 수 없다고 설명하여야 할 것이다. 그렇지만 부부 일방이 재산분할청구권을 행사할 의사가 명백하다면 재산분할청구권의 대위행사도 가능하고, 따라서 이때에는 재산분할청구권의 포기는 사해행위가 된다고 보아야 한다.

협의에 의한 재산분할은 주로 협의상 이혼의 경우에 이루어지는데, 판례(대법원 1995. 10. 12. 선고 95다23156 판결; 2003. 8. 19. 선고 2001다14061 판결 등)는, 아직 이혼하지 않은 당사자가 장차 협의상 이혼할 것을 약정하면서 재산분할에 관한 협의를 하는 경우에는 특별한 사정이 없는 한 장차 당사자 사이에 협의상 이혼이 이루어질 것을 조건으로 하는 것이므로, 재판상 이혼이 이루어진 경우에는 위 협의는 조건의 불성취로 인하여 효력이 발생하지 않는다고 보고 있다.

(i) 재산분할의 대상이 되는 재산

원칙적으로 혼인 중에 쌍방의 협력에 의하여 취득한 재산이다. 즉 부부 일방이 혼인 전에 취득하여 소유하고 있던 재산이나, 혼인 중이라도 쌍방의 협력과는 관계없이 부부 일방이 상속, 증여 등에 의하여 취득한 이른바 특유재산은 원칙적으로는 재산분할의 대상에서 제외된다. 또한 법률상 혼인이 계속되고 있더라도, 실제로는 혼인이 파탄된 후에 취득한 재산은 분할의 대상이 아니다.

그리고 뒤에서 보는 것처럼 사실혼의 경우에도 재산분할이 인정되므로, 법률혼의 성립에 앞서서 사실혼관계에 있었던 경우에는 그 사실혼관계가 시작된 후에 취득한 재산은 분할의 대상이 될 수 있다. 대법원 2000. 8. 18. 선고 99므1855 판결은, 당사자 사이에 13년 남짓 동안 법률혼과 사실혼이 3회에 걸쳐 계속 이어지다가 파탄되었고 그 각 협의이혼에 따른 별거기간이 6개월과 2개월 남짓에 불과한 경우에, 마지막 사실혼의 해소에 따른 재산분할을 함에 있어서는 각 혼인 중에 쌍방의 협력에 의하여 이룩한 재산이 모두 청산의 대상이 될 수 있다고 하였다. 그런데 이때 종전의 이혼 전에 취득한 재산에 대하여는 재산분할청구권의 제척기간이 경과하였다는 문제가 있을 수 있는데, 이 경우에는 부부 중 한쪽이 다른 쪽에 대하여 가지는 권리는 혼인관계가 종료된 때부터 6개월 내에는 소멸시효가 완성되지 아니한다는 180조 2항을 유추하여 제척기간이 진행하지 않는다고 보아야 할 것이다.

다만 판례는, 부부 중 일방의 특유재산이라 하더라도 타방이 적극적으로 그 특유재산의 유지에 협력하여 그 감소를 방지하거나 그 증식에 협력하였다고 인정되는 경우에는 분할의 대상이 된다고 본다(대법원 1993. 5. 25. 선고 92므501 판결 등). 그러나 재산분할청구의 상대방이 혼인 전에 취득한 특유재산의 임대료 수입으로 부족한 생활비를 충당하고 재산분할청구인의 딸들의 유학비용 등을 지원하였을 뿐 재산분할청구인이 위 재산의 가치증가나 유지 또는 가치감소의 방지에 기여하였다고 볼 사정이 없는 경우에는 위 재산은 재산분할의 대상에서 제외된다(대법원 2007. 4. 26. 선고 2005므2552, 2569 판결). 그런데 하급심의 실무에서는 오히려 특유재산을 분할대상에 폭넓게 포함시키는 것이 원칙이고, 특별한 사정이 있는 경우에만 이를 분할대상에서 제외하고 있는 것처럼 운영되고 있다고 한다.

생각건대 청산적 요소라는 관점에서는, 타방이 적극적으로 특유재산의 유지에 협력하여 그 감소를 방지하거나 그 증식에 협력하였다고 인정하기 위하여는 혼인 전에 부부 일방이 취득한 아파트에 대한 융자금 채무를 일부 변제하였다거나(대법원 1996. 2. 9. 선고 94므635, 642 판결), 혼인기간 중 상대방이 운영하는 업체에서 일하였다는 것(대법원 1994. 5. 13. 선고 93므1020 판결)과 같이 가시적이고 유형적인 기여를 필요로 하고, 단순히 동거하면서 가사노동에 종사하였다는 것만으로는 이를 인정하기에 충분하지 않다고 보아야 할 것이다. 그러나 판례는 일방 배우자가 가사노동만을 한 경우에도 특유재산의 분할을 인정하는 것처럼 보인다(대법원 1994. 10. 25. 선고 94므734 판결; 1998. 2. 13. 선고 97므1486, 1493 판결 등). 다만 부양적 요소라는 관점에서는 배우자 일방의 부양이 필요한데 부부 쌍방의 협력으로 이룩한 재산의 분할만으로는 충분하지 못할 때에 한하여 이와 같은 특유재산의 감소 방지 또는 증식에의 협력이라는 사정이 없더라도 분할을 인정할 수 있을 것이다.

한편, 현실적으로는 재산분할청구의 대상이 되는 재산을 상대방 배우자가 파악하기가 쉽지 않다는 점이 문제가 된다. 그리하여 2009. 5. 8. 개정된 가사소송법은 재산명시 및 재산조회제도를 신설하였다. 그에 따르면 가정법원은 재산분할 청구사건을 위하여 직권으로 또는 당사자의 신청에 의하여 당사자에게 재산상태를 구체적으로 밝힌 재산목록을 제출하도록 명할 수 있고(48조의2), 재산명시절차에 따라 제출된 재산목록만으로는 재산분할 청구사건의 해결이 곤란하면 직권으로 또는 당사자의 신청에 의하여 당사자 명의의 재산에 관하여 조회할 수 있다(48조의3). 원래 재산명시와 재산조회는 집행권원을 가진 채권자의 집행을 위하여 인정되는 것인데(民執 61조 이하), 재산분할 등의 사건에서는 법원이 재판을 하기 위하여 필요할 때 할 수 있도록 한 것이다.

그 재산이 누구의 명의로 되어 있는가는 반드시 중요한 것이 아니다. 청구인 자신의 명의로 등기된 재산이나, 제3자에게 명의신탁된 재산이라도 분할청구를 할 수 있다(대법원 1993. 6. 11. 선고 92므1054 판결; 2013. 7. 12. 선고 2011므1116, 1123 판결 등). 나아가 제3자 명의의 재산이라도, 부부의 일방이 실질적으로 지배하고 있는 재산으로서 부부 쌍방의 협력에 의하여 형성된 것이거나 부부 쌍방의 협력에 의하여 형성된 유무형의 자원에 기한 것이라면, 그와 같은 사정도 참작하여야 한다는 의미에서 재산분할의 대상이 된다(대법원 1998. 4. 10. 선고 96므1434 판결 등). 그 재산이 분할할 수 없는 합유재산인 경우에도 마찬가지이다. 대법원 2009. 11. 12. 선고 2009므2840, 2857 판결은, 부부의 일방이 제3자와 합유하고 있는 재산 또는 그 지분은 이를 임의로 처분하지 못하므로 직접 당해 재산의 분할을 명할 수는 없으나, 그 지분의 가액을 산정하여 이를 분할의 대상으로 삼거나 다른 재산의 분할에 참작하는 방법으로 재산분할의 대상에 포함하여야 한다고 판시하였다.

변호사나 의사의 자격과 같이, 혼인 중 일방이 상대방의 도움으로 장래 고액의 소득을 얻게 하는 능력이나 전문적인 자격을 취득하였지만 아직 현실적으로 별다른 수입을 얻지 못한 경우, 이를 일종의 무형재산(이른바 new property)으로 보아 분할의 대상으로 삼을 수 있는가 하는 점은 문제이다. 이론적으로도 찬반의 양론이 있을 수 있고, 실제로도 그 가액을 어떻게 평가할 것인가 하는 점 등 어려운 문제가 있다. 대법원 1998. 6. 12. 선고 98므213 판결은, 박사학위를 소지한 경제학교수로서의 재산취득능력은 청산의 대상이 되는 재산에 포함시킬 수 없고, 기타 사정으로 참작하면 충분하다고 하였다.

장래 받을 수 있는 퇴직금, 연금 등도 재산분할의 대상이 될 수 있는가? 우선 부부 중 일방이 직장에서 일하다가 이혼 당시에 이미 퇴직금 등의 금원을 수령하여 소지하고 있는 경우에는 이를 청산의 대상으로 삼을 수 있고(대법원 1995. 3. 28. 선고 94므1584 판결), 재판분할의 대상이 되는 퇴직금에는 명예퇴직금도 포함된다(대법원 2011. 7. 14. 선고 2009므2628, 2635 판결). 그런데 종래의 판례는, 부부 일방이 아직 퇴직하지 아니한 채 직장에 근무하고 있으면, 그가 장차 퇴직금을 받을 개연성이 있다는 사정만으로 그 장래의 퇴직금을 청산의 대상이 되는 재산에 포함시킬 수 없고, 기타 사정으로 참작하면 족하다고 보고 있었다(대법원 1995. 5. 23. 선고 94므1713, 1720 판결 등). 그러나 대법원 2014. 7. 16. 선고 2013므2250 전원합의체 판결([판례 18])은 판례를 변경하여, 이혼 당시 부부 일방이 아직 재직 중이어서 실제 퇴직급여를 수령하지 않았더라도 이혼소송의 사실심 변론종결시에 이미 잠재적으로 존재하여 그 경제적 가치의 현실적 평가가 가능한 재산인 퇴직급여채권은 재산분할의 대상에 포함시킬 수 있는데, 구체적으로는 이혼소송의 사실심 변론종결시를 기준으로 그 시점에서 퇴직할 경우 수령할 수 있을 것으로 예상되는 퇴직급여 상당액의 채권이 그 대상이 된다고 하였다. 그런데 이러한 경우에 재산분할 의무자에게 다른 재산이 없을 수도 있으므로, 재산분할 재판을 보류하였다가 실제로 퇴직한 후 재산분할을 할 수 있도록 하는 등의 입법적인 개선이 필요하다.

또한 대법원 2014. 7. 16. 선고 2012므2888 전원합의체 판결([판례 19])은, 연금수급권자인 배우자가 매월 수령할 퇴직연금액 중 일정 비율에 해당하는 금액을 상대방 배우자에게 정기적으로 지급하는 방식의 재산분할도 가능하고, 공무원 퇴직연금수급권과 다른 일반재산을 구분하여 개별적으로 분할비율을 정할 수도 있다고 하였다.

위 전원합의체 판결들 후에 2015. 6. 22. 개정된 공무원연금법은, 배우자가 공무원으로서 재직한 기간 중의 혼인기간이 5년 이상인 자가 배우자와 이혼하였고, 65세가 되면 그가 생존하는 동안 배우자의 퇴직연금 또는 조기퇴직연금 중 혼인기간에 해당하는 연금액을 균등하게 나눈 금액의 분할연금을 받을 수 있도록 규정하면서(46조의3), 「민법」 839조의2 또는 843조에 따라 연금분할이 별도로 결정된 경우에는 그에 따른다(46조의4)고 규정하였고, 이 규정은 사립학교교직원의 연금에 관하여도 준용되었다(「사립학교교직원 연금법」 42조 1항). 그 후 2018. 3. 20. 전부개정된 공무원연금법 46조는 분할의 비율을 혼인기간에 해당하는 연금액을 균등하게 나눈 금액으로 한다는 45조 2항에도 불구하고 민법에 따라 연금분할이 별도로 결정된 경우에는 그에 따른다고 하여, 이는 공무원연금법상의 요건이 충족되어 발생한 분할연금 수급권을 전제로 연금의 분할비율을 산정하는 방법에 관한 특칙을 정한 것임을 명백히 하였다. 대법원 2019. 11. 15. 선고 2018두35155 판결은 2018년 개정 전의 공무원연금법이 적용되는 사건에 대하여도 그와 같은 취지로 판시하여, 분할연금 수급가능연령에 도달하지 않은 사람은 분할지급을 청구할 수 없다고 하였다.

대법원 2019. 10. 31. 선고 2018두32200 판결은, 공무원의 분할연금제도와 민법상 이혼에 따른 재산분할제도는 그 목적이나 입법취지가 서로 유사하고, 양 제도가 추구하는 실질적인 효과가 공통된다고 하여, 분할연금에 관한 규정을 해석하고 적용할 때 이혼에 따른 재산분할적 측면을 고려하지 않을 수 없다고 하였다.

또한 국민연금법은 혼인 기간이 5년 이상인 자가 60세가 된 이후에 노령연금 수급권자인 배우자와 이혼한 때의 배우자였던 자의 노령연금액에 관하여도 공무원

연금법과 같이 규정하고 있다(64조, 64조의2).

대법원 2019. 9. 25. 선고 2017므11917 판결은, 법원은 이혼당사자가 재산분할 청구 시, 공무원연금법이 정한 분할 청구권에 관한 규정에도 불구하고 이혼소송의 사실심 변론종결 시를 기준으로 그 시점에서 퇴직할 경우 수령할 수 있을 것으로 예상되는 퇴직급여 채권을 재산분할 대상에 포함할지 여부에 관하여서는, 여러 사정을 종합적으로 고려하여 결정할 수 있지만, 공무원연금법 28조 4호, 62조에서 정한 퇴직수당에 관하여서는 위와 같은 이혼배우자의 분할 청구권 규정이 적용되지 아니하므로, 이혼배우자의 협력이 기여한 것으로 인정된다면 이혼소송의 사실심 변론종결 시를 기준으로 예상되는 퇴직수당 상당액의 채권은 충분히 재산분할의 대상이 된다고 하였다.

그리고 대법원 2019. 6. 13. 선고 2018두65088 판결은 국민연금법상의 분할연금에 관하여, 민법에 따라 '연금의 분할에 관하여 별도로 결정된 경우'라고 보기 위해서는, 협의상 또는 재판상 이혼에 따른 재산분할절차에서 이혼당사자 사이에 연금의 분할 비율 등을 달리 정하기로 하는 명시적인 합의가 있었거나 법원이 이를 달리 결정하였음이 분명히 드러나야 하고, 연금의 분할 비율 등이 명시되지 아니한 경우에는, 재산분할절차에서 이혼배우자가 자신의 분할연금 수급권을 포기하거나 자신에게 불리한 분할 비율 설정에 동의하는 합의가 있었다거나 그러한 내용의 법원 심판이 있었다고 쉽게 단정해서는 안 된다고 하였다. 이 사건에서는 이혼 및 재산분할 사건에서 국민연금 수급권자의 배우자가 재산분할 명목으로 돈을 받고 다른 재산분할은 청구하지 않는다는 재판상 조정이 성립한 사건인데, 대법원은 이것만으로는 연금의 분할에 관하여 별도로 결정한 경우라고 보기 어렵다고 한 것이다.

그런데 헌법재판소 2016. 12. 29. 선고 2015헌바18 결정은, 국민연금법 64조 1항이 법률혼 관계에 있었지만 별거·가출 등으로 실질적인 혼인관계가 존재하지 않았던 기간을 일률적으로 혼인 기간에 포함시켜 분할연금을 산정하도록 하고 있는 것은 분할연금제도의 재산권적 성격을 몰각시키는 것이라고 하여 헌법불합치결정을 선고하였다. 이에 따라 2017. 12. 19. 개정된 위 법 64조 1항은, 배우자의 가입기간 중의 혼인 기간으로서 별거, 가출 등의 사유로 인하여 실질적인 혼인관계가 존재하지 아니하였던 기간을 5년의 혼인기간에서 제외하였다.

당사자 일방이 혼인 중 제3자에 대하여 부담한 채무는 원칙적으로 그 개인의 채무이므로 청산의 대상이 되지 아니한다. 그렇지만 주택융자금이나 혼인생활비로

쓰기 위한 차용금과 같이 공동 재산의 형성에 수반하여 부담한 채무는 개인명의의 채무라도 청산의 대상이 된다(대법원 1993. 5. 25. 선고 92므501 판결 등). 사실혼 관계에 있는 부부 일방이 혼인 중 공동재산의 형성에 수반하여 채무를 부담하였다가 사실혼이 종료된 후 그 채무를 변제한 경우 변제된 채무는 특별한 사정이 없는 한 청산 대상이 된다(대법원 2021. 5. 27. 선고 2020므15841 판결).

종래의 판례는, 공동 재산의 형성에 수반하여 부담하게 된 채무를 총 재산가액에서 공제한 뒤 남는 금액이 없는 경우에는 재산분할청구가 받아들여질 수 없다고 보고 있었다(대법원 1997. 9. 26. 선고 97므933 판결 등). 그러나 대법원 2013. 6. 20. 선고 2010므4071, 4088 전원합의체 판결([판례 20])은, 재산분할청구의 상대방이 그에게 귀속되어야 할 몫보다 더 많은 적극재산을 보유하고 있거나 소극재산의 부담이 더 적은 경우에는 적극재산을 분배하거나 소극재산을 분담하도록 하는 재산분할은 어느 것이나 가능하다고 하면서, 소극재산의 총액이 적극재산의 총액을 초과하여 재산분할을 한 결과가 결국 채무의 분담을 정하는 것이 되는 경우에도 법원은 그 채무의 성질, 채권자와의 관계, 물적 담보의 존부 등 일체의 사정을 참작하여 이를 분담하게 하는 것이 적합하다고 인정되면 그 구체적인 분담의 방법 등을 정하여 재산분할청구를 받아들일 수 있다고 하였다.

이러한 경우에 고려될 수 있는 분할방식으로는 상대방으로 하여금 일방의 채무를 인수하도록 명하는 것(채무인수방식)과, 상대방이 분담하여야 할 채무 상당액을 지급하게 하는 것(대상분할방식) 등이 있다. 실무상으로는 주로 후자의 방식이 이용되고 있다고 한다.

재판상 이혼 시의 재산분할 대상이 되는 재산은 이혼소송의 사실심 변론종결일을 기준으로 하여 정하여야 하고(대법원 2000. 9. 22. 선고 99므906 판결 등), 협의이혼에 따른 재산분할에 있어 분할의 대상이 되는 재산과 액수는 협의이혼이 성립한 날(이혼신고일)을 기준으로 정하여야 한다(대법원 2006. 9. 14. 선고 2005다74900 판결). 다만 혼인관계가 파탄된 이후 사실심 변론종결일 사이에 생긴 재산관계의 변동이 부부 중 일방에 의한 후발적 사정에 의한 것으로서 혼인 중 공동으로 형성한 재산관계와 무관하다는 등 특별한 사정이 있는 경우 그 변동된 재산은 재산분할 대상에서 제외하여야 하지만, 부부의 일방이 혼인관계 파탄 이후에 취득한 재산이라도 그것이 혼인관계 파탄 이전에 쌍방의 협력에 의하여 형성된 유형·무형의 자원에 기한 것이라면 재산분할의 대상이 된다(대법원 2019. 10. 31. 선고 2019므12549, 12556 판결: 혼인관계가 파탄된 시점까지 아파트의 분양대금 중 계약금 및 중도금 등을 납입하였으며, 혼인관계의 파탄 이후 잔금을 지급하고 갑 명의로 소유권이전등기를 마친 사안에서, 재산분할의 대상은 혼인관계 파탄 이전에 납입한 분양대금이 아니라 사실심 변론종결일 이전에 취득한 아파트가 된다고 한 사례).

대법원 2011. 3. 10. 선고 2010므4699, 4705, 4712 판결은, 부부의 일방이 실질적으로 혼자서 지배하고 있는 주식회사(이른바 '1인 회사')라고 하더라도 그 회사 소유의 재산을 바로 그 개인의 재산으로 평가하여 재산분할의 대상에 포함시킬 수는 없고, 주식회사와 같은 기업의 재산은 다양한 자산 및 부채 등으로 구성되는 것으로서, 그 회사의 재산에 대하여는 일반적으로 이를 종합적으로 평가한 후에야 1인 주주에 개인적으로 귀속되고 있는 재산가치를 산정할 수 있다고 하였다.

[판례 18] 대법원 2014. 7. 16. 선고 2013므2250 전원합의체 판결

2. 재산분할 청구 부분

가. 민법 제839조의2에 규정된 재산분할제도는 혼인 중에 부부 쌍방이 협력하여 이룩한 재산을 이혼 시에 청산·분배하는 것을 주된 목적으로 하는 제도이므로, 그 재산이 누구 명의로 되어 있는지 또는 그 관리를 누가 하고 있는지를 묻지 않고 분할의 대상이 된다(대법원 1999. 6. 11. 선고 96므1397 판결, 대법원 2013. 6. 20. 선고 2010므4071, 4088 전원합의체 판결 등 참조).

한편 근로자퇴직급여보장법, 공무원연금법, 군인연금법, 사립학교교직원연금법이 각 규정하고 있는 퇴직급여는 사회보장적 급여로서의 성격 외에 임금의 후불적 성격과 성실한 근무에 대한 공로보상적 성격도 지닌다(대법원 1995. 9. 29. 선고 95누7529 판결, 대법원 1995. 10. 12. 선고 94다36186 판결 등 참조). 그리고 이러한 퇴직급여를 수령하기 위하여는 일정기간 근무할 것이 요구되는바, 그와 같이 근무함에 있어 상대방 배우자의 협력이 기여한 것으로 인정된다면 그 퇴직급여 역시 부부 쌍방의 협력으로 이룩한 재산으로서 재산분할의 대상이 될 수 있는 것이다.

그런데 이에 관하여 이제까지 대법원은, 부부 일방이 이혼 당시 이미 퇴직하여 수령한 퇴직금은 재산분할의 대상이 되지만(대법원 1995. 3. 28. 선고 94므1584 판결 참조), 이혼 당시 아직 퇴직하지 아니한 채 직장에 근무하고 있는 경우에는 그의 퇴직일과 수령할 퇴직금이 확정되었다는 등의 특별한 사정이 없는 한 그가 장차 퇴직금을 받을 개연성이 있다는 사정만으로 그 장래의 퇴직금을 청산의 대상이 되는 재산에 포함시킬 수는 없고, 다만 위와 같이 장래 퇴직금을 받을 개연성이 있다는 사정은 민법 제839조의2 제2항 소정의 분할의 액수와 방법을 정하는 데 필요한 기타 사정으로 참작하면 충분하다는 입장을 견지하여 왔다(대법원 1995. 5. 23. 선고 94므1713, 1720 판결, 대법원 1998. 6. 12. 선고 98므213 판결 등). 대법원이 종래 위와 같은 입장을 취하여 온 이유는, 이혼 당시 아직 퇴직하지 아니한 채 직장에 근무하고 있는 경우에는 퇴직 시점을 알 수 없어 장래 수령할 퇴직금을 산정하기 어렵고, 회사의 파산, 징계해고, 형의 선고 등 사정변경으로 인하여 실제 퇴직금의 전부 또는 일부를 수령하지 못하게 될 가능성도 배제할 수 없으며, 기타 사정으로만 참작하더라도 공평한 재산분할이 가능하다고 판단한 데 있는 것으로 보인다.

나. 물론 퇴직급여채권은 퇴직이라는 급여의 사유가 발생함으로써 현실화되는 것이므로(대법원 1992. 9. 14. 선고 92다17754 판결, 대법원 2014. 4. 24. 선고 2013두26552 판결 등 참조), 이혼 시점에서는 어느 정도의 불확실성이나 변동가능성을 지닐 수밖에 없다. 그러나 그렇다고 하여 퇴직급여채권을 재산분할의 대상에서 제외하고 단지 장래의 그 수령가능성을 재산분할의 액수와 방법을 정하는 데 필요한 기타 사정으로만 참작하는 것은 부부가 혼인 중 형성한 재산관계를 이혼에 즈음하여 청산·분배하는 것을 본질로 하는 재산분할제도의 취지에 맞지 않고, 당사자 사이의 실질적 공평에도 반하여 부당하다. 이는 다음과 같은 점을 고려할 때 더욱 그러하다.

(1) 현실에서는 정상적으로 퇴직급여를 수령하는 경우가 훨씬 많은데, 위와 같은 불확실성이나 변동가능성을 이유로 퇴직급여채권을 재산분할의 대상에서 완전히 제외할 경우 오히려 불공평한 결과를 초래할 가능성이 크다. 특히 이혼 전에 퇴직한 경우와 비교하여 보면 현저한 차이가 발생하여, 혼인생활의 파탄에도 불구하고 퇴직급여를 수령할 때까지 이혼시기를 미루도록 사실상 강제하는 결과를 초래할 수 있다.

(2) 퇴직급여채권을 재산분할의 대상에서 제외하고 기타 사정으로만 참작할 경우에는 실제 어느 정도로 참작할지 그 기준이 명확하지 않고, 분할할 다른 재산이 없는 경우에는 아예 재산분할을 할 수 없으므로 공평한 재산분할을 담보하기 어렵다.

(3) 재산분할의 대상으로 인정되고 있는 다른 재산도 정도의 차이가 있을 뿐 장래 그 경제적 가치가 변동할 수 있고, 특히 채권은 기본적으로 장래 이행되지 않을 가능성이 내포되어 있다.

(4) 근로자는 퇴직하기 전에도 근로자퇴직급여보장법 제8조 제2항의 요건을 갖추면 계속근로기간에 대한 퇴직금을 미리 정산하여 지급받을 수 있고, 일반적으로 퇴직하기만 하면 그때부터 14일 이내에 퇴직급여를 받을 수 있다는 점에서 퇴직급여채권은 이행기의 정함이 없는 일반 채권과 실질적으로 큰 차이가 없고, 같은 법 제12조가 퇴직급여의 우선변제를 규정하고, 같은 법 제44조가 퇴직급여지급의무를 위반한 사용자의 형사처벌을 규정하고 있는 점을 고려하면 오히려 일반 채권보다 이행가능성이 크다고 볼 수도 있다.

다. 위와 같은 재산분할제도의 취지 및 여러 사정들에 비추어 볼 때, 비록 이혼 당시 부부 일방이 아직 재직 중이어서 실제 퇴직급여를 수령하지 않았더라도 이혼소송의 사실심 변론종결 시에 이미 잠재적으로 존재하여 그 경제적 가치의 현실적 평가가 가능한 재산인 퇴직급여채권은 재산분할의 대상에 포함시킬 수 있으며, 구체적으로는 이혼소송의 사실심 변론종결 시를 기준으로 그 시점에서 퇴직할 경우 수령할 수 있을 것으로 예상되는 퇴직급여 상당액의 채권이 그 대상이 된다고 할 것이다.

이와 달리 앞에서 본 바와 같이 부부 일방이 아직 퇴직하지 아니한 채 직장에 근무하고 있을 경우 그의 퇴직급여는 재산분할의 대상에 포함시킬 수 없고 단지 장래의 그 수령가능성을 분할의 액수와 방법을 정하는 데 필요한 기타 사정으로 참작하면 충분하다는 취지로 설시한 이제까지의 대법원판결들은 이 판결의 견해에 배치되는 범위 내에서 이를 모두 변경한다.

참고문헌

김정민, 민사재판의 제문제 23권; 배인구, 가족법연구 29권 1호; 이진기, 가족법연구 28권 3호; 최서은, 민사판례연구 37권; 현소혜, 조선대 법학논총 21권 2호

[판례 19] 대법원 2014. 7. 16. 선고 2012므2888 전원합의체 판결

2. 공무원 퇴직연금수급권의 재산분할 대상 여부에 관한 피고의 상고이유에 대하여

가. 민법 제839조의2에 규정된 재산분할제도는 혼인 중에 취득한 실질적인 공동재산을 청산·분배하는 것을 주된 목적으로 하는 것이므로, 부부가 재판상 이혼을 할 때 쌍방의 협력으로 이룩한 재산이 있는 한, 법원으로서는 당사자의 청구에 의하여 그 재산의 형성에 기여한 정도 등 당사자 쌍방의 일체의 사정을 참작하여 분할의 액수와 방법을 정하여야 한다(대법원 1998. 2. 13. 선고 97므1486, 1493 판결 등 참조).

이혼소송의 사실심 변론종결 당시에 부부 중 일방이 공무원 퇴직연금을 실제로 수령하고 있는 경우에, 위 공무원 퇴직연금에는 사회보장적 급여로서의 성격 외에 임금의 후불적 성격이 불가분적으로 혼재되어 있으므로(대법원 1995. 9. 29. 선고 95누7529 판결 등 참조), 혼인기간 중의 근무에 대하여 상대방 배우자의 협력이 인정되는 이상 공무원 퇴직연금수급권 중 적어도 그 기간에 해당하는 부분은 부부 쌍방의 협력으로 이룩한 재산으로 볼 수 있다.

따라서 재산분할제도의 취지에 비추어 허용될 수 없는 경우가 아니라면, 이미 발생한 공무원 퇴직연금수급권도 부동산 등과 마찬가지로 재산분할의 대상에 포함될 수 있다고 봄이 상당하다. 그리고 구체적으로는 연금수급권자인 배우자가 매월 수령할 퇴직연금액 중 일정 비율에 해당하는 금액을 상대방 배우자에게 정기적으로 지급하는 방식의 재산분할도 가능

하다고 할 것이다.

이때 그 재산분할에 의하여 분할권리자가 분할의무자에 대하여 가지게 되는 위와 같은 정기금채권은 비록 공무원 퇴직연금수급권 그 자체는 아니더라도 그 일부를 취득하는 것과 경제적으로 동일한 의미를 가지는 권리인 점, 재산분할의 대상인 공무원 퇴직연금수급권이 사회보장적 급여로서의 성격이 강하여 일신전속적 권리에 해당하여서 상속의 대상도 되지 아니하는 점 등을 고려하면, 분할권리자의 위와 같은 정기금채권 역시 제3자에게 양도되거나 분할권리자의 상속인에게 상속될 수 없다고 봄이 상당하다.

물론 위와 같은 정기금 방식의 재산분할의 경우에는 강제집행의 불편함과 어려움이 예상된다고 할는지 모르나, 분할의무자가 정당한 이유 없이 정기금을 지급하지 아니하면 가정법원은 가사소송법 제64조에 의하여 이행명령을 내릴 수 있고, 정당한 이유 없이 위 이행명령을 위반할 경우에는 같은 법 제67조 제1항에 의하여 1천만 원 이하의 과태료를 부과할 수 있으며, 정기금의 지급을 명령받고도 3기 이상 그 의무를 이행하지 아니한 경우에는 같은 법 제68조에 의하여 30일의 범위에서 그 의무를 이행할 때까지 분할의무자를 감치할 수 있는 등으로, 간접적으로 그 이행을 강제할 수 있는 방법도 있다.

그럼에도 연금수급권자인 배우자의 여명을 확정할 수 없다는 등의 이유만으로 공무원 퇴직연금수급권을 재산분할의 대상에서 제외하고 이를 재산분할의 내용과 방법을 정함에 있어서 참작되는 '기타 사정'에만 해당한다고 한다면, ① 공무원인 배우자가 퇴직급여를 연금이 아닌 일시금의 형태로 수령한 경우와 비교하여 현저히 불공평한 결과가 초래되고, ② '기타 사정'으로 참작한다고 하더라도 어느 정도로 참작하여야 하는지 명확한 기준이 없고, 분할할 다른 재산이 얼마나 있는지 등에 따라 기타 사정으로도 충분히 참작할 수 없거나 아예 참작할 수 없는 결과가 초래될 수 있으며, ③ 국민연금법 제64조가 혼인기간이 5년 이상인 경우 이혼한 배우자의 노령연금액 중 혼인기간에 해당하는 연금액의 절반을 지급받을 수 있도록 규정하고 있는 것과도 균형이 맞지 아니하므로, 혼인 중에 취득한 부부의 공동재산을 공평하게 청산·분배하기 위한 재산분할제도의 취지에 반하게 된다.

다만 위와 같은 정기금 방식의 재산분할에서 예상되는 이행 내지 집행의 어려움 등을 고려하여 보면, 분할권리자가 공무원 퇴직연금수급권에 대한 재산분할을 원하지 아니하거나, 혼인기간이 너무 단기간이어서 매월 지급할 금액이 극히 소액인 경우 등 퇴직연금 자체를 재산분할의 대상으로 하는 것이 적절하지 아니한 특별한 사정이 있는 경우에는 당사자들의 자력 등을 고려하여 이를 재산분할의 대상에서 제외하고 기타 사정으로만 고려하는 것도 허용될 수 있다고 할 것이다.

이와 달리 공무원 퇴직연금은 수급권자의 사망으로 그 지급이 종료되는데 수급권자의 여명을 확정할 수 없으므로 그 자체를 재산분할의 대상으로 할 수 없고, 다만 이를 분할액수와 방법을 정함에 있어서 참작되는 '기타의 사정'으로 삼는 것으로 족하다는 취지의 대법원 1997. 3. 14. 선고 96므1533, 1540 판결, 대법원 2006. 7. 13. 선고 2005므1245, 1252 판결 및 대법원 2009. 6. 9.자 2008스111 결정 등을 비롯하여 그러한 취지의 재판들은 이 판결의 견해에 배치되는 범위 내에서 이를 모두 변경하기로 한다.

나. 원심은, 피고가 1977년 경찰공무원으로 임용된 사실, 원고는 1993년 피고와 혼인하여 약 15년간 혼인생활을 하면서 가사를 전담하였고, 피고는 2006년 경찰공무원에서 퇴직하여 그때로부터 퇴직연금을 수령하여 현재 매월 2,128,600원의 퇴직연금을 받고 있는 사실 등을 인정한 다음, 그 판시와 같은 이유로 피고의 퇴직연금수급권을 재산분할의 대상으로 인정하고, 그에 따라 피고는 원고에게 이 판결 확정일 다음날부터 피고가 사망하기 전날까지 피고가 매월 지급받는 공무원연금액 중 일정 비율에 의한 돈을 매월 말일에 지급할 의무가 있다고 판단하였다.

앞서 본 법리에 비추어 보면, 원심이 피고의 공무원 퇴직연금수급권 자체를 재산분할의 대상으로 인정한 조치는 정당하다. 거기에 피고의 상고이유 주장과 같이 재산분할의 대상에 관한 법리를 오해한 위법이 있다고 할 수 없다.

3. 재산분할비율의 산정에 관한 쌍방의 상고이유에 대하여

이들 상고이유와 관련하여 직권으로 살펴본다.

가. 민법 제839조의2 제2항의 취지에 비추어 볼 때, 재산분할비율은 개별재산에 대한 기여도를 일컫는 것이 아니라 기여도 기타 모든 사정을 고려하여 전체로서의 형성된 재산에 대하여 상대방 배우자로부터 분할받을 수 있는 비율을 일컫는 것이라고 봄이 상당하므로, 법원이 합리적인 근거 없이 분할대상 재산들을 개별적으로 구분하여 분할비율을 달리 정하는 것은 허용될 수 없다(대법원 2002. 9. 4. 선고 2001므718 판결 등 참조).

그러나 공무원 퇴직연금수급권에 대하여 위와 같이 정기금 방식으로 재산분할을 할 경우에는 대체로 가액을 특정할 수 있는 다른 일반재산과는 달리 공무원 퇴직연금수급권은 연금수급권자인 배우자의 여명을 알 수 없어 가액을 특정할 수 없는 등의 특성이 있으므로, 재산분할에서 고려되는 제반 사정에 비추어 공무원 퇴직연금수급권에 대한 기여도와 다른 일반재산에 대한 기여도를 종합적으로 고려하여 전체 재산에 대한 하나의 분할비율을 정하는 것이 형평에 부합하지 아니하는 경우도 있을 수 있다. 그러한 경우에는 공무원 퇴직연금수급권과 다른 일반재산을 구분하여 개별적으로 분할비율을 정하는 것이 타당하고, 그 결과 실제로 분할비율이 달리 정하여지더라도 이는 분할비율을 달리 정할 수 있는 합리적 근거가 있는 경우에 해당한다고 할 것이다. 그 경우에 공무원 퇴직연금의 분할비율은 전체 재직기간 중 실질적 혼인기간이 차지하는 비율, 당사자의 직업 및 업무내용, 가사 내지 육아 부담의 분배 등 상대방 배우자가 실제로 협력 내지 기여한 정도 기타 제반 사정을 종합적으로 고려하여 정하여야 한다.

나. 원심은 공무원 퇴직연금수급권과 다른 일반재산을 구분하지 아니한 채 전체 재산에

대하여, 재산형성의 경위, 원고와 피고의 실질적인 혼인생활의 기간이 약 15년 이상인 점, 재산분할의 대상이 되는 재산 중 이 사건 아파트는 피고가 원고와 혼인하기 전에 취득한 재산이고, 그 외 대부분의 재산은 피고의 급여로 형성된 점, 피고가 주식투자를 통하여 상당한 수익을 거둔 점, 반면에 원고는 별다른 재산이 없고, 대부분의 혼인생활 동안 가정주부로 지낸 원고에 대한 부양적 요소를 고려할 필요가 있는 점 등 변론에 나타난 모든 사정을 종합하면, 재산분할비율은 원고 30%, 피고 70%로 정함이 상당하다고 한 다음, 일반재산과 공무원 퇴직연금을 나누어서, ① 일반재산에 대하여는, 적극재산과 소극재산을 모두 현재의 명의인에게 확정적으로 귀속시키되, 피고는 원·피고의 순재산 합계액 중 30%에 해당하는 금액에서 원고의 순재산을 공제한 금액에 해당하는 237,000,000원을 원고에게 지급하고, ② 공무원 퇴직연금에 대하여는 피고가 사망할 때까지 매월 수령하는 퇴직연금액 중 마찬가지로 30%의 비율에 의한 돈을 매월 말일에 원고에게 지급하라고 판단하였다.

다. 그러나 원심판결 이유 및 기록에 의하면, 피고의 공무원 연금수급의 기초가 되는 재직기간이 모두 29년인데 그 중 원고와의 혼인기간이 13년이어서 그 혼인기간이 피고의 전체 재직기간의 40% 정도에 그침을 알 수 있다. 그럼에도 퇴직연금의 30%를 원고에게 귀속시키는 것은 실질적 혼인기간의 고려라는 점에서만 보면 그 혼인기간에 해당하는 퇴직연금의 대부분을 원고에게 돌리는 것과 같은 결과가 된다. 사정이 이러하다면, 공무원 퇴직연금수급권과 다른 일반재산에 대하여 일괄하여 분할비율을 정할 것이 아니라 공무원 퇴직연금수급권과 일반재산을 구분하여 개별적으로 분할비율을 정하는 것이 보다 합리적이 아닌지를 검토하여 볼 여지가 충분하다. 따라서 원심으로서는 먼저 기록에 나타난 모든 사정을 종합하여 공무원 퇴직연금수급권과 일반재산에 대하여 분할비율을 일괄하여 정하는 것이 타당한지 아니면 개별적으로 정하는 것이 타당한지를 면밀하게 심리한 다음 그에 따라 가장 합리적이고 공평한 분할비율을 정하였어야 한다.

그럼에도 이 점에 관하여 심리하지 아니한 채 만연히 공무원 퇴직연금수급권과 다른 일반재산을 구분하지 아니하고 일괄하여 분할비율을 정한 원심의 판단에는 필요한 심리를 다하지 아니하거나 재산분할비율의 산정에 관한 법리를 오해하여 판결에 영향을 미친 위법이 있다.

참고문헌

김정민, 사법 30호; 이지은, 민사법학 70호

[판례 20] 대법원 2013. 6. 20. 선고 2010므4071, 4088 전원합의체 판결

1. 재산분할 제도는 이혼 등의 경우에 부부가 혼인 중 공동으로 형성한 재산을 청산·분배하는 것을 주된 목적으로 한다. 이는 민법이 혼인 중 부부의 어느 일방이 자기 명의로 취득한 재산은 그의 특유재산으로 하는 부부별산제를 취하고 있는 것을 보완하여, 이혼을 할 때는 그 재산의 명의와 상관없이 재산의 형성 및 유지에 기여한 정도 등 실질에 따라 각자의 몫을 분할하여 귀속시키고자 하는 제도이다. 따라서 부부가 이혼을 할 때 쌍방의 협력으로 이룩한 적극재산이 있는 경우는 물론 부부 중 일방이 제3자에 대하여 부담한 채무라도 그것이 공동재산의 형성에 수반하여 부담한 것이거나 부부 공동생활관계에서 필요한 비용 등을 조달하는 과정에서 부담한 것이면 재산분할의 대상이 된다(대법원 1993. 5. 25. 선고 92므501 판결 등 참조).

민법도 재산분할에 관하여 "이혼한 자의 일방은 다른 일방에 대하여 재산분할을 청구할 수 있다"고 하고, 나아가 "가정법원은 당사자의 청구에 의하여 당사자 쌍방의 협력으로 이룩한 재산의 액수 기타 사정을 참작하여 분할의 액수와 방법을 정한다"고 규정하고 있을 뿐(제839조의2 제1항 및 제2항), 분할대상인 재산을 적극재산으로 한정하고 있지 않다. 따라서 이혼 당사자 각자가 보유한 적극재산에서 소극재산을 공제하는 등으로 재산상태를 따져 본 결과 재산분할 청구의 상대방이 그에게 귀속되어야 할 몫보다 더 많은 적극재산을 보유하고 있거나 소극재산의 부담이 더 적은 경우에는 적극재산을 분배하거나 소극재산을 분담하도록 하는 재산분할은 어느 것이나 가능하다고 보아야 하고, 후자의 경우라고 하여 당연히 재산분할 청구가 배척되어야 한다고 할 것은 아니다. 그러므로 소극재산의 총액이 적극재산의 총액을 초과하여 재산분할을 한 결과가 결국 채무의 분담을 정하는 것이 되는 경우에도 법원은 그 채무의 성질, 채권자와의 관계, 물적 담보의 존부 등 일체의 사정을 참작하여 이를 분담하게 하는 것이 적합하다고 인정되면 그 구체적인 분담의 방법 등을 정하여 재산분할 청구를 받아들일 수 있다 할 것이다. 그것이 부부가 혼인 중 형성한 재산관계를 이혼에 즈음하여 청산하는 것을 본질로 하는 재산분할 제도의 취지에 맞고, 당사자 사이의 실질적 공평에도 부합한다.

이와 달리 부부의 일방이 청산의 대상이 되는 채무를 부담하고 있어 총 재산가액에서 채무액을 공제하면 남는 금액이 없는 경우에는 상대방의 재산분할 청구는 받아들여 질 수 없다고 한 대법원 1997. 9. 26. 선고 97므933 판결, 대법원 2002. 9. 4. 선고 2001므718 판결 등은 위 견해에 저촉되는 범위에서 이를 모두 변경한다.

다만 재산분할 청구 사건에 있어서는 혼인 중에 이룩한 재산관계의 청산뿐 아니라 이혼 이후 당사자들의 생활보장에 대한 배려 등 부양적 요소 등도 함께 고려할 대상이 되므로, 재산분할에 의하여 채무를 분담하게 되면 그로써 채무초과 상태가 되거나 기존의 채무초과

상태가 더욱 악화되는 것과 같은 경우에는 그 채무부담의 경위, 용처, 채무의 내용과 금액, 혼인생활의 과정, 당사자의 경제적 활동능력과 장래의 전망 등 제반 사정을 종합적으로 고려하여 채무를 분담하게 할지 여부 및 그 분담의 방법 등을 정할 것이고, 적극재산을 분할할 때처럼 재산형성에 대한 기여도 등을 중심으로 일률적인 비율을 정하여 당연히 분할 귀속되게 하여야 한다는 취지는 아니라는 점을 덧붙여 밝혀 둔다.

참고문헌

이동진, 가족법연구 26권 3호; 전보성, 민사판례연구 30권; 정구태, 조선대학교 법학논총 20권 2호; 진현민, 민사판례연구 36권

생각할 점

1. 이 판결의 반대의견과 2개의 별개의견은, 법원이 이혼한 부부 사이에 채무인수를 명하는 재산분할심판을 하더라도 제3자인 채권자가 그에 따라야 할 의무는 없고, 채권자가 채무인수를 승낙하지 않으면 그 심판은 실효가 없을 것이라는 이유로 다수의견에 반대한다. 이 점에 대하여 생각해 보라.
2. 반대의견과 2개의 별개의견은 결과에서 어떠한 차이가 있는가?

(ii) 재산분할의 방법

우선 재산분할의 비율이 문제된다. 이른바 잉여공동제를 취하는 독일의 경우에는 잉여재산의 1/2에 대한 권리를 이혼배우자에게 인정한다. 근래 우리 법에서도 분할비율을 원칙적으로 50%로 하여야 한다는 주장이 해석론 또는 입법론으로 제기되고 있다. 최근 재산분할비율을 50%로 하는 예가 늘어나고 있기는 하지만, 아직 분할비율을 원칙적으로 50%로 하고 있지는 않다. 그러므로 현재로는 분할비율의 결정은 법관의 재량에 맡겨져 있다. 이때 분할비율은 분할대상 재산 전체에 대하여 산정하여야 하고, 개별 재산별로 산정할 것은 아니다(대법원 2002. 9. 4. 선고 2001므718 판결 등). 다만 대법원 2014. 7. 16. 선고 2012므2888 전원합의체 판결([판례 19])은, 공무원 퇴직연금수급권과 다른 일반재산의 분할비율은 달리 정할 수 있다고 하였다.

일반적으로 처가 분할청구를 하는 경우를 상정한다면, 이른바 맞벌이의 경우에는 그 비율을 50%로 하는 예가 많고, 처가 남편이 경영하는 사업에 협력하는 경우(가업협력형)의 경우에는 그 협력의 정도에 따라 50%나 그 이하로 인정하며, 처가

가사노동에만 종사하는 이른바 전업주부의 경우에는 대체로 1/3 정도로 보고 있으나, 근래에는 전업주부의 경우에도 실질적 혼인기간이 길어지면 그 비율을 높게 인정하는 경향이 있다.

실제로 재산분할은 어떤 방법에 의하는가? 이에는 현물분할, 경매분할 및 대상분할(분할대상 재산을 일방의 소유로 귀속시키고 그 대신 상대방 배우자에게 금전의 지급의무를 명하게 하는 것)이 있는데, 실무상은 대상분할이 일반적이다. 대법원 1997. 7. 22. 선고 96므318, 325 판결은 부부 일방의 단독재산을 쌍방의 공유로 하는 방법에 의한 분할도 가능하다고 하였다. 당사자가 소송 중에 일부 재산에 관한 분할방법에 관한 합의를 하였다고 하더라도, 재산분할사건은 가사비송사건으로서 직권탐지주의가 적용되므로, 법원으로서는 당사자가 합의한 대로 분할을 하여야 하는 것은 아니다(대법원 2013. 7. 12. 선고 2011므1116, 1123 판결).

그리고 재산분할에 관한 판결의 이유에서 부부가 처의 친정에 대하여 부담하고 있는 공동채무를 처에게 귀속시킨다고 설시한 경우, 그 판결이 그대로 확정된다 하더라도 그로써 위 채무 중 남편이 부담하여야 할 부분이 처에게 면책적으로 인수되는 법률적 효력이 발생한다고 볼 근거는 없으므로, 위 채무가 모두 처에게 귀속됨을 전제로 이를 재산분할금에 가산하여 재산분할의 판결을 할 수는 없다(대법원 1999. 11. 26. 선고 99므1596, 1602 판결).

대법원 1998. 11. 13. 선고 98므1193 판결은, 이혼소송과 병합하여 재산분할청구를 하여 법원이 이혼과 동시에 재산분할을 명하는 경우에는 가집행선고를 붙일 수 없다고 하였다. 재산분할청구권은 이혼이 확정되어야 성립하기 때문이다. 마찬가지로 법원이 이혼과 동시에 재산분할로서 금전의 지급을 명하는 판결을 하는 경우에는 그 금전지급채무에 관하여는 그 판결이 확정된 다음날부터 이행지체책임을 지게 되고, 따라서 「소송촉진 등에 관한 특례법」 3조 1항 단서에 의하여 같은 조항 본문에 정한 이율이 적용되지 아니한다(대법원 2001. 9. 25. 선고 2001므725, 732 판결).

그런데 대법원 2014. 9. 4. 선고 2012므1656 판결은, 이혼이 먼저 성립한 후에 재산분할로 금전의 지급을 명하는 경우에도, 협의 또는 심판에 의하여 구체적 내용이 형성되기까지는 그 범위 및 내용이 불명확하기 때문에 구체적으로 권리가 발생하였다고 할 수 없으므로 재산분할의 방법으로 금전의 지급을 명한 부분은 가집행선고의 대상이 될 수 없다고 하였으나, 이에는 찬성하기 어렵다. 법원이 이혼이 확정된 다음 재산분할청구권의 구체적 내용을 형성하는 재판을 하는 이상, 가집행선고를 할 수 있고, 선고한 다음날부터는 위 특례법에 의한 이율도 적용되어야 할 것이다.

재산분할청구권은 이혼한 날로부터 2년의 제척기간을 경과하면 소멸한다(839조의2 3항). 그러나 청구인 지위에서 대상 재산에 대해 적극적으로 재산분할을 청구하는 것이 아니라, 이미 세기된 재산분할청구 사건의 상대방 지위에서 분할대상 재산을 주장하는 경우에는 제척기간이 적용되지 않는다. 상대방의 지위에서 청구인의 적극재산 등을 분할대상 재산으로 주장하는 것은 청구인의 재산분할심판 청구에 대하여 일종의 방어방법을 행사하는 것으로 볼 수 있고, 이를 청구인의 지위에서 적극적으로 대상 재산의 분할심판을 구하는 것과 동일하게 평가할 수 없기 때문이다(대법원 2022. 11. 10.자 2021스766 결정).

(iii) 재산분할의 효과

재산분할의 협의 또는 재산분할을 명하는 판결에는 그 내용에 따른 재산분할의 효과가 부여된다. 여기에서는 특기할 만한 몇 가지 점에 관하여만 설명한다.

먼저, 재산분할을 명하는 판결이 확정되었다 하더라도 종전의 재판에서 분할대상인지 여부가 전혀 심리된 바 없는 재산이 재판확정 후 추가로 발견된 경우에는 이에 대하여 추가로 재산분할청구를 할 수 있다(대법원 2003. 2. 28. 선고 2000므582 판결). 다만 이러한 추가 재산분할청구 역시 이혼한 날부터 2년 이내라는 제척기간을 준수하여야 한다(대법원 2018. 6. 22.자 2018스18 결정).

그리고 구 상속세법은 재산분할청구에 의하여 상속세법상의 인적공제액을 초과하는 재산을 취득한 경우에 이를 증여로 보아 증여세를 부과하고 있었으나, 헌법재판소 1997. 10. 30. 선고 96헌바14 결정은 이혼 시 재산분할제도는 본질적으로 혼인 중 쌍방의 협력으로 형성된 공동재산의 청산이라는 성격에, 경제적으로 곤궁한 상대방에 대한 부양적 성격이 보충적으로 가미된 제도로서, 증여와는 하등의 관련이 없다는 이유로 그에 대한 증여세의 부과는 위헌이라고 하였다. 한편 대법원 2003. 8. 19. 선고 2003두4331 판결은 재산분할에 의한 부동산 소유권 이전은 취득세의 비과세대상을 한정적으로 규정한 지방세법 110조 4호의 '공유권의 분할로 인한 취득' 및 등록세의 비과세대상을 규정한 지방세법 131조 1항 5호의 '공유물분할'에 해당하지 아니한다고 하였다.

재산분할이 채권자취소의 대상인 사해행위가 될 수 있는가? 원칙적으로는 부정할 이유가 없으나, 다만, 그것이 상당한 범위 내의 것이라면 사해행위가 아니라고 보아야 할 것이다. 판례(대법원 2000. 7. 28. 선고 2000다14101 판결, [판례 21] 등)는, 재산분할이 839조의2 2항 규정의 취지에 따른 상당한 정도를 벗어나는 과대한 것이라고 인정할 만한 특별한 사정이 없는 한 사해행위로서 채권자에 의한 취소의 대상으로 되는 것은 아니고, 다만 위와 같은 상당한 정도를 벗어나는 초과부분에 관한 한 적법한 재산분할이라고 할 수 없기 때문에 그 취소의 대상으로 될 수 있는데, 위와 같이 상당한 정도를 벗어나는 과대한 재산분할이라고 볼 만한 특별한 사정이 있다는 점에 관한 증명책임은 채권자에게 있다고 판시하였다. 학설은 이처럼 상당한 범위 내에서는 사해행위가 되지 않는 이유는, 재산분할 가운데 청산적 요소는 자신의 기여분을 되찾아가는 것이므로 특별히 상대방에게 이익을 주는 것이라고는 할 수 없고, 부양적 요소의 경우에는 民執 246조 1항 1호가 부양료를 압류금지채권으로 규정하고 있는 점 등 다른 채권에 비하여 우선적인 지위를 부여하고 있기 때문이라고 설명한다. 다만 판례가 상당한 정도를 벗어났다는 점에 대한 증명책임을 채권자에게 부담시키는 데 대하여는, 부부 사이의 재산관계는 채권자보다는 부부가 더 잘 알 수 있으므로 채권자보다는 증명이 쉽다는 점에서, 수익자인 부부 일방이 상당한 정도를 벗어나지 않았다는 점을 주장하고, 증명하여야 한다는 견해도 있다.

그런데 이른바 가장이혼, 즉 당사자들이 공동생활관계를 유지할 의사가 있으면서도 협의이혼을 하고 그에 부수하여 재산분할의 합의를 한 경우에는 어떠한가? 판례는 이러한 경우에도 위 협의이혼을 무효로 보기 어렵다면, 그에 따른 재산분할은 협의이혼에 따른 진정한 재산분할로 봄이 상당하고, 다만 그것이 재산분할로서 상당한 정도를 넘는 과대한 것이라면 그 상당한 정도를 벗어나는 부분에 한해서 사해행위 취소의 대상으로 될 수 있을 뿐이라고 한다(대법원 2016. 12. 29. 선고 2016다249816 판결). 그러나 이러한 경우에는 법률혼이 사실혼으로 바뀐 것이므로(이혼의 무효에 관한 위 2. 나. 참조), 사실혼 상태를 지속하면서 재산분할을 하는 것이 인정되지 않는다면, 이러한 재산분할 합의는 허위표시에 해당한다고 볼 여지도 있고, 아니라 하더라도 이를 일반적인 이혼에 따른 재산분할과 같이 취급하는 것은 문제가 있다.

재산분할이 상당한 것인지의 여부를 판단함에 있어 위자료까지 고려할 것인지에 관하여 논의가 있다. 판례(대법원 2001. 5. 8. 선고 2000다58804 판결 등)는 재산분할은 분할자의 유책행위에 의하여 이혼함으로 인하여 입게 되는 정신적 손해를 배상하기 위한 급부로서의 성질까지 포함하여 분할할 수도 있다고 판시하여, 재산분할의 상당성 여부를 판단함에는 위자료도 고려하여야 한다고 보았다. 그러나 이는 재산분할청구권이 성질상 위자료적인 요소도 포함한다는 의미는 아니고, 당사자는 재산분할의 합의를 할 때 위자료까지 포함하여 약정하는 것이 일반적이므로 원칙적으로는 양자를 다 같이 고려하여 사해행위 여부를 따져야 한다는 의미로 이해하여야 한다(대법원 2005. 1. 28. 선고 2004다58963 판결 참조).

[판례 21] 대법원 2000. 7. 28. 선고 2000다14101 판결

2. 이혼에 따른 재산분할로 받은 것이라는 점에 대하여

이미 채무초과 상태에 있는 채무자가 이혼을 함에 있어 자신의 배우자에게 재산분할로 일정한 재산을 양도함으로써 결과적으로 일반 채권자에 대한 공동담보를 감소시키는 결과로 되어도, 위 재산분할이 민법 제839조의2 제2항 규정의 취지에 따른 상당한 정도를 벗어나는 과대한 것이라고 인정할 만한 특별한 사정이 없는 한 사해행위로서 채권자에 의한 취소의 대상으로 되는 것은 아니라고 할 것이고, 다만 위와 같은 상당한 정도를 벗어나는 초과부분에 관한 한 적법한 재산분할이라고 할 수 없기 때문에 그 취소의 대상으로 될 수 있다고 할 것인바, 위와 같이 상당한 정도를 벗어나는 과대한 재산분할이라고 볼 만한 특별한 사정이 있다는 점에 관한 입증책임은 채권자에게 있다고 할 것이다.

원심판결 이유와 기록에 의하면, 피고는 1991년경부터 위 소외인을 만나 동거하다가 1994. 12. 30. 혼인신고를 마쳤는바, 1998. 3. 20.경 가정불화로 말미암아 협의에 의한 이혼을 약정함에 있어 위 소외인은 피고에게 이 사건 부동산 전체를 이혼에 따른 위자료 등 명목으로 증여하기로 함으로써 실질적으로 협의에 의한 재산분할로 이 사건 부동산을 양도한 사실이 인정되는바, 이에 의하면 피고가 이 사건 부동산을 취득한 것은 일응 이혼으로 인한 협의 재산분할에 따른 것으로서 적법한 것으로 보여져 사해행위 취소의 대상이 된다고 할 수 없을 것이다. 그러나 한편 기록에 의하여 인정되는 피고와 위 소외인이 서로 만나 동거하면서 혼인에 이르게 된 경위, 위 소외인이 이 사건 부동산을 분양받을 수 있었던 사정, 피고와 위 소외인이 파경에 이르게 된 경위 및 양자가 이혼 후 소유하게 되는 재산의 정도와 함께 위 소외인이 피고에게 이 사건 부동산 전체를 재산분할로 양도함으로써 위 소외인에게 집행 가능한 재산은 전무해지는 반면 채권자인 원고의 승계참가인이 위 소외인에 대하여 가지는 채권은 원금만 하여도 금 4억 원에 이르는 사실 및 기타 제반 사정을 참작하면 위 소외인이 피고에게 이 사건 부동산 전체를 재산분할로서 양도하는 것은 그 상당성을 넘는 것이라고 보여지므로, 사실심인 원심 법원으로서는 피고와 위 소외인의 이혼으로 인한 재산분할과 관련된 위와 같은 제반 사정을 좀 더 심리한 후 피고가 위 소외인으로부터 받을 수 있는 위자료를 제외한 상당한 재산분할의 액수를 확정한 다음 그 상당한 정도를 초과하는 부

분에 한하여 사해행위로서 그 취소를 명하였어야 할 것이다.

그럼에도 불구하고, 원심은 이 사건 부동산의 증여가 이혼에 수반되는 상당한 재산분할이라고 볼 만한 증거가 없다는 이유로 피고가 이 사건 부동산을 증여받은 것이 사해행위에 해당하지 않는다는 주장을 배척하였는바, 이에는 재산분할에 이르게 된 사정에 관한 심리미진 내지 사해행위 취소의 대상으로서의 재산분할에 관한 법리오해의 위법이 있다고 하지 않을 수 없다.

참고문헌

이상민, 민사판례연구 24권; 한애라, 인권과 정의 1999. 3

생각할 점

상당한 정도를 벗어나는 과대한 재산분할이라고 볼 만한 사정에 대하여 채권자가 증명책임을 지게 하는 것은 타당한가?

㈑ 재산분할청구권의 보전을 위한 채권자취소권

재산분할청구권이 채권자취소권의 피보전권리가 될 수 있는가에 대하여는 논란이 있었으나, 2007년 개정된 839조의3은 재산분할청구권의 보전을 위한 사해행위취소권을 명문으로 인정함으로써 문제를 해결하였다. 이러한 사해행위취소권의 성질은 406조의 채권자취소권과는 반드시 같지 않다. 판례는 사해행위 당시에 이미 채권 성립의 기초가 되는 법률관계가 발생되어 있고, 가까운 장래에 그 법률관계에 기하여 채권이 성립되리라는 고도의 개연성이 있으며, 실제로 가까운 장래에 그 개연성이 현실화되어 채권이 성립된 경우에는 그 채권도 채권자취소권의 피보전채권이 될 수 있다고 하는 이른바 기초적 법률관계 이론을 채택하고 있으나(대법원 1995. 11. 28. 선고 95다27905 판결 등), 839조의3에 의한 채권자취소권은 아직 이혼이 성립하지 않아서 재산분할청구권이 발생하기 전에도 행사할 수 있다. 그러므로 아직 이혼이 성립하지 않았어도 상대방 배우자에게 사해의 의사가 있다면 채권자취소권을 행사할 수 있다. 구체적으로는 혼인이 파탄된 시점 이후가 될 것이다.

재산분할의 대상은 특정물일 수 있는데, 일반적으로는 이러한 특정물채권을 보전하기 위한 채권자취소권이 인정되지 않는다. 그러면 재산분할청구권의 보전을 위한 경우에도 마찬가지인가? 견해의 대립이 있으나, 일반적인 채권자취소권은 모든 채권자들의 공동담보인 채무자의 책임재산을 보전하기 위한 것이지만, 재산분할청구권의 보전을 위한 채권자취소권은 재산분할청구권 자체의 보전을 위한 것이므로 그 재산분할의 구체적인 결과가 특정물이라 하여 보전의 필요성을 부정할 이유는 없다고 생각된다. 실제로는 재산분할의 결과는 법원의 재판에 의하여 비로소 정해지므로, 그 전에 특정물채권을 보전하기 위한 것이라는 이유로 보전의 필요성을 부정할 것은 아니다.

(마) 재산분할청구권의 제척기간

재산분할청구권은 이혼한 날부터 2년이 경과하면 소멸한다(839조의2 3항). 이 기간은 제척기간이므로, 가정법원은 직권으로 조사하여야 하고, 제척기간이 경과하였다면 심판청구를 각하하여야 한다(대법원 1994. 9. 9. 선고 94다17536 판결). 대법원 2018. 6. 22.자 2018스18 결정은, 재산분할재판에서 분할대상인지 여부가 전혀 심리된 바 없는 재산이 재판확정 후 추가로 발견된 경우에는 이에 대하여 추가로 재산분할청구를 할 수 있지만, 추가 재산분할청구 역시 이혼한 날부터 2년 이내라는 제척기간을 준수하여야 한다고 하였다.

사실혼이 해소된 경우에는 사실혼 해소 후 2년 내에 재산분할을 청구하여야 한다. 다만 대법원 2000. 8. 18. 선고 99므1855 판결은, 당사자 사이에 13년 남짓 동안 법률혼과 사실혼이 3회에 걸쳐 계속 이어지다가 파탄되었고 그 각 협의이혼에 따른 별거기간이 6개월과 2개월 남짓에 불과한 경우에는, 마지막 사실혼이 해소된 때부터 2년 내에 재산분할을 청구하면 각 혼인 중에 쌍방의 협력에 의하여 이룩한 재산이 모두 청산의 대상이 될 수 있다고 하는 취지이다.

혼인 취소의 경우에는 명문의 규정이 없으나, 839조의2 3항을 유추하여 혼인 취소의 판결이 확정된 후 2년이 경과하면 재산분할청구권은 소멸한다고 해석된다.

(바) 현행 재산분할청구권제도의 문제점

현행 재산분할청구권제도의 문제점으로는 다음과 같은 것을 들 수 있다.

첫째, 현행 재산분할청구권제도로는 부양적 기능을 제대로 구현할 수 없다. 가령 전문직자격증 등과 같은 데서 그러한 문제점이 분명하게 나타난다. 또한 재산분할청구권제도가 있더라도 많은 경우에 여성은 이혼 후에 이혼 전보다 더 빈곤해진다. 따라서 이 문제의 해결을 위해서는 이혼 후의 부양을 재산분할에 맡길 것이 아니라 직접 이혼 후의 부양에 관한 제도를 마련하여야 한다.

둘째, 여성의 가사노동을 어떻게 평가할 것인가 하는 점이다. 현재의 하급심

판례는 약 30% 정도로 평가하고 있는 것이 많은데, 이는 지나치게 낮다는 비판이 있다.

(2) 손해배상청구권

▌참고문헌: 김동원, "부정행위에 따른 위자료의 산정에 관한 실무상 몇 가지 문제에 관하여", 사법 64호, 2023; 민유숙, "이혼과 관련된 손해배상청구의 관할과 처리", 서울가정법원 실무연구 X, 2005; 박민수·이동진·오정일, "이혼 후 재산분할의 비율 및 이혼 위자료액의 결정", 가족법연구 28권 1호, 2014; 서종희, "배우자에 대한 정조의무 위반과 이혼위자료", 가족법연구 32권 1호, 2018.

843조는 약혼 해제로 인한 손해배상청구권에 관한 806조를 재판상 이혼의 경우에 준용한다. 협의이혼의 경우에는 민법상 명문규정이 없으나, 손해배상청구를 부정할 이유가 없다.

이러한 손해배상청구 가운데 가장 중요한 것은 정신적 고통으로 인한 위자료이다. 재산분할청구제도가 신설되어 위자료의 중요성은 줄어들었으나, 아직도 재산분할은 청구하지 않고 위자료만을 청구하는 사례도 많이 있다.

이혼으로 인한 손해배상청구권의 법적 성질이 무엇인가에 관하여는 채무불이행책임설, 불법행위책임설 및 법정책임설 등이 대립하는데, 채무불이행책임과 불법행위책임의 성질을 다 가지고 있다고 보는 것이 무난하다고 생각된다(청구권경합설). 다만 혼인의 파탄에 제3자(시부모, 상간자 등)가 가담한 때에는 그러한 제3자들에 대하여도 손해배상청구가 가능한데{대법원 1976. 4. 13. 선고 75다1484 판결; 1981. 7. 28. 선고 80다1295 판결 등. 이는 다류 가사소송사건이다. 家訴 2조 1항 1호 다. 2)}, 이때에는 불법행위책임만이 성립한다(사실혼 파기에 관한 대법원 1970. 4. 28. 선고 69므37 판결 참조).

손해배상책임은 원칙적으로 혼인의 파탄에 책임이 있는 자가 상대방에 대하여 부담한다. 쌍방의 과실이 대등하다면 누구의 손해배상책임도 인정되지 않는다(대법원 1994. 4. 26. 선고 93므1273, 1280 판결 등).

이러한 손해배상청구권은 원칙적으로 일신전속적인 권리이지만, 806조 3항이 준용되므로, 청구권자가 위자료청구소송을 제기한 후 사망한 때에는 손해배상청구권의 양도나 상속이 가능하고, 따라서 이혼 및 위자료청구소송 제기 후 원고가 사망하면 이혼소송은 종료되지만, 위자료청구소송은 종료되지 아니하고 상속인들이 수계할 수 있다(대법원 1993. 5. 27. 선고 92므143 판결, [판례 22]).

이혼에 따른 위자료의 지급도 사해행위 취소의 대상이 될 수 있다. 그러나 위자료의 지급은 이미 발생한 채무를 이행하는 것과 같기 때문에, 지나치게 과대한 경우라야만 취소할 수 있다(대법원 2005. 1. 28. 선고 2004다58963 판결 등).

[판례 22] 대법원 1993. 5. 27. 선고 92므143 판결

원고들 소송대리인의 상고이유에 대하여

기록에 의하면, 망 소외인이 원고가 되어 배우자인 피고를 상대로 원고를 수시로 폭행하는가 하면, 1989. 9. 8.에도 원고를 구타하여 후두부 두피열상으로 봉합술을 받게 하는 등 심히 부당한 대우를 한다는 이유로 이혼과 위자료 금 7천만 원을 청구하자, 제1심은 1991. 3. 13. 망 소외인의 주장을 일부 받아들여 이혼과 함께 위자료 금 1,500만 원의 지급을 명하는 내용의 판결을 선고하였고, 이에 피고가 항소하여 그 소송이 원심법원에 계속되어 있던 중, 같은 해 8. 19. 망 소외인이 사망하여 그 부모인 원고들이 소송수계를 신청하였음을 알 수 있다.

이에 대하여 원심은, 이혼청구소송 부분에 대하여는 재판상 이혼청구권이 일신전속적인 권리로서 이혼소송의 계속중 부부의 어느 일방이 사망한 때에 그 소송은 종료되었고, 이혼에 따른 위자료청구권은 이혼 그 자체로 인하여 생기는 정신적 고통에 대한 것으로 상속이 가능하다고 한다면 부부일방 중 생존한 일방이 이를 상속하게 되는 이상한 결론에 봉착하게 되고, 그 부부 사이에 미성년의 자가 있는 경우의 문제, 그 자녀가 나머지 일방 당사자와 생활을 같이하는 경우 윤리적인 문제 및 그 사실상의 관리문제 등과 가사소송법 제2조 제1항 다류 제2호에서 이혼에 따른 위자료의 청구에 관하여 이혼을 원인으로 하는 손해배상청구권이라는 표현을 하고 있는 점 등을 종합할 때, 위자료청구권 역시 그 성질상 상속의 대상이 될 수 없는 일신전속적 권리이므로 당사자가 사망하면 상속 또는 수계가 되지 아니하고 소송이 종료된다고 봄이 상당하다 하여, 원고의 이 사건 이혼 및 위자료청구소송은 원고가 사망함에 따라 종료되었고 이 사건 소송수계신청은 부적법하다고 판시하였다.

재판상의 이혼청구권은 부부의 일신전속적 권리이므로 이혼소송의 계속중 배우자의 어느 일방이 사망한 때에는 그 상속인이 수계를 할 수 없음은 물론이고, 또한 그러한 경우에 검사가 이를 수계할 수 있는 특별한 규정도 없으므로 이혼소송은 종료된다 할 것이다(당원 1982. 10. 12. 선고 81므53 판결 참조).

그러나 이혼위자료청구권은 상대방인 배우자의 유책불법한 행위에 의하여 그 혼인관계가 파탄상태에 이르러 부득이 이혼을 하게 된 경우에 그로 인하여 입게 된 정신적 고통을 위자하기 위한 손해배상청구권으로서, 이는 이혼의 시점에서 확정, 평가되는 것이며 이혼에 의하여 비로소 창설되는 것은 아니라 할 것이다. 이러한 이혼위자료청구권의 양도 내지 승계의 가능 여부에 관하여, 민법 제806조 제3항은 약혼해제로 인한 손해배상청구권에 관하여 정신상 고통에 대한 손해배상청구권은 양도 또는 승계하지 못하지만 당사자간에 이미 그 배상에 관한 계약이 성립되거나 소를 제기한 후에는 그러하지 아니하다고 규정하고, 민법 제843조가 위 규정을 재판상 이혼의 경우에 준용하고 있으므로 이혼위자료청구권은 원칙적으로 일신전속적 권리로서 양도나 상속 등 승계가 되지 아니하나 이는 행사상의 일신전속권이고 귀속상의 일신전속권은 아니라 할 것이며, 그 청구권자가 위자료의 지급을 구하는 소송을 제기함으로써 그 청구권을 행사할 의사가 외부적 객관적으로 명백하게 된 이상 양도나 상속 등 승계가 가능하다 할 것이다.

앞에서 본 바와 같이 수계신청인들은 망 소외인의 부모로서 피고와 함께 공동재산상속인들이므로 그들이 한 이 사건 수계신청 중 이혼청구사건에 관한 부분은 부적법하다 할 것이나, 이혼위자료청구사건에 관한 부분은 그들의 상속분 범위 내에서 적법하다 할 것이다.

원심판결은 이혼위자료청구권의 성질에 관한 법리를 오해하여 판결에 영향을 미친 위법이 있다고 아니 할 수 없다. 이 부분 논지는 이유 있다.

생각할 점

이혼으로 인한 위자료청구권은 이혼하였을 때 비로소 발생하는가, 아니면 이혼사유가 있으면 이혼하기 전에도 발생하는가?

다. 자녀에 대한 관계

▮**참고문헌**: 김민지, “면접교섭권 확대에 관한 민법개정안에 대한 소고”, 일감법학 37호, 2017; 김보람·짐바르도 마르타, “부모 외의 자의 면접교섭권”, 가족법연구 34권 2호, 2020; 김수정, “자녀의 최선의 이익과 면접교섭권”, 가족법연구 19권 1호, 2005; 서종희, “면접교섭권자의 범위확대를 위한 해석과 그 한계”, 가족법연구 34권 2호, 2020; 송재일, “미래세대 관점에서 친권, 양육권, 면접교섭권의 개선제안”, 정태윤·지원림교수논문집 새봄을 여는 민법학, 2023; 윤부찬, “자의 권리로서 면접교섭권”, 가족법연구 24권 2호, 2010; 윤부찬, “조부모의 면접교섭권에 관한 연구”, 민사법학 38호, 2007; 윤부찬, “친권 및 면접교섭의 변경사유로서 미성년자의 거소변경”, 가족법연구 24권 1호, 2010; 윤석찬, “이혼부모와 공동양육권”, 송덕수 정년기념 민법 이론의 새로운 시각, 2021; 윤진수, “아동의 사법절차상 청문”, 민법논고 Ⅳ, 2009; 윤진수, “미국 가정법원의 현황과 개선논의”, 민법논고 Ⅶ, 2015; 윤혜원, “법원이 면접교섭을 전면적으로 배제하기 위한 요건과 고려요소”, 대법원판례해설 129호, 2022; 이선미, “양육비 감액과 자의 복리”, 가족법연구 34권 1호, 2020; 이수진, “우리 민법에서 이혼과 공동양육 논의의 재고”, 가족법연구 37권 1호, 2023; 이주윤, “양육권을 갖는 미성년후견인의 양육비심판 청구인적격 인정 여부”, 대법원판례해설 127호, 2021; 이준영, “미국에서의 친권결정에 관한 연구”, 비교사법 16권 1호, 2009; 장준현, “부모의 이혼에 따른 친권행사자 및 양육자 지정의 판단 기준과 고려요소”, 대법원판례

해설 83호, 2010; 전보성, "친권자 지정·변경에 관한 판례의 최근 경향", 민사판례연구 38집, 2016; 정용신, "이혼절차에서 미성년자녀를 보호하기 위한 법원의 제반 조치들", 가족법연구 34권 2호, 2020; 정진아, "이혼 후 양육자 지정 및 그 참작요소: 공동양육(Joint Custody) 논의를 중심으로", 청연논총 13집, 2016; 조은희, "이혼시 친권자 및 양육자 지정과 자의 복리", 외법논집 36권 2호, 2012; 최민수, "면접교섭권자의 범위확대의 기준과 한계", 가족법연구 36권 2호, 2022; 현소혜, "조부모와 계부모 기타 친족의 면접교섭권: 해석론과 입법론", 가족법연구 29권 2호, 2015

(1) 친권자 및 양육자의 결정

이혼하는 당사자에게 자녀가 있으면 이혼은 자녀에게도 중대한 영향을 미친다. 그리하여 민법은 이에 관한 규정을 두고 있다. 우선 협의이혼을 하는 경우에 자녀가 있는 때에는 그 자녀의 양육에 대한 사항, 즉 누가 자녀를 양육할 것인가, 그 비용은 누가 부담할 것인가 하는 점 등은 제1차적으로 이혼하는 부부가 협의에 의하여 정한다(837조 1항). 이러한 협의에는 양육자의 결정, 양육비용의 부담, 면접교섭권의 행사 여부 및 그 방법에 관한 사항이 포함되어야 한다(837조 2항). 협의가 자녀의 복리에 반하는 경우에는 가정법원은 보정을 명하거나 직권으로 그 자녀의 의사(意思)·나이와 부모의 재산상황, 그 밖의 사정을 참작하여 양육에 필요한 사항을 정한다(837조 3항). 누가 친권자가 될 것인가 하는 점도 마찬가지이다(909조 4항). 협의할 수 없거나 협의가 이루어지지 아니할 때에는 당사자의 청구나 직권에 의하여 가정법원이 이를 정한다(837조 4항, 909조 4항). 1990년 개정 전까지는 부모가 협의하지 않을 때에는 양육의 책임은 부(父)에게 있고, 이혼한 모(母)는 친권자가 될 수 없다고 규정되어 있었으나, 남녀 평등에 반한다는 비판이 있어 1990년 민법 개정으로 현재와 같이 고쳐졌다.

이러한 규정은 재판상 이혼에도 준용되므로(843조, 837조), 가정법원은, 재판상 이혼청구를 인용할 경우에는 친권을 행사할 자, 양육과 면접교섭에 관하여 부모에게 미리 협의하도록 권고하여야 한다(家訴 25조 1항).

자녀의 양육에 관한 결정이 있었더라도, 법원은 자녀의 복리를 위하여 필요하다고 인정되는 경우에는 부·모·자녀 및 검사의 청구나 직권으로 양육에 관한 사항을 변경하거나 다른 적당한 처분을 할 수 있고(837조 5항), 자녀에 대하여 친권을 행사할 자에 관한 결정이 있었다 하더라도 4촌 이내의 친족의 청구에 의하여 정하여진 친권자를 다른 일방으로 변경할 수 있다(909조 6항).

부모 중 누구를 양육자 또는 친권자로 정할 것인가는 어떤 기준에서 정해야 하는가? 이 점에 관하여 기본적인 기준은 이른바 자녀의 최선의 이익(the best interest of the child)이다. 912조 2항은 가정법원이 친권자를 지정함에 있어서는 자(子)의 복리를 우선적으로 고려하여야 한다고 규정하고 있다. 판례(대법원 2008. 5. 8. 선고 2008므380 판결; 2009. 4. 9. 선고 2008므3105, 3112 판결; 2010. 5. 13. 선고 2009므1458, 1465 판결; 2021. 9. 30. 선고 2021므12320, 12337 판결, [판례 23] 등)는, 부모 중 누구를 양육자로 결정할 것인가는 미성년인 자의 성별과 연령, 그에 대한 부모의 애정과 양육의사의 유무, 양육에 필요한 경제적 능력의 유무, 부 또는 모와 미성년인 자 사이의 친밀도, 미성년인 자의 의사 등의 모든 요소를 종합적으로 고려하여 미성년인 자의 성장과 복지에 가장 도움이 되고 적합한 방향으로 판단해야 하고, 현재의 양육상태를 변경하려면 그만한 이유가 있어야 한다고 보고 있다. 판례는 특히 현재의 양육상태 유지를 중요한 요소로 고려하고 있는 것으로 보인다.

그러나 자녀의 최선의 이익이라는 기준은 불확정하다는 비판을 받는다. 미국에서는 종전에 '어린 시절의 추정(tender years presumption)' 내지 '모 선호(maternal preference)'의 원칙이 많이 적용되었다. 이 원칙은 자녀가 어릴 때에는 어머니와의 애착이 중요하므로, 이혼 시의 양육자를 지정할 때에는 어머니가 부적합하다는 증명이 없는 한 어머니를 양육자로 하여야 한다는 것이다. 그러나 1970년대 이래로 이러한 어린 시절의 추정은 평등권 위반이라는 이유로 각 주 법원이 위헌이라고 하거나, 아니면 각 주가 이를 폐지하는 법률을 제정하였다. 우리나라에서도 본래의 의미에서의 어린 시절의 추정 원칙을 채택할 수는 없다. 그러나 현실적으로는 부와 모 중 누가 양육자로 적합한지를 판단하기 어려울 때 최종적 결정 요소로 작용하는 것으로 보인다.

이처럼 친권자 또는 양육자를 정하는 것은 쉽지 않으므로, 민법은 친권자를 지정할 때 가정법원은 관련 분야의 전문가나 사회복지기관으로부터 자문을 받을 수 있다는 규정을 두고 있다(912조 2항 2문).

아동권리협약 12조는 아동에게 자신에게 영향을 미치는 모든 문제에 관하여 자유롭게 자기의 의사를 표명할 권리를 보장하여야 하고, 아동에게 영향을 미치는 모든 사법 및 행정적 절차에서 직접 혹은 대리인이나 적당한 단체를 통하여 의견을 청취할 기회가 제공되어야 한다고 규정하고 있다. 이는 친권자 및 양육자의 결정에 관하여도 적용된다. 그러나 家訴規 100조는 자(子)의 양육에 관한 처분과 변경, 면접교섭권의 제한과 배제 및 친권자의 지정과 변경에 관한 심판청구가 있는 경우에 자(子)가 13세 이상이면 가정법원이 그 자(子)의 의견을 들어야 한다는 규정을 두고 있을 뿐이다. 그런데 대법원 2021. 12. 23.자 2018스5 전원합의체 결정([판례 36])은, 아동권리협약 12조를 인용하면서, 가정법원은 자녀가 13세 미만인 경우에도 자신의 의견을 형성할 능력이 있다면 가급적 그 나이와 상황에 맞는 적절한 방법으로 입양되는 자녀의 의견을 청취하는 것이 바람직하다고 하였다.

한편, 부와 모를 공동양육자로 하는 것도 가능하다. 그러나 부모 사이의 갈등이 심한 경우에는 부모를 공동양육자로 하는 것에 신중할 필요가 있다(대법원 2012. 4. 13. 선고 2011므4665 판결; 2013. 12. 26. 선고 2013므3383, 3390 판결 참조). 대법원 2020. 5. 14. 선고 2018므15534 판결([판례 24])은, 부모 모두를 자녀의 공동양육자로 지정하는 것은 부모가 공동양육을 받아들일 준비가 되어 있고 양육에 대한 가치관에서 현저한 차이가 없는지, 부모가 서로 가까운 곳에 살고 있고 양육환경이 비슷하여 자녀에게 경제적·시간적 손실이 적고 환경 적응에 문제가 없는지, 자녀가 공동양육의 상황을 받아들일 이성적·정서적 대응능력을 갖추었는지 등을 종합적으로 고려하여 공동양육을 위한 여건이 갖추어졌다고 볼 수 있는 경우에만 가능하다고 보아야 한다고 판시하였다.

현재 실무상으로는 법원이 재판에 의하여 부와 모를 공동양육자로 지정하는 예를 찾아보기 어렵다.

일단 협의 또는 재판에 의하여 양육자가 결정된 후 부모가 협의에 의하여 이를 변경할 수 있는가? 837조가 최초의 결정에 대하여는 협의를 인정하면서 변경에 관하여는 협의를 언급하고 있지 않으므로 협의에 의하여는 변경할 수 없고, 심판에 의해서만 변경할 수 있다는 견해(주해친족 1/이동진, 351)가 있으나, 양육에 관한 사항은 당사자의 협의로 정하는 것이 원칙이므로 협의에 의한 변경도 가능하다는 견해(주석친족 1/임종효, 265)도 있다. 후설이 타당할 것이다.

한편 부모 이외의 제3자를 양육자로 지정할 수 있는가에 대하여는 이를 긍정하는 견해가 있으나(주해친족 1/이동진, 344), 이는 친권의 일부 양도 또는 포기에 해당한다고 하여, 친권의 일부 제한 및 미성년후견인 선임의 절차를 밟아야 한다는 견해도 있다(주석친족 1/임종효, 251).

그러나 친권자를 협의 또는 심판으로 지정한 후 이를 협의로 변경할 수는 없고, 가정법원의 변경 결정이 있어야 한다(909조 6항).

[판례 23] 대법원 2021. 9. 30. 선고 2021므12320, 12337 판결

2. 양육에 관한 처분 부분

나. 대법원의 판단

1) 원심이 ① 사건본인 1에 대한 현재의 양육 상태를 변경하여 원고를 친권자·양육자로 지정한 부분, ② 피고의 양육적합성에 대해 부정적으로 판단하면서 그 근거로 한국어 소통능력이 부족한 외국인이라는 사정을 든 부분, ③ 위와 같은 판단을 하면서 실질적이고 직접 심리를 하였는지 여부에 관하여 차례로 살펴본다.

2) 관련 법리

가) 양육자 지정의 기본 원칙 및 양육 상태의 변경을 가져오는 양육자 지정

(1) 법원이 민법 제837조 제4항에 따라 미성년 자녀의 양육자를 정할 때에는, 미성년 자녀의 성별과 연령, 그에 대한 부모의 애정과 양육의사의 유무는 물론, 양육에 필요한 경제적 능력의 유무, 부와 모가 제공하려는 양육방식의 내용과 합리성·적합성 및 상호 간의 조화가능성, 부 또는 모와 미성년 자녀 사이의 친밀도, 미성년 자녀의 의사 등의 모든 요소를 종합적으로 고려하여, 미성년 자녀의 성장과 복지에 가장 도움이 되고 적합한 방향으로 판단하여야 한다(대법원 2020. 5. 14. 선고 2018므15534 판결 등 참조).

별거 이후 재판상 이혼에 이르기까지 상당기간 부모의 일방이 미성년 자녀, 특히 유아를 평온하게 양육하여 온 경우, 이러한 현재의 양육 상태에 변경을 가하여 상대방을 친권자 및 양육자로 지정하는 것이 정당화되기 위해서는 현재의 양육 상태가 미성년 자녀의 건전한 성장과 복지에 도움이 되지 아니하고 오히려 방해가 되고, 상대방을 친권자 및 양육자로 지정하는 것이 현재의 양육 상태를 유지하는 경우보다 미성년 자녀의 건전한 성장과 복지에 더 도움이 된다는 점이 명백하여야 한다(대법원 2008. 5. 8. 선고 2008므380 판결, 대법원 2010. 5. 13. 선고 2009므1458, 1465 판결 등 참조).

(2) 재판을 통해 비양육친이 양육자로 지정된다고 하더라도 미성년 자녀가 현실적으로 비양육친에게 인도되지 않는 한 양육자 지정만으로는, 설령 자녀 인도 청구를 하여 인용된다고 할지라도 강제집행이 사실상 불가능하다. 미성년 자녀가 유아인 경우 「유아인도를 명하는 재판의 집행절차(재판예규 제917-2호)」는 유체동산인도청구권의 집행절차에 준하여 집행관이 강제집행할 수 있으나, 유아가 의사능력이 있는 경우에 그 유아 자신이 인도를 거부하는 때에는 집행을 할 수 없다고 규정하고 있다. 위와 같이 양육자 지정 이후에도 미성년 자녀를 인도받지 못한 채 현재의 양육 상태가 유지된다면 양육친은 상대방에게 양육비 청구를 할 수 없게 되어(2006. 4. 17.자 2005스18, 19 결정 등 참조), 결국 비양육친은 미성년 자녀를 양육하지 않으면서도 양육비를 지급할 의무가 없어지므로 경제적으로는 아무런

부담을 갖지 않게 되는 반면, 양육친은 양육에 관한 경제적 부담을 전부 부담하게 된다. 이러한 상황은 자의 건전한 성장과 복지에 도움이 되지 않는다. 따라서 비양육친이 자신을 양육자로 지정하여 달라는 청구를 하는 경우, 법원은 양육자 지정 후 사건본인의 인도가 실제로 이행될 수 있는지, 그 이행 가능성이 낮음에도 비양육친을 양육자로 지정함으로써 비양육친이 경제적 이익을 누리거나 양육친에게 경제적 고통을 주는 결과가 발생할 우려가 없는지 등에 대해 신중하게 판단할 필요가 있다.

나) 외국인 배우자의 한국어 소통능력과 양육적합성

대한민국 국민과 혼인을 한 후 입국하여 체류자격을 취득하고 거주하다가 한국어를 습득하기 충분하지 않은 기간에 이혼에 이르게 된 외국인이 당사자인 경우, 미성년 자녀의 양육에 있어 한국어 소통능력이 부족한 외국인보다는 대한민국 국민인 상대방에게 양육되는 것이 더 적합할 것이라는 추상적이고 막연한 판단으로 해당 외국인배우자가 미성년 자녀의 양육자로 지정되기에 부적합하다고 평가하는 것은 옳지 않다

(중략)

다) 양육자 지정에 있어 실질적이고 직접적인 심리의 필요성

가정법원은 혼인파탄의 주된 원인이 누구에게 있는지에 대한 당사자들 사이의 다툼에만 심리를 집중한 나머지 친권자 및 양육자 지정 등에 관한 심리와 판단에 있어 소홀해지는 것을 경계할 필요가 있다. 특히 가정법원은 가사소송법 제6조, 가사소송규칙 제8조 내지 제11조에 따라 가사조사관에게 조사명령을 하고, 이에 따라 사실조사를 마친 가사조사관이 작성한 조사보고서를 보고받는 방법으로도 양육 상태나 양육자의 적격성 심사에 필요한 자료 등을 얻을 수 있다. 가정법원은 충실한 심리를 통해 실제의 양육 상태와 양육자의 적격성을 의심케 할 만한 사정이 있는지에 관하여도 구체적으로 확인하여야 한다.

3) 원심판결 이유를 위와 같은 법리에 비추어 살펴보면, 원심이 사건본인 1의 친권자 및 양육자로 원고를 지정한 부분은 다음과 같은 이유로 수긍하기 어렵다.

가) 사건본인 1에 대한 현재의 양육 상태에 변경을 가하여 원고를 친권자 및 양육자로 지정하는 것이 정당화될만한 사정을 찾아보기 어렵다.

피고는 원고와 별거 당시 만 2세인 사건본인 1을 별거 이후 사실심 변론종결시까지 2년이 넘는 기간 동안 계속하여 평온하게 양육하고 있는 것으로 보인다. 피고의 양육 환경, 애정과 양육의사, 경제적 능력, 사건본인 1과의 친밀도 등에 어떠한 문제가 있다거나 원고에 비해 적합하지 못하다고 볼만한 구체적인 사정을 찾아보기 어렵다. 원심 역시 원고보다 피고가 사건본인 1과 친밀도가 높다는 사정을 인정하고 있다. 한편, 원고는 자신을 사건본인 1의 양육자로 지정하여 줄 것을 구하고 있으나 별다른 경제활동을 하고 있지 않은데다가 추후 경제활동을 하더라도 자신의 어머니에게 사건본인들의 양육을 대부분 맡길 의사를 표시하였고, 가사조사 과정에서도 피고가 양육하게 될 경우 양육비를 지급할 의사가 없다고 밝

힌 바 있다. 여기에 원심이 인정한 사실관계 등을 종합하여 보면, 자칫 사건본인 1의 인도가 이루어지지 않은 채 원고는 양육비 지급의무를 면하는 반면 실제로는 피고가 양육비를 부담하게 되는 결과가 발생할 우려가 적지 않다.

나) 피고의 한국어 소통능력이 부족하다는 점이 원고에 비해 양육자로서 부적합하다고 볼만한 주요한 사정에 해당한다고 단정하기 어렵다.

원심은 양육을 보조할 피고의 어머니가 한국어 소통능력이 부족하여 사건본인 1의 언어 습득, 향후 유치원, 학교생활 적응이 우려스럽다고 하나, 막연한 추측을 넘어서 실제로 사건본인 1의 건전한 성장과 복지에 있어 바람직하지 못하다고 볼만한 어떠한 사정들이 있는지에 대해 납득할만한 이유를 제시하고 있지 못하다.

(중략)

다) 원심이 피고의 거주지와 직장의 안정성, 경제적 능력, 한국어 소통능력 등에 관하여 직접적이고 실질적인 심리를 하였는지 의문이다.

원심은 피고의 거주지 및 직장이 원고에 비해 안정적이지 않다고 판단하였으나, 기록상 원고는 자신의 명의로 된 집이 있기는 하나 별다른 경제적 활동을 하지 않고 있는 것으로 보이는 반면(피고는 원고가 집을 담보로 대출을 받아 생활하고 있다고 주장하고 있다), 피고는 원고와 별거한 이후 스스로 직장에 다니면서 매월 고정적인 수입을 얻고 있고 월세이기는 하나 주거지 역시 확보하고 있는 것으로 보인다.

또한 앞서 살펴본 원심의 친권자 및 양육자 지정에 관한 판단의 근거는 제1심에 제출된 가사조사관의 조사보고서 내용과 유사함을 알 수 있는바, 원심은 위 조사보고서의 내용에 상당 부분 의존한 것으로 보인다. 그런데 조사보고서의 내용 등을 살펴보면 가사조사관은 이혼에 있어 혼인파탄의 책임자가 누구인지에 대해 집중적으로 조사를 수행하였을 뿐 양육상태나 양육자의 적격성에 대해서는 당사자들에 대한 면접 또는 방문 등을 통해 직접 조사하는 과정을 수행하지 않은 것으로 보인다(피고 소송대리인이 상고심에서 최근 피고와 주고받은 문자메시지 내용을 제출하며 피고의 한국어 소통능력이 향상되었음을 주장하고 있어서 이에 대해서도 확인이 필요할 것으로 보인다).

[판례 24] 대법원 2020. 5. 14. 선고 2018므15534 판결

1. 공동양육에 관한 상고이유에 대한 판단

가. 자녀의 양육은 부모의 권리이자 의무로서 미성년인 자녀의 복지에 직접적인 영향을 미친다. 따라서 부모가 이혼하는 경우에 미성년인 자녀의 양육자를 정할 때에는, 미성년인

자녀의 성별과 연령, 그에 대한 부모의 애정과 양육의사의 유무는 물론, 양육에 필요한 경제적 능력의 유무, 부와 모가 제공하려는 양육방식의 내용과 합리성·적합성 및 상호간의 조화가능성, 부 또는 모와 미성년인 자녀 사이의 친밀도, 미성년인 자녀의 의사 등의 모든 요소를 종합적으로 고려하여, 미성년인 자녀의 성장과 복지에 가장 도움이 되고 적합한 방향으로 판단하여야 한다(대법원 2008. 5. 8. 선고 2008므380 판결, 대법원 2013. 12. 26. 선고 2013므3383, 3390 판결 등 참조).

민법 제837조, 제909조 제4항 및 제5항, 가사소송법 제2조 제1항 제2호 나목의 3) 및 5) 등에 따르면, 부모가 이혼하는 경우 법원이 친권자를 정하거나 양육자를 정할 때 반드시 단독의 친권자나 양육자를 정하도록 한 것은 아니므로 이혼하는 부모 모두를 공동양육자로 지정하는 것도 가능하다. 그러나, 재판상 이혼에서 이혼하는 부모 모두를 공동양육자로 정할 때에는 그 부모가 부정행위, 유기, 부당한 대우 등 첨예한 갈등이나 혼인을 계속하기 어려운 사유로 이혼하게 된 것이라는 점을 고려하여 그 허용 여부는 신중하게 판단할 필요가 있다. 게다가 공동양육의 경우 자녀가 부모의 주거지를 주기적으로 옮겨 다녀야 하는 불편함이 있고, 자녀는 두 가정을 오가면서 두 명의 양육자 아래에서 생활하게 되어 자칫 가치관의 혼란을 겪거나 안정적인 생활을 하지 못하게 될 우려가 있으며(특히 자녀가 교육기관 등에 다니게 되면 거주지를 주기적으로 옮기는 것은 자녀에게 상당한 부담이 될 것이다), 부모 사이에 양육방법을 둘러싸고 갈등이 계속되는 경우에는 공동양육을 통해 달성하고자 하는 긍정적인 효과보다는 그 갈등이 자녀에게 미칠 부정적 영향이 크다는 점에서 보더라도 그러하다. 따라서 재판상 이혼의 경우 부모 모두를 자녀의 공동양육자로 지정하는 것은 부모가 공동양육을 받아들일 준비가 되어 있고 양육에 대한 가치관에서 현저한 차이가 없는지, 부모가 서로 가까운 곳에 살고 있고 양육환경이 비슷하여 자녀에게 경제적·시간적 손실이 적고 환경 적응에 문제가 없는지, 자녀가 공동양육의 상황을 받아들일 이성적·정서적 대응능력을 갖추었는지 등을 종합적으로 고려하여 공동양육을 위한 여건이 갖추어졌다고 볼 수 있는 경우에만 가능하다고 보아야 한다.

나. 원심은 이혼하는 부모를 공동양육자로 지정할 경우 경제적·시간적 손실이나 자녀에게 미칠 부정적인 영향 등의 문제가 있다는 점을 인정하면서도 사건본인의 친권자 및 양육자로 원고 또는 피고 일방을 지정하는 것보다는 원고와 피고를 공동친권자 및 공동양육자로 지정하여 사건본인이 어느 한 쪽에 치우치지 않은 채 모성과 부성을 충분히 느끼면서 건강하고 균형적으로 성장할 수 있도록 하는 것이 바람직해 보인다고 판단하였다. 이에 따라 원심은 공동양육 방법으로 원고가 매주 일요일 17:00부터 금요일 17:00까지 피고가 매주 금요일 17:00부터 일요일 17:00까지 사건본인을 양육하도록 정하였다.

다. 그러나 원심이 확정한 사실관계를 앞서 본 법리와 이 사건 기록에 비추어 살펴보면, 원고와 피고는 계속하여 공동양육이 아니라 자신을 단독 친권자 및 양육자로 지정하여 줄 것을 청구하였고, 현재로서는 원고와 피고가 가까운 장래에 서로 의견을 조율하여 공동양육과 그 방법에 대하여 서로 원만하게 협력할 것을 기대하기는 어려워 보인다. 설령 원심이 의도한 바대로 원고와 피고가 향후 사건본인을 공동양육하는 과정에서 필요한 사항을 충분히 협의할 수 있게 되더라도 이것이 공동양육을 통하여 원고와 피고의 거주지를 오가면서 부모 각각의 양육에 대한 결정에 따르게 되고 서로 다른 물리적 환경에 처하게 될 사건본인의 경제적·시간적 손실과 정서적 불안정을 감소시키는 데 크게 기여할 것으로 보이지도 않는다. 오히려 일방에 대한 양육자 지정과 상대방에 대한 면접교섭을 통해서도 원심이 공동양육자 지정을 통해 달성하고자 한 목적을 대부분 달성할 수 있을 것으로 보인다.

라. 그런데도 원심은 원고와 피고를 사건본인의 공동양육자로 지정하고 공동양육 방법을 정하였으므로, 이러한 원심의 판단에는 양육자 지정에 관한 법리를 오해하는 등으로 판결에 영향을 미친 잘못이 있다. 이 점을 지적하는 취지의 상고이유 주장은 이유 있다.

---

(2) 양육비

이혼 후 자녀 양육에 관한 또 다른 중요한 문제는 양육비 지급의 확보이다. 당사자의 협의나 법원의 결정에 의하여 양육비를 부담할 자와 그 수액이 정해지더라도 실제로 그것이 이행되지 아니하는 경우가 많기 때문이다. 그리하여 가족문제를 전담하는 복지기관에 보좌를 신청하여 그 복지기관이 양육비를 청구할 수 있게 하는 방안, 국가가 양육비를 선급하고 부양의무자에게 이를 구상하는 방안, 양육비청구권을 우선채권으로 하는 방안 등 여러 개선책이 논의되어 왔다.

2009년 개정된 836조의2는 협의상 이혼의 경우에 양육하여야 할 자녀가 있는 경우에는 양육에 관한 협의서나 가정법원의 심판정본을 제출하여야 하고, 가정법원은 양육비부담조서를 작성하여야 하며, 이 양육비부담조서는 家訴 41조에 의한 집행권원이 되어 곧바로 집행할 수 있도록 규정하였다. 837조에 의하면 당사자가 협의에 의하여 정할 양육에 관한 사항에는 양육비용의 부담이 포함되어야 한다. 이 협의가 자(子)의 복리에 반하는 경우에는 가정법원은 보정을 명하거나 직권으로 그 자(子)의 의사(意思)·나이와 부모의 재산상황, 그 밖의 사정을 참작하여 양육에 필요한 사항을 정하며, 협의가 이루어지지 아니하거나 협의할 수 없는 때에는 가정법원은 직권으로 또는 당사자의 청구에 따라 이에 관하여 결정한다.

한편 가정법원은 자(子)의 복리를 위하여 필요하다고 인정하는 경우에는 부·모·자(子) 및 검사의 청구 또는 직권으로 자(子)의 양육에 관한 사항을 변경하거나 다른 적당한 처분을 할 수 있다(837조 5항).

대법원 2019. 1. 31.자 2018스566 결정은, 2007. 12. 21. 법이 개정되면서 "자(子)의 복리를 위하여 필요하다고 인정하는 경우에는"이라는 문구가 추가된 점을 강조하면서, 종전 양육비 부담이 '부당'한지 여부는 친자법을 지배하는 기본이념인 '자녀의 복리를 위하여 필요한지'를 기준으로 판단하여야 하고, 특히 양육비의 감액은 일반적으로 자녀의 복리를 위하여 필요한 조치라고 보기 어려우므로, 가정법원이 양육비 감액을 구하는 심판청구를 심리할 때에는 양육비 감액이 자녀에게 미치는 영향을 우선적으로 고려하되 종전 양육비가 정해진 경위와 액수, 줄어드는 양육비 액수, 당초 결정된 양육비 부담 외에 혼인관계 해소에 수반하여 정해진 위자료, 재산분할 등 재산상 합의의 유무와 내용, 그러한 재산상 합의와 양육비 부담과의 관계, 쌍방 재산상태가 변경된 경우 그 변경이 당사자의 책임으로 돌릴 사정이 있는지 유무, 자녀의 수, 연령 및 교육 정도, 부모의 직업, 건강, 소득, 자금 능력, 신분관계의 변동, 물가의 동향 등 여러 사정을 종합적으로 참작하여 양육비 감액이 불가피하고 그러한 조치가 궁극적으로 자녀의 복리에 필요한 것인지에 따라 판단하여야 한다고 판시하였다. 같은 취지, 대법원 2022. 9. 29.자 2022스646 결정.

그러나 자녀의 복리가 양육에 관한 사항을 변경함에 있어서 고려하여야 할 중요한 사항이고, 양육비 증액의 경우에는 이를 적극적 요건이라고 할 수 있지만, 양육비 감액의 경우에는 자녀의 복리가 적극적 요건이라고 할 수는 없고, 자녀의 복리를 고려하더라도 감액을 하여야만 할 특별한 사정이 있는지를 판단하는 소극적 요건이라고 보아야 할 것이다.

한편 대법원 2021. 5. 27.자 2019스621 결정은, 가정법원이 민법 924조의2에 따라 부모의 친권 중 양육권만을 제한하여 미성년후견인으로 하여금 자녀에 대한 양육권을 행사하도록 결정한 경우에 837조를 유추적용하여 미성년후견인은 비양육친을 상대로 家訴 2조 1항 2호 나목 3)에 따른 양육비심판을 청구할 수 있다고 하였다.

그 외에 양육비의 지급확보에 관하여는 제4장 Ⅲ. 3. 다. 참조.

대법원 2014. 9. 4. 선고 2012므1656 판결은, 837조에 따른 이혼 당사자 사이의 양육비 청구사건은 마류 가사비송사건으로서 가집행선고의 대상이 된다고 하였다.

(3) 면접교섭권

부모 중 일방만이 양육자로 지정된 경우에, 자를 직접 양육하지 아니하는 부모의 일방과 자는 상호 면접교섭할 수 있는 권리를 가진다(837조의2, 843조). 면접교섭권은 자녀의 정서안정과 원만한 인격 발달을 이룰 수 있도록 하고 이를 통해 자녀의 복리를 실현하는 것을 목적으로 하는 제도로서, 이는 자녀의 권리임과 동시에 부모의 권리이기도 하다(대법원 2021. 12. 16.자 2017스628 결정). 1989년의 국제아동권리협약 9조 3항은 면접교섭권을 자녀의 권리로 규정하고 있으나, 1990년 신설된 민법 규정은 면접교섭권을 부모의 권리로만 규정하고 있었고, 한국은 위 협약에 가입할 때 9조 3항을 유보하였다. 그 후 2007년 개정법은 면접교섭권을 부모와 자녀 모두의 권리로 인정하고, 위 유보를 철회하였다. 나아가 家訴 2조 1항 2호 나. 3)은 이혼의 경우뿐만 아니라 혼인의 취소와 인지의 경우에도 면접교섭권을 인정하고 있다. 이는 마류 가사비송사건이다.

다른 한편 2016년 개정 전 민법은 면접교섭권의 당사자를 부모와 자에 한정하고 있었으나, 다른 나라의 예에 비추어 보면 이는 너무 좁다. 많이 논의되었던 것은 조부모의 면접교섭권이다. 이에 대하여는 과거에 명문 규정이 없었으나, 입법적으로는 조부모의 면접교섭권을 인정할 필요가 있지만, 현행법의 해석으로는 인정할 수는 없다는 견해가 많았으나, 이를 인정하여야 한다는 견해도 주장되었고, 같은 취지의 하급심 판례(서울가정법원 2016. 2. 11.자. 2015느단5586 결정)도 있었다. 그런데 2016년에 개정된 837조의2 2항은 명문으로 이를 인정하기에 이르렀다. 즉 자(子)를 직접 양육하지 아니하는 부모 일방의 직계존속은 그 부모 일방이 사망하였거나 질병, 외국거주 그 밖에 불가피한 사정으로 자(子)를 면접교섭할 수 없는 경우 가정법원에 자(子)와의 면접교섭을 청구할 수 있고, 이 경우 가정법원은 자(子)의 의사(意思), 면접교섭을 청구한 사람과 자(子)의 관계, 청구의 동기, 그 밖의 사정을 참작하여야 한다. 자(子)를 직접 양육하지 아니하는 부모 일방의 면접교섭권이 제한 또는 배제된 경우에도 이 규정이 적용된다. 그런데 자(子)를 직접 양육하지 아니하는 부모의 일방이 면접교섭권을 행사할 수 있음에도 행사하지 않는 경우에는 조부모의 면접교섭권은 인정될 수 없는 것으로 해석되지만, 이 경우에도 인정될 수 있도록 개정할 필요가 있다. 외국에서는 이 외에도 형제자매, 계부모, 실제 양육자 등도 면접교섭의 당사자로 인정하기도 한다. 우리나라에서도 이처럼 면접교섭의 당사자를 넓히는 것을 검토하여야 한다.

혼인 외의 자녀인 경우에는 어떠한가? 대법원 1979. 5. 8. 선고 79므3 판결은 사실혼관계나 일시 정교관계로 인하여 출생한 자의 양육에 관한 처분청구는 법률상 근거가 없다고 하였으나, 그 후 신설된 864조의2는 인지의 경우에 면접교섭권에 관한 837조의2를 준용한다는 점을 명백히 하여 논란의 여지를 없앴다. 나아가 이혼은 하지 않았으나 별거 중인 부부에게도 이를 인정하여야 할 것이다. 실무도 대체로 같이 보고 있다.

그 밖에 837조의2의 유추적용에 의하여 친생부모가 양부모에 대하여 면접교섭권을 주장할 수 있고, 부모가 자녀를 양육하는 미성년후견인에 대하여도 면접교섭권을 주장할 수 있다는 견해도 있다(주석친족 1/임종효, 277-278).

면접교섭권의 법적 성질에 대하여는, 자연권설, 감호에 관한 권리라고 보는 설, 친권의 권능 중 하나라고 보는 설 등 여러 가지 주장이 있으나, 이는 부모와 자식 간의 관계에서 당연히 발생하는 권리라고 보아야 한다. 다른 한편으로는 종래 면접교섭권을 부모의 권리로서만 인식하여 왔으나, 이혼으로 인하여 자녀가 받는 충격을 최소화하고 자녀의 심리적 발달을 돕는다는 측면에서 자녀의 최선의 이익(the best interest of the child)을 위하여 인정된다는 점이 더 중시되어야 할 것이다. 그러므로 면접교섭권을 포기하는 것은 효력이 없다(주해친족 1/이동진, 364; 주석친족 1/임종효, 270).

구체적인 면접교섭권의 내용으로서는 단순히 만날 수 있도록 하는 것 외에, 같이 밤을 보낼 수 있게 하는 것, 전화, 편지 등으로 연락할 수 있게 하는 것 등이 모두 포함된다. 양육자에 대하여 자녀에 관한 소식을 알려줄 것을 청구하는 것도 면접교섭권의 일부로서 인정될 수 있다(독일 민법 1634조 3항 참조). 면접교섭에 관하여 재판을 할 때에는, 면접의 일시와 장소는 당사자에게 맡기더라도 그 횟수(주 1회, 월 2회 등) 정도는 특정하는 것이 바람직하다.

家訴 64조는 가정법원은 자(子)와의 면접교섭 허용의무를 이행하여야 할 자가 정당한 이유 없이 그 의무를 이행하지 아니할 때에는 당사자의 신청에 의하여 일정한 기간 내에 그 의무를 이행할 것을 명할 수 있다고 규정하고, 67조는 이에 위반한 때에는 직권 또는 권리자의 신청에 의하여 결정으로 1,000만원 이하의 과태료에 처할 수 있다고 규정하고 있다.

면접교섭권도 언제나 인정될 수 있는 것은 아니며, 면접교섭이 자녀에게 나쁜 영향을 미친다고 생각될 때에는 제한될 수 있다(837조의2 3항). 예컨대 자녀에게 폭력을 행사한다거나, 알콜 중독에 빠져 있다는 사유는 면접교섭권을 제한하거나 부정할 수 있는 사유가 된다.

대법원 2021. 12. 16.자 2017스628 결정은, 가정법원은 면접교섭이 자녀의 복리를 침해하는 특별한 사정이 있는 경우에 한하여 당사자의 청구 또는 직권에 의하여 면접교섭을 배제할 수 있으나, 부모의 이혼 등에 따른 갈등 상황에서 단기적으로 자녀의 복리에 부정적인 영향을 미치는 요인이 일부 발견되더라도 장기적으로 면접교섭이 이루어질 때 자녀의 복리에 미치는 긍정적인 영향 등을 깊이 고려하여, 가정법원은 개별 사건에서 합목적적인 재량에 따라 면접교섭의 시기, 장소, 방법 등을 제한하는 등의 방법으로 가능한 한 자녀의 성장과 복지에 가장 도움이 되고 적합한 방향으로 면접교섭이 이루어질 수 있도록 하여야 하고, 이러한 고려 없이 막연한 우려를 내세워 면접교섭 자체를 배제하는 데에는 신중하여야 한다고 판시하였다.

Ⅶ. 사 실 혼

1. 사실혼의 의의

사실혼을 어떻게 파악할 것인가? 이전의 일본 판례는 사실혼을 불법적인 것으로 보아 그에 대한 보호를 부정하다가, 그 후에는 이를 혼인예약이라고 하여 약혼과 마찬가지로 취급하였다. 우리나라의 판례 가운데에도 혼인예약이라는 용어를 쓴 것이 있다. 그러나 근래에는 사실혼을 법률혼에 준하는, 이른바 준혼(準婚)으로 보는 것이 일반적이다. 그리하여 사실혼이란, 다른 혼인요건은 갖추었으나, 형식적 요건인 혼인신고를 갖추지 못하였기 때문에 법률상 혼인으로 인정되지 아니하는 관계라고 정의한다. 판례(대법원 1979. 5. 8. 선고 79므3 판결 등)도 "사실혼이란 당사자 사이에 혼인의 의사가 있고, 객관적으로 사회관념상으로 가족질서적인 면에서 부부공동생활을 인정할 만한 혼인생활의 실체가 있는 경우"라고 정의하고 있어서, 대체로 같은 취지이다.

그러나 준혼이론은 혼인신고는 혼인의 성립을 확증하는 방법에 그치고, 혼인의 성립 자체에는 영향이 없다고 보고 있는데, 이는 법률혼주의에 따라 요구되는 혼인신고의 의미를 지나치게 축소시킨다. 그리고 사실혼의 원인은 매우 다양하다. 우리나라에서는 이전에는 당사자들의 법적 지식의 부족, 여성의 남성에 대한 경제적 종속 등의 원인으로 인하여, 법률혼을 의욕하면서도 이를 이루지 못한 채 사실혼이 된 경우가 많았고, 아직도 사실혼을 이와 같은 시각에서 이해하는 견해가 많다. 그러나 오늘날 서구에서 사실혼(cohabitation, nichteheliche Lebensgemeinschaft)이 증가하고 있는 것은, 이러한 이유보다는 당사자들이 혼인에 의한 구속을 싫어하여 법률혼 그 자체를 의욕하지 않기 때문인 경우가 많다. 우리나라에서도 사정은 크게 다르지 않다고 생각된다. 그러므로 사실혼의 성립요건으로서 반드시 혼인의 의사를 요구하여야 하는지는 의문이다. 더구나 혼인의 의사를 혼인신고의사까지 포함하는 것으로 이해한다면, 사실혼의 경우에 이러한 신고의사가 있는 경우란 드물 것이다. 그러므로 사실혼의 개념은 주관적인 의사의 면은 제외하고 객관적, 외형적으로 보아 법률혼과 마찬가지의 공동생활을 영위하는 것으로 이해하면 충분하다고 생각된다 (주해친족 1/윤진수, 530-531).

2. 사실혼의 요건

▌**참고문헌:** 김성대, "중혼적 사실혼의 보호", 민사재판의 제문제 23권, 2015; 김영신, "사실혼의 요건에 관한 소고," 가족법연구 26권 3호, 2012; 박인환, "사실혼보호법리의 변천과 과제: 사실혼의 발생유형과 보호의 개별화", 가족법연구 23권 1호, 2009; 서인겸, "혼인의 실질적 요건을 흠결한 사실혼의 가족법상 보호에 관한 소고", 경희법학 51권 3호, 2016; 윤진수, "사실혼배우자 일방이 사망한 경우의 재산문제: 해석론 및 입법론", 민법논고 Ⅶ, 2015; 주선아, "중혼적(重婚的) 사실혼의 보호범위", 저스티스 127호(2011. 12); 최진갑, "중혼적 사실혼 배우자의 재산분할청구권", 부산판례연구회 판례연구 8집, 1998; 현소혜, "「근친혼적 사실혼」 관계의 보호", 민사판례연구 34권, 2012

가. 주관적 요건과 객관적 요건

판례(대법원 1979. 5. 8. 선고 79므3 판결 등)는 사실혼의 요건으로서 혼인할 의사가 있다는 주관적 요건과, 부부공동생활이라고 인정될 만한 혼인생활의 실체가 존재한다는 객관적인 요건을 요구하고 있다.

그러나 판례는 실제로는 객관적인 동거 사실이 있으면 대체로 혼인의 의사도 있었다고 보아 사실혼의 성립을 인정한다(대법원 1987. 2. 10. 선고 86므70 판결 등). 판례가 주로 고려하고 있는 것은 동거 사실의 유무 또는 그 장단, 부모 등 다른 사람에게 알렸는지 여부, 결혼식을 올렸는지 여부 등이다.

대법원 1984. 8. 21. 선고 84므45 판결은, 청구인과 피청구인이 몇 차례에 걸쳐 동침하였지만, 주위의 이목을 염려한 나머지 그 교제가 떳떳하지 못한 상태에서 계속되어 왔으며, 피청구인의 부모에게 이 사실을 알린다거나 결혼승낙도 받지 아니하고 더구나 결혼식도 올린 바가 없다면 비록 그들 사이의 간헐적인 정교관계에 의하여 자식이 태어났다 하더라도 서로 혼인의사의 합치가 있었다고 보여지지 아니할 뿐더러 혼인생활의 실체가 존재한다고도 보여지지 아니하여 사실상의 혼인관계가 성립되었다고는 볼 수 없다고 하여 주관적 요건과 객관적 요건이 다같이 부존재한다고 보았다.

그리고 대법원 2001. 1. 30. 선고 2000도4942 판결은, 국가유공자의 처가 국가유공자 외의 자와의 사이에 자식을 출산하고 그 출산을 전후한 약 2개월 동안 동거 또는 간헐적인 정교관계가 있은 경우에, 그것만으로는 국가유공자의 유족의 범위에서 제외되는 사실혼관계가 성립하지 않았다고 보았다.

이러한 판례에 비추어 보면, 사실혼의 성립요건으로서 혼인의 의사를 요구하는 것은 실질적인 판단기준으로서 기능하지 못하고 있다. 뿐만 아니라 혼인의 의사가 없는 남녀의 공동생활관계를 사실혼이 아니라고 하여 보호하지 않는 것이 타당하다고 할 수도 없다.

근래의 하급심 판결(부산가정법원 2013. 7. 4. 선고 2012르857 판결)은, 원고와 피고가 9년 가까이 동거하였는데, 그 사이에 여자인 피고가 일기나 소셜 네트워크 서비스에 원고와의 결혼에 대하여 회의를 나타낸 점을 들어 원·피고 사이에 주관적으로 혼인의사의 합치가 있었다거나 객관적으로 부부공동생활이라고 인정할 만한 혼인생활의 실체가 존재하였음을 인정하기에 부족하다고 판시하였다. 그러나 이 사건에서 원고가 아니라 피고가 사실혼관계의 성립을 주장하였더라도 법원이 이를 부정하였을 것인지는 의문이다.

최근에는 사실혼 성립의 주관적 요건으로서 '사회관념상 부부라고 인정되는 정신적·육체적 결합을 생기게 할 의사'라는 의미에서의 혼인의사는 필요하지만, 혼인신고의 의사는 필요하지 않다는 견해도 주장된다(주석친족 1/임종효, 312).

나. 혼인장애사유가 있는 사실혼

혼인장애사유가 있는 사람들 사이의 사실혼도 사실혼으로서 보호를 받을 수 있는지가 문제된다. 학설상으로는 사실혼의 경우에는 혼인 성립에 관한 실질적 요건의 구비를 엄격히 요구할 수 없다고 하여, 혼인적령 미만인 사람의 사실혼, 부모 등의 동의를 결여한 사실혼 등은 법률상 혼인으로서의 요건은 갖추지 못했다 하더라도 사실혼으로서는 법률상의 보호를 받을 수 있고, 금혼범위를 위반한 혼인의 경우에도 무효혼에 해당하지 않는 한 사실혼으로서는 보호받을 수 있지만, 선량한 풍속과 사회질서에 위반되는 사실혼은 보호받을 수 없다고 보고 있다.

대법원 2010. 11. 25. 선고 2010두14091 판결은, 2005년 개정 전에는 혼인무효인 금혼사유인 관계에 해당하던, 사망한 언니의 남편인 형부와 사실혼관계에 있던 처제가 공무원연금법상의 유족연금 수급권자인 사실혼 배우자에 해당하는가에 관하여 다음과 같이 판시하였다. 즉 혼인할 경우 그 혼인이 무효로 되는 근친자 사이의 사실혼관계라면 원칙적으로 혼인법질서에 본질적으로 반하는 사실혼관계라고 추단할 수 있지만, 민법에 의하여 혼인이 무효로 되는 근친자 사이의 사실혼관계라고 하더라도 그 반윤리성·반공익성이 혼인법질서 유지 등의 관점에서 현저하게 낮다고 인정되는 경우에는, 그 사실혼관계가 혼인무효인 근친자 사이의 관계라는 사정만으로 유족연금의 지급을 거부할 수 없다고 하였다. 이 판결은 또한, 2005년 개정 민법에 의하여 형부와 처제 사이의 혼인은 취소할 수 있는 데에 그치는 것으로 변경되었다는 점을 강조하고 있다.

일반론으로서는 혼인장애사유가 있는 사람들 사이의 사실혼이라고 하여 일률적으로 사실혼으로서 보호를 받지 못한다고 할 수는 없고, 혼인장애사유가 혼인무효사유인가 아니면 취소사유인가는 이러한 판단에서 반드시 중요한 것은 아니며, 구체적인 경우에 개별적으로 따져야 한다. 위 형부와 처제 사이의 사실혼 사례에서 보는 것처럼, 혼인무효사유와 혼인취소사유의 구별은 절대적인 것은 아니고, 입법정책에 따라 달라질 수 있기 때문이다. 다만 법률혼의 장애사유는 모두 사실혼에도 장애가 된다는 주장이 있으나(송덕수, 130), 수긍하기 어렵다.

주로 문제되는 것은 중혼적 사실혼, 즉 법률상 배우자가 있는 자가 다른 사람과 사실혼관계를 맺은 경우에 이를 어떻게 취급할 것인가 하는 점이다. 판례(대법원 1995. 7. 3.자 94스30 결정; 1995. 9. 26. 선고 94므1638 판결; 1996. 9. 20. 선고 96므530 판결, [판례 25] 등)는, 이러한 경우 법률혼관계가 사실상 이혼상태라는 등의 특별한 사정이 없는 한, 이를 사실혼으로 인정하여 재산분할청구나 사실혼 파기로 인한 손해배상 등 법률혼에 준하는 보호를 할 수는 없다고 보고 있다. 그러나 학설상으로는 대체로 법률혼이 이미 파탄되어 그 실체가 없어진 경우에는 사실혼을 보호하여야 하며, 이때에는 사실혼 배우자의 선의 여부는 그다지 중요하지 않다는 견해가 유력하다. 다만 문제는 어떤 경우에 법률혼이 파탄된 것으로 인정할 것인가 하는 점인데, 단순히 파탄만 있으면 되는가, 아니면 이혼의 합의가 있어야 하는가, 더 나아가 법률혼 배우자의 보호 문제까지 완전히 해결된 상태를 의미하는가에 관하여 의견의 대립이 있다.

판례(대법원 1993. 7. 27. 선고 93누1497 판결; 2007. 2. 22. 선고 2006두18584 판결)는, 사실

상 배우자 외에 법률상 배우자가 따로 있는 경우에는, 법률상 배우자 사이에 이혼의사가 합치되어 법률혼은 형식적으로만 존재하고 사실상 혼인관계가 해소되어 법률상 이혼이 있었던 것과 마찬가지로 볼 수 있는 등의 특별한 사정이 없는 한, 법률상 배우자가 유족으로서 연금수급권을 가지고, 사실상 배우자는 공무원연금법이나 군인연금법에 의한 유족으로 보호받을 수는 없다고 하였다. 또 대법원 1996. 9. 20. 선고 96므530 판결([판례 25])은, 법률혼 배우자가 약 20년 전에 가출하여 그 이래로 사실혼관계를 맺어 온 상황에서도 적법한 사실혼의 성립을 인정하지 않았다. 그러므로 판례는 법률혼의 단순한 파탄만으로는 중혼적 사실혼이 보호를 받을 수 없다고 보고 있다고 말할 수 있다. 그러나 학설상으로는 중혼적 사실혼이라고 하더라도 법률혼이 이미 파탄 상태에 이르렀다면 보호를 받을 필요가 없다고 보는 것이 일반적이다.

다른 한편 대법원 2002. 2. 22. 선고 2001도5075 판결은, 중혼에 해당하는 혼인이라도 취소되기 전까지는 유효하게 존속하는 것이라고 하여, 중혼적 사실혼으로 인하여 형성된 인척도 「성폭력범죄의 처벌 및 피해자보호 등에 관한 법률」 7조 5항의 사실상의 관계에 의한 친족이라고 하였다. 또한 대법원 2010. 9. 30. 선고 2010두9631 판결은, 비록 중혼적 사실혼일지라도 군인 또는 군인이었던 자의 퇴직 후 61세 전에 법률혼인 전 혼인의 배우자가 사망함으로써 전 혼인이 해소됨과 동시에 통상적인 사실혼이 된 경우 등과 같은 특별한 사정이 있다면, 전 혼인의 배우자 사망 후에는 사실상 혼인관계에 있던 자를 군인연금법 3조 1항 4호에 규정된 배우자로 보아야 한다고 판시하였다.

그리고 대법원 2009. 12. 24. 선고 2009다64161 판결([판례 26])은, 중혼적 사실혼관계에 있는 배우자도 부부운전자한정운전 특별약관부 자동차보험계약에 의한 기명피보험자와 사실혼관계에 있는 배우자로서 피보험자에 해당한다고 하였다.

생각건대 중혼적 사실혼관계를 맺은 사람은 일률적으로 공서양속에 어긋나므로 보호할 필요가 없다고 단정할 수는 없다. 중혼적 사실혼관계라고 하여도, 법률혼 배우자와의 혼인이 파탄되었을 뿐만 아니라, 당사자 사이에 이혼의 합의도 존재하지만, 이혼신고만을 하지 않은 상태라면, 구태여 사실혼 배우자의 보호를 거부할 이유는 없다. 학설이나 판례도 이 점에 관하여는 견해가 일치한다.

그러므로 법률혼 배우자와의 혼인이 파탄되어 실제 공동생활을 하고 있지는 않으나 아직 이혼의 합의에까지 이르지 않은 경우에, 중혼적 사실혼을 어느 정도 보호할 필요가 있는가 하는 점은 개별적으로 문제되는 법률관계의 성격 내지 목적을 따져서 결정하여야 한다(주해친족 1/윤진수, 548-550).

우선 재산분할청구에 관하여는, 재산분할 제도는 당사자들이 사회관념상 부부처럼 보이는 공동생활을 하면서 재산 형성에 기여를 한 경우에 그 보상으로서 인정되는 것이므로, 중혼적 사실혼이라고 하여 이를 부정할 이유는 없다. 반면 중혼적 사실혼의 파기로 인한 손해배상청구에 관하여는 이와 달리 볼 필요가 있다. 법률상 배우자 있는 자가 사실혼관계를 해소하겠다고 주장하더라도, 이는 위법한 상태를 종결시키겠다는 것이므로 그 자체로는 위법하다고 할 수 없고, 따라서 이를 이유로 하는 손해배상청구는 원칙적으로 허용되어서는 안 될 것이다. 다만 사실혼의 상대방이 선의였던 것과 같이 특별한 사정이 있는 경우에는 손해배상청구를 인정할 수 있을 것이다.

그리고 각종 연금법이나 사회보장관련 법률에서 법률상 배우자 아닌 중혼적 사실혼의 배우자가 급여수급권자인 유족으로 인정될 수 있는가 하는 점은 당해 법률들을 구체적으로 살펴보아야 한다. 이러한 법률들의 유족급여는 기본적으로 유족의 생활보장을 위한 것으로서, 중혼적 사실혼 배우자라고 하여도 생활보장의 필요성을 부정할 수는 없다. 다른 한편 법률상 배우자라도 사망 당시 실제로 부양을 받고 있지 않거나 생계를 같이하고 있지 않았다면 배우자로서 급여수급권을 주장할 수는 없다. 그러므로 이러한 경우에는 중혼적 사실혼의 배우자라고 하여도 급여수급권을 인정하는 데 특별한 문제가 있다고 보이지는 않는다. 대법원 1977. 12. 27. 선고 75다1098 판결은, 법률상의 처가 남편과 사실상 이혼하고 다른 사람과 사실상의 혼인관계를 맺고 그에 의하여 부양되고 있는 경우에는 남편의 사망으로 인하여 지급되는 산업재해보상보험법상의 유족보상일시금의 수급권자는 법률상의 처가 아니라 남편의 사망 당시 그에 의하여 부양되고 있던 사실혼 배우자라고 하였다. 그리고 서울고법 2021. 9. 8. 선고 2020누48149 판결은, 법률상 배우자가 산업재해보상보험법상의 유족급여의 수급권자라고 주장하였으나, 사망한 근로자의 중혼적 사실혼 배우자가 검사를 상대로 사망한 근로자와의 사이에 사실혼관계존재가 존재하였다는 확인 청구를 하여 법원으로부터 인용판결을 받은 것을 이유로 하여, 법률상 배우자가 아니라 사실혼 배우자가 유족급여의 수급권자라고 하였다.

[판례 25] 대법원 1996. 9. 20. 선고 96므530 판결

1. 원심판결 이유에 의하면 원심은, 피고는 1974. 5.경 그의 처인 소외 1이 1남 4녀의 자식을 두고 가출하여 행방불명이 된 채 계속 귀가하지 아니한 상태에서 그 판시와 같은 경위로 알게 된 원고에게 7개월 이내에 소외 1과의 혼인관계를 정리하고 원고와 혼인신고를 하겠다고 하면서 혼인할 것을 제의하고 원고가 이를 승낙함에 따라 같은 해 11. 30.부터 자식들과 함께 동거를 시작한 사실, 그런데 피고는 계속 소외 1과의 호적관계를 정리하지 아니하여 원고와의 혼인신고를 하지 못하는 상태에 있었으며, 1993. 2.경부터 소외 2라는 여자를 사귀어 동침하는 등 관계를 지속하여 오면서 이를 따지는 원고에게 폭행을 가하고 "너는 법적으로 부부가 아니다. 왜 내가 하는 일에 간섭하느냐. 꼴보기 싫다."고 하는 등 구박을 일삼아 온 사실, 이에 원고는 더 이상 피고와의 동거생활을 유지할 수 없다고 생각하고 1994. 6.초경 피고가 낚시를 가고 없는 사이에 피고 명의의 예금통장에서 인출한 금 2,000,000원을 가지고 가출하였다가 같은 달 10. 22:00경 피고와 위 소외 2가 여관에서 나오는 현장을 사진촬영하여 이 사건 소송을 제기한 사실을 인정한 다음, 원고와 피고는 위와 같은 동거생활로 사실혼관계에 있었다고 할 것이고 그 사실혼관계는 피고가 당초의 약속과는 달리 원고와의 혼인신고를 이행하지 아니한 채 다른 여자와 동침하는 등 부정한 행위를 하면서 법적으로 부부가 아니니 집을 나가라는 취지의 폭언과 구박을 일삼아 온 피고의 잘못으로 파탄에 이르게 되었다고 판단하고, 원고의 사실혼관계 해소에 따른 이 사건 손해배상 청구의 일부를 받아들여 피고에게 금 15,000,000원의 지급을 명하는 한편, 원고의 사실혼 해소에 따른 재산분할 청구도 받아들여 재산분할 방법으로서 금 30,000,000원의 지급을 명하고 있다.

2. 살피건대 법률상의 혼인을 한 부부의 어느 한 쪽이 집을 나가 장기간 돌아오지 아니하고 있는 상태에서 부부의 다른 한 쪽이 제3자와 혼인의 의사로 실질적인 혼인생활을 하고 있다고 하더라도 특별한 사정이 없는 한, 이를 사실혼으로 인정하여 법률혼에 준하는 보호를 허여할 수는 없다고 할 것이다(당원 1995. 7. 3.자 94스30 결정 및 1995. 9. 26. 선고 94므1638 판결 참조).

원심이 인정한 사실관계에 의하더라도 피고는 법률상의 처인 소외 1이 자식들을 두고 가출하여 행방불명이 된 채 계속 귀가하지 아니한 상태에서 조만간 소외 1과의 혼인관계를 정리할 의도로 원고와 동거생활을 시작하였으나 그 후 원고와의 혼인생활이 파탄에 이르게 될 때까지도 피고와 소외 1사이의 혼인은 해소되지 아니하였다는 것이므로, 원고와 피고 사이에는 법률상 보호받을 수 있는 적법한 사실혼관계가 성립되었다고 볼 수는 없고, 따라서 원고의 피고에 대한 사실혼관계 해소에 따른 손해배상 청구나 재산분할 청구는 허용될 수 없다 할 것이다.

그런데도 원심이 이와 달리 원고와 피고 사이에 법률상 보호받을 수 있는 사실혼관계가 성립되었다고 보고 이를 전제로 원고의 이 사건 사실혼관계 해소에 따른 손해배상 청구 및 재산분할 청구를 일부 받아들였으니, 원심판결에는 사실혼관계에 관한 법리를 오해하여 판결 결과에 영향을 미친 위법이 있다 할 것이고 이를 포함하는 논지는 이유가 있다.

참고문헌

최진갑, 부산판례연구회 판례연구 8집

생각할 점

1. 중혼적 사실혼 당사자의 재산분할청구를 인정하는 것은 불법원인급여의 반환을 인정하는 것과 마찬가지라고 볼 수 있는가?

2. 동성(同性) 간의 사실혼 유사의 동거관계가 일방의 의사 또는 책임 있는 사유로 파탄되었다고 하더라도, 상대방은 그 일방에 대하여 사실혼 부당파기로 인한 위자료 및 사실혼 해소로 인한 재산분할을 청구할 수는 없다고 한 인천지법 2004. 7. 23. 선고 2003드합292 판결에 대하여도 생각해 보라.

[판례 26] 대법원 2009. 12. 24. 선고 2009다64161 판결

보통거래약관 및 보험제도의 특성에 비추어 볼 때 보험약관의 해석은 일반 법률행위와는 달리 개개 계약당사자가 기도한 목적이나 의사를 기준으로 하지 않고 평균적 고객의 이해가능성을 기준으로 하여 객관적·획일적으로 해석하여야 한다.

사실혼은 당사자 사이에 주관적으로 혼인의 의사가 있고, 객관적으로도 사회관념상 가족질서적인 면에서 부부공동생활을 인정할 만한 혼인생활의 실체가 있으면 일단 성립하는 것이고(대법원 1995. 3. 28. 선고 94므1584 판결, 대법원 2001. 4. 13. 선고 2000다52943 판결 등 참조), 비록 우리 법제가 일부일처주의를 채택하여 중혼을 금지하는 규정을 두고 있다 하더라도 이를 위반한 때를 혼인 무효의 사유로 규정하지 않고 단지 혼인 취소의 사유로만 규정하고 있는 까닭에(민법 제816조) 중혼에 해당하는 혼인이라도 취소되기 전까지는 유효하게 존속하는 것이고, 이는 중혼적 사실혼이라 하여 달리 볼 것이 아니다(대법원 2002. 2. 22. 선고 2001도5075 판결 참조). 또한 비록 중혼적 사실혼관계일지라도 법률혼인 전 혼인이 사실상 이혼상태에 있다는 등의 특별한 사정이 있다면 법률혼에 준하는 보호를 할 필요가 있을 수 있다.

이 사건에서, 원심이 인정한 사실관계에 의하더라도, 피고 2의 법률상 배우자인 소외인이 집을 나가 행방불명됨으로써 그들의 혼인은 사실상 이혼상태에 이르렀고, 피고들은 부부

공동생활을 인정할 만한 혼인의 실체를 갖춘 사실혼관계에 있다는 것이므로, 피고들의 사실혼관계가 법률혼에 준하는 보호를 받을 수 없는 경우에 해당한다고 단정할 수 없고, 나아가 이 사건과 같이 계약에 의한 보험인수의 법률관계가 형성되어 피보험당사자의 지위를 확정하는 경우에 사실혼관계에 있는 일방 당사자가 단순히 중혼적 관계에 있다는 이유만으로 그 사실혼관계의 존재 자체를 부정하는 것은 앞서 본 객관적·획일적인 보험약관의 해석원칙에 관한 법리에도 반한다고 할 것이다(원고가 중혼적 사실관계에 있는 배우자를 피보험자에서 배제하려고 하였다면 이 사건 특별약관에 별도의 규정을 두어 이를 명시하였어야 한다).

그렇다면 원심이 단순히 피고 2가 중혼적 사실혼관계에 있다는 이유로 법률혼에 준하는 법적 보호를 받을 수 없다고 하여 이 사건 특별약관상의 '사실혼관계에 있는 배우자'에 해당하지 아니한다는 취지로 판단한 것은 사실상 혼인관계의 성립 및 그 법적 보호에 관한 법리를 오해하여 이 사건 특별약관의 해석을 그르친 것이다.

참고문헌

주선아, 저스티스 127호; 김성대, 민사재판의 제문제 23권

3. 사실혼의 효과

사실혼 배우자에게는 혼인의 효과에 관한 규정 중 혼인신고를 전제로 하는 것은 적용될 수 없으나, 그 이외의 규정은 대체로 유추적용될 수 있다.

우선 사실혼 당사자들에게도 법률상 부부와 마찬가지로 동거, 부양 및 협조의무가 인정된다(대법원 1998. 8. 21. 선고 97므544, 551 판결; 2008. 2. 14. 선고 2007도3952 판결 등). 일방이 이러한 의무를 이행하지 않으면 다른 일방은 그 사실혼 해소에 관하여 정당한 이유를 가지므로, 사실혼을 해소하더라도 손해배상책임을 지지 않게 될 뿐만 아니라 상대방에게 손해배상을 청구할 수 있게 된다. 또한 일방이 상대방에 대한 부양의무를 이행하지 않는다면 상대방은 재판상 그 부양료를 청구할 수도 있다.

또한 사실혼 당사자에게도 정조의무가 인정된다. 그리하여 제3자가 사실혼의 일방 당사자와 간음하여 사실혼이 파기되게 하였다면 상대방은 사실혼 당사자에게 사실혼 부당 파기로 인한 위자료를 청구할 수 있고(대법원 1967. 1. 24. 선고 66므39 판결), 제3자도 불법행위책임을 질 수 있다(대법원 1961. 10. 19. 선고 4293민상531 판결).

대법원 2016. 8. 30. 선고 2016두36864 판결은 구 지방세법상 재산분할로 인한 취득에 대하여 취득세율을 감액하는 규정은 사실혼 해소시 재산분할로 인한 취

등에 대해서도 적용된다고 하였다.

그러나 사실혼 당사자 사이에 법률상 친족관계가 성립하는 것은 아니므로 혼인에 의한 인척관계는 성립되지 않으며, 성년의제(826조의2)의 효과도 인정되지 않는다. 사실혼 당사자 일방과 상대방의 친족 사이에는 974조 3호에 의한 부양의무도 인정되지 않는다(반대: 주석친족 1/임종효, 324). 사실혼관계에 있는 사람이 제3자와 혼인하여도 중혼은 되지 않는다.

사실혼 당사자도 일상가사대리권(827조)을 가지고(대법원 1980. 12. 23. 선고 80다2077 판결), 일상가사의 연대책임 규정(832조)도 사실혼관계에 유추적용될 수 있다. 공유의 추정 규정(830조)도 사실혼관계에 유추적용된다. 대법원 1994. 12. 22. 선고 93다52068, 52075 판결은, 법률혼과 마찬가지로 사실혼관계에 있는 부부의 일방이 사실혼 중에 자기 명의로 취득한 재산은 그 명의자의 특유재산으로 추정되지만, 실질적으로 다른 일방 또는 쌍방이 그 재산의 대가를 부담하여 취득한 것이 증명된 때에는 특유재산의 추정은 번복되어, 그 다른 일방의 소유이거나 쌍방의 공유라고 보아야 한다고 판시하였다. 그리고 채무자와 그 배우자의 공유로서 채무자가 점유하거나 그 배우자와 공동으로 점유하고 있는 유체동산은 채무자에 대한 집행권원에 기하여 압류할 수 있다는 民執 190조도 사실혼에 유추적용된다(대법원 1997. 11. 11. 선고 97다34273 판결). 그러나 사실혼 배우자는 「부동산 실권리자명의 등기에 관한 법률」에 의하여 명의신탁이 허용되는 배우자에는 포함되지 않는다(대법원 1999. 5. 14. 선고 99두35 판결; 헌법재판소 2010. 12. 28. 선고 2009헌바400 결정).

그리고 공무원연금법과 같이 특별법상 사실혼 배우자를 특별히 보호하는 규정이 많이 있고, 주택임대차보호법 9조도 임차인이 사망한 때에는 그 주택에서 가정공동생활을 하던 사실상의 혼인관계에 있는 자에게 임차인의 임차권에 관하여 단독 또는 공동으로 권리를 인정하고 있다. 현재 사용되고 있는 자동차종합보험약관도 대체로 사실혼 배우자를 승낙피보험자로 들고 있다(대법원 1994. 10. 25. 선고 93다39942 판결 참조).

4. 사실혼의 해소

▮**참고문헌:** 고형석, "사실혼 배우자의 주택임차권의 승계에 관한 연구", 한양법학 30집, 2010; 김상용 "사실혼의 해소와 재산분할청구", 민사판례연구 32권, 2010; 김시철, "일방당사자의 사망으로 인하여 사실혼관계가 종료된 경우 그 상대방에게 재산분할청구권을 인

정할 수 있는지", 대법원판례해설 61호, 2006; 김인유, "사실혼이 일방의 사망으로 해소된 경우 생존 사실혼 배우자의 보호방안", 경북대 법학논고 52집, 2015; 문흥안, "사실혼 배우자 일방의 사망과 재산의 청산," 일감법학 21호, 2012; 박인환, "사망에 의한 사실혼의 해소와 재산분할의 유추", 가족법연구 21권 3호, 2007; 박종용, "사실혼배우자의 보호: 특히 사망으로 인한 혼인해소의 경우를 중심으로", 가족법연구 21권 3호, 2007; 안영하, "주택임대차보호법 제9조에 의한 임차권의 승계", 비교사법 15권 1호, 2008; 윤진수, "사실혼 배우자 일방이 사망한 경우의 재산문제: 해석론 및 입법론", 저스티스 100호(2007. 10); 이동수, "사실혼관계의 해소와 재산분할에 대한 최근의 독일판례의 동향", 가족법연구 24권 3호, 2010

사실혼도 법률혼과 마찬가지로 당사자의 사망으로 해소된다. 나아가 당사자의 합의에 의한 사실혼의 해소도 가능하다. 그리고 사실혼은 법률혼과는 달리 당사자가 일방적으로 해소할 수 있다(대법원 1977. 3. 22. 선고 75므28 판결). 대법원 2009. 2. 9. 자 2008스105 결정([판례 28])은, 일방이 의식불명이 된 경우에 상대방이 일방적으로 사실혼관계를 해소하기 위하여 상대방에 대한 의사표시 및 그 수령 등을 그 해소의 요건으로 할 필요는 없다고 보았다.

다만 이 경우에 정당한 사유가 없으면 그 자가 손해배상책임을 지게 되는 것은 별개의 문제이다. 정당한 사유의 유무는 원칙적으로 이혼사유에 준하여 판단하여야 할 것이다. 특히 사실혼이 해소된 때에는 재산분할청구가 인정된다는 점이 중요하다(대법원 1995. 3. 10. 선고 94므1379, 1386 판결 등).

사실혼 배우자는 상속을 받을 수는 없다. 사실혼 배우자에 대하여도 상속권을 인정하자는 주장이 있으나(이경희·윤부찬, 152), 해석론의 범위를 넘는 주장이다. 헌법재판소 2014. 8. 28. 선고 2013헌바119 결정도 사실혼 배우자에게 상속권을 인정하지 않는 것이 위헌이 아니라고 하였다. 다만 일부 재판관들의 보충의견은 생존한 사실혼 배우자의 재산권 등을 보호하기 위한 입법개선이 필요하다고 주장하였다.

그리고 대법원 2006. 3. 24. 선고 2005두15595 판결([판례 27])은, 사실혼이 사망으로 종료된 때에는 법률혼과의 균형상 재산분할청구권이 인정되지 아니한다고 하였다. 이에 대하여는 재산분할청구를 부정하면 생존 중 사실혼관계가 해소되는 경우와 사망으로 인하여 사실혼관계가 해소되는 경우에 불균형이 생기고, 실질적 부부 공유재산관계의 청산이나 혼인관계 해소 후 부양이라는 재산분할의 실질적 근거는 생존 중 혼인관계 해소의 경우나 사망에 의한 해소의 경우나 동일하게 충족되어 있으므로, 사망으로 해소된 경우에도 재산분할을 인정하여야 한다는 비판이 있다. 그러나 사실혼의 생전해소의 경우에 재산분할청구를 인정하는 것은 법률혼의 경우를 유추하는 것인데, 사실혼이 사망으로 인하여 해소된 경우에도 재산분할청구를 인정하려고 하는 것은 이러한 유추의 결과를 다시 유추하려는 것이다. 재산분할 긍정설은 이러한 경우에 상속이 인정되지 않는다는 문제점을 재산분할청구를 인정함으로써 해결하려고 하는 것이지만, 이는 사실혼의 경우에는 상속을 인정할 수 없다는 민법의 체계에 어긋난다고 보지 않을 수 없다. 경우에 따라서는 재산분할을 받는 것이 상속을 받는 것보다 유리할 수도 있다.

다만 해석론으로는 사실혼 부부 사이에 묵시적인 조합계약이 있었던 것으로 보아 그 청산을 인정하는 것을 생각해 볼 수 있다. 그러나 묵시적인 조합계약이 있었다고 인정될 수 있는 경우는 한정될 것이다.

입법론으로는 생존 사실혼 배우자가 생활을 유지할 수 없는 경우에는 상속인들에 대하여 상속재산의 한도에서 부양을 위한 청구권을 행사할 수 있도록 하는 규정을 들여오는 것을 검토할 필요가 있다.

[판례 27] 대법원 2006. 3. 24. 선고 2005두15595 판결

사실혼이란 당사자 사이에 혼인의 의사가 있고 객관적으로 사회관념상으로 가족질서적인 면에서 부부공동생활을 인정할 만한 혼인생활의 실체가 있는 경우이고, 부부재산에 관한 청산의 의미를 갖는 재산분할에 관한 법률 규정은 부부의 생활공동체라는 실질에 비추어 인정되는 것으로서 사실혼관계에도 이를 준용 또는 유추적용할 수 있기 때문에, 사실혼관계에 있었던 당사자들이 생전에 사실혼관계를 해소한 경우 재산분할청구권을 인정할 수 있으나(대법원 1995. 3. 28. 선고 94므1584 판결 등 참조), 법률상 혼인관계가 일방 당사자의 사망으로 인하여 종료된 경우에도 생존 배우자에게 재산분할청구권이 인정되지 아니하고(대법원 1994. 10. 28. 선고 94므246, 94므253 판결 참조) 단지 상속에 관한 법률 규정에 따라서 망인의 재산에 대한 상속권만이 인정된다는 점 등에 비추어 보면, 사실혼관계가 일방 당사자의 사망으로 인하여 종료된 경우에는 그 상대방에게 재산분할청구권이 인정된다고 할 수 없다. 사실혼관계가 일방 당사자의 사망으로 인하여 종료된 경우에 생존한 상대방에게 상속권도 인정되지 아니하고 재산분할청구권도 인정되지 아니하는 것은 사실혼 보호라는 관점에서 문제가 있다고 볼 수 있으나, 이는 사실혼 배우자를 상속인에 포함시키지 않는 우리의 법제에 기인한 것으로서 입법론은 별론으로 하고 해석론으로서는 어쩔 수 없다고 할 것이다.

따라서 원심판결이 인용하고 있는 제1심판결이 같은 취지로 원고가 망인과 사실혼관계에 있었다고 하더라도 망인이 사망함에 따라 사실혼관계가 해소된 이 사건에서 원고가 망인에 대하여 재산분할청구권을 가질 수는 없다고 판시한 것은 정당하고, 거기에 상고이유에서 지적한 바와 같은 법리오해의 잘못이 있다고 할 수 없다.

참고문헌

김시철, 대법원판례해설 61호; 박인환, 가족법연구 21권 3호; 박종용, 가족법연구 21권 3호; 윤진수, 저스티스 100호

생각할 점

아래 대법원 2009. 2. 9.자 2008스105 결정([판례 28])을 읽고 두 판례의 관계를 검토하라.

[판례 28] 대법원 2009. 2. 9.자 2008스105 결정

1. 청구인은 청구인이 소외인을 상대로 재산분할심판청구를 제기한 서울가정법원 2007느합59 재산분할청구사건에서, 소외인이 이 사건 심판청구 후 사망하였으므로 그의 상속인인 아들 상대방 1 및 상대방 2가 이 사건 절차를 수계하여야 한다는 취지의 이 사건 신청을 하였다.

원심은 판시와 같은 사실인정을 한 다음, 사실혼관계의 당사자 중 일방인 소외인이 갑자기 의식불명상태에 빠지고 그 의식불명기간에 다른 당사자인 청구인이 한 사실혼관계를 해소하는 의사표시를 수령하지 못한 상태에서 끝내 의식을 회복하지 못한 채 사망한 경우 그 사실혼관계는 청구인의 의사표시에 의해서 해소된 것이 아니라 망인의 사망으로써 종료된 것으로 보아야 할 것이므로 청구인에게는 재산분할청구권이 인정된다고 할 수 없다는 이유로, 청구인의 이 사건 신청을 기각한 제1심 결정을 유지하였다.

2. 그러나 원심의 위와 같은 판단은 다음과 같은 이유로 그대로 수긍하기 어렵다.

사실혼관계는 사실상의 관계를 기초로 하여 존재하는 것으로서 당사자 일방의 의사에 의하여 해소될 수 있고 당사자 일방의 파기로 인하여 공동생활의 사실이 없게 되면 사실상의 혼인관계는 해소되는 것이며, 다만 정당한 사유 없이 해소된 때에는 유책자가 상대방에 대하여 손해배상의 책임을 지는 데 지나지 않는다(대법원 1977. 3. 22. 선고 75므28 판결 참조).

기록에 의하면, 청구인과 사실혼관계에 있던 소외인이 2007. 3. 12. 갑자기 의식을 잃고 쓰러져 병원에 입원하였고, 2007. 4. 16. 청구인과는 혈연관계가 없는 그의 아들들에 의하여 다른 병원으로 옮겨졌으나 의식을 회복하지 못하고 2007. 5. 10.에 사망한 사실, 청구인은 소외인이 사망하기 전인 2007. 4. 18. 사실혼관계의 해소를 주장하면서 이 사건 재산분할심판청구를 한 사실을 알 수 있고, 한편 그 해소의 의사가 진정하지 않다고 볼 근거가 없다.

이러한 사실관계에 의하면, 청구인이 사실혼관계의 해소를 주장하며 이 사건 재산분할심판 청구를 함으로써 청구인과 소외인의 사실혼관계는 청구인의 일방의 의사에 의하여 해소되었고 공동생활의 사실도 없게 되었다고 봄이 상당하다. 따라서 사실혼관계의 해소에 따라 청구인에게 재산분할청구권이 인정된다고 할 것이다.

이 사건과 같이 일방이 의식불명이 된 상태에서 상대방이 일방적으로 사실혼관계를 해소하는 것을 인정하는 것은 전자로서는 사실혼이라는 중대한 신분관계의 변동을 알 수 없어서 부당하지 않은가 하는 점이 문제될 수 있겠다. 그러나 상대방이 의사능력이 없거나 생사가 3년 이상 불명인 경우 등에서의 재판상 이혼과의 균형상으로도 굳이 상대방에 대한 의사표시 및 그 수령 등을 그 해소의 요건으로 할 필요는 없다. 나아가 현재 우리 판례는 당사자의 사망으로 인한 사실혼관계 해소의 경우에 재산분할청구권을 부인하는 태도를 취하고 있는데(대법원 2006. 3. 24. 선고 2005두15595 판결 참조), 이러한 법상태를 전제로 하더라도 재산분할청구제도의 제반 취지를 살릴 방도는 무엇인지를 강구할 필요가 있다는 점도 고려되어야 할 것이다.

그렇게 보면 이 사건 재산분할심판청구 이후 일방 당사자인 소외인이 사망하였으므로 그 상속인들에 의한 수계를 허용함이 상당하다.

5. 사실상혼인관계 존부확인청구제도

▮참고문헌: 부구욱, "당사자 일방이 사망한 경우의 사실혼관계존부확인청구", 법조 1996. 3; 윤진수, "검사를 상대로 하는 사실상혼인관계존부확인청구", 민법논고 Ⅳ, 2009

1963년에 가사심판법이 제정되면서, 가사심판사항으로서 사실상혼인관계존부확인제도를 신설하였다(현행 家訴 2조 1항 1호 나. 1)}. 그리하여 사실혼당사자가 사실상혼인관계가 존재한다는 재판을 받으면 일방적으로 혼인신고를 할 수 있게 된다(家登 72조). 이러한 사실상혼인관계존부확인청구, 특히 존재확인청구의 제도는, 만일 그것이 혼인신고의 의사가 없는 배우자에 대하여 혼인신고를 강제하는 것이라면 혼인은 이를 강제할 수 없다는 근대법의 기본원칙(803조)에 어긋나게 되어 문제가 있다.

과거의 사실혼관계, 즉 당사자의 일방이 이미 사망하였거나 당사자 일방이 더는 사실혼관계를 계속할 의사가 없어 사실혼관계가 해소된 경우에도 사실혼관계존재확인의 청구를 할 수 있는가? 판례는, 당사자 일방에 의하여 사실혼관계가 해소된 경우에는 사실혼관계존재확인의 청구를 할 수 없지만(대법원 1977. 3. 22. 선고 75므

28 판결), 당사자의 일방이 사망한 때에는 검사를 피고로 하여 사실혼관계존재확인의 심판을 청구할 수 있다고 하였다(대법원 1995. 3. 28. 선고 94므1447 판결). 사실혼관계에 있던 당사자 일방이 사망하였더라도 현재적 또는 잠재적 법적 분쟁을 일거에 해결하는 유효적절한 수단이 될 수 있는 한, 그 사실혼관계존부확인청구에는 확인의 이익이 있고, 이러한 경우 당시의 865조, 863조의 규정을 유추하여 생존 당사자는 그 사망을 안 날로부터 1년 내에 검사를 상대로 과거의 사실혼관계에 대한 존부확인청구를 할 수 있다는 것이다. 현재 사실혼관계존재확인청구는 거의 대부분 당사자 일방이 사망한 경우에 검사를 상대방으로 하여 제기되고 있다. 그러나 과연 사실혼관계의 존부확인청구가 수많은 분쟁을 일거에 해결하는 유효·적절한 수단이 될 수 있는지는 의문이다. 판례는, 사실혼 기간 중 사망한 당사자 명의로 취득한 재산이 공유임을 주장하기 위한 전제로서 필요하다는 이유만으로는 확인의 이익이 인정되지 않는다고 본다(대법원 1995. 11. 14. 선고 95므694 판결).

家登 72조에 의한 혼인신고가 창설적 신고인가 보고적 신고인가가 문제되는데, 대법원 1973. 1. 16. 선고 72므25 판결은, 사실상 처가 사실혼관계존재확인심판청구 계속 중 피청구인인 남자가 다른 여자와 혼인신고를 하고, 그 후 사실혼관계존재확인심판이 처의 승소로 확정된 경우에도, 그에 기한 혼인신고가 없는 이상 중혼(重婚)이 될 수는 없다고 하여 이를 창설적 신고로 보고 있다(같은 취지, 대법원 1991. 8. 13.자 91스6 결정).

제 4 장 부모와 자녀의 관계

부모와 자녀 관계에는 자연적인 혈연관계인 친생자(親生子)관계와, 법정의 혈족관계인 양친자(養親子)관계가 있다.

Ⅰ. 친생자관계

친생자관계는 출생에 의하여 발생하는 부모와 자녀 관계를 말한다. 생물학적인 용어로 설명한다면 수정란의 정자를 제공한 남자가 친부, 난자를 제공한 여자가 친모가 될 것이다. 그러나 근래에는 인공수정, 시험관임신(체외수정) 등의 보조생식(또는 인공생식)의 기술이 발전함으로써 누구를 친부나 친모로 볼 것인가가 문제되는 사례가 늘어나고 있다.

친생자관계도 혼인 중의 부모로부터 낳은 혼인 중의 자녀와, 혼인 외의 부모로부터 낳은 혼인 외의 자녀로 나누어진다. 혼인 외의 자녀는 부자관계가 성립하려면 인지(認知)가 있어야 하는 점에서 혼인 중의 자녀와 차이가 있다. 역사적으로는 혼인 중의 자와 혼인 외의 자의 지위 사이에는 일정한 차별을 두는 경우가 많았고, 우리나라에서도 과거에는 호주승계에서 혼인 외의 자는 혼인 중의 자녀보다 후순위가 되는 불이익이 있었으나, 지금은 호주제 폐지로 인하여 이러한 차이가 없어졌다.

1. 혼인 중의 자녀

가. 의 의

혼인 중의 부부에 의하여 수태되어 출생한 자녀(출생 시기는 혼인 해소 후이더라도 무방하다)가 혼인 중의 자녀이다. 혼인 외의 자녀이더라도 부모가 혼인하면 이른바 준정(準正)에 의하여 혼인 중의 자녀가 된다(855조 2항).

나. 친생자의 추정과 친생부인

▌참고문헌: 권영준, "인공수정, 유전자형 배치와 친생추정", 민법판례연구 Ⅱ, 2021; 권재문, 친생자관계의 결정기준, 2011; 김상용, "친생추정에 관한 법리의 검토", 중앙법학 21권 3호, 2019; 김현재, "민법 제844조 제2항 혼인종료후 300일내 친생자 추정에 관한 소고", 경북대 법학논고 66집, 2019; 류일현, "민법상 친생추정제도에 관한 일고", 경북대 법학논고 67집, 2019; 박설아, "친생부인의 소에 관한 민법 규정의 해석", 일감법학 32호, 2015; 승이도, "'혼인종료 후 300일 이내에 출생한 자'의 친생추정에 관한 연구", 가족법연구 29권 1호, 2015; 양진섭, "친자관계의 결정에 관한 법적 쟁점 분석", 가족법연구 33권 3호, 2019; 양천수·우세나, "친생자 추정논의에 관한 법학방법론적 문제", 가족법연구 33권 2호, 2019; 윤진수, "친생추정에 관한 민법개정안", 가족법연구 31권 1호, 2017; 이동진, "부자관계의 설정과 해소: 입법론적 고찰", 인권과 정의 2022. 11; 이현재, "자녀의 성과 본의 변경심판에 있어서 자의 복리", 가족법연구 22권 2호, 2008; 정구태, "친생추정의 한계 및 친생부인의 소의 원고적격", 충북대 법학연구 26권 1호, 2015; 정현수, "개정 친생추정제도에 대한 평가", 충북대 법학연구 28권 2호, 2017; 제철웅, "생물학적 부모, 법적 부모 그리고 사회적 부모", 비교사법 26권 2호, 2019; 조인영, "친생추정의 범위에 관한 무제한설의 재조명", 가족법연구 36권 1호, 2022; 차선자, "친생추정의 법리와 혈연 진정성", 가족법연구 33권 2호, 2019; 현소혜, "친생자 추정과 가족관계등록절차의 개선방안", 경북대학교 법학논고 49집, 2015; 현소혜, "부자관계의 결정기준: 혼인과 혈연", 가족법연구 33권 2호, 2019

모자관계는 일반적으로 분만이라는 사실에 의하여 확정되지만, 부자관계의 확정은 생물학적인 검사를 거치기 전에는 반드시 확실하지 않고, 생물학적인 검사를 거친다고 하여도 100% 확실히 판명되지는 않는다. 그리하여 민법은 친생자 추정(친생추정)의 규정을 두어, 처가 혼인 중에 임신한 자(子)는 부(夫)의 자(子)로 추정하고, 혼인성립의 날로부터 200일 후 또는 혼인관계 종료의 날로부터 300일 내에 출생한 자는 혼인 중에 임신한 것으로 추정한다(844조). 즉 "어머니는 언제나 확실하지만, 아버지는 혼인이 가리키는 사람이다(mater semper certa est, pater est, quem nuptiae demonstrant)." 이처럼 부(夫)의 자(子)로 추정되는 경우 그 부가 자신의 자녀가 아님을 주장하려면, 원칙적으로 친생부인의 소(847조)를 제기하여 승소판결을 받지 않으면 안 된다. 바로 이 점이 친생자 추정의 의의이다.

그런데 헌법재판소 2015. 4. 30. 선고 2013헌마623 결정([판례 29])은, 844조 2항 중 "혼인관계종료의 날로부터 300일 내에 출생한 자"에 관한 부분이 모(母)의 인격권과 행복추구권 및 개인의 존엄과 양성의 평등에 기초한 혼인과 가족생활에 관한 기본권도 제한하는 것으로서 위헌이라고 하여 헌법불합치결정을 선고하면서, 위 법률조항 부분은 입법자가 개정할 때까지 계속 적용된다고 하였다. 그러나 이 결정에는 문제가 있다. 헌법재판소는 이러한 경우 혼인 종료 후 300일 이내 출생 여부를 친생추정의 기준으로 삼고 있는 것 자체는 합리적이지만, '혼인종료 후 300일 이내에 출생한 자'를 아무런 법률상 예외 없이 전남편의 친생자로 추정하고, 이에 따른 친생추정을 엄격한 친생부인의 소를 통해서만 해결하도록 하는 점이 위헌이라고 하면서, 친생추정에 일정한 예외를 인정하거나, 친생부인의 소보다 절차가 간단하고 비용도 적게 드는 비송사건절차를 통하여 친생추정을 번복할 수 있는 길을 열어주어야 한다고 하였다. 그러나 위 헌재 결정도 인정하고 있듯이 추정 조항은 자녀의 신분상 지위를 조속한 시일 내에 확정하기 위한 것으로서 그 자체가 위헌이라고 할 수는 없고, 일단 추정이 된 경우에 부(夫)나 모가 친생부인의 소에 의하여 추정을 깨뜨리도록 하는 것이 당사자에게 지나친 부담을 주는 것인지도 의문이다.

위 헌재 결정에 따라 2017. 10. 31. 민법이 개정되었다. 즉 혼인관계가 종료된 날부터 300일 이내에 출생한 자녀는 혼인 중에 임신한 것으로 추정되지만(844조 3항), 다음과 같은 두 가지 방법으로 친생부인의 소에 의하지 않고서도 친생추정의 효과를 깨뜨릴 수 있다. 첫째, 어머니 또는 어머니의 전(前) 남편은 가정법원에 친생부인의 허가를 청구할 수 있고, 가정법원의 허가를 받은 경우에는 친생추정이 미치지 않는다(854조의2). 둘째, 생부는 가정법원에 인지의 허가를 청구할 수 있고, 허가를 받은 생부가 친생자출생신고에 의한 인지를 하면 친생추정이 미치지 않는다(855조의2). 이러한 경우에 친생추정이 미치지 않는다는 것은 출생시에 일단 친생추정이 성립하지만, 인지신고가 있거나 친생부인의 허가가 있으면 친생추정이 깨어진다는 의미로 이해해야 할 것이다.

학설 가운데에는 사실혼이 선행한 경우에도 친생추정을 인정하여야 하고, 출생이 사실혼 성립일로부터 200일 후인 경우에는 친생자의 추정을 받으므로 친생부인의 소에 의하지 않는 한 친생자임을 부인할 수 없다고 하는 것이 있으나(김주수·김상용, 298-299; 이경희·윤부찬, 171), 찬성하기 어렵다. 민법이 혼인성립을 기준으로 하여 친생추정을 하는 것은 법적 안정성을 꾀하기 위함인데, 사실혼 성립의 날이 언제인지는 명백하지 않고, 당사자로 하여금 반드시 제소요건이 엄격한 친생부인의 소에 의하여야 한다는 것은 바람직하지 않기 때문이다(같은 취지, 박동섭·양경승, 262; 송덕수,

131). 위 설이 인용하고 있는 대법원 1963. 6. 13. 선고 63다228 판결은 현행 민법 아닌 민법시행 전의 관습법에 관한 것이다.

한편 혼인성립의 날로부터 200일 또는 혼인관계종료의 날로부터 300일의 기간은 그 당일부터 계산하여야 한다는 주장이 있다(김주수·김상용, 299; 박동섭·양경승, 260-261). 그러나 기간이 오전 0시로부터 시작하지 않는 한 기간의 초일은 산입하지 않음이 원칙이므로(157조), 이러한 주장은 받아들이기 어렵다(송덕수, 143).

혼인성립 후 200일 이전에 출생하더라도 아내가 혼인 중에 임신하였음을 증명하면 844조 1항에 따라 부의 친생자로 추정된다. 그러나 임신 자체가 혼인 전이었고, 출생이 혼인성립 후 200일 이전이라면 부의 친생자로 추정을 받지 못한다. 그런데 이러한 경우에도 혼인신고 전의 사실혼관계를 존중하여, 부모에 의한 인지를 하지 않고서도 출생과 동시에 당연히 혼인 중의 자의 신분을 취득한다는 견해가 있다(김용한, 176 등). 이러한 자를 친생추정이 미치지 않는 혼인 중의 자라고 부르기도 한다(김주수·김상용, 300). 그러나 이러한 자녀는 친생추정이 미치지 않는 이상 혼인 외의 자녀이고, 부에 대한 관계에서는 인지를 거쳐야만 친생자관계가 인정된다. 다만 부가 혼인 외의 자녀에 대하여 친생자출생의 신고를 하면 그 신고는 인지의 효력이 있고(家登 57조), 일단 인지가 되면, 준정에 관한 855조 2항에 비추어 그 자녀는 혼인중의 자녀가 된다고 보아야 한다.

친생자로 추정되는 경우에 그 친생자관계를 다투려면 친생자추정이 중복되는 경우가 아닌 한 원칙적으로 846조의 친생부인의 소에 의하지 않으면 안 된다. 친생부인의 소의 제소권자는 그 부(父)로 추정되는 부(夫) 또는 처(妻)에 한정되고{다만, 부(父)가 제소할 수 없는 경우에 848, 850, 851조의 예외가 인정된다}, 그 제소기간은 그 사유가 있음을 안 날{즉 자신의 자(子)가 아님을 안 날}부터 2년 내로 제한되어 있다(847조). 이와 같이 친생추정을 받는 경우에 이를 다툴 수 있는 방법을 제한한 것은, 가정의 문제에 제3자가 관여한다면 가정의 평화가 유지될 수 없고, 또 부자관계를 장기간 불확정한 상태로 방치한다면 자녀의 지위가 불안정해지기 때문이다. 따라서 친생부인의 소에 의하여야 하는 경우에 친생자관계부존재확인의 소를 제기하면 그 소는 부적법하므로 각하하여야 한다(대법원 1992. 7. 24. 선고 91므566 판결).

2005년 개정 전 민법은 제소권자가 부(夫)에 국한되었고, 제소기간도 자(子)의 출생을 안 날로부터 1년으로 제한되어 있었다. 또한 판례(대법원 1979. 5. 22. 선고 79므4 판결; 1988. 4. 25. 선고 87므73 판결 등)는 제소기간의 기산점인 출생을 안 날의 의미를,

자의 출생 그 자체를 안 날을 말하고 자신의 자가 아님을 안 여부와는 관계가 없다고 하였다. 그런데 이와 같이 친생부인의 소의 제소기간이 짧게 규정된 결과, 자녀의 출생 후 1년이 지나서야 비로소 자신의 친생자가 아님을 안 경우에는 결과적으로 자신의 친생자가 아님에도 불구하고 자신의 친생자로 취급되는 것을 감수하여야 하는 불합리가 있게 되었다.

그리하여 학설상 844조에 의한 친생자 추정의 범위를 제한하려는 주장이 제기되게 되었고, 대법원 1983. 7. 12. 선고 82므59 전원합의체 판결([판례 30])도 종래의 판례를 변경하여 친생추정의 범위를 제한하였다. 즉 844조는 부부가 정상적인 혼인생활을 영위하고 있는 경우를 전제로 가정의 평화를 위하여 마련한 것이므로, 그 전제사실을 갖추지 아니한 경우, 즉 부부의 한쪽이 장기간에 걸쳐 해외에 나가 있거나 사실상 이혼으로 부부가 별거하고 있는 경우 등 동서(同棲)의 결여로 처가 부(夫)의 자를 포태할 수 없음이 외관상 명백한 경우에는 그 추정이 미치지 않고, 따라서 이때에는 친자관계부존재확인의 소를 제기할 수 있다고 하였다. 이러한 판례와 같은 견해를 외관설이라고 부른다. 그러나 가령 생식불능의 경우와 같은 경우에는 외관상 명백하다고는 할 수 없으므로 여전히 추정이 미친다. 대법원 1990. 12. 11. 선고 90므637 판결도, 부(夫)가 처와 혼인한 후 다른 여자와 부첩관계를 맺고 평소에 처와는 별거하고 있었으나, 처가 부(夫)의 부모를 모시고 본가에서 거주하는 관계로 1년에 한 번 정도로 찾아와 만났다면, 처가 부의 자식을 포태할 수 없음이 객관적으로 명백할 정도로 동서의 결여가 있다고는 할 수 없어 처가 혼인 중에 포태한 자녀는 부(夫)의 친생자로 추정된다고 하였다.

친생추정이 미치는 범위에 관하여는 외관설 외에 객관적·과학적으로 부자관계가 있을 수 없음이 증명된 경우에는 추정이 미치지 않는다는 혈연설 및 이미 지켜져야 할 가정이 붕괴되고 있는 경우에 한하여 혈연주의를 우선시켜 추정이 미치지 않는다는 가정파탄설(서울가정법원 2005. 6. 16. 선고 2005르47 판결; 서울가정법원 2018. 10. 30. 선고 2018르31218 판결), 당사자나 관계인의 친생자가 아니라는 점에 대한 동의가 있는 경우에는 추정이 미치지 않는다는 동의설, 유전자 배치와 같이 남편과 자녀 사이에 혈연관계가 존재하지 않음이 과학적으로 증명되었고, 남편과 자녀 사이에 사회적 친자관계도 소멸한 경우에는 친생추정이 미치지 않는다고 보는 사회적 친자관계설 등이 주장되고 있다. 그러나 친생자로 추정되는지 여부는 출생 당시에 객관적으로 확정될 수 있어야 하고, 출생 후의 사정 또는 출생 후에 밝혀진 사정을 근거로 하여 친생추정이 미치지 않는다고 할 수는 없다. 혈연설에 따를 때에는 출생 당시에 추정되는지 여부를 객관적으로 확정할 수 없을 뿐만 아니라, 분쟁이 생기면 항상 생물학적인 친생자관계를 검사하여 친생추정을 부인할 수 있게 되므로 친생추정의 의미가 없어진다. 그리고 가정파괴설에 따른다면 자녀의 출생 당시에는 친생자로 추정되다가 그 후에 가정이 파괴되면 친생추정이 미치지 않는다는 것이 되는데, 일단 친생추정이 되었던 자녀가 출생 후의 사정에 의하여 친생추정이 미치지 않게 된다는 것은 이론적으로 성립할 수 없다. 동의설이나 사회적 친자관계설도 마찬가지이다. 이러한 학설들은 일단 친생추정이 성립하였다가 그 추정이 깨어지는 것과, 친생추정이 미치지 않는 것을 구별하지 못하고 있다.

그리고 친생추정을 받는 자녀가 출생신고된 경우에는 출생신고를 받은 가족관계등록공무원이 어머니의 남편을 그 자녀의 아버지로 기재하여야 하므로, 친생추정이 미치는지 여부는 그 공무원의 입장에서 판단할 수 있어야 한다. 그런데 가족관계등록공무원의 심사는 이른바 형식적 심사주의에 따르고 있으므로, 신고인이 제출하는 법정의 첨부서류만에 의하여 형식적으로만 심사하는 것이고, 그 신고사항의 실체적 진실과의 부합 여부를 탐지하여 심사하여야 하는 것은 아니다(대법원 1987. 9. 22. 선고 87다카1164 판결 참조). 그런데 가족관계등록공무원이 출생한 자녀 어머니의 남편과 자녀가 유전자 검사 결과 친생자가 아닌지 여부를 심사하는 것은 가족관계등록공무원의 심사권한을 초과하는 것이다.

대법원 2019. 10. 23. 선고 2016므2510 전원합의체 판결([판례 31])의 다수의견도, 아내가 혼인 중 인공수정으로 임신하여 출산한 자녀에 대하여도 이러한 친생추정 규정은 적용되고, 혼인 중 아내가 임신하여 출산한 자녀가 남편과 혈연관계가 없다는 점이 밝혀졌더라도 친생추정이 미치지 않는다고 볼 수는 없다고 하였다.

그런데 대법원 2000. 1. 28. 선고 99므1817 판결은, 호적상의 부모의 혼인중의 자로 등재되어 있는 자라 하더라도 그의 생부모가 호적상의 부모와 다른 사실이 객관적으로 명백한 경우에는 그 친생추정이 미치지 아니한다고 봄이 상당하다고 하면서, 위 1983. 7. 12. 선고 82므59 전원합의체 판결을 인용하고 있다. 그러나 이 판결은 다른 사람들 사이에서 출생한 아동을 호적상의 부모가 입양할 의사로 자신들 사이에서 출생한 것으로 출생신고를 하여 호적상 그와 같이 기재된 경우였으므로, 처음부터 844조에 의한 친생추정이 성립할 여지가 없었고, 따라서 위 82므59 전원합의체 판결을 인용한 것은 적절하지 못했다.

이러한 배경 하에서 헌법재판소 1997. 3. 27. 선고 95헌가14, 96헌가7 결정은, 2005년 개정 전 친생부인의 소의 제소기간의 기산점인 847조 1항 중 '그 출생을 안 날로부터 1년 내' 부분은 그 제소기간이 지나치게 짧아서 인간의 존엄과 가치, 행복추구권을 보장한 憲 10조, 혼인과 가족생활의 권리침해 금지를 보장한 憲 36조 1항에 위반된다고 하여 헌법불합치결정을 선고하였다.

위 결정의 결과로 2005년 개정된 847조 1항은 제소기간을 그 사유가 있음을 안 날부터 2년 내로 바꾸었고, 제소권자도 부(夫) 외에 처(妻)를 추가하였다. 헌법재판소 2015. 3. 26. 선고 2012헌바357 결정은 이러한 제소기간의 제한이 위헌이 아니라고 하였다.

이처럼 법이 바뀌었으므로, 친생부인의 소의 제소기간이 경과한 후에야 친생자가 아님을 알게 되었다는 문제점은 사실상 해소되었고, 따라서 친생추정 여부는 법문에 충실하게 출생시기만을 가지고 정하여야 하며, 외관설과 같은 예외도 인정할 필요가 없다고 보아야 할 것이다(같은 취지, 주해친족 1/권재문, 562 이하). 2017년 신설된 854조의2는 장기간의 별거가 있는 경우에도 가정법원이 친생부인의 소가 아니라 친생부인의 허가를 할 수 있도록 하였으므로, 이 점에서도 종래 판례의 근거는 허물어졌다고 보인다. 그런데도 대법원 2021. 9. 9. 선고 2021므13293 판결은 외관설을 택한 종래의 판례를 유지하였다.

다만 입법론적으로는 친생부인의 소의 제소기간이 경과하였더라도, 친생부인권자와 그 상대방인 자녀 또는 그 법정대리인 사이에 친생자가 아니라는 점에 대하여 다툼이 없다면, 친생부인을 허용하는 것도 검토할 필요가 있다.

친생부인의 소의 원고적격은 원칙적으로 부(夫)와 처에 한정된다. 여기서 말하는 처는 자의 생모에 한정되고, 친생부인이 주장되는 대상자의 법률상 부(父)와 '재혼한 처'는 포함되지 않는다(대법원 2014. 12. 11. 선고 2013므4591 판결). 그리고 원고적격이 있는 부(夫) 또는 처가 피성년후견인인 때에는 성년후견인(848조 1항)이, 부(夫) 또는 처가 사망하였으나 그들이 유언으로 부인의 의사를 표시한 때에는 유언집행자(850조)가 친생부인의 소를 제기할 수 있다. 성년후견인이 친생부인의 소를 제기하려면 후견감독인의 동의 또는 이를 갈음하는 가정법원의 허가를 받아야 하고(848조 1항), 성년후견인이 친생부인의 소를 제기하지 아니하는 경우에는 피성년후견인은 성년후견종료의 심판이 있은 날부터 2년 내에 친생부인의 소를 제기할 수 있다(848조 2항). 그 외에 부(夫)가 자(子)의 출생 전에 사망하거나 부(夫) 또는 처가 847조 1항의 기간내에 사망한 때에는 부(夫) 또는 처의 직계존속이나 직계비속이 그 사망을 안 날부터 2년 내에 친생부인의 소를 제기할 수 있다(851조). 그러나 자(子)의 출생 후에 친생자임을 승인한 자는 다시 친생부인의 소를 제기하지 못한다(852조).

소의 상대방은 다른 일방 또는 자(子)이다(847조 1항). 상대방이 될 자가 모두 사망한 때에는 그 사망을 안 날부터 2년 내에 검사를 상대로 하여 친생부인의 소를 제기할 수 있다(847조 2항). 자가 사망한 후에도 그 직계비속이 있는 때에는 그 모를 상대로, 모가 없으면 검사를 상대로 하여 부인의 소를 제기할 수 있다(849조). 모가 친생부인의 소를 제기하는 경우에는 검사가 상대가 될 것이다. 이 경우에도 847조 1항의 제소기간은 적용된다.

친생부인의 소의 원칙적인 제소기간은 친생부인의 사유가 있음을 안 날로부터 2년 내이다(847조 1항).

현행법상으로는 친생부인의 소의 제소권자가 부(夫)와 처에 한정되지만, 입법론적으로는 처뿐 아니라 자녀 본인과 생물학적 부 등으로 제소권자를 확대하여야 한다는 주장이 있고, 나아가 이러한 사람들의 친생부인권을 인정하지 않는 것은 위헌이라는 주장도 있다. 대법원 2019. 10. 23. 선고 2016므2510 전원합의체 판결([판례 31])에서 김재형 대법관의 다수의견에 대한 보충의견은, 친생추정을 받는 자녀는 친생부인의 소 규정을 유추적용하여 친생부인의 사유가 있음을 알았을 때(자녀가 미성년인 동안 그 사유를 알았다면 성년에 이른 날)부터 2년 내에 친생자관계부존재확인의 소를 제기할 수 있다고 주장하였으나, 확인소송인 친생자관계부존재확인의 소가 형성소송인 친생부인의 소를 대체할 수는 없다.

친생부인은 당사자가 임의로 처분할 수 있는 성질의 것이 아니므로, 친생부인의 조정이 성립되었더라도 그것만으로 친생부인의 효력이 생기는 것은 아니다(대법원 1968. 2. 27. 선고 67므34 판결).

친생부인판결이 있으면 이는 형성력을 가지므로 모든 제3자에 대하여 효력이 있고, 반대로 친생부인판결이 있기 전에는 제3자는 친생자 아님을 주장할 수 없다. 가령 생부가 자녀를 인지하거나, 자녀가 생부를 상대로 인지를 구할 수도 없다.

그리고 2017년에는 앞에서 설명한 것처럼 친생부인의 허가제도가 새로 도입되었다. 즉 혼인관계가 종료된 날부터 300일 이내에 출생한 자녀는 일단 혼인 중에 임신한 것으로 추정되지만, 어머니 또는 어머니의 전(前) 남편은 가정법원에 친생부인의 허가를 청구할 수 있다. 다만 혼인 중의 자녀로 출생신고가 된 경우에는 그러하지 아니하다. 가정법원은 혈액채취에 의한 혈액형 검사, 유전인자의 검사 등 과학적 방법에 따른 검사결과 또는 장기간의 별거 등 그 밖의 사정을 고려하여 허가 여부를 정한다. 이처럼 가정법원의 허가를 받은 경우에는 친생추정이 미치지 않는다(854조의2). 여기서 친생추정이 미치지 않는다는 것은 출생시에 일단 친생추정이 성립하지만, 인지신고가 있거나 친생부인의 허가가 있으면 친생추정이 깨어진다는 의미로 이해해야 할 것이다. 그리고 가정법원은 허가의 심판을 하는 경우에는 어머니의 전 배우자와 그 성년후견인(성년후견인이 있는 경우에 한정한다)에게 의견을 진술할 기회를 줄 수 있다(家訴 45조의8).

친생부인제도 내지 부(父)를 결정하는 제도를 어떻게 운용할 것인가 하는 점과 관련하여서는 자신의 혈통을 알 권리 내지 혈연진실주의라는 이념과 아동의 최선의 이익(the best interest of the child) 내지 사회적 친생자관계의 고려라는 이념이 대립하고 있다고 할 수 있다.

[판례 29] 헌법재판소 2015. 4. 30. 선고 2013헌마623 결정

【주 문】

1. 민법(1958. 2. 22. 법률 제471호로 제정된 것) 제844조 제2항 중 "혼인관계종료의 날로부터 300일 내에 출생한 자"에 관한 부분은 헌법에 합치되지 아니한다.
2. 위 법률조항 부분은 입법자가 개정할 때까지 계속 적용된다.

【이 유】

(전략)

다. 심판대상조항의 위헌 여부

(1) 모자관계는 임신과 출산이라는 자연적 사실에 의하여 그 관계가 명확히 결정된다. 그런데 부자관계는 그 관계 확정을 위한 별도의 요건이 필요하므로 이를 위해 친생추정제도가 도입되었다. 부부가 동거생활을 하면 처가 남편의 자를 포태하는 것이 정상이고 부부의 정조의무가 지켜지는 한 처가 남편이 아닌 남자의 자를 포태할 수 없으므로, 민법은 처가 혼인 중에 포태한 자 또는 혼인관계 종료 뒤 3백일 안에 출생한 자는 부(夫)의 자로 추정하고 있다.

최근 유전자검사 기술의 발달로 과학적 친자감정이 가능하게 되었으므로, 위와 같이 개연성에 기반을 둔 친생추정제도를 계속 유지할 필요가 있을지 의문이 제기될 수 있다. 그러나 출생과 동시에 자에게 안정된 법적 지위를 부여함으로써 자의 출생 시 법적 보호의 공백을 없앴다는 측면에서 친생추정은 여전히 자의 복리를 위하여 매우 중요하다. 특히, 친자관계에 대하여 다툼이 없는 대다수의 경우 친자관계를 형성하기 위하여 특별한 절차를 밟을 필요가 없다는 점을 고려하면 친생추정제도는 계속 유지될 필요성이 있다.

민법 제844조는 포태시기를 근거로 처가 혼인 중에 포태한 자는 부(夫)의 자로 추정하는 한편, 출생시기를 근거로 혼인 성립의 날로부터 200일 후 또는 혼인 종료의 날로부터 300일 내에 출생한 자는 혼인 중에 포태한 것으로 추정하고 있다. 이때 적용되는 200일 또는 300일의 기간은 포태 시부터 출산 시까지의 최단·최장기간에 해당하는 의학적 통계를 바탕으로 한다. 태아의 임신기간이 통상 280일(40주)인 것은 의학적으로 인정되는 사실이고, 산모의 개인적 차이를 고려하더라도 출산일로부터 역산하여 200-300일 이내에 포태되었을 것이라고 추정하는 것은 경험칙에 부합한다. 이런 이유에서 독일과 일본 등 외국에서도 출생일로부터 역산하여 300일 이내의 기간을 친생추정의 기준으로 삼고 있다. 이러한 사정을 종합하여 보면, 심판대상조항이 혼인 종료 후 300일 이내 출생 여부를 친생추정의 기준으로 삼고 있는 것은 합리적이다.

(2) 심판대상조항은 민법이 1958. 2. 22. 제정된 이래 한 번도 개정되지 아니한 채 오늘까지 이르고 있다. 혼인 종료 후 300일 이내에 출생이라는 친생추정 기준은 민법 제정 당시의 사회적·법률적 배경에 근거한 것인데, 당시에는 이혼율이 낮았고 이혼 후 재혼도 흔치 않았을 뿐만 아니라 여성은 혼인관계 종료 후 6개월 동안 재혼할 수 없었다(구 민법 제811조). 그 결과, 여성이 이혼 후 300일 이내에 전남편이 아닌 다른 남자의 자를 출산하는 일은 드물었고, 여성이 전혼 종료일로부터 6개월 이후 생부와 재혼하여 포태한 자가 전혼 종료일로부터 300일 이내에 출생하는 것은 법률적으로 불가능하였다. 그러므로 혼인 종료 후 300일 이내에 출생한 자를 법률상 예외 없이 부(夫)의 친생자로 추정하는 데 나름대로 합리적 근거가 있었고, 친자관계의 과학적 확인이 어려웠던 상황에서 친생추정에 어긋나는 예외적 경우라면 엄격한 친생부인의 소를 통하여만 해결하도록 하는 것이 자의 법적 지위 안정에 기여함은 물론 소송경제 등에도 부합하였다.

그러나 오늘날 사회적·법률적 상황은 이러한 친생추정의 기준이 만들어진 당시와는 크게 달라졌다. 우선 이혼 및 재혼에 대한 사회적 인식이 변화하여 이혼율 및 재혼건수가 증가하였고, 여성의 재혼을 일정기간 금지하던 구 민법 제811조도 2005. 3. 31. 삭제되었다. 한편, 협의상 이혼의 경우 민법 제정 시에는 호적법에 따른 신고로 효력이 발생하였으나, 1977. 12. 31.에는 가정법원의 확인을 받아 신고하도록 변경되었고(민법 제836조), 2007. 12. 21.에는 신중하지 못한 이혼을 방지하기 위하여 이혼숙려기간 제도가 도입되었다(민법 제836조의2). 이에 따라 과거에는 당사자의 이혼의사 합치와 호적법에 의한 신고만으로 이혼할 수 있었으나, 현재는 가정법원에서 이혼에 관한 안내를 받고 그 안내를 받은 날부터 일정 기간이 지난 다음 법원으로부터 이혼의사 확인을 받아야만 협의상 이혼이 가능하게 되었다. 재판상 이혼의 경우에도 1990. 12. 31. 가사소송법이 제정되면서 조정전치주의가 도입되어 이혼의 소를 제기하려면 먼저 조정을 신청해야 하게 되었다(가사소송법 제50조). 그 결과, 혼인관계가 파탄에 이른 뒤 법률상 이혼의 효력이 발생하기까지 시간 간격이 크게 늘어나게 되면서 여성이 남편이 아닌 남자의 자를 포태하여 혼인 종료일로부터 300일 이내에 생부의 자를 출산할 가능성이 증가하게 되었다. 그리고 무엇보다도 과거에는 존재하지 아니하던 유전자검사 기술의 발달로 부자관계도 과학적으로 정확하게 확인할 수 있게 되었다.

(3) 그런데 심판대상조항에 따라 친생추정이 되면 그 추정은 오직 친생부인의 소를 통해서만 번복될 수 있다(민법 제844조 제1항, 제847조). 한편 출생신고는 자의 출생 후 1개월 이내에 해야 하고 신고기간 내에 신고를 해태하면 과태료의 제재를 받는다(가족관계의 등록 등에 관한 법률 제44조 제1항, 제46조 제2항, 제122조). 따라서 혼인 종료 후 300일 내에 출생한 자가 전남편의 친생자가 아님이 명백하고 전남편이 친생추정을 원하지도 않으며 생부가 그 자를 인지하려는 경우에도, 가족관계등록부에는 일단 전남편인 부(夫)의 친생자로 등록될 수밖에 없다.

그로 인하여 모의 경우, 전남편과 이혼하고 새로운 가정을 꾸려 출산한 생부의 자가 가족관계등록부에 전남편의 자로 기재되고 이를 해소하기 위해서는 제소기간 내에 전남편을 상대로 친생부인의 소를 제기해야 하는데, 이러한 사정은 모가 이혼 후 새로운 가정을 꾸리는 데 부담이 될 수밖에 없다. 또 부(夫)의 경우, 전처가 이혼 후 출산한 제3자의 자가 자신의 친생자로 추정되어 가족관계등록부에 등록되고 이에 따라 부양의무를 부담하게 되는데, 그로부터 벗어나려면 모의 친생부인의 소를 기다리거나 2년의 제척기간 안에 스스로 친생부인의 소를 제기해야 하는 부담을 지게 된다. 만약 모 또는 부(夫)가 친생부인의 소를 제기하지 않거나 2년의 제척기간이 지나 친생부인의 기회를 상실하면, 자는 생부에게 인지를 청구할 수 없고 생부도 자를 인지할 수 없어, 진실한 혈연관계를 회복할 길이 막혀 버린다.

이러한 불합리한 결과는 혼인관계 종료 후 단기간 내 재혼이 드물었던 민법 제정 당시에는 현실적으로 문제가 되지 않았다. 그러나 사회와 법제도의 변화에 따라 혼인관계 종료 후 300일 이내에 전남편이 아닌 남자의 자녀를 출산하는 사례가 증가하고 그 부자관계를 어렵지 않게 확인할 수 있게 됨에 따라 진실한 혈연관계의 회복을 막는 심판대상조항의 문제점이 대두되게 되었다.

(4) 친생추정제도는 모자관계와 달리 부자관계의 정확한 증명이 실질적으로 불가능하다는 전제 아래 만들어진 것이다. 그러나 유전자검사 등을 통하여 친자관계 증명이 가능하게 된 현 상황에서 부자관계 입증 곤란은 더 이상 친생추정의 근거가 되기 어렵게 되었다. 한편, 심판대상조항과 같이 모와 부(夫) 사이의 혼인이 이미 종료된 경우를 전제로 친생추정을 적용하는 경우에는 가정의 평화 유지를 그 입법취지로 볼 수도 없다. 따라서 심판대상조항의 입법취지로는 자의 법적 지위를 신속히 안정시킬 필요성만 남게 된다.

그런데 사회적으로 이혼 및 재혼이 크게 증가하고 법률적으로 여성의 재혼금지기간도 폐지되었으며 협의상 및 재판상 이혼에 필요한 시간이 상당히 늘어난 이상, 혼인 종료 후 300일 이내에 출생한 자가 부(夫)의 친자일 개연성은 과거에 비하여 크게 줄어들었다. 그리고 유전자검사를 통해 생부로 확인된 사람이 자신의 친자를 인지할 적극적 의사가 있는 경우에는 자의 법적 지위에 공백이 발생할 여지도 없다. 이러한 경우 심판대상조항은 본래의 입법취지에는 아무런 기여를 못하고 친자관계를 신속히 진실에 맞게 합치시키고 새로운 가정을 이루려고 하는 당사자의 의사를 도외시하는 결과만 초래한다.

이러한 문제를 해소하기 위하여 독일에서는 부(夫)와의 혼인 중에 출생한 자라도 그 출생일이 이혼소송 계속 이후이고 생부가 그 자를 인지한 경우라면 부(夫)의 친생추정을 제한하는 예외규정을 두고 있다. 이혼소송이 계속 중이라면 이미 가정의 평화가 깨진 상태이고 이때 출생한 자를 생부가 인지하여 그 자의 법적 지위가 안정된 경우 굳이 이혼한 전남편의 친생자로 추정할 아무런 법률상 이익이 없기 때문이다. 이러한 경우에도 전남편을 자의 부(父)로 정한 다음 반드시 친생부인의 소를 거치도록 강제하는 것은 무의미한 절차의 낭비일 뿐이다.

그렇다면 이미 혼인관계가 해소된 이후 자가 출생하였고 이 사건과 같이 생부가 그 자를 인지하려는 경우마저도 아무런 예외 없이 혼인 종료 후 300일 이내에 출생한 자를 부(夫)의 친생자로 추정하도록 하는 심판대상조항은, 친생추정의 주된 목적인 자의 복리에 비추어 보아도 지나치게 불합리한 제한이라고 보아야 한다.

(5) 심판대상조항이 혼인 종료 후 300일 이내의 출생 여부를 친생추정의 원칙적 기준으로 삼는 것 자체가 입법형성의 한계를 넘었다고는 볼 수는 없다. 또 자의 법적 지위 안정을 위해 심판대상조항과 같은 친생추정 규정도 필요하다. 문제는 친생추정에 아무런 예외를 허용하지 아니한 채 오직 친생부인의 소를 통해서만 친생추정을 번복할 수 있도록 한 데서 비롯된다.

독일과 같이 친생추정에 일정한 예외를 인정하거나, 친생부인의 소보다 절차가 간단하고 비용도 적게 드는 비송사건절차를 통하여 친생추정을 번복할 수 있는 길을 열어주는 등 친생추정의 예외를 인정하지 아니함으로 인한 위헌성을 해소함과 동시에 자의 신분관계 안정을 도모할 수 있는 길이 있다. 그럼에도 불구하고 민법 제정 이후 사회적·의학적·법률적 사정변경을 전혀 반영하지 아니하고 아무런 예외 없이 일률적으로 300일의 기준만 강요함으로써 가족 구성원이 겪는 구체적이고 심각한 불이익에 대한 해결책을 마련하지 아니하고 있는 것은, 입법형성의 한계를 벗어난 것으로서 모가 가정생활과 신분관계에서 누려야 할 인격권 및 행복추구권, 개인의 존엄과 양성의 평등에 기초한 혼인과 가족생활에 관한 기본권을 침해하는 것이다.

5. 헌법불합치결정과 잠정적용명령

심판대상조항이 청구인의 기본권을 침해하는 것이지만 이 조항이 위헌으로 선언되어 즉시 효력을 상실하면 혼인 종료 후 300일 이내에 출생한 자에 대해서는 친생추정이 없어지게 된다. 그렇게 되면 혼인 종료 후 300일 이내에 출생한 자가 부(夫)의 친생자임이 명백한 경우에도 친생추정이 소멸되어 자의 법적 지위에 공백이 발생한다. 또한, 심판대상조항이 위헌이라도 그 위헌 상태를 헌법에 맞게 조정하기 위한 구체적 개선안을 어떤 기준과 요건에 따라 마련할 것인지는 원칙적으로 입법자의 형성재량에 속한다. 따라서 입법자가 심판대상조항을 국민의 기본권을 보장하는 방향으로 개선할 때까지 일정 기간 이를 잠정적으로 적용할 필요가 있다. 그러므로 심판대상조항에 대하여 헌법불합치결정을 선고하되, 다만 입법자의 개선입법이 있을 때까지 계속적용을 명하기로 한다.

6. 결 론

심판대상조항은 헌법에 합치되지 아니하나 입법자의 개선입법이 이루어질 때까지 잠정적으로 적용하기로 하여 주문과 같이 결정한다. 이 결정은 아래 7.과 같은 재판관 이진성, 재판관 김창종, 재판관 안창호의 반대의견이 있는 외에는 나머지 관여 재판관 전원의 일치된 의견에 따른 것이다.

참고문헌

승이도, 가족법연구 29권 1호; 현소혜, 경북대학교 법학논고 49집; 윤진수, 가족법연구 31권 1호

생각할 점

위 결정은 혼인 종료 후 300일 이내 출생 여부를 친생추정의 기준으로 삼고 있는 것은 합리적이라고 하면서도 민법이 이와 같이 규정한 것이 헌법에 합치되지 않는다고 하였는데, 이는 모순이 아닌가? 위 결정의 반대의견을 읽어보라.

[판례 30] 대법원 1983. 7. 12. 선고 82므59 전원합의체 판결

원심판결 이유에 의하면, 원심은 그 채택한 증거에 의하여 청구인과 청구외 1은 1931. 5. 30 혼인신고를 마친 법률상의 부부였다가, 1980. 2. 29 수원지방법원에서의 이혼심판확정에 따라 동년 3. 11 이혼신고가 이루어진 사실을 인정한 다음 청구인은 주위적 청구로서, 청구외 1은 1941. 10.경 청구외 2와 눈이 맞아 가출을 하여 그 이래 청구인과 별거중 1944. 1. 15에 피청구인을 출산하였으므로, 피청구인은 청구인의 친자관계가 부존재함을 확인을 구한다고 주장하나 청구인의 주장에 의하더라도 피청구인은 청구외 1이 청구인과의 법률상의 부부관계가 계속 중 포태한 자이니 이는 민법 제844조 제1항의 규정에 의하여 청구인의 친생자로 추정된다 할 것이고, 이러한 자의 친생을 부인하려면 동법 제847조 제1항의 규정에

따라 친생부인의 소에 의할 수밖에 없다 할 것이므로 이건 주된 청구는 부적법하다고 하여 결론을 같이 한 제1심 심판을 유지하고 이에 대한 청구인의 항소를 기각하였다.

생각컨대, 민법 제844조는 친생자(혼인중의 출생자)의 추정에 관하여 ① 처가 혼인중에 포태한 자는 부의 자로 추정한다. ② 혼인성립의 날로부터 200일 후 또는 혼인관계 종료의 날로부터 300일내에 출생한 자는 혼인중에 포태한 것으로 추정한다고 규정하고 제846조 이하에 그 추정을 받는 경우의 친생부인의 소를 규정하고 있으나 위 제844조는 부부가 동거하여 처가 부(夫 이하 같다)의 자를 포태할 수 있는 상태에서 자를 포태한 경우에 적용되는 것이고 부부의 한쪽이 장기간에 걸쳐 해외에 나가 있거나 사실상의 이혼으로 부부가 별거하고 있는 경우 등 동서의 결여로 처가 부의 자를 포태할 수 없는 것이 외관상 명백한 사정이 있는 경우에는 그 추정이 미치지 않는다고 할 것이다. 왜냐하면 위 제844조는 제846조 이하의 친생부인의 소에 관한 규정과 더불어 부부가 정상적인 혼인생활을 영위하고 있는 경우를 전제로 가정의 평화를 위하여 마련한 것이라 할 것이어서 그 전제사실을 갖추지 아니한 위와 같은 경우에 까지 이를 적용하여 요건이 엄격한 친생부인의 소에 의하게 함은 도리어 제도의 취지에 반하여 진실한 혈연관계에 어긋나는 부자관계의 성립을 촉진시키는 등 부당한 결과를 가져올 수 있기 때문이다. 위 견해에 저촉되는 종전의 당원 견해(1968. 2. 27 선고 67므34 판결, 1975. 7. 22 선고 75다65 판결 등)는 이를 변경하기로 한다. 이 사건에 있어서 청구인의 주장에 의하면 피청구인의 모인 청구외 1이 위에서와 같은 이유로 가출을 하여 그 때부터 청구인과 별거하였고 별거한 지 약 2년 2개월 후에 피청구인을 출산하였다는 것이므로 위와 같은 경우에는 위에서 설시한 바와 같이 위 제844조의 추정이 미치지 아니하고 따라서 친자관계부존재 확인소송을 제기할 수 있다고 보아야 할 것인데 원심이 그 판시와 같은 이유로 부적합하다고 판단하였음은 필경 친생자의 추정에 관한 법리를 오해하고 본안에 들어가 심리하지 아니한 위법이 있다 할 것이어서 논지는 이유 있다.

생각할 점

위 판결의 반대의견을 읽어보고, 다수의견이 법 해석의 한계를 벗어난 것인지와, 2005년 개정 후에도 이 판례를 유지할 필요가 있는지에 대하여 생각해 보라.

[판례 31] 대법원 2019. 10. 23. 선고 2016므2510 전원합의체 판결

2. 피고 2에 대한 상고이유에 관한 판단

가. 혈연관계가 없다는 점이 친생추정이 미치지 않는 사유가 될 수 있는지 여부

민법 제844조 제1항에 따른 친생추정을 번복하기 위해서는 부부의 한 쪽이 민법 제846

조, 제847조에서 정하는 친생부인의 소를 제기하여 확정판결을 받아야 한다. 부부의 한 쪽이 친생부인의 소가 아닌 민법 제865조에서 정하는 친생자관계존부확인의 소를 통해서 친생자관계의 부존재확인을 구하는 것은 부적법하다(대법원 1984. 9. 25. 선고 84므84 판결, 대법원 2000. 8. 22. 선고 2000므292 판결 등 참조).

위에서 본 친생추정 규정의 문언과 체계, 민법이 혼인 중 출생한 자녀의 법적 지위에 관하여 친생추정 규정을 두고 있는 기본적인 입법 취지와 연혁, 헌법이 보장하고 있는 혼인과 가족제도, 사생활의 비밀과 자유, 부부와 자녀의 법적 지위와 관련된 이익의 구체적인 비교 형량 등을 종합하면, 혼인 중 아내가 임신하여 출산한 자녀가 남편과 혈연관계가 없다는 점이 밝혀졌더라도 친생추정이 미치지 않는다고 볼 수 없다. 상세한 이유는 다음과 같다.

(1) 혈연관계의 유무를 기준으로 친생추정 규정이 미치는 범위를 정하는 것은 민법규정의 문언에 배치될 뿐만 아니라 친생추정 규정을 사실상 사문화하는 것으로 친생추정 규정을 친자관계의 설정과 관련된 기본 규정으로 삼고 있는 민법의 취지와 체계에 반한다.

(가) 친생추정 규정은 혈연관계의 존부를 기준으로 그 적용 여부를 달리하고 있지 않다. 자녀가 남편과 혈연관계가 없다는 점이 사후적으로 밝혀진 경우 친생추정이 미치지 않는다고 보는 것은 민법 규정의 문언에 합치되지 않는다.

(나) 위 1. 가. (1) (나)에서 보았듯이 친생추정 규정은 혼인 중 출생한 자녀에 대해서 출생과 동시에 안정된 법적 지위를 부여하여 자녀의 출생 시 법적 보호의 공백을 없애고자 혼인관계에서 출생한 자녀라는 사실에 기초하여 친자관계를 인정하기 위한 것이다. 또한 진실한 혈연관계와 일치하지 않는 법률상 친자관계를 진실한 혈연관계에 부합시킬 수 있도록 친생부인의 소를 인정하면서도 제소기간을 두어 자녀의 신분관계를 조속히 확정하여 법률관계의 안정을 꾀하고 있다.

이러한 민법의 입법 취지와 규정형식에 비추어 보면, 혼인 중 아내가 임신하여 출산한 자녀가 남편과 혈연관계가 없다는 점이 확인되었다는 사정만으로 곧바로 친생추정이 미치지 않는다거나 친생추정의 예외에 해당한다고 보아 누구든 언제든지 친생추정 규정에 따라 친생자로 추정되는 부자관계를 다툴 수 있다고 해서는 안 된다. 이는 정상적인 혼인생활을 하고 있는 것을 전제로 가정의 평화를 유지하고 자녀의 법적 지위를 신속히 안정시켜 법적 지위의 공백을 방지하고자 하는 친생추정 규정 본래의 입법취지에 반하기 때문이다. 친생추정 규정을 통하여 형성된 법률관계가 오랜 기간 유지되어 견고해진 경우 이와 같이 형성된 자녀의 지위에 대해서는 누구든 쉽게 침범할 수 없도록 하여 자녀의 지위를 안정적으로 보장할 사회적 필요성도 있다.

혈연관계가 없다는 점을 근거로 친생추정 규정의 적용을 배제하는 것은 친생추정 규정을 바탕으로 장기간 형성된 친자관계, 이와 밀접하게 관련되어 있는 혼인관계 등 사회생활의 기초가 되는 가족관계를 일시에 불안정한 상태로 만든다. 친자관계를 장기간 불안한 상태로 두는 것은 민법이 친생추정 규정을 두어 형성하고자 하였던 친자관계의 모습에 부합한다고 할 수 없고 안정을 요하는 신분질서의 본래 성격과 맞지 않는다.

(다) 혼인 중 출생한 자녀에 대한 친생추정의 기준을 어떻게 정할 것인지는 부부와 자녀 등 이해관계인들의 기본권과 혼인·가족생활에 관한 헌법적 결단을 고려하여 결정할 문제로서 원칙적으로 입법자의 재량에 맡겨져 있다(헌법재판소 2015. 4. 30. 선고 2013헌마623 결정 등 참조). 결국 친자관계는 입법자가 헌법의 테두리 안에서 사회현실과 전통 관념을 고려하여 구체적으로 정할 수 있다고 보아야 한다.

최근 유전자검사 기술의 발달로 과학적 친자감정이 가능해졌다. 이혼과 재혼에 대한 사회적 인식이 바뀌어 혼인관계가 파탄된 상태에서 아내가 남편이 아닌 다른 남자의 자녀를 임신하여 출산할 가능성도 커졌다. 이처럼 제정 민법에서 친생추정 규정을 도입할 당시와는 사회적·법률적 상황이 변화하였다. 그러나 이러한 변화가 부자 사이의 친생자 추정에 관한 근본규정인 친생추정 규정 자체를 무의미하게 하는 것은 아니고, 친생추정 규정이 헌법에 반하게 되었다고 말할 수도 없다.

신분관계를 포함한 가족관계는 기본적으로 혈연이라는 생물학적 관계에서 출발하지만 반드시 혈연관계만으로 구성되는 것은 아니다. 혼인과 같이 사회적 관계를 통해 구성되는 가족관계가 있을 뿐만 아니라 친자관계에 한정하더라도 오늘날에는 혈연뿐만 아니라 가족 공동생활을 하면서 실질적으로 형성된 친자관계가 중요한 가치를 지니므로 이를 보호할 필요성도 커졌다. 이는 과학적 검사기법의 발달로 혈연관계를 쉽게 확인할 가능성이 높아졌다고 해서 달라지는 것이 아니다.

오늘날 대부분의 국가에서 친생추정 규정에 따라서 친생자를 추정하는 원칙이 보편적으로 받아들여지고 있고 친자관계 관련 법률을 개정하면서도 친생추정 규정을 여전히 유지하고 있다. 혈연관계가 없는 경우 친생부인권을 제한 없이 허용하고 있는 나라도 있지만, 이때에도 재판상 친생부인권을 행사할 수 있는 주체를 친자관계에 직접적인 이해관계를 갖고 있는 부부, 자녀와 생부로 한정하고 있다. 부자간 혈연관계가 없다는 점이 밝혀졌다고 해서 누구든지 아무런 제한 없이 친자관계의 존부를 다툴 수 있도록 허용하는 것은 비교법적으로도 그 유례를 찾아보기 어렵다.

(라) 친생추정 규정에 따라 아내가 임신한 자녀를 남편의 자녀로 추정하는 것은 혼인 중 출생한 자녀가 남편의 자녀일 개연성이 높다는 점뿐만 아니라 실제로 그러한 관계를 기초로 실질적인 가족관계가 형성될 개연성이 높다는 점을 전제로 한다. 그러나 혈연관계 없이 형성된 가족관계도 헌법과 민법이 보호하고자 하는 가족관계에 해당한다. 이와 같은 가족관계가 친생부인의 소의 제소기간이 지날 때까지 유지되는 등 오랜 기간이 지나 사회적으로도 성숙해지고 견고해졌다면 이러한 가족관계와 그에 대한 신뢰를 보호할 필요성이 더욱 커지므로 이를 누구든지 쉽게 번복할 수 있도록 해서는 안 된다(헌법재판소 2015. 3. 26. 선고

2012헌바357 결정 등 참조).

(2) 혈연관계의 유무를 기준으로 친생추정 규정의 효력이 미치는 범위를 정하게 되면 필연적으로 가족관계의 당사자가 아닌 제3자가 부부관계나 가족관계 등 가정 내부의 내밀한 영역에 깊숙이 관여하게 되는 결과를 피할 수 없다. 친생추정을 받는 자녀에 대해서 친생추정이 미치지 않게 하거나 이에 대한 공적인 확인을 받기 위해서는 결국 법원의 판단을 받아야 하는데, 그러한 경우 법원을 포함한 국가기관이 친자관계에 깊숙이 관여하게 된다. 혼인과 이를 바탕으로 한 가족관계는 헌법상 국가로부터 보장받아야 하는데도 이와 같은 관여를 넓게 허용하게 되면 오히려 국가가 보장해야 할 혼인과 가족관계를 국가나 제3자가 침해하는 결과를 가져올 수 있어 헌법 취지에도 반한다.

혈연관계의 유무를 기준으로 친생자관계를 정하는 것은 정상적인 혼인생활을 하고 있던 부부 사이에 출생한 자녀에 대해서 개별적으로 자녀가 혼인 중에 남편에 의해 임신되었다는 점을 증명하게 하거나 이것이 증명되기 전까지는 친생자관계가 확정되지 못하도록 한다. 이러한 상태에서는 누구든지 함부로 자녀의 법적 지위를 다툴 수 있으므로 가정의 평화 역시 불안하게 된다. 혈연관계 유무를 기준으로 친생자관계를 정하게 되면, 친자관계와 관련된 소가 제기되는 경우 친생자관계가 아님을 객관적, 과학적으로 증명하기 위해서 친자감정을 하거나 부부간의 비밀스러운 부분까지 조사해야 하고 그 과정에서 부부의 내밀한 사생활이 침해될 수 있다. 제3자가 다른 사람의 가정에 뛰어들어 다른 사람의 아내가 출산한 자녀에 대하여 자기 자식이라고 주장하면서 친자감정 등을 요구하는 것을 허용한다면 그 가정의 평화는 유지되기 어렵다. 혈연의 진실을 위한다는 이유로 부부 그리고 가족 내부의 사생활에 속하는 사항에 관하여 제3자의 개입을 널리 허용하는 것은 가정의 평화유지를 중요한 입법목적 중 하나로 삼고 있는 친생추정 규정의 취지에 어긋난다.

이러한 사생활 침해로 인한 피해는 단순히 부부 사이의 관계에만 국한된 것이 아니다. 친생추정 규정에 따라 자녀와 부모의 관계에서 형성된 사생활도 침해된다. 이들은 모두 사생활의 보호를 받을 권리가 있고 특히 자녀의 사생활은 자녀의 복리와도 직접적으로 관련된 것으로 더욱 보호할 필요가 있다. 이처럼 보호해야 할 사생활은 그것이 과거의 것이었다거나 현재 부부관계가 해소되었다는 이유로 그 보호의 정도가 달라지는 것도 아니다. 즉, 부부가 이혼을 하는 등 현재 가족을 이루고 있지 않다는 사정을 이유로 이러한 사생활 침해가 정당화되지 않는다.

부부의 혼인관계가 종료되어 가정이 해체되는 사정이 있더라도 자녀의 신분관계의 법적 안정을 유지할 필요가 당연히 없어진다고 볼 수 없다. 친생추정 규정은 혼인관계에 있는 부부나 자녀 개인을 보호하는 데 그치지 않고 친자관계 자체를 보호하는 기능도 있다. 가정의 해체 후에도 종전 가족구성원들은 기존에 형성된 법률관계를 기반으로 온전하고 안정적인 사회생활을 계속해 나갈 법적 이익을 가진다.

헌법 제36조 제1항은 혼인과 가족생활은 개인의 존엄을 존중하는 가운데 성립되고 유지되어야 함을 분명히 하고 있다. 혼인과 가족생활은 인간생활의 가장 본원적이고 사적인 영역이다. 혼인과 가족생활에서 개인이 독립적 인격체로서 존중되어야 하고, 혼인과 가족생활을 어떻게 꾸려나갈 것인지에 관한 개인과 가족의 자율적 결정권은 존중되어야 한다. 국가는 개인의 존엄과 양성평등을 기초로 형성된 가족생활을 존중하고 인격적·애정적 인간관계에 기초한 가족관계에 개입하지 않는 것이 바람직하다(헌법재판소 2000. 4. 27. 선고 98헌가16 등 결정, 헌법재판소 2005. 2. 3. 선고 2001헌가9 등 결정 등 참조). 혼인과 가족관계가 다른 사람의 기본권이나 공공의 이익을 침해하지 않는 한 혼인과 가족생활에 대한 국가기관의 개입은 자제하여야 한다.

(3) 법리적으로 보아도 혈연관계의 유무는 친생추정을 번복할 수 있는 사유에는 해당할 수 있지만 친생추정이 미치지 않는 범위를 정하는 사유가 될 수 없다.

민법은 친생추정 규정을 두면서도 남편에게 친생부인의 사유가 있음을 안 날부터 2년 내에 친생부인의 소를 제기할 수 있도록 하고 있으므로 남편이 친생부인의 사유를 알지 못하는 한 친생부인의 소의 제소기간은 진행하지 않는다. 이는 진실한 혈연관계에 대한 인식을 바탕으로 법률적인 친자관계를 진실에 부합시키고자 하는 남편에게 친생추정을 부인할 수 있는 실질적인 기회를 부여한 것이다. 친생부인의 소가 적법하게 제기되면 부모와 출생한 자녀 사이에 생물학적 혈연관계가 존재하는지가 증명의 대상이 되는 주요사실을 구성한다. 결국 혈연관계가 없음을 알게 되면 친생부인의 소를 제기할 수 있는 제소기간이 진행하고, 실제로 생물학적 혈연관계가 없다는 점은 친생부인의 소로써 친생추정을 번복할 수 있게 하는 사유이다.

이처럼 혈연관계 유무나 그에 대한 인식은 친생부인의 소를 이유 있게 하는 근거 또는 제소기간의 기산점 기준으로서 친생부인의 소를 통해 친생추정을 번복할 수 있도록 하는 사유이다. 이것이 친생추정이 처음부터 미치지 않도록 하는 사유로서 친생부인의 소를 제기할 필요조차 없도록 하는 요소가 될 수는 없다. 혈연관계가 없다는 점을 친생추정이 미치지 않는 전제사실로 보는 것은 원고적격과 제소기간의 제한을 두고 있는 친생부인의 소의 존재를 무의미하게 만드는 것으로 현행 민법의 해석상 받아들이기 어렵다. 친생부인권을 실질적으로 행사할 수 있는 기회를 부여받았는데도 제소기간이 지나도록 이를 행사하지 않아 더 이상 이를 다툴 수 없게 된 경우 그러한 상태가 남편이 가정생활과 신분관계에서 누려야 할 인격권, 행복추구권, 개인의 존엄과 양성의 평등에 기초한 혼인과 가족생활에 대한 기본권을 침해한다고 볼 수 없다(헌법재판소 2015. 3. 26. 선고 2012헌바357 결정 등 참조). 민법 규정에 반하는 해석을 동원하면서까지 남편에게 친생부인의 기회를 다시 부여하여야 할 만큼 특별한 필요성을 인정하기도 어렵다.

다. 부(父)를 정하는 소

여자가 재혼한 경우에는 출산한 자녀가 전 남편의 친생자로도 추정되고, 후 남편의 자녀로도 추정되게 되어 친생자의 추정이 중복되는 수가 있게 된다(예컨대 전혼 종료 후 250일, 후혼 성립 후 220일에 출산한 경우). 이러한 경우 민법은 법원이 당사자의 청구에 의하여 부(父)를 정하는 이른바 부를 정하는 소를 규정하고 있다(845조).

부(父)를 정하는 소는 자(子), 모, 모의 배우자 및 전(前)배우자가 제기할 수 있는데, 그 상대방은 자녀가 제기하는 경우에는 다른 3인이 되고, 모가 제기하는 경우에는 배우자와 전배우자가 되며, 배우자가 제기하는 경우에는 모와 전배우자, 전배우자가 제기하는 경우에는 모와 현재의 배우자가 된다. 상대방이 될 자 중에 사망한 자가 있으면 생존자를 상대방으로 하며, 생존자가 없을 때에는 검사를 상대방으로 한다(家訴 27조).

입법론적으로는 이처럼 친생추정이 중복되는 경우에는 후혼 배우자의 자녀로 추정하고, 부를 정하는 소 제도는 폐지하는 것이 바람직하다(독일 민법 1593조 1항 참조).

라. 자녀의 성(姓)

▌참고문헌: 김범철, "자의 성에 대한 규정의 비교법적 접근", 가족법연구 19권 1호, 2005; 서경환, "자의 성과 본의 변경허가 판단기준", 대법원판례해설 81호, 2010; 윤진수, "여성차별철폐협약과 한국가족법", 민법논고 Ⅳ, 2009; 이기수, "자의 성·본 변경에 대한 판단기준", 비교법연구 16권 2호, 2016; 채혜미, "민법상 부성주의와 혼인과 가족생활에 관한 기본권", 저스티스 192호, 2022; 최인화, "호주제 폐지와 가족관계등록법 시행 이후 판례의 동향", 가족법연구 32권 2호, 2018

종전에는 혼인 중에 출생한 자녀는 부성주의(父姓主義)에 따라 부(父)의 성과 본을 따르도록 되어 있었다(781조 1항 본문). 2005년 개정된 781조 1항은 부성주의의 원칙을 완화하여, 자는 부(父)의 성과 본을 따르는 것을 원칙으로 하면서도, 부모가 혼인신고 시 모의 성과 본을 따르기로 협의한 경우에는 모의 성과 본을 따르는 것으로 하였다. 위 개정 후에 선고된 헌법재판소 2005. 12. 22. 선고 2003헌가5, 6 결정은, 개정 전 781조 1항에 대하여 부성주의 자체는 위헌이 아니라고 하면서도, 그에 대한 예외를 지나치게 좁게 인정하는 것은 헌법에는 불합치된다고 하고, 다만 개정된 조항은 위헌이 아닌 것으로 보았다. 그런데 여성차별철폐협약(CEDAW) 16조 1항 ㈔는 여성에게 가족성을 선택할 권리를 보장하도록 규정하고 있고, 우리나라는 위 협약에 가입하면서 이 조항에 대하여 유보를 하였는데, 위 개정조항도 부의 성을 모의 성보다 우선시키고 있기 때문에, 현재로서는 여성차별철폐협약의 유보를 철회할 수는 없다. 현재 헌법재판소에는 개정된 781조 1항에 대한 헌법소원 사건(2021헌마262)이 계속되어 있다.

최근에는 자녀의 성을 부모의 협의에 의하여 정하는 것을 원칙으로 하고, 성을 정하는 시기도 혼인신고시가 아닌 자녀 출생시로 바꾸어야 한다는 주장이 제기되고 있다.

부(父)가 외국인인 때에는 모(母)의 성과 본을 따를 수 있다(781조 2항).

또한 2005년 신설된 781조 6항은, 자의 복리를 위하여 자의 성과 본을 변경할 필요가 있을 때에는 부, 모 또는 자의 청구에 의하여 법원의 허가를 받아 이를 변경할 수 있고, 자가 미성년자이고 그 법정대리인이 청구할 수 없는 경우에는 777조의 규정에 따른 친족 또는 검사가 청구할 수 있다고 규정한다. 위 헌법재판소 결정도 그와 같은 변경을 인정하여야 한다고 보았다.

판례{대법원 2009. 12. 11.자 2009스23 결정([판례 32]); 2010. 3. 3.자 2009스133 결정}는, 먼저 자의 성·본 변경이 이루어지지 아니할 경우에 가족 사이의 정서적 통합에 방해가 되고 학교생활이나 사회생활에서 겪게 되는 불이익의 정도를 심리하고, 다음으로 성·본 변경이 이루어질 경우에 초래되는 정체성의 혼란이나 성·본을 함께 하고 있는 친부나 형제자매 등과의 유대관계의 단절 및 부양의 중단 등으로 인하여 겪게 되는 불이익의 정도를 심리한 다음, 자의 입장에서 위 두 가지 불이익의 정도를 비교형량하여 자의 행복과 이익에 도움이 되는 쪽으로 판단하여야 하며, 자의 복리를 위하여 성·본의 변경이 필요하다고 판단되고, 범죄를 기도 또는 은폐하거나 법령에 따른 각종 제한을 회피하려는 불순한 의도나 목적이 개입되어 있는 등 성·본 변경권의 남용으로 볼 수 있는 경우가 아니라면, 원칙적으로 성·본 변경을 허가함이 상당하다고 하였다.

그런데 대법원 2016. 1. 26.자 2014으4 결정은, 부모의 이혼 당시 성년(22세)이었던 자녀의 성·본 변경을 허가할지 여부를 판단함에 있어서 본인의 의사뿐만 아니라, 성·본의 변경이 장기간에 본인의 학력 및 교우관계 형성에 기초가 되었던 인격의 동일성에 변화를 낳게 되어 사회생활에서 커다란 불편 내지 혼란을 주게 되는 등 본인의 정체성 유지에 영향을 미칠 수 있는 개연성 등의 불이익도 함께 고려하여 허가 여부를 신중하게 판단하여야 한다고 판시하였는데, 아래 2009스23 결정

([판례 32])과의 관계가 명백하지 않다. 최근의 대법원 2022. 3. 31.자 2021스3 결정도, 성·본 변경을 청구하는 부, 모 중 일방이 단지 이를 희망한다는 사정은 주관적·개인적인 선호의 정도에 불과하며 이에 대하여 타방이 동의를 하였더라도 그 사정만으로는 성·본 변경허가의 요건을 충족하였다고 보기 어렵다고 하면서, 사건본인들이 5, 7세 남짓의 유아들로서 성과 본이 가지는 의미나 친가와 외가 등의 가족관계 속에서 형성되는 자신의 정체성에 대한 진지한 인식과 고민을 할 수 있기에는 아직 어린 나이인 점, 현 단계에서 사건본인들의 성과 본을 친모의 그것으로 변경할 이유를 찾기도 어려운 점, 청구인과 사건본인들 친부 사이의 면접교섭에 관한 갈등 상황에다가, 단순히 주관적·개인적인 선호의 수준을 넘어 사건본인들이 현재의 성과 본을 계속 사용함으로써 겪는 일상생활에서의 현실적 어려움을 뒷받침할 구체적인 자료도 제출되지 않은 점 등의 사정을 들어 성본변경 허가청구를 기각한 원심결정이 타당하다고 하였다.

한편 서울가정법원 2018. 4. 13.자 2017브30060 결정([판례 33])은, 청구인이 가족관계등록부상의 부(父)와 친생자관계부존재확인판결이 확정될 때까지 약 50년 동안 살아 왔으나, 친생자관계부존재확인판결의 확정으로 성·본이 모(母)의 성과 본으로 바뀌게 되어 불편함을 겪고 있다는 이유로 청구인의 성과 본을 종래 사용하던 것으로 변경하여야 한다고 주장한 사안에서, 성과 본을 변경하지 않을 경우 현재 및 장래 가정생활이나 사회생활 등에 있어 큰 어려움을 겪을 것이라는 뚜렷한 근거는 없고, 계부나 양부, 어머니의 성과 본이 아닌 제3자의 성과 본으로의 변경은 궁극적으로 자의 복리에 바람직하지 않은 점 등을 이유로 이를 불허하였다. 그러나 이러한 경우에는 청구인의 성과 본을 변경하지 않으면 큰 어려움이 있을 것임이 명확하므로, 종전의 성과 본을 사용할 수 있도록 함이 타당할 것이다.

[판례 32] 대법원 2009. 12. 11.자 2009스23 결정

재항고이유를 판단한다.

민법 제781조 제6항은 "자의 복리를 위하여 자의 성과 본을 변경할 필요가 있을 때에는 부, 모 또는 자의 청구에 의하여 법원의 허가를 받아 이를 변경할 수 있다"고 규정하고 있다. 여기에서 '자의 복리를 위하여 자의 성과 본을 변경할 필요가 있을 때'에 해당하는지 여부는 자의 나이와 성숙도를 감안하여 자 또는 친권자·양육자의 의사를 고려하되, 먼저 자의 성·본 변경이 이루어지지 아니할 경우에 내부적으로 가족 사이의 정서적 통합에 방해가 되고 대외적으로 가족 구성원에 관련된 편견이나 오해 등으로 학교생활이나 사회생활에서 겪게 되는 불이익의 정도를 심리하고, 다음으로 성·본 변경이 이루어질 경우에 초래되는 정체성의 혼란이나 자와 성·본을 함께 하고 있는 친부나 형제자매 등과의 유대 관계의 단절 및 부양의 중단 등으로 인하여 겪게 되는 불이익의 정도를 심리한 다음, 자의 입장에서 위 두 가지 불이익의 정도를 비교형량하여 자의 행복과 이익에 도움이 되는 쪽으로 판단하여야 한다. 이와 같이 자의 주관적·개인적인 선호의 정도를 넘어 자의 복리를 위하여 성·본의 변경이 필요하다고 판단되고, 범죄를 기도 또는 은폐하거나 법령에 따른 각종 제한을 회피하려는 불순한 의도나 목적이 개입되어 있는 등 성·본 변경권의 남용으로 볼 수 있는 경우가 아니라면, 원칙적으로 성·본 변경을 허가함이 상당하다 할 것이다.

기록에 의하면, 재항고인은 소외 1과 혼인하여 사이에 자녀로 소외 2(1983년생, 남)과 사건본인(1985년생, 여)를 두었는데 이혼하면서 소외 2는 부(父)인 소외 1이, 사건본인은 모(母)인 재항고인이 각 양육하게 된 사실, 재항고인은 2001. 4. 10. 소외 3과 재혼한 이후 사건본인과 3인 가족이 함께 생활하고 있고 소외 3은 2003. 2. 3. 사건본인을 입양한 사실, 사건본인은 부모의 이혼 후에 친부인 소외 1과 별다른 교류가 없고 소외 1이 양육비 등을 지원한 바도 없는 사실, 소외 1은 사건본인의 성·본 변경에 반대하고 있는 사실, 사건본인의 모인 재항고인은 사건본인의 성·본을 양부인 소외 3을 따라 '정주 정'으로 변경 허가를 청구하고 있는 사실, 사건본인은 성·본의 변경을 희망하고 있고, 희망 사유는 주민등록을 같이 하고 있는 양부 소외 3과 성·본이 달라 이력서나 주민등록표를 제출함에 있어 불편을 겪고 있는 점 등을 내세우고 있는 사실, 사건본인에 대한 범죄경력, 신용정보 등의 조회 결과 이 사건 청구에 불순한 의도나 목적이 개입되어 있다고 보기 어려운 사실 등을 알 수 있다.

원심은, 소외 1이 사건본인의 성과 본의 변경에 강력히 반대하고 있고, 현재 소외 1과 함께 생활하고 있는 사건본인의 오빠 소외 2는 성과 본을 그대로 유지하고 있는 점, 사건본인은 성인이 된 이후 현재까지 '구'씨로 칭해지면서 생활관계를 형성하여 온 점 등을 종합하여 사건본인의 성과 본을 변경하는 것이 사건본인의 복리를 위하여 반드시 필요하다고 볼 수 없다고 판단하여, 재항고인의 성·본 변경 허가 청구를 배척한 제1심을 유지하였다.

그러나 기록에 나타난 다음과 같은 사정들, 즉, 이미 성년에 도달하여 사리분별력이 있는 사건본인이 성·본 변경을 희망하고 있는 점, 사건본인과 같이 생활하고 있는 소외 3은 사건본인을 양자로 입양하는 등 사건본인이 소외 3과 같은 가족으로서의 귀속감을 느끼고 있고, 사건본인이 주거를 같이 하고 있는 양부와 성·본이 다름으로 인하여 취직 등을 위하여 이력서나 주민등록표 등을 제출할 때마다 불편을 겪고 있는 것으로 보이는 점, 친부인 소외 1이 성·본 변경에 반대하고 있고, 성·본 변경이 이루어질 경우에 소외 1이나 오빠인 소외 2와의 관계에 영향을 미칠 것으로 보이기는 하지만 사건본인은 부모의 이혼 이후 소외 1, 소외 2와 별다른 교류가 없었고 유대 관계가 이미 상실된 상태로 보이므로 이 사건 성·본 변경으로 인한 유대 관계 단절로 사건본인에게 발생하는 불행이나 불이익은 미미할 것으로 추단되는 점, 달리 이 사건 청구가 성·본 변경권을 남용하고 있다고 볼만한 아무런 자료가 없는 점 등을 앞서 본 법리에 비추어 살펴보면, 이 사건 성·본 변경 청구를 허가함이 상당하다 할 것이다. 그럼에도 재항고인의 성·본 변경 허가 청구를 배척한 제1심을 유지한 원심의 조치에는 성·본 변경 허가에 관한 법리를 오해하여 재판에 영향을 미친 위법이 있다.

해 설

서경환, 대법원판례해설 81호

[판례 33] 서울가정법원 2018. 4. 13.자 2017브30060 결정

1. 청구인의 주장

청구인은 가족관계등록부상 청구인의 부(父)이던 망 소외인과 사이의 친생자관계부존재확인판결이 확정된 2016. 3.경까지 파평(坡平) 윤(尹)씨로 약 50년 동안 살아 왔으나, 위 친생자관계부존재확인판결의 확정으로 현재와 같이 성·본이 바뀌게 되어 청구인과 그 가족들이 여러 가지 불편함을 겪고 있다. 청구인의 경우처럼 이미 성년이 된 후 가족관계등록부상 부(父)와의 친생자관계부존재확인판결이 확정되었다는 이유로 일률적으로 모(母)의 성과 본을 따르도록 하는 관련 법규는 개인의 존엄성과 인격권을 침해하는 것이고, 자(子)인 청구인의 복리에도 반한다고 할 것이며, 청구인의 친모도 성·본 변경에 동의하고 있다. 따라서 청구인의 성과 본을 청구인이 종래 사용하던 것으로 변경하여야 한다.

2. 판 단

가. 성년의 성과 본의 변경을 허가할지 여부를 판단함에 있어서는 그 의사뿐만 아니라 성과 본의 변경으로 인한 여러 이익과 불이익 등을 함께 고려하여 신중하게 판단하여야 할 것이다.

나. 살피건대, 친생자관계부존재확인소송의 목적과 취지, 가족관계등록제도가 가지는 신분관계의 공시기능과 그 중요성 등에 비추어 청구인이 주장하는 사유만으로는 부(父)와의 친생자관계가 부정된 자(子)에 관하여 별도로 출생신고를 하도록 하여 모(母)의 성과 본을 따르도록 하고 있는 현행 친자관계의 판결에 의한 가족관계등록부 정정절차 예규(가족관계등록예규 제300호) 등이 위헌이라고 볼 수 없는 점, 친생자관계부존재확인소송은 부(父) 또는 모(母)와 자(子) 사이의 진실한 친자관계 여부를 확정하는 소송으로서 친족·상속법상 중대한 영향을 미치는 인류의 근본에 관한 것이고 공익에도 관련되는 중요한 것인바(대법원

2010. 2. 25. 선고 2009므4198 판결 등 참조), 친생자관계부존재확인판결 확정 전과 동일한 성과 본의 변경을 허용하는 것은 친생자관계부존재확인소송의 중요성을 고려하여 그 후속 조치로서 가족관계등록부를 폐쇄한 후 새로이 출생신고를 하도록 한 위 예규의 취지에 명백히 반하는 것으로 보이는 점, 청구인이 모(母)의 성과 본을 따른 현재의 성과 본을 과거의 것으로 변경하지 않을 경우 현재 및 장래 가정생활이나 사회생활 등에 있어 큰 어려움을 겪을 것이라는 뚜렷한 근거는 없는 점, 청구인이 위 친생자관계부존재확인판결에 의하여 친생자관계가 부정된 망 소외인과 같은 성과 본으로 변경하고 친생자관계부존재확인판결 확정 전과 동일하게 생활할 경우 위 친생자관계부존재확인소송을 통하여 진실한 친자관계를 확정한 망 소외인의 자녀 등 친족의 의사에 명백히 반하는 것으로 추인되는 점, 성과 본은 원칙적으로 부계(父系) 또는 모계(母系)의 혈연관계에 따라 부여되므로 가족관계등록부상 성과 본은 부계(父系) 또는 모계(母系)의 혈통을 외관상 나타내는 기능을 가지고 있고, 우리나라의 관습법상 공동선조의 성과 본을 같이 하는 후손을 구성원으로 하는 종중이 형성되어 활동하고 있어서, 자의 성과 본을 변경하는 경우 계부나 양부, 어머니의 성과 본이 아닌 제3자의 성과 본으로의 변경은 궁극적으로 자의 복리에 바람직하지 않은 점, 그 밖에 성·본 변경 제도의 취지 등을 종합하여 보면, 청구인의 성과 본을 변경하는 것이 청구인의 복리를 위하여 반드시 필요하다고 인정되지 않는다.

2. 혼인 외의 자녀

▌**참고문헌:** 강용현, “피해자의 호적부상 표현상속인과 한 손해배상채권포기의 합의 및 이에 기한 합의금 지급의 효력”, 대법원판례해설 23호, 1995; 권영준, “아동의 출생등록될 권리”, 민법판례연구 Ⅱ, 2021; 권영준, “친생자관계존부확인의 소의 원고적격”, 민법판례연구 Ⅱ, 2021; 권재문, 친생자관계의 결정기준, 2011; 김도균, “친생자관계존재확인의 소, 그 소의 이익에 대하여”, 가정법원 50주년 기념논문집, 2013; 김상용, “생부의 인지에 대한 자녀와 모의 동의권”, 양창수 고희 기념 자율과 정의의 민법학, 2021; 박주현, “친생관계 증명에 있어서의 DNA 감정의 한계”, 가족법연구 19권 2호, 2005; 양진섭, “혼인 외의 자녀와 출생신고”, 사법 57호, 2021; 오종근, “인지의 소급효와 제3자 보호”, 이화여대 법학논집 18권 4호, 2014; 오종근, “민법 제1014조 가액지급청구권”, 가족법연구 34권 1호, 2020; 윤진수, “인지의 소급효와 후순위상속인에 대한 변제의 효력”, 가족법판례해설, 2009; 이소은, “친생자관계 부존재 확인의 소의 소송요건에 관한 연구”, 가족법연구 35권 2호, 2021; 정영호, “민법 제865조에 의한 친생자관계존부확인의 소의 원고적격”, 사법 54호, 2020; 최진섭, “인지무효 확인심판이 확정되어도 인지청구의 소를 제기할 수 있는 경우”, 인천법학논총 3집, 2000

혼인 외의 자녀(婚外子)는 역사적으로 사생자(私生子)라 하여 많은 차별을 받았다. 그러나 현행법은 혼인 외의 자녀라 하여 특별히 불이익을 주고 있지는 않다. 다만 혼인 중의 출생자는 출생이라는 사실에 의하여 바로 부모와 자녀의 관계가 성립하는 데 반하여, 혼인 외의 출생자는 어머니와의 관계에서는 출생이라는 사실만으로 바로 모자관계가 성립하지만, 아버지와의 관계에 있어서는 인지라는 절차를 거쳐야 한다.

가. 인지(認知)의 의의

인지란 혼인 외에 출생한 자녀를 그 생부 또는 생모가 자기의 자녀로 인정하는 것이다.

모와의 관계에서는 원칙적으로 출생에 의하여 모자관계가 성립하므로 통상은 인지가 별 의미가 없고, 다만 기아(棄兒)와 같이 일찍이 모를 잃어버린 경우에만 문제된다. 855조 1항이 혼인 외의 출생자를 생모가 인지할 수 있다고 한 것도 이러한 의미이다. 이러한 생모에 의한 인지는 인지에 의하여 비로소 모자관계가 성립하는 것은 아니고, 확인적인 의미만을 가진다(대법원 1966. 4. 26. 선고 66다214 판결; 1967. 10. 4. 선고 67다1791 판결; 2018. 6. 19. 선고 2018다1049 판결). 이하에서는 주로 부의 인지를 중심으로 설명한다.

인지에는 부(또는 모)가 자신의 의사에 기하여 임의로 하는 임의인지와, 재판에 의하여 인지를 강제하는 강제인지의 두 가지가 있다.

나. 임의인지

(1) 인지권자

인지권자는 부(또는 모)이다. 제3자가 대신 인지할 수는 없다. 따라서 사실상의 아버지가 사망한 후에 사실상의 어머니가 혼인신고나 출생신고를 하였다 하더라도 인지의 효력이 생기는 것은 아니다(대법원 1972. 1. 31. 선고 71다2446 판결; 1985. 10. 22. 선고 84다카1165 판결). 다만 부(父)가 유언에 의한 인지를 한 후 사망한 때에는 유언집행자가 인지의 신고를 할 수 있다(859조 2항). 피성년후견인은 성년후견인의 동의를 얻어 인지할 수 있다(856조).

(2) 피인지자

피인지자는 혼인 외의 출생자이다. 다른 사람의 친생자로 추정을 받는 혼인 중의 출생자인 경우에는 부로 추정되는 자에 의한 친생부인의 판결이 확정되기 전에는 인지를 할 수 없다(대법원 1968. 2. 27. 선고 67므34 판결; 1978. 10. 10. 선고 78므29 판결 등). 그러나 2017년 신설된 855조의2는 혼인관계가 종료된 날부터 300일 이내에 출생한 자녀에 대하여는 부로 추정되는 전 남편 아닌 생부는 가정법원에 인지의 허가를 청구할 수 있지만, 이미 혼인중의 자녀로 출생신고된 경우에는 그러하지 아니하다고 규정하였다. 가정법원은 혈액채취에 의한 혈액형 검사, 유전인자의 검사 등 과학적 방법에 따른 검사결과 또는 장기간의 별거 등 그 밖의 사정을 고려하여 인지를 허가할 수 있다. 허가를 받은 생부는 家登 57조 1항이 규정하는 친생자출생신고에 의한 인지를 할 수 있고, 이 신고가 있으면 친생추정이 미치지 않는다. 그리고 가정법원은 허가의 심판을 하는 경우에는 어머니의 전 배우자와 그 성년후견인(성년후견인이 있는 경우에 한정한다)에게 의견을 진술할 기회를 줄 수 있다(家訴 45조의8).

한편 헌법재판소 2023. 3. 23. 선고 2021헌마975 결정은, 家登 46조 2항, 57조 1, 2항이 혼인 중인 여자와 남편이 아닌 남자 사이에서 출생한 자녀에 대한 출생신고는 모와 그 남편만이 할 수 있고, 생부는 출생신고를 할 수 없는 것으로 규정하고 있는 것은 자녀의 기본권인 태어난 즉시 '출생등록될 권리'를 침해한다고 하여 헌법불합치결정을 선고하면서, 위 법률조항들은 2025. 5. 31.을 시한으로 입법자가 개정할 때까지 계속 적용된다고 하였다. 위 결정은, 모나 그 남편이 출생신고를 하지 않는 경우 생부가 생래적 혈연관계를 소명하여 인지의 효력이 없는 출생신고를 할 수 있도록 하거나, 출산을 담당한 의료기관 등이 의무적으로 모와 자녀에 관한 정보 등을 포함한 출생신고의 기재사항을 미리 수집하고, 그 정보를 출생신고를 담당하는 기관에 송부하도록 하여 출생신고가 이루어지도록 한다면, 민법상 신분관계와 모순되는 내용이 가족관계등록부에 기재되는 것을 방지하면서도 출생신고가 이루어질 수 있다고 하였다. 다만 위 결정은 家登의 위 조항들이 혼인 외 출생자의 신고의무를 모에게만 부과하고, 남편 아닌 남자인 생부에게 자신의 혼인 외 자녀에 대해서 출생신고를 할 수 있도록 규정하지 아니한 것은 합리적인 이유가 있으므로 생부인 청구인들의 평등권을 침해하지 않는다고 하여 생부의 헌법소원청구는 기각하였다.

친생자로 추정을 받지 않는 경우에는 친생부인판결은 필요하지 않지만, 가족관계등록부상 다른 사람의 혼인 중의 자로 기재되어 있으면, 친생자관계부존재확인의 소에 의하여 가족관계등록부상의 부의 자녀가 아니라는 것이 확인되지 않는 이상 인지신고가 수리되지 않는다. 그러나 그러한 자녀가 스스로 부를 상대로 인지청구를 하는 것이 허용되지 않는 것은 아니다(대법원 1981. 12. 22. 선고 80므103 판결; 2000. 1. 28. 선고 99므1817 판결). 또 다른 사람의 자녀로 이미 인지가 된 경우에는 그 인지가 무효로 되지 않는 한 인지를 할 수 없다.

출생 전의 태아에 대하여도 인지를 할 수 있고(858조), 자녀가 사망한 후에도 그 자녀에게 직계비속이 있는 때에는 인지를 할 수 있다(857조).

(3) 인지의 방법

인지에 대하여는 피인지자의 동의를 얻게 하는 입법례도 있으나, 민법은 이러한 규정을 두지 아니하고 있어 입법론적으로 비판을 받고 있다.

인지는 「가족관계의 등록 등에 관한 법률」이 정한 바에 의하여 신고함으로써 그 효력이 생긴다(859조 1항, 家登 55조 이하). 따라서 이때의 신고는 창설적 신고이다. 인지는 유언으로도 이를 할 수 있는데, 이 경우에는 유언집행자가 이를 신고하여야 한다(859조 2항). 유언에 의한 인지의 효력은 유언의 효력발생 시점인 유언자 사망 시에 생기고, 이 경우의 인지신고는 보고적 신고에 불과하다는 주장이 많으나, 이 또한 다른 임의인지의 신고와 마찬가지로 창설적 신고로 보아야 할 것이다. 859조 2항은 인지의 효력발생 시점에 대하여는 따로 정하지 않고 있을 뿐만 아니라, 이 경우의 인지신고에 관한 家登 59조는 유언집행자가 창설적 인지신고에 관한 규정인 55조, 56조에 따라 신고하도록 규정하고 있고, 보고적 인지신고에 관한 58조를 따라 신고하도록 규정하지는 않는다. 또한 유언의 효력이 언제 발생하였는지를 제3자로서는 쉽게 알기 어렵다.

그리고 家登 57조는 부가 혼인 외의 자에 대하여 친생자 출생의 신고를 한 때에는 인지의 신고의 효력이 있다고 규정하여, 인지신고 이외에 별도의 인지의 방법을 규정하고 있다. 이때에는 다른 사람의 자녀로 친생추정되는 것이 아님을 밝히기 위하여 원칙적으로 모의 혼인관계증명서를 제출하여야 한다(登錄例規 412호 8조 1항). 판례는 위 경우의 신고는 출생신고인 이상, 그와 같은 신고로 인한 친자관계의 외관을 배제하고자 하는 때에는 인지 관련 소송이 아닌 친생자관계부존재확인의 소를 제기하여야 한다고 하였다(대법원 1993. 7. 27. 선고 91므306 판결).

그런데 2015년 신설된 家登 57조 2항은 부가 모의 성명·등록기준지 및 주민등록번호를 알 수 없는 경우에도 가정법원의 확인을 받아 인지의 효력이 있는 친생자 출생신고를 할 수 있다고 규정하였다. 종래의 인지제도는 모는 확정되어 있으나 부(父)가 정해지지 않은 경우에 관한 것이었는데, 의학기술의 발달로 모를 알 수 없는 경우에도 부자관계를 확정할 수 있는 방법이 있으므로, 부 단독으로 인지를 할 수 있게 한 것이다. 다만 이렇게 되면 출생자가 제3자로부터 친생자 추정을 받고 있음이 밝혀진 경우에는 부(父)가 두 사람이 되는 것이 된다. 그리하여 이 경우에는 신고의무자가 1개월 이내에 출생의 신고를 하고 등록부의 정정을 신청하여야 하며, 이 경우 시·읍·면의 장이 확인하여야 한다(家登 57조 4항). 이는 친생자추정을 받는 경우에는 신고의무자인 모 또는 친생추정을 받는 844조의 부(夫)가 그 부(夫)의 자녀인 것으로 출생신고를 하라는 의미로 이해되지만, 다시 친생부인 절차를 밟아야 한다면 새로 출생신고를 하고 등록부를 정정하는 것은 불필요한 절차를 밟게 하는 것이다. 현실적으로는 출생신고가 객관적인 진실에 부합하는 경우가 거의 대부분일 것이므로, 다시 출생신고를 하거나 친생부인 절차를 밟아야 한다는 것은 별로 의미가 없다.

대법원 2020. 6. 8.자 2020스575 결정은, 그 문언에 기재된 '모의 성명·등록기준지 및 주민등록번호를 알 수 없는 경우'는 예시적인 것이므로, 외국인인 모의 인적 사항은 알지만 자신이 책임질 수 없는 사유로 출생신고에 필요한 서류를 갖출 수 없는 경우 또는 모의 소재불명이나 모가 정당한 사유 없이 출생신고에 필요한 서류 발급에 협조하지 않는 경우 등과 같이 그에 준하는 사정이 있는 때에도 적용된다고 판시하였다. 이 사건에서는 외국인인 모가 그 본국으로부터 여권의 효력을 정지당하는 바람에 등록예규 412호에서 요구하는 혼인관계증명서를 구비하지 못한 경우였다.

위 결정에 따라 2021. 3. 16. 가족관계등록법이 개정되었다. 이에 의하면 모의 성명·등록기준지 및 주민등록번호의 전부 또는 일부를 알 수 없어 모를 특정할 수 없는 경우 또는 모가 공적 서류·증명서·장부 등에 의하여 특정될 수 없는 경우에는 가정법원의 확인을 받아 부가 인지의 효력이 있는 친생자출생신고를 할 수 있고, 모가 특정됨에도 불구하고 모의 소재불명 또는 모가 정당한 사유 없이 출생신고에 필요한 서류 제출에 협조하지 아니하는 등의 장애가 있는 경우에는 부가 가정법원의 확인을 받아 신고를 할 수 있다(57조 1, 2항).

혼인 외의 자에 대하여 부(父)가 이를 진실한 모가 아니라 자신의 배우자와의 사이에서 낳은 혼인 중의 출생자로 출생신고를 한 때에, 이는 원칙적으로는 적법한 인지의 신고가 아니다. 그러나 판례는 이 경우에도 인지로서의 효력을 인정한다(대법원 1976. 10. 26. 선고 76다2189 판결).

⑷ 인지의 무효와 취소, 인지에 대한 이의

민법은 인지의 취소(861조)와 인지에 대한 이의의 소(862조)에 관하여 규정하고 있을 뿐 인지의 무효에 대하여는 직접 규정이 없으나, 가사소송법은 가사소송사항으로서 인지무효의 소를 규정하고 있다{家訴 2조 1항 1호 가. 3)}. 여기서 인지에 대한 이의의 소와 인지무효의 소와의 관계를 어떻게 볼 것인가가 문제된다.

우선 인지에 대한 이의의 소는 인지자 본인은 제기할 수 없고, 피인지자 기타 이해관계인만이 제기할 수 있으며, 또한 인지신고 있음을 안 날로부터 1년 이내에만 제기할 수 있다. 반면 인지무효의 소는 그러한 제한이 없으므로 인지자 본인도 제기할 수 있고, 제소기간의 제한도 없다. 학설은 대체로 인지에 대한 이의의 소는 인지무효의 소와 중복되어, 별도로 인정할 필요가 없다고 한다. 이러한 해석은 이른바 객관주의적 인지론, 즉 친생자관계가 없는 자에 대한 인지의 효력은 인정할 수 없다는 생각에 근거한 것이나, 사실상 민법의 규정을 사문화하는 해석이다.

인지무효의 원인으로는 인지신고 자체가 없거나(다른 사람이 부의 이름으로 인지를 한 경우 등), 인지의 의사가 없는 경우 또는 인지의 의사능력이 없는 자가 인지를 한 경우, 인지가 진실에 반하는 경우(혈연상의 친생자관계가 부정되는 경우), 피인지자가 다른 사람의 친생자로 추정 받거나 다른 사람이 이미 인지를 한 경우 등이다. 판례는 무효인 인지도 입양의 성립요건이 갖추어졌으면 입양의 효력은 인정된다고 보았으나(대법원 1992. 10. 23. 선고 92다29399 판결), 2013년 개정 입양법의 시행으로 법원의 허가를 받지 않은 미성년자의 입양은 무효가 되므로(867조 1항, 883조 2호), 앞으로는 위 판례는 더 이상 유지될 수 없을 것이다.

친생자 아닌 자에 대하여 한 인지신고는 당연무효이고, 이러한 인지는 무효를 확정하기 위한 판결 기타의 절차에 의하지 아니하고도 또 누구나 무효를 주장할 수 있다(대법원 1992. 10. 23. 선고 92다29399 판결). 그러므로 인지무효의 소의 성질은 형성소송이 아닌 확인소송이다. 인지에 대한 이의의 소도 확인소송으로 보는 것이 일반적이다.

대법원 1999. 10. 8. 선고 98므1698 판결은, 생부의 인지 없이 생모에 의해 임의로 생부의 친생자로 출생신고되었다는 것을 이유로 한 인지무효확인심판의 기판력은 재판상 인지청구에 미치지 않는다고 하여 재판상 인지청구를 받아들였다. 그러나 인지권자 아닌 자에 의한 인지라 하여도 인지무효확인소송의 심리 결과 친생자관계가 있음이 밝혀지면 인지무효확인청구를 배척하여야 할 것이므로, 이 판결의 타당성에는 의문이 있다(같은 취지, 최진섭).

인지의 취소는 소송으로만 주장할 수 있고, 인지취소의 소는 형성소송이다. 그 취소사유는 사기·강박·중대한 착오가 있는 경우이다. 인지취소의 소는 사기나 착오를 안 날 또는 강박을 면한 날로부터 6월내에 가정법원에 제기할 수 있다(861조).

다. 강제인지

(1) 의의 및 성질

부 또는 모가 임의로 인지하지 아니할 때에는 재판으로 인지를 청구할 수 있다(863조). 부에 대한 인지청구의 소는 형성의 소이고, 모에 대한 소는 확인의 소이다.

인지청구권은 당사자가 임의로 처분할 수 있는 법률관계가 아니므로 포기할 수 없고, 그러한 내용의 재판상 화해도 효력이 없다(대법원 1987. 1. 20. 선고 85므70 판결 등). 대법원 2001. 11. 27. 선고 2001므1353 판결은, 인지청구권에는 실효의 법리가 적용되지 아니하고, 인지청구가 상속재산에 대한 이해관계에서 비롯되었다 하더라도 신의칙에 반하는 것이라 하여 막을 수 없다고 하였다. 또 혼인외의 자가 친생자관계의 부존재를 확인하는 대가로 금원 등을 지급받으면서 추가적인 금전적 청구를 포기하기로 합의하였다 하더라도 이러한 합의에 반하여 인지청구를 하고 그 확정판결에 따라 상속분상당가액지급청구를 하더라도 신의칙 위반으로 보기 어렵다(대법원 2007. 7. 26. 선고 2006므2757, 2764 판결).

인지판결이 확정되면 부와 자 사이에 친생자관계가 창설되고, 친생자관계부존재확인의 소로써 당사자 사이에 친생자관계가 존재하지 않는다고 다툴 수는 없다(대법원 2015. 6. 11. 선고 2014므8217 판결).

(2) 당사자

인지를 청구할 수 있는 사람은 자(子)와 그 직계비속 또는 법정대리인이다. 자가 호적상 다른 사람의 자로 기재되어 있는 경우에 그 다른 사람과의 사이에 친생자관계부존재확인판결을 받은 경우에만 인지청구를 할 수 있는 것은 아니지만(대법원 1981. 12. 22. 선고 80므103 판결), 다른 사람의 친생자로 추정되는 자는 친생부인의 판결이 확정되기 전에는 제3자를 상대로 인지청구를 할 수는 없다(대법원 1968. 2. 27. 선고 67므34 판결). 그렇지만 이미 다른 사람에 의하여 임의인지된 경우에는 생부를 상대로 인지청구의 소를 제기하고, 그 소송에서 선결문제로 임의인지의 무효를 주장할 수 있다. 그리고 다른 사람의 양자라고 하여도 친양자가 아니면 생부를 상대로 인지청구를 할 수 있다. 대법원 2000. 1. 28. 선고 99므1817 판결도 그러한 취지로 보인다.

자(子)의 직계비속은 자가 사망하였을 때에만 당사자적격을 가지는 것으로 해석해야 한다(주석친족 2/정용신, 113). 인지청구권 자체는 일신전속적인 것이므로, 자가 인지청구를 하지 않고 있는데도 그 직계비속이 인지청구를 하는 것은 허용되어서는 안 될 것이다.

인지청구의 상대방은 부 또는 모이고, 부 또는 모가 사망했을 때에는 검사가 보충적으로 피고가 된다(864조). 이 경우에는 그 사망을 안 날로부터 2년 이내에 소를 제기하여야 한다. 여기서 '사망을 안 날'은 사망이라는 객관적 사실을 아는 것을 의미하고, 사망자와 친생자관계에 있다는 사실까지 알아야 하는 것은 아니다(대법원 2015. 2. 12. 선고 2014므4871 판결). 한편 대법원 1977. 5. 24. 선고 77므7 판결은 자녀가 미성년자인 경우에 관하여, 사망사실을 알고서 인지청구 등을 할 수 있는 의사능력이 있는 자가 사망사실을 안 때로부터 당시의 제소기간인 1년 내에 인지청구 등의 소를 제기할 수 있는 뜻으로 해석함이 타당하다고 하였다. 그러나 당시 시행되던 인사소송법과는 달리 현재의 가사소송법상으로는 의사능력이 있다는 것만으로 인지청구의 소를 제기할 수 있는 소송능력이 인정되는 것은 아니므로 성년자가 되기 전에 사망 사실을 알았더라도 성년이 된 후 2년이 지나기 전까지는 소를 제기할 수 있다고 보아야 할 것이다(주해친족 1/권재문, 656).

南北特 9조는, 혼인외의 자인 북한주민이 남한주민을 상대로 하는 인지청구 또는 혼인 외의 자로 출생한 남한주민이 북한주민을 상대로 하는 인지청구는 864조에도 불구하고 분단의 종료, 자유로운 왕래, 그 밖의 사유로 인하여 소의 제기에 장애사유가 없어진 날부터 2년 내에 제기할 수 있다고 규정한다.

(3) 부자관계의 증명

부자관계의 증명은 제1차적으로는 모와 피고와의 사이에 임신을 가능하게 하는 정교관계의 존재에 의한다. 사실혼관계에 있었던 경우에도 부자관계가 추정될 것이다. 반면 피고 측에서는 모가 그 기간 동안에 다른 남자와 정교관계가 있었다는 주장{이른바 부정(不貞)의 항변}을 하여 이러한 사실상의 추정을 깨뜨릴 수 있을 것이다. 그러나 현재는 생물학적 검사방법이 발전하여 이러한 부정의 항변이 필요한 경우가 많지 않다.

부자관계의 증명을 위하여 종전에는 혈액형 검사에 의존하였지만 현재는 DNA 검사가 많이 쓰인다(대법원 2002. 6. 14. 선고 2001므1537 판결 참조). 법원으로서는 당사자의 증명이 충분하지 못할 때에는 가능한 한 직권으로 심리를 하여 부자관계를 밝혀야 한다(대법원 1985. 11. 26. 선고 85므8 판결). 가사소송법은 이를 위하여 당사자에게 혈액채취에 의한 혈액형의 검사 등 유전인자의 검사, 기타 상당하다고 인정되는 방법에 의한 검사를 받을 것을 명할 수 있다고 규정한다(家訴 29조). 법원이 이러한 검사가 가능한데도 검사절차를 거치지 않은 채 인지청구를 인용하는 것은 문제가 있다(대법원 2005. 6. 10. 선고 2005므365 판결; 2013. 12. 26. 선고 2012므5269 판결).

라. 인지의 효과

인지가 있으면 부(父)에 대한 관계에서는 그 자(子)의 출생시에 소급하여 친생자관계가 생긴다(860조). 즉 부에 대하여는 소급적인 형성력이 인정된다. 반면 모의 인지는 단순히 확인적인 효과만이 있고, 모자관계에는 인지의 소급효 제한에 관한 민법 860조 단서가 적용 또는 유추적용되지 아니한다(대법원 2018. 6. 19. 선고 2018다1049 판결). 인지의 소급효는 형법상 친족상도례의 경우에도 적용되므로, 인지가 범행 후에 이루어진 경우라고 하더라도 그 소급효에 따라 형성되는 친족관계를 기초로 하여 친족상도례의 규정이 적용된다(대법원 1997. 1. 24. 선고 96도1731 판결). 자(子)는 부모의 협의에 따라 종전의 성과 본을 계속 사용할 수 있으며, 다만, 부모가 협의할 수 없거나 협의가 이루어지지 아니한 때에는 자는 법원의 허가를 받아 종전의 성과 본을 계속 사용할 수 있다(781조 5항). 과거에는 자(子)의 성은 자동적으로 모의 성으로부터 부의 성으로 바뀌었는데, 2005년 민법 개정으로 협의 또는 가정법원의 허가를 거쳐 종전의 성과 본을 쓸 수 있게 되었다. 그러나 자에게는 종전의 성을 유지할 이익이 있으므로, 원칙적으로는 인지에 의하여 성이 변경되지 않고, 다만 협의 등에 의하여 부의 성을 사용할 수 있도록 개정하여야 할 것이다.

생부가 인지하지 않으면 인지하기 전까지는 법률상으로는 친생자관계가 인정되지 않는다. 따라서 생부를 폭행하더라도 존속폭행으로는 되지 아니하고, 반대로 생부도 혼인 외의 자에 대하여 부양의무를 지지 않는다. 다만 인지가 있기 전이라도 생부가 양육비를 지급하기로 약속한 때에는 그에 따른 의무를 지게 된다(대법원 1987. 12. 22. 선고 87므59 판결).

인지의 소급효는 제3자가 취득한 권리를 해하지 못한다(860조 단서). 그런데 이 규정이 어느 경우에 적용될 수 있는가에 대하여는 논란이 있다. 가장 쉽게 생각할 수 있는 것은, 생부가 이미 사망한 후 인지가 이루어진 경우에 피인지자가 생부의 다른 직계비속들과 공동상속인이 되거나, 또는 생부의 직계비속이 없어 직계존속이나 형제자매가 일단 상속인이 되었는데 직계비속인 피인지자가 선순위상속인이어서 상속순위가 바뀌는 경우의 다른 공동상속인이나 후순위상속인이다.

판례는 피인지자와 공동상속인의 관계에 서게 되는 사람도 860조 단서의 제3자에 해당될 수 있는 것으로 보고 있다. 즉 인지 이전에 다른 공동상속인이 이미 상속재산을 분할 내지 처분한 경우에는 인지의 소급효를 제한하는 860조 단서가 적용되어 사후의 피인지자는 다른 공동상속인들의 분할 기타 처분의 효력을 부인하지 못하게 되는데, 1014조는 그와 같은 경우에 피인지자가 다른 공동상속인들에 대하여 그의 상속분에 상당한 가액의 지급을 청구할 수 있도록 하여 상속재산의 새로운 분할에 갈음하는 권리를 인정함으로써 피인지자의 이익과 기존의 권리관계를 합리적으로 조정하는 데 그 목적이 있다고 하였다(대법원 2007. 7. 26. 선고 2006므2757, 2764 판결, [판례 62]; 2007. 7. 26. 선고 2006다83796 판결).

그리고 후순위상속인에 대하여는, 판례(대법원 1974. 2. 26. 선고 72다1739 판결; 1993. 3. 12. 선고 92다48512 판결)는 후순위상속인에게 1014조를 적용하기는 문리상 안 될 것이 분명하므로 그에 대하여는 1014조가 적용되지 않고, 그렇다고 하여 그들을 860조 단서 소정의 제3자로 인정한다면 후순위상속인이 공동상속인보다 후하게 보호되는 결과가 되므로, 피인지자보다 후순위상속인이 취득한 상속권은 860조 단서의 제3자의 취득한 권리에 포함된다고 해석할 수 없다고 하였다. 학설상으로는 거래의 안전이라는 관점에서 후순위상속인에 대하여 1014조의 적용을 긍정하는 주장이 있다(곽윤직, 155-156; 김주수·김상용, 755-756; 박병호, 305-306).

그러나 기본적으로 상속에 의하여 권리를 취득한 다른 공동상속인이나 후순위상속인은 860조 단서의 제3자에는 포함되지 않는다고 보아야 한다. 만일 공동상속인이나 후순위상속인이 위 규정 단서에서 말하는 제3자에 해당한다고 한다면 인지의 소급효가 인정되는 경우란 매우 제한될 뿐만 아니라, 이러한 경우의 다른 상속인은 단지 법률의 규정에 의하여 상속권을 취득하게 되는 것일 뿐, 그러한 상속권을 취득하기 위하여 별다른 노력을 한 것도 아니므로 인지의 소급효를 제한하면서까지 그러한 상속인을 보호할 이유는 없다. 1014조는 이러한 경우에 다른 공동상속인의 상속재산분할 또는 처분의 효력을 유지하기 위하여 인지된 자에게 상속재산의 원물 그 자체의 반환이 아니라 가액만의 지급을 인정하는 것이라고 이해하여야 할 것이다. 다만 이러한 경우에도 860조 단서의 제3자에 해당하지 않는 후순위 상속인과 새로운 이해관계를 맺은 제3자, 예컨대 후순위 상속인에게 상속채권을 변제한 채무자는 위 단서 소정의 제3자에 해당한다고 봄이 상당하다(같은 취지, 주해친족 1/권재문, 638-639). 이 문제는 1014조와 관련하여 제2편 제2장 Ⅵ. 7.에서 다시 언급한다.

반면 공동상속인이나 후순위 상속인도 제3자에 해당하지만, 인지의 재판이 확정되면 그들이 상속에 의하여 취득한 재산은 부당이득으로서 피인지자에게 반환하여야 하고, 다만 1014조는 부당이득의 방법으로서 원물반환 아닌 가액반환의 특례를 인정하고 있다는 견해(오종근)도 있다. 그러나 공동상속인이나 후순위 상속인이 제3자에 해당한다면, 그들이 상속에 의하여 취득한 재산이 사후적으로 부당이득이 될 수 있는 근거가 명확하지 않다.

그리고 판례(대법원 1993. 3. 12. 선고 92다48512 판결; 1995. 1. 24. 선고 93다32200 판결, [판례 34])는, 불법행위로 사망한 사람의 어머니가 상속인으로서 가해자로부터 손해배상을 받았는데, 그 후 사망한 사람의 혼인외 자가 인지판결을 받은 경우에, 가해자의 변제는 채권의 준점유자에 대한 변제로서 유효하다고 하였다. 다만 판례는 후순위상속인에 의한 채권의 일부면제는 효력이 없는 것으로 보고 있다.

그러나 이러한 경우에 피해자의 어머니는 인지가 있기 전까지는 피해자의 적법한 상속인이었으므로, 손해배상채권의 준점유자가 아니라 적법한 채권자였고, 따라서 그에 대한 변제는 그 자체 유효한 것으로 보아야 하며, 후순위상속인에 의한 면제 또한 효력이 있다고 보아야 한다.

[판례 34] 대법원 1995. 1. 24. 선고 93다32200 판결

상고이유를 본다.

1. 원심판결이 인용한 제1심판결이 인정한 사실관계는 다음과 같다.

망 소외 1의 어머니인 소외 2와 그 형제자매 등은 망 소외 1이 피고 회사 소속 운전사인 소외 3이 운전하던 덤프트럭에 치어 사망하자 서울지방법원 동부지원 91가합4568호로 위 교통사고를 원인으로 피고를 상대로 손해배상청구소송을 제기하여 1991. 9. 6. 위 법원으로부터 위 소외인 등의 일부승소판결을 선고받았다. 피고는 소외 동양화재해상보험주식회사(이하 소외 보험회사라 한다)를 통하여 1991. 9. 24. 위 소외인들에게 판결원금 및 그때까지의 지연손해금 합계 금 97,677,047원에서 일부를 면제받고, 금 85,000,000원을 손해배상금으로 지급하였다.

한편, 원고는 원고가 망 소외 1의 친생자임을 주장하여 같은 해 5. 18. 청주지방법원에 인지청구소송을 제기하여 같은 해 12. 27. 인지판결을 선고받고, 그 판결이 그 무렵 확정되었다. 그런데, 원고와 그 어머니인 소외 4는 소외 2 등이 피고를 상대로 손해배상청구소송을 제기하자 곧바로 같은 해 3. 9. 내용증명우편으로 피고 및 소외 보험회사에게 원고가 위 망인의 친생자이므로 위 망인에 대한 손해배상금을 소외 2 등에게 지급하여서는 아니된다는 통지를 하였고, 그 후 위 소외보험회사에 위 인지청구소송의 소장 및 소제기접수증 등의 사본을 건네주었다.

원고와 소외 4는 같은 해 7. 28. 피고를 상대로 이 사건 교통사고에 기한 손해배상을 구하는 이 사건 소를 제기하였고, 그 소장부본이 소외 2 등의 손해배상청구소송의 판결선고전인 같은 해 8. 5. 피고에게 송달되었다.

2. 원심은 위와 같은 사실관계를 전제로, 망 소외 1의 사망으로 인한 손해배상청구권은 인지의 소급효에 의하여 소외 2보다 선순위 상속인인 원고에게 상속되었다고 할 것이므로, 특별한 사정이 없는 한, 피고는 원고에게 이 사건 사고로 인한 손해배상금을 지급할 의무가 있는 것이라고 하면서, 나아가 소외 보험회사가 소외 2에게 한 변제는 채권의 준점유자에 대한 변제로서 적법하다는 피고의 주장에 대하여, 소외 2 등과 피고사이의 소송계속중에 원고가 인지청구의 소를 제기하고, 다시 피고를 상대로 이 사건 소송을 제기하여 그 소송이 계속중에 있었으므로, 피고로서는 위 인지소송의 결과와 이 사건 소송의 결과를 기다려 망 소외 1의 선순위 상속권자가 누구인지가 밝혀진 후에 그 손해배상금을 지급하여야 함에도 강제집행에 의하지 아니한 합의의 방법으로 성급하게 소외 2에게 손해배상금을 지급하였으므로, 소외 2가 적법한 상속권자라고 믿은데 과실이 있다 아니할 수 없고, 따라서 위 망인의 손해배상채권에 해당하는 부분에 관한 피고의 변제는 이를 유효한 변제라 할 수 없는 것이라고 하여, 피고의 위 항변을 배척하고 있다.

3. 혼인외의 자의 생부가 사망한 경우, 혼인외의 출생자는 그가 인지청구의 소를 제기하였다고 하더라도 그 인지판결이 확정되기 전에는 상속인으로서의 권리를 행사할 수 없고, 그러한 인지판결이 확정되기 전의 정당한 상속인이 채무자에 대하여 소를 제기하고, 나아가 승소판결까지 받았다면, 채무자로서는 그 상속인이 장래 혼인외의 자에 대한 인지판결이 확정됨으로 인하여 소급하여 상속인으로서의 지위를 상실하게 될 수 있음을 들어 그 권리행사를 거부할 수는 없다고 할 것인바(만약 혼인외의 자의 인지청구의 소가 확정될 때까지 채무자가 판결에 따른 이행을 하지 아니하고 상소하지 않으면 안된다고 한다면, 이는 결국 부당한 항쟁을 조장하는 결과가 된다고 하지 않을 수 없을 것이다), 따라서, 그러한 표현상속인에 대한 채무자의 변제는, 특별한 사정이 없는 한, 채무자가 표현상속인이 정당한 권리자라고 믿은데에 과실이 있다 할 수 없으므로, 채권의 준점유자에 대한 변제로서 적법한 것이라 할 것이다.

그럼에도, 원심은 피고로서는 원고가 제기한 인지소송의 결과와 이 사건 소송의 결과를 기다려 망 소외 1의 선순위 상속권자가 누구인지가 밝혀진 후에 그 손해배상금을 지급하여야 할 것이라는 전제 아래, 피고가 강제집행에 의하지 아니한 합의의 방법으로 성급하게 소외 2등에게 이를 지급하였으므로, 피고가 소외 2를 적법한 상속권자라고 믿은데 과실이 있다고 하여 피고의 항변을 배척하고 말았으니, 원심에는 채권의 준점유자에 대한 변제에 관한 법리를 오해한 위법이 있다고 아니할 수 없다.

참고문헌

윤진수, 가족법판례해설, 2009

생각할 점

1. 소외 2가 채권의 준점유자라고 할 때 피고가 소외 2를 적법한 상속권자라고 믿은 데 470조에서 말하는 과실이 없다고 할 수 있는가?

2. 소외 2에 대한 변제가 채권의 준점유자에 대한 변제라면 피고가 면책되는 범위는 어떻게 되는가?

마. 준정(準正)

혼인 외의 출생자는 그 부모가 혼인한 때에는 그때부터 혼인 중의 출생자로 본다(855조 2항). 이를 준정(legitimation)이라고 한다. 그런데 준정에는 인지가 있은 후에 그 부모가 혼인을 함으로써 혼인 중의 출생자로 되는, 이른바 혼인에 의한 준정 외에, 부모의 혼인 중에 혼인 외의 출생자가 부모로부터 인지를 받음으로써 혼인 중의 출생자로 되는 혼인 중의 준정도 있다. 나아가 학설은, 부모의 혼인취소나 이혼 또는 사망으로 인한 혼인해소 후에 인지가 됨으로써 혼인 중의 출생자로 되는, 혼인해소 후의 준정도 인정한다.

그러나 현행법상 준정이 되었다고 하여도 자녀의 법률적 지위가 별로 달라지지는 않는다.

바. 친생자관계존부확인의 소

(1) 의 의

친생자관계존부확인의 소는 특정인 사이의 친생자관계의 존재 또는 부존재의 확인을 구하는 소이다(865조). 이는 친생자관계를 확정하는 다른 절차, 가령 부의 결정, 친생부인, 인지에 대한 이의(인지무효확인도 포함), 인지청구 등의 소를 제기할 수 있는 경우에는 허용되지 않고, 이때에는 각각 그와 같은 소에 의하여 친생자관계의 존부를 확정하여야 한다. 친생자관계존부확인의 소는 그와 같은 소를 제기할 수 없는 경우에 한하여 제기할 수 있다. 865조가 "다른 사유를 원인으로 하여"라고 하는 것은 그와 같은 의미이다. 따라서 예컨대 친생자로 추정되는 자에 대하여 친생부인의 소를 제기하지 아니하고 친생자관계부존재확인의 소를 제기하면 부적법하다(대법원 1992. 7. 24. 선고 91므566 판결; 1997. 2. 25. 선고 96므1663 판결 등). 다만 이처럼 다른 소송을 제기하여야 하는 경우에는, 법원은 석명권을 행사하여 원고에게 소를 변경하도록 유도하고, 당사자가 이에 불응하면 비로소 소를 각하하는 것이 타당하다(제요[1], 606). 한편 대법원 1992. 7. 24. 선고 91므566 판결은, 친생부인의 소를 제기하여야 하는데 친생자관계부존재확인의 소를 제기한 경우 법원이 이를 간과하고 친생자관계부존재확인판결을 내려 그 판결이 확정되었다면, 그 판결의 기판력에 의하여 친생자 추정의 효력이 사라진다고 보았다.

인지청구를 하여야 하는 경우에도 마찬가지이다. 예컨대 생모가 혼인 외의 자를 상대로 하여 혼인 외 출생자와 인지를 하지 않은 사망한 부와의 친생자관계존재확인을 구할 수는 없고, 이러한 경우에는 검사를 상대로 하여 인지청구의 소를 제기할 수밖에 없다(대법원 1997. 2. 14. 선고 96므738 판결. 같은 취지, 대법원 2022. 1. 27. 선고 2018므11273 판결). 다만 혼인 외 출생자 등이 법률상 부자관계의 성립을 목적으로 친생자관계존재확인의 소를 제기한 경우에 법원은 친생자관계존재확인의 소의 보충성을 이유로 그대로 소를 각하할 것이 아니라, 원고의 진정한 의사가 '인지청구의 소'인지를 분명하게 하여 그에 알맞은 청구취지와 청구원인으로 정리하도록 석명하여야 한다(대법원 2021. 12. 30. 선고 2017므14817 판결).

(2) 확인의 이익 및 정당한 당사자

구체적으로 어떤 경우에 친생자관계존부확인의 소를 제기할 수 있는가? 이는 결국 확인의 이익의 문제로 귀착된다. 일반적으로 확인의 이익은 법률상의 지위를 다투는 자가 있음으로 말미암아 법률상의 지위의 불확정이 있을 때 이를 제거하기 위하여 인정된다. 그러나 친생자관계존부확인의 소에서는 이러한 경우는 드물고, 가족관계등록부라는 공부에 실체관계와 다른 친생자관계가 기재되어 있어서 이를 바로잡기 위한 경우가 대부분이다.

예컨대 A남과 B녀 사이에 출생한 C가 D남과 E녀 사이의 친생자로 출생신고되어 가족관계등록부에 그와 같이 기재되어 있다면, C가 A와 B의 친생자로 가족관계등록부의 기재를 바로잡기 위해서는, D와 E를 상대로 자신이 그들 사이에 출생한 자가 아니라는 확인을 구하여 그 판결을 받고 그에 따라 가족관계등록부를 정정하면 된다. 과거에는 그러한 그 판결의 이유에서 C가 A와 B 사이에 출생한 자라는 사실이 확인되기 때문에, 따로 A와 B 사이에 출생한 자라는 사실의 확인을 구하여 판결을 받을 필요는 없다고 보았다. 그러나 등록예규 605호 4조 3항은 친생모를 기록하려면 친자관계를 확인하는 판결(판결 주문이 아닌 이유에 설시한 판결은 해당하지 아니한다)에 의한 정정절차를 거치거나, 사건본인의 출생신고인(신고인이 추후보완신고할 수 없을 때에는 다른 출생신고의무자)이 친생모와의 친생자관계 및 출생 당시 친생모가 유부녀가 아님을 소명하여 출생의 추후보완신고를 하여야 한다고 규정하고 있으므로, 신고의무자가 없어서 출생의 추후보완신고를 할 수 없는 경우에는 친생자관계존재확인판결을 구하는 것이 확인의 이익이 없다고는 할 수 없게 되었다. 위 예규의 전신은 2009. 7. 17. 제정된 등록예규 300호이다.

대법원 2013. 7. 25. 선고 2011므3105 판결은 북한에 있는 자녀들의 월남한 아버지에 대한 친생자관계존재확인청구를 인정하였다. 그리고 南北特 8조는 혼인 중의 자(子)로 출생한 북한주민이 남한주민인 아버지 또는 어머니의 가족관계등록부에 기록되어 있지 않거나, 혼인 중의 자로 출생한 남한주민이 자신의 가족관계등록부에 북한주민인 아버지 또는 어머니가 기록되어 있지 아니한 경우 친생자관계존재확인의 소를 제기할 수 있고, 그 제소기간은 분단의 종료, 자유로운 왕래, 그 밖의 사유로 인하여 소의 제기에 장애사유가 없어진 날부터 2년 내라고 규정한다.

한편 2012년 미성년자 입양에 관하여 법원의 허가를 받도록 867조 1항이 개정되기 전의 대법원 1977. 7. 26. 선고 77다492 전원합의체 판결([판례 37])은, 입양신고 아닌 친생자출생신고에 의하여도 입양이 성립할 수 있다고 판시하였다. 이때 당사자가 친생자부존재확인청구를 할 수 있는가에 관하여, 판례(대법원 1988. 2. 23. 선고 85므86 판결 등)는, 파양에 의하여 양친자관계를 해소할 필요가 있는 등 특별한 사정이 없는 한, 그 호적기재 자체를 말소하여 법률상 친자관계의 존재를 부정하게 되는 친생자관계부존재확인청구는 확인의 이익이 없어서 부적법하다고 하였다. 다만 개정된 867조 1항이 시행된 2013. 7. 1. 이후에 이루어진 미성년자의 출생신고는 법원의 허가를 받지 않은 이상 입양의 효력이 인정될 수 없으므로, 더 이상 이러한 문제는 생기지 않는다. 이에 대하여는 아래 Ⅱ. 2. 가. (5) 참조.

가족관계등록부상 부모로 기재된 자가 실재하지 않거나, 자녀로 기재된 자가 실재하지 않는 허무인(虛無人)인 경우에는 어떠한 방법으로 가족관계등록부의 기재를 바로잡을 수 있을까? 이때에는 家登 107조(구 호적법 123조)가 요구하는 법원의 판결을 받을 수 없으므로(대법원 1993. 5. 22.자 93스14, 15, 16 전원합의체 결정 참조), 家登 104조(구 호적법 120조)에 따라서 가정법원의 허가를 받아서 정정하면 된다(대법원 1995. 4. 13.자 95스5 결정).

친생자관계존부확인의 소를 제기할 수 있는 원고적격을 가진 자는 부의 결정(845조), 친생부인(846, 848, 850, 851조), 인지에 대한 이의(862조), 인지청구의 소(863조)를 제기할 수 있는 자이다(865조 1항). 구체적으로는 친생자관계의 당사자인 부, 모, 자녀, 자녀의 직계비속과 그 법정대리인, 성년후견인, 유언집행자, 부(夫) 또는 처(妻)의 직계존속이나 직계비속 등이다. 다만 성년후견인, 유언집행자, 부 또는 처의 직계존속이나 직계비속은 848조, 850조, 851조에 의하여 소를 제기할 수 있는 요건을 갖춘 경우에 한하여 원고적격이 있다(대법원 2020. 6. 18. 선고 2015므8351 전원합의체 판결).

그런데 이 이외에 이해관계인도 원고적격이 있는데(865조 1항에 의한 862조의 열거), 여기서 이해관계인은 다른 사람들 사이의 친생자관계존부가 판결로 확정됨에 따라 상속이나 부양 등에 관한 자신의 권리나 의무, 법적 지위에 구체적인 영향을 받게 되는 제3자를 말한다(대법원 2020. 6. 18. 선고 2015므8351 전원합의체 판결).

대법원 1981. 10. 13. 선고 80므60 전원합의체 판결은, 777조 소정의 친족은 특단의 사정이 없는 한 그러한 신분관계를 가졌다는 사실만으로 당연히 친생자관계존부확인의 소를 제기할 소송상 이익이 있다고 하였고, 통설도 이를 지지하였다. 그런데 당시의 인사소송법 35조, 26조는 777조의 규정에 의한 친족에게 원고적격을 인정하고 있었으나, 현재의 가사소송법은 그러한 규정을 두지 않고 있다. 그럼에도 불구하고 가사소송법 시행 후인 대법원 1998. 10. 20. 선고 97므1585 판결; 2004. 2. 12. 선고 2003므2503 판결은 같은 취지로 판시하였다. 이에 대하여는 777조의 친족이라도 이해관계가 있어야만 친생자관계부존재확인의 소를 제기할 수 있다는 반대 견해도 있었다.

결국 대법원 2020. 6. 18. 선고 2015므8351 전원합의체 판결은 위 97므1585 판결; 2003므2503 판결을 변경하여, 777조에서 정한 친족이라는 사실만으로 당연히 친생자관계존부확인의 소를 제기할 수는 없고, 이해관계가 있어야 한다고 판시하였다.

그러나 피청구인 B가 A(모)와 A와 혼인한 바 없는 C(부, 사망) 사이의 혼인 외의 자로 기재되어 있는 경우, A로서는 자신과 B 사이의 친생자관계부존재확인을 구할 수 있을 뿐, B와 C 사이의 친생자관계부존재확인을 구할 이익은 없다(대법원 1990. 7. 13. 선고 90므88 판결).

나아가 아직 인지를 하지 아니한 생부가 혼인 외의 자와 가족관계등록부상 부와의 사이에 친생자관계부존재확인을 구할 원고적격이 있는가에 관하여는 논란이 있으나, 긍정함이 상당하다.

친생자관계부존재확인의 소의 피고는 누가 되는가? 이는 원고가 누구인가에 따라 다르다. 우선 가족관계등록부상 친생자관계가 있는 일방의 당사자가 소를 제기할 때에는 타방의 당사자를 상대방으로 하고, 제3자가 소를 제기할 때에는 가족관계등록부상 친생자관계가 있는 것으로 기재된 당사자 쌍방을 상대방으로 한다(家訴 28조, 24조). 다만, A가 부 B, 모 C로 기재되어 있는데, 제3자인 D가 A는 자신과 B 사이에 출산한 자라고 하여 자신이 원고가 되어 친생자관계부존재확인을 구할 때에는, A와 C만이 피고가 되고, A와 B 사이의 친생자관계는 소송 대상이 아니므로 B는 피고가 될 수 없다(대법원 1971. 7. 27. 선고 71므13 판결. 다만 대법원 1970. 3. 10. 선고 70므1 판결은 반대이다).

친생자관계의 일방 당사자가 소를 제기하는 경우에 타방이 사망한 때에는 검사를 상대방으로 하고, 제3자가 소를 제기하는 경우에 친생자관계의 일방만이 사망한 때에는 생존한 다른 일방을 상대방으로, 친생자관계의 당사자 쌍방이 모두 사망한 때에는 검사를 상대방으로 한다(家訴 28조, 24조). 검사를 피고로 하는 경우에는 상대방이 될 자의 사망을 안 날로부터 2년 내에 한하여 제소할 수 있다(865조 2항). 여기서 말하는 사망을 안 날이라 함은 사망이라는 객관적 사실을 아는 것을 의미하고, 사망자와 친생자관계에 있다는 사실까지 알아야 하는 것은 아니다(대법원 2015. 2. 12. 선고 2014므4871 판결). 그리고 대법원 2004. 2. 12. 선고 2003므2503 판결은 "사망을 안 날"이란 친생자관계존부확인의 대상이 되는 당사자 쌍방이 모두 사망한 경우에는 당사자 쌍방 모두가 사망한 사실을 안 날이라는 의미라고 하였다. 헌법재판소 2014. 3. 27. 선고 2010헌바397 결정은, 제소기간을 2년으로 제한한 것이 위헌이 아니라고 하였다.

친생자관계존부확인소송의 계속 중 피고가 사망하면 家訴 16조 2항을 유추적용하여 원고는 피고가 사망한 때로부터 6개월 이내에 검사를 상대로 하여 수계신청을 할 수 있다(대법원 2014. 9. 4. 선고 2013므4201 판결).

대법원 2004. 6. 24. 선고 2004므405 판결은, 친생자관계부존재확인의 소가 소권의 남용에 해당하는가에 관하여, 친자관계는 신분관계의 기본이 되고, 진실한 신분관계를 확정하는 것은 그 자체가 법이 의도하고 있는 정당한 행위이며, 법에서 친족에 의한 친생자관계부존재확인의 소에 대하여는 특별히 제소기간에 제한을 두지 아니한 취지에 비추어 비록 친자관계의 직접 당사자인 호적상 부모가 사망한 때로부터 오랜 기간 경과한 후에 위 소를 제기하였다 하더라도 그것만으로 신의칙에 반하는 소송행위라고 볼 수 없으므로, 달리 특별한 사정이 없는 한 친생자관계부존재확인의 소가 소권의 남용이라는 명목으로 쉽게 배척되어서는 안 될 것이라고 하였다.

친생자관계존부확인 청구를 인용하는 판결이 확정되면 그 판결의 기판력은 제3자에게도 미친다(家訴 21조 1항, 대법원 2021. 9. 30. 선고 2021두38635 판결).

3. 보조생식

근래 의료기술이 발달하면서, 일반적인 방법인 남녀 간의 성교에 의하여 수태되는 것이 아니라, 인공수정이나 체외수정(시험관아기)과 같은 보조생식의 방법에 의하여 수태가 이루어진 때에, 과연 누구를 부모로 보아야 할 것인가라는 문제가 제기되고 있다.

가. 인공수정

▮**참고문헌:** 권영준, "인공수정, 유전자형 배치와 친생추정", 민법판례연구 Ⅱ, 2021; 권재문, 친생자관계의 결정기준, 2011; 김민규, "생식보조의료에 대한 최근의 논의와 그 과제", 동아법학 46호, 2010; 김민규, "비혼인동거자 사이의 인공수정과 그 법률관계," 가족법연구 26권 3호, 2012; 김성은, "AID자의 법적 지위에 관한 연구," 가족법연구 26권 3호, 2012; 박신욱, "제3자 정자제공형 인공수정에 대한 동의가 갖는 친자법상 의미", 가족법연구 35권 3호, 2021; 송재일, "사실혼관계의 해소를 조건으로 한 인공수정의 법률관계", 가족법연구 26권 1호, 2012; 윤진수, "보조생식기술의 가족법적 쟁점에 관한 근래의 동향", 서울대학교 법학 49권 2호, 2008; 이동수, "보조생식 의료방법으로 출생한 자의 친자법상의 문제에 대한 고찰", 가족법연구 31권 3호, 2017; 이은정, "인공수정에 대한 입법론적 고찰", 가족법연구 19권 2호, 2005; 제철웅, "생물학적 부모, 법적 부모 그리고 사회적 부모", 비교사법 26권 2호, 2019

인공수정이란 자연적인 성행위 이외의 방법으로 남성의 정자를 여자의 난자와 결합시켜 수정시키는 것을 말한다. 실제로는 여자의 난자와 남자의 정자를 체외(시험관)에서 수정시킨 다음, 여자의 자궁에 착상시켜 출산하게 하는 체외수정(in-vitro-fertilisation)의 방법이 주로 사용된다. 인공수정에 관하여는 법률적으로는 다음의 3가지를 구분할 필요가 있다. 첫째는 여자의 남편의 정자에 의한 인공수정(artificial insemination by husband, AIH)이고, 둘째는 여자의 남편 아닌 다른 사람의 정자에 의한 인공수정(artificial insemination by donor, AID)이며, 셋째는 미혼의 여자가 인공수정에 의하여 자녀를 출산하는 경우이다.

AIH의 경우에는 이를 일반적인 혼인 중의 출생자로 다루면 되고 별 문제가 없다. 미혼여자에 대한 인공수정의 경우에는 그 허용 여부에 관하여 다소 논란이 있으나, 일단 자녀가 출생하면 일반적인 혼인 외의 출생자로 다루면 된다. 다만 정액제공자를 특정할 수 있으면 그의 인지 등이 문제될 수 있을 것이다.

가장 문제가 되는 것은 AID의 경우이다. 이 경우에도 일단은 배우자인 남편의 친생자로 추정되는데(대법원 2019. 10. 23. 선고 2016므2510 전원합의체 판결, [판례 31]), 이때 남편이 친생부인의 소를 제기할 수 있는가가 문제된다. 남편이 인공수정에 동의한 바 없다면 당연히 친생부인의 소를 제기할 수 있다고 보아야 할 것이다. 문제는 남편이 인공수정에 동의를 한 경우에도 친생부인의 소를 허용할 것인가 하는 점이다. 부정설은, 인공수정에 동의하였던 남편이 나중에 와서 친생부인을 주장하는 것은 자신의 선행행위에 모순되는 것으로서 허용될 수 없고{이 자(子)는 남편의 동의가 없었으면 출생하지 않았을 것이다}, 이러한 동의는 친생자임의 승인(852조)과 마찬가지라고 하는데, 이 견해가 유력하다. 대법원 2019. 10. 23. 선고 2016므2510 전원합의체 판결([판례 31])도, 인공수정에 동의한 남편이 친생부인을 주장하는 것은 852조의 취지에 반할 뿐만 아니라, 선행행위와 모순되는 행위로서 신의성실의 원칙에 비추어 허용되지 않는다고 하였다.

한편 인공수정 자체를 금지하여야 한다는 주장도 있고, 사실혼 부부 또는 독신여성의 경우에는 인공수정을 금지하여야 한다는 주장도 있다. 그러나 그와 같이 볼 수 있는 법적 근거가 없을 뿐만 아니라, 입법론상으로도 이러한 논의의 타당성은 의심스럽다. 이는 개인의 행복추구권을 지나치게 제한하는 것이라는 의문이 있을 뿐만 아니라, 이러한 사람의 입양을 막을 수도 없기 때문이다.

그리고 인공수정에 의하여 출생한 자녀가 정자제공자를 상대로 하여 인지청구를 할 수 있는지에 관하여는 부정하는 견해가 대부분이다. 다만 이 경우에도 나중에 자녀가 정자제공자의 신원을 알 수 있도록 하는 나라가 늘어나고 있다.

나. 대리모

▌**참고문헌:** 권재문, 친생자관계의 결정기준, 2011; 김상찬, "대리모에 관한 입법론적 연구", 법과 정책 19권 1호, 2013; 김현진, "대리모 출생아의 친자관계", 인하대 법학연구 22권 3호, 2019; 박동진, "대리모제도의 법적 문제", 연세대 법학연구 15권 1·2호, 2005; 서종희, "대리모계약에 관한 연구", 가족법연구 23권 3호, 2009; 엄동섭, "대리모계약에 관한 외국의 입법례", 가족법연구 19권 1호, 2005; 윤진수, "보조생식기술의 가족법적 쟁점에 관한 근래의 동향", 서울대학교 법학 49권 2호, 2008; 이동수, "외국에서의 대리모출산과 친자관계 결정의 문제에 대한 소고", 가족법연구 33권 2호, 2019; 제철웅, "생물학적 부모, 법적 부모 그리고 사회적 부모", 비교사법 26권 2호, 2019; 한삼인·김상헌, "대리모계약의 효력에 관한 소고", 외법논집 37권 1호, 2013; 현소혜, "대리모를 둘러싼 쟁점과 해결방안", 가족법연구 32권 1호, 2018

대리모(surrogate mother)란 출생한 자녀를 타인에게 인도할 것을 내용으로 하는 당사자 간의 합의에 의하여 자신의 부(夫) 이외의 자의 정자로 수정하여 임신한 후 출산한 여자라고 정의할 수 있다. 대리모는 난자의 제공자와 대리모의 관계에 따라 두 가지 형태로 나누어 볼 수 있다. 이른바 유전적 대리모(genetic surrogate mother)는 난자를 제공한 여성이 실제로 대리모로서 출산을 하는 것을 말한다. 반면 출산 대리모(gestational surrogate mother)는 출산하는 대리모의 난자가 아닌 다른 여성의 난자를 체외수정(體外受精)의 방법에 의하여 수정시킨 다음 이를 대리모의 자궁에 착상시켜 출산하게 하는 것이다.

어머니의 확정이 문제되는 것은 이른바 출산 대리모의 경우이다. "어머니는 언제나 확실하지만, 아버지는 혼인이 가리키는 사람이다(mater semper certa est, pater est, quem nuptias demonstrant)"라는 법언은 이 경우에는 더 이상 적용될 수 없다. 이 문제에 관하여 우리나라에서는 낳은 어머니와 자녀 사이의 밀접한 관계를 고려하고, 또 낳은 어머니를 확정하기 쉽다는 점에서 낳은 사람을 어머니로 보는 것이 일반적이다. 서울가정법원 2018. 5. 9.자 2018브15 결정([판례 35])도 그러한 취지이다. 그런데 영국의 Human Fertilisation and Embryology Act 1990은 출산한 여성이 모로 간주된다고 규정하면서도, 일정한 요건을 갖춘 경우에는 정자 또는 난자를 제공한 부부가 자녀 출생 후 6개월 내에 법원에 청구하면 법원은 그 자녀를 그 부부의 법률상 자녀로 보도록 명령할 수 있다는 규정을 두고 있다. 우리나라도 그러한 취지로 법률을 개정할 필요가 있다. 다른 한편 미국 캘리포니아 주 대법원의 Johnson *v.* Calvert 판결(1993) 등 일부 미국의 판례는 당사자의 의사를 기준으로 하여 난자 제공자를 어머니로 보기도 하며, 미국의 일부 주에서는 법원의 재판에 의하여 난자 제공자를 어머니로 인정한다.

대리모계약 자체의 효력은 공서양속에 반하여 무효라고 보는 것이 일반적이다. 그러나 대리모계약 그 자체는 무효이지만, 무효행위 전환의 법리에 의해 친권자 결정의 사전약정으로서는 유효라는 견해, 전면적으로 유효하다는 견해도 있다.

[판례 35] 서울가정법원 2018. 5. 9.자 2018브15 결정

1. 기초사실

이 사건 기록에 의하면, 다음과 같은 사실이 인정된다.

가. 신청인과 D는 2006. 8. 22. 혼인신고를 마친 법률상 부부이다.

나. 신청인과 D는 자연적인 임신과 유지가 어렵게 되자, 서울***병원을 통하여 대리모의 방법으로 출산하기로 하였다.

다. 이에 따라 위 병원에서는 2016. 7. 26. 신청인과 D의 수정란을 E에게 착상시켰다.

라. E는 2017. 3. 26. 22:48경 미국 ****** G병원에서 사건본인을 낳았고, 위 병원에서 발행한 출생증명서에는 사건본인의 엄마가 'E'로 기재되어 있다.

마. 유전자검사의 결과, 사건본인은 신청인 및 D와 친자관계가 성립한다는 결과가 나왔다.

바. 신청인은 2017. 12. 22. 서울특별시 C구청에 사건본인의 출생신고를 하면서 신고서의 모(母)란에 'D'를 기재하였다. 그러나 서울특별시 C구청의 가족관계등록공무원은 신고서에 기재한 모(母)의 성명과 출생증명서에 기재된 모(母)의 성명이 일치하지 않는다는 이유로 2017. 12. 26. 불수리처분을 하였다.

사. 신청인은 위 불수리처분에 대하여 불복신청을 하였으나, 제1심법원은 2018. 2. 14. 신청각하결정을 하였다.

(중략)

3. 판단

(중략)

나. 모자관계의 결정 기준

민법상 부자관계(父子關係)와 관련하여, 처가 혼인 중에 포태(胞胎)한 자는 친생자로 법률상 추정(제844조)되고, 친생부인의 소를 통하여서만 친생자관계를 깨뜨릴 수 있으며, 혼인 외의 출생자는 생부가 인지할 수 있다(제855조 제1항). 그러나 모자관계(母子關係)는 친생자로 추정하거나 그 친생자관계를 부인하는 명시적인 규정이 없고, 다만 혼인 외의 출생자에 대하여 생모가 인지할 수 있으나(제855조 제1항), 그 인지는 기아(棄兒) 등 모자관계가 불분명한 특수한 경우에 한하여 허용되고, 그 인지청구의 법적 성질도 생부에 의한 인지청구(형성소송)와는 달리 '확인소송'에 해당하며, 일반적인 혼인 외의 출생자와 생모 사이에는 생모의 인지가 없어도 '출산'으로 당연히 법률상 친족관계가 생긴다고 해석하는 것이 일관된 판례(대법원 1967. 10. 4. 선고 67다1791 판결 등 참조)이다. 즉, 우리 민법상 부모를 결정하는 기준은 '모의 출산'이라는 자연적 사실이라고 할 것이다.

이에 대하여 인공수정 등 과학기술의 발전에 맞추어, 법률상 부모를 '출산'이라는 자연적 사실이 아니라 유전적인 공통성 또는 수정체의 제공자와 출산모의 의사를 기준으로 결정하여야 한다는 의견이 있을 수 있다. 그러나 '출산'이라는 자연적 사실은 다른 기준에 비해 그 판단이 분명하고 쉬운 점, 모자관계는 단순히 법률관계에 그치는 것이 아니라, 수정, 약 40주의 임신기간, 출산의 고통과 수유 등 오랜 시간을 거쳐 형성된 정서적인 부분이 포함되어 있고, 그러한 정서적인 유대관계 역시 '모성'으로서 법률상 보호받는 것이 타당한 점, 그런데 유전적 공통성 또는 관계인들의 의사를 기준으로 부모를 결정할 경우 이러한 모성이 보호받지 못하게 되고, 이는 결과적으로 출생자의 복리에도 반할 수 있는 점, 또한, 유전적인 공통성 또는 수정체의 제공자를 부모로 볼 경우 여성이 출산에만 봉사하게 되거나 형성된 모성을 억제하여야 하는 결과를 초래할 수 있고, 그러한 결과는 우리 사회의 가치와 정서에도 맞지 않는 점, 정자나 난자를 제공한 사람은 민법상 '입양', 특히 친양자입양을 통하여 출생자의 친생부모와 같은 지위를 가질 수 있는 점 등에 비추어 보면, 우리 민법상 부모를 결정하는 기준은 그대로 유지되어야 한다고 판단된다.

참고문헌

김현진, 인하대 법학연구 22권 3호

다. 사후수정(死後受精)

▮참고문헌: 김민중, "사후수정(사후포태)의 입법론적 고찰", 가족법연구 19권 2호, 2005; 김상헌, "우리나라에서도 사망한 남편과 사후수정자 사이에 친자관계를 인정할 수 있는가?", 서울법학 23권 3호, 2016; 서종희, "사후포태에 의하여 출생한 자의 법적 지위에 관한 고찰", 국민대 법학논총 27권 1호, 2014; 윤진수, "보조생식기술의 가족법적 쟁점에 관한 근래의 동향", 서울대학교 법학 49권 2호, 2008; 오호철, "부의 사후생식을 통해 태어난 자의 법적 지위에 관한 고찰", 한국법학회 법학연구 28집, 2007; 이경희, "사후포태에

의하여 출생한 자의 상속권에 관한 연구", 가족법연구 23권 1호, 2009; 정현수, "망부의 동결정자에 의한 인공수정자의 법적 지위", 성균관법학 18권 1호, 2006

근래 의학기술의 발달로 인하여 정액을 장기간 보관할 수 있게 되었다. 이에 따라서 생겨나는 새로운 문제가 이른바 사후수정 내지 사후포태(posthumous conception) 문제이다. 즉 정자 제공자가 이미 사망한 후 그 정자를 사용하여 임신, 출산에 성공한 경우에 그 출산한 자녀와 정자 제공자 사이에 친생자관계를 인정할 수 있는가 하는 점이다.

「생명윤리 및 안전에 관한 법률」 23조 2항 2호는 사망한 자의 정자 또는 난자로 수정시키는 사후수정행위를 금지하고 있으나, 이 법에 위반하여 사후수정이 이루어져 출생한 자녀와 사망자 사이의 친족관계를 인정할 것인지가 문제된다. 많은 나라에서는 사망자의 생전 동의가 있으면 친족관계를 인정한다. 서울가정법원 2015. 7. 3. 선고 2015드단21748 판결은, 2013. 12. 3. 사망한 남자로부터 생전 추출한 정자를 이용하여 그의 처가 2015. 1. 9. 출산한 자녀의 생물학적 부에 대한 인지청구를 받아들였다.

그런데 이 경우 출생한 자녀가 혼인중의 자녀가 되는지, 혼인 외의 자녀가 되는지, 죽은 사람의 재산을 상속할 수 있는가 하는 점도 문제된다. 미국의 많은 주에서는 제한적으로 사후수정을 인정함과 아울러 상속권도 인정한다. 만일 정자제공자가 출산한 여자와 부부관계에 있었고, 자녀가 정자제공자 사망 후 300일 내에 출생하였다면 이 자녀는 정자제공자의 친생자로 추정될 것이다. 그렇지 않은 경우에도 정자제공자의 사전의 동의가 있었다면 자녀의 인지청구를 허용할 수 있다고 보아야 할 것이다. 다만 이 경우에도 인지된 자녀가 혼인중의 자녀가 된다고는 볼 수 없다.

Ⅱ. 양자(養子)

1. 양자제도의 의의

▌**참고문헌:** 김상용, "양자법의 문제점과 개정방향", 법조 2009. 5; 김상용, "개정 양자법 해설", 법조 2012. 5; 법무부, 헤이그국제아동입양협약에 관한 연구, 2010; 소라미, "한국에서의 입양제도 현황과 과제", 가족법연구 32권 3호, 2018; 윤진수, "민법 시행 전 이성양자의 허용 여부", 민법논고 Ⅳ, 2009; 윤진수·현소혜, 2013년 개정민법 해설, 2013; 장복희, "국제입양에 관한 헤이그협약과 국내입양법의 개선", 저스티스 93호(2006. 8); 최진

섭, "개방입양의 법제화를 위한 연구", 인하대학교 법학연구 15집 2호, 2012; 최흥섭, "국제입양에 관한 헤이그협약", 국제사법연구 3호, 1998; 현소혜, "개정 「민법」상 입양과 「입양특례법」상 입양", 가족법연구 27권 1호, 2013

양자제도(養子制度)란 출생에 의하여 부모와 자녀의 관계가 당연히 성립하는 것이 아니라, 입양이라는 절차를 통하여 원래는 부모와 자녀가 아닌 사람 사이에 부모와 자녀 관계를 의제하는 것을 말한다.

양자제도의 발전과정을 가(家)를 위한 양자, 부모를 위한 양자, 자녀를 위한 양자와 같이 도식적으로 설명할 수 있다(헌법재판소 2013. 9. 26. 선고 2011헌가42 결정 참조). 역사적으로는 양자제도는 원래 가(家)를 위한 양자였고, 이는 우리나라에서도 마찬가지였다. 즉 전통적인 종법제도(宗法制度) 아래에서는 대(代)를 잇는 것이 양자제도의 목적이었으므로, 양자는 동성동본에 한하고{이성양자(異姓養子)의 금지}, 항렬에 따라야 하였으며{소목지서(昭穆之序)}, 직계비속의 남자가 없는 경우에만 허용되었고, 양부모가 죽은 뒤에도 양자를 세울 수 있었다{사후양자(死後養子)}. 제정 민법은 이성양자는 허용하였고, 사후양자와 유언에 의한 유언양자(遺言養子) 및 사위를 양자로 하는 서양자(壻養子)를 인정하고 있었다. 그러나 1990년 민법 개정으로 사후양자, 유언양자 및 서양자제도가 폐지되어 가(家)를 위한 양자의 성격은 탈피하게 되었다.

자녀를 위한 양자란, 고아나 혼인 외의 자녀와 같이 정상적인 가정에서 자랄 수 없는 아동을 정상적인 가정에서 자랄 수 있게 함으로써, 아동에게 충분한 발전의 기회를 주는 데 있다는 것이다. 이를 위해서는 입양을 당사자에게만 맡길 것이 아니라, 국가가 적극적으로 관여하여야 한다. 그리하여 입양 자체의 성립에 법원이 관여하여, 법원의 허가가 있어야만 입양할 수 있게 하고, 이를 위하여 양부모가 될 사람이 양부모로서의 적성을 갖추고 있는지 등을 심사하여야 할 필요가 있다. 이를 구체화한 것이 이른바 완전입양(完全入養, full adoption) 또는 완전양자제도이다. 완전입양제도란, 친생부모와 양자의 관계를 단절하고, 양자를 전적으로 친생자와 같이 취급하며, 양자라는 사실 자체를 제3자에게 알리지 않고 가족관계등록부상으로도 이를 나타내지 않는 것이다. 이러한 완전입양에 대하여 통상의 입양을 일반입양이라고 한다. 그러나 최근에는 친생부모와의 관계를 유지하는 공개입양(open adoption)이 자녀의 발달에 도움이 되므로 바람직하다는 논의도 있다.

2005년 개정 민법은 친양자라는 이름으로 완전입양제도를 채택하여, 본격적인 자녀를 위한 양자가 도입되었다고 할 수 있다. 그러나 현재의 친양자제도는 현실적으로는 보호를 필요로 하는 아동보다는 재혼가정에서 전혼에서 출생한 자녀를 후혼 배우자의 자녀로 하는 수단으로 더 많이 이용되고 있고, 양부모를 위한 친양자 파양을 인정하고 있는 점에서, "자녀를 위한 양자" 제도의 이념을 완전히 실현하지 못하고 있다. 따라서 현재의 양자제도는 현실적으로는 "부모를 위한 양자", 즉 부모를 위하여 그 이름과 재산을 이어갈 후계자를 마련해주는 수준을 크게 탈피하지 못하고 있다.

2012년 개정 민법은 미성년자의 일반입양에 관하여 법원의 허가를 받아야 하도록 규정하였고, 미성년자의 파양에 관하여는 재판상 파양만을 인정하고 협의상 파양은 폐지하는 등 입양법의 골격을 크게 바꾸었다.

다른 한편 현실에서 일어나는 입양의 상당부분은 민법 아닌 입양특례법에 근거하여 이루어지고 있다.

그리하여 현재 우리나라의 양자제도는 그 법적 근거에 따라 세 가지로 나누어 볼 수 있다. 하나는 민법에 의한 일반입양(보통입양)이고, 다른 하나는 친양자이며, 세 번째는 입양특례법에 의한 양자이다.

2023. 7. 18. 입양특례법은 「국내입양에 관한 특별법」과 「국제입양에 관한 법률」로 바뀌었다. 전자는 국내입양을, 후자는 국제입양을 규율한다. 이 두 법률은 공포 후 2년이 지나면 시행된다.

2. 일반입양

▮**참고문헌:** 김현진, "조부모의 손주입양", 가족법연구 36권 2호, 2022; 배인구, "부부공동입양원칙", 2018년 가족법 주요판례 10선, 2019; 서인겸, "친생자 출생신고에 관한 무효행위전환 법리의 적용상 문제점", 원광법학 34권 4호, 2018; 안소영, "재입양의 허용에 관한 고찰", 가족법연구 27권 3호, 2015; 윤진수, "허위의 친생자출생신고에 의한 입양에 관한 몇 가지 문제", 민법논고 Ⅳ, 2009; 이동진, "계자(繼子)입양", 가족법연구 36권 2호, 2022; 이은정, "「친생자관계부존재확인의 소」에 관한 개정 논의", 가족법연구 제37권 1호, 2023; 이준현, "미성년자 입양 시 부모의 동의에 관한 민법 제870조 규정의 이해", 한양대 법학논총 34권 3호, 2017; 이지영, "조부모의 미성년 손자녀 입양허가 사건의 판단 기준과 고려 요소", 대법원판례해설 129호, 2022; 임혜원, "입양의 실질적 요건을 갖춘, 친생자 출생신고로 인한 입양의 효력", 대법원판례해설 115호, 2018; 한상호, "여자가 사실상의 양자를 내연관계에 있는 남자의 혼인외의 자로 출생신고하게 한 경우 양친자관계의 성립 여부", 민사판례연구 18권, 1996; 현소혜, "가장입양의 판단기준", 서울대 법학평론 9권, 2019

가. 입양의 요건

2012년 개정법은 미성년자의 입양에 관하여 큰 변화를 가져왔다.

(1) 입양의 허가

개정 전에는 입양에 관하여 가정법원의 허가를 받아야 하는 것은 후견인이 피후견인을 양자로 하는 경우뿐이었다(개정 전 872조). 그러나 개정법은 미성년자와 피성년후견인의 경우에는 그들의 이익을 보호하기 위하여 법원의 허가를 받도록 하였다. 우선 미성년자를 입양하려는 사람은 가정법원의 허가를 받아야 하는데, 가정법원은 양자가 될 미성년자의 복리를 위하여 그 양육 상황, 입양의 동기, 양부모(養父母)의 양육능력, 그 밖의 사정을 고려하여 입양의 허가를 하지 아니할 수 있다(867조). 그리고 피성년후견인이 양자가 되려는 경우뿐만 아니라 입양을 하는 경우에도 867조가 준용되어 법원의 허가를 받아야 한다(873조 2항). 아동권리협약 21조는 아동의 입양에 관하여는 관계당국의 허가를 받을 것을 요구하고 있는데, 한국은 위 협약에 가입할 때 위 조항에 대하여는 유보를 하였다가, 아동권리협약에 부합하도록 미성년자의 입양은 법원의 허가를 받아야 하는 것으로 개정하고, 2017. 9. 5. 위 유보를 철회하였다.

가정법원은 입양의 허가 심판을 하는 경우에 특별한 사정이 없는 한 양자가 될 사람(13세 이상인 경우), 양부모가 될 사람, 양자가 될 사람의 친생부모, 양자가 될 사람의 후견인, 양자가 될 사람에 대하여 친권을 행사하는 사람으로서 부모 이외의 사람, 양자가 될 사람의 부모의 후견인, 양부모가 될 사람의 성년후견인의 의견을 들어야 한다(家訴規 62조). 다만 양자가 될 사람이 13세 미만이면 그의 의견을 들을 필요가 없는데, 이 점은 아동권리협약 12조에 비추어 문제가 있다(위 제3장 VI. 4. 다. (1) 참조). 대법원 2021. 12. 23.자 2018스5 전원합의체 결정([판례 36])은, 아동권리협약 12조를 인용하면서, 가정법원은 자녀가 13세 미만인 경우에도 자신의 의견을 형성할 능력이 있다면 가급적 그 나이와 상황에 맞는 적절한 방법으로 입양되는 자녀의 의견을 청취하는 것이 바람직하다고 하였다.

미성년자인지 여부를 허가심판청구 당시를 기준으로 하는지, 아니면 심판 확정 당시를 기준으로 하는지에 관하여는 실무례가 갈린다(주석친족 2/이선미, 167 참조).

대법원 2021. 12. 23.자 2018스5 전원합의체 결정([판례 36])의 다수의견은, 조부모가 손자녀를 입양하기 위한 허가를 청구하는 경우에 입양의 요건을 갖추고 입양이 자녀의 복리에 부합한다면 입양을 허가할 수 있고, 다만 양부모, 자녀, 친생부모 관계의 특수성을 고려하여 입양이 자녀의 복리에 미칠 영향에 관하여 세심하게 살필 필요가 있다고 하였다. 그런데 대법원 2010. 12. 24.자 2010스151 결정은, 외손자를 외조부모가 친양자로 입양하는 것은 가족내부 질서와 친족관계에 중대한 혼란이 초래된다는 등의 이유로 입양청구를 받아들일 수 없다는 원심법원의 결정이 타당하다고 하였다. 앞의 판례는 일반입양에 관한 것이고, 뒤의 판례는 친양자 입양에 관한 것이어서 서로 다르기는 하지만, 양자의 관계를 어떻게 이해할 것인지 논란이 있을 수 있다.

[판례 36] 대법원 2021. 12. 23.자 2018스5 전원합의체 결정

3. 미성년자 입양허가의 판단 기준

가. 미성년자를 입양하려는 사람은 가정법원의 허가를 받아야 하고(민법 제867조 제1항), 가정법원은 양자가 될 미성년자의 복리를 위하여 그 양육 상황, 입양의 동기, 양부모의 양육능력, 그 밖의 사정을 고려하여 입양의 허가를 하지 않을 수 있다(민법 제867조 제2항).

유엔의 「아동의 권리에 관한 협약」(1989. 11. 20. 채택되었고 대한민국도 가입하여 1991. 12. 20. 국내에서 발효되었다. 이하 '아동권리협약'이라 한다) 제21조는 입양제도를 인정하거나 허용하는 당사국은 아동의 최선의 이익이 최우선적으로 고려되도록 보장하여야 한다고 정한다. 시설이나 입양기관에 보호의뢰된 요보호아동의 입양에 관한 민법의 특별법인 입양특례법 제4조는 '입양의 원칙'에 관하여 이 법에 따른 입양은 아동의 이익이 최우선이 되도록 하여야 한다고 정하고 있다.

이러한 민법 제867조의 문언과 그 개정 취지와 더불어 아동권리협약과 입양특례법 규정 등을 고려하면, 가정법원이 미성년자의 입양을 허가할 것인지 판단할 때에는 '입양될 자녀의 복리에 적합한지'를 최우선적으로 고려하여야 한다.

나. 미성년자 입양허가 사건은 가사비송사건이다[가사소송법 제2조 제1항 제2호 (가)목 8)]. 가정법원은 직권으로 사실을 탐지하고 필요한 증거 조사를 하여(가사소송규칙 제23조 제1항), 입양의 동기와 목적, 양부모가 될 사람의 양육능력과 양부모로서의 적합성, 양육 상황 등을 심리하여 입양이 자녀의 복리에 적합한지를 후견적으로 판단하여야 한다. 양부모가 될 사람이 미성년자를 입양하려고 하고 입양아동의 친생부모가 입양에 동의하고 있더라도, 아동의 복리에 적합하지 않다고 판단되면 법원이 입양을 허가하지 않을 수 있음은 물론이다.

4. 조부모에 의한 미성년 손자녀 입양허가의 판단 기준과 고려 요소

가. 조부모에 의한 미성년 손자녀 입양의 허용 여부

(1) 미성년자에게 친생부모가 있는데도 그들이 자녀를 양육하지 않아 조부모가 손자녀에 대한 입양허가를 청구하는 경우 이를 불허할 것인지 문제된다.

위 2.에서 보았듯이 입양은 출생이 아니라 법에 정한 절차에 따라 원래는 부모·자녀가 아닌 사람 사이에 부모·자녀 관계를 형성하는 제도이다. 조부모와 손자녀 사이에는 이미 혈족관계가 존재하지만 부모·자녀 관계에 있는 것은 아니다. 민법은 입양의 요건으로 동의와 허가 등에 관하여 규정하고 있을 뿐이고 존속을 제외하고는 혈족의 입양을 금지하고 있지 않다(민법 제877조 참조). 따라서 조부모가 손자녀를 입양하여 부모·자녀 관계를 맺는 것이 입양의 의미와 본질에 부합하지 않거나 불가능하다고 볼 이유가 없다. 조부모에 의한 손자녀 입양이 전통이나 관습에 배치되는 것도 아니다. 조선시대부터 전통적으로 이루어진 입양은 본래 혈족을 입양하는 것으로서, 남자 자손이 없는 사람이 가문의 대를 잇기 위하여 조카 항렬의 남계 혈족을 양자로 삼아 이른바 소목지서(昭穆之序)를 지키려고 하였다. 그러나 가족질서 관념이 엄격한 조선시대에도 위와 같은 원칙에서 벗어나 외손자를 입양하거나[조선시대 예조의 입양허가 관련 기록인 수양시양등록(收養侍養謄錄)과 법외계후등록(法外繼後謄錄)에 수록되어 있다. 후자는 책 본문 첫머리에 기재된 제목에 따라 별계후등록(別繼後謄錄)이라고도 한다] 손자 항렬의 혈족을 입양하기도 하였다. 조선고등법원 1932. 11. 15. 판결은 증손항렬을 사후(死後)양자로 삼은 사안에서 양부가 될 자와 동성동본의 혈족으로서 아들과 같은 항렬 이하에 있는 자는 양자로서의 적격이 있으므로 이러한 입양도 유효하다고 하였다. 대법원은 민법이 존속 또는 연장자를 양자로 하지 못하도록 규정하고 있을 뿐 소목지서를 요구하고 있지는 않으므로 재종손자(再從孫子)를 사후양자로 선정하는 행위가 위법하지 않다고 판결하였다(대법원 1991. 5. 28. 선고 90므347 판결 참조). 비교법적으로 보면, 현대적인 입양법제를 갖춘 미국이나 독일에서 조부모 등 혈족의 입양이 허용되고 있다. 미국의 많은 주에서는 조부모를 포함한 친족에게 입양 우선권을 주거나 간이하게 입양할 수 있도록 절차적 특례를 인정함으로써 입양을 권장하기도 한다.

(2) 조부모가 자녀의 입양허가를 청구하는 경우에 입양의 요건을 갖추고 입양이 자녀의 복리에 부합한다면 이를 허가할 수 있다. 다만 조부모가 자녀를 입양하는 경우에는, 양부모가 될 사람과 자녀 사이에 이미 조손(祖孫)관계가 존재하고 있고 입양 후에도 양부모가 여전히 자녀의 친생부 또는 친생모에 대하여 부모의 지위에 있다는 특수성이 있으므로, 이러한 사정이 자녀의 복리에 미칠 영향에 관하여 세심하게 살필 필요가 있다. 이하에서는 조부모의 입양허가 청구 사건에서 심리할 사항에 관하여 개별적으로 살펴본다.

(하략)

(2) 입양의 합의

입양이 유효하기 위하여는 당사자 사이에 입양의 합의가 있어야 한다. 입양의 합의가 없으면 그 입양은 무효로 된다(883조 1호). 입양의 의사는 그 성질상 조건부 또는 기한부로 할 수는 없다.

양자가 될 사람이 13세 미만이면 법정대리인이 그를 갈음하여 입양을 승낙(대락)한다(869조 2항). 2012년 개정 전에는 15세 미만이면 법정대리인이 대락을 하도록 되어 있었다. 13세 이상의 미성년자는 스스로 승낙을 할 수 있지만, 법정대리인의 동의를 받아야 한다(869조 1항). 동의 또는 승낙은 입양의 허가가 있기 전까지 철회할 수 있다(869조 5항). 법정대리인이 정당한 이유 없이 동의 또는 승낙을 거부하거나 법정대리인의 소재를 알 수 없는 등의 사유로 동의 또는 승낙을 받을 수 없는 경우에는 법원이 동의나 승낙이 없어도 입양의 허가를 할 수 있다. 다만 법정대리인이 친권자인 경우에는 단순히 정당한 이유 없다는 것만으로는 부족하고, 870조 2항의 사유가 있어야 한다(869조 3항). 개정 전에는 법정대리인이 부당하게 동의 또는 승낙을 거부하는 경우에도 특별한 구제수단이 없었으나(서울고법 2007. 10. 2. 선고 2007나11080 판결 참조), 개정법은 위와 같은 예외를 인정하고 있다. 법정대리인이 동의를 거부함에도 가정법원이 입양을 허가하려면 그들의 절차적 권리를 보호하기 위하여 반드시 그들을 심문하여야 한다(869조 4항).

입양을 위하여는 이러한 법정대리인의 동의 또는 승낙 외에도 부모의 동의가 있어야 한다. 다만 부모가 869조 1항 또는 2항에 따른 동의나 승낙을 한 경우, 부모가 친권상실의 선고를 받은 경우 및 부모의 소재를 알 수 없는 등의 사유로 동의를 받을 수 없는 경우에는 동의가 필요없다(870조 1항). 부모의 친권이 일시정지된 경우(924조)에도 동의가 필요없다고 보아야 한다. 친권이 일부 제한된 경우(924조의2)에는 그 제한된 친권이 동의권을 포함하는지 여부에 따라 달리 보아야 할 것이다. 부모의 동의도 입양의 허가가 있기 전까지는 철회할 수 있다(870조 3항). 부모가 동의를 거부하더라도 법원은 일정한 사유가 있으면 입양의 허가를 할 수 있다. 다만 부모 아닌 법정대리인이 동의를 거부하는 경우와는 달리 동의 거부에 정당한 이유가 없다는 것만으로는 부족하고, 부모가 3년 이상 자녀에 대한 부양의무를 이행하지 아니한 경우 또는 자녀를 학대 또는 유기(遺棄)하거나 그 밖에 자녀의 복리를 현저히 해친 경우라야 한다(870조 2항). 이 경우에도 가정법원은 부모를 심문하여야 한다.

성년자의 입양에는 법정대리인의 대락이나 동의는 필요하지 않지만, 부모의 동의는 있어야 한다. 그렇지만 부모의 소재를 알 수 없는 등의 사유로 동의를 받을 수 없는 경우에는 동의를 요하지 않는다. 또 부모가 정당한 이유 없이 동의를 거부하는 경우에 양부모가 될 사람이나 양자가 될 사람의 청구에 따라 부모의 동의를 갈음하는 심판을 할 수 있고, 이 경우 가정법원은 부모를 심문하여야 한다(871조).

피성년후견인은 입양을 하거나 양자가 되려면 성년후견인의 동의와 가정법원의 허가를 받아야 한다(873조 1, 2항). 성년후견인이나 피성년후견인의 부모가 정당한 이유 없이 동의를 거부할 때에는 가정법원은 그 동의가 없어도 입양을 허가할 수 있지만, 가정법원은 성년후견인 또는 부모를 심문하여야 한다(873조 3항).

그리고 입양의 실체적 요건인 입양의 합의가 없어 입양이 무효인 경우에도, 당사자의 추인이 있으면 입양이 유효하게 될 수 있다. 판례(대법원 1990. 3. 9. 선고 89므389 판결, [판례 38]; 1997. 7. 11. 선고 96므1151 판결)는, 당시에 대락이 있어야 하였던 15세 미만의 자에 대하여 후견인의 승낙 없이 양모가 출생신고에 의하여 입양을 한 경우에, 양자가 15세가 된 후 입양이 무효임을 알면서도 위 망인이 사망할 때까지 아무런 이의도 하지 않았다면 적어도 묵시적으로라도 입양을 추인한 것으로 보는 것이 상당하다고 하였다. 그러나 당사자 간에 무효인 신고행위에 상응하는 입양관계가 실질적으로 형성되어 있지 아니한 경우에는 무효인 신분행위에 대한 추인의 의사표시만으로 그 무효행위의 효력을 인정할 수 없다(대법원 1991. 12. 27. 선고 91므30 판결 등).

(3) 양친에 관한 요건

양친은 성년자여야 한다(866조). 미성년자라도 혼인하면 성년으로 의제되므로 양친이 될 수 있다. 학설 가운데에는 양부모가 될 자가 19세가 되지 않은 경우에는 부모로서의 양육능력을 갖추었다고 보기 어려우므로 혼인한 미성년자는 양부모가 될 수 없다는 주장이 있으나(김주수·김상용, 358), 그러한 사정은 가정법원이 미성년자에 대한 입양 허가 여부를 결정함에 있어서 고려할 사항일 뿐이다. 외국의 입법례 중에는 예컨대 양친은 25세 이상이어야 한다는 등의 연령제한을 두고 있는 것도 있으나, 민법에는 그러한 제한이 없다.

양친은 반드시 배우자 있는 자여야만 하는 것은 아니지만, 배우자 있는 자가 입양을 하려면 배우자와 공동으로 하여야 한다(부부공동입양, 874조 1항). 다만 배우자 일방의 혼인 중의 출생자를 다른 배우자가 입양하려고 할 때에는, 그 배우자가 단독으로 입양할 수 있다(登錄例規 130호). 그러나 부부 일방의 혼인 외의 출생자를 양자로 하는 때에는, 다른 배우자 일방만이 양자로 할 수 있다고 하면 부부의 일방은 양자, 즉 혼인 중의 출생자이고 다른 일방에 대하여는 혼인 외의 출생자로 되는 불균형이 있기 때문에 부부가 공동으로 입양하여야 한다(반대: 주석친족 2/이선미, 210-211).

(4) 양자(養子)에 관한 요건

배우자 있는 자가 양자가 되려면, 다른 배우자의 동의도 얻어야 한다(874조 2항). 그리고 양자는 양친의 존속 또는 연장자가 아니어야 한다(877조).

일단 일반입양되었던 양자가 재입양, 즉 다시 다른 사람의 일반양자나 친양자가 될 수 있는가? 논란이 있을 수 있으나, 특별히 부정할 명문의 근거는 없다. 이 경우에는 입양의 동의권자가 친생부모와 양부모 모두가 된다. 다만 이 경우에는 파양에 의해서 종전의 양친자관계를 해소시킨 후 입양하는 것이 타당하다는 견해도 있으나(김주수·김상용, 372), 찬성하기 어렵다. 반면 친양자로 입양되었던 양자가 일반양자나 친양자로 될 수 있는가에 대하여는 다소 의문의 여지가 없지 않으나, 양자의 복리를 위하여는 허용할 필요가 있을 것이다. 이때에는 양부모만이 동의권자라고 보아야 할 것이다.

(5) 입양신고

입양이 성립하기 위하여는 당사자 쌍방에 의한 입양의 신고가 있어야 한다(878조). 2012년 개정 전에는 입양신고는 당사자쌍방과 성년자인 증인 2인의 연서한 서면으로 하여야 한다고 규정하였으나(개정 전 878조 2항), 증인을 요구하는 것은 절차에 관한 사항이라고 보아 개정법에서는 삭제하였다.

그런데 종래 입양의 의사가 있으면서도 입양의 신고를 하지 않고, 그 대신 자신의 친생자로 출생신고를 하는 경우가 많았다. 이러한 경우에 입양의 성립을 인정할 수 있는가 하는 점이 문제가 된다.

이 문제에 관하여는 2012년 개정법이 시행된 2013. 7. 1. 이후와 그 전의 상황에 차이가 있으므로, 우선 개정 전의 상황을 본다. 대법원 1977. 7. 26. 선고 77다492 전원합의체 판결([판례 37])은 종래 엇갈린 판례를 통일하여, 당사자 사이에 양친자관계를 창설하려는 명백한 의사가 있고, 나아가 기타 입양의 성립요건이 모두 구비된 경우에 입양신고 대신 친생자출생신고가 있다면 형식에 다소 잘못이 있더라도 입양의 효력이 있다고 해석함이 타당하다고 판시하였다. 이 판결에 대하여는 이론적으로는 무효행위의 전환의 법리를 원용한 것이라고 설명하기도 하지만, 입양신고라는 입양의 요건 자체를 갖추지 못하였으므로, 무효행위의 전환이라고는 할 수 없고, 오히려 판례에 의한 법형성이라고 보아야 할 것이다.

대법원 1992. 10. 23. 선고 92다29399 판결은, 무효인 인지도 입양의 성립요건이 갖추어졌으면 입양으로 유효하다고 하였고, 대법원 2007. 12. 13. 선고 2007므1676 판결은, 당사자가 입양의 의사로 양친이 될 자를 부 또는 모로 정정하는 호적정정신고를 하고 거기에 입양의 실질적 요건이 구비되어 있는 경우에도 입양의 효력을 인정하였다. 그러나 판례(대법원 1984. 11. 27. 선고 84다458 판결; 1995. 1. 24. 선고 93므1242 판결)는, 여자가 사실상의 양자를 내연관계에 있는 남자의 혼인 외의 자로 출생신고하게 한 경우에는 양친자관계가 성립할 수 없다고 하였다. 다만 대법원 2018. 5. 15. 선고 2014므4963 판결은, 그러한 경우에도 입양 신고 대신 친생자 출생신고가 이루어진 후, 2008. 1. 1. 호적제도가 폐지되고 가족관계등록제도가 시행됨으로써 사실상 양모의 가족관계등록부에는 사실상 양자가 사실상 양모의 자녀로 기록되었고, 사실상 양자의 가족관계증명서에도 사실상 양모가 사실상 양자의 모로 기록된 경우에는 양친자관계가 성립한다고 하였다.

이 경우에 입양의 성립을 인정한다고 하더라도 그에는 여러 가지의 문제점이 있었다. 첫째, 입양의 다른 모든 실체적 요건이 완전하게 갖추어져야만 하는가, 예컨대 입양의 취소사유에 불과한 미성년자에 대한 입양 동의권자의 동의가 없는 경우에는 입양의 효력이 인정될 수 없는가 하는 점인데, 입양의 무효사유에 해당하는 경우에는 입양의 효력을 인정할 수 없겠지만, 입양의 취소사유에 해당하는 경우에는 입양의 효력은 발생하고 다만 이를 취소할 수 있을 뿐이라고 하여야 할 것이다(대법원 1990. 3. 9. 선고 89므389 판결, [판례 38]; 1991. 12. 13. 선고 91므153 판결).

둘째, 이처럼 출생신고에 입양의 효력이 인정되는 경우, 당사자가 친생자관계부존재확인청구를 한다면 이를 어떻게 처리하여야 할 것인가가 문제된다. 판례(대법원 1988. 2. 23. 선고 85므86 판결; 1988. 2. 23. 선고 86므25 판결 등)는 이와 같이 진실에 부합하지 않는 친생자출생신고의 호적기재가 법률상의 친자관계인 양친자관계를 공시하는 것으로 그 효력을 인정하는 이상, 파양에 의하여 양친자관계를 해소할 필요가 있는 등 특별한 사정이 없는 한 그 호적기재 자체를 말소하여 법률상 친자관계의 존재를 부정하게 되는 친생자관계부존재확인청구는 허용될 수 없다고 하여 이러한 경우에는 이러한 청구는 확인의 이익이 없어서 부적법하다고 하였다. 다만, 학설로는 이러한 각하설 외에 기각설도 있다.

셋째, 이러한 경우에 가족관계등록부상 양친자관계를 나타내는 방법은 무엇인가? 이 경우에는 당사자들이 아래에서 설명할 양친자관계 존재확인 판결을 받으면 양자에 관한 친생자기록을 양친자기록으로 정정할 수 있다(登錄例規 301호).

그러나 2012년 개정법이 시행된 2013. 7. 1. 이후에는 법원의 허가가 없는 미성년자 입양은 무효이므로(883조 2호), 이러한 판례는 개정법 시행 후의 입양에는 더 이상 적용되지 않을 것이다.

[판례 37] 대법원 1977. 7. 26. 선고 77다492 전원합의체 판결

원고소송대리인의 상고이유를 본다.

원판결이유에 의하면 원심은 이 사건 임야의 원래의 소유자인 소외 1은 그 처 소외 2와의 사이에 아들이 없어 9촌 조카인 소외 3을 데려와 양자로 삼았으나 입양신고를 하지 아니하고 입양신고에 갈음하여 친생장남으로 출생신고를 한 사실 그 후 소외 1은 소외 4를 소실로 얻어 동거하던 중 그 사이에 소외 5를 출산하였고 소외 2가 사망하자 소외 4와 혼인신고를 하므로서 소외 5가 호적상 친생차남으로 된 사실 소외 1은 소외 5가 출생한 후로는 소외 3을 자식(양자)으로 생각하지 아니하고 소외 3자신도 자식으로 행세하지 아니하였으므로 서로 따로 살아왔고 소외 1의 봉양을 소외 5가 맡았고 소외 1이 1944. 5. 2 사망하자 소외 5와 함께 소외 3도 상주 노릇을 하고 소외 3이 호주상속신고까지 마쳤으나 복상 제사 등은 소외 5만이 단독으로 하였으며 그 유산도 사실상 소외 5가 관리하였다는 사실 등을 확정한 후 이와 같은 입양관계에 있어서 설사 소외 1이 소외 3을 양자로 할 의도 아래 친생자로 출생신고를 하였다 하여도 위 신고당시 시행의 조선민사령 11조 2항에 의하면 입양을 소정의 신고에 의하여 법률상의 효력을 가지는 요식행위로 규정하고 있고 이 규정은 강행법규로 해석되므로 입양신고의 요식을 구비하지 아니한 친생자 출생신고로 입양신고가 있은 것으로는 볼 수 없고, 또 이 친생자 출생신고로서 입양신고의 효력을 인정하는 것은 신분관계의 공증을 위한 공부인 호적의 신용성을 크게 해치고 신분관계의 혼란을 초래하는 것이므로 허용될 수 없다고 하여 소외 3은 소외 1의 친생자도 양자도 아니므로 소외 1의 호주상속인으로서 이 사건 임야를 상속할 수 없고 오히려 소외 5가 소외 1의 친생장남으로서 호주상속인이고 또 이건 임야를 상속하는 것이므로 소외 5가 비록 관계문서를 위조하여 불법으로 자기 앞으로 소유권이전등기를 넘겼다 하더라도 그 등기는 실체적 권리관계에 부합하는 유효한 것이므로 이것이 원인무효라는 이유를 전제로 한 원고의 청구를 배척하였다.

그러나 생각컨대 본시 신분행위의 신고라는 형식을 요구하는 실질적 이유는 당사자 사이에 신고에 대응하는 의사표시가 있었음을 확실히 하고 또 이를 외부에 공시하기 위함이라 할 것이다. 입양신고 역시 당사자의 입양에 관한 합의의 존재와 그 내용을 명백히 하여 실질적 요건을 갖추지 아니한 입양을 미리 막아 보자는 것이 그 기본이라고 본다면 당사자 사이에 양친자관계를 창설하려는 명백한 의사가 있고 나아가 기타 입양의 성립요건이 모두 구비된 경우에 입양신고 대신 친생자 출생신고가 있다면 형식에 다소 잘못이 있더라도 입양의 효력이 있다고 해석함이 타당하다 할 것이다. 다시 말하여 허위의 친생자 출생신고라도 당사자간에 법률상 친자관계를 설정하려는 의시표시가 명백히 나타나있고 양친자관계는 파양에 의하여 해소될 수 있다는 점을 제외하고는 법률적으로 친생자관계와 똑같은 내용을 가지고 있는 것이므로 허위의 친생자 출생신고는 법률상 친자 관계의 존재를 공시하는 신고로서 입양신고의 기능을 발휘한다고도 볼 수 있다 할 것이다.

이러한 해석은 혼인신고가 위법하여 무효인 경우에도 무효한 혼인중 출생한자를 그 호적에 출생신고하여 등재한 이상 그 자에 대한 인지의 효력이 있다는 당원판결(1971. 11. 15. 선고 71다1983 판결)과 대비하여 볼 때 더욱 명백해진다 하겠다. 그렇다면 미성년자를 양자로 한 이 사건에 있어 마땅히 입양의 실질적 성립요건이 완비되었는지에 관하여 좀 더 심리판단한 후에 그 요건이 모두 구비되었다면 친생자 출생신고에 입양신고로서의 효력이 있다고 보아 입양이 성립된 것으로 보아야 할 것임에도 불구하고 원심은 입양신고의 요식성만을 중시한 나머지 소외 3이 소외 1의 상속인이 될 수 없다고 판단한 것은 입양의 효력에 관한 법리를 오해하였거나 심리를 미진하여 판결에 영향을 미친 위법이 있다 할 것이고 이점을 논란하는 취지의 상고논지는 이유 있다.

이 판결에 저촉되는 종전의 당원판례(1967. 7. 18. 선고 67다1004 판결)는 폐기하기로 한다.

그러므로 원심으로 하여금 다시 심리판단케 하기 위하여 관여 법관중 대법원판사 주재황, 한환진, 안병수, 이일규, 김용철을 제외한 나머지 법관의 일치된 의견으로 주문과 같이 판결한다.

참고문헌

윤진수, 민법논고 Ⅳ

⑹ 양친자관계존부확인의 소

과거의 가사소송법은 입양의 효력을 다투는 소송형태로서 입양무효확인의 소와 입양취소의 소만을 예정하고 있었을 뿐, 별도로 양친자관계존부확인의 소는 규정하고 있지 않았다. 그러나 법적으로는 양친자관계가 성립하였으나 외관상 이 점이 명백하지 않은 경우에, 양친자관계의 효력에 관하여 분쟁이 있을 때에는 이러한 분쟁으로 인한 법적 불안을 제거하기 위하여 양친자관계존재확인의 소를 인정할 필요가 있다. 그리하여 대법원 1993. 7. 16. 선고 92므372 판결은, 양친자관계존부확인의 소송을 일반 소송법의 법리에 따라 제기할 수 있고, 피고가 되어야 할 양친자관계의 일방이 이미 사망한 경우에는 친생자관계존부확인소송의 경우를 유추하여 검사를 상대로 소를 제기할 수 있다고 하였다. 다만 이 판결은, 양친자관계존부확인의 소에 있어 864조, 865조 1항이 유추적용되므로 검사를 상대로 한 소의 제기는 그 사망사실을 안 날로부터 1년 내에 하여야 한다고 보았다. 1998. 12. 4. 신설된 家訴規 2조 1항 3호는 양친자관계존부확인청구를 가류 가사소송사건으로 하고 있다. 그러나 소의 당사자, 제소기간 등에 관하여는 규정하고 있지 않다.

(7) 입양의 무효와 취소

입양의 하자가 입양의 무효사유인 경우도 있고, 단순한 입양의 취소사유에 해당하는 경우도 있다.

(가) 입양의 무효

입양은 다음과 같은 경우에 무효로 된다(883조).

첫째, 당사자 사이에 입양의 합의가 없는 때. 대법원 1995. 9. 29. 선고 94므1553, 1560 판결은, 원고로 하여금 고소사건으로 인한 처벌을 모면할 목적으로 호적상 형식적으로만 입양한 것처럼 가장한 것일 때에는 무효라고 하였다.

둘째, 13세(2012년 개정 전에는 15세) 미만자의 입양에 있어서 대락권자의 입양승낙(869조)이 없는 때.

셋째, 존속 또는 연장자를 양자로 한 때.

넷째, 법원의 허가를 받지 않은 경우(867조, 873조 2항 위반).

대법원 1988. 3. 22. 선고 87므105 판결은 민법상 아무런 근거가 없는 양손입양(養孫入養, 자녀가 아니라 손자녀로서 입양하는 것)은 강행법규인 신분법규정에 위반되어 무효라고 하였다.

다른 한편 대법원 2014. 7. 24. 선고 2012므806 판결은, 2013. 7. 1. 민법 개정으로 입양허가제도가 도입되기 전에 민법 규정에 따라 적법하게 입양신고를 마친 사람이 단지 동성애자로서 동성과 동거하면서 자신의 성과 다른 성 역할을 하는 사람이라는 이유만으로는 그 입양이 선량한 풍속에 반하여 무효라고 할 수 없다고 하였다.

입양무효확인의 소는 확인의 소로서, 가류 가사소송사건이다{家訴 2조 1항 1호 가. 5)}. 이에 대하여는 대체로 친생자관계존부확인의 소에 관한 설명이 그대로 적용될 수 있다(家訴 31조 참조). 대법원 1995. 9. 29. 선고 94므1553, 1560 판결은, 협의파양이 있은 뒤에도 입양의 무효확인을 구할 이익이 있다고 하였다.

무효인 입양도 추인에 의하여 유효한 입양이 될 수 있다는 것과, 무효인 입양의 추인에는 소급효가 인정된다는 것은 위 (2)에서 살펴보았다.

이처럼 입양이 무효인 경우에, 입양신고가 되어 있다면 입양무효확인의 소를 제기하겠지만, 출생신고가 되어 있는 경우에는 친생자관계존부확인의 소를 제기하게 될 것이다. 그런데 당사자들 사이에 입양의 의사는 있으나 절차상 잘못으로 입양의 효력이 인정되지 않는 경우에(내연관계에 있는 남자의 혼인 외의 자로 출생신고를 한 경우), 친생자관계부존재확인의 소를 제기하는 것이 신의칙에 반하고 권리남용으로 된다고 할 수 있는가? 대법원 1995. 1. 24. 선고 93므1242 판결은, 이러한 경우에 제3자의 재산상의 권리주장을 신의칙에 어긋나거나 권리남용에 해당한다고 하여 배척할 수 있는 여지는 있지만, 친생자관계부존재확인의 소 자체는 허용된다는 취지로 판시하였다.

[판례 38] 대법원 1990. 3. 9. 선고 89므389 판결

1. 원심은 다음과 같은 요지의 이유로 망 청구외 1과 피청구인들 사이에 친생자관계가 존재하지 아니함의 확인을 구하는 청구인의 이 사건 심판청구를 각하하였다.

즉 원심은 청구인의 누나인 망 청구외 1이 1914. 7. 21.생으로 독신으로 지내던 중, 피청구인 1이 1946. 2. 17. 자기의 4촌 오빠인 청구외 2와 경주김씨(이름은 알 수 없음)사이에서 혼인외의 딸로 태어나 출생신고도 되기 전에 청구외 2는 1948.경 사망하고 위 경주김씨는 피청구인 1을 양육할 능력이 없어 청구외 2의 형인 청구외 3이 피청구인 1을 양육하고 있는 것을 알고, 1950. 2. 경 위 경주 김씨 및 청구외 3으로부터 피청구인 1을 양녀로 삼을 것을 승낙받아 그때부터 피청구인 1을 양육하여 온 사실, 한편 피청구인 2는 1966. 7.경 태어난 지 약 3개월된 상태에서 부모를 알 수 없는 기아로 발견되어 광주경찰서 보안과 소년계에서 보호하고 있었는데, 망 청구외 1이 피청구인 2도 양녀로 양육하겠다고 하여 당시 위 소년계 소년반장으로 근무하던 청구외 강우경이 망 청구외 1로부터 결연합의서를 받아 피청구인 2를 망 청구외 1에게 인도하여 준 사실, 망 청구외 1은 그때부터 피청구인 2를 피청구인 1과 함께 길러오다가 1969. 2. 25. 자기의 호적에 피청구인들을 친생자로 출생신고하였는데, 당시 성년이 된 피청구인 1은 위와 같은 경위를 잘 알면서 이에 아무런 이의가 없었고 위 경주김씨도 아무런 이의를 제기한 바 없었음은 물론, 피청구인 1은 1971. 1. 19. 청구외 4와 혼인하여 출가한 후에도 망 청구외 1과 모녀관계를 그대로 유지하였으며, 피청구인 2도 위와 같은 경위를 잘 알면서도 1983. 9. 27. 망 청구외 1이 사망할 때까지 모녀관계를 그대로 유지하여,

망 청구외 1은 피청구인들을 상속인으로 알고 사후의 일을 당부하기까지 한 사실 등을 인정한 다음, 위 인정사실에 의하면 망 청구외 1은 1969. 2. 25. 입양의 의사로 피청구인들을 자신의 친생자로 출생신고한 것으로서 그 당시 피청구인 1과는 입양의 합의가 있었고 피청구인 1의 생모인 위 경주김씨도 그에 대하여 동의하였다고 볼 것이고, 한편 피청구인 2의 경우는 피청구인 2가 당시 15세 미만의 부모를 알 수 없는 고아이어서 피청구인 2를 입양하려면 후견인의 입양의 승낙을 받아야 할 것인 바, 보호시설에 있는 고아의 후견직무에 관한 법률 제2조 제1항의 규정에 의하여 이 법률 소정의 보호시설의 장의 승낙이 있어야할 터인데, 광주경찰서장이 위 법률의 시행령에 규정된 보호시설의 장이라고 보기는 어렵겠지만, 위 법률의 근본취지와 경찰서의 직무 및 기능으로 미루어 보면, 위 법률의 시행령이 1969. 11. 10. 시행되기 전인 1966. 경에는 피청구인 2를 보호하고 있던 광주경찰서장을 위 법률 제2조 제1항 소정의 보호시설의 장과 같은 위치에 있었다고 못볼바 아니므로, 광주경찰서장이 망 청구외 1에게 피청구인 2를 양녀로 양육하도록 승낙한 이상 실질적으로는 피청구인 2의 후견인의 입양의 승낙이 있었다고 보는데 큰 장애가 없을 뿐만 아니라, 가사 그렇지 않다고 하더라도 피청구인 2가 15세가 된후 망 청구외 1과 친생자관계가 없는 등 이와 같은 사정을 잘 알면서도 망 청구외 1이 사망할 때까지 위 출생신고에 대하여 아무런 이의를 제기하였다고 볼 자료가 없는 이 사건에 있어서는, 피청구인 2는 적어도 묵시적으로라도 망 청구외 1이 입양의 의사로 한 위 출생신고를 추인하였다고 보는 것이 상당할 것이니, 달리 당사자 쌍방 중 어느 일방이 위 입양을 취소하였다고 인정할 자료가 없는 이상 피청구인 2와 망 청구외 1 사이의 양친자관계 또한 그대로 존속되었다고 보아야 할 것인 바, 양친자관계는 파양에 의하여 해소될 수 있는 점을 제외하고는 법률적으로 친생자관계와 똑같은 내용을 갖게 되므로, 이 사건에 있어서와 같은 허위의 친생자출생신고는 법률상의 친자관계인 양친자관계를 공시하는 입양신고의 기능을 발휘하게 되는 것이고(대법원 1977. 7. 26. 선고 77다492 판결 참조), 이와 같이 진실에 부합하지 않는 친생자 출생신고의 호적기재가 법률상의 친자관계인 양친자관계를 공시하는 것으로 그 효력이 인정되는 이상, 파양에 의하여 양친자관계를 해소할 필요가 있는 등 특별한 사정이 없는 한 그 호적기재 자체를 말소하여 법률상 친자관계의 존재를 부정하는 친생자관계부존재확인청구는 허용될 수 없는 것이고, 따라서 망 청구외 1이 이미 사망하여 파양의 여지도 없게 된 이 사건에 있어서 위 양친자관계의 당사자도 아닌 청구인이 제기한 이 사건 친생자관계부존재확인청구는 아무런 확인의 이익이 없는 것이므로, 청구인의 이 사건 심판청구는 부적법하여 이를 각하하여야 할 것이라고 판단하였다.

2. 청구인 소송대리인의 상고이유 제1점에 대한 판단(생략)

3. 같은 상고이유 제2점에 대한 판단

원심이 적법하게 확정한 사실관계로 미루어 보면, 망 청구외 1이 1969. 2. 25. 피청구인

1의 출생신고를 할 당시 피청구인 1과 간에 입양에 관한 합의가 있었고 피청구인 1의 생모인 경주 김씨도 입양에 동의를 한 것으로 본원심의 판단은 정당한 것으로 수긍이 된다(경주 김씨가 입양에 동의를 하지 않았다고 하더라도, 이는 입양취소의 원인이 되는데 지나지 않는 바, 입양취소청구권에 관한 제척기간이 이미 경과하였을뿐 아니라, 청구인은 입양취소청구권자도 아니므로, 경주김씨가 입양에 동의를 하였는지의 여부는 양친자관계의 존부에 아무런 영향도 미칠 수 없는 것이다).

그리고 원심이 광주경찰서장이 망 청구외 1에게 피청구인 2를 양녀로 양육하기로 승낙한 이상 실질적으로는 피청구인 2의 후견인의 입양의 승낙이 있었다고 보아야 한다고 판단한 것이, 소론과 같이 잘못된 것이라고 하더라도, 원심의 이와같은 판단의 잘못은 원심판결의 결론에 영향을 미칠 것이 못된다. 왜냐하면 원심이 적법하게 확정한 사실관계를 기초로 할 때 피청구인 2가 15세가 된 후 망 청구외 1과 자신 사이에 친생관계가 없는 등의 사유로 입양이 무효임을 알면서도 망 청구외 1이 사망할 때까지 아무런 이의도 하지 않았으므로, 적어도 묵시적으로라도 입양을 추인한 것으로 보는 것이 상당하다는 취지로 판시한 원심의 판단은 정당한 것으로 수긍이 되기 때문이다.

결국 원심판결에 입양의 성립요건에 관한 법리를 오해한 위법이 있다는 논지도 받아들일 수 없다.

㈏ 입양의 취소

앞에서 본 입양무효의 사유 이외의 입양의 흠은 모두 입양의 취소사유에 불과하다(884조).

첫째, 미성년자가 입양을 한 경우(866조 위반). 이때에는 양부모, 양자와 그 법정대리인 또는 직계혈족이 그 취소를 청구할 수 있다(885조). 그러나 양부모가 성년이 되면 입양의 취소를 청구하지 못한다(889조). 이 경우에는 일정한 기간의 경과로 입양 취소 청구권이 소멸한다는 894조는 적용되지 않는다.

둘째, 미성년인 양자가 동의권자(법정대리인 또는 부모)의 동의를 얻지 않았을 때(869조 1항, 870조 1항). 법정대리인의 동의 또는 승낙을 받을 수 없는 경우가 아님에도 법원이 동의 또는 승낙을 받을 수 없는 경우라고 잘못 판단하여 입양을 허가한 경우도 마찬가지이다(869조 3항 2호 위반). 이 경우의 취소권자는 양자와 동의권자이고(886조), 양자가 성년이 된 후 3개월이 지나거나 사망하면 입양의 취소를 청구하지 못한다(891조 1항). 반면 법정대리인이 정당한 이유 없이 동의 또는 승낙을 거부하는 경우가 아님에도 법원이 입양을 허가한 경우(869조 3항 1호 위반)는 입양의 취소사유에 해당하지 않는다. 정당한 이유가 있었는지 여부를 판단하는 것은 입양의 허가 여부를 결정하는 당해 재판부에게 맡겨야 할 것이기 때문이다.

셋째, 성년인 양자가 부모의 동의를 받지 않았을 때(871조 1항 위반). 이때에는 동의권자인 부모만이 취소권자이고(886조 2문), 양자가 사망하면 입양의 취소를 청구하지 못한다(891조 2항).

넷째, 피성년후견인이 성년후견인의 동의 없이 양자를 하였거나 양자가 되었을 때(873조 1항 위반). 이때에는 피성년후견인과 성년후견인이 다같이 취소권자이고(887조), 성년후견개시의 심판이 취소된 후 3개월이 지나면 입양의 취소를 청구하지 못한다(893조).

다섯째, 배우자 공동입양의 원칙에 위반한 때(874조 위반). 이때에는 배우자가 그 취소를 청구할 수 있다(888조).

위 둘째에서 다섯째까지의 경우에는 입양취소의 사유가 있음을 안 날로부터 6월, 사유 있은 날로부터 1년을 경과하면 취소를 청구하지 못한다(894조).

여섯째, 입양 당시에 양부모와 양자 중 일방에게 악질(惡疾) 그 밖에 중대한 사유가 있음을 알지 못한 경우(884조 1항 2호). 예컨대 정신병이 있다거나, 상습범죄자라거나 하는 등이다. 취소권자에 대하여는 명문규정이 없지만, 양부모 또는 양자가 될 것이다. 그리고 취소권자가 그 사유가 있음을 안 날부터 6월을 경과하면 취소청구권이 소멸한다(896조).

일곱째, 사기 또는 강박으로 인하여 입양의 의사표시를 한 때(884조 3호). 취소권자는 그러한 의사표시를 한 자이고, 사기를 안 날 또는 강박을 면한 날로부터 3월을 경과하면 그 취소를 청구하지 못한다(897조에 의한 823조의 준용).

입양취소에 관하여도 867조 2항이 준용되므로(884조 2항), 가정법원은 입양취소의 사유가 있더라도 여러 가지 사정을 고려하여 입양의 취소를 하지 않을 수 있다.

입양취소의 소는 형성의 소이고, 취소의 효력은 소급하지 않는다(897조에 의한 824조의 준용). 허위의 출생신고가 입양으로서 효력이 발생하였으나 입양취소 사유가 있는 경우에, 입양의 취소를 구하는 의미에서 친생자관계부존재확인을 구할 수는 없다(대법원 2010. 3. 11. 선고 2009므4099 판결).

부부가 공동으로 양친이 된 경우에, 양친 중 일방에만 취소사유가 있으면 양친에 대하여 전부 입양이 취소되는가, 아니면 취소사유가 있는 일방에 대하여만 취소가 가능한가? 종래 국내의 학설 중에는 입양제도의 목적이 양자에게 친생자와 같은 부모를 주고, 따뜻하고 행복한 가정을 마련해 주는 데 있다고 하며, 부모 모두에 대하여 취소된다는 견해가 있었다. 그러나 대법원 1998. 5. 26. 선고 97므25 판결([판례 39])은 부(夫) 단독으로 출생신고의 방법에 의하여 입양을 한 경우에, 양부에 대한 관계에 있어서는 취소사유이지만, 처에 대한 관계에 있어서는 당사자 간 입양합의가 없었으므로 입양이 무효로 된다고 하여, 입양의 효력을 별개로 나누어 보고 있다.

미성년자의 입양이 취소된 경우에는 친생부모의 친권이 자동적으로 부활하는 것은 아니고, 가정법원으로부터 친권자의 지정을 받아야 하며, 친권자 지정 청구가 없으면 가정법원은 미성년후견인을 선임하여야 한다(909조의2 2, 3항)(자세한 것은 아래 Ⅲ. 2. 나. 참조).

[판례 39] 대법원 1998. 5. 26. 선고 97므25 판결

1. 원심판결의 요지

원심판결의 이유에 의하면 원심은 소외 망인(이하 망인이라고 한다)이 1967. 12. 5. 원고와 혼인신고를 마치고 법률상 부부가 되었으나 불화로 별거하던 중 1982년 말경 성명불상자들 사이에서 태어나 당시 생후 5개월 가량된 피고를 입양하기로 하고, 위 성명불상자들로부터 입양의 승낙을 받은 다음 자신의 집에 데려와 양육하다가 1988. 7. 20. 혼자서 피고를 자신과 원고 사이에 태어난 친생자로 출생신고를 하여 그대로 호적에 등재된 사실 및 위 망인은 1995. 2. 9. 사망한 사실을 인정한 다음, (중략) 원고 및 위 망인과 피고 사이에 각 양친자관계가 유효하게 성립하였다 할 것이고, 그 양친자관계를 파양에 의하여 해소할 필요가 있는 등의 특별한 사정도 없으므로, 위 법률상 친자관계의 존재를 부정하게 되는 이 사건 친생자관계부존재확인청구의 소는 부적법하여 허용될 수 없다는 이유로 이를 전부 각하하였다.

2. 상고이유에 대한 판단

제1점에 대하여

기록에 비추어 살펴보면, 위 망인이 입양의 의사로 피고에 대한 친생자출생신고를 하였다는 원심의 사실인정은 옳게 수긍이 가고, 거기에 상고이유로 지적하는 바와 같이 채증법칙을 위반하여 사실을 그릇 인정한 위법이 없다.

이 점을 다투는 상고이유는 받아들일 수 없다.

제2점에 대하여

피고에 대한 위 출생신고 당시 시행되던 민법(1990. 1. 13. 법률 제4199호로 개정되기 전의 것, 이하 민법이라고만 한다)에 의하면 처가 있는 자는 공동으로 함이 아니면 양자를 할 수 없고(제874조 제1항), 다만 처의 부재 기타 사유로 인하여 공동으로 할 수 없는 때에는 부(夫) 일방이 부부 쌍방의 명의로 양자를 할 수 있을 뿐이며(제874조 제2항), 입양이 이에 위반한 때에는 처가 법정기간 내에 법원에 입양의 취소를 청구할 수 있는바(제884조 제1호, 제888조, 제894조), 입양이 개인간의 법률행위임에 비추어 보면 부부의 공동입양이라고 하여도 부부 각자에 대하여 별개의 입양행위가 존재하여 부부 각자와 양자 사이에 각각 양친자관계가 성립한다고 할 것이므로, 부부의 공동입양에 있어서도 부부 각자가 양자와의 사이에 민법이 규정한 입양의 일반 요건을 갖추는 외에 나아가 위와 같은 부부 공동입양의 요건을 갖추어야 하는 것으로 풀이함이 상당하다.

그리하여 처가 있는 자가 입양을 함에 있어서 혼자만의 의사로 부부 쌍방 명의의 입양신고를 하여 수리된 경우, 처의 부재 기타 사유로 인하여 공동으로 할 수 없는 때에 해당하는 경우를 제외하고는, 처와 양자가 될 자 사이에서는 입양의 일반요건 중 하나인 당사자 간의 입양합의가 없으므로 입양이 무효가 되고(민법 제883조 제1호), 한편 처가 있는 자와 양자가 될 자 사이에서는 입양의 일반 요건을 모두 갖추었어도 부부 공동입양의 요건을 갖추지 못하였으므로 처가 그 입양의 취소를 청구할 수 있으나, 그 취소가 이루어지지 않는 한 그들 사이의 입양은 유효하게 존속하는 것이다.

그런데 당사자가 양친자관계를 창설할 의사로 친생자출생신고를 하고, 거기에 입양의 실질적 요건이 모두 구비되어 있다면 그 형식에 다소 잘못이 있더라도 입양의 효력이 발생하고, 양친자관계는 파양에 의하여 해소될 수 있는 점을 제외하고는 법률적으로 친생자관계와 똑같은 내용을 갖게 되므로, 이 경우의 허위의 친생자출생신고는 법률상의 친자관계인 양친자관계를 공시하는 입양신고의 기능을 발휘하게 된다고 함이 대법원의 견해(대법원 1977. 7. 26. 선고 77다492 판결, 1988. 2. 23. 선고 85므86 판결 등 참조)인 만큼 이 경우에도 역시 위와 마찬가지의 법리에 따라야 할 것이다.

이 사건에서 먼저 위 망인과 피고 사이의 친생자관계부존재확인청구 부분에 관하여 보건대 앞서 본 사실관계하에서라면 위 망인이 피고와의 사이에 양친자관계를 창설할 의사로 친생자출생신고를 하고 기타 입양의 실질적 요건이 모두 구비됨으로써 입양의 효력이 발생하여 그들 사이에 양친자관계가 성립하였다 할 것이므로, 망인의 배우자인 원고가 민법 제888조, 제894조의 규정에 따라 적법한 기간 내에 취소권을 행사하지 않은 이상 원심이 특별한 사정이 없는 한 위 법률상 친자관계의 존재를 부정하게 되는 친생자관계부존재확인청구의 소는 부적법하다고 하여 이를 각하한 것은 정당하고(위 85므86 판결 참조), 거기에 상고이유로 지적하는 바와 같은 위법이 있다고 할 수 없다.

그러나 원고와 피고 사이의 친생자관계부존재확인청구 부분에 관하여는 위에서 본 것처럼 망인의 처와 양자간에 입양합의가 있는데도 처의 부재 기타 사유로 인하여 공동으로 할 수 없는 때에 해당하지 않는 한 위 망인이 혼자서 한 출생신고로써 원고와 피고 사이에까지 입양의 효력이 발생한다고 할 수는 없으므로, 원심으로서는 위 망인이 출생신고를 함에 있어서 그 처인 원고와 입양합의가 있었지만 처의 부재 기타 사유로 인하여 공동으로 할 수 없는 때에 해당하였는지를 심리하여 위 출생신고에 따른 입양의 효력발생 여부를 가려 보았어야 함에도 불구하고, 위 출생신고만으로 원고와 피고 사이에서도 입양의 효력이 발생하는 것으로 잘못 판단하여 이에 이르지 아니하였으니, 결국 원심판결에는 부부의 공동입양 또는 입양의 무효 내지 취소의 법리를 오해하고 법률의 적용을 그르쳐 판결에 영향을 미친 위법이 있다고 할 것이다.

결국 위 상고이유의 주장 중 위 망인과 피고 사이의 친생자관계를 다투는 부분은 이유가 없으나, 원고와 피고 사이의 친생자관계를 다투는 부분은 이유가 있다.

나. 입양의 효력

양자는 입양된 때부터 양부모의 친생자와 같은 지위를 가진다(882조의2 1항). 따라서 양자와 양부모 또는 양부모의 혈족 사이에는 부양의무, 상속 등 법률관계가 생긴다. 다른 한편 양자의 입양 전의 친족관계는 존속한다(882조의2 2항). 그러므로 양자는 양부모와 친생부모 모두로부터 상속을 받을 수 있고, 양자가 사망하면 양부모와 친생부모 모두가 상속인이 될 수 있다(대법원 1995. 1. 20.자 94마535 결정). 또한 양자가 미성년자이면 양자의 친권자는 양부모가 되고, 친생부모는 친권을 상실하게 된다(909조 1항).

그리고 우리 민법은 성(姓) 불변의 원칙을 택하고 있으므로, 이성양자의 경우에 양자가 당연히 양부모의 성과 본을 따르게 되는 것은 아니다. 2012년의 입양법 개정 당시 국회에 제출되었던 법무부의 민법개정안에서는, 양자는 양부 또는 양모의 성과 본을 따르지만, 양자는 양부모의 동의를 받아 종전의 성과 본을 계속 사용할 수 있다고 규정하고 있었다(개정안 882조의2 3항). 그러나 이는 성년자의 입양의 경우에 성 변경을 위한 탈법행위로 악용될 우려가 있다는 이유로 입법화되지 못했다. 그렇지만 적어도 미성년자를 입양하는 경우에는 법원의 허가라는 절차를 거치므로, 당연히 성이 변경되도록 하게 할 필요가 있다. 어쨌든 현행법 하에서는 양자가 양부모의 성과 본을 따르기 위하여는 별도로 성본변경허가 절차(781조 6항)를 밟아야 한다.

한편 대법원 1979. 9. 11. 선고 79므35, 36 판결은, 양부모가 이혼하여 양모가 양부의 가(家)를 떠났을 경우는 양부관계는 존속하지만 양모관계는 소멸한다고 하였으나, 이에 대하여는 학설상 비판이 있었다. 그리하여 대법원 2001. 5. 24. 선고 2000므1493 전원합의체 판결은, 민법 776조는 “입양으로 인한 친족관계는 입양의 취소 또는 파양으로 인하여 종료한다”라고 규정하고 있을 뿐 ‘양부모의 이혼’을 입양으로 인한 친족관계의 종료사유로 들고 있지 않고, 처를 부와 함께 입양당사자로 하는 현행 민법 아래에서는 처도 부와 마찬가지로 입양당사자가 되기 때문에 양부모가 이혼하였다고 하여 양모를 양부와 다르게 취급하여 양모자관계만 소멸한다고 볼 수는 없다고 판시하여 판례를 변경하였다.

다. 파양(罷養)

파양이란 당사자가 사망 이외의 사유로 당사자 사이의 양친자 관계를 해소시키는 것을 말한다. 말하자면 이혼에 의하여 부부관계가 해소되는 것과 같다. 또한 이혼과 마찬가지로 협의상 파양과 재판상 파양이 있다.

(1) 협의상 파양

협의상 파양은 입양 당사자의 합의에 의하여 파양하는 것을 말한다. 종전에는 협의상 파양은 양자의 나이에 관계없이 인정되었으나, 2012년 개정법은 미성년자와 피성년후견인이 양자인 경우에는 재판상 파양만을 인정하고 협의상 파양은 폐지하였다(898조). 그러므로 협의상 파양은 양자가 피성년후견인 아닌 성년자인 경우에만 가능하다.

양부모가 피성년후견인이면 성년후견인의 동의를 받아 파양을 협의할 수 있다(902조). 2012년 개정 전에는 양친이나 양자가 금치산자인 때에는 후견인의 동의가 요구되고(902조), 양자가 15세 미만인 때에는 입양에 있어서의 대락권자의 파양에 대한 동의가 있어야 하며(899조), 양자가 미성년자인 때에는 입양 동의권자의 동의를 얻어야 하였다(900조).

양부모가 공동으로 입양을 한 경우에, 파양도 공동으로 하여야 할 것인가에 관하여 논란이 있는데(이 점은 재판상 파양도 마찬가지이다), 과거의 학설은 대체로 입양의 경우와 마찬가지로 부부가 공동으로 파양을 하여야 한다고 보았으나, 현재는 단독파양을 인정할 수 있다는 견해가 늘어나고 있다. 이 견해는 개정법상 양자가 성년자인 경우에만 협의상 파양이 인정되게 되었다는 점을 근거로 든다(이경희·윤부찬, 231). 다만 양자가 미성년자인 경우에 재판상 파양을 할 때에는 양친은 원칙적으로 공동으로 파양을 하여야 한다는 견해도 있다(김주수·김상용, 392). 판례(대법원 2001. 8. 21. 선고 99므2230 판결; 2009. 4. 23. 선고 2008므3600 판결, [판례 40])는 공동파양을 원칙으로 보는 듯하면서도, 재판상 파양에 관하여 양친 부부 중 일방이 사망하거나 또는 양친이 이혼한 때에는 부부의 공동파양의 원칙이 적용될 여지가 없고, 이는 입양의 효력은 있으나 재판상 파양사유가 있어 양친자관계를 해소할 필요성이 있는, 재판상 파양에 갈음하는 친생자관계부존재확인청구에 관하여도 마찬가지라고 하였다.

배우자가 있는 자가 양자로 된 경우에도 마찬가지의 문제가 있는데, 학설 가운데에는 이 경우에도 874조 2항을 유추하여 배우자의 동의를 필요로 한다고 보는 견해가 있으나(김주수·김상용, 392; 박동섭·양경승, 389; 이경희·윤부찬, 231; 한봉희·백승흠, 278), 배우자의 동의가 없다고 하여 파양할 수 없다는 것은 수긍하기 어렵다(같은 취지, 송덕수, 198).

협의상 파양도 신고하여야 효력이 생긴다(904조, 878조).

사기 또는 강박으로 인한 파양의 경우에는 가정법원에 파양취소의 소를 제기할 수 있으나, 사기를 안 날 또는 강박을 면한 날로부터 3월을 경과한 때에는 그 취소를 청구하지 못한다(904조에 의한 823조의 준용). 파양취소의 소는 나류 가사소송사건이다{家訴 2조 1항 1호 나. 11)}. 그 절차 등은 대체로 입양취소와 같다(家訴 30, 31조). 피성년후견인인 양부모의 협의에 성년후견인의 동의가 없는 경우(902조 위반)에도 취소사유가 된다는 주장이 있으나(송덕수, 199), 이때에는 입양의 효력에 영향이 없는 것으로 보아야 한다.

이 외에 협의상 파양의 요건을 갖추지 못하면 협의상 파양은 무효이다. 즉 당사자 사이에 파양의 합의가 없거나 일방에게 파양의 의사가 없는 경우, 양자가 미성년자 또는 피성년후견인인데 협의상 파양을 한 경우 등이다. 가장파양의 효력은 가장이혼과 같이 보아야 할 것이다(위 제3장 Ⅵ. 2. 나. 참조). 협의상 파양무효의 소는 가류 가사소송사건이다{家訴 2조 1항 1호 가. 6)}. 그 절차 등은 대체로 입양의 무효와 같다.

[판례 40] 대법원 2009. 4. 23. 선고 2008므3600 판결

직권으로 살펴본다.

민법 제874조 제1항은 부부의 공동입양원칙을 선언하고 있는바, 파양에 관하여는 별도의 규정을 두고 있지는 않고 있으나 부부의 공동입양원칙의 규정 취지에 비추어 보면 양친이 부부인 경우 파양을 할 때에도 부부가 공동으로 하여야 한다고 해석할 여지가 없지 아니하나(양자가 미성년자인 경우에는 양자제도를 둔 취지에 비추어 그와 같이 해석하여야 할 필요성이 크다), 그렇게 해석한다고 하더라도 양친 부부 중 일방이 사망하거나 또는 양친이 이혼한 때에는 부부의 공동파양의 원칙이 적용될 여지가 없다고 할 것이고, 따라서 양부가 사망한 때에는 양모는 단독으로 양자와 협의상 또는 재판상 파양을 할 수 있으되 이는 양부와 양자 사이의 양친자관계에 영향을 미칠 수 없는 것이고, 또 양모가 사망한 양부에 갈음하거나 또는 양부를 위하여 파양을 할 수는 없다고 할 것이며, 이는 친생자부존재확인을 구하는 청구에 있어서 입양의 효력은 있으나 재판상 파양사유가 있어 양친자관계를 해소할 필요성이 있는 이른바 재판상 파양에 갈음하는 친생자관계부존재확인청구에 관하여도 마찬가지라고 할 것이다. 왜냐하면 양친자관계는 파양에 의하여 해소될 수 있는 점을 제외하고는 친생자관계와 똑같은 내용을 갖게 되는데, 진실에 부합하지 않는 친생자로서의 호적기재가 법률상의 친자관계인 양친자관계를 공시하는 효력을 갖게 되었고 사망한 양부와 양자 사이의 이러한 양친자관계는 해소할 방법이 없으므로 그 호적기재 자체를 말소하여 법률상 친자관계를 부인하게 하는 친생자관계존부확인청구는 허용될 수 없는 것이기 때문이다(대법원 2001. 5. 24. 선고 2000므1493 전원합의체 판결, 대법원 2001. 8. 21. 선고 99므2230 판결 참조).

원심이 적법하게 확정한 사실과 기록에 의하면, 소외 1이 소외 2와 동거하면서 피고를 양육해오던 중 1957. 1. 4. 혼인신고를 하고 같은 날 피고를 자신의 딸로 출생신고한 것은 당시 피고를 입양하여 기르려는 의사에서 비롯되었다고 할 것이고, 그 이후 실제로도 1964. 7. 15. 소외 2와 이혼하기까지 피고와 친자적인 공동생활관계가 지속되었으므로 피고와 소외 1 사이에는 입양의 실질적 요건이 구비되어 있었다고 할 것이어서, 피고에 대한 출생신고는 비록 그 형식이 잘못되어 있다고 하더라도 입양신고로서의 효력이 발생하여 피고와 소외 1 사이에는 양부자관계가 성립되었다고 할 것인데, 소외 1은 2006. 1. 30. 사망하였고, 그 후 소외 1의 아들인 원고가 재판상 파양사유가 존재함을 이유로 실질적인 파양에 갈음하여 소외 1과 피고 사이의 친생자관계부존재의 확인을 구하는 이 사건 소를 제기하였음을 알 수 있다.

그렇다면 원심으로서는 원고가 망 소외 1을 갈음하거나 또는 그를 위하여 재판상 파양에 갈음하는 친생자관계부존재확인을 구하는 이 사건 소는 확인의 이익이 없어서 부적법하다고 각하하였어야 할 것임에도, 재판상 파양사유의 존부에 관하여 판단한 후 원고의 청구를 인용하였는바, 원심판결에는 재판상 파양에 갈음하는 친생자관계부존재확인청구소송에 있어서의 확인의 이익에 관한 법리를 오해하여 판결 결과에 영향을 미친 위법이 있다.

(2) 재판상 파양

재판상 파양은 재판상 이혼과 마찬가지로 법률에 규정된 파양원인이 존재할 때 양친자관계의 일방이 상대방을 당사자로 하여 청구하는 재판에 의하여 이루어진다.

재판상 파양은 원칙적으로 양친자관계의 일방이 원고가 되고 상대방이 피고가 되며, 제3자에게는 원칙적으로 재판상 파양을 청구할 당사자적격이 없다(대법원 1970. 5. 26. 선고 68므31 판결; 1983. 9. 13. 선고 83므16 판결). 그러나 양자가 13세 미만인 경우에는 대락자는 양자를 대신하여 파양을 청구할 수 있고, 대락자가 없는 경우에는 양자의 친족이나 이해관계인이 가정법원의 허가를 받아 파양을 청구할 수 있다(906조 1항). 그리고 검사는 미성년자나 피성년후견인인 양자를 위하여 파양을 청구할 수 있다(906조 4항). 친족이나 이해관계인 또는 검사의 파양청구권은 2012년 개정법에 의하여 인정된 것이다.

양자가 13세 이상의 미성년자인 경우에는 입양에 따른 동의를 한 부모의 동의를 받아 파양을 청구할 수 있지만, 부모가 사망하거나 그 밖의 사유로 동의할 수 없는 경우에는 동의 없이 파양을 청구할 수 있다(906조 2항). 또 양부모나 양자가 피성년후견인인 경우에는 성년후견인의 동의를 받아 파양을 청구할 수 있다(906조 3항).

양부모가 공동으로 입양을 한 경우에 재판상 파양도 공동으로 하여야 하는가에 관하여, 판례는 공동파양을 원칙으로 보는 듯하면서도, 양친 부부 중 일방이 사망하거나 또는 양친이 이혼한 때에는 부부의 공동파양의 원칙이 적용될 여지가 없다고 보았다. 위 (1) 참조.

재판상 파양의 원인은 905조가 규정하고 있다. 즉 양부모가 양자를 학대 또는 유기하거나 그 밖에 양자의 복리를 현저히 해친 경우(1호), 양부모가 양자로부터 심히 부당한 대우를 받은 경우(2호), 양부모나 양자의 생사가 3년 이상 분명하지 아니한 경우(3호), 그 밖에 양친자관계를 계속하기 어려운 중대한 사유가 있는 경우(4호)이다.

2012년 개정 전의 파양 원인은 가족의 명예를 오독(汚瀆)하거나 재산을 경도(傾倒)한 중대한 과실이 있을 때(1호), 다른 일방 또는 그 직계존속으로부터 심히 부당한 대우를 받았을 때(2호), 자기의 직계존속이 다른 일방으로부터 심히 부당한 대우를 받았을 때(3호), 양자의 생사가 3년 이상 분명하지 아니한 때(4호), 기타 양친자관계를 계속하기 어려운 중대한 사유가 있을 때(5호)의 5가지였다. 개정법은 1호의 파양 사유는 삭제하였고, 2호와 3호에서 직계존속에 의한 부당한 대우 및 직계존속이 받은 부당한 대우는 파양 사유에서 제외하였다.

대법원 2002. 12. 26. 선고 2002므852 판결은, 양부모가 양자를 상대로 파양청구를 한 경우에, 양자에게 주된 책임이 있는 사유로 인하여 양친자관계가 회복할 수 없을 정도로 파탄된 경우가 아니면 파양이 허용되지 않는다고 보았다.

(3) 파양의 효과

파양이 있으면 입양으로 인한 친족관계는 장래를 향하여 소멸한다. 민법은 이와 별개로 양자가 혼인하려고 할 때에는 양부모계와 일정한 친족관계였던 자와의 혼인을 금지하고 있으나(809조 3항), 입양에 의하여 성립한 직계혈족 아닌 방계혈족과의 혼인까지 금지하는 것은 헌법상 행복추구권의 침해가 아닌가 하는 의문이 있다. 입양에 의하여 직계가족이 되었던 사람과의 혼인만을 제한하는 것이 합리적일 것이다(제3장 Ⅲ. 4. 참조).

재판상 파양을 한 때에 당사자 일방은 과실 있는 상대방에 대하여 손해배상을 청구할 수 있다(908조에 의한 806조의 준용).

부부가 공동으로 입양하였고 그 후 양부는 사망하였는데 양모와 양자 사이에 파양이 이루어진 경우, 양부와의 양자관계 내지 다른 양형제 사이의 친족관계도 소멸하는가? 대법원 2001. 8. 21. 선고 99므2230 판결은 이를 부정한다. 즉 양부가 사망한 때에 양모는 단독으로 양자와 협의상 또는 재판상 파양을 할 수 있으나, 이는 양부와 양자 사이의 양친자관계에 영향을 미칠 수 없고, 또한 양모가 사망한 양부에 갈음하거나 양부를 위하여 파양을 할 수는 없다는 것이다.

미성년자의 입양이 파양된 경우에는 친생부모의 친권이 자동적으로 부활하는 것은 아니고, 가정법원으로부터 친권자의 지정을 받아야 하고, 친권자 지정 청구가 없으면 가정법원은 미성년후견인을 선임하여야 한다(909조의2 2, 3항). 자세한 것은 아래 Ⅲ. 2. 나. 참조.

3. 친양자

▮**참고문헌:** 고형석, “친양자제도에 관한 연구”, 저스티스 108호(2008. 12); 이승우, “친양자 제도 관견”, 성균관법학 19권 2호, 2007; 배인구, “친양자제도 성립요건의 문제점에 관한 소고”, 사법 21호, 2012; 이은주, “자의 복리를 위한 친양자제도”, 가족법연구 27권 1호, 2013; 정구태, “독신자의 양친 자격을 부인하는 친양자제도의 위헌 여부”, 조선대학교 법학논총 22집 1호, 2015

2005년 개정 민법은 이른바 친양자(親養子)라는 이름으로 완전양자제도를 도입하였다. 친양자제도의 특징은, 친양자관계가 성립하면 친양자는 친생부모 및 그 혈족과의 친족관계가 소멸되고, 양친의 친생자와 똑같이 취급된다는 점에 있다. 그 이유는 이것이 친생부모와의 친족관계가 그대로 유지되는 것보다 양자의 복리에 더 도움이 된다고 보기 때문이다. 그리고 친양자입양 사실은 가족관계에 관한 증명서 가운데 친양자입양관계증명서에만 나타나지만, 그 교부 청구는 친양자가 성년이 되어 신청하거나, 혼인당사자가 809조의 친족관계를 파악하고자 하는 경우 등에만 할 수 있는 것으로 엄격히 제한되어(家登 14조 2항), 친양자입양 사실이 공개되는 것을 되도록 막으려고 하고 있다.

외국의 예를 본다면 독일은 미성년자 입양을 완전양자로 단일화하였으나, 프랑스나 일본은 우리나라와 같이 완전양자와 일반양자를 같이 인정하고 있다.

가. 요 건

친양자 입양의 요건은 908조의2가 규정하고 있다.

(1) 양부모에 관한 요건

양부모는 3년 이상 혼인 중인 부부로서 공동으로 입양하여야 한다(1항 1호). 친양자제도의 목적이 친양자에게 완전한 가정을 찾아주려는 데 있으므로, 혼인기간이 짧은 경우에는 이 혼인이 파탄이 생길 염려가 있다고 보아 3년의 혼인계속 기간을 요구하고 있는 것이다. 다만 1년 이상 혼인 중인 부부의 한쪽이 그 배우자의 친생자를 친양자로 하는 경우에는 예외이다. 이때에는 공동으로 입양할 필요가 없고, 또 혼인계속기간이 3년에서 1년으로 단축된다. 이는 재혼부부를 배려하는 취지이다.

헌법재판소 2013. 9. 26. 선고 2011헌가42 결정은, 혼인 중인 부부만이 친양자 입양을 할 수 있도록 한 것은 위헌이 아니라고 하였다. 그러나 위 결정에는 위헌으로 보아야 한다는 반대의견이 9인 중 5인이나 되었다. 외국의 입법례 가운데에는 혼인 중이 아닌 사람도 친양자 입양을 할 수 있도록 하는 것이 많다. 정부가 2022. 4. 7. 국회에 제출한 민법개정안은 배우자 없는 자도 친양자 입양을 할 수 있도록 하였다.

(2) 양자에 관한 요건

미성년자라야 한다(1항 2호). 종전에는 친양자로 될 자는 15세 미만이라야 하였으나, 2012년 개정법은 연령을 불문하고 미성년자도 친양자가 될 수 있도록 하였다. 일단 일반입양되었거나 친양자가 되었던 사람도 다시 다른 사람의 친양자가 될 수 있다.

(3) 입양의 합의 및 친생부모와 법정대리인의 동의

친양자가 될 사람이 13세 미만인 경우에는 법정대리인이 친양자가 될 사람을 갈음하여 입양을 승낙하여야 한다(1항 5호). 친양자가 될 사람이 13세 이상이면 친양자 자신이 입양을 승낙할 수 있지만, 법정대리인의 동의를 받아야 한다(1항 4호).

그리고 친양자가 될 사람의 나이를 불문하고 친양자로 될 자의 친생부모가 친양자 입양에 동의하여야 하는데(1항 3호), 부모의 친권이 상실되거나 소재를 알 수 없거나 그 밖의 사유로 동의할 수 없는 경우에는 동의를 요하지 않는다. 입양허가 심판청구 당시에는 미성년자였으나 허가 당시에는 성년이 된 경우에도 입양을 허가할 수 있는가에 대하여는 논란이 있을 수 있으나, 친양자입양은 양자될 자가 성년에 달한 후에는 더 이상 허용될 수 없으므로, 친양자가 될 사람의 복리를 위하여 긍정하여야 할 것이다(주해친족 1/현소혜, 893). 일단 일반입양이 되었던 사람이 타인의 친양자가 되는 경우에는 친생부모와 양부모가 모두 입양의 동의권자라고 보아야 한다(대구지법 가정지원 2009. 12. 4.자 2009느단496 심판). 그러나 친양자로 입양되었던 사람이 다시 다른 사람의 친양자가 되는 경우에는 양부모만이 입양의 동의권자가 된다고 해석하여야 한다. 또한 친양자로 될 자의 친생부모가 친권자로서 입양의 동의나 승낙을 하는 경우에는, 이와는 별도로 동의를 할 필요는 없다(908조의8에 의한 870조 1항 1호의 준용).

2012년 개정법은 일정한 경우에는 친생부모의 동의나 법정대리인의 승낙이 없어도 입양을 할 수 있는 예외를 인정하고 있다(908조의2 2항). 즉 법정대리인이 정당한 이유 없이 동의 또는 승낙을 거부하는 경우, 친생부모가 자신에게 책임이 있는 사유로 3년 이상 자녀에 대한 부양의무를 이행하지 아니하고 면접교섭을 하지 아니한 경우, 친생부모가 자녀를 학대 또는 유기하거나 그 밖에 자녀의 복리를 현저히 해친 경우이다. 이는 대체로 일반양자의 경우(869조 3, 4항, 870조 2항)와 같다. 다만 친생부모의 경우에는 3년 이상 부양의무를 이행하지 않았을 뿐만 아니라, 면접교섭도 하지 않았어야 한다는 것이 추가되어 있다.

헌법재판소 2012. 5. 31. 선고 2010헌바87 결정은, 친생부모의 친권상실, 사망 기타 동의할 수 없는 사유가 없는 한 그의 동의를 반드시 요하도록 한 개정 전 민법 조항이 헌법에 위반되지 않는다고 하면서도, 2012년 개정법이 부모의 동의배제사유를 확대하고, 친양자가 될 자가 15세 미만일 것을 요하던 것을 그가 미성년자이면 친양자 입양이 가능하도록 요건을 완화하여 사회여건의 변화에 적절히 대응하여 입법개선을 행하였다고 평가하였다.

외국의 입법례를 보면 이 외에 부모로부터 유기된 요보호아동일 것을 요구하는 경우가 있으나, 우리 민법은 이러한 요건은 요구하고 있지는 않다. 실제로는 이러한 경우보다는 재혼가정에서 전혼에서 태어난 자녀를 친양자로 입양하는 예가 더 많다.

(4) 법원의 허가

친양자관계가 성립하기 위하여는 가정법원의 허가를 받아야 한다. 미성년자를 일반양자로 삼는 경우에도 가정법원의 허가가 있어야 하지만, 이때의 허가는 당사자의 입양 합의에 대하여 보충하는 인가의 성질을 가지고, 입양이 성립하려면 따로 입양신고를 하여야 한다. 그러나 친양자 입양의 경우에는 가정법원의 허가에 의하여 바로 친양자관계가 성립하고(908조의3 2항 참조), 입양의 신고는 보고적 신고에 불과하다.

가정법원은 친양자 입양에 관한 심판을 하기 전에, 친양자가 될 사람(13세 이상인 경우), 양부모가 될 사람, 친양자가 될 사람의 친생부모, 친양자가 될 사람의 후견인, 친양자가 될 사람에 대하여 친권을 행사하는 사람으로서 부모 이외의 사람, 친양자가 될 사람의 부모의 후견인의 의견을 들어야 한다. 친양자가 될 사람의 친생부모의 의견을 들을 수 없는 경우에는 최근친 직계존속(동순위가 수인일 때에는 연장자)의 의견을 들어야 한다(家訴規 62조의3). 다만 친양자가 될 사람이 13세 미만이면 그의 의견을 들을 필요가 없는데, 이 점은 아동권리협약 12조에 비추어 문제가 있다{위 2. 가. (1) 참조}.

가정법원은 친양자로 될 자의 복리를 위하여 그 양육상황, 친양자 입양의 동기, 양친(養親)의 양육능력 그 밖의 사정을 고려하여 친양자 입양이 적당하지 아니하다고 인정되는 경우에는 1항의 청구를 기각할 수 있다(908조의2 3항). 다시 말하여 친양자 입양의 경우에도 자녀의 최선의 이익(the best interest of the child)이 가장 중요한 고려사항이 되어야 한다.

대법원 2010. 12. 24.자 2010스151 결정은, 외손자를 외조부모가 친양자로 입양하는 것은 가족내부 질서와 친족관계에 중대한 혼란이 초래된다는 등의 이유로 입양청구를 받아들일 수 없다는 원심법원의 결정이 타당하다고 하였다. 그러나 이는 미성년자의 복리를 최우선의 가치로 삼아야 할 입양허가 사건에서 친족 내부의 질서 등 구시대적 관념을 중시하였다는 점에서 바람직하지 않다. 대법원 2021. 12. 23.자 2018스5 전원합의체 결정([판례 36])은 일반입양에 관하여, 조부모가 손자녀를 입양하기 위한 허가를 청구하는 경우에 입양의 요건을 갖추고 입양이 자녀의 복리에 부합한다면 입양을 허가할 수 있고, 다만 양부모, 자녀, 친생부모 관계의 특수성을 고려하여 입양이 자녀의 복리에 미칠 영향에 관하여 세심하게 살필 필요가 있다고 하였다. 이에 비추어 보면 위 2010스151 결정도 재검토할 필요가 있다.

(5) 입양의 취소

친양자 입양의 경우에는 법원의 허가에 의하여 친양자관계가 성립하기 때문에, 일반적인 입양의 무효와 취소에 관한 규정(883, 884조)은 친양자 입양의 경우에는 적용되지 않는다(908조의4 2항). 다만 친양자로 될 자의 친생(親生)의 아버지 또는 어머니는 자신에게 책임이 없는 사유로 인하여 908조의2 1항 3호 단서의 규정에 의한 동의를 할 수 없었던 경우에는 친양자 입양의 사실을 안 날로부터 6월내에 가정법원에 친양자 입양의 취소를 청구할 수 있다(908조의4 1항). 가정법원은 친양자 입양의 취소가 적당하지 아니하다고 인정되는 경우에는 취소청구를 기각할 수 있다(908조의6에 의한 908조의2 3항의 준용).

친양자 입양이 취소된 때에는 친양자 입양에 의하여 발생한 친족관계는 소멸하고 입양 전의 친족관계는 부활하는데(908조의7 1항), 이때 취소의 효력은 소급하지 않는다(2항). 이 경우에 친양자 성립 전의 친권자의 친권은 당연히 부활하지 않고, 가정법원의 친권자지정 또는 후견인 선임의 절차가 따르게 된다(909조의2). 아래 Ⅲ. 2. 나. 참조.

나. 효 력

친양자 입양의 효력은 크게 두 가지이다.

첫째, 친양자는 부부의 혼인 중 출생자로 본다(908조의3 1항). 따라서 친양자의 성과 본은 부(또는 모)의 성과 본을 쓰게 된다.

둘째, 친양자의 입양 전의 친족관계는 908조의2 1항의 청구에 의한 친양자 입양이 확정된 때에 종료한다. 종전의 친족관계를 종료시켜야만 친양자의 복리가 최대한 보장된다는 고려에서 나온 규정이다. 그러나 입양 전에 8촌 이내의 혈족이었던 자와의 혼인은 금지된다(809조 1항). 다만, 부부의 일방이 그 배우자의 친생자를 단독으로 입양한 경우에 있어서의 배우자 및 그 친족과 친생자간의 친족관계는 그대로 유지된다(908조의3 2항). 이 경우에도 그 배우자 아닌 친생부모와의 친족관계는 종료한다.

친양자 입양의 효력은 성립한 때부터 장래를 향하여 발생하고, 친양자가 출생한 때로 소급하는 것은 아니다.

친양자 입양 전에 혼인 외의 자녀를 인지하지 않았던 생부가 친양자 입양 후에 인지할 수 있는가에 대하여는 부정설이 다수설이지만, 친양자 입양 전에 존재하였던 혈연관계를 확정하기 위한 인지는 허용되어야 하고, 다만 인지에 의하여 형성된 친생자관계는 인지와 동시에 친양자 입양의 효력에 의하여 종료한다고 보아야 한다. 이를 인정하는 실익은 인지자가 입양취소청구(908조의4)를 할 수 있다는 점, 친양자 입양이 해소될 경우 친생자관계가 부활한다는 점 및 혼인장애사유를 창설할 수 있다는 점이다(주해친족 1/현소혜, 910).

다. 파양(罷養)

친양자는 일반양자와는 달리 친양자가 성년이 된 경우에도 재판상 파양만이 인정되고, 그 사유도 양친이 친양자를 학대 또는 유기(遺棄)하거나 그 밖에 친양자의 복리를 현저히 해하는 때 및 친양자의 양친에 대한 패륜(悖倫)행위로 인하여 친양자 관계를 유지시킬 수 없게 된 때로 한정되어 있다(908조의5 1항).

파양의 청구는 입양관계의 당사자인 양친(養親)과 친양자뿐만 아니라 친생부모나 검사도 할 수 있다(908조의5 1항). 친생부모나 검사도 청구할 수 있게 한 것은 친양자의 복리를 위한 것이다.

그리고 양부모의 일방이 사망한 경우가 아니라면 항상 양부모가 공동으로 파양하여야 한다고 보아야 할 것이다. 다만 학설상으로는 양부모가 이혼한 경우에도 단독으로 파양할 수 있다는 견해가 다수설이다. 그 외에 부부 중 일방이 단독으로 친양자 입양을 한 때(908조의2 1항 1호 단서)에는 파양도 단독으로 할 수 있음은 물론이다.

원래 친양자는 친생자와 동일한 효력이 생기므로 파양이 인정되지 않아야 한다. 그런데 우리 민법은 양부모에 의한 파양을 인정하고 있으나, 이에 대해서는 아직도 부모를 위한 양자의 성격을 벗어나지 못하고 있다는 비판이 있다. 자녀의 복리를 위하여 자녀에 의한 파양청구는 인정하더라도, 양부모에 의한 파양청구는 인정하여서는 안 될 것이다.

법원은 친양자로 될 자의 복리를 위하여 파양청구가 적당하지 않다고 인정되는 경우에는 파양청구를 기각할 수 있다(908조의6에 의한 908조의2 3항의 준용).

친양자 파양의 효과는 친양자 입양취소의 효과와 같다(908조의7). 그 효과는 소급하지 않는다.

4. 입양특례법상의 양자

▌참고문헌: 권재문, "입양특례법 재개정론에 대한 비판적 고찰", 경상대학교 법학연구 22권 1호, 2014; 권재문, "익명출산에서 익명상담으로", 동북아법연구 8권 3호, 2015; 김상용, "베이비박스와 익명의 출산", 부산대학교 법학연구 54권 4호, 2013; 박성민, "보호출산제 찬성 입장과 반대 입장에서 고려해야 할 주요 사항", 인권과 정의 2023. 3; 서종희, "익명출산제도에 관한 비교법적 고찰", 국민대학교 법학논총 27권 2호, 2014; 신동현, "독일에서의 베이비박스와 비밀출산법제", 비교사법 22권 4호, 2015; 안경희, "독일법상 신뢰출산제도에 관한 소고", 이화젠더법학 9권 1호, 2017; 안소영, "미국이 'Safe Haven Law'와 우리나라의 친생모 익명성 보장에 관한 연구", 가족법연구 32권 1호, 2018; 윤진숙, "현행 입양특례법에 대한 소고—미국 입양법과 비교를 통한 미혼모와 입양아의 인권 보호", 연세대학교 법학연구 24권 4호, 2014; 현소혜, "개정 「민법」상 입양과 「입양특례법」상 입양", 가족법연구 27권 1호, 2013

종래 보호를 요하는 아동의 입양에 대하여는 「입양촉진 및 절차에 관한 특례법」이 규율하고 있었다. 그러나 이 법은 그 명칭이 말해 주듯이 주로 입양을 촉진하기 위한 것이었다. 그리하여 2011년에 이 법은 전면개정되었는데, 법률명도 입양특례법으로 바뀌어 2012. 8. 5.부터 시행되었다.

입양특례법은 입양에 관하여 민법의 특별법에 해당하므로, 입양특례법이 적용되는 경우에는 그에 따른 입양 청구만 가능하고, 입양특례법이 적용되지 않는 경우에 한하여 민법상 입양 청구를 할 수 있다(대법원 2022. 5. 31.자 2020스514 결정: 입양대상자의 모(母)가 입양에 동의하여 보장시설에 보호의뢰된 사람에 대하여 친양자 입양을 청구하는 것은 허가될 수 없다고 한 사례).

2023. 7. 18. 입양특례법은 「국내입양에 관한 특별법」과 「국제입양에 관한 법률」로 바뀌었다. 이 법은 공포 후 2년이 지나면 시행된다.

가. 입양의 요건

(1) 양자에 관한 요건(9조)

양자가 될 요보호아동은 다음의 어느 하나에 해당하여야 한다(9조).

(ⅰ) 보호자로부터 이탈된 사람으로서 시·도지사 등이 「국민기초생활 보장법」에 따른 보장시설에 보호의뢰한 사람

(ⅱ) 부모나 직계존속 또는 후견인이 입양에 동의하여 보장시설이나 입양기관

에 보호의뢰한 사람

(iii) 친권상실의 선고를 받은 사람의 자녀로서 시·도지사 등이 보장시설에 보호의뢰한 사람

(iv) 그 밖에 부양의무자를 알 수 없는 경우로서 시·도지사 또는 시장·군수·구청장이 보장시설에 보호의뢰한 사람

(2) **양친에 관한 요건**(10조)

양친이 되려면 다음과 같은 요건 내지 자격이 있어야 한다.

(i) 양자를 부양하기에 충분한 재산이 있을 것

(ii) 양자에 대하여 종교의 자유를 인정하고 사회의 구성원으로서 그에 상응하는 양육과 교육을 할 수 있을 것

(iii) 아동학대·가정폭력·성폭력·마약 등의 범죄나 알코올 등 약물중독의 경력이 없을 것

(iv) 대한민국 국민이 아닌 경우 해당 국가의 법에 따라 양친이 될 수 있는 자격이 있을 것

그리고 「입양특례법 시행규칙」 4조는, 양친이 대한민국 국민인 경우에는 25세 이상으로서 양자가 될 사람과의 나이 차이가 60세 이내라야 하고, 대한민국 국민이 아닌 경우에는 25세 이상 45세 미만이어야 한다고 규정한다. 다만 보건복지부장관이 양친이 될 사람의 가정환경이 양자(養子)를 건전하게 양육하기에 적합하다고 인정하는 경우에는 예외가 인정된다.

또 입양의 성립 전에 입양기관 등으로부터 소정의 교육을 마쳐야 한다.

입양특례법에 의한 입양이 성립되면 친양자의 효과가 발생하는데, 민법상 친양자와는 달리 양부모가 부부이어야 할 것은 요구되지 않는다.

(3) **친생부모 또는 후견인의 동의**(12조, 13조)

입양을 할 때에는 양자가 될 자의 친생부모의 동의를 얻어야 한다. 다만 친생부모가 친권상실의 선고를 받았거나 친생부모의 소재불명 등의 사유로 동의를 받을 수 없는 때에는 후견인의 동의를 받아야 한다. 부모가 사망 기타 사유로 동의할 수 없는 경우에는 다른 직계존속의 동의를 얻어야 하며, 부모나 다른 직계존속을 알 수 없는 경우에는 후견인의 동의를 얻어야 한다. 또한 부모나 후견인이 입양을 의뢰하였을 때에는 보호의뢰 시의 입양동의로써 입양의 동의로 갈음할 수 있다. 그리고 13세 이상인 자를 양자로 하고자 할 때에는 양자로 될 자의 동의도 얻어야 한다.

입양의 동의는 아동의 출생일부터 1주일이 지난 후에 이루어져야 한다. 이는 조급한 동의를 막기 위한 것이다. 또한 입양동의의 대가로 금전 또는 재산상의 이익, 그 밖의 반대급부를 주고받거나 주고받을 것을 약속하여서는 아니 된다. 입양의 동의는 법원의 허가가 있기 전에는 철회할 수 있다.

(4) **가정법원의 허가**(11조)

가정법원의 허가는 새 법에서 도입된 것이다. 가정법원은 양자가 될 사람의 복리를 위하여 양친이 될 사람의 입양의 동기와 양육능력, 그 밖의 사정을 고려하여 허가를 하지 아니할 수 있다.

그런데 입양특례법은 입양을 위한 법원의 허가에 필요한 서류로서 양자가 될 아동의 출생신고 증빙 서류를 요구하고 있는데(11조 1항 1호), 이처럼 출생신고를 함으로써 모의 신분이 드러나는 것을 꺼려하여 이른바 베이비박스 등에 자녀를 유기하는 사례가 증가한다는 우려가 있으므로, 이 문제를 해결하기 위하여 모의 신원에 관한 비밀을 유지할 수 있는 비밀출산(익명출산)과 같은 제도를 도입하여야 한다는 주장이 있다. 반면 출생신고의 요구와 유기의 증가 사이에 인과관계가 있는지 명확하지 않고, 모의 신원을 비밀로 하는 것은 아동의 부모를 알 권리(아동권리협약 7조)를 침해한다는 이유로 이에 반대하는 견해도 있다.

(5) **입양의 취소**(16조)

입양의 취소청구는 친생의 부 또는 모가 자신에게 책임이 없는 사유로 인하여 입양의 동의를 할 수 없었던 경우에 입양의 사실을 안 날부터 6개월 안에만 가능하다.

이외에 국외입양에 관하여는 별도의 특례가 있다(18, 19조).

2025. 7. 19.부터 입양특례법을 갈음하여 시행되는 「국내입양에 관한 특별법」에 의하면, 이 법에 따라 양자가 될 아동은 시·도지사등이 입양이 해당 아동에게 최선의 이익이 된다고 결정한 아동이어야 한다(13조 1항). 또한 이 법에 따라 양부모가 되려는 사람은 보건복지부장관에게 신청하여야 하고, 보건복지부장관은 입양정책위원회의 심의·의결을 거쳐 양부모가 되려는 사람과 양자가 될 아동을 결연한다(19, 20조). 그 외에 입양의 요건은 가정법원의 허가를 얻어야 하는 등 현행 입양특례법과 대체로 같다. 특기할 것은 양부모가 되려는 사람에 대한 가정법원의 임시양육결정 제도를 창설하였다는 것이다(22조-24조).

한편 국제입양에 관하여 2025. 7. 19.부터 시행될 「국제입양에 관한 법률」은, 국제입양이 아동에게 최선의 이익이 될 때에만 허용될 수 있다고 하는 국내입양 우선의 원칙을 규정한다(3조 1항). 그리고 외국으로의 입양과 외국으로부터 국내로의 입양을 나누어 규정하는데, 외국으로의 입양의 경우에는 양자가 될 아동은 보건복지부장관이 국제입양대상아동으로 결정한 아동이거나 부부의 일방이 배우자의 친생자를 단독으로 국제입양하려는 경우에 있어서의 그 친생자여야 한다(7조 1항). 그 요건은 국내입양에 관한 특별법과 대체로 같으나, 한국과 외국의 중앙당국 간 협의가 있어야 한다(11조). 국내로의 입양의 경우에는 중앙당국간 협의를 필요로 하고(21조), 출신국의 입양재판 또는 입양이 성립하면 우리나라에서도 출신국 법률에 따른 효력이 발생한다(22조).

나. 입양의 효과 및 파양

입양특례법상의 입양은 가정법원의 인용심판 확정으로 효력이 발생한다(15조). 따라서 그에 따른 신고는 보고적 신고이다.

입양된 아동은 민법상 친양자와 동일한 지위를 가진다(14조). 따라서 입양된 아동의 성과 본은 양부 또는 양모의 성과 본을 따른다. 그리고 친양자의 입양 전의 친족관계는 종료한다(908조의3 2항 참조).

파양은 친양자의 파양(908조의5)과 거의 동일하지만, 청구권자가 양친(養親), 양자 및 검사이고, 친생부모는 파양청구권을 가지지 않는다(17조).

2025. 7. 19.부터 시행될 「국내입양에 관한 특별법」도 양자에 대하여 친양자의 지위를 인정한다(25조).

다. 기 타

입양특례법은 그 외에도 입양기관을 규율하는 규정을 두고(20조-25조), 중앙입양원을 설립하도록 하였으며(26조-30조), 양자는 입양정보의 공개를 청구할 수 있도록 하였다(36조). 즉 양자는 아동권리보장원 또는 입양기관이 보유하고 있는 자신과 관련된 입양정보의 공개를 청구할 수 있지만, 친생부모의 동의가 있어야 하고, 친생부모의 동의가 없으면 이들 기관은 친생부모의 인적사항을 제외하고 정보를 공개하여야 한다. 다만 친생부모가 사망이나 그 밖의 사유로 동의할 수 없는 경우에는 양자가 된 사람의 의료상 목적 등 특별한 사유가 있으면 친생부모의 동의 여부와 관계없이 입양정보를 공개할 수 있다.

Ⅲ. 친권(親權)

1. 친권의 의의

▮참고문헌: 권재문, "친권자의 공백상황에 대처하기 위한 법정대리인의 결정", 가족법연구 27권 1호, 2013; 김상용, "2011년 가족법의 개정 동향—친권·후견을 중심으로", 법조 2011. 12; 김명숙, "자의 복리와 친권, 자의 권리", 안암법학 28호, 2009; 윤진수·현소혜, 2013년 개정민법 해설, 2013; 윤혜란, "친권에 관한 비교법적 고찰", 가족법연구 26권 2호, 2012; 이은정, "비친권자의 양육권", 가족법연구 21권 1호, 2007; 이종길, "이혼에 있어 친권 및 양육책임문제에 대한 새로운 접근", 가족법연구 29권 3호, 2015; 제철웅, "친권과 자녀의 권리의 충돌과 그 조정방향: 자의 인권을 중심으로", 아세아여성법학 9호, 2006; 최진섭, "가정폭력과 친권", 법조 2007. 9

친권은 미성년의 자녀를 보호하고 교양하기 위하여 부모에게 인정되는 권리 및 의무의 총칭이라고 할 수 있다(913조). 친권은 그 명칭에 비추어 보면 부모의 권리처럼 보이지만, 실제로는 부모 자신의 이익을 위한 것이 아니라 자녀의 이익을 위한 것이기 때문에 권리보다는 의무로서의 성격이 강하다(대법원 1993. 3. 4.자 93스3 결정, [판례 45]). 과거 독일에서는 친권을 부모의 권한이라는 의미의 elterliche Gewalt라고 표현하다가, 1979년 민법이 개정되면서 이를 부모의 돌보기를 의미하는 elterliche Sorge라고 바꾸었는데, 이는 이러한 취지를 나타내기 위한 것이라고 할 수 있다. 영어에서는 부모의 책임을 의미하는 parental responsibility라는 말이 쓰인다. 2005년 개정 전 909조 1항은 "미성년인 자는 부모의 친권에 복종한다"라고 규정되어 있었다. 그러나 2005년에 개정된 909조 1항은 이를 "부모는 미성년인 자의 친권자가 된다. 양자의 경우에는 양부모가 친권자가 된다"로 바꾸었다.

민법은 법적인 권리 의무인 친권과 실제로 자녀를 기르는 양육을 분리하여 규정하고 있다(837조, 909조 등). 그러므로 친권자이기는 하지만 양육자가 아닌 경우도 있을 수 있다. 가령 양육자는 부로 하면서 부모를 공동친권자로 할 수도 있다.

2. 친권자와 친권에 따르는 자

▮참고문헌: 권재문, "친권자의 공백상황에 대처하기 위한 법정대리인의 결정", 가족법연구 27권 1호, 2013; 김상용, "2011년 가족법의 개정 동향 — 친권·후견을 중심으로", 법조 60권 12호, 2011; 윤진수·현소혜, 2013년 개정민법 해설, 2013; 이호철, "이혼과 자녀 양육

에 관한 문제", 부산판례연구회 판례연구 30집, 2019

가. 부모가 혼인 중인 때

부모가 혼인 중인 때에는 친권은 원칙적으로 부모가 공동으로 행사하여야 한다(친권공동행사의 원칙, 909조 2항). 1977년 이전에는 부(父)만이 친권자였고, 부가 없거나 기타 친권을 행사할 수 없을 때에만 자(子)와 가(家)를 같이 하는 모(母)가 친권자가 되었다. 그러다가 1977년 민법 개정에서 혼인 중의 부모가 공동으로 친권을 행사하되, 부모의 의견이 일치하지 않는 경우에는 부가 행사하도록 하였다. 그러나 이 또한 합리적이 아니어서, 1990년의 민법 개정에서는 부모의 의견이 일치하지 않는 경우에는 당사자의 청구에 의하여 가정법원이 정하도록 되었다(909조 2항). 양자에 대하여는 친생부모가 아닌 양부모가 친권을 행사한다(909조 1항).

공동으로 행사한다는 것의 의미에 관하여는, 특히 법률행위의 대리와 같은 경우에 부모 공동명의로 하여야 한다는 다수설과, 행위가 부모의 공동의사에 기한 것이기만 하면 되고 반드시 공동명의로 하여야 하는 것은 아니라는 반대설이 대립한다. 현실적으로는 공동명의를 요하지 않는다고 하면, 부가 독단적으로 친권을 행사하더라도 모가 이의를 제기하지 못하거나, 친권의 행사가 과연 부모의 공동의사에 기한 것인지를 확정하기 어려운 문제점이 있으므로 역시 공동명의를 요한다고 봄이 타당할 것이다.

그런데 920조의2는 부모의 일방이 공동명의로 자를 대리하거나 자의 법률행위에 동의한 때에는 다른 일방의 의사에 반하는 때에도 효력이 있고, 다만 상대방이 악의인 때에는 그러하지 아니하다고 규정하고 있다. 이 규정은 거래의 안전을 보호하기 위한 것이기는 하지만, 일반 표현대리보다 상대방을 더 보호할 필요성이 있는지 의문이다. 그리하여 문언과는 달리 상대방이 선의·무과실이어야 한다거나, 악의에는 중과실도 포함된다는 등의 견해가 주장되고 있다.

부모의 의견이 일치하지 않을 때에는 가정법원이 이를 정한다. 개개의 친권행사방법만을 정하는 것인지, 아니면 일시적인 단독친권행사자까지 정할 수 있는 것인지 문언상 분명하지 않으나, 전자로 보아야 한다. 家訴 2조 1항 2호 가. 13)도 이를 전제로 하고 있다. 이는 특정한 사안에 한하여 인정되며, 포괄적 친권행사방법의 결정은 허용되지 않는다.

부모 일방이 친권을 행사할 수 없을 때에는 다른 일방이 친권을 행사한다(909

조 3항). 예컨대 일방의 장기부재, 심신상실, 친권상실선고 등의 사유가 있는 경우이다. 종전에는 부모의 일방이 금치산선고를 받은 경우는 이에 해당한다고 보았다. 반면 한정치산선고를 받은 경우에 대하여는, 대리권과 재산관리권에 한하여만 다른 일방이 친권을 단독으로 행사할 수 있고, 그 외의 경우는 역시 공동으로 행사할 수 있다는 견해 및 한정치산자도 여전히 친권을 행사할 수 있다는 견해도 있었으나, 다수설은 타방이 전면적으로 단독행사를 할 수 있다고 보았다. 그러나 개정 성년후견법에 따른 피성년후견인과 피한정후견인이 친권을 행사할 수 있는가는 반드시 명확하지 않다. 피성년후견인은 가정법원이 특별히 허용하지 않은 이상 친권을 행사할 수 없지만, 피한정후견인은 가정법원이 특별히 금하지 않은 한 친권을 행사할 수 있다고 봄이 타당할 것이다.

나. 부모가 혼인 중이 아닌 때

부모가 이혼하였거나, 혼인 외의 자가 인지된 경우에는 부모가 실제로 공동으로 친권을 행사한다는 것은 여러 가지로 곤란하므로, 이러한 경우에는 친권의 공동행사가 원칙이 아니다.

우선 부모가 협의이혼하였거나 임의인지된 경우에는 부모의 협의로 친권자를 정하여야 하고, 협의할 수 없거나 협의가 이루어지지 아니하는 경우에는 가정법원은 직권으로 또는 당사자의 청구에 의하여 이를 정하며, 부모의 협의가 자(子)의 복리에 반하는 경우에는 가정법원은 보정을 명하거나 직권으로 친권자를 정한다(909조 4항). 가정법원이 친권자를 지정함에 있어서는 자(子)의 복리를 우선적으로 고려하여야 하고, 이를 위하여 가정법원은 관련 분야의 전문가나 사회복지기관으로부터 자문을 받을 수 있다(912조 2항). 이러한 협의나 가정법원의 심판이 있기 전까지는 부모가 공동으로 친권을 행사한다고 볼 수밖에 없다.

그리고 혼인의 취소, 재판상 이혼 또는 인지청구의 소의 경우에는 가정법원이 직권으로 친권자를 정한다(909조 5항). 가정법원은 미성년자인 자녀가 있는 부부의 혼인의 취소나 재판상 이혼의 청구를 심리할 때에는 그 청구가 인용될 경우를 대비하여 자녀의 친권자로 지정될 사람에 대하여 미리 협의하도록 권고하여야 한다(家訴 25조 1항).

가정법원은 부모가 공동으로 친권을 행사할 수 있도록 명할 수 있다(대법원 2012. 4. 13. 선고 2011므4719 판결). 그런데 위 2011므4719 판결은 이혼 후 자에 대한 양육권이 부모 중 어느 일방에, 친권이 다른 일방에 귀속되는 것으로 정하는 것도 허용된다고 하였으나, 적어도 양육자는 특별한 사정이 없는 한 친권을 가져야 할 것이다. 친권 없는 양육은 자녀의 복리를 해칠 우려가 있다(같은 취지, 주석친족 2/이은정, 378).

가정법원은 자의 복리를 위하여 필요하다고 인정되는 경우에는 자의 4촌 이내의 친족의 청구에 의하여 정하여진 친권자를 다른 일방으로 변경할 수 있다(909조 6항). 친권자를 협의 또는 심판으로 지정한 후 이를 협의로 변경할 수는 없다. 「친권자의 지정 또는 변경에 관한 가족관계등록사무 처리지침(登錄例規 374호)」 12조는 협의에 의한 친권자변경신고를 수리해서는 안 된다고 규정한다.

친권자가 부모 중 일방으로 지정된 뒤에, 친권자가 사망하거나 친권상실의 선고를 받으면 당연히 다른 일방이 친권자로 되는가? 종래에는 이를 긍정하는 설과, 이를 부정하고 이 경우 후견이 개시되어 생존하는 부모 중 일방이 후견자가 된다고 하는 설이 대립하였다. 후설은 일단 생존하는 부모 중 일방이 후견인이 되지만, 나중에 법원의 재판을 거쳐 후견인을 친권자로 변경할 수 있다고 하였다. 종래 실무상으로는 전설을 따르고 있었다.

그런데 2011. 5. 19. 신설된 909조의2는 이 문제를 입법적으로 해결하였다. 즉 단독친권자인 부모의 일방이 사망하면 생존하는 부 또는 모, 미성년자, 친족은 그 사실을 안 날부터 1개월, 사망한 날부터 6개월 내에 가정법원에 생존하는 부 또는 모를 친권자로 지정할 것을 청구할 수 있고, 입양이 취소되거나 파양된 경우 또는 양부모가 모두 사망한 경우에도 이와 마찬가지로 가정법원에 친생부모 일방 또는 쌍방을 친권자로 지정할 것을 청구할 수 있으며, 위 기간 내에 청구가 없으면 법원이 직권 또는 신청에 의하여 미성년후견인을 선임할 수 있도록 하였다.

친권자 또는 후견인 선임 청구가 미성년자의 복리를 위하여 적절하지 아니하다고 인정하면 가정법원은 청구를 기각할 수 있고, 이 경우 가정법원은 직권으로 미성년후견인을 선임하거나 생존하는 부 또는 모, 친생부모 일방 또는 쌍방을 친권자로 지정하여야 한다. 가정법원은 친권자가 지정되거나 미성년후견인이 선임될 때까지 직권 또는 신청에 의하여 그 임무를 대행할 사람을 선임할 수 있다. 또 가정법원은 일단 미성년후견인이 선임된 후에도 후견을 종료하고 생존하는 부 또는 모, 친생부모 일방 또는 쌍방을 친권자로 지정할 수 있다. 친권상실의 경우에도 대체로 같다(927조의2).

그런데 개정법이 친권자의 지정 청구를 사망을 안 날부터 1개월, 사망한 날부터 6개월 내에 할 수 있다고 규정하고 있는 것은 문제이다. 이 기간이 지나서 후견인이 선임된 경우에도 가정법원에 의한 친권자 지정이 가능하기 때문이다(대법원 2017. 5. 2.자 2016스107 결정). 따라서 친권자 지정을 청구할 수 있는 기간에 제한을 둘 필요는 없고, 다만 위 기간이 지나야만 후견인을 선임할 수 있다는 것으로 바꾸어야 할 것이다.

다. 친권에 따르는 자

친권에 따르는 자는 미성년자인 자(子, 친생자와 양자)와, 그 자의 자이다(910조). 미성년인 자가 혼인한 경우에는 성년이 되어 스스로 그 부모의 친권에 따르지 아니하므로 이때에는 본조의 적용이 없고, 혼인하지 아니하여 부모의 친권에 따르는 미성년자의 혼인 외의 자에 대하여만 미성년자의 친권자가 친권을 행사한다.

3. 친권의 내용

가. 신분에 관한 친권

▌**참고문헌**: 곽민희, "혼인관계의 파탄에 따른 자녀인도청구의 실무상 쟁점", 민사법의 이론과 실무 22권 3호, 2019; 김명숙, "자의 복리와 친권, 자의 권리", 안암법학 28호, 2009; 김현진, "면접교섭권의 남용과 미성년자 약취죄", 가족법연구 36권 3호, 2022; 박주영, "개정 민법상 친권제한제도의 평가 및 향후 과제", 성균관법학 27권 3호, 2015; 윤진수, "미국법상 부모의 자녀에 대한 치료 거부에 따르는 법적 문제", 민법논고 Ⅳ, 2009; 윤진수, "아동권리협약과 한국 가족법", 민법논고 Ⅳ, 2009; 윤진수·현소혜, "부모의 자녀치료 거부 문제 해결을 위한 입법론", 민법논고 Ⅶ, 2015; 이노홍, "아동의 권리와 가정내 아동체벌금지에 관한 헌법적 고찰", 홍익법학 16권 1호, 2015; 이봉민, "자녀에 대한 의료행위에 관한 친권남용 통제", 법조 2012. 5; 이은정, "친권 제한의 유연화", 가족법연구 27권 1호, 2013; 이지영, "미성년자의 불법행위에 대한 비양육친의 감독의무자책임", 민사판례연구 45권, 2023; 전병서, "자(子)의 인도청구의 집행방법에 관한 연구", 법조 2018. 6; 전아람, "이혼소송 중 비양육친인 피고인이 면접교섭권 행사로 한국으로 데려온 피해아동을 면접교섭 기간 종료 후 프랑스로 돌려보내지 않은 경우 부작위에 의한 미성년자약취죄가 성립하는지 여부", 대법원판례해설 130호, 2022; 정기상, "아동의 자기결정권에 관한 헌법적 고찰", 헌법재판연구 6권 2호, 2019.

친권자는 자녀를 보호하고 교양할 권리와 의무가 있다(913조). 이는 친권의 가장 기본적인 내용이라고 할 수 있다. 친권은 권리뿐만 아니라 의무로서의 성격도 가지는데, 가령 책임능력 없는 미성년자가 타인에게 손해를 가한 경우에는 감독할 법정의무 있는 자가 손해배상책임이 있고(755조), 미성년자가 책임능력이 있는 경우에도 그 손해가 감독의무자의 의무위반과 상당인과관계가 있으면 감독의무자인 친권자는 불법행위로 인한 손해배상책임이 있다(대법원 1994. 2. 8. 선고 93다13605 전원합의체 판결). 그러나 미성년자의 친권자 및 양육자가 아닌 부모는 비양육친의 감독의무를 인정할 수 있는 특별한 사정이 없는 한 미성년자의 불법행위에 대하여 감독의무위반으로 인한 손해배상책임을 지지 않는다(대법원 2022. 4. 14. 선고 2020다240021 판결). 이러한 보호교양의 내용에는 자녀의 제3자와의 교제를 결정할 권리도 포함된다(독일 민법 1632조 2항 참조).

친권자가 친권을 행사할 때에는 자녀의 의사를 존중하여야 한다. 아동권리협약 12조 1항은 당사국은 자신의 견해를 형성할 능력이 있는 아동에 대하여 본인에게 영향을 미치는 모든 문제에 있어서 자신의 견해를 자유스럽게 표시할 권리를 보장하며, 아동의 견해에 대하여는 아동의 연령과 성숙도에 따라 정당한 비중이 부여되어야 한다고 규정하고 있는데, 국가뿐만 아니라 부모도 이러한 의무를 진다고 보아야 할 것이다(성년후견에 관한 947조 참조).

나아가 친권행사에 있어서는 자의 복리를 우선적으로 고려하여야 한다(912조 1항). 이는 이른바 아동의 최선의 이익(the best interest of the child) 원칙을 반영한 것이다.

친권자는 자녀의 교육 및 종교교육에 관한 권리도 가진다(헌법재판소 2009. 4. 30. 선고 2005헌마514 결정 등 참조). 독일의 종교적 자녀교육에 관한 법률(Gesetz über die religiöse Kindererziehung, RelKErzG)은, 자녀의 종교교육은 1차적으로는 부모의 자유로운 합의에 의하여 결정하고, 자녀가 12살이 되면, 자녀의 의사에 반하여 이제까지의 종교와는 다른 종교를 택하게 할 수 없으며, 자녀가 14살이 되면 완전한 종교 선택의 자유를 가진다고 규정하고 있다. 이는 어느 정도 합리적인 기준으로 보인다.

친권자는 자녀에 대한 거소지정권을 가진다(914조). 그런데 부모가 자녀의 거소에 관하여 의견이 일치하지 않으면 가정법원이 정해야 할 것이다(909조 2항). 만일 부모 일방이 다른 일방의 의사에 반하여 자녀를 다른 곳으로 데려가면 미성년자약취죄(刑 287조)가 성립하는가? 대법원 2013. 6. 20. 선고 2010도14328 전원합의체 판결의 다수의견은, 미성년의 자녀를 부모가 함께 동거하면서 보호·양육하여 오던 중, 부모의 일방이 상대방 부모나 그 자녀에게 어떠한 폭행, 협박이나 불법적인 사실상의 힘을 행사함이 없이 그 자녀를 데리고 종전의 거소를 벗어나 다른 곳으로 옮겨 자녀에 대한 보호·양육을 계속하였다면, 이에 관하여 법원의 결정이나 상대방 부모의 동의를 얻지 아니하였다고 하더라도 그러한 행위에 대하여 곧바로 형법상 미성년자에 대한 약취죄의 성립을 인정할 수는 없다고 하였다. 그러나 이 판결의 타당성에는 의문이 있다. 이 판결의 반대의견이 지적하는 것처럼, 양육권자의 양육권도 미성년자약취죄의 보호법익에 포함되고, 부모 중 일방이 상대방과 동거하며 공동으로 보호·양육하던 유아를 국외로 데리고 나갔다면, '사실상의 힘'을 수단으로 사용하여 유아를 자신 또는 제3자의 사실상 지배 하에 옮겼다고 보아야 할 것이기 때문이다.

그러나 부모의 별거 상황에서 일방 배우자인 피고인이 면접교섭권을 행사하기 위하여 프랑스에서 타방 배우자와 함께 생활하고 있던 만 5세인 피해아동을 대한민국으로 데려온 후 면접교섭 기간이 종료하였음에도 프랑스로 데려다 주지 않은 채 피해아동이 친모를 제대로 만나지도 못하게 한 경우 이러한 가정법원의 결정을 위반하는 행위는 특별한 사정이 없는 한 자녀의 복리를 침해하는 것으로 볼 수 있어 불법적인 사실상의 힘을 행사하여 피해아동을 약취한 것에 해당한다(대법원 2021. 9. 9. 선고 2019도16421 판결).

2021. 1. 26. 개정 전 민법 915조는 친권자는 자녀에 대한 징계권을 가지며, 법원의 허가를 얻어 자녀를 감화 또는 교정기관에 위탁할 수도 있다고 규정하고 있었다. 그리고 자녀에 대한 육체적인 체벌은 일반적으로 허용되는 것으로 해석되고 있었다(대법원 1986. 7. 8. 선고 84도2922 판결 참조). 그러나 대법원 1969. 2. 4. 선고 68도1793 판결은, 4세인 아들이 대소변을 가리지 못한다고 닭장에 가두고 전신을 구타한 것은 친권자의 징계권행사에 해당한다고 볼 수 없다고 하였다. 생각건대 친권의 행사로서 육체적인 체벌은 허용되지 않아야 할 것이다. 유엔의 아동권리위원회는 한국에 대하여 여러 차례에 걸쳐 가정이나 학교 기타의 모든 다른 기관에서의 체벌을 명시적으로 금지하도록 관련 규정을 개정할 것을 권고하였다. 그리하여 2015년 신설된 아동복지법 5조 2항은 아동의 보호자는 아동에게 신체적 고통이나 폭언 등의 정신적 고통을 가하여서는 아니 된다는 규정을 두었다. 그리고 구 915조는 자녀에 대한 체벌을 허용하는 근거로 여겨질 수 있다는 주장에 따라, 2021. 1. 26. 삭제되었다.

또한 친권자는 자녀를 부당하게 억류하는 자에 대하여 자녀의 인도청구권을 가진다. 이는 일종의 절대권의 성질을 가진다. 이러한 인도청구는 통상 이혼한 부모 사이에서 문제가 되는데, 이때에는 부모 중 일방이 다른 일방을 상대방으로 하여 청구하여야 한다(家訴規 99조 2항). 학설은 대체로 자녀가 자신의 자유의사에 기하여 다른 사람의 집에 거주할 때에는 인도청구가 인정되지 아니한다고 본다. 이는 일반적으로는 타당하지만, 자유의사에 기한 것인지 여부의 판단은 신중하여야 한다. 자녀가 현재 양육하고 있는 측의 영향 하에 있기 때문에 자유의사가 아니라고 할 수 있는 경우도 있을 것이다.

반면 자녀의 인도청구가 권리남용에 해당하는 경우에는 그 인도청구가 인정될 수 없음은 물론이다. 대법원 1979. 7. 10. 선고 79므5 판결은, 혼인 외의 자녀의 부(父)가 다른 여자와 혼인하고 미국으로 이민가기 위한 절차를 밟고 있다가, 그 자녀의 모가 부를 상대로 사실혼관계해소에 따른 위자료 및 자녀의 양육비 등의 청구를 하자 이에 대항하기 위하여 자녀의 인도청구를 하였다면 이는 친권의 남용이라고 하였다.

家訴 64조는 인도청구를 명하는 재판의 집행방법에 관하여, 유아의 인도의무를 이행하여야 할 자가 정당한 이유 없이 그 의무를 이행하지 않을 때에는 이행명령을 하도록 하고, 家訴 67, 68조는, 그 이행명령에 따르지 않으면 과태료나 감치에 처할 수 있게 하였다. 이 외에 간접강제만으로는 실효성이 없거나 긴급한 사정이 있는 경우는 직접강제도 허용할 수 있다고 해석된다. 「유아인도를 명하는 재판의 집행절차(재판예규 제917-2호)」는 유아인도를 명하는 재판은 유체동산 인도의 방법, 즉 직접강제에 의하여 집행할 수 있고, 그 집행에 있어서 일반동산의 경우와는 달리 수취할 때에 세심한 주의를 하여 인도(人道)에 어긋남이 없도록 하여야 하며, 다만 유아가 의사능력이 있는 경우 유아 자신이 인도를 거부하는 때에는 집행할 수 없다고 규정한다.

나. 헤이그 국제아동탈취협약

▌**참고문헌**: 곽민희, "헤이그 국제아동탈취협약 제13조(1)(b) '중대한 위험'의 해석 지침", 가족법연구 36권 1호, 2022; 권재문, "아동탈취의 민사적 측면에 관한 협약 이행법률안", 연세대학교 법학연구 21권 4호, 2011; 석광현, "국제아동탈취의 민사적 측면에 관한 헤이그협약과 한국의 가입", 서울대학교 법학 54권 2호, 2013

우리나라는 2012년 「헤이그 국제아동탈취협약」(국제적 아동탈취의 민사적 측면에 관한 협약, Convention on The Civil Aspects of International Child Abduction)에 가입하였고, 그 이행을 위하여 「헤이그 국제아동탈취협약 이행에 관한 법률」이 제정되어 2013. 3.

1.부터 시행되었다.

이 협약은 16세 미만 아동의 일방 부모, 후견인, 기타 가까운 가족이 양육권이나 면접교섭권을 가진 사람의 권리를 침해하여 아동을 다른 나라로 탈취한 경우에, 그 반환을 확보하는 것을 목적으로 하고 있다. 탈취된 아동의 반환청구는 협약에 의하지 않더라도 가능하지만, 협약은 그 효율적인 반환을 위하여 여러 가지 규정을 두고 있다. 그리하여 양육권이 침해되었다고 주장하는 사람은 아동의 상거소의 중앙당국 또는 그 밖의 모든 체약국의 중앙당국에 대하여 아동의 반환을 확보하기 위한 지원을 신청할 수 있다(협약 8조). 우리나라의 중앙당국은 법무부장관이다(이행법률 4조).

아동소재국의 중앙당국은 아동의 자발적 반환을 실현하기 위하여 모든 적절한 조치를 하거나 그러한 조치가 이루어질 수 있도록 하여야 한다(협약 10조).

실제의 반환 요구는 양육권 침해를 주장하는 사람이 아동의 소재국에 반환을 요청하는 소송을 제기함으로써 이루어진다. 이행법률은 협약에 따른 아동반환사건을 서울가정법원의 전속관할로 하고 있다(11조). 반환요청에 대하여는 양육권 자체가 없다는 등의 사유로 반환을 거부할 수는 없으나, 협약은 아동이 새로운 환경에 적응하였다든지, 아동의 반환으로 인하여 아동이 육체적 또는 정신적 위해에 노출되거나 그밖에 견디기 힘든 상황에 처하게 될 중대한 위험이 있다는 등 일정한 사유가 있는 경우에는 반환을 명할 의무가 없다고 규정한다(협약 12조 2항, 13조, 20조. 또한 이행법률 12조 참조).

대법원 2018. 4. 17.자 2017스630 결정은, 여기서 말하는 중대한 위험에는 청구인의 아동에 대한 직접적인 폭력이나 학대 등으로 아동의 심신에 유해한 영향을 미칠 우려가 있는 경우뿐만 아니라 상대방인 일방 부모에 대한 잦은 폭력 등으로 인하여 아동에게 정신적 위해가 발생하는 경우와 상거소국에 반환될 경우 오히려 적절한 보호나 양육을 받을 수 없게 되어 극심한 고통을 겪게 되는 경우를 포함한다고 하였다.

협약은 아동의 면접교섭권 침해에 관하여도 규정하고 있으나(21조), 이행법률은 면접교섭권에 기하여 법원에 청구하는 것은 허용되지 않는다고 보아 이에 대하여는 규정하지 않았다.

다. 양육의무

▮**참고문헌:** 김형석, “양육비청구권을 자동채권으로 하는 상계: 부양청구권의 법적 성질과

관련하여", 가족법연구 21권 3호, 2007; 오종근, "부부간 부양청구권과 양육비청구권", 이화여대 법학논집 23권 2호, 2018; 이경희, "자(子)에 대한 부모의 부양의무의 법적 근거", 연세대학교 법학연구 24권 1호, 2014; 이동진, "부모 일방의 타방에 대한 과거의 양육비 상환청구와 소멸시효", 가족법연구 26권 2호, 2012; 임종효, "양육비청구권에 관한 기초 이론 및 실무상 쟁점", 사법논집 51집, 2010; 차선자, "적정양육비 산정 기준을 위한 제안", 가족법연구 20권 3호, 2006

친권자는 자녀를 양육할 의무가 있고, 그에 따르는 비용은 원칙적으로 친권자가 부담한다. 그 중 중요한 것은 양육비 지급의무이다. 양육이란 부모가 미성년 자녀를 부양하는 것을 말하는데, 부양의 일종이지만 일반적인 부양과는 다른 특수성을 가진다. 양육비 지급의무의 근거에 관하여는 견해가 대립한다. 제1설은 자녀에 대한 양육비 지급의무는 부모의 자녀에 대한 관계 자체에서 나온다고 한다. 대법원 1994. 5. 13.자 92스21 전원합의체 결정([판례 41])은, 부모의 양육비 부담의무는 부모 중 누가 친권을 행사하는 자인지 또 누가 양육권자이고 현실로 양육하고 있는 자인지를 물을 것 없이 친자관계의 본질로부터 발생하는 의무라고 하였다. 다른 설은 양육비 지급의무의 근거는 부모의 친권으로서, 자녀에 대한 양육비 지급의무는 913조의 보호·교양의무에 포함되어 있다고 한다. 제3설은 자녀에 대한 부모의 양육비 지급의무는 974조 1호의 직계혈족간의 부양에서 찾아야 한다고 주장한다.

생각건대 부모의 미성년 자녀에 대한 양육비 지급의무는 일반적인 직계혈족간의 부양의무와는 그 정도와 내용에서 차이가 있다. 그러므로 친권자의 양육비 지급의무는 부모의 자녀에 대한 관계 자체에서 나온다고 보아야 할 것이다. 양육비 지급의무의 근거를 친권자의 보호·교양의무에서 찾을 수도 있으나, 이는 미성년자를 부(父)가 인지한 경우와 같이 부모가 처음부터 친권을 가지지 않았던 경우에도 양육비 지급의무를 부담하는 경우는 설명하기 어렵다. 2014년 신설된 925조의3은 친권의 상실, 일시정지 등의 경우에도 부모의 자녀에 대한 그 밖의 권리와 의무는 변경되지 아니한다고 규정하고 있다.

그리고 일반적으로 민법상의 부양을 "생활유지(生活維持)의무"와 "생활부조(生活扶助)의무"로 구분하는데, 부모의 미성년 자녀에 대한 양육비 지급의무는 부부 사이의 부양의무와 마찬가지로 생활유지의무에 속한다. 생활부조의무는 자신의 여력이 있을 때 비로소 부양의무가 인정되는 것인데 반하여, 전자는 자기 자신과 마찬가지로 부양하여야 할 의무로, 한 조각의 빵이라도 갈라 먹어야 한다는 것이다.

양육비의 지급은 부모가 이혼하였거나 그 밖에 다른 이유로 동거하지 않고, 부모 중 일방만이 자녀를 양육하는 경우에 주로 문제된다. 이 경우에는 당사자의 협의나 법원의 결정에 의하여 양육비를 부담할 자와 그 수액이 정해지더라도 실제로 그것이 이행되지 아니하는 경우가 많다. 그리하여 가족문제를 전담하는 복지기관에 보좌를 신청하여 그 복지기관이 양육비를 청구할 수 있게 하는 방안, 국가가 양육비를 선급하고 부양의무자에게 이를 구상하는 방안, 양육비청구권을 우선채권으로 하는 방안 등 여러 개선책이 논의되어 왔다.

2009년 개정된 836조의2는 협의상 이혼의 경우에 양육하여야 할 자녀가 있는 경우에는 양육에 관한 협의서나 가정법원의 심판정본을 제출하여야 하고, 가정법원은 양육비부담조서를 작성하여야 하며, 이 양육비부담조서는 家訴 41조에 의한 집행권원이 되어 곧바로 집행할 수 있도록 규정하였다. 그리고 위와 함께 개정된 가사소송법에 의하면, 가정법원은 미성년 자녀의 양육비 청구사건을 위하여 특히 필요하다고 인정하는 때에는 직권 또는 당사자의 신청에 의하여 당사자에게 재산상태를 명시한 재산목록을 제출하도록 명할 수 있고(48조의2 1항), 가정법원은 48조의2의 재산명시절차에 따라 제출된 재산목록만으로는 미성년 자녀의 양육비 청구사건의 해결이 곤란하다고 인정할 경우에 직권 또는 당사자의 신청에 의하여 당사자 명의의 재산에 관하여 조회할 수 있다(48조의3 1항). 민사집행법상의 재산명시나 재산조회와는 달리 집행권원이 없이도 재산명시 또는 재산조회를 인정하는 것은, 양육비 지급의무자의 재산을 파악하여야만 적정한 정도의 양육비 지급을 명할 수 있기 때문이고, 이 점에서는 재산분할이나 부양료 청구와 마찬가지이다.

그리고 민법과 함께 개정된 가사소송법은 양육비 직접지급명령제도를 신설하였다. 가정법원은 「양육비채무자」가 정당한 사유 없이 2회 이상 양육비를 지급하지 아니한 경우 「양육비채권자」의 신청에 의하여 「양육비채무자」에 대하여 정기적 급여채무를 부담하는 소득세원천징수의무자에게 「양육비채무자」의 급여에서 정기적으로 양육비를 공제한 다음 「양육비채권자」에게 직접 지급하도록 명할 수 있고, 이 명령은 압류명령 및 전부명령을 동시에 명한 것과 같은 효력이 있다(家訴 63조의2). 또한 가정법원은 양육비를 정기금으로 지급하게 하는 경우에 그 이행을 확보하기 위하여 양육비채무자에게 상당한 담보의 제공을 명할 수 있고, 양육비채무자가 담보를 제공하여야 할 기간 이내에 담보를 제공하지 아니하는 경우에는 가정법원은 양육비채권자의 신청에 의하여 양육비의 전부 또는 일부를 일시금으로 지급하도록 명할 수 있다(家訴 63조의3).

2014년 제정된 「양육비 이행확보 및 지원에 관한 법률」은 미성년 자녀의 양육비 청구와 이행확보 지원 등에 관한 업무를 수행하기 위하여 양육비이행관리원이라는 기구를 설치하도록 하였다. 관리원은 양육비와 관련한 상담, 양육비 이행 촉진을 위한 비양육부·모와 미성년 자녀의 면접교섭 지원, 양육비 청구 및 이행확보 등을 위한 법률지원, 한시적 양육비 긴급지원, 양육비 채권 추심지원 및 양육부·모에게 양육비 이전 등의 업무를 수행한다(7조). 그리고 양육비채무자가 양육비 채무를 이행하지 아니하여 자녀의 복리가 위태롭게 되었거나 위태롭게 될 우려가 있는 경우에는 이행관리원의 장에게 한시적 양육비 긴급지원을 신청할 수 있는데, 긴급지원의 지급기간은 9개월을 넘지 않아야 하고, 자녀의 복리를 위하여 추가 지원이 필요한 경우에는 3개월의 범위에서 이를 연장할 수 있다(14조).

종래 법원이 양육비를 정함에 있어서는 객관적인 기준이 없었는데, 서울가정법원은 2012. 5. 31. 양육비 산정기준을 만들어 공표하였고, 2014년과 2017년 및 2021년에 이를 개정하였다. 이 산정기준은 양육비를 부와 모의 합산소득과 자녀의 연령에 따라 정하도록 하였다.

양육비는 자녀 스스로가 당사자가 되어 청구할 수도 있지만, 실제로 자녀를 양육하는 부모 중 일방이 다른 일방에 대하여 청구하는 경우가 대부분이다. 후자의 경우 과거의 양육비를 청구하는 것은 양육비 지급의무를 이행한 일방이 다른 일방에 대하여 구상을 하는 것으로 볼 수 있다. 그런데 종래의 판례는 양육의무자 일방이 다른 양육의무자에게 양육비를 청구하려면 별도의 권원이 있어야 하고, 그러한 권원이 없는 이상 과거의 양육비뿐만 아니라 장래의 양육비도 청구할 수 없다고 보았다(대법원 1986. 3. 25. 선고 86므17 판결 등 다수).

그러나 대법원 1994. 5. 13.자 92스21 전원합의체 결정([판례 41])은 판례를 변경하여, 부모의 자녀양육의무는 특별한 사정이 없는 한 자녀의 출생과 동시에 발생하는 것이므로 과거의 양육비에 대하여도 상대방이 분담함이 상당하다고 인정되는 경우에는 그 비용의 상환을 청구할 수 있고, 다만 이와 같은 경우에는 부모 중 한쪽이 자녀를 양육하게 된 경위와 그에 소요된 비용의 액수, 그 상대방이 부양의무를 인식한 것인지 여부와 그 시기, 그것이 양육에 소요된 통상의 생활비인지 아니면 이례적이고 불가피하게 소요된 다액의 특별한 비용(치료비등)인지 여부와 당사자들의 재산 상황이나 경제적 능력과 부담의 형평성 등 여러 사정을 고려하여 적절하다고 인정되는 분담의 범위를 정할 수 있다고 하였다.

그러나 양육자가 일방으로 결정되어 있음에도 타방이 무단으로 양육한 경우에는 그 양육비 상당액을 구상할 수 없다. 대법원 2006. 4. 17.자 2005스18, 19 결정은, 청구인과 상대방이 이혼하면서 그 사이에 출생한 사건본인의 친권자 및 양육자를 상대방으로 지정하는 내용의 조정이 성립되었는데, 청구인이 법원으로부터 위 조정조항을 임시로 변경하는 사전처분 등을 받지 아니한 채 임의로 사건본인을 양육하였다면 이러한 청구인의 임의적 양육에 관하여 상대방이 청구인에게 양육비를 지급할 의무가 있다고 할 수는 없다고 하였다.

그렇지만 양육에 관하여 당사자의 협정도 당사자의 청구에 의한 법원의 결정도 없는 이상, 부양의무는 추상적인 의무의 성격을 가지고, 당사자의 협정이나 법원의 결정이 있어야만 비로소 구체적으로 확정된다.

그런데 대법원 2006. 7. 4. 선고 2006므751 판결([판례 42])은, 이혼한 부부 사이에서 자(子)에 대한 양육비의 지급을 구할 권리는 당사자의 협의 또는 가정법원의 심판에 의하여 구체적인 청구권의 내용과 범위가 확정되기 전에는 그 내용이 극히 불확정하여 상계할 수 없지만, 가정법원의 심판에 의하여 구체적인 청구권의 내용과 범위가 확정된 후의 양육비채권 중 이미 이행기에 도달한 후의 양육비채권은 완전한 재산권으로서 권리자의 의사에 따라 포기, 양도 또는 상계의 자동채권으로 하는 것도 가능하다고 하였다.

또한 대법원 2011. 7. 29.자 2008스67 결정([판례 43])은, 양육자가 상대방에 대하여 자녀 양육비의 지급을 구할 권리는 당초에는 하나의 추상적인 법적 지위이었던 것이 당사자 사이의 협의 또는 가정법원의 심판에 의하여 구체적인 청구권으로 전환됨으로써 비로소 보다 뚜렷하게 독립한 재산적 권리로서의 성질을 가지게 되고, 이와 같이 당사자의 협의 또는 가정법원의 심판에 의하여 구체적인 지급청구권으로서 성립하기 전에는 과거의 양육비에 관한 권리는 양육자가 그 권리를 행사할 수 있는 재산권에 해당한다고 할 수 없고, 따라서 이에 대하여는 소멸시효가 진행할 여지가 없다고 하였다.

그러나 양육자의 양육비청구권은 자신을 위한 권리라기보다는 양육을 받는 자녀를 위한 권리이므로, 이를 자동채권으로 하여 상계할 수 있다고 보는 것은 문제가 있다(같은 취지, 김주수·김상용, 212-213). 다만 과거의 양육비채권이 구상으로서의 실질을 갖는 경우에는 상계를 허용하고, 미성년 자녀의 부양청구권을 대신 행사하는 실질을 갖는 경우에는 상계를 허용하지 않는 것이 이론적으로 타당하다는 주장도 있다(주해친족 2/최준규, 1541). 또한 소멸시효는 권리행사에 법률적 장애가 없으면 진행하는 것인데, 구체적인 지급청구권을 확정하기 위하여 협의를 하거나 가정법원의 심판을 구하는 데 어떤 법률상의 장애가 없다면 소멸시효가 진행한다고 보아야 할 것이다(주해친족 2/최준규, 1523-1525 참조).

한편 서울가정법원 2018. 1. 22.자 2016브30088 결정은, 혼인외의 자녀를 출산한 여성이 친부를 상대로 하여 자녀의 과거양육비를 청구하였는데, 친부가 제1심 심판 계속 중 사망한 사건에 관하여, 과거의 양육비를 구할 수 있는 권리는 당사자의 협의 또는 가정법원의 심판에 의하여 구체적인 지급청구권으로 성립한 후에만 가족법상 신분으로부터 독립하여 완전한 재산권으로 전환되어 과거양육비 청구권 또는 과거양육비 지급채무로서 상속되는데, 당사자 사이에 과거양육비 지급에 관한 협의가 있었다고 인정할 증거가 없으므로, 과거양육비 지급채무는 아직 구체적인 재산상의 채무로 전환되지 않은 추상적인 법적 지위 또는 의무에 불과하여 상속의 대상이 될 수 없다고 하였다. 그러나 이에는 찬성하기 어렵다. 아직 구체적인 지급청구권으로 성립하기 전이더라도 이처럼 재판상 양육비를 청구한 후 의무자가 사망한 경우에까지 상속을 인정하지 않는 것은 부당하다. 다만 이 사건에서는 자녀가 출생한 것이 1955년이었으므로, 판례와는 달리 양육비청구권의 소멸시효에 의한 소멸을 인정하였어야 할 것이다.

[판례 41] 대법원 1994. 5. 13.자 92스21 전원합의체 결정

1. 부모는 그 소생의 자녀를 공동으로 양육할 책임이 있고, 그 양육에 소요되는 비용도 원칙적으로 부모가 공동으로 부담하여야 하는 것이며, 이는 부모 중 누가 친권을 행사하는 자인지 또 누가 양육권자이고 현실로 양육하고 있는 자인지를 물을 것 없이 친자관계의 본질로부터 발생하는 의무라고 할 것이다.

그러므로 어떠한 사정으로 인하여 부모 중 어느 한쪽만이 자녀를 양육하게 된 경우에, 그와 같은 일방에 의한 양육이 그 양육자의 일방적이고 이기적인 목적이나 동기에서 비롯한 것이라거나 자녀의 이익을 위하여 도움이 되지 아니하거나 그 양육비를 상대방에게 부담시키는 것이 오히려 형평에 어긋나게 되는 등 특별한 사정이 있는 경우를 제외하고는, 양육하는 일방은 상대방에 대하여 현재 및 장래에 있어서의 양육비중 적정 금액의 분담을 청구할 수 있음은 물론이고, 부모의 자녀양육의무는 특별한 사정이 없는 한 자녀의 출생과 동시에 발생하는 것이므로 과거의 양육비에 대하여도 상대방이 분담함이 상당하다고 인정되는 경우에는 그 비용의 상환을 청구할 수 있다고 보아야 할 것이다.

다만 한쪽의 양육자가 양육비를 청구하기 이전의 과거의 양육비 모두를 상대방에게 부담시키게 되면 상대방은 예상하지 못하였던 양육비를 일시에 부담하게 되어 지나치고 가혹하며 신의성실의 원칙이나 형평의 원칙에 어긋날 수도 있으므로, 이와 같은 경우에는 반드시 이행청구 이후의 양육비와 동일한 기준에서 정할 필요는 없고, 부모 중 한쪽이 자녀를 양육하게 된 경위와 그에 소요된 비용의 액수, 그 상대방이 부양의무를 인식한 것인지 여부와 그 시기, 그것이 양육에 소요된 통상의 생활비인지 아니면 이례적이고 불가피하게 소요된 다액의 특별한 비용(치료비등)인지 여부와 당사자들의 재산 상황이나 경제적 능력과 부담의 형평성 등 여러 사정을 고려하여 적절하다고 인정되는 분담의 범위를 정할 수 있다고 볼 것이다.

당원의 종전 판례 중 상대방에게 과거의 양육비를 청구하지 못한다고 한 견해(1967. 1. 31. 선고 66므40 판결; 1967. 2. 21. 선고 65므5 판결; 1975. 6. 10. 선고 74므21 판결; 1977. 3. 22. 선고 76므14 판결; 1979. 5. 8. 선고 79므3 판결 등)와 아버지의 인도요구에 불응하고 스스로 자녀를 양육한 생모는 자활능력이 있건 없건 또 과거의 것이든 장래의 것이든 소생자의 아버지에게 부양료를 청구할 수 없다고 한 견해(1976. 6. 22. 선고 75므17, 18 판결; 1985. 6. 11. 선고 84다카1536 판결; 1986. 3. 25. 선고 86므17 판결 등)는 이를 변경하기로 한다.

2. 기록에 의하여 살펴보면, 원심이 청구인이 청구하는 바에 따라 상대방에게 청구인과 상대방이 이혼한 때부터 사건본인의 양육비의 일부를 분담하게 한 것은 위에서 본 법리에 따른 것으로서 정당하고, 거기에 위법사유가 있다고 할 수 없다. 또 원심이 사건본인의 양육에 소요되는 비용을 월 금 250,000원으로 인정하고, 판시의 여러 사정을 참작하여 상대방에게 그중 약 3분의1에 해당하는 월 금 80,000원의 분담을 명한 조처도 정당한 것으로 수긍되고, 거기에 채증법칙을 어긴 위법이 있다거나 법리를 오해하여 상대방이 부담할 양육비를 지나치게 적게 산정하거나 또는 많게 산정한 위법이 있다고 할 수도 없다.

그리고 청구인과 상대방 사이의 이혼소송에서 상대방이 지급할 위자료를 산정함에 있어서 청구인이 사건본인을 양육하고 있다는 사정을 참작한 바 있다고 하여 청구인의 이 사건 청구가 양육비를 이중청구한 것이라고 할 수 없다. 논지는 모두 이유 없다.

상대방의 재항고이유 제3점에 대하여

이혼 당사자간의 자의 양육비에 관한 쟁송은 가사소송법 제2조 제1항 나목 (2) 마류 3호의 가사비송사건으로서 즉시항고의 대상이 되고, 가집행선고의 대상이 될 뿐 아니라(가사소송법 제42조, 제43조 제1항, 가사소송규칙 제94조), 본안사건에 대한 상소가 이유 없다고 판단되는 경우에는 가집행선고의 재판을 시정하는 판단을 할 수 없는 것이므로, 원심결정의 가집행선고가 위법하다고 주장하는 논지도 이유 없다.

생각할 점

이 결정을 부부 사이의 과거의 부양료 청구를 인정하지 않은 대법원 2008. 6. 12.자 2005스50 결정과 비교하여 보라.

[판례 42] 대법원 2006. 7. 4. 선고 2006므751 판결

1. 원심의 인정과 판단

원심판결 이유에 의하면, 원심은 원고와 피고는 1993. 4. 21. 혼인하여 법률상 부부가 되었으나, 피고가 제기한 인천지방법원 2003르774호 이혼 및 위자료 등 사건에서 2004. 3. 15. '원고와 피고는 이혼하고, 원고는 피고에게 위자료로 2,000만 원, 재산분할로 3,800만 원 및 위 각 금원에 대한 지연손해금을 지급하며, 원고와 피고 사이의 자녀들에 대한 친권행사자 및 양육자로 원고를 지정한다'는 내용으로 임의조정이 성립된 사실을 인정하였다.

원심은 이어, 원고와 피고 사이에 상계의 합의가 있었다는 원고의 주장을 배척한 다음, 원고가 피고에 대하여 인천지방법원 부천지원 2004느단573호 양육비 등 심판청구사건에서 결정된 바와 같이 800만 원 상당의 과거 양육비채권 및 2005. 7. 15.부터 자녀들이 성년이 될 때까지 1인당 매월 25만 원의 비율에 의한 장래의 양육비채권을 가지고 있으므로, 위 과거 양육비채권 800만 원 상당과 장래의 양육비채권 중 3,000만 원 상당을 피고의 원고에 대한 위 위자료 및 재산분할청구권과 대등액에서 상계한다는 주장에 대하여, 원고가 피고를 상대로 제기한 인천지방법원 부천지원 2004느단573호 양육비등 심판 청구사건이 확정되지 않았으므로 아직까지 그 구체적인 내용이 형성되거나 구체적으로 권리가 발생한 것이라고는 할 수 없고, 또한 양육비채권은 부부 중 일방인 양육자가 상대방에 대하여 가지는 권리이기는 하나, 그 발생근거 등에 비추어 볼 때 이는 자(子)의 후생과 복리를 위하여 양육에 필요한 범위에서 인정되는 권리로서, 가사 이러한 권리가 구체적으로 발생하였다 하더라도 그 권리자인 양육자가 자(子)의 양육을 위한 목적 이외에 이를 임의로 양도하거나 처분할 수 없다는 이유로 원고의 위 상계주장을 배척하였다.

2. 상고이유에 대한 판단

가. 기록에 의하면, 원심이 원고와 피고 사이에 상계합의가 있었다는 주장을 인정할 증거가 없다는 이유로 배척한 것은 정당하고, 거기에 채증법칙을 위반하여 사실을 오인한 위법이 없다.

나. 이혼한 부부 사이에서 자(子)에 대한 양육비의 지급을 구할 권리(이하 '양육비채권'이라 한다)는 당사자의 협의 또는 가정법원의 심판에 의하여 구체적인 청구권의 내용과 범위가 확정되기 전에는 '상대방에 대하여 양육비의 분담액을 구할 권리를 가진다'라는 추상적인 청구권에 불과하고 당사자의 협의나 가정법원이 당해 양육비의 범위 등을 재량적·형성적으로 정하는 심판에 의하여 비로소 구체적인 액수만큼의 지급청구권이 발생하게 된다고 보아야 하므로, 당사자의 협의 또는 가정법원의 심판에 의하여 구체적인 청구권의 내용과 범위가 확정되기 전에는 그 내용이 극히 불확정하여 상계할 수 없지만, 가정법원의 심판에 의하여 구체적인 청구권의 내용과 범위가 확정된 후의 양육비채권 중 이미 이행기에 도달한 후의 양육비채권은 완전한 재산권(손해배상청구권)으로서 친족법상의 신분으로부터 독립하여 처분이 가능하고, 권리자의 의사에 따라 포기, 양도 또는 상계의 자동채권으로 하는 것도 가능하다고 할 것이다.

돌이켜 이 사건을 보면, 원고는 피고를 상대로 인천지방법원 부천지원 2004느단573호로 양육비 심판 청구를 하였는데, 2005. 7. 14. 위 법원으로부터 '피고는 원고에게 2005. 7. 14. 이전의 과거의 양육비 800만 원 및 2005. 7. 15.부터 자녀들이 성년에 이르기까지 1인당 월 25만 원의 비율에 의한 장래의 양육비를 지급하라'는 내용의 심판을 고지받자 이에 불복하여 즉시항고를 제기하였으나 기각되었고, 이에 원고가 대법원에 2006스38호 사건으로 재항고하였으나 대법원이 2006. 6. 29. 이를 기각하여 확정되었음을 알 수 있는바, 사정이 이러하다면 가정법원의 심판에 의하여 구체적인 액수만큼의 양육비채권이 발생하였다고 할 것이므로, 위의 양육비채권을 자동채권으로 하는 원고의 상계 주장은 이미 이행기가 도달한 부분에 한하여는 허용되어야 할 것이다.

원심은 이미 이행기에 도달한 과거의 양육비채권의 임의 양도나 처분이 가능하다고 본다면 양육비 지급의무를 부담하는 자가 일부러 양육비를 지급하지 않고 있다가 양육자에 대한 자신의 채권과 과거의 양육비채권을 상계함으로써 자녀들에 대한 양육의 의무를 회피하게 되는 문제가 생긴다는 점을 지적하고 있으나, 이는 양육비채권을 수동채권으로 하는 상계의 경우에 생길 수 있는 문제점이므로, 이 사건의 경우와 같이 양육비채권을 자동채권으로 하는 상계에 대해서는 그 이유의 설시로 적절하지 않다 할 것이다.

따라서 양육비 청구권이 구체적으로 발생하였다 하더라도 이를 임의로 양도하거나 처분할 수 없다는 이유로 원고의 상계주장을 배척한 원심판결에는 상계에 관한 법리를 오해하였거나 필요한 심리를 다하지 아니하여 판결 결과에 영향을 미친 위법이 있다고 할 것이다.

다. 다만, 원고의 상고이유 중에는 원고는 피고의 원고에 대한 양육비채무와 원고의 피고에 대한 위자료 및 재산분할채무가 서로 상계적상에 있지 않더라도 서로 상계를 하여 주는 것이 당사자들 사이의 공평의 관념에 부합하고, 실질적으로 이 사건 법률관계를 원만히 해결할 수 있는 방법이라는 주장이 있으나, 위 주장과 같은 상계를 허용하는 경우 양육비

청구권의 채무자인 피고로 하여금 기한의 이익을 잃게 하는 부당한 결과가 초래될 뿐만 아니라 법원의 결정이나 당사자 간의 협의에 의하여 자(子)의 양육에 관한 사항이 정해진 후 특별한 사정변경이 없더라도 그 사항이 민법 제837조의 제1, 2항에 정한 여러 사정에 비추어 부당하다고 인정되는 경우에는 가정법원은 그 사항을 변경할 수 있는데도(대법원 1991. 6. 25. 선고 90므699 판결, 2006. 4. 17.자 2005스18, 19 결정 등 참조) 피고가 향후 양육처분의 변경을 구할 수 없게 되는 부당한 결과가 초래되므로, 위 상고이유의 주장은 받아들일 수 없다.

참고문헌

김형석, 가족법연구 21권 3호

[판례 43] 대법원 2011. 7. 29.자 2008스67 결정

1. 원심은 제1심결정을 인용하여, 부모의 일방이 과거에 미성년의 자녀를 양육함으로 인하여 상대방에 대하여 가지는 양육비청구권은 법적인 장애사유가 없는 한 발생하는 즉시 권리를 행사할 수 있는 것이어서 그때부터 소멸시효가 진행된다고 할 것이므로, 이 사건 심판을 청구한 2006. 10. 17.로부터 역산하여 10년이 경과한 1996. 10. 17. 이전의 양육비청구권은 시효소멸되었다고 판단하고, 이 부분의 양육비청구를 배척하였다.

2. 그러나 원심의 위와 같은 판단은 그대로 수긍하기 어렵다.

부모는 미성년의 자녀를 공동으로 양육할 책임이 있고, 그 양육에 드는 비용도 원칙적으로 부모가 공동으로 부담하여야 한다. 이러한 부모의 자녀양육의무는 자녀의 출생과 동시에 발생하는 것으로서, 양육자가 홀로 자녀를 양육한 것이 일방적이고 이기적인 목적 내지 동기에서 비롯되었다거나 자녀의 이익을 위하여 도움이 되지 아니하거나 그 양육비를 상대방에게 부담시키는 것이 오히려 형평에 어긋나게 되는 등의 특별한 사정이 없는 한, 한쪽의 양육자가 양육비를 청구하기 전의 기간에 관하여도 상대방에 대하여 그 양육에 관한 비용을 청구할 수 있다고 보아야 한다. 다만 이와 같은 이른바 과거의 양육비는 양육자가 자녀를 양육하게 된 경위와 그에 소요된 비용의 액수, 상대방이 부양의무를 인식하였는지 여부와 그 시기, 그것이 양육에 소요된 통상의 생활비인지 아니면 이례적이고 불가피하게 소요된 다액의 특별한 비용(치료비 등)인지 여부는 물론이고, 나아가 당사자들의 재산상황이나 경제적 능력 또는 부담의 형평성 등 여러 사정을 고려하여 적절하다고 인정되는 분담의 범위를 정할 수 있다(대법원 1994. 5. 13.자 92스21 전원합의체 결정; 대법원 1995. 4. 25. 선고

94므536 판결 등 참조).

한편 양육자가 상대방에 대하여 자녀 양육비의 지급을 구할 권리는 당초에는 앞서 본 대로 기본적으로 친족관계를 바탕으로 하여 인정되는 하나의 추상적인 법적 지위이었던 것이 당사자 사이의 협의 또는 당해 양육비의 내용 등을 재량적·형성적으로 정하는 가정법원의 심판에 의하여 구체적인 청구권으로 전환됨으로써 비로소 보다 뚜렷하게 독립한 재산적 권리로서의 성질을 가지게 된다고 할 것이다.

이와 같이 당사자의 협의 또는 가정법원의 심판에 의하여 구체적인 지급청구권으로서 성립하기 전에는 과거의 양육비에 관한 권리는 양육자가 그 권리를 행사할 수 있는 재산권에 해당한다고 할 수 없고, 따라서 이에 대하여는 소멸시효가 진행할 여지가 없다고 보아야 한다.

그런데 위와 같은 구체적인 양육비청구권이 성립하였다고 볼 자료를 기록상 찾을 수 없는 이 사건에서 1996. 10. 17. 이전의 기간에 대한 양육비청구권이 시효소멸하였다고 판단한 원심에는 과거의 양육비청구권의 소멸시효에 관한 법리를 오해하여 판결에 영향을 미친 위법이 있다고 할 것이다.

참고문헌

이동진, 가족법연구 26권 2호

라. 재산에 관한 친권

▮참고문헌: 김성수, "자의 공유재산의 담보제공과 이해상반행위", 가족법연구 17권 2호, 2003; 김유미, "민법 제921조의 이해상반행위에 관한 몇 가지 문제", 박병호교수화갑기념(Ⅰ) 가족법학논총, 1991; 김형석, "후견인의 이해상반행위 금지", 일감법학 32호, 2015; 윤장원, "민법 제921조 소정의 이해상반행위 해당여부", 부산판례연구회 판례연구 14집, 2003; 윤진수, "친권자와 자녀 사이의 이해상반행위 및 친권자의 대리권 남용", 민법논고 Ⅳ, 2009; 이균룡, "제삼자의 채무를 담보하기 위한 물상보증행위와 이해상반행위 등", 민사판례연구 16권, 1994

(1) 재산관리권

자녀가 자기의 명의로 취득한 재산은 자녀의 특유재산이 되는데, 이는 법정대리인인 친권자가 관리한다(916조). 재산의 관리에는 보존·이용·개량을 목적으로 하는 행위 이외에 필요한 경우에는 처분행위도 포함될 수 있다. 변질할 우려가 있는 재산이나 값이 떨어질 것 같은 주식의 처분 등을 그 예로 들 수 있다. 그러나 미성년자는 독자적으로 임금을 청구할 수 있고(근로기준법 68조), 자녀의 임금을 친권자가 대신하여 받을 수는 없다고 해석된다. 이는 자녀의 임금을 친권자가 임의로 수령하여 소비하는 것을 방지하기 위한 취지이다. 친권자의 재산관리는 자기의 재산에 관한 행위와 동일한 주의로써 하여야 하므로(922조), 후견인이 피후견인에 대하여 선량한 관리자의 주의의무를 부담하는 것(956조에 의한 681조의 준용)보다는 그 의무가 경감되어 있다.

제3자가 무상으로 자녀에게 재산을 수여하고 친권자의 관리에 반대하는 의사를 표시한 때에는 친권자는 그 재산을 관리하지 못한다(918조 1항). 예컨대 죽은 어머니의 아버지가 외손자에게 재산을 증여하면서 친권자인 아버지의 관리에 반대하는 의사를 표시한 경우에는 그 재산에 관하여 아버지는 관리하지 못한다. 이때 제1차적으로는 그 제3자가 재산관리인을 지정할 수 있고, 지정이 없으면 법원이 관리인을 선임할 수 있다(918조 2항). 이러한 경우에는 친권자는 그 재산에 관하여 관리권뿐만 아니라 대리권도 상실한다.

법정대리인인 친권자의 권한이 소멸한 때(예컨대 자녀가 성년이 되었거나, 친권상실의 선고가 있는 경우 등)에는 그 자의 재산에 대한 관리의 계산을 하여야 한다. 이 때 그 자녀의 재산으로부터 수취한 과실은 그 자녀의 양육, 재산관리의 비용과 상계한 것으로 본다(923조). 여기서 '관리의 계산'이란 자녀의 재산을 관리하던 기간의 그 재산에 관한 수입과 지출을 명확히 결산하여 자녀에게 귀속되어야 할 재산과 그 액수를 확정하는 것을 말한다. 친권자의 위와 같은 재산 관리 권한이 소멸한 때에는 위임에 관한 683조, 684조가 유추적용되므로, 친권자는 자녀 또는 그 법정대리인에게 위와 같은 계산 결과를 보고하고, 자녀에게 귀속되어야 할 재산을 인도하거나 이전할 의무가 있고, 자녀의 친권자에 대한 위와 같은 반환청구권은 재산적 권리로서 일신전속적인 권리라고 볼 수 없으므로, 자녀의 채권자가 그 반환청구권을 압류할 수 있다(대법원 2022. 11. 17. 선고 2018다294179 판결).

위 923조 2항의 규정으로부터 친권자가 자녀의 재산으로부터의 수익권을 가진다고 하는 결론이 나온다고 보는 견해도 있으나, 원칙적으로 비용을 초과하는 수익이 있으면 자녀에게 반환하여야 할 것이다(박동섭·양경승, 420; 이경희·윤부찬, 257; 한봉희·백승흠, 323). 이와 같이 보면서도, 수익과 비용을 명확하게 계산하는 것은 실제로 불가능에 가까우므로, 수익과 비용의 불균형이 현저하지 않은 한 상계한 것으로 보아도 무방하다는 견해도 있다(김주수·김상용, 449).

대법원 2022. 11. 17. 선고 2018다294179 판결은, 친권자는 자녀의 특유재산을 자신의 이익을 위하여 임의로 사용할 수 없음은 물론 자녀의 통상적인 양육비용으로도 사용할 수도 없는 것이 원칙이나, 친권자가 자신의 자력으로는 자녀를 부양하거나 생활을 영위하기 곤란한 경우, 친권자의 자산, 수입, 생활수준, 가정상황 등에 비추어 볼 때 통상적인 범위를 넘는 현저한 양육비용이 필요한 경우 등과 같이 정당한 사유가 있는 경우에는 자녀의 특유재산을 그와 같은 목적으로 사용할 수 있고, 친권자가 자녀에 대한 재산 관리 권한에 기하여 자녀에게 지급되어야 할 돈을 자녀 대신 수령한 경우 그 재산 관리 권한이 소멸하면 그 돈 중 재산 관리 권한 소멸 시까지 위와 같이 정당하게 지출한 부분을 공제한 나머지를 자녀 또는 그 법정대리인에게 반환할 의무가 있다고 하였다.

(2) 대리권

친권자는 미성년인 자의 재산에 관한 법률행위에 대하여 그 자를 대리한다(920조 본문). 다만 친권자의 대리행위가 자녀의 행위를 목적으로 하는 채무(예컨대 고용계약의 체결 등)를 부담하는 것일 경우에는 그 자녀 자신의 동의를 얻어야 한다(920조 단서). 그러나 친권자는 미성년자인 자녀를 대리하여 근로계약을 맺을 수 없다(근로기준법 67조 1항). 자녀의 자유를 보호하기 위한 것이다. 또한 친권자는, 법정대리인으로서 미성년자의 특정한 영업을 허락할 수 있고(8조 1항), 그 허락을 취소 또는 제한할 수도 있다(8조 2항).

한편 법정대리인인 친권자의 대리행위가 객관적으로 볼 때 미성년자 본인에게는 경제적인 손실만을 초래하는 반면, 친권자나 제3자에게는 경제적인 이익을 가져오는 행위이고, 그 행위의 상대방이 이러한 사실을 알았거나 알 수 있었을 때에는, 대리권 남용 이론에 따라 107조 1항 단서의 규정이 유추적용되므로 그 행위의 효과는 자(子)에게는 미치지 않는다(대법원 2011. 12. 22. 선고 2011다64669 판결). 대법원 1997. 1. 24. 선고 96다43928 판결은, 조부가 손자인 원고에게 증여한 유일한 재산을 그 친권자가 이러한 사정을 잘 아는 원고의 삼촌에게 증여한 것은 친권남용이라고 하였다. 다만 친권자의 대리행위가 대리권 남용으로서 무효라고 하더라도, 그에 따라 외형상 형성된 법률관계를 기초로 하여 새로운 법률상 이해관계를 맺은 선의의 제3자(상대방의 승계인)에 대하여는 107조 2항의 규정을 유추적용하여 누구도 그와 같은 사정을 들어 대항할 수 없으며, 제3자가 악의라는 사실에 관한 주장·증명책임은 그 무효를 주장하는 자에게 있다(대법원 2018. 4. 26. 선고 2016다3201 판결).

그런데 대법원 2009. 1. 30. 선고 2008다73731 판결은, 친권자가 자를 대리하여 행한 자 소유의 재산에 대한 처분행위에 대해서는 그것이 사실상 자의 이익을 무시하고 친권자 본인 혹은 제3자의 이익을 도모하는 것만을 목적으로 하여 이루어졌다고 하는 등 친권자에게 자를 대리할 권한을 수여한 법의 취지에 현저히 반한다고 인정되는 사정이 존재하지 않는 한, 친권자에 의한 대리권의 남용에 해당한다고 쉽게 단정할 수 없다고 하여 친권자의 대리권 남용이 인정되는 범위를 좁게 보았다. 이 문제는 바로 다음에서 이해상반행위와 관련하여 다시 살펴본다.

친권자의 법정대리권이 제한되는 경우로는 앞에서 본 제3자가 자녀에게 무상으로 재산을 수여한 경우(918조) 외에 이해상반행위에 해당하는 경우(921조)를 들 수 있다. 921조는, 법정대리인인 친권자와 그 자 사이에 이해가 상반되는 행위를 하는 경우(1항) 및 법정대리인인 친권자가 그 친권에 복종하는 수인의 자 사이에 이해가 상반되는 행위를 하는 경우(2항)에는 법원에 특별대리인의 선임을 요청하여야 한다고 규정하여, 친권자의 대리권을 제한하고 있다. 이러한 이해상반행위의 제한은 민법총칙상의 자기계약이나 쌍방대리의 금지(124조)와 대체로 유사한 이념을 바탕으로 한 것이지만, 그 적용범위는 이보다는 넓다. 가령 상속재산분할의 협의(1013조)와 같이 친권자가 법률행위의 일방 당사자가 되고, 미성년인 그 자녀가 타방 당사자가 되는 경우에 이해상반행위에 해당함은 물론이지만(대법원 1987. 3. 10. 선고 85므80 판결 등), 친권자가 자기를 위하여 타인으로부터 금전을 차용함에 있어 이를 담보하기 위하여 미성년자인 자의 소유부동산에 저당권을 설정하는 행위와 같이 친권자를 위해서는 이익이 되고 미성년자를 위해서는 불이익이 되는 경우도 이에 포함된다(대법원 1971. 7. 27. 선고 71다1113 판결). 또한 계약뿐만 아니라 친권자가 공동상속인인 미성년자를 대리하여 상속을 포기하는 것과 같은 단독행위도 이해상반행위가 될 수 있다. 반면 부모에게만 불리하고 미성년자에게는 유리하기만 한 경우는 이에서 제외된다. 대법원 1981. 10. 13. 선고 81다649 판결은, 법정대리인인 친권자가 부동산을 매수하여 자에게 증여하는 행위는 미성년자인 자에게 이익만을 주는 행위이므로 유효하다고 하였고, 대법원 1998. 4. 10. 선고 97다4005 판결도, 법정대리인인 친권자가 부동산을 미성년자인 자에게 명의신탁하는 행위는 친권자와 사이에 이해가 상반되는 행위에 속한다고 볼 수 없다고 하였다.

그런데 어떠한 행위가 이해상반행위인가를 판단하는 기준에 대하여는 견해가 대립한다. 한 견해는, 당해 법률행위의 동기나 실질적인 결과 여하와는 관계없이 그 법률행위 자체 내지 법률행위의 외형으로 보아 미성년자에게 불이익이 되는지 여부를 판단하여야 한다고 하고(형식적·객관적 또는 추상적 판단설), 다른 견해는 행위의 형식 여하를 불문하고 동기·연유, 결과 등을 고려하여 실질적으로 이해상반 여부를 판단하여야 한다고 주장한다(실질적 또는 구체적 판단설). 가령 친권자가 자신이 돈을 사용할 목적으로 자녀의 이름으로 돈을 차용하고 그 담보를 위하여 자녀의 재산에 저당권을 설정한 경우, 형식적 판단설에 의하면 이는 이해상반행위가 아니지만, 실질적 판단설에 의하면 그 돈을 실제로 친권자가 사용하는 경우에는 이해상반행위에 해당한다.

형식적 판단설은 그 근거로서, 행위의 동기 등은 외형상 나타나지 않는 것이 보통이므로, 실질적 판단설에 따르게 되면 이를 알지 못하는 거래의 상대방을 해하게 된다고 한다. 반면 실질적 판단설은, 행위의 외형만으로 판단하면, 친권자가 실질적으로 자녀에게 불리하고 자신에게는 이익이 되는 경우라도, 그 외형을 이해상반하지 않는 것으로 꾸미기만 하면 특별대리인 선임을 피할 수 있으므로 부당하다는 것이다.

이외에 실질관계를 고려한 형식적 판단설이라는 것도 주장된다. 친권자가 단지 자녀의 대리인으로서 자녀의 재산에 저당권을 설정하는 경우에는 형식적 판단설에 따라서 이해상반행위가 되지 않지만, 친권자와 자녀가 다른 채무자를 위하여 동시에 물상보증인이 되는 경우에는 이해상반행위가 될 수 있다고 한다. 즉 제3자인 채권자가 먼저 자녀의 공유지분에 관한 저당권을 실행하는 때에는 자녀의 공유지분에 해당하는 경매대금이 변제에 충당되는 한도에서 친권자의 책임이 경감되므로 소극적인 의미에서는 친권자가 미성년인 자녀의 부담으로 이익을 얻는 것으로 해석할 수도 있고, 친권자의 공유지분에 관한 저당권이 실행되는 경우에 친권자와 미성년인 자녀 사이의 구상관계가 생기므로 친권자와 자녀 사이에 이해가 대립된다고 할 수 있으며, 이러한 결과가 저당권설정계약 당시에도 행위 그 자체로부터 예측되고 계약당사자인 제3자와 자녀 사이의 이해관계를 쉽게 알 수 있는 이상 위와 같은 물상보증행위와 법적 관련성이 있는 사항도 행위자체 내지는 행위외형으로 파악할 수 있으므로 형식적 판단설의 입장에서도 이러한 경우에는 이해상반행위로 된다고 해석할 수 있다고 한다.

판례는 921조의 이해상반행위란 행위의 객관적 성질상 친권자와 그 자 사이 또는 친권에 복종하는 수인의 자 사이에 이해의 대립이 생길 우려가 있는 행위를 가리키는 것으로서 친권자의 의도나 그 행위의 결과 실제로 이해의 대립이 생겼는

가의 여부는 묻지 아니한다고 하여(대법원 1993. 4. 13. 선고 92다54524 판결; 1994. 9. 9. 선고 94다6680 판결; 1996. 11. 22. 선고 96다10270 판결 등), 기본적으로 형식적 판단설을 취하고 있다. 그러나 대법원 2002. 1. 11. 선고 2001다65960 판결([판례 44])은 실질관계를 고려한 형식적 판단설을 택하였다.

생각건대 미성년자 본인의 보호가 중요하기는 하지만, 이를 위하여 거래의 상대방은 전혀 알 수 없는 행위의 동기 등을 고려하여 이해상반행위 여부를 판단하는 것은 거래의 안전을 해친다. 또한 이해상반행위 여부의 판단은 제1차적으로는 그 행위를 함에 있어 특별대리인을 선임하여야 하는가라는 문제이므로, 이해상반행위에 해당하는가 여부는 특별대리인을 선임하는 법원이 알 수 있는 객관적으로 명확한 기준에 의하여야 한다는 점에서, 실질적 판단설을 지지하기는 어렵다. 따라서 기본적으로는 형식적 판단설이 타당하다고 생각된다. 다만 이로 인하여 미성년자 본인의 이익이 보호되지 못하는 부분은, 대리권의 남용 이론에 의하여 보완할 수밖에 없다. 그리고 실질관계를 고려한 형식적 판단설은 제3자의 채무에 대하여 친권자가 미성년자와 같이 물상보증인이 된 경우에는 이해상반행위에 해당한다고 주장하지만, 미성년자가 단독으로 물상보증인이 된 경우보다도 친권자와 공동으로 물상보증인이 된 경우가 미성년자에게는 부담이 더 작아서 유리한데도, 전자의 경우는 이해상반행위로 되지 않아서 특별대리인을 선임하지 않아도 무방한 반면 후자의 경우에는 특별대리인을 선임하지 않으면 무권대리로서 무효가 되게 되어 균형이 맞지 않는다(같은 취지, 주해친족 2/권재문 1094-1096).

종래 판례상 주로 문제가 된 것은 상속재산의 협의분할이다. 즉 친권자와 미성년자가 공동상속인인 경우에 친권자가 미성년자를 대리하여 상속재산분할의 협의를 하는 것은 이해상반행위로서 무효이다(대법원 1987. 3. 10. 선고 85므80 판결; 1993. 3. 9. 선고 92다18481 판결; 1993. 4. 13. 선고 92다54524 판결; 1994. 9. 9. 선고 94다6680 판결 등). 그리고 대법원 1991. 4. 12. 선고 90다17491 판결은 친권자인 양모가 미성년자인 양자를 상대로 소송을 제기하는 경우 이는 이해상반행위라고 하였다.

그 외에는 이해상반행위라고 인정된 경우가 많지 않다. 즉 성년이 되어 친권자의 친권에 복종하지 않는 다른 자녀가 제3자로부터 금전을 차용하는 데 대한 담보로 친권자가 다른 미성년의 자녀를 대리하여 그 자 소유의 부동산에 저당권을 설정한 경우에, 성년이 된 자녀와 미성년의 자녀 사이에 이해가 상반하는 경우에는 이해상반행위가 아니라고 하였고(대법원 1976. 3. 9. 선고 75다2340 판결), 친권자가 자신의 오빠의 채무를 담보하기 위하여 미성년자 소유의 부동산에 근저당권을 설정하는 행위도 이해상반행위가 아니며(대법원 1991. 11. 26. 선고 91다32466 판결), 친권자가 자신이 대표이사인 회사의 채무를 담보하기 위하여 자신과 미성년자의 공유인 부동산에 관하여 근저당권설정계약을 체결하는 행위도 이해상반행위가 아니라고 보았다(대법원 1996. 11. 22. 선고 96다10270 판결). 그리고 공동상속인인 친권자(嫡母)가 자신의 상속포기를 함과 동시에 자신의 친권에 복종하는 여러 자(庶子)를 대리하여 상속을 포기하여 결과적으로 성년인 자(친아들)만이 상속을 받게 한 경우에도 이는 이해상반행위에 해당하지 아니한다고 하였다(대법원 1989. 9. 12. 선고 88다카28044 판결).

그러나 이러한 행위가 형식적으로는 이해상반행위가 아니라 하더라도 친권자가 법정대리권을 남용한 경우에 해당한다고 볼 수 있다. 판례는 친권자가 자신의 오빠의 채무를 담보하기 위하여 미성년자 소유의 부동산에 근저당권을 설정하는 행위가, 근저당권자도 그러한 사정을 잘 알고 있었다 하여도 친권의 남용이 아니라고 하였다(대법원 1991. 11. 26. 선고 91다32466 판결). 그러나 이러한 경우에는 담보의 설정이 미성년자 자신에게는 불이익만을 주는 것이고, 그 상대방도 이를 알았거나 알 수 있었을 것이므로 원칙적으로 친권의 남용이라고 보아야 할 것이다. 나아가 친권자가 자신도 상속을 포기하면서 성년인 다른 자녀를 위하여 미성년자의 상속을 포기한 경우도 친권의 남용이라고 하여야 할 것인데, 판례는 이러한 경우에도 상속포기가 유효하다고 하였다(대법원 1989. 9. 12. 선고 88다카28044 판결).

미성년자가 친권자의 동의를 얻어 친권자와 이해상반되는 행위를 하는 경우에는 이해상반행위 규정이 적용되는가, 아니면 친권자의 동의가 없는 것과 마찬가지로 보아 취소할 수 있을 뿐인가에 관하여 학설 대립이 있으나, 친권자의 동의권도 대리권과 마찬가지로 자녀의 복리에 적합하게 행사하여야 하므로, 이해상반행위와 같이 취급하여 무효로 보아야 한다. 대법원 2002. 2. 5. 선고 2001다72029 판결은 이와 다른 취지로 보이지만, 명확하지는 않다.

이해상반행위에 관하여 친권자가 대리를 하면 이는 무권대리행위로서 피대리자에 의한 추인이 없는 한 무효가 된다. 따라서 이러한 경우에는 가정법원이 특별대리인을 선임하여야 한다{家訴 2조 1항 2호 가. 16)}. 문제가 되는 것은, 원래 부모가 공동으로 친권을 행사하여야 하는데 부모 중 일방에 관하여만 이해상반이 되는 경우(예컨대 제3자가 친권자와 부모 중 일방만을 피고로 하여 친생자관계부존재확인을 청구하는 경우)에 어떻게 하여야 하는가이다. 제1설은 이해가 상반되지 않는 다른 친권자가 법정대리인이 되므로 특별대리인을 선임할 필요가 없다고 하고, 제2설은 특별대리인만이 법정대리인이 되며, 이해상반하지 않는 다른 친권자도 법정대리권을 행사할 수 없다고 하며, 제3설은 특별대리인과 다른 친권자가 공동으로 법정대리권을 행사할 수 있다고 한다. 통설은 제3설을 지지하고 있고, 실무례(등기예규 1088호)도 그에 따르고 있다. 나아가 미성년인 자가 수인이고 이들 사이에 이해가 상반하는 경우(상속재산분할의 협의 등)에는 미성년자 각자마다 특별대리인을 선임하여야 한다(대법원 1993. 4. 13. 선고 92다54524 판결).

[판례 44] 대법원 2002. 1. 11. 선고 2001다65960 판결

1. 기록에 의하면 다음과 같은 사실이 인정된다.

가. 이 사건 토지는 원래 소외 1의 소유이었는데, 소외 1이 1990. 4. 20. 사망하여 그 처인 소외 2, 자녀인 원고와 소외 3, 4가 이를 공동으로 상속하였다.

나. 소외 2는 고철도매업을 경영하면서 1995년 5월경부터 피고로부터 금원을 차용하였는데, 1998년 10월경까지 차용금 합계액이 1억 2,000만 원에 이르렀다.

다. 소외 2는 1998. 10. 15. 당시 성년이던 소외 3의 동의를 얻어 피고와 사이에, 위 1억 2,000만 원의 채무에 관하여 주채무자를 소외 3으로 하고, 소외 2를 연대보증인으로 하는 채무인수계약을 체결하였고, 같은 날 소외 3의 위 1억 2,000만 원의 채무를 담보하기 위하여 피고와 사이에, 이 사건 토지 중 자신의 공유지분에 관하여는 공유지분권자로서, 이 사건 토지 중 미성년자이던 원고의 공유지분에 관하여는 그 법정대리인의 자격으로, 각각 근저당권설정계약을 체결함으로써 이 사건 토지 중 원고의 공유지분에 관하여 이 사건 근저당권설정등기가 경료되었다.

2. 원심판결이 인용한 제1심판결 이유에 의하면, 원심은 소외 2가 원고를 대리하여 이 사건 토지 중 원고의 공유지분에 관하여 위 근저당권설정계약을 체결한 행위는 민법 제921조의 이해상반행위로서 무효라는 원고의 주장에 대하여 민법 제921조의 이해상반행위는 행위의 객관적 성질상 친권자와 그 자 사이에 이해의 대립이 생길 우려가 있는 행위를 가리키는 것으로서, 친권자의 의도나 그 행위의 결과 실제로 이해의 대립이 생겼는지 여부는 묻지 아니하는 것이라고 할 것인바, 피고에 대한 위 채무의 채무자는 소외 2가 아니라 소외 3이라고 할 것이므로 소외 2가 원고를 대리하여 소외 3의 피고에 대한 채무 담보를 위하여 근저당권을 설정하는 행위는 친권자와 그 자 사이에 이해의 대립이 생길 우려가 있는 이해상반행위라고 볼 수 없다(나아가, 가사 소외 2가 주채무자라 하더라도 판시 증거들을 종합하면 위 차용금은 대부분 원고 등의 생활비 등으로 소요된 사실을 인정할 수 있으므로 그와

같은 사정에 비추어 보더라도 소외 2의 대리행위가 원고에 대하여 이해상반행위라고 볼 수 없다.)는 이유로 이를 배척하였다.

3. 그러나 위에서 인정한 바와 같은 사실관계 하에 있어서는, 위 채권의 만족을 얻기 위하여 피고가 이 사건 토지 중 원고의 공유지분에 관한 저당권의 실행을 선택한 때에는, 그 경매대금이 변제에 충당되는 한도에 있어서 소외 2의 책임이 경감되고, 또한 피고가 소외 2에 대한 연대보증책임의 추구를 선택하여 변제를 받은 때에는, 소외 2는 피고를 대위하여 이 사건 토지 중 원고의 공유지분에 대한 저당권을 실행할 수 있는 것으로 되는바, 위와 같이 친권자인 소외 2와 자인 원고 사이에 이해의 충돌이 발생할 수 있는 것이, 친권자인 소외 2가 한 행위 자체의 외형상 객관적으로 당연히 예상되는 것이어서, 소외 2가 원고를 대리하여 이 사건 토지 중 원고의 공유지분에 관하여 위 근저당권설정계약을 체결한 행위는 이해상반행위로서 무효라고 보아야 할 것이고, 또한 법정대리인인 친권자와 그 자 사이의 이해상반의 유무는 전적으로 그 행위 자체를 객관적으로 관찰하여 판단하여야 할 것이지 그 행위의 동기나 연유를 고려하여 판단하여야 할 것은 아니어서, 원심이 부가적 판단에서 설시한 바와 같이, 위 차용금이 대부분 원고 등의 생활비로 소요되었다는 사정에 비추어 위 근저당권설정계약이 이해상반행위에 해당하지 않는다고 판단할 수도 없을 것이므로, 결국 원심판결에는 이해상반행위에 관한 법리를 오해함으로써 판결에 영향을 미친 위법이 있다 할 것이다.

참고문헌

김성수, 가족법연구 17권 2호; 윤장원, 부산판례연구회 판례연구 14집

생각할 점

이 판결과 대법원 1996. 11. 22. 선고 96다10270 판결과의 관계를 생각하여 보라.

마. 친권자의 동의를 갈음하는 재판

친권자가 자녀의 복리를 위하여 필요한 행위를 하지 않거나 이를 거부하는 경우에도 국가가 개입할 필요가 있다. 예컨대 자녀를 위하여 수혈이 필요한데, 부모가 종교적인 신념을 이유로 이를 거부하는 것과 같다. 종래에는 사후적인 형사처벌(대법원 1980. 9. 24. 선고 79도1387 판결; 아동복지법 40조 2호, 29조 4호) 외에는 특별한 대처방법이 없었다. 그러나 2014년 개정 민법은 이러한 경우에 대비하여 친권자의 동의를 갈음하는 재판 제도를 신설하였다. 그리하여 친권자의 동의가 필요한 행위에 대하여 친권자가 정당한 이유 없이 동의하지 아니함으로써 자녀의 생명, 신체 또는

재산에 중대한 손해가 발생할 위험이 있는 경우에는 가정법원은 자녀, 자녀의 친족, 검사 또는 지방자치단체의 장의 청구에 의하여 친권자의 동의를 갈음하는 재판을 할 수 있다(922조의2). 예컨대 자녀의 치료에 필요한 동의를 법원의 재판에 의하여 갈음하는 것이다.

이는 실질적으로는 부모의 친권에 대한 제한과 같은 성격을 가진다. 그러나 동의를 갈음하는 재판은 부모의 친권에 대한 최소한의 제한이라고 할 수 있으므로, 이에 의하여 자녀의 복리를 충분히 보호할 수 있으면 친권상실이나 일시정지, 일부제한 또는 대리권·재산관리권의 상실선고는 할 수 없다(925조의2 2항).

4. 친권의 상실, 제한 및 정지

▌참고문헌: 백경희, "재산적 효력에 관한 친권 제한 제도에 관한 고찰", 입법과 정책 7권 1호, 2015; 백경희·김자영, "친권의 제한제도에 관한 개정 민법의 검토", 부산대학교 법학연구 55권 4호, 2014; 윤진수, "미국법상 부모의 자녀에 대한 치료 거부에 따르는 법적 문제", 민법논고 Ⅳ, 2009; 윤진수·현소혜, "부모의 자녀치료 거부 문제 해결을 위한 입법론", 민법논고 Ⅶ, 2015; 이동진, "부모의 자녀에 대한 친권행사와 국가의 통제", 가족법연구 30권 3호, 2016; 이은정, "친권 제한의 유연화", 가족법연구 27권 1호, 2013; 이은정, "피해아동의 분리 보호와 친권의 제한", 가족법연구 33권 2호, 2019; 정현수, "친권의 제한제도에 관한 일고", 전북대학교 법학연구 통권 40집, 2013; 조인선, "친권상실선고심판에 대한 친권의 일부 제한 심판 사례", 2018년 가족법 주요판례 10선, 2019

친권자가 친권을 행사하는 것이 자녀의 이익에 어긋날 때에는 그 친권을 박탈하거나 제한할 필요가 있고, 이를 위하여 인정되는 것이 친권의 상실제도이다. 친권상실제도에는 본래의 친권상실, 즉 친권 그 자체를 선고에 의하여 상실시키는 것(924조)과 친권 가운데 대리권 및 재산관리권만을 상실시키는 것(925조)의 2가지가 있다. 또한 민법은 친권자 자신의 대리권과 재산관리권의 사퇴(927조)도 인정한다.

나아가 2014년 개정 민법은 친권의 상실 외에 친권의 제한과 정지 제도를 신설하였다. 그리고 특별법에서도 친권의 제한과 정지를 인정한다.

가. 친권과 대리권·재산관리권의 상실

(1) 친권상실선고

부 또는 모가 친권을 남용하여 자녀의 복리를 현저히 해치거나 해칠 우려가 있는 경우에는 가정법원은 그 친권의 상실을 선고할 수 있다(924조 1항).

친권의 남용이란 친권을 부당하게 행사하는 것을 말한다. 즉 미성년 자녀의 이익을 해하면서 자기나 다른 제3자의 이익을 꾀하거나, 이해상반행위를 하는 것, 또는 자녀를 학대하는 것 등이다. 자녀를 성적으로 학대하는 것도 물론 이에 해당한다. 친권을 적절하게 행사하지 않는 것도 친권 남용(소극적 남용)에 해당할 수 있다. 다만 여기서 말하는 친권의 남용은 친권에 기한 대리권의 행사나 자녀의 인도청구 등이 권리의 남용에 해당하여 그 효력이 인정될 수 없는 것(대법원 1979. 7. 10. 선고 79므5 판결; 1981. 10. 13. 선고 81다649 판결 등)과는 구별된다.

나아가 친권의 남용으로 인하여 자녀의 복리를 현저히 해치거나 해칠 우려가 있는 경우라야 한다. "현저히" 해치거나 해칠 우려가 있어야 한다는 점에서, 친권의 일부제한(924조의2)과는 차이가 있다.

판례가 친권남용에 해당한다고 본 것으로는, 친권자인 부(父)가 자의 양육의무를 이행하지 아니하여 이혼한 생모와 외조부가 양육하던 중에 부가 자의 재산을 매각처분하려 한 경우(대법원 1968. 9. 17. 선고 68므27 판결), 적모(嫡母)가 자의 부양과 교육에 관한 책임을 지지 않고 제3자와 통모하여 제3자로 하여금 상속부동산에 관하여 허위의 판결을 얻게 한 경우(대법원 1968. 12. 6. 선고 68므39 판결), 모가 남편 및 시부모들과의 불화로 집을 나가 별거하다가 남편이 교통사고로 사망하게 되었는데도 장례식에 참석하지도 않고 자녀들도 만나주지 않으면서 남편의 교통사고에 대한 보상금을 수령하여 다 소비하여 버린 경우(대법원 1991. 12. 10. 선고 91므641 판결) 등이 있다.

반면 친권의 남용이 아니라고 한 예로서는, 모가 자신과 자녀의 생존을 위해 부득이 자녀 소유의 부동산을 저가로 매각한 경우(대법원 1963. 8. 31. 선고 63다363 판결)가 있다.

2014년 개정 전의 924조는 친권자의 현저한 비행도 친권상실사유로 규정하고 있었다. 여기서 말하는 현저한 비행이란 성적인 방종이나 방탕에 의하여 자기의 재산을 낭비하는 등, 직접적으로는 자녀 자신에게 불이익을 주는 것은 아니라 하더라도 그로 인하여 자녀에게 나쁜 영향을 줄 수 있는 경우를 말한다. 그러나 판례는, 친권의 목적이 결국 자녀의 복리보호에 있으므로, 설사 친권자에게 어떠한 비행이 있어 그것이 자녀들의 정서나 교육 등에 악영향을 줄 여지가 있다 하더라도, 비행을 저지른 친권자를 대신하여 다른 사람으로 하여금 친권을 행사하거나 후견을 하게 하는 것이 자녀의 복리를 위하여 보다 낫다고 인정되는 경우가 아니라면 섣불리 친권상실을 인정하여서는 안 될 것이라고 하였다(대법원 1993. 3. 4.자 93스3 결정, [판례

45]). 그리하여 2014년 개정 민법은 친권자의 비행을 독립된 친권상실사유에서 제외하였다.

친권상실 청구권자는 자녀, 자녀의 친족, 검사 또는 지방자치단체의 장이다. 자녀와 지방자치단체의 장은 2014년 개정에 의하여 청구권자로 추가되었다.

친권상실의 청구가 있으면 가정법원은 선고 전에 사전처분(家訴 62조 1항)으로서 심판의 확정시까지 그 권한을 행사할 자(친권대행자)를 지정할 수 있다(家訴規 102조 1항).

친권상실의 선고는 부모로부터 친권을 완전히 박탈하는 결과를 가져오므로 그보다는 친권의 일시정지나 일부제한 또는 친권자의 동의를 갈음하는 재판 등과 같은 침해의 정도가 더 가벼운 다른 수단에 의하여는 자녀의 복리를 충분히 보호할 수 없는 경우에만 허용된다(925조의2 1항). 즉 친권상실은 친권의 일부정지나 일부제한과의 관계에서 보충성을 가진다. 이는 이른바 비례의 원칙이 발현된 것이라고 할 수 있다. 친권 상실 청구가 있는데, 친권 상실사유에는 해당하지 않지만 자녀의 복리를 위하여 친권의 일부 제한이 필요하다고 볼 경우에는 법원은 청구취지에 구속되지 않고 친권의 일부 제한을 선고할 수 있다(대법원 2018. 5. 25.자 2018스520 결정). 마찬가지로 친권상실의 청구가 있더라도 법원은 법률행위의 대리권이나 재산관리권의 상실선고만을 할 수도 있다. 거꾸로 친권의 일부 제한이나 일시 정지 또는 대리권이나 재산관리권의 상실 청구가 있는 경우에도 법원은 필요하다고 판단하면 친권상실의 선고를 할 수 있다고 보아야 할 것이다(주석친족 2/이은정, 478).

친권상실의 선고가 있으면 친권자는 일체의 친권을 상실하게 된다. 부모 중 일방의 친권만이 상실된 때에는 다른 일방이 단독으로 친권을 행사하게 되고, 친권자가 아무도 없으면 후견이 개시된다. 그러나 친권상실이 선고된 경우에도 부모의 자녀에 대한 그 밖의 권리와 의무(예컨대 부양의 권리의무 등)는 변경되지 아니한다(925조의3). 또 친권상실의 선고가 확정되면 가정법원의 법원사무관 등은 지체 없이 가족관계등록 사무를 처리하는 사람에게 가족관계등록부에 등록할 것을 촉탁하여야 한다(家訴 9조, 家訴規 5조 1항 1호).

[판례 45] 대법원 1993. 3. 4.자 93스3 결정

1. 원심결정 이유에 의하면 원심은 1971. 8. 1. 망 청구외 1(1991. 10. 23. 사망)과 혼인하

여 슬하에 사건본인인 아들 청구외 2(1974. 5. 28.생)과 청구외 3(1988. 3. 17.생) 등 2자녀를 둔 재항고인이 1989. 4.경 과천시에서 유치원을 경영하면서 고용한 유치원버스 운전수인 청구외 4와 1991. 7.경부터 여관등지에서 여러 차례 정을 통하여 왔는바, 청구외 4는 재항고인이 망 청구외 1보다는 자신을 더 사랑한다고 생각한 나머지 재항고인에게 함께 살 것을 요구하였으나 재항고인으로부터 망 청구외 1과 이혼할 처지가 되지 못한다며 거절당하여 망 청구외 1에 대한 증오심을 품고 있던 중, 같은 해 10. 22. 저녁 평소 재항고인과 청구외 4의 관계를 의심하고 있던 망 청구외 1로부터 그날 재항고인과의 행적에 대한 추궁과 함께 뺨을 맞고 운전수직을 그만두라는 말을 듣는 모욕을 당하게 되자 이에 대한 복수심과 나아가 망 청구외 1이 죽으면 자신이 재항고인과 함께 살 수 있으리라는 생각을 하고는 망 청구외 1을 살해할 마음을 품고 다음날인 1991. 10. 23. 02:00경 망 청구외 1이 잠자고 있던 방에 불붙은 석유통을 던져 넣음으로써 망 청구외 1을 소사시킨 사실, 경찰과 검찰은 당초 망 청구외 1의 사망사건에 재항고인이 가담한 것이 아닌가 하는 의심을 품고 수사를 하였으나 결국 이에 대한 증거를 발견하지 못하고 청구외 4에 대하여는 현주건조물방화치사상죄와 간통죄로, 재항고인에 대하여는 간통죄로 각 공소를 제기하여 1992. 4. 21. 수원지방법원으로부터 청구외 4에 대하여는 무기징역, 재항고인에 대하여는 징역1년에 집행유예 2년의 유죄판결이 선고된 사실, 사건본인인 청구외 2는 자폐증으로 정상적인 교육을 받지 못하는 상태이고 사건본인들에게는 조모인 상대방과 백부, 숙부, 고모 등의 친족이 있는 사실 등을 각 인정한 후, 재항고인은 비록 청구외 4와 공모하여 망 청구의 1을 사망하게 한 범죄행위를 직접 저지르지는 아니하였다 하더라도 청구외 4와 불륜의 관계를 맺은 것이 결국 청구외 4의 범행을 초래하였다고 보이는 점에서 통상의 간통의 경우보다 훨씬 강한 윤리적 비난을 받아 마땅하고, 사건본인들의 아버지의 사망이라는 용인할 수 없는 결과를 초래한 재항고인으로 하여금 사건 본인들에 대한 친권을 행사하게 하는 것은 그들에게 나쁜 영향을 준다고 보지 않을 수 없어 사건본인들의 올바른 성장과 복지를 위하여는 재항고인이 아닌 다른 가까운 친족으로 하여금 그들을 후견하게 함이 보다 바람직하다면서 결국 재항고인에게는 현저한 비행 기타 친권을 행사시킬 수 없는 중대한 사유가 있으므로 그에 대하여 친권상실의 선고를 한 제1심 결정이 정당하다고 판단하였다.

2. 그러나 친권은 미성년인 자의 양육과 감호 및 재산관리를 적절히 함으로써 그의 복리를 확보하도록 하기 위한 부모의 권리이자 의무의 성격을 갖는 것으로서, 민법 제924조에 의한 친권상실선고사유의 해당 여부를 판단함에 있어서도 이와 같이 친권의 목적이 결국 자녀의 복리보호에 있다는 점이 판단의 기초가 되어야 할 것이고, 따라서 설사 친권자에게 간통등 어떠한 비행이 있어 그것이 자녀들의 정서나 교육 등에 악영향을 줄 여지가 있다 하더라도 친권의 대상인 자녀의 나이나 건강상태를 비롯하여 관계인들이 처해 있는 여러 구체적 사정을 고려하여 비행을 저지른 친권자를 대신하여 다른 사람으로 하여금 친권을 행사하거

나 후견을 하게 하는 것이 자녀의 복리를 위하여 보다 낫다고 인정되는 경우가 아니라면 섣불리 친권상실을 인정하여서는 안 될 것이다.

이 사건에서 보면 재항고인과 청구외 4사이의 불륜관계를 맺었던 것이 연유가 되어 중국에 가서는 사건본인들의 아버지 망 청구의 1의 사망이라는 결과를 초래하였다는 측면이 있어 재항고인에 대한 윤리적 비난가능성이 통상의 간통행위보다 크다고 볼 수 있음은 원심이 설시하고 있는 바와 같으나, 재항고인이 망 청구외 4의 망 청구외 1에 대한 범행에 관여하지 아니하였음은 원심도 인정하고 있으며, 한편 기록에 의하면 친권의 대상이 되는 사건본인들 중 청구외 2는 자폐증환자이자 정신지체자로서 장기적인 가료와 특수교육 및 보호를 필요로 하는 자이고, 청구외 3은 이상비대증이 엿보이는 4세 남짓한 어린아이로서 모두 어머니인 재항고인과 함께 살면서 양육되어 왔고, 그동안 재항고인이 자녀들의 양육과 보호에 관한 의무만큼은 이를 소홀히 하였다고 볼 사정이 없는 반면, 재항고인의 친권이 상실될 경우 사건본인들은 할머니인 청구외 5의 후견을 받게 될 것으로 보이는데 동인은 사건본인들과는 따로 살아오던 76세의 노인으로서 동인에게 위와 같은 건강상태나 연령에 처해 있는 사건본인들에 대한 양육과 감호를 맡기는 것이 그들의 복리를 위하여 과연 더 나은 결정일지는 의문이 아닐 수 없다.

그리고 원심이 사건본인들을 후견하게 함이 바람직하다고 판시한 가까운 친척의 구체적 사정에 관하여는 아무런 설시도 없고, 이 점에 관한 자료도 엿볼 수 없어서 이를 그대로 수긍하기 어렵다.

그럼에도 불구하고 원심이 이러한 점을 충분히 고려함이 없이 재항고인이 위와 같은 비행을 저질렀다는 사정만을 강조하면서 동인의 비행이 친권상실사유에 해당한다고 판단한 데에는 친권상실선고에 있어 고려하여야 할 요소들에 관한 심리를 다하지 아니하였거나 이에 관한 법리를 오해한 위법이 있다 할 것이므로 이를 지적하는 논지는 이유 있다.

(2) 대리권과 재산관리권의 상실

법정대리인인 친권자가 자녀의 재산을 부적당하게 관리하여 그 재산을 위태롭게 한 때에는 친권 자체가 아니라 법률행위의 대리권과 재산관리권만을 상실하게 할 수 있다(925조). 청구권자는 친족, 검사 또는 지방자치단체의 장으로서, 자녀는 청구권자가 아니다. 여기서 말하는 대리권과 재산관리권의 상실사유에는 예컨대 투기사업에 투자하거나 자녀의 재산을 낭비 기타 소홀히 하는 경우가 이에 해당한다. 그러나 이러한 사유와 친권상실사유가 어떻게 구분되는가 하는 것은 다소 애매하다. 한 견해는 친권상실사유의 경우에는 친권자의 고의나 중대한 과실을 요하지만, 대리권과 재산관리권상실의 경우에는 객관적인 요건만 있으면 된다고 하였다. 그러러나 근래의 학설은 친권상실사유와 재산관리권상실사유는 기본적으로는 동일하고, 다만 그 부당성의 정도에 있어서 큰 것이 친권상실사유이고 작은 것이 대리권과 재산관리권상실사유라고 한다.

대리권과 재산관리권의 상실선고가 있으면 친권자는 대리권 및 재산관리권을 상실하게 된다. 그리하여 부모 일방에게 대리권과 재산관리권의 상실선고가 있으면 다른 일방이 대리권과 재산관리권을 단독으로 행사하게 되고, 다른 친권자가 없으면 후견이 개시되지만, 이 후견은 법률행위의 대리권과 재산관리권에 한정되고, 신분에 관한 사항은 친권자가 여전히 친권을 행사하게 된다.

가족관계등록부의 기재는 친권상실의 경우와 같다.

⑶ 실권(失權)의 회복

친권상실이나 대리권과 재산관리권상실 선고가 있더라도 그 사유가 없어지면 가정법원은 본인, 자녀, 자녀의 친족, 검사 또는 지방자치단체의 장의 청구에 의하여 실권의 회복을 선고할 수 있다(926조).

⑷ 대리권 · 재산관리권의 사퇴

친권자는 정당한 사유가 있는 때에는 법원의 허가를 얻어 그 법률행위의 대리권과 재산관리권을 사퇴할 수 있고, 그 사유가 소멸하면 법원의 허가를 얻어 사퇴한 권리를 회복할 수 있다(927조). 우리 민법은 친권의 사퇴는 인정하지 않는다.

예컨대 중병 · 복역 · 해외여행 등의 장기부재나 재혼과 같은 경우가 여기서 말하는 정당한 사유에 해당할 것이다.

⑸ 친권상실, 대리권과 재산관리권상실의 효과

친권자가 친권을 상실하거나, 대리권과 재산관리권을 상실 또는 사퇴한 경우에는, 909조의2 1항 및 3항부터 5항까지의 규정이 준용된다(927조의2). 그리하여 친권을 상실한 자 외의 다른 부 또는 모가 친권자가 아니었으면 그가 당연히 친권자가 되는 것은 아니며, 가정법원의 친권자 지정을 받아야 하고, 청구기간 내에 청구가 없으면 가정법원은 미성년후견인을 선임하여야 한다. 가정법원은 친권자지정 청구나 후견인 선임 청구가 미성년자의 복리를 위하여 적절하지 않다고 인정하면 청구를 기각할 수 있고, 이 경우에는 법원은 직권으로 미성년후견인을 선임하거나 친권자를 지정하여야 한다. 친권자가 지정되거나 후견인이 선임될 때까지는 가정법원은 그 임무를 대행할 사람을 선임할 수 있다.

친권의 상실, 대리권과 재산관리권의 상실이 선고된 경우에도 양육비 지급의무와 같은 부모의 자녀에 대한 그 밖의 권리와 의무는 변경되지 아니한다(925조의3). 다만 친권이 상실되면 입양에 대한 동의권도 상실된다(870조 1항 2호).

친권자가 지정되거나 미성년후견인이 선임된 후에도 가정법원은 실권회복이 선고되거나 사퇴한 권리를 회복한 경우 또는 소재불명이던 부 또는 모가 발견되는 등 친권을 행사할 수 있게 된 경우에는 친권자를 새로 지정할 수 있다(927조의2 2항).

나. 친권의 제한과 정지

부모가 자녀의 이익을 해치고 있더라도, 친권상실이나 재산권 또는 대리권의 상실만으로는 대처하기 어려운 경우가 있다. 예컨대 부모가 종교적인 이유에서 자녀의 생명에 절대적으로 필요한 치료를 거부하는 경우에, 친권상실선고는 실제로 부모와 자녀관계를 전면적으로 단절시키는 매우 강력한 효과를 가지고 있으므로, 자녀가 치료를 받게 하기 위한 목적만으로 이 제도를 이용하는 것은 바람직하지 않다. 그리하여 2014년 개정 민법은 친권의 상실 외에도 친권의 일부제한 및 일시정지 그리고 친권자의 동의를 갈음하는 재판 제도를 도입하였다.

친권 일시정지의 사유는 친권상실의 사유와 같다(924조 1항). 친권의 일부만을 정지시킬 수 있는가에 대하여는 규정이 없으나, 일부만을 정지시킴으로써 목적을 달성할 수 있다면 굳이 전부를 정지시킬 필요는 없다고 보아야 할 것이다(송덕수, 236; 주해친족 2/권재문, 1134). 그러나 친권 일시정지에 의하여 자녀의 복리를 충분히 보호할 수 있으면 친권상실을 선고하여서는 안 된다(925조의2 1항). 반대로 친권자의 동의를 갈음하는 재판과 같은 조치에 의하여 자녀의 복리를 충분히 보호할 수 있으면 친권 일시정지를 하여서는 안 된다(925조의2 2항). 친권의 일시정지 기간은 2년을 넘을 수 없고, 그 연장은 2년의 범위 안에서 한 차례만 할 수 있다(924조 2, 3항).

또한 거소의 지정이나 그 밖의 신상에 관한 결정 등 특정한 사항에 관하여 친권자가 친권을 행사하는 것이 곤란하거나 부적당한 사유가 있어 자녀의 복리를 해치거나 해칠 우려가 있는 경우에는 가정법원은 구체적인 범위를 정하여 친권의 일부제한을 선고할 수 있다. 그 청구권자는 자녀 자신, 자녀의 친족, 검사 또는 지방자치단체의 장이다(924조의2). 친권의 일부제한에 의하여 자녀의 복리를 충분히 보호할 수 있으면 친권상실을 선고하여서는 안 되고, 반대로 친권자의 동의를 갈음하는 재판에 의하여 자녀의 복리를 충분히 보호할 수 있으면 친권의 일부제한을 선고하여서는 안 되는 것은 친권 일시정지의 경우와 같다. 그러나 친권 일부제한과 친권 일시정지 사이에 우선관계는 없고, 어떤 것이 적절한지는 구체적인 상황에 따라 법원이 판단할 문제이다. 친권 상실 청구가 있는데, 친권 상실사유에는 해당하지 않지만 자녀의 복리를 위하여 친권의 일부 제한이 필요하다고 볼 경우에는 법원은 청구취지에 구속되지 않고 친권의 일부 제한을 선고할 수 있다(대법원 2018. 5. 25.자 2018스520 결정).

친권의 일시정지나 일부제한이 선고된 경우에도 부모의 자녀에 대한 그 밖의 권리와 의무는 변경되지 아니하고(925조의3), 친권자 지정 또는 미성년후견인 선임에 관한 909조의2 1항 및 3항부터 5항까지의 규정이 준용되며(927조의2), 친권의 일시정지나 일부제한의 원인이 소멸된 경우에는 가정법원이 실권(失權)의 회복을 선고할 수 있는 것(926조)은 친권상실 등의 경우와 마찬가지이다.

대법원 2021. 5. 27.자 2019스621 결정은, 가정법원이 민법 924조의2에 따라 부모의 친권 중 양육권만을 제한하여 미성년후견인으로 하여금 자녀에 대한 양육권을 행사하도록 결정한 경우에 민법 837조를 유추적용하여 미성년후견인은 비양육친을 상대로 家訴 2조 1항 2호 나목 3)에 따른 양육비심판을 청구할 수 있다고 하였다.

다. 특별법에 의한 친권상실, 제한과 정지

「가정폭력범죄의 처벌 등에 관한 특례법」은 가족구성원 사이의 일정한 범죄행위(2조 3호)를 한 행위자에 대하여 가정법원이 가정보호사건으로 다루어 일정한 보호처분을 할 수 있도록 하고, 그 보호처분으로서 친권자인 행위자의 피해자에 대한 친권행사의 제한을 명할 수 있도록 규정하고 있다(40조 1항 3호). 그러나 위 친권행사의 제한기간은 6월을 초과하지 못하고(41조), 가정법원이 45조 1항에 의하여 그 기간을 변경할 때에도 그 기간이 1년을 초과하지 못한다(45조 2항). 위 친권제한의 처분을 할 때에는 피해자를 다른 친권자나 친족 또는 적당한 시설로 인도할 수 있다(40조 3항).

친권행사의 제한결정에서는 친권 그 자체뿐만 아니라 법률행위의 대리권 또는 재산관리권의 일부 또는 전부를 제한할 수도 있다(가정보호심판규칙 46조 1항). 법원이 친권행사의 제한결정을 한 때에는 판사는 지체 없이 가족관계등록사무를 관장하는 자에게 가족관계등록부기록을 촉탁하여야 한다(위 규칙 46조 2, 3항).

또한 「아동학대범죄의 처벌 등에 관한 특례법」은 아동학대범죄가 있으면 검사가 아동학대행위자인 친권자에 대하여 친권상실선고를 청구할 수 있도록 하고(9조), 판사가 임시조치 및 보호처분으로서 친권 행사의 제한 또는 정지를 할 수 있게 하며(19조 1항 4호, 36조 1항 3호), 이 경우 후견인의 임무를 수행할 사람을 정하도록 하였다(23조, 36조 4항). 또한 판사는 피해아동보호명령에 의하여 친권자인 아동학대행위자의 피해아동에 대한 친권 행사의 제한 또는 정지를 명할 수 있다(47조 1항 7호).

그리고 「아동·청소년의 성보호에 관한 법률」은 아동·청소년대상 성범죄 사건을 수사하는 검사는 그 사건의 가해자가 피해아동·청소년의 친권자인 경우에는 법원에 친권상실선고를 청구하여야 하지만, 친권상실선고를 하여서는 아니 될 특별한 사정이 있는 경우에는 그러하지 아니하다고 규정한다(23조 1항).

마지막으로 아동복지법은 시·도지사, 시장·군수·구청장 또는 검사는 아동의 친권자가 그 친권을 남용하거나 현저한 비행이나 아동학대, 그 밖에 친권을 행사할 수 없는 중대한 사유가 있는 것을 발견한 경우 법원에 친권행사의 제한을 청구하여야 하고, 아동복지시설의 장 및 학교의 장은 시·도지사, 시장·군수·구청장 또는 검사에게 법원에 친권행사의 제한을 청구하도록 요청할 수 있다고 규정한다(18조).

제5장 후 견

Ⅰ. 후견제도의 의의

후견제도란, 미성년자나 장애인과 같이 행위능력이 없거나 제한되어 스스로 자신의 이익을 보호할 수 없는 사람을 위하여 후견인을 두어, 그들을 보호감독하고 그 재산을 관리하며 또 대리하는 것을 목적으로 하는 제도이다. 미성년자의 경우에는 친권자가 있으면 그 친권자가 당연히 이러한 기능을 행사하므로 따로 후견인을 둘 필요가 없으나, 친권자가 없거나 또는 친권을 행사할 수 없는 때에는 친권자 대신에 미성년자의 이익을 보호할 사람이 필요하다. 다만 이러한 후견인의 권한은 친권자의 권한보다는 제한되어 있다. 또 미성년자가 아니지만 행위능력이 없거나 제한된 사람은 친권자가 존재하지 않으므로, 별도로 후견인을 둘 필요가 있다.

그런데 종래의 후견제도는 한정치산·금치산을 내용으로 하고 있었는데, 행위능력을 원칙적으로 제한 또는 부인한다는 점에서 낙인(烙印)을 찍는 효과가 있을 뿐 아니라, 보호가 필요한 사람들에게 효율적인 조력을 제공한다는 측면에서도 미흡한 점이 적지 않았다고 평가되었다. 그리하여 외국에서는 근래 종래의 후견제도 대신 이른바 성년후견제도가 도입되고 있다. 우리나라에서도 2011. 3. 7. 민법 개정으로 성년후견제도가 도입되어, 2013. 7. 1.부터 종래의 한정치산·금치산제도가 폐지되고 새로운 성년후견법이 시행되기에 이르렀다.

개정법은 후견인의 결정에 관하여는 종래의 법정후견제도를 폐지하고, 법원이 후견인을 선임하도록 하였다. 다만 미성년후견에 관하여는 종래의 지정후견도 유지되고 있다. 그리고 후견인의 감독을 위하여 종래 존재하였던 친족회를 폐지하고, 그 대신 후견감독인을 두기로 하였다. 그러나 후견감독인은 반드시 두어야 하는 것은 아니고, 가정법원이 필요하다고 인정할 때 선임한다(940조의2 이하). 다만 후견계약은 가정법원이 임의후견감독인을 선임한 때부터 효력이 발생하므로(959조의14 3

항), 후견감독인의 선임이 필수적이다.

민법은 후견인의 선임이나 권한 등에 관하여 우선 미성년후견과 성년후견에 관하여 공통으로 적용되는 규정을 두고, 이러한 규정들을 한정후견과 특정후견 및 후견계약에 준용하는 방식을 택하고 있다. 여기서는 미성년후견을 먼저 다루면서 후견에 공통으로 적용되는 사항을 살펴보고, 나머지 후견에 관하여는 특별한 점을 설명한다.

Ⅱ. 미성년후견

1. 후견의 개시

미성년후견의 개시사유는 미성년자에게 친권자가 없거나, 친권자가 친권의 일부 또는 전부를 행사할 수 없는 때이다(928조).

친권자가 친권의 전부 또는 일부를 행사할 수 없는 때란, 친권자가 친권이나 대리권, 재산관리권의 상실선고 또는 친권의 일시정지나 일부제한 선고를 받은 경우는 물론이고, 친권자가 성년후견개시나 한정후견개시의 심판을 받았는데, 그에 따라 대리권과 재산관리권을 행사할 수 없는 경우도 포함한다. 그 외에 행방불명 등의 사유로 사실상 친권을 행사할 수 없는 때에도 후견이 개시된다. 부모가 공동으로 친권을 행사하던 중 1인이 사망한 경우에는, 다른 1인이 친권을 행사하면 되므로 이때에도 후견은 개시되지 않는다. 또 공동친권자가 이혼하거나 혼인 외의 자녀인 경우에 친권자로 지정된 자가 친권을 행사할 수 없게 되면 부모 중 다른 일방이 당연히 친권자로 되는가 아니면 후견이 개시되는가에 관하여 견해의 대립이 있었으나, 입법적으로 해결되었음은 앞에서 살펴보았다(위 제4장 Ⅲ. 2. 나. 참조).

그리고 전에는 미성년자에 대하여 금치산선고나 한정치산선고가 있으면 친권자가 있는 경우에도 929조에 의하여 후견이 개시되는가, 아니면 여전히 친권자가 친권을 행사하는가에 대하여도 견해의 대립이 있었으나, 2011년 개정법은 후견을 미성년후견과 성년후견으로 구분하여, 미성년자에 대하여 친권자가 있음에도 후견이 개시되는 경우를 배제하고 있다. 다만 미성년자가 성년에 달함과 동시에 성년자를 위한 후견이 개시될 수 있도록 미리 성년후견 등의 심판을 청구하는 것은 허용될 수 있다고 보아야 할 것이다. 그런데 법정대리인이 미리 미성년자를 대리하여 후견계약을 체결할 수 있는가 하는 점에 관하여는 논란이 있지만, 긍정하여야 한다

(아래 Ⅲ. 5. 참조).

2. 후견인의 결정

가. 지정후견인과 선임후견인

종전 법은 미성년을 위한 후견인인지, 금치산자 또는 한정치산자를 위한 후견인인지에 따라 다른 용어를 쓰지 않았으나, 2011년 개정 민법은 미성년후견인, 성년후견인, 한정후견인, 특정후견인 및 임의후견인을 구분하고 있다.

개정 전에는 후견인 결정 방법에 따라 지정후견인과 법정후견인 및 선임후견인이 나누어졌다. 그러나 지정후견인과 선임후견인 이외에 법률의 규정에 따라 일정한 지위의 친족이 당연히 후견인이 되는 법정후견인을 인정하는 것은, 그 법정후견인이 반드시 피후견인을 위하여 적당하다고 볼 수 없기 때문에 문제가 있었다. 그리하여 개정 민법은 미성년자의 지정후견인 제도는 유지하면서도 법정후견인 제도를 폐지하고, 선임후견을 원칙으로 하였다.

지정후견인이란 친권을 행사하는 부모가 유언에 의하여 후견인을 지정하는 경우를 말한다. 그러나 법률행위의 대리권과 재산관리권이 없는 부모는 후견인을 지정하지 못한다(931조). 이 경우에는 이미 후견이 개시되어 있기 때문이다.

한편 「보호시설에 있는 미성년자의 후견 직무에 관한 법률」 3조는, 국가 또는 지방자치단체가 설치·운영하는 보호시설에 있는 미성년자인 고아에 대하여는 그 보호시설의 장이 후견인이 되고, 그 외의 보호시설에 있는 미성년자인 고아에 대하여는 그 보호시설의 소재지를 관할하는 특별자치시장·시장·군수·구청장이 후견인의 직무를 행할 자를 지정하며, 보호시설에 있는 미성년자로서 고아가 아닌 자에 대하여도 법원의 허가를 얻어 이 규정들을 준용할 수 있도록 규정하고 있다.

친권자가 사망하였는데 후견인을 지정하지 않았으면, 가정법원은 직권으로 또는 미성년자, 친족, 이해관계인, 검사, 지방단체의 장의 청구에 의하여 미성년후견인을 선임한다. 미성년후견인이 없게 된 경우에도 마찬가지이다(932조 1항). 다른 한편 가정법원은 친권의 상실, 일시정지, 일부제한의 선고 또는 법률행위의 대리권이나 재산관리권 상실의 선고에 따라 미성년후견인을 선임할 필요가 있는 경우에는 직권으로 미성년후견인을 선임한다(932조 2항). 그리고 친권자가 대리권 및 재산관리권을 사퇴한 경우에는, 지체없이 미성년후견인의 선임을 청구하여야 한다(932조 3항).

성년후견 등의 경우에는 가정법원이 아직 성년후견인을 선임하기 전이라도 임시후견인을 선임할 수 있다는 규정(家訴規 32조 4항)이 있으나, 미성년후견의 경우에는 그러한 규정이 없다. 그러나 미성년후견의 경우에도 家訴 62조 1항에 따른 사전처분으로서 임시후견인을 선임할 수 있고, 임시후견인의 권한범위는 미성년후견인에 관한 규정이 준용된다고 하는 견해가 있다(주해친족 2/현소혜, 1205; 주석친족 2/전연숙·강주리, 588).

성년후견 등의 경우에는 여러 명이 후견인이 될 수 있고, 법인도 후견인이 될 수 있지만, 미성년후견인의 수(數)는 한 명으로 제한되며, 자연인만이 미성년후견인이 될 수 있다(930조).

후견이 개시되어 후견인이 결정되면, 후견인이 그 신고를 하여야 한다(家登 80조 이하).

나. 후견인의 결격·사퇴·변경

다음과 같은 사유가 있는 자는 후견인이 되지 못한다. 즉 미성년자, 피성년후견인, 피한정후견인, 피특정후견인, 피임의후견인, 회생절차개시결정 또는 파산선고를 받은 자, 자격정지 이상의 형의 선고를 받고 그 형기 중에 있는 사람, 법원에서 해임된 법정대리인, 성년후견인, 한정후견인, 특정후견인, 임의후견인과 그 감독인, 행방이 불분명한 사람, 피후견인을 상대로 소송을 하였거나 하고 있는 자 또는 그 배우자와 직계혈족이다. 다만 피후견인의 직계비속은 그 직계혈족이 피후견인을 상대로 소송을 하였거나 하고 있더라도 후견인이 될 수 있다(937조). 이러한 자가 후견인이 되지 못하게 한 것은, 후견인으로 될 만한 능력이 없거나, 또는 후견인의 이익과 상반되기 때문이다. 후견인 결격사유가 있는 사람이 후견인으로 지정되거나 선임된 경우에 이는 무효이고, 후견인이 된 후 결격사유가 발생한 경우에도 당연히 후견인의 지위를 잃는다고 보는 것이 다수설이지만(주해친족 2/현소혜, 1222; 주석친족 2/전연숙·강주리, 607), 찬성하기 어렵다. 이러한 경우에는 따로 법원의 심판이 있어야만 후견인의 지위가 상실된다고 보아야 할 것이다.

후견인은 임의로 사퇴할 수는 없고 다만 정당한 사유가 있는 때에 한하여 가정법원의 허가를 얻어서 사퇴할 수 있을 뿐이다. 이 경우에는 후견인이 새로운 후견인의 선임을 청구하여야 한다(939조).

가정법원은 피후견인의 복리를 위하여 후견인을 변경할 필요가 있다고 인정되는 경우에는 피후견인의 친족이나 검사의 청구 또는 직권에 의하여 후견인을 변경할 수 있다(940조). 2011년 개정 민법은 그 청구권자에 피후견인 본인과 후견감독인, 지방자치단체의 장을 추가하였다. 2005년 개정 전에는 후견인에게 현저한 비행이 있거나 그 임무에 관하여 부정행위 기타 후견인의 임무를 감당할 수 없는 사유가 있는 때에는 법원은 피후견인이나 친족의 청구에 의하여 후견인을 해임할 수 있다고 하여(개정 전 940조), 지나치게 후견인 변경의 요건을 엄격하게 규정하고 있었다.

또한 친권자가 유언으로 후견인을 지정한 경우라도 미성년자의 복리를 위하여 필요하면 생존하는 부 또는 모, 미성년자의 청구에 의하여 후견을 종료하고 생존하는 부 또는 모를 친권자로 지정할 수 있다(931조 2항).

그리고 특별법상 후견인이 아동을 학대하거나 아동에 대하여 범죄를 저지른 경우에 시·도지사, 시장·군수·구청장, 아동복지시설의 장 및 학교의 장이나 검사 등이 법원에 후견인의 변경을 청구할 수 있도록 하는 규정이 있다(아동복지법 19조 2항, 「아동학대범죄의 처벌 등에 관한 특례법」 9조 1항, 「아동·청소년의 성보호에 관한 법률」 23조 1항).

3. 후견인의 임무

▮참고문헌: 김형석, "후견인의 이해상반행위 금지", 일감법학 32호, 2015; 김시철, "후견인의 동의권·대리권·취소권", 양창수 고희 기념 자율과 정의의 민법학, 2021; 윤진수, "친족회의 동의를 얻지 않은 후견인의 법률행위에 대한 표현대리의 성립 여부", 민법논고 Ⅳ, 2009

후견인은 우선 취임 후 지체 없이 피후견인의 재산을 조사하여 2개월 내에 그 목록을 작성하여야 한다. 다만 후견감독인이 있는 경우에는 후견감독인의 참여가 없으면 효력이 없다(941조). 또 후견인과 피후견인 사이에 채권채무관계가 있고 후견감독인이 있는 경우에는 재산목록의 작성을 완료하기 전에 그 내용을 후견감독인에게 제시하여야 한다(942조 1항). 후견인이 피후견인에 대한 채권이 있음을 알고도 제시를 게을리하면 그 채권을 포기한 것으로 본다(942조 2항). 재산목록의 작성 전에는 긴급 필요한 경우가 아니면 그 재산에 관한 권한을 행사하지 못하지만, 이로써 선의의 제3자에게는 대항하지 못한다(943조). 이들 규정은 후견인 취임 후에 피후견인이 포괄적 재산을 취득한 경우에도 준용된다(944조).

후견인은 대체로 친권자와 같은 권한을 가지지만, 다소 제한이 있다. 우선 미성년자를 보호교양할 권리의무가 있고, 거소지정권이 있다. 그러나 친권자가 정한 교양방법 또는 거소를 변경하거나, 친권자가 허락한 영업을 취소 또는 제한할 때에는 미성년후견감독인이 있으면 그의 동의를 받아야 한다(945조). 종전에는 피후견인을 감화 또는 교정기관에 위탁할 때에도 미성년후견감독인의 동의를 받아야 하였으나(945조 2호), 친권자가 그 자를 법원의 허가를 얻어 감화 또는 교정기관에 위탁할 수 있다고 규정하고 있었던 915조가 2021. 1. 26. 삭제되면서 이 규정도 삭제되었다. 그리고 신분상의 행위에 대하여도 대리권과 동의권을 가진다. 다만 미성년자의 친권자가 법률행위의 대리권과 재산관리권에 한정하여 친권을 행사할 수 없는 경우에는 미성년후견인의 임무는 미성년자의 재산에 관한 행위에 한정된다(946조).

후견인은 미성년자의 재산에 관하여도 관리권과 대리권을 가진다. 다만 무상으로 미성년자에게 재산을 수여한 제3자가 후견인의 관리에 반대하는 의사를 표시한 때에는 후견인은 그 재산을 관리하지 못한다(956조에 의한 918조의 준용). 후견인이 관리를 함에 있어서는 선량한 관리자의 주의의무를 부담하고(956조에 의한 681조의 준용), 950조에 규정된 행위를 하는 경우에는 후견감독인의 동의를 얻어야 한다. 물론 후견감독인이 선임되지 않은 경우에는 그러하지 아니하다. 후견인의 대리행위는 피후견인을 위하여 한 행위로 추정된다(대법원 1994. 4. 29. 선고 94다1302 판결).

민법상 후견인이 후견감독인의 동의를 얻어야 할 수 있는 사항은 다음과 같다(950조).

첫째, 영업을 하는 행위.

둘째, 금전을 빌리는 행위.

셋째, 의무만을 부담하는 행위. 이는 2011년에 추가되었다. 보증 등이 이에 해당할 것이다.

넷째, 부동산 또는 중요한 재산에 관한 권리의 득실변경을 목적으로 하는 행위.

다섯째, 소송행위. 다만 후견인이 상대방의 제소나 상소에 관하여 소송행위를 함에는 후견감독인으로부터 특별수권을 받지 않아도 된다(民訴 56조 1항).

여섯째, 상속의 승인, 한정승인 또는 포기 및 상속재산의 분할에 관한 협의.

그리고 951조는 후견인이 피후견인에 대한 제3자의 권리를 양수(讓受)하는 경우에는 피후견인은 이를 취소할 수 있고, 후견감독인이 있으면 후견인은 권리의 양수에 대하여 후견감독인의 동의를 받아야 하며, 동의가 없는 경우에는 피후견인 또는 후견감독인이 이를 취소할 수 있다고 규정하고 있다. 이 규정의 의미는 후견감독인이 없는 경우에는 후견인의 권리 양수를 항상 피후견인이 취소할 수 있고, 후견감독인이 있는 경우에는 후견감독인의 동의가 없는 때에 한하여 취소할 수 있다는 것으로 이해된다. 이는 후견인과 피후견인 사이의 이해의 대립이 생기는 것을 막기 위한 것이다.

후견감독인의 동의가 필요한 행위에 대하여 후견감독인이 피후견인의 이익이 침해될 우려가 있음에도 동의를 하지 아니하는 경우에는 가정법원은 후견인의 청구에 의하여 후견감독인의 동의를 갈음하는 허가를 할 수 있다(950조 2항).

후견감독인의 동의를 얻어야 하는 경우에 동의를 얻지 않고 그 행위를 하면 어떻게 되는가? 이는 당연무효는 아니고, 피후견인 또는 후견감독인이 취소할 수 있음에 그친다(950조 3항). 후견감독인의 동의가 필요한 행위의 상대방은 후견감독인에게 1개월 이상의 기간을 정하여 그 취소할 수 있는 행위를 추인할 것인지 여부의 확답을 촉구할 수 있다(952조에 의한 15조의 준용). 이 취소권은 행사상의 일신전속권이므로 채권자대위권의 목적이 될 수 없다(친족회의 동의에 관한 대법원 1996. 5. 31. 선고 94다35985 판결 참조).

취소권의 행사는 146조의 제척기간 내에 하여야 하는데, 146조의 추인할 수 있는 날부터 3년의 취소기간의 기산점에 관하여는 취소권자에 따라 차이가 있다. 판례는 미성년자 본인이 취소를 함에 있어서는 성년자가 되기 전에는 추인을 할 수 없으므로, 성년이 되어야만 비로소 위 3년의 기간이 진행한다고 하였다(대법원 1989. 10. 10. 선고 89다카1602, 1619 판결). 반면 종전의 친족회가 후견인의 처분행위를 취소하는 경우에는 친족회원이 그 처분 사실을 안 날이 아니라, 친족회원이 처분 사실을 들은 후 지체 없이 친족회 소집절차를 밟았더라면 친족회 소집이 가능한 날이라고 하였다(대법원 1979. 11. 27. 선고 79다396 판결). 그러나 개정법에 따르면 후견감독인이 취소 대상이 되는 행위가 있음을 알았으면 그때부터 취소기간이 진행될 것이다.

그 제척기간을 준수하기 위해서 반드시 소를 제기하는 방법으로 할 필요는 없고, 재판 외에서 의사표시를 하는 방법으로도 권리를 행사할 수 있다(대법원 1993. 7. 27. 선고 92다52795 판결). 그러나 일단 추인을 한 경우에는 다시 취소할 수 없다(대법원 1994. 4. 29. 선고 94다1302 판결).

후견인이 후견감독인의 동의를 요하는 행위를 동의 없이 한 경우에 표현대리가 성립할 수 있는가? 대법원 1997. 6. 27. 선고 97다3828 판결([판례 46])은 성년후견제 시행 전의 한정치산에 관하여 민법 126조의 표현대리의 규정은 법정대리에도 적용된다고 하여, 한정치산자의 후견인이 한정치산자의 부동산을 매도함에 있어서 친족회원의 선임 및 친족회의 소집을 위한 법원의 심판이 있었으나 실제로 친족회가 개최된 바는 없었는데, 매도인이 이에 동의한다는 취지의 허위의 친족회 의사록을 매수인에게 제시한 경우에 표현대리의 성립을 인정하였다. 성년후견제 시행 후에는 이 판결의 이론은 후견감독인의 동의를 얻지 않은 후견인의 행위에 대하여 적용될 것이고, 또 미성년후견인에 대하여도 적용될 수 있을 것이나, 그 타당성은 의심스럽다. 현행법상 제한능력자의 보호는 표현대리제도가 목적으로 하는 거래 안전의 보호보다 우월한 이념이기 때문이다. 또한 이러한 경우 피후견인에게 책임을 돌릴 근거가 부족하다.

다른 한편 개정 전의 민법은 친권자의 이해상반행위에 관한 921조의 규정을 후견인에 관하여는 준용하지 않고 있었으므로, 이해상반행위의 효력은 어떻게 되는가가 문제되었다. 921조가 준용되지 않으면 그것이 950조의 동의를 요하는 행위라 하여도 당연무효는 아니고 취소할 수 있는 것에 불과하기 때문이다. 이 점에 대하여 2013. 4. 5. 개정되기 전의 가사소송법은 이 경우에도 특별대리인을 선임하여야 하는 것으로 규정하여{家訴 2조 1항 2호 가. 16)}, 친권자와 마찬가지로 취급하고 있었다. 2011년 개정 민법 949조의3은 후견인에 대하여도 921조를 준용하되, 다만 후견감독인이 있는 경우에는 그러하지 아니하다고 규정함으로써 이 문제를 입법적으로 해결하였다. 후견감독인이 있으면 그가 피후견인을 대리하므로(940조의6 3항), 특별대리인을 선임할 필요가 없다. 동일한 후견인이 여러 명의 피후견인을 위하여 후견업무를 수행하는 경우에, 피후견인 사이의 이해가 상반하는 경우에도 후견감독인이 피후견인을 대리한다고 보아야 할 것이다. 한편 후견감독인이 피후견인을 대리하여 950조 1항에 열거된 행위를 하는 경우에는 950조 2항을 유추하여 가정법원으로부터 성년후견감독인의 동의에 갈음하는 허가를 받아야 한다고 주장하는 견해가 있으나, 950조 2항은 후견감독인이 동의를 하지 않는 경우에 관한 것이므로, 후견감독인이 대리를 하는 경우와 유사하다고 보기는 어렵다.

법원은 후견인의 청구에 의하여 피후견인의 재산상태 기타 사정을 참작하여 피후견인의 재산 중에서 상당한 보수를 후견인에게 수여할 수 있고(955조), 후견인이 후견사무를 수행하는 데 필요한 비용은 피후견인의 재산 중에서 지출한다(955조의2).

한편 성년후견인의 경우에는 피후견인의 중대한 의료행위에 대하여 동의를 하거나, 피성년후견인이 거주하고 있는 건물 또는 그 대지에 대하여 매도 등의 행위를 하는 때에는 가정법원의 허가를 받아야 하는데(947조의2 4, 5항), 미성년후견인에 관하여는 그러한 규정이 없다. 그러나 家訴 45조의3 1항 9호, 12호가 위와 같은 심판을 하는 경우 피미성년후견인의 진술 청취 의무를 규정하고 있는 점에 비추어 보면 이 경우에도 가정법원의 허가를 받아야 하는 것으로 해석할 수 있을 것이다(주해친족 2/현소혜, 1275; 주석친족 2/전연숙·강주리, 648-649). 다만 민법에 이 점에 관하여 명문의 규정을 두는 것이 바람직하다.

후견인이 피후견인과 친족인 경우에, 후견인이 피후견인에 대하여 저지른 범죄에 대하여 친족상도례(刑 328조)가 적용되는가? 성년후견에 관하여 후견사무는 공적인 성격을 가지므로, 후견인의 피후견인에 대한 범죄에 대하여는 친족상도례를 적용하여서는 안 된다는 주장이 있고(주석친족 2/홍창우, 956 참조), 같은 취지의 하급심 판례(제주지법 2018. 9. 6. 선고 2017노672 판결)가 있다.

[판례 46] 대법원 1997. 6. 27. 선고 97다3828 판결

2. 원고의 피고 1에 대한 상고이유에 대하여

민법 第126조 소정의 권한을 넘는 표현대리 규정은 거래의 안전을 도모하여 거래상대방의 이익을 보호하려는 데에 있으므로 법정대리라고 하여 임의대리와는 달리 그 적용이 없다고 할 수 없고, 따라서 한정치산자의 후견인이 친족회의 동의를 얻지 않고 피후견인의 부동산을 처분하는 행위를 한 경우에도 상대방이 친족회의 동의가 있다고 믿은 데에 정당한 사유가 있는 때에는 본인인 한정치산자에게 그 효력이 미친다 할 것이다.

기록에 의하면, 원고는 정신분열증 등의 진단을 받고 국립서울정신병원에 강제입원되어 있는 동안 원고의 동생인 소외 1의 신청에 의하여 서울가정법원으로부터 1989. 11. 28.자로 한정치산선고를 받았고 뒤이어 위 소외 1이 원고의 후견인으로 선임된 사실, 그 후 위 소외 1의 신청에 의하여 서울가정법원은 1990. 12. 7.자 같은 법원 90느8191호로 한정치산자인 원고의 친족회원으로 피고 2, 위 소외 1의 처인 소외 2, 피고 2의 처인 소외 3를 선임하고, 원고 소유의 이 사건 신당동 소재 부동산을 포함한 여러 부동산을 후견인인 위 소외 1가 매각함에 있어서 그 동의 여부를 의결하기 위한 친족회를 1990. 12. 22. 10:00 원고의 거택에서 소집한다는 심판을 한 사실, 위 소외 1은 원고의 후견인 자격으로 1991. 8. 20.경 원고 소유의 이 사건 신당동 소재 부동산을 피고 1에게 금 120,000,000원에 매도한 다음 위 친족회원 3인 명의로 매도 결의 취지가 적힌 1990. 12. 22.자 친족회 의사록을 첨부하여 1991. 10. 10. 피고 1 앞으로 소유권이전등기를 경료하여 준 사실, 그런데 위 1990. 12. 22.자 친족회의 의사록은 실제로 친족회가 소집되거나 개최된 바도 없이 허위로 작성된 사실을 인정할 수 있고, 사실관계가 이와 같다면, 매매 당시 이미 이 사건 신당동 소재 부동산에 관하여 친족회원의 선임 및 친족회의 소집에 관한 법원의 심판이 있었고 그에 따른 동의의 뜻이 담긴 친족회 의사록을 구비하고 있었던 이상 매수인인 피고 1로서는 위 소외 1이 원고의 후견인으로서 원고 소유의 위 부동산을 처분함에 있어서 친족회의 동의를 받았다고 믿을 만한 정당한 이유가 있었다고 할 것인바, 같은 취지에서 원고에게 위 매매에 관하여 권한을 넘은 표현대리로 인한 본인책임을 인정한 원심의 판단은 정당하고, 거기에 소론과 같은 민법상의 후견인의 규정 및 민법 제126조의 표현대리 규정에 관한 법리오해의 위법이 있다고 할 수 없다. 논지는 이유 없다.

참고문헌

윤진수, 민법논고 Ⅳ, 2009

4. 후견의 종료

후견의 종료는 후견 그 자체가 종료하는 경우(미성년자가 성년이 되었거나 사망한 경우, 친권자가 나타난 경우 등)와, 후견 자체는 종료하지 않지만 그 후견인이 후견의 임무를 종료하는 경우(후견인의 사망, 사퇴, 해임, 결격 등)로 나누어 볼 수 있다.

후견이 종료하면 후견인 또는 그 상속인은 원칙적으로 1월 내에 피후견인의 재산에 관한 계산을 하여야 하는데, 후견감독인이 있는 경우에는 그가 참여하지 아니하면 효력이 없다(957조). 그리고 후견인이 피후견인에게 지급할 금액이나 피후견인이 후견인에게 지급할 금액에는 계산 종료의 날로부터 이자를 붙여야 하고, 또 후견인이 자기를 위하여 피후견인의 금전을 소비한 때에는 그 소비한 날로부터 이자를 붙여야 하며, 피후견인에게 손해가 있으면 이를 배상하여야 한다(958조).

한편 위임계약의 종료에 관한 691, 692조는 후견의 종료에 준용된다(959조). 따라서 후견이 종료되더라도 급박한 사정이 있는 때에는 수임인, 그 상속인이나 법정대리인은 위임인, 그 상속인이나 법정대리인이 위임사무를 처리할 수 있을 때까지 그 사무의 처리를 계속하여야 하고(691조의 준용), 후견종료의 사무는 이를 상대방에게 통지하거나 상대방이 이를 안 때가 아니면 이로써 상대방에게 대항하지 못한다(692조의 준용). 여기서 상대방이란 후견인을 의미한다. 가령 피성년후견인에 대해 성년후견종료심판이 내려졌음에도 불구하고 피성년후견인이 성년후견인에게 이를 통지하지 않아 성년후견인이 이를 모르고 후견사무를 계속 수행하였다면 보수를 지급받을 수 있고, 그의 대리행위도 유효하다(주해친족 2/현소혜, 1344).

Ⅲ. 성년후견

1. 성년후견제도의 개요

▮참고문헌: 김성우, "성년후견제도의 현황과 과제", 가족법연구 30권 3호, 2016; 박인환, "UN 장애인권리협약과 성년후견 패러다임의 전환", 가족법연구 28권 3호, 2014; 박인환, "실질적 자기결정존중의 관점에서의 후견계약의 평가와 의사결정지원방안의 모색", 가족법연구 29권 1호, 2015; 박인환, "의사결정지원을 위한 성년후견제도의 평가와 모색", 비교사법 22권 2호, 2015; 박인환, "유엔장애인권리협약 제12조와 성년후견제도의 개혁과제", 정태윤·지원림교수논문집 새봄을 여는 민법학, 2023; 배인구, "성년후견제도와 가정법원의 역할", 성년후견 1집, 2013; 이동진, "한국 성년후견제도의 현황과 전망, 과제", 가족법연구 32권 1호, 2018; 제철웅, "유엔 장애인권리협약의 관점에서 본 한국 성년후견제도의 현재와 미래", 가족법연구 28권 2호, 2014

성년후견제도를 지배하는 원리는 필요성, 보충성 그리고 보편화(또는 정상화)이다. 필요성의 원리란, 피후견인에게 필요한 한도 내에서만 후견이 개시되어야 함을 의미한다. 후견을 통하지 않고도 충분한 보호를 제공할 수 있다면, 후견은 개시되어서는 안 되며, 설령 후견이 개시되더라도 그 정도와 범위는 필요최소한의 것으로 제한되어야 한다. 보충성의 원리란, 본인 스스로의 의사에 의해 해결할 수 없을 때 비로소 국가 또는 제3자가 개입할 수 있음을 의미한다(자기결정권의 존중). 보편화의 원리란, 정신장애가 있는 사람이라도 사회로부터 배제하거나 격리하는 대신, 그가 속한 사회의 다른 구성원과 더불어 조화롭게 살아갈 수 있도록 사회적 여건 자체를 개선해 나가야 함을 의미한다. 이를 위해 성년후견제도는 누구에게나 원칙적으로 의사결정능력이 있는 것으로 추정한다. 위와 같은 성년후견의 기본원리는 모두 자기결정권을 실질적으로 보장하는 것을 목적으로 한다. 다소간 비합리적인 결정일지라도 본인의 자율적 의사가 최대한 존중될 수 있어야 한다는 것이다.

유엔장애인권리협약 12조 2항은 "당사국은 장애인들이 삶의 모든 영역에서 다른 사람들과 동등한 조건으로 법적능력(legal capacity)을 누려야 함을 인정하여야 한다"고 규정하고, 3항에서 "당사국은 장애인들이 그들의 법적능력을 행사하는 데 필요한 지원을 받을 기회를 제공받을 수 있도록 적절한 입법 및 기타 조치를 취하여야 한다"고 규정하고 있다.

개정된 성년후견법은 금치산과 한정치산 대신 성년후견과 한정후견제도를 도입하였고, 그 외에도 특정후견과 후견계약제도를 새로이 신설하였다. 성년후견은 대체로 종래의 금치산에 대응하는 것으로서, 질병, 장애, 노령, 그 밖의 사유로 인한 정신적 제약으로 사무를 처리할 능력이 지속적으로 결여된 사람에 대하여 법원의 심판에 의하여 개시된다(9조). 피성년후견인의 법률행위는 취소할 수 있지만, 가정법원은 취소할 수 없는 피성년후견인의 법률행위의 범위를 정할 수 있다(10조).

한정후견은 종래의 한정치산제도에 대응하는 것으로서, 질병, 장애, 노령, 그 밖의 사유로 인한 정신적 제약으로 사무를 처리할 능력이 부족한 사람에 대하여 개시된다(12조). 종래 한정치산자에게는 독자적인 행위능력이 인정되지 않았으나, 피한정후견인은 원칙적으로 행위능력이 유지되고, 다만 가정법원이 피한정후견인이 한정후견인의 동의를 받아야 하는 행위의 범위를 정할 수 있다(13조).

특정후견은 새로이 도입된 제도로서, 질병, 장애, 노령, 그 밖의 사유로 인한 정신적 제약으로 일시적 후원 또는 특정한 사무에 관한 후원이 필요한 사람에 대하여 개시된다. 특정후견이 개시되더라도 피특정후견인의 행위능력에는 영향이 없고, 행위능력은 여전히 유지된다.

후견계약은 질병, 장애, 노령, 그 밖의 사유로 인한 정신적 제약으로 사무를 처리할 능력이 부족한 상황에 있거나 부족하게 될 상황에 대비하여 자신의 재산관리 및 신상보호에 관한 사무의 전부 또는 일부를 다른 자에게 위탁하고 그 위탁사무에 관하여 대리권을 수여하는 것을 내용으로 한다(959조의14). 임의후견이라고도 한다.

그리고 성년후견제도에 관한 공시절차로서 「후견등기에 관한 법률」이 제정되었다. 이 법은 미성년후견은 제외하고, 성년후견, 한정후견, 특정후견 및 후견계약에 관한 사항을 등기하도록 하고 있다(2조).

그런데 2014. 10. 유엔장애인권리위원회는 유엔장애인권리협약의 당사국인 우리나라가 제출한 장애인권리협약 이행에 관한 국가보고서에 대한 최종의견에서, 새로 도입된 우리나라의 성년후견제도에 있어서 후견인에게 포괄적으로 권한을 부여하고 의사결정대행을 중심으로 한 성년후견유형에 관하여 큰 우려를 표시하면서, 후견제도에 대하여 의사결정대행에서 의사결정지원을 중심으로 변경할 것을 권고하였다. 그러나 헌법재판소 2019. 12. 27. 선고 2018헌바130 결정; 2019. 12. 27. 선고 2018헌바161 결정은 성년후견을 규정한 민법 9조 등이 위헌이 아니라고 선고하였다.

2. 성년후견

▌참고문헌: 고철웅, "치매고령자의 불법행위와 감독자책임 법리에 관한 소고", 민사법학 91호, 2020; 김형석, "피성년후견인과 피한정후견인의 소송능력", 가족법연구 27권 1호, 2013; 김형석, "성년후견, 한정후견의 개시심판과 특정후견의 심판" 서울대학교 법학 55권 1호, 2014; 박인환, "새로운 성년후견제도에 있어서 신상보호", 가족법연구 25권 2호, 2011; 오진숙, "성년후견개시심판에서 처분권주의", 민사소송 25권 3호, 2021; 이재경, "성년후견제도에 있어서 정신질환자에 대한 의료행위와 후견인의 동의권에 관한 연구", 가족법연구 26권 3호, 2012; 제철웅, "성년후견인의 민법 제755조의 책임", 법조 2012. 7; 제철웅, "민사소송에서의 의사결정능력 장애인의 법적 지위", 한양대학교 법학논총 31권 3호, 2014; 제철웅, "정신건강증진 및 정신질환자 복지서비스 지원에 관한 법률 제43조 및 민법 제947조의2 제2항에 의한 비자의입원의 상호관계", 가족법연구 31권 1호, 2017; 제철웅, "국가공무원법 제69조 제1호 중 제33조 제1호의 '피성년후견인'과 관련된 부분의 위헌성", 법조 71권 3호, 2022; 이지민·제철웅, "신상영역에서의 의사결정능력", 비교사법 20권 1호, 2013; 백승흠, "성년후견제도에서의 정신능력의 판단에 관한 소고", 재산법연구 28권 4호, 2012; 최성경, "성년 책임무능력자의 감독자의 책임", 아주법학 11권 1호, 2017

가. 후견의 개시와 성년후견인

가정법원은 질병, 장애, 노령, 그 밖의 사유로 인한 정신적 제약으로 사무를 처리할 능력이 지속적으로 결여된 사람에 대하여, 청구권자의 청구에 의하여 성년후견개시의 심판을 한다. 성년후견의 청구권자는 본인, 배우자, 4촌 이내의 친족, 미성년후견인, 미성년후견감독인, 한정후견인, 한정후견감독인, 특정후견인, 특정후견감독인, 검사 또는 지방자치단체의 장이다(9조). 근래에는 공공후견이라는 명칭으로 지방자치단체의 장이 성년후견 등을 신청하는 예가 많다. 발달장애인 권리보장 및 지원에 관한 법률(발달장애인법) 9조, 치매관리법 12조의3은 이 점에 관하여 별도로 규정하고 있다. 성년후견제도 시행 전에는 신체장애로 인하여 사무를 처리할 능력이 결여된 사람에 대하여도 성년후견개시의 심판을 할 수 있는가에 대하여 다소 논의가 있었으나, 개정법은 신체장애만을 이유로 하여서는 성년후견이나 한정후견의 개시를 인정하지 않는다.

성년후견개시 심판청구에 대하여 한정후견개시의 심판을 할 수 있는가? 이론이 있을 수 있으나, 성년후견·한정후견 개시 절차는 가사비송에 속하여 처분권주의가 적용되지 않을 뿐만 아니라, 그와 같이 하는 것이 장애인의 이익에 부합할 수 있으므로, 긍정하여야 할 것이다. 마찬가지로 한정후견개시 심판청구가 있은 경우에도 성년후견개시 심판을 할 수 있다고 보아야 한다. 대법원 2021. 6. 10.자 2020스596 결정도, 한정후견의 개시를 청구한 사건에서 의사의 감정결과 등에 비추어 성년후견 개시의 요건을 충족하고 본인도 성년후견의 개시를 희망한다면 법원이 성년후견을 개시할 수 있고, 성년후견 개시를 청구하고 있더라도 필요하다면 한정후견을 개시할 수 있다고 보아야 한다고 판시하였다.

한편 후견계약이 등기되어 있는 경우에는 가정법원은 본인의 이익을 위하여 특별히 필요할 때에만 임의후견인 또는 임의후견감독인의 청구에 의하여 성년후견, 한정후견 또는 특정후견의 심판을 할 수 있다(959조의20 1항). 이는 임의후견은 국가의 후견적 개입인 법정후견에 대하여 우선한다는 임의후견 우선의 원칙이 발현된 것이다. 이는 성년후견제도의 기본적인 이념 중 하나인 자기결정 존중에서 비롯된 것이다. 이 규정은 본인에 대해 한정후견개시심판 청구가 제기된 후 심판이 확정되기 전에 후견계약이 등기된 경우에도 적용된다(대법원 2017. 6. 1.자 2017스515 결정).

가정법원은 아직 성년후견인을 선임하기 전이라도 직권 또는 당사자의 신청에 의해 家訴 62조 1항에 따른 사전처분으로서 임시후견인을 선임할 수 있다. 이 때에는 한정후견인에 관한 규정이 준용된다(家訴規 32조 4항). 아직 사건본인에 대한 의사의 감정 등이 없는 상태에서 임시후견인에게 성년후견인에 준하는 포괄적 권한을 부여할 경우 사건본인의 행위능력을 지나치게 제한할 염려가 있기 때문이다. 다만 이러한 내용을 법률이 아닌 가사소송규칙에 정하는 것이 타당한지는 의문이다. 임시후견인 선임에 관한 사항은 등기되어야 하며, 이는 가정법원의 촉탁에 의해 이루어진다(後見 27조, 그 규칙 51조 2항).

성년후견이 개시되면 가정법원은 직권으로 성년후견인을 선임하여야 한다(929조, 936조). 성년후견의 경우에는 미성년후견과는 달리 지정후견인은 인정되지 않고, 법원이 선임하는 후견인만이 인정된다. 성년후견인이 사망, 결격, 그 밖의 사유로 없게 된 경우에도 가정법원은 성년후견인을 선임하여야 하며, 성년후견인이 선임된 경우에도 필요하다고 인정하면 추가로 성년후견인을 선임할 수 있다. 가정법원이 성년후견인을 선임할 때에는 피성년후견인의 의사를 존중하여야 하며, 그 밖에 피성년후견인의 건강, 생활관계, 재산상황, 성년후견인이 될 사람의 직업과 경험, 피성년후견인과의 이해관계의 유무 등의 사정도 고려하여야 한다(936조). 현재 성년후견인으로는 친족이 선임되는 경우가 많지만, 그 외에 변호사와 같은 전문직 종사자나 일반인도 선임되고 있다.

성년후견인은 미성년후견인과는 달리 여러 명을 둘 수도 있고, 법인도 성년후견인이 될 수 있다(930조). 또 성년후견인이 선임된 경우에도 가정법원은 직권 또는 청구에 의하여 추가로 성년후견인을 선임할 수 있다(936조 3항).

성년후견인이 여러 명인 경우에는 법원은 성년후견인의 권한 행사 방법을 정할 수 있고, 어느 성년후견인이 피성년후견인의 이익이 침해될 우려가 있음에도 필요한 권한행사에 협력하지 아니할 때에는 가정법원은 청구에 의하여 그 성년후견인의 의사표시를 갈음하는 재판을 할 수 있다(949조의2).

후견인의 선임은 후견등기부에 기록되어야 한다(後見 25조).

성년후견이 개시되면, 피성년후견인은 독자적으로는 법률행위를 할 수 없고, 피성년후견인이 한 법률행위는 취소할 수 있다(10조 1항). 성년후견인은 미성년후견인과는 달리 피성년후견인의 행위에 대한 동의권이 없으므로, 성년후견인의 동의를 받은 피성년후견인의 법률행위도 취소할 수 있다.

그러나 가정법원은 취소할 수 없는 피성년후견인의 법률행위의 범위를 정할 수 있다(10조 2항). 피성년후견인의 자기결정권을 존중하고, 잔존능력을 활용할 수 있도록 하기 위한 것이다. 그리고 가정법원은 본인, 배우자, 4촌 이내의 친족, 성년후견인, 성년후견감독인, 검사 또는 지방자치단체의 장의 청구에 의하여 위 범위를 변경할 수 있다(10조 3항). 다른 한편 가정법원이 정하지 않더라도, 일용품의 구입 등 일상생활에 필요하고 그 대가가 과도하지 아니한 법률행위(일상적 법률행위)는 성년후견인이 취소할 수 없다(10조 4항). 그러한 법률행위로 인하여 피성년후견인에게 특별한 불이익이 발생할 우려가 없어서, 피성년후견인을 보호할 필요성이 크지 않기 때문이다.

한편 현행법에는 피성년후견인이 되면 이를 인적 결격사유로 하는 규정이 많은데, 이에 대하여는 재검토가 필요하다. 헌법재판소 2022. 12. 22. 선고 2020헌가8 결정은, 국가공무원이 피성년후견인이 된 경우 당연퇴직되도록 한 구 국가공무원법의 규정은 헌법에 위반된다고 하였다.

나. 후견인의 임무 및 권한

성년후견인의 임무와 권한도 미성년후견인과 대체로 비슷하지만, 몇 가지 차이가 있다. 특히 개정 민법의 성년후견제도는 피후견인의 인간으로서의 존엄과 가치를 보장한다는 이념 하에 잔존능력 및 그에 기초한 자기결정을 가능한 한 최대한 존중한다는 관점에서 만들어졌다.

우선 성년후견인은 피성년후견인의 법정대리인이 되지만, 가정법원은 성년후견인이 가지는 법정대리권의 범위를 정할 수 있다. 이러한 권한의 범위는 청구에 따라 변경할 수 있다(938조). 그리고 성년후견인은 피성년후견인의 복리에 부합하는 방법으로 사무를 처리하여야 하며, 피성년후견인의 의사를 존중하여야 한다(947조).

다른 한편 개정법은 피성년후견인의 신상보호에 관하여 규정을 두고 있다. 이전에는 후견인의 권한으로서 법률행위의 대리 외에 피후견인의 신상에 관한 결정권이 포함되는지가 명백하지 않았다. 그런데 개정법은 가정법원은 성년후견인이 피성년후견인의 신상에 관하여 결정할 수 있는 권한의 범위를 정할 수 있다고 규정하여(938조 3항), 이 점을 명백히 하였다. 신상에 관한 사항이란 피후견인의 프라이버시와 자기결정권이 중요시되는 신체적·정신적 복리에 관한 사항을 말한다. 거주, 이전, 면접교섭, 타인과의 교유활동, 의학적 치료 등이 이에 해당한다.

구체적으로는 947조의2가 다음과 같이 규정하고 있다. 우선 피성년후견인은 자신의 신상에 관하여 그의 상태가 허락하는 범위에서 단독으로 결정할 수 있다(1항). 그리고 피성년후견인의 신체를 침해하는 의료행위에 대하여 피성년후견인이 동의할 수 없는 경우에는 성년후견인이 그를 대신하여 동의할 수 있다(3항). 그러나 성년후견인이 항상 의료행위에 대한 동의권을 가지는 것은 아니고, 가정법원으로부터 신상보호의 권한을 부여받은 경우(938조 3항)에 비로소 이 조항이 적용될 수 있다. 또한 환자 상태의 개선을 목적으로 하는 의료행위만 성년후견인이 동의할 수 있고, 장기적출이나 불임시술과 같은 것은 그러하지 아니하다.

그렇지만 피성년후견인이 의료행위의 직접적인 결과로 사망하거나 상당한 장애를 입을 위험이 있을 때에는 원칙적으로 가정법원의 허가를 받아야 한다. 다만, 허가절차로 의료행위가 지체되어 피성년후견인의 생명에 위험을 초래하거나 심신상의 중대한 장애를 초래할 때에는 사후에 허가를 청구할 수 있다(4항). 연명의료중단의 경우에는 위 조항이 직접 적용될 수는 없으나, 이를 유추하여 성년후견인이 가정법원의 허가를 받아 연명치료의 중단을 결정할 수 있다는 견해가 유력하였다. 그러나 2018. 2. 4.부터 시행된 「호스피스·완화의료 및 임종과정에 있는 환자의 연명의료결정에 관한 법률」(연명의료법)은 연명의료를 중단하려면 환자 본인의 의사에 기한 경우 외에는 미성년자인 환자의 친권자가 연명의료중단등결정의 의사표시를 하거나 환자가족 전원의 합의가 있어야 하는 것으로 규정하고 있어서(18조), 후견인이나 법원의 관여를 인정하지 않고 있고, 이 법은 다른 법률에 우선하여 적용되므로(4조), 위와 같은 해석은 더 이상 불가능하다.

성년후견인이 피성년후견인을 치료 등의 목적으로 정신병원이나 그 밖의 다른 장소에 격리하려는 경우에도 가정법원의 허가를 받아야 한다(2항). 그런데 정신건강증진 및 정신질환자 복지서비스 지원에 관한 법률(정신건강복지법) 43조 1항은 정신의료기관등의 장은 정신질환자의 보호의무자 2명 이상이 신청하고 정신건강의학과전문의가 입원등이 필요하다고 진단한 경우에만 해당 정신질환자를 입원 등을 시킬 수 있다고 규정하여 민법 규정과의 관계가 문제된다. 이에 대하여는 여러 가지 견해가 있으나, 정신건강복지법이 민법의 특별규정으로 보아야 할 것이다.

그 외에도 성년후견인이 피성년후견인을 대리하여 피성년후견인이 거주하고 있는 건물 또는 그 대지에 대하여 매도, 임대, 전세권 설정, 저당권 설정, 임대차의 해지, 전세권의 소멸, 그 밖에 이에 준하는 행위를 하는 경우에는 가정법원의 허가를 받아야 한다(5항). 이는 엄밀한 의미에서의 신상보호는 아니지만, 유사한 점이 있다고 보아 같이 규정하였다. 이때에는 후견감독인이 있으면 그의 동의도 받아야 한다(950조 1항 4호).

책임능력 없는 피성년후견인이 불법행위를 저지른 경우에, 성년후견인은 755조 1항에 의한 법정감독의무자로서 손해배상책임을 지는가? 통설은 이를 긍정하지만, 근래 성년후견인의 임무에는 피성년후견인을 요양감호하는 것은 포함되지 않으므로, 성년후견인은 그러한 책임을 지지 않는다는 견해가 유력하게 주장되고 있다. 다만 성년후견인에게 과실이 있음이 증명되면 750조에 의한 불법행위책임을 질 뿐이라는 것이다. 생각건대 성년후견인에게 755조의 책임을 지게 하면 성년후견인은 피성년후견인의 활동을 제약할 우려가 있다. 그러나 다른 한편 성년후견인이 755조에 의한 책임이 아니라 750조에 의한 책임만을 진다면, 피해자는 성년후견인의 고의나 과실을 증명하기 어려워 구제를 받기 어려워진다. 그런데 947조의2는 성년후견인이 가정법원의 허가를 받아 피성년후견인을 치료 등의 목적으로 정신병원이나 그 밖의 다른 장소에 격리할 수 있다고 규정하고, 정신건강증진 및 정신질환자 복지서비스 지원에 관한 법률(정신건강복지법)은 후견인 또는 부양의무자는 정신질환자의 보호의무자로서 보호하고 있는 정신질환자가 자신이나 다른 사람을 해치지 아니하도록 유의하여야 하며(39조 1항, 40조 3항), 보호의무자는 정신질환자를 본인의 의사와 관계없이 입원시킬 수도 있다(43조). 이러한 규정들에 비추어 보면, 성년후견인도 755조에 의한 책임을 부담할 수 있지만, 그가 피성년후견인의 불법행위를 예견할 수 없었던 경우에는 755조 1항 단서에 의하여 면책을 허용하여야 할 것이다.

대법원 2021. 7. 29. 선고 2018다228486 판결은, 구 정신보건법은 부양의무자 등에게 피보호자인 정신질환자에 대한 감독의무를 부과하고 있고, 정신질환자가 심신상실 중에 타인에게 손해를 가하여 배상의 책임이 없는 경우에는 755조 1항에 따라 그를 감독할 법정의무 있는 자가 그 손해를 배상할 책임이 있으며, 정신질환자가 책임능력이 있는 경우에도 그 손해가 감독의무자의 감독의무 위반과 인과관계가 있으면 감독의무자는 일반불법행위자로서 750조에 따라 손해를 배상할 책임이 있다고 하면서, 부양의무자 등은 피보호자인 정신질환자에 대한 법률상 감독의무 위반으로 타인에게 손해를 가하는 경우에 이를 배상할 책임이 있으나, 이러한 감독의무는 구 정신보건법 등 관련 법령의 취지, 신의성실의 원칙, 형평의 원칙 등을 종합적으로 고려하여 합리적으로 제한된 범위에서의 의무라고 하였다.

후견인의 결격·사퇴·변경은 미성년후견인의 경우와 같다(위 Ⅱ. 2. 나. 참조). 성년후견인의 임무에는 피성년후견인의 재산관리 임무뿐 아니라 신상보호 임무가 포함되어 있고, 신상보호 임무 역시 재산관리 임무 못지않게 피성년후견인의 복리를 위하여 중요한 의미를 가지기 때문에, 특별한 사정이 없는 한 성년후견인 변경사유를 판단함에 있어서는 재산관리와 신상보호의 양 업무의 측면을 모두 고려하여야 하고, 성년후견인의 업무수행에 다소간 바람직하지 않은 사정이 발생하였거나 발생할 우려가 있는 경우에도, 법원은 성년후견인이 가지는 법정대리권의 범위와 피후견인의 신상에 관하여 결정할 수 있는 권한의 범위를 변경하는 조치를 통하여 피후견인의 복리를 꾀할 수 있다(대법원 2021. 2. 4.자 2020스647 결정).

다. 후견의 종료

성년후견은 피성년후견인이 사망하거나, 성년후견종료의 심판이 있는 때에 종료한다. 또 후견인이 사망하거나 사임·변경된 때에도 당해 후견인의 임무는 종료된다. 이에 대하여도 미성년후견의 종료에 관한 설명이 그대로 적용될 수 있다(위 Ⅱ. 4. 참조).

대법원 2016. 11. 28.자 2016으512 결정은, 피성년후견인이 양자를 상대로 입양무효확인의 소를 제기하고 사망한 경우에, 입양무효확인의 소를 제기할 수 있는 피성년후견인의 4촌 이내 친족이 있으면, 입양무효소송의 판결이 확정될 때까지 후견인이 사무 처리를 계속할 수는 없다고 하였다. 다만 이 사건을 환송받은 서울가정법원 2017. 3. 27.자 2016느단52387 결정은, 성년후견인은 피성년후견인이 양자와 그 배우자를 상대로 제기한 소유권이전등기말소청구소송과 손해배상청구 소송과 관련된 행위를 정당한 상속인이 나타나서 위 소송을 수계하거나 동일한 내용의 소를 제기할 때까지 후견사무의 처리를 계속할 수 있다고 하였다.

3. 한정후견

▌**참고문헌:** 김형석, "피성년후견인과 피한정후견인의 소송능력", 가족법연구 27권 1호, 2013; 김형석, "성년후견, 한정후견의 개시심판과 특정후견의 심판", 서울대학교 법학, 55권 1호, 2014; 백승흠, "포괄적 후견권의 제한과 성년후견제도: 한정후견유형을 중심으로", 민사법이론과 실무 17권 1호, 2014

가정법원은 질병, 장애, 노령, 그 밖의 사유로 인한 정신적 제약으로 사무를 처리할 능력이 부족한 사람에 대하여 청구권자의 청구에 의하여 한정후견개시의 심판을 한다(12조). 성년후견개시의 사유가 있는 경우에도 한정후견인의 동의권이나 대리권을 확장하여 충분한 보호를 제공할 수 있다면 한정후견제도의 이용을 금지할 필요가 없다는 견해가 유력하다.

한정후견이 개시되더라도, 피한정후견인은 독자적으로 법률행위를 할 수 있는 것이 원칙이다. 그렇지만 가정법원은 피한정후견인이 한정후견인의 동의를 받아야 하는 행위의 범위를 정할 수 있고, 한정후견인의 동의가 필요한 법률행위를 피한정후견인이 한정후견인의 동의 없이 하였을 때에는 그 법률행위를 취소할 수 있다. 다만, 일용품의 구입 등 일상생활에 필요하고 그 대가가 과도하지 아니한 법률행위는 취소할 수 없다(13조 1항, 4항). 가정법원은 본인, 배우자, 4촌 이내의 친족, 한정후견인, 한정후견감독인, 검사 또는 지방자치단체의 장의 청구에 의하여 한정후견인의 동의를 받아야만 할 수 있는 행위의 범위를 변경할 수 있고(13조 2항), 한정후견인의 동의를 필요로 하는 행위에 대하여 한정후견인이 피한정후견인의 이익이 침해될 염려가 있음에도 그 동의를 하지 아니하는 때에는 가정법원은 피한정후견인의 청구에 의하여 한정후견인의 동의를 갈음하는 허가를 할 수 있다(13조 3항).

미성년후견인과 성년후견인의 선임, 결격사유, 사임, 변경 및 이해상반에 관한 규정들은 한정후견에도 적용된다(959조의3 2항). 가정법원은 아직 한정후견인을 선임하기 전이라도 직권 또는 당사자의 신청에 의해 家訴 62조 1항에 따른 사전처분으로서 임시후견인을 선임할 수 있다. 이 때에는 한정후견인에 관한 규정이 준용된다(家訴規 32조 4항).

한정후견인은 가정법원이 피한정후견인이 한정후견인의 동의를 받아야 하는 것으로 정한 행위에 관하여는 동의권을 가진다(13조 1항). 이 경우에도 한정후견인이 당연히 대리권을 가지는 것은 아니고, 가정법원으로부터 대리권을 수여받는 심판이 있어야만 한다(959조의4 1항).

한정후견인의 사무에 관하여는 미성년후견과 성년후견에 관한 규정이 상당부분 준용된다(959조의6). 성년후견에 관한 특칙 가운데 준용되는 것은 피성년후견인의 의사 존중(947조), 피성년후견인의 신상보호(947조의2), 성년후견인이 여러 명 있는 경우의 권한행사(949조의2) 등이다. 한정후견에 관한 사항도 등기될 수 있다(後見 25조).

한정후견의 종료에 관하여는 위임계약의 종료에 관한 691조, 692조와 미성년후견 및 성년후견의 종료에 관한 957조와 958조가 준용된다(959조의7). 이에 대하여는 위 Ⅱ. 4. 참조.

4. 특정후견

▮**참고문헌:** 박인환, "새로운 성년후견제도에 있어서 특정후견 도입의 의의와 과제", 민사법이론과 실무 17권 1호, 2014; 이영규, "특정후견", 한양대학교 법학논총 31권 1호, 2014; 김형석, "성년후견, 한정후견의 개시심판과 특정후견의 심판", 서울대학교 법학 55권 1호, 2014

특정후견은 질병, 장애, 노령 등의 사유로 일시적 후원 또는 특정한 사무에 관한 후원이 필요한 사람에 대하여 가정법원의 심판으로 개시된다(14조의2 1항). 그러므로 특정후견의 대상은 일시적 후원 또는 특정한 사무로 한정되고, 특정후견의 기간 또는 사무의 범위는 미리 정하여져야 한다(14조의2 3항). 또 특정후견은 본인의 의사에 반하여 할 수 없다(14조의2 2항). 피후견인의 정신적 제약이 상당히 심하더라도, 특정후견에 의하여 피후견인 보호의 목적을 달성할 수 있다면 구태여 성년후견이나 한정후견을 개시할 필요는 없다.

특정후견의 경우에는 특정후견인이 항상 선임되는 것은 아니고, 가정법원이 피특정후견인의 후원을 위하여 필요한 보호조치(959조의8)의 하나로서 특정후견인을 선임할 수 있을 뿐이다(959조의9 1항). 그러므로 가정법원은 특정후견인을 선임하지 않고서도, 관계인에게 특정행위를 명하거나 부작위를 명하는 등의 방법으로 사무처리에 필요한 처분을 할 수 있다. 그러나 특정후견인의 선임이 필요한 경우가 많을 것이다. 미성년후견인과 성년후견인의 선임, 결격사유, 사임, 변경 및 이해상반에 관한 규정들은 특정후견인에도 준용된다(959조의9 2항).

가정법원은 아직 특정후견인을 선임하기 전이라도 직권 또는 당사자의 신청에 의해 家訴 62조 1항에 따른 사전처분으로서 임시후견인을 선임할 수 있다. 이 때에는 특정후견인에 관한 규정이 준용된다(家訴規 32조 4항).

피특정후견인은 행위능력이 제한되지 않으며, 특정후견인이 당연히 대리권을 가지지는 않는다. 다만 가정법원은 필요하다고 인정하면 기간과 범위를 정하여 특정후견인에게 대리권을 수여할 수 있다. 이 경우에 가정법원은 가정법원이나 특정후견감독인의 동의를 받도록 명할 수도 있다(959조의11). 여기서 말하는 대리권에는 가정법원이 필요하다고 인정하는 경우에 피특정후견인을 대신하여 신상에 관한 결정을 할 권한도 포함될 수 있을 것이다. 예컨대 의식이 없는 피특정후견인의 수술에 대한 동의 등이 이에 해당한다.

특정후견의 사무에 관하여 미성년후견 및 성년후견에 관한 규정이 준용되는 것은 한정후견과 같다(959조의12). 다만 신상보호에 관한 947조의2, 후견감독인의 동의를 필요로 하는 행위에 관한 950조, 피후견인에 대한 권리 양수에 관한 951조 및 상대방의 추인 여부 최고에 관한 952조는 준용되지 않는다. 이처럼 특정후견인에게 신상보호에 관한 권한을 주지 않은 점에 대하여는 입법론적인 비판이 있고, 나아가 해석론으로서도 938조 3항과 947조의2를 유추적용하여야 한다는 주장도 유력하다.

5. 후견계약(임의후견)

▌**참고문헌:** 김미경, “임의후견과 법정후견의 연관성”, 경북대 법학논고 63집, 2018; 김수정, “임의후견에서 본인의 자기결정권과 법원의 감독”, 가족법연구 31권 2호, 2017; 박인환, “개정민법상 임의후견제도의 쟁점과 과제”, 가족법연구 26권 2호, 2012; 박인환, “실질적 자기결정존중의 관점에서의 후견계약의 평가와 의사결정지원방안의 모색”, 가족법연구 29권 2호, 2015; 박인환, “성년후견에 있어서 본인 의사 존중과 임의후견우선의 원칙”, 전북대 법학연구 60집, 2019; 윤태영, “임의후견보다 법정후견을 우선할만한 ‘본인의 이익을 위하여 특별히 필요할 때’의 의미”, 민사법학 98호, 2022; 이영규, “후견계약”, 강원법학

41권 2호, 2014; 이지은, "임의후견제도와 타인을 위한 후견계약", 가족법연구 27권 2호, 2013; 이지은, "임의후견제도의 활용 및 전망에 대한 소고(小考)", 성년후견 1집, 2013; 이지은, "후견계약 공정증서양식에 관한 고찰", 가족법연구 31권 3호, 2017

성년후견, 한정후견 및 특정후견은 모두 가정법원의 심판에 의하여 개시되는 법정후견인데 반하여, 임의후견은 당사자 사이의 후견계약에 의하여 인정된다. 즉 질병, 장애, 노령 등으로 인하여 사무를 처리할 능력이 부족한 상황에 있거나 부족하게 될 상황에 대비하여 후견계약으로 자신의 재산관리 및 신상보호에 관한 사무의 전부 또는 일부를 다른 자에게 위탁하고 대리권을 수여하는 것이다. 사무를 처리할 능력이 부족한 사람이라도 당해 후견계약의 의미와 내용을 이해할 수 있는 정도의 의사결정능력을 갖춘 사람은 후견계약을 체결할 수 있다.

이론적으로는 피후견인이 미리 후견인을 선임할 수 있는 임의후견제도가 가장 이상적인 것으로 보이지만, 법은 후견계약을 공증하도록 하고, 임의후견감독인을 법원에서 선임하여야만 후견계약이 효력을 발생하도록 규정하고 있어서, 실제로는 후견계약이 별로 이용되지 않고 있다. 이는 임의후견의 남용을 우려하는 시각이 반영되어 있기 때문이다.

후견계약은 공정증서로 체결하여야 한다(959조의14). 피성년후견인과 피한정후견인이 후견계약을 체결할 수 있는가? 피성년후견인은 체결할 수 없으나, 피한정후견인은 체결할 수 있다는 견해가 다수설이다(주석친족 2/홍창우, 815-816 참조). 후견계약을 본인의 법정대리인이 체결할 수 있는가에 대하여는 다툼이 있으나, 이를 긍정하여야 한다. 특히 미성년자의 부모가 자녀가 성년이 되는 경우에 대비하여 후견계약을 체결하는 것을 인정할 실익이 있다. 누가 임의후견인이 될 것인가도 본인이 정할 수 있다.

다른 종류의 후견에서는 항상 후견감독인을 선임하여야 하는 것은 아니지만, 임의후견에서는 항상 임의후견감독인을 선임하여야 하고, 후견계약은 가정법원이 임의후견감독인을 선임한 때부터 효력이 발생한다(959조의14). 임의후견감독인의 선임은 후견계약이 등기되어 있을 때에 가능하다(959조의15).

임의후견감독인의 선임 전에는 본인 또는 임의후견인은 언제든지 공증인의 인증을 받은 서면으로 후견계약의 의사표시를 철회할 수 있고, 임의후견감독인의 선임 이후에는 본인 또는 임의후견인은 정당한 사유가 있는 때에만 가정법원의 허가를 받아 후견계약을 종료할 수 있다(959조의18).

임의후견감독인을 선임한 이후에 임의후견인이 현저한 비행을 하거나 그 밖에 그 임무에 적합하지 아니한 사유가 있게 된 경우에는 가정법원은 청구에 의하여 임의후견인을 해임할 수 있다(959조의17 2항). 이 경우에는 새로운 임의후견인을 선임할 수는 없고, 임의후견은 종료하는 것으로 해석된다.

임의후견인에게 후견인의 결격사유(937조)가 있거나, 임의후견인이 그 밖에 현저한 비행을 하거나 후견계약에서 정한 임무에 적합하지 아니한 사유가 있는 자인 경우에는 가정법원은 임의후견감독인을 선임하지 아니함으로써 후견계약의 효력 발생을 막을 수 있다(959조의17). 후견계약이 무효인 경우에도 위 규정이 유추적용될 수 있을 것이다.

임의후견의 내용은 후견계약에서 정한 바에 따른다. 법률행위의 대리 외에 임의후견인이 신상보호에 관한 결정을 할 수 있다고 후견계약에서 정하는 것도 가능하다. 이 경우에 947조의2가 준용된다는 명문규정은 없으나, 유추적용이 가능할 것이다.

임의후견인의 대리권 소멸은 등기하지 아니하면 선의의 제3자에게 대항할 수 없다(959조의19).

후견계약이 등기되어 있는 경우에 가정법원은 본인의 이익을 위하여 특별히 필요할 때에만 임의후견인 또는 임의후견감독인의 청구에 의하여 성년후견, 한정후견 또는 특정후견의 심판을 할 수 있다(959조의20 1항 1문). 이는 앞에서 설명한 것처럼, 임의후견은 국가의 후견적 개입인 법정후견에 대하여 우선한다는 임의후견 우선의 원칙이 발현된 결과이다. 그런데 위 규정은 이러한 경우에 법정후견을 신청할 수 있는 사람을 임의후견인 또는 임의후견감독인으로 한정하고 있지만, 해석상 본인, 배우자, 4촌 이내의 친족 등과 같은 일반적인 법정후견의 청구권자(9조 1항, 12조 1항, 14조의2 1항)도 법정후견을 신청할 수 있다고 본다. 이처럼 성년후견 또는 한정후견이 개시되면, 후견계약은 종료된다(959조의20 1항 2문). 특정후견이 개시된 때에는 후견계약이 종료되지 않는다.

대법원 2017. 6. 1.자 2017스515 결정은, '본인의 이익을 위하여 특별히 필요할 때'란 후견계약의 내용, 임의후견인이 임무에 적합하지 아니한 사유가 있는지, 본인의 정신적 제약의 정도, 기타 후견계약과 본인을 둘러싼 제반 사정 등을 종합하여, 후견계약에 따른 후견이 본인의 보호에 충분하지 아니하여 법정후견에 의한 보호가 필요하다고 인정되는 경우를 말한다고 한다.

반면 성년후견이나 한정후견 또는 특정후견이 개시된 경우에도, 법원은 임의후견감독인을 선임할 수 있고, 이 때에는 종전의 성년후견, 한정후견 또는 특정후견의 종료 심판을 하여야 한다. 다만 성년후견 또는 한정후견 조치의 계속이 본인의 이익을 위하여 특별히 필요하다고 인정하면 가정법원은 임의후견감독인을 선임하지 아니한다(959조의20 2항).

그런데 2항에 비추어 보면, 1항에 따라 성년후견 또는 한정후견 개시에 의하여 후견계약이 종료되는 것은 임의후견감독인이 선임된 경우에 한하는 것으로 해석하여야 할 것이다. 아직 임의후견감독인이 선임되지 않은 경우에는 임의후견인은 후견인으로서의 권한을 행사할 수 없고, 따라서 성년후견인이나 한정후견인의 권한과 충돌될 여지가 없으므로, 구태여 후견계약을 종료시킬 필요가 없으며, 아직 임의후견감독인이 선임되지 않았음에도 불구하고 한정후견개시결정의 확정으로 후견계약이 종료된다고 본다면, 사건본인은 다시 후견계약을 체결하고, 임의후견감독인의 선임을 신청하여 한정후견을 종료시킬 수 있게 되나, 그렇게 하는 것은 당사자로 하여금 위와 같은 불필요한 노력을 더 하도록 하는 것이 될 뿐이기 때문이다. 일본의 임의후견계약에 관한 법률 10조 3항은 그와 같이 규정하고 있다. 그러나 대법원 2021. 7. 15.자 2020으547 결정은, 후견계약이 등기되었으나 법정후견 심판이 있은 경우 후견계약은 임의후견감독인의 선임과 관계없이 본인이 성년후견 또는 한정후견 개시의 심판을 받은 때 종료한다고 보아야 한다고 하였다. 이 점에 관하여는 입법적인 개선이 필요하다.

Ⅳ. 후견인의 감독

1. 후견감독인제도의 도입

▌참고문헌: 김은효, "한국성년후견제도에 있어서의 후견감독인의 역할과 과제", 성년후견 3집, 2015; 김형석, "성년후견감독인", 성년후견 2집, 2014; 백승흠, "성년후견의 감독에 관한 고찰: 독일과 일본의 제도를 비교하여", 가족법연구 20권 2호, 2006; 송호열, "성년후견감독법제에 관한 고찰", 재산법연구 25권 1호, 2008

과거에는 후견인의 감독을 위하여 친족회라는 기구가 인정되었다. 그러나 친족들로 구성된 친족회가 후견인을 감독하는 것은 실효성이 없다는 비판이 많았고,

이에 따라 2011년 개정법은 친족회를 없애는 대신 후견감독인을 둘 수 있게 하였다. 후견감독인의 권한과 임무는 대체로 종전의 친족회와 같다. 다만 임의후견 외의 후견감독인은 필요한 경우에 둘 수 있는 것으로 되었으므로, 그 한도에서는 후견인에 대한 감독이 약화된 셈이다.

2. 후견감독인의 결정

미성년후견인을 지정할 수 있는 사람은 유언으로 미성년후견감독인을 지정할 수 있다(940조의2). 미성년후견감독인의 지정이 없거나 그 외의 후견의 경우에는 가정법원이 필요하다고 인정할 때 후견감독인을 선임한다. 가정법원은 후견감독인을 직권으로 또는 청구권자의 청구에 의하여 선임할 수 있다. 청구권자는 피후견인 본인, 친족, 후견인, 검사, 지방자치단체의 장이다(940조의3, 940조의4, 959조의5, 959조의10). 후견감독인이 없게 된 경우에는 가정법원이 직권 또는 후견감독인의 선임청구권자의 청구에 의하여 후견감독인을 선임한다(940조의3 2항).

다만 임의후견감독인의 선임은 다른 후견의 경우와는 다소 다르다. 이 때에는 후견감독인의 선임이 후견계약의 효력발생요건이므로(959조의14 3항), 항상 후견감독인을 선임하여야 한다. 이 때의 청구권자는 다른 후견의 경우와 같으나, 다만 친족은 4촌 이내의 친족에 한한다. 이는 임의후견감독인의 선임은 사실상 후견의 개시와 같은 성격을 가지므로, 다른 후견 개시 청구권자와 마찬가지로 4촌 이내로 제한한 것이다.

법인도 후견감독인이 될 수 있다(940조의7, 930조 3항). 반면 후견인의 가족은 후견감독인이 될 수 없다(940조의5). 후견감독인은 복수로 둘 수 있다. 이 때에는 가정법원이 그들 사이에 권한을 분장할 수 있다(940조의7, 949조의2 1항).

후견감독인에게는 위임 및 후견인에 관한 규정이 준용된다(940조의7).

3. 후견감독인의 임무

후견감독인의 임무는 제1차적으로 후견인의 감독이다(940조의6 1항). 후견감독인의 감독사항은 다음과 같다. 후견인의 재산조사와 목록작성에의 참여(941조), 후견인과 피후견인 사이의 채권·채무 제시의 상대방이 되는 일(942조), 미성년자의 신분에 관한 후견인의 행위에 대한 동의권(945조), 후견인의 대리 또는 동의에 대한 동의(950조), 피후견인의 재산 등의 양수에 대한 동의(951조) 등이다.

또 후견감독인은 언제든지 후견인에게 그의 임무수행에 관한 보고와 재산목록의 제출을 요구할 수 있고 피후견인의 재산상황을 조사할 수 있다(953조).

이외에도 후견감독인은 후견인이 없는 경우에는 지체 없이 가정법원에 후견인의 선임을 청구하여야 하고, 피후견인의 신상이나 재산에 대하여 급박한 사정이 있는 경우 그의 보호를 위하여 필요한 행위 또는 처분을 할 수 있으며, 후견인과 피후견인 사이에 이해가 상반되는 행위에 관하여는 후견감독인이 피후견인을 대리한다(940조의6).

4. 가정법원의 후견인 감독

가정법원도 직권 또는 청구에 의하여 피후견인의 재산상황을 조사하고, 후견인에게 재산관리 등 후견임무 수행에 관하여 필요한 처분을 명할 수 있다(954조).

제 6 장 친족간 부양

▮**참고문헌:** 김수정, "양육의무를 불이행한 부모의 부양청구권 제한", 비교사법 27권 3호, 2020; 김승정, "배우자 사이의 부양의무와 직계혈족 사이의 부양의무의 우선순위", 대법원 판례해설 93호, 2013; 서인겸, "부양의무 이행의 순위 및 체당부양료의 구상에 관한 고찰", 경희법학 49권 3호, 2014; 석재은·유은주, "노인의 경제적 부양과 신체적 부양: 가족의무와 국가책임의 균형", 가족법연구 21권 1호, 2007; 윤현숙, "노인부양: 가족의 책임인가, 사회의 책임인가", 가족법연구 14호, 2000; 이재찬, "부양의무의 순위 및 그에 기초한 구상관계 연구", 민사판례연구 38권, 2016; 이희배, 민법상의 부양법리, 1989; 조인영, "고령화시대 자녀의 부모 부양의무에 관한 구체적 쟁점 고찰", 법조 2022. 12; 최준규, "다수당사자 사이의 부양관계에 관한 고찰," 가족법연구 26권 3호, 2012; 현소혜, "제2차 부양의무자 간의 구상관계", 비교사법 27권 3호, 2020.

Ⅰ. 부양의무 일반론

친족관계의 중요한 효과의 하나로서, 친족 사이의 부양의무를 들 수 있다. 물론 친족관계가 있다고 하여 당연히 부양의무가 있는 것은 아니고, 일정한 범위의 친족 사이에서, 일정한 사정이 있는 경우에 한하여 부양의무가 발생한다.

일반적으로 민법상의 부양을 두 경우로 나누는 것이 보통이다. 하나는 부부 사이의 부양 및 부모와 미성숙 자녀 사이의 부양이고, 다른 하나는 그 이외의 친족 사이의 부양이다. 전자를 "생활유지의 의무"라고 하고, 후자를 "생활부조의 의무"라고 한다. 후자는 자신의 여력이 있을 때 비로소 부양의무가 인정되는 것인데 반하여, 전자는 자기 자신과 마찬가지로 부양하여야 할 의무로, 한 조각의 빵이라도 갈라 먹어야 한다는 것이다. 그리하여 생활유지의무에 의한 부양청구권에는 974조 이하의 부양에 관한 규정이 적용되지 않으며, 부부 사이의 부양의무와, 부모의 미성년자녀에 대한 양육의무는 생활유지의무에 해당한다고 본다.

대법원 2012. 12. 27. 선고 2011다96932 판결([판례 47])은, 부부간의 상호부양의무는 혼인관계의 본질적 의무로서 부양을 받을 자의 생활을 부양의무자의 생활과 같은 정도로 보장하여 부부공동생활의 유지를 가능하게 하는 것을 내용으로 하는 제1차 부양의무이고, 반면 부모가 성년의 자녀에 대하여 직계혈족으로서 부담하는 부양의무는 부양의무자가 자기의 사회적 지위에 상응하는 생활을 하면서 생활에 여유가 있음을 전제로 하여 부양을 받을 자가 그 자력 또는 근로에 의하여 생활을 유지할 수 없는 경우에 한하여 그의 생활을 지원하는 것을 내용으로 하는 제2차 부양의무라고 하였다. 그리고 제1차 부양의무와 제2차 부양의무는 의무이행의 정도뿐만 아니라 의무이행의 순위도 의미하는 것이므로, 제2차 부양의무자는 제1차 부양의무자보다 후순위로 부양의무를 부담하며, 제1차 부양의무자는 특별한 사정이 없는 한 제2차 부양의무자에 우선하여 부양의무를 부담하므로, 제2차 부양의무자가 부양받을 자를 부양한 경우에는 민사소송에 의하여 그 소요된 비용을 제1차 부양의무자에 대하여 상환청구할 수 있다고 보았다.

이와 같은 분류는 일본의 나카가와 젠노스케(中川善之助) 교수가 제창한 것이다. 그러나 민법상 이와 같은 구분이 명문으로 채택되어 있는 것은 아니다. 그리하여 근래에는 양자 사이에 질적인 차이가 있는 것은 아니고, 다만 양적인 차이만이 있을 뿐이라는 비판이 유력하여지고 있다. 그러므로 생활유지의무와 생활부조의무의 개념 내지 구분 자체는 인정할 수 있지만, 생활유지의무자와 생활부조의무자가 병존하는 때에는 부양권리자에 대한 관계에서 생활부조의무자가 생활유지의무자보다 후순위로 부양의무를 부담하는 것은 아니고, 부양권리자로서는 생활유지의무자를 제치고 생활부조의무자에게도 부양을 청구할 수 있다고 보아야 한다. 이 점에서 위 2011다96932 판결([판례 47])에는 동의하기 어렵다. 다만 일단 부양의무를 이행한 부양의무자 일방이 다른 부양의무자에게 구상을 할 때에는 생활유지의무자의 부담부분이 생활부조의무자보다 더 크다고 보아야 할 것이다. 학설 가운데에는 부부 사이의 부양이나 미성년 자녀에 대한 부양에 관하여도 974조 이하의 규정이 적용될 수 있고, 다만 그 요건을 탄력적으로 해석하면 된다고 하는 견해가 있다.

이 이외에도 국내의 학자 가운데에는 부양의 유형을 동일체적 부양(부부, 부모와 자녀의 관계), 생계공동적 부양(생계를 같이하는 동거가족간 부양), 보충적 부양(기타 친족간 부양)으로 나누고, 이들 사이에서 다시 제1차적 부양과 제2차적 부양으로 나누는 견해가 있다(이희배). 다만 이 견해에서도 보충적 부양의 경우에는 항상 제2차적 부양의무만이 인정된다고 한다.

과거에는 부양은 기본적으로 가족에 의하여 해결되는 것으로 생각되고 있었다. 그러나 근래에는 「국민기초생활 보장법」, 의료급여법 등 사회보장 관계 법률에 의하여 이러한 부양의무의 상당 부분을 국가가 담당하고 있다. 이러한 법률들과 친족법상의 부양의무의 관계가 문제로 되기도 한다.

[판례 47] 대법원 2012. 12. 27. 선고 2011다96932 판결

1. 원심의 판단

원심은 그 판시와 같은 사실을 인정한 다음, 배우자의 부양의무가 친족 간의 부양의무보다 항상 우선한다고 볼 민법상 근거가 없고 나아가 민법 제976조, 제977조에 의하면 민법 제974조에 규정된 부양의무자는 부양받을 자에게 부양의 필요가 발생한 경우 추상적으로는 동일한 부양의무를 부담하고, 구체적인 권리의무나 부양순위 등은 당사자 사이의 협의 또는 가정법원의 심판에 의하여 결정하도록 되어 있는 점에 비추어 보면, 피고가 단지 소외인의 배우자라는 이유만으로는 원고보다 선순위의 부양의무자라고 볼 수 없다고 하여, 원고가 지출한 부양료를 피고에 대하여 부당이득금 내지 구상금으로 반환청구하는 원고의 주장을 배척하였다.

2. 그러나 원심의 판단은 다음과 같은 이유에서 이를 그대로 수긍하기 어렵다.

가. (1) 민법 제826조 제1항에 규정된 부부간의 상호부양의무는 혼인관계의 본질적 의무로서 부양을 받을 자의 생활을 부양의무자의 생활과 같은 정도로 보장하여 부부공동생활의 유지를 가능하게 하는 것을 내용으로 하는 제1차 부양의무이고, 반면 부모가 성년의 자녀에 대하여 직계혈족으로서 민법 제974조 제1호, 제975조에 따라 부담하는 부양의무는 부양의무자가 자기의 사회적 지위에 상응하는 생활을 하면서 생활에 여유가 있음을 전제로 하여 부양을 받을 자가 그 자력 또는 근로에 의하여 생활을 유지할 수 없는 경우에 한하여 그의 생활을 지원하는 것을 내용으로 하는 제2차 부양의무이다.

이러한 제1차 부양의무와 제2차 부양의무는 의무이행의 정도뿐만 아니라 의무이행의 순위도 의미하는 것이므로, 제2차 부양의무자는 제1차 부양의무자보다 후순위로 부양의무를 부담한다.

따라서 제1차 부양의무자와 제2차 부양의무자가 동시에 존재하는 경우에 제1차 부양의무자는 특별한 사정이 없는 한 제2차 부양의무자에 우선하여 부양의무를 부담하므로, 제2차 부양의무자가 부양받을 자를 부양한 경우에는 그 소요된 비용을 제1차 부양의무자에 대하여 상환청구할 수 있다.

(2) 다만 부부의 일방이 제1차 부양의무자로서 제2차 부양의무자인 상대방의 친족에게

상환하여야 할 과거 부양료의 액수는 부부 일방이 타방 배우자에게 부담하여야 할 부양의무에 한정된다고 할 것인바, 그 부양의무의 범위에 관하여 살펴본다.

먼저 부부간의 부양의무 중 과거의 부양료에 관하여는 특별한 사정이 없는 한 부양을 받을 사람이 부양의무자에게 부양의무의 이행을 청구하였음에도 불구하고 부양의무자가 부양의무를 이행하지 아니함으로써 이행지체에 빠진 후의 것에 관하여만 부양료의 지급을 청구할 수 있을 뿐이므로(대법원 2008. 6. 12.자 2005스50 결정 등 참조), 부양의무자인 부부의 일방에 대한 부양의무 이행청구에도 불구하고 배우자가 부양의무를 이행하지 아니함으로써 이행지체에 빠진 후의 것이거나, 그렇지 않은 경우에는 부양의무의 성질이나 형평의 관념상 이를 허용해야 할 특별한 사정이 있는 경우에 한하여 이행청구 이전의 과거 부양료를 지급하여야 한다.

그리고 부부 사이의 부양료 액수는 당사자 쌍방의 재산 상태와 수입액, 생활정도 및 경제적 능력, 사회적 지위 등에 따라 부양이 필요한 정도, 그에 따른 부양의무의 이행정도, 혼인생활 파탄의 경위와 정도 등을 종합적으로 고려하여 판단하여야 한다.

따라서 상대방의 친족이 부부의 일방을 상대로 한 과거의 부양료 상환청구를 심리·판단함에 있어서도 이러한 점을 모두 고려하여 상환의무의 존부 및 범위를 정하여야 한다.

(3) 한편 가사소송법 제2조 제1항 제2호 나. 마류사건 제1호는 민법 제826조에 따른 부부의 부양에 관한 처분을, 같은 법 제2조 제1항 제2호 나. 마류사건 제8호는 민법 제976조부터 제978조까지의 규정에 따른 부양에 관한 처분을 각각 별개의 가사비송사건으로 규정하고 있다. 따라서 부부간의 부양의무를 이행하지 않은 부부의 일방에 대한 상대방의 부양료 청구는 위 마류사건 제1호의 가사비송사건에 해당하고, 친족간의 부양의무를 이행하지 않은 친족의 일방에 대한 상대방의 부양료 청구는 위 마류사건 제8호의 가사비송사건에 해당한다 할 것이나, 부부간의 부양의무를 이행하지 않은 부부의 일방에 대하여 상대방의 친족이 구하는 부양료의 상환청구는 같은 법 제2조 제1항 제2호 나. 마류사건의 어디에도 해당하지 아니하여 이를 가사비송사건으로 가정법원의 전속관할에 속하는 것이라고 할 수는 없고, 이는 민사소송사건에 해당한다고 봄이 상당한다.

나. 원심이 적법하게 인정한 사실관계와 기록에 의하면, 원고는 1968년생인 소외인의 모이고, 피고는 소외인의 배우자인 사실, 소외인이 2006. 11. 15. 경막외 출혈 등으로 수술을 받은 후 2009. 12. 29. 현재까지 의식이 혼미하고 마비증세가 지속되고 있는 사실을 알 수 있는바, 이러한 사정을 앞서 본 법리에 비추어 살펴보면, 피고는 제1차 부양의무자로서 특별한 사정이 없는 한 제2차 부양의무자인 원고에 우선하여 소외인을 부양할 의무가 있으므로, 원고의 주장과 같이 원고가 소외인의 병원비 등을 지출함으로써 소외인을 부양하였다면 피고는 원고에게 자신이 소외인에게 부담할 부양의무의 범위 내에서 이를 상환할 의무가 있다 할 것이다.

한편 기록에 의하여 알 수 있는 다음과 같은 사정, 즉 소외인은 의사소통이 불가능하다는 등의 이유로 피고에게 부양을 청구하기가 곤란하였던 점, 피고는 소외인이 부양이 필요하다는 사실을 잘 알고 실제 부양을 하기도 하였던 점, 피고는 자신이 부양을 중단한 후에도 소외인이 여전히 부양이 필요한 상태였고 원고가 부양을 계속한 사실을 알았던 점 등에 비추어 보면, 피고에게는 소외인으로부터 부양의무의 이행청구를 받기 이전의 과거 부양료도 지급할 의무가 있다고 볼만한 사정이 있다고 볼 여지가 많다.

다. 그럼에도 불구하고 원심은 피고가 원고보다 선순위의 부양의무자라고 볼 수 없어 상환의무가 없다는 이유로 원고의 구상금 청구를 배척하였는바, 이는 부양의무의 이행순위에 관한 법리를 오해하여 판단을 그르친 것이다.

생각할 점

1. 제1차 부양의무와 제2차 부양의무의 구별을 인정하더라도, 양자가 병존한 때에는 부양권리자로서는 제2차 부양의무자에게도 부양을 청구할 수 있고, 다만 제1차 부양의무자의 부담부분은 제2차 부양의무자의 그것보다 커야 한다는 견해(윤진수, 민법기본판례, 제2판, 2020, 684)에 대하여 생각해 보라.

2. 대법원은 이 사건을 민사소송사건으로 보았다. 이 사건이 가사사건이라고 볼 여지는 없는가?

참고문헌

김승정, 대법원판례해설 93호; 서인겸, 경희법학 49권 3호; 이재찬, 민사판례연구 38권.

Ⅱ. 부양의 당사자

부양의무는 부양을 받을 자가 자기의 자력 또는 근로에 의하여 생활을 유지할 수 없는 경우에 발생한다. 부양의 권리와 의무는 우선 직계혈족 및 그 배우자 간에 인정되고(974조 1호), 기타의 친족 간에는 생계를 같이하는 때에 한하여 인정된다(974조 3호). 생계를 같이 한다는 것은 생활자료의 취득과 소비를 공동으로 한다는 의미로서, 동거하는 경우에 한정되는 것은 아니다.

직계혈족 사이에는 당연히 부양의무가 있는데, 근래에는 예컨대 자녀에 대한 양육의무를 전혀 이행하지 않았던 부모가 나중에 성년인 자녀에 대하여 부양청구권을 행사하는 것이 타당한가 하는 논의가 있다. 독일 민법 1611조 1항은, 부양권리자가 자신의 도덕적인 과오로 인하여 곤궁하게 되었거나, 자신이 부양의무자에 대한 부양의무를 중대하게 게을리하였거나 고의적으로 부양의무자나 그의 가까운 친족에 대하여 중대한 비행을 저질렀을 때에는 공평에 부합하는 만큼만의 부양을 하면 되고, 부양의무자에 대한 청구가 현저하게 불공평할 때에는 부양의무가 소멸한다고 규정한다. 우리 민법에는 이와 같은 규정이 없으나, 경우에 따라서는 부양청구가 권리남용에 해당할 수 있을 것이다.

배우자 일방이 사망한 후 사망한 배우자의 직계혈족과 타방 배우자(예컨대 계모와 계자녀 등) 사이의 부양의무가 974조 1호에 의하여 당연히 발생하는지, 아니면 3호에 의하여 생계를 같이하는 때에만 인정되는지에 관하여 논의가 있으나, 배우자 사망으로 배우자관계가 종료되므로, 타방 배우자는 "배우자였던 자"에 불과하여 1호에는 해당하지 않고, 그가 재혼하지 않는 한 생계를 같이 하는 경우에만 3호에 의하여 부양의무가 인정된다고 보아야 할 것이다(대법원 2013. 8. 30.자 2013스96 결정: 시부모가 사망한 아들의 처에게 부양을 청구한 경우).

부양의무 있는 자가 수인인 때, 예컨대 자녀가 여럿인 경우에는 부양을 할 자의 순위에 관하여는 우선 당사자가 협정으로 정할 수 있고, 이러한 협정이 없으면 법원이 당사자의 청구에 의하여 정한다. 부양을 받을 권리자가 수인이고 부양의무자가 전원을 부양할 수 없는 경우에도 마찬가지이다(976조). 이러한 협정이나 법원의 결정이 없이 부양의무자 중 일부가 부양을 한 때에 그 일부는 다른 부양의무자에 대하여 구상을 할 수 있다.

Ⅲ. 부양의 정도와 방법

부양의 정도와 방법은 우선 당사자의 협정으로 정할 수 있고, 당사자의 협정이 없으면 가정법원이 당사자의 청구에 의하여 이를 정한다. 일단 부양에 관한 당사자의 협정이나 법원의 심판이 있었다 하더라도, 사정변경이 있으면 법원은 그 협정이나 심판을 취소 또는 변경할 수 있다(978조).

부양의 정도는 결국 부양료를 어느 만큼 정하는가 하는 문제인데, 이는 부양권리자와 부양의무자의 관계, 부양을 받을 자의 생활정도와 부양의무자의 자력 기타 제반 사정을 참작하여 정할 수밖에 없다. 가령 대학교육비와 같은 것도 경우에 따라서는 인정될 수 있을 것이다(대법원 1986. 6. 10. 선고 86므46 판결 참조). 반면 성년의 자녀가 통상적인 생활필요비라고 보기 어려운 유학비용의 충당을 위해 부모를 상대로 부양료를 청구할 수는 없다(대법원 2017. 8. 25.자 2017스5 결정). 다만 이러한 부양료의 산정의 일관성을 기하기 위하여는 일정한 산정기준이 만들어질 필요가 있다. 부모의 미성년 자녀 양육에 관하여는 서울가정법원에서 산정기준을 만들었다는 것은 앞에서 살펴보았다.

부양의 방법은 금전부양, 현물부양 외에 실제로 같이 살면서 돌보아 주는 동거부양이 있으나, 재판상 문제되는 것은 주로 금전부양이다.

과거의 부양료 청구 또는 그 구상청구를 인정할 수 있는가? 대법원 2013. 8. 30.자 2013스96 결정은, 부모와 성년의 자녀·그 배우자 사이의 과거의 부양료에 관하여는 부양의무 이행청구에도 불구하고 그 부양의무자가 부양의무를 이행하지 아니함으로써 이행지체에 빠진 후의 것이거나, 그렇지 않은 경우에는 부양의무의 성질이나 형평의 관념상 이를 허용해야 할 특별한 사정이 있는 경우에 한하여 이행청구 이전의 과거 부양료를 청구할 수 있다고 하였다. 이는 부부 사이의 과거 부양료 청구에 관한 대법원 1991. 10. 8. 선고 90므781, 798 판결과 대법원 2008. 6. 12.자 2005스50 결정의 태도를 재확인한 것으로, 부모의 미성년 자녀에 대한 양육비의 경우(대법원 1994. 5. 13.자 92스21 전원합의체 결정, [판례 41])와는 다르다.

부양에 관하여 당사자의 협정이 없고, 당사자의 청구에 의한 법원의 결정도 없는 이상, 부양의무는 추상적인 의무의 성격을 가지고, 당사자의 협정이나 법원의 결정이 있어야만 비로소 구체적으로 확정된다(부모의 미성년 자녀에 대한 양육비 지급의무에 관한 대법원 2006. 7. 4. 선고 2006므751 판결([판례 42]); 2011. 7. 29.자 2008스67 결정([판례 43]) 참조). 그런데 위 대법원 2011. 7. 29.자 2008스67 결정([판례 43])은, 당사자의 협의 또는 가정법원의 심판에 의하여 구체적인 지급청구권으로서 성립하기 전에는 과거의 양육비에 관한 권리는 양육자가 그 권리를 행사할 수 있는 재산권에 해당하지 않으므로 이에 대하여는 소멸시효가 진행할 여지가 없다고 하였으나, 찬성하기 어렵다(위 제4장 Ⅲ. 3. 다 참조). 이 점은 부양료 청구권에 관하여도 마찬가지로 보아야 할 것이다. 대법원 2015. 1. 29. 선고 2013다79870 판결은, 부양료청구권의 침해를 이유로 채권자취소권을 행사하는 경우의 제척기간은 부양료청구권이 구체적인 권리로서 성립한 시기가 아니라 민법 406조 2항이 정한 '취소원인을 안 날' 또는 '법률행위가 있은 날'로부터 진행한다고 하였다.

부양을 받을 권리는 이를 처분하지 못한다(979조). 우선 부양권리자는 아직 이행기에 이르지 아니한 부양료청구권은 처분하지 못한다. 그리고 아직 이행기에 이르지 아니한 부양료청구권은 상속될 수 없다. 나아가 부양료청구권은 채권자대위권의 객체가 될 수도 없고, 압류하지도 못한다(民執 246조 1항 1호). 학설상으로는 이행기에 이른 부양료청구권은 처분, 포기도 가능하고, 상속될 수도 있다는 주장이 있다. 위 대법원 2006. 7. 4. 선고 2006므751 판결([판례 42])은, 이혼한 부부 사이에서 자(子)에 대한 양육비의 지급을 구할 권리는 상계의 자동채권으로 할 수 있다고 하였는데, 양육비청구권에 관하여는 그 타당성에 의문이 있지만(위 제4장 Ⅲ. 3. 다. 참조), 자신의 부양료청구권에 관하여는 상계의 자동채권으로 하는 것을 막을 이유는 없다.

제2편

상 속

제 1 장 상속법 서론

Ⅰ. 상속·상속법·상속권

1. 상속과 상속법

▌**참고문헌:** 곽윤직, "상속법의 본질", 민사판례연구 18권, 1996; 김형석, "우리 상속법의 비교법적 위치", 가족법연구 23권 2호, 2009; 윤진수, "상속제도의 헌법적 근거", 민법논고 V, 2011; 최금숙, "상속법—가족법인가 재산법인가", 가족법연구 19권 1호, 2005

상속은 법률의 규정에 의하여 자연인의 재산법상의 지위가 그 사망 후에 특정인에게 포괄적으로 승계되는 것을 의미한다. 과거에는 재산상속 외에 호주상속이 인정되었으나, 1991. 1. 1. 호주상속이 호주승계로 바뀌어 친족법에 편입되었고, 2008. 1. 1.부터는 호주승계도 폐지되었다. 따라서 협의의 상속은 재산상속만을 의미한다. 포괄적 유증도 사망으로 인한 재산법상 지위의 포괄적 승계이지만, 이는 피상속인의 유언이 있어야 한다는 점에서 법률의 규정에 의하여 당연승계가 이루어지는 상속과는 구별된다.

민법 제5편(997 내지 1118조)은 「상속」이라는 표제 아래 법정상속, 유언 및 유류분에 관하여 규율하고 있다. 이를 협의의 상속법이라고 할 수 있다. 여기에는 피상속인의 사망에 의하여 피상속인의 지위 내지 권리와 의무가 법률의 규정에 의하여 상속인에게 포괄적으로 승계되는 협의의 상속뿐만 아니라 유언 등과 같이 당사자의 사망에 의하여 효력이 생기는, 의사표시에 의한 권리변동도 포함한다.

다른 한편 사람의 사망으로 인한 사법(私法)적, 재산법적 효과를 규율하는 법 전체를 상속법이라고 부르기도 한다. 이는 광의의 상속법이다. 이러한 광의의 상속법에 속하는 것으로서 중요한 것이 「남북 주민 사이의 가족관계와 상속 등에 관한 특례법」(南北特, 2012. 5. 11. 시행)이다. 이 법은 상속재산반환청구, 상속회복청구, 단순승인, 북한주민의 상속·수증재산 등의 관리 등에 관하여 여러 가지 특례를 규정하고 있다.

사람의 사망으로 인한 법률관계에 사법적인 것만 있는 것은 아니다. 공법이라고 할 수 있는 산업재해보상보험법, 공무원연금법, 상속세 및 증여세법(相贈) 등에도 사람의 사망으로 인한 법률관계가 규정되어 있다. 이러한 법률에 의한 권리의무관계는 원칙적으로 상속법에 속하지 않지만, 상속법과 밀접한 관련이 있다.

상속법의 본질이 재산법인가 가족법인가 하는 점에 관하여는 다소 논란이 있다. 통설은 가족법에 속한다고 보고 있으나, 근래에는 재산법에 속한다는 견해도 유력하게 주장되고 있다(곽윤직, 26-29; 송덕수, 1-2 등). 상속법은 그 요건 면에서는 친족법과 밀접한 관련이 있고, 효과 면에서는 재산법적인 요소가 많다. 그러나 논의의 실익은 크지 않다(제1편 제1장 Ⅰ. 1. 참조). 종래 신분행위라는 개념을 인정하는 견해는 친족법뿐만 아니라 상속의 승인이나 포기 등 상속법상의 법률행위도 신분행위에 포함되므로 재산법의 규정이 전반적으로 적용되지 않는다고 보았으나, 이러한 신분행위라는 개념을 인정할 필요는 없다. 다만 대법원 2011. 6. 9. 선고 2011다29307 판결([판례 70])은 상속의 포기는 406조 1항에서 정하는 "재산권에 관한 법률행위"에 해당하지 아니하므로 채권자가 채권자취소권을 행사할 수 없다고 하였으나, 찬성하기 어렵다(아래 제2장 Ⅶ. 5. 라. 참조).

2. 상속에 관한 기본개념

상속관계는 상속으로 승계되는 재산적 지위의 종래의 법 주체와, 그의 재산적 지위를 법률의 규정에 의하여 승계하는 새로운 법 주체를 두 축으로 하여 구성된다. 전자를 피상속인, 후자를 상속인이라고 한다.

그리고 이러한 법률관계에서 상속인이 피상속인에 대하여 가지는 권리를 상속권이라고 한다. 이는 두 가지 의미로 쓰이고 있다. 그 하나는 상속개시 전에 상속인이 기대권으로서 가지는 권리이고, 다른 하나는 상속 개시 후에 상속인이 가지는 권리이다.

상속권 내지 상속제도도 헌법이 보장하는 재산권의 범주에 포함된다. 유언의 자유도 헌법상의 기본권에 해당한다(헌법재판소 1998. 8. 27. 선고 96헌가22 외 결정 등). 그러나 유류분과 같은 입법자에 의한 유언의 제한이 허용되지 않는다고는 할 수 없다.

Ⅱ. 상속의 유형

1. 상속의 종류

▮참고문헌: 심희기, "제사상속·호주상속 담론(1910~1923)에 대한 비판적 고찰", 사법 60호, 2022; 윤진수, "고씨 문중의 송사를 통해 본 전통 상속법의 변천", 민법논고 V, 2011

과거에는 상속제도가 제사상속, 호주상속, 재산상속을 포괄하였다. 조상의 제사를 주재하는 지위를 승계하는 것이 제사상속이고, 법률에 의하여 구성된 추상적인 친족집단인 가(家)의 지배자로서 호주(戶主)의 지위를 승계하는 것이 호주상속이며, 재산적 지위를 승계하는 것이 재산상속이다.

역사적으로는 제사상속이 중요한 문제였고, 현재에도 제사상속은 사실상 행하여지고 있으나, 조선고등법원 1933. 3. 3. 판결(高等法院民事判決錄 20-155)은 제사상속은 법률적으로는 더 이상 인정되지 않는다고 하였다. 현행법도 제사상속을 인정하고 있지는 않다(대법원 2012. 9. 13. 선고 2010다88699 판결 참조). 다만 1008조의3은 제사를 주재하는 자가 제사용 재산을 승계하는 것으로 규정하고 있다. 호주상속도 호주승계로 변경되었다가 아예 폐지되었다.

2. 상속의 형태

역사적으로 상속은 매우 다양한 형태로 이루어졌다. 먼저 법정상속과 유언상속으로 나누어 볼 수 있다. 피상속인이 유언으로 상속인을 지정하는 것을 유언상속이라고 하고, 상속인이 법률의 규정에 의하여 정해지는 것을 법정상속이라 한다. 다만 유언상속의 경우에 유언이 없으면 법률의 규정에 따라 상속이 이루어지는 것을 무유언상속(無遺言相續, intestate succession)이라고 한다. 우리 법은 법정상속을 택하고 있다. 현행법상 포괄적 유증이 인정되므로 우리나라에서도 유언상속이 인정된다고 설명하는 견해가 있으나, 포괄적 유증과 상속을 동일하게 취급할 수는 없으므로 현행법상 유언상속은 인정되지 않는다고 보아야 할 것이다.

다음으로 상속을 공동상속과 단독상속으로 나누어 볼 수 있다. 상속인이 여러 사람인 경우가 공동상속이고, 상속인이 언제나 한 사람인 경우가 단독상속이다. 공동상속의 경우에 상속인의 자격을 가진 사람이 하나밖에 없어 혼자서 상속하는 것은 공동상속의 특수한 경우이다. 단독상속에서도 누가 상속인이 되는가에 관하여는 장자(長子)상속과, 말자(末子)상속, 방계(傍系)상속 등 여러 유형이 있었다. 다른 나라에서 귀족의 상속은 단독상속이 원칙이었고, 상속할 자원이 부족할 때에는 단독상속, 그 중에서도 장자상속이 나타나는 예가 많았다.

Ⅲ. 상속법의 연혁

▌참고문헌: 문숙자, 조선시대 재산상속과 가족, 2004; 민유숙, "관습법상 분재청구권의 내용과 분재의무의 상속·소멸시효 적용 여부", 대법원판례해설 63호, 2007; 심희기, "제사상속·호주상속 담론(1910~1923)에 대한 비판적 고찰", 사법 60호, 2022; 윤진수, "고씨 문중의 송사를 통해 본 전통 상속법의 변천", 민법논고 V, 2011; 윤진수, "관습상 분재청구권에 대한 역사적, 민법적 및 헌법적 고찰", 민법논고 Ⅷ, 2021; 윤진수, "상속관습법의 헌법적 통제", 민법논고 Ⅷ, 2021; 이상욱, "일제 강점기의 제사상속관습법", 법사학연구 60호, 2019; 이홍민, "호주제를 전제로 한 상속관습법의 폐지에 관한 입론", 조선대 법학논총 23권 1호, 2016; 정구태, "호주가 사망한 경우 딸에게 구 관습법상 분재청구권이 인정되는지 여부", 동북아법연구 8권 3호, 2015; 정긍식, "식민지기 상속관습법의 타당성에 대한 재검토", 서울대학교 법학 50권 1호, 2009; 현소혜, "상속관습법상 몇 가지 쟁점에 관하여", 가족법연구 29권 1호, 2015

상속법의 연혁은 실제상으로도 중요한 의미가 있다. 상속에 관한 사항은 원칙적으로 상속개시시의 법에 따르므로 과거의 상속법도 오늘날의 재판에서 문제가 되는 경우가 많다.

고려시대와 조선시대 전기까지는 자녀의 공동·균분상속을 원칙으로 하였고, 아들과 딸의 차별도 없었으며, 승중자(承重子; 제사를 승계하는 자)에게 1/5을 가급(加給)하였을 뿐이었다. 다만 적서(嫡庶)의 구별은 있어, 양첩(良妾)의 자녀는 적자(嫡子)의 1/7, 천첩(賤妾)의 자녀는 1/10만을 받을 수 있었다. 그러나 조선 후기로 들어오면서 장자우대(長子優待), 남녀차별 등의 경향이 나타나기 시작하였다. 유언의 자유는 인정되었으나, 상속인을 제외하고 제3자에게 증여한다는 등의 경우에는 난명(亂命, 죽으면서 흐린 정신으로 두서없이 남기는 유언)이라 하여 그 효력이 부인되었다.

일제강점기 하에서는 조선민사령(朝鮮民事令) 11조에 의하여 친족상속에 관하여는 관습이 적용되었다. 당시 조선고등법원의 판례는 호주상속과 재산상속이 동시에 이루어지는 경우에 호주상속인이 일단 단독으로 재산상속을 하고, 그 후에 다른 동생들이 호주상속인에게 분재(分財)를 청구할 수 있을 뿐이며, 분재를 할 때에도 호주상속인이 다른 상속인보다 우대를 받았다고 보고 있었고, 딸의 분재청구권은 인정하지 않았다. 대법원의 판례(대법원 1969. 11. 25. 선고 67므25 판결; 1994. 11. 18. 선고 94다36599 판결 등)도 이를 따르고 있다. 대법원 2007. 1. 25. 선고 2005다26284 판결은, 이러한 관습법상의 분재청구권은 권리자가 분가한 날로부터 10년이 경과하면 소멸시효가 완성한다고 하였고, 헌법재판소 2013. 2. 28. 선고 2009헌바129 결정도 이를 전제로 하여, 여자의 분재청구권을 인정하지 않는 관습에 대한 헌법소원은 분재청구권의 소멸시효가 완성한 후에는 부적법하다고 하였다. 그러나 이러한 분재제도를 단독상속의 한 형태로 보기보다는, 공동상속 후 상속재산분할을 하는 것으로 이해하는 것이 타당하다고 생각된다.

1960년에 시행된 민법은 공동상속을 원칙으로 하되, 호주상속인인 재산상속인에게는 상속분의 1/2을 가산하며, 여자의 상속분은 피상속인과 동일가적(家籍) 내에 있는 경우에는 남자의 1/2, 동일가적(家籍) 내에 있지 않으면 1/4이고, 피상속인의 처의 상속분은 직계비속과 공동상속인 경우에는 남자의 1/2이고, 직계존속과 공동상속인 경우에는 남자와 동일하게 상속하는 것으로 규정하였다.

그 후 1977년의 상속법 개정으로 처의 상속분이 호주상속인인 장남의 상속분과 같아졌고, 동일가적 내에 있는 여자의 상속분이 남자의 상속분과 같게 되었다. 그러나 동일가적 내에 있지 아니한 여자의 상속분은 여전히 남자의 1/4이었다. 그리고 유류분제도도 이때 도입되었다.

1990년의 상속법 개정으로 종전의 호주상속제도는 친족법상의 호주승계제도로 바뀌었다. 또 호주상속인에 대한 상속분 가산이 철폐되고, 딸의 상속분이 동일가적 내인지 여부를 불문하고 아들과 같아졌다. 그리고 부(夫)와 처(妻)의 상속법상 지위가 완전히 같아졌다. 나아가 기여분제도(1008조의2) 및 특별연고자에 대한 분여제도(1057조의2)가 신설되었다. 아울러 상속인이 될 수 있는 방계혈족을 종래의 8촌 이내에서 4촌 이내로 축소하였다(1000조 1항 4호).

2002년의 상속법 개정은 헌법재판소에서 상속법 규정들 중 일부가 위헌 내지 헌법불합치 결정을 받은 데 기인한 것이다. 구체적으로 상속회복청구권의 제척기간을 상속개시된 때부터 10년이 아니라 상속권의 침해행위가 있은 날로부터 10년으로 바꾸고(999조 2항), 상속의 포기나 한정승인을 할 수 있는 날이 지난 후에도 상속채무가 상속재산을 초과하는 사실을 중대한 과실 없이 알지 못하고 단순승인한 경우에는 다시 한정승인(특별한정승인)을 할 수 있도록 하였다(1019조 3항).

2005년 다시 상속법 개정이 있었는데, 그 주요 내용은 기여분제도를 다소 수정하고, 2002년 특별한정승인을 할 수 있는 규정을 만들면서 그에 대한 보완 규정이 없었던 것을 보완하여 1030조, 1034조, 1038조 등을 수정한 것이다.

2022년에는 미성년자인 상속인이 상속채무가 상속재산을 초과하는 상속을 성년이 되기 전에 단순승인한 경우에는 성년이 된 후 그 상속의 상속채무 초과사실을 안 날부터 3개월 내에 한정승인을 할 수 있다는 미성년자의 특별한정승인 규정을 신설하였다(1019조 4항).

이러한 일련의 상속법 개정은 전체적으로 처의 지위를 향상시키고, 남녀평등의 이념을 충실히 관철하며, 공동상속인 간의 이해조정에 적정을 기하는 과정으로 평가된다.

[판례 48] 헌법재판소 2016. 4. 28. 선고 2013헌바396, 2014헌바394 결정

2. 심판의 대상

이 사건 심판의 대상은 '민법 시행 이전의 구 관습법 중 호주가 사망하면 그 장남이 호주상속을 하고, 차남 이하 중자가 여러 사람 있는 경우에 그 장남은 호주상속과 동시에 일단 전 호주의 유산 전부를 승계한 다음 그 약 2분의 1은 자기가 취득하고 나머지는 차남 이하의 중자들에게 원칙적으로 평등하게 분여하여 줄 의무가 있으며 이에 대응하여 차남 이하의 중자는 호주인 장남에 대하여 분재를 청구할 권리가 있다'는 부분(다음부터 '이 사건 관습법'이라 한다)이 헌법에 위반되는지 여부이다.

5. 본안에 관한 판단

가. 재판관 박한철, 재판관 김이수, 재판관 강일원, 재판관 서기석의 합헌의견

(1) 쟁점 정리

이 사건 관습법은 절가(絶家)된 가의 유산 귀속을 정할 때 출가한 여성을 가적(家籍)에 남아 있는 가족보다 후순위로 정함으로써 출가한 여성을 차별취급한다는 점에서 평등원칙 위배 여부가 문제된다. 청구인은 이 사건 관습법이 사회적 특수계급을 인정하지 않는 헌법 제11조 제2항에 위반된다고 주장하지만, 이 사건 관습법이 신분계급 등 사회적 특수계급을 인정하는 내용이 아닌 것은 분명하다. 청구인의 이 부분 주장은 결국 이 사건 관습법이 평등원칙에 위배된다는 주장과 같은 취지라고 볼 것이므로 이에 대하여 따로 판단하지 아니한다. 청구인은 이 사건 관습법이 절가(絶家)된 가의 유산 귀속을 정하면서 출가한 여성을 차

별취급하는 것은 헌법 제34조와 제36조 제1항에도 위반된다는 주장도 한다. 그러나 이 주장에 대한 판단은 평등원칙 위배 여부와 사실상 같은 내용의 판단이 될 수밖에 없으므로 헌법 제34조 및 제36조 제1항의 위반 여부도 별도로 판단하지 아니한다.

(2) 평등원칙 위배 여부

이 사건 관습법은 그 자체로는 절가된 가의 재산을 청산할 때 가적 내에 남아 있는 사람과 출가 또는 분가한 사람을 차별취급하고 있을 뿐 성별의 차이를 이유로 남성과 여성을 차별 취급하는 것이 아니다. 입양 혹은 분가 등의 사유로 가적에 남아 있지 않은 남자도 가적에 있는 가족에 비하여 후순위가 되고, 가적에 남아 있는 여성은 이 사건 관습법에 따라 차별취급을 받지 않는다. 출가한 여성이 자신의 가를 떠나 부(夫)의 가에 입적하게 되어 절가된 가의 호주와 같은 가적에 남아 있지 않게 되는 것은 별도의 관습법에 따른 것이지 이 사건 관습법으로 인한 차별이라고 볼 수 없다.

한편, 이 사건 관습법이 절가된 가의 재산을 그 가적에 남아 있는 가족에게 우선 승계하도록 하는 것은 가의 재산관리나 제사 주재 등 현실적 필요와 민법 시행 이전의 사회상황과 문화를 반영한 것으로 나름대로 합리적 이유가 있었다. 즉, 민법 시행 전 가의 재산은 호주를 중심으로 한 가의 재산으로서 그 재산을 바탕으로 생활하고 제사를 모시면서 일가를 유지·승계한다는 의미도 가지고 있었다. 그러므로 절가된 가의 재산을 분배하는 경우, 이러한 가의 재산의 성격과 당시의 호주승계 및 재산상속 제도를 종합적으로 반영할 수밖에 없다는 점을 고려하여야 한다. 절가된 가의 재산 분배순위에서 그 가적에 있는 가족을 우선하고 출가한 여성이나 분가한 남성을 후순위로 한 것은 토지를 중심으로 한 가의 재산으로부터 물리적으로 떨어져 있을 수 있는 출가한 사람이 가의 재산관리나 제사를 주재하는 것이 현실적으로 어려운 점, 현재도 민법 제1008조의3에서 제사주재자에게 묘토인 농지, 족보와 제구의 우선상속권이 인정되고 있는 점 등에 비추어 볼 때, 이 사건 관습법은 전통문화가 강력하게 남아 있고 관습법이 가족법 관계 전반을 규율하던 민법 시행 이전에는 나름대로 합리성을 가지고 있었다. 또한, 호주가 살아 있을 때 출가한 여성에게 재산의 일부 또는 전부를 분재할 수도 있는 것이어서, 이 사건 관습법으로 인하여 출가한 여성이 상속으로부터 완전히 배제되는 것도 아니었다.

민법 시행 전까지 효력이 있던 구 관습법은 상당수가 현행 헌법을 기준으로 보면 평등원칙에 어긋나는 것일 수 있다. 그러나 헌법 시행 이전에 성립된 평등원칙에 어긋나는 구 관습법이 헌법 제정과 동시에 모두 위헌이 되고 소급하여 실효된다고 볼 수는 없다. 민법의 제정 및 시행으로 구 관습법은 이미 폐지되었다. 그런데 이미 폐지된 구 관습법에 대하여 역사적 평가를 넘어 현행 헌법을 기준으로 소급적으로 그 효력을 모두 부인할 경우 이를 기초로 형성된 모든 법률관계가 한꺼번에 뒤집어져 엄청난 혼란을 일으킬 수 있다. 헌법과 민법이 시행되기 전 사회 구성원의 법적 확신과 인식에 따라 법적 규범으로 승인되고 강행되어 온 구 관습법을 그 뒤 만들어지고 발전된 헌법이론에 따라 소급하여 무효라고 선언할 수는 없는 것이다. 만약 헌법재판소의 재판부가 새로 구성될 때마다 구 관습법의 위헌성에 관하여 달리 판단한다면, 구 관습법의 적용을 기초로 순차 형성된 무수한 법률관계를 불안정하게 함으로써 국가 전체의 법적 안정성이 무너지는 결과를 초래할 수도 있다.

이상과 같은 사정을 종합하여 보면, 민법 시행으로 폐지된 이 사건 관습법이 절가된 가의 유산 귀속순위를 정함에 있어 합리적 이유 없이 출가한 여성을 그 가적에 남아 있는 가족과 차별하여 평등원칙에 위배되었다고 볼 수 없다.

나. 재판관 이정미, 재판관 안창호의 위헌의견

우리는 이 사건 관습법이 혼인과 가족생활에서 개인의 존엄과 양성의 평등에 관한 국가의 보장의무를 규정한 헌법 제36조 제1항에 위반된다고 생각하므로 다음과 같이 위헌의견을 밝힌다.

(1) 헌법 제36조 제1항은 혼인과 가족생활에서 양성의 평등대우를 명하고 있으므로 남녀의 성을 근거로 하여 차별하는 것은 원칙적으로 금지되고, 성질상 남성 또는 여성에게만 특유하게 나타나는 문제의 해결을 위하여 필요한 예외적 경우에 한하여 성차별적 규율이 정당화된다. 과거 전통적으로 남녀의 생활관계가 일정한 형태로 형성되어 왔다는 사실이나 관념에 기인하는 차별, 즉 성역할에 관한 고정관념에 기초한 차별은 허용되지 않는다고 보아야 한다(헌재 2005. 2. 3. 2001헌가9등).

(2) 이 사건 관습법은 출가한 여성보다 망 호주와의 촌수가 멀더라도 동일 가적 내에 있는 가족에게 우선적으로 절가된 가의 유산을 귀속시키도록 하고 있다. 이는 호주를 정점으로 하는 남계 혈통을 중요시하는 호주제를 기반으로 가(家)의 재산은 타가(他家)에 있는 자에게 유출되어서는 안 된다는 관념을 토대로 한 것이며, 그 근저에는 성역할에 대한 고정관념이 깔려 있다. 합헌의견은 이 사건 관습법이 그 자체로는 가적 내에 남아 있는 사람과 출가 또는 분가한 사람을 차별 취급하고 있을 뿐 남성과 여성을 차별 취급하는 것이 아니라고 하나, 이 사건 관습법은 혼인으로 인해 종래 소속되어 있던 자신의 가를 떠나 부(夫)의 가 일원이 되는 출가녀와, 혼인을 하더라도 여전히 동일한 가적 내에 남게 되는 남성을 유산 승계에 있어 차별 취급하고 있고, 이러한 차별이 그 성질상 오로지 남성 또는 여성에게만 특유하게 나타나는 문제의 해결을 위해 이루어졌다고 볼 수 없다.

합헌의견은 가의 재산관리나 제사 주재와 같은 현실적 필요성을 이유로 이 사건 관습법이 합리적인 이유가 있었다고 하나, 이 사건 관습법은 가의 재산관리나 제사 주재에 필요한 범위로 제한하지 않고 절가된 가의 유산 전부를 그 가적 내의 가족이 승계하도록 하고 있을 뿐만 아니라, 절가된 자의 가족이 없는 경우에는 가의 재산관리나 제사 주재와 관련이 없는 출가녀에게도 유산을 승계하도록 하고 있으므로, 가의 재산관리나 제사 주재의 현실적 필요성이 이 사건 관습법의 진정한 목적인지에 대하여도 의문이 든다. 한편, 호주가 살아있을 때 출가한 여성에게 재산의 일부 또는 전부를 분재할 수 있다 하더라도 이는 오로지 호주가 살아있는 동안에 그의 의사에 따라 여성에게 재산을 분재할 가능성이 있다는 것에 불과할 뿐, 이 사건 관습법이 호주가 사망한 이후 절가된 가의 유산 승계에 있어 남성과 여성을 달리 취급하는 것을 정당화하는 사유가 될 수는 없다.

또한 합헌의견은 이 사건 관습법이 전통문화가 강력히 남아 있던 민법 시행 이전에는 나름의 합리성을 가지고 있었다고 한다. 그러나 헌법재판소의 헌법해석은 헌법이 내포하고 있는 특정한 가치를 탐색·확인하고 이를 규범적으로 관철하는 작업이므로, 구체적 규범통제의 심사기준은 원칙적으로 헌법재판을 할 당시에 규범적 효력을 가지는 헌법이라 할 것이고(헌재 2013. 3. 21. 2010헌바70등), 혼인과 가족생활에서 양성의 평등을 보장하는 헌법 제36조 제1항에 비추어 보면 이 사건 관습법은 남성과 여성을 합리적인 이유없이 차별하여 혼인과 가족생활에서 양성의 평등을 저해하는 것이므로 현행 헌법 하에서 용인될 수 없다고 보아야 한다. 특히 이 사건 관습법은 민법의 시행 전에 개시된 상속에 관하여는 그대로 적용되므로(민법 부칙 제25조 제1항), 이미 폐지된 관습법이라 하더라도 그 효력을 상실시킬 필요성은 여전히 인정된다.

(3) 한편, 헌법재판소는 남계혈통 중심의 가의 유지와 계승이라는 관념에 근거한 호주제가 헌법 제36조 제1항에 위반된다고 보아 헌법불합치 결정을 한 바 있다(헌재 2005. 2. 3. 2001헌가9등 참조). 그런데 이 사건 관습법은 헌법재판소가 호주제의 위헌적 요소로 언급한 호주 승계 순위 및 혼인 시 신분관계 형성의 차별적 요소를 모두 가지고 있다. 이는 일본식 가(家) 제도와 호주제도의 원리에 부합하는 방향으로 창출된 것으로 볼 수 있는데, 헌법재판소가 호주제에 대하여는 헌법불합치 결정을 하면서 호주제를 기반으로 하여 그 위헌적 요소를 고스란히 가지고 있는 이 사건 관습법에 대하여는 이미 확정된 과거의 법률관계라는 이유로 위헌 선언을 하지 않는다면 헌법질서 및 가치의 수호, 유지라는 헌법재판소의 역할을 외면하는 것이 된다.

(4) 결국 이 사건 관습법은 절가된 가의 재산을 청산함에 있어서 합리적인 이유 없이 남성과 여성을 달리 취급하므로, 혼인과 가족생활에 있어 양성의 평등을 보장하는 헌법 제36조 제1항에 위반된다고 할 것이다.

6. 결론

이 사건 관습법에 관하여 재판관 이진성, 재판관 김창종, 재판관 조용호의 각하의견, 재판관 박한철, 재판관 김이수, 재판관 강일원, 재판관 서기석의 합헌의견, 재판관 이정미, 재판관 안창호의 위헌의견으로 나뉘었는바, 위헌의견에 찬성한 재판관이 2인이어서 헌법재판소법 제23조 제2항 단서 제1호에 정한 헌법소원의 인용결정의 정족수에 미달하므로, 이 사건 관습법은 헌법에 위반되지 아니한다는 선고를 하기로 하여 주문과 같이 결정한다.

참고문헌

윤진수, "상속관습법의 헌법적 통제", 민법논고 Ⅷ

생각할 점

1. 이 사건에서 재판관 3인의 반대의견은 관습법은 헌법소원심판의 대상이 되지 않는다고 하였다. 법원은 관습법의 위헌 여부에 관하여 판단할 권한이 없다고 보아야 하는가?

2. 문제되는 관습은 헌법에 위반되는가? 이홍민, 조선대 법학논총 23권 1호 참조.

Ⅳ. 상속제도의 근거

▌참고문헌: 곽동헌, "상속의 근거와 그 기능", 법학논고 11집, 1995; 곽윤직, "상속의 근거와 상속법의 본질", 이화여대 법학논집 창간호, 1996; 김용욱, "현대상속법의 근거에 대한 소고", 연람 배경숙교수 화갑기념 한국민사법학의 현대적 전개, 1991; 윤진수, "상속제도의 헌법적 근거", 민법논고 V, 2011

현행법이 상속을 인정하고 있는 이상, 상속제도의 근거 내지 존재이유를 논하는 것이 현실적으로 반드시 필요한 것은 아니다. 그러나 이에 관한 논의는 상속법상 여러 제도를 이해하는 데 도움이 된다.

사유재산제도가 인정되는 이상 상속제도도 인정된다. 사유재산이 생존기간만으로 제한된다면 사유재산제도는 제대로 기능을 발휘하지 못할 것이다. 상속에 의하여 비로소 재산권은 종신용익권(終身用益權) 이상의 것이 될 수 있다. 구 소련에서 1917년 공산혁명 후 일시 상속제도를 폐지한 일이 있었으나, 과도기적인 현상에 그쳤다. 북한도 상속제도를 인정하고 있다.

그러나 사유재산제도만으로는 상속재산이 누구에게 귀속되는가를 설명하지 못한다. 미국에서는 사유재산제도는 상속제도를 포함하지 않는다고 보기도 한다. 결국 상속인이 상속을 받는 근거에 대한 설명이 필요한데, 이에 관하여는 몇 가지 견해가 있다.

먼저 혈연대가설(血緣代價說)은 상속을 혈연의 대가로 본다. 선점설은 피상속인의 사망으로 인하여 상속재산은 무주물이 되고, 그와 동시에 피상속인의 가족이 이를 선점한다고 주장한다. 의사설은 피상속인의 의사에서 상속의 근거를 구한다. 즉,

재산의 소유자에게 재산처분의 자유가 인정되는 한 유언도 인정되어야 하고, 무유언상속의 경우에는 법률이 피상속인의 의사를 추정하여야 하는데, 그의 추정적 의사는 일정한 범위의 친족에게 유증하는 것이라는 취지이다. 공유설(공동생활설)은 상속재산은 피상속인의 단독소유가 아니라, 실질적으로 가족들의 공유라고 주장한다. 사후부양설(死後扶養說, 생활보장설)은 부양의무자는 살아 있을 때는 물론 사후에도 부양의무를 부담하여야 하고, 이러한 부양청구권이 상속권에 전화(轉化)된 것이라고 한다. 한편, 공익설은 상속제도를 인정하지 않으면 피상속인이 재산을 낭비하게 될 것이라거나, 상속을 인정하지 않으면 상속재산은 무주물이 되어 이를 차지하기 위한 다툼이 생기므로 이를 방지하기 위하여 상속제도를 인정한다고 설명한다.

그러나 현재 학설의 다수는 다원적으로 설명하고 있다. 즉 재산의 축적에는 배우자 등 다른 가족이 협력하고 있어 가족은 잠재적인 공유자이고, 가족의 재산은 가족의 생활보장의 담보가 될 재산이므로, 상속권의 근거는 잠재적 공유관계의 현재화와 생존가족의 생활보장을 위하여 실행되는 유산의 청산에 있다는 것이다. 다른 한편 피상속인이 사후에 어떤 자에게 그 재산을 이전하려는 욕망도 법이 고려하는 바라고 한다.

생각건대 상속제도의 근거는 기본적으로 피상속인이 자신의 혈족에게 재산을 승계해 주려는 이타적인 의사를 가지고 있다는 혈족선택(kin selection)에서 구해야 할 것이다. 따라서 피상속인의 의사가 제1차적인 근거가 된다. 그리고 상속을 인정하지 않으면 피상속인이 재화를 비효율적으로 사용할 수 있고, 또 사실상 상속을 달성하기 위하여 탈법행위를 할 염려가 있다. 혈연대가설은 무유언 법정상속의 경우에는 피상속인의 의사를 추정하는 근거가 될 수 있다. 뿐만 아니라 피상속인의 의사에 반하여 적용되는 유류분제도는 의사설과는 무관한 순수한 혈연대가설에 의하여 설명할 수 있다. 그리고 기여분제도는 공유설로 설명할 수 있고, 유류분제도는 혈연대가설 외에도 피상속인의 사후부양설에 의하여 어느 정도 설명할 수 있다.

다른 한편 배우자상속은 혈족 사이의 상속과는 다소 달라서, 혈연대가설은 문제되지 않고, 사후부양의 측면 외에도 주로 부부관계에서 상속재산 형성과 자녀의 출산·양육 등에 협력한 대가라든지, 앞으로의 자녀 양육을 위한 배려로 설명할 수 있다.

V. 상속법의 기본원칙

▌**참고문헌**: 김수정, "유류분제도의 헌법적 근거와 법정책적 논의: 독일 연방헌법재판소 결정을 계기로 하여", 가족법연구 20권 2호, 2006; 윤진수, "상속제도의 헌법적 근거", 민법논고 V, 2011; Karlheinz Muscheler(윤철홍 역), "독일 상속법의 기본원칙", 숭실대 법학논총 14집, 2004

상속법의 기본원칙으로는 사적 상속, 유언의 자유, 친족에 의한 상속, 법정당연승계 및 포괄승계의 5가지를 들 수 있다. 이 중 앞의 3가지는 여러 나라에서 다 인정되지만, 법정당연승계 및 포괄승계의 원칙은 기술적인 성격을 가지며, 입법례에 따라 많은 차이가 있다.

1. 사적 상속

사적 상속이라 함은 상속 재산이 사인(私人)으로부터 사인(私人)에게로 상속된다는 것을 말한다. 상속재산은 상속인이 없을 때에만 보충적으로만 국가에 귀속된다(1058조). 사적 상속은 사유재산제도에 근거한 것이다.

사적 상속의 원칙과 관련하여 문제되는 것은 과도한 상속세 부과이다. 독일에서는 상속권을 박탈할 정도의 과다한 상속세 부과는 위헌이라는 논의가 있다. 그러나 이처럼 상속세의 부과가 어느 선을 넘어서는 안 된다고 하는 것을 헌법에서 직접 이끌어낼 수 있는지는 의문이고, 오히려 일반적으로 상속은 무상이라는 점에 비추어 보면, 취득에 비용이 소모되는 소득세나 기타 다른 재산에 대한 과세보다는 납세의무자인 상속인의 담세능력이 더 크다고 할 수 있으므로{응능부담(應能負擔)의 원칙} 상속세의 세율이 더 높아도 무방할 것이다. 실제로는 상속세 제도는 부의 과다한 집중과 세습을 억제하는 기능을 가지고 있다(헌법재판소 1997. 12. 24. 선고 96헌가19, 96헌바72 결정 참조).

2. 유언의 자유

유언 자유의 원칙에 의하여 피상속인은 자신의 사후의 법률관계를 미리 결정할 수 있다. 예컨대 재산을 유증, 사인증여 등의 방법으로 자유롭게 처분할 수 있다. 이는 사적 자치의 원칙의 일부라고 할 수 있다. 유언의 자유는 헌법상 재산권의 보호를 받을 뿐만 아니라, 憲 10조의 행복추구권에서 파생된 유언자의 일반적 행동의 자유에도 포함된다(헌법재판소 2008. 3. 27. 선고 2006헌바82 결정 등). 그러나 이러한 유언 자유의 원칙은 유류분제도와 같은 제한을 받는다. 또한 유언이 공서양속에 반하여서도 안 된다.

이 이외에도 유언에는 여러 가지의 방식의 제한 등이 따른다.

3. 친족에 의한 상속(피상속인의 가족에의 구속)

피상속인의 특별한 처분이 없으면 상속재산은 친족에게로 상속된다. 그리고 피상속인의 처분이 있더라도 친족의 상속권은 유류분제도에 의하여 어느 정도 보호된다. 그러므로 유언의 자유는 친족에 의한 상속 원칙과는 어느 정도 대립하는 관계에 있다고 할 수 있다.

4. 법정 당연승계 및 포괄승계

상속에 의한 승계는 법률의 규정에 의하여 당연히 이루어진다. 따라서 상속인이 상속을 받겠다는 적극적인 의사표시나 행동을 취할 필요가 없다. 그리고 상속에 의한 승계는 다른 권리나 의무의 승계에 요구되는 별도의 법률요건을 갖추지 않아도 인정된다. 예컨대 피상속인이 사망하면 상속인은 피상속인이 소유하고 있던 부동산의 소유권을 바로 취득하며, 소유권이전등기를 요하지 않는다(187조). 또 피상속인의 채권을 상속인이 취득할 때에는 종전 채권자에 의한 채무자에 대한 통지(450조 1항) 없이도 채무자에게 대항할 수 있다. 이 경우에는 피상속인에 의한 통지는 불가능하다. 그리고 점유권은 상속에 의하여 상속인의 현실적인 지배 없이도 상속인에게 이전한다(193조). 이러한 당연승계의 결과 피상속인의 사망과 상속인에 의한 권리의무의 취득 사이에는 시간적인 간격이 없게 된다.

다만 상속인이 상속을 원하지 않을 때에는 상속인은 상속을 포기할 수 있다. 상속포기의 효력은 상속이 개시된 때로 소급하므로(1042조), 포기한 상속인은 소급하여 상속인의 지위를 잃게 된다.

그런데 법정당연승계의 원칙을 따르지 않는 입법례도 있다. 오스트리아에서는 상속인의 상속 승인과 그에 대한 법원의 재판에 의한 점유이전(Einantwortung)이 있어야만 상속재산의 포괄승계가 이루어지고, 영미법에서는 상속이 개시되면 일단 상속재산 관리인이 채무를 청산하고 나머지 재산을 상속인이 취득하게 된다. 입법론으로서는 당연승계가 아니라 한정승인을 원칙으로 함으로써 영미법과 같은 방식을 취하는 것이 타당하다는 견해도 있으나, 상속인이 상속을 받는 것이 대부분이고 상속을 받지 않겠다고 하는 것은 예외일 뿐만 아니라, 위와 같은 절차를 거치는 데에는 그 자체 비용이 발생한다는 점을 생각한다면 법정당연승계의 원칙이 더 우수하다고 볼 수 있다.

그리고 상속에 의한 권리의무의 승계는 포괄적이다. 다시 말하여 상속재산 중 일부만을 승계하고 나머지는 승계하지 않거나, 권리만을 승계하고 의무를 승계하지 않는 것은 허용되지 않는다.

제 2 장 법정상속

Ⅰ. 상속의 개시

1. 상속개시의 원인 및 시기

▮**참고문헌:** 최준규, "실종선고로 인한 상속에 관한 경과규정인 민법 부칙(1990.1.13. 법률 제4199호) 제12조 제2항의 의미", 2017년 가족법 주요판례 10선, 2018.

상속의 개시원인은 피상속인의 사망이다(997조). 실종선고가 있으면 실종기간이 만료한 때에 사망한 것으로 간주되므로 이로써 상속이 개시된다. 「부재선고에 관한 특별조치법」에 따라 군사분계선 이북 지역의 잔류자가 부재선고를 받으면 997조의 적용에 관하여는 실종선고를 받은 것으로 보므로(4조), 상속이 개시된다.

다른 한편 家登 87조는 수해, 화재나 그 밖의 재난으로 인하여 사망한 사람이 있는 경우에는 이를 조사한 관공서는 지체 없이 사망지의 시·읍·면의 장에게 통보하여야 한다고 규정하고 있는데, 이를 인정사망이라고 부른다. 이 때에는 시신이 발견된 경우뿐만 아니라 발견되지 않은 경우에도 사망한 것으로 처리되므로, 형식적으로는 사망 인정에 관한 절차적 규정이지만, 실질적으로는 실종선고와 같은 기능을 한다.

대법원 1989. 1. 31. 선고 87다카2954 판결은, 수난, 전란, 화재 기타 사변에 편승하여 타인의 불법행위로 사망한 경우에 법은 인정사망, 위난실종선고 등의 제도와 보통실종선고제도도 마련해 놓고 있으나, 위와 같은 자료나 제도에 의함이 없는 사망사실의 인정을 수소법원이 절대로 할 수 없다는 법리는 없다고 하였다.

상속개시의 시기는 피상속인이 사망한 때이다. 사람이 사망한 때를 언제로 보는가는 많은 점에 영향을 미친다. 무엇보다도 누가 누구를 상속하는가에 영향을 미치고, 기타 유류분반환청구권, 재산분리청구권 등의 제척기간의 기산점이 된다.

사람이 사망한 때에 관한 학설로는 심장과 폐의 기능이 정지한 때라고 하는 심폐정지설과 뇌 전체의 기능이 되살아날 수 없는 상태로 정지된 때라고 하는 뇌사설이 있는데, 통설은 심폐정지설이다. 「장기등 이식에 관한 법률」 4조 5호는 뇌사자로부터의 장기적출을 허용하고 있으나, 뇌사를 법률상 사망 시점으로 본다는 취지는 아니다.

두 사람이 동일한 위난으로 사망한 경우 동시에 사망한 것으로 추정된다(30조). 따라서 어느 한 사람이 먼저 사망하였음을 증명하지 못한 한 상호간에 상속인이 되지 못하고, 유증의 효력도 인정되지 아니한다. 그러나 한 사망자의 상속인이 다른 사망자를 대습상속할 수는 있다(대법원 2001. 3. 9. 선고 99다13157 판결, [판례 49]. 아래 Ⅱ. 3. 나. (2) 참조). 두 사람이 동일한 위난으로 사망한 것은 아니지만 사망시기의 선후를 확정할 수 없는 경우에도 30조가 유추적용된다는 것이 통설이다.

한편 실종 후 상속법이 바뀐 경우에 어느 시점의 법이 적용될 것인가에 관하여는, 실종기간 만료시의 법을 적용한다는 실종기간 만료시 기준설과, 실종선고 당시의 법을 적용한다는 실종선고시 기준설의 두 가지를 생각할 수 있는데, 제정민법 부칙 25조 2항은 실종선고시 기준설을 택하였으나, 1977년 개정민법 부칙 6항은 개정민법 시행 후 실종기간이 만료되는 일부 기간에 대하여 실종기간 만료시 기준설을 채택하였다. 그 후 1990년 개정민법 부칙 12조 2항은 다시 실종선고시 기준설로 환원하였다(대법원 2017. 12. 22. 선고 2017다360, 377 판결 참조). 헌법재판소 2016. 10. 27. 선고 2015헌바203 결정은 1990년 개정민법 부칙 12조 2항이 위헌이 아니라고 하였다.

2. 상속개시의 장소

상속개시의 장소는 피상속인의 주소지(998조)이다. 상속개시의 장소는 주로 상속사건(民訴 22조; 家訴 44조 1항 6호)과 상속재산에 관한 파산사건(「채무자 회생 및 파산에 관한 법률」 3조 6항)의 재판관할을 확정하는 데 필요하다.

입법주의로는 사망지주의, 본적지주의도 있으나, 현행법은 주소지주의를 취하고 있다. 주소가 여럿 있는 때에는 최후의 주소로 보아야 한다는 설이 있으나, 복수의 주소 모두가 상속개시의 장소가 된다고 보아야 할 것이다(곽윤직, 34 등). 가사비송절차에 관하여 家訴 34조에 의하여 준용되는 非訟 3조는, 관할법원이 여러 개인 경우에는 최초로 사건을 신청받은 법원이 그 사건을 관할하지만, 해당 법원은 신청에 의하여 또는 직권으로 적당하다고 인정하는 다른 관할법원에 그 사건을 이송할 수 있다고 규정한다.

주소가 없거나 국내에 주소가 없으면 거소를 주소로 보고(19, 20조), 거소도 없으면, 상속재산 소재지 또는 대법원 소재지를 관할하는 가정법원의 관할로 한다(家訴 13조 2항).

3. 상속의 비용

▮**참고문헌:** 최광선, "한정승인을 할 경우 부동산에 관하여 발생할 수 있는 몇 가지 조세 문제에 관한 검토", 가족법연구 35권 1호, 2021.

상속의 비용은 상속재산 중에서 지급한다(998조의2). 상속의 비용을 상속재산에서 부담한다고 하는 것은 상속비용은 상속인 개인의 채무로는 되지 않고, 채권자는 상속재산에 대하여만 집행할 수 있다는 의미이다. 이는 한정승인이나 재산분리와 같이 상속재산과 상속인의 고유재산이 구별되는 경우에 주로 적용된다. 다만 공동상속인 중 1인이 상속비용을 지출한 경우에는 다른 상속인도 상속분의 비율에 따라 분담하여야 한다(대법원 1997. 4. 25. 선고 97다3996 판결 참조). 다른 한편 상속재산 관리에 필요한 비용을 상속재산 분할절차에서 고려하여야 하는가도 문제된다. 논란이 없는 것은 아니지만, 이러한 비용도 고려하여 상속재산을 분할할 수 있다고 하는 것이 실제로 편리할 것이다. 다만 민사소송에 의하여 이를 다투는 것이 배제되는 것으로 볼 수는 없다. 또 상속비용은 유류분산정 시 공제되어야 할 채무(1113조 1항)에 포함되지 않는다(대법원 2015. 5. 14. 선고 2012다21720 판결).

상속의 비용은 상속개시 후에 상속재산의 관리와 청산에 필요한 비용을 말한다(대법원 1997. 4. 25. 선고 97다3996 판결). 즉 상속의 승인, 포기가 있기 전(이 때에는 상속인이 아직 확정되지 않는다), 또는 상속의 포기 후 등 여러 경우에 상속인이나 상속재산 관리인이 상속재산의 관리, 처분에 관하여 지출한 모든 비용을 말한다. 예컨대 관리인 선임비용, 보존등기비용 등이 이에 해당한다. 대법원 1997. 4. 25. 선고 97다3996 판결은, 상속재산의 관리·보존을 위한 소송비용도 상속에 관한 비용에 포함된다고 하였다. 한정승인을 한 상속인이 상속채무의 변제를 위한 상속재산의 처분과정에서 부담하게 된 양도소득세 채무도 상속에 관한 비용에 해당한다(대법원 2012.

9. 13. 선고 2010두13630 판결).

장례비용은 상속의 비용에는 포함되지 않으나, 마찬가지로 상속재산 중에서 지급한다고 보는 것이 통설이다. 대법원 1997. 4. 25. 선고 97다3996 판결은, 장례비용은 피상속인이나 상속인의 사회적 지위와 그 지역의 풍속에 비추어 합리적인 금액 범위 내라면 이를 상속비용으로 보는 것이 옳고, 묘지구입비는 장례비용의 일부라고 하였다(같은 취지, 대법원 2003. 11. 14. 선고 2003다30968 판결). 그런데 대법원 2014. 11. 25.자 2012스156, 157 결정은 묘지구매비용을 상속비용으로 인정하지 않았으나, 의문이다.

현행 상속세법은 상속세의 부과방법으로서 상속재산 자체를 과세대상으로 하여 세액을 계산하는 유산세방식에 의하고 있으므로, 상속세도 상속비용과 같이 취급하여야 한다는 견해가 있다. 그러나 대법원 2013. 6. 24.자 2013스33, 34 결정은, 공동상속인들은 각자 고유의 납세의무와 함께 다른 공동상속인의 상속세에 대하여도 연대하여 납세의무를 부담하는 것이지, 공동상속인들 사이에서 다른 공동상속인 고유의 상속세에 대하여 종국적인 책임을 부담하는 것은 아니므로, 상속재산의 분할 전에 법정상속분에 따라 공동상속인 중 특정한 1인에게 귀속되는 부분이 그 특정인의 상속세 납부에 공여되었다고 하여 이를 공동상속인들 전체의 상속비용으로 보아 분할대상 상속재산에서 제외하여서는 아니된다고 하였다. 이에 따른다면 상속세는 상속비용에는 해당하지 않는 것으로 보아야 할 것이다. 또한 대법원 2014. 11. 25.자 2012스156, 157 결정은 상속세 신고 관련 세무사 수수료도 상속비용이 아니라고 하였다.

Ⅱ. 상 속 인

1. 상속능력

▮참고문헌: 고상현, "태아의 상속능력과 그 보호방안", 중앙대 법학논문집 34집 1호, 2010; 권순한, "태아의 법적 지위에 관한 재고", 연세법학 24호, 2014; 김민중, "사후수정(사후포태)의 입법론적 고찰", 가족법연구 19권 2호, 2005; 김민중, "사후포태에 의한 자의 출산을 둘러싼 법률문제", 법조 2005. 6; 윤진수, "보조생식기술의 가족법적 쟁점에 관한 근래의 동향", 서울대학교 법학 49권 2호, 2008; 이경희, "사후포태에 의하여 출생한 자의 상속권에 관한 연구", 가족법연구 23권 1호, 2009; 차선자, "상속법에서 공정과 배우자보호", 비교사법 29권 1호, 2022

상속인이 될 수 있는 능력을 상속능력이라고 한다. 상속능력은 권리능력과 동일하지만, 자연인만이 상속능력이 있고, 법인은 상속능력이 없다. 그러나 법인도 포괄적 유증을 받을 수는 있다. 외국인도 상속능력이 있다.

상속인은 상속개시의 순간, 즉 피상속인의 사망시에는 아직 생존하고 있어야 한다(동시존재의 원칙). 부 또는 모와 자녀가 동시에 사망한 경우에는 누구도 서로의 상속인이 될 수 없다.

이에 대한 예외가 태아이다. 태아는 상속에 관하여는 이미 출생한 것으로 본다(1000조 3항). 그러나 태아가 사산(死産)되어 태어나지 못한 경우에는 그러하지 아니하다. 그 법적 구성에 관하여는 출생하면 상속개시시에 소급하여 상속능력을 취득한다는 정지조건설과, 태아인 상태에서 상속인이 되고, 살아서 출생하지 못하면 소급하여 상속능력을 상실한다는 해제조건설이 대립하고 있고, 학설로는 해제조건설이 통설이다. 판례(대법원 1976. 9. 14. 선고 76다1365 판결)는 태아의 손해배상청구권에 관한 762조의 해석으로서 정지조건설을 취하고 있으나, 문제된 사안에서는 어느 설을 취하더라도 결론이 달라지지 아니하는 것이었다. 해제조건설에 따른다면 태아는 법정대리인을 통하여 권리를 행사하여야 할 것인데, 법정대리인을 어떻게 정할 것인지에 관하여 법률상 규정이 없으므로, 해제조건설을 따르기는 어렵다.

헌법재판소 2008. 7. 31. 선고 2004헌바81 전원재판부 결정의 다수의견은, 3조 및 762조가 태아에 대해서는 살아서 출생할 것을 조건으로 손해배상청구권을 인정한다 할지라도, 이러한 입법적 태도가 입법형성권의 한계를 명백히 일탈한 것으로 보기는 어려우므로 이 사건 법률조항들이 국가의 생명권 보호의무를 위반한 것이라 볼 수 없다고 하였다.

생물학적인 부(父)의 사망 후에 그 부(父)의 정자를 사용하여 자녀를 임신, 출산한 이른바 사후수정 또는 사후포태(posthumous conception)의 경우에, 미국의 많은 주나 독일에서는 이러한 자녀의 상속권을 인정하고 있다. 우리나라에서도 이러한 자녀의 상속권을 인정하여야 한다는 견해도 주장되고 있다. 제1편 제4장 Ⅰ. 3. 다. 참조.

태아가 대습상속(代襲相續)을 할 수 있는가? 법문상 명백하지 않으나 인정하여야 할 것이다. 태아는 유증도 받을 수 있다(1064조).

북한 주민도 상속권을 가진다. 대법원 1982. 12. 28. 선고 81다452, 453 판결은, 피상속인의 딸이 이북에 있어 생사 불명이라는 이유만으로는 재산상속인에서 제외될 수 없다고 하였다. 다만 南北特 13조는 상속·유증 등의 사유로 남한 내 재산에 관한 권리를 취득한 북한주민의 상속재산에 대하여는 재산관리인을 선임하도록 규정하고 있다. 그리고 19조는 상속·유증재산 등을 재산소유자인 북한주민으로 하여금 직접 사용·관리하게 하려는 자는 사전에 법무부장관의 허가를 받도록 규정한다.

2. 상속순위

▮참고문헌: 남효순, "혼인(중혼)취소의 소급효와 재산상의 법률관계", 민사판례연구 20권, 1998; 신영호, "상속순위와 상속분", 가족법연구 4호, 1990; 이은정, "법정상속인에 대한 재검토", 가족법연구 18권 2호, 2004; 정다영, "배우자 상속의 강화방안", 가족법연구 31권 3호, 2017; 최금숙, "현행민법상 상속인규정에 대한 재검토", 가족법연구 18권 1호, 2004; 최행식, "인구구조 변화와 배우자 상속", 가족법연구 21권 1호, 2007; 최현숙·최명구, "배우자 상속의 제한", 민사법학 47호, 2009

가. 제1순위 — 피상속인의 직계비속(1000조 1항 1호)

제1순위의 상속인은 피상속인의 직계비속이다. 직계비속이 수인(數人) 있는 경우에 촌수가 다르면 최근친을 선순위로 하고(가령 피상속인의 아들과 손자 중에서는 아들만이 상속인이 된다), 촌수가 같으면(同親等) 공동상속인이 된다(1000조 2항).

자녀가 사망한 때에는 그 사망한 사람의 직계비속이 대습상속(1001조)을 한다.

판례는 제1순위의 상속권자인 피상속인의 처와 자녀가 상속개시 후에 모두 상속을 포기하면 손자녀가 상속인이 된다고 하였다(대법원 1995. 4. 7. 선고 94다11835 판결. 같은 취지, 대법원 1995. 9. 26. 선고 95다27769 판결). 입법론적으로는 이 경우에도 대습상속을 인정하는 것이 합리적이라고 생각된다. 대습상속이 인정되는지 여부는 상속분에 영향을 미친다(아래 3. 나. (2) 참조).

직계비속은 자연혈족이건 법정혈족이건 동등하므로, 친생자이건 양자이건, 혼인 중의 자녀이건 혼인 외의 자녀이건 관계없다. 다만 혼인 외의 자녀인 경우에는 부(父)에 의한 인지가 있어야 한다.

계모자(繼母子)관계나 적모서자(嫡母庶子)관계에 있는 사람은 1990. 12. 31.까지는 상호간에 상속인이 될 수 있었으나, 1991. 1. 이후에는 상속인이 될 수 없다(1990. 1. 13. 부칙 4조). 대법원 2009. 10. 15. 선고 2009다42321 판결은, 개정 전 민법 시행 당시 계모의 모(母)가 사망한 경우 계모가 그 전에 이미 사망하였다면 전처의 출생자가 사망한 계모의 순위에 갈음하여 대습상속을 하게 된다고 하였다. 그리고 헌법재판소 2009. 11. 26. 선고 2007헌마1424 결정은, 피상속인이 계모인 경우 전처소생자녀를 상속인의 범위 내지 순위에 포함시키지 않은 것은 헌법에 위반되지 아니한다고 하였다.

양자는 친생부모와 양부모 모두에 대하여 상속권을 가진다. 그러나 친양자는 입양의 성립에 의하여 친생부모와의 친생자관계가 단절되므로, 친생부모를 상속하지 못한다.

나. 제2순위 — 피상속인의 직계존속(1000조 1항 2호)

제2순위의 상속인은 피상속인의 직계존속이다. 직계존속의 경우에도 동순위의 상속인이 수인인 때에는 최근친을 선순위로 하고(따라서 부모와 조부모가 있을 때에는 부모가 우선하여 상속인이 된다), 촌수가 같은 직계존속이 수인이면 공동상속인이 된다(1000조 2항). 양자가 사망하면 양부모와 친생부모 모두가 상속권을 가진다(대법원 1995. 1. 20. 자 94마535 결정). 그러나 친양자의 친생부모는 친양자를 상속하지 못한다.

다. 제3순위 — 피상속인의 형제자매(1000조 1항 3호)

제3순위의 상속인은 피상속인의 형제자매이다.

과거의 판례는 여기서 말하는 피상속인의 형제자매는 피상속인의 부계방계혈족(父系傍系血族)만을 의미한다고 하여, 이성동복(異姓同腹)의 형제자매(어머니는 같으나 아버지가 다른 경우)는 이에 해당하지 않는다고 하였으나(대법원 1975. 1. 14. 선고 74다1503 판결) 이에 대하여 비판하는 학설이 많았다. 그 후 대법원 1997. 11. 28. 선고 96다5421 판결은, 생명보험의 수익자를 상속인으로 정한 사안에서 1990. 1. 13 개정된 민법 시행 후에는 친족의 범위에서 부계와 모계의 차별을 없애고 상속의 순위나 상속분에 관하여도 남녀 간 또는 부계와 모계 간의 차별을 없앤 점에 비추어 볼 때 피상속인과 이성동복의 관계에 있는 경우에도 상속인이 된다고 하였다.

라. 제4순위 — 4촌 이내의 방계혈족(1000조 1항 4호)

제4순위의 상속인은 피상속인의 3촌부터 4촌 이내의 방계혈족이다. 3촌으로는 백숙부와 고모, 외삼촌과 이모 및 조카 등이 있다. 4촌으로는 종형제자매, 고종형제자매, 이종형제자매 등이 있다. 방계혈족 가운데에도 최근친이 선순위가 되고, 촌수가 같으면 수인이면 공동상속인이 된다(1000조 2항).

헌법재판소 2018. 5. 31. 선고 2015헌바78 결정은, 4촌 이내의 방계혈족을 제4순위의 법정상속인으로 규정한 것은 위헌이 아니라고 하였다. 헌법재판소 2020. 2. 27. 선고 2018헌가11 결정도 같은 취지이다. 후자의 결정에서는 법원이 피상속인의 4촌 이내의 방계혈족을 일률적으로 상속인에 포함시켜 상속채무를 승계하도록 강제하는 것은 재산권을 침해한다는 이유로 위헌제청을 하였으나, 헌법재판소는 이를 받아들이지 않았다.

그런데 조카와 같은 피상속인의 형제자매의 직계비속은 피상속인의 형제자매가 상속을 하지 못하게 되면 대습상속 또는 재대습상속을 하게 되므로, 여기에 포함되지 않는다는 견해가 있다(곽윤직, 53). 그러나 형제자매의 사망이나 상속결격의 경우에는 대습상속이 이루어지지만, 상속 포기는 대습상속의 사유가 아니므로, 이들을 제4순위의 상속인에서 배제할 이유는 없다.

마. 배우자(1003조)

배우자는 직계비속 또는 직계존속과 동순위로 상속인이 되고, 직계비속이나 직계존속이 없는 경우에 형제자매나 4촌 이내의 방계혈족에 우선하여 단독상속인이 된다.

이때의 배우자는 유효한 혼인관계상의 배우자를 말하므로, 혼인이 무효이면 배우자에게 상속권이 없다. 취소할 수 있는 혼인이라도 취소판결이 있기 전에 배우자가 사망하면 생존한 배우자는 상속인이 된다. 중혼관계가 발생한 경우에 중혼자가 사망하면 후혼이 취소되지 않는 한 중혼 배우자 모두 중혼자의 상속인이 된다. 이 경우에 그 상속분은 배우자 1인인 때의 상속분의 1/2로 보아야 한다는 하급심 판결(광주고법 1995. 10. 6. 선고 95나209 판결)이 있으나, 독일이나 일본 등과는 달리 배우자의 상속분을 상속재산 전체의 일정 비율로 정하고 있지 않은 우리 민법의 해석론으로는 의문이 있다(같은 취지, 송덕수, 309).

대법원 1996. 12. 23. 선고 95다48308 판결([판례 9])은, 중혼자가 사망한 후 중혼을 이유로 후혼이 취소된 경우에, 혼인취소의 소급효를 인정할 근거가 없다는 이유로, 후혼 배우자가 중혼자의 재산을 상속받은 후에 그 혼인이 취소되었다는 사정만으로 그 전에 이루어진 상속관계가 소급하여 무효라거나 또는 그 상속재산이 법률상 원인 없이 취득한 것이라고는 볼 수 없다고 하였다.

그러나 혼인취소는 원래 소급효가 없지만, 배우자 사망 후 혼인이 취소된 경우에는, 그 사망시에 취소에 의하여 혼인이 해소된 것으로 보아야 할 것이므로 후혼(後婚) 배우자에게는 상속권이 없다고 해석하여야 할 것이다. 그렇지만 혼인 당사자가 취소 사유가 있음을 몰랐던 경우에는 실종선고의 취소에 관한 29조 2항을 유추하여, 그 상속재산을 그 받은 이익이 현존하는 한도에서 반환할 의무가 있다고 보아야 한다(제1편 제3장 Ⅳ. 2. 다. 참조).

사실혼 배우자에 대하여도 상속권을 인정할 수 있다는 주장이 있으나(이경희·윤부찬, 152), 해석론의 범위를 넘는 주장이다. 헌법재판소 2014. 8. 28. 선고 2013헌바119 결정은, 사실혼 배우자에게 상속권을 인정하지 않는 것이 위헌이 아니라고 하면서, 그 이유로 사실혼 배우자에게 상속권을 인정하지 않는 것은 상속인에 해당하는지 여부를 객관적인 기준에 의하여 파악할 수 있도록 함으로써 상속을 둘러싼 분쟁을 방지하고, 상속으로 인한 법률관계를 조속히 확정시키며, 거래의 안전을 도모하기 위한 것으로서 입법목적의 정당성과 수단의 적정성이 인정되고, 사실혼 부부에 대하여 획일적으로 법률이 정한 상속권을 인정하게 되면 경우에 따라 당사자들의 의사에 반하게 될 수 있고, 사실혼관계인지 여부는 공시가 이루어지지 않아 당사자 이외의 자가 쉽게 알 수 없으므로, 이에 관하여 다툼이 생겨 상속을 둘러싼 법적 분쟁이 발생할 가능성이 매우 높다고 설명하였다. 다만 일부 재판관들의 보충의견은 생존한 사실혼 배우자의 재산권 등을 보호하기 위한 입법 개선이 필요하다고 주장하였다.

바. 상속인 자격의 중복

예컨대 조부(祖父) A가 손자(아들 B의 아들) C를 양자로 삼은 경우, B가 먼저 사망하고, 이어서 조부 A가 사망하였다면, 다른 공동상속인들도 있는 경우, C는 A의 아들(양자)로서의 상속분과, B의 대습상속인으로서의 상속분을 아울러 주장할 수 있는가, 또한 이 경우 C가 아들로서의 상속을 포기하더라도 대습상속인으로서는 상속을 할 수 있는가가 문제된다. 독일 민법 1927조는 각각의 자격에서 상속권을 중복하여 인정한다. 우리나라의 학설도 대체로 상속권의 중복을 인정하고 있다.

사. 국가의 상속 여부

상속인의 존재가 밝혀지지 않으면 그 상속재산은 일정한 절차를 거쳐 국가에게 귀속되게 되는데(1058조 1항), 그렇다고 하여 국가가 상속인이 되는 것은 아니다.

이때 국가는 피상속인의 채권자에 대하여는 의무를 부담하지 않으므로(1059조), 국가는 적극재산만을 취득하며, 이는 상속이 아니고 법률의 규정에 의하여 국가가 취득하는 것이라고 보아야 한다.

아. 상속권의 주장과 신의칙위반·권리남용

상속인의 지위에 있는 자라 하더라도 상속권을 주장하는 것이 신의칙위반 내지 권리남용이 될 수 있다. 대법원 1993. 9. 28. 선고 93다26007 판결은, 피상속인의 처인 원고가 가출하여 다른 남자와 동거하면서 원적지의 호적이 제적되지 않았음을 이용하여 그 남자와 혼인신고를 하고, 그 후 원고가 피상속인의 처로서 그의 호주상속인으로 기재된 호적을 말소하라는 호적정정신청을 하여 그 결정을 받아 이를 말소하였다면, 원고는 피상속인과의 신분관계를 사실상 해소하거나 단절하고 나아가 포기한 것으로서, 그러한 원고가 지금에 와서 상속인임을 주장하는 것은 신의성실의 원칙상 허용될 수 없다고 하였다(또한 대법원 1995. 1. 24. 선고 93므1242 판결 참조).

3. 대습상속

▮참고문헌: 성위석, "상속포기의 효과와 대습상속", 경북대 법학논고 71집, 2020; 신영호, "피대습자의 배우자의 대습상속", 가족법의 변동요인과 현상, 금산법학 창간호, 1998; 안영하, "소위 괌에서의 KAL기 추락사건", 가족법연구 19권 2호, 2005; 안영하, "피대습자의 배우자의 대습상속에 관한 입법론적 검토", 성균관법학 18권 1호, 2006; 이선형, "상속포기의 효과는 대습상속에도 미치는가", 동북아법연구 11권 2호, 2017; 정긍식, "배우자의 대습상속권: 연혁적 고찰", 민사판례연구 25권, 2003; 최성경, "동시사망 추정과 배우자 대습상속", 가족법연구 19권 1호, 2005

가. 의 의

대습상속(代襲相續)은, 상속인이 될 직계비속(제1순위의 상속인)이나 형제자매(제3순위의 상속인)가 상속개시 전에 사망하거나 상속결격으로 된 경우에, 그 상속인이 될 자의 직계비속(1001조) 및 배우자(1003조 2항)가 원래 상속인이 될 자 대신에 상속을 하는 것을 말한다(1001조).

대습상속은 일찍이 로마법 시대부터 인정되었던 것이고, 지금도 많은 나라에서 인정하고 있으나, 그 구체적인 인정 범위에 있어서는 차이가 있다. 가령 독일에서는 원래 상속인이 될 자가 직계비속인 경우에 그의 직계비속에 대하여만 대습상속을 인정한다. 특히 우리나라처럼 배우자의 대습상속을 인정하는 예는 드물다.

대습상속의 근거는 형평의 원칙에 있다. 즉 본래 상속인이 될 자가 상속을 받았다면 그가 사망한 때에는 다시 그의 상속인이 상속을 받을 것인데, 본래의 상속인이 사망 등의 사유로 상속을 받지 못하였다고 하여 그의 상속인이 될 자가 전혀 상속을 받지 못하는 것은 부당하기 때문이다.

나. 대습상속의 요건

(1) 피대습인 — 상속인이 될 직계비속 또는 형제자매

대습상속은, 상속인이 될 피상속인의 직계비속이나 형제자매에게 사망 또는 상속결격의 사유가 인정되는 때에 한한다. 대습상속의 사유가 생기는 자를 피대습인이라고 부른다. 다만 피대습자라는 표현도 혼용되고 있다. 상속인이 될 자가 직계존속인 때나, 4촌 이내의 방계혈족인 때에는 대습상속이 인정되지 않는다.

(2) 피대습인의 사망

피대습인이 상속개시 전에 사망하고 이어서 피상속인이 사망한 경우에는 피대습인의 직계비속이 대습상속을 하게 된다. 피상속인과 상속인이 될 자가 동시에 사망한 경우는 어떠한가? "상속개시전"이라는 문구를 엄격하게 해석한다면 동시사망의 경우는 포함하지 않겠지만, 이를 상속인이 될 자가 상속개시 당시에 더는 생존하지 않는다는 의미로 해석하여 대습상속을 인정하여야 할 것이다(대법원 2001. 3. 9. 선고 99다13157 판결, [판례 49]). 그렇게 보지 않는다면 피대습인이 상속개시 전에 사망하거나, 상속개시 후에 사망한 경우에는 결과적으로 상속을 받지만, 피대습인이 피상속인과 동시에 사망할 때에 한하여 결과적으로 상속을 받게 되지 못하는 불합리가 있기 때문이다. 영미에서는 이처럼 불합리한 결과를 회피하도록 해석하여야 한다는 것이 해석의 원칙(absurd result rule 또는 golden rule)으로 받아들여지고 있다.

문제는, 예컨대 피상속인의 배우자와 자녀들이 모두 피상속인보다 먼저 사망하였으나 그들에게 자녀들이 있는 경우에, 그 자녀의 자녀(손자녀)들은 대습상속을 하는가 아니면 본래의 상속을 하는가 하는 점이다. 즉 부(父) A에게 자(子) B, C가 있고, 자 B는 손(孫) D를, 자 C는 손(孫) E, F를 낳은 뒤 B와 C가 다같이 A에 앞서 사망하고, 그 후 A가 사망한 경우에, 손(孫) D, E, F는 대습상속을 하는 것인가(이 경우의 상속분은 D 1/2, E, F는 각 1/4이 된다), 아니면 본래의 상속을 하는 것인가(이 경우의 상속분은 D, E, F 모두 1/3이 된다) 하는 점이다.

우리나라에서는 비대습설(김주수·김상용, 611 등)과 대습설(곽윤직, 49-50, 64 등)이 대립하고 있다. 문언상으로는 비대습설이 타당한 것처럼 보이기도 하지만, 결과에 있어서는 대습설이 타당하다고 생각된다. 그렇게 보지 않으면, 원래 상속인이 될 사람들이 모두 사망하였는가, 아니면 일부만 사망하였는가라는 우연한 사정에 의하여 상속분이 달라질 것이기 때문이다. 대법원 2001. 3. 9. 선고 99다13157 판결([판례 49])도 대습설을 따르고 있다.

대습상속이 인정되기 위하여, 피대습인이 사망할 당시에 상속을 할 수 있는 지위에 있는 사람만이 대습상속인이 될 수 있는가가 문제된다. 예컨대 부(父) A, 자(子) B, 손(孫) C가 있었는데, C는 D와 혼인한 후 가장 먼저 사망하였고, 이어서 B와 A가 순차 사망하면, C는 사망 당시에는 아직 A를 상속할 지위에 있지 않았는데도 D가 A를 대습상속할 수 있는가 하는 점이 문제가 된다. 이는 뒤에서 볼 재대습상속에 해당하는데, 대습상속제도의 취지에 비추어 대습상속을 긍정하여야 할 것이다. 또 다른 예로는 A에게 직계비속 B와 동생 C가 있었는데, C는 직계비속 D를 남기고 제일 먼저 사망하였고, 이어 B가 상속인 없이 사망하였다면, C 사망 당시에는 C가 A를 상속할 지위에 있지 않았는데도 D는 A를 대습상속할 수 있는가 하는 문제가 있다. 마찬가지 이유로 이를 긍정함이 타당할 것이다.

[판례 49] 대법원 2001. 3. 9. 선고 99다13157 판결

1. 원심이 적법하게 확정한 사실(다툼 없는 사실)은 다음과 같다.

가. 망 소외 1은 처인 망 소외 2와의 사이에 딸인 망 소외 3, 아들인 망 소외 4를 두었고, 위 소외 3은 피고와 혼인하여 그 사이에 딸인 망 소외 5, 아들인 망 소외 6이 있었으며, 위 망 소외 4는 처인 망 소외 7과 사이에 딸인 망 소외 8을 두고 있었다.

나. 그런데 망 소외 1 부부와 아들인 망 소외 4 가족 전부 및 딸인 망 소외 3과 그 자녀들 등 피고를 제외한 가족 전원이 1997. 8. 6. 미합중국의 자치령 괌(Guam)의 니미츠 언덕(Nimitz Hill)에서 함께 탑승중이던 항공기의 추락 사고로 모두 사망하였고, 당시 망 소외 1에게 다른 직계비속이나 직계존속은 없었다(이상의 사실관계에 의하면 망 소외 1은 그의 처는 물론 직계비속인 아들, 딸과 손자 손녀들 및 직계비속의 배우자인 며느리 등과 함께 동일한 위난으로 사망한 것으로서 민법 제30조에 의하여 모두 동시에 사망한 것으로 추정된다).

다. 피고는 망 소외 1의 소유이던 서울 양천구 목동 소재 대 470.4㎡에 관하여 1997. 11. 8. 상속을 원인으로 한 소유권이전등기를 경료하였다.

라. 원고들은 모두 망 소외 1의 형제자매들이다.

2. 상고이유 제1점에 관하여

① 우리 나라에서는 전통적으로 오랫동안 며느리의 대습상속이 인정되어 왔고, 1958. 2. 22. 제정된 민법에서도 며느리의 대습상속을 인정하였으며, 1990. 1. 13. 개정된 민법에서 며느리에게만 대습상속을 인정하는 것은 남녀평등·부부평등에 반한다는 것을 근거로 하여 사위에게도 대습상속을 인정하는 것으로 개정한 점, ② 헌법 제11조 제1항이 누구든지 성별에 의하여 정치적·경제적·사회적·문화적 생활의 모든 영역에 있어서 차별을 받지 아니한다고 규정하고 있고, 헌법 제36조 제1항이 혼인과 가족생활은 양성의 평등을 기초로 성립되고 유지되어야 하며 국가는 이를 보장한다고 규정하고 있는 점, ③ 현대 사회에서 딸이나 사위가 친정 부모 내지 장인장모를 봉양, 간호하거나 경제적으로 지원하는 경우가 드물지 아니한 점, ④ 배우자의 대습상속은 혈족상속과 배우자상속이 충돌하는 부분인데 이와 관련한 상속순위와 상속분은 입법자가 입법정책적으로 결정할 사항으로서 원칙적으로 입법자의 입법형성의 재량에 속한다고 할 것인 점, ⑤ 상속순위와 상속분은 그 나라 고유의 전통과 문화에 따라 결정될 사항이지 다른 나라의 입법례에 크게 좌우될 것은 아닌 점, ⑥ 피상속인의 방계혈족에 불과한 피상속인의 형제자매가 피상속인의 재산을 상속받을 것을 기대하는 지위는 피상속인의 직계혈족의 그러한 지위만큼 입법적으로 보호하여야 할 당위성이 강하지 않은 점 등을 종합하여 볼 때, 외국에서 사위의 대습상속권을 인정한 입법례를 찾기 어렵고, 피상속인의 사위가 피상속인의 형제자매보다 우선하여 단독으로 대습상속하는 것이 반드시 공평한 것인지 의문을 가져볼 수는 있다 하더라도, 이를 이유로 곧바로 피상속인의 사위가 피상속인의 형제자매보다 우선하여 단독으로 대습상속할 수 있음이 규정된 민법 제1003조 제2항이 입법형성의 재량의 범위를 일탈하여 행복추구권이나 재산권보장 등에 관한 헌법규정에 위배되는 것이라고 할 수 없다. 따라서 원심판결에 위헌법률을 적용한 위법이 있다고 할 수 없고, 이에 관한 상고이유의 주장은 받아들일 수 없다.

3. 상고이유 제2점에 관하여

원래 대습상속제도는 대습자의 상속에 대한 기대를 보호함으로써 공평을 꾀하고 생존배우자의 생계를 보장하여 주려는 것이고, 또한 동시사망 추정규정도 자연과학적으로 엄밀한 의미의 동시사망은 상상하기 어려운 것이나 사망의 선후를 입증할 수 없는 경우 동시에 사망한 것으로 다루는 것이 결과에 있어 가장 공평하고 합리적이라는 데에 그 입법 취지가 있는 것인바, 상속인이 될 직계비속이나 형제자매(피대습자)의 직계비속 또는 배우자(대습자)는 피대습자가 상속개시 전에 사망한 경우에는 대습상속을 하고, 피대습자가 상속개시 후에 사망한 경우에는 피대습자를 거쳐 피상속인의 재산을 본위상속을 하므로 두 경우 모두 상속을 하는데, 만일 피대습자가 피상속인의 사망, 즉 상속개시와 동시에 사망한 것으로 추정되는 경우에만 그 직계비속 또는 배우자가 본위상속과 대습상속의 어느 쪽도 하지 못하게 된다면 동시사망 추정 이외의 경우에 비하여 현저히 불공평하고 불합리한 것이라 할 것이고, 이는 앞서 본 대습상속제도 및 동시사망 추정규정의 입법 취지에도 반하는 것이므로, 민법 제1001조의 '상속인이 될 직계비속이 상속개시 전에 사망한 경우'에는 '상속인이 될 직계비속이 상속개시와 동시에 사망한 것으로 추정되는 경우'도 포함하는 것으로 합목적적으로 해석함이 상당하고, 따라서 피고의 처인 망 소외 3이 피상속인인 망 소외 1과 동시에 사망한 것으로 추정된다는 점이 피고가 망 소외 1의 재산을 대습상속함에 장애가 된다고 볼 수 없다. 같은 취지의 원심의 판단은 정당하고 거기에 민법 제1001조의 해석을 그르친 위법이 있다고 할 수 없다. 이에 관한 상고이유의 주장도 받아들일 수 없다.

4. 상고이유 제3점에 관하여

피상속인의 자녀가 상속개시 전에 전부 사망한 경우 피상속인의 손자녀는 본위상속이 아니라 대습상속을 한다고 봄이 상당하다(보충상고이유서가 들고 있는 대법원판결은 상속의 포기에 관한 것이고 상속의 포기는 사망과는 달리 우리 민법상 대습상속사유가 아니므로 피대습자의 사망이라고 하는 대습상속사유가 발생한 이 사건과 같은 경우에 원용할 수 없다). 따라서 피상속인의 자녀가 상속개시 전에 전부 사망한 경우 피상속인의 손자녀의 상속은 본위상속이라고 하는 독자적인 견해를 전제로 하여 대습상속은 단독상속으로는 불가능하고 피대습자와 같은 촌수의 다른 직계비속이 생존하여 공동상속인의 지위가 유지·보존된 경우에 한하여 공동상속으로만 가능하다고 하는 상고이유의 주장은 더 나아가 살필 필요 없이 채용할 수 없다.

참고문헌

안영하, 가족법연구 19권 2호; 정긍식, 민사판례연구 25권; 최성경, 가족법연구 19권 1호

생각할 점

피상속인의 자녀가 상속개시 전에 전부 사망한 경우 피상속인의 손자녀는 본위상속이 아니라 대습상속을 한다고 볼 수 있는 근거는 무엇인가? 또 이 판결에서 이 점에 대한 판단이 필요하였는가?

---

(3) 피대습인의 상속결격

피대습인에게 상속결격사유가 있는 때에도 대습상속은 인정된다. 학설 가운데에는 "상속인이 될 직계비속 또는 형제자매가 상속개시전에 사망하거나 결격자가

된 경우에"라는 법문 중에서 "상속개시전에"라는 문구가 결격자가 된 경우에도 걸린다고 보면서도, 상속개시 후에 결격사유가 발생한 경우(예컨대 1004조 5호의 유언서 위조 등의 사유)도 대습상속의 사유가 된다고 해석하는 것이 있으나(김주수·김상용, 662; 이경희·윤부찬, 381; 한봉희·백승흠, 465), 위의 상속개시전이라는 문구는 "사망하거나"만을 꾸미는 것으로 해석함이 무난할 것이다(곽윤직, 62; 박동섭·양경승, 621). 따라서 결론에는 차이가 없다.

그러나 상속포기의 경우에는 대습상속은 인정되지 않는다. 따라서 피상속인의 배우자와 자녀들 전원이 상속을 포기한 때에는 손자녀가 있으면 손자녀가 대습상속 아닌 본위상속을 하게 되고, 자녀들 중 한 사람만이 상속을 포기하지 않았으면 그만이 상속인이 되며, 상속을 포기한 자녀의 자녀는 상속을 받지 못한다. 독일은 상속포기를 대습상속 사유로 인정하고 있고, 프랑스도 2006년부터 상속포기를 대습상속 사유로 인정하였다. 입법론으로는 상속포기도 대습상속의 사유로 하여야 한다는 주장이 있다.

⑷ 대습상속인은 피대습인의 직계비속이나 배우자일 것

배우자의 대습상속을 인정하는 것은 우리나라를 제외하고는 찾아보기 어렵다. 대법원 2001. 3. 9. 선고 99다13157 판결([판례 49])은, 우리나라에서는 전통적으로 오랫동안 며느리의 대습상속이 인정되어 왔다고 하였으나, 우리나라의 전통법에서는 엄밀히 말하면 며느리에게 소유권이 아니라 개가(改嫁)하거나 죽을 때까지의 용익권이 부여될 뿐이었다. 우리 민법 제정 당시에는 처의 대습상속만을 인정하였으나, 1990년의 민법 개정 시에 남녀 평등의 관점에서 처뿐만 아니라 부(夫)도 대습상속할 수 있는 것으로 고쳤다. 그러나 배우자의 대습상속을 인정하는 것이 피상속인의 추정적 의사에 부합하는지 의심스럽고, 입법론적으로는 재검토해야 할 필요가 있다. 위 대법원 2001. 3. 9. 선고 99다13157 판결([판례 49])도, 피상속인의 사위가 피상속인의 형제자매보다 우선하여 단독으로 대습상속하는 것이 반드시 공평한 것인지 의문을 가져볼 수는 있다고 하였다.

피대습인이 사망한 후 그 배우자가 피상속인의 사망 당시에 이미 다른 사람과 재혼하고 있었다면 그는 대습상속을 하지 못한다. 그 근거는 배우자가 사망한 후 재혼한 때에는 인척관계가 소멸한다는 775조 2항에서 찾아야 할 것이다.

⑸ 대습상속인은 상속개시 당시에 존재하고 있을 것

대습상속인이 태아인 경우에 관하여는 다소 문제가 있으나, "상속순위에 관하여 출생한 것으로 본다"는 의미를 넓게 해석하면 긍정할 수 있을 것이다.

문제는 상속결격으로 인한 대습상속의 경우에 대습원인 발생 당시에는 아직 태아가 존재하지 않았으나, 그 후 태아가 생겨나서 출생한 경우이다. 우리 민법의 규정상으로는 "결격자가 된 경우에 그 직계비속이 있는 때에는"이라고 되어 있어 결격 당시에 직계비속이 있어야 하는 것으로 해석될 여지가 있으나, 이 경우에도 대습상속을 할 수 있다고 봄이 타당하다. 또한 피대습인이 결격 후에 입양을 한 때에는 과연 그러한 양자에게 대습상속을 인정할 수 있을 것인가도 문제될 수 있다. 국내의 학설은 이러한 경우에도 대습상속을 긍정하는 것이 다수설이다(김주수·김상용, 664 등). 다만 상속결격 후의 배우자는 대습상속을 하지 못한다는 견해도 있다(곽윤직, 63-64).

⑹ 상속결격자가 아닐 것

대습상속인에게 피상속인에 대한 상속결격 사유가 있을 때에는 그 대습상속인도 대습상속을 하지 못한다. 대습상속인이 피대습인에 대한 관계에서 상속결격사유가 있더라도 이는 대습상속에는 영향을 주지 않는다(곽윤직, 64; 송덕수, 320). 상속결격은 피상속인에 대한 관계에서 상대적으로 따져야 할 것이기 때문이다. 그렇지만 피대습인에 대한 상속결격사유가 동시에 대습상속의 결격사유가 될 때{예컨대 자(子) A가 부(父) B를 살해하려고 하였으나 미수에 그쳤는데, 그 후 B가 자신의 부 C보다 먼저 사망한 경우에는, A는 C의 상속에 관하여 자신보다 선순위인 B를 살해하려고 한 것이므로 C의 상속에 관하여도 결격자가 된다}에는 대습상속을 하지 못한다.

이에 대하여 대습상속의 입법취지는 상속에 대한 기대의 확립에 있는데, 대습자는 피대습인에 대하여 결격자가 됨으로써 상속에 대한 기대가 없어졌으므로 대습상속을 인정하여서는 안 된다는 견해가 있으나(김주수·김상용, 664-665), 타당하지 않다. 여기서 들고 있는 예는 자신의 처를 살해한 사람은 장모나 장인을 대습상속하지 못한다는 것인데, 이 경우 자신의 처를 살해한 것은 장모나 장인에 대한 관계에서 선순위의 상속인인 처를 살해한 것이므로 상속결격사유에 해당한다.

그리고 피대습인이 사망하였을 때 대습상속인이 될 자가 피대습인에 대한 상속을 포기한 경우에도 따로 대습상속을 포기하지 않는 한 대습상속은 인정된다. 따라서 피상속인의 사망 후 상속채무가 상속재산을 초과하여 상속인인 배우자와 자녀들이 상속포기를 하였는데, 그 후 피상속인의 직계존속이 사망한 경우에 앞의 상속 포기의 효력은 직계존속의 사망으로 인한 대습상속에는 미치지 않는다(대법원

2017. 1. 12. 선고 2014다39824 판결). 프랑스 민법 754조 4항은 명문으로 이와 같이 규정하고 있다.

(7) 재대습상속

대습상속을 할 지위에 있는 자가 상속개시 전에 다시 사망하거나 상속결격이 된 때에는 그의 직계비속 또는 배우자가 다시 대습상속을 할 수 있다. 이를 재대습상속이라고 부른다. 다만 원래의 상속인이 형제자매인 경우에는 재대습상속은 인정되지 않는다는 견해가 있다. 일본 민법 889조 2항은 형제자매가 원래의 상속인인 경우에는 그 자(子)만이 대습상속을 할 수 있고, 재대습상속은 인정되지 않는 것으로 규정한다.

한편 대습상속은 상속인이 될 피상속인의 직계비속 또는 형제자매가 상속개시 전에 사망하거나 결격자가 된 경우에 인정되는 것이므로, 피대습인의 배우자가 대습상속의 상속개시 전에 다시 사망하거나 결격자가 된 경우에는, 그 배우자를 피대습인으로 하는 재대습상속은 인정되지 않는다(대법원 1999. 7. 9. 선고 98다64318, 64325 판결).

다. 대습상속의 효과

대습상속이 되면 대습상속인은 피대습인이 상속받았을 상속분을 상속받는다. 예컨대 A에게 3인의 자녀 B, C, D가 있는데 C는 2인의 자녀를 남기고, D는 3인의 자녀를 남기고 A보다 먼저 사망하였다면, B는 1/3을, C의 자녀 2인은 각 1/6을, D의 자녀 3인은 각 1/9을 각 상속받는다.

4. 상속결격

▌참고문헌: 권재문, “피상속인에 대한 부양의무 불이행과 상속권 상실”, 비교사법 30권 1호, 2023; 김상용·박인환, “상속권상실선고에 관한 법무부 개정안의 문제점”, 중앙법학 23권 1호, 2021; 김유은, “상속결격제도에 관한 연구”, 성균관대학교 박사학위논문, 2011; 김형석, “상속결격의 몇 가지 쟁점”, 양창수 고희 기념 자율과 정의의 민법학, 2021; 박지원, “부양의무 해태와 상속결격사유 확대에 관한 입법론”, 홍익법학 제21권 3호, 2020; 양창수, “상속결격제도 일반”, 서울대학교 법학 37권 2호, 1996; 오병철, “상속결격의 몇 가지 문제”, 가족법연구 24권 3호, 2010; 오종근, “상속결격사유: 낙태의 경우”, 가족법연구 7호, 1993; 윤진수, “상속권 상실에 관한 정부의 민법개정안”, 비교사법 28권 3호, 2021; 이동진, “상속결격·상속권상실과 대습상속”, 가족법연구 35권 2호, 2021; 이성룡, “1. 호주상속의 선순위 또는 재산상속의 선순위나 동순위에 있는 태아를 낙태한 경우 구민법

(1990. 1. 13 법률 제4199호로 개정되기 전의 것) 제992조 제1호 및 제1004조 제1호 소정의 상속결격사유에 해당하는지 여부 2. 상속결격자에 관한 위 구민법 제992조 제1호, 제1004조 제1호 소정의 '고의'에 '상속에 유리하다는 인식'도 필요한지 여부", 대법원판례해설 17호, 1992; 이우리, "부양의무를 불이행한 부모의 상속결격에 관하여", 가족법연구 32권 2호, 2018; 정현수, "부양의무의 해태와 상속권 제한", 충북대 법학연구 32권 2호, 2021; 현소혜, "상속권 상실 선고 제도에 대한 입법론적 검토", 가족법연구 35권 3호, 2021; 황경웅, "상속결격에 관한 제반문제", 가족법연구 20권 2호, 2006

가. 의 의

상속인이 될 지위에 있는 자에게 법에서 정한 일정한 사유가 발생한 때에, 법률상 당연히 그 자의 상속권이 박탈되는 것을 상속결격이라고 한다. 외국에서는 법률상 당연히 상속권이 박탈되는 상속결격 이외에, 상속인이 될 자에게 중대한 비행이 있을 때 피상속인이 법원에 상속인이 될 자의 상속권의 박탈을 청구할 수 있는 폐제(廢除)의 제도(일본 민법 892조)라든가, 피상속인의 의사에 기하여 상속권 또는 유류분을 박탈할 수 있는 제도(독일 민법 1938조, 2333조 이하)가 인정되고 있으나, 우리 법은 이러한 제도는 인정하고 있지 않다.

민법이 규정하고 있는 상속결격사유는 크게 2가지로 나누어 볼 수 있다. 그 하나는 피상속인 등 일정한 자에 대한 살인 또는 살인미수 내지 상해치사의 범죄행위이고(1004조 1, 2호), 다른 하나는 피상속인의 유언에 관한 부정행위이다(1004조 3, 4, 5호). 민법은 상속결격이 인정되는 범위가 다른 나라에 비하여 넓고, 상속결격사유의 용서(容恕)도 규정하지 않고 있는 점에도 그 특색이 있다.

헌법재판소 2018. 2. 22. 선고 2017헌바59 결정은, 직계존속이 피상속인에 대한 부양의무를 이행하지 않은 것을 상속결격사유로 규정하지 않은 것이 위헌이 아니라고 하였다.

나. 상속결격제도의 근거

이러한 상속결격제도는 어느 나라에서나 대체로 인정되고 있다. "피묻은 손은 상속재산을 취득하지 못한다(Blutige Hand nimmt kein Erbe)"는 법언(法諺)은 이를 말해준다. 상속결격제도가 왜 인정되는지에 관하여는 상속적 협동관계 파괴설(相續的 協同關係 破壞說)과, 개인법적 재산취득질서 파괴설(個人法的 財産取得秩序 破壞說) 및 이원설(二元說)의 대립이 있다. 상속적 협동관계 파괴설은 상속의 근거는 상속인과 피상속인을 연결하는 상속적 협동관계(윤리적·경제적 협동관계)에 있는데, 상속결격은 이러한 관계를 파괴 또는 침해한 데 대한 제재로 보는 견해이다. 개인법적 재산취득질서 파괴설은 상속인에 의한 재산취득의 측면을 중시하여, 상속결격은 그 취득질서를 교란시키고 위법하게 이득을 얻으려는 것에 대한 제재라고 한다. 이원설은 결격사유에 따라 상속결격제도의 근거를 달리 설명한다. 피상속인 또는 선순위나 동순위의 상속인에 대한 생명침해(1004조 1, 2호)의 경우에는 상속적 협동관계의 파괴에 대한 제재라고 보고, 피상속인의 상속에 대한 유언행위에 대한 위법한 간섭(1004조 3, 4, 5호)의 경우에는 상속인이 상속법상 유리하게 되거나 또는 불리하지 않게 되려고 위법하게 간섭하는 행위에 대한 제재라고 한다.

이러한 견해의 대립은, 주로 상속결격의 효과가 발생하기 위하여 상속인이 될 자에게 상속결격사유에 해당하는 행위를 함에 있어 그 행위의 고의 이외에 "상속에 유리하다는 인식"이 필요한가 여부에 관하여 차이가 있다. 상속적 협동관계 파괴설은 이러한 인식은 필요하지 않다고 보는 반면, 개인법적 재산취득질서 파괴설은 이러한 인식이 필요하다고 본다.

이외에 근래에는 종래의 학설을 비판하면서, 상속결격의 근거는 피상속인의 추정적 의사를 고려하여 상속권을 박탈하려는 데 있다는 주장이 제기되었다(김형석).

우리 민법상으로는 상속결격제도의 근거를 반드시 통일적으로만 이해할 수는 없고, 결격사유에 따라 다르게 이해함이 타당하다(이원설). 즉 1004조 1, 2호의 경우에는 공익의 관점에서 상속인으로 될 자의 비도덕적 행위가 반드시 상속과 결부되지 않더라도 그에 대한 제재를 가하는 것이라고 볼 수 있고, 반면 3, 4, 5호의 경우에는 피상속인의 유언의 자유를 침해한 데 대한 제재라는 면이 중시된다고 할 수 있다. 그리고 상속결격사유를 해석함에 있어서는 피상속인의 추정적 의사가 어떠한 것일까 하는 점도 고려하여야 한다.

연혁적으로 보면 프랑스 민법에서는 주로 피상속인의 살해와 관련된 사유만을 상속결격사유로 보고, 이를 상속인이 될 자에 대한 사적 벌(私的 罰)로서 이해한다. 반면 독일 민법 2339조는 주로 피상속인의 유언의 자유를 보장하는 취지에서, 이를 방해하는 행위를 상속결격사유로 보고 있으며, 피상속인을 살해한 경우도 이러한 관점에서 규정하고 있다. 우리 민법 1004조 1, 2호는 주로 프랑스 민법의 영향을 받은 것이고, 3, 4, 5호는 주로 독일 민법의 영향을 받은 것으로 이해된다.

그러므로 상속에 유리하다는 인식은 원칙적으로 1004조 1, 2호의 경우에는 요구되지 않고, 3, 4, 5호의 경우에는 요구된다고 해석함이 타당하다. 왜냐하면 2호는 상해치사를 상속결격으로 들고 있는데, 이 경우에는 상속에 유리하다는 인식이 있을 여지는 없고, 또 1, 2호는 직계존속을 살해 또는 사망에 이르게 한 경우도 상속결격사유로 보고 있는데, 직계존속은 상속에 관하여 후순위일 수도 있기 때문이다. 반면 3, 4, 5호는 피상속인의 유언의 자유를 침해하는 것으로서, 이에 관하여는 상속에 유리하다는 인식이 있어야만 상속결격사유에 해당하는 것으로 보아야 할 것이다. 이러한 인식이 있어야만 재산취득질서를 파괴하는 것으로 볼 수 있기 때문이다. 또한 피상속인의 추정적 의사에서도 근거를 찾을 수 있을 것이다.

대법원 1992. 5. 22. 선고 92다2127 판결([판례 50])은 1호와 2호의 경우에는 상속에 유리하다는 인식이 요구되지 않는다고 보고 있으나, 3호에서 5호까지의 경우에도 그렇게 보는지는 명확하지 않다.

상속결격사유의 해석은 엄격하게 하여야 하고, 유추에 의하여 상속결격사유를 확장하는 것은 원칙적으로 허용되지 않는다. 다만 상속결격사유로 법에 규정되어 있지는 않지만, 규정된 상속결격사유와 실질적으로 차이가 없고, 이를 상속결격사유로 보지 않으면 평가모순이 생기는 경우에는 유추에 의하여 상속결격을 인정할 수 있을 것이다. 가령 사기 또는 강박으로 유언을 철회하게 한 것은 상속결격사유로 규정되어 있지 않지만, 이는 사기 또는 강박으로 유언을 하게 한 것과 실질적으로 차이가 없으므로, 유추에 의하여 상속결격사유로 인정하여야 한다(아래 다. (4) 참조). 또 이러한 상속결격사유는 상속인이 될 자 내지 상속인의 행위에 한정된다.

다. 상속결격사유

(1) 피상속인 등의 살해 또는 살해의 미수(1호)

(개) 행위의 대상—직계존속, 피상속인, 그 배우자, 상속의 선순위나 동순위에 있는 자

여기에서 "직계존속"이 상속인이 될 자의 직계존속을 의미한다는 견해가 있다. 그러나 피상속인의 직계존속을 의미한다고 보아야 할 것이다. 그렇게 보지 않으면 자신의 직계존속을 살해한 자는 전혀 누구로부터도 상속을 받지 못하는 것이 되기 때문이다. 상속인이 될 자의 직계존속이라고 본다면 예컨대 자신의 모를 살해한 사람은 자신의 친조부모로부터도 상속을 받지 못하는 것이 된다. 비교법적으로는 상속의 순위와 관계없이 직계존속의 살해나 살해의 미수를 상속결격사유로 한 것은 상당히 이례적이다. 반면 피상속인 본인의 살해를 상속결격사유로 하는 것은 각국의 입법례에 공통된 것이다.

피상속인의 배우자는 살해 등의 행위 당시 피상속인과 유효한 혼인관계에 있는 자를 말하고, 이혼 등으로 배우자의 신분을 상실한 사람은 제외된다. 다만 피상속인의 배우자는 항상 최우선순위의 상속인이므로, 선순위 또는 동순위의 상속인 외에 배우자를 따로 들 필요가 없었을 것이다.

그런데 "그 배우자"를 피상속인의 배우자뿐만 아니라 피상속인이 아닌 직계존속의 배우자를 살해한 경우도 포함하는 것으로 보는 견해가 있다. 예컨대 계조모, 즉 할아버지의 후처를 살해한 뒤 아버지가 사망한 경우에는, 비도덕적인 패륜자의 상속을 인정하여서는 안 되므로 아버지를 상속하지 못한다는 것이다(송덕수, 307-308). 그러나 상속결격사유의 해석은 엄격하게 하여야 할 뿐만 아니라, 상속순위와 관계없는 직계존속의 살해를 상속결격사유로 규정한 것 자체가 이례적인 입법이므로, 그와 같은 해석은 받아들이기 어렵다.

(나) 살해 또는 살해하려고 한 것

여기에서 살해란 고의에 의한 살인을 가리킨다. 살인, 영아살해(刑 251조), 위계에 의한 촉탁살인(刑 253조) 등을 포괄하며, 정범·종범, 기수·미수를 묻지 않는다. 나아가 예비음모로써도 족하다. 그러나 정당방위 또는 긴급피난의 경우는 상속결격에 해당하지 않을 것이다.

우리나라의 통설은 자살의 교사나 방조도 이에 해당한다고 하나, 본인의 의사에 기인한 사망을 살해와 동일시하는 것은 의문이다. 상속결격사유는 제한적으로 해석하여야 하기 때문이다. 촉탁에 의한 살인도 마찬가지로 상속결격사유가 되지 않는다고 보아야 할 것이다.

여기서의 고의에는 피해자의 신분의 인식은 포함되지만(따라서 자신의 부모인 줄 모르고 살해한 경우에는 이에 해당하지 않는다), 상속에 유리할 것이라는 인식은 포함되지 않는다.

그런데 대법원 1992. 5. 22. 선고 92다2127 판결([판례 50])은 낙태도 상속결격사유에 해당한다고 보지만, 의문이다. 상속결격사유는 엄격하게 해석하여야 하는데, 낙태를 살해 또는 살해하려고 한 것과 같이 볼 수는 없을 뿐만 아니라, 태아는 출생하지 않은 이상 상속능력을 가지지 못하므로, 선순위 또는 동순위의 상속인이라고 볼 수도 없다. 태아의 상속능력에 관하여 해제조건설을 따르더라도, 태아가 낙태된 이상 선순위 또는 동순위의 상속인은 아닌 것이다. 이를 신의칙에 반하여 조건을 성취시키거나 조건의 성취를 방해한 것(150조)이 아닌가 따져볼 수는 있으나, 일반적으로는 낙태를 한 것을 가리켜 신의칙에 반한다고 하기는 어려울 것이다. 한편 헌법재판소 2019. 4. 11. 선고 2017헌바127 결정은, 낙태죄를 규정한 형법 269조, 270조 1항이 위헌이라고 하면서, 위 조항들은 2020. 12. 31.을 시한으로 입법자가 개정할 때까지 계속 적용된다고 하였다. 위 결정에서 4인의 헌법불합치의견은, 태아가 모체를 떠난 상태에서 독자적으로 생존할 수 있는 시점인 임신 22주 내외 이후의 낙태는 처벌할 수 있다는 취지이다. 그러므로 위 헌재 결정에 따라 개선입법이 만들어진다면 임신 후 일정 기간 이후의 낙태는 처벌될 수 있을 것이고, 그 범위 내에서는 위 판례가 여전히 적용될 수 있을 것이다. 어쨌든 이 판례는 변경되어야 한다.

[판례 50] 대법원 1992. 5. 22. 선고 92다2127 판결

2. 상고이유 제2점에 대하여

가. 원심판결 이유에 의하면, 원심은, 소외 망 A가 1989. 8. 16. 피고의 불법행위로 사망한 사실을 인정하고, 제1심 공동원고 B는 A의 처로서 그 호주상속인이고 원고들은 그의 부모이므로, 소외 망인의 피고에 대한 손해배상채권은 그 법정상속분에 따라 상속됨으로써 B가 그중 2/4를, 원고들이 그중 1/4씩을 승계취득하였다고 설시한 후, “B는 소외 망인의 자식인 태아를 낙태하였으니, 상속결격자에 해당한다.”는 원고들의 주장에 대하여, “낙태를 하면 민법 제1004조 제1호에 해당하는 경우가 있을 수 있지만, 상속결격제도의 중심적 의의는 개인법적 재산취득질서의 파괴 또는 이를 위태롭게 하는 데에 대한 민사적 제재라고 보아야 할 것이고, 그러한 이상 상속결격자라고 하기 위하여는 민법 제1004조 소정의 범죄를 범한 자의 고의 안에는 적어도 그 범행으로 말미암아 상속에 유리하게 된다는 인식도 함께 있을 것을 필요로 할 것인바, ① B가 1989. 9. 18. 소외 망인과의 사이에서 잉태한 태아를 낙태하기는 하였지만, 이 범행은 위 태아를 출산할 경우 결손가정에서 키우기 어려우리라는 우려와 남편의 사망으로 인한 정신적 충격 및 신체적 쇠약으로 고민 끝에 이루어진 사실이 인정되고, ② 또한 B가 낙태를 하지 아니하였다 하더라도 동인은 호주상속을 할 태아와 공동상속인이 되어 그 상속분은 1/2이 되고, 낙태한 경우에도 망인의 부모인 원고들과 공동상속인이 되어 그 상속분은 역시 1/2이 되므로, 그가 낙태죄를 범한 이유는, 그 범행으로 말미암아 자신이 재산상속에 유리하게 된다는 인식 없이, 오로지 장차 태어날 아기의 장래에 대한 우려 등에 기인하였으므로, 동인은 상속결격자에 해당한다고 할 수 없다.”는 이유로, 이를 배척하였다.

나. 먼저 원심의 판시 중 태아가 호주상속의 선순위 또는 재산상속의 선순위나 동순위에 있는 경우에 그를 낙태하면 이 사건 당시 시행되던 민법(1990. 1. 13. 법률 제4199호로 개정되기 전의 것. 이하 같다) 제992조 제1호 및 제1004조 제1호 소정의 상속결격사유에 해당한다는 부분은 옳다고 하겠다.

그러나 과연 위 민법 규정들 소정의 상속결격사유로서 '살해의 고의' 이외에 원심이 판시한 바와 같이 '상속에 유리하다는 인식'을 필요로 하는지 여부에 관하여 살피건대, (1) 우선 민법 제992조 제1호 및 제1004조 제1호는 그 규정에 정한 자를 고의로 살해하면 상속결격자에 해당한다고만 규정하고 있을 뿐, 더 나아가 '상속에 유리하다는 인식'이 있어야 한다고까지는 규정하고 있지 아니하고 있으므로, 원심의 판시는 위 규정들의 명문에 반하고, (2) 또한 민법은 '피상속인 또는 호주상속의 선순위자'(제992조 제1호)와 '피상속인 또는 재산상속의 선순위나 동순위에 있는 자'(제1004조 제1호) 이외에 '직계존속'도 피해자에 포함하고 있고, 위 '직계존속'은 가해자보다도 상속순위가 후순위일 경우가 있는바, 민법이 굳이 동인을 살해한 경우에도 그 가해자를 상속결격자에 해당한다고 규정한 이유는, 상속결격요건으로서 '살해의 고의' 이외에 '상속에 유리하다는 인식'을 요구하지 아니한다는 데에 있다고 해석할 수밖에 없으며, (3) 그리고 민법 제992조 제2호 및 이를 준용하는 제1004조 제2호는 '고의로 직계존속, 피상속인과 그 배우자에게 상해를 가하여 사망에 이르게 한 자'도 상속결격자로 규정하고 있는데, 이 경우에는 '상해의 고의'만 있으면 되므로, 이 '고의'에 '상속에 유리하다는 인식'이 필요없음은 당연하므로, 이 규정들의 취지에 비추어 보아도 그 각 제1호의 요건으로서 '살해의 고의' 이외에 '상속에 유리하다는 인식'은 필요로 하지 아니한다고 하지 않을 수 없다.

다. 그러므로 원심이 이와 반대의 견해에서 민법 제992조 제1호 및 제1004조 제1호 소정의 상속결격사유로서 '살해의 고의' 이외에 '상속에 유리하다는 인식'을 필요로 한다고 판단하여 B를 소외 망인의 호주상속인 및 재산상속인이라고 인정한 데에는, 위 규정들 소정의 상속결격사유에 관한 법리를 오해하여 판결에 영향을 미친 위법이 있고, 따라서 이 점을 지적하는 논지는 이유 있다.

참고문헌

오종근, 가족법연구 7호; 이성룡, 대법원판례해설 17호; 황경웅, 가족법연구 20권 2호

(2) 직계존속, 피상속인과 그 배우자에 대한 상해치사(2호)

살해 외에 상해치사도 상속결격사유에 해당한다. 대상에 대한 설명은 1호와 같으나, 동순위 또는 선순위의 상속인은 배제되어 있다.

행위는 상해치사이어야 하므로, 과실치사는 해당되지 않는다. 피상속인 이외의 경우에는 상해행위가 상속개시 전에 있으면, 치사의 결과는 상속개시 후에 발생하더라도 상속결격에 해당한다.

⑶ 사기 또는 강박으로 피상속인의 상속에 관한 유언 또는 유언의 철회를 방해한 자(3호)

상속에 관한 유언이란 상속에 직접 또는 간접으로 영향을 미치는 유언을 말한다. 예컨대 상속재산 분할방법의 지정 또는 위탁(1012조)과 같이 상속재산 자체에 관한 것뿐만 아니라, 상속재산의 범위에 영향을 미치는 유증을 포함하는 유언은 물론이고 상속인의 범위에 영향을 미치는 인지(859조 2항)나 재단법인의 설립의 유언(47조 2항)도 포함된다. 따라서 미성년후견인을 지정하는 유언(931조 1항)과 미성년후견감독인을 지정하는 유언(940조의2)을 제외하고는 법률적으로 의미 있는 유언은 거의 모두가 이에 해당한다. 유언의 철회를 방해하는 경우에는 유언은 유효한 것이어야 한다.

사기 또는 강박의 예로서는 구수증서(口授證書)에 의한 유언(1070조)을 한 경우에 증인으로 하여금 구수(口授)와는 다르게 필기하게 한 경우나, 피상속인이 유언의 철회를 위하여 유언증서의 파기를 위탁하였는데 이를 몰래 보관한 경우가 이에 해당한다.

위 규정의 적용에는 단순한 사기 또는 강박의 고의만으로는 부족하고, 나아가 그러한 유언방해행위로써 이익을 얻으려는 의사나 적어도 이익을 얻게 될 것이라는 인식이 필요하다. 만일 방해자 자신이 아니라 다른 상속인이나 수유자 등 제3자의 이익을 도모하려 한 경우에는 위 규정의 적용이 없다.

나아가 사기 또는 강박으로 인하여 상속개시시까지 실제로 유언이나 유언의 철회가 행하여지지 않았어야 한다. 방해행위가 있었어도 그 후 피상속인이 유언이나 유언의 철회를 할 수 있는 상태를 회복하였으면 위 규정의 적용이 없다.

⑷ 사기 또는 강박으로 피상속인의 상속에 관한 유언을 하게 한 경우(4호)

독일에서는 부정한 행위를 한 배우자가 이 사실을 타방 배우자에게 알리지 아니하여 상대방으로 하여금 자신에게 유리한 유언을 하게 한 경우가 이에 해당하는가가 문제되는데, 원칙적으로는 부정한 배우자에게 자기의 부정행위에 대한 고지의무가 없다는 이유로 이를 부정하지만, 예외적으로 계속적인 부정행위를 하고 있고, 상대방 배우자가 자신의 충실을 신뢰하여 유언을 하였음을 알았으면서도 부정행위에 대하여 침묵을 지켰다는 등의 특별한 사정이 있는 경우에는 상속결격이 된다고 보았다(BGHZ 49, 155, 158).

사기 또는 강박에 의한 유언은 취소할 수 있는데(110조), 유언이 취소되더라도 여전히 상속결격이 되는가? 이를 긍정하는 것이 일반적이다. 그 이유는 취소의 유무라는 우연한 사실에 의하여 결격사유의 존부를 좌우하는 것은 적당하지 않으며,

제도의 취지에 맞지 않기 때문이라고 한다.

다른 한편 1004조 4호는 사기 또는 강박으로 인하여 유언을 하게 한 경우만을 규정하고, 유언을 철회하게 한 경우는 상속결격사유로 하고 있지 않다. 그러나 독일, 스위스, 오스트리아, 일본 등 여러 입법례에서는 사기 또는 강박에 의하여 유언을 하게 한 경우뿐만 아니라 유언을 철회하게 한 경우도 상속결격사유로 규정하고 있다. 이는 1004조 3호가 유언의 철회를 방해하는 것도 상속결격사유로 규정하고 있는 것과도 균형이 맞지 않는다. 유언의 철회가 다른 유언에 의하여 이루어졌다면 이때에는 4호가 그대로 적용될 수 있겠지만, 생전행위에 의하여 유언이 철회된 때에는 본호가 직접 적용될 수는 없다. 그러므로 이처럼 사기 또는 강박에 의하여 유언이 철회된 때에는 본호를 유추하여 상속결격사유가 된다고 해석하여야 할 것이다.

(5) 피상속인의 상속에 관한 유언서를 위조·변조·파기 또는 은닉한 경우(5호)

여기서 말하는 유언서에는 서면뿐만 아니라 녹음에 의하여 유언을 한 경우의 유언녹음대도 포함한다. 또한 위조란 상속인이 피상속인 명의로 유언을 작성하는 것을 말한다. 자필유언증서를 위조하는 경우뿐만 아니라 피상속인을 자칭하여 공정증서 유언을 하는 경우도 포함한다. 변조란 상속인이 이미 작성된 유언의 내용에 변경을 가하는 것을 말하고, 파기란 상속인이 이미 작성된 유언의 효력을 물리적으로 소멸시키는 것을 말한다. 따라서 찢어버리는 것뿐만 아니라 그 내용을 알아볼 수 없을 정도로 개칠(改漆)하는 경우나, 전에 작성한 유언서의 날짜를 후에 작성한 유언서의 날짜 이후로 고침으로써 후에 작성한 유언서가 철회된 것처럼 보이게 하는 경우도 파기에 해당한다. 끝으로 은닉이란 유언을 발견할 수 없는 상태에 두는 것을 말한다. 대법원 1998. 6. 12. 선고 97다38510 판결은, 이를 유언서의 소재를 불명하게 하여 그 발견을 방해하는 일체의 행위를 한 것으로 해석하면서, 공동상속인들 사이에 그 내용이 널리 알려진 유언서에 관하여 피상속인이 사망한 지 6개월이 경과한 시점에서 비로소 그 존재를 주장하였다고 하여 이를 두고 유언서의 은닉에 해당한다고 할 수 없다고 하였다.

위조 등의 행위가 상속 개시 전에 있은 경우뿐만 아니라, 상속 개시 후에 있은 경우에도 상속결격사유에 해당한다.

독일에서는 위조 또는 변조의 미수의 경우에도 상속결격에 해당하는가에 관하여 다툼이 있으나, 우리나라에서는 법문상 미수는 포함되지 않는 것으로 보아야 할 것이다.

종래의 학설은 변조의 경우에 본호의 유언은 유효한 것만을 말한다고 보았으나, 경우에 따라서는 무효인 유언을 변조하여 유효하게 하는 것은 유언의 위조에 해당하여 상속결격사유가 될 수 있다. 한편 독일에서는 행위자가 무효인 유언을 유효한 것처럼 만듦으로써 피상속인의 진정한 의사를 실현시키려고 한 경우에 상속결격이 되는가에 관하여 다툼이 있는데, 판례는 과거에는 상속결격사유가 되지 않는다고 보았으나, 근래에는 판례(NJW 1970, 197 등)와 통설이 이러한 경우에 상속결격사유가 아니라고 보면 위조를 조장할 위험이 있다고 하여 이 또한 상속결격사유라고 보고 있다. 반면 일본 최고재판소 1981. 4. 3. 판결(民集 35-3, 431)은, 상속에 관한 피상속인의 유언서가 그 방식을 결여해서 무효인 경우 또는 유효한 유언서에 관하여 행한 정정이 그 방식을 결여해서 무효인 경우에 상속인이 그 방식을 구비하게 하여 유효한 유언서의 외형 또는 유효한 정정으로서의 외형을 만들어내는 행위는 유언서의 위조 또는 변조에 해당하지만, 상속인이 유언자인 피상속인의 의사가 실현되게 하기 위하여 그 법형식을 갖추는 취지에서 위 행위를 하였음에 지나지 않은 경우에는 상속결격에 해당하지 않는다고 하였다.

상속인이 유언서를 변조하는 등의 행위를 한 후에 피상속인이 그 유언을 철회한 때에는 상속에 관하여 영향을 줄 염려가 없기 때문에 상속결격에 해당하지 않는다는 견해가 있다(김주수·김상용, 670 등). 그러나 이 경우에도 사기 또는 강박에 의한 유언이 취소된 경우와 마찬가지로 여전히 상속결격사유에 해당한다고 보아야 할 것이다(송덕수, 310).

라. 상속결격의 효과

상속결격 사유가 있는 상속인이 될 자는 법률상 당연히 상속에서 배제된다. 따라서 그가 상속결격이 아니었다면 공동상속하였을 것인 때에는 다른 공동상속인의 상속분이 증가하고, 단독상속하였을 것인 때에는 다음 순위자가 상속인이 된다. 또한 상속결격은 대습상속의 사유도 된다. 5호와 같이 상속개시 후에 상속결격 사유가 생긴 경우에는 일단 유효하게 개시된 상속이 소급하여 무효로 된다.

우리 민법은 독일 민법 등과 달리 피상속인의 용서를 이유로 상속자격의 회복을 인정하는 규정을 두지 않고 있고, 학설상도 이를 부정하는 견해가 있다. 그러나 상속결격제도의 근거를 피상속인의 추정적 의사에서 찾는다면, 피상속인이 상속을 인정하겠다는 의사를 밝힌 때에는 그 의사를 존중하지 않을 이유가 없다. 부정설도, 피상속인이 결격자에 대하여 생전증여를 하는 것은 가능하므로, 용서를 허용하지 않는다는 것은 별로 의미가 없다고 한다.

상속결격의 효과는 상대적이므로, 특정한 피상속인과 결격자에게만 미친다.

마. 상속권 상실제도

유류분제도가 존재하는 한 상속결격에는 해당하지 않더라도 다른 중대한 사유가 있는 때에는 피상속인의 의사에 의하여 상속인의 상속권을 상실시킬 수 있게 할 필요가 있다. 1977년에 유류분제도를 도입할 때 피상속인의 의사에 기한 상속권 상실제도도 같이 도입하였어야 하는데, 입법자가 이 점을 고려하지 못했던 것으로 보인다. 그리하여 법무부의 가족법개정특별위원회에서는 2011. 6.에 상속권 상실제도를 마련하였다. 그 요지는, 상속인이 될 자가 피상속인 또는 그 배우자나 직계혈족에게 심히 부당한 대우를 하거나 피상속인에 대한 부양의무를 중대하게 위반한 때에는 피상속인은 생전에 가정법원에 상속권 상실선고를 청구할 수도 있고, 공정증서 유언에 의하여 유언집행자에게 상속권 상실선고를 청구하도록 유언할 수도 있다는 것이다. 그러나 그 후 입법이 본격적으로 추진되지는 않았다.

그 후 2021. 6. 18. 정부는 상속권 상실선고제도의 도입을 주된 내용으로 하는 민법개정안을 국회에 제출하였다. 그 외에도 의원입법안으로 여러 개의 개정안이 제출되어 있다. 정부의 개정안은 2011년 개정안과는 달리 피상속인뿐만 아니라 피상속인의 배우자나 다른 상속인이 될 수 있는 사람(후순위 상속인도 포함)도 상속권 상실을 청구할 수 있게 하였다.

그런데 이 개정안은 상속결격을 대습상속 사유에서 배제하였다. 그 이유는 상속인에게 상속권을 상실시키면서도 그 배우자나 자녀에게 대습상속을 인정할 경우 상속권상실의 취지에 부합하지 않고, 피상속인의 의사에 반할 수 있어 상속권상실을 대습상속사유로 추가하지 않고, 같은 취지에서 상속결격도 대습상속사유에서 제외하였다는 것이다. 그러나 이는 수긍할 수 없다. 피상속인의 추정적 의사라는 면에서 보더라도, 피상속인이 상속결격자(예컨대 아들)가 상속을 받는 것은 원하지 않을 수 있어도 상속결격자의 직계비속(예컨대 손자)이 상속을 받는 것은 원할 수 있을 것이며, 피상속인이 손자가 상속을 받는 것을 원하지 않을 것이라고 단정할 수는 없을 것이다. 각국의 입법례도 상속결격을 대습상속의 사유로 보는 것이 일반적이다.

그러므로 이제 와서 상속결격을 대습상속 사유에서 제외하는 것은 시대의 흐름을 거스르는 것이라고 할 수 있다.

Ⅲ. 상속회복청구권

1. 의 의

상속회복청구권이라 함은 진정한 상속인이 아니면서도 상속인인 것처럼 주장하고 행동하는 자(참칭상속인)에 대하여, 진정한 상속인이 상속재산의 반환을 구할 수 있는 권리이다(999조). 민법은 이에 대하여 한 조문만을 두고 있어서, 그 의의나 해석에 관하여 다툼이 많다.

2. 연 혁

▌**참고문헌:** 김진우, "상속회복청구권의 취지에 관한 비교법적 고찰", 법과 정책연구 9권 1호, 2009; 손경찬, "상속회복청구권의 시효에 관한 관습법 실증", 법사학연구 60호, 2019; 윤진수, "상속회복청구권의 연구—역사적 및 비교법적 고찰", 민법논고 V, 2011; 윤진수, "상속회복청구권의 소멸시효에 관한 구관습의 위헌 여부 및 판례의 소급효", 민법논고 V, 2011; 최창열, "상속회복청구권과 물권적청구권의 관계에 관한 고찰", 가족법연구 13호, 1999

상속회복청구권은 상속에 관한 소(訴)라는 의미인 로마법상의 hereditatis petitio에서 유래하였고, 독일이나 프랑스 등 유럽에서는 일반적으로 인정되고 있으나, 나라에 따라 세부적인 내용에는 차이가 많다. 독일에서는 진정상속인의 참칭상속인에 대한 정보제공청구권을 인정하고 있고, 스위스에서는 진정상속인이 개별적 상속재산을 일일이 열거하지 않고도 상속재산 전체를 포괄적으로 반환청구할 수 있도록 하는 등 기본적으로 진정상속인을 보호하는 제도였으나, 일본에서는 상속회복청구권의 소멸시효만을 규정하여, 진정상속인의 보호라는 측면은 경시되었다.

우리나라는 원래 상속회복청구권의 제척기간과 같은 제도를 인정하지 않고 있었다. 경국대전 호전 전택조(經國大典 戶田 田宅條)에 의하면 부동산에 관한 일반 정소기한(呈訴期限, 제소기간)은 5년이지만, 공동상속인 중의 일부가 상속재산을 독점한 경우 등에는 정소기한의 제한 없이 언제든지 제소할 수 있도록 하고 있었다. 그런데 한일합병 후 조선고등법원 판례는 초기에는 상속회복청구권의 제척기간을 인정하지 않다가, 그 후 판례를 변경하여, 상속회복청구권은 상당한 기간 내에 한하여 행사할 수 있고 그 기간을 경과한 때에는 위 청구권이 소멸하는 것으로 되는 것 역시 조선의 관습상 시인된다고 하였다{조선고등법원 1935. 7. 30. 연합부 판결(高等法院民事判決錄 제22권 302면)}. 이는 관습의 이름을 빌어 법을 창조한 것이다. 그 후의 조선고등법원 판례는, 상속회복청구권은 상속권의 침해사실을 안 때로부터 6년이 경과하거나, 상속이 개시된 때로부터 20년이 경과하면 소멸한다고 판시하였고, 대법원도 이러한 판례를 답습하고 있었다(대법원 1981. 1. 27. 선고 80다1392 판결; 1991. 4. 26. 선고 91다5792 판결 등). 그런데 대법원 2003. 7. 24. 선고 2001다48781 전원합의체 판결은, '상속회복청구권은 상속이 개시된 날부터 20년이 경과하면 소멸한다'는 관습은 헌법을 최상위 규범으로 하는 법질서 전체의 이념에도 부합하지 아니하여 정당성이 없으므로, 위 관습에 법적 규범인 관습법으로서의 효력을 인정할 수 없다고 판시하여, 종전의 판례를 변경하였다.

3. 상속회복청구권의 성질

▮**참고문헌:** 곽종석, "상속회복의 소", 부산판례연구회 판례연구 8집, 1998; 김병선, "민법 제999조(상속회복청구권)의 해석에 관한 몇 가지 문제점", 가족법연구 26권 1호, 2012; 김영갑, "공동상속인 사이의 재산상속회복청구와 제척기간", 민사재판의 제문제 7권, 1993; 김진우, "상속회복청구권의 문제점과 개정방향", 가족법연구 23권 3호, 2009; 박철, "상속회복청구권의 성질과 제도적 취지에 관한 연구", 민사판례연구 25권, 2003; 백경일, "실종선고 취소의 소급효 제한과 상속회복청구에 관한 고찰", 가족법연구 25권 3호, 2011; 신영호, "상속회복청구권의 성질", 가족법연구 10호, 1996; 윤진수, "상속회복청구권의 성질과 그 제척기간의 기산점", 민법논고 V, 2011; 이상경, "재산상속회복청구권론", 민사재판의 제문제 9권, 1997; 이진기, "상속재산의 회복: 상속회복청구권의 재이해", 비교사법 29권 2호, 2022; 전경근, "북한 주민의 상속에 관한 제문제", 아주법학 8권 4호, 2015; 정구태, "북한 주민의 상속회복청구권 행사와 제척기간", 아주법학 8권 1호, 2014; 최성경, "남북주민의 가족관계와 상속", 가족법연구 26권 1호, 2012; 최창열, "상속회복청구권과 물권적청구권의 관계에 관한 고찰", 가족법연구 13호, 1999

상속회복청구권의 성질에 관하여는 종래부터 독립권리설과 집합권리설의 논쟁이 있다. 이외에도 상속회복청구권의 본질은 참칭상속인에게 상속인으로서의 지위를 부정하고 진정한 상속인의 상속권 또는 상속자격을 확정하는 것이라고 주장하는 상속자격확정설과, 상속회복청구권은 실체법상의 권리가 아니라 일종의 소권(訴權)이라고 보는 소권설(이경희·윤부찬, 483-484) 등이 있으나, 근거가 박약하다.

독립권리설과 집합권리설의 실제적인 차이는 주로 상속회복청구권이 제척기간에 걸린 경우에도 상속에 기한 개별적 청구권(소유권에 기한 물권적 청구권 등)에 기하여 별도로 청구할 수 있는가 하는 점에 있다.

가. 독립권리설

독립권리설은, 상속회복청구권은 상속인의 소유권 기타의 권리에 기한 개별적 청구권과는 별개의 독립한 권리로서, 상속권 그 자체에 대한 침해를 포괄적으로 회복하는 것을 목적으로 하는 독립된 권리라고 한다. 이 설에 의하면 상속회복청구권은 개별적 청구권과는 청구권 경합의 관계에 있는 것으로서, 진정상속인은 목적물을 개별적으로 특정하지 않고 포괄적으로 반환청구를 할 수 있다는 데 독자적 의의가 인정되며, 상속인은 자기에게 상속권이 있다는 사실과 청구의 목적물이 상속개시 당시 피상속인의 점유에 속하였던 사실만을 증명하면 되고, 나아가 소유권 기타 권리의 존재를 증명할 필요는 없으므로 이와 같은 상속회복의 소에 있어서의 증명책임의 전환에 그 독자적인 의의가 있다고 한다(박병호, 292 등). 다만 독립권리설을 따르면서도 개별적 청구권과의 경합을 부정하는 견해도 있고(곽윤직, 164-165), 경합을 인정하지만, 개별적 청구권을 행사하더라도 상속회복청구권의 제척기간의 적용을 받는다는 견해도 있다(송덕수, 378).

이 설에 대하여는, 소송법상 목적물을 특정하지 않은 채 포괄적 반환을 명하는 집행권원을 얻을 수 있는 방법이 없다는 점이 문제로 지적되고 있다.

나. 집합권리설

이 설은, 상속회복청구권은 상속재산을 구성하는 개개의 재산에 관하여 생기는 개별적 청구권의 집합에 불과한 것이라고 이해한다. 따라서 상속을 이유로 하여 상속재산의 반환을 청구하는 소는 그것이 포괄적으로 행하여지든, 상속재산 중의 특정재산에 대하여 개별적으로 행하여지든, 또는 참칭상속인에 대하여 행하여지든 제3취득자에 대하여 행하여지든, 상속을 원인으로 하여 행하여지면 상속회복청구권의 행사로 보며, 물권적 반환청구권과의 경합을 인정하지 않는다.

이 설에 대하여는, 왜 참칭상속인이 일반의 불법점유자와는 달리 제척기간이 경과함으로써 보호를 받게 되는 것인가, 소유권에 기한 물권적 반환청구권이 소멸시효에 걸리지 않는 것과는 균형이 맞지 않는다는 비판이 있다.

다. 판 례

대법원의 판례는 초기에는 독립권리설의 입장에서 상속회복청구권이 개별적 청구권과는 별개의 권리라고 본 것(대법원 1977. 11. 22. 선고 77다1744 판결)과, 집합권리설의 입장을 택한 것이 섞여 있었다(대법원 1978. 12. 13. 선고 78다1811 판결; 1980. 4. 22. 선고 79다2141 판결). 그런데 대법원 1981. 1. 27. 선고 79다854 전원합의체 판결은, 재산상속에 관하여 진정한 상속인임을 전제로 그 상속으로 인한 소유권 또는 지분권 등 재산권의 귀속을 주장하고 참칭상속인 또는 자기들만이 재산상속을 하였다는 일부 공동 상속인들을 상대로 상속재산인 부동산에 관한 등기의 말소 등을 청구하는 경우에도 그 소유권 또는 지분권이 귀속되었다는 주장이 상속을 원인으로 하는 것인 이상, 그 청구원인 여하에 불구하고 이는 999조 소정의 상속회복청구의 소라고 해석함이 상당하므로 이와 같은 경우에도 999조에 의하여 준용되는 982조 2항 소정의 제척기간의 적용이 있는 것이라고 하여 집합권리설을 따름을 명백히 하였다. 그 후 대법원 1991. 12. 24. 선고 90다5740 전원합의체 판결([판례 51])의 다수의견도 이러한 태도를 유지하고 있다.

[판례 51] 대법원 1991. 12. 24. 선고 90다5740 전원합의체 판결

제1점에 대하여

[…] 2. 원심이 확정한 사실에 의하면 이 사건 토지(울산시 중구 주소생략 분묘지 1048㎡)의 원 소유자인 망 소외 1은 1964. 3. 3. 사망하였고, 그에게는 처인 망 소외 2, 장남인 망 소외 3, 차남인 피고, 3남인 소외 4, 4, 5남인 원고들, 딸(출가녀)인 소외 5가 있었고, 또 망 소외 3에게는 딸인 소외 6이 있었는데, 장남인 망 소외 3에 대하여 1967. 5. 31. 생사불명기간만료를 원인으로 하여 1975. 3. 21. 실종선고가 내려지자 피고는 1975. 4. 4. 자기가 망 소외 1의 호주상속인이라고 신고하여 호적에 등재한 후, 민법 제996조에 따라 이 사건 토지를 승계하였다고 보존등기신청을 하여 1979. 2. 19. 피고 명의로 등기를 마쳤다는 것이다.

3. 원고의 이 사건 청구는 이 사건 토지는 원·피고 및 망 소외 2, 소외 4, 5등이 공동상속한 것임에도 피고가 자기 단독 명의로 보존등기를 마친 것이므로 피고의 상속지분을 초과한 부분은 원인무효라고 주장하고 이의 말소를 청구하는 것인바, 이는 결국 이 사건 토지에 대한 지분권이 상속을 원인으로 하여 원고들에게 귀속되었음을 주장하고 자기만이 상속하였다는 피고를 상대로 상속재산에 관한 등기의 일부 말소를 구하는 것이므로 민법 제999조의 재산상속회복청구의 소에 해당한다고 보아야 할 것이며, 소론의 판례(당원 1986. 2. 11.

선고 85다카1214 판결)는 이 사건에 적절한 것이 아니다.

따라서 이와 같은 취지의 원심판단은 정당하고, 거기에 재산상속회복의 소에 관한 법리를 오해한 위법이 있다고 할 수 없고, 논지는 이유 없다.

제2점에 대하여

원고들의 이 사건 소가 재산상속회복청구의 소인 이상 민법 제999조에 의하여 준용되는 민법 제982조 제2항 소정의 제척기간의 적용이 있다 할 것이며, 상속개시일로부터 10년을 경과한 후에 상속권의 침해가 있는 경우라도 10년의 제척기간 경과로 인하여 상속회복청구권은 소멸되었다고 보아야 한다(당원 1981. 1. 27. 선고 79다854 판결; 1989. 1. 17. 선고 87다카2311 판결 각 참조).

따라서 원심이 이 사건 소는 원고들의 피상속인인 망 소외 1의 사망일로서 상속이 개시된 날인 1964. 3. 3.부터 제척기간인 10년을 경과한 1989. 2. 14.에야 제기된 것으로서 부적법하다고 판단한 것은 정당하고, 상속개시일로부터 10년을 경과한 후에 비로소 참칭상속인에 의하여 상속권의 침해가 있었던 이 사건의 경우에는 위의 민법 규정이 적용될 수 없다고 주장하는 논지는 받아들일 수 없으며, 원고의 이 사건 소가 제척기간을 경과한 후에 제기된 것으로서 부적법하다는 원심의 판단에는 이와 같은 원고들의 주장을 배척하는 취지가 포함되어 있다고 보아야 한다. 논지도 이유가 없다.

그러므로 상고를 기각하고, 상고비용은 원고들의 부담으로 하여, 대법관 이회창, 대법관 박우동, 대법관 이재성, 대법관 배만운, 대법관 김용준의 반대의견이 있는 외에는 관여 법관의 의견이 일치되므로 주문과 같이 판결한다.

대법관 이회창, 대법관 이재성, 대법관 배만운의 반대의견은 다음과 같다.

1. (중략) 부동산의 진정한 소유자가 원인무효등기의 말소를 청구하는 것은 소유권 그 자체에 터잡아서 방해의 배제나 소유물의 반환을 청구하는 것으로서 소유권이 있는 한 항상 행사할 수 있는 것인데, 그 소유권을 취득하게 된 원인이 상속이라고 하여 그리고 그 상대방이 상속인을 참칭하여 등기를 한 사람이라고 하여, 상속회복의 소라는 이름을 붙이고 그 권리의 행사를 제한하여야 할 이유는 없다고 생각한다. 다시 말하면 진정상속인이 참칭상속인을 상대로 상속재산에 관한 원인무효의 등기의 말소를 청구하는 것은 상속을 원인으로 하여 취득한 소유권 그 자체를 행사하는 것이지, 재산상속권의 회복을 청구하는 것으로 보아 특별히 취급할 것은 아니며, 민법 제999조 소정의 상속회복청구권은 이와 같은 개별적 청구권과 다른 독립된 별개의 권리라고 보아야 한다.

다만 민법은 상속회복의 소의 제척기간만 규정할 뿐 그 성질이나 요건, 효과 등을 규정하고 있지 않아 과연 상속재산에 관하여 개별적 청구권과 다른 상속법상의 독자적인 회복청구권을 인정할 필요나 실익이 있는 것인지 의문이 제기될 수 있고, 이와 같은 관점에서 보면 재산상속회복청구의 소는 상속권의 존부를 전제로 하는 개별적인 물권적 청구권의 집합에 불과하고, 민법은 거래의 안전을 위하여 특히 제척기간에 관한 규정을 둔 것이라고 이해할 여지가 없는 것은 아니나, 그렇게 보게 되면 원래 상속인의 소유권은 소멸하지 않는 것인데 상속인에 의한 소유물반환청구권은 소멸하는 것이 되고, 또 일반적으로 참칭상속인은 악의 아니면 과실이 있는 사람인데 진정한 권리자의 희생하에 이러한 참칭상속인을 보호하여야 할 필요가 있는 것인지도 의문이며, 특히 상속회복청구권의 행사가 상속개시일로부터 10년의 제척기간에 걸리게 되어 있는 민법의 규정하에서는 그로부터 10년이 경과한 후에 상속권의 침해가 있을 때에는 상속회복의 청구를 할 기회조차 가질 수 없게 되어, 무권리자인 참칭상속인은 권리를 침해하는 즉시 소유권을 취득하고 소유권자인 진정상속인은 권리를 상실하는 불합리한 결과에 이르게 된다.

그러므로 이 사건과 같이 원고들이 피고명의의 보존등기가 원인무효임을 이유로 하여 그 말소를 청구하는 것은, 원고들이 소유권(지분)을 취득한 것이 상속에 인한 것이고 피고가 단독상속을 참칭하여 보존등기를 하였다고 하여도 민법 제999조 소정의 상속회복청구의 소에 해당하지 아니한다고 해석하는 것이 옳다고 생각한다.

2. 만일 다수의견과 같이 이와 같은 소도 재산상속회복청구의 소라고 해석하여야 한다면, 대법관 이재성, 대법관 배만운은 그 제척기간은 참칭상속이 개시된 날, 다시 말하면 상속권의 침해가 있었을 때부터 기산하는 것으로 해석하는 것이 상당하다고 생각하고 덧붙인다.

상속회복청구의 소의 제척기간을 규정한 민법 제982조 제2항은 "…상속이 개시된 날로부터 10년을 경과하면 소멸한다"고 되어 있어 이 부분만 따로 떼어놓고 보면 제척기간의 기산일을 상속이 개시된 날 아닌 상속권의 침해가 있었을 때라고 해석하는 것은 명문의 규정에 어긋나는 것처럼 보이고, 그래서 다수의견도 상속개시일로부터 10년이 경과된 후에 재산상속권의 침해가 있는 경우라도 10년의 제척기간의 경과로 인하여 상속회복청구권은 이미 소멸한 것으로 해석할 수밖에 없다고 보는 것 같으나, 재산상속회복청구권을 개별적인 물권적 청구권의 집합으로 보는 이상 제척기간의 기산일을 위와 같이 해석하는 것이 불가피하고, 또 민법 제982조 제2항을 그 제1항과 연결하여 살펴보면 그렇게 해석 못할 바 아니라고 생각한다.

원래 제척기간은 권리를 행사할 수 있음을 전제로 하고, 권리를 행사할 수 있을 때부터 기산되어야 하는 것이며, 권리가 침해되지도 아니한 때부터 그 권리의 회복청구권의 행사기간이 경과한다는 것은 모순이다.

그렇게 본다면 민법 제999조에 의하여 준용되는 민법 제982조는 그 제1항에서는 상속권이 침해된 때에는 상속회복청구의 소를 제기할 수 있음을 규정하고, 그 제2항은 이 상속권이 침해될 때에 행사할 수 있는 상속회복청구권의 존속기간을 규정한 것이므로, 그 제2항에서 말하는 "상속이 개시된 날"이란 그 제1항이 규정한 "상속회복의 대상이 되는 상속, 다시 말하면 참칭상속이 개시된 날"을 가리키는 것이라고 새기는 것이 오히려 논리에 어긋나지 않고, 또 이와 같은 해석이 반드시 법의 명문규정에 위배된다고 생각하지 아니한다.

(생략)

따라서 다수의견이 들고 있는 판례들은 변경되어야 한다고 생각한다.

대법관 김용준의 반대의견은 다음과 같다.

(생략).

대법관 박우동의 반대의견은 다음과 같다.

(생략).

참고문헌

김영갑, 민사재판의 제문제 7권; 윤진수, 민법논고 V

라. 검 토

연혁적으로 볼 때 상속회복청구권은 상속인의 보호를 위하여 개별적 청구권 외에 특별히 인정되었던 것으로서, 비록 상속회복청구권에 별도로 제척기간을 인정한 취지가 법률관계의 조기안정을 꾀하려는 데 있다고 하더라도, 구태여 일반적으로 소멸시효에 걸리지 않는 개별적 청구권까지 제척기간에 걸리게 할 필요가 있는지는 의심스러우므로 이는 개별적 청구권과는 별개의 권리로서 직접 상속재산의 반환을 청구하는 권리라고 보아야 할 것처럼 생각되기도 한다.

그러나 이처럼 상속회복청구권을 개별적 청구권과 별개의 독립적 권리로 인정한다면 그 권리의 내용이 별로 없는 공허한 권리가 된다. 그러므로 현행법의 해석론으로는 집합권리설을 따르지 않을 수 없다.

그런데 그렇게 본다면 입법론적으로 과연 개별 권리 외에 상속회복청구권이라는 별개의 권리를 인정할 필요가 있는가, 본래는 소멸시효에 걸리지 않는 권리에 대하여도 999조의 제척기간을 적용하는 것이 합리적인가 하는 의문이 제기될 수 있다.

4. 상속회복청구권의 당사자

▌참고문헌: 김병선, "공동상속인을 상대로 한 상속재산에 관한 말소등기청구의 소의 법적 성질", 이화여대 법학논집 16권 2호, 2011; 김영갑, "공동상속인 사이의 재산상속회복청구와 제척기간", 민사재판의 제문제 7권, 1993; 백경일, "실종선고 취소의 소급효 제한과 상속회복청구에 관한 고찰", 가족법연구 25권 3호, 2011; 오기두, "상속회복청구권행사에 관한 판례이론 연구", 법조 1999. 1

가. 청구권자

상속회복청구권을 행사할 수 있는 자는 우선 진정한 상속인이다. 공동상속의 경우에도 반드시 상속인 전원이 공동으로만 상속회복청구권을 행사하여야 하는 것은 아니고, 그 중 일부라도 행사할 수 있다. 판례(대법원 1981. 2. 10. 선고 79다2052 판결 등)는 1014조 소정의 피인지자의 상속분상당가액청구권도 상속회복청구권의 일종이라고 보고 있다.

상속분의 양수인(1011조)은 상속인의 포괄승계인이므로 상속회복청구권을 행사할 수 있다. 그러나 상속재산의 특정승계인은 청구권자가 아니다.

상속인의 상속인이 상속회복청구권도 상속하는가에 관하여는, 상속회복청구권의 일신전속성과 관련하여 이를 부정하고, 상속인의 상속인은 고유의 상속회복청구권을 행사할 수 있을 뿐이라는 견해와, 상속을 긍정하는 견해가 대립하지만, 상속회복청구권의 상속성을 부정할 이유가 없다. 그런데 상속인의 상속인은 고유의 상속회복청구권을 가진다고 하더라도, 그 제척기간은 최초의 상속인의 상속회복청구권의 제척기간과 동일하다고 본다면, 양 설에 차이가 없게 된다.

포괄적 유증을 받은 수유자가 법정상속인들을 상대로 그들이 법정상속분에 따라 한 소유권이전등기의 말소를 구하는 청구에 관하여도 상속회복청구권 및 그 제척기간에 관하여 규정한 999조가 적용된다(대법원 2001. 10. 12. 선고 2000다22942 판결). 대법원 2006. 7. 4. 선고 2005다45452 판결은, 1008조의3에 의한 분묘 등의 특별승계에 대하여도 999조 2항의 제척기간이 적용된다고 하였고, 대법원 2007. 7. 26. 선고 2006므2757, 2764 판결([판례 62]) 등은 민법 1014조에 의한 피인지자 등의 상속분상당가액지급청구권에 대하여도 999조 2항의 제척기간이 적용된다고 하였다.

실종선고가 취소된 경우에 실종자가 재산의 반환을 청구하는 것도 상속회복청구로 보아야 한다는 견해(백경일)가 있으나, 무리한 해석이다. 南北特 10조는 상속회복청구권에 관한 11조와는 별도로 10조에서 실종선고의 취소심판을 받은 사람의 재산반환청구권을 규정한다.

한편 상속회복청구권의 행사 여부에 관하여는 상속인의 의사를 존중하여야 하므로, 채권자대위권의 목적이 될 수 없다는 견해가 있으나, 이 경우에 상속인의 의사를 존중하여야 할 특별한 이유가 없다.

나. 의무자

(1) 참칭상속인

참칭상속인이란, 재산상속인인 것을 신뢰하게 하는 외관을 갖추고 있는 자나 상속인이라고 참칭하여 상속재산의 전부 또는 일부를 점유하는 자를 가리킨다(대법원 1991. 2. 22. 선고 90다카19470 판결 등). 따라서 상속재산인 미등기 부동산을 임의로 매도한 자가 아무 근거 없이 피상속인의 호적에 호주상속신고를 한 것으로 기재되어 있으나, 상속재산인 미등기 부동산에 관하여 상속인이라고 참칭하면서 등기를 마치거나 점유를 한 바가 없고, 또한 피상속인의 호적에 의하더라도 피상속인의 시동생의 손자로서 피상속인의 법정상속인에 해당할 여지가 없어 그 유산에 대하여 상속권이 없음이 명백한 경우에는 그 자를 상속회복청구의 상대방이 되는 참칭상속인에 해당한다고 볼 수 없다(대법원 1998. 3. 27. 선고 96다37398 판결).

가족관계등록부(과거의 호적부) 등의 기재에 의하여 재산상속인인 것처럼 보이는 자는 참칭상속인이다. 법률상 당연무효로 되는 경우인 이중 호적에 등재된 진정상속인 아닌 사람은 참칭상속인에 해당하고(대법원 1981. 1. 27. 선고 79다854 전원합의체 판결), 민법시행 전에 호주상속인으로서 재산상속인인 장남이 호적에 기재되지 않았기 때문에 차남이 호주상속인인 것과 같은 외관을 갖춘 경우에도 이 차남은 참칭상속인에 해당한다(대법원 1981. 9. 22. 선고 80다2466, 2467 판결). 이 이외에 상속인에게 상속결격사유가 있거나, 상속을 포기하였음에도 불구하고 사실상 상속을 받은 경우(대법원 2012. 5. 24. 선고 2010다33392 판결 참조)도 이에 해당한다. 또 공동상속인 중 1인인 장남이, 민법시행 후 사망한 피상속인이 민법시행 전에 사망한 것으로 된 허위의 제적등본을 사위(詐僞)의 방법으로 발부받아 부동산에 관하여 상속등기를 경료한 후 이를 처분한 경우에도 참칭상속인이다(대법원 1985. 7. 23. 선고 83다632 판결; 1991. 2. 22. 선고 90다카19470 판결).

그런데 대법원 2007. 10. 25. 선고 2007다36223 판결은, 공동상속인 중 1인인 피고가 제기한 상속재산분할심판 청구 사건에서 작성된 조정조서에 기해 상속재산에 관한 소유권이전등기를 마쳤는데, 위 조정이 공동상속인 중 일부의 소송대리권 흠결상태에서 성립된 것이어서 조정조서가 다른 공동상속인들의 준재심청구에 의하여 취소된 경우, 다른 공동상속인들이 피고 명의의 소유권이전등기의 말소를 청구하는 것은 상속회복청구의 소에 해당한다고 하였고, 대법원 2011. 3. 10. 선고

2007다17482 판결도 같은 취지이다. 그러나 이 경우 소유권이전등기를 마친 공동상속인이 상속재산의 협의분할을 원인으로 소유권이전등기를 마쳤다면, 이는 상속재산이 일단 다른 공동상속인들에게 귀속되었다는 것을 전제로 하는 것이고, 상속재산의 직접 취득 원인이라고 주장하는 것은 상속 그 자체가 아니라 상속재산 협의분할이므로, 참칭상속인에는 해당하지 아니한다고 보아야 할 것이다.

다른 한편 판례는 다음의 각 경우에는 참칭상속인이 아니라고 하였다.

① 공동상속인 중의 1인이 피상속인의 생전에 그로부터 부동산을 매수한 사실이 없음에도 불구하고 매수하였다고 주장하여 임야소유권이전등기에 관한 특별조치법에 의하여 단독명의로 이전등기를 한 후, 이를 제3자에게 매도한 경우(대법원 1982. 1. 26. 선고 81다851, 852 판결 등).

② 공동상속인 중 일부가 다른 공동상속인의 승낙 없이 상속부동산을 매도하고 서류를 위조하여 피상속인 명의로부터 매수인에게 직접 소유권이전등기를 경료하여 준 경우(대법원 1986. 2. 11. 선고 85다카1214 판결 등).

③ 적법하게 상속등기가 마쳐진 부동산에 대하여 상속인의 일부가 다른 상속인 또는 제3자를 상대로 원인 없이 마쳐진 이전등기의 말소를 구하는 경우(대법원 1987. 5. 12. 선고 86다카2443, 2444 판결).

④ 피상속인의 사실상 양자이지만 입양절차를 밟지 않았던 자가 피상속인 사망 후 현행 민법 시행 후에 임의로 사후양자로서의 입양신고를 한 다음 상속재산 일부에 관하여 소유권보존등기를 하거나 미등기인 채로 제3자에게 매도한 경우(대법원 1987. 7. 21. 선고 86다카2952 판결).

⑤ 사망자의 상속인이 아닌 자가 상속인인 것처럼 허위 기재된 제적등본·호적등본 등을 기초로 상속인인 것처럼 상속등기가 이루어진 경우(대법원 1993. 11. 23. 선고 93다34848 판결).

⑥ 제3자가 공동상속인의 의사와는 관계없이 서류를 위조하여 그 공동상속인 중 1인 명의로 소유권이전등기를 경료하였고, 달리 공동상속인이 자기만이 상속한 것이라고 주장하지 않은 경우(대법원 1994. 3. 11. 선고 93다24490 판결. 유사한 취지, 대법원 2012. 5. 24. 선고 2010다33392 판결).

⑦ 임야의 원래 소유자인 피상속인의 친척일 뿐 상속권자가 아니고 상속권자로 오인케 할 만한 어떤 외관을 갖추지 않고 있었고 상속재산을 점유하고 있지도 않았으며, 상속권자라고 주장하고 제3자에게 이를 매도한 경우(대법원 1992. 5. 22. 선

고 92다7955 판결).

⑧ 참칭상속인 또는 그로부터 무허가건물을 양수한 자가 무허가건물대장에 건물주로 기재되어 있다고 하여 이를 상속회복청구의 소에 있어 상속권이 참칭상속인에 의하여 침해된 때에 해당한다고 볼 수 없다(대법원 1998. 6. 26. 선고 97다48937 판결). 이 판결은 무허가건물대장에 건물주로 기재되어 있는 것만으로는 상속권 침해가 없다고 본 것으로 이해된다.

(2) 공동상속인

공동상속인이 상속회복청구의 상대방이 되는가 하는 점에 관하여는 논란이 있다. 부정설은, 상속재산분할 전, 즉 공동소유관계가 계속되어 있는 동안에는 공동상속인 사이에는 상속회복 문제는 일어나지 않고, 진정상속인 중 1인이 상속재산 관리에서 제외된 경우에는 제외된 진정상속인은 상속재산의 관리에의 참가(265조)나 상속재산의 분할청구(1013조)의 방법에 의하여 상속권의 내용을 실현하면 된다고 주장한다. 그러나 다수설은 공동상속인도 자신의 상속분을 넘는 범위에서는 상속회복청구의 상대방이 될 수 있다고 본다.

판례는 일관하여 이를 인정하고 있고(대법원 1991. 12. 24. 선고 90다5740 전원합의체 판결, [판례 51] 등), 헌법재판소 2006. 2. 23. 선고 2003헌바38, 61 결정도 공동상속인을 참칭상속인의 범위에 포함시키는 것이 상속인의 재산권 및 재판청구권을 침해하지 않는다고 하였다(같은 취지, 헌법재판소 2009. 9. 24. 선고 2007헌바118 결정).

(3) 상속권의 침해

상속회복청구권의 상대방이 되려면 상속권을 침해하여야 한다. 여기서 상속권의 침해란, 상속인의 상속권을 부정하고, 자신에게 상속권이 있음을 주장하면서 상속인의 권리 행사를 방해하는 것을 말한다. 그러므로 상속인의 권리 행사를 방해하더라도 자기의 상속권을 주장하지 않고 다른 권원에 의하여 상속재산을 점유하는 자 또는 자기의 점유 하에 있는 재산이 상속재산에 속하지 않는다고 주장하는 자는 상속회복청구권의 상대방이 될 수 없다. 반면 참칭상속인이라 하더라도 상속권을 침해하지 않으면 상속회복청구권의 상대방이 될 수 없다.

전형적인 경우는 상속재산에 속하는 부동산에 관하여 상속인 아닌 제3자가 상속인임을 자칭하여 자기 앞으로 소유권이전등기를 마친다든지, 또는 공동상속인이라 하더라도 자신의 상속분을 넘는 범위에서 상속을 원인으로 하는 소유권이전등기를 마친 경우이다. 그러나 이러한 경우에도 그 소유권이전등기의 원인이 상속이 아니라면, 상속권 침해가 있다고는 볼 수 없다. 대법원 2011. 9. 29. 선고 2009다78801 판결은, 비록 등기의 기초가 된 보증서 및 확인서에 취득원인이 상속으로 기재되어 있다 하더라도 등기부상 등기원인이 매매로 기재된 이상 재산상속인임을 신뢰케 하는 외관을 갖추었다고 볼 수 없다고 하였다.

또한 대법원 1998. 6. 26. 선고 97다48937 판결은, 참칭상속인 또는 그로부터 무허가건물을 양수한 자가 무허가건물대장에 건물주로 기재되어 있다고 하여도, 무허가건물대장은 행정관청이 직권으로 무허가건물의 현황을 조사하고 필요 사항을 기재하여 비치한 대장으로서 건물의 물권 변동을 공시하는 법률상의 등록원부가 아니며, 무허가건물대장에 건물주로 등재된다고 하여 소유권을 취득하는 것이 아닐 뿐만 아니라 권리자로 추정되는 효력도 없기 때문에, 이를 상속회복청구의 소에 있어 상속권이 참칭상속인에 의하여 침해된 때에 해당한다고 볼 수 없다고 하였다.

그리고 대법원 2023. 4. 27. 선고 2020다292626 판결은, 공동상속인들 사이에서 상속재산의 분할이 마쳐지지 않았는데 부동산인 상속재산에 관하여 법정상속분에 따라 상속을 원인으로 한 소유권이전등기가 마쳐진 경우에, 특정 공동상속인에 대하여 특별수익 등을 고려하면 그의 구체적 상속분이 없다는 등의 이유를 들어 그 공동상속인에게는 개개의 상속재산에 관하여 법정상속분에 따른 권리승계가 아예 이루어지지 않았다거나, 법정상속분에 따라 마쳐진 상속을 원인으로 한 소유권이전등기가 원인무효라고 주장하는 것은 허용될 수 없다고 하여, 이를 상속권의 침해가 아니라고 하였다.

서울고법 2014. 2. 6. 선고 2013나2003420 판결에서는 공동상속인 중 1인이 피상속인이 주주 명의를 타인에게 신탁한 차명주식을 배타적으로 점유하면서, 의결권을 행사하고 이익배당금을 수령한 경우에, 그가 주주명부에 주주로 공시되기 전에도 참칭상속인으로서 상속권을 침해한 것인지가 문제되었다. 이 판결은 이를 긍정하면서, 이러한 배타적 점유에 의하여 재산상속인을 신뢰케 하는 외관을 갖추거나 자신을 단독상속인으로 참칭한 점유를 개시하였다고 볼 수 있고, 상속재산인 주식에 대한 침해행위는 명의개서가 아니라 주권에 대한 점유에 의하여 보다 근원적으로 이루어진다고 하였다.

(4) 참칭상속인으로부터의 제3취득자

과거에는 참칭상속인으로부터의 제3취득자(특정승계인)는 상속회복청구의 상대방이 될 수 없다는 견해도 있었으나, 지금은 대다수의 학설과 판례(대법원 1981. 1. 27. 선고 79다854 전원합의체 판결 등)가, 제척기간이 경과하면 참칭상속인에 대하여는 청구하지 못하면서도 제3취득자에 대하여는 청구할 수 있다는 것은 모순이라는 이유로 제3취득자에 대한 청구도 상속회복청구로 본다.

대법원 2006. 9. 8. 선고 2006다26694 판결은, 참칭상속인의 최초 침해행위가 있은 날로부터 10년이 경과한 이후에는, 비록 제3자가 참칭상속인으로부터 상속재산에 관한 권리를 취득하는 등의 새로운 침해행위가 최초 침해행위시로부터 10년이 경과한 후에 이루어졌다 하더라도 상속회복청구권은 제척기간의 경과로 소멸되어 진정상속인은 더 이상 제3자를 상대로 그 등기의 말소 등을 구할 수 없고, 진정상속인이 참칭상속인을 상대로 제척기간 내에 상속회복청구의 소를 제기하여 승소의 확정판결을 받았다고 하여 달리 볼 것은 아니라고 하였다. 소멸시효의 중단은 그 승계인에 대하여도 효력이 있으나(169조), 소멸시효 아닌 제척기간의 경우에는 원래 중단이란 있을 수 없으므로, 상속회복청구권을 제척기간에 걸리도록 하고 있는 우리 민법의 해석으로는 위와 같은 결론이 불가피하다. 이러한 경우에 진정상속인으로서는 참칭상속인에 대한 상속회복청구의 소를 제기함과 아울러 처분금지가처분 등의 조치를 취함으로써 제3취득자에 대한 관계에서 별도로 제척기간이 만료됨으로써 생기는 불이익을 방지할 수 있을 것이다. 그러나 참칭상속인에 대한 확정판결 후에 제3취득자가 생긴 경우에는, 이러한 제3취득자는 변론종결 후의 승계인(民訴 218조 1항)이므로 그에 대하여 위 확정판결의 기판력과 집행력이 미치게 된다.

한편, 대법원 2009. 10. 15. 선고 2009다42321 판결은, 제척기간의 준수 여부는 상속회복청구의 상대방별로 각각 판단하여야 하므로, 진정한 상속인이 참칭상속인으로부터 상속재산에 관한 권리를 취득한 제3자를 상대로 제척기간 내에 진정명의회복을 원인으로 한 소유권이전등기절차의 이행을 구하는 상속회복청구의 소를 제기한 이상, 참칭상속인에 대하여 그 기간 내에 상속회복청구권을 행사한 일이 없다고 하더라도 그것이 진정한 상속인의 제3자에 대한 권리행사에 장애가 될 수는 없다고 하였다.

⑸ 자기의 상속권을 주장하지 않고 상속재산을 점유하는 자

자신이 상속인이라고 주장하지 않고 다른 권원에 의하여 상속재산을 점유하는 자 또는 자기의 점유 하에 있는 재산이 상속재산에 속하지 않는다고 주장하는 자도 상속회복청구권의 상대방이 되는가에 대하여는 이를 긍정하는 설도 있으나(김주수·김상용, 646-647), 법의 문언이나 연혁적으로 보더라도 이러한 자까지 상속회복청구권의 상대방이 된다고 보기는 어렵다.

5. 상속회복청구권의 행사

▮**참고문헌:** 곽종석, "상속회복의 소", 부산판례연구회 판례연구 8집, 1998; 김병선, "민법 제999조(상속회복청구권)의 해석에 관한 몇 가지 문제점", 가족법연구 26권 1호, 2012; 박근웅, "대상재산(代償財産)에 대한 상속회복청구", 비교사법 21권 4호, 2014; 오기두, "상속회복청구권행사에 관한 판례이론 연구", 법조 1999. 1; 이화숙, "상속회복청구권에 관한 몇 가지 문제: 2002년 개정민법 부칙 제2항의 해석과 대상재산에 대한 상속회복청구를 중심으로", 저스티스 133호(2012. 12); 전경근, "북한 주민의 상속에 관한 제문제", 아주법학 8권 4호, 2015; 정구태, "북한 주민의 상속회복청구권 행사와 제척기간", 아주법학 8권 1호, 2014; 최성경, "남북주민의 가족관계와 상속", 가족법연구 26권 1호, 2012

가. 행사의 방법

상속회복청구권의 행사는 소의 제기에 의하여 할 수 있다(999조). 반대설은 소의 제기에 의하여 할 필요는 없고, 재판외의 청구도 무방하다고 하나(김주수·김상용, 648 등), 재판외의 청구는 제척기간(999조 2항)의 진행을 막을 수 없다(대법원 1993. 2. 26. 선고 92다3083 판결 참조). 그 소의 내용은 상속재산의 인도청구 또는 등기의 말소청구 등이 될 것이다. 이는 가사사건 아닌 민사사건이다. 다만 南北特 5조 2항은 북한 주민의 상속회복청구를 가정법원 합의부의 전속관할로 하고 있다.

학설 가운데에는 독립권리설의 입장에서 상속의 목적이 된 목적물을 하나하나 열거할 필요는 없다고 하는 견해가 있으나, 소송법상 청구가 특정되어야 한다는 점에서 받아들이기 어렵다.

그리고 상속재산의 처분 대가로 취득한 이른바 대상재산도 회복청구의 대상이 되는가가 문제되는데, 다른 나라에서는 일반적으로 이를 인정한다. 그러나 서울고법 2014. 2. 6. 선고 2013나2003420 판결은, 상속회복청구의 대상인 주식은 원칙적으로 상속 개시 당시 존재하던 특정 주식이어야 하고, 상속재산의 변형물은 비록 그것이 상속재산에서 비롯되었다 하더라도 상속회복청구의 대상이 될 수 없다고 하여 이를 부정하였다.

나. 행사의 효과

상속회복청구의 소가 이유 있는 것으로 인용되면, 상대방은 상속인에게 그가 점유하는 상속재산을 반환하여야 한다.

상속재산 반환의 경우에 부당이득이나 불법행위의 문제도 생길 수 있으나, 통설은 상속회복청구권이 특수한 부당이득반환청구권 내지 손해배상청구권의 제도라고 해석한다. 그 경우 반환의 범위에 관하여 우리 민법은 아무런 규정도 두지 않고 있으므로 부당이득이나 불법행위의 일반 법리에 의하여 해결할 수밖에 없다. 따라서 상대방이 악의이면 취득한 재산의 전부를 반환함과 함께 과실과 사용이득에 대하여도 반환의무를 지고(201조), 선의이면 그 받은 이익이 현존하는 한도에서 반환할 의무가 있다.

참칭상속인으로부터 상속재산을 양수한 제3자는 선의취득이나 취득시효 등의 적용에 의하여 보호될 수 있다. 그러나 참칭상속인 자신은 선의취득이나 취득시효를 주장하지 못한다고 보아야 할 것이다.

南北特 11조는 북한주민 또는 그 법정대리인의 상속회복청구를 규정하면서, 이 경우에는 상속재산분할청구 또는 상속분상당가액지급청구가 있어야만 기여분을 청구할 수 있다는 1008조의2 4항에 해당하지 않아도 공동상속인의 기여분을 인정하도록 하였다.

6. 상속회복청구권의 소멸

▮**참고문헌:** 곽종석, "상속회복의 소", 부산판례연구회 판례연구 8집, 1998; 권재문, "중복보존등기된 상속부동산에 대한 상속회복청구권 소멸의 반사효과", 법조 62권 2호, 2013; 김상훈, "북한주민의 상속회복청구권 행사와 제척기간", 가족법연구 30권 3호, 2016; 김영갑, "공동상속인 사이의 재산상속회복청구와 제척기간", 민사재판의 제문제 7권, 1993; 박근웅, "상속회복청구권 행사기간 경과의 효과", 가족법연구 28권 3호, 2014; 성위석, "북한주민의 상속회복청구권과 제척기간", 민사법의 이론과 실무 21권 1호, 2017; 신영호, "남북한 주민 사이의 상속회복 재론", 통일과 법률 24호, 2015; 윤영미, "상속회복청구권 제척기간에 관한 헌법적 쟁점", 고려법학 74호, 2014; 윤진수, "상속회복청구권의 성질과 그 제척기간의 기산점", 민법논고 V, 2011; 윤진수, "상속회복청구권의 소멸시효에 관한 구관습의 위헌 여부 및 판례의 소급효", 민법논고 V, 2011; 이동진, "상속회복청구권의 제척기간", 가족법연구 33권 2호, 2019; 이인호, "북한 거주 상속인에게 상속회복청구권 제척기간의 연장특례를 인정하는 것에 대한 헌법적 평가", 통일과 법률 8호, 2011; 이화숙, "상속회복청구권 제척기간의 경과와 참칭상속인의 지위", 저스티스 32권 2호(1999. 6); 이화숙, "상속회복청구권에 관한 몇 가지 문제: 2002년 개정민법 부칙 제2항의 해석과 대상재산에 대한 상속회복청구를 중심으로", 저스티스 133호(2012. 12); 정구태, "북한 주민의 상속회복

청구권 행사와 제척기간", 아주법학 8권 1호, 2014; 최성경, "남북주민의 가족관계와 상속", 가족법연구 26권 1호, 2012; 최성경, "북한주민의 상속회복청구권과 제척기간", 법조 2017. 2. 별책; 최창열, "상속회복청구권과 물권적청구권의 관계에 관한 고찰", 가족법연구 13호, 1999; 황용경, "상속회복청구에서의 제척기간", 부산대학교 법학연구, 53권 1호, 2012

가. 청구권자의 포기

상속개시 후에 상속회복청구권이 청구권자의 포기에 의하여 소멸한다는 것은 일반적으로 인정되고 있다. 다만, 상속개시 전의 상속회복청구권 포기는 인정되지 아니한다.

나. 제척기간의 경과

상속회복청구권은 침해를 안 날부터 3년 또는 상속권의 침해행위가 있은 날부터 10년을 경과하면 소멸한다(999조 2항). 이 기간은 제척기간이다. 헌법재판소 2004. 4. 29. 선고 2003헌바5 결정은 3년의 제척기간이 위헌이 아니라고 하였다.

南北特 11조는 남북이산으로 인하여 피상속인인 남한주민으로부터 상속을 받지 못한 북한주민 또는 그 법정대리인은 「민법」 999조 1항에 따라 상속회복청구를 할 수 있다고 규정하고 있으나, 999조 2항의 제척기간 적용 여부에 관하여는 직접 규정하고 있지 않다. 원래 법 제정 당시에는 이 점에 관하여 특례를 둘 것인가에 관하여 논의가 있었으나, 특례를 두지 않기로 하였다. 이 점에 관하여는 하급심 판례가 엇갈렸으나, 대법원 2016. 10. 19. 선고 2014다46648 전원합의체 판결의 다수의견은, 상속회복청구의 경우에도 친생자관계존재확인이나 인지청구의 경우와 마찬가지로 남북 분단의 장기화·고착화로 인하여 북한주민의 권리행사에 상당한 장애가 있음을 충분히 예측할 수 있음에도, 이들 법률관계를 구분하여 상속회복청구에 관하여 제척기간의 특례를 인정하지 아니한 것은 입법적인 선택이라고 하여, 999조 2항이 그대로 적용된다고 하였다.

여기서 '상속권의 침해를 안 날'이란 자기가 진정한 상속인임을 알고 또 자기가 상속에서 제외된 사실을 안 때를 가리킨다. 대법원 2007. 10. 25. 선고 2007다36223 판결은, 공동상속인 중 1인이 제기한 상속재산분할심판 사건에서 공동상속인 일부의 소송대리권이 흠결된 채로 재판상 화해나 조정이 성립되어 화해조서 또는 조정조서가 작성된 경우, 그 조서가 준재심에 의해 취소되기 전에는 당사자들로서는 위 화해나 조정의 무효를 확신할 수 없는 상태에 있으므로, 나머지 공동상속인들은 화해조서나 조정조서를 취소하는 준재심의 재판이 확정된 때에 비로소 자신들의 상속권이 침해된 사실을 알게 되었다고 보아야 한다고 판시하였다. 그러나 이 경우에 나머지 공동상속인들의 청구가 상속회복청구라고 볼 수 없다(위 4. 나. (1) 참조). 그리고 상속개시 후 피상속인에 대하여 인지심판이 확정된 때에는 그 이전에 침해사실을 알았더라도 인지심판이 확정된 때로부터 3년의 제척기간이 진행된다(대법원 1977. 2. 22. 선고 76므55 판결; 1978. 2. 14. 선고 77므21 판결; 1982. 9. 28. 선고 80므20 판결 등). 인지심판이 확정되기 전에는 피인지자에게 상속권이 있다고 할 수 없기 때문이다.

10년의 제척기간의 기산점은 상속권의 침해행위가 있는 날이다. 그러므로 상속권자가 소유권을 상속받은 부동산을 제3자가 상속인이라고 주장하면서 권원 없이 점유하고 소유자와 같이 사용, 수익한다면 그 때부터 제척기간이 진행한다. 이러한 경우에 반드시 그 목적물의 소유권이 참칭상속인에게 있는 것처럼 등기나 주주명부 등에 의하여 공시될 필요는 없다(서울고법 2014. 2. 6. 선고 2013나2003420 판결).

2002. 1. 14. 개정 전에는 10년의 제척기간이 상속개시가 있은 날부터 진행하였다. 이때 10년의 제척기간에 있어서는 상속개시일로부터 10년을 경과한 후에 상속권의 침해가 있었다고 하더라도, 10년의 제척기간 경과로 상속회복청구권은 소멸한다고 하는 것이 판례였으나(대법원 1991. 12. 24. 선고 90다5740 전원합의체 판결, [판례 51]), 그러한 경우에는 그 제척기간은 상속권의 침해가 있었을 때로부터 기산하여야 한다는 반대의견이 있었다. 그 후 헌법재판소 2001. 7. 19. 선고 99헌바9·26·84, 2000헌바11, 2000헌가3, 2001헌가23 결정은, 상속회복청구권의 행사기간을 상속개시일로부터 10년으로 제한한 것이 재산권, 행복추구권, 재판청구권 등을 침해하고 평등원칙에 위배된다고 하였다. 이에 따라 2002. 1. 14. 개정된 999조 2항은, 10년의 상속회복청구권의 제척기간의 기산점을 상속권의 침해행위가 있은 날로 고쳤다. 헌법재판소 2002. 11. 28. 선고 2002헌마134 결정은 이 규정이 합헌이라고 하였다. 판례는 위 개정 조항은 개정 조항 시행 전에 상속권 침해행위가 있은 경우에도 적용된다고 보고 있다(대법원 2006. 9. 8. 선고 2006다26694 판결; 2010. 1. 14. 선고 2009다41199 판결 등).

판례(대법원 1980. 4. 22. 선고 79다2141 판결; 1981. 6. 9. 선고 80므84 판결 등)는, 상속재산 중 일부에 관하여 제척기간을 준수하였다고 하더라도 청구의 목적물로 하지 아니한 그 나머지에 관하여까지 제척기간을 준수한 것으로는 볼 수 없다고 보고 있다.

그렇지만 대법원 2007. 7. 26. 선고 2006므2757, 2764 판결([판례 62])은, 1014조의 상속분상당가액지급청구권에 999조 2항의 제척기간이 적용된다고 하면서도, 제척기간 내에 한 청구채권에 터 잡아 제척기간 경과 후 청구취지를 확장하더라도 그 추가 부분의 청구권은 소멸하지만, 상속분상당가액지급청구권의 가액산정 대상재산을 인지 전에 이미 분할 내지 처분된 상속재산 전부로 삼는다는 뜻과 다만, 그 정확한 권리의 가액을 알 수 없으므로 추후 감정결과에 따라 청구취지를 확장하겠다는 뜻을 미리 밝히면서 우선 일부의 금액만을 청구한다고 하는 경우 그 청구가 제척기간 내에 한 것이라면 그렇지 아니하다고 하였다. 이는 손해배상청구에서의 일부청구 후 청구취지 확장으로 인한 소멸시효 중단에 관한 대법원 1992. 12. 8. 선고 92다29924 판결 등과 맥락을 같이한다.

이 제척기간은 제소기간이고, 제소기간의 경과 여부는 직권조사사항이므로, 기간도과 후에 제기된 소는 당사자의 주장이 없더라도 법원이 직권으로 각하하여야 한다(대법원 1993. 2. 26. 선고 92다3083 판결).

대법원 2009. 10. 15. 선고 2009다42321 판결은, 상속인이 참칭상속인으로부터의 제3취득자에 대하여 진정명의회복을 원인으로 한 소유권이전등기절차의 이행을 청구한 사건에서, 제척기간의 준수 여부는 상속회복청구의 상대방별로 각각 판단하여야 하므로, 진정한 상속인이 참칭상속인으로부터 상속재산에 관한 권리를 취득한 제3자를 상대로 제척기간 내에 상속회복청구의 소를 제기한 이상, 참칭상속인에 대하여 그 기간 내에 상속회복청구권을 행사한 일이 없다고 하더라도 그것이 진정한 상속인의 제3자에 대한 권리행사에 장애가 될 수는 없다고 하였다.

다른 한편 참칭상속인이 제척기간 경과를 주장하는 것이 신의칙에 어긋날 때에는 그러한 주장은 배척되어야 할 것이다. 즉 참칭상속인이 상속재산을 자신이 상속한 것이 아님을 알면서도 자신이 상속한 것이라고 주장하여 진정한 상속인의 권리를 침해하고 있을 때에는, 그가 상속회복청구권의 제척기간이 경과하였다고 주장하는 것은 신의칙에 비추어 허용되지 않는다고 보아야 한다. 제척기간의 경과 여부가 직권조사사항이라고 하더라도, 신의칙의 적용까지 배제되는 것은 아니다.

다. 상속회복청구권 소멸의 효과

상속회복청구권이 소멸하면 어떤 효과가 생기는가? 학설상으로는 이러한 경우 기존의 법률관계가 절대적으로 확정되고, 진정상속인은 상속권을 상실하며, 참칭상속인은 정당한 권원을 취득한다고 보는 것이 다수설이라고 할 수 있다. 판례(대법원 1994. 3. 25. 선고 93다57155 판결; 1998. 3. 27. 선고 96다37398 판결)도, 상속회복청구권이 제척기간의 경과로 소멸하게 되면 상속인은 상속인으로서의 지위, 즉 상속에 따라 승계한 개개의 권리의무도 또한 총괄적으로 상실하게 되고, 그 반사적 효과로서 참칭상속인의 지위는 확정되어 참칭상속인이 상속개시의 시로부터 소급하여 상속인으로서의 지위를 취득한 것으로 봄이 상당하다고 하였다. 그러나 이에 대하여는 제척기간의 완성은 소멸시효와는 달리 소급효가 없으므로 이와 같이 볼 근거가 없다는 비판이 있다.

만일 상속회복청구권의 제척기간이 경과한 후 어떤 사유로 인하여 상속재산이 진정한 상속인의 지배하에 들어왔다면 참칭상속인이 진정상속인을 상대로 하여 그 반환이나 방해제거를 청구할 수 있을까? 부정하여야 할 것으로 생각된다. 상속회복청구권의 제척기간은 상속회복청구권에 대한 방어수단으로 인정된 것이므로, 제척기간이 경과하였다고 하여 참칭상속인에게 적극적인 청구를 할 수 있는 권한이 부여되는 것이라고 보는 것은 타당하지 않다.

Ⅳ. 상속재산

1. 재산에 관한 권리의무

상속인은 상속이 개시된 때로부터 피상속인의 재산에 관한 포괄적 권리의무를 승계한다. 그러나 피상속인의 일신에 전속한 것은 그러하지 아니하다(1005조). 그런데 1005조가 상속이 개시되면 상속인이 당연히 승계하도록 하는 것은 위헌이라는 주장이 있었다. 그러나 헌법재판소 2004. 10. 28. 선고 2003헌가13 결정은, 우리의 상속법제가 한정승인이나 상속포기와 같이 상속인으로 하여금 그의 의사에 따라 상속의 효과를 귀속시키거나 거절할 수 있는 자유를 주고 있으므로, 위헌이 아니라고 하였다.

민법은 재산에 관한 권리의무를 승계한다고 규정하고 있으므로, 재산에 관한 것이 아닌 권리의무는 승계하지 않는다. 법문상은 권리의무라고 하고 있으나, 학설상은 협의의 권리의무가 아니더라도 재산상의 권리의무에 관한 법률상의 지위 그 자체가 이전되는 것으로 본다. 청약을 받은 자의 지위라든지, 매수인으로서의 지위 등이 이에 해당한다.

대법원 2003. 12. 26. 선고 2003다11738 판결은, 택지개발예정지구 내의 확정된 이주자택지 공급대상자가 한국토지공사에게 가지는 이주자택지에 관한 공급계약을 체결할 수 있는 청약권은 공급대상자의 공동상속인들에게 상속된다고 하였고, 대법원 2005. 8. 19. 선고 2003두9817, 9824 판결은, 구 산림법상 채석허가를 받은 수허가자가 사망한 경우 특별한 사정이 없는 한 수허가자의 상속인이 수허가자로서의 지위를 승계한다고 하였다.

상속은 법률의 규정에 의하여 당연히 승계가 이루어지는 것이므로 일반적인 권리변동의 요건, 예컨대 부동산 물권변동에 관한 등기나 인도, 채권에 관한 양도통지 등을 필요로 하지 않는다. 상속인의 동의나 승낙도 필요하지 않다.

그러나 일신전속적인 권리나 의무는 상속에 의하여 승계되지 않는다. 여기에서 말하는 일신전속적이라는 것은 양도나 상속 등이 인정되지 않는 소위 귀속상의 일신전속권을 의미하고, 권리의 행사나 의무의 이행이 권리자나 의무자에 의하여만 가능한 행사상의 일신전속권을 의미하지는 않는다.

2. 상속되는 재산과 법적 지위

가. 대리 및 무권대리·무권리자의 처분

▮참고문헌: 고영아, "무권대리와 상속", 비교사법 15권 1호, 2008; 김대정, "타인권리매매에서 권리자가 매도인을 상속한 경우", 고시계 2008. 4; 김성숙, "무권대리와 상속", 숭실대 법학논총 7집, 1994; 제철웅, "상속이 무권대리 또는 무권리자의 처분행위에 미치는 효력", 일헌최병욱교수정년기념 현대민사법연구, 2002

(1) 대 리

대리권은 본인 또는 대리인의 사망으로 인하여 소멸한다(127조). 다만 이는 임의규정이므로 당사자가 달리 약정할 수 있다. 또한 상행위의 위임에 의한 대리권은 본인의 사망으로 인하여 소멸되지 아니하고(商 50조), 소송대리권도 당사자의 사망으로 인하여 소멸되지 아니한다(民訴 95조).

(2) 무권대리와 상속

무권대리와 관련하여서는 본인이 무권대리인을 상속한 경우와 무권대리인이 본인을 상속한 경우를 살펴보아야 한다.

(i) 무권대리인이 본인을 상속한 경우

자녀가 부 또는 모의 대리인을 사칭하여 부의 재산을 매도한 후 부의 사망으로 부를 상속한 경우에, 자녀는 매수인에 대하여 무권대리인으로서 이행 또는 손해배상의 책임을 져야 하는 한편, 부 또는 모의 상속인으로서 무권대리행위를 추인하거나 추인을 거절할 수 있는 지위를 동시에 가지게 되므로 이때 추인거절권을 행사할 수 있는가가 문제된다. 당연유효설은 이 경우에 무권대리행위는 완전히 유효로 된다고 하면서, 그 근거로서 상속인인 무권대리인이 추인을 거절하는 것은 신의칙에 반한다거나, 본인과 무권대리인의 두 자격이 혼동·융합되었다는 점을 들고 있다. 이에 대하여 비당연유효설은, 공동상속의 경우에 공동상속인 전원의 추인 없이는 무권대리행위가 유효로 되지 않으므로 무권대리행위를 당연히 유효한 것으로 보더라도 법률관계는 복잡하게 될 것이라고 하여 이에 반대하고, 다만 경우에 따라 무권대리인이 본인을 상속한 경우 본인의 자격에서 추인을 거절하는 것이 권리남용이 될 수 있다고 한다. 어느 설에 의하건 간에 단독상속의 경우에는 대체로 결론이 같고, 공동상속의 경우에만 다소 차이를 가져올 수 있다. 비당연유효설의 경우에는 무권대리인 자신도 추인을 거절할 수 있지만, 그 대신 무권대리인으로서의 책임(135조)을 부담하여야 한다.

대법원 1994. 9. 27. 선고 94다20617 판결은, 피상속인의 모(母)인 원고가 대리권 없이 피상속인 소유 부동산을 타인에게 매도하여 「부동산소유권이전등기 등에 관한 특별조치법」에 의하여 소유권이전등기를 마쳐주었다면 그 매매계약에 터잡은 이전등기는 무효이지만, 원고가 피상속인으로부터 부동산을 상속받아 그 소유자가 되자 위 부동산을 전전매수한 피고에게 원래 자신의 매매행위가 무권대리행위여서 무효였다는 이유로 피고 앞으로 경료된 소유권이전등기가 무효의 등기라고 주장하여, 그 등기의 말소를 청구하거나 부동산의 점유로 인한 부당이득금의 반환을 구하는 것은 금반언의 원칙이나 신의성실의 원칙에 반하여 허용될 수 없다고 하였다. 이 판결은 단독상속의 경우여서 어느 설에 의하더라도 결론이 달라지는 것은 아니지만, 비당연유효설에 가까운 것으로 보인다.

(ii) 본인이 무권대리인을 상속한 경우

이 경우에도 마찬가지의 학설대립이 있는데, 다만 당연유효설을 취하더라도 신의칙 위반을 근거로 들지는 않고, 본인이 무권대리인의 책임을 상속하므로 결국 무권대리행위는 유효하게 된다는 근거를 든다. 일본의 판례는 비당연유효설을 취하면서, 다만 본인이 무권대리인으로서의 책임을 승계한다고 하였다{최고재판소 1973. 7. 3. 판결(民集 27-7, 751)}.

(3) 타인의 권리매매와 상속

이와 같은 문제는 피상속인이 상속인의 권리를 매매하고 사망하거나, 또는 상속인이 피상속인의 권리를 매매한 후에 상속이 개시된 경우에도 생긴다. 판례(대법원 1992. 4. 28. 선고 91다30941 판결; 1994. 8. 26. 선고 93다20191 판결, [판례 52]; 2001. 9. 25. 선고 99다19698 판결)는, 피상속인이 상속인의 권리를 매매하고 사망한 경우에 원칙적으로 상속인의 매수인에 대한 이행거절권을 인정한다.

[판례 52] 대법원 1994. 8. 26. 선고 93다20191 판결

상고이유를 본다.

1. 제1점에 대하여

원심판결 이유에 의하면 원심은, 원고가 소외 망 1이 대주주로 있던 소외 ○○주식회사의 주거래은행으로서 해운경기의 불황에 따라 경영난을 겪고 있던 위 회사에 1984. 5. 12.경과 1985. 11. 15.경의 두 차례에 걸쳐 다른 거래은행들과 함께 합계 금 8,679억원을 지원하면서 위 회사의 경영에 참가하고 있던 주요 주주들이 본인과 가족들 소유 명의로 된 위 회사 주식을 원고은행에 담보로 제공하기로 약정하고, 우선 그 주권을 원고은행에게 인도하여 이를 보관시키되 원고은행이 필요하다고 인정할 경우에는 관련주주의 동의를 얻어 이를 처분할 수 있도록 위임하기로 하여, 소외 1도 그 자신과 그의 아들인 피고 1, 처인 피고 2 소유명의로 된 위 회사 주식 전부(1,000원권으로 환산하여 18,818천 주)를 원고은행에 담보로 제공하기로 약정한 사실을 인정한 다음, 위 담보제공약정은 특정한 "주권"에 대한 담보약정이 아니라 기명의 "주식"에 관한 담보약정이고 다만 그 담보약정의 이행으로서 소외 1은 약정한 기명주식을 표창하는 주권을 원고에게 인도할 의무가 있는 것인데, 약정 당시에는 소외 1과 피고 1, 2 명의의 주식 전부가 담보에 제공된 것이지만 주식은 동가성이 있고 상법 등의 규정에 따른 소각, 변환, 병합 등 변화가능성이 있으며 위 담보약정에 이르게 된 경위 등에 비추어 볼 때 위 담보약정 후 주권의 이행제공 전에 갖고 있던 주식에 대한 처분이나 새로운 주식의 취득이 있더라도 약정된 수의 기명주식을 표창하는 주권만 인도하면 되고 인도할 주권의 특정은 쌍방 어느 쪽에서도 할 수 있는 것으로서 원고은행의 채권은 일종의 제한종류채권이라고 할 것이며, 원고은행은 피고들에 대한 이 사건 소장부본의 송달로써 원심판결의 별지 주권목록 기재 주권으로 채권을 특정하였으니 소외 1을 상속한 피고들은 원고에게 위 주권을 인도할 의무가 있다고 판단하였는바, 기록에 비추어 보면 원심의 위 인정과 판단은 옳고 거기에 소론과 같이 기명 보통주식의 담보에 관한 법리를 오해한 위법이 없으며, 소론이 들고 있는 판결은 이 사건에 적절한 선례가 되지 아니한다. 논지는 이유 없다.

2. 제2점에 대하여

소외 1이 피고 1, 2 명의의 위 주식에 관하여 처분권한없이 원고와 담보설정계약을 체결하였다 하더라도 이는 일종의 타인의 권리의 처분행위로서 유효하다 할 것이므로 소외 1은 위 피고들로부터 위 주식(주권)을 취득하여 이를 원고에게 인도하여야 할 의무를 부담한다 할 것인데, 이는 소외 1의 사망으로 인하여 피고들에게 상속되었으나 피고 1, 2는 원래 위 주식의 주주로서 타인의 권리에 대한 담보설정계약을 체결한 원고에 대하여 그 이행에 관한 아무런 의무가 없고 이행을 거절할 수 있는 자유가 있었던 것이므로 위 피고들은 신의칙에 반하는 것으로 인정할 특별한 사정이 없는 한 원칙적으로는 위 계약에 따른 의무의 이행을 거절할 수 있다 할 것이다.

그런데 피고 1, 2는 소외 1의 지위를 승계함으로써 원고은행과의 사이에 있었던 위 계약의 당사자로서의 지위도 겸하게 되었고, 아울러 위 회사의 대주주로서 원고은행이 위 회사에 대하여 한 금융지원의 혜택을 향유하고 있는 관계에 있었으므로 위 피고들은 원고은행과 소외 1 간의 위 계약에 전혀 무관한 제3자의 지위에 있다고는 할 수 없고, 나아가 주권의 점유자는 이를 적법하게 점유하는 것으로 추정되는 것인데(상법 제336조 제2항), 위 피고들은 위 주식 취득 이래 그 주식을 표창하는 주권을 소외 1에게 보관시키고 그 주주권의 행사를 그에게 위임한 채 이를 행사하거나 회사의 운영에 관여한 바 없고 오로지 소외 1이 자기 명의의 주권과 위 피고들의 주권을 함께 자택에 보관하면서 실질적으로 위 주식 전부에 대한 주주로서의 권리를 행사하였다는 것이므로 원고은행으로서는 소외 1이 그 주식의 실질적인 소유자이거나 그 처분권을 가지고 있는 것으로 믿을 수밖에 없었다 할 것이고, 또한 그 당시는 위 회사의 경영이 어려워 대주주들이 스스로 자신들의 주식을 담보로 제공하고 원고은행 등에게 금융지원을 호소하던 실정이어서 위 회사의 경영주인 소외 1과 가족관계에 있던 위 피고들 역시 자신들의 주식을 담보로 제공하는데 아무런 이의를 제기할 여지가 없었으며, 그 결과 원고은행으로부터 거액의 금융지원을 받게 되어 위 회사가 정상화되는 데에 상당한 도움을 받았고, 나아가 위 피고들은 자신들의 주식이 담보로 제공된 것을 알고 있었을 것으로 보이는데도 불구하고 소외 1의 사망이후 상당기간 동안 아무런 이의를 제기하지 아니함으로써 원고은행으로 하여금 위 계약이 그대로 이행될 것이라고 신뢰하게 하였던 사정이 있었던 점 등에 비추어 보면 위 피고들이 이제 와서 원고은행의 위와 같은 신뢰에 반하여 자신들 명의의 주식은 물론 당연히 위 계약내용에 따라 인도해 주어야 할 소외 1 명의의 주식까지도 인도를 거절하고 있는 것은 신의칙에 어긋난다고 봄이 상당하다 할 것이다.

생각할 점

이 사건에서 피고들의 이행 거절이 신의칙에 어긋난다고 할 수 있는가?

나. 물 권

▮참고문헌: 권태상, "자신의 유체(遺體)에 관한 사망자의 인격권", 단국대 법학논총 33권 2호, 2009; 김상용, "합유지분의 상속성", 민사판례평석(Ⅰ), 1995; 김형석, "법에서의 사실적 지배: 우리 점유법의 특성과 문제점", 민사법학 36호, 2007; 사공영진, "합유지분의 상속성", 대구판례연구회 재판과 판례 4집, 1995; 송경근, "제사주재자의 결정방법과 망인 자신의 유체·유골(遺體·遺骨)에 관한 처분행위의 효력 및 사자(死者)의 인격권", 대법원판례해설 77호, 2009; 송영민, "사체 및 인체로부터 파생된 물질의 귀속권자", 의료법학 4권 2호, 2003; 윤부찬, "점유권의 상속", 가족법연구 19권 2호, 2005; 이준형, "소유권에 기한 유체인도청구의 허용여부", 의료법학 11권 1호, 2010; 임미원, "대법원의 유체인도 판결의 법철학적 고찰", 법조 2013. 8; 주호영, "상속인의 점유의 법적 성질", 대구판례연구회 재판과 판례 5집, 1996; 최윤석, "상속인의 점유취득", 가족법연구 31권 3호, 2017; 황형모, "점유권을 상속한 자의 자기만의 점유 주장의 가부", 부산판례연구회 판례연구 4집, 1994; 허만, "상속과 점유의 승계", 민사재판의 제문제 7권, 1993

(1) 원 칙

물권은 원칙적으로 전부 상속된다. 가령 농지는 이를 농업경영에 이용하거나 이용할 자(농민)가 아니더라도 상속하거나 유증을 받을 수 있다(농지법 6조 2항 4호). 소유권뿐만 아니라 용익물권이나 담보물권 등도 모두 상속대상이 된다. 점유를 요건으로 하는 유치권이나 질권도 점유의 상속이 인정되므로 상속의 대상이 된다. 다만 물권이라도 특수지역권(민법 302조)은 상속이 되지 아니한다. 특수지역권은 엄밀한 의미에서는 지역권이 아니라 인역권(人役權)으로서 특정지역의 주민이라는 자격과 결합되어 있기 때문이다.

(2) 합유지분과 상속

판례는 부동산의 합유에 관하여는 상속을 인정하지 않는다(대법원 1994. 2. 25. 선고 93다39225 판결; 1996. 12. 10. 선고 96다23238 판결). 즉 부동산의 합유자 중 일부가 사망한 경우, 합유자 사이에 특별한 약정이 없는 한 사망한 합유자의 상속인은 합유자의 지위를 승계하는 것이 아니므로, 해당 부동산은 잔존 합유자의 합유로 귀속되고, 잔존 합유자가 1인인 경우에는 잔존 합유자의 단독소유로 귀속된다는 것이다. 이에 대하여는 당사자가 조합관계에 있을 때에는 조합원의 지위는 상속되지 아니하므로 합유지분도 상속되지 않지만, 합유 당사자가 그러한 조합관계에 있지 않으면 합유지분도 그 상속인에게 상속되는 것으로 보아야 한다는 주장이 있으나, 법률에 다른 규정이 있지 않는 한 조합관계에 있지 않은 자들의 합유가 인정될 수는 없다. 다만 조합관계에 있는 당사자들 사이에 조합원의 지위의 상속을 인정하기로 하는 특약이 있는 경우에는 합유의 상속도 인정될 수 있을 것이다(아래 라. (3) 참조).

(3) 점유의 상속

193조는 "점유권은 상속인에 이전한다"고 규정하고 있다. 이는 피상속인의 점유와 상속인의 점유 사이에 중단이 생기는 것을 막기 위한 규정이다. 따라서 상속이 개시되면 피상속인의 점유권은 당연히 상속인에게 이전되고, 상속인이 물건을 사실상 지배하거나 관리할 필요도 없으며, 상속인이 상속의 개시를 몰라도 무방하다.

위 규정에 따른 상속인의 점유의 성질은 피상속인의 점유와 동일한 것이어서, 피상속인이 타주점유이면 상속인도 타주점유로 된다. 문제는 상속인이 법률에 의하여 점유를 취득한 물건에 관하여 새로이 사실적인 지배를 개시한 경우, 피상속인의 점유와는 구별되는 상속인의 독자적인 점유를 인정할 여지는 없는가 하는 점이다. 가령 점유의 시기를 자신이 점유한 때부터라고 주장하거나, 피상속인의 점유는 타주점유였으나 상속인은 피상속인의 소유인 것으로 생각하고 현실적인 점유를 취득한 때에는 자주점유를 주장할 수 있는가가 문제된다.

판례(대법원 1992. 9. 22. 선고 92다22602, 22619 판결 등)는 상속으로 점유권을 취득한 경우에는 상속인은 새로운 권원에 의하여 자기 고유의 점유를 개시하지 않는 한 피상속인의 점유를 떠나 자기만의 점유를 주장할 수 없다고 하여 이를 부정하고 있다. 그러나 학설상으로는 이 경우에도 점유의 승계인은 자기의 점유만을 주장할 수 있다는 199조의 적용을 인정하는 것이 다수설이다.

피상속인의 점유보조자의 지위는 상속인에게 승계되지 아니한다.

(4) 사체(死體) 및 인공적인 신체의 부속물

사체가 물건인가, 소유권의 대상이 될 수 있는가에 대하여는 특수한 소유권의 대상이 된다는 특수소유권설과, 소유권의 대상은 될 수 없고 다만 관리의 대상이 될 뿐이라는 관리권설의 대립이 있다. 그러나 어느 설을 취하더라도 그 결과에는 큰 차이가 없다. 즉 소유권의 객체가 된다고 보더라도, 이를 함부로 처분할 수 없으며 오로지 매장 등을 할 수 있는 권능과 의무가 따른다고 한다.

대법원 2008. 11. 20. 선고 2007다27670 전원합의체 판결은, 사람의 유체·유골은 매장·관리·제사·공양의 대상이 될 수 있는 유체물로서, 1008조의3이 규정하는 제사주재자에게 승계된다고 보았고, 대법원 2023. 5. 11. 선고 2018다248626

전원합의체 판결([판례 57])도 같은 취지이다

그리고 「장기등 이식에 관한 법률」 22조 3항 2호는, 본인이 뇌사 또는 사망 전 장기등의 적출에 동의 또는 반대하였다는 사실이 확인되지 않은 때에는 그 가족 또는 유족이 장기등의 적출에 동의한 경우에만 이식을 위한 장기의 적출을 허용한다. 다만 본인이 16세 미만의 미성년자인 경우에는 부모가 동의하여야 한다.

심장박동기라든가 금이빨 등 인공적인 신체 부속물은 이를 부착하고 있던 사람이 사망하면 누구에게 귀속되는가? 이를 유해로부터 제거하려면 제1차적으로는 사자(死者)의 의사를 존중하여야 할 것이고, 그러한 의사표명이 없으면, 유해에 대한 권리를 가지는 자의 동의를 받아야 할 것인데, 일단 제거한 뒤에 누가 그에 대한 권리를 가지는가에 대하여는 의견이 갈린다. 독일에서는 유해와 마찬가지로 가족이 선점권을 행사할 수 있고, 가족이 그러한 권리를 행사하지 않으면 상속인에게 권리가 귀속된다고 설명하는 견해와, 상속인에게만 선점권이 있다는 견해(통설) 및 상속인에게 소유권이 있다는 견해 등이 있다.

다. 지식재산권

특허권·상표권·저작재산권과 같은 지식재산권(지적재산권 또는 무체재산권이라고도 한다)은 상속의 대상이 된다(특허법 124조, 상표법 96조, 저작권법 49조). 다만 저작인격권은 상속되지 아니한다(저작권법 14조 1항). 저작권법 128조에 의하면 저작자의 사망 후에도 그 유족은 일정한 범위에서 저작인격권의 보호를 청구할 수 있는데, 이는 상속에 기한 것은 아니다.

광업권·어업권도 상속된다(광업법 11조, 수산업법 19조 1항). 다만 대법원 1981. 7. 28. 선고 81다145 판결은, 공동광업권자는 조합계약을 한 것으로 간주되므로, 공동광업권자의 1인이 사망한 때에는 717조에 의하여 공동광업권의 조합관계로부터 탈퇴되고, 조합계약에서 사망한 공동광업권자의 지위를 그 상속인이 승계하기로 약정한 바가 없는 이상 사망한 공동광업권자의 지위는 상속인에게 승계되지 아니한다고 하였다.

라. 채권 및 채권법상의 지위

▮참고문헌: 고영아, "생명침해로 인한 손해배상청구권의 구성에 관한 재고찰", 민사법학 49-1호, 2010; 고형석, "사실혼 배우자의 주택임차권의 승계에 관한 연구", 한양법학 30호, 2010; 김영신, "보증채무 및 보증인지위의 상속", 가족법연구 24권 3호, 2010; 김운

호, “채무상속”, 재판자료 78집, 1998; 안영하, “주택임대차보호법 제9조에 의한 임차권의 승계: 주택임대차보호법 제9조의 해석상의 문제를 중심으로”, 비교사법 15권 2호, 2008; 이광만, “상해의 결과로 사망하여 사망보험금이 지급되는 상해보험에 있어서 보험수익자가 지정되어 있지 않아 피보험자의 상속인이 보험수익자로 되는 경우, 그 보험금청구권이 상속인의 고유재산인지 여부(적극)”, 대법원판례해설 51호, 2005; 이정일, “계속적 보증계약에 있어서 보증채무의 상속”, 부산판례연구회 판례연구 14집, 2003; 임영수, “부동산임차권의 승계에 따른 사실혼배우자의 주거권 보호”, 중앙법학 12권 4호, 2010; 임채웅, “생명보험의 수익자를 ‘상속인’으로 지정한 경우의 의미”, 대법원판례해설 38호, 2002; 전경근, “상속재산으로서의 보험금청구권”, 가족법연구 16권 1호, 2002; 정귀호, “생명침해로 인한 손해배상청구에 관하여”, 민사판례연구 3권, 1981; 최수정, “보증과 상속”, 아세아여성법학 6호, 2003

채권도 일반적으로는 상속이 될 수 있으나, 그 가운데서 일신전속적인 것은 상속되지 않는다. 가령 채권자의 사망으로 급여에 대한 이익이 사라지는 것, 급여가 특정인과 관계가 있는 것은 상속의 대상이 되지 않는다.

채권자의 사망으로 급여에 대한 이익이 사라지는 것으로는 부양청구권(974조 이하)이 있다. 부양권리자가 사망하면 부양의 필요성이 소멸하기 때문이다. 979조는 부양청구권은 이를 처분하지 못한다고 규정한다. 그러나 구체적으로 부양의무의 내용이 확정되어 이행기에 달한 이른바 연체부양료청구권은 상속대상이 된다(대법원 2006. 7. 4. 선고 2006므751 판결, [판례 42] 참조). 증여자의 재산상태 변경으로 인한 증여의 해제권(557조)도 상속되지 않는다.

급여가 특정인과 관계가 있는 것이란, 채권자가 달라짐으로써 급여의 내용이 전혀 달라지는 것을 말한다. 예컨대 특정인을 교육시키거나, 특정인의 초상을 그리게 하는 채권 등이다.

그 외에 위임계약상의 당사자의 지위(690조), 조합원의 지위(717조), 정기의 급여를 목적으로 하는 증여(560조)에 관하여도 당사자의 사망으로 소멸한다는 명문의 규정이 있다. 그러나 이들은 임의규정이므로, 당사자들의 약정에 의하여 상속을 인정할 수는 있다.

기타 문제되는 채권채무관계에 관하여 중요한 것을 살펴본다.

(1) 보증채무

보증인이 사망하는 경우 보증채무가 그 상속인에게 승계되는가? 보통의 보증은 그 책임의 범위가 확정되어 있으므로, 보증인이 사망하더라도 그 채무는 상속인에게 승계된다.

반면 계속적 계약관계에 관하여 행하여지는 계속적 보증채무의 경우에는 계속적 보증은 당사자 사이의 상호신뢰를 기초로 하는 것이라는 이유로 상속성을 부정하는 견해가 다수설이다. 신원보증법 7조는 신원보증계약은 신원보증인의 사망으로 종료된다고 규정한다. 이는 신원보증인을 위한 강행규정이다.

그러나 보증한도액의 정함이 있거나 책임범위에 일정한 확정기준이 마련되어 있는 유한보증의 경우라면 상속성을 인정하고, 무한보증의 경우에는 보증인의 지위에 일신전속성을 인정하여 상속개시 당시의 잔존채무액을 한도로 한 유한보증으로의 전환을 인정하여야 한다는 설 및 원칙적으로 상속되지만, 다만 한도액과 기간 양자 모두에 관하여 아무런 제한이 없는 이른바 무한보증의 경우에는 상속 당시까지 발생한 구체적 보증채무금액을 한도로 한 유한보증으로 전화된다는 견해도 있다. 다른 한편 이러한 경우에도 상속성을 부정할 근거는 없고, 다만 상속인의 보호를 위하여 상속인에게 해지권을 인정하면 된다는 견해도 있다.

대법원 2001. 6. 12. 선고 2000다47187 판결은, "보증기간과 보증한도액의 정함이 없는 계속적 보증계약의 경우에는 보증인이 사망하면 보증인의 지위가 상속인에게 상속된다고 할 수 없고 다만, 기왕에 발생된 보증채무만이 상속된다"고 하였다(같은 취지, 대법원 2003. 12. 26. 선고 2003다30784 판결). 반면 대법원 1998. 2. 10. 선고 97누5367 판결은, "타인간의 계속되는 거래로 인하여 장래 발생하는 채무를 어떤 금액을 한도로 하여 보증을 하기로 약정한 보증인이 사망한 경우에는 상속인이 그 지위를 승계한다"고 하여, 상속개시 당시 주채무자가 변제불능의 상태에 있어서 주채무자에게 구상권을 행사하더라도 변제받을 가능성이 없었다고 인정되면 그 채무금액을 상속세 과세가액에서 공제할 수 있다고 하였다. 다만 현재는 보증채무의 최고액을 정하지 않은 계속적 보증은 무효이므로(428조의3 2항), 이때에는 상속 문제가 생기지 않는다.

그러나 이처럼 상속성이 부정되는 계속적 보증이나 신원보증에서도 이미 구체적으로 발생한 채무에 관하여는 보증인의 상속인이 그 채무를 승계한다(신원보증에 관한 대법원 1972. 2. 29. 선고 71다2747 판결 등).

(2) 임차인의 임차권

임차권에 관하여는, 이를 법률적인 상속인에게만 승계를 인정한다면 현실적으로 동거하고 있는 사실혼의 배우자가 주거를 잃는 결과를 가져올 수 있으므로, 이를 보호할 필요가 있다. 그리하여 주택임대차보호법은 주택의 임대차에 한정하여 이들에 의한 임차권의 승계를 인정하고 있다. 즉 임차인이 상속권자 없이 사망한 경우에는 그 주택에서 가정공동생활을 하던 사실상의 혼인관계에 있는 자는 임차인의 권리와 의무를 승계하고, 임차인의 사망 당시에 상속권자가 그 주택에서 가정공동생활을 하고 있지 아니한 때에는 그 주택에서 가정공동생활을 하던 사실상의 혼인관계에 있는 자와 2촌 이내의 친족이 공동으로 임차인의 권리와 의무를 승계한다(9조). 여기서 말하는 임차인의 2촌 이내의 친족이란 가정공동생활을 하지 않는 상속인 중 2촌 이내의 친족을 말한다. 다만 가정공동생활을 하지 않는 상속인은 임차권을 승계할 수 없고, 가정공동생활을 하고 있던 사실혼배우자 및 2촌 이내의 친족만이 승계한다고 하는 주장도 있다(안영하; 주석친족 1/임종효, 333-334).

⑶ 사원권 및 조합원의 지위

단체의 구성원의 지위(사원권)가 상속되는가는 각 단체의 성질에 따라 다르다. 민법상 사단법인의 사원권은 상속되지 않는다(56조). 다만 정관으로 따로 상속성을 인정하는 것은 무방하다고 보아야 할 것이다. 조합원의 지위도 마찬가지이다(717조. 대법원 1987. 6. 23. 선고 86다카2951 판결). 학교법인의 이사 및 이사장의 지위도 일신전속권으로서 상속의 대상이 되지 않는다(대법원 1981. 7. 16.자 80마370 결정). 이러한 경우에는 정관 등에 의하여 상속성을 인정할 수도 없다고 보아야 할 것이다. 단체의 의사결정기관의 구성원으로서의 지위도 마찬가지이다(대법원 2004. 4. 27. 선고 2003다64381 판결).

골프클럽 회원권, 헬스클럽 회원권 등의 경우에는 그 양도가 인정되는 한 상속이 인정되지만, 규약으로 상속을 금지할 수 있다.

주식회사의 주식은 상속의 대상이 된다. 주식의 양도에 관하여 정관으로 이사회의 승인을 받도록 한 경우(商 335조 1항)에도 상속에 의한 주식의 취득에는 이사회의 승인을 요하지 않는다. 유한회사의 사원의 지분의 양도는 정관으로 제한할 수 있지만, 정관으로 지분의 상속을 제한할 수는 없다(商 556조). 합자조합의 유한책임조합원의 지분이나 합자회사의 유한책임사원의 지분은 상속되지만(商 86조의8, 283조), 합자조합의 업무집행조합원, 합자회사의 무한책임사원, 합명회사와 유한책임회사의 사원의 지분은 상속되지 않는다(商 86조의7 1항, 218조, 269조, 287조의25).

⑷ 생명침해로 인한 손해배상청구권

일반적인 손해배상청구권이 상속될 수 있음은 물론이나, 채무불이행이나 불법행위로 인하여 피해자가 사망한 때에, 그 사망을 원인으로 하는 재산상 손해배상청구권이나 위자료청구권이 상속될 수 있는지에 관하여는 다툼이 있다.

부정설은, 피해자의 사망으로 인하여 이러한 손해배상청구권이 발생하므로 피해자 자신은 손해배상청구권을 취득하지 못하고, 따라서 상속이 이루어질 여지도 없다고 한다. 이 설에서는 생명침해로 인한 재산적 손해에 관하여는 피해자로부터 부양을 받고 있던 자는 자신의 부양청구권을 침해당하였음을 이유로 직접 손해배상을 청구할 수 있고(부양을 받고 있던 자가 상속인인지 아닌지는 묻지 않는다), 정신적 손해에 관하여는 752조에 의하여 유족 고유의 위자료청구권을 인정하면 충분하다고 한다.

이에 반하여 긍정설은, 주로 피해자가 중상을 입고 얼마 후에 사망한 경우에는 손해배상청구권이 상속됨에 반하여, 즉사한 경우에는 상속되지 않는 것은 불합리하다는 점에서 손해배상청구권의 상속성을 긍정한다. 이를 위한 이론구성에 있어서도 시간적 간격설(치명상을 받은 때와 사망한 때와의 사이에는 시간간격이 존재한다는 설), 인격승계설(피상속인에 대한 손해배상청구권이 상속인에게 원시적으로 취득된다는 설), 인격존속설(피해자가 사망하여도 손해배상청구권의 주체라는 법률관념상의 주체마저 소멸되는 것은 아니고, 피해자의 상속인이 상속에 의해 소급적으로 손해배상청구권을 취득한다는 설), 가족공동체설, 극한개념설 등 여러 가지의 주장이 있다. 판례는 일반적으로 생명침해로 인한 손해배상청구권의 상속성을 인정하고 있는데(예컨대 대법원 1995. 5. 12. 선고 93다48373 판결 등), 위자료청구권에 관하여는 시간적 간격설을 따르고 있다(대법원 1969. 4. 15. 선고 69다268 판결).

부정설에도 경청할 바가 없지 않고, 특히 상속인과 피부양자가 다를 때에는 상속긍정설은 피부양자에게 가혹한 결과가 될 수도 있다. 그러나 부정설을 따른다면, 피해자가 부양능력이 없는 미성년자이거나 노인인 경우에는, 피해자가 상해를 입은 경우에 비하여 가해자의 책임이 더 무거운데도 불구하고 더 이익을 보는 결과가 생기게 되어 부당하다. 외국에서는 일반적으로 손해배상청구권의 상속을 부정하고 있기는 하나, 정책적으로는 상속을 인정하여야 한다는 견해도 주장되고 있다.

일본 판례는 상속 긍정설을 취하면서도, 상속을 포기한 배우자가 부양청구권 침해를 이유로 손해배상을 청구하는 것은 허용하고 있다{최고재판소 2000. 9. 7. 판결(判例時報 1728, 29)}.

(5) 그 외의 손해배상청구권

그 외의 손해배상청구권이나 위자료청구권은 원칙적으로 상속된다. 다만 법은 일정한 경우에는 당사자 간에 그 배상에 관한 계약이 성립되거나 소를 제기한 후에만 상속을 인정하기도 한다{약혼해제(806조); 혼인의 무효 또는 취소(825조); 재판상 이혼(843조);

입양의 무효 또는 취소(897조); 파양(908조)}.

이혼 및 위자료청구소송계속 중에 원고가 사망한 경우, 이혼소송은 종료되지만 위자료청구권은 상속되므로 그에 대하여는 원고의 부모에 의한 수계가 가능하다(대법원 1993. 5. 27. 선고 92므143 판결).

(6) 재산분할청구권

이혼한 배우자의 재산분할청구권(843조, 839조의2 참조)이 상속되는가에 관하여는 청산적 요소와 부양적 요소 중 청산적 요소만 상속이 가능하다고 보는 것이 통설이다. 다만 청산적 요소라도 806조 3항을 유추하여 분할협의가 있거나 분할청구 등 권리행사의 의사가 분명해진 경우에 한하여 상속을 인정하는 것이 타당하다{제1편 제3장 Ⅵ. 4. 나. (1) (나) 참조}. 그러나 재산분할청구권의 내용이 구체적으로 확정되었다면 부양적 요소도 상속대상이 된다고 보아야 할 것이다. 대법원 1994. 10. 28. 선고 94므246, 253 판결은, 이혼 및 재산분할청구소송 계속 중 청구권자가 사망한 경우에, 이혼청구권은 일신전속권이므로 이혼소송은 종료되고, 재산분할청구권도 이혼소송에 부대한 것이므로 종료된다고 하였으나, 이는 이혼에 이르기 전 당사자가 사망하여 재산분할청구권이 아직 발생하지 않았다는 취지이고, 재산분할청구권의 상속 그 자체를 부정한 것으로는 볼 수 없다.

재산분할의무도 원칙적으로 상속된다고 보아야 한다. 대법원 2009. 2. 9.자 2008스105 결정([판례 28])은, 재산분할청구 후 재산분할의무자인 피청구인이 사망한 경우에, 분할의무자의 상속인이 재산분할절차를 수계하여야 한다고 판시하였다.

(7) 생명보험금

피상속인을 피보험자로 하는 생명보험금이 상속재산이 되는가? 이를 어떻게 보는가에 따라 상속을 포기한 상속인이 생명보험금을 청구할 수 있는가, 생명보험금의 수령이 법정단순승인 사유(1026조 1호)에 해당하는가와 같은 문제의 결론이 달라질 수 있다.

(ⅰ) 보험계약에서 보험계약자인 피상속인이 상속인을 보험수익자로 하였을 때

이때에는 보험수익자를 성명만으로 특정하였거나, 아니면 "상속인"이라고 특정하였거나 간에 이는 피상속인의 사망으로 인하여 생기는 것으로 상속재산에는 포함되지 않는다고 보는 것이 일반적이다(대법원 2001. 12. 28. 선고 2000다31502 판결; 2004. 7. 9. 선고 2003다29463 판결 등). 이때 보험수익자로 지정된 상속인 중 1인이 자신에게 귀속된 보험금청구권을 포기하더라도 그 포기한 부분이 당연히 다른 상속인

에게 귀속되지는 아니한다(대법원 2020. 2. 6. 선고 2017다215728 판결). 다만 후자의 경우에 "상속인"이 상속개시 당시의 상속인을 말하는가, 아니면 보험계약 체결시의 상속인을 말하는 것인가에 관하여는 다툼이 있을 수 있으나, 보험금청구권 발생시(즉 상속개시시)의 상속인을 의미한다고 봄이 상당하다.

한편 보험수익자인 상속인 중 1인이 고의로 피보험자를 살해하거나, 상해를 가하여 사망에 이르게 하였다면, 그 상속인은 상속결격자가 되는데, 이 경우 그 상속인에게 지급될 보험금만큼은 지급의무가 면책된다는 면책약관이 있다면, 보험자는 그 면책약관에 따라 면책되므로, 다른 상속인들이 상속결격자가 상속인이 아니라는 이유로 상속결격자에게 지급되었을 보험금까지 지급해 달라고 청구할 수는 없다(대법원 2001. 12. 28. 선고 2000다31502 판결).

(ii) 보험계약자가 자기를 피보험자인 동시에 보험수익자로 한 때

이 경우에는 보험금청구권이 상속재산에 속하고, 상속인이 이를 상속한다고 하는 견해(김주수·김상용, 687; 이경희·윤부찬, 404; 한봉희·백승흠, 490)와, 손해배상청구권과 마찬가지로, 사자(死者)는 보험금청구권을 취득하지 못하고, 商 733조 3항의 유추적용에 따라 상속인이 고유의 권리로서 보험금청구권을 취득한다고 하는 설(곽윤직, 80-81)이 있다. 제3자가 피상속인을 피보험자 겸 보험수익자로 하고 있는 경우에도 마찬가지이다. 판례는 전설을 따르고 있으나(대법원 2000. 10. 6. 선고 2000다38848 판결; 2002. 2. 8. 선고 2000다64502 판결, [판례 53]), 후설이 타당할 것이다.

(iii) 보험계약자가 보험수익자 지정권을 행사하기 이전에 보험사고가 발생한 때

商 733조 3항은, 생명보험의 수익자가 보험존속 중에 사망한 때에는 보험계약자는 다시 보험수익자를 지정할 수 있고, 보험계약자가 보험수익자를 지정하지 아니하고 사망한 때에는 보험수익자의 상속인을 보험수익자로 한다고 규정하고 있다. 대법원 2004. 7. 9. 선고 2003다29463 판결([판례 54])은, 이 규정에 의하여 피보험자의 상속인이 보험수익자가 된 경우, 이때의 보험금청구권 또한 상속재산이 아니고 상속인의 고유재산이라고 보았다. 대법원 2007. 11. 30. 선고 2005두5529 판결은, 보험계약자가 자기 이외의 제3자를 피보험자로 하고 자기 자신을 보험수익자로 하여 맺은 생명보험계약에 있어서 보험존속 중에 보험수익자가 사망한 경우에도 보험수익자의 상속인이 보험자에 대하여 가지는 보험금지급청구권은 상속재산이 아니라 상속인의 고유재산이라고 하였다.

결국 어느 경우에도 생명보험금은 상속재산이 되지 않는다고 보아야 한다. 다

만 「상속세 및 증여세법」은 피상속인의 사망으로 인하여 상속인과 상속인 이외의 자가 받은 생명보험으로서 피상속인이 보험계약자가 된 보험계약에 기한 때(8조 1항), 보험계약자가 피상속인 이외의 자이더라도 피상속인이 실질적으로 보험료의 지급을 하였을 때(8조 2항)에는 보험금을 상속세의 과세대상인 상속재산에 산입하고 있다. 헌법재판소 2009. 11. 26. 선고 2007헌바137 결정은 이 규정이 위헌이 아니라고 하였다. 아울러 이러한 생명보험금은 특별수익(1008조)으로 고려하여야 한다는 것이 통설이나, 그 고려범위에 관하여는 논란이 있다. 이 점에 관하여는 특별수익을 설명할 때 살펴본다{아래 V. 3. 다. (3) (나) 참조}.

[판례 53] 대법원 2002. 2. 8. 선고 2000다64502 판결

1. 원심은 판시 증거들을 종합하여, 피고의 처 망 1이 원고로부터 판시 금원을 차용하고, 1998. 5. 26. 사망한 사실, 망 1은 (1) 1992. 3. 16. 삼성생명보험주식회사와 사이에 피보험자를 1, 수익자는 만기분할시 또는 입원장해시 1, 사망시 상속인으로 되어 있는 새생활암보험계약을, (2) 1997. 3. 24. 소외 동아생명보험주식회사와 사이에 주피보험자를 피고, 종피보험자를 1, 수익자를 1로 하는 건강생활종신보험계약을 각 체결하였고, 피고가 1998. 7. 7. 광주지방법원 순천지원에 상속포기신고를 하여 수리되었고, 그 전인 1998. 6. 26. 위 각 보험회사로부터 소정의 보험금을 수령한 사실을 각 인정하였다.

2. 삼성생명보험주식회사와의 보험계약에 관한 상고이유에 대하여

피보험자 사망시의 상속인을 수익자로 지정하여둔 경우에, 그 의미는 보험금청구권이 일단 피보험자에게 귀속되어 상속재산을 형성하였다가 그 상속인에게 이전된다는 취지라기보다는 장래에 보험금청구권이 발생한 때의 수익자를 특정하는 방법으로서 그와 같이 표시하였다고 해석함이 상당하다.

따라서 그 보험금은 상속인의 고유재산이 된다고 할 것이므로 이에 반하는 원고의 상고이유는 이유 없다.

3. 동아생명보험주식회사와의 보험계약에 관한 상고이유에 대하여

상법 제733조 제3항에 따라 보험수익자가 보험존속중에 사망한 때에는 보험계약자는 다시 보험수익자를 지정할 수 있으며, 보험계약자가 그 지정권을 행사하지 아니하고 사망한 때에는 보험수익자의 상속인이 보험수익자가 됨이 원칙이나, 생명보험에 있어서 보험계약자가 피보험자 중의 1인인 자신을 보험수익자로 지정한 경우에도 그 지정은 유효하고, 따라서 보험수익자가 사망하면 그 보험금은 상속재산이 된다고 할 것이다(대법원 2000. 10. 6.

선고 2000다38848 판결).

그러므로 이에 반하여 부부가 주피보험자 및 종피보험자로 지정되어 있으나 수익자는 그 중 한 사람만으로 되어 있는 이 사건과 같은 경우 보험계약의 문언에도 불구하고 그 수익자로 되어 있는 배우자가 사망한 경우 다른 배우자가 수익자가 된다고 보아 그 보험금이 상속재산에 포함되지 아니한다고 한 원심에는 보험수익자의 지정과 보험금의 귀속에 관한 법리를 오해하여 위 대법원판결에 상반된 해석을 한 위법이 있다고 할 것이고, 위와 같은 위법은 판결에 영향을 미쳤음이 분명하므로, 원심판결에 소액사건심판법 제3조 제2호에 해당하는 위법사유가 있다는 상고이유는 이유가 있다.

생각할 점

생명보험의 보험료는 피상속인의 재산 가운데에서 피상속인이 지급하였으므로, 수익자가 상속인으로 된 경우에도 피상속인의 채권자가 보험금에 대하여 권리를 행사할 수 있어야 한다는 주장(독일의 Heck)에 대하여 생각해 보라.

[판례 54] 대법원 2004. 7. 9. 선고 2003다29463 판결

1. 원심의 판단 요지

가. 원심은 그 채용 증거들을 종합하여 다음과 같은 사실을 인정하였다.

(1) 소외인은 원고로부터 1998. 8.경 1억 5,000만 원을, 같은 해 9.경 1억 원을 각 차용한 후, 1999. 11. 20.경에 이르러 원고와 사이에서 위 원금에 이자를 더하여 합계 3억 원을 2000. 6. 30.까지 원고에게 지급하기로 약정하였다.

(2) 소외인의 아들인 피고 2는 2000. 12. 6.경 엘지화재해상보험 주식회사와 사이에서 피보험자동차를 (차량등록번호 생략) 엘란트라 승용차로, 피보험자를 소외인으로, 보험기간을 2000. 12. 7.부터 2001. 12. 6.까지로 하는 플러스개인용자동차보험계약을 체결하였는데, 위 자동차보험에는 그 담보내용으로 대인배상 Ⅰ, 대인배상 Ⅱ, 대물배상, 자동차상해, 무보험차상해, 자기차량손해 등이 포함되어 있었고, 그 중 자동차상해보험(이하 '이 사건 자동차상해보험'이라 한다)은 보험가입금액이 사망의 경우는 1인당 2억 원, 부상의 경우는 1인당 2,000만 원, 후유장해의 경우는 1인당 2억 원으로 정해져 있었다.

(3) 피고 2는 자동차보험에 관하여 위와 같이 소외인을 피보험자로 지정하기는 하였으나, 자동차보험에 포함되어 있던 이 사건 자동차상해보험의 사망보험금에 관한 보험수익자를 따로 지정하지는 않았고, 그 보험약관에도 보험수익자의 결정에 관한 내용이 규정되어 있지

않았다.

(4) 소외인이 2001. 3. 10. 피보험자동차를 운전하던 중 발생한 교통사고로 사망한 후, 소외인의 처와 아들들인 피고들은 같은 달 21. 엘지화재해상보험 주식회사로부터 이 사건 자동차상해보험의 사망보험금으로 56,627,290원을 지급받았다.

(5) 한편, 피고들은 같은 해 5. 7. 서울가정법원에 상속포기의 신고를 하여 같은 달 16. 상속포기 신고를 수리하는 심판을 받았다.

나. 원심은 나아가, 이 사건 자동차상해보험의 사망보험금은 상속재산에 속하는 것인데 피고들이 이를 수령한 것은 민법 제1026조 제1호에 정한 '상속인이 상속재산에 대하여 처분행위를 한 때'에 해당하여 피고들은 단순승인한 것으로 보게 되므로 그 후에 이루어진 상속포기의 신고는 효력이 없다는 원고의 주장에 대하여, 이 사건 자동차상해보험은 인보험의 일종으로서 상해의 결과 사망에 이른 경우 생명보험에 속한다고 할 것인데, 보험계약자가 보험수익자의 지정권을 행사하기 전에 보험사고가 발생하여 피보험자가 사망한 경우에는 상법 제733조에 의하여 피보험자의 상속인이 보험수익자가 되고, 그러한 경우 보험금청구권은 보험수익자인 상속인들의 고유재산일 뿐 소외인의 상속재산은 아니라고 할 것이므로, 피고들이 이 사건 자동차상해보험의 사망보험금을 수령한 행위는 민법 제1026조 제1호에 정한 단순승인 사유에 해당하지 아니하며, 따라서 피고들의 상속포기 신고는 적법하다고 판단하여, 원고의 위 주장을 배척하였다.

2. 상고이유에 대한 판단

가. 먼저, 기록에 의하여 살펴보면, 이 사건 자동차상해보험의 사망보험금에 관하여 보험계약자인 피고 2가 보험수익자를 지정하지 않았을 뿐만 아니라 그 보험약관에도 보험수익자의 결정에 관한 내용이 규정되어 있지 않았다는 원심의 사실인정은 정당한 것으로 수긍이 가고, 거기에 채증법칙을 위배하여 사실을 오인하거나 보험수익자의 지정에 관한 법리를 오해한 위법 등이 있다고 할 수 없다.

나. 그런데 이 사건 자동차상해보험은 피보험자가 피보험자동차를 소유·사용·관리하는 동안에 생긴 피보험자동차의 사고로 인하여 상해를 입었을 때에 보험자가 보험약관에 정한 사망보험금이나 부상보험금 또는 후유장해보험금 등을 지급할 책임을 지는 것으로서 인보험의 일종이기는 하나, 피보험자가 급격하고도 우연한 외부로부터 생긴 사고로 인하여 신체에 상해를 입은 경우에 그 결과에 따라 보험약관에 정한 보상금을 지급하는 보험이어서 그 성질상 상해보험에 속한다고 할 것이다(대법원 2001. 9. 7. 선고 2000다21833 판결 참조). 따라서 이 사건 자동차상해보험 중 피보험자가 상해의 결과 사망에 이른 때에 지급되는 사망보험금 부분을 분리하여 이를 생명보험에 속한다고 본 원심의 판단은 잘못이다.

그러나 보험계약자가 피보험자의 상속인을 보험수익자로 하여 맺은 생명보험계약에 있어서 피보험자의 상속인은 피보험자의 사망이라는 보험사고가 발생한 때에는 보험수익자의 지위에서 보험자에 대하여 보험금 지급을 청구할 수 있고, 이 권리는 보험계약의 효력으로 당연히 생기는 것으로서 상속재산이 아니라 상속인의 고유재산이라고 할 것인데(2001. 12. 24. 선고 2001다65755 판결, 2001. 12. 28. 선고 2000다31502 판결, 대법원 2002. 2. 8. 선고 2000다64502 판결 등 참조), 이는 상해의 결과로 사망한 때에 사망보험금이 지급되는 상해보험에 있어서 피보험자의 상속인을 보험수익자로 미리 지정해 놓은 경우는 물론, 생명보험의 보험계약자가 보험수익자의 지정권을 행사하기 전에 보험사고가 발생하여 상법 제733조에 의하여 피보험자의 상속인이 보험수익자가 되는 경우에도 마찬가지라고 보아야 할 것이며, 나아가 보험수익자의 지정에 관한 상법 제733조는 상법 제739조에 의하여 상해보험에도 준용되므로, 결국 이 사건과 같이 상해의 결과로 사망한 때에 사망보험금이 지급되는 상해보험에 있어서 보험수익자가 지정되어 있지 않아 위 법률규정에 의하여 피보험자의 상속인이 보험수익자가 되는 경우에도 보험수익자인 상속인의 보험금청구권은 상속재산이 아니라 상속인의 고유재산이라고 보아야 할 것이다 .

그렇다면 원심의 이유 설시에 일부 적절하지 않은 점이 있기는 하나, 이 사건 보험금청구권이 상속재산이 아니라고 판단하여 법정단순승인에 관한 원고의 주장을 배척한 원심의 조치는 결국 정당하고, 거기에 이 사건 자동차상해보험 중 사망보험금의 귀속관계 또는 상속의 단순승인에 관한 법리를 오해한 위법 등이 있다고 할 수 없다.

해 설

이광만, 대법원판례해설 51호

(8) 퇴직금·유족급여 등

여기서 문제되는 것은 사기업에 근무하던 피상속인의 사망으로 인하여 받게 되는 사망퇴직금과, 공무원의 사망으로 인하여 받게 되는 퇴직수당 및 사회보장관계의 특별법에 의하여 주어지는 유족급여 등이다. 사망 전에 퇴직한 경우에 그 퇴직금이 상속재산에 속한다는 데에는 별다른 이견이 없고, 문제는 사망으로 인하여 퇴직금지급청구권이 발생하는 경우이다.

사망퇴직금의 경우에는 제1차적으로 각 기업의 취업규칙 등에 따라 정하여지므로 일률적으로 말할 수 없으나, 근로기준법상의 유족보상(82조)의 경우에는 수급권자인 유족이 반드시 상속인과 일치하지는 않으므로(시행령 48조 참조. 예컨대 사실상 혼인관계에 있던 배우자도 포함한다), 이를 상속재산으로 보기는 어렵다.

취업규칙에 규정이 없거나 수급권자가 상속인으로 되어 있는 경우에 관하여는 일본에서는 학설이 나누어지고 있으나, 이 경우에도 상속재산이 아니라는 설이 유력하다.

공무원의 퇴직수당이나 유족급여의 경우에도 그 수급권자인 유족이 반드시 상속인과는 일치하지 않으므로(공무원연금법 3조 1항 2호는 사실상 혼인관계에 있던 배우자를 수급권자에 포함시킨다), 상속재산이 아니다. 대법원 1996. 9. 24. 선고 95누9945 판결은, 공무원연금법상의 유족급여 또는 사망퇴직수당의 수급권은 상속재산에 속하지 않으므로 수급권자가 존재하지 않은 경우에 상속재산으로서 다른 상속인의 상속의 대상이 되는 것은 아니라고 하였다. 또 대법원 2009. 5. 21. 선고 2008다13104 전원합의체 판결은, 산업재해보상법에 의한 유족급여의 수급권도 업무상 재해로 인하여 사망한 근로자의 상속재산에 포함되지 아니한다고 보았다. 그러나 대법원 2020. 9. 24. 선고 2020두31699 판결은, 구 석탄산업법 시행령 41조 3항 5호에 따른 폐광대책비 중 유족보상일시금 상당의 재해위로금 수급권은 민법의 상속에 관한 규정에 따라 사망한 퇴직근로자의 배우자와 자녀들이 공동상속한다고 판시하였다.

대법원 2022. 9. 16. 선고 2017다254655 판결은, 공기업의 임·직원이 회원으로 구성된 상조회의 회칙에서 회원이 사망하면 법정상속인에게 상조금을 지급하도록 규정한 경우에, 회원 본인의 사망에 따른 상조금(위문금)의 수급권자는 사망한 회원의 법정상속인이고 그 경우 상조금 수급권은 상속재산이 아니라 상속인의 고유재산에 해당하며, 상조회 회칙에서 회원의 상조금 수급권자 지정·변경권에 관하여 규정을 두지 않았고, 이에 관한 운영위원회의 의결 등도 없는 이상 회원이 일방적으로 회원 본인 사망 시 지급되는 상조금의 수급권자를 지정 또는 변경할 수 없다고 하였다. 그러나 회원이 상조금의 수급권자를 지정 또는 변경할 수 없다고 한 것의 타당성에는 의문이 있다.

다만 「상속세 및 증여세법」은 피상속인에게 지급될 퇴직금, 퇴직수당, 공로금, 연금 또는 이와 유사한 피상속인의 사망으로 인하여 지급되는 급여도 원칙적으로 상속재산으로 보아 상속세 과세대상으로 삼는다(10조).

(9) 조세채무, 벌금 등

국세기본법 24조 1항은 상속이 개시된 때에 그 상속인 또는 수유자는 피상속인에게 부가되거나 피상속인이 납부할 국세 등에 대하여 상속으로 얻은 재산을 한도로 하여 납부할 의무를 진다고 규정하고 있다. 대법원 1991. 4. 23. 선고 90누7395 판결은, 위 규정은 상속인이 피상속인의 국세 등 납세의무를 상속재산의 한도에서 승계한다는 뜻이고, 상속인이 피상속인의 국세 등 납세의무 전액을 승계하지만 과세관청이 상속재산을 한도로 하여 상속인으로부터 징수할 수 있음에 그친다는 뜻은 아니라고 보았다.

벌금이나 추징금은 형벌로서 일신전속적인 의무이므로 상속되지 않는다고 하는 것이 다수설이다. 그러나 刑訴 478조는 몰수 또는 조세, 전매 기타 공과에 관한 법령에 의하여 재판한 벌금 또는 추징은 그 재판을 받은 자가 재판확정 후 사망한 경우에는 그 상속재산에 대하여 집행할 수 있다고 규정하고 있다. 다만 이때에도 상속인의 고유재산에 대하여는 집행할 수 없다고 보아야 할 것이다.

한편 대법원 1999. 5. 14. 선고 99두35 판결은, 부동산실권리자명의등기에관한법률 5조에 의하여 부과되는 과징금을 부과받은 자가 사망한 경우 그 과징금 채무는 그 상속인에게 포괄승계된다고 하였다.

⑽ 제3자를 위한 계약에서 수익자의 지위

대법원 2022. 1. 14. 선고 2021다271183 판결은, 사회복지법인과 노인복지시설 입소계약을 체결하는 사람이 입소자의 사망으로 입소계약이 종료하는 경우의 '반환금 수취인'으로 자신의 장남을 지정한 경우에, 위 계약은 입소자와 사회복지법인이 장남에게 입소자의 사망 후 반환금을 반환하기로 정한 제3자를 위한 계약이고, 장남이 위 계약서에 기명날인을 하여 수익의 의사표시를 하였으므로, 장남은 위 계약에 따른 수익자의 지위에서 반환금의 지급을 구할 수 있는 권리를 취득하고, 이는 상속재산이 아니라 장남의 고유재산이라고 하였다.

마. 부의금(조위금)

피상속인이 사망하면 조문객들이 상가에 주는 부의금(조위금)이 상속재산이라고 볼 수 없음은 물론이다. 그런데 대법원 1992. 8. 18. 선고 92다2998 판결은, 부의금 중 장례비를 제외한 나머지는 공동상속인들이 각자의 상속분에 응하여 권리를 취득한다고 하였다. 그러나 부의금은 상주(喪主)에 대한 증여로서, 상주는 이를 장례비 등에 충당하고 나머지는 제사비용에 쓰게 된다는 견해도 있다(곽윤직, 84).

바. 형성권과 기대권

학설은 일치하여 취소권·추인권·해제권 등의 형성권도 상속이 된다고 본다. 그러나 그러한 권리 자체가 상속된다기보다는, 그러한 형성권을 발생시키는 기본적인 법률관계가 상속되는 경우 그에 따라 상속인이 이러한 형성권도 승계하는 것이다.

사. 사후 인격권(死後 人格權)의 보호

▌참고문헌: 김재형, "모델소설과 인격권", 인권과 정의 1997. 11; 백대열, "사망자의 인격권 보호를 위한 입법제안", 법조 70권 2호, 2021; 장재옥, "사후의 인격과 유족의 인격보호", 법학논문집(중앙대) 24권 1호, 2000

성명이나 명예 등에 관한 권리를 인격권이라고 부르기도 한다. 이러한 인격권은 원칙적으로 일신전속적인 것이므로 그 권리자의 사망과 동시에 소멸한다. 그러나 인격권자의 사후에도 인격권을 보호할 필요가 있는 경우가 있으므로, 사자(死者)의 명예훼손을 형사처벌하고(刑 308조), 저작인격권 침해행위에 대하여는 저작자 사망 후에도 그 유족이 그 침해행위의 정지나 예방 또는 명예회복의 청구 등을 할 수 있도록 하고 있다(저작권법 128조).

일반적으로 사자(死者)의 명예 등 인격권이 침해되는 경우에, 이를 보호할 권리를 누구에게 인정할 것인가, 특히 사자의 인격권 침해가 동시에 유족의 인격권 침해에 해당하지 않는 경우에 어떻게 볼 것인가는 어려운 문제이다. 독일에서는 사후(死後) 부분적 권리능력을 인정하는 견해, 사자의 권리능력은 인정하지 않지만 권리주체성을 인정하는 견해, 유족이나 사자로부터 위임을 받은 자가 인격권의 신탁적 보유자로서 이를 행사한다는 견해 등이 있다. 우리나라에서는 사자 자신의 인격권을 인정하는 견해, 유족에 대한 불법행위로 해결하여야 한다는 견해, 저작권법 128조를 유추적용하여 유족의 금지청구는 인정하지만 손해배상청구는 인정하지 않는 견해 등이 대립한다.

대법원 2008. 11. 20. 선고 2007다27670 전원합의체 판결에서는 방론이지만 사자의 인격권을 일반적으로 인정할 수 있다는 반대의견에 대한 보충의견과, 사자의 인격권을 일반적으로 인정할 수 없다는 다수의견에 대한 보충의견이 있었다.

사자의 인격권 침해를 인정한 하급심 판례로는 서울민사지법 1995. 6. 23. 선고 94카합9230 판결("소설 이휘소" 및 "무궁화 꽃이 피었습니다" 사건)과 서울중앙지법 2006. 8. 10. 선고 2005가합16572 판결(영화 "그때 그 사람들" 사건) 등이 있다. 뒤의 판결은, 사자의 인격적 법익에 대한 침해가 있는 경우에는 그 유족이 사자의 인격권 침해를 이유로 그 침해행위의 금지를 구할 수 있지만, 재산상속이 사망시를 기준으로 개시되는 이상 손해배상을 청구할 수는 없고, 다만 사자의 인격적 법익이 침해됨으로써 그 유족의 명예, 명예감정, 또는 유족의 사자에 대한 경애, 추모의 정 등이 침해된 경우에는 사자의 인격적 법익의 침해와는 별도로 유족 자신의 인격적 법익의 침해를 이유로 그 침해행위의 금지와 손해배상을 청구할 수 있다고 하였다. 다만 당해 사건에서는 침해행위의 금지를 명하지는 않았다. 또한 대법원 2018. 11. 29. 선고 2017다207529 판결([판례 55], 노무현 전 대통령에 대한 조롱 사건)도 고인에 대한 유족의 추모감정 침해를 이유로 하는 손해배상청구를 인정하였다.

[판례 55] 대법원 2018. 11. 29. 선고 2017다207529 판결

상고이유를 판단한다.

1. 상고이유 제1점에 대하여

원심은 그 판시와 같은 이유로, 이 사건 문항에 의한 표현이 헌법상 보호되는 '학문성'을 지니고 있거나, '학문적 이익을 얻기 위한 행위'에 해당하는 경우라야 학문의 자유 범위 내의 행위로서 그 적법성을 인정받을 수 있는데, 이 표현은 피고의 연구결과를 수강생들에게 전달하는 과정에서 이루어진 것이 아니라, 수강생들의 한 학기 동안의 학업성취도를 평가하기 위한 목적에서 이루어진 것이므로, 그 자체로 '진리탐구활동'으로서의 '학문성'을 인정하기는 어렵고, 피고가 의도하는 "쉽고 재미있게" 또는 "흥미롭게" 시험문제에 집중할 수 있도록 하는 문제의 출제는 유명인의 성, 별명 또는 그의 공적인 행동과 관련된 소재를 차용함으로써도 충분히 달성할 수 있다고 보일 뿐, 공적인 인물의 자살이라는 공적이면서도 지극히 사적으로 비극적이기도 한 사건을 소재로 삼아 이를 조롱, 비하하는 표현이 포함된 시험문제를 출제하면서까지 얻을 수 있는 학문적 이익이 있다고 상정하기는 어렵다는 이유로 이 사건 문항을 출제함으로써 이루어진 표현행위는 학문의 자유의 범위 내에서 보호될 수 있는 행위라고 볼 수 없다고 판단하였다.

관련 법리와 적법하게 채택된 증거들에 비추어 살펴보면, 이 부분 원심의 판단에 상고이유 주장과 같은 학문의 자유에 관한 법리오해의 잘못이 없다.

2. 상고이유 제2점에 대하여

원심은 그 판시와 같은 이유로, 이 사건 문항의 표현은 공적 인물인 전직 대통령 소외인과 관련 있는 것이기는 하나, 공적 관심 사안에 관한 의견 표명 등의 차원에서 행하여진 것이 아니라, 기말고사 시험문제의 출제를 위한 사례의 구성을 위하여 전직 대통령의 자살이라는 소재를 차용하여 사용하면서 이루어진 것인 점, 수강생들의 학업성취도를 적절하게 평가하기 위하여, 단순히 유명인의 이름, 별명, 그의 공적인 행동만을 차용하는 것이 아니라,

실제의 유명인의 자살을 소재로 한 이 사건 문항의 표현과 같은 사례에 기초한 시험문제를 출제하는 것이 반드시 필요하다는 등의 공공성, 사회성을 인정할 자료는 없는 점, 소외인 개인 자체 또는 소외인의 투신 및 사망사건을 풍자적으로 사례로 재구성한 표현에 그치는 것이 아니라, 이를 비하하고 조롱하는 표현에 해당하는 점, 피고의 주장과 같이 피고가 이 사건 문항을 통하여 소외인을 비방하거나 비하하고자 하는 의도가 없었고 이 사건 문항은 단순한 가상의 사례를 시험문제화한 것에 불과한 것이라면, 이 사건 문항은 피고의 '의견'을 담고 있는 것이 아니어서, '의견'을 자유롭게 표현할 자유에 의하여 보호될 가치는 더욱 축소되는 점 등을 고려하여 볼 때, 소외인 개인 자체 또는 소외인의 투신 및 사망사건을 조롱, 비하적으로 표현한 이 사건 문항에 의한 표현행위는 표현의 자유의 범위 내에서 보호될 수 있는 행위라고 볼 수 없다고 판단하였다.

관련 법리와 적법하게 채택된 증거들에 비추어 살펴보면, 이 부분 원심의 판단에도 상고이유 주장과 같은 표현의 자유에 관한 법리오해의 잘못이 없다.

3. 상고이유 제3, 6점에 대하여

원심은 그 판시와 같은 이유로, 유족이 스스로 망인에 대한 추모감정을 긍정적인 방향으로 형성하고 유지할 수 있는 권리는 헌법 제10조의 행복추구권에서 파생되는 권리로 볼 수 있고, 유족이 망인에 대한 추모감정을 형성하고 유지함에 있어 외부로부터 부당한 침해를 당하여 정신적 고통을 입는 것은 행복추구권의 실현을 방해하는 요소에 해당하므로, 행복추구권의 실현에 필요한 조치로서 유족의 망인에 대한 추모감정을 법적으로 보호할 필요성이 있고, '유족의 망인에 대한 추모감정'이 지니는 의미를 고려할 때, "타인의 신체, 자유 또는 명예를 해하거나 기타 정신상 고통을 가한 자는 재산 이외의 손해에 대하여도 배상할 책임이 있다."라고 규정하고 있는 민법 제751조 제1항에서 말하는 '기타 정신상 고통'에는 '유족이 망인에 대한 추모감정을 침해당하여 입은 정신상 고통'이 포함된다고 봄이 상당하다고 판단하였다.

관련 법리와 적법하게 채택된 증거들에 비추어 살펴보면, 이 부분 원심의 판단에 상고이유 주장과 같은 유족의 추모감정에 관한 법리오해의 잘못이 없다.

(원심판결) 서울고법 2017. 1. 11. 선고 2016나2014094 판결

주 문

1. 제1심 판결 중 아래에서 지급을 명하는 금원에 해당하는 원고 패소부분을 취소한다.
2. 피고는 원고에게 5,000,000원 및 이에 대하여 2015. 6. 9.부터 2017. 1. 11.까지 연 5%의, 그 다음날부터 다 갚는 날까지 연 15%의 각 비율로 계산한 돈을 지급하라.
3. 원고의 나머지 항소를 기각한다.

4. 소송총비용의 80%는 피고가, 나머지 20%는 원고가 각 부담한다.

5. 제2항은 가집행할 수 있다.

Ⅰ. 기초사실

1. 당사자의 지위

가. 원고는 2003. 2. 25.부터 2008. 2. 24.까지 대한민국의 제16대 대통령으로 재직한 노무현의 아들이다.

나. 피고는 **대학교 법과대학의 교수로 재직하고 있다.

2. 노무현의 사망 경위

가. 노무현은 퇴임 직후 자신의 고향인 경남 김해시 봉하마을로 귀향하여 사저에서 거주하던 중, 2009년경 자신과 친·인척들이 연루된 뇌물수수 혐의로 수사를 받게 되었는바, 노무현의 친형인 노** 역시 수사대상에 포함되어 있었고, 한편 노**은 노무현의 대통령 재직시절 친·인척비리 의혹을 일으키는 사건에 연루되었던 전력 때문에 세간에 '봉하대군'이라는 별칭으로 불리우기도 하였다.

나. 노무현은 위와 같은 수사가 계속되던 중 2009. 5. 23. 마을 뒤편 봉화산에 있는 부엉이바위에서 투신하여 사망하였다.

3. 피고의 시험문제 출제

피고는 2015. 6. 초순경 피고가 영어로 강의하던 미국계약법 과목의 기말고사 시험문제를 출제하면서 그 중 29번 문항(이하 '이 사건 문항'이라 한다)으로 아래와 같은 문제를 출제하였다.

〈국어 번역문〉(각주 생략)

'노'는 17세이고 그의 지능지수는 69이다. 그는 6세 때 부엉이 바위에서 뛰어 내린 결과 뇌의 결함을 앓게 되었다. 노는 부모가 노에게 남겨준 집에서 그의 형 '봉하대군'과 함께 살았다. 봉하대군은 노에게 노가 그 집을 자신에게 팔지 않으면 노는 고아원에 가야 할 것이라고 말하였다. 노는 합의서에 서명하였다. 노는 그 계약의 효력을 배제할 수 있다. 다음 중 그 근거가 될 수 없는 것은?

(A) 미성년

(B) 부당한 위압

(C) 사기

(D) 미성년과 부당한 위압

(중략)

Ⅴ. 원고의 추모감정을 침해한 불법행위로 인한 손해배상청구권에 대한 판단

1. 손해배상책임의 발생 여부에 대한 판단

가. 이 사건 문항 출제행위로 인하여 원고의 추모감정이 침해되었는지 여부

(1) 유족의 추모감정의 의의

'추모(追慕)'란 죽은 사람을 그리워하고 생각하는 것으로서, 망인의 유족이 망인에 대하여 가지는 '유족의 추모감정'은(각주 생략) 유족이 망인의 생전에 망인과 가족관계를 맺음으로써 형성된 유대관계에 기초하여 망인을 그리워하고 생각하면서 일어나는 마음이나 느끼는 기분을 의미한다.

(2) 유족의 추모감정 보호의 법적 근거

(가) 헌법이 보장하는 행복추구권

헌법 제10조는 "모든 국민은 인간으로서의 존엄과 가치를 가지며, 행복을 추구할 권리를 가진다"고 정하고 있는바, '행복'이라는 개념 자체가 개인의 가치관과 인생관, 역사적 조건이나 때와 장소에 따라 그 개념이 달라질 수 있는 것이기는 하나, 우리 헌법이 규정하는 행복추구권은 통상 '안락하고 만족스러운 삶을 추구할 수 있는 권리, 고통이 없는 상태나 만족감을 느낄 수 있는 상태를 실현하는 권리'로 정의된다.

행복추구권은, 적극적으로 자신이 원하는 것을 추구할 수 있는 권리와 소극적으로 자신이 원하는 것을 침해당하지 아니할 권리로 구분될 수 있으므로, 행복추구권의 실현을 위하여는, 인간의 삶의 다양한 상황에서 행복추구권의 실현을 돕는 요소를 장려하고, 행복추구권의 실현을 방해하는 요소들을 제거할 필요가 있다.

(나) 유족의 추모감정이 유족의 삶에 미치는 영향과 행복추구권의 실현

소중한 사람의 죽음은 견디기 힘든 일이다. 삶에 머물러 있는 이상 우리 모두는 죽음을 경험할 수밖에 없다. 그런데 타인의 죽음을 경험한 후 남은 시간을 애통함으로 채우든, 일상으로 복귀하려 고군분투 하든, 삶은 계속된다.

다른 사람에 대한 연민을 실천철학의 핵심으로 파악하고, 감정을 우리 시대 민주주의와 정치를 위한 토대로 복권시키려고 노력한 미국의 (법)철학자 누스바움(Martha C. Nussbaums)은, 어머니를 잃은 후에 일어난 자기의 감정을 이렇게 서술하고 있다.(각주 생략)

"이후 몇 주 동안 나는 고통을 못 이겨 눈물로 지새우는 날을 보냈다. 하루 종일 끔찍한 피로감에 시달리는 날이 계속 이어지고, 아무런 보호도 받지 못하고 혼자라는 느낌이 드는 악몽에 여러 차례 시달렸다. 여전히 모든 (사람들의) 무심함, (이에 대한 나의) 분노 그리고 엄마와 지낸 과거의 역사에서 발견할 수 있는 사랑의 결핍에 대해, 그리고 아마 내가 저질렀을 몇몇 잘못에 대해 자책했다."

이와 같이 유족의 망인에 대한 추모감정은 유족의 삶에 어떠한 방식으로든 영향을 미치고, 때로 그 영향을 긍정적으로 승화시키는지 또는 그 영향에 부정적인 방향으로 매몰되는

지 여부에 따라 이후의 삶의 질이 좌우되기도 한다.

따라서 유족이 스스로 망인에 대한 추모감정을 긍정적인 방향으로 형성하고 유지할 수 있는 권리는 행복추구권에서 파생되는 권리로 볼 수 있고, 유족이 망인에 대한 추모감정을 형성하고 유지함에 있어 외부로부터 부당한 침해를 당하여 정신적 고통을 입는 것은 행복추구권의 실현을 방해하는 요소에 해당하므로, 행복추구권의 실현에 필요한 조치로서 유족의 망인에 대한 추모감정을 법적으로 보호할 필요성이 있다.

㈐ 법적 보호의 민법상 근거

'유족의 망인에 대한 추모감정'이 지니는 위와 같은 의미를 고려할 때, "타인의 신체, 자유 또는 명예를 해하거나 기타 정신상 고통을 가한 자는 재산 이외의 손해에 대하여도 배상할 책임이 있다"고 규정하고 있는 민법 제751조 제1항에서 말하는 '기타 정신상 고통'에는 '유족이 망인에 대한 추모감정을 침해당하여 입은 정신상 고통'이 포함된다고 봄이 상당하고, 대법원 역시 위 민법 조항을 근거로 하여 유족의 사자에 대한 추모감정도 법적으로 보호되는 이익이 될 수 있다고 판시한 바 있다(대법원 2001. 1. 19. 선고 2000다10208 판결 등 참조).

(중략)

(3) 이 사건 문항의 내용에 대한 검토

이 사건 문항의 내용이 사실과 다르다는 점이 명백하여 이 사건 문항이 사실을 적시한 경우에 해당하지 아니함은 앞서 본 바와 같다.

다만, 이 사건 문항에서 'Roh'는 노무현의 성의 영문명과 같고, 'Roh'를 위협한 'Bongha prince'는 노무현의 형인 노**의 별명을 영문으로 표기한 것과 동일하며, 'Roh'가 뇌의 결함을 앓게 된 원인이 된 추락이 이루어진 곳인 'the Rock of Owl'은 노무현이 투신한 장소인 부엉이바위를 영문으로 표시한 것과 동일하여, 이 사건 문항은 노무현의 투신 및 사망사건을 연상시키기에 충분한 표현으로 이루어져 있다.

그런데 이 사건 문항에서 'Roh'로 지칭된 사람이 'the Rock of Owl'에서 추락하여 뇌의 결함을 앓게 되었고 그 결과 그의 지능이 '69'라고 표현되어 있는바, 이는 노무현의 투신 및 사망이라는 사건을 연상시키기에 충분한 표현들과 결합되어, 노무현을 비하하는 내용으로 해석되기에 충분하다.

결국 이 사건 문항은 노무현의 투신 및 사망사건을 소재로 삼아 노무현을 비하하는 내용으로 이해되기에 충분한 사례로 재구성되어, 노무현의 투신 및 사망사건을 조소적으로 표현하였다고 봄이 상당하다.

(4) 소결론

망인 개인 또는 망인의 사망과 관련된 일련의 사건들을 조소적으로 표현하거나 비하하여 표현하는 행위가 망인의 유족들이 망인에 대하여 가지는 추모감정을 침해한다는 점은 사람이 보편적으로 지니는 가족의 죽음에 대하여 가지는 감정 등을 고려할 때 경험칙상 명백하므로, 결국 피고가 노무현 개인 또는 노무현의 투신 및 사망사건을 조소적으로 비하하여 표현한 이 사건 문항을 출제한 행위로 인하여 노무현의 아들인 원고의 노무현에 대한 추모감정은 침해되었다고 봄이 상당하다.

아. 퍼블리시티권

▮참고문헌: 강은경, "퍼블리시티권의 상속성 및 사후존속기간의 문제", Law & technology 8권 4호, 2012; 권태상, "사망자의 동일성(identity)의 상업적 이용", 민사법학 50호, 2010; 김상중, "'퍼블리시티권'에 관한 국내 논의의 현황과 비교법적 고찰을 통한 제언", 비교사법 23권 1호, 2016; 남형두, "퍼블리시티권의 철학적 기반", 저스티스 97, 98호(2007. 4, 6); 박영규, "인격권, 퍼블리시티권 그리고 지적재산권", 저스티스 112호(2009. 7); 엄동섭, "퍼블리시티권", 서강법학연구 6권, 2004; 정희섭, "퍼블리시티(Publicity)권리의 상속성에 관한 고찰", 동아법학 31호, 2002

퍼블리시티권(the right of publicity)이란 사람의 초상, 성명 등 그 사람 자체를 가리키는 것을 광고, 상품 등에 상업적으로 이용하여 경제적 이익을 얻을 수 있는 권리를 말한다. 이러한 퍼블리시티권이라는, 제3자에 대하여 주장할 수 있는 배타적 권리를 인정할 수 있는가에 대하여는 논란이 있었는데, 이를 부정하는 하급심 판결례도 있으나, 긍정하는 하급심 판결례도 많았다. 그러나 현실적으로 이러한 권리를 인정하여 보호할 필요성을 부정할 수는 없다. 드디어 2021. 12. 7. 개정된 부정경쟁방지 및 영업비밀보호에 관한 법률(부정경쟁방지법) 2조 1호 타목은, "국내에 널리 인식되고 경제적 가치를 가지는 타인의 성명, 초상, 음성, 서명 등 그 타인을 식별할 수 있는 표지를 공정한 상거래 관행이나 경쟁질서에 반하는 방법으로 자신의 영업을 위하여 무단으로 사용함으로써 타인의 경제적 이익을 침해하는 행위"를 부정경쟁행위로 규정함으로써 실정법상 보호의 근거가 마련되었다.

퍼블리시티권의 법적 성격에 대하여는 인격권으로서의 성명권, 초상권과는 구별되는 재산적 권리로서의 성격이 강하다고 보는 견해가 유력한데, 그럼에도 불구하고 그것이 상속의 대상이 되는가에 대하여는 논란이 있다. 긍정설은 퍼블리시티권은 재산권이므로 본인의 사망으로 소멸되지 아니하고 상속인에게 상속되며, 저작권, 상표권에 상속성이 인정되므로 그와 유사한 퍼블리시티권도 상속된다고 봄이 타당하고, 퍼블리시티권에 상속성을 인정할 때 생존 중에 자기의 명성을 높이기 위하여 노력할 것이고 이는 사회 전체로도 도움이 된다고 한다. 이에 반하여 부정설은, 퍼블리시티권의 재산권성을 인정하더라도 이는 프라이버시권과 함께 본인의 인격으로부터 파생하는 권리로서 본인과 불가분일체를 이루는 것이므로 통상의 재산권과는 달리 본인의 사망과 함께 소멸한다고 보아야 하고, 이는 프라이버시권과의 유사성이 보다 크며, 퍼블리시티권의 상속성을 인정하여 사람들이 유족을 위해서라도 더 열심히 노력함으로써 얻게 되는 이익보다 이를 자유로이 이용함으로써 얻는 공공의 이익이 더 중요하고, 퍼블리시티권의 상속을 인정하는 경우에 그 존속기간을 어떻게 정할 것인가가 문제된다고 한다. 이 이외에 생존 중에 자기의 성명, 초상 등을 상업적으로 이용한 적이 있는 경우에만 사후에 존속한다고 보는 견해도 있다.

퍼블리시티권의 상속성을 인정하는 경우에도 그 존속기간이 무한정일 수는 없는데, 이 때에는 저작재산권 존속기간에 관한 저작권법 39조 1항을 유추하여 원래의 퍼블리시티권자가 사망한 후 70년간 존속한다고 보는 견해가 유력하다. 서울동부지법 2006. 12. 21. 선고 2006가합6780 판결([판례 56])도 존속기간을 당시의 저작권법상 저작재산권 존속기간인 권리자의 사후 50년으로 보았다.

법무부가 2022. 12. 26. 입법예고한 민법개정안 제3조의3은, 인격표지영리권이라는 이름으로, "사람은 자신의 성명, 초상, 음성 그 밖의 인격표지를 영리적으로 이용할 권리를 가진다"고 하면서, 그 양도를 금지하고, 본인이 사망한 후 상속되어 30년 동안 존속한다고 규정한다.

[판례 56] 서울동부지법 2006. 12. 21. 선고 2006가합6780 판결

1. 기초 사실

(생략)

가. 원고는 소설가 이효석(1942. 5. 사망)의 상속인 중 1인이고, 피고 회사는 상품권발행업 등을 목적으로 하는 회사이다.

나. 피고 회사는 2004. 12. 17.경부터 2006. 2. 23.경까지 이효석의 초상 및 서명, "단편소설 '메밀꽃 필 무렵'"이라는 문구 및 '이효석(李孝石/1907~1942) 한국의 소설가, 호 가산(可山)'이라는 간단한 설명을 전면에 기재한 스타상품권(소위 문화상품권의 일종이다) 5,000원권 55,000장, 10,000원권 58,255장(이하 '이 사건 상품권'이라 한다)을 발행하였다.

다. 이 사건 상품권은 영화관, 주유소, 서점, 놀이동산, 백화점 등의 업종 중 지정된 업체에서 사용할 수 있다.

2. 원고의 청구에 관한 판단

가. 이효석의 인격권 침해 및 명예훼손으로 인한 손해배상청구에 관한 판단

(생략)

나. 이효석의 초상권 침해로 인한 손해배상청구에 관한 판단

(1) 원고는, 피고 회사가 이 사건 상품권에 이효석의 초상을 임의로 사용함으로써 이효석의 초상권을 침해한바, 그로 인한 손해를 배상하여야 한다고 주장한다.

(2) 초상권이라 함은 개인의 동일성을 파악할 수 있게끔 하는 모든 가시적인 개성들, 즉 자신의 얼굴이나 용모 또는 신체적인 특징 등에 대해 그 개인이 가지는 일체의 이익을 내용으로 하는 권리라고 할 수 있고, 그 구체적 내용으로 ① 함부로 얼굴을 촬영당하지 않을 권리, 즉 촬영거절권으로서의 초상권, ② 촬영된 초상 사진, 작성된 초상의 이용거절권으로서의 초상권, ③ 초상의 이용에 대하여 초상 본인이 가지는 재산적 이익, 즉 재산권으로서의 초상권 등으로 구분될 수 있으며, ③의 권리가 재산권에 가까운 데 비해 ①, ②의 권리는 인격권적 권리라고 할 수 있을 것이다(③의 권리는 아래 다항에서 보는 퍼블리시티권의 일부라고 볼 수 있다).

(3) 이 사건의 경우, 피고 회사가 이미 작성된 이효석의 초상을 본인의 승낙 없이 사용한바, 이는 이용거절권으로서의 초상권 침해 문제에 해당한다고 할 것이므로 먼저 사자에 대하여 초상권을 인정할 수 있는지에 관하여 보기로 한다.

살피건대, 인격권으로서의 초상권은 일신전속적 권리라고 할 것이어서 사자는 원칙적으로 그 권리 주체가 될 수 없고, 가사 일정한 경우 사자의 초상권이 인정될 수 있다고 보더라도 살아있는 사람의 초상권과 달리 그 보호범위를 제한적으로 인정하여야 할 것인데, 유사한 성격의 권리인 저작인격권의 경우 저자의 사후 그의 명예를 훼손하는 정도에 이르는 행위를 금지하는 방법으로 보호되고 있는 점(저작권법 제14조 제2항 참조) 등에 비추어 볼 때 사자의 초상권도 사자의 초상을 사용한 것이 그 명예를 훼손하는 정도에 이른 경우에만 제한적으로 인정될 수 있다고 할 것인바(명예훼손 정도에 이르지 못한 경우에도 퍼블리시티권에 의한 보호가 가능하므로 불합리한 결과가 되지는 아니한다), 이 사건의 경우 이 사건 상품권의 사용처나 기재 내용 등에 비추어 피고 회사가 이 사건 상품권에 이효석의 초상을 게재한 것이 이효석의 명예를 훼손하는 정도에 이르지 않았음은 이미 위에서 살펴본 바이므로 이 부분 원고의 주장은 받아들일 수 없다.

다. 퍼블리시티권의 침해로 인한 손해배상청구에 관한 판단

(1) 원고의 주장의 요지

(생략)

(2) 퍼블리시티권의 인정 여부

소위 퍼블리시티권(Right of Publicity)이라 함은 사람이 그가 가진 성명, 초상이나 기타

의 동일성(identity)을 상업적으로 이용하고 통제할 수 있는 배타적 권리를 말한다고 할 것이다.

이러한 권리에 관하여 우리 법에 명문의 규정은 없으나, 대부분의 국가가 법령 또는 판례에 의하여 이를 인정하고 있는 점, 이러한 동일성을 침해하는 것은 민법상의 불법행위에 해당하는 점, 사회의 발달에 따라 이러한 권리를 보호할 필요성이 점차 증대하고 있는 점, 유명인이 스스로의 노력에 의하여 획득한 명성, 사회적인 평가, 지명도 등으로부터 생기는 독립한 경제적 이익 또는 가치는 그 자체로 보호할 가치가 충분한 점 등에 비추어 해석상 이를 독립적인 권리로 인정할 수 있다고 할 것이다.

또한, 이러한 퍼블리시티권은 유명인뿐 아니라 일정한 경우 일반인에게도 인정될 수 있으며, 그 대상은 성명, 사진, 초상, 기타 개인의 이미지를 형상화하는 경우, 특정인을 연상시키는 물건 등에 널리 인정될 수 있다.

결국, 퍼블리시티권의 대상이 초상일 경우 초상권 중 재산권으로서의 초상권과 동일한 권리가 된다.

(3) 퍼블리시티권의 상속성 및 존속기한

퍼블리시티권이 상속될 수 있는지에 관하여 보건대, 퍼블리시티권은 인격권보다는 재산권에 가까운 점, 퍼블리시티권에 관하여는 그 성질상 민법상의 명예훼손이나 프라이버시에 대한 권리를 유추적용하는 것보다는 상표법이나 저작권법의 규정을 유추적용함이 상당한데 이러한 상표권이나 저작권은 상속 가능한 점, 상속성을 부정하는 경우 사망이라는 우연적 요소에 의하여 그 재산적 가치가 크게 좌우되므로 부당한 결과를 가져올 우려가 큰 점 등에 비추어 상속성을 인정함이 상당하다.

또한, 이러한 퍼블리시티권이 명문의 규정이 없는 권리이기는 하나 무한정 존속한다고 해석할 경우 역사적 인물을 대상으로 하는 상업적 행위가 대부분 후손들의 동의를 필요로 하게 되어 불합리한 결과를 가져올 뿐 아니라 현실적으로 상속인을 찾아 그러한 동의를 얻기도 사실상 불가능한 점, 본인의 사망 후 시간의 흐름에 따라 사자의 성명이나 초상을 자유로이 이용할 수 있도록 하여야 할 공공의 이익도 상당한 점 등에 비추어 그 존속기간을 해석으로나마 제한할 수밖에 없다고 할 것이다.

그 방법으로는 퍼블리시티권과 가장 성격이 유사한 권리의 존속기간을 참조할 수밖에 없다고 할 것인바, 퍼블리시티권은 현행법상의 제 권리 중 저작권과 가장 유사하다고 할 수 있고, 저작권법 제36조 제1항 본문은 저작재산권의 보호기간을 저자의 사망 후 50년으로 규정하고 있으므로 이를 유추적용하여 퍼블리시티권의 존속기한도 해당자의 사후 50년으로 해석함이 상당하다고 할 것이다.

(4) 판 단

돌이켜 이 사건에 관하여 보건대, 위 인정 사실에 의하면 피고 회사가 이 사건 상품권을 최초로 발행할 당시 이효석이 사망한 때로부터 약 62년이 경과하였으므로 결국 그 시점에서 이효석의 퍼블리시티권은 더이상 독점적 권리로서 보호될 수 없었다고 보아야 할 것이어서 원고의 이 부분 청구 역시 받아들일 수 없다.

라. 원고의 명예훼손으로 인한 손해배상청구에 관한 판단

(생략)

생각할 점

퍼블리시티권의 상속성은 인정될 수 있는가? 인정된다면 그 존속기간을 제한할 법적인 근거는 있는가?

자. 기 타

▮**참고문헌:** 김현진, "디지털 자산의 사후 처리에 관한 소고", 저스티스 147호(2015. 4); 오병철, "인격적 가치 있는 온라인 디지털정보의 상속성", 가족법연구 27권 1호, 2013; 임채웅, "디지털 유산의 상속성에 관한 연구", 가족법연구 28권 2호, 2014

유류분반환청구권(1115조), 공동상속인의 1인이 상속재산분할 전에 상속분을 양도한 경우 다른 공동상속인의 양수권(1011조), 상속의 승인 또는 포기를 할 수 있는 권리(1021조 참조) 등과 같은 상속법상의 권리는 상속의 대상이다. 상속회복청구권이 상속의 대상이 되는가에 관하여는 논란이 있다는 점은 앞에서 보았다.

반면 친족법상의 권리는 특별한 경우를 제외하고는 상속되지 않는다. 이혼청구권은 일신전속적인 것이어서 상속되지 않는다. 부부관계는 사망으로 인하여 소멸하기 때문이다. 그러므로 이혼소송이 계속 중 부부 일방이 사망하면 그 소송은 당연히 종료한다. 그 외의 상속이 인정되지 않는 친족법상의 권리로는 자의 약혼·혼인·입양에 대한 부모의 동의권(802조, 808조, 870조 등) 등이 있다.

근래에는 인터넷 온라인상에 존재하는 디지털 정보(이른바 디지털 자산)가 상속될 수 있는가에 대하여 논의가 있는데, 이를 부정하는 견해가 없는 것은 아니지만, 인정하여야 할 것이다. 다만 디지털 정보를 성질에 따라 분류하여 그 상속성 여부를 판단해야 한다는 견해도 있다(주해상속 1/이봉민, 158).

3. 제사용 재산의 특별승계

▮참고문헌: 권태상, “자신의 유체(遺體)에 관한 사망자의 인격권”, 단국대 법학논총 33권 2호, 2009; 김영란, “상속세법 제8조의2 2항 2호의 ‘민법 제1008조의3에 규정하는 재산’의 하나인 금양임야의 의미와 그 승계”, 대법원판례해설 22호, 1995; 김판기, “분묘 등의 승계에 관한 민법 제1008조의3의 해석론”, 충북대 법학연구 21권 3호, 2010; 민유숙, “민법 제1008조의3에 의한 금양임야의 의미와 그 승계”, 대법원판례해설 49호, 2004; 송경근, “제사주재자의 결정방법과 망인 자신의 유체·유골(遺體·遺骨)에 관한 처분행위의 효력 및 사자(死者)의 인격권”, 대법원판례해설 77호, 2009; 송영민, “사체 및 인체로부터 파생된 물질의 귀속권자”, 의료법학 4권 2호, 2003; 이경희, “민법상 제사용재산의 승계에 관한 일고찰”, 아세아여성법학 5호, 2002; 이승원, “제사주재자 지위 확인의 소의 이익”, 대법원판례해설 93호, 2013; 이준형, “소유권에 기한 유체인도청구의 허용여부”, 의료법학 11권 1호, 2010; 이진기, “제사주재자의 결정과 제사용재산”, 고려법학 56호, 2010; 임미원, “대법원의 유체인도 판결의 법철학적 고찰”, 법조 2013. 8; 전효숙, “제사주재자의 결정방법”, 이화여대 법학논집 14권 3호, 2010; 정구태, “제사주재자의 결정방법에 관한 소고”, 경희법학 45권 4호, 2010; 정긍식, “제사용 재산의 귀속주체”, 민사판례연구 22권, 2000; 최행식, “사자의 인격권과 유체·유해에 대한 권리”, 원광법학 27권 2호, 2011; 현소혜, “제사주재자의 지위와 확인의 이익”, 민사판례연구 39권, 2017

가. 의 의

1008조의3은 [분묘등의 승계]라는 표제 하에 “분묘에 속한 1정보 이내의 금양임야와 600평 이내의 묘토인 농지, 족보와 제구의 소유권은 제사를 주재하는 자가 이를 승계한다”라고 규정하고 있다. 이를 보통 제사용 재산의 특별승계라고 하는데, 1008조의3은 공동상속인이 있는 경우에도 제사용 재산은 공동상속하는 것이 아니라 제사를 주재하는 자가 단독으로 승계하는 것으로 하여, 공동상속의 예외를 인정하고 있다.

원래 우리나라의 전통법상으로는 종법제(宗法制)에 따라 조상의 제사를 위한 재산이나 조상의 분묘 등은 장자·장손으로 하여금 승계하게 하였고, 민법 제정시에는 이를 호주상속의 효력으로서 금양임야 등을 호주상속인이 단독으로 승계하게 하고 있었는데(996조), 1990년에 민법이 개정되어 호주상속제도를 호주승계제도로 바꾸면서 규정의 위치와 내용 일부를 개정하였다.

대법원 2008. 11. 20. 선고 2007다27670 전원합의체 판결은, 제사용 재산을 일반 상속재산과 같이 공동상속인들 사이에서 분배하는 것은 우리 사회 구성원들의 정서에 맞지 않을 뿐만 아니라, 그와 같이 할 경우 제사봉행을 위한 제사용 재산은 상속을 거듭할수록 분산(分散)·산일(散逸)되어 결국 제사용 재산으로서 기능할 수 없게 될 것이므로, 제사용 재산은 일반 상속재산과는 다른 특별재산으로서 일반 상속재산에 관한 공동균분의 법리가 적용되지 않는다고 보아야 한다고 설명하였다.

그리고 헌법재판소 2008. 2. 28. 선고 2005헌바7 결정은, 1008조의3 중 '분묘에 속한 1정보 이내의 금양임야와 600평 이내의 묘토인 농지…의 소유권은 제사를 주재하는 자가 이를 승계한다'는 부분이 헌법에 위반되지 않는다고 하였다.

나. 제사용 재산의 범위

(1) 분묘에 속한 1정보(町步) 이내의 금양임야(禁養林野)

금양임야라고 하는 것은 "금송배양(禁松培養)"의 약칭으로, 원래 조선시대에 묘를 설치한 사람이 묘를 둘러싼 임야에서 다른 사람의 소나무 벌채를 금하고 소나무를 기르는 것을 가리켰다. 그러므로 민법이 규정하고 있는 금양임야란, 그 안에 분묘를 설치하고 이를 수호하기 위하여 금양하고 있는 사유임야를 뜻한다. 따라서 묘를 설치할 예정인 임야는 민법에서 규정하는 금양임야가 아니며, 묘를 설치한 경우에 비로소 금양임야로 된다. 또 분묘가 있더라도 임야의 현황과 관리상태에 비추어 그것이 분묘를 수호하기 위하여 벌목을 금지하고 나무를 기르는 임야로 볼 수 없는 경우에도 금양임야라고 할 수 없다(대법원 2004. 1. 16. 선고 2001다79037 판결. 같은 취지, 대법원 2011. 1. 27. 선고 2010다78739 판결). 묘와 금양임야가 반드시 1필지에 속하여 있을 필요는 없으나, 묘와 금양임야가 따로 분리되어 있다면 이는 분묘에 속한 금양임야라고 할 수 없다. 대법원 1997. 11. 28. 선고 96누18069 판결은, 금양임야가 수호하는 분묘의 기지가 제3자에게 이전된 경우에도 그 분묘를 사실상 이전하기 전까지는 그 임야는 여전히 금양임야로서의 성질을 가진다고 하였다.

문제는, 선조의 분묘 여러 기가 몰려 있는 경우에 1정보를 넘는가 유무를 분묘 1기를 단위로 하여 따질 것인가, 아니면 분묘 전체에 대하여 1정보를 넘을 수 없는가 하는 점이다. 학설로서는 분묘 1기당 1정보를 넘는가 여부를 따져야 한다는 설이 있으나(박병호, 273), 판례의 태도는 다소 유보적이다. 대법원 1994. 4. 26. 선고 92누19330 판결은 분묘에 속한 묘토의 경우에는 분묘 매 1기당 600평 이내를 기준으로 하여야 한다고 하면서도, 금양임야의 범위에 관하여는 별론으로 한다고 하였다.

그리고 1정보를 훨씬 초과하는 임야에 묘가 있는 경우에는 금양임야의 범위는 1정보에 제한된다. 구체적으로 어느 부분이 금양임야에 해당하는가에 관하여 "조상의 분묘가 소재하는 장소, 지형, 방향, 위치, 나무의 수령 및 밀집정도 등을 고려하여 혈통을 같이하는 자손들이 금양임야로서 보존하여 왔는지 여부에 따라서 정하여야 한다"고 판시한 하급심 판결례(서울지법 서부지원 1993. 5. 14. 선고 92가합13523 판결)가 있다.

⑵ 600평 이내의 묘토(墓土)

묘토인 농지란 그 수익으로써 분묘 관리와 제사의 비용에 충당되는 농지를 말한다. 판례는 분묘에 속한 묘토의 경우에는 분묘 매 1기당 600평 이내를 기준으로 하여야 한다고 보았다(대법원 1994. 4. 26. 선고 92누19330 판결; 1996. 3. 22. 선고 93누19269 판결). 여기서 묘토는 상속개시 당시에 이미 묘토로서 사용되고 있는 것만을 말하고, 원래 묘토로 사용되지 아니하던 농지를 상속개시 후 묘토로 사용하기로 한 경우는 해당하지 아니한다(대법원 1996. 9. 24. 선고 95누17236 판결).

대법원 2006. 7. 4. 선고 2005다45452 판결은, '묘토인 농지'란 그 수익으로서 분묘관리와 제사의 비용에 충당되는 농지를 말하는 것으로, 단지 그 토지상에 분묘가 설치되어 있다는 사정만으로 이를 묘토인 농지에 해당한다고 할 수는 없으며, 망인 소유의 묘토인 농지를 제사주재자로서 단독으로 승계하였음을 주장하는 자는, 피승계인의 사망 이전부터 당해 토지가 농지로서 거기에서 경작한 결과 얻은 수익으로 인접한 조상의 분묘의 수호 및 관리와 제사의 비용을 충당하여 왔음을 증명하여야 할 것이라고 하였다.

⑶ 족보(族譜) 및 제구(祭具)

족보는 조상 대대의 계통을 기록한 책자이다. 대동보, 파보, 계보, 보첩 등 여러 가지의 명칭이 있다.

제구는 제사를 올리기 위하여 동원되는 일체의 기구이다. 사당{祠堂(家廟)}도 포함된다.

⑷ 분묘, 묘비 등

분묘나 묘비 그 자체에 대하여는 법률에 직접적인 규정이 없으나, 이 또한 금양임야 등과 마찬가지로 취급하여야 할 것이다. 1990년 민법 개정 전의 판례도, 분묘의 철거 및 그 점거부분 임야의 인도를 청구함에 있어서는 동 분묘의 처분권한을 가진 호주상속인을 상대로 하여야 한다고 하였다(대법원 1976. 9. 14. 선고 76다1095 판결). 또 비석은 분묘와 일체를 이루는 제구로서 그것이 비록 타인에 의해 설치되었더라도 제사를 주재하는 자의 소유에 속한다(대법원 1993. 8. 27. 선고 93도648 판결 참조).

(5) 유해, 유골

유해, 유골이 소유권의 객체로 될 수 있는가, 그 권리가 누구에게 귀속되는가 하는 점은 앞에서 설명하였다. 이것이 제사주재자에게 승계된다고 보는 설이 다수설이고, 판례(대법원 2023. 5. 11. 선고 2018다248626 전원합의체 판결, [판례 57] 등)이다.

다. 제사를 주재하는 자

위와 같은 금양임야 등 제사용 재산은 "제사를 주재하는 자"가 승계한다. 그런데 민법은 누가 제사를 주재하는가에 대하여는 규정하고 있지 않다. 그렇다면 제사는 누가 주재하는가? 종래 판례는, 종손(宗孫)이 있는 경우라면 그가 제사를 주재하는 자의 지위를 유지할 수 없는 특별한 사정이 있는 경우를 제외하고는 일반적으로 선조의 분묘를 수호·관리하는 권리는 종손에게 있으므로, 종손 아닌 자가 제사주재자로서 분묘에 대한 관리처분권을 가지고 있다고 하기 위하여는 우선 종손에게 제사주재자의 지위를 유지할 수 없는 특별한 사정이 인정되어야 한다고 하였다(대법원 1997. 9. 5. 선고 95다51182 판결; 1997. 11. 28. 선고 96누18069 판결; 2000. 9. 26. 선고 99다14006 판결 등).

그런데 대법원 2008. 11. 20. 선고 2007다27670 전원합의체 판결은 판례를 변경하여, 제사주재자는 우선적으로 망인의 공동상속인들 사이의 협의에 의해 정해져야 하되, 협의가 이루어지지 않는 경우에는 특별한 사정이 있지 않은 한 망인의 장남(장남이 이미 사망한 경우에는 장손자)이 제사주재자가 되고, 공동상속인들 중 아들이 없는 경우에는 망인의 장녀가 제사주재자가 된다고 판시하였다.

그러나 이러한 다수의견 또한 장남과 연장자를 우선시킨다는 점에서 문제가 있다. 그런데 대법원 2023. 5. 11. 선고 2018다248626 전원합의체 판결([판례 57])은, 위 2007다27670 판결을 변경하여, 공동상속인들 사이에 협의가 이루어지지 않는 경우에는 제사주재자의 지위를 인정할 수 없는 특별한 사정이 있지 않는 한 피상속인의 직계비속 중 남녀, 적서를 불문하고 최근친의 연장자가 제사주재자로 우선한다고 보는 것이 가장 조리에 부합한다고 하였다. 그러나 이 또한 연장자를 우선시킨다는 점에서 문제가 있다. 그러므로 제사주재자에 관하여 상속인들 사이에 협의가 이루어지지 않으면 법원이 여러 가지 사정을 고려하여 결정하여야 한다고 봄이 타당할 것이다(위 2007다27670 판결에서의 김영란, 김지형 대법관의 반대의견; 2018다248626 판결에서의 4인의 별개의견 참조). 비록 가사소송법이 이러한 사건을 가사사건으로 규정하고 있지는 않으므로 제사주재자의 결정이 독립된 가사사건이 될 수는 없지만, 유체의 관리 등에 관하여 상속인들 사이에 분쟁이 있는 경우에는 법원은 그 재판의 전제로서 누가 제사주재자인가에 대하여 판단할 수 있는 것이다.

대법원 2017. 9. 26. 선고 2017두50690 판결은, 국립묘지에 안장된 사람의 장남이 국립묘지 외의 장소로 이장하겠다는 신청을 한 경우, 국립묘지를 관리하는 행정청으로서는 유족들 모두의 동의가 없다면 이장 신청을 거부할 수 있다고 하면서, 위 전원합의체 판결은 공법(公法)인 국립묘지법에 의하여 매장 유골의 관리·수호권을 취득한 국립묘지관리소장에 대한 관계에서 곧바로 원용될 수는 없다고 하였다.

제사를 주재하는 자가 1인이어야 하는가에 관하여도 설이 갈린다. 1인이어야 한다는 견해와 예외적으로 수인일 수도 있다는 견해가 있다. 그러나 위 2018다248626 전원합의체 판결은, 민법 1008조의3은 제사용 재산의 특수성을 고려하여 제사용 재산을 유지·보존하고 그 승계에 관한 법률관계를 간명하게 처리하기 위하여 일반 상속재산과 별도로 특별승계를 규정하고 있으므로, 이러한 취지를 고려하면 어느 정도 예측 가능하면서도 사회통념상 제사주재자로서 정당하다고 인정될 수 있는 특정한 1인을 제사주재자로 정해야 할 필요가 있다고 하였다.

그리고 대법원 2007. 6. 28. 선고 2005다44114 판결은, 분묘의 수호 관리나 봉제사에 대하여 현실적으로 또는 관습상 호주상속인인 종손이 그 권리를 가지고 있다면 그 권리는 종손에게 전속하는 것이고 종손이 아닌 다른 후손이나 종중에서 관여할 수는 없으나, 공동선조의 후손들로 구성된 종중이 선조 분묘를 수호 관리하여 왔다면 분묘의 수호 관리권 내지 분묘기지권은 종중에 귀속한다고 하였다. 다른 한편 대법원 2012. 9. 13. 선고 2010다88699 판결은, 당사자 사이에 구체적인 권리 또는 법률관계와 관련성이 있는 경우에 그 다툼을 해결하기 위한 전제로서 제사주재자 지위의 확인을 구하는 것은 법률상의 이익이 있지만, 그러한 권리 또는 법률관계와 무관하게 종중 내에서 단순한 제사주재자의 자격에 관한 시비 또는 제사절차를 진행할 때에 종중의 종원 중 누가 제사를 주재할 것인지 등과 관련하여 제사주재자 지위의 확인을 구하는 것은 그 확인을 구할 법률상 이익이 있다고 할 수 없다고 하였다. 이는 제사상속을 부정한 조선고등법원 1933. 3. 3. 판결과 같은 취지이지만(위 제1장 Ⅱ. 1.), 반드시 확인의 이익이 없다고 볼 것인지는 의문이다.

[판례 57] 대법원 2023. 5. 11. 선고 2018다248626 전원합의체 판결

1. 나. 쟁점

이 사건 쟁점은 장례 후 유골함에 담겨 봉안된 소외 1의 유해에 대한 권리가 공동상속인들 중 누구에게 있는가이다. 이는, 피상속인의 유체·유해를 민법 제1008조의3 소정의 제사용재산에 준해서 보아 제사주재자가 이를 승계하되 제사주재자는 공동상속인들 사이에 협의가 이루어지지 않는 경우 그 지위를 유지할 수 없는 특별한 사정이 있지 않는 한 장남 또는 장손자 등 남성 상속인이라고 판시한 대법원 2008. 11. 20. 선고 2007다27670 전원합의체 판결(이하 '2008년 전원합의체 판결'이라 한다)을 유지할 것인지, 그렇지 않다면 제사주재자를 어떻게 정해야 하는지의 문제이다.

(생략)

2. 나. 그러나 공동상속인들 사이에 협의가 이루어지지 않는 경우 제사주재자 결정방법에 관한 2008년 전원합의체 판결의 법리는 더 이상 조리에 부합한다고 보기 어려워 유지될 수 없다. 그 이유는 다음과 같다.

1) 조리는 일반적으로 사물의 이치, 본질적 법칙 등으로 이해되거나, 사회적 의미를 중시하여 사람의 이성이나 양식에 기하여 생각되는 사회공동생활의 규범, 법의 일반원칙, 사회적 타당성, 형평, 정의 등으로 해석된다(대법원 2021. 4. 29. 선고 2017다228007 전원합의체 판결 참조). 이러한 조리에 근거한 법규범은 헌법을 최상위 규범으로 하는 전체 법질서에 부합하면서 사회적으로 통용되고 승인될 수 있어야 한다. 그런데 사회관념과 법의식의 변화가 법질서에 영향을 미치는 것과 같이, 조리에 근거한 법규범 역시 고정불변의 것이 아니라 사회관념과 법의식의 변화에 따라 현재의 시대상황에 적합하게 변화할 수 있다. 따라서 과거에는 조리에 부합하였던 법규범이라도 사회관념과 법의식의 변화 등으로 인해 헌법을 최상위 규범으로 하는 전체 법질서에 부합하지 않게 되었다면, 대법원은 전체 법질서에 부합하지 않는 부분을 배제하는 등의 방법으로 그러한 법규범이 현재의 법질서에 합치하도록 하여야 한다.

2) 공동상속인들 사이에 협의가 이루어지지 않는 경우 특별한 사정이 없는 한 장남 또는 장손자 등 남성 상속인을 제사주재자로 우선하는 것은 아래와 같이 성별에 의한 차별을 금지한 헌법 제11조 제1항 및 개인의 존엄과 양성의 평등에 기초한 혼인과 가족생활의 성립과 유지를 보장하는 헌법 제36조 제1항의 정신에 합치하지 않는다.

(생략)

다. 공동상속인들 사이에 협의가 이루어지지 않는 경우에는 제사주재자의 지위를 인정할 수 없는 특별한 사정이 있지 않는 한 피상속인의 직계비속 중 남녀, 적서를 불문하고 최근친의 연장자가 제사주재자로 우선한다고 보는 것이 가장 조리에 부합한다. 그 이유는 다음과 같다.

1) 법적 안정성과 판례의 규범력을 확보하기 위하여는 불가피하게 기존의 판례를 바꾸는 경우에도 그 범위를 되도록 제한적으로 하여야 한다(대법원 2013. 2. 21. 선고 2010도10500 전원합의체 판결의 별개의견 참조). 특히 제사와 같이 관습에 바탕을 둔 제도에 있어서는 기존의 생활양식, 이에 대한 사회 일반의 인식 등을 고려할 때 종래와 완전히 다른 방식을 새롭게 채택하는 것에 신중해야 한다. 2008년 전원합의체 판결에서 조리에 부합한다고 본 제사주재자 결정방법이 현재의 법질서와 조화되지 않는다면 기존 법규범의 연장선상에서 현재의 법질서에 부합하도록 이를 조금씩 수정·변형함으로써 명확하고 합당한 기준을 설정할 필요가 있다.

2) 민법 제1008조의3은 제사용 재산의 특수성을 고려하여 제사용 재산을 유지·보존하고 그 승계에 관한 법률관계를 간명하게 처리하기 위하여 일반 상속재산과 별도로 특별승계를 규정하고 있다. 이러한 취지를 고려하면 어느 정도 예측 가능하면서도 사회통념상 제사주재자로서 정당하다고 인정될 수 있는 특정한 1인을 제사주재자로 정해야 할 필요가 있다. 특히 공동상속인들이 장례방법이나 장지 등을 둘러싸고 서로 망인의 유체에 대한 권리를 주장하는 경우, 공동의 제사주재자를 인정하는 것은 분쟁해결에 도움이 되지 않는다.

3) 제사는 기본적으로 후손이 조상에 대하여 행하는 추모의식의 성격을 가지므로, 제사주재자를 정할 때 피상속인과 그 직계비속 사이의 근친관계를 고려하는 것이 자연스럽다. 다만 직계비속 중 최근친인 사람들이 여러 명 있을 경우에 그들 사이의 우선순위를 정하기 위한 기준이 필요한데, 연령은 이처럼 같은 순위에 있는 사람들 사이에서 특정인을 정하기 위한 최소한의 객관적 기준으로 삼을 수 있다. 같은 지위와 조건에 있는 사람들 사이에서는 연장자를 우선하는 것이 우리의 전통 미풍양속에 부합할 뿐만 아니라, 실제 장례나 제사에서도 직계비속 중 연장자가 상주나 제사주재자를 맡는 것이 우리의 문화와 사회 일반의 인식에 합치한다는 점에서도 그러하다.

(생략)

결국 피상속인의 직계비속 중 최근친의 연장자를 제사주재자로 우선하는 것은 현행 법질서 및 사회 일반의 보편적 법인식에 부합한다고 볼 수 있다.

4) 한편 피상속인의 직계비속 중 최근친의 연장자라고 하더라도 제사주재자의 지위를 인정할 수 없는 특별한 사정이 있을 수 있다. 이러한 특별한 사정에는, 2008년 전원합의체 판결에서 판시한 바와 같이 장기간의 외국 거주, 평소 부모를 학대하거나 모욕 또는 위해를 가하는 행위, 조상의 분묘에 대한 수호·관리를 하지 않거나 제사를 거부하는 행위, 합리적인 이유 없이 부모의 유지 또는 유훈에 현저히 반하는 행위 등으로 인하여 정상적으로 제사를 주재할 의사나 능력이 없다고 인정되는 경우뿐만 아니라, 피상속인의 명시적·추정적 의사, 공동상속인들 다수의 의사, 피상속인과의 생전 생활관계 등을 고려할 때 그 사람이 제사주재자가 되는 것이 현저히 부당하다고 볼 수 있는 경우도 포함된다.

라. 이와 달리 공동상속인들 사이에 제사주재자 결정에 관한 협의가 이루어지지 않는 경우 특별한 사정이 없는 한 장남 또는 장손자 등 남성 상속인이 제사주재자로 우선한다고 본 2008년 전원합의체 판결은 이 판결의 견해와 배치되는 범위에서 변경하기로 한다.

마. 이와 같이 제사주재자 결정방법에 관한 대법원의 견해 변경은 부계혈족인 남성 중심의 가계계승에 중점을 두었던 관습상 제사제도의 근간을 바꾸는 것이다. 그런데 만약 새로운 법리를 소급하여 적용하면 종전 전원합의체 판결을 신뢰하여 형성된 제사용 재산 승계의 효력에 바로 영향을 미침으로써 법적 안정성과 당사자의 신뢰 보호에 반하게 된다. 따라서 새로운 법리는 이 판결 선고 이후에 제사용 재산의 승계가 이루어지는 경우에만 적용된다고 봄이 타당하다(2008년 전원합의체 판결에서도 제사주재자 결정방법에 관한 새로운 법리는 그 판결 선고 이후에 제사용 재산의 승계가 이루어지는 경우에만 적용된다고 보았으므로, 그 판결의 선고일인 2008. 11. 20. 이후부터 이 판결 선고 이전에 제사용 재산의 승계가 이루어진 사안에서는 여전히 2008년 전원합의체 판결의 법리가 적용된다).

다만 대법원이 새로운 법리를 선언하는 것은 이 사건의 재판규범으로 삼기 위한 것이므로 이 사건에는 새로운 법리를 소급하여 적용하여야 한다(대법원 2005. 7. 21. 선고 2002다1178 전원합의체 판결, 2008년 전원합의체 판결 참조).

생각할 점

이 판결의 별개의견은, 공동상속인들 사이에 협의가 성립되지 않아 망인의 유체·유해에 대한 권리의무의 귀속이 다투어지는 경우, 법원은 제반 사정을 종합적으로 고려하여 누가 유체·유해의 귀속자로 가장 적합한 사람인지를 개별적·구체적으로 판단하여야 하고, 따라서 다수의견과 달리, 여기에는 배우자가 포함된다고 하였다. 반면 다수의견에 대한 보충의견은, 주로 제사용 재산도 그 승계의 원인이 발생하는 즉시 대내외적으로 승계인이 누구인지 알 수 있는 명확하고 객관적인 기준을 제시할 필요성이 매우 크다는 점을 강조하여 다수의견이 정당하다고 주장한다. 어느 의견이 설득력이 있는가? 윤진수, "이용훈 대법원의 민법 판례", 민법논고 Ⅶ, 2015, 566-569 참조.

라. 제사를 주재하는 자에 의한 승계

제사용 재산이 제사를 주재하는 자에게 승계되면 다음과 같은 효과가 인정된다.

첫째, 제사용 재산에 관하여 상속인들 공동 명의로 상속을 원인으로 소유권이전등기가 경료되더라도 이는 무효이다(대법원 1993. 5. 25. 선고 92다50676 판결; 1997. 11. 28. 선고 96누18069 판결 등).

둘째, 제사용 재산은 상속분이나 유류분의 산정기초가 될 수 없고, 특별수익으로도 되지 않으며, 재산분리(1045조)의 대상에서도 제외된다.

셋째, 위 규정에 의한 제사용 재산의 승계자는 피상속인의 사망시에 법률상 당연히 권리를 승계하여 상속포기의 대상에서 제외되고, 따라서 상속을 포기하더라도 제사용 재산의 승계는 인정된다. 마찬가지로 상속인이 한정승인을 하더라도 제사용 재산은 책임재산에 포함되지 않는다.

넷째, 제사용 재산은 상속세 과세가액에서 제외된다(相贈 12조 3호).

다섯째, 제사용 재산이라 하여 그 승계인이 임의로 처분할 수 없는 것은 아니다.

대법원 2006. 7. 4. 선고 2005다45452 판결은, 상속회복청구권의 제척기간이 구 민법 996조(1008조의3)에 의한 승계에도 적용된다고 하였다.

마. 1008조의3에 대한 입법론적 비판

1008조의3에 대하여는, 제사용 재산을 보통의 재산과 동시하여 그것과 같게 다룬다는 것은 국민감정이나 습속에 부합하지 않고, 이에 공동상속을 인정한다면 제사용 재산은 결국 흩어져 버릴 것이라면서 그 필요성을 인정하는 견해(곽윤직, 70)가 있는 반면, 위 규정이 가(家)제도를 옹호하고 장남의 실질적인 특권을 인정하는 결과를 초래하며, 제사용 재산의 승계를 둘러싼 상속인간의 분쟁을 부채질할 것이라는 비판과, 간접적으로 제사승계를 인정하는 위 규정은 헌법이 보장하는 종교의 자유에 반하고, 조상의 제사에는 물심양면에 걸쳐 상당한 부담이 되므로 이를 1인에게 승계시키는 것은 가혹하다는 주장 등이 있다. 이러한 입법론적 비판은 별도로 하더라도, 위 규정에서 말하는 제사주재자가 누구인지가 규정상 명확하지 않은 점은 문제이다. 상속인들 사이에 이에 관하여 협의가 이루어지지 않으면, 제사주재자의 결정을 가사소송법상 가사사건으로 하여 가정법원이 결정하도록 하는 것이 법적으로 명확할 것이다.

Ⅴ. 공동상속과 상속분

1. 공동상속

▮**참고문헌:** 김병선, "소유권이전등기의무의 공동상속에 관한 판례의 태도", 경상대학교 법학연구 21권 2호, 2013; 김세진, "임대차관계의 공동상속에 따른 법률관계와 공동소송의 형태," 법조 2012. 12; 김운호, "채무상속", 재판자료 78집, 1998; 김찬미, "임대인의

지위를 공동상속한 상속인들이 부담하는 임차보증금 반환채무의 성질", 대법원판례해설 127호, 2021; 박일환, "상속재산의 분할과 공동상속인들의 소유권이전등기의무와의 관계", 민사재판의 제문제 9권, 1997; 신영호, 공동상속론, 1987; 전원열, "채권의 공동상속", 일감법학 35호, 2016; 한승수, "임대인 지위의 공동상속과 보증금반환의무", 민사법학 97호, 2021; 허상수, "공동상속", 재판자료 78집, 1998

가. 공동상속재산의 공유

1006조는 "상속인이 수인인 때에는 상속재산은 공유로 한다"고 규정하고 있다. 그럼에도 불구하고 과거에는 공유설과 합유설이 대립하고 있었다. 이 문제를 어떻게 파악하는가에 따라, 가령 상속재산에 관한 소송이 필수적 공동소송인가 하는 점 등 여러 가지에서 차이를 가져온다.

프랑스 민법은 로마법을 따라 공동상속재산을 공유로 파악하고, 독일 민법은 게르만법의 영향으로 이를 합수적 공동체로 파악한다. 종래의 합유설은 독일법의 영향을 받은 것이지만, 우리 민법은 이 점에 관하여 프랑스 민법을 계수하였고, 1015조 단서가 상속재산분할의 소급효를 제한하고 있어서 상속재산에 속하는 개개의 재산을 임의로 처분할 수 있음을 전제로 하고 있는 점(합유설에서는 이를 부정한다) 등에 비추어 보면 공유설이 타당하다.

판례는 민법 시행 전에는 공동상속재산의 성질을 합유로, 그에 관한 소유권이전등기말소소송을 필수적 공동소송으로 본 것도 있었으나(대법원 1957. 5. 2. 선고 4289민상379 판결), 그 후에는 공동상속재산은 공동상속인들의 공유이고(대법원 1988. 2. 23. 선고 87다카961 판결 등 다수) 따라서 그에 관한 소송은 필수적 공동소송이 아니라고 보고 있다(대법원 1993. 2. 12. 선고 92다29801 판결 등).

다만 대법원 2011. 6. 24. 선고 2009다8345 판결은, 상속인이 유언집행자가 되는 경우를 포함하여 유언집행자가 수인인 경우에는 유증 목적물에 대한 관리처분권은 유언의 본지에 따른 유언의 집행이라는 공동의 임무를 가진 수인의 유언집행자에게 합유적으로 귀속된다고 하였으나, 이는 유언의 집행에 한정된 것으로 이해하여야 할 것이다.

나. 채권·채무의 공동상속

채권이나 채무가 공동상속된 경우에, 그것이 성질상의 불가분채권 또는 채무일 때에는 별 문제가 없고, 성질상의 가분채권 또는 채무일 때에 대하여는 견해의 대립이 있다. 이때 민법상 분할채권 또는 채무에 관한 규정(408조)이 공유에 관한 규정보다 우선 적용되어 분할채권 또는 분할채무가 된다면, 상대방 채권자 또는 채무자에게 불이익을 가져올 수 있다. 즉 피상속인의 채무자는 공동상속인 중 1인에게 그에게 부담하는 실제 채무액을 초과하여 변제함으로써 다른 상속인에게 또다시 변제를 하여야 할 수도 있고, 피상속인의 채권자는 공동상속인 중 일부가 무자력하게 되면 다른 공동상속인들에게는 무자력 상속인의 상속채무를 청구하지 못하게 되어 그 무자력의 위험을 부담하여야 하기 때문이다. 그리하여 공동상속재산 일반에 관하여는 공유설을 취하면서도, 가분채권에 관하여는 상속채무자는 상속인 전원에 대하여만 이행할 수 있고, 가분채무에 관하여는 불가분채무 또는 연대채무가 된다는 설(김주수·김상용, 702-704. 같은 취지, 이경희·윤부찬, 463), 가분채권 아닌 가분채무의 경우에는 불가분채무가 된다는 설(곽윤직, 130-131) 등이 있다.

그러나 판례{대법원 1962. 5. 3. 선고 4294민상1105 판결(공동상속채권); 1983. 6. 14. 선고 82누175 판결(공동상속채무) 등} 및 통설은 408조가 공유에 관한 규정에 우선 적용된다는 이유로 분할채권 또는 분할채무가 된다고 본다. 다만 가분채권이라도 상속재산분할의 대상이 될 수는 있다(아래 Ⅵ. 2. 가. 참조). 한편 판례는 소유권이전등기의무도 분할된다고 보는 것으로 여겨지지만(대법원 1979. 2. 27. 선고 78다2281 판결), 이는 불가분채무라고 보는 설도 있다.

한편, 판례는 공동임대인의 임대차보증금 반환채무를 불가분채무로 보고 있는데(대법원 1998. 12. 8. 선고 98다43137 판결), 임대인의 지위를 공동상속한 경우에도 공동상속인의 임대차보증금반환채무는 불가분채무가 된다(대법원 2021. 1. 28. 선고 2015다59801 판결).

그리고 연대채무자 중 1인을 공동상속한 경우에 관하여 우리나라의 학설상으로는 각 공동상속인은 연대채무자로서 전액급여의무가 있다고 하는 설이 있다(이경희·윤부찬, 463 등). 그러나 일반적으로 가분채무에 관하여 분할설을 따르는 이상 공동상속인들도 각 상속분의 범위 내에서 연대채무자와 연대채무를 부담한다고 보아야 할 것이다. 따라서 A, B, C 3인이 3,000만원의 연대채무를 부담하고 있었는데, A가 사망하여 X, Y, Z가 각 공동상속인이 되었고, 그들의 상속분이 동일하다면, X, Y, Z는 각 1,000만원씩 다른 연대채무자인 B, C와 연대하여 지급할 의무가 있다.

한편 대법원 2003. 12. 26. 선고 2003다11738 판결은, 택지개발예정지구 내의 확정된 이주자택지 공급대상자가 한국토지공사에게 가지는 이주자택지에 관한 공급계약을 체결할 수 있는 청약권을 공동상속인이 공동으로 상속하는 경우에는 공동상속인들이 그 상속지분비율에 따라 피상속인의 청약권을 준공유하게 되며, 공동상속인들은 단독으로 청약권 전부는 물론 그 상속지분에 관하여도 이를 행사할 수 없고, 그 청약권을 준공유하고 있는 공동상속인들 전원이 공동으로만 이를 행사할 수 있으므로 위 청약권에 기하여 청약의 의사표시를 하고, 그에 대한 승낙의 의사표시를 구하는 소송은 청약권의 준공유자 전원이 원고가 되어야 하는 고유필수적 공동소송이라고 하였다.

그리고 대법원 2022. 7. 14. 선고 2021다294674 판결은, 위 2003다11738을 인용하면서, 청약저축 가입자가 사망하여 공동상속인들이 그 권리를 공동으로 상속하는 경우에는 그 상속인들이 청약저축 예금계약을 해지하려면, 금융기관과 사이에 다른 내용의 특약이 있다는 등의 특별한 사정이 없는 한 상속인들 전원이 해지의 의사표시를 하여야 한다고 판시하였다.

2. 법정상속분

▮참고문헌: 강명구, "현행법상 배우자 재산상속제도의 개선방안에 관하여", 가족법연구 28권 3호, 2014; 김기환, "생존배우자 거주권", 저스티스 171호, 2019; 김상용, "자녀의 유류분권과 배우자 상속분에 관한 입법론적 고찰", 민사법학 36호, 2007; 김상용, "사망으로 혼인이 해소된 경우 생존배우자의 재산권 보호", 중앙법학 17집 2호, 2015; 박태준, "심판에 의한 상속재산분할", 법조 2000. 2; 안영하, "기여분과 대습상속인의 상속분", 성균관법학 20권 2호, 2008; 윤진수, "배우자의 상속법상 지위 개선 방안에 관한 연구", 가족법연구 33권 1호, 2019; 전경근, "배우자상속분의 현황과 전망", 아주법학 7권 3호, 2013; 정구태, "2014년 법무부 민법개정위원회의 상속법 개정시안에 대한 비판적 단상", 강원법학 41(Ⅱ)권, 2014; 정다영, "배우자 상속의 강화방안", 가족법연구 31권 3호, 2017; 정진아, "우리나라의 배우자 상속 개선방안 모색", 가족법연구 35권 3호, 2021; 조은희, "배우자 법정상속의 강화에 대한 재검토", 가족법연구 23권 3호, 2009; 지원림, "배우자상속에 관한 연구", 민사법학 100호, 2022; 차선자, "상속법에서 공정과 배우자보호", 비교사법 29권 1호, 2022; 현소혜, "배우자 거주권 제도의 도입 필요성과 도입방안", 가족법연구 33권 1호, 2019; 홍순기, "배우자상속권 강화에 관한 법무부 개정시안 검토", 국민대 법학논총 27권 2호, 2014

가. 상속분의 개념

상속분(Erbteil)은 공동상속의 경우에 각 공동상속인이 차지할 몫을 말한다. 그러나 민법은 이 상속분이라는 용어를 다소 다의적으로 쓰고 있다.

첫째, 공동상속인이 상속재산의 총액에 대하여 취득하게 될 비율의 의미로 상속분이라는 용어를 쓰는 경우이다. 가령 공동상속인 A와 B의 상속분은 각 1/2이라고 하는 것과 같다. 이를 법정상속분이라고 한다. 1007조, 1009조에서 말하는 상속분은 대체로 이러한 의미이다.

둘째, 공동상속인이 취득할 상속재산의 가액을 상속분이라고 하기도 한다. 다시 말하여 상속재산의 총액이 10억원이고, 공동상속인 A의 추상적 상속분이 1/5이면 그가 취득할 상속재산의 가액은 2억원이 되는 셈이다. 실제로는 법정상속분을 기준으로 한 가액에서 특별수익을 공제하고 기여분을 가산하여야 한다. 이를 구체적 상속분이라고 부르기도 한다. 1008조와 1008조의2에서 말하는 상속분이 이를 의미한다. 특히 1008조는 상속분이라는 용어를 두 번 쓰고 있는데("공동상속인 중에 피상속인으로부터 재산의 증여 또는 유증을 받은 자가 있는 경우에 그 수증재산이 자기의 '상속분'에 달하지 못한 경우에는 그 부족한 부분의 한도에서 '상속분'이 있다"), 앞의 것은 본래 받았을 상속분(본래의 상속분)을 의미하고, 뒤의 것은 결과적으로 받게 되는 상속분(결과의 상속분)을 의미한다.

셋째, 상속재산분할 전의 공동상속인의 지위, 즉 상속재산 전체에 대하여 각 공동상속인이 가지는 포괄적 권리 내지 법률상 지위를 가리키기도 한다. 1011조의 상속분은 이러한 의미이다.

일본 민법 902조 1항은 '지정상속분'이라는 표제 아래, 피상속인은 유언으로 공동상속인의 상속분을 정하거나 또는 그것을 정하는 것을 제3자에게 위탁할 수 있다고 규정하고 있다. 우리나라에서도 피상속인은 유언에 의하여 공동상속인의 상속분을 지정할 수 있고, 다만 상속채무에 대해서는 그것을 부담할 비율을 유언으로 지정할 수 없다고 설명하는 설이 있으며, 대법원 2001. 2. 9. 선고 2000다51797 판결([판례 60])도 지정상속분이라는 용어를 쓰고 있다. 그러나 민법은 이러한 규정을 두고 있지 않고, 상속인에 대한 포괄적 유증이 인정되어 상속분을 지정하는 것과 같은 효과가 있다 하더라도 이는 유증의 효과일 뿐이며, 포괄적 수유자의 지위는 여러 가지로 상속인의 지위와 다르므로 지정상속분이라는 용어는 바람직하다고 할 수 없다.

나. 법정상속분

(1) 동순위 상속인 사이의 상속분

동순위의 상속인이 수인인 경우에는 그 상속분은 균분으로 한다(1009조 1항). 과거에는 상속인이 호주상속인인지 아닌지, 남자인지 여자인지, 여자 중에서도 출가녀인지 아닌지에 따라 상속분이 달랐으나, 현재는 원칙적으로 균분으로 하고 있다.

(2) 배우자의 상속분

피상속인의 배우자가 직계비속 또는 직계존속과 공동으로 상속하는 때에는, 그 직계비속 또는 직계존속의 상속분의 5할을 가산한다(1009조 2항).

일방 배우자가 사망한 경우에 타방 배우자가 취득하는 상속분은 혼인관계가 쌍방 배우자 생존 중에 이혼 등의 이유로 해소되는 경우에 받는 재산분할의 액수와는 같지 않아서 불균형이 생길 수 있다. 그리하여 근래에는 이러한 문제를 해결하기 위하여, 배우자의 상속분을 상속재산의 일정한 비율(1/2 또는 2/3)으로 고정시키거나, 생존 배우자가 먼저 재산분할을 받든지 선취분으로서 일정 부분을 먼저 취득하고, 나머지를 전체 상속인이 법정상속분에 따라 상속하도록 하자는 주장이 입법론으로서 제기되고 있다.

2006. 11. 7. 정부는 국회에 배우자의 상속분은 상속재산의 5할로 할 것을 내용으로 하는 1009조 2항 개정안을 제출하였으나, 이 개정안은 국회의 임기만료로 폐기되었다.

(3) 대습상속인의 상속분

대습상속인의 상속분은 사망 또는 결격된 자(피대습인)의 상속분에 의하고, 피대습인의 직계비속 또는 배우자가 수인일 때에는 (1)과 (2)의 원칙에 따라 정한다(1010조).

(4) 구체적인 실례

(i) 피상속인 A(남자)가 사망하고 그의 상속인으로 처 B, 자녀 C, D, E, F, G가 있다고 하면 B : C : D : E : F : G의 상속분의 비는 각 1.5 : 1 : 1 : 1 : 1 : 1이고, 각 상속분은 처 B 3/13, 나머지 자녀들은 각 2/13이다.

(ii) 피상속인 A(여자)가 사망하고 그의 상속인으로는 남편 B, 친정부모 C, D가 있다고 하면 B의 상속분은 3/7, C, D의 상속분은 각 2/7이다.

(iii) 피상속인 A(남자)가 사망하고 그의 상속인으로 처 B, 딸 C, A보다 먼저 사망한 장남 D의 대습상속인인 처 D_1, 아들 D_2, 딸 D_3이 있다면 각 상속분의 비는 1.5 : 1 : 1(3 : 2 : 2)이므로 결국 상속분은 21 : 14 : 6 : 4 : 4가 된다.

(5) 1990. 12. 31. 이전의 상속분

(ⅰ) 1960. 1. 1.부터 1978. 12. 31.까지의 상속분

민법 제정 후 1978년까지는 재산상속인이 동시에 호주상속을 할 때에는 상속분은 그 고유의 상속분의 5할을 가산하였고, 여자의 상속분은 남자의 상속분의 1/2이었으며 동일가적 내에 없는 여자의 상속분은 남자의 상속분의 1/4이었고, 피상속인의 처의 상속분은 직계비속과 공동으로 상속하는 때에는 남자의 상속분의 1/2이고 직계존속과 공동으로 상속하는 때에는 남자의 상속분과 균분으로 하였다. 대습상속의 경우에는 처만 상속인이 되고 부(夫)는 상속인이 되지 못하였다. 처가 피상속인인 때에는 부(夫)는 그 직계비속과 동순위로 공동상속인이 되고, 직계비속이 없는 때에는 단독상속인이 되었다.

대법원 1979. 11. 27. 선고 79다1332, 1333 전원합의체 판결은 '동일가적 내에 없는 여자'라는 것은 상속할 지위에 있는 여자가 혼인 등 사유로 인하여 타가에 입적함으로써 상속인의 자격에서 이탈하여 가적을 달리할 경우를 지칭함이지 피상속인인 모가 이혼으로 인하여 친가에 복적함으로써 상속인인 딸과 가적을 달리하게 된 경우까지를 포함하는 것은 아니라고 하였다.

(ⅱ) 1979. 1. 1.부터 1990. 12. 31.까지의 상속분

1977년 개정되어 1979. 1. 1. 시행된 개정 민법상으로는, 동일가적 내에 있는 여자의 상속분은 남자의 그것과 같고(동일가적 내에 없는 여자의 상속분은 1/4), 피상속인의 처의 상속분은 직계비속 또는 직계존속과 공동으로 상속할 때에는 각 직계비속 또는 직계존속의 상속분의 1/2을 가산하는 것으로 되었다.

3. 특별수익

▌**참고문헌**: 권재문, "상속분 양도와 제1008조의 특별수익", 민사법학 97호, 2021; 박원철, "배우자 특별수익에 관한 하급심 실무동향 및 분석", 가족법연구 35권 1호, 2021; 윤진수, "상속재산분할에 있어서 초과특별수익의 취급", 민법논고 V, 2011; 윤진수, "초과특별수익이 있는 경우 구체적 상속분의 산정방법", 민법논고 V, 2011; 이동진, "배우자의 특별수익, 기여분, 유류분", 사법 56호, 2021; 이봉민, "무상의 상속분 양도가 유류분 산정을 위한 기초재산에 산입되는지 여부", 대법원판례해설 129호, 2022; 이봉민, "특별한 부양 내지 기여에 대한 대가인 생전 증여가 특별수익에 해당하는지 여부", 대법원판례해설 131호, 2022; 이은정, 특별수익 반환의 법리에 관한 연구: 민법 제1008조의 해석을 중심으로, 고려대학교 법학박사학위논문, 1996; 이은정, "특별수익 반환가액의 산정", 경북대학교 법학논고 35집, 2011; 이진우, "상속분 조정 제도의 본질과 몇 가지 쟁점", 가족법연구 36권

1호, 2022; 정구태, "생명보험과 특별수익, 그리고 유류분", 고려법학 62호, 2011; 정구태, "대습상속과 특별수익, 그리고 유류분", 안암법학 45권, 2014; 정다영, "특별수익과 배우자의 상속분", 입법과 정책 10권 1호, 2018; 정현수, "상속분(相續分)의 선급(先給)으로서 특별수익에 관한 재론(再論)", 홍익법학 15권 4호, 2014; 홍진희·김판기, "생명보험금과 민법 제1008조 특별수익과의 관계", 법조 2012. 5; 황정규, "상속재산분할사건 재판실무", 재판자료 102집, 2003

1009조에 의한 법정상속분은 다음의 두 가지 요소에 의하여 수정되게 된다. 하나는 1008조가 규정하고 있는 특별수익이고, 다른 하나는 1008조의2가 규정하고 있는 기여분제도이다.

가. 의의 및 법적 성질

1008조는 공동상속인 중에 피상속인으로부터 재산의 증여 또는 유증을 받은 자가 있는 경우에 그 수증재산이 자기의 상속분에 달하지 못한 때에는 그 부족한 부분의 한도에서 상속분이 있다고 규정한다. 이를 보통 "특별수익의 반환"이라고 하나, 실제로는 현실적으로 특별수익을 반환하는 것이 아니라, 구체적 상속분을 계산함에 있어서 재산의 증여 또는 유증을 받은 액수를 상속재산에 포함시켜 상속분을 계산하는 것뿐이므로, '반환'보다는 '조정'이라고 부르는 것이 적당하다.

특별수익에 관하여 이러한 규정을 두는 이유는 일반적으로 상속인들 사이의 형평 내지 공평을 꾀하기 위한 것이라고 설명하고 있다. 판례(대법원 1995. 3. 10. 선고 94다16571 판결 등)도, 1008조는 공동상속인 중에 피상속인으로부터 재산의 증여 또는 유증을 받은 특별수익자가 있는 경우에, 공동상속인들 사이의 공평을 기하기 위하여 그 수증재산을 상속분의 선급으로 다루어, 구체적인 상속분을 산정함에 있어 이를 참작하려는 데 그 취지가 있다고 설명하였다. 독일에서는 이 외에 상속인들을 평등하게 취급하려는 피상속인의 추정적 의사도 고려한 것이라는 설명이 있으나, 생전처분으로 그 대상을 제한하고 있는 독일 민법(2050조)과는 달리 유증받은 것도 특별수익에 포함시키는 우리 민법의 해석으로는 이러한 설명에는 다소 난점이 있다.

나. 특별수익자

(1) 공동상속인 중 증여 또는 유증을 받은 자

특별수익자는 공동상속인 중에서 증여 또는 유증을 받은 자이다. 독일 민법은 피상속인의 직계비속이 상속인이 된 경우에 한정하고 있으나, 우리 민법에는 그러한 제한이 없다. 헌재 2017. 4. 27. 선고 2015헌바24 결정은, 특별수익자가 배우자인 경우 특별수익 산정에 관한 예외규정을 두지 않았다고 하더라도 배우자인 상속인의 재산권을 침해한다고 볼 수 없다고 하였다. 반면 상속을 포기한 자는 처음부터 상속인이 아니었던 것이 되므로(1042조), 그는 특별수익에 의한 조정의무가 없다. 그러나 한정승인을 한 상속인은 특별수익자가 될 수 있다. 상속결격 사유가 발생한 이후에 결격된 자가 피상속인으로부터 직접 증여를 받은 경우, 그 수익은 상속인의 지위에서 받은 것이 아니므로 특별수익에 해당하지 않는다(대법원 2015. 7. 17.자 2014스206, 207 결정).

(2) **대습상속인**

대습상속이 이루어진 경우 피대습인이 특별수익을 받았으면 대습상속인에게 조정의무가 인정되는가? 특별수익의 조정이 공동상속인들 사이의 형평이라는 견지에서 인정되는 점에 비추어 볼 때 인정함이 타당할 것이다. 대법원 2022. 3. 17. 선고 2020다267620 판결도, 피대습인이 대습원인의 발생 이전에 피상속인으로부터 생전 증여로 특별수익을 받은 경우 그 생전 증여는 대습상속인의 특별수익으로 봄이 타당하다고 하였다. 그러나 대습상속인이 피대습인을 통하여 피대습인의 특별수익으로 현실적으로 경제적 이익을 받고 있을 때에 한하여 특별수익을 반환할 의무가 있다고 하는 반대설도 있다(김주수·김상용, 711).

다른 한편 대습상속인이 피상속인으로부터 특별수익을 받았으면 어떠한가? 부정설은, 대습상속인이 현실적으로 공동상속인의 자격을 취득하게 된 시점, 즉 피대습인이 사망 또는 상속결격으로 된 때를 기준으로 하여, 그 이전에 받은 수익에 관하여는 조정의무가 없으나, 그 이후에 받은 수익에 관하여는 조정의무가 있다고 한다. 이에 반하여 그 수익의 시점을 묻지 않고 항상 반환하여야 한다는 긍정설도 있다(김주수·김상용, 710-711). 이 설은 특별수익 제도가 상속인간의 불균형을 조정하려는 것이므로, 수익자가 수익 당시 상속인이 될 지위에 있었는가 여부는 물을 필요가 없다는 점을 그 근거로 든다.

대법원 2014. 5. 29. 선고 2012다31802 판결은 부정설에 따르고 있다. 그 근거로서는 대습상속인이 대습원인의 발생 이전에 피상속인으로부터 증여를 받은 경우 이는 상속인의 지위에서 받은 것이 아니므로 상속분의 선급으로 볼 수 없고, 이를 상속분의 선급으로 보게 되면, 피대습인이 사망하기 전에 피상속인이 먼저 사망하여 상속이 이루어진 경우에는 특별수익에 해당하지 아니하던 것이 피대습인이 피상속인보다 먼저 사망하였다는 우연한 사정으로 인하여 특별수익으로 되는 불합리한 결과가 발생한다는 점을 들고 있다.

(3) 수익 당시에는 상속인이 될 지위에 있지 않았던 자

피상속인의 배우자 또는 양자로 되어 그 결과 피상속인을 상속하게 된 자가 그러한 신분을 취득하기 전에 수익을 받은 경우는 어떠한가? 원칙적으로는 조정의무가 없으나, 그러한 수익이 신분취득과 견련관계에 있는 때, 예컨대 양자로 될 사람이라서, 또는 배우자가 될 사람이라서 증여를 하였다고 하는 경우에는 조정의 대상이 된다고 하는 설(박병호, 335)이 있는 반면, 이때에는 1008조가 수증한 공동상속인이 수증 당시에 이미 추정상속인의 지위에 있었을 것을 요하지는 않는다는 이유로 조정의무가 있다는 설(곽윤직, 102; 김주수·김상용, 711-712 등)과, 대습상속인이 대습원인 발생 이전에 받은 증여가 특별수익에 해당하지 않는다는 판례(대법원 2014. 5. 29. 선고 2012다31802 판결) 등에 비추어 특별수익에 해당하지 않는다는 설(주해상속 1/이봉민, 183)이 있다. 참고로 프랑스 민법 846조는 이러한 자는 증여자의 반대의 의사표시가 없는 한 조정의무가 없다고 규정한다.

한편 다른 상속인이 특별수익을 받을 당시에 상속인 자격이 없었던 사람이 그 후 상속인 자격을 갖추게 된 경우에 그 특별수익의 조정을 요구할 수 있는가? 이를 요구할 수 없다는 설도 있으나, 그와 같이 본다면 공동상속인 자격을 뒤늦게 갖춘 사람이 불리하게 되므로 이를 긍정함이 타당하다(주해상속 1/이봉민, 184).

(4) 간접적으로 이익을 얻은 공동상속인

피상속인이 상속인의 부모나 자녀 또는 배우자에게 증여를 하였고 그러한 수증자를 통하여 상속인이 간접적으로 이익을 얻었다 하더라도 원칙적으로는 상속인은 조정의무를 지지 않는다. 다만 형식적으로는 상속인 이외의 자에게 증여하였더라도 실질적으로 상속인에 대한 증여라고 볼 수 있을 때에는 조정의무를 인정할 수 있다(대법원 2007. 8. 28.자 2006스3, 4 결정).

(5) 포괄적 수유자

상속인이 아닌 자로서 포괄적 유증을 받은 포괄적 수유자는 상속인과 동일한 권리의무가 있다(1078조). 이 점에서 원래는 공동상속인이 아닌 포괄적 수유자도 특별수익 조정의무가 있는가가 문제되는데, 일반적으로는 포괄적 수유자에 대한 증여는 생전분재(生前分財)의 성질이 없고, 피상속인의 의사도 포괄적 수유자에 대하여 유증한 전액을 증여할 의사를 가진 것이지, 그 비율의 증감을 예상하지는 않은 것으로 봄이 타당하다고 하여 이를 부정한다.

다. 특별수익

(1) 개　관

우리 민법은 이러한 조정의무가 인정되는 특별수익으로서 포괄적으로 "재산의 증여 또는 유증"을 들고 있어, 구체적으로 어느 것이 이에 해당하는지가 불분명하다. 독일 민법 2050조에 의하면 유증은 특별수익에 포함되지 않고, 생전증여 가운데에는 독립자금(Ausstattung)과 보조금(Zuschüsse) 및 직업준비교육을 위한 비용(Aufwendungen für die Vorbildung zu einem Beruf)이 특별수익이 된다. 이때 독립자금이라 함은, 자녀가 그 혼인이나 독립적인 생활을 하기 위하여, 또는 그 사업이나 생활을 하기 위하여 부모로부터 받는 자금을 말하고, 보조금이라 함은 소비를 위한 수입으로서 반복적, 규칙적으로 주어지는 돈을 말한다. 이 중에서 독립자금은 항상 조정의무의 대상이 되지만, 다른 두 가지는 피상속인의 재상상태에 상당한 정도를 초과할 때에만 조정의무의 대상이 된다. 일본 민법은 조정의 대상으로 유증과, 혼인, 입양을 위하여 또는 생계의 자본으로서 증여를 받은 것만을 들고 있다. 이러한 외국의 입법례는 우리 민법의 해석에서도 참고할 수 있을 것이다.

(2) 유　증

유증은 원칙적으로 모두 조정의 대상이 된다. 그러나 앞에서도 언급한 바와 같이, 유증을 조정의무의 대상으로 하는 것은 피상속인의 의사를 존중한다는 면에서 볼 때에는 문제가 있다. 입법론적으로는 유증을 유류분반환의 대상으로 하면 충분할 것이다(1115조 참조).

(3) 증　여

(가) 생전증여

생전증여의 경우에는 위와 같은 외국의 입법례를 참작하여 해석상 그 범위를 제한하여야 한다는 주장이 유력하다. 그리하여 그 기준으로, 첫째, 당해 생전증여가 수증자에게 장차 상속재산 중의 그의 몫의 일부를 미리 주는 것인지 여부, 둘째, 비교적 소액의 증여인지 여부, 셋째, 상속인 사이의 형평을 고려하고, 넷째, 증여자의 자산, 수입, 생활수준 등을 참작해야 한다고 한다(곽윤직, 104-105). 구체적으로는 부양을 위한 비용은 증여로 볼 것이 아니고, 관례적 선물(생일, 입학, 졸업, 학위취득, 혼인 등의 축하를 위한 것 등)도 제외되며, 용돈과 같이 독일 민법의 보조금에 상당하는 것도 포함되지 않는다고 한다.

대법원 1998. 12. 8. 선고 97므513, 520, 97스12 판결([판례 59])은, 어떠한 생전증여가 특별수익에 해당하는지는 피상속인의 생전의 자산, 수입, 생활수준, 가정상황 등을 참작하고 공동상속인들 사이의 형평을 고려하여, 당해 생전증여가 장차 상속인으로 될 자에게 돌아갈 상속재산 중의 그의 몫의 일부를 미리 주는 것이라고 볼 수 있는지의 여부에 의하여 결정하여야 할 것이라고 하여 6,200만원의 증여를 특별수익으로 보았다.

다른 한편 대법원 2011. 12. 8. 선고 2010다66644 판결은, 생전증여를 받은 상속인이 배우자로서 일생 동안 피상속인의 반려가 되어 그와 함께 가정공동체를 형성하고 이를 토대로 서로 헌신하며 가족의 경제적 기반인 재산을 획득·유지하고 자녀들에 대한 양육과 지원을 계속해 온 경우, 그 생전증여에는 위와 같은 배우자의 기여나 노력에 대한 보상 내지 평가, 실질적 공동재산의 청산, 배우자의 여생에 대한 부양의무의 이행 등의 의미도 함께 담겨있다고 봄이 상당하므로, 그러한 한도 내에서는 위 생전증여를 특별수익에서 제외하더라도 자녀인 공동상속인들과의 관계에서 공평을 해친다고 말할 수 없다고 하였다. 그러나 이 판결의 이론적인 근거는 반드시 명확하지 않았다. 학설로서는 기여의 대가는 특별수익이 아니라는 전제에서, 유류분반환청구에서 기여분을 고려할 수 없다는 문제점을 완화하기 위하여, 사실상 특별수익의 결정에서 기여분을 고려한 것으로 이해하는 견해, 생존배우자의 상속권을 일부 보완한 것이라는 견해, 배우자의 사전적 재산분할을 인정한 취지라는 견해 등이 있었다.

그런데 대법원 2022. 3. 17. 선고 2021다230083, 230090 판결([판례 58])은, 형제자매 사이의 유류분반환청구 사건에서, 피상속인으로부터 생전 증여를 받은 상속인이 피상속인을 특별히 부양하였거나 피상속인의 재산의 유지 또는 증가에 특별히 기여하였고, 피상속인의 생전 증여에 상속인의 위와 같은 특별한 부양 내지 기여에 대한 대가의 의미가 포함되어 있는 경우와 같이 상속인이 증여받은 재산을 상속분의 선급으로 취급한다면 오히려 공동상속인들 사이의 실질적인 형평을 해치는 결과가 초래되는 경우에는 그러한 한도 내에서 생전 증여를 특별수익에서 제외할 수 있다고 하여, 첫째의 견해와 가까운 것으로 이해된다. 다만 이 판결은, 피상속인의 생전 증여를 만연히 특별수익에서 제외하여 유류분제도를 형해화시키지 않도록 신중하게 판단하여야 한다고 하였다.

혼인을 위한 증여에는 혼수감의 준비금·지참금 등은 포함된다. 다만 예식비용은 부모의 체면치레를 위한 지출의 성질이 강하므로 제외되고, 혼인당사자에게 현금을 지급하고 그 상속인의 책임으로 예식을 올린 때에는 특별수익이 된다는 견해(곽윤직, 105)가 있다.

사회적·경제적으로 독립하기 위하여 주는 자금, 예컨대 사업에 필요한 자금을 받거나 집을 사는 데 필요한 자금을 대 주는 것은 특별수익으로 보아야 할 것이다. 상당액의 증여는 특별한 사정이 없는 한 모두 특별수익으로 이해하여도 무방하다(위 대법원 1998. 12. 8. 선고 97므513, 520, 97스12 판결, [판례 59] 참조).

그리고 교육비에 관하여는, 중고등학교의 교육은 특별수익이 되지 않으나, 대학교육은 장차 독립하기 위한 기초가 되고 또한 생활능력을 갖추게 되는 기초이므로 독립자금이 되어야 하고, 다만, 공동상속인 모두가 피상속인으로부터 대학교육의 학비를 제공받은 때에는 각 상속인이 받은 학비간에 차이가 있더라도 특별수익으로서 고려할 것은 아니라는 견해(곽윤직, 106)가 있다.

(나) 생명보험금·사망퇴직금 등

학설상 특별수익 여부가 문제되는 것으로는 생명보험금과 사망퇴직금 등이 있다. 이들을 상속재산으로 볼 수 없다는 점은 앞에서 설명하였으나, 특별수익과의 관계에 관하여는 이를 특별수익으로 보는 견해가 많다. 그 근거는 생명보험금은 피상속인이 지급한 보험료의 대가라는 실질을 가지고, 사망퇴직금도 실질적으로는 미지급 임금의 증여라는 성질을 가지는데, 이를 특별수익으로 보지 않으면 공동상속인들 간의 실질적 형평을 해친다는 데 있다. 반면 반대설은, 피상속인이 특정의 상속인을 보험수익자로 지정하는 의사를 존중해야 하고, 보험금은 상속인의 고유재산이고 상속재산은 아니며, 생명보험금청구권은 실질적으로 보험계약자 또는 피보험자의 재산에 속한 것이라고 할 수 없고, 생명보험금을 수령하는 지위에 있는 상속인은 공동상속인 중에서 피상속인과 가장 밀접한 관계에 있는 자이기 때문에 실질적인 형평이라는 견지에서도 원칙적으로는 특별수익이 아니고 예외적으로만 특별수익성을 인정해야 한다고 한다. 일본 판례는 이와 같이 본다{최고재판소 2004. 10. 29. 판결(民集 58-7, 1979)}.

생명보험금을 특별수익으로 보는 때에 그 액을 어떻게 인정할 것인가와 관련하여, 피상속인이 지급한 보험료라는 설, 보험금 전액이라는 설, 피상속인인 보험계약자가 사망할 당시에 보험계약을 해지하였더라면 받을 금액이라는 설 등이 있다. 相贈 시행령 4조 1항은 보험수익자가 취득한 금액에 보험료 부담자인 피상속인이 사망시까지 지급한 보험료의 지급된 보험료의 총액에 대한 비율을 곱하여 산정한 금액을 상속재산으로 본다. 즉 (지급받은 보험금의 총합계액)×(피상속인이 부담한 보험료액)÷(피상속인의 사망시까지 납입된 보험료의 총합계액)이다. 유류분 산정에 관한 대법원 2022. 8. 11. 선고 2020다247428 판결도 피상속인이 제3자를 생명보험계약의 수익자로 지정하여 제3자가 생명보험금을 수령하는 경우, 피상속인은 보험수익자인 제3자에게 유류분 산정의 기초재산에 포함되는 증여를 하였다고 봄이 타당하고, 이때의 증여 가액은 특별한 사정이 없으면 이미 납입된 보험료 총액 중 피상속인이 납입한 보험료가 차지하는 비율을 산정하여 이를 보험금액에 곱하여 산출한 금액으로 할 수 있다고 판시하였다.

㈐ 상속의 포기

공동상속인 중 한 사람이 상속을 포기함으로써 결과적으로 다른 상속인의 상속분이 늘어나게 된 경우에, 이를 상속포기자가 다른 상속인에게 증여한 것으로 볼 수 있는가에 관하여, 대법원 2012. 4. 16.자 2011스191, 192 결정은 상속포기의 소급효를 이유로 이를 부정하였다. 즉 상속의 포기는 상속이 개시된 때에 소급하여 그 효력이 있고(1042조), 포기자는 처음부터 상속인이 아니었던 것이 되므로, 수인의 상속인 중 1인을 제외한 나머지 상속인들의 상속포기 신고가 수리되어 결과적으로 그 1인만이 단독상속하게 되었다고 하더라도 그 1인의 상속인이 상속포기자로부터 그 상속지분을 유증 또는 증여받은 것이라고 볼 수 없다는 것이다.

㈑ 무상의 상속분 양도

공동상속인이 다른 공동상속인에게 무상으로 자신의 상속분을 양도하는 것은 특별한 사정이 없는 한 1008조의 증여에 해당한다(대법원 2021. 7. 15. 선고 2016다210498 판결). 상속재산 분할협의에 따라 상속분이 무상으로 양도된 것으로 볼 수 있는 경우에도 마찬가지이다(대법원 2021. 8. 19. 선고 2017다230338 판결). 그러나 이들 판례가 상속의 포기는 특별수익으로 볼 수 없다는 위 대법원 2012. 4. 16.자 2011스191, 192 결정과 모순되지 않는지 검토할 필요가 있다.

㈒ 증여의 시기

특별수익에 산입되는 증여는 그 시기를 묻지 않는다.

[판례 58] 대법원 2022. 3. 17. 선고 2021다230083, 230090 판결

1. 유류분에 관한 민법 제1118조에 따라 준용되는 민법 제1008조는 '특별수익자의 상속분'에 관하여 "공동상속인 중에 피상속인으로부터 재산의 증여 또는 유증을 받은 자가 있는 경우에 그 수증재산이 자기의 상속분에 달하지 못한 때에는 그 부족한 부분의 한도에서 상속분이 있다."라고 정하고 있다. 이는 공동상속인 중에 피상속인으로부터 재산의 증여 또는 유증을 받은 특별수익자가 있는 경우에 공동상속인들 사이의 공평을 기하기 위하여 그 수증재산을 상속분의 선급으로 다루어 구체적인 상속분을 산정하는 데 참작하도록 하기 위한 것이다(대법원 1996. 2. 9. 선고 95다17885 판결 등 참조). 여기서 어떠한 생전 증여가 특별수익에 해당하는지는 피상속인의 생전의 자산, 수입, 생활수준, 가정상황 등을 참작하고 공동상속인들 사이의 형평을 고려하여 당해 생전 증여가 장차 상속인으로 될 자에게 돌아갈 상속재산 중 그의 몫의 일부를 미리 주는 것이라고 볼 수 있는지에 의하여 결정하여야 한다(대법원 2011. 12. 8. 선고 2010다66644 판결 등 참조).

따라서 피상속인으로부터 생전 증여를 받은 상속인이 피상속인을 특별히 부양하였거나 피상속인의 재산의 유지 또는 증가에 특별히 기여하였고, 피상속인의 생전 증여에 상속인의 위와 같은 특별한 부양 내지 기여에 대한 대가의 의미가 포함되어 있는 경우와 같이 상속인이 증여받은 재산을 상속분의 선급으로 취급한다면 오히려 공동상속인들 사이의 실질적인 형평을 해치는 결과가 초래되는 경우에는 그러한 한도 내에서 생전 증여를 특별수익에서 제외할 수 있다. 여기서 피상속인이 한 생전 증여에 상속인의 특별한 부양 내지 기여에 대한 대가의 의미가 포함되어 있는지 여부는 당사자들의 의사에 따라 판단하되, 당사자들의 의사가 명확하지 않은 경우에는 피상속인과 상속인 사이의 개인적 유대관계, 상속인의 특별한 부양 내지 기여의 구체적 내용과 정도, 생전증여 목적물의 종류 및 가액과 상속재산에서 차지하는 비율, 생전 증여 당시의 피상속인과 상속인의 자산, 수입, 생활수준 등을 종합적으로 고려하여 형평의 이념에 맞도록 사회일반의 상식과 사회통념에 따라 판단하여야 한다. 다만 유류분제도가 피상속인의 재산처분행위로부터 유족의 생존권을 보호하고 법정상속분의 일정비율에 해당하는 부분을 유류분으로 산정하여 상속인의 상속재산 형성에 대한 기여와 상속재산에 대한 기대를 보장하는 데 그 목적이 있는 점(헌법재판소 2010. 4. 29. 선고 2007헌바144 결정 참조)을 고려할 때, 피상속인의 생전 증여를 만연히 특별수익에서 제외하여 유류분제도를 형해화시키지 않도록 신중하게 판단하여야 한다.

2. 원심판결 이유에 의하면 다음과 같은 사실을 알 수 있다.

가. 소외 1(이하 '피상속인'이라 한다)은 2018. 4. 24. 사망하였고, 상속인으로 자녀들인 원고(반소피고, 선정당사자), 선정자 소외 2, 소외 3(이하 '원고들'이라고만 한다), 피고(반소원고, 이하 '피고'라고만 한다) 및 소외 4가 있다. 피상속인은 생전에 피고에게 원심판결 별

지 부동산 목록 기재 각 토지(이하 '이 사건 토지'라 한다)를 증여하고, 소유권이전등기를 해 주었다.

나. 피고는 피상속인이 72세 남짓이던 1984. 6.경부터 107세의 나이로 사망할 때까지 34년 동안 제주에서 피상속인과 동거하며 피상속인을 부양해 왔다. 피고는 그동안 피상속인의 치료비로 약 1억 2,000만 원을 지출하였다.

다. 원고들은 피고가 피상속인을 부양하는 동안 제주를 떠나 생활하면서 피상속인과 교류를 사실상 단절하였고, 피상속인에 대한 부양의무를 이행하지 않았다.

라. 한편 피고의 부(父)가 1963년경 약 45만 원의 보증채무를 부담하게 되었고 이로 인해 배우자인 피상속인과 갈등이 심각해지자, 피고는 1968년경 약 7년 간 교사로 재직하면서 저축한 돈으로 위 보증채무 약 45만 원을 대신 변제하였다.

마. 피상속인은 2005. 12.경 자녀 소외 4와 피고에게 "피고가 과거 부친의 채무를 대신 갚아 준 것을 돌려주지 못한 것이 평생의 한이 되었다. 피고에게 진 빚을 갚는 대신 이 사건 토지를 주겠다."고 말하였고, 소외 4에게 "이 사건 토지를 피고에게만 주는 것을 너무 서운하게 생각하지 말고 조금도 이의를 갖지 말라."라고 당부한 바 있다.

3. 위와 같은 사실관계를 앞에서 본 법리에 따라 살펴보면 다음과 같이 판단할 수 있다.

피고의 피상속인에 대한 기여나 부양의 정도와 피상속인의 의사 등을 고려할 때, 피상속인이 피고에게 이 사건 토지를 증여한 것은 피고의 특별한 기여나 부양에 대한 대가의 의미로 봄이 타당하다. 이러한 경우 피고가 증여받은 이 사건 토지를 상속분의 선급으로 취급한다면 오히려 공동상속인들 사이의 실질적인 형평을 해치는 결과가 초래되므로, 이 사건 토지는 피고의 특별수익이라고 보기 어렵다.

해 설

이봉민, 대법원판례해설 131호

라. 구체적 상속분의 산정

이러한 특별수익을 고려하여 구체적 상속분을 산정하는 방법은 다음과 같다. 즉 [피상속인이 상속개시 당시 가지고 있었던 재산의 가액]에 [공동상속인에 대한 생전증여의 가액]을 가산하고(이를 상정상속재산(想定相續財産)이라고 부르기도 한다), 여기에 다시 각 공동상속인별로 법정상속분을 곱하여 얻은 가액(즉, 본래의 상속분)에서 각 상속인의 특별수익의 액을 공제하여 남은 액수를 구체적 상속분으로 한다(대법원 1995. 3. 10. 선고 94다16571 판결 참조). 유증된 재산이나 사인증여된 재산은 상속재산에 포함되므로, 이를 따로 상속재산에 가산하여 상정상속재산을 정하는 것은 아니다.

{상속재산+공동상속인에 대한 생전증여}=상정상속재산
상정상속재산×법정상속분=당해 상속인의 본래의 상속분
본래의 상속분-특별수익=구체적 상속분

이를 공식으로 나타낸다면 다음과 같다.

F = (A + B) × C − (D + E)
A: 상속개시 당시에 현존하는 상속재산의 가액
B: 특별수익인 생전증여 전체의 가액
A + B: 상정상속재산
C: 법정상속분
(A + B) × C: 본래의 상속분
D: 당해 상속인의 생전증여 수증액
E: 당해 상속인의 수유액 및 사인증여 수증액
F: 구체적 상속분

(1) 소극재산을 상속재산에 포함시킬 것인지 여부

통설과 판례(대법원 1995. 3. 10. 선고 94다16571 판결 등)는 '피상속인이 상속개시 당시 가지고 있던 재산의 가액'은 상속재산 가운데 적극재산의 전액을 가리키고, 상속의 대상이 되는 적극재산으로부터 소극재산, 즉 피상속인이 부담하고 있던 상속채무를 공제한 차액에 해당하는 순재산액이 아니라고 한다. 학설은 그 근거로서, 첫째, 청산절차를 도외시하고 있는 현행상속법의 상속개시 후의 현실적 절차를 생각하면 소극재산을 제외하는 것이 적절한 방법이고, 둘째, 순재산액을 기초로 하면, 자기의 법정상속분을 넘는 특별수익을 얻은 초과특별수익자는 상속채무를 전혀 부담하지 않게 되어 심히 균형을 잃게 되며, 셋째, 피상속인이 특별수익을 준 행위에 채무의 분담을 면제하는 의사까지 포함되어 있다고 추측할 수는 없고, 넷째, 상속채무를 공제하여 계산하면 공동상속인 사이에서 상속채무액을 확정하는 것이 불가능할 뿐만 아니라 상속채권자와의 사이에 채무의 존부에 관해서 다툼이 있는 때에는 상속재산분할이 곤란하고 복잡하게 된다는 점을 든다. 이 이외에 민법이 유류분의 산정에 관하여는 1113조 1항에서 채무의 전액을 공제한다는 점을 명시하고 있음에도 1008조에서는 그에 관하여 언급이 없다는 점을 들기도 한다. 대법원 1995. 3. 10. 선고 94다16571 판결은 위 둘째의 근거를 들었다.

이처럼 상속재산의 가액 산정에서 제외되는 상속채무는 공동상속인들 사이에서 어떻게 분배되어야 하는가? 이에 관하여는 각 공동상속인이 본래의 법정상속분에 따라 분담하는 방법, 1008조에 의하여 산출된 각 공동상속인의 구체적 상속분에 따라 분담하는 방법, 각 공동상속인이 취득한 상속이익(본래의 상속분)에 좇아 산출하는 방법 등을 생각할 수 있다.

첫 번째 방법에 의할 때에는 특별수익자의 구체적 상속분이 특별수익만큼 감소하여 현실로 취득할 수 있는 몫은 작은데도 불구하고 상속채무는 법정상속분대로 부담하게 되어 경우에 따라서는 구체적 상속분이 영(零)인데도 상속채무는 부담하는 결과가 되고, 두 번째 방법에 의할 때에는 특별수익자의 채무분담이 작아지게 되어, 결과적으로 특별수익자에게 부당한 이익을 준다는 문제점이 있다. 현재의 통설은 첫 번째 방법이 계산이 간단하고, 상속채권자로서도 누가 어느 정도의 채무를 부담하느냐가 용이하게 판명되며, 민법도 특별한 규정을 두고 있지 않으므로 첫 번째 방법이 타당하다고 하며, 판례도 같은 취지이다(대법원 1995. 3. 10. 선고 94다16571 판결).

(2) 상속재산 및 증여가액의 평가시점

상속재산 및 특별수익은 어느 시점을 기준으로 하여 평가하는가? 이 점에 관하여는 몇 가지의 설이 대립한다. 주로 상속개시시와 실제의 상속재산분할시 중 어느 것을 기준으로 할 것인가가 문제되며, 이 이외에 특별수익의 평가에 관하여는 이행시설도 주장된다.

분할시설은 상속개시시에 구체적 상속분이 확정되면 안정된다고 하는 것은 단지 관념적인 것에 지나지 않고, 상속분의 산정은 상속분할을 위하여 필요한 것이라는 점 등을 근거로 든다(박병호, 337). 그러나 통설은 구체적 상속분의 산정을 위한 상속재산 및 특별수익의 평가시점은 상속개시시라고 한다. 이 설은 그 근거로서 기여분에 관한 1008조의2가 상속개시 당시를 기준으로 하고 있는 점, 상속재산분할시를 기준으로 한다면 분할시까지 구체적 상속분이 물가변동에 따라 부단히 변화하게 되어 불안정하다는 점, 상속재산분할 이전에도 각 공동상속인은 개개의 상속재산에 대한 지분이나 상속분에 대한 양도가 허용되므로 구체적 상속분은 상속 개시와 동시에 확정되어야 한다고 하는 점을 든다. 다만 이 설을 택하는 경우에도, 구체적 분할을 함에 있어 누구에게 어떤 재산을 귀속시킬 것인가를 정하기 위하여는 다시 상속재산분할시를 기준으로 평가하여야 한다고 본다.

이 이외에 상속재산의 평가에 관하여는 상속개시시설을 따르면서도, 특별수익인 증여가액의 평가시에 관하여는 이행시설을 주장하고, 다만 이행시부터 상속개시시까지 물가 내지 화폐가치가 변동하는 점을 고려하여, 증여가액을 일단 증여시의 가액으로 평가하고, 이를 물가지수에 따라 상속개시시의 가액으로 환산하여야 한다는 견해도 있다(곽윤직, 108). 통설을 취하는 경우에도, 금전이 증여된 경우에는 상속개시시의 시가로 환산평가하여야 한다고 하는 주장이 많다.

대법원 1997. 3. 21.자 96스62 결정은, 구체적 상속분을 산정함에 있어서는 상속개시시를 기준으로 상속재산과 특별수익재산을 평가하여 이를 기초로 하여야 하고, 다만 법원이 실제로 상속재산분할을 함에 있어 분할의 대상이 된 상속재산 중 특정의 재산을 1인 및 수인의 상속인의 소유로 하고 그의 상속분과 그 특정의 재산의 가액과의 차액을 현금으로 정산할 것을 명하는 소위 대상분할(代償分割)의 방법을 취하는 경우에는 분할의 대상이 되는 재산을 그 분할시를 기준으로 하여 재평가하여 그 평가액에 의하여 정산을 하여야 한다고 판시하였다.

그리고 대법원 2009. 7. 23. 선고 2006다28126 판결은, 유류분액을 산정함에 있어 반환의무자가 증여받은 재산의 시가는 상속개시 당시를 기준으로 하여 산정하여야 하고, 그 증여받은 재산이 금전일 경우에는 그 증여받은 금액을 상속개시 당시의 화폐가치로 환산하여 이를 증여재산의 가액으로 보아야 하며, 그러한 화폐가치의 환산은 증여 당시부터 상속개시 당시까지 사이의 물가변동률을 반영하는 방법으로 산정하는 것이 합리적이라고 하였다.

다른 한편 통설과 같이 상속개시시설을 따른다고 하더라도, 예컨대 증여를 받은 건물이 상속개시 당시에는 이미 멸실되어 버린 경우와 같이, 증여목적물의 객관적 가치 자체에 변동이 있는 경우는 어떠한가? 이에 관하여 국내의 학설은, 일본 민법 904조와 같이, 수증자의 행위에 의한 증여물의 멸실 또는 가액의 증감이 있는 경우에는 멸실이나 증감이 없는 상태대로 존재한다고 보아 이 상태의 목적물을 상속개시시의 시가로 평가한다고 하는 설명이 유력하다. 예컨대 수증자의 과실로 증여물이 멸실되었다 하더라도 그 증여물이 존재하는 것으로 보아 평가를 하고, 또한 수증자가 수증건물을 증축한 경우에는 그 증축이 없었던 것으로 보아 평가를 하는 등과 같다. 반대로 수증자의 행위에 의하지 않고 예컨대 천재지변에 의하여 목적물이 멸실된 경우에는, 이 경우에도 이를 특별수익이 있는 것으로 보아 상속액에 가산한다면 이는 가혹하므로 수증을 받지 않은 것으로 보아야 하고, 마찬가지로 자연력에 의하여 목적물의 증감이 있는 때에는 그 증감된 상태대로 상속개시 당시의 시가를 평가하면 된다. 또 목적물이 자연히 후폐(朽廢)된 경우에는, 수증자는 그로 인한 이익을 얻은 것이므로 수증 당시의 상태대로 있는 것으로 보아 평가하여야 한다.

한편 특별수익자가 증여받은 목적물을 상속개시 전에 처분한 경우에, 그 특별수익의 평가시점을 상속개시시의 가액으로 평가하여야 한다는 것이 다수설이지만, 처분시 가액에 상속개시시까지의 물가상승률을 반영한 금액으로 증여 목적물을 평가하는 것이 공동상속인들 사이의 형평을 가장 잘 도모하는 것이라는 견해도 있다(주해상속 1/이봉민, 199).

(3) 구체적인 예

(가) 특별수익액이 본래의 상속분을 초과하지 않는 경우

피상속인 A가 사망하였고, 그의 상속인으로 배우자 B, 아들 C, 딸 D, E가 있으며, 사망 당시의 상속재산은 7억원인데, A는 처 B에게는 2억원을 유증하였고, 자 C에게는 혼인을 위하여 1억원, D에게는 사업자금으로 1억원을 생전증여하였다고 하자.

상정상속재산: 7억원+1억원(C)+1억원(D)=9억원(유증액은 포함시키지 않음)
본래의 상속분: B 9억원×3/9=3억원
C, D, E 각 9억원×2/9=2억원
구체적 상속분: B 3억원-2억원(유증액)=1억원
C 2억원-1억원(증여액)=1억원
D 2억원-1억원(증여액)=1억원
E 2억원

(나) 특별수익액이 본래의 상속분을 초과하는 경우

그런데 특별수익액이 본래의 상속분을 초과하는 경우는 어떻게 되는가?

우선 특별수익액이 본래의 상속분을 초과하는 경우에, 그 특별수익자는 초과분을 다른 공동상속인들에게 반환할 의무가 있는가? 1977년 개정 전 1008조는, "그러나 수증재산이 상속분을 초과한 경우에는 그 초과분의 반환을 요하지 않는다”는 단서 규정을 두고 있었으나, 1977년 개정 민법은 단서 규정을 삭제하여 버렸다는 점을 들어, 수증재산이 상속분을 초과할 경우에는 그 초과분을 반환하여야 한다고 주장하는 견해도 있다(김주수·김상용, 715-716). 이 설은 반환의무자가 상속을 포기하면 반환의무를 지지 않는다고 한다.

그러나 1977년 개정 민법이 단서 규정을 삭제한 것은, 민법이 유류분에 관한 규정을 신설함에 따라 유류분액을 침해한 액만큼은 반환하여야 한다는 취지에서이므로, 유류분을 침해하지 않는 한 초과분이 있더라도 반환할 필요가 없다고 보는 것이 옳다(광주고법 1989. 6. 9. 선고 88르367 판결; 서울고법 1991. 1. 18. 선고 89르2400 판결; 대법원 2016. 5. 4.자 2014스122 결정; 대법원 2019. 11. 21.자 2014스44, 45 전원합의체 결정 등). 학설상으로도 이것이 통설이다. 민법이 상속인의 유류분을 침해한 경우에는 그 반환의무를 규정하고 있으면서도(1115조), 단순히 특별수익이 상속분을 초과한 경우에는 그러한 규정을 두고 있지 않음에 비추어 보더라도 민법이 명문의 규정이 없다고 하여 반환의무를 인정한 것이라고는 할 수 없을 것이다. 뿐만 아니라, 그와 같이 보지 않으면 피상속인의 상속인에 대한 유증이나 증여는 언제나 상속분의 범위 내에서만 가능하다는 것이 되어, 피상속인의 유언의 자유를 지나치게 제한하게 되며, 공동상속인 사이에서는 유류분제도가 적용될 여지가 없게 된다. 독일 민법 2056조는 반환의무가 없다는 점을 명문으로 규정하고 있는데, 그 근거는 이를 반환시키는 것은 피상속인의 추정적 의사에도 부합하지 않을 뿐만 아니라, 초과특별수익자가 자신의 재산으로 믿고 이미 소비하여 버렸을 수도 있는 초과수익분을 반환하게 하는 것은 불공평하다는 데 있다.

초과특별수익자가 있는 경우, 그 상속재산을 어떻게 분배하는가에 관하여는 명문의 규정이 없고, 학설로서는 다음과 같은 두 가지 주장이 있다.

제1설(초과특별수익자 부존재 의제설)은 초과특별수익자가 처음부터 없는 것으로 보고 법정상속분에 따라 상속재산을 분배하는 방법이다. 이는 초과특별수익자의 초과특별수익을 다른 공동상속인들이 법정상속분의 비율로 분담하는 것(법정상속분 기준설)과 마찬가지 결과가 된다.

제2설(구체적 상속분 기준설)은 초과특별수익자를 제외한 나머지 상속인들 사이에서, 1008조에 의한 구체적 상속분의 비율에 따라 분배하는 방법이다. 초과특별수익액을 나머지 상속인들에게 그 구체적 상속분의 비율에 따라 분담시키더라도 마찬가지 결과가 된다.

구체적인 예를 들어 설명한다면 다음과 같다.

피상속인 A의 공동상속인으로는 배우자인 B, 아들인 C, 딸인 D가 있고, 상속개시 당시의 상속재산의 가액이 6억원이며, B는 8억원을 증여받고, C는 3억원을 유증 받았다.

이 경우 상정상속재산(想定相續財産)은, 14억원(=6억원+8억원)이고, 본래의 상속분은 B 6억원(=14억원×3/7), C, D 각 4억원(=14억원×2/7)이다. 여기서 특별수익을 공제하면, 구체적 상속분은 B -2억원(=6억원-8억원), C 1억원(=4억원-3억원), D 4억원이 된다.

여기서 먼저 초과특별수익자 부존재 의제설에 따라 B를 제외하고 다시 구체적 상속분을 산정하면, 상정상속재산은 6억원인데, C, D의 법정상속분은 각 1/2이므로 본래의 상속분은 각 3억원이고, 여기서 C의 유증액을 공제하면 결국 구체적 상속분은 C 0(다만 유증 3억원은 별도), D 3억원이 된다.

초과특별수익액을 각 공동상속인들의 법정상속분에 따라 부담시키는 방식에 의하여 계산하더라도 결과는 같다. 즉 초과특별수익액은 2억원인데, B를 제외한 C, D의 각 법정상속분은 각 1/2이므로 C, D의 각 부담액은 각 1억원이고, 따라서 이를 C, D의 각 구체적 상속분에서 공제하면 C 0(=1억원-1억원), D 3억원(=4억원-1억원)이 된다.

반면 구체적 상속분 기준설에 따르면, B의 초과특별수익액 2억원 중 C의 부담액은 4,000만원(=2억원×$\frac{1억}{1억+4억}$), D의 부담액은 1억 6,000만원(=2억원×$\frac{4억}{1억+4억}$)이 되어, 최종적인 구체적 상속분은 C 6,000만원(=1억원－4,000만원), D 2억 4,000만원(=4억원－1억 6,000만원)이 된다.

제2설을 지지하는 견해는 그 근거로서는 제2설이 1008조에 충실하고, 초과특별수익자가 없는 경우의 산정방법과 정합성이 있다는 점을 든다(곽윤직, 113-114).

그러나 제2설에 의하면, 초과특별수익자가 없는 경우에는 초과특별수익자 아닌 다른 특별수익자의 상속이익(구체적 상속분+특별수익)과, 특별수익자 아닌 다른 공동상속인의 상속이익의 비율이 법정상속분의 비율과 같게 되는 반면, 초과특별수익자가 있는 경우에는 초과특별수익자 아닌 다른 특별수익자의 상속이익(구체적 상속분+특별수익)의 다른 공동상속인이 얻는 이익에 대한 비율이 법정상속분의 비율보다 높게 된다. 반면 제1설에 의할 때에는 초과특별수익자가 있거나 없거나 관계없이 초과특별수익자 아닌 특별수익자와 다른 공동상속인의 상속이익의 비율이 항상 법정상속분의 비율과 같게 된다. 그러므로 제2설에 의할 때에는 공동상속인 사이의 상속이익의 비율을 법정상속분과 같게 하려는 특별수익 제도의 원 취지가 지켜지지 못하게 되고, 이러한 의미에서 제1설이 타당하다고 생각된다.

과거에는 이에 관한 하급심 판결례가 엇갈리고 있었으나(제1설: 광주고법 1989. 6. 9. 선고 88르367 판결. 제2설: 서울고법 1991. 1. 18. 선고 89르2400 판결), 현재의 실무는 대부분 제1설을 따르고 있다(서울고법 2006. 10. 24. 선고 2004르1714, 2004르1721 판결; 서울고법 2011. 10. 31.자 2010브61 결정 등).

대법원 2022. 6. 30.자 2017스98 등 결정도, 구체적 상속분 가액을 계산한 결과 공동상속인 중 특별수익이 법정상속분 가액을 초과하는 초과특별수익자가 있는 경우, 그러한 초과특별수익자는 특별수익을 제외하고는 더 이상 상속받지 못하는 것으로 처리하되, 초과특별수익은 다른 공동상속인들이 그 법정상속분율에 따라 안분하여 자신들의 구체적 상속분 가액에서 공제하는 방법으로 구체적 상속분 가액을 조정하여 위 구체적 상속분 비율을 산출하여야 한다고 판시하였다.

다만 구체적 상속분이 없는 초과특별수익자라도 상속채무는 법정상속분에 따라 부담하여야 한다.

마. 그 밖의 문제

(1) 조정청구권의 개념

특별수익을 고려한 구체적 상속분의 산정은 당사자의 주장이 있어야만 이를 할 수 있다. 이러한 의미에서 당사자의 조정청구권이라는 개념을 인정하기도 한다. 독일의 학설은 특별수익이 있음을 모른 채 상속분할이 행하여졌으면 그 후 당사자는 부당이득반환청구권을 행사할 수 있다고 한다.

(2) 조정의 면제

독일 민법 2050조 1항은, 조정의 대상이 되는 독립자금이라도 피상속인이 다른 의사를 표시한 때에는 조정의 대상이 되지 않는 것으로 규정하고, 일본 민법 903조 3항도 피상속인이 조정에 관하여 민법의 규정과 다른 의사표시를 한 때에는 유류분에 관한 규정에 반하지 않는 범위 내에서 그 효력이 있다고 규정한다. 우리 민법에는 이에 관한 명문의 규정이 없으나, 학설은 이와 같은 피상속인에 의한 조정의 면제를 인정하고 있다(반대: 송덕수, 341). 피상속인의 명시적인 의사에 반하여서까지 특별수익의 조정을 인정할 필요는 없으므로, 조정의 면제도 인정하여야 할 것이다.

4. 기여분

▮**참고문헌:** 권영준, “배우자의 부양의무 이행과 기여분”, 민법판례연구 Ⅱ, 2021; 권재문, “유류분과 기여분의 단절에 관한 비판적 고찰”, 법조 2016. 10. 별책; 김수정, “기여분과 부양”, 가족법연구 35권 1호, 2021; 박근웅, “상속에 의한 기업승계의 몇 가지 문제”, 비교사법 27권 3호, 2020; 박종용, “공동상속인의 부양·간병행위로서의 기여분”, 가족법연구 18권 2호, 2004; 안영하, “기여분과 대습상속인의 상속분”, 성균관법학 20권 2호, 2008; 오병철, “기여분과 유류분의 관계에 관한 연구”, 가족법연구 31권 1호, 2017; 옥도진, “부양의 원리와 부양적 기여분의 판단기준”, 가족법연구 34권 2호, 2020; 옥도진, “‘부양의 의무가 있다’와 ‘특별히 부양하거나’라는 문언의 성질 차이”, 가족법연구 35권 2호, 2021; 이봉민, “기여분과 유류분의 관계에 대한 새로운 해석론”, 가족법연구 32권 1호, 2018; 이소은, “배우자의 부양과 기여분”, 전남대 법학논총 40권 3호, 2020; 이승우, “기여분의 법적 성질”, 가족법연구 13호, 1999; 임채웅, “기여분 연구”, 민사재판의 제문제 19권, 2010; 임채웅, “기여분 인정에 고려할 요소에 관한 연구”, 가족법연구 31권 2호, 2017; 조아라, “배우자의 기여분에 관한 실무 운영 검토 및 제안”, 가족법연구 36권 3호, 2022; 최준규, “유류분과 기여분의 관계”, 저스티스 167호, 2017; 황정규, “상속재산분할사건 재판실무”, 재판자료 102집, 2003

가. 의 의

기여분은 공동상속인 가운데 피상속인을 특별히 부양하거나 피상속인의 재산의 유지 또는 증가에 관하여 특별히 기여를 한 자가 있는 경우에 그 자에게 그 기여한 몫만큼 구체적 상속분을 증액시켜 주는 제도이다(1008조의2). 예컨대 농업을 경영하는 피상속인의 자녀 중 한 사람이 피상속인을 도와 재산을 증가시킨 경우 등이다. 헌법재판소 2011. 11. 24. 선고 2010헌바2 결정은, 피상속인을 특별히 부양한 자에게만 기여분을 인정하는 민법 1008조의2 1항은 위헌이 아니라고 하였다.

기여분의 양도성과 상속성이 인정되는가에 대하여는, 기여분을 상속분과 분리하여 양도할 수는 없지만, 상속분이 양도되면 기여분도 그에 수반하여 양도되고, 상속재산분할 전에 기여자가 사망한 경우에는 그의 상속인들도 기여분을 주장할 수 있다고 보는 것이 일반적이다.

나. 기여분을 받을 수 있는 자

강학상 기여분을 주장할 수 있는 자를 기여적격자 또는 기여분의 주체라는 용어로 표현하고 있다.

(1) 공동상속인

기여분을 받을 수 있는 자는 공동상속인에 한정된다. 따라서 상속인이 아닌 사실혼관계의 배우자와 같은 사람은 실제로 상속재산에 기여한 바가 있다고 하더라도 민법상의 기여분을 받지는 못한다. 다만 다른 상속인이 없는 경우에는 이러한 사람이 1057조의2에 의한 특별연고자로서 상속재산 가운데에서 분여를 받을 수 있다.

공동상속인의 배우자가 기여행위를 한 경우에 공동상속인이 기여분을 주장할 수 있는가? 이에 관하여는 배우자가 공동상속인의 이행보조자에 해당한다는 등의 이유로 공동상속인이 기여분을 주장할 수 있다는 견해가 있는 반면, 처를 이행보조자로 볼 수 없고, 배우자의 기여로 공동상속인이 이익을 보아야 할 근거가 없으며, 민법상 부부는 재산관계에 대하여 별개 독립으로 되어 있으므로 기여분에 관하여만 부부가 일체라고 볼 수는 없다는 부정설도 있다.

이러한 공동상속인은 기여행위를 할 당시에는 반드시 상속을 할 지위에 있지 않더라도 기여분을 주장할 수 있다고 봄이 타당하다. 기여분은 상속개시시점에 있어서 상속인간이 형평을 도모하려는 것이고, 기여행위 당시의 동기를 문제 삼는 것은 아니기 때문이다. 따라서 대습상속의 경우에는 대습상속인이 피대습인의 사망 또는 상속결격 전에 한 기여에 대하여도 기여분이 인정될 수 있다(반대: 신영호·김상훈, 385).

공동상속인이 대습상속인인 경우에는 피대습인이 한 기여를 대습상속인이 주장할 수 있는가가 문제된다. 대습상속인은 피대습인이 상속인이 되었더라면 취득하였을 상속분을 상속하는 것이기 때문에, 이를 긍정하는 것이 타당하다. 그러나 결격사유가 발생한 후의 피대습인의 기여는 인정하여서는 안 될 것이다.

(2) 포괄적 수유자

포괄적 유증을 받은 포괄적 수유자도 기여분을 주장할 수 있는가에 관하여는, 포괄적 수유자는 본래는 상속인이 아니라는 점, 제3자에 대한 포괄적 유증은 기여의 대가로 이루어지는 사례가 많은 점 등을 이유로 부정하는 것이 일반적이다.

다. 기여행위

기여행위의 요건은 “상당한 기간 동거·간호 그밖의 방법으로 피상속인을 특별히 부양하거나 피상속인의 재산의 유지 또는 증가에 특별히 기여”하였을 것이다. 일본 민법 904조의2는 구체적으로 “피상속인의 사업에 관한 노무의 제공 또는 재산상의 급부, 피상속인의 요양간호 기타의 방법에 의하여 피상속인의 재산의 유지 또는 증가에 관하여 특별한 기여를 한 자"를 들고 있고, 독일 민법 2057조의a 1항도 "피상속인의 가계, 직업 또는 사업에 있어 장기간의 협력, 또는 상당한 금전급여 또는 다른 방법으로 피상속인의 재산의 유지나 증가에 기여한 자" 또는 "직업상의 수입을 포기하고 장기간 피상속인을 돌본 자"를 들고 있는데 이는 우리 민법의 해석에도 참고할 수 있다. 다만 우리 민법은 부양의 경우에는 피상속인의 재산의 유지 또는 증가에 기여하지 않았어도 기여분을 인정하고 있다는 점을 유의해야 한다.

(1) 특별한 기여

(가) 기여의 특별성

기여는 특별한 것이어야 한다. 다시 말하여 가족관계에서 보통 일반적으로 기대되는 기여는 별도로 기여분을 산정함에 있어서 고려될 수 없다. 판례(대법원 2014. 11. 25.자 2012스156, 157 결정; 2015. 7. 17.자 2014스206, 207 결정)는, 기여분을 인정하기 위해서는 공동상속인 간의 공평을 위하여 상속분을 조정하여야 할 필요가 있을 만큼 피상속인을 특별히 부양하였다거나 피상속인의 상속재산 유지 또는 증가에 특별히 기여하였다는 사실이 인정되어야 한다고 보았다.

대법원 1996. 7. 10.자 95스30, 31 결정은 처의 기여에 관하여, 피상속인이 공무원으로 종사하면서 적으나마 월급을 받아 왔고, 교통사고를 당하여 치료를 받으면서 처로부터 간병을 받았다고 하더라도 이는 부부간의 부양의무 이행의 일환일 뿐 피상속인의 상속재산 취득에 특별히 기여한 것으로 볼 수 없으며, 또한 처가 피상속인과는 별도로 쌀 소매업, 잡화상, 여관업 등의 사업을 하여 소득을 얻었다고 하더라도 이는 피상속인의 도움이 있었거나 피상속인과 공동으로 이를 경영한 것이고, 더욱이 처는 피상속인과의 혼인생활 중인 1976.경부터 1988.경까지 사이에 상속재산인 이 사건 부동산들보다 더 많은 부동산들을 취득하여 자기 앞으로 소유권이전등기를 마친 점에 비추어 보면, 이 사건 부동산의 취득과 유지에서 처가 피상속인의 처로서 통상 기대되는 정도를 넘어 특별히 기여한 경우에 해당한다고 할 수 없다고 한 원심을 유지하였다.

대법원 2019. 11. 21.자 2014스44, 45 전원합의체 결정도, 피상속인의 배우자가 장기간 피상속인과 동거하면서 피상속인을 간호하여 부양한 사정만으로 배우자에 대하여 기여분을 인정할 수 있는 것은 아니라고 하였다. 다수의견은 배우자가 피상속인과 혼인이 유지되는 동안 동거·부양의무를 부담하는 측면은 공동상속인의 상속분의 5할을 가산하여 정하는 배우자의 법정상속분에 일부 포함되어 있으므로, 배우자의 통상적인 부양을 그와 같이 가산된 법정상속분을 다시 수정할 사유로 볼 수 없다고 하면서, 이러한 배우자에게 기여분을 인정하기 위해서는 공동상속인들 사이의 실질적 공평을 도모하기 위하여 배우자의 상속분을 조정할 필요성이 인정되어야 한다고 하였다.

그러나 피상속인의 배우자가 피상속인을 간호, 부양하는 것을 권장하기 위하여는 이러한 배우자의 기여분을 적극적으로 인정할 필요가 있다. 위 결정의 다수의 견도, 위와 같은 사정을 기여분을 인정하는 요소 중 하나로 적극적으로 고려해 나가는 방향으로 기여분결정 심판 실무를 개선할 여지는 있다고 하였다.

특별한 기여에 관하여 문제되는 것은, 친족법상 인정되는 부양의무의 이행과는 어떠한 관계에 있는가 하는 점이다. 학설상으로는 상속인 중 1인의 피상속인에 대한 부양이 법률상 의무의 이행이든 그렇지 않든 간에 또는 통상의 부양이라 하더라도 피상속인을 부양하여 이로 인하여 상속재산이 유지 증가되면, 이를 특별한 기여로 평가하여 상속재산분할에 있어 다른 부양의무자(상속인)와의 관계에서 그 부양분담액을 기여분으로서 일괄하여 청산할 수 있다는 견해(전면적 인정설)가 있는 반면, 부부나 친족간 신분관계에 기초하여 통상 기대되는 정도를 넘는 부양이 있는 때에만 이를 특별한 기여행위로 보아 상속재산분할에 있어 이를 평가하여 기여분으로서 반영하자는 견해도 있다. 그 외에 피상속인이 재산이 있었으나 자기 재산에는 손을 대지 않고 주로 상속인의 지출로 생활하였다는 사정은 기여의 문제로 고려하여야 한다는 주장(곽윤직, 119)도 있다.

대법원 1998. 12. 8. 선고 97므513, 520, 97스12 판결([판례 59])은, 성년인 자(子)가 부양의무의 존부나 그 순위에 구애됨이 없이 스스로 장기간 그 부모와 동거하면서 생계유지의 수준을 넘는 부양자 자신과 같은 생활수준을 유지하는 부양을 한 경우에는, 부양의 시기·방법 및 정도의 면에서 각기 특별한 부양이 된다고 보았다.

[판례 59] 대법원 1998. 12. 8. 선고 97므513, 520, 97스12 판결

[…] 2. 제1점에 관하여

[…] 나. 민법 제1008조는 공동상속인 중에 피상속인으로부터 재산의 증여 또는 유증을

받은 자가 있는 경우에 그 수증재산이 자기의 상속분에 달하지 못한 때에는 그 부족한 부분의 한도에서 상속분이 있다고 규정하고 있는바, 이는 공동상속인 중에 피상속인으로부터 재산의 증여 또는 유증을 받은 특별 수익자가 있는 경우에 공동상속인들 사이의 공평을 기하기 위하여 그 수증재산을 상속분의 선급으로 다루어 구체적인 상속분을 산정함에 있어 이를 참작하도록 하려는 데 그 취지가 있는 것이다(대법원 1995. 3. 10. 선고 94다16571 판결, 1996. 2. 9. 선고 95다17885 판결 등 참조).

따라서 어떠한 생전 증여가 특별수익에 해당하는지는 피상속인의 생전의 자산, 수입, 생활수준, 가정상황 등을 참작하고 공동상속인들 사이의 형평을 고려하여 당해 생전 증여가 장차 상속인으로 될 자에게 돌아갈 상속재산 중의 그의 몫의 일부를 미리 주는 것이라고 볼 수 있는지의 여부에 의하여 결정하여야 할 것이다.

같은 취지에서 원심이 원고가 소외 1로부터 증여받은 금 6,200만 원이 특별수익에 해당한다고 판단한 것은 정당하고, 거기에 특별수익의 범위에 관한 법리를 오해한 위법이 없다. 이 점 상고이유의 주장도 받아들이지 않는다.

3. 제3점에 관하여

가. 원심은, 원고는 소외 1의 4녀 중 둘째 딸로서 1965. 3.경 소외 2과 혼인한 이후 소외 1의 사망시(1994. 1. 26.)까지 계속 모시고 함께 살면서 부양한 사실을 인정한 다음, 이는 친족간의 부양의무 이행의 일환일 뿐 소외 1의 이 사건 상속재산의 취득 유지에 특별히 기여한 것으로 볼 수 없으며, 더욱이 소외 1이 억척스럽게 재산을 관리 증식하여 왔음에도 예금만 약간 늘어났을 뿐 그 명의로 부동산을 새로이 취득한 바 없음에 반하여 원고 부부는 무일푼으로 결혼생활을 시작하였음에도 소외 1과 함께 사는 동안 그의 판시와 같은 많은 부동산을 취득한 점에 비추어 보면, 이 사건 상속재산의 취득과 유지에 있어 원고가 딸로서 통상 기대되는 정도를 넘어 특별히 기여한 경우에 해당한다고는 볼 수 없다 하여 원고의 기여분 결정 청구를 받아들이지 아니하였다.

나. 법률관계의 당사자간의 공평한 규율을 기본이념으로 삼고 있는 민법은 그에 따라 기여분에 관하여 '공동상속인 중에서 피상속인의 재산의 유지 또는 증가에 관하여 특별히 기여한 자(피상속인을 특별히 부양한 자를 포함한다)'가 있을 때 '가정법원은 기여자의 청구에 의하여 기여의 시기·방법 및 정도와 상속재산의 액 기타의 사정을 참작하여 기여분을 정한다.'고 규정하고(제1008조의2), 한편 친족 사이의 부양에 관하여 부부 사이에는 "부부는 동거하며 서로 부양하고 협조하여야 한다."고 규정하고(제826조 제1항), 부모의 미성년인 자(子)에 대한 부양에 관하여는 "친권자는 자(子)를 보호하고 교양할 권리의무가 있다."고 규정하면서(제913조), 자녀의 부모부양 등과 같은 그 외의 직계혈족 등 친족 사이의 부양에 관하여는 부양을 받을 자가 자기의 자력 또는 근로에 의하여 생활을 유지할 수 없는 경우에 한하여 부양의무를 부담하는 것으로 규정하고 있다(제974조, 제975조).

이와 같이 민법이 친족 사이의 부양에 관하여 그 당사자의 신분관계에 따라 달리 규정하고, 피상속인을 특별히 부양한 자를 기여분을 인정받을 수 있는 자에 포함시키는 제1008조의2 규정을 신설함과 아울러 재산상속인이 동시에 호주상속을 할 경우에 그 고유의 상속분의 5할을 가산하도록 한 규정(1990. 1. 13. 법률 제4199호로 개정되기 전의 제1009조 제1항 단서)을 삭제한 취지에 비추어 볼 때, 성년(成年)인 자(子)가 부양의무의 존부나 그 순위에 구애됨이 없이 스스로 장기간 그 부모와 동거하면서 생계유지의 수준을 넘는 부양자 자신과 같은 생활수준을 유지하는 부양을 한 경우에는 앞서 본 판단 기준인 부양의 시기·방법 및 정도의 면에서 각기 특별한 부양이 된다고 보아 각 공동상속인 간의 공평을 도모한다는 측면에서 그 부모의 상속재산에 대하여 기여분을 인정함이 상당하다고 할 것이다.

원심이 확정한 사실과 기록에 의하니, 원고는 결혼 전은 물론 이후에도 계속 부모를 모시고 지냈으며 원고의 아버지 소외 3이 1967. 8. 20. 사망한 후에는 홀로된 어머니, 미혼인 피고 2, 피고 3과 함께 생활하였는데 특히 원고의 부(夫) 소외 2이 독자적으로 아모레 화장품 특약점을 경영하기에 이른 1974. 1.경부터는 소외 1의 나이가 61세를 넘어 육체적으로 노약해졌으므로 원고 소유의 주택에서 모시고 생활하면서 소외 1의 유일한 수입원인 임대주택의 수리 등 관리를 계속하였고 1977. 7.경 막내딸인 피고 3을 끝으로 딸들이 모두 혼인 분가한 이후에도 소외 1을 계속 부양하여 그의 가사를 도맡아 하면서 아버지 소외 3의 제사를 계속 모셔왔고, 소외 1이 81세 되는 1993. 8.경부터 병환으로 입원 치료를 받거나 집에서 요양하는 동안 치료비를 체당·선납하고 간호를 계속하는 등으로 전체 부양기간을 통하여 노무의 제공 또는 재산상의 급여를 해 온 사실을 알 수 있다.

이와 같은 원고의 소외 1에 대한 부양은 장기간의 부양, 동거부양, 동등한 생활수준의 부양 등 그 부양의 기간, 방법, 정도상의 특징을 가짐으로써 부양능력을 갖춘 여러 명의 출가한 딸과 친모 사이의 통상 예상되는 부양의무 이행의 범위를 넘는 특별한 부양이 되어 이 사건 상속재산의 유지 증가에 특별히 기여한 것이라고 보아야 할 것이다.

그리고 원심은 원고 부부가 소외 1과 함께 생활하는 동안 많은 부동산을 취득한 점을 원고의 특별한 기여를 인정하지 않는 사정의 하나로 들고 있으나, 기록상 원고 부부가 부동산을 취득함에 있어 소외 1으로부터 경제적 원조를 받았다는 사실을 인정할 만한 자료도 없을 뿐만 아니라 그러한 사정이 인정되면 특별수익으로 공제함은 별론으로 하고 그 점을 원고의 기여분을 인정하지 않는 사정으로 고려할 것은 아니라고 할 것이다.

그럼에도, 원심이 원고의 소외 1에 대한 부양에 관하여 원고가 딸로서 통상 기대되는 정도를 넘어 이 사건 상속재산의 취득과 유지에 있어 특별히 기여한 경우에 해당하지 아니한다고 단정하였으니, 원심판결에는 성년인 자(子)의 부모에 대한 특별한 부양과 기여분에 관한 법리를 오해하였거나 심리를 다하지 아니하여 판결 결과에 영향을 미친 위법이 있다고 할 것이어서, 이 점을 지적하는 상고이유의 주장은 정당하기에 받아들인다.

참고문헌

박종용, 가족법연구 18권 2호; 이승우, 가족법연구 13호; 조해섭, 대법원판례해설 31호

(나) 기여의 무상성

기여는 원칙적으로 무상이어야 한다. 상당한 대가를 받고 한 행위는 기여라고 할 수 없다(독일 민법 2057조의a 2항 참조). 다만 대가가 상당한 것인가 여부의 판단은 여러 가지 사정을 고려하여 결정하여야 한다.

(다) 특별한 기여의 구체적 예

(i) 노무의 제공 및 재산상의 급여

노무의 제공이란 피상속인이 경영하는 사업에 무상으로 노무를 제공하여 상속재산의 유지·형성에 기여하는 경우를 말한다. 가령 피상속인의 배우자가 피상속인과 함께 분식점 등을 운영하면서 종업원을 관리하는 등 피상속인의 사업에 적극적으로 참여하여 노무를 제공함으로써 상속재산의 형성에 기여한 경우 배우자의 기여분을 20%로 인정한 사례(서울가정법원 1995. 9. 7.자 94느2926 심판)가 있다. 배우자 가사노동은 일반적으로는 특별한 기여라고 보기 어려우나, 농가에서의 처의 가사노동은 특별한 기여로 인정될 여지가 있다.

재산상의 급여란 재산권 또는 재산상 이익을 피상속인에게 주는 것을 의미한다. 가령 피상속인의 사업을 위하여 자산을 제공함으로써 부채를 변제하고 근저당권설정등기를 말소하게 하는 것 등이다.

(ii) 요양과 간호

병에 걸린 피상속인을 돌보아 주는 것을 말한다. 이 또한 통상적으로 친족 간에 기대되는 정도를 넘어서는 것이어야 하며, 간호기간, 피상속인의 상태, 간호자의 연령 등을 고려하여야 한다.

(iii) 상속의 포기

가령 공동상속인인 어머니가 아들을 위하여 상속을 포기하였는데, 그 후 아들이 사망하여 어머니가 아들의 처와 공동상속을 한 경우에, 어머니가 자신의 과거의 상속포기를 기여분으로 주장할 수 있는가? 일본의 학설은 공동상속인 사이의 형평을 도모한다는 관점에서 대체로 이를 긍정한다. 그러나 이는 대법원 2012. 4. 16.자 2011스191, 192 결정이 상속포기가 특별수익에서 말하는 유증 또는 증여가 아니라고 한 것과는 조화되지 않는다.

⑵ 특별한 부양 또는 피상속인 재산의 유지 또는 증가

기여행위가 특별한 부양이거나 또는 기여의 결과 피상속인의 재산이 유지 또는 증가되었어야 한다. 2005년 개정 전에는 1008조의2 1항이 특별한 부양을 피상속인의 재산의 유지 또는 증가에 관한 특별한 기여의 예로서 들고 있었으나, 2005년 개정에 의하여 특별한 부양은 피상속인의 재산의 유지 또는 증가와는 별도의 요건이 되었다. 기여행위로 인하여 재산이 유지·증가되기는 하였으나 그 후 재산이 감소된 경우라도, 기여가 없었다면 더 감소하였을 것이라는 점에서 기여를 부정할 것은 아니다.

⑶ 기여의 시기

기여의 시기는 상속개시 전까지여야 한다. 상속 개시 후에 예컨대 상속재산 관리비용을 지출하였다는 등의 사정은 고려될 수 없다. 기여분에 관한 규정은 1991. 1. 1. 이후에 상속이 개시된 경우에 한하여 적용될 수 있으나, 기여행위 그 자체는 그 이전에 행하여진 것이라도 관계없다. 상속개시 전이면 그 시기는 묻지 않으나, 1008조의2 2항이 "기여의 시기"를 기여분 결정 요소로 들고 있는 점에 비추어 보면, 오래 전의 기여는 재산의 유지, 증가와의 인과관계가 불명확하여 아무래도 낮게 평가될 가능성이 많다.

라. 기여분의 결정절차

⑴ 개 관

기여분은 제1차적으로는 공동상속인의 협의로 정하고(1008조의2 1항), 협의가 되지 아니하거나 협의할 수 없는 때에는 가정법원이 기여자의 청구에 의하여 정한다(1008조의2 2항). 이 청구는 상속재산분할청구가 있을 경우(1013조 2항, 269조), 또는 상속재산분할 후 인지 등에 의하여 공동상속인이 된 자가 상속분 가액의 청구를 할 경우(1014조)에 할 수 있다(1008조의2 4항). 기여분의 청구는 가사소송법상 마류 가사비송사건이다{家訴 2조 1항 2호 나. 9)}. 다만 南北特 11조는 남한주민으로부터 상속을 받지 못한 북한주민이 상속회복청구를 하는 경우에 다른 공동상속인의 기여분을 고려하여 상속분을 정하도록 하고 있다.

다른 한편 유류분반환청구에서 기여분을 주장할 수 있는가 하는 점이 문제된다. 이에 대하여 판례(대법원 1994. 10. 14. 선고 94다8334 판결)는, "기여분의 산정은 공동상속인들의 협의에 의하여 정하도록 되어 있고, 협의가 되지 않거나 협의할 수 없는 때에는 기여자의 신청에 의하여 가정법원이 심판으로 이를 정하도록 되어 있으므로 위와 같은 방법으로 기여분이 결정되기 전에는 피고가 된 기여상속인은 유류분반환 청구소송에서 상속재산 중 자신의 기여분을 공제할 것을 항변으로 주장할 수는 없다"고 하였다. 또한 대법원 2015. 10. 29. 선고 2013다60753 판결은, 기여분은 상속재산분할의 전제문제로서의 성격을 가지는 것으로서, 상속인들의 상속분을 일정 부분 보장하기 위하여 피상속인의 재산처분의 자유를 제한하는 유류분과는 서로 관계가 없으므로 공동상속인의 협의 또는 가정법원의 심판으로 기여분이 결정되지 않은 이상 유류분반환청구소송에서 자신의 기여분을 주장할 수 없다고 판시하였다.

현행법상으로는 유류분반환청구는 민사소송에 의하는 반면, 기여분의 결정은 상속재산분할과 함께 가정법원에서 이루어지므로 위와 같은 결론은 부득이하지만, 공평의 관점에서는 문제가 있으므로 입법적인 개선이 요망된다. 구체적으로는 유류분반환청구가 있으면 상속재산분할절차와 관계없이 가정법원에 기여분 결정을 청구할 수 있도록 하는 방법을 생각할 수 있다.

그런데 위 2013다60753 판결은, 공동상속인의 협의 또는 가정법원의 심판으로 기여분이 결정되었다고 하더라도 유류분을 산정함에 있어 기여분을 공제할 수 없다고 하였으나, 그 타당성은 의심스럽고, 기여분이 결정되었다면 이는 당연히 유류분 산정의 기초재산에서 제외되어야 할 것이다(반대: 주해상속 1/이봉민, 235).

(2) 협의에 의한 결정

기여분은 제1차적으로는 공동상속인 전원의 협의에 의하여 결정할 수 있다. 공동상속인 전원이라야 하므로, 일부가 누락되거나 제외되면 무효이다. 협의가 일단 성립되면 전원의 합의가 없는 한 변경할 수 없으나 착오, 사기, 강박 등을 이유로 그 효력을 다툴 수는 있다. 기여분을 정하는 방법으로는 금액으로 정할 수도 있고, 상속재산 전체에 대한 비율로 정할 수도 있다.

(3) 심판에 의한 결정

협의가 이루어지지 않거나 불가능할 경우에는 가정법원은 기여분이 있다고 주장하는 자의 청구에 의하여 기여분을 정한다. 심판은 공동상속인 중 1인 또는 수인이 나머지 공동상속인 전원을 상대방으로 하여 청구하여야 한다(家訴規 110조). 가정법원은 청구가 있어야만 기여분을 고려할 수 있고, 또 청구하지 않은 기여자의 기여분은 고려하지 못한다.

기여분결정의 청구는 상속재산의 분할청구 또는 1014조에 의한 피인지자 등의 상속분상당가액 청구가 있는 때에 한하여 할 수 있으므로, 이러한 심판청구가 없는 때에 기여분 결정을 청구하는 것은 부적법하다. 대법원 1999. 8. 24.자 99스 28 결정은, 상속재산분할청구 없이 유류분반환청구가 있다는 사유만으로는 기여분 결정청구가 허용되지 않는다고 하였다. 그리고 대법원 2008. 5. 7.자 2008즈기1 결정은, 상속재산분할 심판사건이 재항고심에 계속 중인 때에 비로소 이루어진 기여분 결정청구는 부적법하다고 하였다.

상속재산분할이 종료된 후에 이러한 기여분 결정의 청구를 할 수 있는가에 대하여는 긍정설도 있으나, 이를 인정한다면 거래의 안전을 해친다고 하여 부정하는 설이 통설이다.

가정법원은 상속재산분할의 심판청구가 있는 때에는 1월 이상으로 당사자가 기여분의 결정을 청구할 수 있는 기간을 정하여 고지하여야 하고, 그 기간을 도과하여 청구된 기여분결정 청구는 이를 각하할 수 있다(家訴規 113조 1, 2항). 기여분의 청구를 무작정 허용한다면 상속재산분할사건의 심리지연책으로 악용될 소지가 있기 때문이다.

기여분결정 청구사건은 상속재산분할청구사건과 밀접한 관련이 있기 때문에 서로 병합하여 심리, 재판하여야 하고, 동일한 상속재산에 관한 여러 개의 기여분 결정 청구사건도 병합하여 심리, 재판하여야 한다(家訴規 112조 1, 2항).

(4) 구체적인 기여분액의 결정방법

1008조의2 1항은, 상속개시 당시의 피상속인의 재산가액에서 기여분을 공제한 것을 상속재산으로 보고, 법정상속분에 의하여 산정한 상속분에 기여분을 가산한 액으로써 기여자의 상속분으로 하도록 규정하고 있다. 여기에서 문제가 되는 것은 "상속개시 당시의 피상속인의 재산가액"에 상속채무가 포함되는가 하는 점인데, 특별수익의 경우와 마찬가지로 포함되지 않고, 다만 기여분 산정시 고려하는 '일체의 사정'의 하나로 고려하면 충분하다고 보는 것이 일반적이다.

민법은 구체적인 기여분 액수의 산정방법에 관하여는, "기여의 시기·방법 및 정도와 상속재산의 액 기타의 사정을 참작하여 기여분을 정한다"고 규정하고 있을 뿐 구체적인 내용에 관하여는 직접 규정을 두지 않고 있다. 다만 1008조의2 3항이, "기여분은 상속이 개시된 때의 피상속인의 재산가액에서 유증의 가액을 공제한 액을 넘지 못한다"고 규정하고 있을 뿐이다.

다른 한편, 기여분이 다른 공동상속인들의 유류분을 침해할 수 있는가 하는 문제가 있다. 즉 다른 공동상속인들의 유류분을 침해할 정도의 기여분 결정도 허용되는가 하는 점이다. 일반적으로는 1115조는 기여분을 유류분반환청구의 대상으로 하고 있지 않으므로, 기여분은 유류분과 아무런 관계가 없고, 따라서 다른 공동상속인들의 유류분을 침해하는 정도의 기여분도 인정된다고 해석한다. 다만 이러한 학설도, 기여분 결정에 관한 '일체의 사정'으로 다른 공동상속인들의 유류분을 참작하여야 한다고 본다.

기여자가 피상속인의 재산에 기여를 하였을 뿐만 아니라, 그의 기여와 관련하여 피상속인으로부터 생전에 어떤 이익을 얻고 있는 경우에, 이러한 이익을 기여분의 산정에 있어서 고려할 것인가 하는 이른바 소극적 기여의 문제가 있다. 예컨대 기여자가 피상속인과 함께 농업에 종사하여 피상속인의 재산의 유지, 증가에 기여하는 한편, 기여자 및 그의 가족들이 피상속인의 가옥에 거주하여 이익을 얻고 있는 경우이다. 이를 긍정하는 설(곽윤직, 120)이 있다. 그러나 이를 기여분 결정에 관한 '기타의 사정'으로 참작할 수 있으므로 별도로 소극적 기여라는 개념 자체를 인정할 필요는 없을 것이다.

⑸ 기여분과 특별수익

공동상속인들 사이에 기여분뿐만 아니라 특별수익도 있는 경우에는 문제가 다소 복잡하다.

㈎ 기여자와 특별수익자가 다른 경우

이때에는 1008조와 1008조의2의 적용순서에 관하여, ① 양자를 동시에 적용한다는 동시적용설, ② 1008조에 의하여 구체적 상속분을 먼저 산출하고 그 비율에 따라 기여분에 의한 상속분을 산정한다는 1008조 우선적용설, ③ 1008조의2에 의한 구체적 상속분을 먼저 산출하고 그 비율에 따라 특별수익자의 상속분을 산정한다는 1008조의2 우선적용설, ④ 1008조에 의한 구체적 상속분과 1008조의2에 의한 구체적 상속분을 따로 산출한 뒤 두 규정에 의한 상속분의 조정을 꾀하자는 개별조정설이 있으나, 두 조문 사이에 우열관계가 없으므로 양자를 동시에 적용한다는 동시적용설이 통설이다.

동시적용설에 따라 구체적 상속분을 산정하면 다음과 같다.

(ⅰ) 초과특별수익자가 없는 경우

공동상속인으로 처 A, 자 B, C, D가 있고, 피상속인의 재산총액이 9,000만원, 자 B의 기여분이 900만원, 자 C에 대한 생전증여가 1,800만원이라고 하자.

상정상속재산: 9,000만원+1,800만원(생전증여)-900만원(기여분)=9,900만원
이를 각 법정상속분으로 나누면,
A: 9,900만원×3/9=3,300만원
B, C, D: 각 9,900만원×2/9=2,200만원
구체적 상속분은,
A: 3,300만원
B: 2,200만원+900만원=3,100만원
C: 2,200만원-1,800만원=400만원
D: 2,200만원

(ii) 초과특별수익자가 있는 경우

위 사례에서 C의 생전증여가 2,700만원인 경우에는 초과특별수익자 부존재 의제설에 따르면 다음과 같이 된다.

상정상속재산 총액: 9,000만원+2,700만원-900만원=1억 800만원
이를 각 법정상속분으로 나누면,
A: 1억 800만원×3/9=3,600만원
B, C, D: 각 1억 800만원×2/9=2,400만원
C는 초과특별수익자이므로 C가 존재하지 않는 것으로 생각하고 나머지 상속인들 사이에 법정상속분에 따라 산출하면,
상정상속재산: 9,000만원-900만원=8,100만원
이를 각 법정상속분으로 나누면,
A: 8,100만원×3/7≒3,471만 4,285원
B, D: 8,100만원×2/7≒각 2314만 2857원(다만 B는 기여분 900만원을 더 받게 된다)

(나) 기여자와 특별수익자가 같은 경우

기여자와 특별수익자가 같은 경우, 특별수익자에 대한 증여 또는 유증을 그 기여분에 대한 실질적 대가라고 볼 수 있을 것이다. 그러나 대법원 1998. 12. 8. 선고 97므513, 520, 97스12 판결([판례 59])은, 특별수익이 인정되면 이를 공제함은 별론으로 하고, 그 점을 기여분을 인정하지 않는 사정으로 이를 고려할 것은 아니라고 판시하였다.

⑹ 제3자에 대한 유류분반환청구와 기여분

공동상속인 중 일부에게 기여분이 인정되고, 다른 한편 공동상속인이 아닌 제3자에게 유류분을 침해하는 유증 내지 증여가 있는 경우에, 그 제3자에 대한 유류분반환청구의 범위에 대하여는 여러 가지 견해가 있다. 이에 대하여는 유류분을 살펴볼 때 자세히 설명한다(제4장 Ⅲ. 8. 참조).

5. 상속분의 양도와 양수

가. 의 의

1011조 1항은 "공동상속인 중에 그 상속분을 제3자에게 양도한 자가 있는 때에는 다른 공동상속인은 그 가액과 양도비용을 상환하고 그 상속분을 양수할 수 있다"고 규정한다. 민법은 제3자가 상속재산분할의 당사자가 되는 등 공동상속인들 사이의 문제에 개입하는 것이 바람직하지 않다고 보아 다른 공동상속인으로 하여금 이를 다시 회수할 수 있게 한 것이다. 그러나 입법론적으로는 상속분의 양수는 상속재산을 일종의 가산으로 파악하는 것으로서 오늘날의 관념에 맞지 않고, 실제로도 이용될 가능성이 적으므로 폐지하여야 한다는 비판(김주수·김상용, 728-729)과, 상속재산의 분할 전 상속분의 양도를 금지하는 것이 번잡을 피하는 것이라는 주장(박병호, 297)이 있다.

나. 상속분의 양도

⑴ 의 의

여기서 말하는 상속분의 양도는 상속재산을 구성하는 개개의 권리나 물건에 대한 지분의 양도가 아니라, 상속재산 전부에 대하여 가지는 상속인으로서의 지위의 양도를 말한다(대법원 2006. 3. 24. 선고 2006다2179 판결). 상속분의 양도에는 유상뿐만 아니라 무상의 양도도 포함된다.

상속분의 일부양도가 인정되는가에 관하여는 긍정설과 부정설이 대립한다.

⑵ 요 건

상속분의 양도에 어떠한 방식이 특별히 요구되지는 않는다. 독일 민법에서 이는 상속분의 매매와 같은 의무부담행위와는 구별되는 처분행위로서 공증을 요하지만(독일 민법 2033조 1항), 우리 민법에는 특별한 규정이 없으므로, 의무부담행위로서의 상속분의 매매와 처분행위로서의 상속분의 양도가 명확하게 구별되기 어렵다.

상속분의 일부양도가 인정되는가? 긍정하는 견해가 있기는 하지만, 상속분의 양도는 상속인의 법률상 지위를 포괄적으로 이전하는 것이고, 일부양도를 인정하면 법률관계가 복잡해지므로 이를 인정하지 않는 것이 타당하다.

상속분의 양도에 관하여 다른 공동상속인에게 통지하여야 하는가 문제되는데, 다른 공동상속인이 알지 못하는 사이에 1011조 2항의 양수기간이 경과하여 양수권이 박탈되는 것을 막기 위하여서라도 공동상속인에게 통지하여야 한다는 설(김주수·김상용, 728; 이경희·윤부찬, 434)이 있으나, 이에 대하여는 민법은 양도가 있음을 안 날로부터 3월로 양수기간을 정하고 있으므로 이러한 설명은 타당하지 않다는 비판(곽윤직, 126. 같은 취지, 박동섭·양경승, 723)이 있다. 뒤의 설이 타당하다.

(3) 효 력

상속분의 양도가 있으면 양도인의 상속분은 양수인에게 이전되고, 양수인은 상속재산을 관리하거나 상속분할을 청구하고 이에 참가할 수 있는 등의 권리를 취득한다.

판례(대법원 1993. 9. 28. 선고 93다22883 판결)는, 부동산 점유취득시효기간 경과 후 공동상속인 중 한 사람이 다른 상속인의 상속분을 양수하여 소유권이전등기를 경료한 경우, 시효완성 후의 새로운 이해관계인에 해당하므로, 점유자는 상속분을 양수한 공동상속인에 대하여는 시효취득을 주장할 수 없다고 하였다.

문제는 상속분의 양도에 의하여 양도인이 상속채무를 면하게 되는가 하는 점인데, 이를 부정하는 견해가 많다. 원칙적으로 상속분의 양도에 의하여 채무도 양도인으로부터 양수인에게 이전하고, 양도인은 채무를 면하여야 하지만, 이는 채권자를 해할 위험성이 있게 되므로, 양수인이 양도인의 채무를 병존적으로 인수한다는 것이다.

상속분의 양도가 있은 후에 다른 공동상속인이 상속을 포기하면 그 공동상속인의 포기로 인한 상속분의 증가의 효력이 양도인에게 미치는가, 아니면 양수인에게 미치는가 하는 문제가 논의되는데, 양수인이 상속인의 지위를 취득하므로 양수인의 상속분이 증가한다고 보는 견해가 있다(곽윤직, 126; 김주수·김상용, 728).

다. 상속분의 양수

(1) 의 의

1011조 1항이 규정하는 상속분의 양수는 공동상속인이 상속분을 제3자에게 양도한 경우에, 다른 공동상속인이 이를 제3자로부터 다시 양수하는 것을 말한다. '양수'라는 용어가 혼동을 가져온다는 이유로, '환수(還收)'라고 하는 학자도 있다(곽윤직, 126-127).

(2) 요 건

(가) 상속분의 제3자에의 양도가 있을 것

상속분이 공동상속인에게 양도된 경우에는 구태여 다른 공동상속인의 양수권을 인정할 필요가 없다. 공동상속인의 상속인이 될 자가 양수하였다면 그에 대하여는 양수권을 행사할 수 있으나, 그가 상속재산의 분할 전에 실제로 상속인이 된 경우에는 양수권을 행사할 수 없다(박병호, 297). 포괄적 수유자에게 양도된 경우에 양수권을 행사할 수 있는가에 관하여는, 낯선 타인의 개입을 막는다는 취지에서 이를 긍정하는 견해(곽윤직, 127)가 있는 반면, 부정하는 견해도 있다(박병호, 297).

상속분의 양수인이 상속분을 다시 제3자에게 양도한 경우에도 다른 공동상속인은 그 제3자에 대해 양수권을 행사할 수 있다고 보는 것이 일반적인 견해이다.

(나) 상속분의 양도가 상속재산분할 전에 행하여졌을 것

상속분의 양도가 상속재산분할 후에 행해진 때에는 더 이상 여기서 말하는 상속분의 양도라고 할 수 없으므로, 그 양수는 문제되지 않는다.

(3) 양수권의 행사

양도인 이외의 공동상속인이 여럿 있는 경우라도 양수권은 공동상속인 중 1인이 단독으로 행사할 수 있으며, 양도인 이외의 다른 공동상속인이 반드시 공동으로 행사하여야 하는 것은 아니다. 다만 양도에 동의를 한 공동상속인이 양수권을 행사할 수 없는 것은 당연하다. 만일 다른 공동상속인 전원이 상속분의 양도에 동의를 하였다면 양수권을 행사할 사람이 없으므로 양수는 문제되지 않는다.

포괄적 수유자가 양수권을 행사할 수 있는가에 관하여는 긍정설도 있으나, 포괄적 수유자와의 상속인의 차이에 주목하여, 양수제도의 입법취지가 상속재산분할에 타인이 개입하는 것을 배척하는 점에 있다고 하여, 포괄적 수유자가 양수권을 가지는 것은 의미가 없다는 소극설도 있다(김주수·김상용, 729). 양도된 상속분 중 일부만 양수할 수 있는가에 관하여는, 제도의 취지에 비추어 볼 때 부정함이 옳을 것이다(김주수·김상용, 730).

양수권의 법적 성질은 형성권으로, 상대방의 승낙이나 동의를 요하는 것은 아니다. 그러나 그 행사를 위해서는 양도된 상속분의 가액, 즉 양수권 행사 당시의 시가와 양수한 제3자가 지출한 비용을 상환하지 않으면 아니 된다(1011조 1항). 상속분의 양도가 무상으로 이루어졌더라도 마찬가지이다.

이러한 양수권은 일신전속적인 권리이므로, 채권자의 대위행사는 인정되지 않는다(김주수·김상용, 730; 박동섭·양경승, 726).

양수권의 행사기간은 상속분을 양도한 사실을 안 날로부터 3월, 양도가 있었던 때로부터 1년의 제척기간 내에 행사하여야 한다(1011조 2항).

⑷ 효 과

양수권의 행사가 있으면, 양수인은 당연히 상속분을 상실하게 된다. 양도인 이외의 공동상속인이 여럿 있는데 그 중 1인만이 양수권을 행사한 경우에, 그 상속분이 누구에게 귀속되는가에 관하여는 견해의 대립이 있다. 양도인 이외의 공동상속인 전원에게 그 상속분에 따라 귀속되고, 상속분의 가액과 비용도 상속분에 따라 공동상속인이 부담한다는 설(김주수·김상용, 730; 박병호, 298)과, 공동상속인 중의 한 사람이 단독으로 환수권(양수권)을 행사한 때에는 그 자에게 독점적으로 귀속된다는 설(곽윤직, 128; 박동섭·양경승, 727)이 있다. 양수권을 행사하지 않은 공동상속인에게 상속분을 취득하게 할 이유는 없으므로 뒤의 설이 타당할 것이다.

Ⅵ. 상속재산의 분할

▌**참고문헌:** 김찬미, "부동산의 분할 귀속을 내용으로 하는 상속재산분할심판의 효력과 제3자 보호", 대법원판례해설 125호, 2021; 김소영, "상속재산분할", 민사판례연구 25권, 2003; 김형석, "청산으로서의 공유재산 분할", 가족법연구 37권 1호, 2023; 박근웅, "가분채권과 상속재산분할", 가족법연구 34권 1호, 2020; 변동열, "상속재산분할과 유류분반환청구", 법조 1998. 3; 시진국, "재판에 의한 상속재산분할", 사법논집 42집, 2006; 유현식, "상속재산분할의 소급효로부터 보호되는 제3자의 범위", 저스티스 183호, 2021; 윤진수, "상속법상의 법률행위와 채권자취소권", 민법논고 V, 2011; 윤진수, "상속재산분할에 있어서 초과특별수익의 취급", 민법논고 V, 2011; 이정민, "가분채권, 대상재산과 상속재산분할", 민사판례연구 40권, 2018; 장병주, "상속재산 분할협의와 채권자취소권에 관한 고찰", 한양대학교 법학논총 34집 3호, 2017; 전원열, "채권의 공동상속", 일감법학 35호, 2016; 정구태, "상속재산협의분할과 법정해제", 한국콘텐츠학회논문지 Vol. 13 No. 1, 2013; 정구태, "상속재산 협의분할을 사해행위로서 취소할 수 있는 채권자의 범위", 조선대 법학논총 21권 1호, 2014; 황정규, "상속재산분할사건 재판실무", 재판자료 102집, 2003

1. 의 의

민법은 공동상속재산을 공동상속인이 공유하는 것으로 규정하고 있으나(1006조), 이는 어디까지나 과도적·잠정적인 것이고, 되도록 빨리 각 공동상속인의 단독 소유로 하게 하려는 것이 민법의 태도이다. 이를 위하여 필요한 것이 상속재산의 분할이다. 민법은 분할 절차에 관하여 지정분할, 협의분할 및 심판분할의 3가지를 규정하고 있다.

2. 분할의 대상

상속재산의 분할이 이루어지기 위하여는 공동상속인이 확정되어야 하고, 또 상속재산을 확정할 필요가 있는데, 공동상속인의 확정에 관하여는 협의분할에 관한 설명에서 언급하기로 하고, 여기서는 분할의 대상인 상속재산에 대하여 설명한다.

가. 가분채권

금전채권과 같이 성질상 가분인 채권이 분할의 대상이 되는가에 대하여는 학설이 나누어진다. 공동상속채권이 상속재산분할을 기다릴 것도 없이 당연히 분할된다는 전제에서, 가분채권은 항상 상속재산분할의 대상이 되지 않는다고 보는 소극설(서울고법 1991. 1. 18. 선고 89르2400 판결 등)이 있는 반면, 공동상속채권은 분할채권이지만 1017조의 취지 등에 비추어 가분채권도 상속재산분할의 대상에 포함된다는 적극설, 공동상속인 모두가 가분채권을 분할심판의 대상으로 하기를 원하거나 가분채권을 포함하여 분할을 행하는 것이 상속인들 사이의 구체적 형평을 실현하는 데 필요한 경우에는 분할의 대상으로 삼는 것이 타당하다는 절충설 등이 있다. 또 상속에 의하여 당연히 분할되지는 않는다는 것을 전제로 하여 상속재산분할의 대상이 된다는 견해도 있다.

그러나 가분채권이 상속에 의하여 당연히 분할채권이 된다고 보더라도 상속재산의 분할대상이 되는 것까지 배제할 수는 없을 것이다(적극설). 실무례에서는 가분채권을 분할의 대상으로 하는데 공동상속인들 사이에 이의가 없거나 이것을 포함하여 분할을 행하는 것이 상속인 사이의 구체적 형평을 실현하는 데 적당한 경우에는 가분채권도 분할의 대상으로 할 수 있다고 보는 절충설을 택한 예가 많았다(서울가정법원 2005. 5. 19.자 2004느합152 심판 등). 대법원 2016. 5. 4.자 2014스122 결정도, 가분채권은 상속재산분할의 대상이 될 수 없는 것이 원칙이지만, 공동상속인들 중에 초과특별수익자가 있는 경우에는 초과특별수익자는 초과분을 반환하지 아니하면서도 가분채권은 법정상속분대로 상속받게 되는 부당한 결과가 나타나고, 특별수익이 존재하거나 기여분이 인정되어 구체적인 상속분이 법정상속분과 달라질 수 있는 상황에서 상속재산으로 가분채권만이 있는 경우에는 모든 상속재산이 법정상속분에 따라 승계되므로 특별수익과 기여분에 관한 1008조, 1008조의2의 취지에 어긋나게 되므로, 이와 같은 특별한 사정이 있는 때는 가분채권도 예외적으로 상속재산분할의 대상이 될 수 있다고 하는 절충설을 택하였다. 그러나 적극설과 절충설 사이에 실제로는 큰 차이가 없을 것이다.

나. 가분채무

가분적인 상속채무가 상속재산분할의 대상이 되는가 하는 점에 대하여도 견해가 나누어지지만, 부정설이 우세하다. 분할채무설의 입장에서는 가분채무는 상속개시와 동시에 공동상속인에게 그 상속분에 따라 당연 분할된다고 하고, 불가분채무로 보는 입장에서는 채권자의 승낙이 없이 분할의 효력이 생기지 않는다는 것이다. 판례(대법원 1997. 6. 24. 선고 97다8809 판결 등)도, 금전채무와 같이 급부의 내용이 가분인 채무가 공동상속된 경우, 이는 상속 개시와 동시에 당연히 법정상속분에 따라 공동상속인에게 분할되어 귀속되는 것이므로 상속재산분할의 대상이 될 여지가 없고, 상속재산분할의 대상이 될 수 없는 상속채무에 관하여 공동상속인들 사이에 분할의 협의가 있는 경우라면 이는 면책적 채무인수의 성질을 가지므로, 채권자의 승낙을 필요로 하고 이에 상속재산분할의 소급효를 규정하고 있는 1015조가 적용될 여지는 전혀 없다고 하였다. 반면 가분채권에서와 마찬가지로 상속인들 사이에 이의가 없다면 분할대상에 포함시켜야 한다는 견해도 있다.

다. 상속재산은 아니지만 분할의 대상인지가 문제되는 재산

(1) 대상(代償)재산

상속재산이 매도되거나 멸실, 훼손 등에 의하여 매매대금, 화재보험금 또는 손해배상청구권 등 이른바 대상재산으로 전화한 경우 이것이 상속재산분할의 대상이 되는가에 관하여는 법률상 규정이 없다. 그러나 이러한 대상재산의 귀속에 관하여 공동상속인 사이에 분쟁이 있는 때에는 상속재산분할의 절차에 의하여 상속재산을 둘러싼 분쟁과 같이 해결하는 것이 분쟁해결의 전면성, 일회성과, 상속재산의 종합적이고 합목적적인 분할이라고 하는 상속재산분할 제도의 취지에 타당하므로 이 또한 상속재산분할의 절차에서 처리할 수 있다고 보아야 한다. 대법원 2016. 5. 4.자 2014스122 결정도, 대상재산은 종래의 상속재산이 동일성을 유지하면서 형태가 변경된 것에 불과할 뿐만 아니라 상속재산분할의 본질이 상속재산이 가지는 경제적 가치를 포괄적·종합적으로 파악하여 공동상속인에게 공평하고 합리적으로 배분하는 데에 있는 점에 비추어, 대상재산이 상속재산분할의 대상으로 될 수 있다고 하였다.

(2) 상속재산으로부터 생기는 수익

상속재산인 부동산의 차임, 예금의 이자 등 상속재산으로부터 발생하는 법정과실 등 수익이 상속재산분할의 대상이 되는가에 관하여도 긍정설과 부정설이 대립한다. 상속분할의 소급효를 근거로 상속재산을 취득한 자가 당연히 그로부터 발생하는 수익까지 취득한다고 하면 심리에 나타나지 않은 수익의 다과(多寡)에 따라 공동상속인 사이의 형평을 해할 우려가 있고, 반대로 이를 상속재산과 같이 본다고 하더라도 과실은 그 내용이 복잡다양하고, 당사자가 협력하지 않으면 이를 법원이 파악하기도 어려워서 심리에 지장이 생길 우려가 많다. 따라서 이 두 가지 점을 고려한다면 이러한 법정과실 내지 수익은 원칙적으로는 상속재산분할의 대상이 아니고, 필요하다면 공유물 분할의 절차에 의하여 처리하여야 할 것이지만, 공동상속인 전원의 동의가 있는 때에는 상속재산분할의 대상으로 할 수 있다고 봄이 상당할 것이다.

대법원 2018. 8. 30. 선고 2015다27132, 2015다27149 판결은, 상속재산 분할심판에서 상속재산의 과실을 고려하지 않은 채, 분할의 대상이 된 상속재산 중 특정 상속재산을 상속인 중 1인의 단독소유로 하고 그의 구체적 상속분과 그 특정상속재산의 가액과의 차액을 현금으로 정산하는 대상분할의 방법으로 상속재산을 분할한 경우, 그 상속재산 과실은 특별한 사정이 없는 한, 공동상속인들이 '구체적 상속분'의 비율에 따라, 이를 취득한다고 보는 것이 타당하다고 하였다.

(3) 상속의 비용

상속재산의 관리와 청산에 필요한 상속의 비용은 상속재산 중에서 지급하는 것인데(998조의2), 실무에서는 상속재산의 유지, 보전을 위해 객관적으로 필요한 비용의 범위 내에서 상속재산에 준하여 청산할 수 있다고 보고 있다(제요 [2], 1606).

(4) 상속세

상속세는 상속인의 개인적 채무가 아니라 상속으로 발생한 비용이고, 상속재산의 부담으로 보아 상속재산의 분할 시에 함께 청산할 수 있다는 견해가 있다. 그러나 대법원 2013. 6. 24.자 2013스33, 34 결정은, 상속재산의 분할 전에 법정상속분에 따라 공동상속인 중 특정한 1인에게 귀속되는 부분이 그 특정인의 상속세 납부에 공여되었다고 하여도 이를 공동상속인들 전체의 상속비용으로 볼 수는 없다고 하였으므로, 원칙적으로는 상속세는 상속재산분할 절차에서 고려될 수 없을 것이다. 현재의 실무례는 나누어져 있다(주해상속 1/이봉민, 301-303; 주석상속/전경태, 312 참조). 공동상속인들 사이에 상속세의 분담범위 등에 관하여 다툼이 있는 경우가 대부분이므로 상속세를 상속비용으로 공제하지 않고 상속재산분할절차를 거쳐 각자의 상속분을 확정한 후 민사소송에서 상속세에 관하여 정산하도록 하고 있다고 하는 설명도 있다(제요 [2], 1607).

라. 재단법인 설립, 증여

유언으로 재단법인을 설립하는 경우, 그 출연재산은 유언의 효력이 발생한 때 즉 출연자가 사망한 때로부터 법인에 귀속되므로 출연재산은 상속인의 상속재산에 포함되지 않고, 재산상속인의 출연재산 처분행위는 무권한자의 행위가 될 수밖에 없다(대법원 1984. 9. 11. 선고 83누578 판결). 따라서 그 출연재산은 분할의 대상에서 제외된다.

반대로 피상속인이 생전에 부동산을 제3자에게 증여하였더라도 그에 따른 소유권이전등기가 없었다면 위 부동산이 상속재산에서 제외된다고는 볼 수 없으므로, 상속재산분할의 대상이 된다(대법원 1991. 7. 12. 선고 90므576 판결).

마. 상속재산임의 확인을 구하는 소송

상속재산분할절차에서 상속재산인지 아닌지가 다투어질 수 있다. 이때에는 분할을 담당하는 가정법원이 판단하여야 하지만, 비송사건인 상속재산분할절차에서 가정법원이 내리는 재판에는 기판력이 없어서 분쟁을 종국적으로 해결하지 못한다. 이러한 경우에는 당사자들이 어느 재산이 상속재산에 속한다는 점에 관하여 재판에 의하여 확인을 구할 수 있다. 대법원 2007. 8. 24. 선고 2006다40980 판결은, 일부 공동상속인이 다른 공동상속인을 상대로 그 재산이 상속재산임의 확인을 구하는 소송은 그 승소확정판결에 의하여 그 재산이 상속재산분할의 대상이라는 점이 확정되어 상속재산분할심판 절차 또는 분할심판이 확정된 후에 다시 그 재산이 상속재산분할의 대상이라는 점에 대하여 다툴 수 없게 되고, 그 결과 공동상속인 간의 상속재산분할의 대상인지 여부에 관한 분쟁을 종국적으로 해결할 수 있으므로 확인의 이익이 있고, 이는 고유필수적 공동소송이라고 하였다. 따라서 이 소송은 공동상속인 전원이 당사자가 되어야 한다.

반면 공동상속재산의 지분에 관한 지분권존재확인을 구하는 소송은 필수적 공동소송이 아니다(대법원 1965. 5. 18. 선고 65다279 판결; 2010. 2. 25. 선고 2008다96963, 96970 판결).

3. 지정분할

1012조는 피상속인이 상속재산의 분할방법을 정하거나, 또는 그 분할을 금지할 수 있음을 인정한다. 이와 같은 피상속인의 유언에 의한 분할방법의 지정을 지정분할이라고 부른다.

가. 지정의 방법

분할방법의 지정은 유언으로 이루어져야 한다. 유언 아닌 생전행위에 의한 분할방법의 지정은 효력이 없다(대법원 2001. 6. 29. 선고 2001다28299 판결). 그리고 피상속인은 유언으로 분할방법의 결정을 제3자에게 위탁할 수도 있다. 일반적으로 이 제3자는 공동상속인 이외의 자라야 하고, 공동상속인 중 1인에 대한 위탁은 무효라고 하나(곽윤직, 139; 송덕수, 360 등), 독일의 학설과 판례는 반대이다.

위탁받은 제3자가 그 승낙의 의사를 명백히 하지 않는 경우, 1097조 3항을 유추하여, 공동상속인들은 상당한 기간을 정하여 그 승낙 여부를 최고할 수 있고, 그 최고에 대한 답이 없으면 승낙을 거절한 것으로 보아야 할 것이다. 제3자가 위탁을 승낙하였지만 상당한 기간 내에 분할방법을 결정하지 않은 경우에도 마찬가지이다.

나. 지정의 내용

피상속인은 그 분할방법에 관하여 예컨대 현물분할, 대금분할(상속재산을 환가처분한 후 그 가액을 상속인 사이에서 나누는 것), 대상분할(代償分割, 상속인의 한 사람이 상속재산을 전부 취득하고 그 대가를 다른 상속인들이 나누는 것) 등 여러 가지 방법을 지정할 수 있다. 반드시 상속인들의 상속분에 따라 지정하여야 하는 것은 아니다.

특정의 재산을 특정의 상속인에게 준다 또는 상속하게 한다는 처분을 분할방법을 정한 것이라고 볼 것인가, 아니면 유증으로 볼 것인가 하는 점에 관하여, 일본에서는 여러 가지의 논의가 많았다. 이를 어떻게 보는가에 따라서, 가령 유증은 포기할 수 있는 반면(1074조) 분할방법의 지정은 그렇지 않고, 또 유증의 효력은 상속분할 이전이라도 주장할 수 있으며, 지정된 상속인이 유언 발효 전에 사망하면 대습상속이 인정되는가(유증으로 보면 유증이 효력을 잃게 된다) 하는 점 등에 관하여 차이가 있다. 일본 최고재판소 1991. 4. 19. 판결(民集 45-4, 477)은 이를 특별한 사정이 없는 한 유산분할의 방법을 지정한 것으로 해석하여야 하고, 따라서 유산분할의 협의가 필요 없다고 하였다. 우리나라에서도 같은 취지의 견해가 주장되고 있다(곽윤직, 139). 나아가 이 견해는 유언자가 특정재산을 특정상속인에게 분재한다는 의사를 표시한 경우 특별한 다른 의사표시가 없는 한 법정상속분을 초과하는 분할방법의 지정은 유증으로 보아 유효하다고 봄이 타당하다고 한다.

제3자가 분할방법을 지정하는 경우에는 원칙적으로 각 공동상속인의 상속분에 따라 분할하여야 한다고 보는 것이 다수설이다. 그러나 그렇게 본다면 실제로 각 공동상속인의 상속분을 확정하여야 하므로 제3자에게 위탁하는 실익이 없게 된다. 독일 민법 2048조는 위탁을 받은 제3자가 공평한 재량에 따라 분할할 수 있고, 그 분할방법의 지정이 명백히 불공정할 때에만 상속인들에게 효력이 없으며, 이때에는 판결로 분할방법을 정하여야 한다고 규정하는데, 이는 우리 민법의 해석으로도 받아들여질 수 있을 것이다(같은 취지, 주해상속 1/이봉민, 307).

다. 지정의 효과

상속재산분할방법 지정이 있다고 하더라도 이는 공동상속인 사이에서는 그 지정에 따라 분할하여야 하는 채권적 효과만을 발생시킬 뿐이다. 가령 특정재산을 특정 상속인에게 준다고 하는 지정이 있더라도 그것만으로 그 상속인이 그 특정재산 전체에 관하여 곧바로 소유권을 취득하는 것은 아니다.

위와 같은 지정이 있으면 공동상속인은 이에 구속되지만, 공동상속인 전원의 합의가 있으면 유언으로 정한 분할방법과는 달리 분할을 하여도 무방하다. 피상속인의 지정에 의하여 상속재산 중 특정한 부동산을 단독으로 분할받게 된 상속인은 단독으로 소유권이전등기를 신청할 수 있다.

라. 유언에 의한 분할의 금지

피상속인은 상속개시의 날로부터 5년을 초과하지 아니하는 기간 내의 분할을 금지할 수 있다(1012조 후단). 이는 분할방법의 지정과 마찬가지로 반드시 유언으로 하여야 하고, 생전행위에 의한 금지는 무효이다. 상속재산 전부나 일부에 관하여, 또는 상속인 전원이나 일부에 대하여 분할을 금지할 수도 있다. 그러나 상속재산 총액의 일정비율로 표시된 일부금지는 인정되지 않는다. 이를 인정하게 되면 나머지 부분에 대한 현물분할은 불가능하게 되므로, 결국 전체 상속재산에 대한 분할금지와 마찬가지가 될 것이기 때문이다(반대: 김주수·김상용, 731-732. 이러한 경우에 구체적으로 어느 재산을 분할하지 않을 것인지는 상속인이 협의하여 결정하면 된다고 한다).

분할 금지의 기간은 5년을 초과할 수 없다. 5년을 초과한 경우에는 그 분할금지기간이 5년으로 단축된다.

분할금지의 효력이 상속인의 특정승계인에게 미치는가는 논란이 있는데, 적어도 부동산의 경우에는 부동산등기법 67조를 유추하여 분할금지의 특약이 등기되지 않는 한 미치지 않는다고 보아야 할 것이다.

또한 분할금지의 유언이 있더라도 그 금지기간 내에 분할을 하여야 할 중대한 사유가 있을 때에는 분할을 할 수 있고, 공동상속인들 간의 협의가 성립하지 않으면 가정법원에 분할을 청구할 수 있다고 보아야 할 것이다.

4. 협의분할

공동상속인은 피상속인의 분할금지의 유언이 없는 한, 언제든지 분할의 협의를 할 수 있다(1013조 1항).

가. 협의분할의 당사자

(1) 공동상속인

상속재산의 협의분할에는 모든 공동상속인이 참가하여야 하고, 일부의 상속인만으로 한 협의분할은 무효이다(대법원 1987. 3. 10. 선고 85므80 판결; 1995. 4. 7. 선고 93다54736 판결). 초과특별수익자로서 구체적인 상속분이 없는 자라도 상속분할의 협의에는 참가할 수 있다(광주고법 1989. 6. 9. 선고 88르367 판결 참조). 상속을 포기한 사람은 협의분할의 당사자가 될 수 없다. 다만 판례(대법원 2007. 9. 6. 선고 2007다30447 판결; 2011. 6. 9. 선고 2011다29307 판결, [판례 70])는, 상속재산분할협의에 이미 상속을 포기한 자가 참여하였다 하더라도, 그 분할협의의 내용이 이미 포기한 상속지분을 다른 상속인에게 귀속시킨다는 것에 불과하여 나머지 상속인들 사이의 상속재산분할에 관한 실질적인 협의에 영향을 미치지 않은 경우라면 그 상속재산분할협의는 효력이 있다고 하였다.

그리고 공동상속인인 친권자와 미성년인 수인의 자가 상속재산분할협의를 하는 것은 921조 소정의 이해상반행위이고, 따라서 이때에는 미성년자 각자마다 특별대리인을 선임하여야 하며, 특별대리인의 선임 없이 한 상속재산분할 협의는 무효이다(대법원 1993. 4. 13. 선고 92다54524 판결).

후견인이 피후견인을 대리하여 상속재산분할협의를 하거나 이에 동의를 할 때, 후견감독인이 있으면 그의 동의를 받아야 한다(950조 1항 6호).

공동상속인 중 1인이 행방불명인 경우에, 행방불명자를 제외한 나머지 공동상속인 사이에 분할협의를 하고, 행방불명자가 출현한 경우에는 1014조에 의하여 해결한다는 설도 있기는 하나, 부재자 재산관리인을 선임하여 그와 협의를 하여야 한다고 봄이 옳을 것이다. 이때 나중에 부재자가 상속 개시 후에 이미 사망한 사실이 밝혀졌더라도 분할의 효력에는 영향이 없다고 보아야 한다. 관리인의 선임은 이미 사망하였을지도 모르는 자를 위하여 하는 것이기 때문이다. 만일 부재자가 상속개시 전에 이미 사망한 경우에는 어떠한가? 이때에는 분할협의에 상속인 아닌 자를 참가시킨 것이어서 무효라고 하는 설이 있으나(곽윤직, 142 등), 이 경우에도 부재자 재산관리인의 행위는 부재자의 상속인에게 효력이 미친다고 볼 수 있으므로, 굳이 무효로 볼 필요는 없다. 따라서 부재자의 상속인(대습상속인)이 있는 때에는 부재자가 분할 받은 재산을 그에게 인도하고, 대습상속인이 없으면 부재자가 분할 받은 재산을 다시 분할하면 될 것이다.

(2) 포괄적 수유자, 상속분의 양수인

포괄적 수유자(1078조)도 상속재산의 협의분할에 참가하여야 한다. 유언이 공동상속인 간의 상속재산분할에 대하여는 언급하지 않고 다만 포괄적 유증에 대해서만 정하고 있는 경우에는, 포괄적 수유자 대신 유언집행자가 협의에 참가하여야 한다고 주장하는 견해가 있다(김주수·김상용, 734-735). 그러나 심판분할의 경우에 유언집행자는 분할심판의 당사자로 될 필요가 없고 이해관계인(家訴 37조)이 될 뿐이라고 보아야 할 것이다(제요 [2], 1591). 상속분의 양수인(1011조 참조)도 협의분할의 당사자이다. 상속분의 양도인이 상속채무까지 면하는 것은 아니므로 분할에 참가할 수 있다고 하는 설이 있으나, 상속채무는 원칙적으로 분할할 수 없으므로, 분할에 참가할 수 없다고 보아야 한다(곽윤직, 141; 송덕수, 360. 초판의 학설을 변경한다). 다만 실무상으로는 상속분 양도 사실에 관한 심리를 위하여 당사자에 포함시켜 진행하되 심판 시에 초과특별수익자의 경우와 같이 상속분 양도인에게 재산을 귀속시키지 않는 것으로 상속재산을 분할한다고 한다(제요 [2], 1591).

그러나 상속재산을 구성하는 특정재산에 대한 지분을 양수한 자는 상속재산분할을 청구할 것이 아니라 공유물의 분할을 청구하여야 하고, 상속재산분할의 당사자가 될 수 없다.

⑶ 상속인인지 여부가 불분명한 자

㈎ 태 아

태아의 상속능력에 관하여는 정지조건설과 해제조건설이 대립하는데, 해제조건설에 의하면 태아도 상속인이므로 법정대리인을 통하여 분할에 참가할 수 있다고 하나, 정지조건설에 의하면 참가할 수 없게 된다. 현재 판례(대법원 1976. 9. 14. 선고 76다1365 판결)가 채택하고 있는 정지조건설에 따를 때, 태아를 제외하고 상속재산분할을 할 수 있는가에 대하여는, 태아가 출생할 때까지는 상속재산분할절차를 중지하여야 한다는 설(곽윤직, 248; 김주수·김상용, 736; 이경희·윤부찬, 466 등)이 있다. 그러나 원칙적으로 태아의 출생을 기다려야 하지만, 기다릴 수 없는 경우에는 협의분할 아닌 심판분할만을 허용하고, 나중에 출생한 태아에 대하여는 1014조를 유추하여 상속분에 상당한 가액의 지급청구를 인정함이 상당할 것이다(박동섭·양경승, 810).

㈏ 상속인의 지위가 다투어지고 있는 자

예컨대 현재에는 가족관계등록부상 상속인으로 되어 있으나, 그에 대하여 상속결격·친생부인·친생자관계부존재·인지무효·혼인무효·입양무효 등 그의 신분을 다투는 소가 제기되어 있는 경우에, 그 자를 참가시켜 분할의 협의를 할 것인지가 문제된다.

이에 대하여는 그에 대한 판결의 확정으로 상속권이 부정되면 상속권이 부정되는 자가 참여한 분할협의는 당연히 무효로 되므로 분할협의는 그 판결이 확정될 때까지 기다려야 한다는 설(곽윤직, 142), 이들을 제외하지 않고, 다만 분할받을 몫의 인도의 보류 또는 담보의 제공을 조건으로 분할을 진행시킬 수 있다는 설(김주수·김상용, 735) 등이 있다. 생각건대 이러한 사람들을 제외하고 분할을 하면 나중에 이러한 사람들이 상속인으로 판명되었을 때에는 분할의 효력이 문제될 여지가 있다. 그러므로 실무적으로는 이러한 경우는 협의분할보다는 심판에 의하여 분할하고, 심판에서는 필요한 경우 담보의 제공 등을 조건으로 하여 분할을 명할 수 있다고 봄이 적당할 것이다.

㈐ 상속인임을 주장하는 자

예컨대 피상속인 사망 후에 그 자녀임을 주장하여 인지를 청구하거나, 피상속인과의 이혼무효 또는 파양무효 등을 주장하여 소를 제기한 사람이 있는 경우에,

이러한 사람은 그 소가 받아들여지면 상속인의 자격이 인정받게 되지만, 그 전에는 상속인으로 인정되기 어렵다. 이 경우에는 이러한 사람을 제외하고 한 분할의 협의라도 무효는 아니고, 나중에 이 자가 승소판결을 받게 되면 1014조에 의하여 상속분에 상당한 가액의 지급을 청구할 수 있다.

나. 협의의 방법과 내용

공동상속인들 사이에 이루어지는 분할의 협의는 일종의 계약으로 볼 수 있다. 협의의 방법에 관하여는 구체적인 규정이 없으므로 가령 상속재산의 일부만을 먼저 분할하는 것도 무방하다.

판례는, 상속재산 전부를 상속인 중 1인에게 상속시킬 방편으로 그 나머지 상속인들이 상속포기신고를 하였으나 그 상속포기가 상속포기로서의 효력이 없는 경우, 그 1인과 나머지 상속인들 사이에는 그 1인이 상속재산 전부를 취득하고 그 나머지 상속인들은 그 상속재산을 전혀 취득하지 않기로 하는 의사의 합치가 있었으므로 그들 사이에 위와 같은 내용의 상속재산의 협의분할이 이루어진 것으로 보아야 한다고 판시하였다(대법원 1989. 9. 12. 선고 88누9305 판결; 1991. 12. 24. 선고 90누5986 판결; 1996. 3. 26. 선고 95다45545, 45552, 45569 판결). 그 근거는 무효행위 전환(138조)에서 찾을 수 있을 것이다. 또한 판례는, 공동상속인 3인 중 2인이 그 상속지분을 다른 1인에게 양도한 경우에 이는 상속재산의 협의분할의 취지에서 한 것으로 볼 수 있다고 하였다(대법원 1995. 9. 15. 선고 94다23067 판결).

상속재산의 협의분할은 상속인 전원이 참여하여야 하나, 반드시 한 자리에서 이루어질 필요는 없고, 순차적으로 이루어질 수도 있다(대법원 2001. 11. 27. 선고 2000두9731 판결).

분할의 방법은 지정분할과 마찬가지로, 현물분할, 대금분할, 대상분할, 공유로 하는 분할 등 여러 가지 방법이 모두 가능하다.

분할의 비율을 반드시 법정상속분에 따라야 하는 것도 아니다. 그런데 일부 상속인이 법정상속분을 초과하여 분배를 받은 경우에는 그 상속인이 다른 상속인들로부터 증여를 받은 것이라는 주장도 있으나, 판례(대법원 1985. 10. 8. 선고 85누70 판결; 1992. 3. 27. 선고 91누7729 판결 등)는 이를 부정한다. 즉 1015조가 상속재산의 분할은 상속개시된 때에 소급하여 그 효력이 있다고 규정하고 있으므로, 상속재산 협의분할에 의하여 공동상속인 중 1인이 고유의 상속분을 초과하는 재산을 취득하게 되었다고 하여도 이는 상속개시 당시에 피상속인으로부터 승계받은 것으로 보아야 하고, 다른 공동상속인으로부터 증여받았다고 볼 수는 없다는 것이다.

다만 相贈 4조 3항은, 증여세의 부과에 관하여, 등기·등록·명의개서 등에 의하여 각 상속인의 상속분이 확정되어 등기 등이 된 후 협의분할한 결과, 상속인이 당초 상속분을 초과하여 취득하게 되는 재산가액은 그 분할에 의하여 상속분이 감소한 상속인으로부터 증여받은 재산에 포함한다고 규정하고 있다.

협의분할의 효력으로서 특히 문제되는 것은 상속채무의 분할이다. 이러한 상속채무를 공동상속인들이 채권자의 동의 없이 분할한다고 하여 채권자에 대하여 효력이 있는 것은 아니라는 것은 앞에서 언급하였으나, 이러한 분할에 채무인수의 효력을 인정할 수는 있다. 따라서 채권자는 그러한 분할을 승인하여 그 분할된 비율에 따라 채권을 행사할 수도 있고, 또는 원래의 법정상속분에 따라 채권을 행사할 수도 있다. 학설상으로는 적극적 상속재산을 법정상속분의 비율과 다르게 분할한 경우에는 상속인에게 그들의 취득비율에 따른 책임을 물을 수도 있다는 주장도 있다.

다. 협의분할의 무효·취소·해제

협의분할의 무효 사유로는 우선 공동상속인 전원이 참가하지 않거나, 또는 적법하게 대리되지 않은 경우를 들 수 있다. 다만 사후에 상속인이 밝혀졌더라도 1014조가 적용될 수 있는 경우에는 그 분할 자체가 무효로 되지는 않는다. 상속인 아닌 자가 참가하여 분할의 협의를 한 경우는 어떠한가? 이 경우 분할협의는 원칙적으로 무효이지만, 협의분할 전부가 무효로 되어 당초 분할협의의 대상이었던 재산 전체에 대하여 다시 분할을 하여야 하는지(전부무효), 아니면 무자격자가 취득한 재산 부분만 무효로 되는지(일부무효)가 문제이다. 기본적으로는 무자격자가 취득한 재산에 관한 부분만 무효로 되어 다른 상속인들이 그 반환청구를 하면 되지만, 무자격자에게 배분된 유산의 전체 재산에 대한 비율에 따라서는 전부가 무효로 될 여지도 있다.

그리고 상속분할의 협의는 일종의 계약으로 보아야 하므로, 일반적인 계약의 무효·취소사유가 있으면 그러한 무효나 취소사유를 주장할 수 있음은 물론이다. 대법원 1996. 4. 26. 선고 95다54426, 54433 판결은, 상속재산 협의분할로 부동산을 단독으로 상속한 자가 협의분할 이전에 공동상속인 중 1인이 그 부동산을 제3자에게 매도한 사실을 알면서도 상속재산 협의분할을 하였을 뿐만 아니라, 매도인의 배임행위를 유인, 교사하거나 이에 협력하는 등 적극적으로 가담한 경우에는 위 상속재산 협의분할 중 매도인의 법정상속분에 관한 부분은 103조 소정의 반사회적 법률행위에 해당한다고 하였다.

다른 한편 판례(대법원 2001. 2. 9. 선고 2000다51797 판결, [판례 60]; 2007. 7. 26. 선고 2007다29119 판결)는, 상속재산의 분할협의는 상속이 개시되어 공동상속인 사이에 잠정적 공유가 된 상속재산에 대하여 그 전부 또는 일부를 각 상속인의 단독소유로 하거나 새로운 공유관계로 이행시킴으로써 상속재산의 귀속을 확정시키는 것으로 그 성질상 재산권을 목적으로 하는 법률행위이므로 사해행위취소권 행사의 대상이 될 수 있다고 하였다. 이에 대하여는 상속재산분할의 소급효를 규정하고 있는 1015조를 근거로 하여, 분할된 재산은 피상속인으로부터 분할을 받은 상속인에게 직접 승계되는 것이고, 다른 상속인으로부터 양도받은 것은 아니므로 사해행위가 성립하지 않는다고 하는 주장이 있으나, 분할의 소급효는 분할로 인한 법률관계를 간명하게 처리하기 위한 법적 의제에 불과하고, 이를 이유로 상속인의 채권자의 이익을 침해하는 것이 허용될 수는 없다.

그리고 협의분할의 해제도 가능하다. 우선 합의해제가 가능한 것은 물론이다(대법원 2004. 7. 8. 선고 2002다73203 판결). 또한 분할의 효과로서 인정되는 담보책임의 경우에도 해제가 가능하다. 나아가 법정해제도 가능한가에 관하여는 논란이 있다. 일본의 판례는 법적 안정성을 이유로 이를 부정하지만{최고재판소 1989. 2. 9. 판결(民集 43-2, 1)}, 해제로 인한 원상회복은 제3자를 해하지 못하므로(548조 1항 단서), 법적 안정성을 이유로 하여 법정해제를 부정하는 것은 설득력이 없고, 법정해제도 인정된다고 보아야 한다.

[판례 60] 대법원 2001. 2. 9. 선고 2000다51797 판결

상고이유를 판단한다.

1. 제1점에 대하여

상속재산의 분할협의는 상속이 개시되어 공동상속인 사이에 잠정적 공유가 된 상속재산에 대하여 그 전부 또는 일부를 각 상속인의 단독소유로 하거나 새로운 공유관계로 이행시킴으로써 상속재산의 귀속을 확정시키는 것으로 그 성질상 재산권을 목적으로 하는 법률행위이므로 사해행위취소권 행사의 대상이 될 수 있다 할 것이다.

같은 취지의 원심 판단은 정당하고, 거기에 상고이유로 주장하는 채권자취소권 행사의 대상에 관한 법리오해의 위법이 없다. 이 부분 상고이유의 주장은 이유 없다.

2. 제2점에 대하여

공동상속인의 상속분은 그 유류분을 침해하지 않는 한 피상속인이 유언으로 지정한 때에는 그에 의하고 그러한 유언이 없을 때에는 법정상속분에 의하나, 피상속인으로부터 재산의 증여 또는 유증을 받은 자는 그 수증재산이 자기의 상속분에 부족한 한도 내에서만 상속분이 있고(민법 제1008조), 피상속인의 재산의 유지 또는 증가에 특별히 기여하거나 피상속인을 특별히 부양한 공동상속인은 상속 개시 당시의 피상속인의 재산가액에서 그 기여분을 공제한 액을 상속재산으로 보고 지정상속분 또는 법정상속분에 기여분을 가산한 액으로써 그 자의 상속분으로 하므로(민법 제1008조의2 제1항), 지정상속분이나 법정상속분이 곧 공동상속인의 상속분이 되는 것이 아니고 특별수익이나 기여분이 있는 한 그에 의하여 수정된 것이 재산분할의 기준이 되는 구체적 상속분이라 할 수 있다.

따라서 이미 채무초과 상태에 있는 채무자가 상속재산의 분할협의를 하면서 상속재산에 관한 권리를 포기함으로써 결과적으로 일반 채권자에 대한 공동담보가 감소되었다 하더라도, 그 재산분할결과가 위 구체적 상속분에 상당하는 정도에 미달하는 과소한 것이라고 인정되지 않는 한 사해행위로서 취소되어야 할 것은 아니고, 구체적 상속분에 상당하는 정도에 미달하는 과소한 경우에도 사해행위로서 취소되는 범위는 그 미달하는 부분에 한정하여야 한다. 이때 지정상속분이나 기여분, 특별수익 등의 존부 등 구체적 상속분이 법정상속분과 다르다는 사정은 채무자가 주장·입증하여야 할 것이다.

기록에 의하면 피고들은 제1심에서 1999. 11. 25.자 준비서면으로써 피고 3이 피상속인의 생존시인 1997. 4. 10. 소외 부산국민상호신용금고에 피상속인의 소유이던 부산 부산진구 전포동 소재 지하상가에 관하여 채권최고액 금 9,750만 원의 근저당권을 설정하고 피고 3이 채무자가 되어 금 8,000만 원을 대출받아 소비함으로써 자기 상속분을 넘는 사전상속을 받았기 때문에 상속재산의 분할협의 과정에서 피고 3이 상속재산을 받지 않기로 한 것이라고 주장하면서, 그 증거로 위 지하상가에 관한 등기부등본(을 제1호증)을 제출하였고, 위 을 제1호증에 의하면 위 점포에 관하여 피고들 주장과 같은 근저당권설정등기가 경료되었다가 이 사건 분할협의 후인 1998. 7. 31. 그 근저당권이 말소된 사실을 알 수 있는바, 사정이 이러하다면 피고 3 자신이 위 대여금 채무를 변제하지 아니한 이상 위 소외인으로부터 위 대여금 상당의 증여를 받았다고 추정할 수 있고 따라서 그는 위 수증액이 자기의 상속분에 부족한 한도 내에서만 상속분이 있다고 보아야 할 것이므로, 원심으로서는 위 대여금 채무를 피고 3이 변제한 것인지 여부를 밝혀보고 만일 그가 변제한 것이 아니라면 상속재산을 적절히 평가한 다음 피고 3의 법정상속분에서 위 수증액을 공제하고서도 나머지가 있는지를 판단하여 사해행위가 되는 범위를 확정한 후 그에 따른 지분이전 또는 가액반환을 명하였어야 함에도, 이에 나아가 심리·판단하지 아니한 채 피고 3의 법정상속분 전체에 대하여 사해행위가 성립한다고 판단한 원심판결에는 피고들의 위 주장에 관한 판단을 유탈하거나 상속재산의 분할협의에 이르게 된 사정에 관한 심리를 다하지 아니한 잘못이 있다 할 것이고 이는 판결 결과에 영향을 미쳤음이 분명하다. 이 점을 지적하는 상고이유의 주장은 이유 있다.

생각할 점

1. 이 판결과 상속재산분할의 소급효를 근거로 상속재산분할의 결과 자기의 법정상속분을 초과하는 재산을 취득한 공동상속인이 증여를 받은 것이 아니라고 한 대법원 1985. 10. 8. 선고 85누70 판결의 관계를 생각하여 보라.

2. 이 판결은 상속의 포기에 대하여는 채권자취소권을 행사하지 못한다고 한 대법원 2011. 6. 9. 선고 2011다29307 판결([판례 70])과는 모순되는가?

[판례 61] 대법원 2004. 7. 8. 선고 2002다73203 판결

상속재산분할협의는 공동상속인들 사이에 이루어지는 일종의 계약으로서, 공동상속인들은 이미 이루어진 상속재산분할협의의 전부 또는 일부를 전원의 합의에 의하여 해제한 다음 다시 새로운 분할협의를 할 수 있고, 상속재산분할협의가 합의해제되면 그 협의에 따른 이행으로 변동이 생겼던 물권은 당연히 그 분할협의가 없었던 원상태로 복귀하지만, 민법 제548조 제1항 단서의 규정상 이러한 합의해제를 가지고서는, 그 해제 전의 분할협의로부터 생긴 법률효과를 기초로 하여 새로운 이해관계를 가지게 되고 등기·인도 등으로 완전한 권리를 취득한 제3자의 권리를 해하지 못한다고 보아야 한다.

원심은 그 채용 증거에 의하여 다음과 같은 사실, 즉 이 사건 토지가 원래 소외 1의 소유였는데, 소외 1이 1995. 10. 13. 사망한 다음, 그 장남인 소외 2가 1996. 1. 30. 나머지 공동상속인들인 원고들의 동의 없이, 소외 경신건설 주식회사의 피고에 대한 차용금반환채무를 담보하기 위하여 망 소외 1의 명의로 피고에게 각 근저당권설정등기를 마쳐준 사실, 그 후 소외 2와 원고들은 1999. 1. 19.과 같은 달 21. 이 사건 토지 등을 소외 2가 단독 상속하기로 하는 내용의 상속재산분할협의를 하였다가, 다시 1999. 2. 일자 불상경 위 분할협의의 내용에 '소외 2가 1999. 7. 20.까지 상속세, 상속관련 채무를 모두 변제하는 것'을 협의의 정지조건으로 추가하는 내용의 새로운 분할협의를 하였는데, 소외 2가 위에서 정한 기한 내에 이를 이행하지 못한 사실을 인정하였는바, 이들 사실을 앞서 본 법리에 비추어 살펴보면, 위 당초의 상속재산분할협의의 소급효(민법 제1015조 본문)에 의하여 피고 명의의 이 사건 근저당권설정등기는 상속개시 당초부터 적법한 것으로서 실체관계에 부합하는 등기가 되었고, 그 후 원고들과 소외 2 사이에 이루어진 새로운 분할협의에 의하여 당초의 분할협의는 적법하게 합의해제되었으며, 위 새로운 분할협의는 그 정지조건이 성취되지 아니하여 결국 실효되었지만, 당초의 분할협의에 의하여 이 사건 토지에 관하여 완전한 근저당권을 취득한 피고는 그 분할협의로부터 생긴 법률효과를 기초로 하여 합의해제되기 전에 새로운 이해관계를 가진 자에 해당한다고 봄이 상당하므로, 원고들로서는 당초의 분할협의의 합의해제에 해당하는 새로운 분할협의를 내세워 피고의 위 권리를 해하지 못한다[.]

라. 협의분할의 금지

민법은 협의분할의 금지에 관하여는 아무런 규정을 두고 있지 않으나, 상속재산의 공동소유를 공유로 보는 한, 공유재산의 분할금지에 관한 268조 1항이 적용되어, 5년의 기간 내에서 분할하지 않을 것을 약정할 수 있다고 보아야 할 것이다. 대법원 2002. 1. 23.자 99스49 결정은, 상속인들 사이에서 상속재산의 분할을 금지한다는 약정을 할 수 있으나 이 경우 268조 1항 단서를 유추적용하여 5년 내의 기간으로 상속재산 분할금지의 약정을 할 수 있을 뿐이고, 별도로 기간을 정하지 않은 경우에는 5년의 기간으로 분할금지 약정을 한 것으로 보아야 한다고 판시하였다.

5. 심판에 의한 분할

피상속인의 유언에 의한 지정도 없고, 상속인들 사이에서 분할의 협의가 이루어지지 아니하거나 분할의 협의가 이루어질 수 없는 때에는 각 공동상속인들은 가정법원에 그 분할을 청구할 수 있다(1013조 2항, 269조 1항). 이는 마류 가사비송사건이다{家訴 2조 1항 2호 나. 10)}.

공동상속인은 상속재산의 분할에 관하여 공동상속인 사이에 협의가 성립되지 아니하거나 협의할 수 없는 경우에 가사소송법이 정하는 바에 따라 가정법원에 상속재산분할심판을 청구할 수 있을 뿐이고, 그 상속재산에 속하는 개별 재산에 관하여 268조의 규정에 의한 공유물분할청구의 소를 제기할 수는 없다. 이러한 경우에는 법원은 석명권을 행사하여 청구가 상속재산분할청구로 인정되면 가정법원에 이송하여야 한다(대법원 2015. 8. 13. 선고 2015다18367 판결).

가. 심판청구의 요건

심판청구를 하기 위하여는 우선 법률상 상속재산의 분할이 제한되고 있지 않아야 한다. 공동상속인 중에 아직 상속의 승인이나 포기를 위한 고려기간 중에 있는 자(1019조)가 있으면, 공동상속인이 확정되어 있지 않으므로 분할심판을 청구할 수 없다.

또 한정승인이 있은 경우(1028조, 1029조)에는 상속재산 전체에 대하여 청산이 행하여지므로(1032조 이하), 그 청산이 행하여지는 동안에는 상속재산분할이 행하여질 여지가 없다. 그런데 대법원 2014. 7. 25.자 2011스226 결정은, 한정승인에 따른 청산절차가 종료되지 않은 경우에도 상속재산분할청구가 가능하다고 하였다. 그 이유로서는 우리 민법이 한정승인 절차가 상속재산분할 절차보다 선행하여야 한다는 명문의 규정을 두고 있지 않고, 공동상속인들 중 일부가 한정승인을 하였다고 하여 상속재산분할이 불가능하다거나 분할로 인하여 공동상속인들 사이에 불공평이 발생한다고 보기 어려우며, 상속재산분할의 대상이 되는 상속재산의 범위에 관하여 공동상속인들 사이에 분쟁이 있을 경우에는 상속재산분할청구 절차를 통하여 분할의 대상이 되는 상속재산의 범위를 한꺼번에 확정하는 것이 상속채권자의 보호나 청산절차의 신속한 진행을 위하여 필요하다는 점을 들고 있다. 그러나 청산절차가 완료되기 전에 협의상 분할 아닌 재판상 분할은 허용될 수 없다고 보아야 한다. 한정승인을 한 상속인은 상속채무를 변제하기 위한 것이 아니면 원칙적으로 상속재산에 대하여 처분할 권한이 없다고 보아야 할 뿐만 아니라, 청산이 완료되기 전에도 상속재산분할이 이루어지면 단순승인이 의제되어 한정승인의 효과가 소멸하는데(1026조 3호), 이는 한정승인의 효과를 한정승인을 하지 않은 다른 상속인들이 뒤집는 것을 허용하는 것이 되어, 일부 상속인만이 한정승인을 할 수 있도록 한 민법의 취지에 어긋난다. 판례는 상속재산분할청구 절차를 통하여 분할의 대상이 되는 상속재산의 범위를 한꺼번에 확정할 수 있다는 점을 중요한 요소로 고려한 것으로 보인다. 그러나 상속재산분할절차에서 상속재산의 범위를 일단 정한다고 하더라도, 그러한 심판에는 기판력이 없으므로 분쟁을 종국적으로 해결하지는 못한다. 오히려 이러한 경우에는 공동상속인 전원이 당사자로 되는 민사소송에서 상속재산의 범위를 확정하는 것(대법원 2007. 8. 24. 선고 2006다40980 판결 참조)이 분쟁을 발본적으로 종식시키는 길이다.

상속재산의 분리(1045조)가 있는 경우나, 상속재산에 대하여 파산선고가 있는 경우(「채무자 회생 및 파산에 관한 법률」 299조 등)에도 상속재산의 분할을 할 수 없다. 나아가 유언이나 또는 공동상속인의 합의에 의하여 상속재산분할이 금지된 때에도 마찬가지이다.

그리고 유언에 의하여 상속재산분할의 방법이 지정되거나, 제3자에 대한 분할

방법의 지정 위탁이 있었던 경우에도 분할신청은 허용되지 않는다. 다만 위탁을 받은 제3자가 위탁을 수락하지 않거나, 수락하여도 상당한 기간 내에 지정을 실행하지 않는 경우에는 공동상속인들은 제3자에게 최고를 하고, 그에 대하여 확답이 없으면 분할청구를 할 수 있다고 보아야 한다.

이러한 사유는 없더라도, 공동상속인 사이에 분할의 방법에 관하여 협의가 성립되지 않아야 분할의 청구를 할 수 있다. 협의가 성립되지 않는다는 것은, 분할의 방법뿐만 아니라 예컨대 공동상속인 중 1인 또는 수인이 상속재산을 점유하며 다른 상속인의 협의요청에 응하지 않는 경우처럼 분할 여부에 관하여 협의가 성립되지 않는 경우도 포함한다.

이 이외에 공동상속인 중 일부가 행방불명인 경우도 협의가 불가능한 경우의 예로 들기도 하나(김주수·김상용, 746), 그 경우에는 부재자재산관리인을 선임하여 그와 협의하면 될 것이다.

나. 심판청구의 절차

분할청구는 각 공동상속인이 단독으로 할 수 있으나, 신청인을 제외한 다른 공동상속인 전원을 상대방으로 하여야 한다(家訴規 110조). 공동상속인 중 1인이 일부 상속재산에 대하여 분할을 청구하고, 다른 공동상속인이 다른 상속재산에 대하여 분할을 청구할 때에는 이들 사건도 병합하여 처리한다(제요 [2], 1598). 이 분할심판은 상대방의 보통재판적 소재지의 가정법원이 관할한다(家訴 46조).

가정법원은 분할을 청구한 상속재산에 관하여 기여분결정청구사건이 있으면 이를 상속재산분할청구사건에 병합하여야 하고(家訴規 112조), 분할청구가 있으면 1개월 이상의 기간을 정하여 기여분청구를 할 것을 당사자에게 고지할 수 있다(家訴規 113조).

상속재산분할심판의 당사자와 분할의 대상이 되는 재산은 대체로 협의분할의 경우와 같다. 다만 분할심판의 당사자에 대하여는 다음 두 가지 경우가 특별히 문제가 된다.

첫째, 공동상속인 중 1인으로부터 상속분을 양수한 것이 아니라, 상속재산에 속하는 특정재산의 지분을 양수한 제3자는 상속재산분할의 당사자가 될 수 없고, 269조에 의한 공유물 분할을 청구할 수밖에 없다.

둘째, 공동상속인의 채권자가 채권자대위권에 기하여 상속인을 대위하여 상속재산분할을 청구할 수 있는가에 관하여는, 공동상속인 사이의 협의절차에 제3자가 개입하여서는 안 된다거나, 상속재산분할청구권은 불확정한 권리라는 이유로 대위가 허용되지 않는다는 주장도 있다. 그러나 공동상속인의 채권자가 상속인 대신 분할의 협의를 할 수는 없지만, 상속재산 분할심판의 청구를 할 수는 있다고 보아야 할 것이다. 종전의 하급심 판례는 나누어져 있었다(주석상속/전경태, 317). 그런데 대법원 2020. 5. 21. 선고 2018다879 전원합의체 판결은, 채무자의 책임재산인 부동산 공유지분에 대한 강제집행이 곤란한 경우에 채권자가 금전채권을 보전하기 위하여 채무자를 대위하여 공유물분할청구권을 행사할 수 없다고 하였으므로, 이에 따른다면 채권자가 상속인을 대위하여 상속재산 분할심판의 청구를 할 수 없다고 보게 될 것이다(이 사건에서는 공유자들이 공동상속인이었다). 그러나 위 판결의 타당성에는 의문이 있다.

서울가정법원 2004. 5. 20.자 98느합1969, 2000느합25 심판은, 상속인들 일부가 이북에 있어 생사불명인 경우에 상속재산분할에서 북한에 있는 상속인들을 고려한다면 도저히 상속인을 확정할 방법이 없으므로, 우선 이들을 제외한 채 상속재산분할을 함이 상당하고, 상속인들 또는 그들의 상속인은 후에 상속회복청구권 등의 방법으로 그 권리를 회복하는 수밖에 없다고 하였다. 그러나 생사불명인 상속인들의 실종선고를 받거나, 그들을 위한 부재자재산관리인을 선임하는 방법 등이 있으므로 이 심판에는 문제가 있다. 대법원 1982. 12. 28. 선고 81다452, 453 판결은, 피상속인의 딸이 이북에 있어 생사불명이라는 이유만으로는 재산상속인에서 제외될 수 없다고 하였다.

다. 전제문제에 대한 가정법원의 심판 권한

가정법원이 상속재산분할 사건을 다툼에 있어서는 상속인의 범위나 상속재산의 범위 등이 전제문제가 된다. 이러한 사항에 관하여 당사자들 사이에 다툼이 있을 때에는 우선 가사소송 또는 민사소송에서 해결되어야 하지만, 상속재산분할사건을 다루는 가정법원 또한 이러한 점에 관하여 판단을 할 수 있는지가 문제된다. 이에 대하여는, 분할심판청구를 받은 가정법원은 전제문제를 심리·판단할 수 없으므로 전제문제가 불확정한 때에는 심판청구를 각하하여야 한다는 견해도 있다(곽윤직, 150; 송덕수, 369). 그러나 실체법상의 권리관계의 존부를 종국적으로 확정하는 것은 판결절차에 의하여야 하지만, 가정법원도 위와 같은 사항이 상속재산분할 재판의 전제가 될 때에는 위 전제사항의 존부를 심리판단하여 분할할 수 있고, 다만 이러한 판단에 기판력이 생기는 것은 아니므로 당사자는 민사소송을 제기하여 그 확정을 구할 수 있으며, 판결에 의하여 위 전제가 되는 권리의 존재가 부정되면 분할의 심판도 그 한도에서는 효력을 잃는다고 보아야 할 것이다(서울가정법원 2004. 3. 25.자 2003느합74 심판).

구체적으로는 다음과 같다. 첫째, 상속재산분할 후에 새로운 상속인이 있음이 밝혀진 경우, 예컨대 피상속인에 대한 인지의 재판, 피상속인과의 이혼무효 등의 재판이 확정된 경우에는 심판의 효력은 무효로 되지 않고, 다만 새로운 상속인으로 판명된 자가 1014조에 따라 그 상속분에 상당한 가액을 청구할 수 있다.

둘째, 상속재산분할심판에서 상속인으로서 분할을 받은 자가 상속인자격을 가지지 않은 것으로 확정된 경우, 예컨대 피상속인과의 친생자관계부존재확인판결이 확정된 경우에는, 그 심판 전체가 무효는 아니고 자격을 상실한 자에게 분할된 재산을 미분할된 재산으로서 다시 분할하면 된다.

셋째, 새로이 상속재산이 추가되는 경우에는 새로운 물건만 분할하면 된다.

넷째, 상속재산이 아닌 것을 분할의 대상으로 한 경우. 이때에는 상속재산이 아닌 물건에 대하여서만 분할의 효력이 부정되고, 이 물건에 대하여만 1016조의 담보책임으로 처리하면 충분하다.

라. 분할의 기준 및 방법

상속재산분할의 일반적 기준에 관하여는 특별한 규정이 없으나, 일본 민법 906조가 "유산의 분할은 유산에 속하는 물건 또는 권리의 종류 및 성질, 각 상속인의 연령, 직업, 심신의 상태 및 생활의 상황 기타 일체의 사정을 고려하여 한다"고 규정하고 있는 것이 참고가 될 수 있다.

판례도, 상속재산 분할방법은 상속재산의 종류 및 성격, 상속인들의 의사, 상속인들 간의 관계, 상속재산의 이용관계, 상속인의 직업·나이·심신상태, 상속재산분할로 인한 분쟁 재발의 우려 등 여러 사정을 고려하여 법원이 후견적 재량에 의하여 결정할 수 있다고 한다(대법원 2014. 11. 25.자 2012스156, 157 결정; 2022. 6. 30.자 2017스98 등 결정).

상속재산을 분할하기 위하여는 상속재산의 가액을 평가할 필요가 있는데, 그 평가의 기준시점에 관하여는 앞에서 설명한 바와 같이 두 가지 시점을 고려하여야 한다. 즉 구체적 상속분의 산정(상속재산 및 특별수익의 가액 등)을 위한 기준시점은 상속개시시이고, 상속개시시를 기준으로 산출한 구체적 상속분의 비율에 따라 실제로 상속재산을 분할하기 위하여 상속재산을 평가하는 시점은 분할시이다(대법원 1997. 3. 21.자 96스62 결정 참조).

상속재산분할의 방법에 관하여는 특별한 제한이 없다. 1013조 2항이 준용하고 있는 269조 2항은 "현물로 분할할 수 없거나 분할로 인하여 현저히 그 가액이 감손될 염려가 있는 때에는 법원은 물건의 경매를 명할 수 있다"고 규정하고 있으므로, 제1차적으로는 현물분할이 원칙이고, 현물분할이 불가능하거나 부적당할 때에는 경매에 의한 가액분할을 명할 수 있다. 다른 한편 家訴規 115조 2항은 "가정법원은 분할의 대상이 된 상속재산 중 특정의 재산을 1인 또는 수인의 상속인의 소유로 하고, 그의 상속분 및 기여분과 그 특정의 가액의 차액을 현금으로 정산할 것을 명할 수 있다"고 규정하고 있다. 이를 대상(代償)분할 또는 가격분할이라고 한다. 그 외에 상속인들의 공유로 하는 분할도 허용된다고 해석된다. 상속재산의 분할방법은 법원의 후견적 재량에 맡겨져 있고, 당사자가 그 분할방법을 구체적으로 주장하더라도 이는 법원이 분할방법 결정에 관하여 고려할 사항일 뿐 법원이 그에 구속되는 것은 아니다.

상속재산의 일부분할이 인정되는가 하는 점은 다소 문제이다. 家訴規 115조 1항은 가정법원은 제1심 심리종결시까지 분할이 청구된 모든 상속재산에 대하여 동시에 분할의 심판을 하여야 한다고 규정하고 있다. 이 점에 관하여 대법원 2000. 11. 14.자 99스38, 39 결정은, 위 규정은 현실적으로 당사자가 분할을 청구하여 심판의 대상이 된 재산 전부를 동시에 심판하라는 취지일 뿐, 상속재산분할 청구의 대상이 되지 않은 상속재산까지 모두 동시에 분할심판하라는 취지는 아니라고 하였다.

협의분할 또는 조정에 의한 분할의 경우에 일부분할이 허용됨은 당연하나, 심판분할의 경우에는 일부분할은 위 가사소송규칙의 규정에 비추어 허용되지 않는다고 보는 것이 일반적이다.

마. 심판의 효력

상속재산분할심판에 대하여는 14일 이내에 즉시항고를 할 수 있으나, 즉시항고를 하지 않거나 즉시항고가 기각되면 상속재산분할심판은 확정되고, 상속재산분할심판이 확정되면 바로 상속재산분할의 효력이 발생한다. 이 점에서 상속재산분할심판에는 일종의 형성적 효력이 인정되며, 상속재산이 부동산인 경우에는 이는 187조가 규정하는 법률의 규정에 의한 부동산 물권변동에 해당한다.

또한 상속재산분할심판은 분할이 청구된 상속재산에 대하여 미치므로, 심판의 대상으로 되지 아니하였던 상속재산에 대하여는 다시 분할심판을 청구할 수 있다.

6. 상속재산분할의 효력

가. 상속재산분할의 효력발생시기

우선 상속재산분할의 심판이 확정된 때에는, 그 확정된 시점에 등기나 인도 등의 절차를 밟았는지의 여부에 관계없이 상속재산이 그 심판대로 분할된 것으로 보아야 한다. 반면 협의분할이 있었던 경우에는, 공유물 분할의 협의가 있었던 경우와 마찬가지로 그 협의에 따라 현실적으로 등기 또는 인도 등이 이루어져야 한다. 피상속인에 의한 분할방법의 지정이 있은 경우에도 마찬가지이다.

나. 소급효

상속재산의 분할은 상속이 개시된 때에 소급하여 그 효력이 있다(1015조 본문). 다시 말하여 각 공동상속인은 그 분할된 상속재산을 피상속인이 사망한 때에 바로 피상속인으로부터 상속한 것으로 취급된다. 이처럼 소급효가 있다는 점에서 상속재산의 분할은 공유물의 분할과는 구별된다. 판례(대법원 1985. 10. 8. 선고 85누70 판결 등)는 이러한 상속재산분할의 소급효를 근거로 하여, 법정상속분을 초과하여 분배를 받은 상속인이 다른 상속인들로부터 증여를 받은 것이 아니라고 보고 있다(위 4. 나. 참조).

그러나 이러한 분할의 소급효는 제3자를 해하지 못한다(1015조 단서). 만일 분할의 소급효를 관철하게 되면, 상속개시 후에 공동상속인 중 1인으로부터 상속재산에 속하는 개별재산의 지분에 관한 권리를 양수한 제3자는 그 후 분할의 결과 양도인이 양도된 권리를 취득하지 못하게 된 때에는 손해를 입게 되므로, 이러한 제3자를 보호하여 거래의 안전을 꾀하기 위하여 소급효를 제한하고 있는 것이다.

여기에서 말하는 제3자란 상속인으로부터 개개의 상속재산의 지분을 양도받았거나 담보로 제공받은 자 또는 압류를 한 채권자 등을 말한다. 반면 공동상속인 중 한 사람의 상속분 전체를 양수한 제3자는 상속재산분할의 당사자가 되어야 하므로, 제3자에는 해당하지 않는다. 그리고 이러한 제3자라고 하기 위하여는 일반적으로 상속재산분할의 대상이 된 상속재산에 관하여 상속재산분할 전에 새로운 이해관계를 가졌을 뿐만 아니라 등기, 인도 등으로 권리를 취득하였어야 하고(대법원 2020. 8. 13. 선고 2019다249312 판결), 협의분할 이전에 공동상속인 중 1인으로부터 토지를 매수하였을 뿐, 그 소유권이전등기를 경료하지 아니한 자는 여기서 말하는 제3자에 해당하지 아니한다(대법원 1992. 11. 24. 선고 92다31514 판결; 1996. 4. 26. 선고 95다54426, 54433 판결).

그런데 대법원 2020. 8. 13. 선고 2019다249312 판결은, 상속재산인 부동산의 분할 귀속을 내용으로 하는 상속재산분할심판이 확정되면 민법 187조에 의하여 상속재산분할심판에 따른 등기 없이도 해당 부동산에 관한 물권변동의 효력이 발생하지만, 상속재산분할심판에 따른 등기가 이루어지기 전에 상속재산분할의 효력과 양립하지 않는 법률상 이해관계를 갖고 등기를 마쳤으나 상속재산분할심판이 있었음을 알지 못한 제3자에 대하여는 상속재산분할의 효력을 주장할 수 없다고 보아야 하며, 이 경우 제3자가 상속재산분할심판이 있었음을 알았다는 점에 관한 주장·증명책임은 상속재산분할심판의 효력을 주장하는 자에게 있다고 하였다. 이에 대하여는, 상속재산분할심판 후에 이해관계를 가진 자의 선의 악의를 구별할 근거가 있는가 하는 의문이 있을 수 있다. 그러나 이는 계약해제로 인한 원상회복등기 등이 이루어지기 이전에 계약의 해제를 주장하는 자와 양립되지 아니하는 법률관계를 가지게 되었고 계약해제사실을 몰랐던 제3자에 대하여는 계약해제를 주장할 수 없다는 판례(대법원 1985. 4. 9. 선고 84다카130, 131 판결 등)와 흐름을 같이 한다.

다. 공동상속인들의 담보책임

상속재산이 분할되면 공동상속인들은 그 분할된 재산에 관하여 매도인과 동일한 담보책임을 부담한다(1016조). 예컨대 상속재산분할에 의하여 공동상속인 중 1인이 취득한 재산이 실제로는 상속재산이 아니었던 경우와 같다. 이는 공유물의 분할에 관한 270조와 같은 취지의 규정으로, 상속재산의 분할에 관하여 소급효가 인정되기는 하지만, 상속재산의 분할은 실제로는 각자의 지분을 교환하는 것과 마찬가지로서 일종의 유상행위이기 때문이다. 구체적으로는 570조 내지 584조의 준용이 문제되나, 그 중 선의의 매도인의 계약해제권을 규정한 571조와 경매의 경우 담보책임을 규정한 578조는 성질상 준용될 여지가 없고, 채권매매의 담보책임을 규정한 579조는 1017조의 특별규정이 있으므로 역시 준용되지 않는다.

담보책임의 발생원인은 매매의 경우와 마찬가지이나, 담보책임의 원인으로서의 하자 유무는 분할 당시를 기준으로 하여야 하고, 따라서 상속개시 당시에 존재한 하자뿐만 아니라, 상속개시 후 분할 당시까지의 사이에 생긴 하자도 포함된다.

담보책임의 효과로서는 매매의 경우와 마찬가지로 대금감액청구권, 손해배상청구권, 해제권 등이 고려될 수 있는데, 대금감액청구권은 이른바 대상분할의 경우 외에는 생각하기 어렵고, 현실로 문제되는 것은 주로 손해배상청구권이다. 이 외에 상속재산분할의 해제도 인정될 수 있다. 다만 학설 가운데에는 해제를 인정하는 것은 상속재산의 분할의 실효, 즉 재분할을 뜻하는데, 재분할은 거래의 안전을 해치게 되므로 분할의 목적을 달성할 수 없는 경우에 한하여 재분할을 인정하여야 하는 주장이 있다(곽윤직, 157). 그러나 해제의 소급효는 제3자의 권리를 해하지 못하므로(548조 1항 단서. 상속재산분할의 합의해제에 관한 대법원 2004. 7. 8. 선고 2002다73203 판결 참조), 거래의 안전만으로는 해제를 제한하여야 할 충분한 근거가 되기 어렵다.

담보책임이 인정되는 경우에 공동상속인은 "그 상속분에 응하여" 담보책임이 있는데, 여기서 말하는 상속분은 법정상속분이 아니라, 상속인이 상속재산분할에 의하여 취득한 재산액, 또는 분할에 의하여 취득한 가액에 특별수익의 가액을 가한 최종적인 이익의 비율에 비례한다는 견해가 있다(곽윤직, 157).

상속재산에 속하는 채권에 관하여는 매매의 경우(579조)와는 달리, 특별히 채무자의 자력을 담보하지 않았더라도 각 공동상속인들이 채무자의 자력을 담보한다(1017조). 이는 상속인 간의 형평을 도모하려는 취지에서 나온 것이다.

그리고 담보책임 있는 공동상속인 중에 상환의 자력이 없는 자가 있는 때에는 그 자의 부담부분은 구상권자와 자력 있는 다른 공동상속인이 그 상속분에 응하여 분담한다. 다만 구상권자의 과실로 상환을 받지 못한 때에는 다른 공동상속인에게 분담을 청구하지 못한다(1018조). 이는 연대채무자 간의 구상에 관한 427조와 같은 취지의 규정이다.

7. 상속분가액상당지급청구권

▌참고문헌: 김상헌, "모자관계의 성립과 민법 제1014조의 적용범위", 법이론실무연구 7권 1호, 2019; 김세준, "민법 제1014조의 재판의 확정과 상속재산분할", 조선대 법학논총 26집 1호, 2019; 오종근, "인지의 소급효와 제3자 보호", 이화여대 법학논집 18권 4호, 2014; 오종근, "민법 제1014조 가액지급청구권", 가족법연구 34권 1호, 2020; 윤진수, "상속재산 분할 후 인지된 자의 과실수취권", 가족법판례해설, 2009; 이동진, "공동상속인

중 1인의 상속재산처분과 민법 제1014조", 법률신문 2018. 7. 25.; 임종효, "민법 제1014조에 정한 상속분가액지급청구권", 법조 2009. 7; 정구태·신영호, "민법 제1014조의 상속분가액지급청구권 재론", 가족법연구 27권 3호, 2013; 정다영, "생모에 대한 친생자관계존재확인청구와 상속재산분할", 경북대 법학논고 65집, 2019.

가. 의 의

1014조는, "상속개시후의 인지 또는 재판의 확정에 의하여 공동상속인이 된 자가 상속재산의 분할을 청구할 경우에 다른 공동상속인이 이미 분할 기타 처분을 한 때에는 그 상속분에 상당한 가액의 지급을 청구할 권리가 있다"고 규정하여 이른바 상속분가액상당지급청구권을 인정하고 있다. 이 규정의 취지는, 원래 상속재산분할 당시에 상속인을 빼놓고 분할하였다면 그 분할은 무효가 될 것이나, 이를 무효로 한다면 다른 공동상속인이나 제3자의 이익을 해할 우려가 있기 때문에, 이러한 경우에 그 분할의 효력은 인정하고 그 대신 사후에 상속인이 되었거나 상속인으로 판명된 자가 공동상속인에 대하여 상속분에 상당하는 가액의 지급을 청구할 수 있게 한 것이다.

그런데 판례(대법원 2007. 7. 26. 선고 2006다83796 판결; 2007. 7. 26. 선고 2006므2757, 2764 판결, [판례 62])는 이 규정의 취지에 관하여, 인지 이전에 다른 공동상속인이 이미 상속재산을 분할 내지 처분한 경우에는 인지의 소급효를 제한하는 860조 단서가 적용되어 사후의 피인지자는 다른 공동상속인들의 분할 기타 처분의 효력을 부인하지 못하게 되므로, 1014조는 그와 같은 경우에 피인지자가 다른 공동상속인들에 대하여 그의 상속분에 상당한 가액의 지급을 청구할 수 있도록 하여, 상속재산의 새로운 분할에 갈음하는 권리를 인정함으로써 피인지자의 이익과 기존의 권리관계를 합리적으로 조정하는 데 그 목적이 있다고 설명하였다. 대법원 2018. 6. 19. 선고 2018다1049 판결도 1014조는 860조 단서의 적용을 전제로 하는 것으로 보고 있다. 그러나 상속재산을 분할 내지 처분하였는지 여부에 따라 860조 단서 적용 여부가 좌우된다고 볼 근거는 없고, 기본적으로 공동상속인은 상속재산을 취득하기 위하여 특별한 노력을 한 것이 아니므로, 여기서 말하는 제3자에 해당하지 않는다고 보아야 할 것이다(제1편 제4장 I. 2. 라. 참조). 뿐만 아니라 1014조는 인지뿐만 아니라 다른 재판의 확정에 의하여 공동상속인이 된 자가 있는 경우에도 적용되므로, 이를 860조 단서와 결부시켜 설명할 수는 없다.

나. 청구권자

1014조가 적용되는 것은 우선 피상속인 사망 후에 인지 또는 인지의 재판을 받은 경우이다. 피상속인 사망 후에 인지의 판결을 받은 경우(그 청구가 제기된 것이 사망 전이건 후이건 문제되지 않는다)나, 피상속인이 유언에 의하여 인지를 한 경우가 이에 해당한다. 다만 유언에 의하여 인지를 한 경우에는 피인지자는 상속개시 당시 이미 공동상속인이 되므로, 청구권자가 아니라는 반대설도 있다. 그러나 유언에 의하여 인지를 한 경우에는 그 인지의 효력은 상속개시시가 아니라 인지 신고시에 발생하므로(제1편 제4장 Ⅰ. 2. 나. (3) 참조), 반대설은 타당하지 않다(같은 취지, 주해상속 1/이봉민, 344).

학설상으로는 이 이외에도 피상속인과의 친생자관계존재확인의 소(865조)를 제기하여 그 확인판결을 받은 자, 부(父)를 정하는 소(845조)를 제기하여 피상속인이 부임을 확인하는 판결을 얻은 자, 피상속인과의 사이에서 이혼무효의 승소판결을 받은 자, 파양무효의 승소판결을 받은 자 등이 재판의 확정에 의하여 공동상속인이 된 자에 해당한다고 한다. 또한 피상속인 사망 후에 피상속인과의 이혼취소(838조), 파양의 취소(904조)의 판결이 있은 경우도 이에 해당한다고 할 수 있다.

한편 판례(대법원 2018. 6. 19. 선고 2018다1049 판결)는, 모의 공동상속인이 이미 상속재산을 분할 또는 처분한 이후에 모에게 다른 자녀가 있음이 친생자관계존재확인판결의 확정 등으로 비로소 명백히 밝혀졌다 하더라도, 인지를 요하지 아니하는 모자관계에는 인지의 소급효 제한에 관한 860조 단서가 적용 또는 유추적용되지 아니하므로 1014조를 근거로 자가 모의 다른 공동상속인이 한 상속재산에 대한 분할 또는 처분의 효력을 부인하지 못한다고 볼 수도 없다고 하였다. 그러나 1014조는 860조 단서의 적용을 전제로 하는 것이 아니므로, 이 경우에도 1014조의 적용이 부정될 이유가 없다.

또 문제가 되는 사례로는 피상속인 사망 후에 출생한 태아가 있다. 이 경우에 위 조문의 적용을 긍정할 것인지는 상속재산분할에 태아가 참가할 수 있다고 보는가 여부에 달려 있는데, 정지조건설의 입장을 관철할 때에는 태아는 상속재산분할에 참가할 수 없고, 따라서 태아가 나중에 출생하면 위 조문의 적용을 받는다고 봄이 상당하다.

다. 상대방

청구의 상대방은 다른 공동상속인이다. 그런데 여기서 재판 확정으로 상속인으로 된 자보다 후순위의 상속인이 상속을 하였던 경우(예컨대 피상속인이 사망하였으나 직계비속이나 처가 없어 직계존속 또는 형제자매 등이 상속을 하였는데, 그 후 피상속인의 혼인 외의 자가 인지된 경우)에도 1014조가 유추적용될 것인가가 문제된다. 이를 긍정하는 학설도 있으나(곽윤직, 156; 김주수·김상용, 755-756; 이경희·윤부찬, 478 등), 판례(대법원 1974. 2. 26. 선고 72다1739 판결)는 "후순위상속인에게 제1014조를 적용하기는 문리상 안 될 것이 분명한데"라고 하면서, 피인지자보다 후순위 상속인이 취득한 상속권은 860조 단서의 제3자의 취득한 권리에 포함시킬 수 없다고 하였다(같은 취지, 대법원 1993. 3. 12. 선고 92다48512 판결).

1014조의 문리상으로는 후순위 상속인에 대하여까지 동 조문을 적용할 수는 없다고 생각된다(같은 취지, 송덕수, 373). 공동상속의 경우에도 1014조는 피인지자의 상속분에 한하여 무효가 되어야 할 상속재산의 분할이나 처분의 하자를 치유하는 것인데, 후순위 상속인에 대하여 1014조를 적용 또는 유추적용한다면, 이는 전부무효가 될 상속재산의 분할이나 처분 전체의 하자를 치유하는 것이 되어 균형이 맞지 않는다. 다만 후순위 상속인은 860조 단서의 제3자에 해당하지 않지만, 그러한 후순위 상속인과 새로운 이해관계를 맺은 제3자는 860조 단서 소정의 제3자에 해당한다고 봄이 상당하다. 이에 관하여는 앞에서 인지의 소급효 제한에 관하여 설명할 때 설명한 바와 같다(제1편 제4장 Ⅰ. 2. 라. 참조).

라. 다른 공동상속인이 분할 기타의 처분을 하였을 것

상속개시 후에 인지 등이 있어 새로 공동상속인이 된 자가 있더라도, 다른 공동상속인이 아직 상속재산에 관하여 별다른 처분을 하지 않고 있는 때에는 새로운 공동상속인은 다른 공동상속인에 대하여 상속재산분할청구를 할 수 있고, 다른 공동상속인들이 이미 분할 기타 처분을 한 경우에만 새로운 공동상속인이 가액지급청구를 할 수 있다. 그러나 새로운 상속인이 나타난 후 다른 공동상속인들이 분할이나 처분을 한 경우에는 그 효력은 인정될 수 없고, 그 전에 분할이나 처분을 한 경우에만 1014조가 적용된다.

우선 다른 공동상속인이 이미 분할을 마친 경우에는 가액지급청구를 할 수 있다. 여기서 분할을 마친 경우란, 분할의 협의 또는 심판 등이 있기만 하면 되는가,

아니면 그에 따라 상속재산이 현실로 분할되어야 하는가가 문제되는데, 학설은 대체로, 분할의 협의만이 성립하고 아직 이행되지 않았더라도 협의의 반복을 피하려는 데 본조의 취지가 있다고 하여, 아직 이행되지 않은 경우에도 1014조가 적용되며, 조정이나 심판에 관하여도 마찬가지라고 한다. 피상속인이 유언으로 분할방법을 지정한 경우에도 분할의 합의가 있는 경우와 마찬가지로 보아, 새로운 상속인은 가액청구를 할 수밖에 없다고 보는 견해가 있다(김주수·김상용, 754). 그러나 이는 새로운 상속인의 권리를 불필요하게 제한하는 것으로서, 분할의 협의만이 성립하였고 아직 현실적인 분할이 이루어지지 않았거나, 분할방법의 지정만이 있고 아직 분할이 이루어지지 않은 경우에는 원칙으로 돌아가 새로운 상속인이 상속재산분할청구를 할 수 있다고 보아야 할 것이다. 그와 같이 본다고 하더라도 다른 공동상속인이나 제3자의 이익을 해할 우려가 있다고는 할 수 없다. 다만 심판에 의한 분할이 이루어진 경우에는 이미 분할이 현실적으로 이루어진 것과 마찬가지로 보아야 할 것이다.

다른 공동상속인들이 상속재산 중 일부에 관하여만 분할을 마친 때에는 새로운 상속인은 나머지 상속재산에 대하여는 여전히 분할을 청구할 수 있다.

또한 다른 공동상속인이 분할을 하지 않고 상속재산을 처분한 경우에도 새로운 상속인은 가액의 지급청구밖에 할 수 없다. 이 이외에도 공동상속인이 분할을 하지 않기로 계약을 한 경우, 즉 통상의 공유로 하기로 한 경우에 관하여는 반대설이 있기는 하지만, 처분으로 보아서는 안 될 것이다. 공동상속인 1인이 자기의 상속분을 제3자에게 양도한 경우 또는 상속재산에 속하는 개별 재산의 지분을 제3자에게 양도한 경우에도 1014조의 적용을 긍정하는 것이 일반적이다. 그러나 개별 재산의 지분을 양도한 상속인에 대하여는 가액지급청구밖에 할 수 없다고 하더라도, 상속분을 양도한 공동상속인이 있으면 전체 상속재산에 대하여 분할청구를 하지 못할 이유가 없다고 생각된다. 이 경우에는 어차피 상속분의 양수인을 참가시켜 상속재산의 분할을 하여야 하기 때문이다.

마. 청구의 성질 및 내용

판례(대법원 1981. 2. 10. 선고 79다2052 판결 등)는 1014조의 피인지자의 상속분가액청구권은 상속회복청구권의 일종이라고 보아서 999조 2항의 상속회복청구권의 제척기간이 적용된다고 보고 있다. 헌법재판소 2010. 7. 29. 선고 2005헌바89 결정의 다수의견은, 1014조의 가액지급청구권에 상속권의 침해가 있은 날부터 10년이라는 상속회복청구권의 제척기간을 적용하는 것은 위헌이 아니라고 하였으나, 재판관 4인의 반대의견은 가액지급청구권은 상속재산분할청구권의 일종이라고 보아, 여기에 상속회복청구권의 제척기간을 적용하는 것은 위헌이라고 하였다. 학설상으로도 판례를 지지하는 견해가 많으나, 상속재산분할청구권의 일종이라는 견해, 상속회복청구권과 상속재산분할청구권의 성질을 같이 가진다는 견해(임종효)도 있다. 마지막 견해가 타당하다고 생각된다.

이 청구소송은 다류 가사소송사건으로서 가정법원의 전속관할이다(家訴規 2조 1항 2호).

그 청구의 내용은 상속재산 중 자기의 상속분에 상당한 가액의 지급을 청구하는 것이다. 여기서 상속재산 중 적극재산만을 기준으로 하는가, 아니면 적극재산과 소극재산의 차액을 기준으로 하는가가 문제되는데, 다수설은 소극재산, 즉 상속채무는 새로운 상속인도 법정상속분의 비율로 책임을 진다는 전제 아래, 적극재산을 기준으로 한다고 본다.

그 가액 산정의 기준시에 관하여도 견해가 대립한다. 다른 공동상속인들이 분할 기타 처분을 한 때로 보는 견해, 새로운 상속인이 청구를 한 때로 보는 견해, 실제로 지급을 할 때 내지 그에 가장 가까운 사실심 변론종결시로 보는 견해 등이 있다. 대법원 1993. 8. 24. 선고 93다12 판결은, 가액지급청구권은 상속회복청구권의 일종이므로 이 가액은 피인지자 등이 상속분을 청구하는 때의 시가를 의미하는 것이고, 따라서 이 가액은 다른 공동상속인들이 상속재산을 실제 처분한 가액 또는 처분할 때의 시가가 아니라 사실심 변론종결시의 시가를 의미한다고 하였다. 이는 이러한 가액의 청구는 원래의 상속분을 반환하는 것에 갈음하는 것으로서, 실질적으로는 새로운 분할청구와 같다는 생각에 터잡은 것으로 보인다. 그러나 이는 상속재산을 분할하거나 처분한 후에 그 가격이 폭등한 때에는 그로 인한 위험을 기존의 상속인에게 부담시키는 결과가 된다. 그러므로 기존의 상속인의 분할 기타 처분의 결과 새로운 상속인의 분할청구가 불가능하게 된 때에 분할청구권이 가액지급청구권으로 전화되었다고 보아, 그 때를 기준으로 가액을 산정함이 옳을 것이다.

판례는 상속개시 후에 발생한 과실은 상속개시 당시 존재하지 않았던 것이므로 상속재산이 아니고, 1014조도 이미 분할 내지 처분된 상속재산으로부터 발생한 과실에 대해서는 별도의 규정을 두지 않고 있으므로, 결국 상속재산으로부터 발생한 과실은 상속분상당가액지급청구의 대상에 포함된다고 할 수 없다고 하였다(대법원 2007. 7. 26. 선고 2006므2757, 2764 판결, [판례 62]). 그리고 상속재산의 소유권을 취득한 자는 102조에 따라 그 과실을 수취할 권능도 보유하므로, 피인지자에 대한 인지 이전에 상속재산을 분할한 공동상속인이 그 분할받은 상속재산으로부터 발생한 과실을 취득하는 것은 피인지자에 대한 관계에서 부당이득이 된다고도 할 수 없다고 보았다(대법원 2007. 7. 26. 선고 2006다83796 판결). 그러나 이렇게 본다면 상속 개시 후에 인지를 받은 자를 상속 개시 전에 인지를 받은 자나 혼인중의 자녀와 비교하여 차별하는 것이 된다.

판례는 이러한 경우에 부당이득의 성립도 부정하고 있으나, 분할을 받은 공동상속인이 분할받은 상속재산의 소유권을 확정적으로 취득한다는 이유만으로 부당이득의 성립을 부정할 수는 없다. 물건의 물권법적 귀속과 그 물건의 가치의 채권법적 귀속이 반드시 일치할 필요는 없으며, 오히려 부당이득법이 양자 사이의 괴리를 메우는 기능을 할 수 있다(첨부로 인한 부당이득에 관한 261조 및 대법원 2009. 9. 24. 선고 2009다15602 판결 참조). 따라서 상속개시 후에 발생한 과실도 새로운 상속인인 피인지자가 청구할 수 있다고 보아야 하고, 이는 1014조에 의한 청구의 일부로서 이루어져야 한다.

그리고 상속분 상당의 가액을 산정할 때 종전 공동상속인이 분할 등에 따라 납부한 상속세는 공제해야 한다(대법원 2002. 11. 26. 선고 2002므1398 판결; 2007. 7. 26. 선고 2006므2757, 2764 판결, [판례 62]).

이 규정에 따른 가액지급의무는 기한의 정함이 없는 채무로서 청구를 받은 다음날부터 지체책임을 부담한다(대법원 2007. 7. 26. 선고 2006므2757, 2764 판결, [판례 62]).

가액의 지급의무자인 공동상속인이 수인일 때에는 새로운 공동상속인에게 지급해야 하는 상속분 가액을 종전 공동상속인별로 어떻게 분담할 것인지 문제되는데, 종전 공동상속인이 실제 보유하는 상속이익액 중 정당한 상속이익을 초과하여 보유하는 상속이익의 비율로 분담액을 정해야 한다. 그리고 이들이 연대하여 지급할 의무가 있다는 주장도 없는 것은 아니지만, 분할지급 의무를 진다고 보아야 한다. 그리고 이들에 대한 청구는 통상적 공동소송이라는 주장도 있으나(주해상속 1/이봉민, 359 등), 필수적 공동소송이라고 보아야 할 것이다. 1008조의2 4항은 상속분가액상당청구를 하는 경우에 기여분의 청구를 할 수 있다고 규정하고 있는데, 기여분의 청구는 공동상속인 전원이 당사자가 되어야 한다.

[판례 62] 대법원 2007. 7. 26. 선고 2006므2757, 2764 판결

상속개시 후에 인지되거나 재판이 확정되어 공동상속인이 된 자도 그 상속재산이 아직 분할되거나 처분되지 아니한 경우에는 당연히 다른 공동상속인들과 함께 분할에 참여할 수 있을 것이나, 인지 이전에 다른 공동상속인이 이미 상속재산을 분할 내지 처분한 경우에는 인지의 소급효를 제한하는 민법 제860조 단서가 적용되어 사후의 피인지자는 다른 공동상속인들의 분할 기타 처분의 효력을 부인하지 못하게 되는바, 민법 제1014조는 그와 같은 경우에 피인지자가 다른 공동상속인들에 대하여 그의 상속분에 상당한 가액의 지급을 청구할 수 있도록 하여 상속재산의 새로운 분할에 갈음하는 권리를 인정함으로써 피인지자의 이익과 기존의 권리관계를 합리적으로 조정하는 데 그 목적이 있다(대법원 1993. 8. 24. 선고 93다12 판결 등 참조).

따라서 인지 이전에 공동상속인들에 의해 이미 분할되거나 처분된 상속재산은 이를 분할받은 공동상속인이나 공동상속인들의 처분행위에 의해 이를 양수한 자에게 그 소유권이 확정적으로 귀속되는 것이며, 그 후 그 상속재산으로부터 발생하는 과실은 상속개시 당시 존재하지 않았던 것이어서 이를 상속재산에 해당한다 할 수 없고, 상속재산의 소유권을 취득한 자(분할받은 공동상속인 또는 공동상속인들로부터 양수한 자)가 민법 제102조에 따라 그 과실을 수취할 권능도 보유한다고 할 것이며, 민법 제1014조도 '이미 분할 내지 처분된 상속재산' 중 피인지자의 상속분에 상당한 가액의 지급청구권만을 규정하고 있을 뿐 '이미 분할 내지 처분된 상속재산으로부터 발생한 과실'에 대해서는 별도의 규정을 두지 않고 있으므로, 결국 민법 제1014조에 의한 상속분상당가액지급청구에 있어 상속재산으로부터 발생한 과실은 그 가액산정 대상에 포함된다고 할 수 없다.

원심은 같은 취지에서, 망 소외 1의 상속재산 중 피고들이 원고에 대한 인지판결의 확정 전에 이미 분할한 비상장회사들의 주식 및 부동산에 관하여 상속개시 후 발생한 배당금 및 임료 상당 수익은, 모두 상속재산의 과실로서 민법 제1014조에 의한 상속분상당가액지급청구시의 가액 산정 대상에 포함될 수 없다고 판단하였는바, 앞의 법리와 기록에 비추어 살펴보면, 원심의 이러한 판단은 옳고, 거기에 상고이유의 주장과 같은 상속분상당가액지급청구권의 대상에 관한 법리오해 등의 위법이 있다고 할 수 없다.

참고문헌

윤진수, "2007년 주요 민법 관련 판례 회고", 민법논고 Ⅶ, 2015, 475–479.

바. 제척기간

판례(대법원 1981. 2. 10. 선고 79다2052 판결 등)는 상속회복청구권의 제척기간에 관한 999조 2항이 상속분가액상당지급청구권에도 적용된다고 보고 있으므로, 상속권의 침해를 안 날부터 3년, 상속권의 침해행위가 있은 날부터 10년을 경과하면 상속분가액상당지급청구권은 소멸한다. 판례는 3년의 제척기간에 관하여, 혼인 외의 자가 법원의 인지판결 확정으로 공동상속인이 된 때에는 그 인지판결이 확정된 날에 상속권이 침해되었음을 안 것이라고 보고 있다(대법원 1977. 2. 22. 선고 76므55 판결; 2007. 7. 26. 선고 2006므2757, 2764 판결, [판례 62] 등).

대법원 2007. 7. 26. 선고 2006므2757, 2764 판결([판례 62])은, 상속분상당가액지급청구권의 가액산정 대상 재산을 인지 전에 이미 분할 내지 처분된 상속재산 전부로 삼는다는 뜻과 함께 추후 감정결과에 따라 청구취지를 확장하겠다는 뜻을 미리 밝히면서 우선 일부의 금액만을 제척기간 내에 청구하고, 그 제척기간 경과 후에 감정결과에 따라 청구취지를 확장한 경우, 청구취지 확장으로 추가된 부분에 관하여도 제척기간을 준수한 것이라고 하였다.

분할 또는 처분이 있은 후 인지 또는 재판이 확정된 경우에는 10년의 제척기간 기산점인 상속권의 침해행위가 있은 날은 언제로 보아야 하는가? 이 점에 관한 대법원 판례는 보이지 않고, 하급심 판례(서울중앙지법 2005. 9. 30. 선고 2005가합36293 판결; 서울고법 2006. 9. 7. 선고 2005나89423 판결)는 분할 기타 처분을 한 때부터 10년의 제척기간이 진행한다고 보았다. 그러나 적어도 인지의 경우에는 인지가 있기 전까지는 그 후 인지된 자가 상속권을 주장할 수 없었으므로, 분할 기타 처분을 한 것만으로는 상속권의 침해가 있다고 할 수 없고, 따라서 인지가 있은 때부터 10년의 제척기간이 진행한다고 보아야 할 것이다. 헌법재판소 2010. 7. 29. 선고 2005헌바89 결정 중 이동흡, 송두환 재판관의 의견도 같은 취지이다. 그러나 위 결정의 다수의견은 당해 사건에 관한 법원의 판단(위 2005가합36293 판결)을 존중하여야 한다고 보았다.

Ⅶ. 상속의 승인과 포기

1. 승인과 포기의 의의

▮참고문헌: 김미경, "프랑스민법상 상속의 승인과 포기", 민사법학 59호, 2012; 이화숙,

"상속의 승인과 포기에 대한 입법론적 연구", 민사법학 30호, 2005; 전경근, "상속의 승인과 포기", 가족법연구 18권 1호, 2004

1005조는 상속개시와 동시에 상속인이 피상속인의 재산에 관한 권리의무를 승계하는 것으로 규정하고 있으므로(법정당연승계), 상속인의 의사표시가 있어야만 상속의 효과가 발생하는 것은 아니다. 그러나 상속인으로서도 상속재산 가운데 채무가 적극재산보다 많은 경우에는 그로 인한 부담을 면할 방법이 있어야 한다. 그리하여 민법은 상속인에게 상속의 한정승인이나 포기 등을 할 수 있는 선택권을 주고 있다. 즉 상속을 포기하면 상속인은 더 이상 상속인이 아닌 것으로 되고(1042조), 한정승인을 하면 상속인이 상속인의 지위를 상실하는 것은 아니지만, 상속재산의 한도 내에서만 피상속인의 채무를 변제할 책임이 있게 된다(1028조). 민법은 상속의 단순승인도 인정하고 있으나, 상속의 단순승인은 더 이상 한정승인이나 포기를 할 수 없다는 것 외에 별도의 특별한 효과는 없다.

민법이 한정승인을 인정하고 있는 것은 대체로 프랑스 민법의 규정과 같다. 그러나 프랑스 민법은 승인과 포기를 할 수 있는 기간이 10년에 이른다(780조, 2006년 개정 전에는 30년이었다). 독일 민법은 포기를 할 수 있는 기간을 상속이 개시되고 자신이 상속인임을 안 날로부터 6주로 규정하고 있으나(1944조), 포기할 수 있는 기간이 경과한 후에도 상속인이 상속재산관리나 상속재산파산을 신청할 수 있다(1975조, 1981조). 또 스위스 민법은 피상속인의 사망 당시 그의 지급무능력이 공적으로 확인되거나 명백하면, 상속의 포기가 있는 것으로 추정하고 있다(566조 2항).

반면 우리나라에서는 한정승인이나 포기를 할 수 있는 원칙적인 기간이 상속개시를 안 날부터 3개월로 매우 짧아서, 상속채무가 상속재산을 초과하는 것을 알지 못하여 한정승인이나 포기를 하지 못한 상속인의 보호가 큰 문제로 등장하였다. 그리하여 2002년 개정된 1019조 3항은 위 기간이 지난 후에도 한정승인(특별한정승인)을 할 수 있는 예외규정을 두었고, 2022년에는 미성년자인 상속인에 대하여 성년이 된 후 3개월 내에 특별한정승인을 할 수 있다는 예외규정(1019조 4항)을 신설하였다.

그리고 상속재산 중 채무가 적극재산을 초과하는 경우의 상속인의 구제책으로서는 한정승인이나 포기 외에 상속재산의 파산이 있다(「채무자 회생 및 파산에 관한 법률」 307조). 상속재산에 대하여 파산선고가 있으면 상속인은 한정승인한 것으로 보지만,

상속인이 한정승인 또는 포기를 한 후에 상속재산을 은닉하거나 부정소비하거나 고의로 재산목록에 기입하지 아니하여 1026조 3호에 의하여 단순승인한 것으로 의제된 때에는 그러하지 아니하다(「채무자 회생 및 파산에 관한 법률」 389조 3항).

2. 승인과 포기 총칙

▮참고문헌: 김미경, "상속에 있어서 제한능력자 보호 방안", 비교사법 제29권 1호, 2022; 서인겸, "채무를 상속한 의사무능력자 및 그의 상속인 보호에 관한 고찰", 가족법연구 25권 1호, 2011; 윤진수, "상속채무를 뒤늦게 발견한 상속인의 보호", 민법논고 V, 2011; 이지영, "미성년자 상속인의 특별한정승인의 법정대리와 제척기간의 기산점", 대법원판례해설 125호, 2021; 최성경, "상속포기와 고려기간의 기산점", 법조 2006. 12

민법은 1019조에서 1024조에 이르기까지 상속의 승인 및 포기에 관한 총칙 규정을 두고 있다. 그 내용은 승인 및 포기의 기간, 한정승인을 하였거나 또는 승인 포기 전의 상속재산 관리에 관한 사항, 법원이 상속재산 보존에 필요한 처분을 할 수 있다는 것 및 승인 및 포기의 취소(철회)에 관한 것 등이다.

가. 성질 및 요건

(1) 성 질

한정승인과 포기는 일정한 방식으로 법원에 신고를 하여야 하므로(1030조, 1041조), 법원이라는 상대방에 대한 단독행위로서 요식행위로 보는 데 의문이 없다. 단순승인도 이를 단독행위로 보는 것이 일반적이다. 그러나 단순승인에 관하여는 아무런 방식도 규정되어 있지 않고, 또 법정단순승인의 규정(1026조)도 있기 때문에, 일본에서는 이는 법률행위가 아니고, 일정한 조건이 갖추어지면 법률의 규정에 의하여 당연히 발생하는 법률효과라고 보는 설도 있다. 그러나 이를 법률행위가 아니라고 볼 필요는 없다. 법정단순승인 가운데 1026조 1호의 사유는 상속인의 묵시적 의사표시라고도 볼 수 있다. 다만 법정단순승인 사유 중 1026조 2호 및 3호는 법률이 단순승인의 의사표시를 의제하는 것이다.

(2) 행위능력과의 관계

상속의 승인이나 포기는 재산법상의 법률행위이므로 이를 행하기 위하여는 행위능력이 있어야 하고, 행위능력이 제한된 사람이나 미성년자는 법정대리인인 친권자 또는 후견인이 동의하거나 대리하여야 한다. 1020조도 이를 전제로 하고 있다.

다만 법정대리인이 동시에 공동상속인이거나, 법정대리인이 대리할 수인의 미성년자가 공동상속인인 때에는, 법정대리인이 미성년자를 대리하여 승인이나 포기를 하는 행위는 이해상반행위이므로 무효이고, 특별대리인을 선임하여서만 가능하다(대법원 1987. 3. 10. 선고 85므80 판결 등). 그러나 법정대리인과 미성년자 전원이 상속을 포기하는 것은 이해상반행위가 아니다(대법원 1989. 9. 12. 선고 88다카28044 판결).

후견인이 피후견인을 대리하여 상속의 승인, 한정승인 또는 포기를 하거나 피후견인의 그러한 행위에 동의하는 것은 후견감독인이 있으면 그의 동의를 받아야 한다(950조 1항 6호). 그러나 피후견인의 법정단순승인(1026조)은 예컨대 상속재산인 부동산의 처분으로 인하여 1026조 1호에 의하여 단순승인으로 의제되는 것과 같이 그 자체가 950조에 의하여 후견감독인의 동의를 받아야 하는 경우가 아니면 후견감독인의 동의를 요하지 않는다. 이 경우 피후견인의 보호는 특별한정승인(1019조 3항)과 같은 방법에 의하여 모색되어야 할 것이다.

(3) 상속개시 전의 승인과 포기

상속의 승인이나 포기는 상속개시 후에만 가능하며, 상속개시 전의 승인이나 포기는 효력이 없다. 대법원 1994. 10. 14. 선고 94다8334 판결은, 상속의 포기는 상속이 개시된 후에 일정한 기간 내에만 가능하고, 가정법원에 신고하는 등 일정한 절차와 방법에 따라야만 그 효력이 있다는 이유로, 상속개시 전의 상속포기 약정은 효력이 없다고 하였다. 대법원 1998. 7. 24. 선고 98다9021 판결도, 상속개시 전에 상속을 포기한 상속인이 상속개시 후에 자기의 상속권을 주장하는 것이 권리남용이거나 신의칙 위반이라고 할 수 없다고 보았다.

(4) 상속인의 채권자의 승인·포기권의 대위행사

피상속인의 채권자나 상속인의 채권자가 채권자대위권에 기하여 승인이나 포기를 할 수 있는가? 승인이나 포기는 상속인의 자유의사에 기하여 이루어져야 하고, 이를 강제하거나 제한할 수는 없다는 이유로, 이를 부정하는 것이 일반적인 견해이다. 다만 피상속인의 채권자나 상속인의 채권자는 상속재산의 분리를 청구할 수 있는데(1045조 1항), 이는 실질적으로 한정승인과 같은 효과를 가진다.

(5) 포괄적인 승인·포기

상속의 승인이나 포기는 상속재산 전체에 대하여 포괄적으로 하여야 하고, 그 일부분에 대하여서만 할 수는 없다. 그러므로 적극재산만을 상속하고 소극재산은 상속하지 않는 것은 허용되지 않으며, 이러한 부분적 승인이나 포기는 효력이 없다.

대법원 1995. 11. 14. 선고 95다27554 판결은, 상속의 포기는 포괄적·무조건적으로 하여야 하므로, 상속의 포기는 재산목록을 첨부하거나 특정할 필요가 없고, 상속포기서에 상속재산의 목록을 첨부했다 하더라도 그 목록에 기재된 부동산 및 누락된 부동산의 수효 등과 제반 사정에 비추어 상속재산을 참고 자료로 예시한 것에 불과하다고 보여지는 이상, 포기 당시 첨부된 재산목록에 포함되어 있지 않았다 하더라도 상속포기의 효력은 미친다고 하였다.

그리고 상속의 승인이나 포기에는 조건이나 기한을 붙일 수 없고, 조건부 또는 기한부의 승인이나 포기는 무효이다. 만일 이를 허용하게 되면 승인이나 포기에 의하여 상속인이 누가 될 것인가에 관한 불명확한 상태를 제거하려는 제도의 취지에 어긋나게 될 것이기 때문이다.

(6) 승인·포기의 방식

상속의 한정승인과 포기는 가정법원에 신고하여야만 효력이 생기는 요식행위이지만(1030조, 1041조), 단순승인은 아무런 방식을 요하지 않는다.

나. 승인 및 포기의 기간

상속의 승인 및 포기는 상속인이 상속개시 있음을 안 날로부터 3월 내에 할 수 있다. 그러나 그 기간은 이해관계인 또는 검사의 청구에 의하여 가정법원이 이를 연장할 수 있다(1019조 1항). 이 기간을 보통 숙려기간 또는 고려기간이라고 부른다. 다시 말하여 위 기간 내에 상속인은 자신이 상속을 단순승인 또는 한정승인을 할 것인가, 아니면 상속을 포기할 것인가를 숙고하여 그 기간 내에 결정을 하여야 한다는 것이다. 이 기간은 제척기간이고, 불변기간은 아니어서 기간이 지난 후에는 당사자가 책임질 수 없는 사유로 그 기간을 준수하지 못하였더라도 추후에 보완될 수 없다(대법원 2003. 8. 11.자 2003스32 결정). 승인 및 포기의 기간에 관하여는 주로 기산점을 언제로 볼 것인가가 문제된다.

(1) 원칙적인 경우

상속인이 상속개시 있음을 안 날로부터 3월이라 함은 무슨 의미인가? 판례는, 이는 상속개시의 원인되는 사실의 발생을 알고 또 이로써 자기가 상속인이 되었음을 안 날을 말하고, 상속재산 또는 상속채무 있음을 안 날 또는 상속포기제도를 안 날을 의미하는 것은 아니라고 보고 있다(대법원 1969. 4. 22. 선고 69다232 판결; 1974. 11. 26. 선고 74다163 판결 등).

그러므로 상속인이 상속개시의 원인인 사실(피상속인의 사망 또는 실종선고)을 알고 또 자신이 선순위자의 상속포기 또는 상속결격 등에 의하여 상속인이 되었다는 것을 알면, 구체적으로 어떤 상속재산이 있는가 또는 상속채무가 있는가 등은 알지 못하더라도 숙려기간은 진행하고, 반대로 상속개시의 사실이나 자신이 상속인이 되었다는 사실을 알지 못하면 숙려기간은 진행하지 않는다.

문제는 법률의 착오로 인하여 자신이 상속인이 되었다는 사실을 알지 못한 경우에는 어떠한가 하는 점이다. 예컨대 선순위 상속인이 상속결격자인데, 후순위 상속인이 이러한 사실은 알았으나, 상속결격제도의 의의를 알지 못한 경우에는 위 숙려기간이 언제부터 진행할 것인가? 독일의 학설은, 법률의 착오가 있는 경우에는 숙려기간은 진행하지 않지만, 당사자가 주관적으로 법률관계에 대하여 의문을 가졌더라도 객관적으로는 법률관계가 완전히 명확한 경우에는 법률의 착오가 있다고 볼 수 없다고 한다. 우리나라의 학설도 상속인이 법률의 부지로 자기가 상속인임을 몰랐다면 숙려기간은 진행하지 않는다고 한다.

대법원 2005. 7. 22. 선고 2003다43681 판결([판례 63])도, 피상속인의 처와 자녀들이 모두 적법하게 상속을 포기한 경우에는, 피상속인의 손(孫) 등 그 다음의 상속순위에 있는 사람이 상속인이 되는 것은 민법의 규정들을 모두 종합적으로 해석함으로써 비로소 도출되는 것이지 이에 관한 명시적 규정이 존재하는 것은 아니어서, 피상속인의 처와 자녀가 상속을 포기한 경우 피상속인의 손자녀가 이로써 자신들이 상속인이 되었다는 사실까지 안다는 것은 이례에 속하므로, 이러한 경우에는 상속인이 상속개시의 원인사실을 아는 것 외에 구체적으로 자신이 상속인이 된 사실을 안 날이 언제인지까지도 확정하여야 한다고 보고 있다(같은 취지, 대법원 2012. 10. 11. 선고 2012다59367 판결; 2013. 6. 14. 선고 2013다15869 판결; 2015. 5. 14. 선고 2013다48852 판결, [판례 69]).

그런데 이러한 법률상의 착오가 있는 경우가 아니라면, 상속인들이 피상속인에게 아무런 상속재산이 없다고 믿었거나 상속채무가 있다는 사실을 몰라서 상속개시의 사실을 안 날로부터 3월이 지나도록 상속의 한정승인이나 포기를 하지 않고 있었는데, 그 후 피상속인의 채권자가 그 채무의 이행을 청구하는 경우에는 상속인에게 가혹한 결과를 가져오게 된다. 그리하여 일본에서는 숙려기간이 진행하려면 상속재산의 존재를 인식하여야 한다는 하급심 판례가 나오다가, 일본 최고재판소도 일정한 범위에서는 이를 받아들이기에 이르렀다{최고재판소 1984. 4. 27. 판결(民集 38-6, 698)}. 독일에서도 법률에 대한 전문가가 아닌 일반인이, 상속재산이 채무초과이거나 적어도 적극재산이 없다고 믿었다면, 이는 독일 민법 1944조의 상속포기기간의 진행에 장애가 된다고 하는 설과, 이는 상속포기기간의 진행에 영향이 없다고 하는 설이 대립한다.

국내에서는 숙려기간은 일반적으로 상속인이 적극재산 또는 소극재산의 존재를 안 때로부터 기산한다고 해석하여야 한다는 설이 주장되었다. 이 설은 그 근거로서, 상속인이 상속재산은 없다고 믿고 있는 동안에는 승인·포기를 위한 고려를 한다는 것 자체가 무의미하기 때문이라는 점을 들고 있다. 그러나 민법이 "상속개시 있음을 안 날"을 숙려기간의 기산점으로 명정하고 있는 이상, 상속재산의 존재를 안 날을 기산점으로 본다는 것은 허용될 수 있는 법 해석의 범위를 벗어나는 것이다.

이러한 문제점으로 인하여, 헌법재판소 1998. 8. 27. 선고 96헌가22, 97헌가2·3·9, 96헌바81, 98헌바24·25 결정은, 당시의 1026조 2호가 상속인이 아무런 귀책사유 없이 고려기간 내에 한정승인이나 포기를 하지 못한 경우에, 일률적으로 단순승인을 한 것으로 보아 그 의사와 관계없이 상속채무를 전부 부담하게 한 것은 위헌이라는 이유로 헌법불합치결정을 하였고, 그에 따라 2002년에 특별한정승인에 관한 1019조 3항이 신설되었다. 아래 4. 나. 참조.

수인의 상속인이 있는 때에는 숙려기간은 각 공동상속인별로 진행한다.

[판례 63] 대법원 2005. 7. 22. 선고 2003다43681 판결

원심판결 이유(원심이 인용한 제1심판결의 이유를 포함한다.)에 의하면, 원심은 그 채용증거를 종합하여, 원고에 대해 구상금채무를 지고 있던 망 소외 1(아래에서는 '망인'이라 한다)이 1997. 1. 4. 사망하자 그 제1순위 상속인인 처와 소외 2외 4인의 자녀들(이하 위 자녀들을 '소외 2외 4인'이라 한다) 전원이 적법한 기간 내에 상속포기신고를 하여 1997. 2. 21. 그 신고가 수리되었고, 이로 인해 망인의 손자녀들로서 그 다음의 상속순위에 있던 피고들과 제1심 상피고 1, 제1심 상피고 2가 상속인이 된 사실, 피고들은 2002. 11. 7. 서울가정법원 2002느단7298호로 상속포기신고를 하였고 위 신고는 2003. 4. 3. 수리된 사실, 위 상속포기신고 당시 피고 1, 피고 2를 제외한 나머지 피고들은 미성년자였고 피고 1, 피고 2는 혼인 전으로 그 부모와 주소를 같이 하고 있었던 사실을 각 인정한 다음, 특별한 사정이 없는 한 위 소외 1의 손자녀들인 피고들은 직접 또는 법정대리인인 그들의 부모를 통해 그 무렵(제1순위 상속인들의 상속포기신고가 수리된 무렵을 가리키는 것으로 보인다.) 이미 상속개시가 있음을 알았다고 보아야 할 것이므로 피고들이 한 2002. 11. 7.자 위 상속포기신고는 그 기간을 도과한 것으로서 적법한 상속포기로서의 효력이 발생하지 않는다고 판단하여 이에 관한 피고들의 항변을 배척하였다.

나. 대법원의 판단

(1) 상속인은 상속개시 있음을 안 날로부터 3월 내에 상속의 포기를 할 수 있는바(민법 제1019조 제1항), 여기서 상속개시 있음을 안 날이라 함은 상속개시의 원인이 되는 사실의 발생을 알고 이로써 자기가 상속인이 되었음을 안 날을 말한다고 할 것인바(대법원 1969. 4. 22. 선고 69다232 판결), 피상속인의 사망으로 인하여 상속이 개시되고 상속의 순위나 자격을 인식함에 별다른 어려움이 없는 통상적인 상속의 경우에는 상속인이 상속개시의 원인사실을 앎으로써 그가 상속인이 된 사실까지도 알았다고 보는 것이 합리적이다(대법원 1984. 8. 23.자 84스17－24 결정, 1986. 4. 22.자 86스10 결정, 1988. 8. 25.자 88스10, 11, 12, 13 결정 등 참조). 그러나 종국적으로 상속인이 누구인지를 가리는 과정에 사실상 또는 법률상의 어려운 문제가 있어 상속개시의 원인사실을 아는 것만으로는 바로 자신의 상속인이 된 사실까지 알기 어려운 특별한 사정이 존재하는 경우도 있으므로, 이러한 때에는 법원으로서는 '상속개시 있음을 안 날'을 확정함에 있어 상속개시의 원인사실뿐 아니라 더 나아가 그로써 자신의 상속인이 된 사실을 안 날이 언제인지까지도 심리, 규명하여야 마땅할 것이다.

(2) 선순위 상속인으로서 피상속인의 처와 자녀들이 모두 적법하게 상속을 포기한 경우에는 피상속인의 손(孫) 등 그 다음의 상속순위에 있는 사람이 상속인이 되는 것이나(대법원 1995. 4. 7. 선고 94다11835 판결, 1995. 9. 26. 선고 95다27769 판결 등 참조), 이러한 법리는 상속의 순위에 관한 민법 제1000조 제1항 제1호(1순위 상속인으로 규정된 '피상속인의 직계비속'에는 피상속인의 자녀뿐 아니라 피상속인의 손자녀까지 포함된다.)와 상속포기의 효과에 관한 민법 제1042조 내지 제1044조의 규정들을 모두 종합적으로 해석함으로써 비로소 도출되는 것이지 이에 관한 명시적 규정이 존재하는 것은 아니어서 일반인의 입장에서 피상속인의 처와 자녀가 상속을 포기한 경우 피상속인의 손자녀가 이로써 자신들이 상속인이 되었다는 사실까지 안다는 것은 오히려 이례에 속한다고 할 것이다. 따라서 이와 같은 과정에 의해 피고들이 상속인이 된 이 사건에 있어서는 상속인이 상속개시의 원인사실을 아는 것만으로 자신이 상속인이 된 사실을 알기 어려운 특별한 사정이 있다고 보는 것이 상당하다 하겠다.

(3) 한편, 기록에 의하면, 소외 2외 4인이 상속포기를 한 것은 망인에게 채무가 과다함을 알고 그 채무가 상속되는 일을 막고자 함에 이유가 있었는데, 앞서 본 바와 같이 그들의 상속포기로 인하여 다음 순위 상속인인 그들의 자녀들이 그 채무를 상속하게 될 것이므로 종국적으로 채무상속방지의 목적을 달하기 위해서는 당연히 그들의 자녀인 피고들 이름으로도 상속포기신고를 하여야 하는데도 그 조치까지 나아가지 않은 사실, 그 후 원고가 망인의

처 및 소외 2외 4인을 상대로 제기한 이 사건 구상금청구 소송에서 소외 2외 4인의 상속포기 사실이 드러나자 원고는 2002. 10. 4. 피고를 소외 2외 4인으로부터 그 다음 순위의 상속권자인 현재의 피고 및 제1심 상피고 1, 제1심 상피고 2로 정정하는 당사자표시정정신청을 하였고, 이에 피고들(그 중 미성년자인 사람은 그 법정대리인들이 대리)은 부랴부랴 자신의 이름으로 상속포기신고를 한 사실이 인정되는바, 상속의 과정에는 앞서 본 바와 같이 종국적인 상속인이 누구인지 즉각 알기 어려운 특별한 사정이 인정되는 이 사건에 있어, 경험칙에 비추어 상속포기로써 채무 상속을 면하고자 하는 사람이 그 자녀 이름으로 상속포기신고를 다시 하지 않으면 그 채무가 고스란히 그들의 자녀에게 상속될 것임을 알면서도 이를 방치하지는 않았으리라는 점, 피고들 또는 그 법정대리인이 이 사건 소송과정에서 원고의 피고표시정정신청이 있은 후 바로 상속포기를 하였다는 점 등을 염두에 두고 위 인정의 사실관계를 조명하여 보면, 피고들 또는 그 법정대리인은 당초 망인의 처와 소외 2외 4인이 상속포기를 함으로써 그 다음 상속순위에 있는 피고들이 상속인이 된다는 사실을 알지 못하고 있다가 원고의 당사자표시정정신청에 의하여 비로소 이를 알게 되어 그제야 피고들 이름으로 상속포기신고를 한 것이라고 볼 여지가 충분히 있다 하겠다.

그렇다면 원심으로서는 이 점에 관하여 더 심리하여 피고들이 상속인이 된 사실을 알게 된 날을 확정하고 난 후에 그들이 2002. 11. 7. 상속포기신고를 한 것이 적법한지 여부를 판단하였어야 함에도 단지 위 신고가 선순위 상속인들이 한 상속포기의 효력이 발생한 후 3개월이 지나 이루어졌다는 점만을 들어 상속포기의 효력을 부정하였으니, 이러한 원심의 판단에는 상속개시 있음을 안 날의 해석에 관한 법리를 오해하였거나 심리를 다하지 못하여 판결에 영향을 미친 위법이 있다고 할 것이다.

참고문헌

최성경, 법조 2006. 12

(2) 상속인이 제한능력자인 경우

상속인이 미성년자, 피성년후견인 또는 피한정후견인과 같은 제한능력자인 경우에는 1019조 1항의 기간은 그의 친권자 또는 후견인이 상속이 개시된 것을 안 날부터 기산(起算)한다(1020조). 상속의 승인 또는 포기를 법률행위라고 보는 한, 이는 제한능력자인 상속인의 보호를 위하여 당연한 규정이다. 따라서 숙려기간의 도과로 인한 법정단순승인(1026조 2호)의 효과는 상속인이 제한능력자이고 법정대리인이 상속개시 있음을 알지 못한 때에는 발생하지 않는다. 다만 피한정후견인의 경우에는 상속의 승인이나 포기에 한정후견인의 동의를 받도록 정해진 때에 1020조가 적용된다. 또한 성년후견이 개시되지 않은 의사무능력자에 대하여도 이 규정이 유추적용되어야 할 것이다. 그러나 법정대리인이 1019조 1항의 사유가 있음을 안 때에는 1019조 1항의 기간이 진행한다(대법원 2020. 11. 19. 선고 2019다232918 전원합의체 판결). 그리하여 2022년 신설된 1019조 4항은 이러한 경우라도 미성년자인 상속인이 성년이 된 때부터 3개월 내에 특별한정승인을 할 수 있도록 하였다(아래 4. 가. (1) 참조).

상속인이 태아인 때에는 그 태아에 대한 상속의 승인 또는 포기기간은 그 태아가 출생한 후에 법정대리인이 그 출생한 상속인에 관하여 상속이 개시되었음을 안 때부터 진행한다(곽윤직, 172-173).

상속개시 당시에 법정대리인이 없었다면, 법정대리인이 선임되고 그 선임된 법정대리인이 상속개시를 안 때부터 숙려기간이 진행한다. 학설상 논의가 있는 것은, 상속개시 당시에는 법정대리인이 있었으나, 숙려기간 중에 법정대리인이 사망하거나 법정대리권을 상실한 경우에 숙려기간의 진행에는 영향이 없는가 하는 점이다. 마찬가지의 문제는 상속인이 상속개시 당시에는 제한능력자가 아니었으나, 숙려기간 진행 중에 행위능력을 제한받게 된 경우에도 생긴다. 이때에는 소멸시효의 정지에 관한 179조를 유추하여, 새로운 법정대리인이 선임되거나 제한능력자가 능력을 회복한 때부터 3월 내에는 숙려기간이 종료되지 않고, 따라서 그 기간 내에는 상속의 승인 또는 포기를 할 수 있다고 봄이 상당할 것이다.

(3) 상속인의 상속인에 의한 승인과 포기

상속인이 승인이나 포기를 하지 않은 채 사망한 때에는, 그 상속인의 상속인이 다시 상속의 승인이나 포기를 할 권한을 가지게 된다. 즉 상속인의 상속인은, 자신의 피상속인으로부터의 상속(제2차 상속)을 승인 또는 포기를 할 수 있음과 함께, 그 피상속인의 피상속인으로부터의 상속(제1차 상속)을 승인 또는 포기할 권한도 상속하게 된다. 전자, 즉 제2차 상속을 승인 또는 포기할 수 있는 기간은 자신이 상속개시 있음을 알게 된 때부터임은 당연하다.

그런데 후자, 즉 제1차 상속에 관하여 승인이나 포기를 할 수 있는 기간이 자신의 피상속인이 상속개시를 알았던 때를 기준으로 한다면, 경우에 따라서는 그 기간이 매우 짧게 되어 부당하다. 예컨대 A가 사망하여 B가 상속인이 되었는데, B가 상속개시를 알고서 승인이나 포기를 하지 않고 있다가 2개월만에 사망하였다면, B의 상속인인 C는 1개월 내에 제1차 상속을 승인이나 포기하여야 한다는 것이 되어 가혹한 결과를 가져올 수 있다. 그리하여 민법은 이 경우에 C가 제1차 상속의 승인이나 포기를 할 수 있는 기간을, 제2차 상속의 승인이나 포기를 할 수 있는 기간과 마찬가지로 정하였다(1021조). 따라서 C는, 제1차 상속과 제2차 상속을 모두 포기할 수도 있고, 제1차 상속을 포기하고 제2차 상속만을 승인할 수도 있다. 반면 제1차 상속을 승인하고 제2차 상속을 포기하지는 못한다. 제2차 상속을 포기함으로써 제1차 상속을 승인할 권한도 잃게 되기 때문이다. 제1차 상속을 승인한 후 제2차 상속을 포기하면 앞서 한 제1차 상속의 승인도 소급하여 효력이 없게 된다.

1021조는 1019조 1항의 경우에 관하여만 규정하고 있으나, 헌법재판소 2011. 8. 30. 선고 2009헌가10 결정은, 상속인이 1019조 3항의 특별한정승인을 하지 않고 사망한 경우에도 그 상속인의 상속인이 특별한정승인권을 승계하여 행사할 수 있다고 하였다.

(4) 신청에 의한 기간의 연장

1019조 1항 단서는 이해관계인 또는 검사의 청구에 의하여 가정법원이 숙려기간을 연장할 수 있다고 규정한다. 이 규정의 취지는 상속재산이 복잡하거나 소재지가 멀리 떨어져 있어, 상속재산의 조사에 3월의 기간만으로는 부족한 경우에는 가정법원이 숙려기간을 연장할 수 있도록 한 것이다. 이는 라류 가사비송사건이다 {家訴 2조 1항 2호 가. 30)}.

연장의 신청을 할 수 있는 이해관계인에는 상속인 자신뿐만 아니라, 다른 공동상속인, 상속채권자, 상속인의 채권자, 차순위의 상속인 등과 같이 숙려기간의 연장에 관하여 법률상의 이해관계를 가지는 자가 포함된다(제요 [2], 1046). 연장의 신청은 숙려기간 내에 있어야 한다.

(5) 특별한정승인의 신청

1019조 3항에 의한 특별한정승인은 상속인이 상속채무가 상속재산을 초과하는 사실을 안 날로부터 3월 내에 할 수 있다(아래 4. 나. 참조).

다. 승인·포기의 철회 및 취소

(1) 승인·포기의 철회

상속의 승인과 포기는 철회하지 못한다. 1024조 1항은 "상속의 승인이나 포기는 제1019조 제1항의 기간 내에도 이를 취소하지 못한다"고 규정하고 있으나, 여기서 말하는 취소란 승인이나 포기의 의사표시에 어떤 하자가 있음을 이유로 그 효력을 부정하는 것이 아니라, 승인이나 포기의 의사표시에 아무런 하자가 없었는데도 그 효력을 발생시키지 않겠다는 이른바 철회를 말하는 것이다.

(2) 승인·포기의 취소

(가) 취소의 사유

승인 또는 포기의 의사표시에 하자(착오, 사기, 강박 등)가 있을 때에 이를 총칙 규정에 따라 취소하는 것은 허용된다. 1024조 2항도 이를 전제로 하여, 다만 그 취소할 수 있는 기간을 146조의 규정과는 달리 추인을 할 수 있는 날로부터 3월, 승인 또는 포기한 날로부터 1년으로 단축하였다. 여기서 말하는 취소사유에는 미성년자나 피한정후견인이 법정대리인의 동의를 얻지 않고 한 경우(5조, 13조), 피성년후견인이 단독으로 승인이나 포기를 한 경우(10조), 착오(109조), 사기 또는 강박(110조)으로 승인이나 포기를 한 경우가 해당된다.

특히 취소의 가부가 문제되는 것은 착오로 인한 승인 또는 포기의 취소이다. 국내의 학설 가운데에는 예컨대 A의 상속재산을 승계한다는 의사로 단순승인을 하였으나 실제로는 B의 상속재산에 관하여 상속이 개시된 경우에는 취소할 수 있지만, 자기가 포기하면 A가 상속인이 될 것이라고 믿고 포기하였으나 실제로는 B가 상속인이 된 경우나 단독상속이라고 믿고 승인 또는 포기하였는데 다른 공동상속인이 있었던 경우는 모두 중요한 부분의 착오라고 할 수 없다는 설명이 있다. 서울고법 2023. 2. 15.자 2022브2198, 2199, 2130 결정도 같은 취지이다. 다른 한편 상속재산 자체의 가치에 대하여 잘못된 관념을 가졌기 때문에 포기 또는 승인을 한 경우(상속재산의 구성요소를 알고 있었으나 그 가치에 대하여는 잘못 판단한 경우)에는 취소할 수 없는 동기의 착오에 불과하지만, 상속재산의 가치를 결정하는 요소에 대하여 착오가 있는 경우, 특히 상속재산에 채무가 포함되어 있다는 사실을 알지 못하여 소극재산이 적극재산보다 많음을 모르고 승인을 하였다거나, 반대로 상속재산에 채무가 포함되어 있는 것으로 잘못 알고 포기를 한 경우에는, 이는 취소할 수 있는 착오라고 보아야 할 것이다(독일의 판례, RGZ 158, 50 등).

(나) 기 간

취소의 기간은 추인할 수 있는 날로부터 3월, 승인 또는 포기한 날로부터 1년 이내이다(1024조 2항). 법적 안정성을 위하여 일반적인 법률행위의 취소기간보다 단축되었다. 위 기간의 성질에 관하여는 민법은 소멸시효로 규정하고 있으나, 취소권이 형성권임을 이유로 제척기간이라고 주장하는 견해가 많다. 이를 입법의 오류로 볼 여지도 있지만, 형성권이라고 하여 반드시 소멸시효의 적용대상이 아니라고 할 수는 없으므로, 법문언에 충실하게 소멸시효기간으로 보는 것이 온당하다.

㈐ 방 식

상속의 승인이나 포기의 취소의 방식에 대하여는 민법에 아무런 규정이 없다. 그러나 내법원 1989. 9. 12. 신고 88다카28044 판결은, 민법개정 전 혼인 외 출생자의 적모(嫡母)가 친족회의 동의가 없었음을 이유로 상속의 포기를 취소함에 있어서 그 취소의 상대방은 재산상속 포기의 신고가 수리된 법원이라고 하였다. 가사소송법은 한정승인 또는 포기신고의 취소신고의 수리를 라류 가사비송사건으로 규정하였다{家訴 2조 1항 2호 가. 32)}.

㈑ 취소의 효과

적법한 취소가 있으면 취소의 대상인 승인이나 포기는 처음부터 소급하여 없었던 것으로 보게 된다. 이때에는 원래의 승인·포기기간이 경과하였어도 다시 승인이나 포기를 할 수 있다. 다만 승인 또는 포기는 지체없이 하여야 한다고 봄이 상당하다.

착오, 사기 또는 강박을 이유로 승인이나 포기를 취소하면 109조 2항, 110조 3항에 의하여 이를 가지고 선의의 제3자에게 대항하지 못하는가? 예컨대 사기에 의한 단순승인 후에 상속인의 고유재산에 집행을 한 피상속인의 채권자나, 사기에 의한 상속포기 후에 상속재산을 분할한 다른 상속인 등에게 그 취소의 효력이 미치는가 하는 점이다. 상속의 승인이나 포기가 신분법상의 법률행위임을 이유로 선의의 제3자에 대하여도 대항할 수 있다는 설과, 이는 재산법상의 법률행위임을 이유로 상속의 승인이나 포기에도 적용된다는 설이 대립한다. 그러나 상속의 승인이나 포기가 재산법상의 법률행위와는 다른 신분법상의 법률행위라고는 볼 수 없고, 1024조 2항이 승인·포기에 관하여 민법총칙의 규정에 의한 취소를 인정하고 있는 점에 비추어 볼 때 후설이 타당하다.

⑶ 승인·포기의 무효

민법은 상속의 승인이나 포기의 무효에 대하여는 특별히 규정하고 있지 않으나, 무효사유가 있으면 이를 주장할 수 있음은 당연하다.

무효사유의 예로는 당사자의 의사에 기한 것이 아닌 승인 또는 포기의 신고, 대리권이 없는 자에 의한 승인 또는 포기 등을 들 수 있다. 그리고 숙려기간이 지났거나 단순승인 내지 법정단순승인이 있은 후에 행하여진 한정승인 또는 포기도 무효이다(대법원 1983. 6. 28. 선고 82도2421 판결 등). 다만 판례는, 상속포기신고가 법정기간 경과 후에 된 것으로서 무효이더라도, 상속재산 전부를 상속인 중 1인에게 상속시킬 방편으로 그 나머지 상속인들이 상속포기신고를 하였다면, 그 1인과 나머지 상속인들 사이에는 그 1인이 상속재산 전부를 취득하고 나머지 상속인들은 그 상속재산을 전혀 취득하지 않기로 하는 의사의 합치가 있었으므로, 그들 사이에 이러한 내용의 상속재산의 협의분할이 이루어진 것으로 보아야 한다고 판시하였다(대법원 1989. 9. 12. 선고 88누9305 판결 등). 무효행위 전환(138조)의 법리가 적용된 것이다.

문제가 되는 것은 민법총칙상의 비진의표시나 통모허위표시의 법리가 상속의 승인이나 포기에 그대로 적용될 수 있는가, 특히 한정승인이나 포기의 경우에는 가정법원에 대하여 하여야 하므로, 가정법원이 비진의표시임을 알았다거나 또는 가정법원과 통모하여 한 경우에만 무효가 될 수 있는가 하는 점이다. 광주고법 1979. 6. 22. 선고 78나79 판결은, 재산상속포기신고는 법원에 한 신고이므로 다른 상속인들과 통정하여 하였다고 하더라도 민법 108조 소정의 통정한 허위의 의사표시는 되지 않는다고 하였다.

라. 승인·포기 전의 상속재산 관리

상속이 개시되면 상속재산은 일단 상속인에게 귀속되지만, 상속인이 승인이나 포기를 할 때까지는 상속재산이 누구에게 귀속되는지 여부가 유동적이다. 그리하여 민법은 상속인에게 그 고유재산에 대하는 것과 동일한 주의로 상속재산을 관리하여야 할 의무를 부과한다. 그러나 단순승인 또는 포기한 때에는 그러하지 아니하다(1022조). 다만 상속인이 상속을 포기하더라도 포기로 인하여 상속인이 된 자가 상속재산을 관리할 수 있을 때까지 그 재산의 관리를 계속하여야 하고, 이때에는 상속인의 상속재산 관리의무도 여전히 유지된다(1044조). 상속인이 한정승인을 한 경우에도 상속재산의 청산이 종료되거나 1040조 1항에 의하여 상속재산의 관리인이 선임될 때까지는 상속재산 관리의무도 유지된다고 보아야 할 것이다.

상속인이 할 수 있는 것은 「관리」에 한한다. 관리는 이용·보존·개량행위를 뜻한다. 상속재산을 보존하기 위하여 필요하다면 처분에 해당하는 물건의 파괴나 매각도 1022조가 규정하는 「관리」가 될 수 있고, 이러한 행위는 법정단순승인사유도 되지 아니한다. 임대차의 경우에는 대항력이 없는 임대차로서 619조가 정하는 단기임대차에 한하여 「관리」라고 봄이 상당하다(곽윤직, 177). 상속인의 관리행위는 나중에 상속인이 상속을 포기하더라도 여전히 효력이 있다.

상속인이 여러 사람인 때에는 공동상속인 전원이 공동으로 관리하여야 한다. 이때에는 공유에 관한 규정에 따라, 보존행위는 각자가 단독으로 할 수 있으나, 기타의 관리행위는 각 상속인의 상속분에 의한 다수결로 결정하여야 한다(곽윤직, 177).

상속인이 고유재산에 대한 것과 동일한 주의를 기울여 관리하지 않아서, 다른 이해관계인인 동순위 또는 후순위상속인 및 상속채권자 등이 손해를 입었으면 손해배상책임을 지게 된다. 다만 이처럼 상속인의 주의의무를 경감시켜 주는 것은 입법론적으로 문제가 있다(주해상속 1/이동진, 421).

그리고 법원은 이해관계인 또는 검사의 청구에 의하여 상속재산의 보존에 필요한 처분을 명할 수 있다(1023조 1항). 여기서 이해관계인이란 상속채권자·공동상속인·상속포기로 인하여 상속인이 될 자 등을 말한다. 보존에 필요한 처분이란 재산관리인의 선임, 재산의 환가, 기타의 처분금지, 재산목록의 작성 등이다. 법원이 재산관리인을 선임한 때에는 부재자 재산관리인에 관한 24조 내지 26조까지가 준용된다(1023조 2항). 이러한 상속재산 보존에 관한 처분은 상속개시 후 그 고려기간이 경과되기 전에 한하여 청구할 수 있고, 그 심판에서 정한 처분의 효력은 심판청구를 할 수 있는 시적 한계 시까지만, 즉 고려기간이 경과되기 전까지만 존속한다(대법원 1999. 6. 10.자 99으1 결정).

상속인이 승인이나 포기를 하기 전에 상속채권자로부터 이행청구를 받은 경우에는 상속인은 이를 거절할 수 있다고 보아야 한다(반대: 주해상속 1/이동진, 422). 그와 같이 보지 않으면, 상속인의 변제는 법정단순승인으로 간주되므로(1026조 1호), 상속인이 한정승인이나 포기를 할 수 있는 권리를 상실하게 될 것이기 때문이다.

3. 단순승인

▌**참고문헌:** 윤부찬, "상속재산분할협의와 단순승인", 가족법연구 20권 1호, 2006; 윤진수, "상속채무를 뒤늦게 발견한 상속인의 보호", 민법논고 V, 2011; 윤진수, "상속의 단순승인 의제규정에 대한 헌법불합치결정의 문제점", 민법논고 V, 2011; 윤진수, "상속의 단순승인 의제규정에 대한 헌법불합치결정의 소급효가 미치는 범위", 민법논고 V, 2011; 윤진수, "특별한정승인의 규정이 소급적용되어야 하는 범위", 민법논고 V, 2011; 이광만, "한정승인 또는 포기 후에 한 상속재산의 처분행위가 법정단순승인 사유에 해당하기 위한 요건", 대법원판례해설 49호, 2004; 이동진, "민법 제1026조 제1호의 법정단순승인", 가족법연구 31권 1호, 2017; 이진기, "단순승인 의제규정에 대한 헌재결정의 문제", 민사법학

40호, 2008; 정구태, "상속포기신고 후 수리심판 전 상속인의 처분행위와 단순승인의제", 2016년 가족법 주요판례 10선, 2017; 정태호, "민법 제1026조 제2호에 대한 헌법불합치 결정에 대한 평석 및 위 법률규정의 개정방향", 인권과 정의 1998. 11

가. 단순승인의 의의

단순승인을 하면 상속재산이 확정적으로 상속인에게 귀속하게 된다. 민법은 이를 상속인이 단순승인을 한 때에는 제한 없이 피상속인의 권리의무를 승계한다고 표현하고 있다(1025조). 그러나 원래 상속 개시에 의하여 상속재산은 당연히 상속인에게 귀속하는 것이므로(1005조), 단순승인의 효과는 주로 더 이상 상속의 포기나 한정승인을 할 수 없게 된다는 데 있다.

나. 법정단순승인

그러나 상속인이 명시적으로 단순승인을 하는 경우는 별로 찾아볼 수 없고, 법이 단순승인을 하는 것으로 보는 행위(1026조)를 함으로써 단순승인으로서의 효과가 발생하는 경우가 대부분이다. 법정단순승인은 법이 의사표시를 의제하는 한 예라고 할 수 있으나, 1호의 사유는 묵시적인 단순승인의 의사표시가 있는 것이라고 볼 수도 있다.

(1) 1호

1호의 사유는 상속인이 상속재산에 대한 처분행위를 한 때이다. 상속재산을 처분하는 것은 한정승인이나 포기를 하지 않겠다는 의사를 추정하는 근거가 될 뿐만 아니라(독일과 프랑스에서는 이러한 경우를 추단적 행위에 의한 승인 내지 묵시적 승인으로 처리한다), 처분 후에 한정승인 또는 포기를 허용하면 상속채권자나 차순위 또는 공동상속인 등을 해할 위험성이 있고, 또 처분을 신뢰한 제3자를 보호할 필요가 있기 때문에 이를 단순승인으로 의제하는 것이다(같은 취지, 대법원 2012. 4. 16.자 2011스191, 192 결정). 법문상은 그 시점이 한정승인이나 포기를 하기 전인가 후인가를 구분하지 않고 있으나, 대법원 2004. 3. 12. 선고 2003다63586 판결([판례 64])은, 1호는 상속인이 한정승인 또는 포기를 하기 이전에 상속재산을 처분한 때에만 적용되는 것이고, 상속인이 한정승인 또는 포기를 한 후에 상속재산을 처분한 때에는 그것이 3호에 정한 상속재산의 부정소비에 해당되는 경우에만 상속인이 단순승인을 한 것으로 보아야 한다고 판시하였다.

그런데 대법원 2016. 12. 29. 선고 2013다73520 판결([판례 65])은, 상속의 한

정승인이나 포기는 가정법원에 신고를 하여 가정법원의 심판을 받아야 하며, 그 심판은 당사자가 이를 고지받음으로써 효력이 발생하므로, 상속인이 가정법원에 상속포기의 신고를 하였다고 하더라도 이를 수리하는 가정법원의 심판이 고지되기 이전에 상속재산을 처분하였다면, 이는 상속포기의 효력 발생 전에 처분행위를 한 것에 해당하므로 1026조 1호에 따라 상속의 단순승인을 한 것으로 보아야 한다고 하였다. 그러나 이는 문제가 있다. 1026조 1호가 상속재산의 처분을 법정단순승인으로 보는 것은, 그것이 한정승인이나 포기를 하지 않겠다는 의사를 추정하는 근거가 되기 때문이다. 그러므로 상속인이 일단 상속포기의 신고를 하였다면 더 이상 상속을 승인하겠다는 의사를 추정할 근거가 없다고 보아야 할 것이다. 또한 이 경우에 1026조 1호가 아니라 3호를 적용한다고 하여 특별히 부당한 결과가 생기지도 않는다. 상속재산 처분이 부정소비에 해당하지 않으면 법정단순승인에 해당하지 않는데, 그렇다고 하여 누구에게 피해를 주거나 제3자의 신뢰를 깨뜨리는 것은 아니다. 위 사건에서는 상속인이 상속재산을 처분하여 그 처분대금을 피상속인의 대출금채무를 변제하는 데 썼으므로 정당한 이유가 있다고 보아야 한다. 그런데 이러한 경우에 1026조 1호를 적용하여, 법정단순승인이 있었다고 보아야 할 특별한 이유가 없다.

처분행위란 재산의 현상, 성질을 변하는 행위를 말하며, 반드시 법률적 의의를 가지는 것뿐만 아니라 사실적 의의를 가지는 것도 포함된다. 채권의 추심도 처분행위에 해당한다(대법원 2010. 4. 29. 선고 2009다84936 판결). 상속재산을 협의분할하는 것도 처분행위에 해당한다(대법원 1983. 6. 28. 선고 82도2421 판결). 그러나 권원 없이 공유물을 점유하는 자에 대한 공유물의 반환청구는 공유물의 보존행위로서 처분행위가 아니다(대법원 1996. 10. 15. 선고 96다23283 판결). 대법원 1964. 4. 3. 선고 63마54 판결은, 채권자가 상속인을 대위하여 상속등기를 하였다고 하여 단순승인의 효력을 발생시킬 수 없다고 하였다.

그리고 대법원 2012. 4. 16.자 2011스191, 192 결정은, 수인의 상속인 중 1인을 제외한 나머지 상속인들이 상속을 포기하기로 하였으나 상속포기 신고 수리 전 피상속인 소유 미등기 부동산에 관하여 상속인들 전원 명의로 법정상속분에 따른 소유권보존등기가 마쳐지자, 상속을 포기하는 상속인들이 상속을 포기하지 않은 상속인 앞으로 지분이전등기를 하였고 그 후 상속포기 신고가 수리된 경우에, 이는 상속재산에 대한 처분행위로 볼 수 없다고 하였다.

처분인지 여부를 판단함에 있어서는 전형적으로 단순승인의 의사를 인정할 만한 행위인지 여부도 고려되어야 한다. 그러므로 경제적 가치가 크지 않은 옷 등의 처분은 단순승인이 되지 않는다(주해상속 1/이동진, 465).

처분행위에 의하여 법정단순승인의 효과가 인정되기 위하여는 상속이 개시된 사실을 알았거나 확실히 예상할 수 있었어야 한다고 보는 것이 다수설이지만(주석상속/이화연 등 참조), 상속인이 상속이 개시된 사실을 몰랐더라도 법정단순승인의 효과는 인정되고, 다만 착오를 이유로 취소할 수는 있을 것이다(주해상속 1/이동진, 467-468).

처분행위가 무효이거나 취소된 경우에도 법정단순승인의 효과를 인정할 수 있는가에 대하여는 긍정설과 부정설이 대립한다. 그러나 처분행위가 있으면 단순승인을 한 것으로 의제하는 근거는 한정승인이나 포기를 하지 않겠다는 상속인의 의사를 추정할 수 있다는 점에 있으므로, 그 처분행위의 유·무효 여부는 이러한 추정에 장애가 되지 않는다고 보아야 할 것이다.

(2) 2호

상속인은 1005조에 따라 상속이 개시되면 상속인은 일단 상속재산을 승계하지만, 숙려기간 내에는 상속인이 상속을 한정승인하거나 포기할 수 있으므로 그러한 상속의 효과는 부동적(浮動的)이다. 그런데 2호는 숙려기간 내에 한정승인이나 포기가 없으면 상속인이 단순승인을 한 것으로 규정하여, 상속재산 승계가 그대로 확정되는 것으로 하였다.

헌법재판소 1998. 8. 27. 선고 96헌가22, 97헌가2·3·9, 96헌바81, 98헌바24·25 결정은, 당시의 1026조 2호가 상속인이 아무런 귀책사유 없이 고려기간 내에 한정승인이나 포기를 하지 못한 경우에 구제받을 수 있는 아무런 수단도 마련하지 아니한 채, 고려기간 내에 한정승인이나 포기를 하지 아니하면 그 이유여하를 묻지 않고 일률적으로 단순승인을 한 것으로 보아 그 의사와 관계없이 상속채무를 전부 부담하게 한 것은, 재산권과 사적자치권을 침해하여 위헌이라는 이유로 헌법불합치 결정을 하였다.

그러나 여기서 문제되는 것은 상속인이 더 이상 한정승인이나 상속의 포기를 할 수 없기 때문인데, 이러한 결과는 1026조 2호에 의하여 생기는 것이라기보다는 1019조 1항의 규정에 의한 것이다. 다시 말하여 숙려기간이 지나면 단순승인으로 의제하는 것 자체가 잘못된 것은 아니고, 상속채무가 많다는 것을 모르는 경우에도 숙려기간이 개시되도록 한 1019조 1항에 문제가 있는 것이다. 원래 상속인이 피상속인의 채무를 승계하는 것은 상속인이 상속을 승인하였기 때문은 아니다. 상속이 개시되면 상속인은 당연히 피상속인의 권리와 의무를 승계하고(1005조), 상속인의 단순승인은 그 자체가 채무의 승계라는 법률효과를 가져오는 것이라기보다는, 다만 더 이상 포기나 한정승인을 할 수 없게 된다는 의미를 가질 뿐이다. 그렇다면 상속인이 상속채무를 확정적으로 승계하게 되는 것은 상속의 포기 내지 한정승인을 할 수 있는 기간이 경과하여 버린 때문이지, 1026조 2호에 의하여 단순승인을 한 것으로 의제되는 때문이라고는 할 수 없다. 2002년 개정법도 1026조 2호는 그대로 부활시키고, 1019조 3항에서 특별한정승인의 규정을 신설하여 1019조 1항의 문제점을 보완하였다. 이 점에서 위 헌재 결정은 상속법의 구조를 제대로 파악하지 못하였다고 생각된다.

이론적으로는 2호에 의하여 법정단순승인의 효과가 발생하였으나, 당시에 채무 초과 사실을 몰랐던 경우에는 상속인이 착오를 이유로 109조에 의하여 취소할 수 있다고 보아야 할 것이다. 그러나 신설된 1019조 3항에 의하여 인정되는 특별한정승인 제도도 법정단순승인을 착오를 이유로 취소하는 것과 크게 다르지 않아서, 논의의 실익은 크지 않다.

南北特 12조는, 상속개시 당시 북한주민인 상속인이 분단으로 인하여 1019조 1항의 기간 내에 한정승인 또는 포기를 하지 못한 경우에는, 1026조 2호에도 불구하고 한정승인의 효과만을 인정하도록 규정하고 있다.

⑶ 3호

상속인이 한정승인 또는 포기를 한 후에 상속재산을 은닉하거나 부정 소비하거나, 한정승인을 하면서 고의로 재산목록에 기입하지 아니한 때에는 단순승인을 한 것으로 의제된다. 이는 부정행위 내지 배신행위를 한 상속인에 대한 일종의 제재이다(대법원 2022. 7. 28. 선고 2019다29853 판결 참조).

그러나 상속인이 상속을 포기함으로 인하여 차순위 상속인이 상속을 승인한 때에는 위와 같은 상속재산의 은닉 등의 사유는 상속의 승인으로 보지 아니한다(1027조). 이러한 때에는 원래의 상속인의 단순승인을 의제할 이유가 없다.

은닉이란 타인이 용이하게 상속재산의 존재를 인식할 수 없도록 그 전부 또는 일부를 숨기는, 즉 그 소재를 불분명하게 하는 행위를 가리킨다. 법률행위에 의한 경우와 사실행위에 의한 경우를 모두 포함한다. 은닉은 은닉의사를 갖고 행하여야 하고, 단순히 과실에 의한 경우는 포함하지 아니한다. 그리고 상속재산 중 극히 사소한 일부의 은닉에 대하여는 법정단순승인을 인정하지 아니함이 타당할 것이다.

상속재산의 부정소비란 정당한 사유 없이 상속재산을 써서 없앰으로써 그 재산적 가치를 상실시키는 행위를 의미한다. 대법원 2004. 3. 12. 선고 2003다63586 판결([판례 64])은, 상속을 포기한 후에 상속재산의 처분대금 전액을 상속채권자 중 우선변제권자에게 귀속시킨 것은 상속재산의 부정소비에 해당하지 않는다고 하였다.

고의로 재산목록에 기입하지 아니한 때에도 법정단순승인사유가 된다. 이는 상속인이 한정승인을 하였던 경우에 적용된다.

대법원 2003. 11. 14. 선고 2003다30968 판결은, "고의로 재산목록에 기입하지 아니한 때"라는 것은 한정승인을 함에 있어 상속재산을 은닉하여 상속채권자를 사해할 의사로써 상속재산을 재산목록에 기입하지 않는 것을 의미한다고 하면서, 상속인들이 피상속인이 보험회사에 대하여 가지고 있던 보험계약 해약환급금을 수령하여 이를 피상속인의 장례비용에 충당한 것은 상속재산 중에서 지급하는 상속비용을 지출한 것으로서 상속인들이 한정승인 신고 시 해약환급금을 상속재산의 목록에 기재하지 아니한 것은 이에 해당하지 않는다고 하였다.

그리고 대법원 2022. 7. 28. 선고 2019다29853 판결은, 상속인이 어떠한 상속재산이 있음을 알면서 이를 재산목록에 기입하지 아니하였다는 사정만으로는 부족하고, 상속재산을 은닉하여 상속채권자를 사해할 의사, 즉 그 재산의 존재를 쉽게 알 수 없게 만들려는 의사가 있을 것을 필요로 하며, 위 사정은 이를 주장하는 측에서 증명하여야 한다고 판시하였다. 그러나 이처럼 상속채권자를 사해할 의사가 있어야만 법정단순승인의 효과가 발생하는 것으로 보는 것은 적절하지 않다. 원칙적으로 고의만으로 충분하지만, 기입을 누락시킨 데 합리적인 이유가 있을 때에는 법정단순승인사유에서 제외함이 타당하다(주해상속 1/이동진, 474).

극소액의 재산을 누락한 경우 이에 해당하는지에 관하여 긍정설이 있기는 하지만, 부정함이 타당하다. 반면 상속채권자를 해할 의도로 허무의 상속채무를 기입한 때에는 본호를 유추하여 단순승인의 효과를 인정해야 할 것이다.

본호에서 들고 있는 은닉, 부정소비, 고의의 재산목록에의 불기재 이외의 사유는 법정단순승인의 효과가 발생하지 않는다. 그러므로 한정승인이나 포기를 한 뒤의 단순한 상속재산의 처분행위는 법정단순승인의 효과를 발생시키지 아니한다(대법원 2004. 3. 12. 선고 2003다63586 판결([판례 64])).

대법원 1998. 6. 23. 선고 97누5022 판결은, 상속인이 상속을 포기한 후 상속재산관리인이 상속채무에 관하여 채권자와 사이에 채무의 액수를 감액하기로 약정하였다 하여도 이는 법정단순승인의 사유에 해당하지 않는다고 하였다.

[판례 64] 대법원 2004. 3. 12. 선고 2003다63586 판결

1. 원심의 판단

원심은, 제1심판결 이유를 인용하여, 원고에 대하여 판시 차용금 등의 채무를 부담하고 있던 1이 2001. 6. 29. 사망하자 상속인들인 피고들은 2001. 8. 3. 전주지방법원에 상속포기의 신고를 하여 같은 달 8. 상속포기신고를 수리하는 심판을 받은 사실, 피고들은 2002. 4. 2. 상속재산인 이 사건 농지에 관하여 상속을 원인으로 한 피고들 명의의 소유권이전등기를 경료한 뒤 같은 날 2에게 2002. 3. 4.자 매매를 원인으로 한 소유권이전등기를 경료해 준 사실 등 판시와 같은 사실을 인정한 다음, 상속인들이 상속포기를 한 후 상속재산을 매도하는 행위를 한 때에는 민법 제1026조 제3호에 정한 상속재산의 부정소비에 해당하여 상속을 단순승인한 것으로 간주되므로, 피고들은 1의 상속인들로서 1의 원고에 대한 채무를 변제할 의무가 있다고 판단하였다.

원심은 이어서, 이 사건 농지는 농업기반공사및농지관리기금법에 의하여 지원된 농지로서 1이 2000. 3. 2. 농업기반공사로부터 이를 매수하여 같은 달 8. 소유권이전등기를 경료하였으나, 농업기반공사의 동의 없이는 8년 이내에 타인에게 전매할 수 없는 것으로 약정하였고, 매매대금을 20년 동안 균등분할상환하기로 하되 매매대금채무를 담보하기 위하여 농업기반공사 앞으로 채권최고액 29,862,000원의 근저당권을 설정해 주었으며, 1이 분할매매대금 중 1회분만 납입한 채 2001. 6. 29. 사망한 뒤 농업기반공사의 신청에 따른 경매절차가 진행되던 중 2가 이 사건 농지의 매수를 희망하자 농업기반공사와 2는 2가 농업기반공사의 동의를 얻어 이 사건 농지를 1의 상속인들로부터 매수하는 형식을 취하기로 하되, 그 매매대금은 1의 미지급 매매대금과 연체이자 및 경매신청비용 등을 합한 금액으로 정하여 2가 이를 직접 농업기반공사에게 지급하기로 약정하였고, 농업기반공사와 2가 피고들에게 위와 같은 약정내용을 설명하면서 협조해 달라고 요청함에 따라 피고들은 2002. 3. 4. 2에게 이 사건 농지에 관한 매매계약서를 작성해 주었으며, 2는 1의 미지급 매매대금과 연체이자 등의 합계액인 22,640,070원으로 정해진 이 사건 농지의 매매대금 전액을 그 이튿날인 2002. 3. 5. 이 사건 농지의 근저당권자로서 우선변제권자인 농업기반공사에게 직접 지급하였고, 그 후 농업기반공사는 경매신청을 취하하고 근저당권설정계약을 해지하였으며, 이어 2002. 4. 2. 이 사건 농지에 관하여 피고들 명의의 상속을 원인으로 한 소유권이전등기에 이어서 2 명의의 매매를 원인으로 한 소유권이전등기가 순차 경료된 것에 불과하며, 피고들은 이 사건 농지의 매매대금을 전혀 지급받지 않았을 뿐만 아니라 농업기반공사에게 우선변제권을 새로이 부여한 것도 아니므로 피고들의 행위는 민법 제1026조 제3호에 정한 상속재산의 부정소비에 해당하지 않는다는 피고들의 주장에 대하여, 사실관계가 피고들 주장과 같다 하더라도, 피고들의 행위는 피상속인의 특정채권자인 농업기반공사에게 우선변제권을 부여한 것으로서 상속재산의 부정소비에 해당한다고 판단하였다.

2. 이 법원의 판단

그러나 위와 같은 원심의 판단은 수긍하기 어렵다.

민법 제1026조는 "다음 각 호의 사유가 있는 경우에는 상속인이 단순승인을 한 것으로 본다."고 하면서 제1호로 '상속인이 상속재산에 대한 처분행위를 한 때'를, 제3호로 '상속인이 한정승인 또는 포기를 한 후에 상속재산을 은닉하거나 부정소비하거나 고의로 재산목록에 기입하지 아니한 때'를 규정하고 있는바, 민법 제1026조 제1호는 상속인이 한정승인 또는 포기를 하기 이전에 상속재산을 처분한 때에만 적용되는 것이고, 상속인이 한정승인 또는 포기를 한 후에 상속재산을 처분한 때에는 그로 인하여 상속채권자나 다른 상속인에 대하여 손해배상책임을 지게 될 경우가 있음은 별론으로 하고, 그것이 위 제3호에 정한 상속재산의 부정소비에 해당되는 경우에만 상속인이 단순승인을 한 것으로 보아야 하며 , 나아가 위 제3호에 정한 '상속재산의 부정소비'라 함은 정당한 사유 없이 상속재산을 써서 없앰으로써 그 재산적 가치를 상실시키는 행위를 의미하는 것이라고 봄이 상당하다.

원심이 적법하게 확정한 바와 같이, 피고들은 상속을 포기한 후에 이 사건 농지를 처분하였으므로 민법 제1026조 제1호는 적용될 여지가 없고, 같은 조 제3호에 정한 상속재산의 부정소비에 해당하는지 여부만이 문제된다 할 것인바, 피고들이 그 주장과 같은 경위로 이 사건 농지를 처분하여 그 처분대금 전액이 우선변제권자인 농업기반공사에게 귀속된 것이라면, 다른 특별한 사정이 없는 한 이러한 피고들의 행위를 상속재산의 부정소비에 해당한다고 볼 수는 없을 것이다.

그런데도 원심은 상속인들이 상속포기를 한 후 상속재산을 매도하였다면 이는 곧바로 민법 제1026조 제3호에 정한 상속재산의 부정소비에 해당할 뿐만 아니라 이 사건 농지의 처분경위 및 처분대금의 귀속 등에 관한 사실관계가 피고들 주장과 같다 하더라도 피고들의 행위는 상속재산의 부정소비에 해당한다고 단정하고 말았으니 원심판결에는 민법 제1026조 제3호에 정한 상속재산의 부정소비에 관한 법리를 오해하여 필요한 심리를 다하지 아니한 위법이 있다고 할 것이고, 이러한 원심의 위법은 판결에 영향을 미쳤음이 분명하다.

해 설

이광만, 대법원판례해설 49호

[판례 65] 대법원 2016. 12. 29. 선고 2013다73520 판결

1. 민법 제1026조 제1호는 상속인이 상속재산에 대한 처분행위를 한 때에는 단순승인을 한 것으로 본다고 규정하고 있다. 그런데 상속의 한정승인이나 포기의 효력이 생긴 이후에는 더 이상 단순승인으로 간주할 여지가 없으므로, 이 규정은 한정승인이나 포기의 효력이 생기기 전에 상속재산을 처분한 경우에만 적용된다고 보아야 한다(대법원 2004. 3. 12. 선고 2003다63586 판결 참조). 한편 상속의 한정승인이나 포기는 상속인의 의사표시만으로 효력이 발생하는 것이 아니라 가정법원에 신고를 하여 가정법원의 심판을 받아야 하며, 그 심판은 당사자가 이를 고지받음으로써 효력이 발생한다(대법원 2004. 6. 25. 선고 2004다20401 판결 참조). 이는 한정승인이나 포기의 의사표시의 존재를 명확히 하여 상속으로 인한 법률관계가 획일적으로 처리되도록 함으로써, 상속재산에 이해관계를 가지는 공동상속인이나 차순위 상속인, 상속채권자, 상속재산의 처분 상대방 등 제3자의 신뢰를 보호하고 법적 안정성을 도모하고자 하는 것이다. 따라서 상속인이 가정법원에 상속포기의 신고를 하였다고 하더라도 이를 수리하는 가정법원의 심판이 고지되기 이전에 상속재산을 처분하였다면, 이는 상속포기의 효력 발생 전에 처분행위를 한 것에 해당하므로 민법 제1026조 제1호에 따라 상속의 단순승인을 한 것으로 보아야 한다.

2. 원심은, ① 망 소외 1이 2011. 12. 27. 사망하자, 피고를 포함한 상속인들이 2012. 1. 26. 수원지방법원에 망 소외 1의 재산상속을 포기하는 내용의 상속포기 신고를 하였고, 위 법원이 2012. 3. 14. 그 신고를 수리하는 심판을 한 사실, ② 피고는 망 소외 1이 생전에 소유하던 화물차량 6대를 지입하였던 회사인 천우통운 주식회사의 대표이사 소외 2로 하여금 위 상속포기 수리심판일 이전인 2012. 1. 30. 위 화물차량 6대를 폐차하거나 다른 사람에게 매도하도록 한 후 2012. 2. 6. 소외 2로부터 그 대금 2,730만 원을 수령한 사실 등을 인정하였다. 나아가 원심은, 상속인이 상속포기 신고를 한 이상 그 신고를 수리하는 심판이 있기 전에 상속재산을 처분하였더라도 민법 제1026조 제1호가 적용되지 않는다는 전제하에, 피고가 소외 2에게 위 화물차량들을 폐차하거나 매도하게 하여 그 대금을 수령한 시점이 피고가 상속포기 신고를 한 이후이므로, 단순승인을 한 것으로 간주되는 경우에 해당하지 않는다고 판단하였다.

3. 그러나 위와 같은 사실관계를 앞에서 본 법리에 따라 살펴보면, 피고가 상속포기 신고를 한 후 소외 2로 하여금 위 화물차량들을 폐차하거나 매도하게 하여 그 대금을 수령함으로써 상속재산을 처분한 것은 피고의 상속포기 신고를 수리하는 법원의 심판이 고지되기 이전이므로, 민법 제1026조 제1호에 따라 상속인인 피고가 상속의 단순승인을 한 것으로 보아야 한다.

4. 그럼에도 원심은 피고가 상속재산을 처분한 시점이 상속포기 신고를 한 이후라는 사

정만으로 민법 제1026조 제1호가 적용되지 않는다고 판단하였으니, 거기에는 민법 제1026조 제1호의 법정단순승인사유 및 상속포기의 효력발생시기 등에 관한 법리를 오해하여 판결에 영향을 미친 잘못이 있다. 이를 지적하는 취지의 상고이유 주장은 이유 있다.

참고문헌

이동진, 가족법연구 31권 1호

4. 한정승인

▮참고문헌: 강혜림, "한정승인항변의 기판력 저촉여부 및 청구이의의 소 사유 해당 여부", 외법논집 37권 3호, 2013; 권영준, "특별한정승인의 제척기간과 법정대리인", 민법판례연구 Ⅱ, 2021; 김미경, "한정승인에 있어 한정승인자의 상속재산 처분과 상속채권자 보호", 충북대학교 법학연구 27권 1호, 2016; 김상수, "한정승인과 청구이의의 소", 법조 2008. 7; 김형석, "한정승인의 효과로서 발생하는 재산분리의 의미", 가족법연구 22권 3호, 2008; 나진이, "상속재산에 관한 강제집행절차에 있어 한정승인자의 고유채권자와 상속채권자 사이의 우열관계," 민사판례연구 34권, 2012; 민유숙, "개정민법상 특별한정승인 제도", 민사재판의 제문제 15권, 2006; 박세민, "한정승인의 계수와 개선방향", 법사학연구 57, 2018; 박종훈, "한정승인과 상속채권자의 우선변제권", 판례연구 22집, 2011; 송인권, "한정승인의 요건 및 효과에 관한 실무상 문제," 사법논집 55집, 2012; 송재일, "한정승인과 담보권", 서울법학 19권 3호, 2012; 심우용, "청구이의 사유로서의 한정승인", 대법원판례해설 63호, 2007; 양지정, "한정승인 및 상속포기와 기판력에 의한 실권효", 대구판례연구회 재판과 판례 20집, 2011; 오수원, "한정승인항변의 기판력과 집행에 관한 이의", 서울법학 19권 2호, 2011; 오진숙, "미성년자인 상속인의 한정승인에 관한 절차법적 검토" 가족법연구 36권 2호, 2022; 오창수, "채무상속과 특별한정승인", 변호사 35집, 2005; 이영숙, "한정승인에 기한 이행판결이 확정된 후, 전소의 변론종결시 이전에 존재한 법정단순승인 등 사실을 주장하는 새로운 소송을 제기할 수 있는지 여부", 대구판례연구회 재판과 판례 23집, 2014; 이영철, "한정승인이 이루어진 경우 상속채권자와 상속인의 근저당권자 간의 우열관계", 대구판례연구회 재판과 판례 23, 2015; 이원범, "한정승인이 이루어진 경우 상속채권자가 상속재산에 관하여 한정승인자로부터 담보권을 취득한 고유채권자에 대하여 우선적 지위를 주장할 수 있는지 여부", 민사재판의 제문제 23권, 2015; 이은정, "상속채무의 청산", 조선대 법학논총 25권 3호, 2018; 이주현, "한정승인과 특정물에 관한 채권", 사법논집 63집, 2016; 이지영, "미성년자 상속인의 특별한정승인의 법정대리와 제척기간의 기산점", 대법원판례해설 125호, 2021; 임영수, "한정승인의 심판절차와 상속채무의 배당변제에 관한 고찰", 가족법연구 25권 3호, 2011; 전경근, "한정승인을 한 상속인이 취득한 상속재산의 법적 지위", 법조 2018. 10. 최신판례분석; 정구태, "상속채권자

와 한정승인자의 근저당권자 간의 우열 문제", 고려법학 64호, 2012; 조대현, "한정승인의 항변", 민사소송 Ⅰ, 1998; 최성경·홍윤선, "미성년상속인의 보호와 특별한정승인", 가족법연구 35권 1호, 2021; 최수정, "상속재산과 상속인의 고유재산의 관계" 정태윤·지원림교수논문집 새봄을 여는 민법학, 2023; 최준규, "한정승인, 재산분리, 상속재산의 파산에 관한 입법론", 서울대학교 법학 60권 2호, 2019; 현낙희, "면책 주장과 기판력 및 청구이의의 소", 민사판례연구 45권, 2023; 현소혜, "한정승인제도의 개선방안에 관하여", 국제법무 11집 1호, 2019; 홍춘의·이상래, "상속재산의 강제집행절차에 있어서 상속채권자와 한정승인을 한 상속인의 조세채권자 사이의 우열관계", 동북아법연구 10권 3호, 2017

가. 한정승인

(1) 한정승인의 의의

한정승인이란 상속인이 상속으로 인하여 취득할 재산의 한도에서 피상속인의 채무와 유증을 변제할 것을 조건으로 상속을 승인하는 상속인의 의사표시를 말한다(1028조). 한정승인이 가장 합리적인 상속 형태라는 견해도 있으나(곽윤직, 183-185), 반드시 그렇게 말할 수 있는지는 의문이다. 대부분의 상속에서는 상속인들이 상속을 단순승인하고 있고, 상속재산 가운데 소극재산이 적극재산을 초과하는 경우가 아니라면 한정승인 절차를 실행하기 위하여 비용을 들이는 것은 사회적으로 낭비라고 할 수 있기 때문이다. 영미법에서는 상속이 개시되면 상속재산 관리인이 상속채권자에게 채무를 변제하고 남은 재산을 상속인이 취득하는, 한정승인과 유사한 상속재산 관리가 원칙으로 되어 있는데, 이 절차를 어떻게 회피할 것인가(avoiding probate)가 실제로 중요한 문제로 나타나고 있다.

그리고 한정승인제도는 실제로는 상속재산의 파산(「채무자 회생 및 파산에 관한 법률」 299, 300조)과 거의 유사한 기능을 한다. 그러나 한정승인의 경우에는 파산과는 달리 파산관재인이 존재하지 않고, 한정승인의 사실이 따로 공시되지도 않으며, 채권자 집회도 개최되지 않고, 부인권 규정도 없는 등 상속채권자를 위하여 상속재산을 공평하게 분배하는 역할을 하기 위하여는 충분하지 못하다. 따라서 입법론으로는 한정승인 제도를 폐지하고, 상속재산의 파산 제도를 보완하는 것이 바람직하다.

한편 대법원 2020. 11. 19. 선고 2019다232918 전원합의체 판결은, 미성년 상속인의 법정대리인이 인식한 바를 기준으로 1019조 3항의 기산점이 정해진다고 하여 나중에 상속인이 성년에 이른 다음 별도로 특별한정승인을 할 수 없다고 하였다. 그리하여 2022. 12. 13. 신설된 1019조 4항은, 미성년자인 상속인이 상속채무가 상속재산을 초과하는 상속을 성년이 되기 전에 단순승인한 경우에는 성년이 된 후 그 상속의 상속채무 초과사실을 안 날부터 3개월 내에 한정승인을 할 수 있고, 미성년자인 상속인이 특별한정승인을 하지 아니하였거나 할 수 없었던 경우에도 또한 같다고 규정하여 문제점을 보완하였다. 그러나 이것만으로는 충분하지 않고, 미성년자인 상속인에 대하여는 원칙적으로 한정승인의 효과만을 인정하도록 하는 것이 필요하다.

다른 한편 국세기본법 24조 1항은 상속이 개시된 때에 그 상속인 또는 수유자는 피상속인에게 부가되거나 피상속인이 납부할 국세 등에 대하여 상속으로 얻은 재산을 한도로 하여 납부할 의무를 진다고 규정하고 있는데, 대법원 1991. 4. 23.선고 90누7395 판결은, 위 규정은 상속인이 피상속인의 국세 등 납세의무를 상속재산의 한도에서 승계한다는 뜻이고, 상속인이 피상속인의 국세 등 납세의무 전액을 승계하지만 과세관청이 상속재산을 한도로 하여 상속인으로부터 징수할 수 있음에 그친다는 뜻은 아니라고 보았다.

(2) 한정승인의 신고

한정승인을 하기 위해서는 원칙적으로 1019조 1항의 기간 내에 법원에 상속재산의 목록을 첨부하여 한정승인의 신고를 하여야 한다. 이때 고의로 상속재산을 상속재산의 목록에 기입하지 않으면 단순승인을 한 것으로 보게 된다(1026조 3호).

그리고 파산선고 전에 파산자를 위하여 상속개시가 있은 때에 파산자가 파산선고 후에 한 단순승인이나 상속의 포기는 한정승인의 효력밖에 없고, 다만 파산관재인은 파산자의 상속포기의 효력을 인정할 수 있다(채무자 회생 및 파산에 관한 법률 385, 386조).

南北特 12조는, 상속개시 당시 북한주민인 상속인이 분단으로 인하여 1019조 1항의 기간 내에 한정승인 또는 포기를 하지 못한 경우에는, 1026조 2호에도 불구하고 상속으로 인하여 취득할 재산의 한도에서 피상속인의 채무와 유증을 변제할 책임이 있다고 규정하여, 한정승인의 효과만을 인정하고 있다.

한정승인의 신고가 있으면 법원은 그 요건을 심사하여 형식적 요건을 갖추었으면 이를 수리하게 된다. 이는 라류 가사비송사건이다{家訴 2조 1항 2호 가. 32)}. 가정법원은 한정승인의 실질적 요건을 심사할 수는 없으나, 이해관계인이 별도의 소송에서 그 무효를 주장할 수는 있다.

공동상속의 경우에도 공동상속인 전원이 다 같이 한정승인을 할 필요는 없고,

각 상속인은 그 상속분에 응하여 취득할 재산의 한도에서 그 상속분에 의한 피상속인의 채무와 유증을 변제할 것을 조건으로 한정승인할 수 있다(1029조). 그러나 공동상속인 중 일부만이 한정승인을 하는 경우에 관하여 특별한 규정이 없는 것은 입법적 불비라고 하면서, 이러한 경우에는 일단 공동상속인 전원이 한정승인을 한 것처럼 청산절차를 밟은 다음 상속채무가 남아 있는 경우에는 그 남아 있는 상속채무를 단순승인을 한 상속인이 자신의 상속분에 따라 변제하게 하여야 한다는 견해가 있다(곽윤직, 187). 실제로는 채무초과의 경우에는 공동상속인 중 한 사람을 제외하고는 모두 상속을 포기하고, 남은 한 사람만이 한정승인을 하는 방법이 자주 이용된다. 한정승인은 공동상속인 전원이 하여야만 하거나(일본), 일부 공동상속인이 한 한정승인의 효력은 다른 공동상속인에게도 미치도록 하는 입법례(대만)도 있다.

이처럼 공동상속인 중 일부만이 한정승인을 하고 다른 공동상속인은 단순승인을 한 경우에, 청산절차가 종료되기 전에 재판에 의한 상속재산분할을 청구할 수 있는가가 문제되는데, 부정하여야 할 것이다. 이를 긍정한다면 일부 상속인에 의한 한정승인의 효과를 다른 상속인이 뒤집는 것을 허용하는 것이 되기 때문이다. 그러나 판례(대법원 2014. 7. 25.자 2011스226 결정)는 이를 긍정한다. 상세한 것은 위 Ⅵ. 5. 가. 참조. 다만 공동상속인들이 협의에 의하여 분할하는 것을 막을 수는 없고, 이 때에는 상속재산을 부정 소비한 때에 해당하여, 법정단순승인(1026조 3호)이 있는 것으로 된다.

(3) 한정승인의 효과

한정승인이 있으면 그 상속인은 상속으로 인하여 취득할 재산의 한도에서 피상속인의 채무와 유증을 변제하면 된다(1028조). 즉 피상속인의 채무와 유증에 대한 상속인의 책임은 상속재산에 제한되는 물적 유한책임으로서, 상속인은 피상속인의 채무와 유증을 전액 승계하기는 하지만, 책임의 범위가 상속재산에 한정될 뿐이다. 따라서 예컨대 상속인이 상속채권자에게 임의변제를 하면 그 변제는 유효하고, 비채변제로는 되지 않는다. 또 한정승인은 피상속인의 보증인의 책임에는 영향을 미치지 않는다.

한정승인을 한 자도 상속받은 부동산에 대하여는 취득세 납부의무를 부담한다(대법원 2007. 4. 12. 선고 2005두9491 판결. 헌법재판소 2006. 2. 23. 선고 2004헌바43 결정은 이것이 위헌이 아니라고 하였다).

상속채권자가 상속인에게 상속채무의 이행을 구하는 소송을 제기한 경우에 상속인이 한정승인의 항변을 하면 법원은 채무의 이행을 명하는 판결의 주문에서 상속재산의 한도에서만 집행할 수 있다는 취지를 명시하여야 한다(대법원 2003. 11. 14. 선고 2003다30968 판결). 그 주문 형식은 "피고는 원고에게 돈 ○원을 소외 망 ○으로부터 상속받은 재산에 의하여 (또는 상속재산의 한도에서) 지급하라"와 같다.

그런데 상속채권이 특정물에 관한 것일 때에는 어떠한가? 견해의 대립이 있으나, 상속인의 고유재산은 채권의 목적물이 아니므로, 이때에는 위와 같은 유보를 할 필요 없이 그대로 이행을 명하면 될 것이다(같은 취지, 주해상속 1/이동진, 487).

상속채권자가 한정승인을 한 상속인의 고유재산에 대하여 강제집행을 하는 경우에 상속인이 청구이의의 소를 제기하여야 하는가, 아니면 제3자 이의의 소를 제기하여야 하는가에 관하여는 학설상 대립이 있다. 대법원 2005. 12. 19.자 2005그128 결정은, 승소판결인 집행권원 자체에 '상속재산의 범위 내에서만' 금전채무를 이행할 것을 명하는 것이 명시되어 있는 경우에는 제3자이의의 소에 의하여야 한다고 본 반면, 대법원 2006. 10. 13. 선고 2006다23138 판결은 확정판결이 있은 후 상속인이 비로소 한정승인을 한 경우에는 청구이의의 소에 의하여야 한다고 보았다. 이는 집행권원인 이행판결의 주문에 한정승인의 취지가 기재되어 있는 경우에는 상속인은 제3자이의의 소를 제기할 수 있고, 이행판결의 변론종결 후 한정승인을 한 경우에는 상속인은 청구이의의 소를 제기할 수 있다는 이른바 이원설을 따른 것으로 이해된다.

그런데 위 대법원 2006다23138 판결은, 채권자가 피상속인의 금전채무를 상속한 상속인을 상대로 그 상속채무의 이행을 구하여 제기한 소송에서 상속인이 한정승인 사실을 주장하지 않으면, 책임의 범위는 현실적인 심판대상으로 등장하지 아니하여 주문에서는 물론 이유에서도 판단되지 않으므로 그에 관하여 기판력이 미치지 않는다고 하였으나, 의문이다. 대법원 2012. 5. 9. 선고 2012다3197 판결([판례 66])은, 채권자와 상속인 사이의 전소에서 상속인의 한정승인이 인정되어 상속재산의 한도에서 지급을 명하는 판결이 확정된 때에는, 그 채권자가 상속인에 대하여 새로운 소에 의해 전소 사실심의 변론종결시 이전에 존재한 법정단순승인 등 한정승인과 양립할 수 없는 사실을 주장하여 위 채권에 대해 책임의 범위에 관한 유보가 없는 판결을 구하는 것은 허용되지 아니한다고 하였다. 그 이유는, 전소의 소송물은 직접적으로는 채권(상속채무)의 존재 및 그 범위이지만, 한정승인의 존재 및 효력도 이에 준하는 것으로서 심리·판단되었을 뿐만 아니라, 한정승인이 인정된 때에는 주문에 책임의 범위에 관한 유보가 명시되므로 한정승인의 존재 및 효력에 대한 전소의 판단에 기판력에 준하는 효력이 있다고 해야 하기 때문이라는 것이다. 그렇다면 피고가 한정승인의 항변을 할 수 있었으나 하지 않은 경우에도 기판력에 준하는 차단효(民執 44조 2항)가 인정되어야 할 것이다(독일 민사소송법 780조 1항 참조). 또한 대법원 2009. 5. 28. 선고 2008다79876 판결은, 상속인이 상속포기를 하였으나 상속채권자가 제기한 소송에서 사실심 변론종결시까지 이를 주장하지 않았으면 채권자의 승소판결 확정 후 청구이의의 소를 제기할 수 없다고 하면서, 이는 한정승인의 경우(위 2006다23138 판결)와는 다르다고 하였다.

다른 한편, 한정승인에는 민법상 혼동(191조, 507조)의 규정이 적용되지 않으므로, 피상속인에 대하여 상속인이 권리나 의무를 가지고 있었으면 이는 상속에 의하여 소멸되지 않는다(1031조). 이처럼 혼동에 대한 예외를 인정하는 이유는, 혼동을 인정하는 것이 한정승인제도의 취지에 어긋나기 때문이다. 즉 상속인의 피상속인에 대한 채권이 혼동으로 소멸한다면 상속인의 고유재산인 채권이 상속재산에 포함되는 것이 되고, 반대로 상속인의 피상속인에 대한 채무가 혼동으로 인하여 소멸한다면 상속인은 상속재산에 의하여 다른 상속채권자나 수유자에 우선하여 전액을 변제받는 것이 된다.

이 규정에 의하여 한정승인이 있기 전에 상속채권자가 피상속인에 대한 채권과 상속인에 대한 채무를 상계하였더라도, 한정승인이 있으면 상계는 효력을 잃게 된다(대법원 2022. 10. 27. 선고 2022다254154, 254161 판결). 다만 상속인이 상속채권자에 대한 자기 고유의 채권과 상속채권자의 채권을 상계하면 이는 유효하다. 상속인이 한정승인의 항변권을 포기한 것으로 볼 수 있기 때문이다.

그런데 한정승인이 있는 경우 상속재산에 관하여 상속채권자와 한정승인을 한 상속인의 채권자 사이에서는 누가 우선하는가가 문제될 수 있다. 이에 관하여는 한정승인이 있으면 상속채권자는 상속인의 고유재산에 대하여는 강제집행을 할 수 없으므로, 그와 형평을 맞추기 위하여는 상속인의 채권자도 상속재산에 대하여 강제집행을 할 수 없다고 보아야 한다는 견해가 있는 반면, 명문의 규정이 없으므로 그와 같이 볼 수 없다는 견해도 있다.

판례는 한정승인을 한 상속인의 채권자가 우선변제권을 가지는가 아닌가에 따라 달리 본다. 대법원 2010. 3. 18. 선고 2007다77781 전원합의체 판결([판례 67])은, 한정승인이 있는 경우 상속채권자는 상속재산에 관하여 한정승인자로부터 근저당권을 취득한 한정승인자의 채권자에 대하여 우선적 지위를 주장할 수 없다고 하였다. 반면 대법원 2016. 5. 24. 선고 2015다250574 판결([판례 68])은, 상속재산에 관하여 담보권을 취득하지 못한 한정승인자의 고유채권자는 상속채권자가 상속재산으로부터 그 채권의 만족을 받지 못한 상태에서 상속재산을 고유채권에 대한 책임재산으로 삼아 이에 대하여 강제집행을 할 수는 없고, 이는 한정승인자의 고유채무가 조세채무인 경우에도 마찬가지라고 하였다. 다만 조세채무가 상속재산 자체에 대하여 부과된 조세나 가산금, 즉 당해세에 관한 것이라면 우선권이 있으므로 상속채권자에게 우선하게 된다.

현재 다수설은 이러한 판례를 지지하고 있다.

[판례 66] 대법원 2012. 5. 9. 선고 2012다3197 판결

피상속인에 대한 채권에 관하여 채권자와 상속인 사이의 전소에서 상속인의 한정승인이 인정되어 상속재산의 한도에서 지급을 명하는 판결이 확정된 때에는 그 채권자가 상속인에 대하여 새로운 소에 의해 위 판결의 기초가 된 전소 사실심의 변론종결시 이전에 존재한 법정단순승인 등 한정승인과 양립할 수 없는 사실을 주장하여 위 채권에 대해 책임의 범위에 관한 유보가 없는 판결을 구하는 것은 허용되지 아니한다. 왜냐하면 전소의 소송물은 직접적으로는 채권(상속채무)의 존재 및 그 범위이지만 한정승인의 존재 및 효력도 이에 준하는 것으로서 심리·판단되었을 뿐만 아니라 한정승인이 인정된 때에는 주문에 책임의 범위에 관한 유보가 명시되므로 한정승인의 존재 및 효력에 대한 전소의 판단에 기판력에 준하는 효력이 있다고 해야 하기 때문이다. 그리고 이러한 법리는 채권자의 급부청구에 대하여 상속인으로부터의 한정승인의 주장이 받아들여져 상속재산의 한도 내에서 지급을 명하는 판결이 확정된 경우와 채권자 스스로 위와 같은 판결을 구하여 그에 따라 판결이 확정된 경우 모두에 마찬가지로 적용된다.

원심판결 이유에 의하면, 원고가 채무자의 상속인인 피고들을 상대로, 전소에서 상속재산의 한도에서 양수금의 지급을 구하여 승소 확정판결을 받은 다음 다시 피고들의 단순승인 사실을 주장하면서 책임의 범위에 관한 유보가 없는 양수금의 지급을 구하는 이 사건 소에 대하여, 원심은 원고가 전소에서 가분채권의 일부에 대한 청구임을 명시하지 아니하였다는 이유로 전소의 확정판결의 기판력에 저촉되어 부적법하다고 판단하였다.

원심이 전제로 삼은 법리는 위에서 본 기판력에 관한 법리와 다른 것이어서 잘못이라고 할 것이지만 그 결론에 있어서는 정당하므로, 거기에 상고이유에서 주장하는 바와 같이 판결에 영향을 미친 법리오해 등의 위법이 있다고 할 수는 없다.

참고문헌

윤진수, "2006년도 주요 민법 관련 판례 회고", 민법논고 Ⅲ; 이영숙, 재판과 판례 23집

[판례 67] 대법원 2010. 3. 18. 선고 2007다77781 전원합의체 판결

상고이유를 판단한다.

1. 민법 제1028조는 "상속인은 상속으로 인하여 취득할 재산의 한도에서 피상속인의 채무와 유증을 변제할 것을 조건으로 상속을 승인할 수 있다."고 규정하고 있다. 이에 따라 법원이 한정승인신고를 수리하게 되면 피상속인의 채무에 대한 상속인의 책임은 상속재산으로 한정되고, 그 결과 상속채권자는 특별한 사정이 없는 한 상속인의 고유재산에 대하여 강제집행을 할 수 없다(대법원 2003. 11. 14. 선고 2003다30968 판결 참조).

그런데 민법은 한정승인을 한 상속인(이하 '한정승인자'라 한다)에 관하여 그가 상속재산을 은닉하거나 부정소비한 경우 단순승인을 한 것으로 간주하는 것(제1026조 제3호) 외에는 상속재산의 처분행위 자체를 직접적으로 제한하는 규정을 두고 있지 않기 때문에, 한정승인으로 발생하는 위와 같은 책임제한 효과로 인하여 한정승인자의 상속재산 처분행위가 당연히 제한된다고 할 수는 없다.

또한 민법은 한정승인자가 상속재산으로 상속채권자 등에게 변제하는 절차는 규정하고 있으나(제1032조 이하), 한정승인만으로 상속채권자에게 상속재산에 관하여 한정승인자로부터 물권을 취득한 제3자에 대하여 우선적 지위를 부여하는 규정은 두고 있지 않으며, 민법 제1045조 이하의 재산분리 제도와 달리 한정승인이 이루어진 상속재산임을 등기하여 제3자에 대항할 수 있게 하는 규정도 마련하고 있지 않다.

따라서 한정승인자로부터 상속재산에 관하여 저당권 등의 담보권을 취득한 사람과 상속채권자 사이의 우열관계는 민법상의 일반원칙에 따라야 하고, 상속채권자가 한정승인의 사유만으로 우선적 지위를 주장할 수는 없다고 할 것이다. 그리고 이러한 이치는 한정승인자가 그 저당권 등의 피담보채무를 상속개시 전부터 부담하고 있었다고 하여 달리 볼 것이 아니다.

2. 원심이 확정한 사실에 의하면, 망 소외 1(이하 '망인'이라 한다)이 2002. 11. 7. 사망하자 망인의 법정상속인들 중 자녀들은 상속을 포기하고 처인 소외 2가 서울가정법원에 원심판결의 별지 기재 상속재산목록을 첨부해 한정승인신고를 하여 위 법원이 2003. 4. 30. 이를 수리한 사실, 그 후 소외 2는 2003. 5. 29. 위 상속재산목록 제1, 2 부동산(이하 '이 사건 각 부동산'이라 한다)에 관하여 상속을 원인으로 한 소유권이전등기를 마치고, 2003. 7. 28. 피고에게 채권최고액 1천만 원의 근저당권을 설정하여 준 사실, 한편 망인에게 금원을 대여하였던 원고는 망인의 사망에 따라 소외 2를 상대로 대여금청구의 소를 제기하여, 2004. 4. 27.

'소외 2는 원고에게 5억 원 및 이에 대한 지연손해금을 망인으로부터 상속받은 재산의 한도 내에서 지급하라'는 내용의 판결(서울중앙지방법원 2004. 4. 27. 선고 2003가합3480호 판결)을 선고받고, 위 판결의 가집행선고에 기하여 그 판결금 중 2억 원을 청구채권으로 하여 2004. 9. 16. 이 사건 각 부동산 등에 관하여 강제경매신청을 한 사실, 이에 따라 강제경매절차를 진행한 경매법원은 2006. 5. 3. 배당기일에서 이 사건 각 부동산에 관하여 근저당권자인 피고가 상속채권자인 원고에 대한 관계에서 우선변제권을 주장할 수 있음을 전제로 하여, 실제 배당할 금액 중 위 근저당권의 채권최고액에 해당하는 1천만 원을 피고에게 먼저 배당하고, 나머지 금원은 원고를 포함한 일반채권자들에게 안분하여 배당하는 취지의 배당표를 작성한 사실, 원고는 위 배당기일에 피고의 위 배당액에 대하여 이의한 사실 등을 알 수 있다.

위 사실관계를 앞서 본 법리에 비추어 보면, 상속채권자인 원고는 이 사건 각 부동산에 관하여 한정승인자인 소외 2로부터 근저당권을 취득한 피고에 대하여 우선적 지위를 주장할 수 없다고 할 것이다.

그럼에도 원심은 이 사건 각 부동산의 매각대금이 상속채권자인 원고에게 우선적으로 배당되어야 한다는 이유로 원고의 청구를 받아들여 그 판시와 같이 배당표를 경정한다고 판단하였는바, 이러한 원심판결에는 한정승인에 관한 법리오해로 판결에 영향을 미친 잘못이 있다.

3. 그러므로 원심판결의 피고에 관한 부분을 파기하고, 사건을 다시 심리·판단하게 하기 위하여 원심법원에 환송하기로 하여 주문과 같이 판결한다. 이 판결에는 대법관 김영란, 대법관 박시환, 대법관 김능환의 반대의견이 있는 외에는 관여 법관들의 의견이 일치되었다.

(이하 생략).

참고문헌

김미경, 충북대학교 법학연구 27권 1호; 김형석, 가족법연구 22권 3호; 박종훈, 판례연구 22집; 나진이, 민사판례연구 34권; 송재일, 서울법학 19권 3호; 정구태, 고려법학 64호

[판례 68] 대법원 2016. 5. 24. 선고 2015다250574 판결

1. 민법 제1028조는 "상속인은 상속으로 인하여 취득할 재산의 한도에서 피상속인의 채무와 유증을 변제할 것을 조건으로 상속을 승인할 수 있다."라고 규정하고 있다. 상속인이 위 규정에 따라 한정승인의 신고를 하게 되면 피상속인의 채무에 대한 한정승인자의 책임은 상속재산으로 한정되고, 그 결과 상속채권자는 특별한 사정이 없는 한 상속인의 고유재산에 대하여 강제집행을 할 수 없으며 상속재산으로부터만 채권의 만족을 받을 수 있다.

상속채권자가 아닌 한정승인자의 고유채권자가 상속재산에 관하여 저당권 등의 담보권을 취득한 경우, 그 담보권을 취득한 채권자와 상속채권자 사이의 우열관계는 민법상 일반원칙에 따라야 하고 상속채권자가 우선적 지위를 주장할 수 없다(대법원 2010. 3. 18. 선고 2007다77781 전원합의체 판결 참조). 그러나 위와 같이 상속재산에 관하여 담보권을 취득하였다는 등 사정이 없는 이상, 한정승인자의 고유채권자는 상속채권자가 상속재산으로부터 그 채권의 만족을 받지 못한 상태에서 상속재산을 고유채권에 대한 책임재산으로 삼아 이에 대하여 강제집행을 할 수 없다고 보는 것이 형평의 원칙이나 한정승인제도의 취지에 부합하며, 이는 한정승인자의 고유채무가 조세채무인 경우에도 그것이 상속재산 자체에 대하여 부과된 조세나 가산금, 즉 당해세에 관한 것이 아니라면 마찬가지라고 할 것이다.

2. 원심이 인용한 제1심판결 이유와 적법하게 채택된 증거들에 의하면, 다음과 같은 사실을 알 수 있다.

가. 망 소외 1은 2002. 9. 5. 사망하였는데, 그 상속인 중 소외 2를 제외한 나머지 상속인들은 모두 상속을 포기하였고, 소외 2는 한정승인 신고를 하여 수리되었다.

나. 원고는 망인에 대한 채권자로서, 소외 2를 상대로 제기한 소송에서 2014. 5. 2. '소외 2는 망인으로부터 상속받은 재산의 범위 내에서 원고에게 81,138,332원 및 그중 31,544,723원에 대하여 2014. 2. 25.부터 2014. 3. 29.까지는 연 12%의, 그 다음 날부터 다 갚는 날까지는 연 20%의 각 비율로 계산한 돈을 지급한다'는 취지의 화해권고결정을 받았고, 이는 그 무렵 확정되었다.

다. 원고는 망인의 소유였던 경북 칠곡군 (주소 1 생략) 전 2,165㎡와 (주소 2 생략) 임야 2,380㎡ 등 부동산에 관하여 소외 2 앞으로 상속등기를 대위신청하여 2014. 9. 1. 그 소유권이전등기를 마친 다음, 2014. 9. 15. 위 화해권고결정에 기초하여 위 부동산에 대하여 강제경매신청을 하였다.

라. 피고는 소외 2에 대한 부가가치세 등 조세채권자로서 위 강제경매절차에서 교부청구를 하였는데, 그 조세가 상속부동산 자체에 대하여 부과된 당해세는 아니다.

마. 경매법원은 배당할 금액 88,588,000원 중 1순위로 30,000,000원을 근저당권자 소외 3에게, 2순위로 58,588,000원을 원고에 우선하여 피고에게 배당하는 내용으로 배당표를 작성하였고, 원고는 2015. 4. 2. 배당기일에 피고에 대한 배당액 전부에 대하여 이의를 진술한 다음 이 사건 배당이의의 소를 제기하였다.

3. 이러한 사실관계를 앞서 본 법리에 비추어 살펴보면, 상속재산인 위 부동산의 매각대금은 한정승인자인 소외 2의 고유채권자로서 그로부터 위 부동산에 관하여 저당권 등의 담보권을 취득한 바 없는 피고보다 상속채권자인 원고에게 우선 배당되어야 하고, 이는 피고가 조세채권자라고 하더라도 마찬가지이다.

참고문헌

홍춘의·이상래, 동북아법연구 10권 3호

(4) 상속재산의 관리와 상속채무의 청산

한정승인을 한 때에는 상속인은 그 고유재산에 대하는 것과 동일한 주의로 상속재산을 관리하여야 한다(1022조 단서 참조). 단독상속의 경우에는 그 상속인이 관리하면 되지만, 공동상속의 경우에는 법원이 각 상속인이나 이해관계인의 청구에 의하여 공동상속인 중에서 상속재산관리인을 선임할 수 있고, 그 관리인은 고유재산에 대하는 것과 동일한 주의로 상속재산을 관리하여야 한다. 관리인은 공동상속인을 대표하여 상속재산의 관리와 그 채무의 변제에 관한 모든 행위를 할 권리의무가 있다. 공동상속인 아닌 다른 사람을 관리인으로 선임할 수는 없다(대법원 1979. 12. 27. 자 76그2 결정). 기타 한정승인을 한 상속인에 대한 규정(1022조, 1032조 내지 1039조)은 관리인에게 준용된다(1040조).

한정승인이 있으면 상속인은 그 상속재산으로써 상속채권자와 수유자에게 변제를 하여야 한다. 그 절차는 다음과 같다. 우선 한정승인자는 한정승인을 한 날로부터 5일 이내(1040조에 의한 상속재산관리인이 선임된 때에는 관리인이 그 선임을 안 날부터 5일 이내)에 일반 상속채권자와 수유자에 대하여 한정승인의 사실과 2월 이상의 일정한 기간 내에 그 채권 또는 유증을 신고할 것을 공고하여야 한다. 이 공고에는 신고하지 않으면 청산에서 제외된다는 것을 표시하여야 한다(1032조 및 1032조 2항에 의한 88조 2항의 준용). 다만 한정승인자가 알고 있는 채권자에 대하여는 각각 그 채권신고를 최고하여야 할 뿐만 아니라, 이러한 채권자는 청산으로부터 제외하지 못한다(1032조 2항에 의한 89조의 준용).

한정승인자는 위 공고기간이 만료되기 전에는 상속채권의 변제를 거절할 수 있다. 다만 지체책임까지 면제되는 것은 아니라고 보아야 한다(이익상황이 비슷한 90조 단서 참조). 공고기간이 만료되면 다음과 같은 순서로 변제를 한다.

첫째, 한정승인자는 상속재산으로 기간 내에 신고한 채권자와 한정승인자가 알고 있는 채권자에 대하여 각 채권액의 비율로 변제하여야 한다(1034조 1항 본문). 한정승인자가 채권신고의 최고를 하는 시점에는 알지 못했더라도 그 이후 실제로 배당변제를 하기 전까지 알게 된 채권자가 있다면 그 채권자는 알고 있는 채권자에 해당한다(대법원 2018. 11. 9. 선고 2015다75308 판결). 그러나 우선권 있는 채권자의 권리를 해하지 못하므로(1034조 1항 단서), 예컨대 저당권자는 그 권리의 목적물의 가격 범위 내에서 우선변제를 받을 수 있다. 또 변제기에 이르지 아니한 채권에 대하여도 위와 같은 방법으로 변제하여야 하는데, 조건 있는 채권이나 존속기간이 불확정한 채권은 법원이 선임한 감정인의 평가에 의하여 변제하여야 한다(1035조).

둘째, 이러한 채권자에 대한 변제가 완료되면, 수유자에게 변제를 할 수 있다(1036조). 포괄적 유증을 받은 자는 상속인과 같은 지위에 있으므로, 이때의 수유자는 특정유증을 받은 자만을 말한다. 만일 잔여 재산이 모든 수유자에 대한 변제를 하기에 부족하다면, 유언에 다른 정함이 없는 한 유증의 액의 비율에 따라 변제하여야 한다고 해석된다. 수유자를 채권자보다 후순위로 하고 있는 것은, 상속채권자의 권리는 상속개시 전에 이미 확정되어 있고, 많은 경우에 대가를 지급하고 그 채권을 취득한 것인데 반하여, 수유자의 권리는 상속개시 후에 비로소 확정되는 것일 뿐만 아니라, 대개는 피상속인의 호의에 기초하여 무상으로 권리를 취득하는 것이므로, 수유자와 채권자가 같은 순위로 변제를 받게 되면 불공평할 뿐만 아니라 상속채권자를 해칠 목적으로 유증이 행해질 우려가 있기 때문이다.

이와 같이 채권자와 수유자에 대한 변제를 하기 위하여 상속재산의 전부나 일부를 매각할 필요가 있는 때에는 민사집행법에 의하여 경매하여야 한다(1037조). 그렇지만 경매에 의하지 않고 상속재산을 처분하였더라도, 이를 무효라고 한다면 그 상대방이 손해를 입게 되므로, 거래의 안전을 위하여는 그러한 처분은 유효하다고 보아야 할 것이다. 다만 그 처분의 대가가 상당하지 않다는 등의 사유가 있을 때에는 한정승인자는 채권자에 대하여 손해배상책임을 지게 될 것이다.

대법원 2013. 9. 12. 선고 2012다33709 판결은, 일반채권자인 상속채권자로서는 1037조에 근거하여 民執 274조에 따라 행하여지는 상속재산에 대한 형식적 경매의 경우에는 일반채권자의 배당요구가 허용되지 않는다고 하였다. 즉 이러한 경우에는 상속재산관리인으로 하여금 그 매각대금으로 1034조의 배당변제 등의 절차에 따라 상속채권자들에게 일괄적으로 변제할 수 있게 하기 위하여 배당절차를 거치지 않고 매각대금을 상속재산관리인에게 교부하는 것이 1037조 소정의 형식적 경매제도의 취지에 부합한다는 것이다. 반면 대법원 2010. 6. 24. 선고 2010다14599 판결은, 상속부동산에 관하여 民執 274조 1항에 따른 형식적 경매절차가 진행된 것이 아니라 담보권 실행을 위한 경매절차가 진행된 경우에는, 비록 한정승인

절차에서 상속채권자로 신고한 자라고 하더라도 집행권원을 얻어 그 경매절차에서 배당요구를 함으로써 일반채권자로서 배당받을 수 있다고 하였다.

셋째, 수유자에 대한 변제가 완료된 후에도 남은 재산이 있으면, 신고하지 않은 상속채권자나 수유자로서 한정승인자가 알지 못한 자는 변제를 받을 수 있다(1039조). 이러한 자가 수인인 경우에는 어떤 순서와 방법에 의하여 변제를 받아야 하는가? 우선 상속채권자는 수유자에 우선하여 변제를 받는다(1036조의 유추). 그리고 신고하지 않은 상속채권자가 수인일 경우에는 어느 채권자에게 먼저 변제하더라도 유효하지만, 그 채권총액이 잔여재산을 초과하여 일부 지급불능이 될 것이 명백한 때에는 신의성실의 원칙상 각 채권액의 비율에 응하여 배당변제를 하여야 할 것이다. 다만 특별담보권이 있는 채권자는 채권신고기간 내에 신고하지 않았고 한정승인자가 몰랐더라도 다른 채권자보다 우선하여 변제를 받을 수 있다(1039조 단서).

이와 같은 민법이 정한 변제의 방법(1033조 내지 1036조)에 위반하여 변제를 하더라도, 그 변제의 효력에는 영향이 없다. 다만 한정승인자는 그에 대하여 손해배상책임을 지고, 변제를 받지 못한 상속채권자나 수유자는 그러한 사정을 알고 변제를 받은 자에게 구상권을 행사할 수 있게 된다. 이러한 구상권과 손해배상청구권에는 불법행위로 인한 손해배상청구권에 관한 766조가 준용된다(1038조).

한정승인을 한 상속인이 상속채무의 변제를 위하여 상속부동산을 매각하거나 그 부동산에 대하여 경매가 이루어져 제3자가 그 소유권을 취득하는 경우에는 상속인이 양도소득세도 부담하지만, 이러한 양도소득세 납부의무는 상속비용에 해당한다(대법원 2012. 9. 13. 선고 2010두13630 판결).

나. 특별한정승인

국회는 1026조 2호가 위헌이라는 헌법재판소의 1998. 8. 27. 선고 96헌가22 등 결정에 따라 2002년에 1019조 3항을 신설하고, 아울러 위 결정에 따라 2000. 1. 1.부터 효력을 상실한 1026조 2호를 그대로 부활시켰다. 1019조 3항은, 상속인이 상속채무가 상속재산을 초과하는 사실을 중대한 과실 없이 알지 못하고 단순승인을 한 경우에는 그 사실을 안 날부터 3월내에 한정승인을 할 수 있다고 규정하는데, 이를 일반적으로 특별한정승인이라고 부른다.

상속채무가 상속재산을 초과하는지 여부를 판단하는 기준시점은 상속개시시이고, 상속개시시에는 채무초과가 아니었으나 그 뒤 상속재산의 시가가 하락하여

채무초과가 된 경우에는 특별한정승인을 할 수 없다(주해상속 1/이동진, 407).

가정법원은 상속인의 중대한 과실의 유무 등에 관하여 심사할 권한은 없고, 중대한 과실이 있음이 명백한 경우 외에는 이러한 한정승인 신고를 수리하여야 한다(대법원 2006. 2. 13.자 2004스74 결정). 다만 이해관계인은 별도의 소송에서 특별한정승인의 효력이 없음을 주장할 수 있다.

상속인이 1019조 3항의 특별한정승인을 하지 않고 사망한 경우에는 그 상속인의 상속인이 특별한정승인권을 승계하여 행사할 수 있다(헌법재판소 2011. 8. 30. 선고 2009헌가10 결정).

상속인이 제한능력자인 경우에는 '상속채무가 상속재산을 초과하는 사실을 중대한 과실 없이 제1항의 기간 내에 알지 못하였는지'에 관한 판단은 그 법정대리인을 기준으로 하여야 한다(대법원 2012. 3. 15. 선고 2012다4401 판결 등). 종전의 판례는, 상속인이 미성년자이고, 법정대리인이 특별한정승인을 할 수 없었다면, 상속인이 성년에 이른 뒤에 본인이 직접 상속채무 초과사실을 알게 된 날부터 3월의 제척기간이 별도로 기산됨을 내세워 새롭게 특별한정승인을 할 수는 없다고 보았다(대법원 2020. 11. 19. 선고 2019다232918 전원합의체 판결). 그러나 2022. 12. 13. 신설된 1019조 4항은, 미성년자인 상속인이 상속채무가 상속재산을 초과하는 상속을 성년이 되기 전에 단순승인한 경우에는 성년이 된 후 그 상속의 상속채무 초과사실을 안 날부터 3개월 내에 한정승인을 할 수 있고, 미성년자인 상속인이 특별한정승인을 하지 아니하였거나 할 수 없었던 경우에도 또한 같다고 규정하여 이를 입법적으로 해결하였다.

민사소송에서 특별한정승인의 효력 유무가 문제될 때에는, 그 요건을 갖추었다는 점은 특별한정승인을 한 상속인에게 증명책임이 있다(대법원 2003. 9. 26. 선고 2003다30517 판결). 대법원 2010. 6. 10. 선고 2010다7904 판결은, 피상속인을 상대로 한 손해배상청구소송의 제1, 2심에서 모두 소멸시효 완성을 이유로 원고 패소 판결이 선고된 후 상고심 계속 중에 피상속인이 사망함으로써 상속인들이 소송을 수계한 사안에서, 소멸시효 항변이 신의칙에 반하여 권리남용이 되는 것은 예외적인 법 현상인 점 등의 사정에 비추어, 그 후 상고심에서 위 소멸시효 항변이 신의성실의 원칙에 반하여 권리남용에 해당함을 이유로 원고 승소 취지의 파기환송 판결이 선고되었다면, 위 파기환송 판결선고일까지 상속인들이 위 원고의 채권이 존재하거나 상속채무가 상속재산을 초과하는 사실을 알았다거나 또는 중대한 과실로 그러한 사실을 알지 못하였다고 볼 수는 없다고 하였다.

특별한정승인을 한 상속인은 상속재산 중에서 남아있는 상속재산뿐만 아니라 이미 처분한 재산의 가액을 합하여 채권자에게 변제를 하여야 한다. 다만, 한정승인을 하기 전에 상속채권자나 유증받은 자에 대하여 변제한 가액은 이미 처분한 재산의 가액에서 제외한다(1034조 2항). 이를 위하여는 한정승인을 할 때 상속재산 중 이미 처분한 재산의 목록과 가액을 남아 있는 상속재산과 함께 제출하여야 한다(1030조 2항). 그리고 부당변제에 대한 책임은 특별한정승인이 있기 전에 상속채무가 상속재산을 초과함을 알지 못한 데 과실이 있는 상속인이 상속채권자나 유증받은 자에게 변제한 경우에도 인정되고(1038조 1항), 또 특별한정승인 이전에 상속채무가 상속재산을 초과함을 알고 변제받은 상속채권자나 유증받은 자에 대하여도 상속채권자나 수유자가 구상권을 행사할 수 있다(1038조 2항).

5. 상속의 포기

▌참고문헌: 강세원·한호영, "상속포기의 채권자취소권 대상성", 법학평론 3권, 2012; 구민승, "가해자가 피해자의 자동차손해배상보장법상 손해배상청구권을 상속한 후 상속포기한 경우의 법률관계", 대구판례연구회 재판과 판례 16집, 2008; 김가을, "상속포기와 채권자취소권", 비교사법 21권 3호, 2014; 류일현, "상속포기와 채권자취소권", 가족법연구 28권 3호, 2014; 류일현, "선순위 혈족상속인 전원의 상속포기와 그 효과", 성균관법학 28권 1호, 2016; 박근웅, "상속의 포기와 채권자취소권", 연세대 법학연구 21권 3호, 2011; 박근웅, "동순위 혈족상속인 전원의 상속포기와 배우자상속", 가족법연구 29권 2호, 2015; 박수곤, "상속포기와 채권자취소권", 경희법학 48권 4호, 2013; 양창수, "「가족법」상의 법률행위의 특성", 가족법연구 19권 1호, 2005; 오시영, "손해배상청구권을 중심으로 한 혼동과 상속포기의 우열", 서울지방변호사회 판례연구 19집(1), 2005; 오시영, "상속포기의 한계와 채권자취소권과의 관계," 전북대학교 법학연구 49집, 2016; 유형웅, "상속포기와 상속채권자의 가압류", 사법 60호, 2022; 윤장원, "교통사고로 인한 자동차손해배상보장법 제3조의 손해배상청구권의 혼동과 상속포기", 부산판례연구회 판례연구 18집, 2007; 윤진수, "상속포기의 사해행위 취소와 부인", 가족법연구 30권 3호, 2016; 윤진수, "도산과 상속포기", 가족법연구 35권 1호, 2021; 윤진수, "피상속인의 배우자와 자녀 중 자녀 전원이 상속을 포기한 경우 상속재산의 귀속", 법률신문 2023. 5. 1.; 이봉민, "피상속인의 배우자와 자녀 중 자녀 전부가 상속을 포기한 경우 배우자가 단독상속인이 되는지, 배우자와 피상속인의 손자녀 또는 직계존속이 공동상속인이 되는지 여부", 사법 64호, 2023; 이선형, "상속포기의 효과는 대습상속에도 미치는가?", 동북아법연구 11권 2호, 2017; 이학승, "상속포기가 채권자취소권의 대상이 되는지 여부," 재판과 판례 21집, 2012; 임종효, "피상속

인의 배우자와 자녀 중 자녀 전부가 상속포기한 경우 상속재산의 귀속", 가족법연구 29권 3호, 2015; 정구태, "상속재산 협의분할을 사해행위로서 취소할 수 있는 채권자의 범위", 조선대 법학논총 21권 1호, 2014; 조인영, "상속포기와 채권자취소권", 민사판례연구 35권, 2013; 최성경, "상속법상의 법률행위와 채권자취소권", 법조 2007. 9; 편지원, "상속재산의 승인 및 포기와 채권자 취소권", 가족법연구 7호, 1993; 현소혜, "혈족상속인에 의한 상속포기의 효과", 비교사법 제29권 1호, 2022

상속포기의 의의와 방식에 대하여는 앞에서 설명하였으므로, 상속포기의 효과에 대하여만 살펴본다.

가. 포기의 소급효

상속을 포기한 때에는 상속이 개시된 때에 소급하여 그 효과가 생기므로(1042조), 포기한 상속인은 처음부터 상속인이 아니었던 것으로 된다. 이러한 상속포기의 효력은 피상속인의 사망으로 개시된 상속에만 미치므로, 피상속인의 배우자와 직계비속이 상속을 포기하여 그 직계존속이 상속인이 되었다가 다시 직계존속이 사망하여 피상속인을 피대습자로 하여 대습상속이 개시된 경우에까지 원래의 상속 포기의 효력이 미치는 것은 아니다(대법원 2017. 1. 12. 선고 2014다39824 판결).

대법원 2002. 11. 13. 선고 2002다41602 판결은, 채무명의(집행권원)에 표시된 채무자의 상속인이 상속을 포기하였음에도 불구하고, 피상속인의 집행채권자가 상속을 포기한 자에 대하여 동인의 채권에 대한 압류 및 전부명령을 받았더라도 피전부채권의 전부채권자에게의 이전이라는 실체법상의 효력은 발생하지 않는다고 하였다.

그러나 상속인이 상속포기신고를 하였으나 아직 가정법원이 수리의 심판을 하기 전에 상속채권자(피상속인의 채권자)가 상속인을 상대로 상속재산에 관한 가압류 결정을 받았다면, 그 상속인은 상속재산 관리의무가 있으므로, 그 후 상속인이 상속포기로 인하여 상속인의 지위를 소급하여 상실한다고 하더라도 이미 발생한 가압류의 효력에 영향을 미치지 않으며, 상속채권자는 종국적으로 상속인이 된 사람 또는 1053조에 따라 선임된 상속재산관리인을 채무자로 한 상속재산에 대한 경매절차에서 가압류채권자로서 적법하게 배당을 받을 수 있다(대법원 2021. 9. 15. 선고 2021다224446 판결).

그리고 대법원 2009. 5. 28. 선고 2008다79876 판결은, 상속인이 상속포기를 하였으나 상속채권자가 제기한 소송에서 사실심변론종결시까지 이를 주장하지 않았으면 채권자의 승소판결 확정 후 청구이의의 소를 제기할 수 없다고 하면서, 이는 한정승인의 경우(대법원 2006. 10. 13. 선고 2006다23138 판결)와는 다르다고 하였다.

다른 한편 相贈 2조 4호는 상속을 포기한 사람도 상속세 납부의무자인 상속인에 포함시키고 있다. 이는 사전증여를 받은 상속인이 상속포기를 함으로써 상속세 납세의무를 면탈하는 것을 방지하기 위한 것이다. 이러한 규정이 1998년 도입되기 전에도 상속포기자가 상속세 납부의무가 있는가에 대하여는 헌법재판소와 대법원이 서로 다른 태도를 취하였다. 즉 헌재 2008. 10. 30. 선고 2003헌바10 결정은 상속개시 전에 피상속인으로부터 상속재산가액에 가산되는 재산을 증여받고 상속을 포기한 자를 상속인에 포함시키지 않는 것은 상속을 승인한 자의 재산권과 평등권을 침해한다고 하였으나, 대법원 2009. 2. 12. 선고 2004두10289 판결은 위 헌재결정의 기속력을 부정하면서, 상속인에 포함되지 않는다는 종전의 판례를 유지하였다.

그러나 상속을 포기한 자가 피상속인의 납세의무를 승계하는 것은 아니다(대법원 2013. 5. 23. 선고 2013두1041 판결).

나. 포기자의 상속분

1043조는 상속인이 수인인 경우에 어느 상속인이 상속을 포기한 때에는 그 상속분은 다른 상속인의 상속분의 비율로 그 상속인에게 귀속된다고 규정한다. 상속포기는 대습상속의 사유가 아니므로, 포기자 외에 다른 공동상속인이 있으면 상속재산은 다른 공동상속인에게 귀속되고, 포기자의 직계비속 등 후순위 상속인이 대습상속을 하는 것이 아니다. 입법론으로는 이 경우에도 대습상속을 인정할 필요가 있다.

그리고 상속인 전원이 상속을 포기하면 상속의 후순위에 있는 사람이 상속인이 된다. 판례(대법원 1995. 4. 7. 선고 94다11835 판결; 1995. 9. 26. 선고 95다27769 판결)도, 제1순위의 상속권자인 피상속인의 처와 자녀가 상속개시 후에 모두 상속을 포기하면 손자녀가 상속인이 된다고 하였다. 그 근거는 상속의 포기는 상속개시된 때에 소급하여 그 효력이 있다는 1042조와, 상속을 포기한 자는 그 포기로 인하여 상속인이 된 자가 상속재산을 관리할 수 있을 때까지 그 재산의 관리를 계속하여야 한다는 1043조 1항 등에서 찾을 수 있다(대법원 2005. 7. 22. 선고 2003다43681 판결([판례 63]); 2013. 6. 14. 선고 2013다15869 판결 등). 이 경우에 손자녀는 대습상속이 아니라 본래의 상속을 하게 된다.

그런데 대법원 2015. 5. 14. 선고 2013다48852 판결은, 피상속인의 배우자와 자녀 중 자녀 전부가 상속을 포기한 경우에는 배우자와 피상속인의 손자녀 또는 직계존속이 공동으로 상속인이 되고, 피상속인의 손자녀와 직계존속이 존재하지 아니하면 배우자가 단독으로 상속인이 된다고 하였다. 그러나 이때에는 특별규정인 1043조에 의하여 일반규정인 1003조 1항의 적용은 배제되고, 상속을 포기한 자녀의 자녀 또는 직계존속이 있더라도 배우자가 상속을 포기하지 않으면 배우자만이 단독상속인이 된다고 보아야 할 것이다. 위 판결에 따른다면 피상속인의 손자녀는 다시 상속을 포기하여야 하지만, 상속인 중 배우자도 상속을 포기하고 피상속인의 자녀 중 한 사람만이 상속을 포기하지 않았다면 손자녀가 별도로 상속을 포기할 필요는 없다. 이 점에서 상속을 포기하지 않은 사람이 배우자뿐인 경우를 자녀 중 한 사람만이 상속을 포기하지 않은 경우와 달리 취급하는 것은 합리적이지 않다.

그리하여 대법원 2023. 3. 23.자 2020그42 전원합의체 결정([판례 69])은, 위 2013다48852 판결을 변경하여, 공동상속인인 배우자와 자녀들 중 자녀 전부가 상속을 포기한 경우 민법 1043조에 따라 상속을 포기한 자녀의 상속분은 남아 있는 '다른 상속인'인 배우자에게 귀속되고, 따라서 배우자가 단독상속인이 되며, 손자녀가 있더라도 손자녀는 상속인이 되지 않는다고 하였다.

[판례 69] 대법원 2023. 3. 23.자 2020그42 전원합의체 결정

이 사건의 쟁점은 피상속인의 배우자와 자녀 중 자녀 전부가 상속을 포기한 경우 배우자가 단독상속인이 되는지, 배우자와 피상속인의 손자녀가 공동상속인이 되는지이다.

이 경우 대법원 2015. 5. 14. 선고 2013다48852 판결(이하 편의상 '종래 판례'라 한다)은 위 쟁점을 포함하여 피상속인에게 손자녀 또는 직계존속이 있으면 배우자가 그 손자녀 또는 직계존속과 공동상속인이 된다고 판시하였으므로, 종래 판례를 유지할 것인지, 변경할 것인지가 문제 된다.

(중략)

2) 민법 제1042조는 상속의 포기는 상속개시된 때에 소급하여 그 효력이 있다고 규정하고, 민법 제1043조는 상속인이 수인인 경우에 어느 상속인이 상속을 포기한 때에는 그 상속분은 다른 상속인의 상속분의 비율로 그 상속인에게 귀속된다고 규정하고 있다.

따라서 공동상속인 중 상속을 포기한 상속인은 상속이 개시된 때에 소급하여 상속인이 아니었던 것이 되고(대법원 2011. 6. 9. 선고 2011다29307 판결, 대법원 2022. 3. 17. 선고 2020다267620 판결 등 참조), 그의 상속분은 나머지 공동상속인에게 귀속된다.

3) 민법 제1000조부터 제1043조까지 각각의 조문에서 규정하는 '상속인'은 모두 동일한

의미임이 명백하다. 따라서 민법 제1043조의 '상속인이 수인인 경우' 역시 민법 제1000조 제2항의 '상속인이 수인인 때'와 동일한 의미로서 같은 항의 '공동상속인이 되는' 경우에 해당하므로 그 공동상속인에 배우자도 당연히 포함되며, 민법 제1043조에 따라 상속포기자의 상속분이 귀속되는 '다른 상속인'에도 배우자가 포함된다.

4) 이에 따라 공동상속인인 배우자와 여러 명의 자녀들 중 일부 또는 전부가 상속을 포기한 경우의 법률효과를 본다.

가) 공동상속인인 배우자와 자녀들 중 자녀 일부만 상속을 포기한 경우에는 민법 제1043조에 따라 그 상속포기자인 자녀의 상속분이 배우자와 상속을 포기하지 않은 다른 자녀에게 귀속된다.

이와 동일하게 공동상속인인 배우자와 자녀들 중 자녀 전부가 상속을 포기한 경우 민법 제1043조에 따라 상속을 포기한 자녀의 상속분은 남아 있는 '다른 상속인'인 배우자에게 귀속되고, 따라서 배우자가 단독상속인이 된다.

나) 이에 비하여 피상속인의 배우자와 자녀 모두 상속을 포기한 경우 민법 제1043조는 적용되지 않는다. 민법 제1043조는 공동상속인 중 일부가 상속을 포기한 경우만 규율하고 있음이 문언상 명백하기 때문이다. 민법 제1042조에 따라 배우자와 자녀들 모두, 즉 동순위 공동상속인 모두 상속이 개시된 때에 소급하여 상속인 지위를 상실한다. 따라서 민법 제1000조 제1, 2항에 따라 후순위 상속인으로서 피상속인의 손자녀가 상속인이 되고(대법원 1995. 9. 26. 선고 95다27769 판결 등 참조), 손자녀 이하 직계비속이 없다면 2순위 상속인으로서 피상속인의 직계존속이 상속인이 된다.

5) 종래 판례는 피상속인의 배우자와 자녀들 중 자녀 전부가 상속을 포기한 경우에는 배우자와 피상속인의 손자녀 또는 직계존속이 공동으로 상속인이 된다고 하였다.

가) 그러나 피상속인의 배우자와 자녀들 중 자녀 일부가 상속을 포기하든, 자녀 전부가 상속을 포기하든 상속을 포기한 자녀는 민법 제1042조에 따라 상속이 개시된 때에 소급하여 상속인의 지위에서 벗어나고, 민법 제1043조에 따라 상속을 포기한 상속인의 상속분은 나머지 공동상속인에게 귀속된다. 따라서 피상속인의 배우자와 자녀들 중 자녀 일부가 상속을 포기하면 그들의 상속분은 배우자와 나머지 자녀에게 귀속되고, 피상속인의 배우자와 자녀들 중 배우자와 자녀 일부가 상속을 포기하면 그들의 상속분은 나머지 자녀에게 귀속된다. 이와 같은 논리적 결과로서 피상속인의 배우자와 자녀들 중 자녀 전부가 상속을 포기하면 그들의 상속분은 배우자에게 귀속된다.

나) 그런데 종래 판례는 공동상속인인 배우자와 자녀들 중 자녀 전부가 상속을 포기한 경우에만 민법 제1043조의 적용을 배제함으로써 그 결과 민법 제1000조, 제1003조로 돌아가 후순위 상속인이 배우자와 함께 공동상속인이 된다고 하였다.

종래 판례는 배우자 상속과 혈족 상속이 서로 다른 계통의 상속이라고 전제한 결과 민법 제1043조의 적용대상인 '다른 상속인'에서 임의로 '배우자'를 제외하기에 이른 것으로 보인다.

그러나 이러한 해석의 전제는 다른 입법례라면 몰라도 배우자 상속을 혈족 상속과 구분하지 않고 배우자를 공동상속인 중 한 사람으로 규정하며 상속분은 균분으로 하되 배우자 상속분은 다른 공동상속인의 상속분에 5할을 가산함으로써 배우자 상속분을 다른 공동상속인의 수에 따라 연동하도록 한 우리 민법의 해석으로는 받아들일 수 없다.

종래 판례는 위와 같이 채택할 수 없는 전제에서 출발함으로써 동일한 의미를 갖는 민법 제1000조, 제1003조, 제1009조의 '공동상속인'과 민법 제1043조의 '수인의 공동상속인'의 범위를 다르게 해석하는 것이므로 부당하다.

(중략)

다. 상속재산 중 소극재산이 적극재산보다 많을 경우 상속포기자의 의사

(중략) 2) 특히 상속의 포기는 피상속인의 상속재산 중 소극재산이 적극재산을 초과하는 경우의 상속(이하 '채무상속'이라 한다)에서 중요한 의미를 가진다.

채무상속을 하는 경우 피상속인의 공동상속인 중 한 사람만 단순승인 또는 한정승인을 하고 나머지 상속인들이 모두 상속을 포기하는 것은 채무상속의 효과를 상속인 한 사람에게만 귀속시키고 나머지 상속인은 모두 상속채무에서 벗어나려는 의사나 목적에서 비롯된 경우가 대부분이다. 채무상속을 한 배우자와 자녀 전원이 상속을 포기한다면 후순위 상속인으로서 피상속인의 손자녀 등이 고스란히 상속채무를 떠맡게 된다. 따라서 공동상속인 중 한 사람만 단순승인 또는 한정승인을 함으로써 상속채권자에 대한 채무 변제 또는 한정승인 이후 상속채권자에 대한 공고·최고 등 각종 의무의 이행, 상속채권자의 제소에 대한 응소 및 상속재산에 관한 강제집행에 대한 대응 등의 부담을 떠안고, 나머지 상속인들은 모두 상속채무로 인한 부담에서 벗어날 수 있다.

이러한 당사자들의 의사와 목적은 피상속인의 배우자와 자녀들 중 배우자만 상속을 승인하고 자녀들 전부가 상속을 포기하는 경우도 마찬가지이다.

3) 상속을 포기한 피상속인의 자녀들은 피상속인의 채무가 자신은 물론 자신의 자녀에게도 승계되는 효과를 원천적으로 막을 목적으로 상속을 포기한 것이라고 보는 것이 자연스럽다. 상속을 포기한 피상속인의 자녀들이 자신은 피상속인의 채무 승계에서 벗어나고 그 대가로 자신의 자녀들, 즉 피상속인의 손자녀들에게 상속채무를 승계시키려는 의사가 있다고 볼 수는 없다.

그런데 피상속인의 배우자와 자녀들 중 자녀 전부가 상속을 포기하였다는 이유로 피상속인의 배우자와 손자녀 또는 직계존속이 공동상속인이 된다고 보는 것은 위와 같은 당사자들의 기대나 의사에 반하고 사회 일반의 법감정에도 반한다. 일반인의 입장에서 피상속인의 배우자와 자녀 중 자녀 전부가 상속을 포기하면 피상속인의 배우자와 손자녀 또는 직계존속

이 공동상속인이 되리라는 점을 예상하기도 어렵다.

4) 종래 판례에 따를 때 피상속인의 자녀들 중 일부만 먼저 상속을 포기하였다가 나머지 자녀가 추가로 상속을 포기하는 경우에 발생하는 부당한 결과 및 상속포기자가 배우자인지 자녀들 중 일부인지에 따라 상속인이 달라지는 것이 민법의 문언적·체계적 해석에 반한다는 점은 이미 앞에서 지적하였다. 종래 판례의 부당성은 상속인의 의사 해석의 측면에서도 마찬가지이다.

가) 상속을 포기한 피상속인의 자녀들이 자신의 자녀들에게 상속채무가 원천적으로 승계되지 않도록 할 목적이 피상속인의 자녀 중 일부가 상속을 포기한 경우에만 달성될 수 있고, 피상속인의 자녀 전부가 상속을 포기한 경우에는 달성될 수 없다면 부당한 결론에 이르게 된다. 피상속인의 자녀 중 1인의 입장에서는 피상속인의 채무가 자신의 자녀에게 승계되지 않도록 하기 위해서 자신이 상속을 포기할 것인지 여부만 선택할 수 있을 뿐이다. 그런데 피상속인의 다른 자녀, 즉 상속을 포기한 자녀의 형제자매들이 상속을 포기하는지 여부에 따라 상속채무가 상속포기자의 자녀에게 승계되는지 여부가 결정된다면, 이는 상속포기자가 선택하거나 관여할 수 없는 외부의 우연한 사정에 따라 자신의 자녀에 대한 상속채무 승계 여부가 결정되는 것이기 때문이다.

나) 피상속인의 배우자와 자녀들 중 자녀 1인만 단순승인 또는 한정승인을 하고 배우자와 나머지 자녀가 모두 상속을 포기한 경우에는 그 단순승인 또는 한정승인한 자녀 1인만 단독상속인이 된다는 데 아무런 의문이 없다.

그런데 피상속인의 배우자와 자녀들 중 배우자만 단순승인 또는 한정승인을 하고 피상속인의 자녀가 모두 상속을 포기한 경우를 위와 달리 취급할 이유가 없다. 앞서 본 바와 같이 우리 민법은 배우자도 다른 혈족 상속인과 다를 바 없는 상속인 중 한 명으로 정하고 있기 때문이다. 그럼에도 종래 판례는 이를 달리 취급함으로써 합리적 이유 없이 동순위의 공동상속인 중 자녀와 배우자를 차별하고 나아가 그들의 의사에 반하는 결과에 이르게 하였다.

라. 실무상 문제

1) 종래 판례 이후의 실무례를 보더라도 판례를 변경해야 할 필요성이 확연히 드러난다.

종래 판례에 따라 피상속인의 배우자와 손자녀 또는 직계존속이 공동상속인이 되었더라도 그 이후 피상속인의 손자녀 또는 직계존속이 다시 적법하게 상속을 포기함에 따라 결과적으로는 피상속인의 배우자가 단독상속인이 되는 실무례가 많이 발견된다. 결국 공동상속인들의 의사에 따라 배우자가 단독상속인으로 남게 되는 동일한 결과가 되지만, 피상속인의 손자녀 또는 직계존속에게 별도로 상속포기 재판 절차를 거치도록 하고 그 과정에서 상속채권자와 상속인들 모두에게 불필요한 분쟁을 증가시키며 무용한 절차에 시간과 비용을 들이는 결과가 되었다. 따라서 피상속인의 배우자와 자녀 중 자녀 전부가 상속을 포기한 경우 배우자가 단독상속인이 된다고 해석함으로써 법률관계를 간명하게 확정할 수 있다.

2) 피상속인 소유의 부동산 등 상속재산이 존재하여 상속채권자가 채무자를 대위하여 상속등기를 마쳐서 집행하려 할 경우에는 피상속인의 상속인이 누구이든지 결과에 큰 차이가 없다. 즉 상속채권자는 피상속인의 배우자와 손자녀 또는 직계존속을 상대로 확정판결을 받아 그들을 대위하여 상속재산 부동산에 관하여 그들의 공동 명의로 상속등기를 마쳐서 집행하든지, 피상속인의 배우자만을 상대로 확정판결을 받아 상속재산 부동산에 관하여 배우자를 대위하여 배우자 단독 명의로 상속등기를 마쳐서 집행하든지 결과는 동일하다. 그러나 상속채권자가 상속인이 누구인지 탐색하는 비용과 절차를 고려하면 이 사건 쟁점 상황의 경우 배우자가 단독으로 상속인이 된다고 보는 것이 불필요한 비용을 줄이는 길이다.

3) 상속재산 중 적극재산이 소극재산보다 더 많은 경우 종래 판례에 따르면 손자녀 또는 직계존속이 상속인이 되어 적극재산을 받을 수 있었는데도 판례를 변경하여 배우자가 단독상속한다고 보게 되면 피상속인의 손자녀 또는 직계존속의 상속에 대한 이익이나 기대를 박탈하는 것이 아닌지 의문이 제기될 수 있다.

피상속인의 자녀가 자신의 자녀(피상속인의 손자녀)에게 상속 적극재산을 이전시키고자 한다면 상속분을 양도하거나 상속재산분할 이후 구체적 상속재산을 증여하는 방법을 선택하는 편이, 피상속인이 직접 손자녀에게 자신의 재산을 이전시키고자 한다면 손자녀에게 유증하거나 증여하는 편이 훨씬 신속·간명하고 확실한 방법이다.

위와 같은 방법을 마다하고 피상속인의 자녀들이 모두 상속개시 있음을 안 날로부터 3개월 내에 가정법원에 상속 포기의 신고를 해야 하는 우회적인 방법을 굳이 선택할 유인이 없다. 조세실무상 과세도 차이가 없다. 상속세 및 증여세법 제27조에 따라 세대를 건너뛴 상속에 대한 할증과세는 상속포기에 따라 피상속인에서 손자녀로 상속이 이루어지든지 피상속인의 유언에 의해 피상속인의 재산이 손자녀에게 이전되든지에 관계없이 동일하게 부과되고, 피상속인이 손자녀에게 생전에 증여한 경우에도 상속세 및 증여세법 제57조에 따라 동일한 세율의 할증과세가 부과되기 때문이다.

마. 판례 변경의 타당성

이상에서 살펴본 바와 같이 상속에 관한 입법례와 민법의 입법 연혁, 민법 조문의 문언 및 체계적·논리적 해석, 채무상속에서 상속포기자의 의사, 실무상 문제 등을 종합하여 보면, 피상속인의 배우자와 자녀 중 자녀 전부가 상속을 포기한 경우에는 배우자가 단독상속인이 된다고 봄이 타당하다.

이와 달리 피상속인의 배우자와 자녀 중 자녀 전부가 상속을 포기한 경우 배우자와 피상속인의 손자녀 또는 직계존속이 공동상속인이 된다는 취지의 대법원 2015. 5. 14. 선고 2013다48852 판결은 이 판결의 견해에 배치되는 범위 내에서 변경하기로 한다.

참고문헌

윤진수, 법률신문 2023. 5. 1.; 이봉민, 사법 64호, 2023

다. 포기자의 상속재산 관리의무

상속을 포기한 자도 그 포기로 인하여 상속인이 된 자가 상속재산을 관리할 수 있을 때까지는 그 재산의 관리를 계속하여야 한다(1044조 1항). 이 경우에는 1022조와 1023조가 준용된다(1044조 2항). 이 조문이 상속을 포기하면 차순위 상속인이 상속인이 된다는 근거가 된다.

라. 상속포기와 채권자취소권, 신의칙

상속의 승인이나 포기가 채권자취소권(406조)의 대상인 사해행위가 될 수 있는지가 문제된다.

우선 피상속인의 채권자가 상속인의 상속 포기를 사해행위라 하여 취소하는 것은 허용되지 않는다. 이를 인정한다면 상속인이 피상속인의 채무를 승계하도록 강요하는 것이 되므로, 상속포기제도의 존재이유와 정면으로 어긋나게 된다.

반면 상속인의 채권자가 상속인의 상속 포기를 취소할 수 있는가에 대하여는 학설의 대립이 있다. 부정설은 다음과 같은 근거를 든다. 즉 상속의 포기는 재산권 자체를 직접적인 목적으로 하지 않는 신분상의 법률행위라는 점, 상속인의 상속포기는 고도의 인격성을 가진 것으로서 포기의 자유는 보장되어야 한다는 점, 상속의 포기는 증여를 승낙하지 않거나 거절하는 행위와 마찬가지로 책임재산을 감소시키는 행위가 아니라는 점, 상속포기를 취소할 수 있다고 하면 상속재산을 신속하고 확정적으로 안정시키고자 하는 우리 민법의 태도에도 배치된다는 점, 채권자가 합리적으로 기대할 수 있는 책임재산은 채무자 개인의 고유재산뿐이고, 채무자가 상속으로 인하여 얻을 재산의 증가에 대하여 가지는 기대는 법적으로 보호받을 수 없다는 점 등이다.

대법원 2011. 6. 9. 선고 2011다29307 판결([판례 70])은, 상속의 포기는 406조 1항에서 정하는 "재산권에 관한 법률행위"에 해당하지 아니하고, '인적 결단'으로서의 성질을 가지며, 채권자취소권의 적용이 있다면 법률관계가 상속인 확정의 단계에서부터 복잡하게 얽히고, 상속의 포기가 채무자인 상속인의 재산을 현재의 상태보다 악화시키는 것은 아니라는 등의 이유로 채권자취소권의 대상이 될 수 없다고 하였다. 그리고 대법원 2019. 1. 17. 선고 2018다260855 판결은, 채무자의 유증 포기가 직접적으로 채무자의 일반재산을 감소시켜 채무자의 재산을 유증 이전의 상태보다 악화시킨다고 볼 수도 없으므로 유증을 받을 자가 이를 포기하는 것은 사해행위 취소의 대상이 되지 않는다고 하였다.

그러나 상속의 포기도 취소의 대상인 사해행위가 될 수 있다고 보아야 한다. 상속의 포기는 재산권에 관한 법률행위임이 분명하다. 또한 상속인은 상속개시된 때로부터 피상속인의 재산에 관한 권리의무를 승계하므로, 상속을 포기하면 소급적으로 상속재산을 상실하게 된다. 그리고 채무자가 채무를 변제하기 위한 책임재산은 반드시 채권 성립 당시의 그것에 국한되는 것은 아니다. 한편 상속 포기의 자유도 채권자를 위하여 제한될 수 있다. 채무자 회생 및 파산에 관한 법률 386조 1항은 파산선고 전에 파산자를 위하여 상속개시가 있은 경우에 파산자가 파산선고 후에 상속의 포기를 한 때라도 파산재단에 대하여는 한정승인의 효력을 가진다고 규정하고 있고, 따라서 상속의 포기가 있더라도 상속재산은 상속인의 채권자에 의한 집행의 대상이 될 수 있는데, 부정설에 의하면 파산선고가 있기 전에 상속을 포기하면 이는 상속인의 채권자에 의한 집행의 대상이 될 수 없다는 불균형이 생긴다. 마지막으로 상속 포기를 취소할 수 없다고 보는 것은 상속포기와 마찬가지로 소급효가 있는 상속재산분할(1015조)의 경우에는 사해행위가 된다는 것(대법원 2001. 2. 9. 선고 2000다51797 판결, [판례 60])과는 조화되지 않는다. 유증의 포기도 마찬가지로 보아야 할 것이다.

외국의 예를 본다면, 독일에서는 학설과 판례가 상속 포기가 사해행위가 될 수 없다고 하는 반면, 프랑스(민법 779조), 스위스(민법 578조 1항), 스페인(민법 1001조), 이탈리아(민법 524조 1항), 네덜란드(민법 4:205조), 오스트리아 등 유럽의 많은 나라에서는 법률 또는 판례에 의하여 상속 포기의 취소를 인정하고 있다.

그 외에 상속의 포기가 신의성실의 원칙에 어긋나서 무효가 될 수 있는가 하는 점도 문제될 수 있다. 대법원 2005. 1. 14. 선고 2003다38573, 38580 판결([판례 71])은, 자동차사고 피해자의 공동상속인 중 1인인 가해자가 피해자로부터의 상속을 포기한 경우에, 가해자가 포기하지 않았더라면 혼동에 의하여 소멸하였을 피해자의 보험회사에 대한 책임보험금 직접청구권이 상속포기에 의하여 다른 공동상속인에게 귀속되게 되었더라도, 이는 상속포기로 인한 부수적 결과에 불과한 것이어서 이를 이유로 신의칙 등 일반조항을 들어 전체적인 상속포기의 효력을 부정하는 것은 상당하지 않다고 하였다.

[판례 70] 대법원 2011. 6. 9. 선고 2011다29307 판결

1. 상속의 포기는 상속이 개시된 때에 소급하여 그 효력이 있고(민법 제1042조), 포기자는 처음부터 상속인이 아니었던 것이 된다(대법원 2003. 8. 11.자 2003마988 결정 등 참조). 따라서 상속포기의 신고가 아직 행하여지지 아니하거나 법원에 의하여 아직 수리되지 아니하고 있는 동안에 포기자를 제외한 나머지 공동상속인들 사이에 이루어진 상속재산분할협의는 후에 상속포기의 신고가 적법하게 수리되어 상속포기의 효력이 발생하게 됨으로써 공동상속인의 자격을 가지는 사람들 전원이 행한 것이 되어 소급적으로 유효하게 된다고 할 것이다. 이는 설사 포기자가 상속재산분할협의에 참여하여 그 당사자가 되었다고 하더라도 그 협의가 그의 상속포기를 전제로 하여서 포기자에게 상속재산에 대한 권리를 인정하지 아니하는 내용인 경우에는 달리 볼 것이 아니다.

한편 상속의 포기는 비록 포기자의 재산에 영향을 미치는 바가 없지 아니하나(그러한 측면과 관련하여서는 '채무자 회생 및 파산에 관한 법률' 제386조도 참조) 앞서 본 대로 상속인으로서의 지위 자체를 소멸하게 하는 행위로서 이를 순전한 재산법적 행위와 같이 볼 것이 아니다. 오히려 상속의 포기는 1차적으로 피상속인 또는 후순위상속인을 포함하여 다른 상속인 등과의 인격적 관계를 전체적으로 판단하여 행하여지는 '인적 결단'으로서의 성질을 가진다고 할 것이다. 그러한 행위에 대하여 비록 상속인인 채무자가 무자력상태에 있다고 하여서 그로 하여금 상속포기를 하지 못하게 하는 결과가 될 수 있는 채권자의 사해행위 취소를 쉽사리 인정할 것이 아니다. 그리고 상속은 피상속인이 사망 당시에 가지던 모든 재산적 권리 및 의무·부담을 포함하는 총체재산이 한꺼번에 포괄적으로 승계되는 것으로서 다수의 관련자가 이해관계를 가지는 바인데, 위와 같이 상속인으로서의 자격 자체를 좌우하는 상속포기의 의사표시에 사해행위에 해당하는 법률행위에 대하여 채권자 자신과 수익자 또는 전득자 사이에서만 상대적으로 그 효력이 없는 것으로 하는 채권자취소권의 적용이 있다고 하면, 상속을 둘러싼 법률관계는 그 법적 처리의 출발점이 되는 상속인 확정의 단계에서부터 복잡하게 얽히게 되는 것을 면할 수 없다. 또한 이 사건에서의 원고와 같이 상속인의 채권자의 입장에서는 상속의 포기가 그의 기대를 저버리는 측면이 있다고 하더라도 채무자인 상속인의 재산을 현재의 상태보다 악화시키는 것은 아니다. 이러한 점들을 종합적으로 고려하여 보면, 상속의 포기는 민법 제406조 제1항에서 정하는 "재산권에 관한 법률행위"에 해당하지 아니하여 사해행위 취소의 대상이 되지 못한다고 함이 상당하다.

2. 원심이 인정한 사실관계 및 원심의 판단은 다음과 같다.

가. 원고는 소외 1을 상대로 서울중앙지방법원 2007가합76615호로 2억 8천만 원 및 그에 대한 지연손해금의 지급을 구하는 약정금청구소송을 제기하여 2007. 10. 23. 위 법원으로부터 승소판결을 받았고, 그 판결은 그 무렵 확정되었다.

한편 소외 1 및 피고들의 어머니인 망 소외 2가 2009. 12. 4. 사망하였다. 그러자 망인의 공동상속인 중 소외 1은 상속포기기간 동안인 2010. 1. 28. 서울가정법원 2010느단852호로 상속포기의 신고를 하였고, 위 신고는 2010. 3. 15. 위 법원에 의하여 수리되었다.

소외 1을 제외한 나머지 공동상속인인 피고들은 위 신고가 수리되면 그 포기의 소급효로 인하여 소외 1은 처음부터 망인의 상속인에 해당하지 아니한다고 생각하여, 위 상속포기의 신고와 같은 날인 2010. 1. 28. 소외 1을 제외한 채 망인의 상속재산인 이 사건 부동산의 망인 소유 지분(13분의 3. 이하 '이 사건 상속재산'이라고 한다)에 관하여 그들의 법정상속분 비율에 따라 이를 분할하는 내용으로 상속재산분할협의를 한 다음 2009. 12. 4.자 협의분할로 인한 재산상속을 원인으로 하여 각 지분소유권이전등기를 마쳤다.

나. 원고는 이미 채무초과상태에 있던 소외 1이 2009. 12. 4. 공동상속인들인 피고들과 사이에 이 사건 상속재산 중 자신의 상속분에 관한 권리를 포기하는 내용으로 행한 상속재산분할협의는 채권자인 원고를 해하는 사해행위에 해당하므로 취소되어야 하고, 그 원상회복으로 피고들은 위 각 지분소유권이전등기의 말소등기절차를 이행할 의무가 있다고 주장하였다.

원심은 소외 1의 법정상속분에 상당하는 지분을 포함하여 이 사건 상속재산 전부에 관하여 소외 1을 제외한 피고들 앞으로 위 각 지분소유권이전등기가 행하여진 것은 소외 1이 상속을 포기함으로써 그가 처음부터 상속인이 아니게 된 데서 연유한 것으로서 이를 원고의 주장과 같이 소외 1과 피고들 사이에서 소외 1이 자신의 상속분에 관한 권리를 포기하는 내용으로 상속재산분할협의를 한 결과로 볼 수 없다고 전제한 다음, 나아가 상속의 포기는 사해행위 취소의 대상이 된다고 할 수 없다는 이유로 원고의 청구를 기각하였다.

3. 앞서 본 법리를 기록에 비추어 살펴보면, 상속의 포기가 사해행위 취소의 대상이 될 수 없고, 또한 원고의 주장과 같이 설사 소외 1이 상속재산분할협의에 참여하여 그 당사자가 되었다고 하더라도 그 협의의 내용이 그의 상속포기를 전제로 하여서 그에게 상속재산에 대한 권리를 인정하지 아니하는 것으로서 같은 날 행하여진 그의 상속포기신고가 후에 수리됨으로써 상속포기의 효과가 적법하게 발생한 이상 이를 달리 볼 것이 아니라는 취지의 원심 판단은 정당하다.

참고문헌

강세원·한호영, 법학평론 3권; 김가을, 비교사법 21권 3호; 류일현, 가족법연구 28권 3호; 박근웅, 연세대 법학연구 21권 3호; 박수곤, 경희법학 48권 4호; 오시영, 전북대학교 법학연구 49집; 윤진수, 가족법연구 30권 3호; 이학승, 재판과 판례 21집; 정구태, 조선대 법학논총 21권 1호; 조인영, 민사판례연구 35권

[판례 71] 대법원 2005. 1. 14. 선고 2003다38573, 38580 판결

1. 원심의 인정과 판단

원심은 그 채택 증거를 종합하여, 소외 1은 2002. 2. 12. 15:05경 그 소유인 광주 33러8439호 승용차를 운전하여 광주 북구 화암동 도로를 진행하다가 전방주시를 소홀히 하여 도로 노견의 가로등원격점멸기를 충격한 사고를 일으켰고 이로 인하여 위 승용차에 동승하고 있던 소외 2가 그 무렵 사망하였는데 소외 2는 소외 1과 피고(반소원고, 이하 '피고'라 한다) 사이의 미혼의 아들인 사실, 원고(반소피고, 이하 '원고'라 한다)는 2001. 9. 4.경 소외 1과 사이에서 위 승용차를 피보험차량으로, 보험기간을 같은 날부터 2002. 9. 4.까지로 하여 보험기간 내에 피보험자가 위 피보험자동차의 운행으로 인하여 남을 죽게 하거나 다치게 하여 자동차손해배상보장법(이하 '자배법'이라 한다) 등에 의한 손해배상책임을 짐으로써 입은 손해를 자배법시행령 제3조에서 정한 한도 내에서 보상하기로 하는 내용의 책임보험계약을 체결한 사실, 소외 1은 소외 2로부터의 상속에 대하여 상속개시 후 3개월 이내인 2002. 3. 29. 상속포기신고를 하여 2002. 4. 1. 위 신고를 수리한다는 심판이 이루어진 사실을 적법하게 인정하였다.

피고가 반소청구로서, 이 사건 사고의 피해자인 소외 2가 자배법 제9조 제1항에 따라 원고에 대하여 취득한 책임보험금 직접청구권은 소외 2가 사망함으로써 소외 1과 피고에게 상속되었으나 소외 1이 상속을 포기함으로써 피고가 단독으로 재산상속인이 되었으므로 그 직접청구권의 행사로서 구 자배법시행령(2002. 8. 14. 대통령령 제17711호로 개정되기 전의 것) 제3조 제1항 제1호에 따른 책임보험금의 한도액인 금 80,000,000원의 지급을 구한다고 주장함에 대하여, 원심은 자배법 제9조 제1항에 의한 피해자의 보험자에 대한 직접청구권이 수반되는 경우에는 그 직접청구권의 전제가 되는 자배법 제3조에 의한 피해자의 운행자에 대한 손해배상청구권은 비록 위 손해배상청구권과 손해배상의무가 상속에 의하여 동일인에게 귀속되더라도 혼동에 의하여 소멸되지 않지만 가해자가 피해자의 상속인이 되는 등 특별한 경우에는 혼동으로 소멸한다고 할 것이므로 이 사건에서 원고에 대한 직접청구권의 전제가 되는 망인의 소외 1에 대한 손해배상청구권 중 가해자인 소외 1이 상속받은 부분은 상속개시 당시 소외 1이 망인에 대하여 이 사건 사고로 인하여 부담하게 된 손해배상의무와 혼동으로 이미 소멸하였다고 할 것이어서 그 이후에 이루어진 소외 1의 상속포기는 그 목적물

이 없는 것으로서 효력이 없고 그렇지 않더라도 위 상속포기는 가해자인 소외 1이 원고에 대한 직접청구권 중 자신의 상속분이 혼동에 의하여 소멸하는 것을 회피하기 위하여 한 것이므로 신의칙에도 반하여 역시 효력이 없다고 판단하여, 피고의 반소청구 중 위 소외 1의 상속포기로 인하여 그녀의 상속지분이 귀속된 1/2 지분에 관한 부분을 배척하였다.

2. 대법원의 판단

원심의 판단 중 상속포기의 효력을 부정한 부분은 수긍하기 어렵다.

자배법 제9조 제1항에 의한 피해자의 보험자에 대한 직접청구권이 수반되는 경우에는 그 직접청구권의 전제가 되는 자배법 제3조에 의한 피해자의 운행자에 대한 손해배상청구권은 비록 위 손해배상청구권과 손해배상의무가 상속에 의하여 동일인에게 귀속되더라도 혼동에 의하여 소멸되지 않고 이러한 법리는 자배법 제3조에 의한 손해배상의무자가 피해자를 상속한 경우에도 동일하지만, 예외적으로 가해자가 피해자의 상속인이 되는 등 특별한 경우에 한하여 손해배상청구권과 손해배상의무가 혼동으로 소멸하고 그 결과 피해자의 보험자에 대한 직접청구권도 소멸한다고 할 것이다(대법원 1995. 5. 12. 선고 93다48373 판결, 2003. 1. 10. 선고 2000다41653, 41660 판결 참조).

그런데 상속포기는 자기를 위하여 개시된 상속의 효력을 상속개시시로 소급하여 확정적으로 소멸시키는 제도로서(민법 제1019조 제1항, 제1042조 등) 피해자의 사망으로 상속이 개시되어 가해자가 피해자의 자신에 대한 손해배상청구권을 상속함으로써 위의 법리에 따라 그 손해배상청구권과 이를 전제로 하는 직접청구권이 소멸하였다고 할지라도 가해자가 적법하게 상속을 포기하면 그 소급효로 인하여 위 손해배상청구권과 직접청구권은 소급하여 소멸하지 않았던 것으로 되어 다른 상속인에게 귀속되고, 그 결과 위에서 본 '가해자가 피해자의 상속인이 되는 등 특별한 경우'에 해당하지 않게 되므로 위 손해배상청구권과 이를 전제로 하는 직접청구권은 소멸하지 않는다고 할 것이다. 그리고 상속포기는 상속의 효과로서 당연승계제도를 채택한 우리 민법하에서 상속인을 보호하기 위하여 마련된 제도로서 상속포기로 인하여 당해 상속인에게 발생하였던 포괄적인 권리의무의 승계의 효력을 소멸시키는 결과 만약 상속포기를 하지 아니하였더라면 혼동으로 소멸하였을 개별적인 권리가 소멸하지 않는 효과가 발생하였더라도 이는 상속포기로 인한 부수적 결과에 불과한 것이어서 이를 이유로 신의칙 등 일반조항을 들어 전체적인 상속포기의 효력을 부정하는 것은 상당하지 아니하다는 점, 나아가 이 사건에서 소외 1의 상속포기로 인하여 그녀의 상속지분은 피고에게 귀속되었는데 피고는 원래의 공동상속인 중 하나로서 피해자의 아버지이기 때문에 피고에게 책임보험에 의한 혜택을 부여하여 보호할 사회적 필요성을 부정하기 어렵다는 점 등에 비추어 볼 때 이 사건에서 상속포기가 신의칙에 반하여 무효라고 할 수도 없다고 할 것이다.

생각할 점

이 판결이 가해자가 피해자의 상속인이 되는 경우에는 손해배상청구권과 손해배상의무가 혼동으로 소멸하고 그 결과 피해자의 보험자에 대한 직접청구권도 소멸한다고 본 것은 타당한가? 윤진수, "자동차손해배상보장법 제3조의 손해배상채권과 채무가 동일인에게 귀속되는 경우 혼동에 의한 직접청구권의 소멸 여부", 민법논고 Ⅲ, 2008 참조.

참고문헌

구민승, 대구판례연구회 재판과 판례 16집; 오시영, 서울지방변호사회 판례연구 19집(1); 윤장원, 부산판례연구회 판례연구 18집

Ⅷ. 재산분리

▮참고문헌: 김형석, "한정승인의 효과로서 발생하는 재산분리의 의미", 가족법연구 22권 3호, 2008; 이성보, "상속재산의 분리", 재판자료 78집, 1998

재산분리란 상속 개시 후에 상속채권자나 유증을 받은 자 또는 상속인의 채권자의 청구에 의하여 가정법원이 상속재산과 상속인의 고유재산을 분리시키는 것을 말한다(1045조 1항). 두 재산이 분리되지 않으면, 상속재산이 채무 초과인 경우에는 상속인의 채권자가 불이익을 입게 되고, 상속인의 고유재산이 채무초과이면 상속채권자가 불이익을 입게 되기 때문에, 이러한 불이익을 막기 위한 것이다. 일본에서는 상속채권자나 유증받은 자의 청구에 의한 재산분리를 제1종 재산분리(일본 민법 941조), 상속인의 채권자에 의한 재산분리를 제2종 재산분리(일본 민법 950조)라고 부르고 있다. 포괄적 유증을 받은 포괄적 수유자는 상속인과 동일한 지위에 있으므로, 재산분리청구권을 가지지 않는다고 보아야 하지만, 반대설이 있다. 상속재산이 채무초과인 경우에는 재산분리는 실제로는 한정승인과 같은 기능을 한다. 또 상속재산의 파산이 가능하기 때문에 재산분리는 실제로 잘 이용되지 않고 있다.

우리나라에서는 재산분리청구의 상대방은 상속인이고, 상속인 불명의 경우에는 상속재산관리인, 파산선고가 있는 경우에는 파산관재인, 그리고 유언집행자나 포괄적 수유자도 청구의 상대방이 될 수 있다고 설명하는 예가 많다. 그러나 가사소송법상 상속재산의 분리사건은 상대방이 없는 라류 비송사건에 속한다(家訴 2조 1

항 2호 가. 35)}.

재산분리의 청구기간은 상속이 개시된 날부터 3개월 내이다. 그 기간 내에는 상속인이 승인이나 포기를 하였더라도 재산분리를 청구할 수 있다. 그리고 상속인이 상속의 승인이나 포기를 하지 않은 동안에는 3개월이 경과하더라도 재산분리를 청구할 수 있다(1045조 2항). 상속인이 한정승인을 하거나 상속인에 대하여 파산선고가 있은 때에도 한정승인이 효력을 잃거나 파산선고가 취소될 수 있으므로, 재산분리를 청구할 수 있다고 보아야 한다.

그런데 상속재산이나 상속인의 재산이 채무초과의 상태가 아니면, 재산분리를 명할 실익이 없다. 그리하여 재산분리의 청구가 있는 경우에, 가정법원이 채무초과 여부를 따지지 않고 재산분리를 명하여야 하는지(절대설), 아니면 채무초과 여부를 심리하여 채무초과인 경우에 한하여 재산분리를 명하여야 하는지(재량설)에 관하여 다툼이 있으나, 재량설이 타당할 것이다. 일본 최고재판소 2017. 11. 28. 결정(判例時報 2359, 10)도 같다.

가정법원이 재산분리를 명하는 재판을 하면, 한정승인의 경우(1031조)와 마찬가지로 피상속인에 대한 상속인의 재산상 권리의무는 소멸하지 않는다(1050조). 따라서 혼동에 의한 권리의무의 소멸은 발생하지 않는다. 그리고 재산분리가 있으면 상속인은 상속재산을 처분할 수 없게 된다. 그러나 상속재산이 부동산인 경우에는 재산분리를 등기하지 않으면 제3자에게 대항하지 못한다(1049조). 이 등기는 부동산등기법상 처분제한의 등기(3조)에 해당된다.

가정법원은 상속재산의 관리에 관한 처분을 명할 수 있다(1047조 1항). 예컨대 관리인의 선임, 재산목록의 작성, 상속재산의 봉인, 파손되기 쉬운 물건의 환가 등이다. 재산관리인이 선임된 경우에는 부재자의 재산관리인에 관한 24조 내지 26조의 규정이 준용된다(1047조 2항).

상속인이 단순승인을 한 후에도 재산분리의 명령이 있는 때에는 상속재산에 대하여 자기의 고유재산과 동일한 주의로 관리하여야 한다. 이때에는 683조 내지 685조 및 688조 1항, 2항의 규정이 준용된다(1048조). 따라서 상속채권자 또는 수유자의 청구가 있을 때에는 재산처리상황을 보고하고 재산관리 종료시에는 지체 없이 그 전말을 보고하여야 한다(683조의 준용). 그리고 상속인은 상속재산의 관리에 있어 받은 금전 기타의 물건 및 그 수취한 과실을 상속채권자 또는 수유자에게 인도하여야 하고, 상속채권자 또는 수유자를 위하여 자기의 명의로 취득한 권리는 상속채권자 또는 수유자에게 이전하여야 한다(684조의 준용).

또한 상속인이 상속채권자나 수유자에게 인도할 금전 또는 상속채권자나 수유자의 이익을 위하여 사용할 금전을 상속인 자신을 위하여 소비한 때에는, 소비한 날 이후의 이자를 지급하여야 하며, 그 이외의 손해가 있으면 배상하여야 한다(685조의 준용). 나아가 상속인이 상속재산을 관리하기 위하여 필요비를 지출할 때에는 상속채권자 또는 수유자에 대하여 지출한 날 이후의 이자를 청구할 수 있다. 그리고 상속인이 필요한 채무를 부담한 때에는 상속채권자 또는 수유자에게 자기에 갈음하여 변제하게 할 수 있고, 그 채무가 변제기에 있지 아니한 때에는 상당한 담보를 제공하게 할 수 있다(688조의 준용).

재산분리의 명령이 있으면, 청구자는 5일 내에 일반상속채권자와 유증받은 자에 대하여 재산분리의 명령 있은 사실과, 2월 이상의 일정한 기간내에 그 채권 또는 수증을 신고할 것을 공고하여야 한다. 이 경우에는 법인의 청산에 관한 88조 2항과 89조가 준용된다(1046조). 따라서 일반상속채권자나 유증받은 자는 소정의 신고기간 내에 신고하지 않으면 배당변제에서 제외된다는 것을 공고 중에 표시하여야 하고(88조 2항의 준용), 청구자는 알고 있는 상속채권자 또는 유증받은 자에 대하여는 각각 별도로 채권신고를 최고하여야 한다(89조의 준용).

상속인은 상속재산의 분리청구기간과 청구인의 공고기간이 만료되기 전에는 상속채권자와 유증받은 자에 대하여 변제를 거절할 수 있다(1051조 1항). 만일 일부의 채권자에게 변제를 하면 다른 채권자에게는 변제를 할 수 없게 되어 불공평하게 될 염려가 있기 때문이다.

위 기간이 만료되면 상속인은 상속재산으로써 재산분리의 청구 또는 그 기간내에 신고한 상속채권자, 유증받은 자와 상속인이 알고 있는 상속채권자, 유증받은 자에 대하여 각 채권액 또는 수증액의 비율로 변제하여야 한다. 그러나 질권자나 저당권자와 같이 우선권 있는 채권자의 권리를 해하지 못하므로, 이들에게는 우선적으로 변제하여야 한다(1051조 2항). 이 경우에는 한정승인에 관한 1035조 내지 1038조가 준용된다(1051조 3항).

신고기간 내에 신고한 상속채권자·유증받은 자와 상속인이 알고 있는 상속채권자·유증받은 자는 상속재산으로써 전액의 변제를 받을 수 없는 경우에 한하여, 상속인의 고유재산으로부터 그 변제를 받을 수 있다(1052조 1항). 그러나 상속인의 채권자는 상속인의 고유재산으로부터 우선변제를 받을 권리가 있다(2항).

Ⅸ. 상속인의 부존재

▮참고문헌: 김진우, "공유자의 1인이 상속인 없이 사망한 경우의 지분귀속에 관하여", 법조 2007. 11; 이진영, "상속인의 부존재와 공유", 가족법연구 32권 2호, 2018; 정상현, "상속인의 부존재와 상속재산의 처리", 인권과 정의 2003. 10

1. 의 의

예컨대 신원이 분명하지 않은 자가 사망하였거나, 가족관계등록부상 상속인이 없는 자가 사망한 경우, 가족관계등록부상 상속인 전원이 상속결격이거나 상속을 포기한 경우 등 상속인이 존재하는지 여부가 분명하지 아니하거나 상속인이 존재하지 아니하는 때에는 민법은 한편으로는 상속인을 수색하기 위한 공고절차를 규정하고, 다른 한편으로는 상속재산관리인을 선임하여 상속재산을 관리하고 청산하도록 하고 있다(1053조 내지 1059조). 그러므로 소송계속중 당사자가 사망하고 그 상속인의 존부가 분명하지 않은 경우, 법원으로서는 소송절차를 중단한 채 상속재산관리인의 선임을 기다려 그로 하여금 소송을 수계하도록 하여야 한다(대법원 2002. 10. 25. 선고 2000다21802 판결).

상속인이 없고 포괄적 수유자만 있을 경우에도 상속인부존재절차를 진행해야 하는가에 대하여 견해의 대립이 있다. 전체 상속재산의 포괄적 유증이 있는 경우에는 포괄적 수유자는 상속인과 동일한 권리의무가 있다는 점에 근거하여 상속인부존재절차를 진행할 필요가 없지만, 포괄적 수유자가 일부분의 유증만 받은 경우에는 부존재절차를 밟아야 한다는 견해(김주수·김상용, 807)가 있는 반면, 수유자에 대한 변제는 상속채권자에게 변제한 후에나 가능하다는 점에 비추어(1056조 2항, 1036조), 어느 경우에나 상속인부존재절차를 밟아야 한다는 견해도 있다(곽윤직, 205). 전설이 타당할 것이다.

2. 내 용

상속개시의 사유가 발생하였으나 상속인의 존부가 분명하지 아니한 경우 법원은 피상속인의 친족 기타 이해관계인 또는 검사의 청구에 의하여 상속재산관리인을 선임하고, 이를 공고(제1차 공고)한다(1053조 1항).

부재자재산관리인에 관한 24조 내지 26조는 상속재산관리인에게 준용된다

(1053조 2항). 상속재산관리인은 재산상속인의 존재가 분명하지 않은 상속재산에 관한 소송의 정당한 당사자가 된다(대법원 1976. 12. 28. 선고 76다797 판결; 2007. 6. 28. 선고 2005다55879 판결). 상속재산관리인은 상속채권자나 유증받은 자의 청구가 있는 때에는 언제든지 상속재산의 목록을 제시하고 그 상황을 보고하여야 한다(1054조). 상속재산관리인의 임무는 상속인이 나타나서 상속의 승인을 한 때에 종료하는데, 이때에는 관리인은 지체없이 그 상속인에 대하여 관리의 계산을 하여야 한다(1055조). 상속인이 나타나더라도 상속을 포기하면 여전히 상속인이 존재하지 않는 것이 될 수 있으므로, 상속인의 상속 승인이 있어야만 상속재산관리인의 임무가 종료한다.

참칭상속인이나 무효인 유언에 의한 포괄수유자가 있는 경우에는 상속재산관리인은 그들에 대하여 상속회복청구를 할 수 있다(곽윤직, 205; 주해상속 1/이동진, 592). 반대설은 상속회복청구권이 일신전속적 권리임을 이유로 이를 부정하고, 부당이득을 이유로 하는 상속재산의 반환만을 청구할 수 있다고 한다(김주수·김상용, 807). 그러나 상속재산관리인은 엄밀한 의미에서 상속인의 법정대리인은 아니라도 그에 준하는 지위를 가지고 있다고 보아야 하므로, 반대설은 타당하지 않다.

상속재산관리인은 제1차 공고가 있은 날로부터 3월 이내에 상속인의 존부를 알 수 없는 때에는 2월 이상의 기간을 정하여 채권 또는 유증을 신고할 것을 공고(제2차 공고)하고(1056조 1항), 이후 상속채권자와 수유자(受遺者)에 대한 채무를 청산한다(1056조 2항, 1033조 내지 1039조).

이때까지도 상속인의 존부를 알 수 없는 경우, 법원은 다시 상속재산관리인의 청구에 의하여 1년 이상의 기간을 정하여 그 기간 내에 권리를 주장할 것을 공고(제3차 공고)한다(1057조). 이 기간 내에 신고한 상속채권자나 수유자에 대하여도 잔여재산이 있는 경우에는 그 한도에서 변제할 수 있다.

이때까지 권리를 주장하지 아니한 상속인의 권리는 소멸하고, 상속재산관리인이 알지 못했던 상속채권자나 수유자도 변제를 청구할 수 없게 된다.

이런 절차를 거치고 남은 재산은 어떻게 되는가? 민법은 제3차 공고의 기간만료 후 2월 이내에 피상속인과 생계를 같이 하고 있던 자, 피상속인의 요양간호를 한 자 기타 피상속인과 특별한 연고가 있던 자의 청구에 따라 가정법원이 그에게 상속재산의 전부 또는 일부를 분여할 수 있도록 정하고 있다(1057조의2). 이를 특별연고자에 대한 분여라고 한다. 주로 사실혼 배우자가 특별연고자가 되는 경우가 많을 것이다. 그 외에 피상속인의 요양간호를 한 자도 이에 포함될 수 있고, 피상속인이 장기간 신세를 진 요양원이나 양로원도 특별연고자가 될 수 있다. 상속개시 전의 과거의 특별연고자도 분여를 받을 수도 있다.

특별연고자에 대한 분여는 1990년의 개정에 의하여 비로소 도입되었다. 그 근거는 주로 이것이 피상속인의 추정적 의사에 부합한다는 점에서 찾을 수 있을 것이다. 이러한 특별연고자가 분여를 받을 수 있는 지위가 일종의 기대권인지(김주수·김상용, 813; 박동섭·양경승, 838; 송덕수, 419), 또는 국가의 정책적 배려에 의하여 특히 특별연고자에게 주는 일종의 은혜인지(이경희·윤부찬, 392)에 관하여 논의가 있으나, 별다른 논의의 실익은 없다.

이러한 특별연고자의 지위는 일신전속적인 것으로서 양도나 상속될 수 없다. 다만 특별연고자가 분여청구를 한 후 사망하면 그 지위가 상속된다고 보아야 할 것이다(송덕수, 419; 신영호·김상훈, 435).

특별연고자가 분여를 받으려면, 1057조의 기간 만료 후 2개월 이내에 가정법원에 분여의 청구를 하여야 한다. 문제가 되는 것은 공유자 중 1인이 상속인 없이 사망한 경우에 이것이 다른 공유자에게 귀속하는지(267조), 아니면 그에 앞서 특별연고자에 대한 분여를 하여야 하는 것인지가 문제되는데, 일반적으로 1057조의2가 우선 적용되어 특별연고자에 대한 분여의 대상이 되는 것으로 보고 있다(김주수·김상용, 815 등).

특별연고자가 없거나 특별연고자에게 분여하고 남은 재산이 있으면, 상속재산은 국고에 귀속된다(1058조). 국가는 적극재산만을 취득하고 소극재산은 승계하지 않기 때문에, 상속재산의 국가귀속은 상속은 아니다. 이를 원시취득으로 이해하는 견해도 있으나(김주수·김상용, 811; 박동섭·양경승, 844; 이경희·윤부찬, 395), 일종의 포괄승계라고 이해해야 할 것이다(곽윤직, 214-215; 송덕수, 420-421). 다만 공유자가 상속인 없이 사망한 때에는 그 지분은 다른 공유자에게 각 지분의 비율로 귀속되고(267조), 국가에게 귀속되지 않는다.

국가귀속의 시기에 관하여는 상속재산의 귀속에 대한 무주물상태 내지 공백상태를 없애기 위하여 상속개시시에 상속재산은 국가에 귀속되는 것으로 이해하고, 다만 상속재산관리인이 국가의 대리인으로서 청산을 한다는 설(상속개시시설)도 있으나(곽윤직, 215-216), 잔여재산이 관리인에 의하여 국가에게 인도될 때 국가에 귀속된다고 보는 것이 타당하다(김주수·김상용, 811; 박동섭·양경승, 844). **판례**(대법원 1999. 2. 23. 선고 98다59132 판결; 2011. 12. 13. 선고 2011도8873 판결)는, 토지의 소유자가 행방불명되어 생사 여부를 알 수 없다고 하더라도 그가 사망하고 상속인도 없다는 점이 증명되거나 그 토지에 대하여 1053조 내지 1058조에 의한 국가귀속절차가 이루어지지 아니한 이상 그 토지가 곧바로 무주부동산이 되어 국가 소유로 귀속되는 것이 아니라고 보고 있어서, 후설에 가까운 것으로 보인다. 이 밖에 국가귀속시기는 상속인의 부존재가 확정되는 때, 즉 1057조의2에 따른 특별연고자의 재산분여청구기간이 만료되는 때이고, 재산분여청구가 있으면 분여의 심판이 확정된 때에 상속개시시에 소급하여 국가에 귀속된다는 견해도 있다(송덕수, 421. 주해상속 1/이동진, 614도 같은 취지이나, 상속개시시로 소급할 근거는 없다고 한다).

상속재산이 일단 국가에 귀속되면, 상속재산으로 변제를 받지 못한 자나 유증을 받은 자는 국가에 대하여 그 변제를 청구하지 못한다(1059조).

제3장 유 언

Ⅰ. 유언 일반

1. 유언의 의의 및 기능

▌참고문헌: 백경일, "상속계약에 관한 고찰", 저스티스 192호, 2022

유언이란 유언자가 자신의 사망으로 인하여 일정한 법률효과를 발생시키는 것을 목적으로 하여 법률이 정한 방식에 의하여 이루어지는 단독행위를 말한다. 독일 민법에서는 사망에 의하여 효력이 발생하는 법률행위인 사인처분(死因處分; Verfügung von Todes wegen)으로서 단독행위로서의 유언 이외에 유언과 달리 일방적으로 철회할 수 없는 상속계약(Erbvertrag)도 인정하고 있으나, 우리 민법은 상속계약은 따로 인정하지 않고 있다. 다만 사인증여(死因贈與, 562조)가 상속계약과 유사한 기능을 할 수 있다. 또 신탁법이 인정하는 유언대용신탁(59조)도 유언과 같은 기능을 한다.

유언은 왜 인정되는가? 유언의 기능은 유언자의 사후의 분쟁을 예방하는 데 있다는 주장이 있으나(곽윤직, 220-221), 이는 부차적인 것이고, 제1차적으로는 유언자에게 사후에도 자신의 의사를 실현하고, 자신의 재산을 처분할 수 있는 권능을 부여하는 데 있다.

2. 유언의 자유와 그 제한

유언제도는 법률행위의 자유와 사유재산제도를 기초로 하고 있으며, 유언의 자유는 헌법상 재산권 및 행복추구권에서 파생된 유언자의 일반적 행동의 자유라는 헌법상 기본권에 해당한다(헌법재판소 2008. 3. 27. 선고 2006헌바82 결정 등).

그러나 유언의 자유는 여러 면에서 제한되고 있다.

첫째, 유언으로 정할 수 있는 사항(유언사항)은 법률이 규정하고 있는 것에 한하며, 그 이외의 사항에 대한 유언에는 법률적인 효력이 인정되지 않는다. 물론 당사자는 계약 등 유언 이외의 방법으로 법이 규정하고 있는 이외의 사항에 대하여 목적을 달성할 수 있다.

민법이 정하고 있는 유언사항에는 다음과 같은 것이 있다.

(i) 가족관계에 관한 사항

친생부인(850조), 인지(859조), 미성년후견인의 지정(931조 1항), 미성년후견감독인의 지정(940조의2)

(ii) 재산의 처분에 관한 사항

유증(1074조 이하), 재단법인의 설립을 위한 재산의 출연(47조 2항)

(iii) 상속에 관한 사항

상속재산의 분할방법의 지정 또는 위탁 및 분할의 금지(1012조)

(iv) 유언의 집행에 관한 사항

유언집행자의 지정 또는 위탁(1093조)

그리고 특별법이 정하고 있는 유언사항에는 여러 가지가 있다. 신탁의 설정(신탁법 3조 1항 2호), 유족보상수급권자의 지정(근로기준법 시행령 48조 3항, 산업재해보상보험법 65조 4항, 선원법 시행령 30조 2항) 등이다.

반면 예컨대 피상속인이 유언으로 자신의 유체·유골을 처분하거나 매장장소를 지정한 경우에, 피상속인의 의사를 존중해야 하는 의무는 도의적인 것에 그치고, 제사주재자가 무조건 이에 구속되어야 하는 법률적 의무까지 부담한다고 볼 수는 없다(대법원 2008. 11. 20. 선고 2007다27670 전원합의체 판결). 다만 대법원 2023. 5. 11. 선고 2018다248626 전원합의체 판결([판례 57])의 다수의견은, 피상속인의 직계비속 중 최근친의 연장자라고 하더라도 제사주재자의 지위를 인정할 수 없는 특별한 사정이 있을 수 있다고 하면서 그 고려하여야 할 사항의 예로서 피상속인의 명시적·추정적 의사를 들고 있고, 위 판결의 별개의견은 유체·유해에 관하여 공동상속인들 사이에 협의가 성립되지 않으면 법원이 제반 사정을 종합적으로 고려하여 누가 유체·유해의 귀속자로 가장 적합한 사람인지를 개별적·구체적으로 판단하여야 하는데, 법원은 망인이 생전에 제사주재자 또는 자신의 유체·유해의 귀속자를 지정한 경우에는 그 명시적 의사를, 그러한 의사가 없는 경우에는 망인의 추정적 의사를 중요하게 고려하여야 한다고 주장하였다.

둘째, 유언은 반드시 법률이 규정한 방식에 의하여야 하고(방식의 강제, 1060조), 이에 따르지 않은 유언은 원칙적으로 효력이 없다.

셋째, 유류분제도는 유언의 자유에 대한 중대한 제한이라고 할 수 있다. 이 이외에도 예컨대 유언의 내용이 법률의 규정이나 공서양속에 어긋날 때 그 효력이 부성되는 것은 당연하다.

3. 유언능력

▮참고문헌: 김성미, "의사능력과 유언능력에 관한 재고찰", 재산법연구 40권 1호, 2023; 김현진, "치매와 유언능력의 판단", 외법논집 41권 1호, 2017; 박인환, "유언능력과 부당한 영향", 양창수 고희 기념 자율과 정의의 민법학, 2021; 손흥수, "유언능력 유무의 판단기준과 그 판단요소", 사법논집 55집, 2012; 정소민, "유언능력에 관한 연구", 한양대 법학논총 35집 2호, 2018.

일반적인 법률행위에서 행위능력이 요구되는 것과 마찬가지로, 유언을 유효하게 하기 위해서는 유언자에게 유언능력이 있어야 한다. 민법은 이를 일반적인 행위능력보다 완화하여, 미성년자라도 17세에 달하면 유언을 할 수 있다고 규정하고 있다(1061조). 이때에는 법정대리인의 동의는 필요하지 않으며(1062조에 의한 5조의 배제), 반대로 17세 미만의 미성년자는 법정대리인의 동의가 있더라도 전혀 유언을 할 수 없다. 피한정후견인도 17세 이상이면 단독으로 유효한 유언을 할 수 있고, 취소하지 못한다(1062조에 의한 13조의 배제). 그리고 의사능력이 전혀 없는 심신상실자는 유언을 하지 못하지만, 피성년후견인이라도 그 의사능력이 회복된 때에는 유언을 할 수 있으나, 이때에는 의사가 유언서에 이러한 사실을 부기하여야 한다(1063조). 家訴 62조 1항에 따른 사전처분으로 후견심판이 확정될 때까지 임시후견인이 선임된 경우, 사건본인은 의사능력이 있는 한 임시후견인의 동의가 없이도 유언을 할 수 있고, 아직 성년후견이 개시되기 전이라면 의사가 유언서에 심신 회복 상태를 부기하고 서명날인하도록 요구한 1063조 2항은 적용되지 않는다(대법원 2022. 12. 1. 선고 2022다261237 판결).

다만 구수증서(口授證書)에 의한 유언의 경우에는 이러한 의사의 부기를 요하지 않는다(1070조 3항). 구수증서에 의한 유언의 경우에는 의사의 참여가 사실상 불가능하기 때문이다. 의사능력 있는 피성년후견인의 유언은 취소할 수 없다(1062조에 의한 10조의 배제).

이러한 민법 규정에 비추어 보면, 유언의 내용을 이해하고 그 결과를 판단할 정도의 의사능력이 있으면 유언능력이 있고, 반드시 일반적인 재산적 법률행위를 할 수 있는 능력을 갖추고 있을 필요는 없다고 보아야 한다. 또 정신적 장애나 발달장애 등이 있다고 하여 바로 유언능력이 없다고 단정할 수 없다.

실제로는 유언자가 사망한 후에 유언능력의 유무가 다투어지는 일이 많아서, 유언능력이 있었는지를 판단하는 것이 쉽지는 않다. 대법원의 유언능력에 관한 판례가 많은 것은 아니나, 대법원 판례는 (1) 유언자가 유언이라는 행위의 성질과 효과를 이해할 수 있는지 여부, (2) 유언자가 유증의 대상인 재산을 인지하였는지 여부, (3) 유언자가 수증자가 누구인지 인지하였는지 여부를 중요하게 고려하고 있는 것으로 보인다는 분석(정소민)이 있다.

유언자의 유언능력 유무의 판단은 유언을 할 당시이다. 따라서 유언 당시에는 유언능력이 있었지만, 그 후에 유언능력을 상실하였더라도 유언의 효력에는 영향이 없다.

의사무능력을 이유로 유언의 무효를 주장하는 측은 그에 대하여 증명책임을 부담한다(대법원 2022. 12. 1. 선고 2022다261237 판결).

[판례 72] 대법원 2008. 2. 28. 선고 2005다75019, 75026 판결

원심판결 이유를 기록과 대조하여 살펴보면, 비록 이 사건 유언 당시 망인은 반응이 느리고 멍한 표정으로 눈을 제대로 맞추지 못한 적이 있었음은 부인할 수 없으나, 망인은 폐암 수술 후 퇴원하였다가 약 4개월 후 다시 입원하고 2주 정도 지나 이 사건 유언을 하였던 점, 망인은 유언 후 두 달이나 지나 비로소 사망하였던 점, 유언 당시 망인은 유언공정증서에 직접 명확한 글씨체로 서명까지 한 점, 그리고 아래와 같이 공증인과의 사이에 나누었던 질문과 답변의 내용 및 경위 등에 비추어, 유언 당시 망인에게 유언의 취지를 이해할 의사식별능력은 있었다고 판단된다.

또한 원심판결 이유에 의하면, 피고들은 공증인에게 원고와 피고들의 어머니인 망인이 증인들의 참석하에 부천시 오정구 작동 (지번 생략) 임야 21,808㎡(이하 '이 사건 부동산'이라고 함) 중 망인의 소유인 2분의 1 지분을 원고를 배제한 채 피고들에게 절반씩 유증하는 내용의 유언을 하기로 하였다면서 공정증서에 의한 유언 절차를 의뢰한 사실, 이에 공증인은 피고들로부터 전해들은 내용 그대로 미리 유언공정증서를 작성하여 이를 소지하고 망인의 병실을 찾아가 증인들이 참석한 상태에서 망인에게 "이 사건 부동산 중 망인의 지분을 피고들에게 2분의 1씩 유증하겠느냐"고 유언취지 그대로 질문을 하였고, 망인이 "그렇게 하라"고 답변하자 유언공정증서에 망인과 증인들로 하여금 서명하도록 한 사실을 알 수 있다.

사정이 그러하다면, 유언자인 망인은 의식이 명확한 상태에서 본인의 의사에 따라 유증할 의사를 밝힌 것으로 볼 수 있고, 또한 이 사건 부동산은 한 필지에 불과하고 유증 대상자도 피고들 2인 뿐이어서 그 유언의 내용이 간단하여 유언자의 유증 의사를 쉽게 확인할 수 있으므로, 공증인이 미리 의뢰받은 내용에 따라 작성된 유언공정증서에 기초하여 이 사건 부동산의 지분과 수증자를 불러주는 등 유언공정증서를 낭독하면서 그 내용에 따른 질문을 하였다고 하더라도 그 질문이 부적절하였다거나 내용상 구체적이지 못하다고 볼 수 없을 뿐만 아니라, 망인은 공증인의 질문에 대하여 "그렇게 하라"는 내용의 구술 답변을 한 후 유언공정증서를 확인하고 증인들과 함께 서명하였던 것으로서 공증인의 진술에 유도되어 단순히 수긍하는 답변 태도를 취한 것으로는 보이지 않는바, 이상 살펴본 유언 당시 망인의 의사식별능력, 유언에 이르게 된 경위, 공증인의 질문 및 망인의 답변 내용 등 기록에 나타난 여러 가지 사정들을 앞서 든 법리에 비추어 보면, 비록 망인이 공증인의 질문에 대하여 "그렇게 하라"는 내용의 답변을 하였지만, 이는 유언취지 그대로 물은 공증인의 질문 내용을 충분히 이해하고 그에 따른 절차를 취하라는 취지의 의사를 표시한 것이어서 실질적으로 그 질문 내용과 같은 의사를 표시한 것이고 또한 그 답변을 통하여 인정되는 유언 취지가 망인의 진정한 의사에 기한 것으로 볼 수 있는 여지가 어느 정도 인정된다고 할 것이다.

이와 같이 이 사건 공정증서에 의한 유언에 대하여 그 유언 취지에 관한 구수 요건을 쉽게 부정할 수 없는 이상, 원심으로서는 망인이 처음 피고들에게 구수한 유언의 내용, 망인이 피고들을 통하여 공증인에게 유언공정증서의 작성을 의뢰하게 된 경위, 유언 당시 공증인과 망인이 원심 인정 사실 외에 추가로 대화한 내용이 있었는지 여부, 망인의 병실에서 공증인과 증인 외에 제3자가 더 있었는지 여부 및 당시 그들이 취하였던 행동 등 유언 당시의 구체적 상황을 더 심리하고 이러한 사정들을 종합하여 공정증서에 의한 이 사건 유언이 실질적으로 구수 요건을 갖추었는지 여부에 관하여 판단하였어야 할 것임에도 이들 정황에 관하여 추가로 심리한 바 없이 위 인정 사실만으로 유언 취지의 구수 요건이 갖추어지지 못하였다고 속단하였으니, 원심판결에는 공정증서에 의한 유언의 방식 내지 구수에 관한 법리를 오해함으로써 구수가 실질적으로 있었다고 볼 수 있는지 여부, 유언 취지와 관련된 망인의 진정한 의사의 존부 등에 관하여 심리를 다하지 아니한 위법이 있다.

참고문헌

김현진, 외법논집 41권 1호; 정소민, 한양대 법학논총 35집 2호.

4. 유언의 방식

▮참고문헌: 김상훈, "공정증서유언의 유효성", 2016년 가족법 주요판례 10선, 2017; 김상훈, "증인결격자가 참여한 공증유언의 적법성", 조선대 법학논총 26집 1호, 2019; 김영희(金泳希), "공정증서유언과 장애인 차별", 가족법연구 16권 1호, 2002; 김영희(金泳希), "자필증서유언 방식에 관한 제문제", 가족법연구 17권 2호, 2003; 김영희(金泳希), "현행 민법상 유언의 방식에 관한 연구", 가족법연구 20권 2호, 2006; 김영희(金泳希), "구수증서유언과 유언에 있어서 구수의 의의", 가족법연구 21권 3호, 2007; 김영희(金泳希), "방식위배와 구수증서유언의 검인제도", 강원법학 24권, 2007; 김영희(金榮喜), "유언에 관한 형식적 엄격주의와 유언자의 진의", 민사판례연구 30권, 2008; 김형석, "유언의 성립과 효력에 관한 몇 가지 문제", 민사판례연구 38권, 2016; 김형석, "유언방식의 개정방향", 가족법연구 33권 1호, 2019; 남상우, "'공정증서에 의한 유언'에 관한 고찰", 대한공증인협회지 3호, 2010; 남상우, "공정증서유언의 증인에 대한 고찰", 가족법연구 25권 2호, 2011; 남상우, "민법 제1072조 제2항의 '공증인법에 따른 결격자'의 의미", 가족법연구 31권 3호, 2017; 윤진수, "법률해석의 한계와 위헌법률심사—유언자의 주소가 기재되지 않은 자필증서유언을 중심으로—", 민법논고 Ⅶ, 2015; 이재성, "공정증서에 의한 유언의 방식", 사법행정 1981. 5; 장재형, "가족법관계에 있어서 공증의 예방사법적 역할: 우리 가족법상 공정증서유언과 임의후견계약공증", 인권과 정의 2008. 8; 장재형, "공정증서유언상의 증인적격", 대한공증인협회지 창간호, 2008; 장재형, "유언공정증서 작성에서의 실무상 주요 쟁점", 인하대 법학연구 21권 2호, 2018; 정갑주, "공정증서에 의한 유언의 방식", 판례월보 1993. 12; 정구태, "헌법합치적 법률해석의 관점에서 바라본 주소가 누락된 자필증서유언의 효력", 강원법학 43권, 2014; 조인섭, "자필증서유언의 개선방안", 가족법연구 30권 3호, 2016; 조혜수, "민법 제1066조 제1항 헌법소원: 자필증서에 의한 유언의 방식 중 '주소' 및 '날인' 부분의 위헌 여부", 헌법재판소 결정해설집(2008년), 2009; 현소혜, "유언방식의 개선방향에 관한 연구", 가족법연구 23권 2호, 2009; 홍승면, "구수증서에 의한 유언에 있어서 유언취지의 구수", 대법원판례해설 60호, 2006

가. 유언의 요식성

1060조는 "유언은 본법의 정한 방식에 의하지 아니하면 효력이 생하지 아니한다"라고 규정하여 유언의 요식성을 규정하고 있다. 민법이 유언을 요식행위로 규정하고 있는 이유에 관하여는, 일반적으로 유언은 유언자가 사망한 후에 그 효력이 발생하기 때문에, 그 유언이 유언자의 진의인가 아닌가, 또 유언이 있었는가 없었는가의 여부를 확인하는 것이 곤란하므로, 유언의 진위를 명확히 하고 분쟁과 혼란을 피하기 위하여 유언을 요식행위로 규정하였다고 설명한다(곽윤직, 225-226; 이경희·

윤부찬, 505). 그러나 유언의 요식성은 이러한 증명기능 외에도 유언을 신중하게 하도록 하는 경고기능도 가지고, 또 공정증서에 의한 유언의 경우에는 공증인에 의한 상담기능도 가진다.

민법이 정하고 있는 유언의 방식은 자필증서, 녹음, 공정증서, 비밀증서 및 구수증서의 5종이다(1065조). 일반적으로 구수증서를 제외한 나머지를 보통방식이라고 하고, 구수증서는 질병 기타 특별한 사유로 인하여 다른 방식에 의할 수 없는 때에 인정되므로 특별방식이라고 한다.

각 방식에는 모두 장단점이 있다. 즉 자필증서에 의한 유언은 가장 간편한 것이기는 하지만, 유언의 존부가 불분명하고, 이를 분실한다든지 타인에 의하여 위조 또는 변조되거나, 사기·강박 등에 의하여 유언이 이루어질 염려가 있으며, 법률을 잘 모르는 사람이 자필증서 유언을 작성하면 방식의 불비, 내용의 불명확으로 인하여 분쟁이 생길 우려가 있다. 녹음에 의한 유언에도 변조 등의 우려가 있다. 반면 공정증서에 의한 유언은 가장 확실한 방법이지만, 번거롭고 비용이 든다. 그리고 비밀증서에 의한 유언은 문자를 몰라도 가능하다는 편리함은 있지만, 역시 유언의 내용에 대하여 다툼이 생길 우려가 있고, 또 검인절차를 밟아야 한다는 번거로움이 있다. 구수증서에 의한 유언도 검인절차를 밟아야 한다는 번거로움이 있다.

다른 한편 유언으로서는 무효라고 하더라도 무효인 유언이 사인증여의 청약으로 볼 수 있는 경우도 있다. 아래 Ⅱ. 1. 가. 참조.

그리고 장애인의 경우에 엄격한 유언 방식을 준수할 것을 요구하는 것은 문제의 소지가 있다. 특히 의사능력은 있으나, 대화능력과 필기능력이 모두 없는 자는 어떻게 유언을 할 수 있는가 하는 점이다. 그런데 자필증서에 의한 유언은 유언자의 자서(自書)를, 녹음증서에 의한 유언은 유언자의 구술을 요구하고 있으므로, 대화능력과 필기능력을 모두 갖추지 못한 사람은 이를 이용할 수 없다. 공정증서에 의한 유언과 구수증서에 의한 유언은 모두 유언자의 구수를 요구하고 있는데, 여기서 말하는 구수를 뒤에서 보는 것처럼 입으로 불러주어 상대방이 적게 하는 행위로 이해한다면, 이 또한 이용될 수 없다. 비밀증서에 의한 유언은 법상으로는 직접 유언자의 대화능력 및 필기능력을 요구하고 있지는 않으나, 유언자가 2인 이상의 증인에게 증서가 자기의 유언서임을 표시하여야 하므로, 이 또한 대화능력 및 필기능력이 없는 사람으로서는 불가능하다고 하지 않을 수 없다. 설령 비밀증서의 이용이 가능하다고 하더라도, 이와 같은 방식으로만 유언을 하게 하는 것은 합리적이라고 할 수 없다. 법무부 가족법개정특별위원회에서 2011년에 마련한 개정안은 장애인의 유언에 관하여 특별규정을 두고 있다.

현 행	2011년 개정안
第1068條(公正證書에 依한 遺言) 公正證書에 依한 遺言은 遺言者가 證人 2人이 參與한 公證人의 面前에서 遺言의 趣旨를 口授하고 公證人이 이를 筆記朗讀하여 遺言者와 證人이 그 正確함을 承認한 後 各自 署名 또는 記名捺印하여야 한다.	**제1068조(공정증서에 의한 유언)** ① 공정증서에 의한 유언은 유언자가 증인 2인이 참여한 공증인의 면전에서 유언의 취지를 구수하고, 이를 공증인이 필기하여 낭독하거나 유언자와 증인이 열람하여 그 정확함을 승인한 후 각자 서명 또는 기명날인하여야 한다. ② 말로 의사소통이 불가능한 사람이 공정증서에 의한 유언을 할 경우 제1항의 구수는 유언의 취지를 자서(自書)한 서면의 교부로 갈음할 수 있다. ③ 제2항에 해당하는 사람 또는 국어를 해득하지 못하는 사람은 제1항의 유언을 할 때 통역인을 사용할 수 있다. ④ 공증인이 제2항 또는 제3항에 따라 공정증서를 작성한 때에는 그 취지를 증서에 부기하고, 제3항에 의한 통역인은 서명 또는 기명날인하여야 한다.

나. 자필증서에 의한 유언

자필증서에 의한 유언의 요건은 유언자가 그 전문(全文)과 연월일, 주소, 성명을 자서(自書)하고 날인하는 것이다(1066조 1항).

전문을 자필하여야 하므로, 다른 사람에게 구수하거나 필기하게 한 것은 자필증서로 볼 수 없다. 타자기나 컴퓨터로 작성한 것도 마찬가지이다(대법원 1994. 12. 22. 선고 94다13695 판결; 1998. 6. 12. 선고 97다38510 판결). 유언자의 필적이라야 사후에 진정성 유무를 쉽게 판단할 수 있기 때문이다. 다른 사람의 도움을 받아 필기한 경우에도, 타인의 도움이 보조에 그친 때에는 유효하지만 보조자의 힘이 필기에 영향을 준 때에는 무효라고 보아야 한다. 또한 자서하였다고 하더라도 이를 해독할 수 없는 부분이 있고, 전문가의 도움을 받아도 해독할 수 없다면 이는 유언의 내용으로는 인정되기 어렵다. 이는 읽을 수 없는 부분의 내용을 유언 외의 다른 방법으로 추측할 수 있는 경우에도 마찬가지이다.

본문의 일부만 자서된 경우에는, 기계나 대필을 이용한 부분이 부수적 내용에 지나지 않고, 그 부분을 제외하더라도 유언의 취지가 충분히 표현되고 있으면 적어도 자서한 부분은 유효하다고 보는 것이 일반적인 견해이다.

연월일의 기재는 매우 중요한 요건이다. 유언능력 유무의 판단에서는 언제 유언을 하였는가가 기준이 되고, 복수의 유언서가 있는 경우에는 후의 유언에 의하여 전의 유언은 철회된 것으로 되기 때문이다. 그러므로 연월일의 기재가 없는 유언은 무효이다. 연월만 있고 일이 없는 경우에도 같다(대법원 2009. 5. 14. 선고 2009다9768 판결). 연월일이 중복될 때에는 뒤의 연월일을 기준으로 하여야 할 것이다. 유언서에 기재된 연월일이 실제로 유언서를 작성한 연월일과 다른 때에는 원칙적으로는 무효라고 보아야 할 것이다. 다만 일본 최고재판소 1977. 11. 21. 판결(家庭裁判月報 30-4-91)은, 자필유언증서에 기재된 일자가 진실의 일자와 다르더라도, 오기라는 것 및 진실한 작성일이 유언증서의 기재 그 밖의 것으로부터 용이하게 판명될 수 있을 때에는, 위 일자의 잘못은 유언을 무효로 하는 것은 아니라고 판시하였다.

그러나 예컨대 '회갑일'과 같이 유언을 한 날짜를 특정할 수 있으면 반드시 연월일 전부를 기재해야 하는 것은 아니다.

자필증서 유언의 요건으로서 주소의 기재를 요구하는 것은 외국에서는 찾기 어렵고, 우리나라만이 이를 요구하고 있다. 유언에서 주소가 문제되는 것은 제1차적으로는 유언자의 동일성 확인에 필요하고, 그 외에 큰 의미를 가지지 않으므로, 유언에 주소가 누락되었더라도 유언자의 동일성 확인에 문제가 없는 한 이를 유효한 것으로 보아야 할 것이라는 주장도 있으나, 문언 해석상 그와 같은 주장은 무리이다(대법원 2007. 10. 25. 선고 2006다12848 판결, [판례 73]; 2014. 10. 6. 선고 2012다29564 판결). 대법원 2014. 9. 26. 선고 2012다71688 판결은, 유언자가 자필증서유언에 '암사동에서'라고 기재한 경우에, 유언자가 암사동 주소지에서 거주하였다고 볼 수 있다 하더라도, 그가 '암사동에서'라는 부분을 다른 주소와 구별되는 정도의 표시를 갖춘 생활의 근거되는 곳을 기재한 것으로 보기는 어렵다고 하여 유언이 무효라고 하였다. 그리고 서울고법 2014. 11. 21. 선고 2014나2011213 판결은, 유언자가 자필증서에 자신의 주소지인 건물의 주소를 명시하여 이를 유증하겠다고 하였어도, 따로 주소라는 표시가 없으면 무효라고 하였다.

다른 한편 대법원의 판례(대법원 1998. 5. 29. 선고 97다38503 판결; 1998. 6. 12. 선고 97다

38510 판결)는 유언자의 주소는 반드시 유언 전문과 동일한 지편(紙片)에 기재하여야 하는 것은 아니고, 유언증서로서 일체성이 인정되는 이상 그 전문을 담은 봉투에 기재하더라도 무방하다고 하였다. 그리고 대구고법 2016. 6. 1. 선고 2015나22565 판결은, 유언자의 주민등록상 주소가 1134-4 또는 1134-7인데 유언에는 1134로 기재된 경우에, 유언자를 수신인으로 한 수신지가 1134로 기재된 우편물이 제대로 수령된 점 등을 근거로 하여, 유언장의 주소 기재 부분은 법정 요건을 갖추었다고 하였다.

그러나 유언에 주소의 기재가 없다고 하더라도 유언자의 서명이 있음에도 유언의 내용 등에 비추어 유언자의 동일성을 확인하기 어려운 경우란 거의 생각할 수 없으므로, 이 규정은 방법의 적절성, 피해의 최소성 또는 법익의 균형성을 갖추지 못하여 위헌이라고 보아야 할 것이다. 그렇지만 헌법재판소 2008. 12. 26. 선고 2007헌바128 결정의 다수의견은 이것이 헌법에 위반되지 않는다고 하였고, 헌법재판소 2011. 9. 29. 선고 2010헌바250, 456 결정([판례 74])에서는 위헌의견과 합헌의견이 4 : 4로 갈렸다.

성명은 반드시 가족관계등록부(과거에는 호적부)상의 성명에 의해야 하는 것은 아니며, 유언자가 통상 사용하는 이름, 예컨대 아호(雅號)나 예명이라도 무방하다. 유언자의 동일성만 특정된다면 성과 이름 중 이름만을 적어도 괜찮고, 이니셜만 적어도 된다고 보아야 할 것이다.

민법은 그 외에 날인을 요구하고 있다. 이러한 날인이 없더라도 유효하다고 보아야 한다는 견해(곽윤직, 230)가 있으나, 대법원 2006. 9. 8. 선고 2006다25103, 25110 판결은 유언자의 날인이 없는 자필증서에 의한 유언은 무효라고 하였다. 헌법재판소 2008. 3. 27. 선고 2006헌바82 결정의 다수의견은 자필증서의 요건으로서 날인을 요구하는 것이 위헌이 아니라고 하였다. 날인은 자필증서가 단순히 유언의 초안에 불과한 것이 아니라 확정적인 유언임을 담보하는 의미, 즉 의사의 최종성을 확인하는 의미가 있으므로 날인을 요구하는 것이 위헌이라고는 할 수 없다(반대: 주해상속 1/현소혜, 668). 다만 판례(대법원 1998. 5. 29. 선고 97다38503 판결; 1998. 6. 12. 선고 97다38510 판결)는, 무인(拇印)도 날인으로 유효하다고 보고 있다. 날인을 반드시 유언자 본인이 해야 하는 것은 아니다.

자필증서에 문자를 삽입·삭제하거나 변경하려면 유언자가 이를 자서(自書)하고 날인하면 된다(1066조 2항). 대법원 1998. 6. 12. 선고 97다38510 판결은, 증서의 기재 자체에 의하더라도 명백한 오기를 정정한 것에 지나지 않는다면, 그 수정방식이 위 법조항에 위배된다고 하더라도 유언자의 의사를 용이하게 확인할 수 있으므로 이러한 방식의 위배는 유언의 효력에 영향을 미치지 않는다고 하였다.

자필증서에 의한 유언에서는 다른 유언과 달리 증인의 참여나 검인 등은 요건이 아니다(대법원 1998. 6. 12. 선고 97다38510 판결).

법무부 민법개정특별위원회의 2011년 개정안은 자필증서 유언의 방식 가운데 주소와 날인 요건을 삭제하였다.

[판례 73] 대법원 2007. 10. 25. 선고 2006다12848 판결

민법 제1065조 내지 제1070조가 유언의 방식을 엄격하게 규정한 것은 유언자의 진의를 명확히 하고 그로 인한 법적 분쟁과 혼란을 예방하기 위한 것이므로, 법정된 요건과 방식에 어긋난 유언은 그것이 유언자의 진정한 의사에 합치하더라도 무효라고 하지 않을 수 없고(대법원 1999. 9. 3. 선고 98다17800 판결, 대법원 2004. 11. 11. 선고 2004다35533 판결, 대법원 2006. 3. 9. 선고 2005다57899 판결 등 참조), 자필증서에 의한 유언은 유언자가 그 전문과 연월일, 주소, 성명을 자서(自書)하고 날인하여야 하는바(민법 제1066조 제1항), 유언자의 주소는 반드시 유언 전문과 동일한 지편에 기재하여야 하는 것은 아니고, 유언증서로서 일체성이 인정되는 이상 그 전문을 담은 봉투에 기재하더라도 무방하며, 그 날인은 무인에 의한 경우에도 유효하다고 할 것이나(대법원 1998. 5. 29. 선고 97다38503 판결, 대법원 1998. 6. 12. 선고 97다38510 판결 등 참조), 유언자의 날인이 없는 유언장은 자필증서에 의한 유언으로서의 효력이 없다(대법원 2006. 9. 8. 선고 2006다25103, 25110 판결 참조).

원심은, 이 사건 유언증서에는 소외인의 자필에 의한 유언의 전문, 연월일 및 성명이 기재되어 있으나, 원심 판시 증거만으로는 이 사건 유언증서의 소외인성명 아래에 찍혀 있는 무인이 소외인의 것임을 인정하기 부족하고 달리 이를 인정할 증거가 없으며, 또한 이 사건 유언증서 자체에는 소외인의 주소가 자서되어 있지 아니하고, 원심 판시와 같은 사정에 비추어 소외인의 주소, 전화번호, 이름이 기재된 흰색의 편지지가 오려 붙여져 있는 이 사건 봉투가 이 사건 유언증서의 일부라고 보기도 어려우므로, 이 사건 유언증서는 민법이 정하는 자필증서에 의한 유언으로서의 요건과 방식을 갖추지 못한 것이어서 그에 따른 유언의 효력을 인정할 수 없다는 이유로, 이 사건 유언증서에 의한 소외인의 유언이 유효함을 전제로 하는 원고의 피고들에 대한 이 사건 청구를 배척하였다.

원심판결 이유를 앞서 본 법리와 기록에 비추어 살펴보면, 원심의 위와 같은 사실인정 및 판단은 정당한 것으로 수긍할 수 있다.

[판례 74] 헌법재판소 2011. 9. 29. 선고 2010헌바250, 456 결정

1. 사건의 개요와 심판의 대상

나. 심판의 대상

이 사건 심판의 대상은 민법(1958. 2. 22. 법률 제471호로 제정된 것) 제1066조 제1항 중 '주소' 부분(이하 '이 사건 법률조항'이라 한다)의 위헌 여부이며, 그 조항의 내용은 다음과 같다.

[심판대상조항]

민법(1958. 2. 22. 법률 제471호로 제정된 것) 제1066조 제1항(자필증서에 의한 유언) ① 자필증서에 의한 유언은 유언자가 그 전문과 연월일, 주소, 성명을 자서하고 날인하여야 한다.

3. 판 단

가. 헌법재판소는 2008. 12. 26. 선고한 2007헌바128 결정(판례집 20-2하, 648, 659)에서 이 사건 법률조항이 헌법에 위반되지 않는다는 결정을 한 바 있다. 그 이유의 요지는 다음과 같다.

『이 사건 법률조항이 헌법 제23조에 의하여 보장되는 유언자의 재산권과 헌법 제10조에 의해서 보장되는 일반적 행동자유권을 제한함에 있어 헌법 제37조 제2항을 위반한 것인지 여부에 대하여 살피건대, 이 사건 법률조항은 유언자의 인적 동일성을 명확히 함으로써 유언자의 사망 후 그 진의를 확보하고, 상속재산을 둘러싼 이해 당사자들 사이의 법적 분쟁과 혼란을 예방하여 법적 안정성을 도모하고 상속제도를 건전하게 보호하기 위한 것이므로 그 입법목적의 정당성은 이를 수긍할 수 있다.

자필증서에 의한 유언은 가장 간이한 방식의 유언이지만 증인이나 제3자의 관여를 요구하지 않아 위조나 변조의 위험성이 상대적으로 크고 유언자의 사후 본인의 진의를 객관적으로 확인하는 것이 어려우므로 엄격한 형식을 구비할 필요가 있다. 또한 성명의 자서로 유언자의 인적 동일성이 1차적으로 특정될 것이지만 특히 동명이인의 경우에는 유언자의 주소가 그 인적 동일성을 확인할 수 있는 간편한 수단이 될 수 있을 뿐만 아니라 전문, 성명의 자서에다 주소의 자서까지 요구함으로써 유언자로 하여금 보다 신중하고 정확하게 유언의 의사를 표시하도록 하기 위한 것이므로 주소의 자서까지 요구하여 엄격한 방식을 구비할 것을 요구하는 것은 위와 같은 입법목적을 달성할 수 있는 적절한 수단이다.

그리고 자필증서에 의한 유언에서 자서를 요구하는 주소는 유언자의 생활 근거가 되는 곳이면 되고, 반드시 주민등록법에 의하여 등록된 곳일 필요가 없으므로 자필증서에 의한 유언을 할 정도의 유언자라면 쉽게 이를 기재할 수 있을 뿐만 아니라, 주소의 기재는 반드시 유언전문과 동일한 지편에 하여야 하는 것은 아니고, 유언증서로서의 일체성이 인정되는 이상 주소는 유언증서를 담은 봉투에 기재하여도 무방하므로 유언의 자유에 대한 침해를 최소화할 수 있다. 또한 민법은 자필증서에 의한 유언 이외에도 녹음에 의한 유언, 공정증서에 의한 유언, 비밀증서에 의한 유언, 구수증서에 의한 유언 등을 마련하고 있으므로 유언자로서는 다른 방식의 유언을 선택하여 유증을 할 수 있는 기회가 열려 있고, 유언자가 민법이 요구하는 유언의 방식을 구비하여 유증을 하기 어려운 경우에는 생전에 민법 제562조의 사인증여를 함으로써 자신의 의사를 관철할 수도 있다. 자필증서에 의한 유언의 경우에는 다른 유언방식에 비하여 덜 엄격하여 가장 손쉽게 이용될 수 있는 방식인 반면 유언내용이 불명확하거나 서로 상반되어 유언자의 사후에 유언의 진실성에 대한 분쟁이 일어날 개연성이나 우리 민법이 특별한 공적인 보관을 요구하고 있지도 않아 유언장의 분실, 은닉, 위조 등의 우려도 그만큼 크다 할 것이므로 자필증서에 의한 유언에 있어서는 그 요식성을 엄격하게 강화할 필요도 있다. 결국 앞서 본 입법목적에 따라 유언의 요식주의를 취하는 이상, 유언을 하는 자가 당연히 작성할 것이라고 기대되는 '유언의 전문, 유언자의 성명' 등과 같은 최소한의 내용 이외에 다른 형식적인 기재 사항을 요구하는 것은 유언의 요식주의를 관철하기 위한 불가피한 선택이라고 볼 수 있다. 이와 같은 요청에서 이 사건 법률조항은 자필증서에 의한 유언에 있어서 최소한의 내용 이외에 '주소의 자서'를 요구한 것이고, '주소의 자서'는 다른 유효요건과는 다소 다른 측면에서 의연히 유언자의 인적 동일성 내지 유언의 진정성 확인에 기여할 뿐만 아니라, 유언자가 위 요건을 충족하는 것도 그다지 어려운 것이 아니라 할 것이므로 주소의 자서를 요구하는 이 사건 법률조항을 두고 기본권침해의 최소성 원칙에 위반된다고 할 수는 없다.

이 사건 법률조항은 자필증서에 의한 유언의 방식을 엄격하게 하여 유언자의 사후에 발생하기 쉬운 법적 분쟁과 혼란을 예방하고 사유재산제도의 근간이 되는 상속제도를 건전하게 보호하고자 하는 공익을 추구하는 것으로서, 사익인 유언자의 유언 자유가 제한되는 정도와 종합적으로 비교하였을 때 그 달성하고자 하는 공익이 더욱 크다고 할 것이므로 법익의 균형성을 갖추었다 할 것이다. 그렇다면 이 사건 법률조항은 헌법 제23조에 의하여 보장되는 유언자의 재산권과 헌법 제10조에 의해서 보장되는 일반적 행동자유권을 제한함에 있어 헌법 제37조 제2항을 위반하였다고 할 수 없다.

그리고 이 사건 법률조항이 헌법상의 평등원칙에 위반되는지에 관하여 보건대, 개인의 재산권 처분에 대한 일반적 의사표시에는 아무런 요식행위를 필요로 하지 않는 것이 원칙이라고 하더라도 앞서 본 바와 같이 유언자가 자필증서에 의하여 유언을 함에 있어서는 유언자의 사망 후 그 진의를 확보함과 아울러 법적 분쟁과 혼란을 예방하여 법적 안정성을 도모하고 상속제도를 건전하게 보호하기 위하여 유언의 방식을 엄격하게 규정할 필요가 있고, 이 사건 법률조항이 헌법상 과잉금지의 원칙에 위반되지 않는 이상, 자필증서에 의한 유언을 하고자 하는 유언자에 대하여 특별히 이 사건 법률조항에서 엄격하게 '주소'의 자서를 형식적 요건으로 요구한다고 하더라도 이를 두고 불합리한 차별이라 하여 헌법상의 평등원칙에 위반되는 것으로 볼 수는 없다.

다음으로 이 사건 법률조항이 헌법 제19조에서 규정하는 양심의 자유에 위반되는지에 관하여 보건대, 이 사건에서와 같이 유언자가 자신의 재산권을 처분하는 단독행위로서 유증을 하는 경우에 있어서 유언자의 의사표시는 재산적 처분행위로서 재산권과 밀접한 관련을 갖는 것일 뿐이고, 인간의 윤리적 내심 영역에서의 가치적·윤리적 판단과는 직접적인 관계가 없다 할 것이므로 헌법 제19조에서 규정하는 양심의 자유의 보호대상은 아니라고 할 것이다. 따라서 이 사건 법률조항이 유언자에게 그 의사표시를 함에 있어서 엄격하게 '주소'의 자서를 형식적 요건으로 요구한다고 하더라도 이로써 유언자의 양심의 자유를 침해한다고 볼 수는 없다.』

나. 이 사건 법률조항은 위 헌법재판소 선례 결정의 심판대상과 동일하고, 이 사건에 있어서 위 선례와 그 판단을 달리하여야 할 특별한 사정의 변경이 있다고 보이지 않으므로 이를 그대로 유지, 원용하기로 한다.

4. 결　론

그렇다면 이 사건 법률조항은 헌법에 위반되지 아니하므로, 아래 5.와 같은 재판관 김종대, 재판관 이동흡, 재판관 송두환, 재판관 이정미의 반대의견을 제외한 나머지 관여 재판관 전원의 일치된 의견으로 주문과 같이 결정한다.

5. 재판관 김종대, 재판관 이동흡, 재판관 송두환, 재판관 이정미의 반대의견

우리는 이 사건 법률조항이 유언자의 재산권 및 일반적 행동자유권을 침해하여 헌법에 위반된다고 판단한다. 이미 헌재 2008. 12. 26. 2007헌바128 결정(판례집 20-2하, 648, 663-664)에서 아래와 같은 요지로 위헌 이유를 상세히 밝힌 바 있으므로 동 사건에서의 이유를 인용하기로 한다.

『먼저 자필증서에 의한 유언에서 유언자의 주소 기재를 요구하는 법 규정의 목적은 유언자의 인적 동일성을 확인함으로써 유언자의 사망 후 그 진위를 명확하게 가리고, 상속재산을 둘러싼 이해 당사자들 사이의 법적 분쟁과 혼란을 예방하여 법적 안정성을 도모하고 상속제도를 건전하게 보호하기 위한 것으로서 그 입법목적의 정당성은 인정된다.

그런데, 이러한 목적을 위하여 주소를 반드시 기재하도록 요구하는 것이 그 목적달성을 위한 적절한 방법인가 하는 점에 대하여 먼저 살펴보면, 유언자의 인적 동일성은 제1차적으로는 그 성명에 의하여 특정될 수 있지만 동명이인도 있을 수 있으므로 이러한 경우에 유언자의 주소는 그 인적 동일성을 확인할 수 있는 간편한 수단이 될 것이다. 이 점에서는 방법의 적정성의 요건이 갖추어졌다고 볼 여지도 있다. 그러나 동명이인의 경우에 유언자의 주소가 기재되지 않았더라도 그 유언의 내용 등에 비추어 보면 누구의 유언인지를 쉽게 확인

할 수 있을 것이고, 이를 확인할 수 없는 경우란 쉽게 생각할 수 없다. 더욱이 일반인의 거래관행이나 규범의식이 법률행위를 함에 있어서 주소의 기재까지 요구하고 있지는 않다는 점, 다른 형식의 유언에서는 주소의 기재를 요구하고 있지 않은 점, 자필증서 유언의 요건으로서 주소의 기재를 요구하는 다른 나라의 입법례를 찾아볼 수 없다는 점 등까지 보태어 본다면, 이 사건 법률조항이 주소를 반드시 기재하도록 요구하는 것이 유언자의 인적 동일성을 확인하기 위한 적절한 방법이라고 보기는 어렵다 할 것이다.

설령 주소의 기재가 유언자의 인적 동일성의 확인을 위해 적절한 방법이라고 하더라도 침해의 최소성 원칙에 위반된다고 본다. 주소의 기재가 없는 자필증서유언을 무효로 하면서까지 주소를 반드시 기재하도록 요구할 이유는 없다. 즉 유언장 전문의 자서와 성명의 자서, 그리고 유언의 내용에 의해서 유언장의 실제 작성자와 유언장의 명의자 동일성을 확보할 수 있음은 물론, 유언이 그의 진의에 의한 것임을 충분히 밝힐 수 있는 등 누구가 한 유언인지를 밝혀내는 것은 그리 어려운 문제가 아니므로 주소를 반드시 기재하도록 요구하는 것은 불필요하게 중복적인 요건을 과하는 것이다.

그리고 유언자의 사후에 법적 분쟁과 혼란을 예방하고 사유재산제도의 근간이 되는 상속제도를 건전하게 보호하고자 하는 공익은 전문의 자서와 서명, 날인에 의해서도 충분히 달성할 수 있는 것임에 반하여, 주소의 자서가 흠결되면 이 사건 유언은 무효가 되고 유언자의 진의가 관철될 여지는 전혀 없게 될 것이므로 자필증서에 의한 유언에서 주소의 자서를 추가로 요구하는 것은 침해되는 법익과 보호되는 공익 사이에 현저한 불균형을 초래하고 있어 법익 균형성의 원칙에도 위반된다.

따라서 이 사건 법률조항은 방법의 적정성 내지 침해의 최소성, 그리고 법익의 균형성이라는 요건을 충족하지 못한 것으로서 유언자의 재산권과 헌법 제10조에 의해서 보장되는 일반적 행동자유권을 과도하게 제한하여 헌법 제37조 제2항의 과잉금지의 원칙에 위반되므로 헌법에 위반된다고 보아야 할 것이다.』

참고문헌

윤진수, 민법논고 Ⅶ; 정구태, 강원법학 43권; 조혜수, 헌법재판소 결정해설집(2008년); 현소혜, 가족법연구 23권 2호

다. 녹음에 의한 유언

녹음에 의한 유언 방식은 다른 입법례에서는 찾아보기 어렵고, 우리 민법이 특별히 인정하고 있는 것이다. 그러나 위조·변조 등이 용이하다는 이유로, 입법론적으로는 타당하지 않다는 견해가 있다(곽윤직, 231).

그 요건은 유언자가 자신의 육성으로 유언의 취지와 그 성명, 연월일을 구술하여 녹음하고, 증인이 이에 참여하여 유언의 정확함과 그 성명을 구술하는 것이다(1067조). 구술은 외국어로 이루어져도 된다. 녹음 외에 영상녹화물이라도 무방할 것이다. 증인은 자필유언 이외에는 다른 모든 유언에 요구되는데, 그 유언이 진정하게 성립하였다는 것을 증명하기 위한 것이다. 민법은 다른 종류의 유언에 관하여는 2인 이상의 증인을 요구하고 있으나(1068, 1069, 1070조), 녹음유언의 경우에는 특별한 규정이 없으므로 1인만으로 충분하다고 보아야 할 것이다(곽윤직, 231. 입법론적으로는 2인 이상이라야 한다고 주장한다).

녹음에 의한 유언이 성립한 후에 녹음테이프나 녹음파일 등이 멸실 또는 분실되었다는 사유만으로 유언이 실효되는 것은 아니고, 이해관계인은 유언의 내용을 증명하여 유언의 유효를 주장할 수 있다(대법원 2023. 6. 1. 선고 2023다217534 판결).

라. 공정증서에 의한 유언

공정증서에 의한 유언은 유언자가 증인 2인이 참여한 공증인의 면전에서 유언의 취지를 구수하고, 공증인이 이를 필기·낭독하여 유언자와 증인이 그 정확함을 승인한 후 각자 서명 또는 기명날인하여 한다(1068조).

공정증서에 의한 유언에서는 유언자의 구수(口授), 즉 입으로 불러주어 상대방에게 그 취지를 전달하는 행위가 있어야 한다. 대법원 2002. 10. 25. 선고 2000다21802 판결은, 공증인이 구수를 받은 유언을 필기낭독하고 유언자와 증인으로부터 그 정확성의 승인을 받은 후 공정증서에 서명 또는 기명날인을 받는 절차를 생략한 채 단지 유언공정증서를 이루는 말미용지에 서명·날인을 받았을 뿐이며, 그 서명 또한 유언자가 사지마비로 직접 서명할 수 없는 상태여서 다른 사람이 유언자의 손에 필기구를 쥐어주고 그 손을 잡고 같이 서명을 하였다면, 이는 '공증인이 유언자의 구술을 필기해서 이를 유언자와 증인에게 낭독할 것'과 '유언자와 증인이 공증인의 필기가 정확함을 승인할 것'이라는 요건 및 '유언자가 서명 또는 기명날인할 것'이라는 요건도 갖추지 못하였다고 하였다.

또한 판례(대법원 1980. 12. 23. 선고 80므18 판결; 1993. 6. 8. 선고 92다8750 판결; 1996. 4. 23. 선고 95다34514 판결 등)는, 반혼수상태에 있는 환자가 공증인이 묻는 말에 끄덕거린 정도로는 구수가 있었다고 볼 수 없으므로 그러한 상태에서 작성된 공정증서유언은 무효라고 보았다. 그러나 이에 대하여는 언어능력이 없는 사람은 필기문답이나 거동에 의하여 의사를 표시할 수도 있으므로 고개를 끄덕거리는 것만으로는 구수가 아니라고 할 것은 아니라고 하는 반대설이 있다. 어쨌든 유언자가 반혼수상태에 있었다면 유언능력 자체가 부정되어야 할 것이다.

유언의 취지를 필기하는 것은 반드시 공증인이 직접 할 필요는 없으며, 사무원 등이 이를 대신하여도 무방하다. 또한 필기를 반드시 유언자의 면전에서 해야 할 필요도 없다.

다른 한편 판례(대법원 2007. 10. 25. 선고 2007다51550, 51567 판결, [판례 75]; 2008. 2. 28. 선고 2005다75019, 75026 판결; 2008. 8. 11. 선고 2008다1712 판결)는, 공증인이 유언자의 의사에 따라 유언의 취지를 작성하고 그 서면에 따라 유언자에게 질문을 하여 유언자의 진의를 확인한 다음 유언자에게 필기된 서면을 낭독하여 주었고, 유언자가 유언의 취지를 정확히 이해할 의사식별능력이 있고 유언의 내용이나 유언경위로 보아 유언 자체가 유언자의 진정한 의사에 기한 것으로 인정할 수 있는 경우에는, 위와 같은 '유언취지의 구수' 요건을 갖추었다고 보고 있다.

위 판례들과 같이 유언자의 구수를 공증인이 필기한 것이 아니라, 유언자가 미리 작성한 서면을 가지고 공증인이 공정증서 원본을 작성하여 유언자의 확인을 받은 경우에, 유언자는 주로 공증인이 진술하는 내용에 대하여 확인하는 말만을 한 것이므로, 엄격히 본다면 이는 민법이 정하고 있는 '유언의 취지를 구수'한 것과는 거리가 있다고 할 수도 있다. 그러나 학설은 대체로 이를 유효하다고 본다. 즉 이 경우에는 구수와 유언서 작성이 순서가 바뀐 경우이거나 유언취지를 사전에 전달하여 구수에 갈음하는 경우인데, 이러한 경우까지 모두 무효라고 할 수는 없다는 것이다.

이 문제는 유언의 요식성이라는 법이 요구하는 요건과, 유언자의 진의 존중이라는 필요 사이에 내재하는 긴장관계에서 유래한 것이다. 그 한계를 어디에서 그어야 할 것인가는 선험적으로 답변할 수 없고, 구체적인 사실관계에 따라 결론이 달라질 수밖에 없다. 위 판결의 사실관계 하에서는 유언자의 진의는 확보되었으므로 유언이 유효하다고 볼 수 있을 것이다.

그러나 이는 유언자가 유언의 취지를 정확히 이해할 의사식별능력이 있고 유언의 내용이나 유언경위로 보아 유언 자체가 유언자의 진정한 의사에 기한 것으로 인정할 수 있는 경우에 한해야 하고, 유언자의 유언능력 자체가 의심스러울 때에는 그러하지 않다(대법원 2006. 3. 9. 선고 2005다57899 판결 등).

그리고 증인의 참여가 없는 유언은 비록 공증인의 인증을 받았다 하더라도 공정증서에 의한 유언이라고 볼 수 없다(대법원 1994. 12. 22. 선고 94다13695 판결). 반면 공정증서가 유언자가 입원하고 있던 병원 병실에서 작성되었음에도 불구하고, 공정증서에는 그 작성 장소가 공증 변호사의 사무소로 기재되어 있다는 사유만으로 공정증서 유언이 무효라고는 볼 수 없다(대법원 2008. 8. 11. 선고 2008다1712 판결).

유언자의 기명날인은 유언자의 의사에 따라 기명날인한 것으로 볼 수 있는 경우에는 반드시 유언자 자신이 할 필요는 없다(대법원 2016. 6. 23. 선고 2015다231511 판결).

[판례 75] 대법원 2007. 10. 25. 선고 2007다51550, 51567 판결

상고이유를 판단한다.

민법 제1065조 내지 제1070조가 유언의 방식을 엄격하게 규정한 것은 유언자의 진의를 명확히 하고 그로 인한 법적 분쟁과 혼란을 예방하기 위한 것이므로, 법정된 요건과 방식에 어긋난 유언은 그것이 유언자의 진정한 의사에 합치하더라도 무효라고 하지 않을 수 없고(대법원 2006. 3. 9. 선고 2005다57899 판결 등 참조), 민법 제1068조 소정의 '공정증서에 의한 유언'은 유언자가 증인 2인이 참여한 공증인의 면전에서 유언의 취지를 구수하고 공증인이 이를 필기낭독하여 유언자와 증인이 그 정확함을 승인한 후 각자 서명 또는 기명날인하여야 하는 것인바, 여기서 '유언취지의 구수'라고 함은 말로써 유언의 내용을 상대방에게 전달하는 것을 뜻하는 것이므로 이를 엄격하게 제한하여 해석하여야 하는 것이지만, 공증인이 유언자의 의사에 따라 유언의 취지를 작성하고 그 서면에 따라 유언자에게 질문을 하여 유언자의 진의를 확인한 다음 유언자에게 필기된 서면을 낭독하여 주었고, 유언자가 유언의 취지를 정확히 이해할 의사식별능력이 있고 유언의 내용이나 유언경위로 보아 유언 자체가 유언자의 진정한 의사에 기한 것으로 인정할 수 있는 경우에는, 위와 같은 '유언취지의 구수' 요건을 갖추었다고 보아야 할 것이다.

원심은 그 판시 증거를 종합하여, 이 사건 유언공정증서의 작성은 망 소외 1(이하 '망인'이라고만 한다)의 구수에 의한 것이 아니라 유언 하루 전날 원고가 증인 2명과 함께 공증인 사무실을 찾아가서 공증에 필요한 서면 등을 미리 작성한 후 공증 변호사가 망인의 자택을 방문하여 위 서면에 따라 망인에게 질문을 하여 확인절차를 거치고 망인이 공정증서에 서명날인한 사실, 망인은 1934. 9. 21.생으로 이 사건 유언 당시 만 69세여서 거동이 불편하긴 하나 의식이 명료하고 언어소통에 지장이 없었던 사실, 공증 변호사가 망인에게 유증할 대상자와 유증할 재산에 대하여 묻자 망인은 원고에게 '논, 밭, 집터, 집'이라고 대답하였고 공증 변호사는 미리 작성하여 온 공정증서의 내용에 따라 망인에게 등기부에 기재된 지번과 평수 및 그 지역에서 부르는 고유명칭을 하나하나 불러주고 유증의사가 맞는지를 확인한 사실,

그 후 공증 변호사는 망인에게 유언공정증서의 내용을 읽어주고 이의가 없는지를 확인한 후 공정증서 등에 망인과 증인 소외 2, 3의 자필서명을 받은 사실을 인정한 다음, 위와 같이 망인이 의식이 명확한 상태에서 본인의 의사에 따라 유증할 의사를 밝혔고, 사전에 작성하여 온 공정증서에 따라 공증인이 개별 부동산에 대하여 불러준 후 유증의사가 맞는지 확인함과 더불어 유언공정증서의 내용을 낭독하고 이의 여부를 확인한 후 망인의 자필서명을 받은 점에 비추어 이 사건 공정증서에 의한 유언은 유언자의 구수가 있었다고 보아야 할 것이고, 비록 공증인이 미리 유언내용을 필기하여 왔고 이를 낭독하였더라도 유언자의 구수내용을 필기하여 낭독한 것과 다를 바 없으므로 이 사건 공정증서에 의한 유언은 민법 제1068조의 요건을 모두 갖추어 유효하다고 판단하였다.

앞서 본 법리에 비추어 보면, 원심의 위와 같은 판단은 정당하고, 거기에 공정증서에 의한 유언방식에 관한 법리오해나 채증법칙 위반 등의 위법이 없다.

생각할 점

이 판결에서 말하는 구수는 말로 전하거나 가르쳐 준다는 '구수'의 사전적 의미에 어긋나므로 법의 문언을 벗어난 것이라는 비판(박영규, "규정의 목적과 해석", 서울법학 15권 2호, 2008, 70－71)에 대하여는 어떻게 생각하는가? 윤진수, "2007년 주요 민법 관련 판례 회고", 민법논고 Ⅶ, 2015, 479－482와 비교하여 보라.

마. 비밀증서에 의한 유언

비밀유언증서에 의한 유언이란, 유언자가 필자의 성명을 기입한 증서를 엄봉날인하고, 자기의 유언서임을 표시한 후 그 표면에 제출연월일을 기입하고, 유언자와 증인이 각자 서명 또는 기명날인하는 방식에 의한 유언을 말한다(1069조 1항).

우선 유언서 자체가 자필일 필요는 없다. 그러므로 문자를 쓸 수 없는 사람이라도 비밀증서에 의한 유언을 이용할 수 있다. 또한 필자의 성명만을 기입하면 되는데, 여기서 필자라 함은 유언자가 쓴 때에는 유언자 자신을, 다른 사람이 쓴 때에는 그 다른 사람을 말한다. 다만 이 경우에 필자 자신의 서명은 요한다고 하는 견해가 있다(곽윤직, 235).

또한 증서를 엄봉하여 그 봉한 곳에 날인함으로써 제3자가 함부로 뜯어 볼 수 없게 하여야 한다. 엄봉과 날인은 모두 유언자가 해야 하는 것으로 규정되어 있다. 그러나 엄봉은 유언자가 해야 하지만, 날인은 그럴 필요가 없다는 설(김주수·김상용,

831; 이경희·윤부찬, 513)과, 모두 다른 사람이 해도 된다는 설(박동섭·양경승, 875)도 주장된다.

그리고 이를 2인 이상의 증인에게 제출하여 자신의 유언서임을 표시한 후 그 봉서 표면에 제출연월일을 기재하고, 유언자와 증인이 각자 서명 또는 기명날인하여야 한다. 이 경우 봉서표면에 봉인한 인장과 유언자가 기명날인한 인장 또는 유언서에 기명날인한 인장이 같지 않으면 비밀증서유언의 요건을 갖추지 않은 것이라고 하는 주장이 있다(곽윤직, 236).

나아가 유언봉서는 그 표면에 기재된 날로부터 5일 내에 공증인 또는 법원서기에게 제출하여 그 봉인상(封印上)에 확정일자인을 받아야 한다(1069조 2항). 이러한 비밀증서의 요건에 흠결이 있으나, 자필증서의 방식을 갖추었으면, 자필증서에 의한 유언으로 본다(1071조). 이는 무효행위의 전환(138조)의 한 예이다.

바. 구수증서(口授證書)에 의한 유언

구수증서에 의한 유언은 질병 기타 급박한 사유로 인하여 다른 유언방식을 이용할 수 없는 때에 한하여 이용할 수 있는 유언방식이다(1070조). 대법원 1999. 9. 3. 선고 98다17800 판결은, 민법 1070조 1항이 구수증서에 의한 유언은 질병 기타 급박한 사유로 인하여 자필증서, 녹음, 공정증서 및 비밀증서의 방식에 의하여 할 수 없는 경우에 허용되는 것으로 규정하고 있는 이상, 그러한 방식에 의한 유언이 객관적으로 가능한 경우까지 구수증서에 의한 유언을 허용하여야 하는 것은 아니라고 하였다.

이때에는 유언자가 2인 이상의 증인 중 1인에게 유언의 내용을 구수하면, 그 구수를 받은 증인이 이를 필기낭독하여 유언자와 증인이 그 정확함을 승인한 후 각자 서명 또는 기명날인하면 된다(1070조 1항). 그런데 법문상은 서명 또는 기명날인의 주체가 "유언자의 증인"이라고 되어 있어서, 유언자 자신의 서명 또는 기명날인은 필요하지 않은 것처럼 보인다. 학설상으로도, 급박한 상황 하에 있는 유언자는 승인 또는 서명·기명날인이 불가능한 경우도 많을 것이라고 하여 그와 같이 해석하는 견해가 있다(박동섭·양경승, 877). 그러나 원래 정부가 제출한 민법안에는 "유언자 및 증인이 그 정확함을 승인한 후 각자 서명 또는 기명날인하여야 한다"고 규정하고 있었고, 심의 과정에서도 이 점에 대하여 달리 바꾸겠다는 논의가 없었다. 그리고 "유언자의 증인"이라는 말도 자연스럽지 않다. 그러므로 이는 편집상의 오류에 기인한 것으로서, "유언자와 증인"으로 이해해야 할 것이다. 통설도 그와 같이 이해한다.

대법원 2006. 3. 9. 선고 2005다57899 판결은 구수증서에 의한 유언에 관하여, 증인이 제3자에 의하여 미리 작성된, 유언의 취지가 적혀 있는 서면에 따라 유언자에게 질문을 하고 유인자가 동작이나 간략한 답변으로 긍정하는 방식은, 유언 당시 유언자의 의사능력이나 유언에 이르게 된 경위 등에 비추어 그 서면이 유언자의 진의에 따라 작성되었음이 분명하다고 인정되는 등의 특별한 사정이 없는 한 유언취지의 구수에 해당한다고 볼 수 없고, 유언 당시에 자신의 의사를 제대로 말로 표현할 수 없는 유언자가 유언취지의 확인을 구하는 변호사의 질문에 대하여 고개를 끄덕이거나 "음", "어"라고 말한 것만으로는 유언의 취지를 구수한 것으로 볼 수 없다고 하였다.

구수증서에 의한 유언의 경우에는 유언자가 피성년후견인이더라도 1063조 2항이 규정하는 의사의 확인은 필요하지 않다.

판례는, 구수증서에 의한 유언은 보통방식이 아니어서 그 유언요건을 완화하여 해석하여야 하므로, 증인에 대하여 증인의 표시가 없고, 또 유언서에 구수를 필기낭독하여 유언자와 증인이 그 정확성을 승인하였다면 유언서에 그러한 사유를 기재하지 않았다고 하여도 무효가 아니라고 보았다(대법원 1977. 11. 8. 선고 76므15 판결).

구수증서에 의한 유언은 그 증인 또는 이해관계인이 급박한 사유의 종료한 날로부터 7일내에 법원에 그 검인을 신청하여야 한다(1070조 2항). 이때 '증인'이란 구수증서유언 작성에 참여한 증인을, '이해관계인'이란 상속인, 유증 받은 자, 유언집행자 등 그 유언에 의해 법적으로 영향을 받는 자를 말한다. 유언에 의해 인지를 받을 자도 이에 포함될 수 있으나, 상속채권자는 여기에 해당하지 않는다고 본다.

그리고 질병으로 인하여 구수증서유언을 한 경우에는 특별한 사정이 없는 한 유언이 있는 날로부터 7일 이내에 그 검인을 신청하여야 하고, 그 기간을 도과한 검인신청은 부적법하며(대법원 1986. 10. 11.자 86스18 결정; 1989. 12. 13.자 89스11 결정; 1994. 11. 3.자 94스16 결정), 위 기간 내에 검인신청을 하지 아니하면 유언은 무효로 된다(대법원 1992. 7. 14. 선고 91다39719 판결).

그러나 위 기간을 경과하여 검인신청을 하였더라도 법원이 그 신청을 각하하지 않고 검인을 하였다면, 이에 대하여는 즉시항고로 불복할 수밖에 없고, 즉시항고기간 내에 즉시항고를 제기하지 않았다면 위 검인은 확정되어 유언의 효력을 다툴 수 없게 된다(대법원 1977. 11. 8. 선고 76므15 판결).

사. 증인결격

민법은 자필증서에 의한 유언 외에는 증인을 요구하고 있는데, 이러한 증인의 결격사유에 대하여는 별도의 규정이 있다(1072조).

첫째, 미성년자는 법정대리인의 동의가 있더라도 증인이 될 수 없다.

둘째, 피성년후견인과 피한정후견인.

셋째, 유언에 의하여 이익을 받을 사람, 그의 배우자와 직계혈족. 이러한 사람이 증인이 되면 유언의 공정성 내지 진정성 확보에 영향을 줄 수 있다. 예컨대 유언자의 상속인으로 될 자, 유증을 받게 될 자 등이 유언에 의하여 이익을 받게 될 자에 해당한다. 대법원 1999. 11. 26. 선고 97다57733 판결은 유언집행자는 증인결격자에 해당한다고 할 수 없다고 하였다.

공정증서에 의한 유언에서는 공증인법상의 결격자도 증인적격이 없다(1072조 2항). 공증인법이 규정하고 있는 결격자에는 공증인결격자, 즉 공증인이 될 수 없는 자(공증인법 13조)와, 참여인결격자(33조 3항)가 있는데, 증인이 될 수 없는 사람은 참여인결격자를 말한다(곽윤직, 227; 김주수·김상용, 824; 대법원 1992. 3. 10. 선고 91다45509 판결). 공증인법에 의한 결격자는 서명할 수 없는 사람, 시각장애인이거나 문자를 해득하지 못하는 사람, 촉탁 사항에 대하여 대리인 또는 보조인이거나 대리인 또는 보조인이었던 사람, 공증인의 친족, 피고용인, 동거인 또는 보조자 등이다(33조). 그 이외의 공증인법에 의한 결격자(미성년자, 이해관계 있는 사람 등)는 민법상의 결격자와 중복된다. 다만 대법원 1992. 3. 10. 선고 91다45509 판결; 2014. 7. 25.자 2011스226 결정은, 이러한 공증인법에 의한 결격자라도, 공증촉탁인인 유언자가 공증에 참여시킬 것을 요구한 경우에는 공증인법 33조 3항 단서, 29조 2항에 의하여 결격자가 아니라고 하였다. 그러나 이러한 판례에 대하여는, 어떤 사람을 공증인법이 증인결격자로 정한 것은 그 사람이 증인으로서의 역할을 담당하기에 적합하지 않다고 여겨서 그렇게 정한 것이므로, 촉탁인이 임의로 결격자 제도를 배제할 수 있다고 하는 것은 부당하다는 이유로, 공증인법 33조 3항 단서는 공정증서유언에는 적용될 수 없다는 반대설(남상우)도 있다.

이 이외에 학설상 사실상의 결격자라는 개념이 주장되고 있다. 즉 법률상 증인결격자가 아니라도 증인의 직책을 사실상 수행할 수 없으면 사실상의 결격자라고 하여, 증인이 될 수 없다고 한다. 예컨대 구수증서 유언의 경우에 유언자의 구수를 이해할 수 없는 자(예: 청각장애자), 공정증서유언과 구수증서유언에 있어서는 필기가 정확한 것임을 승인할 능력이 없는 자, 녹음된 유언을 이해할 수 없는 자 등이다(곽윤직, 228). 과거에는 서명할 수 없는 자나 시각장애인이 증인결격자에 해당하는가에 관하여 논란이 있었으나 2009년 개성된 공증인법은 증인결격자에 포함시켰다. 법무부 가족법개정특별위원회의 2011년 개정안은 증인결격자에 "유언이 정확함을 승인하거나 유언자의 유언임을 확인할 능력이 없는 사람"을 포함시키고, 공증인법에 의한 결격자라는 요건을 삭제하는 대신 그에 해당하는 내용을 별도로 규정하였다.

증인결격자가 증인이 된 경우에는 그 유언의 효력은 원칙적으로 무효이다. 다만 결격자를 제외하더라도 법이 요구하고 있는 증인 수에 달하고 있으면 유언은 유효하고, 결격자인 증인이 다른 증인에게 실질적인 영향력 내지 지배력을 가지는 것이 명백한 경우에만 유언이 무효라고 보아야 할 것이다(김주수·김상용, 825; 이경희·윤부찬, 521. 송덕수, 427도 같은 취지로 보인다). 대법원 1977. 11. 8. 선고 76므15 판결은, 구수증서 유언의 증인 중 결격자가 1인 있었으나 나머지 증인이 4인인 경우에 유언의 유효성을 인정하였다.

현 행	2011년 개정안
제1072조(증인의 결격사유) ① 다음 각 호의 어느 하나에 해당하는 사람은 유언에 참여하는 증인이 되지 못한다. 1. 미성년자 2. 피성년후견인과 피한정후견인 3. 유언으로 이익을 받을 사람, 그의 배우자와 직계혈족 ② 공정증서에 의한 유언에는 「공증인법」에 따른 결격자는 증인이 되지 못한다.	제1072조(증인·통역인의 결격사유) ① 다음 각 호의 어느 하나에 해당하는 사람은 유언에 참여하는 증인 또는 제1068조 제3항에 의한 통역인이 되지 못한다. 1. 미성년자 2. 피성년후견인과 피한정후견인 3. 유언에 관한 이해관계인, 그 배우자와 직계혈족 4. 제1067조 내지 제1070조에서 정한 방식에 맞게 유언이 정확함을 승인하거나 유언자의 유언임을 확인할 능력이 없는 사람 ② 공증인의 친족, 피고용인, 동거인 및 보조자 또는 제1068조 제3항에 의한 통역인은 공정증서의 증인이 되지 못한다.

아. 유언의 검인

공정증서 및 구수증서를 제외한 나머지 유언은 유언자의 사망 후에 법원의 검인을 받아야 하는데(1091조), 이러한 검인절차는 유언서 자체의 상태를 확정하기 위한 것이지 유언의 효력을 판단하기 위한 것이 아니므로 검인절차의 유무는 유언의 효력에 영향을 주지 않는다(대법원 1980. 11. 19.자 80스23 결정; 1998. 5. 29. 선고 97다38503 판결). 공정증서 유언은 검인을 필요로 하지 않는다. 그러나 구수증서 유언의 경우에는 급박한 사유가 종료한 날부터 7일 내에 법원의 검인을 받아야 하고, 위 기간 내에 검인을 받지 않았으면 유언은 무효가 된다(대법원 1992. 7. 14. 선고 91다39719 판결).

대법원 등기예규 1512호에 의하면, 유증을 원인으로 한 소유권이전등기를 신청하는 경우에 유언증서가 자필증서, 녹음, 비밀증서에 의한 경우에는 유언검인조서등본을 첨부하여야 하는데, 검인기일에 출석한 상속인들이 "유언자의 자필이 아니고 날인도 유언자의 사용인이 아니라고 생각한다"는 등의 다툼 있는 사실이 기재되어 있는 검인조서를 첨부한 경우에는 유언 내용에 따른 등기신청에 이의가 없다는 위 상속인들의 진술서(인감증명서 첨부) 또는 위 상속인들을 상대로 한 유언유효확인의 소나 수증자 지위 확인의 소의 승소 확정판결문을 첨부하여야 한다(대법원 2014. 2. 13. 선고 2011다74277 판결 참조).

5. 유언의 해석

▌**참고문헌:** 김상훈, "피상속인의 의사해석과 오표시 무해의 원칙", 가족법연구 36권 2호, 2022; 김영희, "독일법상의 유언의 보충적 해석", 강원법학 32호, 2011; 정소민, "유언의 해석", 비교사법 22권 1호, 2015; 현소혜, 유언의 해석, 2010.

유언은 상대방 없는 단독행위로서 유언자의 의사가 최대한 존중되어야 하므로, 계약과는 달리 상대방의 신뢰보호는 별로 고려할 필요가 없고, 따라서 유언의 해석은 유언자의 진정한 의사 내지 현실적 의사가 무엇인지를 파악하는 것을 제1차적인 목적으로 하여야 한다. 따라서 법률행위의 해석에서 상대방의 신뢰를 고려하는 이른바 규범적 해석은 별로 문제되지 않고, 유언자의 현실적 의사를 탐구하는 자연적 해석과 보충적 해석이 문제된다. 주로 문제되는 것들은 다음과 같다.

첫째, 유언에서는 다른 법률행위와 마찬가지로 제1차적으로 문언이 중요하다. 그러나 유언의 의미가 불분명하거나 또는 유언자의 진정한 의사가 유언 문언의 객관적인 의미와 다르다는 의문이 있을 때에는 유언 외부에 존재하는 모든 사정들을 고려하여 유언자의 진정한 의사를 밝혀야 한다. 예컨대 유언자가 평소에 자신이 포도주 저장고에 가지고 있던 포도주를 장서(藏書)라고 불러 왔고, 실제로 별다른 책은 가지고 있지 않았다면, 유언에 자신의 장서를 유증한다는 것은 자신의 포도주를 유증한다는 것으로 해석해야 한다. 이와 비슷한 것이 이른바 오표시 무해의 원칙(falsa demonstratio non nocet)이다. 예컨대 A 토지를 유증하려고 하였는데 착오로 자신이 소유하고 있지 않은 B 토지를 유증한다고 유언에 기재한 경우, 이때에는 A 토지가 유증된 것으로 보아야 한다. 물론 이러한 오표시 무해의 원칙은 다른 법률행위에서도 인정된다(대법원 1993. 10. 26. 선고 93다2629, 2636 판결 등).

둘째, 유언은 요식행위이므로, 유언에 전혀 나타나 있지 않은 사항도 유언으로 인정될 수 있는가가 문제된다. 독일의 판례와 통설은, 유언자의 현실적인 의사가 유언에 어떤 방식으로든 불완전하게나마 표현되어 있을 때에만 이를 고려할 수 있다는 암시이론(Andeutungstheorie)을 따르고 있다. 예컨대 부부인 M과 F가 공동유언(gemeinschaftliches Testament)에서 자신들의 두 자녀를 공동상속인으로 지정하였다. 그러나 실제로는 부부가 둘 중 한 사람이 죽으면 다른 한 사람이 단독상속인이 되고, 그 단독상속인이 사망하면 자녀가 상속하는 것으로 유언하려고 하였는데(이른바 베를린 유언), 유언서 작성 과정에서 서로를 단독상속인으로 지정하는 내용이 빠졌다. M이 사망하자 F는 자신이 단독상속인이라고 주장하였으나, 독일연방대법원은 단독상속인 지정은 유언에 나타나 있지 않다고 하여 F의 주장을 받아들이지 않았다(BGHZ 80, 242). 그러나 암시이론에 대하여는, 유언의 방식은 유언의 성립에 관한 문제이지 그 내용에 관한 것은 아니며, 유언의 의미의 확정은 유언자의 진정한 의사에 따라야 한다는 반대설도 있다.

셋째, 유언의 해석 여하에 따라 그 효력 유무가 달라질 때에는 되도록 유언이 유효하게 될 수 있는 방향으로 해석하여야 한다(호의적 해석, favor testamenti). 예컨대 어떤 사람이 법인인 서울대학교를 자신의 상속인으로 지정하였다면, 우리 법상 유언에 의한 상속인의 지정은 허용되지 않으므로 유언은 무효로 될 가능성이 있지만, 이를 서울대학교에 포괄적 유증을 한 것으로 해석한다면 유언은 유효하게 될 것이다.

넷째, 당사자가 유언 당시 미처 생각하지 못했던 문제가 유언 후에 나타나게 되었을 때에는, 당사자가 그러한 점을 생각했더라면 어떻게 유언했을까 하는 점을 따져서 그에 따르는 유언의 보충적 해석도 허용될 수 있다.

우리나라의 판례상 유언의 해석이 문제된 사례는 그다지 많지 않다. 대법원 2003. 5. 27. 선고 2000다73445 판결은 "유증이 포괄적 유증인가 특정유증인가는 유언에 사용한 문언 및 그 외 제반 사정을 종합적으로 고려하여 탐구된 유언자의 의사에 따라 결정되어야 하고, 통상은 상속재산에 대한 비율의 의미로 유증이 된 경우는 포괄적 유증, 그렇지 않은 경우는 특정유증이라고 할 수 있지만, 유언공정증서 등에 유증한 재산이 개별적으로 표시되었다는 사실만으로는 특정유증이라고 단정할 수는 없고 상속재산이 모두 얼마나 되는지를 심리하여 다른 재산이 없다고 인정되는 경우에는 이를 포괄적 유증이라고 볼 수도 있다"고 판시하였다(같은 취지, 대법원 1978. 12. 13. 선고 78다1816 판결). 대법원 2022. 1. 27. 선고 2017다265884 판결은 유언자가 부담부 유증을 하였는지 여부는 유언에 사용한 문언 및 그 외 제반 사정을 종합적으로 고려하여 탐구된 유언자의 의사에 따라 결정되어야 한다고 판시하였다. 또한 대법원 2001. 3. 27. 선고 2000다26920 판결에서 문제된 유언은, 상속재산의 일부를 유증하고, 유증재산을 제외한 나머지 재산은 평소의 뜻에 따라 육영사업에 사용한다는 것이었는데, 피상속인은 위 유언서를 작성한 후에 이 사건 부동산의 소유권을 취득하였다. 대법원은 "이 사건 부동산은 비록 유언 후에 취득한 것이어서 유언 당시에는 존재하지 않았던 재산이었다 할지라도 위의 유언내용 중 '나머지 재산'에 포함되어 유언의 대상이 된다"고 판단하였다.

그리고 대법원 2018. 7. 12. 선고 2017다235647 판결은, 유언에 유증자가 연금보험금을 유증한다고 기재되어 있는 경우, 보험계약자가 보험회사의 승낙 없이 유증과 같은 일방적인 의사표시만으로 계약자의 지위를 이전할 수 없는 점 등에 비추어 보면, 유증자가 유증한 재산은 연금보험에 기초한 연금보험금청구권이고, 연금보험상의 계약자 지위로 볼 수 없다고 하였다.

6. 유언의 철회와 취소

▌참고문헌: 김영희, "신분행위와 유언의 철회", 가족법연구 27권 3호, 2013; 김형석, "유언의 성립과 효력에 관한 몇 가지 문제", 민사판례연구 38권, 2016; 오병철, "유언의 취소," 가족법연구, 25권 3호, 2011; 정소민, "유언의 해석", 비교사법 22권 1호, 2015; 현소혜, "유언철회의 철회", 홍익법학 8권 3호, 2007

가. 유언 철회의 의의

유언자는 어느 때든 자신의 유언을 철회할 수 있다(1108조 1항). 이는 유언의 자유의 한 내용이라고 할 수 있다. 유언을 하였더라도 그 후 사정의 변경이 생기거나, 심경의 변화가 있을 때에 유언자로 하여금 자신의 유언에 구속되게 하는 것은 부당하기 때문이다. 다른 한편 유언은 유언자의 사망으로 인하여 비로소 그 효력이 발생하므로, 효력 발생 전의 유언 철회를 제한할 이유도 없다. 가령 유언에 의하여 이익을 받게 될 제3자가 있다고 하더라도, 그러한 제3자의 이익은 아직 법률상 보호를 받을 정도로 확실한 것이라고는 할 수 없다. 그러나 유언을 신뢰한 제3자가 유언의 철회로 인하여 손해를 입은 경우에는 유언자에게 고의 내지 해의가 있으면 불법행위를 이유로 손해배상을 구할 수 있을 것이다.

유언을 철회할 수 있는 것은 유언자 본인뿐이므로, 대리인은 본인의 유언을 철회할 수 없다. 대법원 1998. 6. 12. 선고 97다38510 판결은, 타인이 유언자의 명의를 이용하여 임의로 유언의 목적인 특정재산에 관하여 처분행위를 하더라도 유언 철회로서의 효력은 발생하지 않는다고 하였다.

또 유언을 철회할 권리는 포기할 수 없다(1108조 2항). 대법원 2015. 8. 19. 선고 2012다94940 판결([판례 76])은, 유언자가 공정증서에 기한 유언을 수정하고자 할 경우 상속인들의 동의를 얻도록 함으로써 유언자의 유언철회의 자유를 제한하고 있으므로 무효라고 보아야 하고, 나아가 유언자를 제외한 상속인들 사이의 약정이라고 하더라도, 유언자가 상속인들의 동의 없이 유언의 전부 또는 일부를 철회하거나 이에 저촉되는 생전행위를 하는 경우에도 그 수유자인 상속인들 사이에서는 전 유언대로 협의하거나 그에 따른 분배로 보아 상호간의 지분을 인정해 주기로 하는 등 유언자의 위와 같은 행위의 효력을 부정함으로써 사실상 소외인의 유언 철회행위를 무력화하는 셈이 되어 역시 무효라고 볼 수밖에 없다고 하였다. 이 판결은 또한, 이러한 약정은 수유자인 원고 및 피고들이 유언자가 사망하여 유언의 효력이 발생하기도 전에 그 유언에 의하여 취득할 권리의 처리에 관한 사항을 미리 정하고 있는 것이므로, 유언의 성질에 비추어 보더라도 그 효력을 인정하기는 어렵다고 하였다.

[판례 76] 대법원 2015. 8. 19. 선고 2012다94940 판결

1. 원심은 그 채택 증거를 종합하여 소외인이 2007. 11. 20. 자녀들인 원고와 피고들 4인에게 이 사건 각 부동산 중 소외인의 소유로 회복할 지분 내지 소유권의 각 1/4 지분을 유

증하기로 하는 내용의 이 사건 공정증서를 작성한 사실, 원고와 소외인 및 피고들은 2009. 12. 15. 소외인이 이 사건 공정증서의 내용을 수정하려면 원고 및 피고들 모두의 동의를 거쳐야 하고(제4조 전단), 소외인이 임의로 이 사건 공정증서의 내용을 수정하는 경우 원고와 피고들은 이 사건 공정증서에 따라 협의하는 것으로 하며(제4조 후단), 소외인이 그 소유 재산을 원고 및 피고들에게 증여하는 경우에는 이 사건 공정증서에 따른 분배로 보아 처리하기로 하는(제5조) 등 소외인 소유 재산의 관리와 처분 및 이 사건 공정증서 등에 관한 이 사건 약정을 체결한 사실을 인정한 다음, 이로써 소외인이 이 사건 각 부동산을 임의로 원고와 피고들 중 일부에게 증여하더라도 원고와 피고들 사이에서는 소외인의 이러한 처분행위를 이 사건 공정증서에 따른 분배로 보아 소외인으로부터 이전받은 권리의 각 1/4 지분에 관한 소유권을 상호 인정해 주기로 합의한 것이므로, 피고들은 이 사건 약정에 따라 피고들이 소외인으로부터 증여받은 이 사건 제1 내지 6 부동산의 각 1/4 지분을 원고에게 이전해 줄 의무가 있다고 판단하였다. 그리고 이 사건 약정 제4조 전단은 사실상 유언 철회의 자유를 제한하는 내용에 해당하므로 민법 제1108조의 취지에 반하여 무효이나, 나머지 제4조 후단과 제5조는 소외인이 이 사건 공정증서의 내용을 수정하거나 유증의 대상인 부동산을 증여할 경우 소외인을 제외한 나머지 당사자들 사이에서 재산의 처리 방법을 정한 것이고, 민법 제1108조는 유언자가 사전에 이루어진 자신의 유언에 구속되지 않는다는 취지일 뿐이지 유언의 상대방이 유언자로부터 증여받거나 유증받은 재산을 그 취지에 반하여 처분할 수 없다는 의미까지 포함하고 있지 아니하므로, 이와 같은 약정이 소외인의 유언 철회의 자유를 제한하거나 그 재산 처분의 자유를 침해하는 것으로서 민법 제1108조 또는 민법 제103조를 위반하여 무효라고 보기는 어렵다고 전제한 다음, 이 사건 약정이 사실상 사고능력이 상당히 저하된 소외인의 상태 등을 고려하여 향후 상속인 간의 분쟁의 소지를 없애고자 체결된 것인 점 및 이 사건 약정의 문언과 내용 및 상호 연관성 및 그 이행가능성 등을 고려하여 이 사건 약정 제4조 전단이 무효라고 하더라도 이 사건 약정의 나머지 부분은 유효한 것으로 보아 약정에 따른 정산을 하고자 함이 당사자들의 의사였다고 봄이 상당하다는 이유로, 이 사건 약정 제4조 및 제5조가 모두 무효라는 피고들의 주장을 배척하였다.

2. 가. 민법 제1108조 제1항에 의하면 유언자는 언제든지 유언 또는 생전행위로써 유언의 전부나 일부를 철회할 수 있고, 유언 후의 생전행위가 유언과 저촉되는 경우에는 민법 제1109조에 의하여 그 저촉된 부분의 전(前)유언은 이를 철회한 것으로 본다(대법원 2002. 6. 25. 선고 2000다64427 판결 등 참조). 또한 민법 제1073조 제1항에 의하면 유언은 유언자가 사망한 때로부터 그 효력이 생기고, 유언자는 위와 같이 생전에 언제든지 유언을 철회할 수 있으므로, 일단 유증을 하였더라도 유언자가 사망하기까지 수유자는 아무런 권리를 취득하지 않는다고 보아야 한다.

나. 그런데 기록에 의하면, 이 사건 약정 제4조 전단은 유언자인 소외인이 이 사건 공정

증서에 기한 유언을 수정하고자 할 경우 원고 및 피고들의 동의를 얻도록 함으로써 민법 제1108조 등에 의하여 인정되는 소외인의 유언철회의 자유를 제한하고 있으므로 무효라고 보아야 하고, 나아가 이 사건 약정 제4조 후단 및 제5조 또한 비록 소외인을 제외한 원고와 피고들 사이의 약정이라고 하더라도 유언자인 소외인이 원고 및 피고들의 동의 없이 유언의 전부 또는 일부를 철회하거나 이에 저촉되는 생전행위를 하는 경우에도 그 수유자인 원고와 피고들 사이에서는 전(前)유언대로 협의하거나 그에 따른 분배로 보아 상호 간의 지분을 인정해 주기로 하는 등 소외인의 위와 같은 행위의 효력을 부정함으로써 사실상 소외인의 유언 철회행위를 무력화하는 셈이 되어 민법 제1108조 등에 의하여 역시 무효라고 볼 수밖에 없다. 또한 기록에 의하면, 이 사건 약정 제4조 후단 및 제5조는 수유자인 원고 및 피고들이 유언자인 소외인이 사망하여 유언의 효력이 발생하기도 전에 그 유언에 의하여 취득할 권리의 처리에 관한 사항을 미리 정하고 있는 것이므로, 앞서 본 유언의 성질에 비추어 보더라도 그 효력을 인정하기는 어렵다.

다. 그런데도 원심은 그 판시와 같은 이유만으로 이 사건 약정 제4조 및 제5조가 모두 무효라는 피고들의 주장을 배척하고 말았으니, 이러한 원심의 판단에는 유언에 관한 법리를 오해하여 판결에 영향을 미친 잘못이 있다. 이를 지적하는 피고들의 상고이유 주장은 이유 있고, 이와 다른 전제에 있는 원고의 상고이유 주장은 이유 없다.

생각할 점

이러한 약정이 상속인들 사이에서도 무효라고 보아야 할 이유는 무엇인가?

나. 유언 철회의 방법

유언의 철회는 새로운 유언에 의하여 이를 할 수도 있고, 유언이 아닌 생전의 행위에 의하여 이를 할 수도 있다(1108조 1항). 반드시 유언 전부를 철회하여야 하는 것은 아니고, 유언 중 일부만을 철회할 수도 있다.

(1) 유언에 의한 철회

새 유언에서 종전의 유언을 철회한다는 뜻을 밝힌 경우는 물론이고, 전후의 유언이 저촉될 때에도 전의 유언은 철회한 것으로 보게 된다(1109조). 예컨대 전 유언에서는 집을 A에게 유증한다고 하였는데, 후의 유언에서는 B에게 유증한다고 하는 경우와 같다.

후의 유언이 방식을 준수하지 못하여 무효인 경우에도 철회의 효력이 인정되는가? 반대설이 있기는 하지만, 이때에는 유언의 효력이 생기지 않으므로 철회의 효력도 인정되지 않는다고 보아야 할 것이다(곽윤직, 241).

(2) 생전행위에 의한 철회

민법은 생전행위에 의하여 철회를 할 수 있다고 규정하고 있으나, 그 철회의 방식이나 상대방에 대하여는 특별히 규정하고 있지 않아서, 저촉행위 또는 유언서의 파훼로 인한 철회를 생전행위에 의한 철회로 본 것인지, 아니면 그 이외에 명시적인 의사표시에 의한 철회를 따로 인정한 것인지 명확하지 않다.

다만 다음과 같은 경우에는 법이 유언을 철회한 것으로 본다. 첫째, 유언 후의 생전행위가 유언과 저촉되는 경우에는 그 저촉된 부분은 철회한 것으로 본다(1109조). 예컨대 유증의 목적물을 다른 사람에게 처분한 경우이다. 이러한 생전행위는 유효한 것이라야만 철회의 효과가 발생한다고 보아야 한다. 그러나 법정대리인이 처분행위를 한 경우에는 철회라고 보아서는 안 된다. 어느 경우에 저촉되는 것으로 볼 것인가는 개별적으로 판단할 문제이지만, 반드시 생전행위로 인하여 유언의 집행이 불가능하게 된 경우에만 저촉된다고 볼 것은 아니고, 유언과 생전행위가 양립할 수 없는 경우이면 된다.

대법원 1998. 6. 12. 선고 97다38510 판결은, 저촉되는 생전행위를 철회권을 가진 유언자 자신이 할 때 비로소 철회 의제 여부가 문제되고, 타인이 유언자의 명의를 이용하여 임의로 유언의 목적인 특정재산에 관하여 처분행위를 하더라도 유언철회로서의 효력은 발생하지 아니하며, 저촉이란 전의 유언을 실효시키지 않고서는 유언 후의 생전행위가 유효로 될 수 없음을 가리키되 법률상 또는 물리적인 집행불능만을 뜻하는 것이 아니라 후의 행위가 전의 유언과 양립될 수 없는 취지로 행하여졌음이 명백하면 족하다고 하면서, 유언에서 피고에게 갑 회사의 주식을 분배하기로 하였다가 생전에 처분한 것만으로는 원고에게 을 회사의 주식을 분배하기로 한 유언부분이 철회되었거나 어떠한 영향을 받았다고 볼 수 없다고 하였다. 그리고 대법원 1998. 5. 29. 선고 97다38503 판결은, 유증하기로 한 주식을 처분하였다고 하여 토지에 관한 유언을 철회한 것으로 볼 수는 없다고 하였다.

여기서 유언과 저촉되는 생전행위가 반드시 재산적인 행위만을 말한다고 볼 필요는 없고, 친족법상의 법률행위도 유언과 저촉되는 것으로 보인다면 유언은 철회된 것으로 볼 수 있다(반대: 김형석). 예컨대 유언자가 배우자에게 유증을 한 후 배우자와 이혼을 하였다면, 그 유증은 철회된 것으로 볼 수 있다. 일본의 판례는, 양자에게 유증을 한 이후에 협의파양을 하였다면 유언은 생전행위로 철회된 것으로 보았다{최고재판소 1981. 11. 13. 판결(民集 35-8, 1251)}.

둘째, 유언자가 고의로 유언증서를 파훼한 때에는 그 파훼한 부분에 관하여는 철회한 것으로 본다(1110조). 유언증서가 멸실되거나 분실되었다는 사유만으로 유언이 실효되는 것은 아니지만(대법원 1996. 9. 20. 선고 96다21119 판결), 유언자가 고의로 유언증서를 파훼한 때에는 철회로 본다. 다만 공정증서에 의한 유언의 경우에는 원본이 공증인 사무소에 보존되어 있는 한 유언자의 수중에 있는 정본을 파훼하여도 철회의 효력은 생기지 않는다고 보는 것이 다수설이지만, 이 경우에 1108조에 의한 유언의 철회가 인정될 수 있다는 설도 있다.

셋째, 유언자가 유증의 목적물을 고의로 파훼한 때에도 마찬가지이다(1110조).

다. 철회의 철회

유언의 철회를 다시 철회할 수도 있다. 이때 최초의 유언이 되살아나는가? 가령 제1유언을 제2유언에서 철회하였으나 다시 제3유언으로 제2유언을 철회한 경우이다. 독일 민법은 되살아난다는 부활주의를 채택하고 있는 반면(2257, 2258조), 일본 민법은 되살아나지 않는다는 비부활주의를 채택하고 있다(1025조). 국내의 학설은 대체로 되살아난다고 하는 부활주의를 지지한다. 물론 제3유언에서 최초의 유언이 되살아나지 않는다는 것을 명확히 한 경우에는 그에 따르면 된다.

라. 유언의 취소

유언의 철회와 구별되는 것은 유언의 취소이다. 유언은 착오, 사기, 강박 등을 이유로 취소될 수 있다. 특히 유언의 경우에는 상대방의 신뢰보호가 문제되지 않기 때문에, 일반 법률행위에서는 취소사유가 되지 않는 이른바 동기의 착오도 취소 사유가 된다고 보는 것이 일반적이다(독일 민법 2078조 2항 참조).

유언자가 배우자에게 유증을 한 후 배우자와 이혼을 한 경우에, 유언자나 그 상속인이 착오를 이유로 유언을 취소할 수 있다는 견해가 있으나(김형석), 착오가 있었는지 여부는 유언 당시를 기준으로 판단하여야 하므로, 유언 후에 배우자와 이혼을 한 것은 취소 사유가 될 수 없다. 이때에는 유언을 생전행위에 의하여 철회한 것으로 보아야 할 것이다{위 나. (2) 참조}.

유언에는 신분에 관한 것과 재산에 관한 것이 있는데, 각각 유언의 성질과 법률행위의 무효·취소를 인정하는 사유를 개별적으로 검토하여 그 한계를 정할 필요가 있다. 친족에 관한 유언 가운데 친생부인, 미성년자의 후견인 지정을 취소할 수 있는지에 관하여는 당사자의 진의를 중요시하여 취소할 수 없다고 보는 견해가 있다. 상속에 관하여는 재단법인의 설립, 상속재산분할방법의 지정과 분할금지, 유언집행자의 지정 또는 지정위탁의 경우에는 유언이 착오나 사기 또는 강박에 의한 경우에 민법총칙상의 법률행위 일반규정에 따라 취소할 수 있다고 해석하여야 할 것이다.

유언자의 상속인도 유언을 취소할 수 있다(140조). 상속인이 다수인 경우에 전원이 취소권을 행사하여야 하는가? 이는 보존행위에 해당하므로 공동상속인 중 한 사람이라도 취소권을 행사할 수 있다고 보아야 할 것이다. 반대로 유언자 자신은 유언을 철회할 수 있기 때문에 유언의 취소권을 인정할 필요가 없다는 주장도 있으나, 유언의 철회 대신 유언의 취소가 더 간편한 경우도 있으므로 굳이 유언자의 취소권을 부정할 필요는 없을 것이다. 유언집행자도 취소할 수 있는가에 대하여는 논란이 있으나, 상속인의 의사에 반하는 유언집행자 고유의 취소권을 인정할 필요는 없을 것이다.

Ⅱ. 유 증

▌참고문헌: 고상현, "사인증여에 관한 논고", 민사법학 48호, 2010; 권영준, "제3자의 권리 대상인 유증 목적물의 법률관계", 민법판례연구 Ⅰ, 2019; 김영희, "자필증서유언에 있어서 날인의 의미와 방식흠결로 무효인 유언의 사인증여로의 전환", 중앙법학 9집 4호, 2007; 김형석, "사인증여", 민사법학 91호, 2020; 박영규, "유증의 법률관계—포괄유증을 중심으로", 연세대 법학연구 26권 1호, 2016; 양형우, "유증에 의한 등기", 법조 2008. 5; 이동진, "불륜관계의 상대방에 대한 유증과 공서양속", 비교사법 13권 4호, 2006; 이소은, "제3자의 권리 대상인 유증 목적물에 관한 법률관계", 비교사법 26권 2호, 2019; 이지은, "사인증여의 철회에 대한 소고", 민사법의 이론과 실무 26권 1호, 2022; 이진기, "유증제도의 새로운 이해: 포괄유증과 특정유증의 효력에 관한 의문을 계기로", 가족법연구 30권 1호, 2016; 이희영, "포괄적 사인증여에 포괄유증의 효력에 관한 민법 제1078조가 적용되는지 여부", 대법원판례해설 25호, 1996; 정구태, "유류분권리자의 승계인의 범위: 포괄적 유증의 법적 성질에 대한 종래 통설의 비판적 검토", 안암법학 28호, 2009; 최두진, "무효인 유언공정증서의 사인증여로의 전환", 인권과 정의 2006. 12; 최병조, "포괄적 유증의 효과", 민사판례연구 9권, 1987; 최병조, "사인증여의 개념과 법적 성질", 민사판례연구 29권, 2007; 최수정, "개정신탁법상의 재산승계제도", 전남대학교 법학논총 31권 2호, 2011; 최수정, "유증목적물에 대한 제3자의 권리", 가족법연구 33권 1호, 2019; 현소혜, "포괄적 유증론", 가족법연구 31권 1호, 2017; 현소혜, "특정물 유증에서의 담보책임", 2018년 가족법 주요판례 10선, 2019

1. 총 설

유증은 유언에 의하여 자신의 재산을 무상으로 제3자에게 주는 단독행위를 말한다. 유증을 할 수 있다는 것은 유언의 자유 가운데 가장 중요한 내용이라고 할 수 있다.

가. 유증과 사인증여의 구별

유증은 유언이라는 단독행위로 이루어지므로, 증여계약의 일종으로서 사망을 조건으로 하여 효력이 발생하는 사인증여(562조)와는 구별된다. 그러나 사인증여의 기능은 유증과 그다지 다르지 않기 때문에, 민법은 유증에 관한 규정을 사인증여에 준용하고 있다(562조). 만일 양자를 전혀 다르게 취급한다면, 당사자들이 사인증여 제도를 악용하여 유증에 관한 여러 제한을 회피하려고 할 것이기 때문이다. 그런데 민법이 포괄적으로 유증에 관한 규정을 사인증여에 준용하고 있지만, 양자의 성질상 차이로 인하여, 그 준용에는 한계가 있다.

우선 유언능력에 관한 규정(1061조 내지 1063조)은 준용되지 않는다. 그러므로 제한능력자는 17세가 넘어도 단독으로는 사인증여계약을 체결할 수 없다. 사인증여의 방식도 통상의 증여와 마찬가지이므로, 유언의 방식에 관한 규정(1065조 이하)도 준용되지 않는다(대법원 1996. 4. 12. 선고 94다37714, 37721 판결; 2001. 9. 14. 선고 2000다66430, 66447 판결). 그러므로 유증이 방식 위배로 무효라고 하더라도 사인증여의 요건을 갖춘 때에는 무효행위의 전환(138조)에 의하여 사인증여의 효력이 인정될 수 있다(대법원 2005. 11. 25. 선고 2004두930 판결, [판례 77]). 그러나 사인증여도 유증의 방식을 갖추어야 하고, 유증의 방식을 갖추지 못하면 무효행위의 전환도 인정될 수 없다는 견해(김형석)도 있다

유증의 승인과 포기에 관한 규정(1074조)도 준용될 여지가 없다. 태아의 수유능력에 관한 1064조가 사인증여에 준용되는가에 관하여는 이를 긍정하는 것이 다수설이지만, 이러한 경우 태아를 대리하여 계약을 체결할 수 있는 대리권을 가진 사람이 없으므로, 부정하여야 할 것이다. 대법원 1982. 2. 9. 선고 81다534 판결은 민법 시행 전의 증여에 관하여 태아의 수증능력을 부정하였다. 그리고 유언의 철회에 관한 규정(1108조 1항)이 사인증여에 준용되는가에 대하여, 다수설은 대체로 사인증여가 단독행위 아닌 계약이라는 이유로 이를 부정하지만, 연혁적으로는 사인증여의

철회가 인정되었다는 점에서 준용을 인정하여야 한다는 반대설도 유력하다. 대법원 2022. 7. 28. 선고 2017다245330 판결은, 주로 사인증여의 실제적 기능이 유증과 다르지 않으므로 유증과 같이 증여자의 최종적 의사를 존중할 필요가 있다는 이유로, 유증의 철회에 관한 규정이 사인증여에 준용된다고 하여 뒤의 설을 따랐다.

사인증여에 준용되는 가장 중요한 규정은 유언의 효력에 관한 규정이다. 그 중 중요한 것은 유증의 효력발생시기(1073조), 수유자의 과실수취권(1079조), 유증의무자의 비용상환청구권(1081조), 유증이 무효인 경우의 유증재산의 귀속(1090조) 등이다.

포괄적 유증을 받은 자는 상속인과 동일한 권리의무가 있다는 1078조의 규정이 사인증여에도 준용되는가에 관하여, 대법원 1996. 4. 12. 선고 94다37714, 37721 판결([판례 78])은 이를 부정하였다. 여기서는 포괄적 사인증여를 받은 자가 증여자의 매수인으로서의 지위를 당연히 승계하는가가 문제되었는데, 대법원은 방식을 위배한 포괄적 유증은 대부분 포괄적 사인증여로 보여질 것인데, 1078조를 사인증여에 준용하면, 결과적으로 포괄적 유증에 엄격한 방식을 요하는 요식행위로 규정한 조항들은 무의미하게 될 것이라고 하였다.

이 이외에 유증효력 발생 전의 수유자의 사망에 관한 1089조가 사인증여에 준용되는가에 관하여는 긍정설과 부정설(부정설은 수증자의 상속인에게 권리가 승계된다고 한다)의 대립이 있다.

[판례 77] 대법원 2005. 11. 25. 선고 2004두930 판결

원심이 적법하게 확정한 사실 및 기록에 의하면, 소외 1은 1992. 10. 5. 자신이 입원 중이던 병실에서 소외 2, 소외 3을 증인으로 참여시키고 소외 4, 소외 5를 유언집행자로 지정하여 자신의 재산 중 2,405,643,900원을 장학기금으로 출연하고, 소외 4에게 5,000만 원, 소외 5에게 1,000만 원, 소외 6에게 1억 원을 각 증여하는 것 등을 내용으로 하는 구수증서에 의한 유언을 한 후, 1992. 10. 29. 사망한 사실, 망 소외 1(이하 '망인'이라 한다)의 상속인인 원고들은 위 구수증서에 의한 유언의 효력을 다투면서 소외 4, 소외 5에 대하여 유언무효확인의 소를 제기하여 1997. 5. 9. 서울지방법원으로부터 망인의 위 유언은 구수증서에 의한 유언으로서의 요건을 갖추지 못하여 무효임을 확인한다는 판결을 받았고, 위 판결에 대한 항소 및 상고가 모두 기각되어 1999. 9. 3. 위 판결이 확정된 사실, 이에 소외 4, 소외 5는 위 유언이 사인증여에 해당된다는 이유로 원고들을 상대로 서울지방법원 2000가합33282호로 상속채무금 청구의 소를 제기하였는데, 위 법원이 2001. 7. 16. 원고들은 연대하여 소외

4에게 2,500만 원, 소외 5에게 500만 원을 지급하라는 내용의 조정에 갈음하는 결정을 하였고, 이에 원고들과 소외 4, 소외 5가 모두 이의를 제기하지 아니하여 위 결정이 확정되었으며, 소외 6역시 같은 이유로 원고들을 상대로 서울지방법원 2001가합64610호로 상속채무금 청구의 소를 제기하여, 2002. 12. 6. 위 법원으로부터 망인의 위 구수증서에 의한 유언이 그 방식의 위배로 무효이기는 하나 사인증여로서의 효력을 가진다는 이유로 원고들은 소외 6에게 1억 원을 지급하라는 내용의 판결을 선고받은 사실 및 이 사건 구수증서에 의한 유언 당시 소외 4, 소외 5는 망인이 위 유언내용을 구수하고 소외 2가 이를 유언서로 작성하여 낭독하는 과정에 직접 입회하여, 소외 6은 위 병실 옆에서 이를 듣게 되어 모두 망인의 위 유언내용을 알게 되었고, 위 유언서 작성 등이 끝난 후 소외 6은 망인에게 가서 위와 같은 유증을 하여 주어 고맙다고 말을 하며 감사의 뜻을 표시한 사실을 인정할 수 있는바, 위 인정사실에 의하면, 망인의 위 유언이 구수증서에 의한 유언으로서의 요건을 갖추지 못하여 무효라고 하더라도 망인과 소외 4, 소외 5, 소외 6과 사이에는 망인의 사망으로 인하여 위 소외 4 등에게 위 유언내용에 해당하는 금원을 증여하기로 하는 의사의 합치가 있었다고 볼 수 있으므로, 망인의 위 유언내용 중 소외 4, 소외 5에 대한 위 강제조정결정에 의한 2,500만 원, 500만 원, 소외 6에 대한 1억 원의 각 증여부분은 사인증여로서의 효력을 갖는다고 할 것이다.

생각할 점

피상속인이 날인만이 누락된 자필증서유언을 은행의 대여금고에 보관하고 있다가 사망한 경우(서울중앙지법 2005. 7. 5. 선고 2003가합86119, 89828 판결의 사안)에 이 유언을 사인증여의 청약으로 볼 여지가 있는가?

[판례 78] 대법원 1996. 4. 12. 선고 94다37714, 37721 판결

1. 원심판결 이유에 의하면 원심은, 본소청구에 대하여, 그 내세운 증거에 의하여 원심판시 청구취지 기재의 토지(이하, 이 사건 토지라고만 한다)에 관하여 1954. 5. 11. 소외 1 명의로 소유권이전등기가 된 후, 소외 1이 1968. 8. 2. 사망하였고, 그의 처인 피고와 자녀들인 소외 2 등 공동재산상속인들이 같은 날 위 토지를 피고 단독 소유로 하기로 합의하여 위 협의분할에 의한 재산상속을 원인으로 1990. 5. 8. 피고 앞으로 소유권이전등기가 된 사실, 한편 소외 3은 이 사건 토지의 소재지인 경기 남양주군 수동면 송천리에서 소외 4와 혼인하여 아들 둘을 낳고 살았는데 소외 4가 사망하고, 아들들마저 6·25 전쟁 중 전사한 사실, 그 후 전몰 군경 유족으로서 국가로부터 지급받은 연금을 모아, 위 마을에 살다가 타지로 이사가

는 소외 1로부터 1955. 1. 31.경 위 토지를 매수한 사실, 그 후 소외 3은 그의 시숙인 소외 5의 아들인 소외 6을 데려와 위 토지를 경작케 하며 같이 살다가 일자불상경 자신이 사망하면 그의 재산을 모두 소외 6에게 주기로 포괄적인 사인증여를 하고 1960. 9.경 사망한 사실 및 소외 6은 위 토지 등을 경작하다가 1989. 12. 15. 사망하여 처인 원고 1과 자녀들인 나머지 원고들이 공동으로 재산상속을 한 사실을 인정한 다음, 위 인정사실에 의하면 소외 3의 이 사건 토지 매수인으로서의 지위는 위 포괄적 사인증여에 의하여 소외 6에게 포괄적으로 승계되었다가 다시 원고들에게 상속되었다고 할 것이고, 피고는 상속재산 협의분할에 의하여 소외 1로부터 이 사건 토지를 단독으로 상속함으로써 위 토지에 관한 매도인으로서의 지위도 단독상속하였다고 할 것이므로, 피고는 원고들에게 이 사건 토지 중 원고들의 각 법정상속분에 따른 지분에 관하여 위 1955. 1. 31.자 매매를 원인으로 한 소유권이전등기절차를 이행할 의무가 있다고 판단하여 원고의 본소청구를 인용하고, 반면 이 사건 토지는 원래 소외 6이 소외 1로부터 임차하였던 것이나 그 임대차기간이 만료하였음을 이유로 이 사건 토지의 인도와 1989. 1. 1.부터 인도시까지의 임료 상당의 손해배상을 구하는 피고의 반소청구에 대하여, 원심은, 앞에서 본 바와 같이 이 사건 토지는 위 소외 3이 소외 1로부터 매수하여 대금까지 지급하고 인도받은 것으로서 원고들은 소외 6을 거쳐 소외 3의 지위를 승계받아 이를 점유 경작하고 있고 또 피고에 대하여 소유권이전등기청구권도 가지고 있으므로 원고들의 위 점유는 적법한 권원에 의한 것이라고 하여 원고들이 이 사건 토지를 권원 없이 점유하고 있음을 전제로 한 피고의 반소청구를 배척하였다.

원심의 위와 같은 각 사실인정은 기록에 비추어 정당한 것으로 보이고 거기에 상고이유의 주장과 같은 심리미진 및 채증법칙 위반으로 인한 사실오인의 위법이 없다. 그리고 민법 제562조는 사인증여에 관하여는 유증에 관한 규정을 준용하도록 규정하고 있지만 유증의 방식에 관한 민법 제1065조 내지 제1072조는 그것이 단독행위임을 전제로 하는 것이어서 계약인 사인증여에는 적용되지 아니한다고 보아야 할 것이므로 원심이 유증증서의 방식에 의하지 아니한 사인증여를 위와 같이 다른 증거에 의하여 인정하였다고 하여 위법하다고 할 수 없다. 이 점에 관한 상고이유의 주장도 이유 없다.

2. 민법 제562조가 사인증여에 관하여 유증에 관한 규정을 준용하도록 규정하고 있다고 하여, 이를 근거로 포괄적 유증을 받은 자는 상속인과 동일한 권리의무가 있다고 규정하고 있는 민법 제1078조가 포괄적 사인증여에도 준용된다고 해석하면 포괄적 사인증여에도 상속과 같은 효과가 발생하게 된다. 그러나 포괄적 사인증여는 낙성·불요식의 증여계약의 일종이고, 포괄적 유증은 엄격한 방식을 요하는 단독행위이며, 방식을 위배한 포괄적 유증은 대부분 포괄적 사인증여로 보여질 것인바, 포괄적 사인증여에 민법 제1078조가 준용된다면 양자의 효과는 같게 되므로, 결과적으로 포괄적 유증에 엄격한 방식을 요하는 요식행위로 규정한 조항들은 무의미하게 될 것이다. 따라서 민법 제1078조가 포괄적 사인증여에 준용된다고 하

는 것은 사인증여의 성질에 반한다고 할 것이어서 준용되지 아니한다고 해석함이 상당하다.

그렇다면 원고들은 소외 3의 재산상속인에게 소외 3의 사인증여 계약상의 의무이행을 청구하여야 하고, 만일 소외 3의 상속인이 없으면, 상속재산 청산절차에서 위 사인증여 계약상의 채권을 신고하여 이를 변제(채권양도)받아 이 사건 토지의 매도인의 재산상속인인 피고에 대하여 소유권이전등기절차이행의 청구를 할 수 있음은 별론으로 하고, 원심이 소외 3의 이 사건 토지 매수인으로서의 지위가 포괄적 사인증여에 의하여 소외 6에게 상속의 경우와 같이 포괄적으로 승계되었다고 보아 원고들의 이 사건 주위적 본소 청구를 인용하였음은 포괄적 사인증여에 관한 법리를 오해하여 판결결과에 영향을 미친 위법이 있다고 할 것이다. 상고이유 중 이 점을 지적하는 부분은 이유 있다.

참고문헌

이희영, 대법원판례해설 25호

나. 유증의 종류

유증은 여러 가지 관점에서 분류할 수 있으나, 가장 중요한 것은 특정유증과 포괄적 유증이다. 포괄적 유증은 유증의 목적을 자기의 적극·소극재산의 전부를 포괄하는 상속재산의 일정한 비율로 표시하는 유증이다. 예컨대 상속재산의 전부 또는 1/4을 유증한다고 하는 것과 같다. 1078조는 포괄적 수유자는 상속인과 동일한 권리의무가 있다고 규정하고 있어, 포괄적 유증이 있으면 피상속인이 상속인을 지정하는 것과 비슷한 효과가 있다. 반면 특정유증이란 유증의 목적을 구체적으로 특정한 것이다. 예컨대 어디에 소재하는 땅을 유증한다는 것과 같다. 유증이 양자 중 어떤 것인가에 따라 많은 차이가 있다.

프랑스법은 유증(legs)의 종류로서 포괄적 유증(legs universel, 상속재산의 전부를 1인 또는 수인의 제3자에게 주는 것), 포괄명의의 유증(legs à titre universel, 상속재산 중 일정 비율을 1인 또는 수인의 제3자에게 주는 것) 및 특정유증(legs particulier)의 3가지를 인정하는데, 우리 법의 포괄적 유증은 프랑스 민법의 포괄적 유증과 포괄명의의 유증을 계수한 것이라고 할 수 있다. 반면 독일 민법에는 포괄적 유증과 특정유증의 구별은 없고, 다만 상속인 지정(Erbeinsetzung) 제도가 포괄적 유증과 마찬가지의 기능을 수행한다.

그러나 실제로는 포괄적 유증인지 특정유증인지 여부가 반드시 분명하지 않은 경우가 많다. 예컨대 유증의 목적물을 구체적으로 열거하였다고 하여 반드시 특정

유증이라고 단정할 수는 없다. 판례(대법원 1978. 12. 13. 선고 78다1816 판결; 2003. 5. 27. 선고 2000다73445 판결)는, 유증한 재산이 증여문서에 개별적으로 표시되었다는 사실만으로는 특정유증이라고 단정할 수 없고, 상속재산이 모두 얼마가 되느냐를 심리하여 다른 재산이 없다고 인정되는 경우에는 이를 포괄적 유증으로 볼 수도 있다고 하였다.

유증에는 조건이나 기한 또는 부담을 붙일 수 있으므로(1073조 2항, 1088조 등), 이러한 조건이나 기한부 또는 부담부 유증도 유효한 것으로 인정된다. 그러나 일단 A가 유증을 받지만, A가 사망한 후에는 그 유증 목적물을 B가 취득하기로 한다는 형태의 이른바 순차적 유증(일본에서는 이를 後繼ぎ遺贈이라고 부른다)이 인정될 수 있는가에 대하여는 다툼이 있다. 그 효력을 인정할 수 있다는 견해도 있기는 하지만, 이를 인정하면 A의 권리를 제약하고, A의 상속인과 B의 관계라든지, A의 채권자와 B의 관계가 매우 불명확하게 되므로, 이러한 유증의 효력은 인정하기 어렵다. 다만 신탁법 60조는 신탁행위로 수익자가 사망한 경우 그 수익자가 갖는 수익권이 소멸하고 타인이 새로 수익권을 취득하도록 하는 뜻을 정할 수 있다는 이른바 수익자연속신탁을 인정하고 있으므로, 실질적으로는 순차적 유증과 같은 효과를 얻을 수 있다.

2. 유증의 당사자

가. 수유자(受遺者)

유증의 당사자로는 유증자 외에 유증을 받는 수유자가 있다. 민법은 유증을 받는 사람을 수증자(受贈者)라고 부르고 있으나, 그렇게 되면 증여를 받는 수증자와 구별되지 않는다. 수유자는 권리능력을 가진 자이면 되므로, 자연인뿐만 아니라 법인도 될 수 있다. 태아의 수유능력은 인정되지만(1064조, 1000조 3항), 아직 태아가 수태되지도 않은 경우에는 수유자가 될 수 없다.

상속의 경우와 마찬가지로 유증의 경우에도 동시존재의 원칙이 적용되므로, 유언자의 사망 전에 수유자가 사망한 때에는 유증은 효력이 생기지 않는다(1089조 1항). 유언자와 수유자가 동시에 사망한 경우도 마찬가지이다. 정지조건부 유증의 경우에 정지조건 성취 전에 수유자가 사망한 때에도 유증은 효력이 없다(1089조 2항). 이 경우에는 유증의 목적물은 상속인에게 귀속되지만, 유언자가 수유자의 상속인에게 귀속되는 것으로 유언하는 등 유언으로 다른 의사를 표시한 때에는 그 의사에 의한다(1090조).

시기부 유증의 경우에 그 시기가 도래하기 전에 수유자가 사망하면 어떻게 되는가? 이 경우에도 정지조건부 유증과 마찬가지로 유증의 효력은 없다고 보아야 할 것이다(주해상속 1/현소혜, 811).

설립 중의 법인에 대하여도 태아에 관한 규정을 유추하여 수유능력을 인정할 수 있지만(곽윤직, 252), 아직 정관이 작성되어 있지 않은 법인이나, 유언자의 사망 전에 이미 해산된 법인을 수유자로 하는 유증은 효력이 없다. 유언에 의하여 재단법인을 설립하고 그에게 출연하는 때에는 유증에 관한 규정이 준용되며(47조 2항), 이 때에는 출연재산은 유언의 효력이 발생한 때로부터 법인에 귀속한 것으로 본다(48조 2항). 권리능력 없는 사단이나 법인도 유증은 받을 수 있다.

유언자가 유언으로 유언집행자나 유증의무자에게 수유자를 지정할 것을 위탁할 수 있을까? 이에 대하여는 유언의 대리를 허용하는 것이므로 무효라고 하는 설이 있으나, 유언자가 수유자의 범위를 미리 한정하였거나, 그 밖에 지정권이 남용되었다고 볼 사정이 없으면 이를 인정하여야 할 것이다.

한편, 상속결격에 관한 규정은 수유자에게도 준용된다(1064조, 1004조). 이 준용의 의미에 관하여는 상속결격자는 유증을 받을 수 없다는 의미로 이해하는 견해도 있으나, 유증을 받은 수유자가 상속결격에 해당하는 행위를 저지른 때에는 유증은 무효인 것으로 이해하여야 한다. 유증자가 그러한 결격사유 있는 자에게 이를 알면서도 유증을 한 경우에는 이를 무효로 볼 이유가 없기 때문이다(상속결격자에게 피상속인이 증여를 한 경우에 관한 대법원 2015. 7. 17.자 2014스206, 207 결정 참조).

그러므로 유증자나 유증에 관하여 선순위나 동순위에 있는 자를 살해하거나 살해하려고 한 때(특정 재산을 A에게 유증하되, A가 유증자보다 먼저 죽으면 B에게 유증한다고 하는 경우에, B가 A를 살해하거나 살해하려고 한 경우 등), 고의로 유언자에게 상해를 가하여 사망에 이르게 한 때, 사기 또는 강박으로 유언자의 유증에 관한 유언 또는 유언의 철회를 방해하거나 유언을 하게 한 때, 유증에 관한 유언을 위조, 변조, 파기 또는 은닉한 때에는 유증은 무효이다.

또한 상속인이 유증을 받았으나 상속결격이 된 경우에는 그 상속인은 상속뿐만 아니라 유증도 받지 못하는 것으로 보아야 한다. 그러나 상속결격에 해당하는 행위를 저지른 수유자가 그 후 피상속인으로부터 다시 유증을 받는 것은 상속결격의 용서와 마찬가지로 허용되어야 한다.

나. 유증의무자

유증을 실행할 의무 있는 자, 즉 유증을 받은 자에게 권리이전의 절차 등을 취하여야 할 자가 유증의무자이다. 기본적으로는 유언집행자가 유증의무자가 되지만, 포괄적 유증을 받은 자도 특정유증에 대하여는 유증을 실행할 의무가 있다. 상속인의 존부를 알 수 없는 재산의 관리인(1056조)도 유증의무자가 된다.

3. 포괄적 유증

포괄적 유증이 행하여진 때에는 유언에 의하여 상속인이 지정된 경우(독일 민법상 Erbeinsetzung)와 실질적으로 다를 바가 없다. 그리하여 1078조는 "포괄적 유증을 받은 자는 상속인과 동일한 권리의무가 있다"고 규정한다. 그러나 포괄적 수유자는 상속인과는 다음과 같이 여러 가지 점에서 차이가 있으므로, 포괄적 수유자를 상속인과 동일시할 수는 없다.

첫째, 포괄적 수유자는 상속인과는 달라서 자연인에 한하지 않는다.

둘째, 유언자의 사망 전에 포괄적 수유자가 사망하면, 상속인이 될 사람이 사망한 경우에 대습상속이 인정되는 것과는 달리, 유증은 효력이 생기지 않는다. 물론 유언자가 수유자의 상속인에게 유증의 효력이 미치도록 하는 것은 가능하다(1090조 단서).

셋째, 특별수익(1008조)이나 기여분(1008조의2) 규정은 포괄적 수유자에게 적용되지 않는다.

넷째, 유류분은 상속인에게만 인정되고, 포괄적 수유자에게는 인정되지 않는다.

다섯째, 상속에는 조건이나 기한 또는 부담과 같은 부관을 붙일 수 없으나, 포괄적 유증에는 부관을 붙일 수 있다.

여섯째, 유증이 효력을 발생하지 않게 되거나, 수유자가 유증을 포기한 때에는 그 유증의 목적인 재산은 상속인에게 귀속하는데(1090조), 다른 포괄적 수유자가 있을 때에는 유증의 목적인 재산이 다른 포괄적 수유자에게 귀속하는지가 문제된다. 이를 긍정하는 설도 있으나(김주수·김상용, 848), 부정설이 다수설이다. 부정설은 그 근거로, 유증은 유증자의 의사에 그 근거를 가진 것이기 때문에, 그 의사에 의해 확정된 일정한 비율은 존중되어야 할 것이라고 하는 점을 든다. 부정설이 타당하다. 물론 유증자의 다른 의사가 인정될 때에는 달리 보아야 한다.

포괄적 유증이 있은 때에는 상속재산은 유언의 효력이 발생한 때에 포괄적 수유자에게 당연히 이전되고, 상속인 등 유증의무자의 이행이 있어야 비로소 이전되는 것은 아니다. 이 점에서 포괄적 유증에는 이른바 물권적 효력이 인정된다. 따라서 부동산의 경우에는 포괄적 유증은 187조의 법률의 규정에 의한 물권변동에 해당하여 등기를 요하지 않는다는 것이 통설이자 판례(대법원 2003. 5. 27. 선고 2000다73445 판결)이다. 포괄적 수유자는 유언집행자와 함께 유증을 원인으로 하는 소유권이전등기를 공동으로 신청할 수 있고, 그러한 등기를 마치는 것에 관하여 다른 상속인들의 동의나 승낙을 받아야 하는 것은 아니다(대법원 2014. 2. 13. 선고 2011다74277 판결).

포괄적 수유자는 상속채무도 승계한다. 따라서 포괄적 유증을 받지 못한 원래의 법정상속인은 포괄적 유증이 된 비율만큼은 상속채무를 면한다(대법원 1980. 2. 26. 선고 79다2078 판결). 반면 포괄적 수유자는 상속인과 마찬가지로 단순승인, 한정승인 또는 포기(1019조 이하)를 할 수 있다. 1074조 내지 1076조가 규정하는 유증의 승인 및 포기는 특정유증에 관한 것으로서, 포괄적 유증에는 적용되지 않는다. 따라서 포괄적 수유자는 1019조의 기간 내에 유증의 승인이나 포기를 할 수 있고, 언제든지 승인 또는 포기를 할 수 있는 것은 아니다. 재산분리에 관하여도 포괄적 수유자는 상속인과 마찬가지로 취급되므로, 재산분리를 신청할 수 있는 "유증받은 자"(1045조 1항)에는 해당하지 않는다.

그 이외에 포괄적 수유자는 상속인과 마찬가지로 상속재산분할에 참가할 수 있고, 또 상속회복청구권도 행사할 수 있다. 포괄적 유증을 받은 수유자가 법정상속인들을 상대로 그들이 법정상속분에 따라 한 소유권이전등기의 말소를 구하는 청구에는 상속인의 상속회복청구권 및 그 제척기간에 관하여 규정한 999조가 적용된다(대법원 2001. 10. 12. 선고 2000다22942 판결. 이 판결은 999조가 유추적용된다고 하였으나, 1078조에 의하여 999조가 준용되는 것으로 보아야 한다).

공동상속인 중 1인이 포괄적 유증을 받은 경우에는 포괄적 유증과 원래의 상속분과의 관계를 어떻게 파악할 것인가가 문제된다. 우선 피상속인이 포괄적 수유자의 상속분에 미달하는 유증을 하였고, 유증된 재산 외의 나머지 재산에 관하여도 유언을 한 경우나 포괄적 수유자의 상속분을 초과하는 유증을 한 경우에는 이는 한정적 유증으로서 나머지 재산에 관하여는 포괄적 수유자가 상속분을 주장하지 못한다고 보아야 한다. 반면 피상속인이 포괄적 수유자의 상속분에 미달하는 유증을 하였으나 나머지 재산에 대하여는 유언을 하지 않은 경우에는 이른바 중립적 유증으로 보아 나머지 상속재산에 대하여도 상속분을 주장할 수 있다고 보아야 할 것이다. 물론 이때에는 포괄적 유증을 받은 것은 특별수익으로서 공제되어야 한다(상세한 것은 주해상속 1/현소혜, 756-759 참조).

4. 특정유증

가. 특정유증의 승인과 포기

유증은 단독행위이므로, 유언의 효력이 발생하면 수유자가 유증이 있었다는 사실을 알았는지, 그가 이를 받을 의사가 있는지 묻지 않고 당연히 효력이 생긴다. 그러나 수유자의 의사를 존중하기 위해서는 그에게 유증을 거부할 기회가 부여되어야 하는데, 민법은 이를 위하여 유증의 승인과 포기를 인정하고 있다(1074조 내지 1077조). 위 조문들은 특정유증에만 적용되고 포괄적 유증에는 적용되지 않으며, 특정유증의 한정승인은 인정되지 않는다.

(1) 시기 및 이해관계인의 최고

특정유증의 승인과 포기는 상속의 승인과 포기와는 달리 상속 개시 후에는 언제든지 할 수 있다(1074조 1항). 반면 상속개시 전의 포기나 승인은 무효이다. 그러나 승인이나 포기를 할 수 있는 기간이 제한되어 있지 않으므로, 유증의무자는 수유자가 유증으로 인한 권리를 행사할는지 여부를 알 수 없게 되는 불안정한 지위에 놓이게 된다. 그리하여 민법은 이러한 유증의무자나 그 밖의 다른 이해관계인(이에는 상속채권자나 부담부 유증에 있어서의 수익자 등이 포함된다)이 수유자 또는 그 상속인에 대하여 상당한 기간을 정하여 승인 또는 포기를 확답할 것을 최고할 수 있도록 하였다(1077조 1항). 수유자나 그 상속인은 그 최고에 대하여 유증의무자에게 확답하면 되고(1077조 2항 참조), 다른 이해관계인에 대한 확답은 효력이 없다. 수유자가 최고에 대하여 확답을 하지 않은 때에는 유증을 승인한 것으로 본다(1077조 2항).

(2) 유증의 승인과 포기의 방법

승인과 포기의 방법에는 제한이 없고, 상속의 한정승인이나 포기처럼 가정법원에 대하여 하여야 하는 것은 아니다. 반드시 명시적 의사표시로만 하여야 되는 것은 아니고 묵시적으로 하여도 된다. 대리인이 승인이나 포기를 할 수도 있다. 그 상대방은 유증의무자가 될 것이다. 상속이나 포괄적 유증과는 달리, 특정유증의 경우에는 일부의 포기도 허용된다.

⑶ 유증의 승인과 포기의 권리 승계

유증의 승인과 포기의 권리는 수유자의 상속인에게 그 상속분에 따라 승계된다. 다만 유언자가 유언으로 다른 의사(예컨대 수유자가 유증의 승인이나 포기를 하기 전에 사망한 때에는 수유자에 대한 유증의 효력은 상실되고, 다른 자에게 유증한다는 등)를 표시한 때에는 승계되지 않는다(1076조).

수유자가 1077조 1항에 의하여 유증의무자나 이해관계인으로부터 최고를 받았으나 승인이나 포기를 하지 않고 사망한 경우에, 1077조 1항의 '상당한 기간'은 1021조를 유추하여 수유자의 상속인이 자기를 위하여 상속이 개시되었음과 승인·포기에 대한 최고가 있었음을 모두 안 때로부터 비로소 기산하여야 할 것이다(주해상속 1/현소혜, 748 등).

채무자 회생 및 파산에 관한 법률 388조 1항은, 파산선고 전에 채무자를 위하여 특정유증이 있는 경우 채무자가 파산선고 당시 승인 또는 포기를 하지 아니한 때에는 파산관재인이 채무자에 갈음하여 그 승인 또는 포기를 할 수 있다고 규정한다.

⑷ 유증의 승인과 포기의 효력

일단 유증을 승인하거나 포기하면 그 효력은 유언자가 사망한 때로 소급한다(1074조 2항). 또 유증의 승인이나 포기는 철회하지 못한다(1075조 1항. 법문에는 취소라고 규정하고 있다). 그러나 총칙편의 규정에 의한 취소는 가능하다(1075조 2항에 의한 1024조 2항의 준용).

수유자가 유증을 포기한 때에는 유증의 목적인 재산은 상속인에게 귀속하지만, 유언자가 유언으로 다른 의사를 표시한 때에는 그 의사에 의한다(1090조).

대법원 2019. 1. 17. 선고 2018다260855 판결은, 채무자의 유증 포기가 직접적으로 채무자의 일반재산을 감소시켜 채무자의 재산을 유증 이전의 상태보다 악화시킨다고 볼 수도 없으므로 유증을 받을 자가 이를 포기하는 것은 사해행위 취소의 대상이 되지 않는다고 하였다. 그러나 이는 수긍할 수 없고, 상속의 포기가 사해행위가 되어야 하는 것과 마찬가지로 보아야 할 것이다(위 제2장 Ⅶ. 5. 라. 참조).

나. 특정유증의 효력

⑴ 목적물의 소유권 귀속시기

포괄적 유증의 경우에는 유언의 효력 발생과 동시에 유증의 대상인 권리가 수유자에게 포괄적으로 귀속되지만, 특정유증의 경우에는 유언의 효력이 발생함으로써 수유자는 유증의무자에 대하여 유증의 이행을 청구할 권리만을 가진다(대법원 2003. 5. 27. 선고 2000다73445 판결). 대법원 2010. 12. 23. 선고 2007다22859 판결은, 유증자가 사망한 경우 그의 소송상 지위도 일단 상속인에게 당연승계되고, 특정유증을 받은 자가 이를 당연승계할 여지는 없다고 하였다. 다만 채무의 면제와 같이 의사표시만으로 가능한 것은 유언의 효력이 발생하면 다른 절차를 밟을 필요 없이 바로 효과가 발생한다.

특정유증을 받은 사람은 유언집행자에 대하여 유증의무의 이행을 청구할 수 있다. 대법원 2011. 6. 24. 선고 2009다8345 판결은, 수인의 유언집행자에게 유증의무 이행을 구하는 소송은 유언집행자 전원을 피고로 하는 고유필수적 공동소송이라고 하였다.

(2) 목적물의 과실취득권

특정유증의 수유자는 유증의 이행을 청구할 수 있는 때, 즉 유언자가 사망한 때 내지 정지조건부 또는 시기부 유증에서는 조건성취시 또는 시기도래시에 유증목적물의 과실을 취득할 권리가 있다(1079조 본문). 상속인 등 유증의무자가 이행을 지연하는 때에 수유자를 보호하기 위한 것이다. 이 규정은 성질상 특정물의 유증에만 적용될 수 있다고 보아야 할 것이다. 이 규정은 임의규정이다(1079조 단서).

그런데 유증의무자가 선의인 때, 즉 유증사실을 몰랐을 때에는 선의점유자의 과실수취권을 규정한 201조 1항을 유추하여 유증의무자의 과실반환의무가 없다고 보아야 할 것이다. 반면 원칙적으로 유증의무자에게 과실반환의무가 있고, 다만 수유자가 유증을 알고도 청구하지 않은 경우에는 현존이익의 인도로써 족하다는 견해도 있다(김주수·김상용, 850-851).

(3) 유증의무자의 비용상환청구권

유증의무자가 유언자의 사망 후에 그 목적물의 과실을 수취하기 위하여 필요비를 지출한 때에는 그 과실의 가액의 한도에서 과실을 취득한 수유자에게 상환을 청구할 수 있다(1080조). 여기서 상환의 대상이 되는 필요비는 유언자의 사망 후에 지출된 것에 한하고, 사망 전에 지출된 것은 상속채무에 속하므로 상환의 대상이 되지 않는다. 또 통상의 필요비를 넘어 과도하게 지출된 부분에 대해서는 상환을 청구할 수 없다고 보아야 한다(주해상속 1/현소혜, 778; 주석상속/박강민, 607).

유증의무자가 유증자의 사망 후에 유증 목적물에 대하여 필요비 또는 유익비를 지출한 때에는 유치권에 관한 325조가 준용된다(1081조). 따라서 필요비는 그 전액의 상환을 청구할 수 있고, 유익비는 그 가액의 증가가 현존한 경우에 한하여 수유자의 선택에 좇아 그 지출한 금액이나 증가액의 상환을 청구할 수 있으며, 법원은 소유자의 청구에 의하여 상당한 상환기간을 허여할 수 있다. 여기서 문제가 되는 것은 정지조건부 또는 시기부의 유증에서 유증자의 사망 후 아직 정지조건 성취 또는 시기도래 전에 유증의무자가 지출한 비용을 청구할 수 있는가 하는 점인데, 그 기간 동안의 과실수취권은 수유자에게 속하지 않는다는 점을 고려한다면, 위 기간 동안의 비용은 상환을 청구할 수 없다고 해석함이 상당할 것이다(김주수·김상용, 852).

포괄적 유증의 경우에는 수유자가 유언의 효력발생과 동시에 당연히 소유권을 승계하므로, 유증의무자는 203조에 따라 포괄적 수유자를 상대로 비용상환청구권을 행사할 수 있고, 따라서 1081조는 특정유증, 그 중에서도 성질상 특정물의 유증에 대해서만 적용된다.

⑷ 유증과 담보책임

㈎ 특정물의 유증과 담보책임

특정물이 유증의 목적인 때에는 유증의무자에게는 담보책임이 없다. 유증자의 의사는 그 목적물을 현상 그대로 주려는 것이고, 수유자로서도 유증자가 보유하고 있던 상태 그 이상을 요구할 수는 없기 때문이다.

따라서 유증의 목적이 된 권리가 유언자의 사망 당시에 상속재산에 속하지 아니한 때에는 그 유증은 효력이 없고(1087조 1항 본문), 타인의 권리매매(569조)에 있어서와 같이 유증의무자가 그 권리를 취득하여 수유자에게 이전하여 줄 의무를 부담하는 것은 아니다. 다만 유언자가 유언의 효력이 있게 할 의사인 경우에는 유증의무자는 그 권리를 취득하여 수유자에게 이전할 의무가 있으나(1087조 1항 단서), 그 권리를 취득할 수 없거나 그 취득에 과다한 비용을 요할 때에는 그 가액으로 변상할 수 있다(1087조 2항).

그런데 불특정물의 유증에도 1087조 1항이 적용된다는 견해도 있다. 그 근거는 그렇게 보지 않으면 다른 유언자와 상속인을 해하게 되기 때문이라는 것이다(송덕수, 446). 그러나 1087조 1항 본문의 근거는, 유언자의 통상적인 의사는 상속 개시 당시에 상속재산에 속하는 것만을 유증하겠다는 것으로 추정된다는 점에 있으므로, 불특정물의 경우에까지 그러한 추정이 적용될 수는 없을 것이다. 다만 유언자가 자신의 상속재산에 있는 불특정물 가운데 일부를 유증하겠다고 하였다면, 1087조 1항이 적용될 수 있다. 1087조의 연원이 된 독일 민법 2169조는 그 적용 범위를 특정물에 한정하고 있고, 해석상 유언자가 자신의 재산 가운데 존재하는 것을 유증하겠다고 한 때에는 이 규정이 유추적용될 수 있다고 한다. 위 반대설도 금전의 유증은 항상 유효하다고 한다.

유증의 목적인 물건이나 권리가 유언자의 사망 당시에 제3자의 권리의 목적인 경우에는 575, 576조와 달리 수유자는 유증의무자에 대하여 그 제3자의 권리를 소멸시킬 것을 청구하지 못한다(1085조). 그러므로 유증의 목적물이 유언자의 사망 당시에 제3자의 권리의 목적인 경우에는 그와 같은 제3자의 권리는 유증의 목적물이 수유자에게 귀속된 후에도 그대로 존속하는 것으로 보아야 한다. 따라서 유증의 목적물에 대하여 유증자로부터 사용대차를 받은 자의 권리는 특별한 사정이 없는 한 수유자가 유증의 목적물에 대한 소유권을 취득한 후에도 그대로 존속한다(대법원 2018. 7. 26. 선고 2017다289040 판결. 판례지지: 현소혜). 그러나 이에 대하여는 1085조는 수유자와 유증의무자의 관계만을 규정하고 있을 뿐이므로 수유자는 제3자에 대하여 자신의 권리를 행사할 수 있고, 1085조 때문에 권리를 행사할 수 없는 것은 아니라는 비판이 있다(권영준, 이소은, 최수정).

다만 유언자가 타인에 대하여 유증의 목적물 위에 존재하는 제3자의 권리를 소멸시키도록 청구할 권리를 가지고 있는 경우에는 수유자는 그 권리의 이전을 청구할 수 있다. 가령 유언자가 저당권이 있는 부동산을 매수하여 매도인에 대하여 그 저당권의 제거를 청구할 권리를 가지는데 그 부동산을 유증한 경우에는, 수유자는 그 부동산의 매도인에 대하여 저당권의 제거를 청구할 수 있다. 1085조도 임의규정이어서 유언자가 유언으로 다른 의사를 표시한 때에는 그에 의한다(1086조).

㈏ 불특정물의 유증과 담보책임

불특정물을 유증의 목적으로 한 경우에는 유증의무자는 그 목적물에 대하여 매도인과 같은 담보책임이 있다(1082조 1항). 이 경우에는 유언자에게 완전한 물건을 유증할 의사가 있었다고 보는 것이 합리적이므로, 담보책임을 인정하고 있는 것이다. 여기서 말하는 담보책임에는 권리의 하자에 대한 담보책임과 물건의 하자에 대한 담보책임이 다 포함된다.

매매계약상의 담보책임의 내용으로는 계약 해제와 손해배상 및 완전물 급여청구권이 있는데, 유증의 경우에 계약 해제는 문제되지 않으므로, 수유자는 손해배상 및 완전물급여청구권을 행사할 수 있다.

그런데 완전물급여청구권에 관하여 1082조 2항은 목적물에 하자가 있는 때에는 유증의무자는 하자 없는 물건으로 인도하여야 한다고 별도로 규정하고 있다. 그 의미에 관하여는 학설이 대립한다. 1설은 이는 종류물의 매도인의 담보책임에 관한 581조는 매수인이 계약의 해제 및 손해배상과 하자 없는 물건의 청구 가운데 선택할 수 있는 것으로 규정하고 있는 것과는 달리, 하자 없는 물건의 청구를 우선하여 할 수 있다고 본다. 그리고 하자 없는 물건으로 인도할 수 없는 때에는 손해배상책임이 있고, 다만 상속재산 중의 다른 물건도 하자가 있는 경우에는 담보책임이 없으나, 하자 없는 물건을 처분해 버렸을 때에는 손해배상책임이 있다고 한다(김주수·김상용, 855; 이경희·윤부찬, 555). 반면 수유자는 손해배상청구권과 완전물급여청구권을 자유롭게 선택할 수 있고, 1082조 2항은 581조 2항과 동일한 내용을 주의적으로 규정한 것이므로 불필요하다고 한다(곽윤직, 261; 송덕수, 447-448). 그러나 1082조 2항은 매수인의 선택권을 인정하고 있는 581조 2항과는 차이가 있으므로, 이를 주의적으로 규정한 것이라고 볼 수는 없고, 앞의 설이 타당할 것이다.

(5) 유증과 물상대위

특정물의 유증에 있어서는 유증의 목적물이 유언자의 사망 당시에 상속재산에 속하지 않으면 유증의 효력이 없다는 것은 앞에서 보았다(1087조). 그러나 이를 일률적으로 관철한다면 반드시 합리적이라고 할 수 없는 경우가 있다. 즉 유증의 목적물 자체는 소멸하였으나 유언자가 그 대가로 다른 권리를 취득하였다면, 수유자가 이 다른 권리라도 취득할 수 있게 하는 것이 유언자의 의사에도 부합하고, 또 담보물권자의 물상대위나 이행불능의 경우에 이른바 대상청구권이 인정되는 것과 비교하여도 형평에 부합한다.

그리하여 민법은 우선 유증자가 유증 목적물의 멸실, 훼손 또는 점유의 침해로 인하여 제3자에게 손해배상을 청구할 권리가 있는 때에는 그 권리를 유증의 목적으로 한 것으로 본다고 규정한다(1083조). 이 규정은 유증의 목적물이 유언 당시에는 존재하고 있었으나 유언 후 사망까지 사이에 멸실, 훼손되는 경우에 적용될 것이지만, 유언 당시 이미 멸실, 훼손된 경우에도 유언자가 이를 몰랐다면, 유언의 해석상 이때의 손해배상청구권도 유증된 것으로 볼 수 있을 것이다. 또한 민법은 손해배상청구권만을 들고 있으나, 이 규정은 유언자의 추정적인 의사에 근거를 둔 것이므로, 그 이외의 권리라도 이에 준하여 유증의 목적이 된 것으로 해석할 여지가 있다. 예컨대 유증의 목적물이 다른 물건과 부합되거나 혼화되었는데, 유언자가 그 합성물의 단독소유권 또는 공유지분권을 취득한 때(257, 258조)에는 그 단독소유권 또는 공유지분권 또한 유증의 목적물로 볼 수 있을 것이다. 또 유증의 목적인 건물이 화재보험에 들어 있었는데, 그 건물이 화재로 소실된 경우에는 화재보험금청구권이 유증의 목적이 된다.

반면 유언자가 스스로 유증의 목적물을 처분한 때에는 위 규정은 적용될 수 없다. 이때에는 원칙적으로 유언의 철회(1109조)가 있는 것으로 보아야 한다. 다만 이때에도 유언자가 그 처분의 대가를 유증할 의사가 있었다고 인정될 수 있는 경우에는 그 의사에 따라야 할 것이다.

위 조항이 적용되더라도 수유자가 손해배상의무자에 대하여 곧바로 손해배상청구권을 행사할 수 있는 것은 아니고, 유증의무자에게 손해배상청구권을 양도하여 달라고 청구할 수 있을 뿐이다(대상청구권에 관한 대법원 1996. 10. 29. 선고 95다56910 판결 참조).

또한 민법은 채권이 유증의 목적인 경우에, 유언자가 그 변제를 받은 물건이 상속재산 중에 있는 때에는 그 물건을 유증의 목적으로 한 것으로 본다고 규정하고 있다(1084조 1항). 따라서 변제를 받은 물건이 상속재산 중에 있지 않으면 그 유증은 효력이 없게 된다. 그 이유는, 유언자가 변제받은 물건을 소비하거나 양도하였다면 이는 유언 후의 생전행위가 유언과 저촉되는 경우이므로 1109조에 따라 유증이 철회된 것으로 보기 때문이다.

그러나 금전을 목적으로 하는 채권을 유증의 목적으로 한 때에는 그 변제받은 채권액에 상당한 금전이 상속재산 중에 없는 때에도 그 금액을 유증의 목적으로 한 것으로 본다(1084조 2항). 금전채권이 유증의 목적물인 때에는 금전의 개성은 문제될 여지가 없고, 유언자로서는 수유자에게 그 금액 자체를 유증하려고 하는 의사가 있었다고 볼 수 있기 때문이다. 그러나 유언자가 그 변제받은 금전을 다른 곳에 모두 소비하여 버렸고 그에 상응하는 재산이 상속재산에 남아 있지 않다면, 유언자의 추정적인 의사는 유증을 철회하는 것이라고 해석될 여지도 있다.

물상대위에 관한 규정들(1083, 1084조)은 임의규정이다(1086조).

5. 부담부 유증

가. 총 설

유증에 부담을 붙일 수 있음은 앞에서 설명하였다. 이는 특정유증뿐만 아니라 포괄적 유증에서도 마찬가지이다. 예컨대 집을 유증함과 아울러 자신의 손자녀가 성년에 달할 때까지 매달 얼마씩 주라고 하는 경우가 이에 해당한다.

나. 부담의 무효와 부담부 유증의 효력

부담이 불능을 목적으로 하는 것이거나, 또는 선량한 풍속 기타 사회질서에 위반하는 것일 때에는 그 부담은 무효이다. 예컨대 혼인할 의무를 지우는 것과 같이 당사자의 의사가 존중되어야 할 가족법상의 행위를 강제하는 부담은 무효이다. 부담이 무효인 경우에 그러한 부담부 유증의 효력은 어떻게 되는가? 그러한 부담이 없었더라면 유언자가 유증을 하지 않았을 것이라고 여겨지는 경우에만 유증 전체가 무효가 되고, 그렇지 않는 한 유증은 부담 없는 유증으로서 유효하게 존속한다고 보는 것이 다수설이다(독일 민법 2195조 참조).

다. 부담의 이행청구

부담있는 유증을 받은 자는 유증의 목적의 가액을 초과하지 아니한 한도에서 부담한 의무를 이행할 책임이 있다(1088조 1항). 그 이행의무자는 수유자이고, 수유자가 사망하면 그 상속인이 될 것이다(1076조 참조). 그 이행을 청구할 권리자는 유증의무자인 상속인이나 유언집행자이다(1111조 참조). 문제는 상속인이나 유언집행자 외에 부담의 이행에 의하여 이익을 얻을 수익자도 이행을 청구할 권리가 있는가 하는 점인데, 국내의 다수설은 대체로 부담부 유증을 제3자를 위한 계약(539조)이나 상대부담있는 증여(561조)와 유사하게 취급하여, 유언자의 다른 의사표시가 없는 한, 수익자도 수유자에 대하여 직접 부담의 이행을 청구할 수 있는 권리가 있다고 보고 있다. 그러나 반대설은 수익자는 오직 반사적 이익을 받는 데 그치고, 직접 수유자에 대하여 이행청구권을 가지는 것은 아니라고 한다(김용한, 415; 박병호, 458). 앞의 설이 타당할 것이다.

민법은 부담있는 유증을 받은 자가 그 부담의무를 이행하지 않은 때에 대비하여 이행청구권 외에 유언의 취소를 인정한다. 즉 부담있는 유증을 받은 자가 부담의무를 이행하지 아니한 때에는 상속인 또는 유언집행자는 상당한 기간을 정하여 이행할 것을 최고하고, 그 기간 내에 이행하지 않은 때에는 가정법원에 유언의 취소를 청구할 수 있다(1111조 본문). 이는 말하자면 채무불이행을 원인으로 하는 계약의 해제를 인정하는 것과 같다. 그러나 부담부 유증에 의하여 이익을 받는 수익자는 취소를 청구할 수 없다. 수유자가 부담 중 일부를 이행하지 않았을 때에는, 일부의 이행만으로는 부담부 유증의 목적을 달성할 수 없다고 하는 경우에 한하여 취소를 인정할 수 있고, 그렇지 않으면 취소할 수 없다고 보아야 할 것이다. 그리고 유증의 일부취소를 인정할 수 있는가에 관하여는, 인정되지 않는다는 견해(곽윤직, 263)와, 이행한 부분만으로는 유증의 목적을 달성할 수 없을 때에는 유언 전부를 취소할 수 있으나, 유증이 가분인 때에는 불이행한 부담에 대응하는 부분만을 취소할 수도 있다는 견해(제요 [2], 1127)가 대립한다. 뒤의 설이 타당하다.

그 취소청구는 라류 가사비송사건이다{家訴 2조 1항 2호 가. 48)}. 가정법원의 취소심판이 있으면, 유증은 상속개시시에 소급하여 그 효력을 잃는다. 따라서 유증의 목적인 재산은 원칙적으로 상속인에게 귀속되고, 취소청구권자는 수유자에 대하여 유증의 목적인 재산의 반환을 청구할 수 있다. 그러나 제3자의 이익을 해하지 못하므로(1111조 단서), 취소 전에 유증의 목적물에 관하여 권리를 취득한 제3자는 보호된다. 문제는 부담이 일부 이행된 경우에는 수익자는 어떤 지위에 있는가 하는 점인데, 수익자는 여기서 말하는 제3자에 해당하지 않으므로, 그러한 수익자도 이미 얻은 이익을 부당이득으로서 반환하여야 한다고 하는 설명이 있다(곽윤직, 264 등).

라. 수유자의 책임범위

원래 유증은 수유자에게 이익을 줄 의도로 하는 것이므로, 유증에 붙은 부담이 유증의 가액을 초과한 때에도 그대로 유증의 효력을 인정하는 것은 문제가 있다. 민법은 이 경우에도 그 유증 자체를 무효로 하지는 않고, 수유자가 유증의 목적의 가액을 초과하지 아니한 한도에서 부담한 의무를 이행할 책임이 있다고 규정하고 있다(1088조 1항). 여기서 유증의 가액과 부담의 가액의 대소는 부담을 이행할 때를 기준으로 정하여야 한다고 해석한다. 그리고 포괄적 유증의 경우에는 유증의 목적의 가액은 적극재산에서 소극재산을 뺀 나머지인 순 수유재산의 가액에 의하여야 한다. 만일 적극재산의 가액만으로 유증의 목적의 가액을 정한다면 수유자에게 불이익을 주게 되기 때문이다.

한정승인 또는 재산분리에 의하여 유증의 목적의 가액이 감소된 때에는 수유자는 그 감소된 한도에서 부담할 의무를 면한다(1088조 2항). 한편, 일본 민법과 독일 민법은 유류분반환에 의하여 부담부 유증의 목적의 가액이 감소된 때에도 수유자는 그 감소된 한도에서 부담할 의무를 면한다고 규정하고 있는데(일본 민법 1003조, 독일 민법 2188조), 우리 민법에는 그러한 규정이 없으나, 그와 같이 보아야 할 것이다(김주수·김상용, 863). 원래 민법 제정 당시에는 유류분제도가 없었기 때문에 1088조 2항에서도 유류분반환청구가 있는 경우에 관하여 규정할 필요가 없었지만, 1977년에 유류분제도가 도입되었으므로 그에 따라 1088조 2항도 개정되어야 했으나, 입법자가 이를 간과한 것으로 보인다. 그러므로 유류분반환에 의하여 부담부 유증의 목적의 가액이 감소된 때에는 1088조 2항이 유추적용되어야 한다.

6. 유증의 무효와 취소

유증 그 자체에 일반적인 무효 또는 취소의 사유가 있으면 유증은 무효 또는 취소될 수 있다. 가령 착오 또는 사기나 강박에 의한 유증의 경우에는 유언자가 사망하였더라도 그 상속인이 유증에 관한 유언을 취소할 수 있다.

유증에 관하여 특별히 문제가 되는 것은, 유증이 선량한 풍속 기타 사회질서에 위반되는 경우이다. 특히 배우자가 있는 사람이 불륜관계를 맺고 있는 상대방에게 자신의 재산을 유증하거나 기타 혼인 외의 성관계가 있는 사람에게 유증을 하는 경우에, 그 유증이 선량한 풍속 기타 사회질서에 반하는 것이 아닌가가 주로 문제된다. 독일의 과거의 판례는, 이러한 관계에 있는 사람에 대한 유증은 대체로 선량한 풍속에 반하는 것으로 보고, 그것이 유효라고 하는 특별한 사정을 증명하여야 한다고 보았으나, 근래에 와서는, 그 유증의 동기가 이러한 불륜의 관계를 지속하는 데 대한 보상이거나, 또는 이를 지속하기 위한 유인을 제공하려는 것인 때에만 선량한 풍속에 반하여 무효라고 보고 있고, 학설도 대체로 이를 지지하고 있다. 우리나라의 학설 가운데에서도 같은 취지로 보이는 것이 있다(곽윤직, 274).

대법원의 판례 가운데에는 직접 유증에 관한 것은 아니지만, 부첩관계를 해소하기로 하면서 남자가 첩이 그간 자기를 위하여 바친 노력과 비용 등 희생을 배상 내지 위자하고 또 원고가 어려운 생활에서 장래의 생활대책을 마련해 준다고 하는 뜻에서 돈의 지급을 약정하는 것은 공서양속에 반한다고 할 수 없다는 것이 있다(대법원 1980. 6. 24. 선고 80다458 판결. 유사한 취지: 대법원 1981. 7. 28. 선고 80다1295 판결).

유증에 고유한 무효사유로는, 수유자가 유언자보다 먼저 사망하거나 정지조건부 유증에 있어서 조건성취 전에 수유자가 사망한 경우(1089조 1, 2항) 및 유증의 목적인 재산이 유언자의 사망 당시에 상속재산에 속하지 않는 경우(1087조 1항)가 있다. 이 규정들은 임의규정이다(1087조 1항, 1090조).

그리고 유증에 특유한 취소사유로는 부담부 유증에서 수유자가 그 부담을 이행하지 않는 때(1111조)가 있다.

Ⅲ. 유언의 집행

▌참고문헌: 권재문, "유언집행자 해임 후에 상속인이 한 유증의 목적물에 대한 보존행위", 민사판례연구 35권, 2013; 김재승, "민법 제1096조에 의해 유언집행자의 선임을 청구할 수 있는 경우", 대법원판례해설 72호, 2008; 김종기, "지정유언집행자의 해임과 상속인의 원고적격", 대법원판례해설 85호, 2011; 김형석, "유언집행의 기초연구", 서울대학교 법학 61권 4호, 2020; 박동섭, "유언집행 소고", 인권과 정의 1998. 2; 박형준, "유언집행자 해임사유인 '적당하지 아니한 사유'의 판단 기준", 대법원판례해설 89호, 2012; 변희찬, "유언집행자", 재판자료 78집, 1998; 이수영, "수인의 유언집행자에게 유증의무의 이행을 구하는 소송의 형태", 대법원판례해설 87호, 2011

1. 의 의

유언이 효력을 발생한 후 그 내용을 실현하는 절차가 유언의 집행이다. 유언의 효력 발생으로 그 내용이 당연히 실현되는 것은 별도의 집행을 필요로 하지 않지만(예컨대 후견인의 지정, 상속재산의 분할금지 등), 그렇지 않은 것은 집행을 필요로 한다. 가령 유언으로 친생부인의 의사를 표시했다면 가정법원에 친생부인의 소를 제기하여야 하고(850조), 유언의 내용이 유증이면 수유자에게 이를 이행하여야 한다.

2. 유언의 검인

유언의 검인(1091조)은 유언집행의 준비절차라고 할 수 있다. 이는 유언의 내용을 법원이 확인하게 함으로써 유언증서의 변조 등을 막고 유언을 확실하게 보존하기 위한 것이다. 다만 공정증서에 의한 유언과 구수증서에 의한 유언은 예외이다. 공정증서유언은 공증인 사무소에 보관되어 있으므로 위조나 변조의 염려가 없고, 구수증서에 의한 유언은 급박한 사유가 종료한 날로부터 7일 이내에 검인을 받아야 하기 때문에(1070조 2항), 유언집행과는 관계가 없다. 구수증서에 의한 유언 외에는 검인을 받지 않았다고 하여 유언의 효력에 영향이 있는 것은 아니다(대법원 1998. 6. 12. 선고 97다38510 판결). 검인을 청구할 의무자는 유언의 증서나 녹음을 보관한 자 또는 이를 발견한 자이다(1091조).

1092조는 법원이 봉인(封印)된 유언증서를 개봉할 때에는 유언자의 상속인, 그 대리인 기타 이해관계인의 참여가 있어야 한다고 규정한다. 여기서 말하는 봉인한 유언증서란 비밀증서유언을 가리키는 것이고 그 외의 유언은 개봉절차가 필요 없다는 견해가 있으나(곽윤직, 267), 위 97다38510 판결은 자필증서유언에도 1092조가 적용될 수 있는 것으로 설시하고 있다.

3. 유언집행자

가. 필 요 성

상속인 외에 별도로 유언집행자를 인정하는 이유는, 상속인으로 하여금 유언을 집행하게 한다면 유언의 집행이 상속인의 이익에 반하는 경우에는 잘 집행되지 않을 우려가 있기 때문이다. 예컨대 유언자가 제3자에게 유증하도록 유언을 한 경우에는, 상속인으로서는 유증의 이행을 꺼리게 된다. 그리하여 유언의 집행은 제1차적으로 유언집행자가 하도록 정하였다. 다만 유언자가 별도로 유언집행자의 지정을 하지 않으면 상속인이 유언집행자가 된다는 점(1095조)을 유의하여야 한다.

나. 유언집행자의 결정

유언자는 유언으로 유언집행자를 지정하거나 그 지정을 제3자에게 위탁할 수 있다(1093조). 제3자가 위탁을 받으면 그 위탁 있음을 안 후 지체없이 유언집행자를 지정하여 상속인에게 통지하여야 하고, 그 위탁을 사퇴할 때에는 이를 상속인에게 통지하여야 한다(1094조 1항). 상속인 기타 이해관계인은 상당한 기간을 정하여 그 기간 내에 유언집행자를 지정할 것을 위탁 받은 자에게 최고할 수 있고, 그 기간 내에 지정의 통지를 받지 못한 때에는 그 지정의 위탁을 사퇴한 것으로 본다(1094조 2항).

다만 제한능력자와 파산자는 유언집행자가 되지 못한다(1098조). 의사능력이 없으면 유언집행자가 될 수 없을 것이다. 법인도 유언집행자가 될 수 있다고 보는 것이 일반적이다. 상속인도 유언집행자로 지정할 수 있으나, 단독상속인을 유언집행자로 지정하는 것은 의미가 없다. 그러한 지정이 없더라도 단독상속인은 유언집행자가 되기 때문이다. 다만 단독상속인을 복수의 유언집행자 중 1인으로 할 수는 있다.

이처럼 지정된 유언집행자가 당연히 유언집행자로 되는 것은 아니고, 그가 승낙하여야 한다. 그러나 유언집행자는 승낙 또는 사퇴의 결정을 유언자의 사망 후 지체 없이 상속인에게 통지하여야 한다(1097조 1항). 상속인 기타 이해관계인은 승낙 여부를 유언집행자에게 최고할 수 있고, 최고에 대한 확답을 받지 못하면 유언집행자가 취임을 승낙한 것으로 본다(1097조 3항).

지정된 유언집행자가 없는 경우에는 상속인이 유언집행자가 된다(1095조). 그러나 유언자와 상속인의 이해가 대립할 수도 있으므로, 유언집행자를 지정하지 않은 때에는 상속인이 유언집행자가 되도록 한 것은 적절하지 않다. 유언집행자의 지정을 위탁받은 자가 위탁을 사퇴한 때에도 상속인이 유언집행자가 된다(대법원 2007. 10. 18.자 2007스31 결정).

유언에 의한 인지나 친생부인의 경우에 상속인이 유언집행자가 될 수 있는가에 대하여는, 유언집행자의 직무가 상속인의 이해와 상반되므로 상속인은 유언집행자가 될 수 없다는 견해(곽윤직, 269; 송덕수, 456)와, 입법론으로서는 몰라도 해석론으로는 그렇게 보기 어렵다는 견해(김주수·김상용, 867)가 대립하는데, 앞의 견해가 타당할 것이다.

반면 유언자가 지정 또는 지정위탁에 의하여 유언집행자의 지정을 한 이상, 그 유언집행자가 사망·결격 기타 사유로 자격을 상실하였다고 하더라도 상속인은 1095조에 의하여 유언집행자가 될 수는 없고, 이때에는 1096조에 의하여 유언집행자를 선임하여야 한다(대법원 2010. 10. 28. 선고 2009다20840 판결, [판례 79]). 마찬가지로 유언집행자로 지정된 자가 취임의 승낙을 하지 아니한 채 사망·결격 기타 사유로 유언집행자의 자격을 상실한 경우에도 민법 1096조에 의하여 이해관계인이 법원에 유언집행자의 선임을 청구할 수 있고, 상속인이 유언집행자가 되는 것은 아니다(대법원 2007. 10. 18.자 2007스31 결정).

유언집행자가 없거나 사망, 결격 기타 사유로 인하여 유언집행자가 없게 된 때에는 법원은 이해관계인의 청구에 의하여 유언집행자를 선임하여야 하고, 법원이 유언집행자를 선임한 경우에는 그 임무에 관하여 필요한 처분을 명할 수 있다(1096조). 여기서 유언집행자가 없다는 것은 1095조에 의하여 유언집행자가 될 수 있는 상속인도 없다는 것을 말한다. 유언집행자의 선임을 청구할 수 있는 이해관계인은 상속인, 상속채권자, 수유자, 수유자의 채권자 등 유언의 집행에 관하여 법률상 이해관계를 가진 자를 말한다. 유언집행자도 이해관계인에 해당한다(대법원 1987. 9. 29.자 86스11 결정).

선임된 유언집행자는 선임의 통지를 받은 후 지체없이 이를 승낙하거나 사퇴할 것을 법원에 통지하여야 한다(1097조 2항). 이때에도 지정에 의한 유언집행자와 마찬가지로 유언집행자에 대한 최고에 관한 1097조 3항이 적용된다.

법원은 유언집행자를 선임할 때 그 업무에 필요한 처분을 명할 수 있다(1096조

2항). 여기에는 재산목록 작성, 상속재산의 관리보존행위 등이 포함된다.

다. 유언집행자의 지위

1103조는 유언집행자는 상속인의 대리인으로 본다고 규정하고 있다(상속인대리인설: 박동섭·양경승, 933). 그러나 유언집행자가 반드시 상속인의 이익을 위하여서만 유언을 집행하는 것은 아니며, 경우에 따라서는 유언에 의한 친생부인이나 인지 또는 제3자에 대한 유증의 이행과 같이 유언의 집행이 상속인의 이익과는 어긋날 수도 있다. 따라서 유언집행자는 상속인의 대리인이 아니라 법률의 규정에 의하여 유언의 집행이라는 사적 직무를 수행하는데 필요한 권한이 주어진 자라고 보는 것이 타당할 것이다(직무설. 곽윤직, 272-273). 유언집행자는 유언자의 정당한 의사를 실현하는 것을 임무로 한다는 견해(김주수·김상용, 870), 법률의 규정에 의하여 독립적 지위가 인정되는 특수한 형태의 대리인(특수대리인)이라고 보는 견해(이경희·윤부찬, 572)도 있으나, 실제로 별다른 차이가 있는 것은 아니다. 어쨌든 유언집행자가 상속인의 지시에 따라야 하는 것은 아니다. 대법원 2001. 3. 27. 선고 2000다26920 판결은, 1103조 1항은 유언집행자의 행위의 효과가 상속인에게 귀속함을 규정한 것이지, 유언집행자의 소송수행권과 별도로 상속인 본인의 소송수행권도 언제나 병존함을 규정한 것은 아니라고 보았다. 대법원 2010. 10. 28. 선고 2009다20840 판결([판례 79])도 같은 취지이다.

민법은 유언집행자에 관하여 위임에 관한 681조 내지 685조, 687, 691, 692조를 준용하고 있다(1103조 2항).

[판례 79] 대법원 2010. 10. 28. 선고 2009다20840 판결

상고이유에 대한 판단에 앞서 직권으로 판단한다.

유언집행자는 유증의 목적인 재산의 관리 기타 유언의 집행에 필요한 모든 행위를 할 권리의무가 있으므로, 유증 목적물에 관하여 경료된, 유언의 집행에 방해가 되는 다른 등기의 말소를 구하는 소송에 있어서는 유언집행자가 이른바 법정소송담당으로서 원고적격을 가진다고 할 것이고, 유언집행자는 유언의 집행에 필요한 범위 내에서는 상속인과 이해상반되는 사항에 관하여도 중립적 입장에서 직무를 수행하여야 하므로, 유언집행자가 있는 경우 그의 유언집행에 필요한 한도에서 상속인의 상속재산에 대한 처분권은 제한되며 그 제한 범위 내에서 상속인은 원고적격이 없다(대법원 2001. 3. 27. 선고 2000다26920 판결 참조). 한편, 민법 제1095조는 유언자가 유언집행자의 지정 또는 지정위탁을 하지 아니하거나 유언집행자의 지정을 위탁받은 자가 위탁을 사퇴한 때에 한하여 적용되는 것이므로(대법원 2007. 10. 18.자 2007스31 결정 참조), 유언자가 지정 또는 지정위탁에 의하여 유언집행자의 지정을 한 이상 그 유언집행자가 사망·결격 기타 사유로 자격을 상실하였다고 하더라도 상속인은 민법 제1095조에 의하여 유언집행자가 될 수는 없다. 또한 유증 등을 위하여 유언집행자가 지정되어 있다가 그 유언집행자가 사망·결격 기타 사유로 자격을 상실한 때에는 상속인이 있더라도 유언집행자를 선임하여야 하는 것이므로, 유언집행자가 해임된 이후 법원에 의하여 새로운 유언집행자가 선임되지 아니하였다고 하더라도 유언집행에 필요한 한도에서 상속인의 상속재산에 대한 처분권은 여전히 제한되며 그 제한 범위 내에서 상속인의 원고적격 역시 인정될 수 없다.

기록에 의하면, 망 소외 1은 1997. 1. 16. 이 사건 임야를 소외 2에게 유증하는 한편 그 유언의 집행을 위하여 소외 3을 유언집행자로 지정한 사실을 알 수 있다. 한편 이 사건 소송은 이 사건 임야에 관하여 피고들 앞으로 아무런 원인 없이 소유권이전등기가 마쳐졌음을 이유로 피고들을 상대로 그 소유권이전등기의 말소를 구하는 것이므로, 이 사건 소송의 원고적격은 유언집행자에게만 있고 망 소외 1의 상속인들인 원고들에게는 그 원고적격이 없다고 할 것이다. 또한 상고심 계속 중에 유언집행자인 소외 3이 해임되었다고 하더라도 원고들이 민법 제1095조에 의하여 유언집행자가 될 수는 없으며, 유언집행자가 해임된 이후 법원에 의하여 새로운 유언집행자가 선임되지 아니하였다고 하더라도 그 동안에 상속인인 원고들에게 원고적격이 인정되는 것도 아니므로, 위와 같은 원고적격의 흠이 상고심에서 치유되었다고 볼 수도 없다.

그렇다면 이 사건 소는 원고적격이 없는 당사자에 의하여 제기된 것으로서 부적법하므로, 원심으로서는 원고들의 청구를 인용한 제1심판결을 취소하고 이 사건 소를 각하하였어야 할 것임에도 불구하고 피고들의 항소를 기각한 것은 위법하다고 할 것이다.

생각할 점

이러한 경우의 등기말소청구는 보존행위이므로 유언집행자가 있는 경우에도 상속인이 할 수 있다는 견해(권재문)에 대하여 생각해 보라.

참고문헌

권재문, 민사판례연구 35권; 김종기, 대법원판례해설 85호

라. 유언집행자의 임무

유언이 재산에 관한 것인 때에는 지정 또는 선임에 의한 유언집행자는 지체없이 그 재산목록을 작성하여 상속인에게 교부하여야 한다. 그리고 상속인의 청구가 있는 때에는 재산목록 작성에 상속인을 참여하게 하여야 한다(1100조). 이러한 의무는 상속인과 상속채권자 등의 이익을 보호하기 위한 것이므로, 유언자의 유언에 의하여도 이를 면제할 수 없다고 해석된다. 1095조에 의하여 상속인이 유언집행자가 되는 경우에는 지정 또는 선임에 의한 것이 아니므로 재산목록 작성의무가 없다.

그리고 유언집행자는 유증의 목적인 재산의 관리 기타 유언의 집행에 필요한 행위를 할 권리의무가 있다(1101조). 유언집행자는 유언집행을 위한 등기의무자로서 등기권리자인 포괄적 수유자와 함께 유증을 원인으로 하는 소유권이전등기를 공동으로 신청할 수 있고, 그러한 등기를 마치는 것에 관하여 다른 상속인들의 동의나 승낙을 받아야 하는 것은 아니다(대법원 2014. 2. 13. 선고 2011다74277 판결). 따라서 유언집행을 위하여 필요한 경우에는 상속재산을 처분할 수도 있다. 다만 유언집행자가 상속재산을 부당하게 저렴한 가격으로 타에 처분한 경우에는 상속인에게 손해를 배상할 책임이 있다(대법원 1996. 9. 20. 선고 96다21119 판결).

그런데 이처럼 유언집행자에게 상속재산의 처분권이 있으면 상속인에게는 처분권한이 없도록 하여야 하겠지만, 법에는 이 점에 관한 규정이 없다. 다수설은 법에 규정이 없는 이상, 상속인이 유언집행자의 관리 하에 있는 상속재산을 함부로 처분하더라도 이를 무효라고 할 수는 없다고 보고 있다. 그러나 유언집행자가 있으면 상속인의 처분권한이 제한되므로 상속인의 처분은 무효라고 하는 견해도 있다(주해상속 1/현소혜, 867). 이론적으로는 후설이 설득력이 있으나, 거래의 안전을 해칠 우려가 있다.

그 외에 유언집행에 필요한 행위는 유언의 내용에 따라 다르다. 예컨대 유언자가 유언으로 친생부인의 의사를 표시한 때에는 유언집행자는 친생부인의 소를 제기하여야 하고(850조), 유언에 의한 인지의 경우에는 유언집행자가 인지의 신고를 하여야 한다(859조 2항).

유언의 집행에 관련된 소송에서는 유언집행자가 이른바 법정소송담당으로서 원고적격을 가지고, 상속인에게는 원고적격이 없다(대법원 2001. 3. 27. 선고 2000다26920 판결; 2010. 10. 28. 선고 2009다20840 판결, [판례 79]).

마. 공동유언집행자

유언집행자가 수인인 경우에는 임무의 집행은 그 과반수의 찬성으로 결정한다. 그러나 보존행위는 각자가 할 수 있다(1102조 본문). 가부동수인 경우에는 유언집행자를 해임하고 새로 유언집행자를 선임하거나, 유언집행자를 추가 선임하여야 한다는 견해(김주수·김상용, 873)와, 당해 사항을 처리할 새로운 유언집행자를 선임하면 된다는 견해(곽윤직, 276)가 대립한다. 후설이 타당할 것이다.

대법원 2011. 6. 24. 선고 2009다8345 판결은, 상속인이 유언집행자가 되는 경우를 포함하여 유언집행자가 수인인 경우에는 유증 목적물에 대한 관리처분권은 유언의 본지에 따른 유언의 집행이라는 공동의 임무를 가진 수인의 유언집행자에게 합유적으로 귀속되고, 그 관리처분권 행사는 과반수의 찬성으로써 합일하여 결정하여야 하므로, 유언집행자가 수인인 경우 유언집행자에게 유증의무의 이행을 구하는 소송은 유언집행자 전원을 피고로 하는 고유필수적 공동소송이라고 하였다. 판례와 같이 보지 않으면 공동유언집행자 중 한 사람이 공동유언집행자 전체의 결정 없이 임의로 상속재산을 처분하는 것이 되어, 유언자의 단일한 의사를 분할하는 결과가 되므로, 판례의 결론은 수긍할 수 있다.

바. 유언집행자의 보수

유언자가 유언으로 그 집행자의 보수를 정하지 아니한 경우에는 법원은 상속재산의 상황 기타 사정을 참작하여 지정 또는 선임에 의한 유언집행자의 보수를 정할 수 있다(1104조 1항). 이때에는 수임인의 보수청구권에 관한 686조 2, 3항이 준용된다(1104조 2항). 그리하여 유언집행자가 보수를 받을 경우에는 유언집행을 완료한 후가 아니면 이를 청구하지 못하지만, 기간으로 보수를 정한 때에는 그 기간이 경과한 후에 이를 청구할 수 있다(686조 2항의 준용). 그리고 수임인이 위임사무를 처리하는 중에 수임인의 책임없는 사유로 인하여 위임이 종료된 때에는 수임인은 이미 처리한 사무의 비율에 따른 보수를 청구할 수 있다(686조 3항의 준용).

사. 유언집행자의 사퇴와 해임

지정 또는 선임에 의한 유언집행자는 정당한 사유가 있는 때에는 법원의 허가를 얻어 그 임무를 사퇴할 수 있다(1105조). 사퇴의 정당한 사유로는 질병, 외국 여행, 원거리로의 이사 등을 들 수 있다.

지정 또는 선임에 의한 유언집행자에 그 임무를 해태하거나 적당하지 아니한 사유가 있는 때에는 법원은 상속인 기타 이해관계인의 청구에 의하여 유언집행자를 해임할 수 있다(1106조). 대법원 2011. 10. 27.자 2011스108 결정은, 유언집행자가 유언의 해석에 관하여 상속인과 의견을 달리한다거나, 혹은 유언집행자가 유언의 집행에 방해되는 상태를 야기하고 있는 상속인을 상대로 유언의 충실한 집행을 위하여 자신의 직무권한 범위에서 가압류신청 또는 본안소송을 제기하고 이로 인해 일부 상속인들과 유언집행자 사이에 갈등이 초래되었다는 사정만으로는 유언집행자의 해임사유인 '적당하지 아니한 사유'가 있다고 할 수 없으며, 일부 상속인에게만 유리하게 편파적인 집행을 하는 등으로 공정한 유언의 실현을 기대하기 어려워 상속인 전원의 신뢰를 얻을 수 없음이 명백하다는 등 유언집행자로서의 임무수행에 적당하지 아니한 구체적 사정이 소명되어야 한다고 보았다.

유언집행자의 사퇴나 해임으로 유언집행자가 없게 된 때에는 법원은 이해관계인의 청구에 의하여 유언집행자를 선임하여야 한다(1096조 1항). 이때에는 위임에 관한 691조가 준용되므로(1103조 2항), 급박한 사정이 있는 때에는 임무가 종료한 유언집행자는 새로 선임된 유언집행자가 유언집행 사무를 처리할 수 있을 때까지 유언집행 사무의 처리를 계속하여야 한다.

4. 유언집행의 비용

유언의 집행에 관한 비용은 상속재산 중에서 이를 지급한다(1107조). 여기에는 유언증서의 검인청구비용(1091조), 상속재산목록 작성비용(1100조), 상속재산의 관리비용(1101조), 유언집행자의 보수, 권리이전을 위한 등기 비용 등이 포함될 것이다.

제4장 유 류 분

Ⅰ. 개　　설

▌참고문헌: 가정준, "유언의 자유와 제한을 통해 본 유류분제도의 문제점과 그 개선방안", 비교사법 24권 3호, 2017; 고상현, "유류분제도와 공익출연," 가족법연구 24권 3호, 2010; 김민중, "유류분제도의 개정에 관한 검토", 동북아법연구 4권 2호, 2010; 김세준, "유류분제한의 필요성과 그 요건", 가족법연구 28권 3호, 2014; 김수정, "유류분제도의 헌법적 근거와 법정책적 논의", 가족법연구 20권 2호, 2006; 김진우, "유산기부 활성화를 위한 입법 과제", 외법논집 43권 2호, 2019; 박세민, "유류분제도의 현대적 의의", 일감법학 33호, 2016; 방효석·신영호, "유류분의 헌법적 근거변화에 따른 유류분제도의 개선 방향", 고려법학 104호, 2022; 변동열, "유류분 제도", 민사판례연구 25권, 2003; 서종희, "기부활성화를 위한 기부연금제 도입에 있어서의 한계", 외법논집 43권 1호, 2019; 소재선·양승욱, "한·독·일 유류분 제한규정의 비교법적 고찰", 성균관법학 24권 1호, 2012; 옥도진, "상속법 개정론에 대한 비판적 검토", 가족법연구 26권 1호, 2022; 윤진수, "유류분반환청구권의 성질과 양수인에 대한 유류분반환청구", 전남대 법학논총 36권 2호, 2016; 이경희, 유류분제도, 1995; 이동진, "유류분법의 개정방향", 가족법연구 33권 1호, 2019; 이동진, "공익기부 활성화를 위한 유류분법의 개정", 외법논집 43권 2호, 2019; 이봉민, "프랑스법상 유류분의 반환방법", 가족법연구 23권 3호, 2009; 이소은, "일본 개정 유류분 제도의 내용과 시사점", 가족법연구 33권 2호, 2019; 전경근, "유류분제도의 현황과 개선방안", 가족법연구 32권 2호, 2018; 정구태, "유류분권리자의 승계인의 범위", 안암법학 28호, 2009; 정구태, "유류분제도의 존재이유에 대한 현대적 조명", 단국대 법학논총 33권 2호, 2009; 정구태, "생명보험과 특별수익, 그리고 유류분", 고려법학 62호, 2011; 정구태, "한국 유류분제도의 법적 계보", 민사법연구 20집, 2012; 정구태, "'상속법 개정을 위한 전문가 설문조사'를 통해 살펴본 유류분제도의 개선방안", 조선대 법학논총 26집 3호, 2019; 정다영, "프랑스민법상 유류분권리자의 범위 및 유류분의 산정", 가족법연구 31권 2호, 2017; 최준규, "독일의 유류분 제도", 가족법연구 22권 1호, 2008; 최준규, "유류분과 기업승계", 사법 37호, 2016; 최준규, "유류분제도의 개선과 유산기부 활성화", 기업공익재단법제연구, 경인문화사, 2021; 현소혜, "유산기부 활성화를 위한 유류분 제도의 개선방안", 외법논집 43권 2호, 2019; 현소혜, "유류분

제도와 가족의 연대", 가족법연구 36권 3호, 2022; Rainer Frank(김상용 역), "자녀의 유류분권은 여전히 우리시대와 맞는가?", 법학논문집(중앙대) 34집 3호, 2010

1. 의 의

민법은 유언의 자유를 인정하고 있으므로, 피상속인이 자신의 상속재산을 모두 법정상속인에게 상속시켜야 하는 것은 아니고, 제3자에게 유증할 수도 있으며, 또 상속인이 여럿이면 그 중 일부에게 법정상속분을 초과하여 유증할 수도 있고, 생전에 제3자에게 증여를 할 수도 있다. 그러나 유류분제도(1112조 이하)는 이러한 유언의 자유를 제한하고 있다. 즉 피상속인의 유증이나 증여가 있더라도 상속재산 중 최소한의 법정비율은 상속인에게 유보되어야 하는데, 이처럼 상속재산 중 상속인에게 유보되는 최소한의 몫을 유류분이라고 한다. 이는 말하자면 유언의 자유와 친족에 의한 상속이라는 두 가지 원칙 사이의 타협이라고 할 수 있다.

2. 연 혁

로마법에서는 원래 유류분과 같은 제도가 없었으나, 공화정 후기에 이르러서는 유언의 자유를 제한함으로써 상속인의 보호가 강화되기 시작하였고, 유스티니아누스 황제의 서기 542년 칙령(Novellae Justiniani 115)은, 법정상속인이 상속에서 제외되었으면 그 유언은 상속인 지정에 관해서는 무효로 되고 법정상속에 따르게 되며, 법정상속인이 상속인으로 지정은 되었으나 피상속인으로부터 받은 상속재산이 의무분에 미달하면 그 미달액의 보충만을 청구할 수 있다고 하는 의무분 보충소권(義務分 補充訴權, actio ad supplendam legitimam)을 인정하였다. 반면 게르만법에서는 원래 유언의 자유가 인정되지 않았고, 피상속인이 상속재산을 임의로 처분할 수 없었으므로 유류분의 문제는 생기지 않았다. 그러나 교회의 영향으로, 점차 교회와 가난한 사람들에게 증여를 하기 위한 자유분(自由分)이 인정되게 되었다.

프랑스 민법에서는 유류분권리자는 상속분(pars hereditatis)의 성질을 가지는 유류분(réserve)을 가지고, 피상속인은 이를 제외한 나머지(자유분 또는 임의처분분, la portion de biens disponible, quotité disponible)를 처분할 수 있으며, 유류분이 침해되면 유류분권리자는 감쇄(減殺)의 소(action en réduction)를 제기할 수 있다고 규정하였다. 그 효과로서는 유류분을 침해하는 유증 또는 증여가 그 침해 한도에서 소급적으로 무효가 되고, 수유자 또는 수증자는 원물로 반환을 하여야 하였다. 그러나 2006년 개정된 프랑스 민법은 유류분의 반환은 원칙적으로 가액에 의하도록 바꾸었다.

독일 민법에서는 유류분(의무분, Pflichtteil) 청구권자는 상속에서 배제되거나 임의상속분이 유류분(법정상속분의 1/2)에 미달하는 직계존비속 또는 배우자이다. 독일 민법의 입법자들은 유류분의 권리를 금전청산에 의한 채권으로 구성하는 것이 용이하고 원활하다는 이유로, 이를 물권적인 권리가 아니라 금전채권으로 규정하였다.

2018년 개정 전의 일본 민법은 대체로 2006년 개정 전의 프랑스 민법과 비슷하였다. 즉 유류분을 피상속인의 재산의 일정 비율(1/2 또는 1/3)로 정하고 있고, 유류분권리자는 유류분을 보전하기 위하여 필요한 한도 내에서 유증 및 증여의 감쇄(減殺)를 청구할 수 있다고 규정하였다. 당시 일본의 통설과 판례는 감쇄청구는 유증이나 증여의 효력을 상실시키는 형성권의 행사라고 보았다. 또 감쇄의 청구를 받은 유류분의무자로부터 양도를 받은 양수인이 양도 당시에 유류분권리자에게 손해를 가한 것을 안 때에는, 유류분권리자는 그에 대하여도 감쇄를 청구할 수 있고, 수증자나 수유자는 증여 또는 유증의 목적의 가액을 변상하여 반환의무를 면할 수 있었다. 그러나 2018년 개정된 일본 민법은 유류분 반환의 내용을 금전반환으로 바꾸었고, 감쇄라는 용어도 더 이상 쓰지 않고 있다.

반면 영미법에서는 전통적으로는 유언의 자유가 중시되어 유류분제도는 인정되지 않았다. 그러나 근래에는 성문법에 의하여 유언의 자유를 다소 제한하고 있다. 미국에서는 배우자의 상속권은 어느 정도 보장되고(elective share), 영국에서는 생계가 곤란한 유족이나 사실혼 배우자 등은 상속재산 중에서 분배를 청구할 수 있도록 하고 있다(family provision).

우리나라에서는 연혁적으로 유류분청구에 명확하게 대응하는 것은 없었으나, 기본적으로는 유언의 자유가 제한적으로만 인정되었고, 법정상속에 크게 어긋나는 유언은 난명(亂命)이라고 하여 무효로 하였다. 일제의 관습조사에서는 유류분제도가 존재하지 않는다고 하였다. 민법 제정 당시에도 유류분이 인정되지 않다가, 1977년에 이르러서야 비로소 유류분제도가 인정되게 되었다. 이는 피상속인이 딸들에게는 재산을 물려주지 않으려는 남녀차별 현상을 막으려는 것이 주된 목적이었던 것으로 보인다.

우리 민법상의 유류분제도를 독일법, 프랑스법 및 일본법과 비교한다면 다음과 같은 차이점이 있다.

첫째, 유류분의 비율을 그 법정상속분의 1/2 또는 1/3로 하고 있는데, 이는 프랑스 민법이나 일본 민법이 유류분을 법정상속분이 아니라 상속재산의 일정한 비율로 정하고 있는 것과는 다르다. 다시 말하여 우리 민법의 유류분은 프랑스나 일본과는 달리 유류분과 자유분의 구별을 인정하지 않는다. 또한 유류분을 상속분 가액의 1/2인 것으로 규정하고 있는 독일 민법과도 다르다.

둘째, 우리 민법은 프랑스 민법이나 과거의 일본 민법과는 달리 감쇄(減殺)에 관한 규정은 두고 있지 않다.

셋째, 우리 민법은 반환의 목적물이 제3자에게 양도된 경우에 관하여 일정한 범위 내에서는 양수인에게 반환을 청구할 수 있다는 과거의 일본 민법 1040조와 같은 규정을 두고 있지 않고, 수증자나 수유자가 가액 반환에 의하여 반환의무를 면할 수 있다는 규정도 없다.

3. 유류분제도의 근거

유류분제도는 왜 인정되는가? 오늘날은 유언의 자유가 인정되고 있으므로, 피상속인은 원칙적으로 자신의 재산을 임의로 처분할 수 있다. 그러나 자신의 전재산을 법정상속인 아닌 제3자나 또는 법정상속인 중 일부에게만 증여 또는 유증함으로써 자신의 법정상속인으로 하여금 재산을 상속받지 못하게 하는 것은, 피상속인과 상속인 사이에 존재하는 친족관계 내지 그에서 유래하는 부양의무의 취지에 비추어 부당하다고 볼 수 있다(사후부양설). 그러므로 유류분제도는 이러한 법정상속인을 보호하기 위한 것이다. 헌법재판소 2010. 4. 29. 선고 2007헌바144 결정은, 유류분제도는 피상속인의 재산처분의 자유·유언의 자유와 근친자의 상속권 확보에 의한 생활보장의 필요성과의 타협의 산물로 입법화된 것으로, 피상속인의 재산처분행위로부터 유족들의 생존권을 보호하고, 법정상속분의 일정비율에 상당하는 부분을 유류분으로 산정하여 상속재산형성에 대한 기여, 상속재산에 대한 기대를 보장하려는 것이 유류분제도의 입법취지라고 설명하였다.

독일의 학설이나 판례(독일 연방헌법재판소 2005. 4. 9. 결정, BVerfGE 112, 332)는 유류분제도가 헌법적 근거를 가진다고 보고 있다. 우리 헌법 36조 1항은 국가의 가족생활의 보장을 규정하고 있으므로, 유류분제도의 근거를 여기에서 찾을 수 있을 것이다.

그러나 근래에는 유언의 자유에 비추어 유류분제도의 정당성에 관한 의문이 계속 제기되고 있고, 특히 상속을 받지 않더라도 유족의 생계에 어려움이 없는 경우에까지 유류분을 인정할 필요가 있는가 하는 점에 관하여 논란이 있다. 따라서 되도록 피상속인의 의사를 존중하는 방향으로 유류분제도를 해석하고 운용할 필요가 있다. 대법원 2014. 5. 29. 선고 2012다31802 판결은, 대습상속인이 대습원인의 발생 이전에 피상속인으로부터 증여를 받은 경우 그 증여는 특별수익에 해당하지 아니하여 유류분 산정을 위한 기초재산에 포함되지 않는다고 하면서, 그 근거의 하나로서 유류분제도가 상속인들의 상속분을 일정 부분 보장한다는 명분 아래 피상속인의 자유의사에 기한 자기 재산의 처분을 그의 의사에 반하여 제한하는 것인 만큼, 그 인정범위를 가능한 한 필요최소한으로 그치는 것이 피상속인의 의사를 존중한다는 의미에서 바람직하다는 점을 들고 있다.

현재 헌법재판소에는 유류분제도가 위헌이라는 취지의 법원의 위헌제청과 헌법소원이 여러 개 계류되어 있고, 헌법재판소는 2023. 5. 17. 이에 대하여 공개변론을 열었다.

Ⅱ. 유류분권

▮**참고문헌:** 고상현, "독일 민법상 상속 및 유류분의 사전포기제도", 가족법연구 29권 1호, 2015; 권재문, "상속분 양도와 제1008조의 특별수익", 민사법학 97호, 2021; 김형석, "유류분의 반환과 부당이득", 민사판례연구 29권, 2007; 류일현, "상속개시 전 상속포기계약의 해석에 관한 소고", 민사법학 67호, 2014; 오수원, "유류분 산정에 가산되는 증여의 기준시점", 조선대 법학논총 17권 1호, 2010; 이봉민, "무상의 상속분 양도가 유류분 산정을 위한 기초재산에 산입되는지 여부", 대법원판례해설 129호, 2022; 이진만, "유류분의 산정", 민사판례연구 19권, 1997; 이환승, "증여재산이 금전인 경우 유류분가액 산정 방법", 대법원판례해설 81호, 2010; 이희영, "유류분 산정 방법", 대법원판례해설 24호, 1996; 임종효, "민법 제1118조 중 제1008조를 유류분에 준용하는 부분의 위헌 여부에 대한 소고", 가사재판연구(3), 서울가정법원 가사소년재판연구회, 2018; 정구태, "공동상속인 간의 유류분 반환과 특별수익", 가족법연구 24권 3호, 2010; 정구태, "유류분제도 시행 전 증여된 재산에 대한 유류분반환," 홍익법학 14권 1호, 2013; 정구태, "유류분 부족액 산정 시 유류분제도 시행 전 이행된 특별수익의 취급", 2018년 가족법 주요판례 10선, 2019; 정한샘, "유류분 산정에 고려되는 '증여'의 의의와 신탁", 가족법연구 36권 1호, 2022; 최준규, "유류분과 기업승계", 사법 37호, 2016

1. 유류분권과 유류분반환청구권

강학상으로는 유류분권과 유류분반환청구권을 구분한다. 전자는 상속이 개시되면 일정범위의 상속인이 상속분 중 일정비율에 상당하는 피상속인의 재산을 취득할 수 있는 지위를 말한다. 민법은 이러한 유류분권을 가진 자를 유류분권리자라고 부르고 있다(1114, 1115조). 후자는 유류분을 침해하는 행위가 있을 때 그 반환을 청구할 수 있는 권리로, 전자에서 파생되어 나오는 권리이다. 따라서 유류분권리자라고 하더라도 유류분이 침해되지 않으면 유류분반환청구권은 갖지 않는다.

유류분권은 다시 상속개시 전과 그 후로 나누어 볼 수 있다. 상속개시 전의 유류분권은 광의의 상속권에 속하는 일종의 잠재적인 권리로서, 이는 엄밀히 말하면 권리라고 할 수 없다. 그리하여 상속개시 전에는 유류분권리자가 자신의 권리를 처분, 양도하거나, 가압류, 가처분, 가등기 등에 의하여 이를 보전하는 등 구체적인 권리를 주장할 수 없다.

그러나 상속이 개시되면 이러한 잠재적인 유류분권은 구체적인 유류분권으로 바뀌고, 유류분 침해사실이 확정되면 유류분반환청구권이 발생한다. 그러나 구체적인 유류분권과 유류분반환청구권은 동일한 것은 아니다. 전자는 양도될 수 없고, 후자만이 양도될 수 있다.

2. 유류분의 포기

상속이 개시된 후에는 유류분권은 포기할 수 있으나, 상속이 개시되기 전에는 상속권을 포기할 수 없는 것과 마찬가지로 유류분권도 포기할 수 없다. 상속이 개시되기 전에는 아직 완전한 유류분권은 인정될 수 없을 뿐만 아니라, 만일 이를 인정하게 되면 피상속인이 유류분권리자에게 포기를 강요하는 일이 생길 수 있어서 유류분을 인정하는 목적과 어긋나게 되기 때문이다. 판례(대법원 1994. 10. 14. 선고 94다8334 판결; 1998. 7. 24. 선고 98다9021 판결)도, 유류분을 포함한 상속의 포기는 상속이 개시된 후 일정한 기간 내에만 가능하다고 하였다. 그러나 상속 개시 후에 유류분반환청구권을 포기하는 것은 반드시 상속을 포기할 수 있는 기간 내에만 가능한 것은 아니다.

다른 나라에서는 유류분의 사전포기를 인정하기도 하며, 우리나라에서도 입법론으로는 유류분의 사전포기를 인정하여야 한다는 주장이 있다.

3. 유류분권리자 및 유류분의 비율

가. 유류분권리자

상속인 가운데 피상속인의 배우자, 직계비속, 직계존속, 형제자매는 유류분권리자이다(1112조). 그러나 피상속인의 4촌 이내의 방계혈족(1000조 1항 4호)이 상속인인 때에는 유류분이 인정되지 않는다. 독일은 배우자, 직계비속 및 부모만을 유류분권리자로 인정하고 있고, 프랑스에서는 배우자 및 직계비속만을 유류분권리자로 인정하고 있으며, 일본 민법은 직계비속, 직계존속 및 배우자만을 유류분권리자로 하고 있다. 이는 유류분제도가 모든 친족이 아니라 가까운 친족 내지 가정의 보호를 위한 것이기 때문이다. 그러므로 피상속인의 형제자매까지 유류분권리자로 인정하고 있는 것은 입법론적으로 재검토할 필요가 있다.

유류분권리자는 상속인이어야 하므로, 상속결격자는 유류분권리자가 될 수 없다. 상속을 포기한 자도 마찬가지이다(대법원 2012. 4. 16.자 2011스191, 192 결정). 포괄적 수유자는 상속인이 아니므로 유류분권리자가 아니다. 태아도 출생한 때에는 유류분권리자가 될 수 있다.

대습상속의 경우에는 피대습인의 유류분의 범위 안에서 대습상속인도 유류분권리자가 된다(1118조에 의한 1001조의 준용).

나. 유류분의 비율

직계비속과 배우자의 유류분은 그 법정상속분의 1/2이고, 직계존속과 형제자매의 유류분은 그 법정상속분의 1/3이다. 프랑스 민법과 일본 민법은 유류분과 자유분을 구별하여 각각을 전체 상속재산 중 일정 비율로 정하고 있으나, 독일 민법에서는 법정상속분의 1/2로 정하고 있는데, 이 점에서는 우리 민법은 독일 민법을 따랐다고 할 수 있다. 여기서 유류분이 법정상속분의 1/2 또는 1/3이라고 하는 것은 그 유류분의 크기를 말하는 것이고, 유류분이 상속분 자체의 일부라는 의미로 이해할 필요는 없다.

독일 민법 2310조는 공동상속의 경우에, 한 공동상속인의 상속배제, 상속결격 및 상속포기가 있더라도, 유류분 산정의 기초가 되는 법정상속분을 정함에 있어서는 이러한 공동상속인도 포함하여 정한다고 규정하고 있으나, 우리 민법에는 이러한 규정이 없으므로, 한 공동상속인이 상속을 포기하면 다른 공동상속인의 법정상속분 내지 유류분도 증가하는 결과가 된다.

대습상속인의 유류분은 피대습인의 유류분과 같다(1118조에 의한 1010조의 준용).

4. 유류분의 산정

▮참고문헌: 김판기·홍진희, "상속인 아닌 보험수익자가 생명보험금을 수령한 경우 상속인의 유류분 산정의 기초재산 결정에 관한 민법 및 보험법의 조화로운 해석", 법과 정책연구 23집 1호, 2023; 윤진수, "유류분반환청구에서 공동상속인에 대한 증여의 시기와 증여 가액의 산정 시점", 비교사법 29권 4호, 2022; 이봉민, "피대습인이 대습원인 발생 이전에 생전 증여로 특별수익을 받은 이후 대습상속인이 대습상속을 포기한 경우 유류분 산정의 기초재산에 산입되는 생전 증여의 범위", 대법원판례해설 131호, 2022

가. 개 관

유류분은 법정상속분에 대한 일정비율이지만, 유류분의 기초가 되는 재산은 상속재산과 동일하지 않다. 1113조 1항은 이에 관하여 "유류분은 피상속인의 상속개시시에 있어서 가진 재산의 가액에 증여재산의 가액을 가산하고 채무의 전액을 공제하여 이를 산정한다"고 규정한다.

유류분 산정의 기초재산=상속재산+증여−상속채무

그리고 여기에 법정상속분과 유류분의 비율을 곱하면 구체적인 유류분액이 나온다.

나. 상속개시시에 가진 재산

상속재산 중 적극재산만을 말한다. 유증한 재산은 상속재산에 포함된다. 피상속인이 증여하였으나 아직 이행되지 않은 재산도 상속재산에 포함된다(대법원 1996. 8. 20. 선고 96다13682 판결).

포괄적 유증이 있으면 상속과 동시에 포괄적 수유자의 재산으로 되지만, 유류분을 산정할 때에는 유증된 재산도 상속재산에 포함시켜야 한다. 피상속인이 상속인에 대하여 가지는 채권이 상속으로 인하여 혼동으로 소멸하는 경우에도 이는 상속재산에 포함된다.

제사용 재산(1008조의3)과 상속되지 않는 피상속인의 일신전속인 권리는 상속재산에 포함되지 아니한다.

그리고 상속재산 중 조건부권리나 존속기간이 불확정한 권리는 가정법원이 선임한 감정인의 평가에 의하여 그 가액을 정한다(1113조 2항).

다. 증 여

모든 증여가 유류분 산정에 포함되는 것은 아니고, 다음 2가지가 상속재산에 가산된다. 첫째, 상속개시 전의 1년 간에 행하여진 증여(1114조 1문). 둘째, 당사자 쌍방이 유류분권리자에 손해를 가할 것을 알고 한 증여(동조 2문). 그런데 종래의 학설과 판례는 공동상속인에 대한 증여는 증여 시기를 묻지 않고 포함되는 것으로 설명하고 있으나, 아래 (3)에서 보는 것처럼 이 점은 의문이다.

다만 대법원 2012. 12. 13. 선고 2010다78722 판결은, 1977년 개정 민법에 의하여 도입된 유류분제도가 1979. 1. 1. 시행되기 전에 피상속인이 상속인이나 제3자에게 재산을 증여하고 그 이행을 완료하여 소유권이 수증자에게 이전된 때에는, 피상속인이 개정 민법 시행 이후에 사망하여 상속이 개시되더라도 소급하여 그 증여재산이 유류분제도에 의한 반환청구의 대상이 되지는 않지만, 그 시행 이전에 증여계약이 체결되었더라도 그 이행이 완료되지 않은 상태에서 개정 민법이 시행되고 그 이후에 상속이 개시된 경우에는 상속 당시 시행되는 개정 민법에 따라 위 증여계약의 목적이 된 재산도 유류분반환의 대상에 포함된다고 하였다.

(1) 상속개시 전 1년간에 행하여진 증여

모든 증여가 다 유류분 산정에 있어서 고려된다면 수증자나 그 이해관계인에게 예측할 수 없었던 손해를 줄 우려가 있으므로, 민법은 원칙적으로 상속개시 전 1년간에 행한 증여에 한하여 이를 상속재산에 가산하도록 하고 있다. 여기서 상속개시 전 1년간인지의 여부는 증여계약 체결시를 기준으로 하며, 따라서 증여계약이 상속개시보다 1년 전에 행하여졌으면, 그 이행이 1년 이내에 이루어졌더라도 상속재산에 가산되지 않는다고 보는 것이 일반적인 견해이다. 그러나 증여가 행해졌다는 것은 그 이행이 완료된 때를 의미하고, 따라서 부동산의 경우에는 등기가 경료된 때라고 해석하여야 한다. 유류분제도 시행 전에 체결된 증여에 관한 위 대법원 2012. 12. 13. 선고 2010다78722 판결도 그러한 취지로 이해할 수 있다.

그런데 대법원 2022. 8. 11. 선고 2020다247428 판결은, 피상속인이 자신을 피보험자로 하되 공동상속인이 아닌 제3자를 보험수익자로 지정한 생명보험계약을 체결하거나 중간에 제3자로 보험수익자를 변경하고 보험회사에 보험료를 납입하다

사망하여 그 제3자가 생명보험금을 수령하는 경우, 피상속인은 보험수익자인 제3자에게 유류분 산정의 기초재산에 포함되는 증여를 하였다고 봄이 타당하고, 이는 민법 1114조에 따라 보험수익자를 그 제3자로 지정 또는 변경한 것이 상속개시 전 1년간에 이루어졌거나 당사자 쌍방이 그 당시 유류분권리자에 손해를 가할 것을 알고 이루어졌어야 유류분 산정의 기초재산에 포함되는 증여가 있었다고 볼 수 있다고 하였다. 그러나 이 경우에는 그 제3자가 생명보험금을 수령하여야만 실질적인 증여가 이루어졌다고 보아야 할 것이므로, 이러한 판시에는 의문이 있다.

한편 아래에서 보는 것처럼 판례는 공동상속인에 대한 증여는 증여 시기를 불문하고 유류분산정의 기초재산에 산입한다고 보고 있는데, 대법원 2022. 3. 17. 선고 2020다267620 판결; 2022. 7. 14. 선고 2022다219465 판결은, 피상속인으로부터 특별수익인 생전 증여를 받은 공동상속인이 상속을 포기한 경우에는 1114조가 적용된다고 하였다.

여기서 증여의 개념은 폭넓게 파악하여야 한다. 판례(대법원 2021. 8. 19. 선고 2017다230338 판결)도, 유류분 산정의 기초재산에 포함되는 증여에 해당하는지 여부를 판단할 때에는 피상속인의 재산처분행위의 법적 성질을 형식적·추상적으로 파악하는 데 그쳐서는 안 되고, 재산처분행위가 실질적인 관점에서 피상속인의 재산을 감소시키는 무상처분에 해당하는지 여부에 따라 판단해야 한다고 하였다. 그러므로 증여와 동일시할 수 있는 공유지분의 포기, 무상의 채무면제, 담보의 제공이 증여에 포함된다고 하는 데에는 이견이 없다. 증여와 동일시할 수 있는 제3자를 위한 무상의 사인처분도 유류분 산정의 기초가 되는 재산에 산입한다. 가령 피상속인이 자기의 재산을 매각하고 그 매매대금은 피상속인이 사망할 때에 제3자에게 직접 지급하도록 약정한 경우에, 제3자는 매도인의 권리를 승계하는 것이 아니라 직접 매수인에 대하여 고유의 권리를 취득하는 것이므로, 이는 엄밀한 의미에서는 증여는 아니지만, 실질적으로는 증여와 유사하므로 유류분 산정의 기초가 되는 재산에 산입한다. 또 공동상속인이 다른 공동상속인에게 무상으로 자신의 상속분을 양도하는 것은 증여에 해당한다(대법원 2021. 7. 15. 선고 2016다210498 판결). 그리고 상속재산 분할협의에 따라 무상으로 양도된 것으로 볼 수 있는 상속분은 양도인의 사망으로 인한 상속에서 유류분 산정을 위한 기초재산에 포함된다고 보아야 한다(대법원 2021. 8. 19. 선고 2017다230338 판결). 그런데 판례는 상속의 포기는 특별수익인 증여에 포함되지 않는다고 하고 있어서(대법원 2012. 4. 16.자 2011스191, 192 결정), 이들 판례 사이의 관계가 문제될 수 있다. 한편 부의금이나 조위금 등 소액으로 일상적으로 행하여지는 의례적인 증여는 제외된다.

생명보험계약에서 제3자를 수익자로 지정한 경우에도 사인증여와 유사한 것으로 보아, 유류분 산정의 기초가 되는 재산에 산입된다. 다만 증여한 액수를 어떻게 볼 것인가에 관하여는 보험금설과 피상속인 사망시 기준 해약환급금설 등이 대립하지만, 특별수익과 마찬가지로 보험수익자가 취득한 금액에 피상속인이 사망시까지 지급한 보험료의 지급된 보험료의 총액에 대한 비율을 곱하여 산정한 금액으로 보아야 할 것이다(위 제2장 V. 3. 다. (3) (나) 참조). 대법원 2022. 8. 11. 선고 2020다247428 판결도 그와 같이 판시하였다.

그리고 유상행위라도 상당하지 않은 대가로 이루어진 경우에는 실질적으로는 증여와 같은 것으로 보아, 정당한 대가를 공제한 잔액 즉 실질적인 증여액은 유류분 산정의 기초가 되는 재산에 가산한다고 보는 것이 일반적이다. 그런데 이를 증여로 보더라도 1114조 단서를 유추하여 유류분권리자에게 손해를 가할 것을 알았어야 한다는 견해(김주수·김상용, 886; 박병호, 477; 이경희·윤부찬, 597. 일본 민법 1045조 2항 참조)가 있다. 그러나 상속개시 전 1년간에 행하여진 경우에는 손해를 가할 것을 알았는지 여부와 상관없이 유류분 산정의 기초재산에 산입하여야 할 것이다(같은 취지, 주석상속/김혜진, 717).

부담부 증여의 경우에는 증여목적물의 가액에서 부담의 가액을 공제한 차액 상당을 증여받은 것으로 보아야 한다(일본 민법 1045조 1항 참조).

서울고법 2012. 10. 24. 선고 2012나3168, 3175 판결은 공무원연금법상의 유족급여에 관하여, 이에 관한 공무원연금법의 규정은 공무원 또는 공무원이었던 자의 사망 당시 그에 의하여 부양되고 있던 유족의 생활보장과 복리향상을 목적으로 하여 민법과는 다른 입장에서 수급권자를 정한 것으로, 수급권자인 유족은 상속인으로서가 아니라 이들 규정에 의하여 직접 자기의 고유의 권리로서 취득하는 것이고, 따라서 그 각 급여의 수급권은 유류분산정의 기초재산인 상속재산에 속하지 아니한다고 보았다.

(2) 당사자 쌍방이 유류분권리자에 손해를 가할 것을 알고 한 증여

이러한 증여는 그 증여가 상속개시보다 1년 전에 행하여진 때에도 상속재산에 산입한다. 손해를 가한다는 객관적인 인식이 있으면 족하고 유류분권리자를 해할 목적이나 의사는 필요하지 않다. 그 증명책임은 유류분반환청구권을 행사하는 자에

게 있다.

대법원 2012. 5. 24. 선고 2010다50809 판결은, 제3자에 대한 증여가 유류분 권리자에게 손해를 가할 것을 알고 행해진 것이라고 보기 위해서는, 당사자 쌍방이 증여 당시 증여재산의 가액이 증여하고 남은 재산의 가액을 초과한다는 점을 알았던 사정뿐만 아니라, 장래 상속개시일에 이르기까지 피상속인의 재산이 증가하지 않으리라는 점까지 예견하고 증여를 행한 사정이 인정되어야 하고, 이러한 당사자 쌍방의 가해의 인식은 증여 당시를 기준으로 판단하여야 한다고 보았다(같은 취지, 대법원 2022. 8. 11. 선고 2020다247428 판결; 2023. 6. 15. 선고 2023다203894 판결).

(3) 공동상속인에 대한 증여

공동상속인에 대한 증여는 그것이 특별수익에 해당할 때에는 1118조가 특별수익에 관한 1008조를 준용하고 있으므로, 증여 시기를 불문하고 유류분산정의 기초재산에 산입한다는 것이 판례(대법원 1995. 6. 30. 선고 93다11715 판결 등)이고 통설이다. 헌법재판소 2010. 4. 29. 선고 2007헌바144 결정도 그것이 재산권과 평등권을 침해하는 것이 아니라고 하였다.

그러나 상속개시보다 훨씬 이전에 행하여진 증여까지 공동상속인에 대한 증여라 하여 유류분 산정에서 고려하는 것은 문제가 있다. 해석론으로서도 상속개시 전 1년 전의 것은 손해를 가할 것을 안 때에만 유류분산정의 기초재산에 해당한다고 보아야 한다. 1113조가 유류분은 피상속인의 상속개시시에 있어서 가진 재산의 가액에 증여재산의 가액을 가산한다고 규정하고 있는 것은 유류분 산정의 기초가 되는 재산을 말하는 것이고, 1118조가 특별수익에 관한 1008조를 준용하고 있는 것은 유류분권리자의 유류분 부족액을 산정함에 있어서 그가 받은 특별수익을 공제하여야 한다는 의미일 뿐, 시간적 제한이 없다는 의미를 포함하고 있는 것이라고는 할 수 없다. 1008조에 의하여 특별수익이 고려되는 것은 특별수익을 받은 상속인은 그만큼 상속을 받지 못한다는 것인 반면, 증여가 유류분 산정에서 고려된다면 수증자는 이를 반환하여야 하므로, 두 경우의 이익상황이 같은 것은 아니다. 공동상속인에 대한 증여가 상속이 개시된 때보다 1년 이상 전에 있었다고 하더라도, 증여자와 수증자가 그 증여로 인하여 유류분권리자가 손해를 입을 것임을 알았을 때에는 그 증여는 유류분 산정에서 고려될 것이므로(1114조), 특별히 부당한 결과가 생기지도 않는다. 다만 1118조에 의하여 1008조가 준용되므로, 유류분 부족액을 산정함에 있어 공제하여야 할 당해 유류분권리자의 수증액은 증여의 시기에 관계없이 고려되어야 할 것이다. 이는 유류분반환의무자인 수증자가 공동상속인이건 아니건 묻지 않고 적용되어야 한다. 대법원 2018. 7. 12. 선고 2017다278422 판결은, 유류분 반환청구자가 개정 민법 시행 전에 피상속인으로부터 증여받아 이미 이행이 완료된 경우에는 그 재산은 유류분산정을 위한 기초재산에 포함되지 않지만, 위 재산은 당해 유류분 반환청구자의 유류분 부족액 산정시에는 특별수익으로 공제되어야 한다고 하였다.

일본의 종전 통설 및 판례의 상황은 우리나라와 같았으나, 2018년 개정된 일본 민법 1044조 3항은 공동상속인에 대한 증여는 10년 내에 행해진 것에 한하여 반환의 대상이 되는 것으로 하였다.

라. 공제될 상속채무

피상속인이 부담하는 채무가 사법상의 채무인가 또는 공법상의 채무인가는 묻지 않는다. 공동상속인 중 1인이 자신의 법정상속분 상당의 상속채무 분담액을 초과하여 유류분권리자의 상속채무 분담액까지 변제한 경우에는 그 유류분권리자를 상대로 별도로 구상권을 행사하여 지급받거나 상계를 하는 등의 방법으로 만족을 얻는 것은 별론으로 하고, 그러한 사정을 유류분권리자의 유류분 부족액 산정시 고려할 것은 아니다(대법원 2013. 3. 14. 선고 2010다42624, 42631 판결).

상속에 관한 비용(998조의2) 또는 유언집행에 관한 비용(1107조)은 공제될 채무에 포함되지 않는다는 견해도 있으나, 특별히 포함되지 않는다는 명문규정이 없으므로 그와 같이 해석할 수 없다는 견해도 있다. 대법원 2015. 5. 14. 선고 2012다21720 판결은, 공제되어야 할 채무란 상속채무, 즉 피상속인의 채무를 가리키는 것이고, 여기에 상속세, 상속재산의 관리·보존을 위한 소송비용 등 상속재산에 관한 비용은 포함되지 아니한다고 하여 전설을 따랐다.

마. 기초재산 중 적극재산이 소극재산과 같거나 적지만, 제3자에 대한 증여가 있는 경우

예컨대 상속개시 당시의 상속재산이 1억원이고, 채무액은 1억 5,000만원인데, 제3자에 대한 증여가 5,000만원이 있을 때, 유류분이 인정되는가?

이에 관하여는 일본에서는 대체로 두 가지의 견해가 있다. 하나는, 기초가 되는 재산은 0이므로 유류분도 0이라는 견해이고, 다른 하나는, 상속재산이 1억원이고 채무액이 1억 5,000만원이면 유류분이 아니라 자유분이 0이므로 피상속인이 증여한 5,000만원이 유류분반환청구의 대상이 된다는 견해이다. 우리나라에서는 후자를 지지하는 견해가 있다(곽윤직, 291 참조). 자유분 개념을 사용하지 않더라도 유류분을 인정할 수 있다는 주장도 있다(주해상속 2/최준규, 931-932).

생각건대 우리 민법은 자유분이라는 개념 자체를 전제로 하고 있지 않으므로, 전자가 타당할 것이다(박병호, 477-478). 따라서 적극재산에서 상속채무를 공제하면 0 또는 음수가 되는 경우에도 유류분이 인정되는 경우란, 그에 증여액을 합하면 양수가 되는 경우뿐이다.

바. 유류분권리자별 유류분

유류분 산정의 기초가 되는 재산이 확정되면, 여기에 다시 각 유류분권리자별 유류분의 비율(법정상속분의 1/2 또는 1/3)을 곱하여 각 유류분권리자의 유류분을 확정한다. 그리고 유류분권리자에게 특별수익(1008조)이 있는 경우에는 이를 공제한다(1118조에 의한 1008조의 준용).

사. 구체적인 유류분액의 산정

이는 대체로 구체적 상속분을 산정할 때와 같다. 즉 평가의 기준시기는 원칙적으로 상속개시시이다(대법원 1996. 2. 9. 선고 95다17885 판결; 2005. 6. 23. 선고 2004다51887 판결 등). 다만 증여 이후 수증자가 자기의 비용으로 증여재산의 성상(性狀) 등을 변경하여 상속개시 당시 그 가액이 증가되어 있는 경우, 위와 같이 변경된 성상 등을 기준으로 상속개시 당시의 가액을 산정하면 유류분권리자에게 부당한 이익을 주게 되므로, 이러한 경우에는 그와 같은 변경을 고려하지 않고 증여 당시의 성상 등을 기준으로 상속개시 당시의 가액을 산정하여야 한다(대법원 2015. 11. 12. 선고 2010다104768 판결).

반면 유류분 부족액 확정 후 증여재산별로 반환 지분을 산정할 때 기준이 되는 증여재산의 총 가액에 관해서는 변경된 상속개시 당시의 성상 등을 기준으로 상속개시 당시의 가액을 산정하여야 한다. 이와 같이 산정하지 않을 경우 유류분 권리자에게 증여재산 중 성상 등이 변경된 부분까지도 반환되는 셈이 되어 유류분 권리자에게 부당한 이익을 주게 되기 때문이다(대법원 2022. 2. 10. 선고 2020다250783 판결). 구체적으로는 유류분권리자로 자녀1, 2가 있고, 피상속인이 자녀1에게만 10억 원의 부동산을 증여하고, 자녀1이 자신의 비용으로 성상을 변경하여 그 가액이 20억원이 되었으며, 상속재산과 상속채무는 없고, 자녀2가 자녀1을 상대로 유류분반환을 청구하는 경우에, 자녀2의 유류분 부족액은 '10억 원 × 1/4 = 2억 5,000만 원'이지만, 자녀1이 반환해야 할 부동산 지분은 '2억 5,000만 원/20억 원 = 2.5/20지분이 된다.

금전이 증여된 때에는 수증 당시의 금액에 소비자 물가지수를 참작하여 산정하여야 한다(대법원 2009. 7. 23. 선고 2006다28126 판결).

헌법재판소 2010. 4. 29. 선고 2007헌바144 결정은, 유류분산정의 기초재산에 가산되는 증여재산의 평가시기를 증여재산이 피상속인 사망 전에 처분되거나 수용되었는지를 묻지 않고 모두 상속개시시로 하는 것이 재산권이나 평등권을 침해하지 않는다고 보았다.

다른 한편 판례(대법원 2005. 6. 23. 선고 2004다51887 판결)는 증여받은 재산의 원물반환이 불가능하여 가액반환을 명하는 경우에는 그 가액은 사실심 변론종결시를 기준으로 산정하여야 할 것이라고 보았다. 이 경우에도 상속개시시를 기준으로 하여야 한다는 설도 있다. 그러나 이때에는 원물반환이 불가능하게 된 때를 기준으로 하여, 그때 금전이 증여된 경우와 마찬가지로 상속개시까지 사이의 물가변동률을 반영하는 방법으로 산정하여야 할 것이다. 반환의무자가 증여받은 재산을 처분한 후 증여받은 재산의 가액이 상승한 경우에, 그 상승의 부담을 반환의무자가 부담하여야 한다는 것은 합리적이 아니기 때문이다. 이는 상속개시 전에 원물반환이 불가능하게 된 경우는 물론이고, 상속개시 후 원물반환이 불가능하게 된 경우도 마찬가지이다.

대법원 2023. 5. 18. 선고 2019다222867 판결([판례 80])은, 수증자가 증여받은 재산을 상속개시 전에 처분하였거나 수용되었다면 1113조 1항에 따라 유류분을 산정함에 있어서 그 증여재산의 가액은 증여재산의 현실 가치인 처분 당시의 가액을 기준으로 상속개시까지 사이의 물가변동률을 반영하는 방법으로 산정하여야 한다고 판시하였다.

한편 대법원 2021. 6. 10. 선고 2021다213514 판결도 당사자들이 원물반환 대신 가액반환을 하기로 한 경우에, 마찬가지로 사실심 변론종결시를 기준으로 산정하여야 한다고 하면서, 원물반환이 불가능한지 여부에 따라 반환할 가액의 산정기준이 달라지지 아니한다고 하였다. 이때에는 사실심 변론종결시가 기준이 되어야 할 것이다.

[판례 80] 대법원 2023. 5. 18. 선고 2019다222867 판결

3. 제2 상고이유 중 증여재산의 가액산정 시점에 대한 판단

가. 쟁점과 판단

이 부분 쟁점은 피상속인이 생전에 증여하여 유류분반환청구 대상이 된 재산이 상속개시 전에 처분 또는 수용된 경우, 그 재산의 가액산정 방법이다.

민법 문언의 해석과 유류분 제도의 입법취지 등을 종합할 때 피상속인이 상속개시 전에 재산을 증여하여 그 재산이 유류분반환청구의 대상이 된 경우, 수증자가 증여받은 재산을 상속개시 전에 처분하였거나 수용되었다면 민법 제1113조 제1항에 따라 유류분을 산정함에 있어서 그 증여재산의 가액은 증여재산의 현실 가치인 처분 당시의 가액을 기준으로 상속개시까지 사이의 물가변동률을 반영하는 방법으로 산정하여야 한다.

구체적인 이유는 다음과 같다.

1) 민법 제1113조 제1항은 "유류분은 피상속인의 상속개시시에 있어서 가진 재산의 가액에 증여재산의 가액을 가산하고 채무의 전액을 공제하여 이를 산정한다."라고 정하고 있을 뿐 구체적인 가액산정 방법에 대하여는 규정을 두고 있지 않다. 따라서 증여재산의 가액산정 방법은 법원의 해석에 맡겨져 있다.

2) 민법 제1113조 제1항의 문언과 더불어 증여재산의 가액산정은 상속개시 당시 피상속인의 순재산과 문제된 증여재산을 합한 재산을 평가하여 유류분반환의 범위를 정하기 위함이라는 점 및 위 규정에서 증여재산의 가액을 가산하는 이유가 상속재산에서 유출되지 않고 남아 있었을 경우 유류분권리자가 이를 상속받을 수 있었을 것이라는 점에 근거를 두고 있는 점 등에 비추어, 증여재산은 상속개시시를 기준으로 산정하여야 한다(대법원 2011. 4. 28. 선고 2010다29409 판결 등 참조). 따라서 수증자가 증여재산을 상속개시시까지 그대로 보유하고 있는 경우에는 그 재산의 상속개시 당시 시가를 증여재산의 가액으로 평가할 수 있다.

3) 이에 비하여 수증자가 상속개시 전에 증여재산을 처분하였거나 수용된 경우 그 재산을 상속개시시를 기준으로 평가하는 방법은 위의 경우와 달리 보아야 한다.

가) 민법 제1113조 제1항이 "상속개시시에 있어서 가진 재산의 가액"이라고 규정하고 있을 뿐이므로 상속개시시에 원물로 보유하고 있지 않은 증여재산에 대해서까지 그 재산 자체의 상속개시 당시 교환가치로 평가하라는 취지로 해석하여야 하는 것은 아니다. 따라서 상속개시 전에 증여재산이 처분되거나 수용된 경우 그 상태대로 재산에 편입시켜 유류분을 반환하도록 하는 것이 타당하다.

나) 대법원은 유류분반환에 있어서 증여받은 재산이 금전일 경우에는 그 증여받은 금액을 상속개시 당시의 화폐가치로 환산하여 이를 증여재산의 가액으로 봄이 상당하고, 그러한

화폐가치의 환산은 증여 당시부터 상속개시 당시까지 사이의 물가변동률을 반영하는 방법으로 산정하는 것이 합리적이라고 판시하였다(대법원 2009. 7. 23. 선고 2006다28126 판결 등 참조). 부동산 등 현물로 증여된 재산이 상속개시 전에 처분 또는 수용된 경우, 상속개시 시에 있어서 수증자가 보유하는 재산은 수증자가 피상속인으로부터 처분대가에 상응하는 금전을 증여받은 것에 대하여 처분 당시부터 상속개시 당시까지 사이의 물가변동률을 반영하는 방법으로 상속개시 당시의 화폐가치로 환산한 것과 실질적으로 다를 바 없다.

4) 가) 유류분 제도는 피상속인의 재산처분행위로부터 유족의 생존권을 보호하고 법정상속분의 일정 비율에 해당하는 부분을 유류분으로 산정하여 상속인의 상속재산 형성에 대한 기여와 상속재산에 대한 기대를 보장하는 데 그 목적이 있지(헌법재판소 2010. 4. 29. 선고 2007헌바144 결정 참조), 수증자가 피상속인으로부터 증여받은 재산을 상속재산으로 되돌리는 데 목적이 있는 것은 아니다. 증여재산이 상속개시 전에 처분되었음에도 그와 같이 이미 처분된 재산을 상속개시시의 시가로 평가하여 가액을 산정한다면, 수증자가 상속개시 당시 증여재산을 원물 그대로 보유하는 것으로 의제하는 결과가 된다.

나) 수증자가 재산을 처분한 후 상속개시 사이에 그 재산의 가치가 상승하거나 하락하는 것은 수증자나 기타 공동상속인들이 관여할 수 없는 우연한 사정이다. 그럼에도 상속개시시까지 처분재산의 가치가 증가하면 그 증가분만큼의 이익을 향유하지 못하였던 수증자가 부담하여야 하고, 감소하면 그 감소분만큼의 위험을 유류분청구자가 부담하여야 한다면 상속인간 형평을 위하여 마련된 유류분제도의 입법취지에 부합하지 않게 된다.

다) 특히 이 사건과 같이 증여재산인 토지 일대에 개발사업이 시행된 결과 상속개시 전에 협의취득 또는 수용에 이른 경우 증여토지의 형상이 완전히 변모하고 개발사업의 진행 경과에 따라 가격의 등락이 결정되게 되는바, 이를 수증자나 다른 공동상속인들의 이익이나 손실로 돌리는 것은 부당하다. 정부의 부동산 정책과 개발사업에 따라 부동산 가액 변동성이 매우 큰 우리나라의 상황이 고려되어야 한다.

5) 가) 유류분 반환 범위는 상속개시시에 상속재산이 되었을 재산, 즉 그러한 증여가 없었다면 피상속인이 보유하고 있었을 재산이 기준이 된다.

나) 만약 피상속인이 재산을 보유하다가 자신의 생전에 이를 처분하거나 수용된 후 사망하였다면 재산 자체의 시가상승으로 인한 이익이 상속재산에 편입될 여지가 없다. 그런데 피상속인이 생전에 증여를 한 다음 수증자에 의하여 처분되거나 수용되었다고 하여 그 재산의 시가상승 이익을 유류분 반환대상에 포함시키도록 재산가액을 산정한다면 수증자의 재산 처분을 제재하는 것과 마찬가지가 된다.

Ⅲ. 유류분반환청구권

1. 의 의

앞에서도 설명한 것처럼, 유류분 내지 유류분권 그 자체와 유류분반환청구권은 구별된다. 즉 유류분권리자가 받은 상속재산이 피상속인의 유증 또는 증여 때문에 자신의 유류분에 부족한 때에 비로소 유류분권리자가 그 유증 또는 증여를 받은 자에 대하여 그 부족한 한도에서 반환을 청구할 수 있는 것이다. 1115조의 표제는 이를 '유류분의 보전'이라고 부르고 있다.

2. 유류분 부족액의 산정

▮**참고문헌:** 권재문, "유류분 침해액 산정과 구체적 상속분", 비교사법 29권 2호, 2022; 박영욱, "개정 민법 시행 이전에 완료된 유류분반환청구권자에 대한 증여를 유류분반환청구에서 고려하여야 하는지 여부", 대법원판례해설 117호, 2019; 오병철, "유류분 부족액의 구체적 산정방법에 관한 연구", 가족법연구 20권 2호, 2006; 오영준, "수증재산이나 수유재산의 가액이 자기 고유의 유류분액을 초과하는 수인의 공동상속인이 유류분권리자에게 반환하여야 할 재산과 그 범위를 정하는 기준 등", 대법원판례해설 95호, 2013; 윤진수, "유류분 침해액의 산정방법", 민법논고 Ⅶ, 2015; 윤진수, "유류분반환청구에서 공동상속인에 대한 증여의 시기와 증여 가액의 산정 시점", 비교사법 29권 4호, 2022; 이봉민, "유류분의 산정방법에 관한 최근 대법원 판례의 분석", 사법 61호, 2022; 이진만, "유류분의 산정", 민사판례연구 19권, 1997; 이희영, "유류분 산정 방법", 대법원판례해설 24호, 1996; 이환승, "증여재산이 금전인 경우 유류분가액 산정 방법", 대법원판례해설 81호, 2010; 임채웅, "유류분 부족분의 계산방법에 관한 연구", 사법 13호, 2010; 정구태, "유류분 침해액의 산정방안에 관한 소고", 고려법학 51호, 2008

유류분 부족액의 산정은 다음과 같은 공식에 의하여 나타낼 수 있다.

유류분 부족액 = A(유류분 산정의 기초가 되는 재산액)×B(그 상속인의 유류분 비율)-C(그 상속인의 특별수익액)-D(그 상속인의 순상속액)

A = 적극적 상속재산+산입될 증여-상속채무액

B = 법정상속분의 1/2 또는 1/3

C = 당해 유류분권리자의 수증액+수유액

D = 당해 유류분권리자의 구체적 상속분-(소극재산×상속분)

예컨대 피상속인 甲의 상속인으로 배우자 乙과 딸 丙이 있는데, 적극상속재산은 1억원이고 상속채무는 9,000만원이며, 甲은 죽기 6개월 전에 제3자 丁에게 가액 3,000만원의 증여를 하였다. 그리고 乙과 丙은 甲으로부터 각각 200만원의 생전증여를 받았다.

> 乙의 유류분 부족액: {(1억원+3,000만원+400만원-9,000만원)×(3/5×1/2)}-200만원-{(1억원+400만원)×3/5－200만원－9,000만원×3/5}=480만원
> 丙의 유류분 부족액: {(1억원+3,000만원+400만원-9,000만원)×(2/5×1/2)}-200만원-{(1억원+400만원)×2/5－200만원－9,000만원×2/5}=320만원

그리하여 乙은 480만원, 丙은 320만원을 각각 丁에게 청구할 수 있다.

과거의 하급심 판례 가운데에는 위 산정공식의 丁에서 당해 유류분권리자의 구체적 상속분이 아니라 법정상속분을 사용하는 예가 있었다. 그러나 유류분반환청구권을 인정하는 것은 상속인의 상속분이 유류분에 미치지 못하게 되는 경우 이를 보충하기 위한 것이라는 유류분제도의 입법취지와 1118조가 1008조를 준용하고 있는 점에 비추어 보면, 유류분액에서 공제할 순상속분액은 당해 유류분권리자의 특별수익을 고려한 구체적인 상속분에 기초하여 산정하여야 한다(대법원 2021. 8. 19. 선고 2017다235791 판결, [판례 81]).

예컨대 피상속인 甲이 사망하였는데, 그 상속재산은 6억 5,000만원이고, 상속채무는 2억 4,000만원이다. 상속인으로는 자녀들인 乙, 丙, 丁, 戊가 있는데, 乙과 丙은 각 1억 5,000만원, 丁은 5억원, 戊는 18억 5,000만원의 생전증여를 받았다. 이때 乙과 丙이 戊를 상대로 유류분 반환을 청구할 수 있는가? 이 경우에 유류분 산정의 기초재산은 30억 6,000만원(상속재산 6억 5,000만원 + 각 생전증여액 합계 26억 5,000만원 - 상속채무 2억 4,000만원)이고, 乙과 丙의 유류분액은 3억 8,250만원(30억 6,000만원 × 1/8)이다. 여기서 乙과 丙의 수증액 각 1억 5,000만원을 공제하면 2억 3,250만원이 된다. 한편 丁과 戊는 초과특별수익자이므로(설명 생략), 상속재산 6억 5,000만원은 乙과 丙만이 각 3억 2,500만원을 상속하게 되고, 그들의 상속채무 분담액은 6,000만원(2억 4,000만원 × 1/4)이 된다. 그리하여 각 2억 3,250만원에서 각 2억 6,500만원(3억 2,500만원 - 6,000만원)을 공제하면 결국 乙과 丙의 유류분 부족액은 없는 것이 되어, 이들은 戊에 대하여 유류분 반환을 청구할 수 없다. 여기서 주의할 것은 초과특

별수익자가 있는 경우에도 상속채무 분담액은 그들을 포함하여 법정상속분 비율에 의한다는 것이다.

유류분권리자의 구체적인 상속분보다 유류분권리자가 부담하는 상속채무가 더 많다면 그 초과분을 유류분액에 가산하여 유류분 부족액을 산정하여야 한다. 유언자가 임차권 또는 근저당권이 설정된 목적물을 특정유증하면서 유증을 받은 자가 그 임대차보증금반환채무 또는 피담보채무를 인수할 것을 부담으로 정한 경우에는 상속인은 유증을 이행할 의무를 부담함과 동시에 유증을 받은 자에게 유증 목적물에 관한 임대차보증금반환채무 등을 인수할 것을 요구할 수 있는 이익 또한 얻었으므로, 결국 그 특정유증으로 인해 유류분권리자가 얻은 순상속분액은 없다고 보아 유류분 부족액을 산정하여야 한다(대법원 2022. 1. 27. 선고 2017다265884 판결).

다만 대법원 2022. 8. 11. 선고 2020다247428 판결은, 유류분권리자의 구체적인 상속분보다 유류분권리자가 부담하는 상속채무가 더 많은 경우라도 유류분권리자가 한정승인을 했다면, 그 초과분을 유류분액에 가산해서는 안 되고 순상속분액을 0으로 보아 유류분 부족액을 산정해야 한다고 판시하였다. 그렇게 보지 않으면, 법정상속을 통해 어떠한 손해도 입지 않은 유류분권리자가 유류분액을 넘는 재산을 반환받게 되는 결과가 되기 때문이다.

한편 유류분 반환청구자가 개정 민법 시행 전에 피상속인으로부터 증여받아 이미 이행이 완료된 경우에는 그 재산은 유류분산정을 위한 기초재산에 포함되지 아니하지만(대법원 2012. 12. 13. 선고 2010다78722 판결 참조), 위 재산은 당해 유류분 반환청구자의 유류분 부족액 산정시에는 특별수익으로 공제되어야 한다(대법원 2018. 7. 12. 선고 2017다278422 판결).

[판례 81] 대법원 2021. 8. 19. 선고 2017다235791 판결

나. 유류분 부족액 산정방법에 관한 피고의 상고이유에 대하여

1) 유류분제도는 피상속인의 재산처분행위로부터 유족의 생존권을 보호하고 법정상속분의 일정비율에 해당하는 부분을 유류분으로 산정하여 상속인의 상속재산형성에 대한 기여와 상속재산에 대한 기대를 보장하는 데 입법취지가 있다(헌법재판소 2010. 4. 29. 선고 2007헌바144 결정 참조). 유류분에 관한 민법 제1118조에 의하여 준용되는 민법 제1008조는 "공동상속인 중에 피상속인으로부터 재산의 증여 또는 유증을 받은 자가 있는 경우에 그 수증재산이 자기의 상속분에 달하지 못한 때에는 그 부족한 부분의 한도에서 상속분이 있다."

라고 규정하고 있다. 이는 공동상속인 중 피상속인으로부터 재산의 증여 또는 유증을 받은 특별수익자가 있는 경우에 공동상속인들 사이의 공평을 기하기 위하여 그 수증재산을 상속분의 선급으로 다루어 구체적인 상속분을 산정함에 있어 이를 참작하도록 하려는 데 취지가 있다(대법원 1996. 2. 9. 선고 95다17885 판결 등 참조).

이러한 유류분제도의 입법취지와 민법 제1008조의 내용 등에 비추어 보면, 공동상속인 중 특별수익을 받은 유류분권리자의 유류분 부족액을 산정할 때에는 유류분액에서 특별수익액과 순상속분액을 공제하여야 하고, 이때 공제할 순상속분액은 당해 유류분권리자의 특별수익을 고려한 구체적인 상속분에 기초하여 산정하여야 한다.

2) 원심판결 이유에 의하면, 원심은 유류분 부족액을 산정하면서 원고들과 피고가 특별수익자임에도 이들의 특별수익을 고려하지 않고 법정상속분에 기초하여 유류분액에서 공제할 순상속분액을 산정한 결과 원고 1, 3에게 유류분 부족액이 발생하였다고 판단하였다. 이러한 원심판단에는 유류분 부족액 산정 시 유류분액에서 공제할 순상속분액의 산정방법에 관한 법리를 오해하여 판결에 영향을 미친 잘못이 있다. 이를 지적하는 상고이유 주장은 이유 있다.

참고문헌

권재문, 비교사법 29권 2호; 오병철, 가족법연구 20권 2호; 윤진수, 민법논고 Ⅶ; 정구태, 고려법학 51호

3. 유류분반환청구권의 성질

▮참고문헌: 권용우, "유류분반환청구권의 성질", 충북대학교 법학연구 22권 2호, 2011; 김능환, "유류분반환청구", 재판자료 78집, 1998; 김진우, "유류분반환청구권의 법적 성질", 홍익법학 10권 3호, 2009; 김형석, "유류분의 반환과 부당이득", 민사판례연구 29권, 2007; 박영규, "유류분 반환청구권의 법적 성질과 행사기간", 외법논집 34권 2호, 2010; 변동열, "유류분 제도", 민사판례연구 25권, 2003; 윤진수, "유류분반환청구권의 성질과 양수인에 대한 유류분반환청구", 민법논고 Ⅷ, 2021; 정구태, "유류분반환청구권의 법적 성질에 대한 시론적 고찰", 동아법학 42호, 2008; 정소민, "유류분반환청구권에 관한 고찰", 외법논집 30집, 2008

유류분반환청구권의 성질을 무엇으로 볼 것인가에 관하여는 형성권설과 청구권설이 대립하고 있고, 청구권설 가운데에도 반환의 대상이 원물인지 가액인지에 관하여 의견이 갈린다.

연혁적으로는 프랑스 민법에서는 감쇄소권(減殺訴權, action en réduction)을 인정하고 있는데(920조 이하), 이는 한국 민법의 관점에서 보면 대체로 형성권을 인정하는 것과 같다. 반면 독일 민법은 유류분반환청구권을 가액의 반환을 내용으로 하는 순수한 채권적인 청구권으로 규정하고 있다. 일본 민법은 프랑스 민법과 마찬가지로 감쇄청구를 인정하고 있었는데(1031조), 감쇄청구권의 성질에 관하여는 통설과 판례가 형성권설을 따르고 있었다. 그러나 2018년 개정된 일본 민법은 감쇄청구권을 유류분침해액에 상당하는 금전지급청구권으로 바꾸었다.

우리나라에서는 형성권설과 청구권설이 대립한다. 형성권설에 따르면, 유류분을 침해하는 유증 또는 증여는 유류분권리자의 반환청구에 의하여 효력을 상실하고, 반환의 목적물 위의 권리는 당연히 유류분권리자에게 이전한다고 한다(김용한, 434; 김주수·김상용, 890-891; 박병호, 480 등). 이 설은 그 근거로서, 우리 민법상의 유류분제도가 유류분을 상속분의 일부로 보고 있고, 현물반환을 전제로 하고 있음에 비추어 볼 때 연혁적으로는 게르만 형의 유류분제도에 가깝고, 형성권설에 의하여 물권적 보호를 하는 것이 유류분권리자의 보호에 더 충실하다는 점을 들고 있다. 청구권설에 의하면 유증이나 증여가 아직 이행되지 않았을 때 유류분권리자가 이행을 거절할 수 있는 근거가 명확하지 않다는 점도 근거로 들기도 한다.

다른 한편 청구권설 가운데에도 원물반환을 원칙으로 보는가, 아니면 가액을 반환하여야 하는가에 관하여 견해가 갈린다. 원물반환설(곽윤직, 292 이하; 박동섭·양경승, 980-981; 송덕수, 473; 한봉희·백승흠, 651 등)은, 우리 법은 감쇄라는 제도를 인정하지 않고 있고, 일본 민법 1040조와 같이 감쇄청구의 목적물이 제3자에게 양도된 경우에 악의의 제3자에 대하여서만 감쇄를 청구할 수 있다는 규정을 두고 있지 않으므로, 물권적 형성권을 인정하면 거래의 안전을 해한다고 한다. 그리고 그 반환의 대상은 원물이라고 보고 있다. 반면 가액반환설(이경희·윤부찬, 585, 610)은, 형성권적 구성(상속분적 구성)은 유언의 자유를 원칙으로 하는 우리 민법의 상속체계와 모순되고, 상속분적 구성은 법정상속인에게 유산을 남기지 않겠다는 피상속인의 의사에 어긋나기 때문에 청구권설이 타당하고, 우리 민법처럼 현물반환적 구성을 취할 명백한 규정이 없는 법제 하에서는 가액반환주의가 타당하다고 한다.

판례(대법원 1995. 6. 30. 선고 93다11715 판결 등)는 유류분반환청구권의 행사는 재판상 또는 재판 외에서 상대방에 대한 의사표시의 방법으로 할 수 있다고 하였고, 대법원 2013. 3. 14. 선고 2010다42624, 42631 판결([판례 84])은, 유류분권리자가 반환의무자를 상대로 유류분반환청구권을 행사하는 경우 그의 유류분을 침해하는 증여 또는 유증은 소급적으로 효력을 상실한다고 하여, 유류분반환청구권을 형성권으로 보고 있다. 다른 한편 대법원 2005. 6. 23. 선고 2004다51887 판결 등은 원물반환을 원칙으로 보고 있다.

학설의 차이는 주로 반환청구의 목적물에 대하여 제3자가 이해관계를 가지게 되었을 때 나타난다. 즉 유증 또는 증여의 목적물에 대하여 제3자가 강제집행을 한 경우에, 형성권설에 의하면 유류분권리자는 목적물이 자신의 소유임을 주장하여 제3자 이의의 소(民執 48조)를 제기할 수 있고, 또 수유자 또는 수증자가 파산한 경우에 유류분권리자에게는 소유자로서 환취권(「채무자 회생 및 파산에 관한 법률」 407조)을 행사할 수 있으나, 유류분반환청구권을 청구권으로 본다면 이러한 권리는 인정되지 않는다. 그리고 반환의 목적물이 수유자나 수증자로부터 제3자에게로 양도되었거나, 수유자나 수증자가 제3자를 위해 용익물권 또는 담보물권을 설정하였을 때에는, 형성권설을 관철한다면 유류분권리자는 위와 같은 제3자에 대하여도 권리를 주장할 수 있다고 하여야 할 것이다. 그러나 형성권설을 주장하는 학설은, 거래의 안전을 위하여 제3자가 선의인 경우에는 그 제3자에 대하여 목적물의 반환을 청구할 수 없고, 유류분을 침해한 수유자 또는 수증자에 대하여 그 가액의 반환을 청구할 수 있을 뿐이라고 한다. 그 근거에 대하여는 1014조를 유추하여야 한다거나(김주수·김상용, 891-892), 선의의 제3자 보호에 관한 민법의 여러 규정을 전체유추(Gesamtanalogie)하는 방법에 의하여 선의의 전득자를 보호할 수 있다는 주장(김형석)이 있다. 판례(대법원 2002. 4. 26. 선고 2000다8878 판결; 2015. 11. 12. 선고 2010다104768 판결; 2016. 1. 28. 선고 2013다75281 판결)는, 유류분반환청구권의 행사에 의하여 반환하여야 할 유증 또는 증여의 목적이 된 재산이 타인에게 양도된 경우 그 양수인이 양도 당시 유류분권리자를 해함을 안 때에는 양수인에 대하여도 그 재산의 반환을 청구할 수 있다고 하였으나, 그 근거에 관하여는 명확한 설명이 없다.

반면 청구권설에 의하면 원래의 수증자 또는 수유자 외의 제3자는 원칙적으로 반환의무를 부담하지 않는다고 보게 된다. 다만 청구권설을 따르면서도 악의의 제3자는 반환의무가 있다고 하는 견해도 있다.

과연 우리 민법상은 어떤 설이 타당한가? 이 점에 관하여는 연혁적인 근거도 참고가 된다. 우리 민법의 유류분제도에 관한 규정에 프랑스 민법적인 요소가 많은 것은 사실이다. 그러나 그것만으로 결론을 내릴 수는 없고, 민법의 규정이 어떻게 되어 있는가가 중요하다.

우선 우리 민법에는 프랑스 민법이나 개정 전 일본 민법과 같이 유류분권리자가 감쇄청구를 할 수 있다는 규정이 없다. 1115조는 "그 재산의 반환을 청구할 수 있다"라고만 규정하고 있을 뿐이어서, 이 규정만으로는 기존의 증여 또는 유증의 효력이 상실된다고 볼 근거가 없다. 민법상 법문상으로는 "청구할 수 있다"고만 되어 있는 경우에도 형성권이라고 해석되는 경우가 있으나(283조, 285-287조, 628조, 643-647조 등), 이들 경우에는 그 청구의 내용이 지료나 차임의 증감, 지상권의 소멸, 매매계약의 성립과 같이 법률관계 자체의 형성이나 소멸에 관한 것이므로, 그 권리의 성질을 형성권이라고 볼 수밖에 없다. 그러나 유류분반환청구권의 내용은 유류분의 반환으로서, 이를 형성권으로 보아야 할 특별한 이유가 없다. 또한 민법에는 유류분반환청구의 목적물이 제3자에게 양도된 경우에 관하여도 아무런 법률 규정이 없다. 이 경우에 형성권설에 의한다면 유류분권리자가 선의의 제3자에 대하여도 유류분반환청구권을 주장할 수 있어야 하나, 이는 거래의 안전을 해친다. 이 점에 대하여 형성권설에서는 1014조를 유추한다거나, 선의의 제3자 보호에 관한 민법 규정을 전체유추하면 된다고 한다. 그러나 1014조는 유류분반환과 별다른 유사성이 없다. 또 개별유추가 아니라 전체유추를 인정하는 데에는 신중을 기하여야 할 뿐만 아니라, 선의의 제3자 보호는 우리 민법상으로는 예외적인 제도로서, 예외는 확대 적용되어서는 안 된다. 민법의 입법자가 악의의 양수인에 대하여는 반환청구를 할 수 있다는 일본 민법과 같은 규정을 두지 않은 것은 의도적인 것으로 보이므로, 그와 같은 유추를 필요로 하는 흠결이 있다고 할 수 없다. 그리고 1117조는 유류분반환청구권을 제척기간 아닌 소멸시효에 걸리도록 하였는데, 형성권은 원칙적으로 소멸시효에 걸리지 않는다. 결국 우리 민법의 해석상으로는 형성권설을 뒷받침할 만한 근거가 없다. 기본적으로 프랑스 민법과 일본 민법은 상속재산 가운데 유류분과 자유분을 구별하여, 피상속인은 자유분의 범위 내에서만 증여나 유증을 할 수 있다는 전제에 서 있으나, 우리 민법은 유류분과 자유분을 구별하지 않으므로, 피상속인은 자신의 재산을 자유롭게 증여하거나 유증할 수 있고, 따라서 그러한 증여나 유증의 효력을 상실시킬 수 있는 근거가 없다.

청구권설을 택한다면, 유류분을 침해하는 유증 또는 증여가 이행되지 않은 경우에는 청구권설로만은 설명할 수 없고 일종의 이행거절권을 인정하여야 하게 되어 이원적인 설명이 불가피하므로 이론상 일관성이 없다는 비판이 있다. 그러나 반환되어야 할 것의 이행을 청구하는 것은 신의칙에 어긋나고 권리남용에 해당하므로, 유류분반환청구권을 가지는 사람이 이행을 거절할 수 있는 것은 당연하다(토지매도인이 매매목적 토지 위에 매수인이 건축한 건물을 취득한 자에 대하여 토지소유권에 기한 물권적 청구권을 행사할 수 없다고 한 대법원 1988. 4. 25. 선고 87다카1682 판결 등 참조).

그리고 수유자 또는 수증자가 파산하거나 강제집행을 당한 경우에 제3자(채권자 등)와 유류분권리자 중 누구를 더 보호할 것인가 하는 점에 관하여는, 피상속인의 유증 또는 증여가 그 자체 무효는 아니고, 피상속인의 정당한 권리에 기하여 행하여진 것이라는 점에서 본다면 반드시 유류분권리자를 물권적으로 보호하여야 하는 것은 아니다. 그리고 반환되어야 할 목적물에 전득자가 생긴 경우에는 그러한 전득자에 대하여는 원칙적으로 유류분반환을 청구할 수는 없다. 다만 수증자 또는 수유자가 무자력이고, 전득자가 유류분권리자를 해하는 사실을 알면서 무상으로 목적물을 취득하였다면, 747조 2항을 유추하여 전득자에게도 유류분반환을 청구할 수 있다고 보아야 할 것이다. 또 전득자를 수증자 또는 수유자와 동일시할 수 있다는 등의 특별한 사정이 있는 경우에도 마찬가지이다. 대법원 2015. 11. 12. 선고 2010다104768 판결은 수증자로부터의 양수인에 대한 유류분반환청구를 인정하였는데, 이 사건에서는 양수인들이 피상속인과 수증자인 그 배우자 사이에서 출생한 자녀로서, 수증자로부터 다시 증여를 받았고, 또 양수인이 증여를 받을 당시에 유류분권리자를 해함을 알고 있었으므로, 전득자를 수증자와 동일시하게 볼 수 있고, 따라서 위 판결의 결론은 수긍할 수 있다.

원래 상속법의 기본원칙인 유언의 자유와 친족상속의 원리를 비교한다면, 유언의 자유가 좀더 중요하고 친족상속의 원리는 그에 대한 제한에 불과하다. 대법원 2014. 5. 29. 선고 2012다31802 판결도, 유류분제도가 피상속인의 자유의사에 기한 자기 재산의 처분을 그의 의사에 반하여 제한하는 것인만큼, 그 인정범위를 가능한 한 필요최소한으로 그치는 것이 피상속인의 의사를 존중한다는 의미에서 바람직하다고 하였다. 그러므로 유류분을 침해하는 증여나 유증도 그 자체로는 유효하고, 유류분반환청구에 의하여 그 효력을 상실하는 것은 아니며, 다만 유류분권리자의 보호를 위하여 그에게 반환청구권을 인정하는 것이라고 보아야 할 것이다.

결국 해석론으로서는 청구권설이 타당하다. 그리고 반환의 방법에 관하여는, 가액을 반환하여야 한다는 특별한 규정이 없으므로 원물을 반환하여야 한다고 해석하는 것이 1115조의 "그 재산의 반환을 청구할 수 있다"는 규정의 문언에 부합할 것이나, 여기에는 폭넓은 예외가 인정되어야 할 것이다. 아래 5. 다. 참조.

4. 유류분반환의 당사자

▌참고문헌: 우성만, "유류분반환청구권의 행사방법과 상대방 및 소멸시효", 부산판례연구회 판례연구 14집, 2003; 정구태, "유류분반환청구권이 채권자대위권의 목적이 되는지 여부", 가족법연구 22권 1호, 2008; 정구태, "유류분반환청구권의 일신전속성", 홍익법학 14권 2호, 2013; 정구태, "유류분반환에 관한 제문제", 이화여대 법학논집, 18권 1집, 2013

유류분반환은 누가 청구할 수 있는가? 우선 유류분을 침해당한 상속인은 청구권을 가진다. 반면 상속인이 아닌 자, 예컨대 상속결격자나 상속을 포기한 자(대법원 2012. 4. 16.자 2011스191, 192 결정 참조)는 청구권자가 될 수 없다. 태아도 출생한 때에는 반환청구를 할 수 있다. 유류분반환청구권에는 양도성과 상속성이 인정되므로, 유류분반환청구권을 양도받은 자나 유류분권리자의 상속인(대법원 2013. 4. 25. 선고 2012다80200 판결)도 반환청구를 할 수 있다. 반면 상속인 아닌 포괄적 수유자는 유류분권리자가 아니므로, 유류분반환을 청구할 수 없다.

유류분반환청구권을 유류분권리자의 채권자가 대위행사할 수 있는가? 이 점에 관하여는 긍정설(곽윤직, 295; 송덕수, 471; 한봉희·백승흠, 652 등)과 유류분권리자에게 유류분반환청구권을 행사할 의사가 있다고 인정되지 않는 한 대위할 수 없다는 부정설(주해상속 2/최준규, 976)의 대립이 있다. 대법원 2010. 5. 27. 선고 2009다93992 판결은, 민법은 유류분을 침해하는 피상속인의 유증 또는 증여에 대하여 일단 그 의사대로 효력을 발생시킴으로써 피상속인의 재산처분에 관한 자유를 우선적으로 존중해 주는 한편 유류분반환청구권을 행사하여 그 침해된 유류분을 회복할 것인지 여부를 유류분권리자의 선택에 맡기고 있다는 등의 이유로, 유류분권리자에게 그 권리행사의 확정적 의사가 있다고 인정되는 경우가 아닌 한 채권자대위권의 목적이 될 수 없다고 하여 부정설을 따랐다.

생각건대 유류분반환청구권은 판례와 마찬가지로 유류분권리자에게 그 권리행사의 확정적 의사가 있다고 인정되는 경우가 아닌 한 채권자대위권의 목적이 될 수 없다고 보는 것이 타당하다. 그 근거는 유류분권리자의 의사를 존중하는 것 자체가 중요한 것이 아니라, 유류분권리자의 의사를 존중하는 것이 결국 피상속인의 의사를 존중하는 것이 된다는 데에서 찾아야 한다. 즉 유류분권리자가 유류분반환청구권을 행사하지 않는 것은, 유류분반환청구의 대상이 되는 증여나 유증을 한 피상속인의 의사를 존중하는 것이라고 볼 수 있는데, 이러한 유류분권리자의 의사는 존중되어야 한다는 것이다. 상속법의 기본원리의 하나는 유언의 자유 내지 피상속인의 의사의 자유이고, 유류분제도는 이에 대한 예외이다. 따라서 유류분제도를 해석, 운영함에 있어서도 이러한 유언의 자유를 최대한 배려하지 않으면 안 된다.

반환청구의 상대방은 수유자, 수증자 및 그 포괄승계인이다. 유증이 반환대상이 되는 경우, 유언집행자가 있으면 유언집행자가 상대방이 되는가에 대하여 학설이 대립한다. 유언의 집행이 완료되기 전이라면 반환청구의 상대방은 유언집행자가 되지만, 유언의 집행이 완료되면 수유자만이 반환청구의 상대방이 된다고 보아야 할 것이다.

수유자 또는 수증자의 특정승계인에 대하여는 원칙적으로 유류분반환청구를 하지 못한다. 위 3. 참조.

5. 유류분반환청구권의 행사

▌**참고문헌:** 오영준, "수증재산이나 수유재산의 가액이 자기 고유의 유류분액을 초과하는 수인의 공동상속인이 유류분권리자에게 반환하여야 할 재산과 그 범위를 정하는 기준 등", 대법원판례해설 95호, 2013; 윤진수, "유류분의 반환방법", 민법논고 Ⅶ, 2015; 이봉민, "프랑스법상 유류분의 반환방법", 가족법연구 23권 3호, 2009; 이봉민, "유류분의 산정방법에 관한 최근 대법원 판례의 분석", 사법 61호, 2022; 전경근·정다영, "유류분침해로 인한 반환의 순서", 외법논집 41권 4호, 2017; 전경근, "유류분 침해액의 반환순서", 양창수 고희 기념 자율과 정의의 민법학, 2021; 정구태, "유류분반환의 방법으로서 원물반환의 원칙과 가액반환의 예외", 영남법학 30호, 2010; 정구태, "유류분반환에 관한 제문제", 이화여대 법학논집, 18권 1집, 2013

가. 행사의 방법

유류분반환청구권을 형성권으로 보는 설에서는 재판상 또는 재판 외에서 상대방에 대한 의사표시로써 한다고 본다. 판례도, 유류분반환청구권 행사의 의사표시는 침해를 받은 유증 또는 증여행위를 지정하여 이에 대한 반환청구의 의사를 표시하면 그것으로 족하고, 그로 인하여 생긴 목적물의 이전등기청구권이나 인도청구권 등을 행사하는 것과는 달리 그 목적물을 구체적으로 특정하여야 하는 것은 아니라고 하였다(대법원 1995. 6. 30. 선고 93다11715 판결 등). 그리고 대법원 2012. 5. 24. 선고 2010다50809 판결은, 상속인이 유증 또는 증여행위의 효력을 명확히 다투지 아니하고 수유자 또는 수증자에 대하여 재산의 분배나 반환을 청구하는 경우에는 유류분반환의 방법에 의할 수밖에 없을 것이므로, 비록 유류분의 반환을 명시적으로 주장하지 않는다고 하더라도 그 청구 속에는 유류분반환청구권을 행사하는 의사표시가 포함되어 있다고 해석함이 상당한 경우가 많을 것이라고 하였다.

그러나 유류분반환청구권을 청구권으로 본다면 유류분반환청구권의 행사를 의사표시라고는 할 수 없고, 일반적인 청구권의 행사방법에 따르면 된다.

유류분반환청구는 가정법원이 관할하는 가사사건이 아니라 민사사건이다. 유류분권리자가 여러 사람이고 또 반환의무자도 여러 사람인 경우에, 모든 권리자가 같이 모든 의무자를 상대로 하여 반환청구를 할 필요는 없고, 각 권리자가 각 의무자에 대하여 개별적으로 하면 된다.

나. 반환의 순서

유류분을 침해하는 유증과 증여가 각각 있는 경우에는, 먼저 수유자에 대하여 반환을 청구하고, 그로써도 부족한 때에 한하여 수증자에게 반환을 청구할 수 있다(1116조; 대법원 2001. 11. 30. 선고 2001다6947 판결 등). 대법원 2013. 3. 14. 선고 2010다42624, 42631 판결([판례 84])은, 수인의 공동상속인이 유증받은 재산의 총 가액이 유류분권리자의 유류분 부족액을 초과하는 경우에는 유류분 부족액의 범위 내에서 각자의 수유재산을 반환하면 되는 것이지 이를 놓아두고 수증재산을 반환할 것은 아니라고 하였다. 이처럼 유증을 증여에 앞서서 반환의 대상으로 한 것은, 증여는 상속개시 전에 이미 효력이 발생한 것이므로 증여보다는 상속개시와 동시에 또는 그보다 늦게 효력을 발생하는 유증을 반환의 대상으로 하는 것이 수증자에게 가혹함이 덜하기 때문이다. 일본 민법과 프랑스 민법은 유증부터 반환의 대상으로 하고, 증여가 여러 개 있는 때에는 뒤의 증여부터 순차로 반환의 대상으로 하고 있는데, 우리 민법은 유증과 증여 간의 선후만을 정하고(1116조), 유증과 유증 사이, 증여와 증여 사이에는 각자의 얻은 가액의 비례로 반환하여야 한다고 규정하고 있다(1115조 2항).

수유자가 반환하여야 할 각 수유재산의 범위는 1115조 2항을 유추적용하여 각 수유재산의 가액에 비례하여 안분한다(대법원 2013. 3. 14. 선고 2010다42624, 42631 판결, [판례 84]). 따라서 유류분반환 의무자는 증여받은 모든 부동산에 대하여 각각 일정 지분을 반환해야 하는데, 그 지분은 모두 증여재산의 상속개시 당시 총가액에 대한 유류분 부족액의 비율이 된다(대법원 2022. 2. 10. 선고 2020다250783 판결).

사인증여의 경우에는 학설과 판례(대법원 2001. 11. 30. 선고 2001다6947 판결)가 민법이 사인증여에 관하여 유증에 관한 규정을 준용한다는 점에서 유증과 같이 보고 있다. 다만 일본에서는 제1차적으로 유증을 받은 자에게 청구하고, 이어서 사인증여를 받은 자에게 청구하며, 증여를 받은 자는 그 다음 순위라고 하는 설도 주장되고 있다.

다. 반환의 방법

(1) 원물반환과 가액반환

판례(대법원 2005. 6. 23. 선고 2004다51887 판결, [판례 82] 등)는, 우리 민법은 유류분의 반환방법에 관하여 별도의 규정을 두지 않고 있는데, 1115조 1항이 '부족한 한도에서 그 재산의 반환을 청구할 수 있다.'고 규정한 점 등에 비추어 반환의무자는 통상적으로 증여 또는 유증대상 재산 그 자체를 반환하면 될 것이나, 원물반환이 불가능하거나, 제3자를 위한 제한물권이 설정된 경우, 또는 상당하지 않은 대가로 양도된 경우가 반환의 대상이 되는 등의 특별한 사정이 있는 때에는 가액을 반환하여야 할 것이라고 보고 있다. 그리하여 대법원 2013. 3. 14. 선고 2010다42624, 42631 판결([판례 84])은 유류분권리자의 가액반환청구에 대하여 반환의무자가 원물반환을 주장하며 가액반환에 반대 의사를 표시한 경우, 법원이 가액반환을 명할 수 없다고 하였고, 대법원 2014. 2. 13. 선고 2013다65963 판결은, 증여나 유증 후 그 목적물에 관하여 제3자가 저당권이나 지상권 등의 권리를 취득한 경우에는 유류분권리자는 반환의무자를 상대로 원물반환 대신 그 가액 상당의 반환을 구할 수도 있지만, 유류분권리자가 스스로 위험이나 불이익을 감수하면서 원물반환을 구하는 것까지 허용되지 않는 것은 아니라고 하였다.

그러나 원물반환이 물리적으로는 가능하다고 하더라도 가액반환이 보다 합리적인 경우에는 가액반환을 인정할 필요가 있다. 그러면 어떤 경우에 가액반환이 보다 합리적일 것인가? 이에 관하여는 다음의 몇 가지를 고려할 필요가 있다.

첫째, 원물반환이 반환권리자에게 특별히 유리한 것은 아닌 반면 반환의무자에게는 가액반환과 비교하여 매우 불이익한 경우가 있을 수 있다. 예컨대 반환의무자가 증여 또는 유증 목적물을 주거용으로 사용하고 있다든지, 이를 자신의 사업자산으로 사용하고 있는 경우에는, 그 원물을 반환하게 되면 비록 그 반환할 부분이 지분에 국한된다고 하더라도 반환의무자에게는 불이익이 큰 반면, 반환권리자에게는 별다른 이익이 없을 수 있다.

둘째, 원물에 의한 유류분반환은 거의 대부분 공유지분의 반환을 명하는 형태로 이루어지게 되는데, 이처럼 공유지분의 반환을 명하게 되면 결과적으로 증여 또는 유증의 목적물이 유류분권리자와 반환의무자의 공유가 되어, 또다시 공유물분할 절차에 의하여 분할하여야 하는 번잡함이 있게 된다. 그러나 대법원 2006. 5. 26. 선고 2005다71949 판결은, 유류분권리자들이 반환받을 지분을 합하더라도 목적 부동산의 6% 정도에 불과하다는 점만으로는 원물반환청구가 신의칙에 반한다고 할 수 없다고 하였고, 대법원 2014. 2. 13. 선고 2013다65963 판결은, 유류분반환의 목적물에 부동산과 금원이 혼재되어 있다거나, 유류분권리자에게 반환되어야 할 부동산의 지분이 많지 않다는 사정은 원물반환을 명함에 아무런 지장이 되지 아니함이 원칙이라고 하였다. 반면 제주지방법원 2008. 4. 23. 선고 2007가단22957, 27419 판결은, 침해된 유류분이 비교적 소액이고, 현물반환을 인정할 경우 각 부동산의 지분이 너무 복잡해지는 결과를 야기하는 경우에는 유류분을 가액으로 반환함이 상당하다고 보았다.

셋째, 가액반환이 원물반환보다는 피상속인의 의사에 더 부합한다고 할 수도 있다. 피상속인의 의사는 원물 그 자체를 반환의무자가 보유하는 것을 의욕하였기 때문이다.

그러므로 원물반환이 물리적으로 가능하다고 하여도 원물반환은 유류분반환의무자에게는 상당한 불이익을 가져오는 반면 가액반환이 유류분권리자에게 별다른 불리함이 없다면, 가액반환을 인정한다고 하여 그것이 반드시 유류분제도의 목적에 어긋나는 것이라고 할 수는 없을 것이다. 대법원 2004. 10. 14. 선고 2004다30583 판결이 공유물분할의 방법에 관하여, 당해 공유물을 특정한 자에게 취득시키는 것이 상당하다고 인정되고, 다른 공유자에게는 그 지분의 가격을 취득시키는 것이 공유자 간의 실질적인 공평을 해치지 않는다고 인정되는 특별한 사정이 있는 때에는, 공유물을 공유자 중의 1인의 단독소유 또는 수인의 공유로 하되, 현물을 소유하게 되는 공유자로 하여금 다른 공유자에 대하여 그 지분의 가격을 배상시키는 방법에 의한 분할도 허용된다고 한 것도 참고할 필요가 있다. 유류분제도의 목적은 유류분권리자에게 유류분이 침해되지 않았더라면 인정되었을 것에 상당한 이익을 반환하면 되는 것이고, 그 반환 대상이 반드시 원물에 국한될 필요는 없는 것이다.

각국의 입법례도 원물반환보다는 가액반환을 넓은 범위에서 허용하고 있다.

독일 민법은 제정 당시부터 원물반환 아닌 가액반환을 하도록 규정하고 있고, 스위스나 오스트리아도 마찬가지이다. 2006년 개정된 프랑스 민법은 종전과는 달리 가액반환을 원칙으로 하고, 원물반환은 예외적으로만 인정하고 있다. 2018년 개정된 일본 민법은 원물반환을 원칙으로 하던 것을 변경하여 가액반환만을 청구할 수 있는 것으로 하였다.

여기서 말하는 가액반환의 성격이 무엇인가에 관하여, 형성권설에서는 부당이득 반환의무라고 주장한다. 그러나 이는 그 자체 유류분반환의무의 한 형태라고 봄이 타당할 것이다. 반환의무자는 유류분권리자를 유류분 침해가 없었더라면 있었을 상태로 회복시켜야 할 의무가 있는데, 그 방법은 원물반환일 수도 있고, 가액반환일 수도 있다.

(2) 부동산의 경우

원물 반환의 목적물이 부동산인 경우에, 반환의 방법으로 이전등기 아닌 말소등기를 청구할 수 있다고 보는 주장도 있다. 그러나 피상속인이 생전증여를 하고 그 이행까지 마친 경우와 같이, 유류분권리자 명의로 등기된 바 없는 경우에는 말소청구를 허용한다면 소유명의가 피상속인에게 환원될 뿐 유류분권리자에게로 환원되지는 않으므로, 이때에는 이전등기를 청구하여야 한다. 판례도 유류분반환청구권의 행사에 의하여 목적물의 이전등기청구권이 생긴다고 보고 있다(대법원 1995. 6. 30. 선고 93다11715 판결 등).

[판례 82] 대법원 2005. 6. 23. 선고 2004다51887 판결

1. 원심의 사실인정과 판단

원심은, 그 채용 증거를 종합하여 원고는 소외인의 혼인외의 출생자로서 소외인이 1995. 12. 17. 사망한 후 인지청구의 소를 제기하여 승소확정판결을 받아 공동상속인의 지위를 취득한 사실, 망 소외인은 생전에 피고 1에게 자신이 운영하던 제1 주식회사의 보통주 대부분과 현금을 증여하고 나머지 피고들에게 위 주식 등을 증여한 외에 많은 재산을 측근들에게 증여하였고 이에 따라 피고들이 각 그 판시와 같은 비율로 원고의 유류분 부족분을 반환하여야 하는 사실을 인정하였다.

원심은 위 인정 사실에 기초하여, 피고 1을 제외한 나머지 피고들은 증여받은 주식을 현재까지 보유하고 있으므로 이를 반환하여야 하는데, 이 때 반환하여야 할 주식의 수를 산정하기 위한 기준인 주식의 가액은 상속개시 당시의 가액에 의하여야 하지만, 제1 주식회사

주식은 이 사건 상속 개시 후 10주가 3주로, 다시 10주가 2주로 각 병합되어 상속개시 당시 제1 주식회사 주식 1주의 가치가 현재 0.06주의 가치와 동일하므로, 위 피고들이 원고에게 제1 주식회사 주식으로 그 유류분을 반환함에 있어서는 그 유류분액을 상속개시 당시의 제1 주식회사 주식 1주당 가격으로 나누어 산출한 주식 수의 6%를 반환하여야 한다고 판단하여 원고의 위 피고들에 대한 청구 중 주식반환을 구하는 주위적 청구를 각 일부씩 인용하였다.

원심은 나아가, 피고 1은 위와 같이 증여받은 주식을 채권은행에 담보로 제공하였다가 담보가 실행됨으로써 이를 보유하고 있지 않음을 자인하고 있으므로 이를 원고에게 반환할 수 없는바, 수증자가 증여받은 재산을 처분함으로써 유류분청구권자에 대한 원물반환이 불가능할 때에는 그 재산의 상속개시 당시의 가액을 반환하여야 한다고 판단한 다음, 원고의 위 피고에 대한 주위적 청구 중 주식반환을 구하는 부분의 청구를 기각하고 예비적 청구를 일부 받아들여 상속개시 당시를 기준으로 한 가액 상당 금전의 지급을 명하였다.

2. 대법원의 판단

우리 민법은 유류분제도를 인정하여 제1112조부터 제1118조까지 이에 관하여 규정하면서도 유류분의 반환방법에 관하여 별도의 규정을 두지 않고 있는바, 다만 제1115조 제1항이 '부족한 한도에서 그 재산의 반환을 청구할 수 있다.'고 규정한 점 등에 비추어 반환의무자는 통상적으로 증여 또는 유증대상 재산 그 자체를 반환하면 될 것이나 위 원물반환이 불가능한 경우에는 그 가액 상당액을 반환할 수밖에 없을 것이다.

한편, 유류분반환범위는 상속개시 당시 피상속인의 순재산과 문제된 증여재산을 합한 재산을 평가하여 그 재산액에 유류분청구권자의 유류분비율을 곱하여 얻은 유류분액을 기준으로 하는 것인바, 이와 같이 유류분액을 산정함에 있어 피고들이 증여받은 재산의 시가는 상속개시 당시를 기준으로 산정하여야 할 것이고(대법원 1996. 2. 9. 선고 95다17885 판결 참조), 당해 피고에 대하여 반환하여야 할 재산의 범위를 확정한 다음 위에서 본 바와 같이 그 원물반환이 불가능하여 가액반환을 명하는 경우에는 그 가액은 사실심 변론종결시를 기준으로 산정하여야 할 것이다.

위 법리에 기초하여 이 사건에서 원고에게 반환되어야 할 대상과 범위에 관하여 보기로 한다.

가. 피고 1 부분

원심이 피고 1의 원고에 대한 유류분반환 중 주식반환이 불가능하다고 보아 가액반환을 명하고 또 가액반환을 명하면서 위 주식에 대하여 상속개시 당시를 기준으로 산정된 유류분반환액 그 자체를 반환할 액으로 인정한 조치는 수긍하기 어렵다.

우선, 원심이 인정한 바에 따르더라도 피고 1이 반환하여야 할 대상은 제1 주식회사의 보통주이며, 기록에 의하면 위에서 본 바와 같이 제1 주식회사이 2차례 주식병합을 실시한 이후에도 총 발행주식은 200만 주를 상회하였던 사실을 알 수 있는바, 그렇다면 대체물인

제1 주식회사 보통주를 제3자로부터 취득하여 반환할 수 없다는 등의 특별한 사정이 없는 한 피고 1로서는 위 주식 중 소정의 수량을 취득하여 이를 원고에게 양도함으로써 원물반환의무를 이행할 수 있는 것이고 따라서 위 피고가 망 소외인으로부터 증여받은 주권 그 자체를 보유하고 있지 않다는 사실만으로 원고에 대한 주식반환의무가 불가능하다고 할 수는 없다.

그렇다면 원심으로서는 위에서 본 특별한 사정의 유무에 관하여 심리한 다음 원물반환이 가능하다면 피고 1의 반환비율에 상응하여 상속개시 당시를 기준으로 산출한 주식 수의 6%의 반환을 명함으로써 원고의 주위적 청구를 일부 인용하였어야 할 것이고, 만약 어떠한 사정으로 인하여 원물반환이 불가능하다면 예비적 청구에 대한 판단으로 위 반환하였어야 할 주식의 원심 변론종결일 당시의 시가 상당액을 산정하여 그 지급을 명했어야 할 것이다.

따라서 피고 1 부분에 대한 원심의 판단에는 유류분반환의 대상 및 가액반환에 있어서 산정기준시에 관한 법리오해의 위법이 있다고 할 것이므로 이를 지적하는 피고 1의 상고이유의 주장은 이유 있다.

(이하 생략)

참고문헌

김형석, 민사판례연구 29권

생각할 점

이 판결이 원고에 대한 주식반환의무가 불가능하다고 할 수는 없다고 본 것은 타당한가? 또한 원물반환이 불가능하여 가액반환을 명하는 경우에는 그 가액은 사실심 변론종결시를 기준으로 산정하여야 하는가?

6. 신탁과 유류분

▮참고문헌: 권재문, "연이은 유증과 수익자연속 신탁의 관계: 유류분 반환의 법률관계를 중심으로", 입법과 정책 7권 2호, 2015; 김상훈, "유언대용신탁의 현황과 과제", 가족법연구 35권 1호, 2021; 김형석, "유류분과 신탁", 가족법연구 36권 1호, 2022; 박근웅, "상속에 의한 기업승계의 몇 가지 문제", 비교사법 27권 3호, 2020; 신동현, "유언대용신탁과 유류분반환청구", 양창수 고희 기념 자율과 정의의 민법학, 2021; 엄복현, "신탁제도와 유류분반환청구권과의 관계", 가족법연구 32권 3호, 2018; 이관형, "상속형 신탁과 유류분의 관계", 경북대 법학논고 79집, 2022; 이화연, "재산승계수단으로서의 신탁과 상속", 사법논집 65집, 2017; 임채웅, "신탁과 유류분에 관한 연구", 사법 41호, 2017; 정구태, "신탁제도를 통한 재산승계 ― 유류분과의 관계를 중심으로 ―", 인문사회 21 9권 1호, 2018; 정

소민, “신탁을 통한 재산승계와 유류분반환청구권”, 한양법학 28권 2집, 2017; 정한샘, “유류분 산정에 고려되는 ‘증여’의 의의와 신탁”, 가족법연구 36권 1호, 2022; 최수정, “개정 신탁법상의 재산승계제도”, 전남대 법학논총 31집 2호, 2011; 최수정, “유언대용신탁과 유류분의 관계”, 인권과 정의 2020. 11; 최준규, “유류분과 신탁”, 사법 34호, 2015.

피상속인이 제3자를 수익자로 하는 신탁을 설정하여 제3자에게 수익권을 부여하면, 이는 증여나 유증과 마찬가지로 보아야 하므로 유류분반환청구의 대상이 될 수 있다고 보아야 한다. 그런데 이 경우에 유류분산정의 기초재산을 어떻게 파악할 것인지, 유류분반환청구의 상대방은 누가 되어야 하는가에 관하여 논란이 많다.

먼저 위탁자가 그 생전에 수탁자에게 신탁재산을 이전하지만, 수익자가 될 자로 지정된 자가 위탁자의 사망 시에 수익권을 취득하거나, 수익자가 위탁자의 사망 이후에 신탁재산에 기한 급부를 받는 유언대용신탁(신탁법 59조 1항)의 경우에는 (1) 수탁자에게 이전된 신탁재산 자체가 증여된 것으로 보아 수탁자에게 신탁재산의 원물반환을 청구할 수 있다는 설, (2) 수익자에게 수익권의 사인증여가 이루어졌다고 보아 수익권의 가치만큼을 유류분 산정의 기초재산에 가산하고, 수익자에게 수익권의 양도를 청구할 수 있다는 설, (3) 위탁자인 피상속인은 언제든지 신탁재산을 피상속인 명의로 복귀시킬 수 있으므로 신탁재산은 여전히 상속재산이고, 유류분반환의 상대방은 원칙적으로 수익자이지만, 수익자가 존재하지 않거나 확정할 수 없는 경우에는 수탁자를 상대로도 유류분의 반환을 청구할 수 있다는 설 등이 주장된다. 생각건대 유언대용신탁에 의하여 현실적으로 이익을 얻는 것은 피상속인 사망 후의 수익자이므로, (2)설이 타당할 것이다.

반면 유언대용신탁의 신탁재산은 상속개시시에 피상속인이 가진 재산에 해당하지 않고, 위탁자가 수탁자에게 신탁재산을 이전할 때 후계자인 사후수익자에게 이를 증여했다고 볼 수도 없으므로 유류분 반환의 대상이 되지 않는다는 견해가 있으나(김상훈), 찬성하기 어렵다.

그리고 유언에 의하여 신탁이 설정되는 유언신탁(신탁법 3조 1항 2호)의 경우에는 신탁재산이 위탁자 사망 후에 수탁자에게 이전되므로, 유류분 산정의 기초재산은 신탁재산이다. 이 경우에 반환의무자는 수탁자가 되고, 반환의 대상은 신탁재산이 된다. 다만 이때에도 유류분권리자의 선택에 따라 수익자를 상대로 수익권의 반환을 청구할 수도 있다는 견해도 유력하다. 이외에 수익자만이 반환의무자라는 주장도 있다.

7. 유류분반환청구권 행사의 효과

▌참고문헌: 김두형, "유류분청구를 둘러싼 상속세 과세문제에 관한 연구", 조세법연구 16권 2호, 2010; 오영준, "수증재산이나 수유재산의 가액이 자기 고유의 유류분액을 초과하는 수인의 공동상속인이 유류분권리자에게 반환하여야 할 재산과 그 범위를 정하는 기준 등", 대법원판례해설 95호, 2013; 정구태, "유류분반환에 관한 제문제", 이화여대 법학논집, 18권 1집, 2013

반환청구권 행사의 효과가 어떠한가 하는 것은 반환청구권의 성질을 어떻게 볼 것인가에 따라 다르다. 대법원 2013. 3. 14. 선고 2010다42624, 42631 판결([판례 84])은, 형성권설에 따라 유류분을 침해하는 유증 또는 증여는 그 침해한도에서 소급하여 효력을 상실한다고 보았다. 그러나 반환청구권을 이름 그대로 청구권으로 본다면 위 유증 또는 증여행위의 효력에는 영향이 없고, 유류분권리자는 단순한 반환청구권 또는 이행거절권만을 취득하게 된다.

반환의 목적물로부터 나온 과실은 누구에게 귀속되는가? 프랑스 민법 928조는 상속개시일부터의 과실은 유류분권리자에게 귀속하는 것으로 규정하고 있고, 2018년 개정 전 일본 민법 1036조는 감쇄의 청구가 있은 날 이후의 과실은 유류분권리자에게 귀속하는 것으로 규정하고 있었다. 유류분반환청구에 소급효를 인정한다면 상속개시일 이후의 과실이 유류분권리자에게 귀속되어야 하겠지만, 현재 형성권설을 지지하는 학자들은 대체로 일본 민법과 같이 반환청구를 한 날 이후의 과실이 유류분권리자에게 귀속된다고 한다. 반면 청구권설 가운데에는 규정이 없는 현행법 아래에서는 수증자는 과실반환의무를 부담하지 않는다고 하는 견해가 있다(곽윤직, 297; 박동섭·양경승, 991; 송덕수, 475).

대법원 2013. 3. 14. 선고 2010다42624, 42631 판결([판례 84])은 이 점에 관하여, 점유자의 과실수취권에 관한 201조 1항, 201조 2항 및 점유자의 악의 의제에 관한 197조 2항을 원용하여, 반환의무자가 악의의 점유자라는 점이 증명된 경우에는 그 악의의 점유자로 인정된 시점부터, 그렇지 않다고 하더라도 본권에 관한 소에서 종국판결에 의하여 패소로 확정된 경우에는 그 소가 제기된 때로부터 악의의 점유자로 의제되어 각 그때부터 유류분권리자에게 그 목적물의 사용이익 중 유류분권리자에게 귀속되었어야 할 부분을 부당이득으로 반환할 의무가 있다고 보았다. 그러나 청구권설에 따른다면, 유류분반환의무자는 반환청구를 받기 전에는 악의이더라도 수취한 과실이나 사용이익을 반환할 의무가 없고, 반환청구 이후에 수취한 과실이나 사용이익은 반환하여야 할 것이다.

위 판결도 유류분반환청구권의 행사로 인하여 생기는 원물반환의무 또는 가액반환의무는 이행기한의 정함이 없는 채무이므로, 반환의무자는 그 의무에 대한 이행청구를 받은 때에 비로소 지체책임을 진다고 하였다.

문헌 중에는 반환청구를 받은 수유자나 수증자가 무자력인 경우, 그로 인하여 생긴 손실은 유류분권리자가 부담한다는 설(김주수·김상용, 896; 박병호, 483; 송덕수, 475)과, 유류분권리자가 그 손실을 부담하지 않고 다른 증여의 반환을 청구할 수 있다는 설(곽윤직, 296) 등이 있다. 일본 민법 1047조 4호(2018년 개정 전 1037조)는, 감쇄를 받을 수증자 또는 수유자의 무자력에 의하여 생긴 손실은 유류분권리자의 부담으로 한다고 규정하고 있는데, 이 규정의 취지는 일본 민법에서는 복수의 증여가 있는 때에는 후의 증여부터 순차로 감쇄청구를 하게 되어 있기 때문에, 후의 수증자가 무자력인 때에 이를 이유로 그 전의 수증자에게 감쇄청구를 하지 못한다는 데 있다. 그러나 우리 민법에는 별다른 규정이 없으므로 수유자나 수증자가 무자력인 경우에는 그로 인하여 생긴 손실은 당연히 유류분권리자의 부담으로 될 뿐이다.

한편 대법원 1980. 2. 26. 선고 79다2078 판결은, 상속재산이 다른 사람에게 포괄적으로 유증이 된 경우에 피상속인의 직계비속이 유류분반환청구권을 가지면 그가 피상속인의 생전 채무를 변제할 의무가 있는 것처럼 표현하고 있다. 그러나 포괄적 유증을 받은 사람은 피상속인의 적극재산뿐만 아니라 소극재산도 승계하고, 유류분을 산정함에 있어서 상속채무를 공제하기 때문에, 유류분반환청구권이 있다고 하여 상속채무를 승계하는 것은 아니다.

유류분을 반환받는 경우에 반환받는 자는 상속세를 납부하여야 한다. 이 때 반환하는 자는 이미 납부한 상속세나 증여세를 환급받을 수 있다(相贈 79조 1항 1호, 시행령 81조 2항; 상속증여세법 기본통칙 (2014) 31-0…3).

8. 공동상속인들 사이의 유류분반환청구

▌**참고문헌**: 권재문, "유류분과 기여분의 단절에 관한 비판적 고찰", 법조 2016. 10. 별책; 김진우, "생전 증여, 기여분과 유류분: 독일법으로부터의 시사점", 조선대 법학논총 28집 2호, 2021; 변동열, "유류분 제도", 민사판례연구 25권, 2003; 오병철, "기여분과 유류분의 관계에 관한 연구", 가족법연구 31권 1호, 2017; 오영준, "수증재산이나 수유재산의 가액이 자기 고유의 유류분액을 초과하는 수인의 공동상속인이 유류분권리자에게 반환하여야

할 재산과 그 범위를 정하는 기준 등", 대법원판례해설 95호, 2013; 우성만, "유류분반환청구권의 행사방법과 상대방 및 소멸시효", 부산판례연구회 판례연구 14집, 2003; 이봉민, "기여분과 유류분의 관계에 대한 새로운 해석론", 가족법연구 32권 1호, 2018; 이은정, "공동상속인간의 유류분 반환청구에 관한 소고", 경북대학교 법학논고 43집, 2013; 이진만, "유류분의 산정", 민사판례연구 19권, 1997; 이희영, "유류분 산정 방법", 대법원판례해설 24호, 1996; 정구태, "공동상속인 간에 있어서 유류분반환을 고려한 상속재산분할의 가부", 인하대학교 법학연구 12권 3호, 2009; 정구태, "공동상속인 간의 유류분반환과 특별수익", 가족법연구 24권 3호, 2010; 최준규, "유류분과 기여분의 관계", 저스티스 167호, 2017

공동상속인들 사이에서 유류분반환청구를 하는 경우에는 여러 가지 특수한 문제가 생긴다. 그 중 공동상속인에 대한 증여는 1114조에 의한 제한 없이 증여 시기를 묻지 않고 유류분에 포함되는가에 대하여는 앞에서 살펴보았다{Ⅱ. 4. 다. (3)}.

가. 유류분반환청구와 상속재산분할청구의 관계

우선 이러한 공동상속인들 사이의 유류분반환청구를 상속재산분할청구의 방법에 의해서도 할 수 있는지, 또는 상속재산분할청구의 방법에 의해서만 할 수 있는지가 문제된다. 나아가 유류분반환이 이루어지면 그 반환된 재산은 상속재산에 해당하고 따라서 그 분할은 상속재산분할의 절차에 의하여야 하는가도 문제된다. 학설상으로는 유류분반환청구권의 행사는 상속재산의 분할절차와 별도로 할 수 있지만, 그 결과의 구체적 실현은 상속재산분할절차와 함께 이루어져야 한다는 설(김주수·김상용, 900)과, 반환된 재산은 일단 상속재산을 구성하며 공동상속인 간에 상속재산분할의 대상으로 된다는 설(박병호, 482) 등이 주장되고 있다. 서울가정법원 1994. 4. 21.자 92느7359 심판은, 유류분반환청구의 구체적 실현은 상속재산분할에 영향을 미치게 된다고 하였다.

그러나 유류분반환청구자와 피청구자 사이에는 공유관계가 발생하고, 이를 해소하기 위해서는 공유물분할의 소송에 의하여야 한다고 하면서, 피청구자가 공동상속인 아닌 제3자라면 이러한 결론은 거의 의심의 여지가 없고, 피청구인이 공동상속인이라고 해서 달라질 이유는 없으며, 우리 민법상의 유류분제도는 공동상속인의 개별적 권리로 규정하고 있어 상속재산분할과 같은 집단적인 청산절차에서 감안한다는 것은 절차법적으로 부적절하다는 견해도 있다(변동열).

일본의 판례{최고재판소 1996. 1. 26. 판결(民集 50-1, 132)}는, 유언자의 재산 전부에 관한 포괄적 유증에 대하여 유류분권리자가 감쇄청구권을 행사하는 경우에 유류분권리자에게 귀속하는 권리는 유산분할의 대상으로 되는 상속재산으로서의 성질을 가지지 않는다고 하였다. 그리고 대법원 2023. 5. 18. 선고 2019다222867 판결([판례 80])은, 수증자가 피상속인으로부터 증여받은 재산을 상속재산으로 되돌리는 데 유류분 제도의 목적이 있는 것은 아니라고 하였다.

청구권설에 의할 경우에는 유류분반환의 대상인 재산이 상속재산이 아니라는 결론이 당연히 도출될 것이다. 그리고 가사비송사건인 상속재산분할절차에서 민사소송사건에서 밝혀야 할 유류분을 고려하는 것도 절차상 문제가 있다.

나. 공동상속인 간의 유류분반환청구의 비율

공동상속인들이 3사람 이상 있는 경우에, 누가 누구를 상대로 하여 유류분반환을 청구할 것인가, 반환의 비율은 어떠한가가 문제된다.

예컨대 A가 상속재산 4,000만원을 남기고 사망하여 그 상속인으로는 자녀들인 B, C, D, E 4인이 있는데, A는 B에 대하여 500만원, C에 대하여는 1,500만원, D에 대하여는 2,000만원을 각 유증하였고, 그 결과 E는 전혀 상속을 받지 못하였으며, 그 유류분 침해액은 500만원(=4,000만원×1/4×1/2)이다. 이 경우 E는 B, C, D에 대하여 어떠한 비율로 유류분의 반환을 청구할 수 있는가?

이에 관하여는 몇 가지 방법을 생각할 수 있다.

제1설(가액비율설): 유류분권리자는 유증 또는 증여를 받은 자 모두를 상대로 하여, 그들의 특별수익액이 고유의 유류분 또는 상속분을 초과하였는지 여부를 묻지 않고 그들 전원을 상대로 하여 유류분반환을 청구할 수 있다는 견해이다. 이에 따르면 E는 B, C, D에 대하여 각 유증액의 비율인 1 : 3 : 4의 비율로 반환을 청구할 수 있으므로, B에 대하여는 62만 5,000원, C에 대하여는 187만 5,000원, D에 대하여는 250만원을 청구할 수 있다. 그러나 이 설의 문제점은, 그렇게 되면 B는 자기의 유류분에도 미달하는 액수만을 받게 되므로, 다시 C 및 D를 상대로 유류분반환청구를 하여야 하지 않을 수 없게 된다는 것이다. 따라서 현재 이러한 주장을 하는 사람은 없다.

제2설(유류분초과비율설): 유류분권리자는 수유자 또는 수증자 중 자신의 유류분액을 넘는 유증 또는 증여를 받은 자에 대하여만 반환청구를 할 수 있고, 이러한 자들이 복수이면 그들 사이의 반환비율은 유류분을 초과하는 부분의 비율에 따라 결정되어야 한다는 견해이다. 피상속인은 유류분을 침해하지 않는 범위 내에서 자신의 재산을 자유로이 처분할 수 있으므로, 유류분을 초과하는 부분의 비율로 반환범위를 정하는 것이 피상속인의 의사에 합치하는 것이라는 점을 근거로 든다. 위의 예에서 E는 B에 대하여는 반환청구를 할 수 없고, C, D에 대하여는 각 2 : 3의 비율(1,500만원-500만원 : 2,000만원-500만원)로, 즉 C에 대하여는 200만원, D에 대하여는 300만원의 비율로 반환청구를 할 수 있다는 것이다. 일본의 종전 다수설과 판례는 이를 따르고 있다.

제3설(상속분초과비율설): 유류분권리자는 수유자 또는 수증자 중 자신의 상속분액을 넘는 유증 또는 증여를 받은 자에 대하여만 반환청구를 할 수 있고, 이러한 자들이 복수이면 그들 사이의 반환비율은 상속분을 초과하는 부분의 비율에 따라 결정되어야 한다는 견해이다. 유류분의 보전은 유류분 침해의 원인이 된 자, 즉 법정상속분 이상의 재산을 취득한 자가 하여야 하는 것이 사리에 맞고, 이렇게 하는 것이 공평하다는 것이다. 위의 예에서 E는 B에 대하여는 반환을 청구할 수 없고, 상속분을 초과하여 유증을 받은 액이 C는 500만원, D는 1,000만원이므로 E는 C에 대하여 1,666,666원, D에 대하여는 3,333,333원의 비율로 반환을 청구할 수 있다고 한다.

제4설(유류분초과부분 면제설): 원칙적으로는 제1설과 같이 수유자 또는 수증자에 대하여 수유 또는 증여액의 비율로 반환을 청구할 수 있지만, 그로 인하여 수유자 또는 수증자의 유류분을 침해하는 결과가 되는 경우에는 그 침해부분만큼은 반환의무를 면하고, 이 부분은 다른 수유자 또는 수증자가 유증액 또는 증여액의 비율에 따라 분담하여야 한다는 견해이다. 위의 예에서는 B가 유증액의 비율에 따른 62만 5,000원을 반환한다면 자신의 유류분액이 침해되므로, B는 반환의무를 전혀 부담하지 않고, 이는 C와 D가 3 : 4의 비율로 다시 분담하게 된다.

판례는 제2설인 유류분초과비율설을 따르고 있고(대법원 1995. 6. 30. 선고 93다11715 판결 등), 학설도 대체로 이를 지지한다. 또한 판례(대법원 1996. 2. 9. 선고 95다17885 판결, [판례 83]; 2006. 11. 10. 선고 2006다46346 판결)는, 공동상속인과 공동상속인 아닌 제3자가 같이 유류분반환의무자인 경우에는 그 제3자에게는 유류분이라는 것이 없으므로, 공동상속인은 자기 고유의 유류분액을 초과한 금액을 기준으로 하여, 제3자는 그 수증가액을 기준으로 하여 각 그 금액의 비율에 따라 반환청구를 할 수 있다고 하여야 한다고 판시하였다.

그러나 유류분반환의무자 자신의 유류분을 보호하기 위해서라면 유류분반환이 반환의무자의 유류분을 침해하는 한도에서는 반환의무가 없다고 하는 것이 간명하고, 따라서 제4설(유류분초과부분 면제설)이 타당하다(같은 취지, 주해상속 2/최준규, 1006-1007. 독일 민법 2328조 참조). 유류분반환이 모든 반환의무자의 유류분을 침해하지 않는 경우에도 유류분초과비율을 기준으로 할 별다른 이유가 없다. 상속분초과비율설에 의하면 증여 또는 유증을 적게 받은 상속인의 부담이 줄어들기는 하지만, 이는 증여 또는 유증을 많이 받은 상속인을 우대하려는 피상속인의 의사와는 저촉된다.

한편 유류분을 침해하는 유증과 증여가 각각 있는 경우에는, 먼저 수유자에 대하여 반환을 청구하고, 그로써도 부족한 때에 한하여 수증자에게 반환을 청구할 수 있는데(1116조), 수유자와 수증자가 모두 공동상속인인 경우는 어떠한가?

대법원 2013. 3. 14. 선고 2010다42624, 42631 판결([판례 84])은 제2설을 전제로 하여, 수인의 공동상속인이 유증받은 재산의 총 가액이 유류분권리자의 유류분 부족액을 초과하는 경우에는 그 유류분 부족액의 범위 내에서 각자의 수유재산(受遺財産)을 반환하면 되고 수증재산(受贈財産)을 반환할 것은 아니며, 어느 공동상속인의 수유재산의 가액이 그의 분담액(증여 또는 유증을 받은 재산 등의 가액이 자기 고유의 유류분액을 초과하는 가액)에 미치지 못하여 분담액 부족분이 발생하더라도 이를 그의 수증재산으로 반환할 것이 아니라, 자신의 수유재산의 가액이 자신의 분담액을 초과하는 다른 공동상속인들이 위 분담액 부족분을 위 비율에 따라 다시 안분하여 그들의 수유재산으로 반환하여야 한다고 보았다.

이 판결을 구체적인 예를 들어 설명하면 다음과 같다. 피상속인 A에게는 상속인으로서 자녀 B, C, D, E 4인이 있었는데, A가 상속재산 2,000만원 중 B에게 200만원, C에게 900만원, D에게 900만원씩 각 유증하였고, 또 B에게 3,200만원, C에게 1,400만원, D에게 1,400만원 합계 6,000만원을 각 생전증여함으로써, E는 아무런 상속을 받지 못하였다고 하자.

유류분초과비율설을 지지하는 견해는 다음과 같이 설명한다. 이 경우 E의 유류분액 내지 유류분 부족액은 1,000만원{(2,000만원+생전증여 6,000만원) × 1/4(법정상속분) × 1/2(유류분)}이다. 판례를 전제로 한다면 B, C, D의 특별수익액 중 각 유류분 초과액은 B 2,400만원(수증액 3,200만원 + 수유액 200만원 - 유류분 1,000만원), C, D 각 1,300만원(수증액 1,400만원 + 수유액 900만원 - 유류분 1,000만원)이다. B, C, D의 유류분 초과액 비율은 24 : 13 : 13이다. 하지만 B, C, D의 수유재산의 합계는 2,000만원이므로 수유재산만을 가지고 E의 유류분 부족액 1,000만원을 반환하면 된다. 이 경우 B의 분담액은

480만원, C, D의 분담액은 각 260만원이다. 그런데 여기서 B는 수유재산이 200만원이므로 자신의 분담액 480만원에서 280만원이 부족하다. 반면 C, D는 수유재산이 900만원씩이므로 그들의 분담액을 수유재산으로 반환하고서도 수유재산이 일부 남는다. 여기서 B로 하여금 자신의 수증재산을 가지고 분담액 부족분 280만원을 메우도록 할 것은 아니고, C, D의 남은 수유재산을 가지고 이를 메우도록 하여야 한다. 그 분담액 부족분의 2차 분담 비율은 C, D의 유류분 초과액 비율인 13 : 13에 따라야 하므로, C, D의 수유재산은 그 분담액 부족분에 대하여 추가로 각 140만원씩 D에게 반환되어야 한다.

그러나 유류분초과부분 면제설에 따를 때에는 B, C, D의 취득 가액 비율은 우선 증여를 제외한 유증가액에 따라야 하므로(1115조 2항), 2 : 9 : 9가 된다. 그러므로 유류분을 반환하여야 하는 액은 B 100만원(1,000만원 × 2/20), C, D 각 450만원(1,000만원 × 9/20)이다. 이 경우에는 유류분 반환으로 인하여 반환의무자의 유류분을 침해하지 않으므로 B, C, D는 그만큼을 반환하면 된다(주해상속 2/최준규, 1008).

상속결격자나 상속포기자가 생전증여 등을 받아 유류분반환청구의 상대방이 된 경우에는 이러한 사람은 더 이상 상속인이 아니므로 그들 고유의 유류분권이라는 것은 생각할 필요가 없고, 따라서 제3자에 대한 유류분반환청구로 보는 것이 타당하다.

[판례 83] 대법원 1996. 2. 9. 선고 95다17885 판결

(전략)

마. 제6점에 대하여

원심이 유류분 산정의 기초가 되는 이 사건 증여 부동산의 가액 산정 시기를 피상속인이 사망한 상속개시 당시의 가격으로 판시한 것은 정당하고 거기에 소론이 주장하는 것처럼 증여재산의 가액 산정에 관한 법리를 오해한 위법이 있다고 할 수 없다. 이 점에 관한 논지도 이유가 없다.

바. 그런데 민법 제1113조 제1항은 유류분은 피상속인의 상속개시시에 있어서 가진 재산의 가액에 증여재산의 가액을 가산하고 채무의 전액을 공제하여 이를 산정한다고 규정하고 있고, 제1115조 제1항은 유류분권리자가 피상속인의 제1114조에 규정된 증여 및 유증으로 인하여 그 유류분에 부족이 생긴 때에는 부족한 한도에서 그 재산의 반환을 청구할 수 있다고 하고, 제2항은 제1항의 경우에 증여 및 유증을 받은 자가 수인인 때에는 각자가 얻

은 증여 가액의 비례로 반환하여야 한다고 규정하고 있으므로, 유류분권리자가 유류분반환청구를 함에 있어 증여 또는 유증을 받은 다른 공동상속인이 수인일 때에는 민법이 정한 유류분 제도의 목적과 위 제1115조 제2항의 취지에 비추어 다른 공동상속인들 중 각자 증여받은 재산 등의 가액이 자기 고유의 유류분액을 초과하는 상속인만을 상대로 하여 그 유류분액을 초과한 금액의 비율에 따라서 반환청구를 할 수 있다고 하여야 할 것이고(당원 1995. 6. 30. 선고 93다11715 판결 참조), 공동상속인과 공동상속인이 아닌 제3자가 있는 경우에는 그 제3자에게는 유류분이라는 것이 없으므로 공동상속인은 자기 고유의 유류분액을 초과한 금액을 기준으로 하여, 제3자는 그 수증가액을 기준으로 하여 각 그 금액의 비율에 따라 반환청구를 할 수 있다고 하여야 할 것이다.

따라서 원심이 피고들이 반환하여야 할 유류분액을 산정함에 있어서 원고들의 유류분청구권의 행사로 피고들 및 위 소외 2, 소외 3에 대한 위 각 증여는 원고들의 유류분을 침해하는 범위 내에서 실효되었다 할 것이고, 수증자가 수인인 경우 수증자들의 반환의무는 수증가액의 비율에 따른다고 하면서 피고들은 각 원고들에게 원고들의 각 유류분 침해액에 위 망인의 피고들 및 위 소외 2, 소외 3에 대한 증여액 전체를 분모로 하고 피고들의 각 수증액을 분자로 한 비율을 곱한 금원을 반환하여야 할 의무가 있다고 판단한 것은 유류분산정 방법에 관한 법리를 오해한 위법이 있다고 할 것이다.

그러나 위 유류분 산정 방법에 따라 피고들이 원고들에게 유류분 침해액으로 반환하여야 할 금액을 계산하여 보면, 원심판결에서 인용된 금액보다 오히려 더 많은 금액을 피고들이 지급하여야 하는 결과가 되나, 피고들만이 상고한 이 사건에서 피고들에게 불리하게 판결할 수는 없으므로 원심판결을 그대로 둔 채 이 점만 지적해 둔다.

참고문헌

이진만, 민사판례연구 19권; 이희영, 대법원판례해설 24호

[판례 84] 대법원 2013. 3. 14. 선고 2010다42624, 42631 판결

1. 원고의 상고이유에 대하여

가. 유류분반환의 순서, 범위 등에 관한 법리오해 등의 점

(1) 유류분권리자가 유류분반환청구를 함에 있어 증여 또는 유증을 받은 다른 공동상속인이 수인일 때에는 각자 증여 또는 유증을 받은 재산 등의 가액이 자기 고유의 유류분액을 초과하는 상속인에 대하여 그 유류분액을 초과한 가액의 비율에 따라서 반환을 청구할 수

있다(대법원 1995. 6. 30. 선고 93다11715 판결, 대법원 2006. 11. 10. 선고 2006다46346 판결 등 참조). 한편 민법 제1116조에 의하면, 유류분반환청구의 목적인 증여나 유증이 병존하고 있는 경우 유류분권리자는 먼저 유증을 받은 자를 상대로 유류분침해액의 반환을 구하여야 하고, 그 이후에도 여전히 유류분침해액이 남아 있는 경우에 한하여 증여를 받은 자에 대하여 그 부족분을 청구할 수 있다(대법원 2001. 11. 30. 선고 2001다6947 판결 등 참조).

따라서 증여 또는 유증을 받은 재산 등의 가액이 자기 고유의 유류분액을 초과하는 수인의 공동상속인이 유류분권리자에게 반환하여야 할 재산과 그 범위를 정함에 있어서, 수인의 공동상속인이 유증받은 재산의 총 가액이 유류분권리자의 유류분 부족액을 초과하는 경우에는 그 유류분 부족액의 범위 내에서 각자의 수유재산(受遺財産)을 반환하면 되는 것이지 이를 놓아두고 수증재산(受贈財産)을 반환할 것은 아니다. 이 경우 수인의 공동상속인이 유류분권리자의 유류분 부족액을 각자의 수유재산으로 반환함에 있어서 분담하여야 할 액은 각자 증여 또는 유증을 받은 재산 등의 가액이 자기 고유의 유류분액을 초과하는 가액의 비율에 따라 안분하여 정하되, 그중 어느 공동상속인의 수유재산의 가액이 그의 분담액에 미치지 못하여 분담액 부족분이 발생하더라도 이를 그의 수증재산으로 반환할 것이 아니라, 자신의 수유재산의 가액이 자신의 분담액을 초과하는 다른 공동상속인들이 위 분담액 부족분을 위 비율에 따라 다시 안분하여 그들의 수유재산으로 반환하여야 한다. 나아가 어느 공동상속인 1인이 수개의 재산을 유증받아 그 각 수유재산으로 유류분권리자에게 반환하여야 할 분담액을 반환하는 경우, 반환하여야 할 각 수유재산의 범위는 특별한 사정이 없는 한 민법 제1115조 제2항을 유추 적용하여 그 각 수유재산의 가액에 비례하여 안분하는 방법으로 정함이 상당하다.

(2) 원심은 그 채용 증거를 종합하여, 망 소외 1(이하 '망인'이라고 한다)이 2005. 9. 20. 사망한 사실, 그의 상속인으로는 처인 소외 2, 자녀들인 원고(반소피고, 이하 '원고'라고 한다), 피고(반소원고, 이하 '피고'라고 한다), 소외 3이 있는 사실, 망인이 생전에 소외 2, 피고, 소외 3(이하 이들 3인을 가리켜 '피고 등 3인'이라고 한다)에게 원심판결 별지 1 목록 기재 각 재산을 증여하였고, 1997. 4. 11. 원심판결 별지 2 목록 기재 각 재산을 피고 등 3인에게 유증한다는 내용의 유언공정증서를 작성하여 피고 등 3인이 이를 유증받은 반면, 원고는 망인으로부터 재산을 증여받거나 유증받지 못한 사실 등을 인정하였다.

나아가 원심은 그 판시와 같은 사정을 들어, 원고의 유류분 부족액은 3,416,704,422원, 소외 2의 수유재산의 가액은 1,071,609,000원, 수증재산의 가액은 4,773,678,318원, 피고의 수유재산의 가액은 4,329,237,747원, 수증재산의 가액은 10,212,189,003원, 소외 3의 수유재산의 가액은 2,195,423,050원, 수증재산의 가액은 7,425,595,404원이고, 소외 2의 수증재산 및 수유재산의 가액 합계(이하 '수증재산 및 수유재산의 가액 합계'를 '특별수익액'이라고 한다) 5,845,287,318원 중 소외 2의 유류분을 초과하는 가액은 720,230,685원, 피고의 특별수익액 14,541,426,750원 중 피고의 유류분을 초과하는 가액은 11,124,722,328원, 소외 3의 특별수익액 9,621,018,454원 중 소외 3의 유류분을 초과하는 가액은 6,204,314,032원이라고 인정한 다음, 먼저 피고가 원고에게 '피고의 수유재산의 가액' 중 피고의 유류분을 초과하는 가액인 912,533,325원을 반환하고, 그 다음으로 피고 등 3인이 원고에게 원고의 나머지 유류분 부족액 2,504,171,097원을 각자의 특별수익액이 각자의 유류분을 초과하는 가액의 비율에 따라 각자의 수증재산으로 반환하여야 하며, 이에 따라 피고가 원고에게 반환하여야 할 재산의 범위는 피고 소유의 각 수유재산에 14,541,426,750분의 912,533,325를 곱하여 산출한 지분 또는 가액과 피고 소유의 각 수증재산에 14,541,426,750분의 1,543,453,706을 곱하여 산출한 지분 또는 가액이라는 취지로 판단하였다.

(3) 그러나 앞에서 본 법리에 비추어 보면, 이러한 원심의 판단은 수긍하기 어렵다. 원심이 인정한 사실관계에 의하면, 피고 등 3인이 각자 망인으로부터 받은 특별수익액은 각자 고유의 유류분을 초과하고 있고, 피고 등 3인의 수유재산의 총 가액은 7,596,269,797원(1,071,609,000원+4,329,237,747원+2,195,423,050원)으로서 원고의 유류분 부족액 3,416,704,422원을 초과하고 있으므로, 피고 등 3인은 원고에게 위 유류분 부족액을 각자의 수유재산으로 반환하면 되는 것이지 이를 놓아두고 피고 등 3인의 수증재산으로 반환할 것은 아니다. 이 경우 피고가 원고에게 피고의 수유재산으로 반환하여야 할 분담액은 원고의 유류분 부족액 3,416,704,422원에 '피고 등 3인 각자의 특별수익액이 각자의 유류분을 초과하는 가액의 합계'에 대한 '피고의 특별수익액이 피고의 유류분을 초과하는 가액'의 비율을 곱하여 산정하여야 할 것이다. 한편 피고는 원고에게 반환하여야 할 피고의 분담액을 피고 소유의 수개의 수유재산으로 반환하여야 하는데, 이때 반환하여야 할 각 수유재산의 범위는 각 수유재산의 가액에 비례하여 안분하는 방법으로 정함이 상당하다.

그런데도 원심은 이와 달리 판단하고 말았으니, 이러한 원심의 판단에는 유류분반환의 순서, 범위, 비율 등에 관한 법리를 오해하여 판결에 영향을 미친 위법이 있다. 이를 지적하는 상고이유의 주장은 이유 있다.

(중략)

다. 지체책임의 기산점에 대한 법리오해의 점에 대하여

(1) 유류분반환청구권의 행사로 인하여 생기는 원물반환의무 또는 가액반환의무는 이행기한의 정함이 없는 채무이므로, 반환의무자는 그 의무에 대한 이행청구를 받은 때에 비로소 지체책임을 진다.

(2) 원심이 피고의 유류분에 대한 가액반환의무가 이행기한의 정함이 없는 채무라는 이유로, 가액반환을 명하는 원금 부분에 대하여 상속개시일 다음날부터 연 5푼의 비율에 의한 지연손해금의 지급을 구하는 원고의 주장을 배척한 것은 위 법리에 따른 것으로 정당하다.

(중략)

라. 유류분의 반환방법에 관한 법리오해의 점에 대하여

(1) 우리 민법은 유류분제도를 인정하여 제1112조부터 제1118조까지 이에 관하여 규정하면서도 유류분의 반환방법에 관하여는 별도의 규정을 두고 있지 않다. 다만 제1115조 제1항이 "부족한 한도에서 그 재산의 반환을 청구할 수 있다"고 규정한 점 등에 비추어 볼 때 반환의무자는 통상적으로 증여 또는 유증 대상 재산 그 자체를 반환하면 될 것이나 위 원물반환이 불가능한 경우에는 그 가액 상당액을 반환할 수밖에 없다(대법원 2005. 6. 23. 선고 2004다51887 판결 등 참조). 원물반환이 가능하더라도 유류분권리자와 반환의무자 사이에 가액으로 이를 반환하기로 협의가 이루어지거나 유류분권리자의 가액반환청구에 대하여 반환의무자가 이를 다투지 않은 경우에는 법원은 그 가액반환을 명할 수 있지만, 유류분권리자의 가액반환청구에 대하여 반환의무자가 원물반환을 주장하며 가액반환에 반대하는 의사를 표시한 경우에는 반환의무자의 의사에 반하여 원물반환이 가능한 재산에 대하여 가액반환을 명할 수 없다.

(2) 기록에 의하면, 피고는 원고가 유류분반환의 방법으로 주위적으로 가액반환을 청구함에 대하여 원물반환이 가능한 재산에 대하여 원물반환의무만 있다고 다투고 있음을 알 수 있는바, 원심이 원물반환이 가능한 재산에 대하여는 원고가 가액반환을 선택할 수 없다는 이유로 원고의 주위적 본소청구를 배척한 것은 위 법리에 따른 것으로 정당하고, 거기에 상고이유에서 주장하는 바와 같은 유류분반환의 방법에 관한 법리오해 등의 위법이 없다.

(중략)

2. 피고의 상고이유에 대하여

(중략)

마. 유류분반환의무자의 과실수취권과 부당이득반환의무에 관한 법리오해의 점

(1) 유류분권리자가 반환의무자를 상대로 유류분반환청구권을 행사하는 경우 그의 유류분을 침해하는 증여 또는 유증은 소급적으로 효력을 상실하므로, 반환의무자는 유류분권리자의 유류분을 침해하는 범위 내에서 그와 같이 실효된 증여 또는 유증의 목적물을 사용·수익할 권리를 상실하게 되고, 유류분권리자의 그 목적물에 대한 사용·수익권은 상속개시의 시점에 소급하여 반환의무자에 의하여 침해당한 것이 된다. 그러나 민법 제201조 제1항은 "선의의 점유자는 점유물의 과실을 취득한다."고 규정하고 있고, 점유자는 민법 제197조에 의하여 선의로 점유한 것으로 추정되므로, 반환의무자가 악의의 점유자라는 사정이 증명되지 않는 한 반환의무자는 그 목적물에 대하여 과실수취권이 있다고 할 것이어서 유류분권리자에게 그 목적물의 사용이익 중 유류분권리자에게 귀속되었어야 할 부분을 부당이득으로 반환할 의무가 없다. 다만 민법 제197조 제2항은 "선의의 점유자라도 본권에 관한 소에 패소한 때에는 그 소가 제기된 때로부터 악의의 점유자로 본다."고 규정하고 있고, 민법 제201조 제2항은 "악의의 점유자는 수취한 과실을 반환하여야 하며 소비하였거나 과실로 인하여

훼손 또는 수취하지 못한 경우에는 그 과실의 대가를 보상하여야 한다."고 규정하고 있으므로, 반환의무자가 악의의 점유자라는 점이 증명된 경우에는 그 악의의 점유자로 인정된 시점부터, 그렇지 않다고 하더라도 본권에 관한 소에서 종국판결에 의하여 패소로 확정된 경우에는 그 소가 제기된 때로부터 악의의 점유자로 의제되어 각 그때부터 유류분권리자에게 그 목적물의 사용이익 중 유류분권리자에게 귀속되었어야 할 부분을 부당이득으로 반환할 의무가 있다.

참고문헌

오영준, 대법원판례해설 95호

다. 유류분반환과 기여분

기여분을 산정함에 있어서는 상속재산의 가액에서 유증의 가액을 공제하는 방법에 의하므로, 가령 피상속인이 전재산을 증여 또는 유증하였다면 기여분은 인정될 여지가 없다. 이 점에서는 증여와 유증이 기여분에 우선한다고 할 수 있다. 다른 한편 기여분은 유류분에 의한 반환청구의 대상이 아니므로, 공동상속인 중의 1인에게 다액의 기여분이 주어짐으로써 다른 상속인의 취득액이 유류분에 미달하더라도 기여분은 유류분반환청구의 대상이 되지 않는다. 이 점에서는 기여분은 유류분에 우선한다.

그러므로 다음과 같은 불균형이 생기게 된다. 즉 기여상속인이 상속재산의 분할에서 기여분에 의하여 다액의 상속재산을 취득하였다면 다른 상속인은 기여분에 대하여 유류분반환청구를 할 수 없는 반면, 기여상속인이 기여의 대가로 피상속인으로부터 다액의 증여나 유증을 받은 때에는 다른 상속인이 그 증여나 유증에 대하여 유류분반환청구를 할 수 있게 된다. 대법원 판례(대법원 1994. 10. 14. 선고 94다8334 판결; 2015. 10. 29. 선고 2013다60753 판결 등)는, 피고가 된 기여상속인은 유류분반환청구소송에서 상속재산 중 자신의 기여분을 공제할 것을 항변으로 주장할 수는 없다고 하였다.

위와 같은 문제의 해결책으로서 유류분반환이 이루어지고 나면 다시 그에 대하여 기여분을 결정하는 방법을 생각하여 볼 수 있으나, 유류분으로 반환된 재산이 상속재산이 아니라고 하는 견해에서는 이는 불가능하고, 유류분으로 반환된 재산에 대하여 상속재산분할이 가능하다고 하는 견해도 이를 부정적으로 본다. 유류분권리자는 자기의 유류분을 보전함에 필요한 한도 내에서 반환청구를 할 수 있고, 유류분반환청구권을 행사하지 않은 상속인이 아무리 기여분권리자라 할지라도 이유 없이 이익을 얻게 할 것은 아니므로, 반환된 재산의 가액 상당의 몫에 대하여는 기여분이 개입될 여지는 없고, 기여분은 유류분반환청구가 행사되기 이전의 상태를 전제로 하여 처음부터 현실로 분배 가능한 재산의 범위 내에서 참작된다는 것이다.

한편 공동상속인의 협의 또는 가정법원의 심판에 의하여 기여분이 결정되었다면 어떻게 되는가? 위 2013다60753 판결은, 공동상속인의 협의 또는 가정법원의 심판으로 기여분이 결정되었다고 하더라도 유류분을 산정함에 있어 기여분을 공제할 수 없고, 기여분으로 인하여 유류분에 부족이 생겼다고 하여 기여분에 대하여 반환을 청구할 수도 없다고 하였다. 그러나 그 타당성은 의문이다. 이러한 경우에는 유류분 산정의 기초재산에서 기여분은 제외하여야 할 것이다(위 제2장 V. 4. 라. (1) 참조).

그런데 대법원 2011. 12. 8. 선고 2010다66644 판결은, 생전증여를 받은 상속인이 배우자로서 일생 동안 피상속인의 반려가 되어 그와 함께 가정공동체를 형성하고 이를 토대로 서로 헌신하며 가족의 경제적 기반인 재산을 획득·유지하고 자녀들에 대한 양육과 지원을 계속해 온 경우, 그 생전증여에는 위와 같은 배우자의 기여나 노력에 대한 보상 내지 평가, 실질적 공동재산의 청산, 배우자의 여생에 대한 부양의무의 이행 등의 의미도 함께 담겨있다고 봄이 상당하므로 그러한 한도 내에서는 위 생전증여를 특별수익에서 제외하더라도 자녀인 공동상속인들과의 관계에서 공평을 해친다고 말할 수 없다고 보았다. 그리고 대법원 2022. 3. 17. 선고 2021다230083, 230090 판결([판례 58])은, 형제자매 사이의 유류분반환청구 사건에서 같은 취지로 판시하면서, 다만 피상속인의 생전 증여를 만연히 특별수익에서 제외하여 유류분제도를 형해화시키지 않도록 신중하게 판단하여야 한다고 하였다.

이는 유류분반환청구에서 기여분을 고려할 수 없다는 문제점을 완화하기 위하여, 사실상의 기여분을 특별수익이 아닌 것으로 봄으로써 유류분반환청구의 대상에서 제외한 것으로 이해된다.

9. 제3자에 대한 유류분반환청구와 기여분

▮ **참고문헌:** 오병철, “기여분과 유류분의 관계에 관한 연구”, 가족법연구 31권 1호, 2017; 이봉민, “기여분과 유류분의 관계에 대한 새로운 해석론”, 가족법연구 32권 1호, 2018; 최준규, “유류분과 기여분의 관계”, 저스티스 167호, 2017

공동상속인 중 일부에게 기여분이 인정되고 다른 한편 공동상속인이 아닌 제3자에게 유류분을 침해하는 유증 내지 증여가 있는 경우에, 그 제3자에 대한 유류분반환청구의 범위에 대하여는 기여분확보설과 유류분확보설 및 기여분공제설이 대립한다.

예컨대 상속재산 당시의 재산가액이 9억원이고, 상속인은 자녀인 A, B, C의 3인이 있으며, A에게 기여분 1억 5,000만원이 인정되고, 제3자 D에게 6억원의 유증이 된 경우를 생각해 본다.

기여분확보설은 제3자에 대한 유류분반환청구의 범위를 결정할 때 따로 기여분은 고려하지 않는다. 즉 A, B, C가 상속을 받을 수 있는 재산은 3억원인데(=9억원－6억원), 그 중에서 A는 2억원{=(3억원-1억 5천만원)×1/3+1억 5천만원}을, B, C는 각 5,000만원을 받을 수 있다. 다른 한편 A, B, C의 유류분액은 각 1억 5,000만원(=9억원×1/3×1/2)이므로 유류분침해액은 1억 5,000만원(=4억 5,000만원-3억원)이 되어, A, B, C는 각 법정상속분의 비율에 따라 D에게 5,000만원씩의 유류분반환청구를 할 수 있다고 한다.

반면 유류분 확보설에 의하면, 기여분을 포함한 각자의 취득분액이 유류분액에 미달하는지 여부를 검토하여 미달하는 차액을 침해한 자로부터 반환받는다고 한다. 위의 예에서 A는 취득분액이 유류분액에 미달하지 않으므로 반환을 청구할 수 없고, B, C만이 자기의 유류분액에서 현실취득분액의 차액인 각 1억원(=1억 5,000만원-5,000만원)씩을 청구할 수 있다.

그리고 기여분 공제설은 유류분산정의 기초재산에서 기여분을 공제하자는 견해이다. 즉 A, B, C의 유류분액은 1억 2,500만 원{=(9억 원-1억 5,000만 원)×1/3×1/2}이고, A는 순상속액이 유류분액에 미달하지 않으므로 B, C만이 자기의 유류분액에서 순상속액의 차액인 각 7,500만 원(=1억 2,500만 원-5,000만 원)씩 청구할 수 있다. 한편 기여분 공제설 중에는 기여상속인이 유류분권리자인 경우 기여분을 가산하여 유류분부족액을 산정해야 한다는 견해도 있다. 이에 따르면, A의 유류분부족액은 7,500만 원(=1억 2,500만 원+1억 5,000만 원-2억 원)이고, B, C의 유류분부족액도 각 7,500만 원(=1억 2,500만 원-5,000만 원)이 된다.

일본에서는 자유분 확보설이라는 것도 주장된다. 이에 의하면 제3취득자의 유류분 침해액(이는 유증액 또는 증여액에서 피상속인이 자유로 처분할 수 있는 이른바 자유분을 공제한 액이다)에 대하여 취득액이 유류분에 미달하는 상속인들만이 반환을 청구할 수 있다고 한다. 위의 예에서는 유류분 침해액이 1억 5,000만원(=6억원-4억 5,000만원)이 되는데, 이를 B, C가 각 7,500만원씩 반환을 청구할 수 있다는 것이다. 그러나 우리나라에는 자유분이 인정되지 않으므로, 이 설은 주장될 여지가 없다.

우리나라에서는 기여분 확보설이 다수설이다. 그러나 이 설도 유류분침해액을 각 상속인의 유류분을 전제로 하는 것이 아니라 전체 상속재산을 기준으로 하여 산정하므로 결과적으로 자유분을 전제로 하고 있는 점에서, 자유분 확보설과 마찬가지로 받아들이기 어렵다. 기본적으로는 공동상속인들 사이에서의 유류분반환청구와 마찬가지로 유류분 산정의 기초재산에서 기여분은 제외하여야 할 것이므로 기여분 공제설이 타당하다. 그리고 기여분권리자의 유류분만을 다른 유류분권리자와 따로 취급할 필요가 없으므로, 기여상속인이 유류분권리자인 경우 기여분을 가산하여 유류분부족액을 산정할 필요는 없다. 초판에서는 유류분 확보설을 따랐으나 2판부터 견해를 바꾸었다.

10. 유류분반환청구권의 소멸

▮**참고문헌:** 박영규, "유류분 반환청구권의 법적 성질과 행사기간", 외법논집 34권 2호, 2010; 오영준, "유류분반환청구권과 소멸시효", 양창수 고희 기념 자율과 정의의 민법학, 2021; 정구태, "유류분반환청구권의 행사기간에 관한 제문제", 안암법학 27호, 2008; 정소민, "유류분반환청구권에 관한 고찰: 법적 성질 및 시효 소멸에 관한 논의를 중심으로", 외법논집 30집, 2008

가. 유류분반환청구권의 소멸시효

1117조는 "반환의 청구권은 유류분권리자가 상속의 개시와 반환하여야 할 증여 또는 유증을 한 사실을 안 때로부터 1년내에 하지 아니하면 시효에 의하여 소멸한다. 상속이 개시된 때로부터 10년을 경과한 때도 같다"고 규정한다. 그런데 민법은 유류분반환청구권이 소멸시효에 걸린다고 규정하고 있음에도 불구하고, 학설상으로는 10년의 기간은 소멸시효가 아니라 제척기간이라고 해석하는 견해가 많다. 그 근거로는 법률관계의 조기안정이라는 점을 든다. 그러나 소멸시효기간인지 제척기간인지는 법의 문언이 그 판단 기준이 되는 것이고, 법의 명백한 문언에 불구하고 위 10년의 기간을 제척기간이라고 해석하여야 할 근거는 없으므로, 위 기간은 소멸시효기간으로 보아야 할 것이다. 또 이를 소멸시효기간으로 규정하고 있는 것은 유류분반환청구권을 청구권이라고 해석하여야 하는 근거도 된다. 대법원 1993. 4. 13. 선고 92다3595 판결도, 1117조의 규정내용 및 형식에 비추어 볼 때 같은 법조 전단의 1년의 기간은 물론 같은 법조 후단의 10년의 기간도 그 성질을 소멸시효기간이라고 보아야 하므로, 유류분반환의무자가 사실심에서 시효소멸의 항변을 한 적이 전혀 없는데도 직권으로 제척기간 경과를 이유로 유류분반환청구를 배척한 것은 위법하다고 하였다.

한편 대법원 2015. 11. 12. 선고 2011다55092, 55108 판결은, 유류분반환청구권을 행사함으로써 발생하는 목적물의 이전등기청구권 등은 유류분반환청구권과는 다른 권리이므로, 그 이전등기청구권 등에 대하여는 민법 1117조 소정의 유류분반환청구권에 대한 소멸시효가 적용될 여지가 없고, 그 권리의 성질과 내용 등에 따라 별도로 소멸시효의 적용 여부와 기간 등을 판단하여야 한다고 하였다. 이는 유류분반환청구권을 형성권으로 보았기 때문이지만, 유류분반환청구권을 청구권으로 본다면 유류분반환청구권과 그 행사에 의한 이전등기청구권을 다른 권리로 볼 이유가 없다.

1년의 기간의 기산점은 "상속의 개시와 반환하여야 할 증여 또는 유증을 한 사실을 안 때"이다. 헌법재판소 2010. 12. 28. 선고 2009헌바20 결정은, 1년의 기간이 너무 짧아서 유류분권리자의 재산권, 평등권, 재판청구권 및 행복추구권을 침해한다고는 볼 수 없다고 하였다.

"반환하여야 할 증여 또는 유증을 한 사실을 안 때"란 증여 또는 유증이 있음을 알기만 하면 되는지, 아니면 그에 의하여 유류분이 침해되었음을 알아야 하는지에 관하여 논의가 있는데, 판례(대법원 2001. 9. 14. 선고 2000다66430, 66447 판결, [판례 85] 등)는 증여 등의 사실 및 이것이 반환하여야 할 것임을 안 때라고 해석하여, 뒤의 견해를 따르고 있다. 위 판결은, 유류분권리자가 증여 등이 무효라고 믿고 소송상 항쟁하고 있는 경우에는 증여 등의 사실을 안 것만으로 곧바로 반환하여야 할 증여가 있었다는 것까지 알고 있다고 단정할 수는 없지만, 유류분권리자가 소송상 무효를 주장하기만 하면 그것이 근거 없는 구실에 지나지 아니한 경우에도 시효는 진행하지 않는다는 것은 부당하므로, 피상속인의 거의 전 재산이 증여되었고 유류분권리자가 위 사실을 인식하고 있는 경우에는, 무효의 주장에 관하여 일응 사실상 또는 법률상 근거가 있고 그 권리자가 위 무효를 믿고 있었기 때문에 유류분반환청구권을 행사하지 않았다는 점을 당연히 수긍할 수 있는 특별한 사정이 인정되지 않는 한, 위 증여가 반환될 수 있는 것임을 알고 있었다고 추인함이 상당하다고 하였다. 대법원 1998. 6. 12. 선고 97다38510 판결도 같은 취지이다.

반면 유류분권리자가 피상속인으로부터 그 소유 부동산의 등기를 이전받은 제3자를 상대로 등기의 무효 사유를 주장하며 소유권이전등기의 말소를 구하는 소를 제기하고 관련 증거를 제출하였으나, 오히려 증여된 것으로 인정되어 무효 주장이 배척된 판결이 선고되어 확정된 경우라면, 특별한 사정이 없는 한 그러한 판결이 확정된 때에 비로소 증여가 있었다는 사실 및 그것이 반환하여야 할 것임을 알았다고 보아야 한다(대법원 2023. 6. 15. 선고 2023다203894 판결).

10년의 소멸시효기간의 기산점은 상속이 개시된 때이다. 대법원 2008. 7. 10. 선고 2007다9719 판결은, 피상속인으로부터 부동산을 증여받아 소유권이전등기는 마치지 않은 채 이를 점유하고 있던 수증자가 상속인을 상대로 증여를 원인으로 하는 소유권이전등기를 청구하자, 상속인이 유류분반환청구권을 주장한 사건에 관하여, 유류분반환청구권은 상속이 개시한 때부터 10년이 지나면 시효에 의하여 소멸하고, 이러한 법리는 상속재산의 증여에 따른 소유권이전등기가 이루어지지 아니한 경우에도 특별한 사정이 존재하지 않는 이상 달리 볼 것이 아니라고 하였다. 이 점에 관하여는 증여가 이행되지 않은 때에는 아직 유류분의 침해가 없었으므로 유류분반환청구권을 항변적·방어적으로 행사할 때에는 1117조의 적용이 없다고 보는 견해(김주수·김상용, 903; 박동섭·양경승, 1002; 이경희·윤부찬, 621)가 있는데, 이는 이른바 항변권의 영구성 법리를 원용하는 것이다. 청구권설의 입장에서는, 수증자 등으로부터의 이행 청구가 없는 이상 유류분권리자로서는 달리 어떻게 할 아무런 방법도 없고, 따라서 이를 두고 자신의 권리를 불행사하고 권리 위에 잠자고 있다고 할 수는 없다는 주장도 있다. 스위스 민법 533조 3항은 감쇄청구권은 항변의 방식으로는 소멸시효에 관계없이 항상 행사할 수 있다고 규정한다. 그렇지만 위 판결은 증여를 받은 자가 목적물을 인도받아 10년 이상 점유하여 왔다는 사정을 중시하였던 것으로 보인다(부동산을 매수하여 그 목적물을 인도받은 매수인의 등기청구권은 소멸시효에 걸리지 않는다는 대법원 1976. 11. 6. 선고 76다148 전원합의체 판결 참조).

유류분반환청구권을 청구권이라고 보는 경우에는, 위 소멸시효기간 내에 재판상 청구를 하거나 기타 소멸시효 중단의 조치를 취하여야만 소멸시효 완성을 막을 수 있다. 반면 이를 형성권이라고 보는 설은, 위 소멸시효기간 내에 반환의 대상인 유증 또는 증여행위를 지정하여 이에 대한 반환청구의 의사표시를 하면 된다고 한다.

판례는 형성권설을 전제로 하여, 유류분반환청구권의 행사는 재판상 또는 재판 외에서 상대방에 대한 의사표시의 방법으로 할 수 있고, 이 경우 그 의사표시는 침해를 받은 유증 또는 증여행위를 지정하여 이에 대한 반환청구의 의사를 표시하면 그것으로 족하고 그로 인하여 생긴 목적물의 이전등기청구권이나 인도청구권 등을 행사하는 것과는 달리 그 목적물을 구체적으로 특정하여야 하는 것은 아니며, 민법 1117조 소정의 소멸시효의 진행도 위 의사표시로 중단된다고 하였다(대법원 1995. 6. 30. 선고 93다11715 판결; 2002. 4. 26. 선고 2000다8878 판결 등). 그러나 소멸시효가 의사표시에 의하여 중단된다고 볼 근거가 없다.

나. 유류분반환청구권의 포기

유류분은 상속 개시 전에 포기할 수 없으나, 상속이 개시된 후에는 유류분반환청구권을 포기할 수 있다. 이 포기는 반드시 상속포기가 가능한 기간 내에만 할 수 있는 것은 아니다.

대법원 2016. 6. 9. 선고 2015다239591 판결은, 유류분권리자가 상속재산분할협의를 하였다거나 그 당시 유류분을 주장하지 아니하였더라도 그로써 원고들이 다른 상속인에 대한 유류분반환청구권을 포기하였다고 인정할 수 없다고 하였다.

유류분권리자가 유류분반환청구권을 포기하더라도 이는 다른 공동상속인의 유류분에는 영향을 미치지 않는다.

다. 유류분반환청구권과 신의칙

유류분반환청구가 신의칙에 어긋날 때에는 인정될 수 없음은 물론이다. 부산지법 동부지원 1993. 6. 17. 선고 92가합4498 판결은, 유류분권리자인 원고들이 피상속인의 재산을 형성하고 관리하는 데 기여한 바도 없고, 원피고의 아버지가 사망하자 자신들의 상속분을 분배받기에 급급하였으며, 피상속인인 어머니가 8년간이나 투병생활을 하는 동안 아무런 도움을 주지 않고 오로지 피고에게만 모든 것을 부담시키다가 어머니가 사망하자 피고가 이미 10년 전에 증여받은 재산에 관하여 유류분반환청구권을 행사하는 것은 피고의 신뢰를 저버리는 것일 뿐만 아니라 신의성실의 원칙에 위반되어 허용될 수 없다고 하였다.

[판례 85] 대법원 2001. 9. 14. 선고 2000다66430, 66447 판결

민법 제1117조는 유류분반환청구권은 유류분권리자가 상속의 개시와 반환하여야 할 증여 또는 유증을 한 사실을 안 때로부터 1년 내에 하지 아니하면 시효에 의하여 소멸한다고 규정하고 있는바, 여기서 '반환하여야 할 증여 등을 한 사실을 안 때'라 함은 증여 등의 사실 및 이것이 반환하여야 할 것임을 안 때라고 해석하여야 하므로, 유류분권리자가 증여 등이 무효라고 믿고 소송상 항쟁하고 있는 경우에는 증여 등의 사실을 안 것만으로 곧바로 반환하여야 할 증여가 있었다는 것까지 알고 있다고 단정할 수는 없을 것이다. 그러나 민법이 유류분반환청구권에 관하여 특별히 단기소멸시효를 규정한 취지에 비추어 보면 유류분권리자가 소송상 무효를 주장하기만 하면 그것이 근거 없는 구실에 지나지 아니한 경우에도 시효는 진행하지 않는다 함은 부당하므로, 피상속인의 거의 전 재산이 증여되었고 유류분권리자가 위 사실을 인식하고 있는 경우에는, 무효의 주장에 관하여 일응 사실상 또는 법률상 근거가 있고 그 권리자가 위 무효를 믿고 있었기 때문에 유류분반환청구권을 행사하지 않았다는 점을 당연히 수긍할 수 있는 특별한 사정이 인정되지 않는 한, 위 증여가 반환될 수 있는 것임을 알고 있었다고 추인함이 상당하다 할 것이다.

기록에 의하면 피고들은 이 사건 사인증여가 이루어진 1998. 4. 14. 당시 그 내용을 자세히 알고 있었고 망인이 1998. 4. 22. 사망한 것은 당일 알았음이 명백하며, 피고들이 이 사건 소송에서 여러 가지 이유를 들어 망인의 1998. 4. 14.자 의사표시가 무효라고 주장하였으나 적어도 원고가 1998. 7. 15.자 청구취지및원인변경신청서에서 망인과 원고 사이에 사인증여 계약이 체결되었다고 주장한 이후에는 피고들의 주장들은 사실상 또는 법률상 근거 없이 망인의 사인증여를 부인하려는 것으로밖에 보이지 아니하는 한편, 피고들에게 이 사건 사인증여의 무효를 확신하였다는 특별한 사정이 있음을 알아볼 수 없으므로, 피고들의 원고에 대한 유류분반환청구권의 소멸시효는 늦어도 위 변경신청서의 송달 다음날인 1998. 7. 18.부터 진행하고, 따라서 피고들이 원심에 이르러 1999. 11. 8.자 준비서면의 송달로써 원고에게 유류분반환청구권을 행사한다는 의사표시를 한 때에는 이미 유류분반환청구권의 소멸시효 기간인 1년이 경과하였다 할 것이다.

조문색인

〔가사소송규칙〕

〔일본 임의후견계약에 관한 법률〕

〔프랑스 민법〕

판례색인

〔대법원〕

〔하급심〕

〔조선고등법원 판결〕

〔헌법재판소 결정〕

〔유럽인권재판소 판결〕

〔독일판례〕

〔미국판례〕

〔일본판례〕

사항색인

저자약력

윤 진 수

서울대학교 법과대학 졸업(1977)
사법연수원 수료(1979)
서울대학교 법학박사(1993)
서울민사지방법원 판사(1982), 헌법재판소 헌법연구관(1990~1992),
대법원 재판연구관(1992~1995), 수원지방법원 부장판사(1995~1997)
서울대학교 법과대학 조교수, 부교수, 교수, 법학전문대학원 교수(1997~2020)
법무부 민법개정위원회 분과위원장, 실무위원장, 부위원장(2009~2014)
법무부 가족법개정특별위원회 위원장(2010~2011)
대법원 가사소송법개정위원회 위원장(2013~2015)
전 법경제학회, 비교사법학회, 가족법학회, 민사법학회 회장
전 민사판례연구회 회장
현 서울대학교 법학전문대학원 명예교수

저 서

민법논고 Ⅰ－Ⅷ(2007~2021)
2013년 개정민법 해설(현소혜 교수와 공저)
주해친족법 Ⅰ, Ⅱ(2015)(편집대표 및 집필)
주해상속법 Ⅰ, Ⅱ(2019)(편집대표 및 집필)
민법기본판례(2020)
법과 진화론(2016)(공저)
헌법과 사법(2018)(공저)
민법과 도산법(2019)(공저)
판례의 무게(2020)
상속법 개정론(2020)(공저)
법의 딜레마(2020)(공저)
민법의 경제적 분석(2021)(공저)

논 문

“법의 해석과 적용에서 경제적 효율의 고려는 가능한가?”, “진화심리학과 가족법” 등 100여 편

제 5 판

친족상속법 강의

초판발행 2016년 3월 30일
제 2 판발행 2018년 4월 10일
제 3 판발행 2020년 3월 1일
제 4 판발행 2022년 3월 1일
제 5 판발행 2023년 7월 30일

지은이 윤진수
펴낸이 안종만 · 안상준
편 집 이승현
기획/마케팅 조성호
표지디자인 Benstory
제 작 고철민 · 조영환

펴낸곳 (주) 박영사
서울특별시 금천구 가산디지털2로 53, 210호(가산동, 한라시그
등록 1959. 3. 11. 제300-1959-1호(倫)

전 화 02)733-6771
f a x 02)736-4818
e-mail pys@pybook.co.kr
homepage www.pybook.co.kr
ISBN 979-11-303-4508-6 93360

정 가 36,000원